Pocket
Italian
Dictionary

Italian ➤ English   English ➤ Italian

MONDADORI

Collins

An Imprint of HarperCollins*Publishers*

fourth edition/quarta edizione 2002

© HarperCollins Publishers 1996, 1999, 2002
© William Collins Sons & Co. Ltd. 1990

latest reprint 2002

HarperCollins Publishers
Westerhill Road, Bishopbriggs, Glasgow G64 2QT
Great Britain

www.collinsdictionaries.com

Collins® and Bank of English® are registered trademarks
of HarperCollins Publishers Limited

Collins is an imprint of HarperCollins Publishers

ISBN 0-00-712292-6

HarperCollins Publishers, Inc.
10 East 53rd Street, New York, NY 10022

ISBN 0-06-008452-9

Library of Congress Cataloging-in-Publication Data
has been applied for

www.harpercollins.com

Pubblicato in Italia dalla
Arnoldo Mondadori Editore, Milano
ISBN 88-04-41581-9

http://www.mondadori.com/libri

A catalogue record for this book is available from the British Library

Typeset by Morton Word Processing Ltd, Scarborough

Printed and bound in Italy by Amadeus S.p.A.

general editors/a cura di
Catherine E. Love • Michela Clari

with/hanno collaborato
Gabriella Bacchelli • Loredana Riu
Bob Grossmith

editorial staff/segreteria di redazione
Joyce Littlejohn • Isobel Gordon

series editor/collana a cura di
Lorna Sinclair Knight

INDICE/CONTENTS

INTRODUZIONE

Il dizionario Tascabile Collins Mondadori è stato concepito e scritto per chi vuole imparare l'inglese per motivi di studio, lavoro o turismo.

La modernità e la ricchezza del lemmario e della fraseologia, l'elegante presentazione delle voci, l'uso del colore e il pratico formato fanno di questo dizionario un'opera unica nel suo genere.

Grazie ai giochi e agli esercizi che troverete nell'originale supplemento vi riuscirà facile e divertente imparare ad usare il dizionario così da trarne il massimo vantaggio.

I dizionari Collins Mondadori sono sinonimo di qualità e modernità: vi ringraziamo di aver scelto il dizionario inglese Tascabile che siamo certi si rivelerà uno strumento di lavoro utile e piacevole da usarsi in ogni occasione.

COME USARE IL DIZIONARIO

Per imparare ad usare in modo efficace il dizionario è importante comprendere la funzione delle differenziazioni tipografiche, dei simboli e delle abbreviazioni usati nel testo. Vi forniamo pertanto qui di seguito alcuni chiarimenti in merito a tali convenzioni.

I lemmi
Sono le parole a colori elencate in ordine alfabetico. Il primo e l'ultimo lemma di ciascuna pagina appaiono al margine superiore.

Dove opportuno, informazioni sull'ambito d'uso o sul livello di formalità di certe parole vengono fornite tra parentesi in corsivo e spesso in forma abbreviata dopo la trascrizione fonetica (es. (*COMM*), (*inf*)).

In certi casi più parole con radice comune sono raggruppate sotto lo stesso lemma. Tali parole appaiono in rosso ma in un carattere leggermente ridotto (es. dolce, dolcezza; accept, acceptance).

Esempi d'uso del lemma sono a loro volta in neretto ma in un carattere diverso dal lemma (es. **to be cold**).

La trascrizione fonetica

La trascrizione fonetica che illustra la corretta pronuncia del lemma è in parentesi quadra e segue immediatamente il lemma (es. **mezzo** ['mɛddzo]; **knead** [ni:d]). L'elenco dei simboli fonetici è alle pagine xiv-xv.

Le traduzioni

Le traduzioni sono in carattere tondo e se si riferiscono a diversi significati del lemma sono separate da un punto e virgola. Spesso diverse traduzioni di un lemma sono introdotte da una o più parole in corsivo in parentesi tonda: la loro funzione è di chiarire a quale significato del lemma si riferisce la traduzione. Possono essere sinonimi, indicazioni di ambito d'uso o di registro del lemma (es. **party** (*POL*) (*group*) o (*celebration*), **laid back** (*inf*) etc.).

Le "parole chiave"

Un trattamento particolare è stato riservato a quelle parole che, per frequenza d'uso o complessità, necessitano una strutturazione più chiara ed esauriente (es. **da, di, avere** in italiano, **at, to, be, this** in inglese). Il simbolo ♦ e i numeri sono usati per guidarvi attraverso le varie distinzioni grammaticali e di significato. Dove necessario, ulteriori informazioni sono fornite in corsivo tra parentesi.

Informazioni grammaticali

Le parti del discorso (noun, adjective ecc.) sono espresse da abbreviazioni convenzionali in corsivo (*n, adj* ecc) e seguono la trascrizione fonetica del lemma.

Eventuali ulteriori informazioni grammaticali, come ad esempio le forme di un verbo irregolare o il plurale irregolare di un sostantivo, precedono tra parentesi la parte del discorso (es. **fall** (*pt* **fell**, *pp* **fallen**) *n*; **man** (*pl* **men**) *n*).

INTRODUCTION

We are delighted that you have decided to buy the Collins Pocket Italian Dictionary, and hope you will enjoy and benefit from using it at home, at school, on holiday or at work.

The innovative use of colour guides you quickly and efficiently to the word you want, and the comprehensive wordlist provides a wealth of modern and idiomatic phrases not normally found in a dictionary this size.

In addition, the supplement provides you with guidance on using the dictionary, along with entertaining ways of improving your dictionary skills.

We hope that you will enjoy using it and that it will significantly enhance your language studies.

USING YOUR COLLINS POCKET DICTIONARY

A wealth of information is presented in the dictionary, using various typefaces, sizes of type, symbols, abbreviations and brackets. The conventions and symbols used are explained in the following sections.

Headwords
The words you look up in a dictionary — "headwords" — are listed alphabetically. They are printed in **colour** for rapid identification. The two headwords appearing at the top of each page indicate the first and last word dealt with on the page in question.

Information about the usage or form of certain headwords is given in brackets after the phonetic spelling. This usually appears in abbreviated form and in italics (e.g. (*fam*), (*comm*)).

Where appropriate, words related to headwords are grouped in the same entry (**illustrare, illustrazione; accept, acceptance**) in a slightly smaller red type than the headword.

Common expressions in which the headword appears are shown in a different bold roman type (e.g. **aver freddo**).

Phonetic spellings

Where the phonetic spelling of headwords (indicating their pronunciation) is given, it will appear in square brackets immediately after the headword (e.g. **calza** ['kaltsa]; **knead** [ni:d]). A list of these symbols is given on pages xiv-xv.

Translations

Headword translations are given in ordinary type and, where more than one meaning or usage exists, these are separated by a semi-colon. You will often find other words in italics in brackets before the translations. These offer suggested contexts in which the headword might appear (e.g. **duro** (*pietra*) or (*lavoro*)) or provide synonyms (e.g. **duro** (*ostinato*)).

"Key" words

Special status is given to certain Italian and English words which are considered as "key" words in each language. They may, for example, occur very frequently or have several types of usage (e.g. **da, di, avere; at, to, be, this**). A combination of lozenges and numbers helps you to distinguish different parts of speech and different meanings. Further helpful information is provided in brackets and in italics.

Grammatical information

Parts of speech are given in abbreviated form in italics after the phonetic spellings of headwords (e.g. *vt, av, cong*).

Genders of Italian nouns are indicated as follows: *sm* for a masculine and *sf* for a feminine noun. Feminine and irregular plural forms of nouns are also shown (**dottore, essa; droga, ghe**).

Feminine adjective endings are given as are plural forms (**opaco, a, chi, che**).

ABBREVIAZIONI

ABBREVIATIONS

abbreviazione	abbr	abbreviation
aggettivo	adj	adjective
amministrazione	ADMIN	administration
avverbio	adv	adverb
aeronautica, viaggi aerei	AER	flying, air travel
aggettivo	ag	adjective
agricoltura	AGR	agriculture
amministrazione	AMM	administration
anatomia	ANAT	anatomy
architettura	ARCHIT	architecture
articolo indeterminativo	art indet	indefinite article
attributivo	attrib	attributive
ausiliare	aus, aux	auxiliary
l'automobile	AUT	the motor car and motoring
avverbio	av	adverb
aeronautica, viaggi aerei	AVIAT	flying, air travel
biologia	BIOL	biology
botanica	BOT	botany
inglese della Gran Bretagna	BRIT	British English
consonante	C	consonant
chimica	CHIM, CHEM	chemistry
commercio, finanza, banca	COMM	commerce, finance, banking
comparativo	compar	comparative
informatica	COMPUT	computers
congiunzione	cong, conj	conjunction
edilizia	CONSTR	building
sostantivo usato come aggettivo, non può essere usato né come attributo, né dopo il sostantivo qualificato	cpd	compound element: noun used as adjective and which cannot follow the noun it qualifies
cucina	CUC, CULIN	cookery
davanti a	dav	before
articolo determinativo	def art	definite article
determinativo: articolo, aggettivo dimostrativo o indefinito etc	det	determiner: article, demonstrative etc
diminutivo	dimin	diminutive
diritto	DIR	law
economia	ECON	economics
edilizia	EDIL	building
elettricità, elettronica	ELETTR, ELEC	electricity, electronics
esclamazione	escl, excl	exclamation
femminile	f	feminine
familiare (! da evitare)	fam(!)	informal usage (! particularly offensive)
ferrovia	FERR	railways
figurato	fig	figurative use

xi

fisiologia	FISIOL	physiology
fotografia	FOT	photography
(verbo inglese) la cui particella è inseparabile dal verbo	fus	(phrasal verb) where the particle cannot be separated from main verb
nella maggior parte dei sensi; generalmente	gen	in most or all senses; generally
geografia, geologia	GEO	geography, geology
geometria	GEOM	geometry
impersonale	impers	impersonal
articolo indeterminativo	indef art	indefinite article
familiare (! da evitare)	inf(!)	informal usage (! particularly offensive)
infinito	infin	infinitive
informatica	INFORM	computers
insegnamento, sistema scolastico e universitario	INS	schooling, schools and universities
invariabile	inv	invariable
irregolare	irreg	irregular
grammatica, linguistica	LING	grammar, linguistics
maschile	m	masculine
matematica	MAT(H)	mathematics
termine medico, medicina	MED	medical term, medicine
il tempo, meteorologia	METEOR	the weather, meteorology
maschile o femminile, secondo il sesso	m/f	either masculine or feminine depending on sex
esercito, linguaggio militare	MIL	military matters
musica	MUS	music
sostantivo	n	noun
nautica	NAUT	sailing, navigation
numerale (aggettivo, sostantivo)	num	numeral adjective or noun
	o.s.	oneself
peggiorativo	peg, pej	derogatory, pejorative
fotografia	PHOT	photography
fisiologia	PHYSIOL	physiology
plurale	pl	plural
politica	POL	politics
participio passato	pp	past participle
preposizione	prep	preposition
pronome	pron	pronoun
psicologia, psichiatria	PSIC, PSYCH	psychology, psychiatry
tempo passato	pt	past tense
qualcosa	qc	
qualcuno	qn	
religione, liturgia	REL	religions, church service
sostantivo	s	noun
	sb	somebody

ABBREVIAZIONI

ABBREVIATIONS

insegnamento, sistema scolastico e universitario	SCOL	schooling, schools and universities
singolare	sg	singular
soggetto (grammaticale)	sog	(grammatical) subject
	sth	something
congiuntivo	sub	subjunctive
soggetto (grammaticale)	subj	(grammatical) subject
superlativo	superl	superlative
termine tecnico, tecnologia	TECN, TECH	technical term, technology
telecomunicazioni	TEL	telecommunications
tipografia	TIP	typography, printing
televisione	TV	television
tipografia	TYP	typography, printing
inglese degli Stati Uniti	US	American English
vocale	V	vowel
verbo	vb	verb
verbo o gruppo verbale con funzione intransitiva	vi	verb or phrasal verb used intransitively
verbo riflessivo	vr	reflexive verb
verbo o gruppo verbale con funzione transitiva	vt	verb or phrasal verb used transitively
zoologia	ZOOL	zoology
marchio registrato	®	registered trademark
introduce un'equivalenza culturale	≈	introduces a cultural equivalent

TRASCRIZIONE FONETICA

PHONETIC TRANSCRIPTION

Consonants   Consonanti

NB p, b, t, d, k, g are not aspirated in Italian/sono seguite da un'aspirazione in inglese.

puppy	p	*padre*
baby	b	*bambino*
tent	t	*tutto*
daddy	d	*dado*
cork kiss	k	*cane che*
chord		
gag guess	g	*gola ghiro*
so rice kiss	s	*sano*
cousin buzz	z	*svago esame*
sheep sugar	ʃ	*scena*
pleasure beige	ʒ	*garage*
church	tʃ	*pece lanciare*
judge general	dʒ	*giro gioco*
farm raffle	f	*afa faro*
very rev	v	*vero bravo*
thin maths	θ	
that other	ð	
little ball	l	*letto ala*
	ʎ	*gli*
rat brat	r	*rete arco*
mummy comb	m	*ramo madre*
no ran	n	*no fumante*
	ɲ	*gnomo*
singing bank	ŋ	
hat reheat	h	
yet	j	*buio piacere*
wall bewail	w	*uomo guaio*
loch	x	

Vowels   Voca[li]

NB The pairing of some vowel soun[ds] only indicates approxima[te] equivalence./La messa in equivalenza [di] certi suoni indica solo u[na] rassomiglianza approssimativa.

heel bead	iː i	*vino idea*
hit pity	ɪ	
	e	*stella edera*
set tent	ɛ	*epoca eccetto*
apple bat	æ a	*mamma*
		amore
after car calm	ɑː	
fun cousin	ʌ	
over above	ə	
urn fern work	əː	
wash pot	ɔ	*rosa occhio*
born cork	ɔː	
	o	*ponte ognuno*
	ø	*föhn*
full soot	u	*utile zucca*
boon lewd	uː	

Diphthongs   Dittonghi

ɪə	*beer tier*
ɛə	*tear fair there*
eɪ	*date plaice*
	day
aɪ	*life buy cry*
au	*owl foul now*
əu	*low no*
ɔɪ	*boil boy oily*
uə	*poor tour*

Miscellaneous   Varie

* per l'inglese: la "r" finale viene pronunciata se seguita da una vocale.

' precedes the stressed syllable/precede la sillaba accentata.

ITALIAN PRONUNCIATION

Vowels

Where the vowel e or the vowel o appears in a stressed syllable it can be either open [ɛ], [ɔ] or closed [e], [o]. As the open or closed pronunciation of these vowels is subject to regional variation, the distinction is of little importance to the user of this dictionary. Phonetic transcription for headwords containing these vowels will therefore only appear where other pronunciation difficulties are present.

Consonants

c before "e" or "i" is pronounced *tch*.

ch is pronounced like the "k" in "kit".

g before "e" or "i" is pronounced like the "j" in "jet".

gh is pronounced like the "g" in "get".

gl before "e" or "i" is normally pronounced like the "lli" in "million", and in a few cases only like the "gl" in "glove".

gn is pronounced like the "ny" in "canyon".

sc before "e" or "i" is pronounced *sh*.

z is pronounced like the "ts" in "stetson", or like the "d's" in "bird's-eye".

Headwords containing the above consonants and consonantal groups have been given full phonetic transcription in this dictionary.

NB All double written consonants in Italian are fully sounded: e.g. the "tt" in "tutto" is pronounced as in "ha*t t*rick".

ITALIANO – INGLESE
ITALIAN – ENGLISH

A, a

a *abbr* (= *autostrada*) ≈ M (= *motorway*)

PAROLA CHIAVE

(*a+il* = **al**, *a+lo* = **allo**, *a+l'* = **all'**, *a+la* = **alla**, *a+i* = **ai**, *a+gli* = **agli**, *a+le* = **alle**) *prep* **1** (*stato in luogo*) at; (: *in*) in; **essere alla stazione** to be at the station; **essere ~ casa/~ scuola/~ Roma** to be at home/ at school/in Rome; **è ~ 10 km da qui** it's 10 km from here, it's 10 km away **2** (*moto a luogo*) to; **andare ~ casa/~ scuola** to go home/to school **3** (*tempo*) at; (*epoca, stagione*) in; **alle cinque** at five (o'clock); **~ mezzanotte/ Natale** at midnight/Christmas; **al mattino** in the morning; **~ maggio/primavera** in May/spring; **~ cinquant'anni** at fifty (years of age); **~ domani!** see you tomorrow! **4** (*complemento di termine*) to; **dare qc ~ qn** to give sth to sb **5** (*mezzo, modo*) with, by; **~ piedi/cavallo** on foot/horseback; **fatto ~ mano** made by hand, handmade; **una barca ~ motore** a motorboat; **~ uno ~ uno** one by one; **all'italiana** the Italian way, in the Italian fashion **6** (*rapporto*) a, per; (: *con prezzi*) at; **prendo 500.000 lire al mese** I get 500,000 lire a *o* per month; **pagato ~ ore** paid by the hour; **vendere qc ~ 2500 lire il chilo** to sell sth at 2,500 lire a *o* per kilo

abbacchi'ato, a [abbak'kjato] *ag* downhearted, in low spirits
abbagli'ante [abbaʎ'ʎante] *ag* dazzling; **~i** *smpl* (*AUT*): **accendere gli ~i** to put one's headlights on full (*BRIT*) *o* high (*US*) beam
abbagli'are [abbaʎ'ʎare] *vt* to dazzle; (*illudere*) to delude; **ab'baglio** *sm* blunder; **prendere un abbaglio** to

blunder, make a blunder
abbai'are *vi* to bark
abba'ino *sm* dormer window; (*soffitta*) attic room
abbando'nare *vt* to leave, abandon, desert; (*trascurare*) to neglect; (*rinunciare a*) to abandon, give up; **~rsi** *vr* to let o.s. go; **~rsi a** (*ricordi, vizio*) to give o.s. up to; **abban'dono** *sm* abandonment; neglect; (*SPORT*) withdrawal; (*fig*) abandon; **in abbandono** (*edificio, giardino*) neglected
abbas'sare *vt* to lower; (*radio*) to turn down; **~rsi** *vr* (*chinarsi*) to stoop; (*livello, sole*) to go down; (*fig: umiliarsi*) to demean o.s.; **~ i fari** (*AUT*) to dip *o* dim (*US*) one's lights
ab'basso *escl*: **~ il re!** down with the king!
abbas'tanza [abbas'tantsa] *av* (*a sufficienza*) enough; (*alquanto*) quite, rather, fairly; **non è ~ furbo** he's not shrewd enough; **un vino ~ dolce** quite a sweet wine; **averne ~ di qn/qc** to have had enough of sb/sth
ab'battere *vt* (*muro, casa*) to pull down; (*ostacolo*) to knock down; (*albero*) to fell; (: *sog: vento*) to bring down; (*bestie da macello*) to slaughter; (*cane, cavallo*) to destroy, put down; (*selvaggina, aereo*) to shoot down; (*fig: sog: malattia, disgrazia*) to lay low; **~rsi** *vr* (*avvilirsi*) to lose heart; **abbat'tuto, a** *ag* (*fig*) depressed
abba'zia [abbat'tsia] *sf* abbey
abbece'dario [abbetʃe'darjo] *sm* primer
abbel'lire *vt* (*ornare*) to embellish
abbeve'rare *vt* to water; **~rsi** *vr* to drink
'abbia *etc vb vedi* **avere**
abbicci [abbit'tʃi] *sm inv* alphabet; (*sillabario*) primer; (*fig*) rudiments *pl*
abbi'enti *smpl*: **gli ~** the well-to-do
abbiglia'mento [abbiʎʎa'mento] *sm* dress

no pl; (*indumenti*) clothes pl; (*industria*) clothing industry

abbigli'are [abbiʎˈʎare] vt to dress up

abbi'nare vt: ~ **(a)** to combine (with)

abbindo'lare vt (*fig*) to cheat, trick

abbocca'mento sm talks pl, meeting

abboc'care vi (*pesce*) to bite; (*tubi*) to join; ~ **(all'amo)** (*fig*) to swallow the bait

abboc'cato, a ag (*vino*) sweetish

abbona'mento sm subscription; (*alle ferrovie etc*) season ticket; **fare l'~** to take out a subscription (o season ticket)

abbo'narsi vr: ~ **a un giornale** to take out a subscription to a newspaper; ~ **al teatro/alle ferrovie** to take out a season ticket for the theatre/the train; **abbo'nato, a** sm/f subscriber; season-ticket holder

abbon'dante ag abundant, plentiful; (*giacca*) roomy

abbon'danza [abbonˈdantsa] sf abundance, plenty

abbon'dare vi to abound, be plentiful; ~ **in** o **di** to be full of, abound in

abbor'dabile ag (*persona*) approachable; (*prezzo*) reasonable

abbor'dare vt (*nave*) to board; (*persona*) to approach; (*argomento*) to tackle

abbotto'nare vt to button up, do up

abboz'zare [abbotˈtsare] vt to sketch, outline; (*SCULTURA*) to rough-hew; ~ **un sorriso** to give a hint of a smile; **ab'bozzo** sm sketch, outline; (*DIR*) draft

abbracci'are [abbratˈtʃare] vt to embrace; (*persona*) to hug, embrace; (*professione*) to take up; (*contenere*) to include; **~rsi** vr to hug o embrace (one another); **ab'braccio** sm hug, embrace

abbrevi'are vt to shorten; (*parola*) to abbreviate

abbreviazi'one [abbrevjatˈtsjone] sf abbreviation

abbron'zante [abbronˈdzante] ag tanning, sun cpd

abbron'zare [abbronˈdzare] vt (*pelle*) to tan; (*metalli*) to bronze; **~rsi** vr to tan, get a tan; **abbronza'tura** sf tan, suntan

abbrusto'lire vt (*pane*) to toast; (*caffè*) to roast

abbru'tire vt to exhaust; to degrade

abbu'ono sm (*COMM*) allowance, discount (*SPORT*) handicap

abdi'care vi to abdicate; ~ **a** to give up, renounce

aberrazi'one [aberratˈtsjone] sf aberration

a'bete sm fir (tree); ~ **rosso** spruce

abi'etto, a ag despicable, abject

'abile ag (*idoneo*): ~ **(a qc/a fare qc)** fit (for sth/to do sth); (*capace*) able; (*astuto*) clever; (*accorto*) skilful; ~ **al servizio militare** fit for military service; **abilità** sf inv ability; cleverness; skill

abili'tato, a ag qualified; (*TEL*) which has an outside line; **abilitazi'one** sf qualification

a'bisso sm abyss, gulf

abi'tacolo sm (*AER*) cockpit; (*AUT*) inside; (: *di camion*) cab

abi'tante sm/f inhabitant

abi'tare vt to live in, dwell in ♦ vi: ~ **in campagna/a Roma** to live in the country/in Rome; **abi'tato, a** ag inhabited; lived in ♦ sm (*anche*: **centro abitato**) built-up area; **abitazi'one** sf residence; house

'abito sm dress no pl; (*da uomo*) suit; (*da donna*) dress; (*abitudine, disposizione, REL*) habit; **~i** smpl (*vestiti*) clothes; **in ~ da sera** in evening dress

abitu'ale ag usual, habitual; (*cliente*) regular

abitu'are vt: ~ **qn a** to get sb used o accustomed to; **~rsi a** to get used to, accustom o.s. to

abitudi'nario, a ag of fixed habits ♦ sm/f regular customer

abi'tudine sf habit; **aver l'~ di fare qc** to be in the habit of doing sth; **d'~** usually; **per ~** from o out of habit

abo'lire vt to abolish; (*DIR*) to repeal

abomi'nevole ag abominable

abo'rigeno [aboˈridʒeno] sm aborigine

abor'rire vt to abhor, detest

abor'tire vi (*MED*) to miscarry, have a

miscarriage; (: *deliberatamente*) to have an abortion; (*fig*) to miscarry, fail; **a'borto** *sm* miscarriage; abortion

brasi'one *sf* abrasion; **abra'sivo, a** *ag*, *sm* abrasive

'bro'gare *vt* to repeal, abrogate

'bruzzo *sm*: **l'~, gli ~i** the Abruzzi

ABS [abɪɛse] *sigla m* (= *Anti-Blockier System*) ABS

abside *sf* apse

'bulico, a, ci, che *ag* lacking in will power

abu'sare *vi*: **~ di** to abuse, misuse; (*alcool*) to take to excess; (*approfittare, violare*) to take advantage of; **a'buso** *sm* abuse, misuse; excessive use

a.C. *av abbr* (= *avanti Cristo*) B.C.

a'cacia, cie [a'katʃa] *sf* (*BOT*) acacia

acca *sf* letter H; **non capire un'~** not to understand a thing

acca'demia *sf* (*società*) learned society; (*scuola: d'arte, militare*) academy; **acca'demico, a, ci, che** *ag* academic ♦ *sm* academician

acca'dere *vb impers* to happen, occur; **acca'duto** *sm*: **raccontare l'accaduto** to describe what has happened

accalappi'are *vt* to catch

accal'carsi *vr*: **~ (in)** to crowd (into)

accal'darsi *vr* to grow hot

accalo'rarsi *vr* (*fig*) to get excited

accampa'mento *sm* camp

accam'pare *vt* to encamp; (*fig*) to put forward, advance; **~rsi** *vr* to camp

accani'mento *sm* fury; (*tenacia*) tenacity, perseverance

acca'nirsi *vr* (*infierire*) to rage; (*ostinarsi*) to persist; **acca'nito, a** *ag* (*odio, gelosia*) fierce, bitter; (*lavoratore*) assiduous, dogged; (*fumatore*) inveterate

ac'canto *av* near, nearby; **~ a** *prep* near, beside, close to

accanto'nare *vt* (*problema*) to shelve; (*somma*) to set aside

accapar'rare *vt* (*COMM*) to corner, buy up; **~rsi qc** (*fig: simpatia, voti*) to secure sth (for o.s.)

accapigli'arsi [akkapiʎ'ʎarsi] *vr* to come to blows; (*fig*) to quarrel

accappa'toio *sm* bathrobe

accappo'nare *vi*: **far ~ la pelle a qn** to bring sb out in goose pimples

accarez'zare [akkaret'tsare] *vt* to caress, stroke, fondle; (*fig*) to toy with

acca'sarsi *vr* to set up house; to get married

accasci'arsi [akkaʃ'ʃarsi] *vr* to collapse; (*fig*) to lose heart

accat'tone, a *sm/f* beggar

accaval'lare *vt* (*gambe*) to cross; **~rsi** *vr* (*sovrapporsi*) to overlap; (*addensarsi*) to gather

acce'care [attʃe'kare] *vt* to blind ♦ *vi* to go blind

ac'cedere [at'tʃedere] *vi*: **~ a** to enter; (*richiesta*) to grant, accede to

accele'rare [attʃele'rare] *vt* to speed up ♦ *vi* (*AUT*) to accelerate; **~ il passo** to quicken one's pace; **accele'rato** *sm* (*FERR*) slow train; **accelera'tore** *sm* (*AUT*) accelerator; **accelerazi'one** *sf* acceleration

ac'cendere [at'tʃendere] *vt* (*fuoco, sigaretta*) to light; (*luce, televisione*) to put on, switch on, turn on; (*AUT: motore*) to switch on; (*COMM: conto*) to open; (*fig: suscitare*) to inflame, stir up; **~rsi** *vr* (*luce*) to come *o* go on; (*legna*) to catch fire, ignite; **accen'dino** *sm*, **accendi'sigaro** *sm* (cigarette) lighter

accen'nare [attʃen'nare] *vt* (*MUS*) to pick out the notes of; to hum ♦ *vi*: **~ a** (*fig: alludere a*) to hint at; (: *far atto di*) to make as if; **~ un saluto** (*con la mano*) to make as if to wave; (*col capo*) to half nod; **accenna a piovere** it looks as if it's going to rain

ac'cenno [at'tʃenno] *sm* (*cenno*) sign; nod; (*allusione*) hint

accensi'one [attʃen'sjone] *sf* (*vedi verbo*) lighting; switching on; opening; (*AUT*) ignition

accen'tare [attʃen'tare] *vt* (*parlando*) to stress; (*scrivendo*) to accent

ac'cento [at'tʃento] *sm* accent; (*FONETICA, fig*) stress; (*inflessione*) tone (of voice)

accen'trare [attʃen'trare] *vt* to centralize

accentu'are [attʃentu'are] *vt* to stress, emphasize; **~rsi** *vr* to become more noticeable

accerchi'are [attʃer'kjare] *vt* to surround, encircle

accerta'mento [attʃerta'mento] *sm* check; assessment

accer'tare [attʃer'tare] *vt* to ascertain; (*verificare*) to check; (*reddito*) to assess; **~rsi** *vr*: **~rsi (di)** to make sure (of)

ac'ceso, a [at'tʃeso] *pp di* **accendere ♦** *ag* lit; on; open; (*colore*) bright

acces'sibile [attʃes'sibile] *ag* (*luogo*) accessible; (*persona*) approachable; (*prezzo*) reasonable

ac'cesso [at'tʃesso] *sm* (*anche* INFORM) access; (MED) attack, fit; (*impulso violento*) fit, outburst

acces'sorio, a [attʃes'sɔrjo] *ag* secondary, of secondary importance; **~i** *smpl* accessories

ac'cetta [at'tʃetta] *sf* hatchet

accet'tabile [attʃet'tabile] *ag* acceptable

accet'tare [attʃet'tare] *vt* to accept; **~ di fare qc** to agree to do sth; **accettazi'one** *sf* acceptance; (*locale di servizio pubblico*) reception; **accettazione bagagli** (AER) check-in (desk)

ac'cetto, a [at'tʃetto] *ag*: **(ben) ~** welcome; (*persona*) well-liked

accezi'one [attʃet'tsjone] *sf* meaning

acchiap'pare [akkjap'pare] *vt* to catch

acci'acco, chi [at'tʃakko] *sm* ailment

acciaie'ria [attʃaje'ria] *sf* steelworks *sg*

acci'aio [at'tʃajo] *sm* steel

acci'dente [attʃi'dente] *sm* (*caso imprevisto*) accident; (*disgrazia*) mishap; **non si capisce un ~** it's as clear as mud; **~i!** (*fam: per rabbia*) damn (it)!; (: *per meraviglia*) good heavens!

acci'dentale [attʃiden'tale] *ag* accidental

acciden'tato, a [attʃiden'tato] *ag* (*terreno etc*) uneven

accigli'ato, a [attʃiʎ'ʎato] *ag* frowning

ac'cingersi [at'tʃindʒersi] *vr*: **~ a fare qc** to be about to do sth

acciuf'fare [attʃuf'fare] *vt* to seize, catch

acci'uga, ghe [at'tʃuga] *sf* anchovy

accla'mare *vt* (*applaudire*) to applaud; (*eleggere*) to acclaim; **acclamazi'one** *sf* applause; acclamation

acclima'tare *vt* to acclimatize; **~rsi** *vr* to become acclimatized

ac'cludere *vt* to enclose; **ac'cluso, a** *pp di* **accludere ♦** *ag* enclosed

accocco'larsi *vr* to crouch

accogli'ente [akkoʎ'ʎente] *ag* welcoming, friendly; **accogli'enza** *sf* reception; welcome

ac'cogliere [ak'koʎʎere] *vt* (*ricevere*) to receive; (*dare il benvenuto*) to welcome; (*approvare*) to agree to, accept; (*contenere*) to hold, accommodate

accol'lato, a *ag* (*vestito*) high-necked

accoltel'lare *vt* to knife, stab

ac'colto, a *pp di* **accogliere**

accoman'dita *sf* (DIR) limited partnership

accomia'tare *vt* to dismiss; **~rsi** *vr*: **~rsi (da)** to take one's leave (of)

accomoda'mento *sm* agreement, settlement

accomo'dante *ag* accommodating

accomo'dare *vt* (*aggiustare*) to repair, mend; (*riordinare*) to tidy; (*conciliare*) to settle; **~rsi** *vr* (*sedersi*) to sit down; **s'accomodi!** (*venga avanti*) come in!; (*si sieda*) take a seat!

accompagna'mento [akkom-paɲɲa'mento] *sm* (MUS) accompaniment

accompa'gnare [akkompaɲ'ɲare] *vt* to accompany, come *o* go with; (MUS) to accompany; (*unire*) to couple; **~ la porta** to close the door gently

accompagna'tore, trice *sm/f* companion; **~ turistico** courier

accomu'nare *vt* to pool, share; (*avvicinare*) to unite

acconcia'tura [akkontʃa'tura] *sf* hairstyle

accondi'scendere [akkondiʃ'ʃendere] *vi*: **~ a** to agree *o* consent to; **accondi'sceso, a** *pp di* **accondiscendere**

acconsen'tire *vi*: **~ (a)** to agree *o* consent (to)

acconten'tare vt to satisfy; **~rsi di** to be satisfied with, content o.s. with

ac'conto sm part payment; **pagare una somma in ~** to pay a sum of money as a deposit

accoppi'are vt to couple, pair off; (BIOL) to mate; **~rsi** vr to pair off; to mate

acco'rato, a ag heartfelt

accorci'are [akkor'tʃare] vt to shorten; **~rsi** vr to become shorter

accor'dare vt to reconcile; (colori) to match; (MUS) to tune; (LING): **~ qc con qc** to make sth agree with sth; (DIR) to grant; **~rsi** vr to agree, come to an agreement; (colori) to match

ac'cordo sm agreement; (armonia) harmony; (MUS) chord; **essere d'~** to agree; **andare d'~** to get on well together; **d'~!** all right!, agreed!

ac'corgersi [ak'kordʒersi] vr: **~ di** to notice, (fig) to realize; **accorgi'mento** sm shrewdness no pl; (espediente) trick, device

ac'correre vi to run up

ac'corso, a pp di **accorrere**

ac'corto, a pp di **accorgersi** ♦ ag shrewd; **stare ~** to be on one's guard

accos'tare vt (avvicinare): **~ qc a** to bring sth near to, put sth near to; (avvicinarsi a) to approach; (socchiudere: imposte) to half-close; (: porta) to leave ajar ♦ vi (NAUT) to come alongside; **~rsi a** to draw near, approach; (fig) to support

accovacci'arsi [akkovat'tʃarsi] vr to crouch

accoz'zaglia [akkot'tsaʎʎa] (peg) sf (di idee, oggetti) jumble, hotchpotch

accredi'tare vt (notizia) to confirm the truth of; (COMM) to credit; (diplomatico) to accredit; **~rsi** vr (fig) to gain credit

ac'crescere [ak'kreʃʃere] vt to increase; **~rsi** vr to increase, grow; **accresci'tivo, a** ag, sm (LING) augmentative; **accresci'uto, a** pp di **accrescere**

accucci'arsi [akkut'tʃarsi] vr (cane) to lie down

accu'dire vt (anche: vi: **~ a**) to attend to

accumu'lare vt to accumulate

accumula'tore sm (ELETTR) accumulator

accura'tezza [akkura'tettsa] sf care; accuracy

accu'rato, a ag (diligente) careful; (preciso) accurate

ac'cusa sf accusation; (DIR) charge; **la pubblica ~** the prosecution

accu'sare vt: **~ qn di qc** to accuse sb of sth; (DIR) to charge sb with sth; **~ ricevuta di** (COMM) to acknowledge receipt of

accu'sato, a sm/f accused; defendant

accusa'tore, 'trice sm/f accuser ♦ sm (DIR) prosecutor

a'cerbo, a [a'tʃerbo] ag bitter; (frutta) sour, unripe; (persona) immature

'acero ['atʃero] sm maple

a'cerrimo, a [a'tʃerrimo] ag very fierce

a'ceto [a'tʃeto] sm vinegar

ace'tone [atʃe'tone] sm nail varnish remover

A.C.I. ['atʃi] sigla m = Automobile Club d'Italia

'acido, a ['atʃido] ag (sapore) acid, sour; (CHIM) acid ♦ sm (CHIM) acid

'acino ['atʃino] sm berry; **~ d'uva** grape

'acne sf acne

'acqua sf water; (pioggia) rain; **~e** sfpl (di mare, fiume etc) waters; **fare ~** (NAUT) to leak, take in water; **~ in bocca!** mum's the word!; **~ corrente** running water; **~ dolce** fresh water; **~ minerale** mineral water; **~ potabile** drinking water; **~ salata** salt water; **~ tonica** tonic water

acqua'forte (pl **acque'forti**) sf etching

a'cquaio sm sink

acqua'ragia [akkwa'radʒa] sf turpentine

a'cquario sm aquarium; (dello zodiaco): **A~** Aquarius

acqua'santa sf holy water

ac'quatico, a, ci, che ag aquatic; (SPORT, SCIENZA) water cpd

acqua'vite sf brandy

acquaz'zone [akkwat'tsone] sm cloudburst, heavy shower

acque'dotto sm aqueduct; waterworks pl, water system

'acqueo, a ag: **vapore ~** water vapour

acque'rello sm watercolour

acqui'rente *sm/f* purchaser, buyer

acqui'sire *vt* to acquire

acquis'tare *vt* to purchase, buy; (*fig*) to gain; **a'cquisto** *sm* purchase; **fare acquisti** to go shopping

acqui'trino *sm* bog, marsh

acquo'lina *sf*: **far venire l'~ in bocca a qn** to make sb's mouth water

a'cquoso, a *ag* watery

'acre *ag* acrid, pungent; (*fig*) harsh, biting

a'crobata, i, e *sm/f* acrobat

acu'ire *vt* to sharpen

a'culeo *sm* (*ZOOL*) sting; (*BOT*) prickle

a'cume *sm* acumen, perspicacity

a'custica *sf* (*scienza*) acoustics *sg*; (*di una sala*) acoustics *pl*

a'cuto, a *ag* (*appuntito*) sharp, pointed; (*suono, voce*) shrill, piercing; (*MAT, LING, MED*) acute; (*MUS*) high-pitched; (*fig: dolore, desiderio*) intense; (: *perspicace*) acute, keen

ad (*before V*) *prep* = **a**

adagi'are [ada'dʒare] *vt* to lay *o* set down carefully; **~rsi** *vr* to lie down, stretch out

a'dagio [a'dadʒo] *av* slowly ♦ *sm* (*MUS*) adagio; (*proverbio*) adage, saying

adatta'mento *sm* adaptation

adat'tare *vt* to adapt; (*sistemare*) to fit; **~rsi (a)** (*ambiente, tempi*) to adapt (to); (*essere adatto*) to be suitable (for)

a'datto, a *ag*: **~ (a)** suitable (for), right (for)

addebi'tare *vt*: **~ qc a qn** to debit sb with sth

ad'debito *sm* (*COMM*) debit

adden'sare *vt* to thicken; **~rsi** *vr* to thicken; (*nuvole*) to gather

adden'tare *vt* to bite into

adden'trarsi *vr*: **~ in** to penetrate, go into

ad'dentro *av*: **essere molto ~ in qc** to be well-versed in sth

addestra'mento *sm* training

addes'trare *vt* to train; **~rsi** *vr* to train; **~rsi in qc** to practise (*BRIT*) *o* practice (*US*) sth

ad'detto, a *ag*: **~ a** (*persona*) assigned to; (*oggetto*) intended for ♦ *sm* employee; (*funzionario*) attaché; **~ commerciale/ stampa** commercial/press attaché; **gli ~i ai lavori** authorized personnel; (*fig*) those in the know

addì *av* (*AMM*): **~ 3 luglio 1999** on the 3rd of July 1999 (*BRIT*), on July 3rd 1999 (*US*)

addi'accio [ad'djattʃo] *sm* (*MIL*) bivouac; **dormire all'~** to sleep in the open

addi'etro *av* (*indietro*) behind; (*nel passato, prima*) before, ago

ad'dio *sm, escl* goodbye, farewell

addirit'tura *av* (*veramente*) really, absolutely; (*perfino*) even; (*direttamente*) directly, right away

ad'dirsi *vr*: **~ a** to suit, be suitable for

addi'tare *vt* to point out; (*fig*) to expose

addi'tivo *sm* additive

addizio'nare [addittsjo'nare] *vt* (*MAT*) to add (up); **addizi'one** *sf* addition

addob'bare *vt* to decorate; **ad'dobbo** *sm* decoration

addol'cire [addol'tʃire] *vt* (*caffè etc*) to sweeten; (*acqua, fig: carattere*) to soften; **~rsi** *vr* (*fig*) to mellow, soften

addolo'rare *vt* to pain, grieve; **~rsi (per)** to be distressed (by)

ad'dome *sm* abdomen

addomesti'care *vt* to tame

addormen'tare *vt* to put to sleep; **~rsi** *vr* to fall asleep, go to sleep

addos'sare *vt* (*appoggiare*): **~ qc a qc** to lean sth against sth; (*fig*): **~ la colpa a qn** to lay the blame on sb; **~rsi qc** (*responsabilità etc*) to shoulder sth

ad'dosso *av* on; **mettersi ~ il cappotto** to put one's coat on; **~ a** (*sopra*) on; (*molto vicino*) right next to; **stare ~ a qn** (*fig*) to breathe down sb's neck; **dare ~ a qn** (*fig*) to attack sb

ad'dotto, a *pp di* **addurre**

ad'durre *vt* (*DIR*) to produce; (*citare*) to cite

adegu'are *vt*: **~ qc a** to adjust *o* relate sth to; **~rsi** *vr* to adapt; **adegu'ato, a** *ag* adequate; (*conveniente*) suitable; (*equo*) fair

a'dempiere *vt* to fulfil, carry out

adem'pire *vt* = **adempiere**

ade'rente *ag* adhesive; (*vestito*) close-fitting ♦ *sm/f* follower; **ade'renza** *sf* adhesion; **aderenze** *sfpl* connections, contacts

ade'rire *vi* (*stare attaccato*) to adhere, stick; ~ **a** to adhere to, stick to; (*fig: società, partito*) to join; (: *opinione*) to support; (*richiesta*) to agree to

ades'care *vt* to lure, entice

adesi'one *sf* adhesion; (*fig*) agreement, acceptance; **ade'sivo, a** *ag, sm* adhesive

a'desso *av* (*ora*) now; (*or ora, poco fa*) just now; (*tra poco*) any moment now

adia'cente [adja'tʃɛnte] *ag* adjacent

adi'bire *vt* (*usare*): ~ **qc a** to turn sth into

adi'rarsi *vr*: ~ (**con** *o* **contro qn per qc**) to get angry (with sb over sth)

a'dire *vt* (*DIR*): ~ **le vie legali** to take legal proceedings

'adito *sm*: **dare ~ a** to give rise to

adocchi'are [adok'kjare] *vt* (*scorgere*) to catch sight of; (*occhieggiare*) to eye

adole'scente [adoleʃ'ʃɛnte] *ag, sm/f* adolescent; **adole'scenza** *sf* adolescence

adope'rare *vt* to use; **~rsi** *vr* to strive; **~rsi per qn/qc** to do one's best for sb/sth

ado'rare *vt* to adore; (*REL*) to adore, worship

adot'tare *vt* to adopt; (*decisione, provvedimenti*) to pass; **adot'tivo, a** *ag* (*genitori*) adoptive; (*figlio, patria*) adopted; **adozi'one** *sf* adoption

adri'atico, a, ci, che *ag* Adriatic ♦ *sm*: **l'A~, il mare A~** the Adriatic, the Adriatic Sea

adu'lare *vt* to adulate, flatter

adulte'rare *vt* to adulterate

adul'terio *sm* adultery

a'dulto, a *ag* adult; (*fig*) mature ♦ *sm* adult, grown-up

adu'nanza [adu'nantsa] *sf* assembly, meeting

adu'nare *vt* to assemble, gather; **~rsi** *vr* to assemble, gather; **adu'nata** *sf* (*MIL*) parade, muster

a'dunco, a, chi, che *ag* hooked

a'ereo, a *ag* air *cpd*; (*radice*) aerial ♦ *sm* aerial; (*aeroplano*) plane; ~ **a reazione** jet (plane); ~ **da caccia** fighter (plane); ~ **di**

linea airliner; **ae'robica** *sf* aerobics *sg*; **aerodi'namica** *sf* aerodynamics *sg*; **aerodi'namico, a, ci, che** *ag* aerodynamic; (*affusolato*) streamlined; **aero'nautica** *sf* (*scienza*) aeronautics *sg*; **aeronautica militare** air force; **aero'plano** *sm* (*aero*)plane (*BRIT*), (air)plane (*US*)

aero'porto *sm* airport

aero'sol *sm inv* aerosol

'afa *sf* sultriness

af'fabile *ag* affable

affaccen'dato, a [affattʃen'dato] *ag* (*persona*) busy

affacci'arsi [affat'tʃarsi] *vr*: ~ (**a**) to appear (at)

affa'mato, a *ag* starving; (*fig*): ~ (**di**) eager (for)

affan'nare *vt* to leave breathless; (*fig*) to worry; **~rsi** *vr*: **~rsi per qn/qc** to worry about sb/sth; **af'fanno** *sm* breathlessness; (*fig*) anxiety, worry; **affan'noso, a** *ag* (*respiro*) difficult; (*fig*) troubled, anxious

af'fare *sm* (*faccenda*) matter, affair; (*COMM*) piece of business, (business) deal; (*occasione*) bargain; (*DIR*) case; (*fam: cosa*) thing; **~i** *smpl* (*COMM*) business *sg*; **Ministro degli A~i esteri** Foreign Secretary (*BRIT*), Secretary of State (*US*); **affa'rista, i** *sm* profiteer, unscrupulous businessman

affasci'nante [affaʃʃi'nante] *ag* fascinating

affasci'nare [affaʃʃi'nare] *vt* to bewitch; (*fig*) to charm, fascinate

affati'care *vt* to tire; **~rsi** *vr* (*durar fatica*) to tire o.s. out

af'fatto *av* completely; **non ... ~** not ... at all; **niente ~** not at all

affer'mare *vt* (*dichiarare*) to maintain, affirm; **~rsi** *vr* to assert o.s., make one's name known; **affermazi'one** *sf* affirmation, assertion; (*successo*) achievement

affer'rare *vt* to seize, grasp; (*fig: idea*) to grasp; **~rsi** *vr*: **~rsi a** to cling to

affet'tare *vt* (*tagliare a fette*) to slice; (*ostentare*) to affect; **affet'tato, a** *ag* sliced; affected ♦ *sm* sliced cold meat

affet'tivo, a *ag* emotional, affective

af'fetto *sm* affection; **affettu'oso, a** *ag* affectionate

affezio'narsi [affettsjo'narsi] *vr*: **~ a** to grow fond of

affian'care *vt* to place side by side; (MIL) to flank; (fig) to support; **~ qc a qc** to place sth next to *o* beside sth; **~rsi a qn** to stand beside sb

affia'tato, a *ag*: **essere molto ~i** to get on very well

affibbi'are *vt* (fig: dare) to give

affi'dabile *ag* reliable

affida'mento *sm* (DIR: di bambino) custody; (fiducia): **fare ~ su qn** to rely on sb; **non dà nessun ~** he's not to be trusted

affi'dare *vt*: **~ qc** *o* **qn a qn** to entrust sth *o* sb to sb; **~rsi** *vr*: **~rsi a** to place one's trust in

affievo'lirsi *vr* to grow weak

af'figgere [af'fiddʒere] *vt* to stick up, post up

affi'lare *vt* to sharpen

affili'arsi *vr*: **~ a** to become affiliated to

affi'nare *vt* to sharpen

affinché [affin'ke] *cong* in order that, so that

af'fine *ag* similar; **affinità** *sf inv* affinity

affio'rare *vi* to emerge

affissi'one *sf* billposting

af'fisso, a *pp di* **affiggere** ♦ *sm* bill, poster; (LING) affix

affit'tare *vt* (dare in affitto) to let, rent (out); (prendere in affitto) to rent; **af'fitto** *sm* rent; (contratto) lease

af'fliggere [af'fliddʒere] *vt* to torment; **~rsi** *vr* to grieve; **af'flitto, a** *pp di* **affliggere**; **afflizi'one** *sf* distress, torment

afflosci'arsi [affloʃ'farsi] *vr* to go limp

afflu'ente *sm* tributary; **afflu'enza** *sf* flow; (di persone) crowd

afflu'ire *vi* (acqua) to flow; (fig: merci, persone) to pour in; **af'flusso** *sm* influx

affo'gare *vt, vi* to drown; **~rsi** *vr* to drown; (deliberatamente) to drown o.s.

affol'lare *vt* to crowd; **~rsi** *vr* to crowd;

affol'lato, a *ag* crowded

affon'dare *vt* to sink

affran'care *vt* to free, liberate; (AMM) to redeem; (lettera) to stamp; (: meccanicamente) to frank (BRIT), meter (US); **~rsi** *vr* to free o.s.; **affranca'tura** *sf* (di francobollo) stamping; franking (BRIT), metering (US); (tassa di spedizione) postage

af'franto, a *ag* (esausto) worn out; (abbattuto) overcome

af'fresco, schi *sm* fresco

affret'tare *vt* to quicken, speed up; **~rsi** *vr* to hurry; **~rsi a fare qc** to hurry *o* hasten to do sth

affron'tare *vt* (pericolo etc) to face; (nemico) to confront; **~rsi** *vr* (reciproco) to come to blows

af'fronto *sm* affront, insult

affumi'care *vt* to fill with smoke; to blacken with smoke; (alimenti) to smoke

affuso'lato, a *ag* tapering

a'foso, a *ag* sultry, close

'Africa *sf*: **l'~** Africa; **afri'cano, a** *ag, sm/f* African

afrodi'siaco, a, ci, che *ag, sm* aphrodisiac

a'genda [a'dʒɛnda] *sf* diary

a'gente [a'dʒɛnte] *sm* agent; **~ di cambio** stockbroker; **~ di polizia** police officer; **agen'zia** *sf* agency; (succursale) branch; **agenzia di collocamento** employment agency; **agenzia immobiliare** estate agent's (office) (BRIT), real estate office (US); **agenzia pubblicitaria/viaggi** advertising/travel agency

agevo'lare [adʒevo'lare] *vt* to facilitate, make easy

a'gevole [a'dʒevole] *ag* easy; (strada) smooth

agganci'are [aggan'tʃare] *vt* to hook up; (FERR) to couple

ag'geggio [ad'dʒeddʒo] *sm* gadget, contraption

agget'tivo [addʒet'tivo] *sm* adjective

agghiacci'ante [aggjat'tʃante] *ag* chilling

agghin'darsi [aggin'darsi] *vr* to deck o.s. out

ggior'nare [addʒor'nare] *vt* (*opera, manuale*) to bring up-to-date; (*seduta etc*) to postpone; **~rsi** *vr* to bring (*o* keep) o.s. up-to-date; **aggior'nato, a** *ag* up-to-date

ggi'rare [addʒi'rare] *vt* to go round; (*fig: ingannare*) to trick; **~rsi** *vr* to wander about; **il prezzo s'aggira sul milione** the price is around the million mark

ggiudi'care [addʒudi'kare] *vt* to award; (*all'asta*) to knock down; **~rsi qc** to win sth

ggi'ungere [ad'dʒundʒere] *vt* to add; **aggi'unta** *sf* addition; **aggi'unto, a** *pp di* **aggiungere** ♦ *ag* assistant *cpd* ♦ *sm* assistant

ggius'tare [addʒus'tare] *vt* (*accomodare*) to mend, repair; (*riassettare*) to adjust; (*fig: lite*) to settle; **~rsi** *vr* (*arrangiarsi*) to make do; (*con senso reciproco*) to come to an agreement

agglome'rato *sm* (*di rocce*) conglomerate; (*di legno*) chipboard; **~ urbano** built-up area

aggrap'parsi *vr*: **~ a** to cling to

aggra'vare *vt* (*aumentare*) to increase; (*appesantire: anche fig*) to weigh down, make heavy; (*pena*) to make worse; **~rsi** *vr* to worsen, become worse

aggrazi'ato, a [aggrat'tsjato] *ag* graceful

aggre'dire *vt* to attack, assault

aggre'gare *vt*: **~ qn a qc** to admit sb to sth; **~rsi** *vr* to join; **~rsi a** to join, become a member of

aggressi'one *sf* aggression; (*atto*) attack, assault

aggres'sivo, a *ag* aggressive

aggrot'tare *vt*: **~ le sopracciglia** to frown

aggrovigli'are [aggroviʎ'ʎare] *vt* to tangle; **~rsi** *vr* (*fig*) to become complicated

agguan'tare *vt* to catch, seize

aggu'ato *sm* trap; (*imboscata*) ambush; **tendere un ~ a qn** to set a trap for sb

agguer'rito, a *ag* fierce

agi'ato, a [a'dʒato] *ag* (*vita*) easy; (*persona*) well-off, well-to-do

'agile ['adʒile] *ag* agile, nimble; **agilità** *sf* agility, nimbleness

'agio ['adʒo] *sm* ease, comfort; **mettersi a**

proprio ~ to make o.s. at home *o* comfortable

a'gire [a'dʒire] *vi* to act; (*esercitare un'azione*) to take effect; (*TECN*) to work, function; **~ contro qn** (*DIR*) to take action against sb

agi'tare [adʒi'tare] *vt* (*bottiglia*) to shake; (*mano, fazzoletto*) to wave; (*fig: turbare*) to disturb; (: *incitare*) to stir (up); (: *dibattere*) to discuss; **~rsi** *vr* (*mare*) to be rough; (*malato, dormitore*) to toss and turn; (*bambino*) to fidget; (*emozionarsi*) to get upset; (*POL*) to agitate; **agi'tato, a** *ag* rough; restless; fidgety; upset, perturbed; **agitazi'one** *sf* agitation; (*POL*) unrest, agitation; **mettere in agitazione qn** to upset *o* distress sb

'agli ['aʎʎi] *prep + det vedi* **a**

'aglio ['aʎʎo] *sm* garlic

a'gnello [aɲ'ɲello] *sm* lamb

'ago (*pl* **'aghi**) *sm* needle

ago'nia *sf* agony

ago'nistico, a, ci, che *ag* athletic; (*fig*) competitive

agoniz'zare [agonid'dzare] *vi* to be dying

agopun'tura *sf* acupuncture

a'gosto *sm* August

a'graria *sf* agriculture

a'grario, a *ag* agrarian, agricultural; (*riforma*) land *cpd*

a'gricolo, a *ag* agricultural, farm *cpd*; **agricol'tore** *sm* farmer; **agricol'tura** *sf* agriculture, farming

agri'foglio [agri'fɔʎʎo] *sm* holly

agrimen'sore *sm* land surveyor

agritu'rismo *sm* farm holidays *pl*

'agro, a *ag* sour, sharp; **~dolce** *ag* bittersweet; (*salsa*) sweet and sour

a'grume *sm* (*spesso al pl: pianta*) citrus; (: *frutto*) citrus fruit

aguz'zare [agut'tsare] *vt* to sharpen; **~ gli orecchi** to prick up one's ears

a'guzzo, a [a'guttso] *ag* sharp

'ai *prep + det vedi* **a**

'Aia *sf*: **l'~** the Hague

'aia *sf* threshing floor

AIDS *sigla f o m* AIDS

ai'rone sm heron

aiu'ola sf flower bed

aiu'tante sm/f assistant ♦ sm (MIL) adjutant; (NAUT) master-at-arms; ~ **di campo** aide-de-camp

aiu'tare vt to help; ~ **qn (a fare)** to help sb (to do)

ai'uto sm help, assistance, aid; (aiutante) assistant; **venire in ~ di qn** to come to sb's aid; ~ **chirurgo** assistant surgeon

aiz'zare [ait'tsare] vt to incite; ~ **i cani contro qn** to set the dogs on sb

al prep + det vedi **a**

'ala (pl **'ali**) sf wing; **fare ~ to** fall back, make way; ~ **destra/sinistra** (SPORT) right/left wing

'alacre ag quick, brisk

a'lano sm Great Dane

a'lare ag wing cpd

'alba sf dawn

Alba'nia sf: **l'~** Albania

'albatro sm albatross

albeggi'are [albed'dʒare] vi, vb impers to dawn

alberghi'ero, a [alber'gjɛro] ag hotel cpd

al'bergo, ghi sm hotel; ~ **della gioventù** youth hostel

'albero sm tree; (NAUT) mast; (TECN) shaft; ~ **genealogico** family tree; ~ **a gomiti** crankshaft; ~ **di Natale** Christmas tree; ~ **maestro** mainmast; ~ **di trasmissione** transmission shaft

albi'cocca, che sf apricot; **albi'cocco, chi** sm apricot tree

'albo sm (registro) register, roll; (AMM) notice board

'album sm album; ~ **da disegno** sketch book

al'bume sm albumen

'alce ['altʃe] sm elk

al'colico, a, ci, che ag alcoholic ♦ sm alcoholic drink

alcoliz'zato, a [alkolid'dzato] sm/f alcoholic

'alcool sm alcohol; **alco'olico** etc = **alcolico** etc

al'cuno, a (det: dav sm: **alcun** +C, V,

alcuno +s impura, gn, pn, ps, x, z; dav sf: **alcuna** +C, **alcun'** +V) det (nessuno): **non ... ~** no, not any; **~i, e** det pl some, a few; **non c'è ~a fretta** there's no hurry, there isn't any hurry; **senza alcun riguardo** without any consideration ♦ pron pl: **~i, e** some, a few

aldilà sm: **l'~** the after-life

alfa'beto sm alphabet

alfi'ere sm standard-bearer; (MIL) ensign; (SCACCHI) bishop

'alga, ghe sf seaweed no pl, alga

'algebra ['aldʒebra] sf algebra

Alge'ria [aldʒe'ria] sf: **l'~** Algeria

ali'ante sm (AER) glider

'alibi sm inv alibi

a'lice [a'litʃe] sf anchovy

alie'nare vt (DIR) to alienate, transfer; (rendere ostile) to alienate; **~rsi qn** to alienate sb; **alie'nato, a** ag alienated; transferred; (fuor di senno) insane ♦ sm lunatic, insane person; **alienazi'one** sf alienation; transfer; insanity

ali'eno, a ag (avverso): ~ **(da)** opposed (to), averse (to) ♦ sm/f alien

alimen'tare vt to feed; (TECN) to feed; to supply; (fig) to sustain ♦ ag food cpd; **~i** smpl foodstuffs; (anche: **negozio di ~i**) grocer's shop; **alimentazi'one** sf feeding; supplying; sustaining; (gli alimenti) diet

ali'mento sm food; **~i** smpl (cibo) food sg; (DIR) alimony

a'liquota sf share; (d'imposta) rate

alis'cafo sm hydrofoil

'alito sm breath

all. abbr (= allegato) encl.

'alla prep + det vedi **a**

allacci'are [allat'tʃare] vt (scarpe) to tie, lace (up); (cintura) to do up, fasten; (luce, gas) to connect; (amicizia) to form

alla'gare vt to flood; **~rsi** vr to flood

allar'gare vt to widen; (vestito) to let out; (aprire) to open; (fig: dilatare) to extend

allar'mare vt to alarm

al'larme sm alarm; ~ **aereo** air-raid warning

allar'mismo sm scaremongering

allat'tare *vt* to feed

alle *prep + det vedi* **a**

alle'anza [alle'antsa] *sf* alliance

alle'arsi *vr* to form an alliance; **alle'ato, a** *ag* allied ♦ *sm/f* ally

alle'gare *vt* (*accludere*) to enclose; (*DIR: citare*) to cite, adduce; (*denti*) to set on edge; **alle'gato, a** *ag* enclosed ♦ *sm* enclosure; (*di email*) attachment; **in allegato** enclosed

allegge'rire [alleddʒe'rire] *vt* to lighten, make lighter; (*fig: lavoro, tasse*) to reduce

alle'gria *sf* gaiety, cheerfulness

al'legro, a *ag* cheerful, merry; (*un po' brillo*) merry, tipsy; (*vivace: colore*) bright ♦ *sm* (*MUS*) allegro

allena'mento *sm* training

alle'nare *vt* to train; **~rsi** *vr* to train; **allena'tore** *sm* (*SPORT*) trainer, coach

allen'tare *vt* to slacken; (*disciplina*) to relax; **~rsi** *vr* to become slack; (*ingranaggio*) to work loose

aller'gia, 'gie [aller'dʒia] *sf* allergy; **al'lergico, a, ci, che** *ag* allergic

alles'tire *vt* (*cena*) to prepare; (*esercito, nave*) to equip, fit out; (*spettacolo*) to stage

allet'tare *vt* to lure, entice

alleva'mento *sm* breeding, rearing; (*luogo*) stock farm

alle'vare *vt* (*animale*) to breed, rear; (*bambino*) to bring up

allevi'are *vt* to alleviate

alli'bito, a *ag* astounded

allibra'tore *sm* bookmaker

allie'tare *vt* to cheer up, gladden

alli'evo *sm* pupil; (*apprendista*) apprentice; (*MIL*) cadet

alliga'tore *sm* alligator

alline'are *vt* (*persone, cose*) to line up; (*TIP*) to align; (*fig: economia, salari*) to adjust, align; **~rsi** *vr* to line up; (*fig: a idee*): **~rsi a** to come into line with

'allo *prep + det vedi* **a**

al'locco, a, chi, che *sm* tawny owl ♦ *sm/f* oaf

allocuzi'one [allokut'tsjone] *sf* address

al'lodola *sf* (sky)lark

alloggi'are [allod'dʒare] *vt* to accommodate ♦ *vi* to live; **al'loggio** *sm* lodging, accommodation (*BRIT*), accommodations (*US*)

allontana'mento *sm* removal; dismissal

allonta'nare *vt* to send away, send off; (*impiegato*) to dismiss; (*pericolo*) to avert, remove; (*estraniare*) to alienate; **~rsi** *vr*: **~rsi (da)** to go away (from); (*estraniarsi*) to become estranged (from)

al'lora *av* (*in quel momento*) then ♦ *cong* (*in questo caso*) well then; (*dunque*) well then, so; **la gente d'~** people then *o* in those days; **da ~ in poi** from then on

allor'ché [allor'ke] *cong* (*formale*) when, as soon as

al'loro *sm* laurel

'alluce ['allutʃe] *sm* big toe

alluci'nante [allutʃi'nante] *ag* awful; (*fam*) amazing

allucinazi'one [allutʃinat'tsjone] *sf* hallucination

al'ludere *vi*: **~ a** to allude to, hint at

allu'minio *sm* aluminium (*BRIT*), aluminum (*US*)

allun'gare *vt* to lengthen; (*distendere*) to prolong, extend; (*diluire*) to water down; **~rsi** *vr* to lengthen; (*ragazzo*) to stretch, grow taller; (*sdraiarsi*) to lie down, stretch out

allusi'one *sf* hint, allusion

al'luso, a *pp di* **alludere**

alluvi'one *sf* flood

al'meno *av* at least ♦ *cong*: (**se**) **~** if only; (**se**) **~ piovesse!** if only it would rain!

a'logeno, a [a'lɔdʒeno] *ag*: **lampada ~a** halogen lamp

a'lone *sm* halo

'Alpi *sfpl*: **le ~** the Alps

alpi'nismo *sm* mountaineering, climbing; **alpi'nista, i, e** *sm/f* mountaineer, climber

al'pino, a *ag* Alpine; mountain *cpd*

al'quanto *av* rather, a little; **~, a** *det* a certain amount of, some ♦ *pron* a certain amount; some; **~i, e** *det pl, pron pl* several, quite a few

alt *escl* halt!, stop!
alta'lena *sf* (*a funi*) swing; (*in bilico, anche fig*) seesaw
al'tare *sm* altar
alte'rare *vt* to alter, change; (*cibo*) to adulterate; (*registro*) to falsify; (*persona*) to irritate; **~rsi** *vr* to alter; (*cibo*) to go bad; (*persona*) to lose one's temper
al'terco, chi *sm* altercation, wrangle
alter'nare *vt* to alternate; **~rsi** *vr* to alternate; **alterna'tiva** *sf* alternative; **alterna'tivo, a** *ag* alternative; **alter'nato, a** *ag* alternate; (ELETTR) alternating; **alterna'tore** *sm* alternator
al'terno, a *ag* alternate; **a giorni ~i** on alternate days, every other day
al'tezza [al'tettsa] *sf* height; width, breadth; depth; pitch; (GEO) latitude; (*titolo*) highness; (*fig: nobiltà*) greatness; **essere all'~ di** to be on a level with; (*fig*) to be up to *o* equal to; **altez'zoso, a** *ag* haughty
al'ticcio, a, ci, ce [al'tittʃo] *ag* tipsy
altipi'ano *sm* = **altopiano**
alti'tudine *sf* altitude
'alto, a *ag* high; (*persona*) tall; (*tessuto*) wide, broad; (*sonno, acque*) deep; (*suono*) high(-pitched); (GEO) upper; (*: setten-trionale*) northern ♦ *sm* top (part) ♦ *av* high; (*parlare*) aloud, loudly; **il palazzo è 20 metri** the building is 20 metres high; **ad ~a voce** aloud; **a notte ~a** in the dead of night; **in ~** up, upwards; at the top; **dall'~ in** *o* **al basso** up and down; **degli ~i e bassi** (*fig*) ups and downs; **~a fedeltà** high fidelity, hi-fi; **~a finanza** high finance; **~a moda** haute couture; **~a società** high society
alto'forno *sm* blast furnace
altolo'cato, a *ag* of high rank
altopar'lante *sm* loudspeaker
altopi'ano (*pl* **altipi'ani**) *sm* plateau, upland plain
altret'tanto, a *ag, pron* as much; (*pl*) as many ♦ *av* equally; **tanti auguri! – grazie, ~** all the best! — thank you, the same to you
'altri *pron inv* (*qualcuno*) somebody; (*: in

espressioni negative*) anybody; (*un'altra persona*) another (person)
altri'menti *av* otherwise

PAROLA CHIAVE

'altro, a *det* **1** (*diverso*) other, different; **questa è un'~a cosa** that's another *o* a different thing
 2 (*supplementare*) other; **prendi un ~ cioccolatino** have another chocolate; **hai avuto ~e notizie?** have you had any more *o* any other news?
 3 (*nel tempo*): **l'~ giorno** the other day; **l'altr'anno** last year; **l'~ ieri** the day before yesterday; **domani l'~** the day after tomorrow; **quest'~ mese** next month
 4: **d'~a parte** on the other hand
 ♦ *pron* **1** (*persona, cosa diversa o supplementare*): **un ~, un'~a** another (one); **lo farà un ~** someone else will do it; **~i, e others; **gli ~i** (*la gente*) others, other people; **l'uno e l'~** both (of them); **aiutarsi l'un l'~** to help one another; **da un giorno all'~** from day to day; (*nel giro di 24 ore*) from one day to the next; (*da un momento all'altro*) any day now
 2 (*sostantivato: solo maschile*) something else; (*: in espressioni interrogative*) anything else; **non ho ~ da dire** I have nothing else *o* I don't have anything else to say; **più che ~** above all; **se non ~** at least; **tra l'~** among other things; **ci mancherebbe ~!** that's all we need!; **non faccio ~ che lavorare** I do nothing but work; **contento? – ~ che!** are you pleased? — and how!; *vedi* **senza; noialtri; voialtri; tutto**

---

al'tronde *av*: **d'~** on the other hand
al'trove *av* elsewhere, somewhere else
al'trui *ag inv* other people's ♦ *sm*: **l'~** other people's belongings *pl*
altru'ista, i, e *ag* altruistic
al'tura *sf* (*rialto*) height, high ground; (*alto mare*) open sea; **pesca d'~** deep-sea fishing
a'lunno, a *sm/f* pupil

alve'are *sm* hive

'alveo *sm* riverbed

al'zare [al'tsare] *vt* to raise, lift; (*issare*) to hoist; (*costruire*) to build, erect; **~rsi** *vr* to rise; (*dal letto*) to get up; (*crescere*) to grow tall (*o* taller); **~ le spalle** to shrug one's shoulders; **~rsi in piedi** to stand up, get to one's feet; **al'zata** *sf* lifting, raising; **un'alzata di spalle** a shrug

a'mabile *ag* lovable; (*vino*) sweet

a'maca, che *sf* hammock

amalga'mare *vt* to amalgamate

a'mante *ag*: **~ di** (*musica etc*) fond of ♦ *sm/f* lover/mistress

a'mare *vt* to love; (*amico, musica, sport*) to like

amareggi'ato, a [amared'dʒato] *ag* upset, saddened

ama'rena *sf* sour black cherry

ama'rezza [ama'rettsa] *sf* bitterness

a'maro, a *ag* bitter ♦ *sm* bitterness; (*liquore*) bitters *pl*

ambasci'ata [ambaʃ'ʃata] *sf* embassy; (*messaggio*) message; **ambascia'tore, 'trice** *sm/f* ambassador/ambassadress

ambe'due *ag inv*: **~ i ragazzi** both boys ♦ *pron inv* both

ambien'tare *vt* to acclimatize; (*romanzo, film*) to set; **~rsi** *vr* to get used to one's surroundings

ambi'ente *sm* environment; (*fig: insieme di persone*) milieu; (*stanza*) room

am'biguo, a *ag* ambiguous

am'bire *vt* (*anche: vi*: **~ a**) to aspire to

'ambito *sm* sphere, field

ambizi'one [ambit'tsjone] *sf* ambition; **ambizi'oso, a** *ag* ambitious

'ambo *ag inv* both ♦ (*al gioco*) double

'ambra *sf* amber; **~ grigia** ambergris

ambu'lante *ag* itinerant ♦ *sm* peddler

ambu'lanza [ambu'lantsa] *sf* ambulance

ambula'torio *sm* (*studio medico*) surgery

a'meno, a *ag* pleasant; (*strano*) funny

A'merica *sf*: **l'~** America; **l'~ latina** Latin America; **ameri'cano, a** *ag, sm/f* American

ami'anto *sm* asbestos

a'mica *sf vedi* **amico**

ami'chevole [ami'kevole] *ag* friendly

ami'cizia [ami'tʃittsja] *sf* friendship; **~e** *sfpl* (*amici*) friends

a'mico, a, ci, che *sm/f* friend; (*fidanzato*) boyfriend/girlfriend; **~ del cuore** *o* **intimo** bosom friend

'amido *sm* starch

ammac'care *vt* (*pentola*) to dent; (*persona*) to bruise; **~rsi** *vr* to bruise

ammaes'trare *vt* (*animale*) to train

ammai'nare *vt* to lower, haul down

amma'larsi *vr* to fall ill; **amma'lato, a** *ag* ill, sick ♦ *sm/f* sick person; (*paziente*) patient

ammali'are *vt* (*fig*) to enchant, charm

am'manco, chi *sm* deficit

ammanet'tare *vt* to handcuff

ammas'sare *vt* (*ammucchiare*) to amass; (*raccogliere*) to gather together; **~rsi** *vr* to pile up; to gather; **am'masso** *sm* mass; (*mucchio*) pile, heap; (*ECON*) stockpile

ammat'tire *vi* to go mad

ammaz'zare [ammat'tsare] *vt* to kill; **~rsi** *vr* (*uccidersi*) to kill o.s.; (*rimanere ucciso*) to be killed; **~rsi di lavoro** to work o.s. to death

am'menda *sf* amends *pl*; (*DIR, SPORT*) fine

am'messo, a *pp di* **ammettere** ♦ *cong*: **~ che** supposing that

am'mettere *vt* to admit; (*riconoscere: fatto*) to acknowledge, admit; (*permettere*) to allow, accept; (*supporre*) to suppose

ammez'zato [ammed'dzato] *sm* (*anche*: **piano ~**) mezzanine, entresol

ammic'care *vi*: **~ (a)** to wink (at)

amminis'trare *vt* to run, manage; (*REL, DIR*) to administer; **amministra'tivo, a** *ag* administrative; **amministra'tore** *sm* administrator; (*di condominio*) flats manager; **amministratore delegato** managing director; **amministrazi'one** *sf* management; administration

ammiragli'ato [ammiraʎ'ʎato] *sm* admiralty

ammi'raglio [ammi'raʎʎo] *sm* admiral

ammi'rare *vt* to admire; **ammira'tore, 'trice** *sm/f* admirer; **ammirazi'one** *sf* admiration

ammissi'one *sf* admission

ammobili'ato, a *ag* furnished

am'modo *av* properly ♦ *ag inv* respectable, nice

am'mollo *sm*: **lasciare in ~** to leave to soak

ammo'niaca *sf* ammonia

ammoni'mento *sm* warning; admonishment

ammo'nire *vt* (*avvertire*) to warn; (*rimproverare*) to admonish; (*DIR*) to caution

ammon'tare *vi*: **~ a** to amount to ♦ *sm* (*total*) amount

ammorbi'dente *sm* fabric conditioner

ammorbi'dire *vt* to soften

ammortiz'zare [ammortid'dzare] *vt* (*ECON*) to pay off, amortize; (*: spese d'impianto*) to write off; (*AUT, TECN*) to absorb, deaden; **ammortizza'tore** *sm* (*AUT, TECN*) shock-absorber

ammucchi'are [ammuk'kjare] *vt* to pile up, accumulate

ammuf'fire *vi* to go mouldy (*BRIT*) *o* moldy (*US*)

ammutina'mento *sm* mutiny

ammuto'lire *vi* to be struck dumb

amnis'tia *sf* amnesty

'amo *sm* (*PESCA*) hook; (*fig*) bait

a'modo *av* = **ammodo**

a'more *sm* love; **~i** *smpl* love affairs; **il tuo bambino è un ~** your baby's a darling; **fare l'~** *o* **all'~** to make love; **per ~ o per forza** by hook or by crook; **amor proprio** self-esteem, pride; **amo'revole** *ag* loving, affectionate

a'morfo, a *ag* amorphous; (*fig: persona*) lifeless

amo'roso, a *ag* (*affettuoso*) loving, affectionate; (*d'amore: sguardo*) amorous; (*: poesia, relazione*) love *cpd*

ampi'ezza [am'pjettsa] *sf* width, breadth; spaciousness; (*fig: importanza*) scale, size

'ampio, a *ag* wide, broad; (*spazioso*) spacious; (*abbondante: vestito*) loose; (*: gonna*) full; (*: spiegazione*) ample, full

am'plesso *sm* intercourse

ampli'are *vt* (*ingrandire*) to enlarge; (*allargare*) to widen

amplifi'care *vt* to amplify; **amplifica'tore** *sm* (*TECN, MUS*) amplifier

am'polla *sf* (*vasetto*) cruet

ampu'tare *vt* (*MED*) to amputate

amu'leto *sm* lucky charm

anabbagli'ante [anabbaʎ'ʎante] *ag* (*AUT*) dipped (*BRIT*), dimmed (*US*); **~i** *smpl* dipped (*BRIT*) *o* dimmed (*US*) headlights

a'nagrafe *sf* (*registro*) register of births, marriages and deaths; (*ufficio*) registry office (*BRIT*), office of vital statistics (*US*)

anal'colico, a, ci, che *ag* non-alcoholic ♦ *sm* soft drink

analfa'beta, i, e *ag, sm/f* illiterate

anal'gesico, a, ci, che [anal'dʒeziko] *ag, sm* analgesic

a'nalisi *sf inv* analysis; (*MED: esame*) test; **~ grammaticale** parsing; **ana'lista, i, e** *sm/f* analyst; (*PSIC*) (psycho)analyst

analiz'zare [analid'dzare] *vt* to analyse; (*MED*) to test

analo'gia, 'gie [analo'dʒia] *sf* analogy

a'nalogo, a, ghi, ghe *ag* analogous

'ananas *sm inv* pineapple

anar'chia [anar'kia] *sf* anarchy; **a'narchico, a, ci, che** *ag* anarchic(al) ♦ *sm/f* anarchist

'ANAS *sigla f* (= *Azienda Nazionale Autonoma delle Strade*) national roads department

anato'mia *sf* anatomy; **ana'tomico, a, ci, che** *ag* anatomical; (*sedile*) contoured

'anatra *sf* duck

'anca, che *sf* (*ANAT*) hip

'anche ['anke] *cong* (*inoltre, pure*) also, too; (*perfino*) even; **vengo anch'io** I'm coming too; **~ se** even if

an'cora[1] *av* still; (*di nuovo*) again; (*di più*) some more; (*persino*): **~ più forte** even stronger; **non ~** not yet; **~ una volta** once more, once again; **~ un po'** a little more; (*di tempo*) a little longer

an'cora[2] *sf* anchor; **gettare/levare l'~** to cast/weigh anchor; **anco'raggio** *sm* anchorage; **anco'rare** *vt* to anchor;

anco'rarsi *vr* to anchor
anda'mento *sm* progress, movement; course; state
an'dante *ag* (*corrente*) current; (*di poco pregio*) cheap, second-rate ♦ *sm* (*MUS*) andante
an'dare *sm*: **a lungo ~** in the long run ♦ *vi* to go; (*essere adatto*): **~ a** to suit; (*piacere*): **il suo comportamento non mi va** I don't like the way he behaves; **ti va di andare al cinema?** do you feel like going to the cinema?; **andarsene** to go away; **questa camicia va lavata** this shirt needs a wash *o* should be washed; **~ a cavallo** to ride; **~ in macchina/aereo** to go by car/plane; **~ a fare qc** to go and do sth; **~ a pescare/ sciare** to go fishing/skiing; **~ a male** to go bad; **come va?** (*lavoro, progetto*) how are things?; **come va? — bene, grazie!** how are you? — fine, thanks!; **va fatto entro oggi** it's got to be done today; **ne va della nostra vita** our lives are at stake; **an'data** *sf* going; (*viaggio*) outward journey; **biglietto di sola andata** single (*BRIT*) *o* one-way ticket; **biglietto di andata e ritorno** return (*BRIT*) *o* round-trip (*US*) ticket; **anda'tura** *sf* (*modo di andare*) walk, gait; (*SPORT*) pace; (*NAUT*) tack
an'dazzo [an'dattso] (*peg*) *sm*: **prendere un brutto ~** to take a turn for the worse
andirivi'eni *sm inv* coming and going
'andito *sm* corridor, passage
an'drone *sm* entrance hall
a'neddoto *sm* anecdote
ane'lare *vi*: **~ a** to long for, yearn for
a'nelito *sm* (*fig*): **~ di** longing *o* yearning for
a'nello *sm* ring; (*di catena*) link
a'nemico, a, ci, che *ag* anaemic
a'nemone *sm* anemone
aneste'sia *sf* anaesthesia; **anes'tetico, a, ci, che** *ag, sm* anaesthetic
anfite'atro *sm* amphitheatre
an'fratto *sm* ravine
an'gelico, a, ci, che [an'dʒɛliko] *ag* angelic(al)
'angelo ['andʒelo] *sm* angel; **~ custode**
guardian angel
anghe'ria [ange'ria] *sf* vexation
an'gina [an'dʒina] *sf* tonsillitis; **~ pectoris** angina
angli'cano, a *ag* Anglican
angli'cismo [angli'tʃizmo] *sm* anglicism
anglo'sassone *ag* Anglo-Saxon
ango'lare *ag* angular
angolazi'one [angolat'tsjone] *sf* (*FOT etc, fig*) angle
'angolo *sm* corner; (*MAT*) angle
an'goscia, sce [an'gɔʃʃa] *sf* deep anxiety, anguish *no pl*; **angosci'oso, a** *ag* (*d'angoscia*) anguished; (*che dà angoscia*) distressing, painful
angu'illa *sf* eel
an'guria *sf* watermelon
an'gustia *sf* (*ansia*) anguish, distress; (*povertà*) poverty, want
angusti'are *vt* to distress; **~rsi** *vr*: **~rsi (per)** to worry (about)
an'gusto, a *ag* (*stretto*) narrow
'anice ['anitʃe] *sm* (*CUC*) aniseed; (*BOT*) anise
a'nidride *sf* (*CHIM*): **~ carbonica/solforosa** carbon/sulphur dioxide
'anima *sf* soul; (*abitante*) inhabitant; **non c'era ~ viva** there wasn't a living soul
ani'male *sm, ag* animal; **~ domestico** pet
ani'mare *vt* to give life to, liven up; (*incoraggiare*) to encourage; **~rsi** *vr* to become animated, come to life; **ani'mato, a** *ag* animate; (*vivace*) lively, animated; (: *strada*) busy; **anima'tore, 'trice** *sm/f* guiding spirit; (*CINEMA*) animator; (*di festa*) life and soul; **animazi'one** *sf* liveliness; (*di strada*) bustle; (*CINEMA*) animation; **animazione teatrale** amateur dramatics
'animo *sm* (*mente*) mind; (*cuore*) heart; (*coraggio*) courage; (*disposizione*) character, disposition; **avere in ~ di fare qc** to intend *o* have a mind to do sth; **perdersi d'~** to lose heart
'anitra *sf* = **anatra**
anna'cquare *vt* to water down, dilute
annaffi'are *vt* to water; **annaffia'toio** *sm* watering can

an'nali *smpl* annals

annas'pare *vi* to flounder

an'nata *sf* year; (*importo annuo*) annual amount; **vino d'~** vintage wine

annebbi'are *vt* (*fig*) to cloud; **~rsi** *vr* to become foggy; (*vista*) to become dim

annega'mento *sm* drowning

anne'gare *vt, vi* to drown; **~rsi** *vr* (*accidentalmente*) to drown; (*deliberatamente*) to drown o.s.

anne'rire *vt* to blacken ♦ *vi* to become black

an'nesso, a *pp di* **annettere** ♦ *ag* attached; (*POL*) annexed; **... e tutti gli ~i e connessi** and so on and so forth

an'nettere *vt* (*POL*) to annex; (*accludere*) to attach

annichi'lire [anniki'lire] *vt* = **annichilare**

anni'darsi *vr* to nest

annien'tare *vt* to annihilate, destroy

anniver'sario *sm* anniversary

'anno *sm* year; **ha 8 ~i** he's 8 (years old)

anno'dare *vt* to knot, tie; (*fig: rapporto*) to form

annoi'are *vt* to bore; (*seccare*) to annoy; **~rsi** *vr* to be bored; to be annoyed

an'noso, a *ag* (*problema etc*) age-old

anno'tare *vt* (*registrare*) to note, note down; (*commentare*) to annotate; annotazi'one *sf* note; annotation

annove'rare *vt* to number

annu'ale *ag* annual

annu'ario *sm* yearbook

annu'ire *vi* to nod; (*acconsentire*) to agree

annul'lare *vt* to annihilate, destroy; (*contratto, francobollo*) to cancel; (*matrimonio*) to annul; (*sentenza*) to quash; (*risultati*) to declare void

annunci'are [annun'tʃare] *vt* to announce; (*dar segni rivelatori*) to herald; annuncia'tore, 'trice *sm/f* (*RADIO, TV*) announcer; **l'Annunciazi'one** *sf* the Annunciation

an'nuncio [an'nuntʃo] *sm* announcement; (*fig*) sign; **~ pubblicitario** advertisement; **~i economici** classified advertisements, small ads

'annuo, a *ag* annual, yearly

annu'sare *vt* to sniff, smell; **~ tabacco** to take snuff

'ano *sm* anus

anoma'lia *sf* anomaly

a'nomalo, a *ag* anomalous

a'nonimo, a *ag* anonymous ♦ *sm* (*autore*) anonymous writer (*o painter etc*); **società ~a** (*COMM*) joint stock company

anores'sia *sf* anorexia

anor'male *ag* abnormal ♦ *sm/f* subnormal person

ANSA *sigla f* (= *Agenzia Nazionale Stampa Associata*) press agency

'ansa *sf* (*manico*) handle; (*di fiume*) bend, loop

'ansia *sf* anxiety

ansi'età *sf* = **ansia**

ansi'mare *vi* to pant

ansi'oso, a *ag* anxious

'anta *sf* (*di finestra*) shutter; (*di armadio*) door

antago'nismo *sm* antagonism

an'tartico, a, ci, che *ag* Antarctic ♦ *sm*: **l'A~** the Antarctic

An'tartide *sf*: **l'~** Antarctica

antece'dente [antetʃe'dente] *ag* preceding, previous

ante'fatto *sm* previous events *pl*; previous history

antegu'erra *sm* pre-war period

ante'nato *sm* ancestor, forefather

an'tenna *sf* (*RADIO, TV*) aerial; (*ZOOL*) antenna, feeler; (*NAUT*) yard; **~ parabolica** satellite dish

ante'prima *sf* preview

anteri'ore *ag* (*ruota, zampa*) front; (*fatti*) previous, preceding

antia'ereo, a *ag* anti-aircraft

antia'tomico, a, ci, che *ag* anti-nuclear; **rifugio ~** fallout shelter

antibi'otico, a, ci, che *ag, sm* antibiotic

anti'camera *sf* anteroom; **fare ~** to wait (for an audience)

antichità [antiki'ta] *sf inv* antiquity; (*oggetto*) antique

antici'pare [antitʃi'pare] *vt* (*consegna,*

visita) to bring forward, anticipate; (*somma di denaro*) to pay in advance; (*notizia*) to disclose ♦ *vi* to be ahead of time; **anticipazi'one** *sf* anticipation; (*di notizia*) advance information; (*somma di denaro*) advance; **an'ticipo** *sm* anticipation; (*di denaro*) advance; **in anticipo** early, in advance

an'tico, a, chi, che *ag* (*quadro, mobili*) antique; (*dell'antichità*) ancient; **all'~a** old-fashioned

anticoncezio'nale [antikontʃettsjo'nale] *sm* contraceptive

anticonfor'mista, i, e *ag, sm/f* nonconformist

anti'corpo *sm* antibody

antidepres'sivo *sm* antidepressant

an'tidoto *sm* antidote

anti'furto *sm* anti-theft device

anti'gelo [anti'dʒelo] *ag inv*: **(liquido) ~** (*per motore*) antifreeze; (*per cristalli*) de-icer

An'tille *sfpl*: **le ~** the West Indies

antin'cendio [antin'tʃendjo] *ag inv* fire *cpd*

antio'rario [antio'rarjo] *ag*: **in senso ~** anticlockwise

anti'pasto *sm* hors d'œuvre

antipa'tia *sf* antipathy, dislike; **anti'patico, a, ci, che** *ag* unpleasant

antiquari'ato *sm* antique trade; **un oggetto d'~** an antique

anti'quario *sm* antique dealer

anti'quato, a *ag* antiquated, old-fashioned

antise'mita, i, e *ag* anti-Semitic

anti'settico, a, ci, che *ag, sm* antiseptic

antista'minico, a, ci, che *ag, sm* antihistamine

antolo'gia, 'gie [antolo'dʒia] *sf* anthology

antra'ce *sm* anthrax

anu'lare *ag* ring *cpd* ♦ *sm* third finger

'anzi ['antsi] *av* (*invece*) on the contrary; (*o meglio*) or rather, or better still

anzianità [antsjani'ta] *sf* old age; (*AMM*) seniority

anzi'ano, a [an'tsjano] *ag* old; (*AMM*) senior ♦ *sm/f* old person; senior member

anziché [antsi'ke] *cong* rather than

anzi'tutto [antsi'tutto] *av* first of all

apa'tia *sf* apathy, indifference

a'patico, a, ci, che *ag* apathetic

'ape *sf* bee

aperi'tivo *sm* apéritif

a'perto, a *pp di* aprire ♦ *ag* open; all'~ in the open (air)

aper'tura *sf* opening; (*ampiezza*) width; (*FOT*) aperture; ~ **alare** wing span

'apice ['apitʃe] *sm* apex; (*fig*) height

ap'nea *sf*: **immergersi in ~** to dive without breathing apparatus

a'postolo *sm* apostle

a'postrofo *sm* apostrophe

appa'gare *vt* to satisfy

appan'nare *vt* (*vetro*) to mist; (*vista*) to dim; ~**rsi** *vr* to mist over; to grow dim

appa'rato *sm* equipment, machinery; (*ANAT*) apparatus; ~ **scenico** (*TEATRO*) props *pl*

apparecchi'are [apparek'kjare] *vt* to prepare; (*tavola*) to set ♦ *vi* to set the table; **apparecchia'tura** *sf* equipment; (*macchina*) machine, device

appa'recchio [appa'rekkjo] *sm* device; (*aeroplano*) aircraft *inv*; ~ **televisivo/ telefonico** television set/telephone

appa'rente *ag* apparent; **appa'renza** *sf* appearance; **in** *o* **all'apparenza** apparently

appa'rire *vi* to appear; (*sembrare*) to seem, appear; **appari'scente** *ag* (*colore*) garish, gaudy; (*bellezza*) striking

ap'parso, a *pp di* apparire

apparta'mento *sm* flat (*BRIT*), apartment (*US*)

appar'tarsi *vr* to withdraw; **appar'tato, a** *ag* (*luogo*) secluded

apparte'nere *vi*: ~ **a** to belong to

appassio'nare *vt* to thrill; (*commuovere*) to move; ~**rsi a qc** to take a great interest in sth; **appassio'nato, a** *ag* passionate; (*entusiasta*): **appassionato (di)** keen (on)

appas'sire *vi* to wither

appel'larsi *vr* (*ricorrere*): ~ **a** to appeal to; (*DIR*): ~ **contro** to appeal against; **ap'pello** *sm* roll-call; (*implorazione, DIR*) appeal; **fare**

appello a to appeal to

ap'pena *av* (*a stento*) hardly, scarcely; (*solamente, da poco*) just ♦ *cong* as soon as; **(non) ~ furono arrivati ...** as soon as they had arrived ...; **~ ... che** *o* **quando** no sooner ... than

ap'pendere *vt* to hang (up)

appen'dice [appen'ditʃe] *sf* appendix; **romanzo d'~** popular serial

appendi'cite [appendi'tʃite] *sf* appendicitis

Appen'nini *smpl:* **gli ~** the Apennines

appesan'tire *vt* to make heavy; **~rsi** *vr* to grow stout

ap'peso, a *pp di* **appendere**

appe'tito *sm* appetite; **appeti'toso, a** *ag* appetising; (*fig*) attractive, desirable

appia'nare *vt* to level; (*fig*) to smooth away, iron out

appiat'tire *vt* to flatten; **~rsi** *vr* to become flatter; (*farsi piatto*) to flatten o.s.; **~rsi al suolo** to lie flat on the ground

appic'care *vt:* **~ il fuoco a** to set fire to, set on fire

appicci'care [appittʃi'kare] *vt* to stick; **~rsi** *vr* to stick; (*fig: persona*) to cling

appi'eno *av* fully

appigli'arsi [appiʎ'ʎarsi] *vr:* **~ a** (*afferrarsi*) to take hold of; (*fig*) to cling to; **ap'piglio** *sm* hold; (*fig*) pretext

appiso'larsi *vr* to doze off

applau'dire *vt, vi* to applaud; **ap'plauso** *sm* applause

appli'care *vt* to apply; (*regolamento*) to enforce; **~rsi** *vr* to apply o.s.; **applicazi'one** *sf* application; enforcement

appoggi'are [appod'dʒare] *vt* (*mettere contro*): **~ qc a qc** to lean *o* rest sth against sth; (*fig: sostenere*) to support; **~rsi** *vr:* **~rsi a** to lean against; (*fig*) to rely upon; **ap'poggio** *sm* support

appollai'arsi *vr* (*anche fig*) to perch

ap'porre *vt* to affix

appor'tare *vt* to bring

apposita'mente *av* specially; (*apposta*) on purpose

ap'posito, a *ag* appropriate

ap'posta *av* on purpose, deliberately

appos'tarsi *vr* to lie in wait

ap'prendere *vt* (*imparare*) to learn

appren'dista, i, e *sm/f* apprentice

apprensi'one *sf* apprehension; **appren'sivo, a** *ag* apprehensive

ap'presso *av* (*accanto, vicino*) close by, near; (*dietro*) behind; (*dopo, più tardi*) after, later ♦ *ag inv* (*dopo*): **il giorno ~** the next day; **~ a** (*vicino a*) near, close to

appres'tare *vt* to prepare, get ready; **~rsi** *vr:* **~rsi a fare qc** to prepare *o* get ready to do sth

ap'pretto *sm* starch

apprezza'mento [apprettsa'mento] *sm* appreciation; (*giudizio*) opinion

apprez'zare [appret'tsare] *vt* to appreciate

ap'proccio [ap'prottʃo] *sm* approach

appro'dare *vi* (NAUT) to land; (*fig*): **non ~ a nulla** to come to nothing; **ap'prodo** *sm* landing; (*luogo*) landing-place

approfit'tare *vi:* **~ di** to make the most of; (*peg*) to take advantage of

approfon'dire *vt* to deepen; (*fig*) to study in depth

appropri'ato, a *ag* appropriate

approssi'marsi *vr:* **~ a** to approach

approssima'tivo, a *ag* approximate, rough; (*impreciso*) inexact, imprecise

appro'vare *vt* (*condotta, azione*) to approve of; (*candidato*) to pass; (*progetto di legge*) to approve; **approvazi'one** *sf* approval

approvvigio'nare [approvvidʒo'nare] *vt* to supply

appunta'mento *sm* appointment; (*amoroso*) date; **darsi ~** to arrange to meet (one another)

appun'tato *sm* (CARABINIERI) corporal

ap'punto *sm* note; (*rimprovero*) reproach ♦ *av* (*proprio*) exactly, just; **per l'~!, ~!** exactly!

appu'rare *vt* to check, verify

apribot'tiglie [apribot'tiʎʎe] *sm inv* bottle opener

a'prile *sm* April

a'prire *vt* to open; (*via, cadavere*) to open

up; (gas, luce, acqua) to turn on ♦ vi to open; **~rsi** vr to open; **~rsi a qn** to confide in sb, open one's heart to sb

apris'catole sm inv tin (BRIT) o can opener

a'quario sm = **acquario**

aquila sf (ZOOL) eagle; (fig) genius

aqui'lone sm (giocattolo) kite; (vento) North wind

A'rabia Sau'dita sf: **l'~** Saudi Arabia

arabo, a ag, sm/f Arab ♦ sm (LING) Arabic

a'rachide [a'rakide] sf peanut

ara'gosta sf crayfish; lobster

a'rancia, ce [a'rantʃa] sf orange; **aranci'ata** sf orangeade; **a'rancio** sm (BOT) orange tree; (colore) orange ♦ ag inv (colore) orange; **aranci'one** ag inv: **(color) arancione** bright orange

a'rare vt to plough (BRIT), plow (US)

a'ratro sm plough (BRIT), plow (US)

a'razzo [a'rattso] sm tapestry

arbi'trare vt (SPORT) to referee; to umpire; (DIR) to arbitrate

arbi'trario, a ag arbitrary

ar'bitrio sm will; (abuso, sopruso) arbitrary act

arbitro sm arbiter, judge; (DIR) arbitrator; (SPORT) referee; (: TENNIS, CRICKET) umpire

ar'busto sm shrub

arca, che sf (sarcofago) sarcophagus; **l'~ di Noè** Noah's ark

ar'cangelo [ar'kandʒelo] sm archangel

ar'cata sf (ARCHIT, ANAT) arch; (ordine di archi) arcade

archeolo'gia [arkeolo'dʒia] sf arch(a)eology; **arche'ologo, a, gi, ghe** sm/f arch(a)eologist

ar'chetto [ar'ketto] sm (MUS) bow

architet'tare [arkitet'tare] vt (fig: ideare) to devise; (: macchinare) to plan, concoct

archi'tetto [arki'tetto] sm architect; **architet'tura** sf architecture

ar'chivio [ar'kivjo] sm archives pl; (INFORM) file

arci'ere [ar'tʃɛre] sm archer

ar'cigno, a [ar'tʃiɲɲo] ag grim, severe

arci'vescovo [artʃi'veskovo] sm archbishop

arco sm (arma, MUS) bow; (ARCHIT) arch;

(MAT) arc

arcoba'leno sm rainbow

arcu'ato, a ag curved, bent

ar'dente ag burning; (fig) burning, ardent

ardere vt, vi to burn

ar'desia sf slate

ar'dire vi to dare ♦ sm daring; **ar'dito, a** ag brave, daring, bold; (sfacciato) bold

ar'dore sm blazing heat; (fig) ardour, fervour

arduo, a ag arduous, difficult

area sf area; (EDIL) land, ground

a'rena sf arena; (per corride) bullring; (sabbia) sand

are'narsi vr to run aground

areo'plano sm = **aeroplano**

argano sm winch

argente'ria [ardʒente'ria] sf silverware, silver

Argen'tina [ardʒen'tina] sf: **l'~** Argentina; **argen'tino, a** ag, sm/f Argentinian

ar'gento [ar'dʒento] sm silver; **~ vivo** quicksilver

ar'gilla [ar'dʒilla] sf clay

argine ['ardʒine] sm embankment, bank; (diga) dyke, dike

argo'mento sm argument; (motivo) motive; (materia, tema) subject

argu'ire vt to deduce

ar'guto, a ag sharp, quick-witted; **ar'guzia** sf wit; (battuta) witty remark

aria sf air; (espressione, aspetto) air, look; (MUS: melodia) tune; (: di opera) aria; **mandare all'~ qc** to ruin o upset sth; **all'~ aperta** in the open (air)

arido, a ag arid

arieggi'are [arjed'dʒare] vt (cambiare aria) to air; (imitare) to imitate

ari'ete sm ram; (MIL) battering ram; (dello zodiaco): **A~** Aries

a'ringa, ghe sf herring inv

arista sf (CUC) chine of pork

aristo'cratico, a, ci, che ag aristocratic

arit'metica sf arithmetic

arlec'chino [arlek'kino] sm harlequin

arma, i sf weapon, arm; (parte dell'esercito) arm; **chiamare alle ~i** to call up (BRIT), draft (US); **sotto le ~i** in the army (o forces); **alle ~i!** to arms!; **~ da fuoco** firearm

ar'**madio** sm cupboard; (per abiti) wardrobe; **~ a muro** built-in cupboard

armamen'**tario** sm equipment

arma'**mento** sm (MIL) armament; (: materiale) arms pl, weapons pl; (NAUT) fitting out; manning

ar'**mare** vt to arm; (arma da fuoco) to cock; (NAUT: nave) to rig, fit out; to man; (EDIL: volta, galleria) to prop up, shore up; **~rsi** vr to arm o.s.; (MIL) to take up arms; ar'**mata** sf (MIL) army; (NAUT) fleet; arma'**tore** sm shipowner; arma'**tura** sf (struttura di sostegno) framework; (impalcatura) scaffolding; (STORIA) armour no pl, suit of armour

armeggi'**are** [armed'dʒare] vi: **~ (intorno a qc)** to mess about (with sth)

armis'**tizio** [armis'tittsjo] sm armistice

armo'**nia** sf harmony; ar'**monica, che** sf (MUS) harmonica; **~ a bocca** mouth organ; ar'**monico, a, ci, che** ag harmonic; (fig) harmonious; armoni'**oso, a** ag harmonious

armoniz'**zare** [armonid'dzare] vt to harmonize; (colori, abiti) to match ♦ vi to be in harmony; to match

ar'**nese** sm tool, implement; (oggetto indeterminato) thing, contraption; **male in ~** (malvestito) badly dressed; (di salute malferma) in poor health; (di condizioni economiche) down-at-heel

'**arnia** sf hive

a'**roma, i** sm aroma; fragrance; **~i** smpl (CUC) herbs and spices; aromatera'**pia** sf aromatherapy; aro'**matico, a, ci, che** ag aromatic; (cibo) spicy

'**arpa** sf (MUS) harp

ar'**peggio** [ar'peddʒo] sm (MUS) arpeggio

ar'**pia** sf (anche fig) harpy

arpi'**one** sm (gancio) hook; (cardine) hinge; (PESCA) harpoon

arrabat'**tarsi** vr to do all one can, strive

arrabbi'**are** vi (cane) to be affected with rabies; **~rsi** vr (essere preso dall'ira) to get

angry, fly into a rage; arrabbi'**ato, a** ag rabid, with rabies; furious, angry

arraf'**fare** vt to snatch, seize; (sottrarre) to pinch

arrampi'**carsi** vr to climb (up)

arran'**care** vi to limp, hobble

arran'**giare** [arran'dʒare] vt to arrange; **~rsi** vr to manage, do the best one can

arre'**care** vt to bring; (causare) to cause

arreda'**mento** sm (studio) interior design; (mobili etc) furnishings pl

arre'**dare** vt to furnish; arreda'**tore, 'trice** sm/f interior designer; ar'**redo** sm fittings pl, furnishings pl

ar'**rendersi** vr to surrender

arres'**tare** vt (fermare) to stop, halt; (catturare) to arrest; **~rsi** vr (fermarsi) to stop; ar'**resto** sm (cessazione) stopping; (fermata) stop; (cattura, MED) arrest; **subire un arresto** to come to a stop o standstill; **mettere agli arresti** to place under arrest; **arresti domiciliari** house arrest sg

arre'**trare** vt, vi to withdraw; arre'**trato, a** ag (lavoro) behind schedule; (paese, bambino) backward; (numero di giornale) back cpd; arretrati smpl arrears

arric'**chire** [arrik'kire] vt to enrich; **~rsi** vr to become rich

arricci'**are** [arrit'tʃare] vt to curl

ar'**ringa, ghe** sf harangue; (DIR) address by counsel

arrischi'**are** [arris'kjare] vt to risk; **~rsi** vr to venture, dare; arrischi'**ato, a** ag risky; (temerario) reckless, rash

arri'**vare** vi to arrive; (accadere) to happen, occur; **~ a** (livello, grado etc) to reach; **lui arriva a Roma alle 7** he gets to o arrives at Rome at 7; **non ci arrivo** I can't reach it; (fig: non capisco) I can't understand it

arrive'**derci** [arrive'dertʃi] escl goodbye!

arrive'**derla** escl (forma di cortesia) goodbye!

arri'**vista, i, e** sm/f go-getter

ar'**rivo** sm arrival; (SPORT) finish, finishing line

arro'**gante** ag arrogant

arro'**lare** vb = arruolare

arros'sire *vi* (*per vergogna, timidezza*) to blush, flush; (*per gioia, rabbia*) to flush

arros'tire *vt* to roast; (*pane*) to toast; (*ai ferri*) to grill

ar'rosto *sm, ag inv* roast

arro'tare *vt* to sharpen; (*investire con un veicolo*) to run over

arroto'lare *vt* to roll up

arroton'dare *vt* (*forma, oggetto*) to round; (*stipendio*) to add to; (*somma*) to round off

arrovel'larsi *vr* to rack one's brains

arruf'fare *vt* to ruffle; (*fili*) to tangle; (*fig: questione*) to confuse

arruggi'nire [arruddʒi'nire] *vt* to rust; **~rsi** *vr* to rust; (*fig*) to become rusty

arruo'lare *vt* (MIL) to enlist; **~rsi** *vr* to enlist, join up

arse'nale *sm* (MIL) arsenal; (*cantiere navale*) dockyard

'arso, a *pp di* **ardere** ♦ *ag* (*bruciato*) burnt; (*arido*) dry; **ar'sura** *sf* (*calore opprimente*) burning heat; (*siccità*) drought

'arte *sf* art; (*abilità*) skill

arte'fatto, a *ag* (*cibo*) adulterated; (*fig: modi*) artificial

ar'tefice [ar'tefitʃe] *sm/f* craftsman/woman; (*autore*) author

ar'teria *sf* artery

'artico, a, ci, che *ag* Arctic

artico'lare *ag* (ANAT) of the joints, articular ♦ *vt* to articulate; (*suddividere*) to divide, split up; **articolazi'one** *sf* articulation; (ANAT, TECN) joint

ar'ticolo *sm* article; **~ di fondo** (STAMPA) leader, leading article

'Artide *sm*: **l'~** the Arctic

artifici'ale [artifi'tʃale] *ag* artificial

arti'ficio [arti'fitʃo] *sm* (*espediente*) trick, artifice; (*ricerca di effetto*) artificiality

artigia'nato [artidʒa'nato] *sm* craftsmanship; craftsmen *pl*

artigi'ano, a [arti'dʒano] *sm/f* craftsman/woman

artiglie'ria [artiʎʎe'ria] *sf* artillery

ar'tiglio [ar'tiʎʎo] *sm* claw; (*di rapaci*) talon

ar'tista, i, e *sm/f* artist; **ar'tistico, a, ci, che** *ag* artistic

'arto *sm* (ANAT) limb

ar'trite *sf* (MED) arthritis

ar'trosi *sf* osteoarthritis

ar'zillo, a [ar'dzillo] *ag* lively, sprightly

a'scella [aʃ'ʃella] *sf* (ANAT) armpit

ascen'dente [aʃʃen'dɛnte] *sm* ancestor; (*fig*) ascendancy; (ASTR) ascendant

ascensi'one [aʃʃen'sjone] *sf* (ALPINISMO) ascent; (REL): **l'A~** the Ascension

ascen'sore [aʃʃen'sore] *sm* lift

a'scesa [aʃ'ʃesa] *sf* ascent; (*al trono*) accession

a'scesso [aʃ'ʃesso] *sm* (MED) abscess

'ascia ['aʃʃa] (*pl* **'asce**) *sf* axe

asciugaca'pelli [aʃʃugaka'pelli] *sm* hair-dryer

asciuga'mano [aʃʃuga'mano] *sm* towel

asciu'gare [aʃʃu'gare] *vt* to dry; **~rsi** *vr* to dry o.s.; (*diventare asciutto*) to dry

asci'utto, a [aʃ'ʃutto] *ag* dry; (*fig: magro*) lean; (: *burbero*) curt; **restare a bocca ~a** (*fig*) to be disappointed

ascol'tare *vt* to listen to; **ascolta'tore, 'trice** *sm/f* listener; **as'colto** *sm*: **essere o stare in ascolto** to be listening; **dare o prestare ascolto (a)** to pay attention (to)

as'falto *sm* asphalt

asfissi'are *vt* to suffocate

'Asia *sf*: **l'~** Asia; **asi'atico, a, ci, che** *ag, sm/f* Asiatic, Asian

a'silo *sm* refuge, sanctuary; **~ (d'infanzia)** nursery(-school); **~ nido** crèche; **~ politico** political asylum

'asino *sm* donkey, ass

A. S. L. *sigla f* (= *Azienda Sanitaria Locale*) *local health centre*

'asma *sf* asthma

'asola *sf* buttonhole

as'parago, gi *sm* asparagus *no pl*

aspet'tare *vt* to wait for; (*anche* COMM) to await; (*aspettarsi*) to expect ♦ *vi* to wait; **~rsi** *vr* to expect; **~ un bambino** to be expecting (a baby); **questo non me l'aspettavo** I wasn't expecting this; **aspetta'tiva** *sf* wait; expectation; **inferiore all'aspettativa** worse than expected; **essere in aspettativa** (AMM) to be on leave of absence

as'petto *sm* (*apparenza*) aspect, appearance, look; (*punto di vista*) point of view; **di bell'~** good-looking

aspi'rante *ag* (*attore etc*) aspiring ♦ *sm/f* candidate, applicant

aspira'polvere *sm inv* vacuum cleaner

aspi'rare *vt* (*respirare*) to breathe in, inhale; (*sog: apparecchi*) to suck (up) ♦ *vi*: ~ **a** to aspire to; **aspira'tore** *sm* extractor fan

aspi'rina *sf* aspirin

aspor'tare *vt* (*anche MED*) to remove, take away

'aspro, a *ag* (*sapore*) sour, tart; (*odore*) acrid, pungent; (*voce, clima, fig*) harsh; (*superficie*) rough; (*paesaggio*) rugged

assaggi'are [assad'dʒare] *vt* to taste

assag'gini [assad'dʒini] *smpl* (*CUC*) selection of first courses

as'sai *av* (*molto*) a lot, much; (*: con ag*) very; (*a sufficienza*) enough ♦ *ag inv* (*quantità*) a lot of, much; (*numero*) a lot of, many; ~ **contento** very pleased

assa'lire *vt* to attack, assail

as'salto *sm* attack, assault

assapo'rare *vt* to savour

assassi'nare *vt* to murder; to assassinate; (*fig*) to ruin; **assas'sinio** *sm* murder; assassination; **assas'sino, a** *ag* murderous ♦ *sm/f* murderer; assassin

'asse *sm* (*TECN*) axle; (*MAT*) axis ♦ *sf* board; ~ *sf* **da stiro** ironing board

assedi'are *vt* to besiege; **as'sedio** *sm* siege

asse'gnare [asseɲ'ɲare] *vt* to assign, allot; (*premio*) to award

as'segno [as'seɲɲo] *sm* allowance; (*anche*: ~ **bancario**) cheque (*BRIT*), check (*US*); **contro** ~ cash on delivery; ~ **circolare** bank draft; ~ **sbarrato** crossed cheque; ~ **di viaggio** traveller's cheque; ~ **a vuoto** dud cheque; ~**i familiari** ≈ child benefit *no pl*

assem'blea *sf* assembly

assen'nato, a *ag* sensible

as'senso *sm* assent, consent

as'sente *ag* absent; (*fig*) faraway, vacant;

as'senza *sf* absence

asses'sore *sm* (*POL*) councillor

asses'tare *vt* (*mettere in ordine*) to put in order, arrange; ~**rsi** *vr* to settle in; ~ **un colpo a qn** to deal sb a blow

asse'tato, a *ag* thirsty, parched

as'setto *sm* order, arrangement; (*NAUT, AER*) trim; **in** ~ **di guerra** on a war footing

assicu'rare *vt* (*accertare*) to ensure; (*infondere certezza*) to assure; (*fermare, legare*) to make fast, secure; (*fare un contratto di assicurazione*) to insure; ~**rsi** *vr* (*accertarsi*): ~**rsi (di)** to make sure (of); (*contro il furto etc*): ~**rsi (contro)** to insure o.s. (against); **assicu'rata** *sf* (*anche*: **lettera assicurata**) registered letter; **assicu'rato, a** *ag* insured; **assicurazi'one** *sf* assurance; insurance

assidera'mento *sm* exposure

as'siduo, a *ag* (*costante*) assiduous; (*frequentatore etc*) regular

assi'eme *av* (*insieme*) together; ~ **a** (together) with

assil'lare *vt* to pester, torment

as'sillo *sm* (*fig*) worrying thought

as'sise *sfpl* (*DIR*) assizes; **Corte** *sf* **d'A~** Court of Assizes, ≈ Crown Court (*BRIT*)

assis'tente *sm/f* assistant; ~ **sociale** social worker; ~ **di volo** (*AER*) steward/stewardess

assis'tenza [assis'tentsa] *sf* assistance; ~ **ospedaliera** free hospital treatment; ~ **sanitaria** health service; ~ **sociale** welfare services *pl*

as'sistere *vt* (*aiutare*) to assist, help; (*curare*) to treat ♦ *vi*: ~ **(a qc)** (*essere presente*) to be present (at sth), to attend (sth)

'asso *sm* ace; **piantare qn in** ~ to leave sb in the lurch

associ'are [asso'tʃare] *vt* to associate; ~**rsi** *vr* to enter into partnership; ~**rsi a** to become a member of, join; (*dolori, gioie*) to share in; ~ **qn alle carceri** to take sb to prison

associazi'one [assotʃat'tsjone] *sf* association; (*COMM*) association, society; ~ **a delinquere** (*DIR*) criminal association asso'dato, a *ag* well-founded

assogget'tare [assoddʒet'tare] *vt* to subject, subjugate

asso'lato, a *ag* sunny

assol'dare *vt* to recruit

as'solto, a *pp di* **assolvere**

assoluta'mente *av* absolutely

asso'luto, a *ag* absolute

assoluzi'one [assolut'tsjone] *sf* (*DIR*) acquittal; (*REL*) absolution

as'solvere *vt* (*DIR*) to acquit; (*REL*) to absolve; (*adempiere*) to carry out, perform

assomigli'are [assomiʎ'ʎare] *vi*: ~ **a** to resemble, look like

asson'nato, a *ag* sleepy

asso'pirsi *vr* to doze off

assor'bente *ag* absorbent ♦ *sm*: ~ **igienico** sanitary towel; ~ **interno** tampon

assor'bire *vt* to absorb

assor'dare *vt* to deafen

assorti'mento *sm* assortment

assor'tito, a *ag* assorted; matched, matching

as'sorto, a *ag* absorbed, engrossed

assottigli'are [assottiʎ'ʎare] *vt* to make thin, to thin; (*aguzzare*) to sharpen; (*ridurre*) to reduce; **~rsi** *vr* to grow thin; (*fig: ridursi*) to be reduced

assue'fare *vt* to accustom; **~rsi a** to get used to, accustom o.s. to

as'sumere *vt* (*impiegato*) to take on, engage; (*responsabilità*) to assume, take upon o.s.; (*contegno, espressione*) to assume, put on; (*droga*) to consume; as'sunto, a *pp di* **assumere** ♦ *sm* (*tesi*) proposition

assurdità *sf inv* absurdity; **dire delle ~** to talk nonsense

as'surdo, a *ag* absurd

'asta *sf* pole; (*vendita*) auction

astan'teria *sf* casualty department

as'temio, a *ag* teetotal ♦ *sm/f* teetotaller

aste'nersi *vr*: ~ (**da**) to abstain (from), refrain (from); (*POL*) to abstain (from)

aste'risco, schi *sm* asterisk

'astice ['astitʃe] *sm* lobster

asti'nenza [asti'nɛntsa] *sf* abstinence;

essere in crisi di ~ to suffer from withdrawal symptoms

'astio *sm* rancour, resentment

as'tratto, a *ag* abstract

'astro *sm* star

'astro... *prefisso*: astrolo'gia [astrolo'dʒia] *sf* astrology; as'trologo, a, ghi, ghe *sm/f* astrologer; astro'nauta, i, e *sm/f* astronaut; astro'nave *sf* space ship; astrono'mia *sf* astronomy; astro'nomico, a, ci, che *ag* astronomic(al)

as'tuccio [as'tuttʃo] *sm* case, box, holder

as'tuto, a *ag* astute, cunning, shrewd; as'tuzia *sf* astuteness, shrewdness; (*azione*) trick

A'tene *sf* Athens

ate'neo *sm* university

'ateo, a *ag, sm/f* atheist

at'lante *sm* atlas

at'lantico, a, ci, che *ag* Atlantic ♦ *sm*: **l'A~, l'Oceano A~** the Atlantic, the Atlantic Ocean

at'leta, i, e *sm/f* athlete; at'letica *sf* athletics *sg*; **atletica leggera** track and field events *pl*; **atletica pesante** weightlifting and wrestling

atmos'fera *sf* atmosphere

a'tomico, a, ci, che *ag* atomic; (*nucleare*) atomic, atom *cpd*, nuclear

'atomo *sm* atom

'atrio *sm* entrance hall, lobby

a'troce [a'trotʃe] *ag* (*che provoca orrore*) dreadful; (*terribile*) atrocious

attacca'mento *sm* (*fig*) attachment, affection

attacca'panni *sm* hook, peg; (*mobile*) hall stand

attac'care *vt* (*unire*) to attach; (*cucendo*) to sew on; (*far aderire*) to stick (on); (*appendere*) to hang (up); (*assalire: anche fig*) to attack; (*iniziare*) to begin, start; (*fig: contagiare*) to pass on ♦ *vi* to stick, adhere; **~rsi** *vr* to stick, adhere; (*trasmettersi per contagio*) to be contagious; (*afferrarsi*): **~rsi (a)** to cling (to); (*fig: affezionarsi*): **~rsi (a)** to become attached (to); ~ **discorso** to

start a conversation; at'tacco, chi *sm*
(*azione offensiva: anche fig*) attack; (*MED*)
attack, fit; (*SCI*) binding; (*ELETTR*) socket
atteggia'mento [atteddʒa'mento] *sm*
attitude
atteggi'arsi [atted'dʒarsi] *vr*: ~ a to pose as
attem'pato, a *ag* elderly
at'tendere *vt* to wait for, await ♦ *vi*: ~ a
to attend to
atten'dibile *ag* (*storia*) credible;
(*testimone*) reliable
atte'nersi *vr*: ~ a to keep *o* stick to
atten'tare *vi*: ~ a to make an attempt on;
atten'tato *sm* attack; **attentato alla vita
di qn** attempt on sb's life
at'tento, a *ag* attentive; (*accurato*) careful,
thorough; **stare ~ a qc** to pay attention to
sth; ~! be careful!
attenu'ante *sf* (*DIR*) extenuating
circumstance
attenu'are *vt* to attenuate; (*dolore, rumore*)
to lessen, deaden; (*pena, tasse*) to alleviate;
~**rsi** *vr* to ease, abate
attenzi'one [atten'tsjone] *sf* attention; ~!
watch out!, be careful!
atter'raggio [atter'raddʒo] *sm* landing
atter'rare *vt* to bring down ♦ *vi* to land
atter'rire *vt* to terrify
at'tesa *sf* waiting; (*tempo trascorso
aspettando*) wait; **essere in attesa di qc** to
be waiting for sth
at'teso, a *pp di* **attendere**
attes'tato *sm* certificate
'attico, ci *sm* attic
at'tiguo, a *ag* adjacent, adjoining
attil'lato, a *ag* (*vestito*) close-fitting
'attimo *sm* moment; **in un ~** in a moment
atti'nente *ag*: ~ a relating to, concerning
atti'rare *vt* to attract
atti'tudine *sf* (*disposizione*) aptitude;
(*atteggiamento*) attitude
atti'vare *vt* to activate; (*far funzionare*) to
set going, start
attività *sf inv* activity; (*COMM*) assets *pl*
at'tivo, a *ag* active; (*COMM*) profit-making,
credit *cpd* ♦ *sm* (*COMM*) assets *pl*; **in ~** in
credit

attiz'zare [attit'tsare] *vt* (*fuoco*) to poke
'atto *sm* act; (*azione, gesto*) action, act,
deed; (*DIR: documento*) deed, document; ~**i**
smpl (*di congressi etc*) proceedings;
mettere in ~ to put into action; **fare ~ di
fare qc** to make as if to do sth
at'tonito, a *ag* dumbfounded, astonished
attorcigli'are [attortʃiʎ'ʎare] *vt* to twist;
~**rsi** *vr* to twist
at'tore, 'trice *sm/f* actor/actress
at'torno *av* round, around, about; ~ **a**
round, around, about
at'tracco, chi *sm* (*NAUT*) docking *no pl*;
berth
attra'ente *ag* attractive
at'trarre *vt* to attract; attrat'tiva *sf* (*fig:
fascino*) attraction, charm; at'tratto, a *pp
di* **attrarre**
attraversa'mento *sm*: ~ **pedonale**
pedestrian crossing
attraver'sare *vt* to cross; (*città, bosco, fig:
periodo*) to go through; (*sog: fiume*) to run
through
attra'verso *prep* through; (*da una parte
all'altra*) across
attrazi'one [attrat'tsjone] *sf* attraction
attrez'zare [attret'tsare] *vt* to equip; (*NAUT*)
to rig; attrezza'tura *sf* equipment *no pl*,
rigging; at'trezzo *sm* tool, instrument;
(*SPORT*) piece of equipment
attribu'ire *vt*: ~ **qc a qn** (*assegnare*) to
give *o* award sth to sb; (*quadro etc*) to
attribute sth to sb; attri'buto *sm* attribute
at'trice [at'tritʃe] *sf vedi* **attore**
at'trito *sm* (*anche fig*) friction
attu'ale *ag* (*presente*) present; (*di attualità*)
topical; (*che è in atto*) actual; attualità *sf
inv* topicality; (*avvenimento*) current event;
attual'mente *av* at the moment, at
present
attu'are *vt* to carry out; ~**rsi** *vr* to be
realized
attu'tire *vt* to deaden, reduce
au'dace [au'datʃe] *ag* audacious, daring,
bold; (*provocante*) provocative; (*sfacciato*)
impudent, bold; au'dacia *sf* audacity,
daring; boldness; provocativeness;

impudence

audiovi'sivo, a *ag* audiovisual

audizi'one [audit'tsjone] *sf* hearing; (*MUS*) audition

'**auge** ['audʒe] *sf*: **in ~** popular

augu'rare *vt* to wish; **~rsi qc** to hope for sth

au'gurio *sm* (*presagio*) omen; (*voto di benessere etc*) (good) wish; **essere di buon/cattivo ~** to be of good omen/be ominous; **fare gli ~i a qn** to give sb one's best wishes; **tanti ~i!** all the best!

'**aula** *sf* (*scolastica*) classroom; (*universitaria*) lecture theatre; (*di edificio pubblico*) hall

aumen'tare *vt, vi* to increase; **au'mento** *sm* increase

au'reola *sf* halo

au'rora *sf* dawn

ausili'are *ag, sm, sm/f* auxiliary

aus'picio [aus'pitʃo] *sm* omen; (*protezione*) patronage; **sotto gli ~i di** under the auspices of

aus'tero, a *ag* austere

Aus'tralia *sf*: **l'~** Australia; **australi'ano, a** *ag, sm/f* Australian

'**Austria** *sf*: **l'~** Austria; **aus'triaco, a, ci, che** *ag, sm/f* Austrian

au'tentico, a, ci, che *ag* authentic, genuine

au'tista, i *sm* driver

'**auto** *sf inv* car

autoabbronzante *sm, ag* self-tan

autoade'sivo, a *ag* self-adhesive ♦ *sm* sticker

autobiogra'fia *sf* autobiography

auto'botte *sf* tanker

'**autobus** *sm inv* bus

auto'carro *sm* lorry (*BRIT*), truck

autocorri'era *sf* coach, bus

au'tografo, a *ag, sm* autograph

auto'grill ® *sm inv* motorway restaurant

autogrù *sf inv* breakdown van

auto'linea *sf* bus company

au'toma, i *sm* automaton

auto'matico, a, ci, che *ag* automatic ♦ *sm* (*bottone*) snap fastener; (*fucile*) automatic

automazi'one [automat'tsjone] *sf* automation

auto'mezzo [auto'mɛddzo] *sm* motor vehicle

auto'mobile *sf* (motor) car

automobi'lista, i, e *sm/f* motorist

autono'leggio *sm* car hire

autono'mia *sf* autonomy; (*di volo*) range

au'tonomo, a *ag* autonomous, independent

autop'sia *sf* post-mortem, autopsy

auto'radio *sf inv* (*apparecchio*) car radio; (*autoveicolo*) radio car

au'tore, 'trice *sm/f* author

auto'revole *ag* authoritative; (*persona*) influential

autori'messa *sf* garage

autorità *sf inv* authority

autoriz'zare [autorid'dzare] *vt* (*permettere*) to authorize; (*giustificare*) to allow, sanction; **autorizzazi'one** *sf* authorization

autoscu'ola *sf* driving school

autos'top *sm* hitchhiking; **autostop'pista, i, e** *sm/f* hitchhiker

autos'trada *sf* motorway (*BRIT*), highway (*US*)

auto'treno *sm* articulated lorry (*BRIT*), semi (trailer) (*US*)

autove'icolo *sm* motor vehicle

auto'velox ® *sm inv* (police) speed camera

autovet'tura *sf* (motor) car

au'tunno *sm* autumn

avam'braccio [avam'brattʃo] (*pl* (*f*) **-cia**) *sm* forearm

avangu'ardia *sf* vanguard

a'vanti *av* (*stato in luogo*) in front; (*moto: andare, venire*) forward; (*tempo: prima*) before ♦ *prep* (*luogo*): **~ a** before, in front of; (*tempo*): **~ Cristo** before Christ ♦ *escl* (*entrate*) come (o go) in!; (*MIL*) forward!; (*coraggio*) come on! ♦ *sm inv* (*SPORT*) forward; **~ e indietro** backwards and forwards; **andare ~** to go forward; (*continuare*) to go on; (*precedere*) to go (on) ahead; (*orologio*) to be fast; **essere ~ negli studi** to be well advanced with one's studies

avanza'mento [avantsa'mento] *sm* progress; promotion

avan'zare [avan'tsare] *vt* (*spostare in avanti*) to move forward, advance; (*domanda*) to put forward; (*promuovere*) to promote; (*essere creditore*): **~ qc da qn** to be owed sth by sb ♦ *vi* (*andare avanti*) to move forward, advance; (*progredire*) to make progress; (*essere d'avanzo*) to be left, remain; **avan'zata** *sf* (MIL) advance; **a'vanzo** *sm* (*residuo*) remains *pl*, left-overs *pl*; (MAT) remainder; (COMM) surplus; **averne d'avanzo di qc** to have more than enough of sth; **avanzo di galera** jailbird

ava'ria *sf* (*guasto*) damage; (: *meccanico*) breakdown

a'varo, a *ag* avaricious, miserly ♦ *sm* miser

a'vena *sf* oats *pl*

PAROLA CHIAVE
---

a'vere *sm* (COMM) credit; **gli ~i** (*ricchezze*) wealth *sg*

♦ *vt* **1** (*possedere*) to have; **ha due bambini/una bella casa** she has (got) two children/a lovely house; **ha i capelli lunghi** he has (got) long hair; **non ho da mangiare/bere** I've (got) nothing to eat/drink, I don't have anything to eat/drink

2 (*indossare*) to wear, have on; **aveva una maglietta rossa** he was wearing *o* he had on a red tee-shirt; **ha gli occhiali** he wears *o* has glasses

3 (*ricevere*) to get; **hai avuto l'assegno?** did you get *o* have you had the cheque?

4 (*età, dimensione*) to be; **ha 9 anni** he is 9 (years old); **la stanza ha 3 metri di lunghezza** the room is 3 metres in length; *vedi* **fame**; **paura** *etc*

5 (*tempo*): **quanti ne abbiamo oggi?** what's the date today?; **ne hai per molto?** will you be long?

6 (*fraseologia*): **avercela con qn** to be angry with sb; **cos'hai?** what's wrong *o* what's the matter (with you)?; **non ha niente a che vedere** *o* **fare con me** it's got nothing to do with me

♦ *vb aus* **1** to have; **aver bevuto/**

mangiato to have drunk/eaten

2 (+*da* +*infinito*): **~ da fare qc** to have to do sth; **non hai che da chiederlo** you only have to ask him

---

'avi *smpl* ancestors, forefathers

aviazi'one [avjat'tsjone] *sf* aviation; (MIL) air force

avidità *sf* eagerness; greed

'avido, a *ag* eager; (*peg*) greedy

avo'cado *sm* avocado

a'vorio *sm* ivory

Avv. *abbr* = **avvocato**

avvalla'mento *sm* sinking *no pl*; (*effetto*) depression

avvalo'rare *vt* to confirm

avvam'pare *vi* (*incendio*) to flare up

avvantaggi'are [avvantad'dʒare] *vt* to favour; **~rsi** *vr*: **~rsi negli affari/sui concorrenti** to get ahead in business/of one's competitors

avvele'nare *vt* to poison

avve'nente *ag* attractive, charming

avveni'mento *sm* event

avve'nire *vi, vb impers* to happen, occur ♦ *sm* future

avven'tarsi *vr*: **~ su** *o* **contro qn/qc** to hurl o.s. *o* rush at sb/sth

avven'tato, a *ag* rash, reckless

avven'tizio, a [avven'tittsjo] *ag* (*impiegato*) temporary; (*guadagno*) casual

av'vento *sm* advent, coming; (REL): **l'A~** Advent

avven'tore *sm* (regular) customer

avven'tura *sf* adventure; (*amorosa*) affair

avventu'rarsi *vr* to venture

avventu'roso, a *ag* adventurous

avve'rarsi *vr* to come true

av'verbio *sm* adverb

avver'sario, a *ag* opposing ♦ *sm* opponent, adversary

av'verso, a *ag* (*contrario*) contrary; (*sfavorevole*) unfavourable

avver'tenza [avver'tentsa] *sf* (*ammonimento*) warning; (*cautela*) care; (*premessa*) foreword; **~e** *sfpl* (*istruzioni per l'uso*) instructions

avverti'mento *sm* warning

avver'tire *vt* (*avvisare*) to warn; (*rendere consapevole*) to inform, notify; (*percepire*) to feel

av'vezzo, a [av'vettso] *ag*: ~ **a** used to

avvia'mento *sm* (*atto*) starting; (*effetto*) start; (*AUT*) starting; (*: dispositivo*) starter; (*COMM*) goodwill

avvi'are *vt* (*mettere sul cammino*) to direct; (*impresa, trattative*) to begin, start; (*motore*) to start; **~rsi** *vr* to set off, set out

avvicen'darsi [avvit∫en'darsi] *vr* to alternate

avvici'nare [avvit∫i'nare] *vt* to bring near; (*trattare con: persona*) to approach; **~rsi** *vr*: **~rsi (a qn/qc)** to approach (sb/sth), draw near (to sb/sth)

avvi'lire *vt* (*umiliare*) to humiliate; (*degradare*) to disgrace; (*scoraggiare*) to dishearten, discourage; **~rsi** *vr* (*abbattersi*) to lose heart

avvilup'pare *vt* (*avvolgere*) to wrap up

avvinaz'zato, a [avvinat'tsato] *ag* drunk

avvin'cente *ag* captivating

av'vincere [av'vint∫ere] *vt* to charm, enthral

avvinghi'are [avvin'gjare] *vt* to clasp; **~rsi** *vr*: **~rsi a** to cling to

avvi'sare *vt* (*far sapere*) to inform; (*mettere in guardia*) to warn; **av'viso** *sm* warning; (*annuncio*) announcement; (*: affisso*) notice; (*inserzione pubblicitaria*) advertisement; **a mio avviso** in my opinion; **avviso di chiamata** (*TEL*) call waiting service

avvis'tare *vt* to sight

avvi'tare *vt* to screw down (*o in*)

avviz'zire [avvit'tsire] *vi* to wither

avvo'cato, 'essa *sm/f* (*DIR*) barrister (*BRIT*), lawyer; (*fig*) defender, advocate

av'volgere [av'vold3ere] *vt* to roll up; (*avviluppare*) to wrap up; **~rsi** *vr* (*avvilupparsi*) to wrap o.s. up;

avvol'gibile *sm* roller blind (*BRIT*), blind

avvol'toio *sm* vulture

azi'enda [ad'dzjenda] *sf* business, firm, concern; **~ agricola** farm

azio'nare [attsjo'nare] *vt* to activate

azi'one [at'tsjone] *sf* action; (*COMM*) share; **azio'nista, i, e** *sm/f* (*COMM*) shareholder

a'zoto [ad'dzoto] *sm* nitrogen

azzan'nare [attsan'nare] *vt* to sink one's teeth into

azzar'darsi [addzar'darsi] *vr*: **~ a fare** to dare (to) do; **azzar'dato, a** *ag* (*impresa*) risky; (*risposta*) rash

az'zardo [ad'dzardo] *sm* risk

azzec'care [attsek'kare] *vt* (*risposta etc*) to get right

azzuf'farsi [attsuf'farsi] *vr* to come to blows

az'zurro, a [ad'dzurro] *ag* blue ♦ *sm* (*colore*) blue; **gli ~i** (*SPORT*) the Italian national team

B, b

bab'beo *sm* simpleton

'babbo *sm* (*fam*) dad, daddy; **B~ Natale** Father Christmas

bab'buccia, ce [bab'buttʃa] *sf* slipper; (*per neonati*) bootee

ba'bordo *sm* (*NAUT*) port side

ba'cato, a *ag* worm-eaten, rotten

'bacca, che *sf* berry

baccalà *sm* dried salted cod; (*fig: peg*) dummy

bac'cano *sm* din, clamour

bac'cello [bat'tʃello] *sm* pod

bac'chetta [bak'ketta] *sf* (*verga*) stick, rod; (*di direttore d'orchestra*) baton; (*di tamburo*) drumstick; **~ magica** magic wand

baci'are [ba'tʃare] *vt* to kiss; **~rsi** *vr* to kiss (one another)

baci'nella [batʃi'nella] *sf* basin

ba'cino [ba'tʃino] *sm* basin; (*MINERALOGIA*) field, bed; (*ANAT*) pelvis; (*NAUT*) dock

'bacio ['batʃo] *sm* kiss

'baco, chi *sm* worm; **~ da seta** silkworm

ba'dare *vi* (*fare attenzione*) to take care, be careful; (*occuparsi di*): **~ a** to look after, take care of; (*dar ascolto*): **~ a** to pay attention to; **bada ai fatti tuoi!** mind your

own business!
ba'dia *sf* abbey
ba'dile *sm* shovel
'baffi *smpl* moustache *sg*; (*di animale*) whiskers; **ridere sotto i ~** to laugh up one's sleeve; **leccarsi i ~** to lick one's lips
ba'gagli [ba'gaʎʎi] *smpl* luggage *sg*; **fare i ~** to pack
bagagli'aio [bagaʎ'ʎajo] *sm* luggage van (*BRIT*) *o* car (*US*); (*AUT*) boot (*BRIT*), trunk (*US*)
bagli'ore [baʎ'ʎore] *sm* flash, dazzling light; **un ~ di speranza** a ray of hope
ba'gnante [baɲ'ɲante] *sm/f* bather
ba'gnare [baɲ'ɲare] *vt* to wet; (*inzuppare*) to soak; (*innaffiare*) to water; (*sog: fiume*) to flow through; (: *mare*) to wash, bathe; **~rsi** *vr* to get wet; (*al mare*) to go swimming *o* bathing; (*in vasca*) to have a bath
ba'gnato, a [baɲ'ɲato] *ag* wet
ba'gnino [baɲ'ɲino] *sm* lifeguard
'bagno ['baɲɲo] *sm* bath; (*locale*) bathroom; **~i** *smpl* (*stabilimento*) baths; **fare il ~** to have a bath; (*nel mare*) to go swimming *o* bathing; **fare il ~ a qn** to give sb a bath; **mettere a ~** to soak; **~ schiuma** bubble bath
bagnoma'ria [baɲɲoma'ria] *sm*: **cuocere a ~** to cook in a double saucepan
'baia *sf* bay
baio'netta *sf* bayonet
balbet'tare *vi* to stutter, stammer; (*bimbo*) to babble ♦ *vt* to stammer out
balbuzi'ente [balbut'tsjɛnte] *ag* stuttering, stammering
bal'cone *sm* balcony
baldac'chino [baldak'kino] *sm* canopy
bal'danza [bal'dantsa] *sf* self-confidence
'baldo, a *ag* bold, daring
bal'doria *sf*: **fare ~** to have a riotous time
ba'lena *sf* whale
bale'nare *vb impers*: **balena** there's lightning ♦ *vi* to flash; **mi balenò un'idea** an idea flashed through my mind; **ba'leno** *sm* flash of lightning; **in un baleno** in a flash

ba'lestra *sf* crossbow
ba'lia *sf*: **in ~ di** at the mercy of
'balla *sf* (*di merci*) bale; (*fandonia*) (tall) story
bal'lare *vt, vi* to dance; **bal'lata** *sf* ballad
balle'rina *sf* dancer; ballet dancer; (*scarpa*) ballet shoe
balle'rino *sm* dancer; ballet dancer
bal'letto *sm* ballet
'ballo *sm* dance; (*azione*) dancing *no pl*; **essere in ~** (*fig: persona*) to be involved; (: *cosa*) to be at stake
ballot'taggio [ballot'taddʒo] *sm* (*POL*) second ballot
balne'are *ag* seaside *cpd*; (*stagione*) bathing
balneazi'one *sf* bathing; **è vietata la ~** bathing strictly prohibited
ba'locco, chi *sm* toy
ba'lordo, a *ag* stupid, senseless
'balsamo *sm* (*aroma*) balsam; (*lenimento, fig*) balm
balu'ardo *sm* bulwark
'balza ['baltsa] *sf* (*dirupo*) crag; (*di stoffa*) frill
bal'zare [bal'tsare] *vi* to bounce; (*lanciarsi*) to jump, leap; **'balzo** *sm* bounce; jump, leap; (*del terreno*) crag
bam'bagia [bam'badʒa] *sf* (*ovatta*) cotton wool (*BRIT*), absorbent cotton (*US*); (*cascame*) cotton waste
bam'bina *sf, ag vedi* **bambino**
bambi'naia *sf* nanny, nurse(maid)
bam'bino, a *sm/f* child
bam'boccio [bam'bɔttʃo] *sm* plump child; (*pupazzo*) rag doll
'bambola *sf* doll
bambù *sm* bamboo
ba'nale *ag* banal, commonplace
ba'nana *sf* banana; **ba'nano** *sm* banana tree
'banca, che *sf* bank; **~ dei dati** data bank
banca'rella *sf* stall
ban'cario, a *ag* banking, bank *cpd* ♦ *sm* bank clerk
banca'rotta *sf* bankruptcy; **fare ~** to go bankrupt

ban'chetto [ban'ketto] *sm* banquet

banchi'ere [ban'kjere] *sm* banker

ban'china [ban'kina] *sf (di porto)* quay; *(per pedoni, ciclisti)* path; *(di stazione)* platform; ~ cedevole *(AUT)* soft verge *(BRIT) o* shoulder *(US)*

'banco, chi *sm* bench; *(di negozio)* counter; *(di mercato)* stall; *(di officina)* (work-)bench; *(GEO, banca)* bank; ~ di corallo coral reef; ~ degli imputati dock; ~ dei pegni pawnshop; ~ di prova *(fig)* testing ground; ~ dei testimoni witness box

'Bancomat ® *sm inv* automated banking; *(tessera)* cash card

banco'nota *sf* banknote

'banda *sf* band; *(di stoffa)* band, stripe; *(lato, parte)* side; ~ perforata punch tape

bande'ruola *sf (METEOR)* weathercock

bandi'era *sf* flag, banner

ban'dire *vt* to proclaim; *(esiliare)* to exile; *(fig)* to dispense with

ban'dito *sm* outlaw, bandit

bandi'tore *sm (di aste)* auctioneer

'bando *sm* proclamation; *(esilio)* exile, banishment; ~ alle chiacchiere! that's enough talk!

'bandolo *sm:* il ~ della matassa *(fig)* the key to the problem

bar *sm inv* bar

'bara *sf* coffin

ba'racca, che *sf* shed, hut; *(peg)* hovel; mandare avanti la ~ to keep things going

bara'onda *sf* hubbub, bustle

ba'rare *vi* to cheat

'baratro *sm* abyss

barat'tare *vt:* ~ qc con to barter sth for, swap sth for; ba'ratto *sm* barter

ba'rattolo *sm (di latta)* tin; *(di vetro)* jar; *(di coccio)* pot

'barba *sf* beard; farsi la ~ to shave; farla in ~ a qn *(fig)* to do sth to sb's face; che ~! what a bore!

barbabi'etola *sf* beetroot *(BRIT)*, beet *(US)*; ~ da zucchero sugar beet

bar'barico, a, ci, che *ag* barbarian; barbaric

'barbaro, a *ag* barbarous; ~i *smpl* barbarians

barbi'ere *sm* barber

bar'bone *sm (cane)* poodle; *(vagabondo)* tramp

bar'buto, a *ag* bearded

'barca, che *sf* boat; ~ a remi rowing boat; ~ a vela sail(ing) boat; barcai'olo *sm* boatman

barcol'lare *vi* to stagger

bar'cone *sm (per ponti di barche)* pontoon

ba'rella *sf (lettiga)* stretcher

ba'rile *sm* barrel, cask

ba'rista, i, e *sm/f* barman/maid; *(proprietario)* bar owner

ba'ritono *sm* baritone

bar'lume *sm* glimmer, gleam

ba'rocco, a, chi, che *ag, sm* baroque

ba'rometro *sm* barometer

ba'rone *sm* baron; baro'nessa *sf* baroness

'barra *sf* bar; *(NAUT)* helm; *(linea grafica)* line, stroke; *(obliqua)* slash

barri'care *vt* to barricade; barri'cata *sf* barricade

barri'era *sf* barrier; *(GEO)* reef

ba'ruffa *sf* scuffle

barzel'letta [bardzel'letta] *sf* joke, funny story

ba'sare *vt* to base, found; ~rsi *vr:* ~rsi su *(sog: fatti, prove)* to be based *o* founded on; *(: persona)* to base one's arguments on

'basco, a, schi, sche *ag* Basque ♦ *sm (copricapo)* beret

'base *sf* base; *(fig: fondamento)* basis; *(POL)* rank and file; di ~ basic; in ~ a on the basis of, according to; a ~ di caffè coffee-based

ba'setta *sf* sideburn

ba'silica, che *sf* basilica

ba'silico *sm* basil

bassi'fondi *smpl:* i ~ the slums

bas'sista *sm/f* bass player

'basso, a *ag* low; *(di statura)* short; *(meridionale)* southern ♦ *sm* bottom, lower part; *(MUS)* bass; la ~a Italia southern Italy

bassorili'evo *sm* bas-relief

'basta *escl* (that's) enough!, that will do!

bas'tardo, a *ag (animale, pianta)* hybrid,

crossbreed; (*persona*) illegitimate, bastard (*peg*) ♦ *sm/f* illegitimate child, bastard (*peg*)

bas'tare *vi, vb impers* to be enough, be sufficient; **~ a qn** to be enough for sb; **basta chiedere** *o* **che chieda a un vigile** you have only to *o* need only ask a policeman

basti'mento *sm* ship, vessel

basto'nare *vt* to beat, thrash

baston'cino [baston'tʃino] *sm* (*SCI*) ski pole; **~i di pesce** fish fingers

bas'tone *sm* stick; **~ da passeggio** walking stick

bat'taglia [bat'taʎʎa] *sf* battle; fight

bat'taglio [bat'taʎʎo] *sm* (*di campana*) clapper; (*di porta*) knocker

battagli'one [battaʎ'ʎone] *sm* battalion

bat'tello *sm* boat

bat'tente *sm* (*imposta: di porta*) wing, flap; (*: di finestra*) shutter; (*batacchio: di porta*) knocker; (*: di orologio*) hammer; **chiudere i ~i** (*fig*) to shut up shop

'battere *vt* to beat; (*grano*) to thresh; (*percorrere*) to scour ♦ *vi* (*bussare*) to knock; (*urtare*): **~ contro** to hit *o* strike against; (*pioggia, sole*) to beat down; (*cuore*) to beat; (*TENNIS*) to serve; **~rsi** *vr* to fight; **~ le mani** to clap; **~ i piedi** to stamp one's feet; **~ a macchina** to type; **~ bandiera italiana** to fly the Italian flag; **~ in testa** (*AUT*) to knock; **in un batter d'occhio** in the twinkling of an eye

bat'teri *smpl* bacteria

batte'ria *sf* battery; (*MUS*) drums *pl*

batte'rista *sm/f* drummer

bat'tesimo *sm* (*rito*) baptism; christening

battez'zare [batted'dzare] *vt* to baptize; to christen

batticu'ore *sm* palpitations *pl*

batti'mano *sm* applause

batti'panni *sm inv* carpet-beater

battis'tero *sm* baptistry

battis'trada *sm inv* (*di pneumatico*) tread; (*di gara*) pacemaker

battitap'peto *sm* vacuum cleaner

'battito *sm* beat, throb; **~ cardiaco**

heartbeat

bat'tuta *sf* blow; (*di macchina da scrivere*) stroke; (*MUS*) bar; beat; (*TEATRO*) cue; (*frase spiritosa*) witty remark; (*di caccia*) beating; (*POLIZIA*) combing, scouring; (*TENNIS*) service

ba'ule *sm* trunk; (*AUT*) boot (*BRIT*), trunk (*US*)

'bava *sf* (*di animale*) slaver, slobber; (*di lumaca*) slime; (*di vento*) breath

bava'glino [bava'ʎʎino] *sm* bib

ba'vaglio [ba'vaʎʎo] *sm* gag

'bavero *sm* collar

Bavi'era *sf* Bavaria

ba'zar [bad'dzar] *sm inv* bazaar

baz'zecola [bad'dzekola] *sf* trifle

bazzi'care [battsi'kare] *vt* to frequent ♦ *vi*: **~ in/con** to frequent

BCE *sigla f* (= *Banca Centrale Europa*) ECB

be'ato, a *ag* blessed; (*fig*) happy; **~ te!** lucky you!

bebè *sm inv* baby

bec'caccia, ce [bek'kattʃa] *sf* woodcock

bec'care *vt* to peck; (*fig: raffreddore*) to catch; **~rsi qc** to catch sth

bec'cata *sf* peck

becheggi'are [bekked'dʒare] *vi* to pitch

bec'chino [bek'kino] *sm* gravedigger

'becco, chi *sm* beak, bill; (*di caffettiera etc*) spout; lip

Be'fana *sf see box*; (*Epifania*) Epiphany; (*donna brutta*): **b~** hag, witch

---
Befana

ℹ️ The **Befana** is a national holiday on the feast of the Epiphany. It takes its name from a legendary old woman, **la Befana**, who comes down the chimney during the night leaving gifts for children who have been good, and coal for those who have not.

'beffa *sf* practical joke; **farsi ~e di qn** to make a fool of sb; **bef'fardo, a** *ag* scornful, mocking; **bef'fare** *vt* (*anche*: **beffarsi di**) to make a fool of, mock

'bega, ghe *sf* quarrel

'begli ['bɛʎʎi] ag vedi bello
'bei ag vedi bello
bel ag vedi bello
be'lare vi to bleat
'belga, gi, ghe ag, sm/f Belgian
'Belgio ['bɛldʒo] sm: il ~ Belgium
bel'lezza [bel'lettsa] sf beauty
'bella sf (SPORT) decider; vedi anche bello

PAROLA CHIAVE

'bello, a (ag: dav sm bel +C, bell' +V,
bello +s impura, gn, pn, ps, x, z, pl bei +C,
begli +s impura etc o V) ag 1 (oggetto,
donna, paesaggio) beautiful, lovely; (uomo)
handsome; (tempo) beautiful, fine, lovely;
le belle arti fine arts
2 (quantità): una ~a cifra a considerable
sum of money; un bel niente absolutely
nothing
3 (rafforzativo): è una truffa ~a e buona!
it's a real fraud!; è bell'e finito it's already
finished
♦ sm 1 (bellezza) beauty; (tempo) fine
weather
2: adesso viene il ~ now comes the best
bit; sul più ~ at the crucial point; cosa fai
di ~? are you doing anything interesting?
♦ av: fa ~ the weather is fine, it's fine

'belva sf wild animal
belve'dere sm inv panoramic viewpoint
benché [ben'ke] cong although
'benda sf bandage; (per gli occhi) blindfold;
ben'dare vt to bandage; to blindfold
'bene av well; (completamente, affatto): è
ben difficile it's very difficult ♦ ag inv:
gente ~ well-to-do people ♦ sm good; ~i
smpl (averi) property sg, estate sg; io sto
~/poco ~ I'm well/not very well; va ~ all
right; volere un ~ dell'anima a qn to love
sb very much; un uomo per ~ a
respectable man; fare ~ to do the right
thing; fare ~ a (salute) to be good for; fare
del ~ a qn to do sb a good turn; ~i di
consumo consumer goods
bene'detto, a pp di benedire ♦ ag
blessed, holy

bene'dire vt to bless; to consecrate;
benedizi'one sf blessing
benedu'cato, a ag well-mannered
benefi'cenza [benefi'tʃɛntsa] sf charity
bene'ficio [bene'fitʃo] sm benefit; con ~
d'inventario (fig) with reservations
be'nefico, a, ci, che ag beneficial;
charitable
beneme'renza [beneme'rɛntsa] sf merit
bene'merito, a ag meritorious
be'nessere sm well-being
benes'tante ag well-to-do
benes'tare sm consent, approval
be'nevolo, a ag benevolent
be'nigno, a [be'niɲɲo] ag kind, kindly;
(critica etc) favourable; (MED) benign
benin'teso av of course
bensì cong but (rather)
benve'nuto, a ag, sm welcome; dare il ~
a qn to welcome sb
ben'zina [ben'dzina] sf petrol (BRIT), gas
(US); fare ~ to get petrol (BRIT) o gas (US); ~
verde unleaded (petrol); benzi'naio sm
petrol (BRIT) o gas (US) pump attendant
'bere vt to drink; darla a ~ a qn (fig) to
fool sb
ber'lina sf (AUT) saloon (car) (BRIT), sedan
(US)
Ber'lino sf Berlin
ber'noccolo sm bump; (inclinazione) flair
ber'retto sm cap
bersagli'are [bersaʎ'ʎare] vt to shoot at;
(colpire ripetutamente, fig) to bombard
ber'saglio [ber'saʎʎo] sm target
bes'temmia sf curse; (REL) blasphemy
bestemmi'are vi to curse, swear; to
blaspheme ♦ vt to curse, swear at; to
blaspheme
'bestia sf animal; andare in ~ (fig) to fly
into a rage; besti'ale ag beastly; animal
cpd; (fam): fa un freddo bestiale it's
bitterly cold; besti'ame sm livestock;
(bovino) cattle pl
'bettola (peg) sf dive
be'tulla sf birch
be'vanda sf drink, beverage
bevi'tore, 'trice sm/f drinker

be'vuta sf drink

be'vuto, a pp di bere

bi'ada sf fodder

bianche'ria [bjanke'ria] sf linen; ~ intima underwear; ~ da donna ladies' underwear, lingerie

bi'anco, a, chi, che ag white; (non scritto) blank ♦ sm white; (intonaco) whitewash ♦ sm/f white, white man/woman; in ~ (foglio, assegno) blank; (notte) sleepless; in ~ e nero (TV, FOT) black and white; mangiare in ~ to follow a bland diet; pesce in ~ boiled fish; andare in ~ (non riuscire) to fail; ~ dell'uovo egg-white

biasi'mare vt to disapprove of, censure

bi'asimo sm disapproval, censure

'bibbia sf (anche fig) bible

bibe'ron sm inv feeding bottle

'bibita sf (soft) drink

biblio'teca, che sf library; (mobile) bookcase; bibliote'cario, a sm/f librarian

bicarbo'nato sm: ~ (di sodio) bicarbonate (of soda)

bicchi'ere [bik'kjere] sm glass

bici'cletta [bitʃi'kletta] sf bicycle; andare in ~ to cycle

bidé sm inv bidet

bi'dello, a sm/f (INS) janitor

bi'done sm drum, can; (anche: ~ dell'immondizia) (dust)bin; (fam: truffa) swindle; fare un ~ a qn (fam) to let sb down; to cheat sb

bien'nale ag biennial

Biennale di Venezia

ⓘ The **Biennale di Venezia** is an international contemporary art festival, which takes place every two years at Giardini. In its current form, it includes exhibits from the countries taking part, a thematic exhibition and a section for young artists.

---

bi'ennio sm period of two years

bi'etola sf beet

bifor'carsi vr to fork; biforcazi'one sf fork

bighello'nare [bigello'nare] vi to loaf (about)

bigiotte'ria [bidʒotte'ria] sf costume jewellery; (negozio) jeweller's (selling only costume jewellery)

bigli'ardo [biʎ'ʎardo] sm = biliardo

bigliet'taio, a sm/f (in treno) ticket inspector; (in autobus) conductor

bigliette'ria [biʎʎette'ria] sf (di stazione) ticket office; booking office; (di teatro) box office

bigli'etto [biʎ'ʎetto] sm (per viaggi, spettacoli etc) ticket; (cartoncino) card; (anche: ~ di banca) (bank)note; ~ d'auguri/da visita greetings/visiting card; ~ d'andata e ritorno return (ticket), round-trip ticket (US)

bignè [biɲ'ɲe] sm inv cream puff

bigo'dino sm roller, curler

bi'gotto, a ag over-pious ♦ sm/f church fiend

bi'lancia, ce [bi'lantʃa] sf (pesa) scales pl; (: di precisione) balance; (dello zodiaco): B~ Libra; ~ commerciale/dei pagamenti balance of trade/payments; bilanci'are vt (pesare) to weigh; (: fig) to weigh up; (pareggiare) to balance

bi'lancio [bi'lantʃo] sm (COMM) balance (-sheet); (statale) budget; fare il ~ di (fig) to assess; ~ consuntivo (final) balance; ~ preventivo budget

'bile sf bile; (fig) rage, anger

bili'ardo sm billiards sg; billiard table

'bilico, chi sm: essere in ~ to be balanced; tenere qn in ~ (fig) to keep sb in suspense

bi'lingue ag bilingual

bili'one sm (mille milioni) thousand million; (milione di milioni) billion (BRIT), trillion (US)

'bimbo, a sm/f little boy/girl

bimen'sile ag fortnightly

bimes'trale ag two-monthly, bimonthly

bi'nario, a ag (sistema) binary ♦ sm (railway) track o line; (piattaforma) platform; ~ morto dead-end track

bi'nocolo sm binoculars pl

bio... prefisso: bio'chimica [bio'kimika] sf

biochemistry; **biodegra'dabile** *ag* biodegradable; **biogra'fia** *sf* biography; **biolo'gia** *sf* biology; **bio'logico, a, ci, che** *ag* biological

bi'ondo, a *ag* blond, fair

bir'bante *sm* rogue, rascal

biri'chino, a [biri'kino] *ag* mischievous ♦ *sm/f* scamp, little rascal

bi'rillo *sm* skittle (*BRIT*), pin (*US*); **~i** *smpl* (*gioco*) skittles *sg* (*BRIT*), bowling (*US*)

'biro ® *sf inv* biro ®

'birra *sf* beer; **a tutta ~** (*fig*) at top speed; **birra chiara** ≈ lager; **birra scura** ≈ stout; **birre'ria** *sf* ≈ bierkeller

bis *escl, sm inv* encore

bis'betico, a, ci, che *ag* ill-tempered, crabby

bisbigli'are [bisbiʎ'ʎare] *vt, vi* to whisper

'bisca, sche *sf* gambling-house

'biscia, sce ['biʃʃa] *sf* snake; **~ d'acqua** grass snake

bis'cotto *sm* biscuit

bises'tile *ag*: **anno ~** leap year

bis'lungo, a, ghi, ghe *ag* oblong

bis'nonno, a *sm/f* great grandfather/ grandmother

biso'gnare [bizoɲ'ɲare] *vb impers*: **bisogna che tu parta/lo faccia** you'll have to go/ do it; **bisogna parlargli** we'll (*o* I'll) have to talk to him

bi'sogno [bi'zoɲɲo] *sm* need; **~i** *smpl*: **fare i propri ~i** to relieve o.s.; **avere ~ di qc/di fare qc** to need sth/to do sth; **al ~, in caso di ~** if need be; **biso'gnoso, a** *ag* needy, poor; **bisognoso di** in need of, needing

bis'tecca, che *sf* steak, beefsteak

bisticci'are [bistit'tʃare] *vi* to quarrel, bicker; **~rsi** *vr* to quarrel, bicker; **bis'ticcio** *sm* quarrel, squabble; (*gioco di parole*) pun

'bisturi *sm* scalpel

bi'sunto, a *ag* very greasy

'bitter *sm inv* bitters *pl*

bi'vacco, chi *sm* bivouac

'bivio *sm* fork; (*fig*) dilemma

'bizza ['biddza] *sf* tantrum; **fare le ~e** (*bambino*) to be naughty

biz'zarro, a [bid'dzarro] *ag* bizarre, strange

biz'zeffe [bid'dzɛffe]: **a ~** *av* in plenty, galore

blan'dire *vt* to soothe; to flatter

'blando, a *ag* mild, gentle

bla'sone *sm* coat of arms

blate'rare *vi* to chatter

blin'dato, a *ag* armoured

bloc'care *vt* to block; (*isolare*) to isolate, cut off; (*porto*) to blockade; (*prezzi, beni*) to freeze; (*meccanismo*) to jam; **~rsi** *vr* (*motore*) to stall; (*freni, porta*) to jam, stick; (*ascensore*) to stop, get stuck

bloc'chetto [blok'ketto] *sm* notebook; (*di biglietti*) book

'blocco, chi *sm* block; (*MIL*) blockade; (*dei fitti*) restriction; (*quadernetto*) pad; (*fig: unione*) coalition; (*il bloccare*) blocking; isolating, cutting-off; blockading; freezing; jamming; **in ~** (*nell'insieme*) as a whole; (*COMM*) in bulk; **~ cardiaco** cardiac arrest

blu *ag inv, sm* dark blue

'blusa *sf* (*camiciotto*) smock; (*camicetta*) blouse

'boa *sm inv* (*ZOOL*) boa constrictor; (*sciarpa*) feather boa ♦ *sf* buoy

bo'ato *sm* rumble, roar

bo'bina *sf* reel, spool; (*di pellicola*) spool; (*di film*) reel; (*ELETTR*) coil

'bocca, che *sf* mouth; **in ~ al lupo!** good luck!

boc'caccia, ce [bok'kattʃa] *sf* (*malalingua*) gossip; **fare le ~ce** to pull faces

boc'cale *sm* jug; **~ da birra** tankard

boc'cetta [bot'tʃetta] *sf* small bottle

boccheggi'are [bokked'dʒare] *vi* to gasp

boc'chino [bok'kino] *sm* (*di sigaretta, sigaro: cannella*) cigarette-holder; cigar-holder; (*di pipa, strumenti musicali*) mouthpiece

'boccia, ce ['bottʃa] *sf* bottle; (*da vino*) decanter, carafe; (*palla*) bowl; **gioco delle ~ce** bowls *sg*

bocci'are [bot'tʃare] *vt* (*proposta, progetto*) to reject; (*INS*) to fail; (*BOCCE*) to hit; **boccia'tura** *sf* failure

bocci'olo [bot'tʃɔlo] *sm* bud

boc'cone *sm* mouthful, morsel

boc'coni *av* face downwards

'**boia** *sm inv* executioner; hangman

boi'ata *sf* botch

boicot'tare *vt* to boycott

'**bolide** *sm* meteor; **come un ~** like a flash, at top speed

'**bolla** *sf* bubble; (*MED*) blister; **~ papale** papal bull; **~ di consegna** (*COMM*) delivery note

bol'lare *vt* to stamp; (*fig*) to brand

bol'lente *ag* boiling; boiling hot

bol'letta *sf* bill; (*ricevuta*) receipt; **essere in ~** to be hard up

bollet'tino *sm* bulletin; (*COMM*) note; **~ meteorologico** weather report; **~ di spedizione** consignment note

bol'lire *vt, vi* to boil; **bol'lito** *sm* (*CUC*) boiled meat

bolli'tore *sm* (*CUC*) kettle; (*per riscaldamento*) boiler

'**bollo** *sm* stamp; **~ per patente** driving licence tax

'**bomba** *sf* bomb; **~ atomica** atom bomb

bombarda'mento *sm* bombardment; bombing

bombar'dare *vt* to bombard; (*da aereo*) to bomb

bombardi'ere *sm* bomber

bom'betta *sf* bowler (hat)

'**bombola** *sf* cylinder

bo'naccia, ce [bo'nattʃa] *sf* dead calm

bo'nario, a *ag* good-natured, kind

bo'nifica, che *sf* reclamation; reclaimed land

bo'nifico, ci *sm* (*riduzione, abbuono*) discount; (*versamento a terzi*) credit transfer

bontà *sf* goodness; (*cortesia*) kindness; **aver la ~ di fare qc** to be good *o* kind enough to do sth

borbot'tare *vi* to mumble

'**borchia** [*'*borkja] *sf* stud

borda'tura *sf* (*SARTORIA*) border, trim

bor'deaux [bor'do] *ag inv, sm inv* maroon

'**bordo** *sm* (*NAUT*) ship's side; (*orlo*) edge; (*striscia di guarnizione*) border, trim; **a ~ di** (*nave, aereo*) aboard, on board; (*macchina*) in

bor'gata *sf* (*in campagna*) hamlet

bor'ghese [bor'geze] *ag* (*spesso peg*) middle-class; bourgeois; **abito ~** civilian dress; **borghe'sia** *sf* middle classes *pl*; bourgeoisie

'**borgo, ghi** *sm* (*paesino*) village; (*quartiere*) district; (*sobborgo*) suburb

'**boria** *sf* self-conceit, arrogance

boro'talco *sm* talcum powder

bor'raccia, ce [bor'rattʃa] *sf* canteen, water-bottle

'**borsa** *sf* bag; (*anche: ~ da signora*) handbag; (*ECON*): **la B~ (valori)** the Stock Exchange; **~ nera** black market; **~ della spesa** shopping bag; **~ di studio** grant; **borsai'olo** *sm* pickpocket; **borsel'lino** *sm* purse; **bor'setta** *sf* handbag; **bor'sista, i, e** *sm/f* (*ECON*) speculator; (*INS*) grant-holder

bos'caglia [bos'kaʎʎa] *sf* woodlands *pl*

boscai'olo *sm* woodcutter; forester

'**bosco, schi** *sm* wood; **bos'coso, a** *ag* wooded

'**bossolo** *sm* cartridge-case

bo'tanica *sf* botany

bo'tanico, a, ci, che *ag* botanical ♦ *sm* botanist

'**botola** *sf* trap door

'**botta** *sf* blow; (*rumore*) bang

'**botte** *sf* barrel, cask

bot'tega, ghe *sf* shop; (*officina*) workshop; **botte'gaio, a** *sm/f* shopkeeper; **botte'ghino** *sm* ticket office; (*del lotto*) public lottery office

bot'tiglia [bot'tiʎʎa] *sf* bottle; **bottiglie'ria** *sf* wine shop

bot'tino *sm* (*di guerra*) booty; (*di rapina, furto*) loot

'**botto** *sm* bang; crash; **di ~** suddenly

bot'tone *sm* button; **attaccare ~ a qn** (*fig*) to buttonhole sb

bo'vino, a *ag* bovine; **~i** *smpl* cattle

boxe [bɔks] *sf* boxing

'**bozza** [*'*bɔttsa] *sf* draft; sketch; (*TIP*) proof; **boz'zetto** *sm* sketch

'bozzolo ['bɔttsolo] *sm* cocoon

BR *sigla fpl* = **Brigate Rosse**

brac'care *vt* to hunt

brac'cetto [brat'tʃetto] *sm*: **a ~** arm in arm

bracci'ale [brat'tʃale] *sm* bracelet; (*distintivo*) armband; **braccia'letto** *sm* bracelet, bangle

bracci'ante [brat'tʃante] *sm* (AGR) day labourer

bracci'ata [brat'tʃata] *sf* (*nel nuoto*) stroke

'braccio ['brattʃo] (*pl(f)* **braccia**) *sm* (ANAT) arm; (*pl(m)* **bracci**: *di gru, fiume*) arm; (: *di edificio*) wing; **~ di mare** sound; **bracci'olo** *sm* (*appoggio*) arm

'bracco, chi *sm* hound

bracconi'ere *sm* poacher

'brace ['bratʃe] *sf* embers *pl*; **braci'ere** *sm* brazier

braci'ola [bra'tʃɔla] *sf* (CUC) chop

bra'mare *vt*: **~ qc/di fare** to long for sth/ to do

'branca, che *sf* branch

'branchia ['brankja] *sf* (ZOOL) gill

'branco, chi *sm* (*di cani, lupi*) pack; (*di pecore*) flock; (*peg*: *di persone*) gang, pack

branco'lare *vi* to grope, feel one's way

'branda *sf* camp bed

bran'dello *sm* scrap, shred; **a ~i** in tatters, in rags

bran'dire *vt* to brandish

'brano *sm* piece; (*di libro*) passage

bra'sato *sm* braised beef

Bra'sile *sm*: **il ~** Brazil; **brasili'ano, a** *ag*, *sm/f* Brazilian

'bravo, a *ag* (*abile*) clever, capable, skilful; (*buono*) good, honest; (: *bambino*) good; (*coraggioso*) brave; **~!** well done!; (*a teatro*) bravo!

bra'vura *sf* cleverness, skill

'breccia, ce ['brettʃa] *sf* breach

bre'tella *sf* (AUT) link; **~e** *sfpl* (*di calzoni*) braces

'breve *ag* brief, short; **in ~** in short

brevet'tare *vt* to patent

bre'vetto *sm* patent; **~ di pilotaggio** pilot's licence (BRIT) *o* license (US)

'brezza ['breddza] *sf* breeze

'bricco, chi *sm* jug; **~ del caffè** coffeepot

bric'cone, a *sm/f* rogue, rascal

'briciola ['britʃola] *sf* crumb

'briciolo ['britʃolo] *sm* (*specie fig*) bit

'briga, ghe *sf* (*fastidio*) trouble, bother; **pigliarsi la ~ di fare qc** to take the trouble to do sth

brigadi'ere *sm* (*dei carabinieri etc*) ≈ sergeant

bri'gante *sm* bandit

bri'gata *sf* (MIL) brigade; (*gruppo*) group, party; **B~e Rosse** (POL) Red Brigades

'briglia ['briʎʎa] *sf* rein; **a ~ sciolta** at full gallop; (*fig*) at full speed

bril'lante *ag* bright; (*anche fig*) brilliant; (*che luccica*) shining ♦ *sm* diamond

bril'lare *vi* to shine; (*mina*) to blow up ♦ *vt* (*mina*) to set off

'brillo, a *ag* merry, tipsy

'brina *sf* hoarfrost

brin'dare *vi*: **~ a qn/qc** to drink to *o* toast sb/sth

'brindisi *sm inv* toast

'brio *sm* liveliness, go

bri'oche [bri'ɔʃ] *sf inv* brioche

bri'oso, a *ag* lively

bri'tannico, a, ci, che *ag* British

'brivido *sm* shiver; (*di ribrezzo*) shudder; (*fig*) thrill

brizzo'lato, a [brittso'lato] *ag* (*persona*) going grey; (*barba, capelli*) greying

'brocca, che *sf* jug

broc'cato *sm* brocade

'broccolo *sm* broccoli *sg*

'brodo *sm* broth; (*per cucinare*) stock; **~ ristretto** consommé

brogli'accio [broʎ'ʎattʃo] *sm* scribbling pad

'broglio ['brɔʎʎo] *sm*: **~ elettorale** gerrymandering

bron'chite [bron'kite] *sf* (MED) bronchitis

'broncio ['brontʃo] *sm* sulky expression; **tenere il ~** to sulk

'bronco, chi *sm* bronchial tube

bronto'lare *vi* to grumble; (*tuono, stomaco*) to rumble

'bronzo ['brondzo] *sm* bronze

'browser ['brauzer] sm inv (INFORM) browser

bru'care vt to browse on, nibble at

brucia'pelo [brutʃa'pelo]: a ~ av point-blank

bruci'are [bru'tʃare] vt to burn; (scottare) to scald ♦ vi to burn; brucia'tore sm burner; brucia'tura sf (atto) burning no pl; (segno) burn; (scottatura) scald; bruci'ore sm burning o smarting sensation; bruciore di stomaco heartburn

'bruco, chi sm caterpillar; grub

brughi'era [bru'gjɛra] sf heath, moor

bruli'care vi to swarm

'brullo, a ag bare, bleak

'bruma sf mist

'bruno, a ag brown, dark; (persona) dark(-haired)

'brusco, a, schi, sche ag (sapore) sharp; (modi, persona) brusque, abrupt; (movimento) abrupt, sudden

bru'sio sm buzz, buzzing

bru'tale ag brutal

'bruto, a ag (forza) brute cpd ♦ sm brute

brut'tezza [brut'tettsa] sf ugliness

'brutto, a ag ugly; (cattivo) bad; (malattia, strada, affare) nasty, bad; ~ tempo bad weather; brut'tura sf (cosa brutta) ugly thing; (sudiciume) filth; (azione meschina) mean action

Bru'xelles [bry'sɛl] sf Brussels

BSE [biesse'e] sigla f (= encefalopatia spongiforme bovina) BSE

bub'bone sm swelling

'buca, che sf hole; (avvallamento) hollow; ~ delle lettere letterbox

buca'neve sm inv snowdrop

bu'care vt (forare) to make a hole (o holes) in; (pungere) to pierce; (biglietto) to punch; ~rsi vr (di eroina) to mainline; ~ una gomma to have a puncture

bu'cato sm (operazione) washing; (panni) wash, washing

'buccia, ce ['buttʃa] sf skin, peel

bucherel'lare [bukerel'lare] vt to riddle with holes

'buco, chi sm hole

bu'dello sm (ANAT: pl(f) ~a) bowel, gut; (fig: tubo) tube; (vicolo) alley

bu'dino sm pudding

'bue sm ox; carne di ~ beef

'bufalo sm buffalo

bu'fera sf storm

'buffo, a ag funny; (TEATRO) comic

buf'fone sm buffoon; (peg) clown

bu'gia, 'gie [bu'dʒia] sf lie; dire una ~ to tell a lie; bugi'ardo, a ag lying, deceitful ♦ sm/f liar

bugi'gattolo [budʒi'gattolo] sm poky little room

'buio, a ag dark ♦ sm dark, darkness

'bulbo sm (BOT) bulb; ~ oculare eyeball

Bulga'ria sf: la ~ Bulgaria

bul'lone sm bolt

buona'notte escl good night! ♦ sf: dare la ~ a to say good night to

buona'sera escl good evening!

buongi'orno [bwon'dʒorno] escl good morning (o afternoon)!

buongus'taio, a sm/f gourmet

buon'gusto sm good taste

PAROLA CHIAVE

bu'ono, a (ag: dav sm buon +C o V, buono +s impura, gn, pn, ps, x, z; dav sf buon' +V) ag 1 (gen) good; un buon pranzo a good lunch; (stai) ~! behave!

2 (benevolo): ~ (con) good (to), kind (to)

3 (giusto, valido) right; al momento ~ at the right moment

4 (adatto): ~ a/da fit for/to; essere ~ a nulla to be no good o use at anything

5 (auguri): buon anno! happy New Year!; buon appetito! enjoy your meal!; buon compleanno! happy birthday!; buon divertimento! have a nice time!; ~a fortuna! good luck!; buon riposo! sleep well!; buon viaggio! bon voyage!, have a good trip!

6: a buon mercato cheap; di buon'ora early; buon senso common sense; alla ~a ag simple ♦ av without any fuss

♦ sm 1 (bontà) goodness, good

2 (COMM) voucher, coupon; ~ di cassa

cash voucher; **~ di consegna** delivery note;
~ del Tesoro Treasury bill

buontem'pone, a *sm/f* jovial person
burat'tino *sm* puppet
'**burbero, a** *ag* surly, gruff
'**burla** *sf* prank, trick; **bur'lare** *vt*: **burlare**
  qc/qn, burlarsi di qc/qn to make fun of
  sth/sb
burocra'zia [burokrat'tsia] *sf* bureaucracy
bur'rasca, sche *sf* storm
'**burro** *sm* butter
bur'rone *sm* ravine
bus'care *vt* (*anche:* **~rsi:** *raffreddore*) to
  get, catch; **buscarle** (*fam*) to get a hiding
bus'sare *vi* to knock
'**bussola** *sf* compass
'**busta** *sf* (*da lettera*) envelope; (*astuccio*)
  case; **in ~ aperta/chiusa** in an unsealed/
  sealed envelope; **~ paga** pay packet
busta'rella *sf* bribe, backhander
'**busto** *sm* bust; (*indumento*) corset, girdle;
  a mezzo ~ (*foto*) half-length
buttafu'ori *sm inv* bouncer
but'tare *vt* to throw; (*anche:* **~ via**) to
  throw away; **~ giù** (*scritto*) to scribble
  down; (*cibo*) to gulp down; (*edificio*) to pull
  down, demolish; (*pasta, verdura*) to put
  into boiling water

C, c

ca'bina *sf* (*di nave*) cabin; (*da spiaggia*)
  beach hut; (*di autocarro, treno*) cab; (*di
  aereo*) cockpit; (*di ascensore*) cage; **~
  telefonica** call *o* (tele)phone box;
  cabi'nato *sm* cabin cruiser
ca'cao *sm* cocoa
'**caccia** ['kattʃa] *sf* hunting; (*con fucile*)
  shooting; (*inseguimento*) chase;
  (*cacciagione*) game ♦ *sm inv* (*aereo*)
  fighter; (*nave*) destroyer; **~ grossa** big-
  game hunting; **~ all'uomo** manhunt
cacciabombardi'ere [kattʃabombar'djɛre]
  sm fighter-bomber
cacciagi'one [kattʃa'dʒone] *sf* game

cacci'are [kat'tʃare] *vt* to hunt; (*mandar
  via*) to chase away; (*ficcare*) to shove, stick
  ♦ *vi* to hunt; **~rsi** *vr*: **dove s'è cacciata la
  mia borsa?** where has my bag got to?;
  ~rsi nei guai to get into trouble; **~ fuori
  qc** to whip *o* pull sth out; **~ un urlo** to let
  out a yell; **caccia'tore** *sm* hunter;
  cacciatore di frodo poacher
caccia'vite [kattʃa'vite] *sm inv* screwdriver
'**cactus** *sm inv* cactus
ca'davere *sm* (dead) body, corpse
ca'dente *ag* falling; (*casa*) tumbledown
ca'denza [ka'dɛntsa] *sf* cadence; (*ritmo*)
  rhythm; (MUS) cadenza
ca'dere *vi* to fall; (*denti, capelli*) to fall out;
  (*tetto*) to fall in; **questa gonna cade bene**
  this skirt hangs well; **lasciar ~** (*anche fig*)
  to drop; **~ dal sonno** to be falling asleep
  on one's feet; **~ dalle nuvole** (*fig*) to be
  taken aback
ca'detto, a *ag* younger; (*squadra*) junior
  cpd ♦ *sm* cadet
ca'duta *sf* fall; **la ~ dei capelli** hair loss
caffè *sm inv* coffee; (*locale*) café; **~
  macchiato** coffee with a dash of milk; **~
  macinato** ground coffee
caffel'latte *sm inv* white coffee
caffetti'era *sf* coffeepot
cagio'nare [kadʒo'nare] *vt* to cause
cagio'nevole [kadʒo'nevole] *ag* delicate,
  weak
cagli'are [kaʎ'ʎare] *vi* to curdle
'**cagna** ['kaɲɲa] *sf* (ZOOL, peg) bitch
ca'gnesco, a, schi, sche [kaɲ'nesko] *ag*
  (*fig*): **guardare qn in ~** to scowl at sb
cala'brone *sm* hornet
cala'maio *sm* inkpot; inkwell
cala'maro *sm* squid
cala'mita *sf* magnet
calamità *sf inv* calamity, disaster
ca'lare *vt* (*far discendere*) to lower; (MAGLIA)
  to decrease ♦ *vi* (*discendere*) to go (*o
  come*) down; (*tramontare*) to set, go down;
  ~ di peso to lose weight
'**calca** *sf* throng, press
cal'cagno [kal'kaɲɲo] *sm* heel
cal'care *sm* limestone ♦ *vt* (*premere coi*

piedi) to tread, press down; (*premere con forza*) to press down; (*mettere in rilievo*) to stress; ~ **la mano** to overdo it, exaggerate

'**calce** ['kaltʃe] *sm*: **in** ~ at the foot of the page ♦ *sf* lime; ~ **viva** quicklime

calces'truzzo [kaltʃes'truttso] *sm* concrete

calci'are [kal'tʃare] *vt, vi* to kick; **calcia'tore** *sm* footballer

'**calcio** ['kaltʃo] *sm* (*pedata*) kick; (*sport*) football, soccer; (*di pistola, fucile*) butt; (*CHIM*) calcium; ~ **d'angolo** (*SPORT*) corner (kick); ~ **di punizione** (*SPORT*) free kick

'**calco, chi** *sm* (*ARTE*) casting, moulding; cast, mould

calco'lare *vt* to calculate, work out, reckon; (*ponderare*) to weigh (up); **calcola'tore, 'trice** *ag* calculating ♦ *sm* calculator; (*fig*) calculating person; **calcolatore elettronico** computer; **calcola'trice** *sf* calculator

'**calcolo** *sm* (*anche MAT*) calculation; (*infinitesimale etc*) calculus; (*MED*) stone; **fare i propri ~i** (*fig*) to weigh the pros and cons; **per** ~ out of self-interest

cal'daia *sf* boiler

caldeggi'are [kalded'dʒare] *vt* to support

'**caldo, a** *ag* warm; (*molto ~*) hot; (*fig: appassionato*) keen; hearty ♦ *sm* heat; **ho** ~ I'm warm; I'm hot; **fa** ~ it's warm; it's hot

calen'dario *sm* calendar

'**calibro** *sm* (*di arma*) calibre, bore; (*TECN*) callipers *pl*; (*fig*) calibre; **di grosso** ~ (*fig*) prominent

'**calice** ['kalitʃe] *sm* goblet; (*REL*) chalice

ca'ligine [ka'lidʒine] *sf* fog; (*mista con fumo*) smog

'**callo** *sm* callus; (*ai piedi*) corn

'**calma** *sf* calm

cal'mante *sm* tranquillizer

cal'mare *vt* to calm; (*lenire*) to soothe; ~**rsi** *vr* to grow calm, calm down; (*vento*) to abate; (*dolori*) to ease

calmi'ere *sm* controlled price

'**calmo, a** *ag* calm, quiet

'**calo** *sm* (*COMM: di prezzi*) fall; (*: di volume*) shrinkage; (*: di peso*) loss

ca'lore *sm* warmth; heat; **in** ~ (*ZOOL*) on heat

calo'ria *sf* calorie

calo'roso, a *ag* warm

calpes'tare *vt* to tread on, trample on; "**è vietato ~ l'erba**" "keep off the grass"

ca'lunnia *sf* slander; (*scritta*) libel

cal'vario *sm* (*fig*) affliction, cross

cal'vizie [kal'vittsje] *sf* baldness

'**calvo, a** *ag* bald

'**calza** ['kaltsa] *sf* (*da donna*) stocking; (*da uomo*) sock; **fare la** ~ to knit; ~**e di nailon** nylons, (nylon) stockings

cal'zare [kal'tsare] *vt* (*scarpe, guanti: mettersi*) to put on; (*: portare*) to wear ♦ *vi* to fit; **calza'tura** *sf* footwear

calzet'tone [kaltset'tone] *sm* heavy knee-length sock

cal'zino [kal'tsino] *sm* sock

calzo'laio [kaltso'lajo] *sm* shoemaker; (*che ripara scarpe*) cobbler; **calzole'ria** *sf* (*negozio*) shoe shop

calzon'cini [kaltson'tʃini] *smpl* shorts

cal'zone [kal'tsone] *sm* trouser leg; (*CUC*) savoury turnover made with pizza dough; ~**i** *smpl* (*pantaloni*) trousers (*BRIT*), pants (*US*)

cambi'ale *sf* bill (of exchange); (*pagherò cambiario*) promissory note

cambia'mento *sm* change

cambi'are *vt* to change; (*modificare*) to alter, change; (*barattare*): ~ **(qc con qn/ qc)** to exchange (sth with sb/for sth) ♦ *vi* to change, alter; ~**rsi** *vr* (*d'abito*) to change; ~ **casa** to move (house); ~ **idea** to change one's mind; ~ **treno** to change trains

'**cambio** *sm* change; (*modifica*) alteration, change; (*scambio, COMM*) exchange; (*corso dei cambi*) rate (of exchange); (*TECN, AUT*) gears *pl*; **in** ~ **di** in exchange for; **dare il** ~ **a qn** to take over from sb

'**camera** *sf* room; (*anche*: ~ **da letto**) bedroom; (*POL*) chamber, house; ~ **ardente** mortuary chapel; ~ **d'aria** inner tube; (*di pallone*) bladder; **C~ di Commercio** Chamber of Commerce; **C~ dei Deputati** Chamber of Deputies, ≈ House of

Commons (BRIT), ≈ House of Representatives (US); ~ **a gas** gas chamber; ~ **a un letto/a due letti/matrimoniale** single/twin-bedded/double room; ~ **oscura** (FOT) dark room

came'rata, **i, e** sm/f companion, mate
♦ sf dormitory

cameri'era sf (domestica) maid; (che serve a tavola) waitress; (che fa le camere) chambermaid

cameri'ere sm (man)servant; (di ristorante) waiter

came'rino sm (TEATRO) dressing room

'camice ['kamitʃe] sm (REL) alb; (per medici etc) white coat

cami'cetta [kami'tʃetta] sf blouse

ca'micia, **cie** [ka'mitʃa] sf (da uomo) shirt; (da donna) blouse; ~ **di forza** straitjacket

cami'netto sm hearth, fireplace

ca'mino sm chimney; (focolare) fireplace, hearth

'camion sm inv lorry (BRIT), truck (US); camion'cino sm van

cam'mello sm (ZOOL) camel; (tessuto) camel hair

cammi'nare vi to walk; (funzionare) to work, go; cammi'nata sf walk

cam'mino sm walk; (sentiero) path; (itinerario, direzione, tragitto) way; **mettersi in** ~ to set o start off

camo'milla sf camomile; (infuso) camomile tea

ca'morra sf camorra; racket

ca'moscio [ka'moʃʃo] sm chamois; **di** ~ (scarpe, borsa) suede cpd

cam'pagna [kam'paɲɲa] sf country, countryside; (POL, COMM, MIL) campaign; **in** ~ in the country; **andare in** ~ to go to the country; **fare una** ~ to campaign; campa'gnola sf (AUT) cross-country vehicle; campa'gnolo, **a** ag country cpd

cam'pale ag field cpd; (fig): **una giornata** ~ a hard day

cam'pana sf bell; (anche: ~ **di vetro**) bell jar; campa'nella sf small bell; (di tenda) curtain ring; campa'nello sm (all'uscio, da tavola) bell

campa'nile sm bell tower, belfry; campani'lismo sm parochialism

cam'pare vi to live; (tirare avanti) to get by, manage

cam'pato, a ag: ~ **in aria** unfounded

campeggi'are [kamped'dʒare] vi to camp; (risaltare) to stand out; campeggia'tore, 'trice sm/f camper; cam'peggio sm camping; (terreno) camp site; **fare (del) campeggio** to go camping

cam'pestre ag country cpd, rural

Campidoglio

> ⓘ The **Campidoglio**, one of the Seven Hills of Rome, is the site of the Comune di Roma.

---

campio'nario, **a** ag: **fiera** ~**a** trade fair
♦ sm collection of samples

campio'nato sm championship

campi'one, 'essa sm/f (SPORT) champion
♦ sm (COMM) sample

'campo sm field; (MIL) field; (: accampamento) camp; (spazio delimitato: sportivo etc) ground; field; (di quadro) background; **i** ~**i** (campagna) the countryside; ~ **da aviazione** airfield; ~ **di battaglia** (MIL, fig) battlefield; ~ **di golf** golf course; ~ **da tennis** tennis court; ~ **visivo** field of vision

campo'santo (pl campisanti) sm cemetery

camuf'fare vt to disguise

'Canada sm: **il** ~ Canada; cana'dese ag, sm/f Canadian ♦ sf (anche: **tenda canadese**) ridge tent

ca'naglia [ka'naʎʎa] sf rabble, mob; (persona) scoundrel, rogue

ca'nale sm (anche fig) channel; (artificiale) canal

'canapa sf hemp; ~ **indiana** (droga) cannabis

cana'rino sm canary

cancel'lare [kantʃel'lare] vt (con la gomma) to rub out, erase; (con la penna) to strike out; (annullare) to annul, cancel; (disdire) to cancel cancelle'ria [kantʃelle'ria] *sf* chancery; (*materiale per scrivere*) stationery

cancelli'ere [kantʃel'ljere] *sm* chancellor; (*di tribunale*) clerk of the court

can'cello [kan'tʃello] *sm* gate

can'crena *sf* gangrene

'cancro *sm* (*MED*) cancer; (*dello zodiaco*): **C~** Cancer

candeg'gina [kanded'dʒina] *sf* bleach

can'dela *sf* candle; **~ (di accensione)** (*AUT*) spark(ing) plug

cande'labro *sm* candelabra

candeli'ere *sm* candlestick

candi'dato, a *sm/f* candidate; (*aspirante a una carica*) applicant

'candido, a *ag* white as snow; (*puro*) pure; (*sincero*) sincere, candid

can'dito, a *ag* candied

can'dore *sm* brilliant white; purity; sincerity, candour

'cane *sm* dog; (*di pistola, fucile*) cock; **fa un freddo ~** it's bitterly cold; **non c'era un ~** there wasn't a soul; **~ da caccia/uardia** hunting/guard dog; **~ lupo** alsatian

ca'nestro *sm* basket

'canfora *sf* camphor

cangi'ante [kan'dʒante] *ag* iridescent

can'guro *sm* kangaroo

ca'nile *sm* kennel; (*di allevamento*) kennels *pl*; **~ municipale** dog pound

ca'nino, a *ag*, *sm* canine

'canna *sf* (*pianta*) reed; (: *indica, da zucchero*) cane; (*bastone*) stick, cane; (*di fucile*) barrel; (*di organo*) pipe; (*fam: droga*) joint; **~ da pesca** (fishing) rod; **~ da zucchero** sugar cane

can'nella *sf* (*CUC*) cinnamon

cannel'loni *smpl* pasta tubes stuffed with sauce and baked

cannocchi'ale [kannok'kjale] *sm* telescope

can'none *sm* (*MIL*) gun; (: *STORIA*) cannon; (*tubo*) pipe, tube; (*piega*) box pleat; (*fig*) ace

can'nuccia, ce [kan'nuttʃa] *sf* (drinking) straw

ca'noa *sf* canoe

'canone *sm* canon, criterion; (*mensile, annuo*) rent; fee

ca'nonico, ci *sm* (*REL*) canon

ca'noro, a *ag* (*uccello*) singing, song *cpd*

canot'taggio [kanot'taddʒo] *sm* rowing

canotti'era *sf* vest

ca'notto *sm* small boat, dinghy; canoe

cano'vaccio [kano'vattʃo] *sm* (*tela*) canvas; (*strofinaccio*) duster; (*trama*) plot

can'tante *sm/f* singer

can'tare *vt*, *vi* to sing; **cantau'tore, 'trice** *sm/f* singer-composer

canti'ere *sm* (*EDIL*) (building) site; (*anche*: **~ navale**) shipyard

canti'lena *sf* (*filastrocca*) lullaby; (*fig*) sing-song voice

can'tina *sf* cellar; (*bottega*) wine shop

'canto *sm* song; (*arte*) singing; (*REL*) chant; chanting; (*poesia*) poem, lyric; (*parte di una poesia*) canto; (*parte, lato*): **da un ~** on the one hand; **d'altro ~** on the other hand

canto'nata *sf* corner; **prendere una ~** (*fig*) to blunder

can'tone *sm* (*in Svizzera*) canton

can'tuccio [kan'tuttʃo] *sm* corner, nook

canzo'nare [kantso'nare] *vt* to tease

can'zone [kan'tsone] *sf* song; (*POESIA*) canzone; **canzoni'ere** *sm* (*MUS*) songbook; (*LETTERATURA*) collection of poems

'caos *sm inv* chaos; **ca'otico, a, ci, che** *ag* chaotic

C.A.P. *sigla m* = **codice di avviamento postale**

ca'pace [ka'patʃe] *ag* able, capable; (*ampio, vasto*) large, capacious; **sei ~ di farlo?** can you *o* are you able to do it?; **capacità** *sf inv* ability; (*DIR, di recipiente*) capacity; **capaci'tarsi** *vr* to understand

ca'panna *sf* hut

capan'none *sm* (*AGR*) barn; (*fabbricato industriale*) (factory) shed

ca'parbio, a *ag* stubborn

ca'parra *sf* deposit, down payment

ca'pello *sm* hair; **~i** *smpl* (*capigliatura*) hair *sg*

capez'zale [kapet'tsale] *sm* bolster; (*fig*)

bedside

ca'pezzolo [ka'pettsolo] sm nipple

capi'enza [ka'pjentsa] sf capacity

capiglia'tura [kapiˈʎ́ʎ́a'tura] sf hair

ca'pire vt to understand

capi'tale ag (mortale) capital; (fondamentale) main, chief ♦ sf (città) capital ♦ sm (ECON) capital; capita'lismo sm capitalism; capita'lista, i, e ag, sm/f capitalist

capitane'ria sf: ~ di porto port authorities pl

capi'tano sm captain

capi'tare vi (giungere casualmente) to happen to go, find o.s.; (accadere) to happen; (presentarsi: cosa) to turn up, present itself ♦ vb Impers to happen; mi è capitato un guaio I've had a spot of trouble

capi'tello sm (ARCHIT) capital

ca'pitolo sm chapter

capi'tombolo sm headlong fall, tumble

capo sm head; (persona) head, leader; (: in ufficio) head, boss; (: in tribù) chief; (di oggetti) head; top; end; (GEO) cape; andare a ~ to start a new paragraph; da ~ over again; ~ di bestiame head inv of cattle; ~ di vestiario item of clothing

capo... prefisso: capocu'oco, chi sm head cook; Capo'danno sm New Year; capo'fitto: a capofitto av headfirst, headlong; capo'giro sm dizziness no pl; capola'voro, i sm masterpiece; capo'linea (pl capi'linea) sm terminus; capo'lino sm: fare capolino to peep out (o in etc); capolu'ogo (pl -ghi o capilu'oghi) sm chief town, administrative centre

capo'rale sm (MIL) lance corporal (BRIT), private first class (US)

capo... prefisso: capostazi'one (pl capistazi'one) sm station master; capo'treno (pl capi'treno o capo'treni) sm guard

capo'volgere [kapo'voldʒere] vt to overturn; (fig) to reverse; ~rsi vr to overturn; (barca) to capsize; (fig) to be

reversed; capo'volto, a pp di capovolgere

'cappa sf (mantello) cape, cloak; (del camino) hood

cap'pella sf (REL) chapel; cappel'lano sm chaplain

cap'pello sm hat

'cappero sm caper

cap'pone sm capon

cap'potto sm (over)coat

cappuc'cino [kapput'tʃino] sm (frate) Capuchin monk; (bevanda) cappuccino, frothy white coffee

cap'puccio [kap'puttʃo] sm (copricapo) hood; (della biro) cap

'capra sf (she-)goat; ca'pretto sm kid

ca'priccio [ka'prittʃo] sm caprice, whim; (bizza) tantrum; fare i ~i to be very naughty; capricci'oso, a ag capricious, whimsical; naughty

Capri'corno sm Capricorn

capri'ola sf somersault

capri'olo sm roe deer

'capro sm: ~ espiatorio scapegoat

'capsula sf capsule; (di arma, per bottiglie) cap

cap'tare vt (RADIO, TV) to pick up; (cattivarsi) to gain, win

cara'bina sf rifle

carabini'ere sm member of Italian military police force

---

carabinieri

---

i Originally part of the armed forces, the **carabinieri** are police who now perform both military and civil duties and include paratroop units and mounted divisions.

---

ca'raffa sf carafe

cara'mella sf sweet

ca'rattere sm character; (caratteristica) characteristic, trait; avere un buon ~ to be good-natured; caratte'ristica, che sf characteristic, trait, peculiarity; caratte'ristico, a, ci, che ag characteristic; caratteriz'zare vt to characterize car'bone *sm* coal

carbu'rante *sm* (motor) fuel

carbura'tore *sm* carburettor

car'cassa *sf* carcass; (*fig: peg: macchina etc*) (old) wreck

carce'rato, a [kartʃe'rato] *sm/f* prisoner

'carcere ['kartʃere] *sm* prison; (*pena*) imprisonment

carci'ofo [kar'tʃɔfo] *sm* artichoke

car'diaco, a, ci, che *ag* cardiac, heart *cpd*

cardi'nale *ag, sm* cardinal

'cardine *sm* hinge

'cardo *sm* thistle

ca'renza [ka'rɛntsa] *sf* lack, scarcity; (*vitaminica*) deficiency

cares'tia *sf* famine; (*penuria*) scarcity, dearth

ca'rezza [ka'rettsa] *sf* caress; carez'zare *vt* to caress, stroke

'carica, che *sf* (*mansione ufficiale*) office, position; (*MIL, TECN, ELETTR*) charge; **ha una forte ~ di simpatia** he's very likeable; *vedi anche* **carico**

caricabatte'ria *sm inv* battery charger

cari'care *vt* (*merce, INFORM*) to load; (*orologio*) to wind up; (*batteria, MIL*) to charge

'carico, a, chi, che *ag* (*che porta un peso*): ~ **di** loaded o laden with; (*fucile*) loaded; (*orologio*) wound up; (*batteria*) charged; (*colore*) deep; (*caffè, tè*) strong ♦ *sm* (*il caricare*) loading; (*ciò che si carica*) load; (*fig: peso*) burden, weight; **persona a ~** dependent; **essere a ~ di qn** (*spese etc*) to be charged to sb

'carie *sf* (*dentaria*) decay

ca'rino, a *ag* (*grazioso*) lovely, pretty, nice; (*riferito a uomo, anche simpatico*) nice

carità *sf* charity; **per ~!** (*escl di rifiuto*) good heavens, no!

carnagi'one [karna'dʒone] *sf* complexion

car'nale *ag* (*amore*) carnal

'carne *sf* flesh; (*bovina, ovina etc*) meat; ~ **di manzo/maiale/pecora** beef/pork/ mutton; ~ **tritata** mince (*BRIT*), hamburger meat (*US*), minced (*BRIT*) o ground (*US*) meat

car'nefice [kar'nefitʃe] *sm* executioner; (*alla forca*) hangman

carne'vale *sm* carnival

---

carnevale

i **Carnevale** *is the period between Epiphany and the start of Lent. People wear fancy dress, and there are parties, processions of floats and bonfires. It culminates immediately before Lent in the festivities of* **martedì grasso** *(Shrove Tuesday).*

---

car'noso, a *ag* fleshy

'caro, a *ag* (*amato*) dear; (*costoso*) dear, expensive

ca'rogna [ka'roɲɲa] *sf* carrion; (*fig: fam*) swine

ca'rota *sf* carrot

caro'vana *sf* caravan

caro'vita *sm* high cost of living

carpenti'ere *sm* carpenter

car'pire *vt*: ~ **qc a qn** (*segreto etc*) to get sth out of sb

car'poni *av* on all fours

car'rabile *ag* suitable for vehicles; **"passo ~"** "keep clear"

car'raio, a *ag*: **passo ~** driveway

carreggi'ata [karred'dʒata] *sf* carriageway (*BRIT*), (road)way

car'rello *sm* trolley; (*AER*) undercarriage; (*CINEMA*) dolly; (*di macchina da scrivere*) carriage

carri'era *sf* career; **fare ~** to get on; **a gran ~** at full speed

carri'ola *sf* wheelbarrow

'carro *sm* cart, wagon; ~ **armato** tank; ~ **attrezzi** breakdown van

car'rozza [kar'rottsa] *sf* carriage, coach

carrozze'ria [karrottse'ria] *sf* body, coachwork (*BRIT*); (*officina*) coachbuilder's workshop (*BRIT*), body shop

carroz'zina [karrot'tsina] *sf* pram (*BRIT*), baby carriage (*US*)

'carta *sf* paper; (*al ristorante*) menu; (*GEO*) map; plan; (*documento, da gioco*) card; (*costituzione*) charter; ~e *sfpl* (*documenti*) papers, documents; **alla ~** (*al ristorante*) à la carte; **~ assegni** bank card; **~ assorbente** blotting paper; **~ bollata** *o* **da bollo** official stamped paper; **~ di credito** credit card; **~ (geografica)** map; **~ d'identità** identity card; **~ igienica** toilet paper; **~ d'imbarco** (AER, NAUT) boarding card; **~ da lettere** writing paper; **~ libera** (AMM) unstamped paper; **~ da parati** wallpaper; **~ stradale** road map; **~ verde** (AUT) green card; **~ vetrata** sandpaper; **~ da visita** visiting card

cartacar'bone (pl **cartecar'bone**) sf carbon paper

car'taccia, ce [kar'tattʃa] sf waste paper

carta'pecora sf parchment

carta'pesta sf papier-mâché

car'teggio [kar'teddʒo] sm correspondence

car'tella (scheda) card; (INFORM; custodia: di cartone) folder; (: di uomo d'affari etc) briefcase; (: di scolaro) schoolbag, satchel; **~ clinica** (MED) case sheet

car'tello sm sign; (pubblicitario) poster; (stradale) sign, signpost; (ECON) cartel; (in dimostrazioni) placard; **cartel'lone** sm (pubblicitario) advertising poster; (della tombola) scoring frame; (TEATRO) playbill; **tenere il cartellone** (spettacolo) to have a long run

carti'era sf paper mill

car'tina sf (AUT, GEO) map

car'toccio [kar'tɔttʃo] sm paper bag

cartole'ria sf stationer's (shop)

carto'lina sf postcard; **~ postale** ready-stamped postcard

car'tone sm cardboard; (ARTE) cartoon; **~i animati** smpl (CINEMA) cartoons

car'tuccia, ce [kar'tuttʃa] sf cartridge

'casa sf house; (in senso astratto) home; (COMM) firm, house; **essere a ~** to be at home; **vado a ~ mia/tua** I'm going home/to your house; **~ di cura** nursing home; **~ dello studente** student hostel; **~e popolari** ≈ council houses (o flats) (BRIT), ≈ public housing units (US); **vino della ~** house wine

ca'sacca, che sf military coat; (di fantino) blouse

casa'linga, ghe sf housewife

casa'lingo, a, ghi, ghe ag household, domestic; (fatto a casa) home-made; (semplice) homely; (amante della casa) home-loving; **~ghi** smpl household articles; **cucina ~a** plain home cooking

cas'care vi to fall; **cas'cata** sf fall; (d'acqua) cascade, waterfall

ca'scina [kaʃ'ʃina] sf farmstead

'casco, schi sm helmet; (del parrucchiere) hair-dryer; (di banane) bunch

casei'ficio [kazei'fitʃo] sm creamery

ca'sella sf pigeon-hole; **~ postale** post office box

casel'lario sm filing cabinet; **~ giudiziale** court records pl

ca'sello sm (di autostrada) toll-house

ca'serma sf barracks pl

ca'sino (fam) sm brothel; (confusione) row, racket

casinò sm inv casino

'caso sm chance; (fatto, vicenda) event, incident; (possibilità) possibility; (MED, LING) case; **a ~** at random; **per ~** by chance, by accident; **in ogni ~**, **in tutti i ~i** in any case, at any rate; **al ~** should the opportunity arise; **nel ~ che** in case; **~ mai** if by chance; **~ limite** borderline case

caso'lare sm cottage

'cassa sf case, crate, box; (bara) coffin; (mobile) chest; (involucro: di orologio etc) case; (macchina) cash register, till; (luogo di pagamento) checkout (counter); (fondo) fund; (istituto bancario) bank; **~ automatica prelievi** cash dispenser; **~ continua** night safe; **~ integrazione: mettere in ~ integrazione** ≈ to lay off; **~ mutua** o **malattia** health insurance scheme; **~ di risparmio** savings bank; **~ toracica** (ANAT) chest

cassa'forte (pl **casse'forti**) sf safe

cassa'panca (pl **cassa'panche** o **casse'panche**) sf settle

casse'rola sf = **casseruola**

casseru'ola sf saucepan

cas'setta sf box; (per registratore) cassette; (CINEMA, TEATRO) box-office takings pl; **film**

di ~ box-office draw; **~ di sicurezza** strongbox; **~ delle lettere** letterbox

cas'setto *sm* drawer; casset'tone *sm* chest of drawers

cassi'ere, a *sm/f* cashier; (*di banca*) teller

casso'netto *sm* wheelie-bin

'casta *sf* caste

cas'tagna [kas'taɲɲa] *sf* chestnut

cas'tagno [kas'taɲɲo] *sm* chestnut (tree)

cas'tano, a *ag* chestnut (brown)

cas'tello *sm* castle; (*TECN*) scaffolding

casti'gare *vt* to punish; cas'tigo, ghi *sm* punishment

castità *sf* chastity

cas'toro *sm* beaver

cas'trare *vt* to castrate; to geld; to doctor (*BRIT*), fix (*US*)

casu'ale *ag* chance *cpd*; (*INFORM*) random *cpd*

cata'comba *sf* catacomb

ca'talogo, ghi *sm* catalogue

catarifran'gente [katarifran'dʒɛnte] *sm* (*AUT*) reflector

ca'tarro *sm* catarrh

ca'tasta *sf* stack, pile

ca'tasto *sm* land register; land registry office

ca'tastrofe *sf* catastrophe, disaster

catego'ria *sf* category

ca'tena *sf* chain; **~ di montaggio** assembly line; **~e da neve** (*AUT*) snow chains; cate'naccio *sm* bolt

cate'ratta *sf* cataract; (*chiusa*) sluice-gate

cati'nella *sf*: **piovere a ~e** to pour

ca'tino *sm* basin

ca'trame *sm* tar

'cattedra *sf* teacher's desk; (*di docente*) chair

catte'drale *sf* cathedral

catti'veria *sf* malice, spite; naughtiness; (*atto*) spiteful act; (*parole*) malicious *o* spiteful remark

cattività *sf* captivity

cat'tivo, a *ag* bad; (*malvagio*) bad, wicked; (*turbolento: bambino*) bad, naughty; (*: mare*) rough; (*odore, sapore*) nasty, bad

cat'tolico, a, ci, che *ag, sm/f* (Roman) Catholic

cat'tura *sf* capture

cattu'rare *vt* to capture

caucciù [kaut'tʃu] *sm* rubber

'causa *sf* cause; (*DIR*) lawsuit, case, action; **a ~ di, per ~ di** because of; **fare** *o* **muovere ~ a qn** to take legal action against sb

cau'sare *vt* to cause

cau'tela *sf* caution, prudence

caute'lare *vt* to protect; **~rsi** *vr*: **~rsi (da)** to take precautions (against)

'cauto, a *ag* cautious, prudent

cauzi'one [kaut'tsjone] *sf* security; (*DIR*) bail

cav. *abbr* = **cavaliere**

'cava *sf* quarry

caval'care *vt* (*cavallo*) to ride; (*muro*) to sit astride; (*sog: ponte*) to span; caval'cata *sf* ride; (*gruppo di persone*) riding party

cavalca'via *sm inv* flyover

cavalci'oni [kaval'tʃoni]: **a ~ di** *prep* astride

cavali'ere *sm* rider; (*feudale, titolo*) knight; (*soldato*) cavalryman; (*al ballo*) partner; cavalle'resco, a, schi, sche *ag* chivalrous; cavalle'ria *sf* (*di persona*) chivalry; (*milizia a cavallo*) cavalry

cavalle'rizzo, a [kavalle'rittso] *sm/f* riding instructor; circus rider

caval'letta *sf* grasshopper

caval'letto *sm* (*FOT*) tripod; (*da pittore*) easel

ca'vallo *sm* horse; (*SCACCHI*) knight; (*AUT: anche: ~ vapore*) horsepower; (*dei pantaloni*) crotch; **a ~** on horseback; **a ~ di** astride, straddling; **~ di battaglia** (*fig*) hobby-horse; **~ da corsa** racehorse

ca'vare *vt* (*togliere*) to draw out, extract, take out; (*: giacca, scarpe*) to take off; (*: fame, sete, voglia*) to satisfy; **cavarsela** to manage, get on all right; (*scamparla*) to get away with it

cava'tappi *sm inv* corkscrew

ca'verna *sf* cave

'cavia *sf* guinea pig

cavi'ale *sm* caviar

ca'viglia [ka'viʎʎa] *sf* ankle

ca'villo *sm* quibble

cavo, a *ag* hollow ♦ *sm* (ANAT) cavity; (*corda*, ELETTR, TEL) cable

cavolfi'ore *sm* cauliflower

cavolo *sm* cabbage; (*fam*): **non m'importa un ~** I don't give a damn; **~ di Bruxelles** Brussels sprout

cazzu'ola [kat'tswɔla] *sf* trowel

/c *abbr* = **conto corrente**

CCD *sigla m* = **Centro Cristiano Democratico**

CD *sm inv* CD

CD-ROM [tʃidi'rɔm] *sm inv* CD-ROM

C. d. u. *sigla m* = **Cristiano Democratici Uniti**

C.E. [tʃe] *sigla f* (= *Comunità Europea*) EC

ce [tʃe] *pron, av vedi* **ci**

cece ['tʃetʃe] *sm* chickpea

cecità [tʃetʃi'ta] *sf* blindness

ceco, a ['tʃɛko] *ag, sm/f* Czech; **la Repubblica ~a** the Czech Republic

Cecoslo'vacchia [tʃekoslo'vakkja] *sf*: **la ~** Czechoslovakia

cedere ['tʃedere] *vt* (*concedere: posto*) to give up; (DIR) to transfer, make over ♦ *vi* (*cadere*) to give way, subside; **~ (a)** to surrender (to), yield (to), give in (to); **ce'devole** *ag* (*terreno*) soft; (*fig*) yielding

'cedola ['tʃedola] *sf* coupon; voucher

'cedro ['tʃedro] *sm* cedar; (*albero da frutto, frutto*) citron

'ceffo ['tʃeffo] (*peg*) *sm* ugly mug

cef'fone [tʃef'fone] *sm* slap, smack

ce'lare [tʃe'lare] *vt* to conceal; **~rsi** to hide

cele'brare [tʃele'brare] *vt* to celebrate; **celebrazi'one** *sf* celebration

'celebre ['tʃelebre] *ag* famous, celebrated; **celebrità** *sf inv* fame; (*persona*) celebrity

'celere ['tʃelere] *ag* fast, swift; (*corso*) crash *cpd*

ce'leste [tʃe'leste] *ag* celestial; heavenly; (*colore*) sky-blue

'celibe ['tʃelibe] *ag* single, unmarried

'cella ['tʃella] *sf* cell

'cellula ['tʃellula] *sf* (BIOL, ELETTR, POL) cell; **cellu'lare** *sm* cellphone

cellu'lite [tʃellu'lite] *sf* cellulite

cemen'tare [tʃemen'tare] *vt* (*anche fig*) to cement

ce'mento [tʃe'mento] *sm* cement

'cena ['tʃena] *sf* dinner; (*leggera*) supper

ce'nare [tʃe'nare] *vi* to dine, have dinner

'cencio ['tʃentʃo] *sm* piece of cloth, rag; (*per spolverare*) duster

'cenere ['tʃenere] *sf* ash

'cenno ['tʃenno] *sm* (*segno*) sign, signal; (*gesto*) gesture; (*col capo*) nod; (*con la mano*) wave; (*allusione*) hint, mention; (*breve esposizione*) short account; **far ~ di sì/no** to nod (one's head)/shake one's head

censi'mento [tʃensi'mento] *sm* census

cen'sura [tʃen'sura] *sf* censorship; censor's office; (*fig*) censure

cente'nario, a [tʃente'narjo] *ag* (*che ha cento anni*) hundred-year-old; (*che ricorre ogni cento anni*) centennial, centenary *cpd* ♦ *sm/f* centenarian ♦ *sm* centenary

cen'tesimo, a [tʃen'tezimo] *ag, sm* hundredth

cen'tigrado, a [tʃen'tigrado] *ag* centigrade; **20 gradi ~i** 20 degrees centigrade

cen'timetro [tʃen'timetro] *sm* centimetre

centi'naio [tʃenti'najo] (*pl(f)* **-aia**) *sm*: **un ~ (di)** a hundred; about a hundred

'cento ['tʃento] *num* a hundred, one hundred

cen'trale [tʃen'trale] *ag* central ♦ *sf*: **~ telefonica** (telephone) exchange; **~ elettrica** electric power station; **centrali'nista** *sm/f* operator; **centra'lino** *sm* (telephone) exchange; (*di albergo etc*) switchboard

cen'trare [tʃen'trare] *vt* to hit the centre of; (TECN) to centre

cen'trifuga [tʃen'trifuga] *sf* spin-dryer

'centro ['tʃentro] *sm* centre; **~ civico** civic centre; **~ commerciale** shopping centre; (*città*) commercial centre

'ceppo ['tʃeppo] *sm* (*di albero*) stump; (*pezzo di legno*) log

'cera ['tʃera] *sf* wax; (*aspetto*) appearance

ce'ramica, che [tʃe'ramika] *sf* ceramic; (ARTE) ceramics *sg*

cerbi'atto [tʃer'bjatto] *sm* (ZOOL) fawn

'cerca ['tʃerka] *sf*: **in** *o* **alla ~ di** in search of

cer'care [tʃer'kare] *vt* to look for, search for

♦ *vi*: ~ **di fare qc** to try to do sth
'**cerchia** ['tʃerkja] *sf* circle
'**cerchio** ['tʃerkjo] *sm* circle; (*giocattolo, di botte*) hoop
cere'ale [tʃere'ale] *sm* cereal
ceri'monia [tʃeri'mɔnja] *sf* ceremony
ce'rino [tʃe'rino] *sm* wax match
'**cernia** ['tʃernja] *sf* (*ZOOL*) stone bass
cerni'era [tʃer'njera] *sf* hinge; ~ **lampo** zip (fastener) (*BRIT*), zipper (*US*)
'**cernita** ['tʃernita] *sf* selection
'**cero** ['tʃero] *sm* (church) candle
ce'rotto [tʃe'rɔtto] *sm* sticking plaster
certa'mente [tʃerta'mente] *av* certainly
cer'tezza [tʃer'tettsa] *sf* certainty
certifi'cato *sm* certificate; ~ **medico / di nascita** medical/birth certificate

---
PAROLA CHIAVE

'**certo, a** ['tʃerto] *ag* (*sicuro*): ~ **(di / che)** certain *o* sure (of/that)
♦ *det* 1 (*tale*) certain; **un ~ signor Smith** a (certain) Mr Smith
2 (*qualche; con valore intensivo*) some; **dopo un ~ tempo** after some time; **un fatto di una ~a importanza** a matter of some importance; **di una ~a età** past one's prime, not so young
♦ *pron*: ~**i, e** *pl* some
♦ *av* (*certamente*) certainly; (*senz'altro*) of course; **di ~** certainly; **no (di) ~!, ~ che no!** certainly not!; **sì ~** yes indeed, certainly

---

cer'vello, i [tʃer'vɛllo] (*ANAT*: *pl(f)* **-a**) *sm* brain
'**cervo, a** ['tʃervo] *sm/f* stag/doe ♦ *sm* deer
ce'sello [tʃe'zɛllo] *sm* chisel
ce'soie [tʃe'zoje] *sfpl* shears
ces'puglio [tʃes'puʎʎo] *sm* bush
ces'sare [tʃes'sare] *vi, vt* to stop, cease; ~ **di fare qc** to stop doing sth
'**cesso** ['tʃesso] (*fam*) *sm* (*gabinetto*) bog
'**cesta** ['tʃesta] *sf* (large) basket
ces'tino [tʃes'tino] *sm* basket; (*per la carta straccia*) wastepaper basket; ~ **da viaggio** (*FERR*) packed lunch (*o* dinner)
'**cesto** ['tʃesto] *sm* basket

'**ceto** ['tʃeto] *sm* (social) class
cetrio'lino [tʃetrio'lino] *sm* gherkin
cetri'olo [tʃetri'ɔlo] *sm* cucumber
CFC *sm inv* (= *clorofluorocarburo*) CFC
cfr. *abbr* (= *confronta*) cf
CGIL *sigla f* (= *Confederazione Generale Italiana del Lavoro*) trades union organization
chat line *sf inv* chatline
chattare *vi* (*INFORM*) to chat

PAROLA CHIAVE
---

che [ke] *pron* 1 (*relativo: persona: soggetto*) who; (*: oggetto*) whom, that; (*: cosa, animale*) which, that; **il ragazzo ~ è venuto** the boy who came; **l'uomo ~ io vedo** the man (whom) I see; **il libro ~ è sul tavolo** the book which *o* that is on the table; **il libro ~ vedi** the book (which *o* that) you see; **la sera ~ ti ho visto** the evening I saw you
2 (*interrogativo, esclamativo*) what; ~ **(cosa) fai?** what are you doing?; **a ~ (cosa) pensi?** what are you thinking about?; **non sa ~ (cosa) fare** he doesn't know what to do
3 (*indefinito*): **quell'uomo ha un ~ di losco** there's something suspicious about that man; **un certo non so ~** an indefinable something
♦ *det* 1 (*interrogativo: tra tanti*) what; (*: tra pochi*) which; ~ **tipo di film preferisci?** what sort of film do you prefer?; ~ **vestito ti vuoi mettere?** what (*o* which) dress do you want to put on?
2 (*esclamativo: seguito da aggettivo*) how; (*: seguito da sostantivo*) what; ~ **buono!** how delicious!; ~ **bel vestito!** what a lovely dress!
♦ *cong* 1 (*con proposizioni subordinate*) that; **credo ~ verrà** I think he'll come; **voglio ~ tu studi** I want you to study; **so ~ tu c'eri** I know (that) you were there; **non ~**: **non ~ sia sbagliato, ma ...** not that it's wrong, but ...
2 (*finale*) so that; **vieni qua, ~ ti veda** come here, so (that) I can see you

3 (*temporale*): **arrivai ~ eri già partito** you had already left when I arrived; **sono anni ~ non lo vedo** I haven't seen him for years
4 (*in frasi imperative, concessive*): **~ venga pure!** let him come by all means!; **~ tu sia benedetto!** may God bless you!
5 (*comparativo: con più, meno*) than; *vedi anche* **più; meno; così** *etc*

cheti'chella [keti'kella] *av* stealthily, unobtrusively

PAROLA CHIAVE

chi [ki] *pron* 1 (*interrogativo: soggetto*) who; (: *oggetto*) who, whom; **~ è?** who is it?; **di ~ è questo libro?** whose book is this?, whose is this book?; **con ~ parli?** who are you talking to?; **a ~ pensi?** who are you thinking about?; **~ di voi?** which of you?; **non so a ~ rivolgermi** I don't know who to ask
2 (*relativo*) whoever, anyone who; **dillo a ~ vuoi** tell whoever you like
3 (*indefinito*): **~ ... ~ ...** some ... others ...; **~ dice una cosa, ~ dice un'altra** some say one thing, others say another

---

chiacchie'rare [kjakkje'rare] *vi* to chat; (*discorrere futilmente*) to chatter; (*far pettegolezzi*) to gossip; **chiacchie'rata** *sf* chat; **chi'acchiere** *sfpl*: **fare due** *o* **quattro chiacchiere** to have a chat; **chiacchie'rone, a** *ag* talkative, chatty, gossipy ♦ *sm/f* chatterbox; gossip
chia'mare [kja'mare] *vt* to call; (*rivolgersi a qn*) to call (in), send for; **~rsi** *vr* (*aver nome*) to be called; **mi chiamo Paolo** my name is Paolo, I'm called Paolo; **~ alle armi** to call up; **~ in giudizio** to summon; **chia'mata** *sf* (*TEL*) call; (*MIL*) call-up
chia'rezza [kja'rettsa] *sf* clearness; clarity
chia'rire [kja'rire] *vt* to make clear; (*fig: spiegare*) to clear up, explain; **~rsi** *vr* to become clear
chi'aro, a ['kjaro] *ag* clear; (*luminoso*) clear, bright; (*colore*) pale, light
chiaroveg'gente [kjaroved'dʒɛnte] *sm/f* clairvoyant

chi'asso ['kjasso] *sm* uproar, row; **chias'soso, a** *ag* noisy, rowdy; (*vistoso*) showy, gaudy
chi'ave ['kjave] *sf* key ♦ *ag inv* key *cpd*; **~ d'accensione** (*AUT*) ignition key; **~ inglese** monkey wrench; **~ di volta** keystone; **chiavis'tello** *sm* bolt
chi'azza ['kjattsa] *sf* stain; splash
'chicco, chi ['kikko] *sm* grain; (*di caffè*) bean; **~ d'uva** grape
chi'edere ['kjedere] *vt* (*per sapere*) to ask; (*per avere*) to ask for ♦ *vi*: **~ di qn** to ask after sb; (*al telefono*) to ask for *o* want sb; **~ qc a qn** to ask sb sth; to ask sb for sth
chi'erico, ci ['kjeriko] *sm* cleric; altar boy
chi'esa ['kjeza] *sf* church
chi'esto, a *pp di* **chiedere**
'chiglia ['kiʎʎa] *sf* keel
'chilo ['kilo] *sm* kilo; **chilo'grammo** *sm* kilogram(me); **chilome'traggio** *sm* ≈ mileage; **~metraggio illimitato** unlimited mileage; **chi'lometro** *sm* kilometre
'chimica ['kimika] *sf* chemistry
'chimico, a, ci, che ['kimiko] *ag* chemical ♦ *sm/f* chemist
'china ['kina] *sf* (*pendio*) slope, descent; (*inchiostro*) Indian ink
chi'nare [ki'nare] *vt* to lower, bend; **~rsi** *vr* to stoop, bend
chi'nino [ki'nino] *sm* quinine
chi'occiola ['kjɔttʃola] *sf* snail; **scala a ~** spiral staircase
chi'odo ['kjɔdo] *sm* nail; (*fig*) obsession
chi'oma ['kjɔma] *sf* (*capelli*) head of hair
chi'osco, schi ['kjɔsko] *sm* kiosk, stall
chi'ostro ['kjɔstro] *sm* cloister
chiro'mante [kiro'mante] *sm/f* palmist
chirur'gia [kirur'dʒia] *sf* surgery; **~ estetica** cosmetic surgery; **chi'rurgo, ghi** *o* **gi** *sm* surgeon
chissà [kis'sa] *av* who knows, I wonder
chi'tarra [ki'tarra] *sf* guitar
chi'udere ['kjudere] *vt* to close, shut; (*luce, acqua*) to put off, turn off; (*definitivamente: fabbrica*) to close down, shut down;

(strada) to close; (recingere) to enclose; (porre termine a) to end ♦ vi to close, shut; to close down, shut down; to end; **~rsi** vr to shut, close; (ritirarsi: anche fig) to shut o.s. away; (ferita) to close up

chi'unque [ki'unkwe] pron (relativo) whoever, whomever; (indefinito) anyone, anybody; **~ sia** whoever it is

chi'uso, a ['kjuso] pp di **chiudere** ♦ sf (di corso d'acqua) sluice, lock; (recinto) enclosure; (di discorso etc) conclusion, ending; **chiu'sura** sf (vedi **chiudere**) closing; shutting; closing o shutting down; enclosing; putting o turning off; ending; (dispositivo) catch; fastening; fastener

---

PAROLA CHIAVE

---

ci [tʃi] (dav lo, la, li, le, ne diventa **ce**) pron 1 (personale: complemento oggetto) us; (: a noi: complemento di termine) (to) us; (: riflessivo) ourselves; (: reciproco) each other, one another; (impersonale): **~ si veste** we get dressed; **~ ha visti** he's seen us; **non ~ ha dato niente** he gave us nothing; **~ vestiamo** we get dressed; **~ amiamo** we love one another o each other
2 (dimostrativo: di ciò, su ciò, in ciò etc) about (o on o of) it; **non so cosa far~** I don't know what to do about it; **che c'entro io?** what have I got to do with it? ♦ av (qui) here; (lì) there; (moto attraverso luogo): **~ passa sopra un ponte** a bridge passes over it; **non ~ passa più nessuno** nobody comes this way any more; **esser~** vedi **essere**

---

cia'batta [tʃa'batta] sf slipper; (pane) ciabatta

ci'alda ['tʃalda] sf (CUC) wafer

ciam'bella [tʃam'bella] sf (CUC) ring-shaped cake; (salvagente) rubber ring

ci'ao ['tʃao] escl (all'arrivo) hello!; (alla partenza) cheerio! (BRIT), bye!

cias'cuno, a [tʃas'kuno] (det: dav sm: **ciascun** +C, V, **ciascuno** +s impura, gn, pn, ps, x, z; dav sf: **ciascuna** +C, **ciascun'** +V) det every, each; (ogni) every ♦ pron each

(one); (tutti) everyone, everybody

ci'barie [tʃi'barje] sfpl foodstuffs

'cibo ['tʃibo] sm food

ci'cala [tʃi'kala] sf cicada

cica'trice [tʃika'tritʃe] sf scar

'cicca ['tʃikka] sf cigarette end

'ciccia ['tʃittʃa] (fam) sf fat

cice'rone [tʃitʃe'rone] sm guide

ci'clismo [tʃi'klizmo] sm cycling; **ci'clista, i, e** sm/f cyclist

'ciclo ['tʃiklo] sm cycle; (di malattia) course

ciclomo'tore [tʃiklomo'tore] sm moped

ci'clone [tʃi'klone] sm cyclone

ci'cogna [tʃi'koɲɲa] sf stork

ci'coria [tʃi'kɔrja] sf chicory

ci'eco, a, chi, che ['tʃeko] ag blind ♦ sm/f blind man/woman

ci'elo ['tʃelo] sm sky; (REL) heaven

'cifra ['tʃifra] sf (numero) figure; numeral; (somma di denaro) sum, figure; (monogramma) monogram, initials pl; (codice) code, cipher

'ciglio, i ['tʃiʎʎo] (delle palpebre: pl(f) **ciglia**) sm (margine) edge, verge; (eye)lash; (eye)lid; (sopracciglio) eyebrow

'cigno ['tʃiɲɲo] sm swan

cigo'lare [tʃigo'lare] vi to squeak, creak

'Cile ['tʃile] sm: **il ~** Chile

ci'lecca [tʃi'lekka] sf: **far ~** to fail

cili'egia, gie o **ge** [tʃi'ljedʒa] sf cherry; **cili'egio** sm cherry tree

cilin'drata [tʃilin'drata] sf (AUT) (cubic) capacity; **una macchina di grossa ~** a big-engined car

ci'lindro [tʃi'lindro] sm cylinder; (cappello) top hat

'cima ['tʃima] sf (sommità) top; (di monte) top, summit; (estremità) end; **in ~ a** at the top of; **da ~ a fondo** from top to bottom; (fig) from beginning to end

'cimice ['tʃimitʃe] sf (ZOOL) bug; (puntina) drawing pin (BRIT), thumbtack (US)

cimini'era [tʃimi'njera] sf chimney; (di nave) funnel

cimi'tero [tʃimi'tero] sm cemetery

'Cina ['tʃina] sf: **la ~** China

cin'cin [tʃin'tʃin] escl cheers!

cin cin [tʃin'tʃin] *escl* = **cincin**

cinema ['tʃinema] *sm inv* cinema; **cine'presa** *sf* cine-camera

ci'nese [tʃi'nese] *ag, sm/f, sm* Chinese *inv*

cingere ['tʃindʒere] *vt* (*attorniare*) to surround, encircle

cinghia ['tʃingja] *sf* strap; (*cintura, TECN*) belt

cinghi'ale [tʃin'gjale] *sm* wild boar

cinguet'tare [tʃingwet'tare] *vi* to twitter

cinico, a, ci, che ['tʃiniko] *ag* cynical ♦ *sm/f* cynic; **ci'nismo** *sm* cynicism

cin'quanta [tʃin'kwanta] *num* fifty; **cinquan'tesimo, a** *num* fiftieth

cinquan'tina [tʃinkwan'tina] *sf* (*serie*): **una ~ (di)** about fifty; (*età*): **essere sulla ~** to be about fifty

cinque ['tʃinkwe] *num* five; **avere ~ anni** to be five (years old); **il ~ dicembre 1999** the fifth of December 1999; **alle ~ (ora)** at five (o'clock)

cinque'cento [tʃinkwe'tʃento] *num* five hundred ♦ *sm*: **il C~** the sixteenth century

'cinto, a ['tʃinto] *pp di* **cingere**

cin'tura [tʃin'tura] *sf* belt; **~ di salvataggio** lifebelt (*BRIT*), life preserver (*US*); **~ di sicurezza** (*AUT, AER*) safety *o* seat belt

ciò [tʃɔ] *pron* this; that; **~ che** what; **~ nonostante** *o* **nondimeno** nevertheless, in spite of that

ci'occa, che ['tʃɔkka] *sf* (*di capelli*) lock

ciocco'lata [tʃokko'lata] *sf* chocolate; (*bevanda*) (hot) chocolate; **cioccola'tino** *sm* chocolate; **ciocco'lato** *sm* chocolate

cioè [tʃo'e] *av* that is (to say)

ciondo'lare [tʃondo'lare] *vi* to dangle; (*fig*) to loaf (about); **ci'ondolo** *sm* pendant

ci'otola ['tʃɔtola] *sf* bowl

ci'ottolo ['tʃɔttolo] *sm* pebble; (*di strada*) cobble(stone)

ci'polla [tʃi'polla] *sf* onion; (*di tulipano etc*) bulb

ci'presso [tʃi'presso] *sm* cypress (tree)

'cipria ['tʃiprja] *sf* (face) powder

'Cipro ['tʃipro] *sm* Cyprus

'circa ['tʃirka] *av* about, roughly ♦ *prep* about, concerning; **a mezzogiorno ~**

about midday

'circo, chi ['tʃirko] *sm* circus

circo'lare [tʃirko'lare] *vi* to circulate; (*AUT*) to drive (along), move (along) ♦ *ag* circular ♦ *sf* (*AMM*) circular; (*di autobus*) circle (line); **circolazi'one** *sf* circulation; (*AUT*): **la circolazione** (the) traffic

'circolo ['tʃirkolo] *sm* circle

circon'dare [tʃirkon'dare] *vt* to surround

circonfe'renza [tʃirkonfe'rentsa] *sf* circumference

circonvallazi'one [tʃirkonvallat'tsjone] *sf* ring road (*BRIT*), beltway (*US*); (*per evitare una città*) by-pass

circos'critto, a [tʃirkos'kritto] *pp di* **circoscrivere**

circos'crivere [tʃirkos'krivere] *vt* to circumscribe; (*fig*) to limit, restrict; **circoscrizi'one** *sf* (*AMM*) district, area; **circoscrizione elettorale** constituency

circos'petto, a [tʃirkos'petto] *ag* circumspect, cautious

circos'tante [tʃirkos'tante] *ag* surrounding, neighbouring

circos'tanza [tʃirkos'tantsa] *sf* circumstance; (*occasione*) occasion

cir'cuito [tʃir'kuito] *sm* circuit

CISL *sigla f* (= *Confederazione Italiana Sindacati Lavoratori*) trades union organization

'ciste ['tʃiste] *sf* = **cisti**

cis'terna [tʃis'terna] *sf* tank, cistern

'cisti ['tʃisti] *sf* cyst

C.I.T. [tʃit] *sigla f* = **Compagnia Italiana Turismo**

ci'tare [tʃi'tare] *vt* (*DIR*) to summon; (*autore*) to quote; (*a esempio, modello*) to cite; **citazi'one** *sf* summons *sg*; quotation; (*di persona*) mention

ci'tofono [tʃi'tɔfono] *sm* entry phone; (*in uffici*) intercom

città [tʃit'ta] *sf inv* town; (*importante*) city; **~ universitaria** university campus

cittadi'nanza [tʃittadi'nantsa] *sf* citizens *pl*; (*DIR*) citizenship

citta'dino, a [tʃitta'dino] *ag* town *cpd*; city *cpd* ♦ *sm/f* (*di uno Stato*) citizen; (*abitante* *di città*) townsman, city dweller

ci'uco, a, chi, che [ˈtʃuko] *sm/f* ass

ci'uffo [ˈtʃuffo] *sm* tuft

ci'vetta [tʃiˈvetta] *sf* (ZOOL) owl; (*fig: donna*) flirt ♦ *ag inv*: **auto/nave** ~ decoy car/ship

'civico, a, ci, che [ˈtʃiviko] *ag* civic; (*museo*) municipal, town *cpd*; city *cpd*

ci'vile [tʃiˈvile] *ag* civil; (*non militare*) civilian; (*nazione*) civilized ♦ *sm* civilian

civilizzazi'one [tʃiviliddzatˈtsjone] *sf* civilization

civiltà [tʃivilˈta] *sf* civilization; (*cortesia*) civility

'clacson *sm inv* (AUT) horn

cla'more *sm* (*frastuono*) din, uproar, clamour; (*fig*) outcry; **clamo'roso, a** *ag* noisy; (*fig*) sensational

clandes'tino, a *ag* clandestine; (POL) underground, clandestine; (*immigrato*) illegal ♦ *sm/f* stowaway

clari'netto *sm* clarinet

'classe *sf* class; **di** ~ (*fig*) with class; of excellent quality

'classico, a, ci, che *ag* classical; (*tradizionale: moda*) classic(al) ♦ *sm* classic; classical author

clas'sifica *sf* classification; (SPORT) placings *pl*

classifi'care *vt* to classify; (*candidato, compito*) to grade; **~rsi** *vr* to be placed

'clausola *sf* (DIR) clause

'clava *sf* club

clavi'cembalo [klaviˈtʃembalo] *sm* harpsichord

cla'vicola *sf* (ANAT) collar bone

cle'mente *ag* merciful; (*clima*) mild; **cle'menza** *sf* mercy, clemency; mildness

'clero *sm* clergy

clic'care *vi* (INFORM): ~ **su** to click on

cli'ente *sm/f* customer, client; **clien'tela** *sf* customers *pl*, clientèle

'clima, i *sm* climate; **cli'matico, a, ci, che** *ag* climatic; **stazione climatica** health resort; **climatizzatore** *sm* air conditioning system; **climatizzazi'one** *sf* (TECN) air conditioning

'clinica, che *sf* (*scienza*) clinical medicine;

(*casa di cura*) clinic, nursing home; (*settore d'ospedale*) clinic

'clinico, a, ci, che *ag* clinical ♦ *sm* (*medico*) clinician

clo'aca, che *sf* sewer

'cloro *sm* chlorine

cloro'formio *sm* chloroform

club *sm inv* club

c.m. *abbr* = **corrente mese**

coabi'tare *vi* to live together

coagu'lare *vt* to coagulate ♦ *vi* to coagulate; (*latte*) to curdle; **~rsi** *vr* to coagulate; to curdle

coalizi'one [koalitˈtsjone] *sf* coalition

co'atto, a *ag* (DIR) compulsory, forced

'COBAS *sigla mpl* (= *Comitati di base*) *independent trades unions*

Coca'Cola ® *sf* Coca-Cola ®

coca'ina *sf* cocaine

cocci'nella [kottʃiˈnella] *sf* ladybird (BRIT), ladybug (US)

'coccio [ˈkɔttʃo] *sm* earthenware; (*vaso*) earthenware pot; **~i** *smpl* (*frammenti*) fragments (of pottery)

cocci'uto, a [kotˈtʃuto] *ag* stubborn, pigheaded

'cocco, chi *sm* (*pianta*) coconut palm; (*frutto*): **noce di** ~ coconut ♦ *sm/f* (*fam*) darling

cocco'drillo *sm* crocodile

cocco'lare *vt* to cuddle, fondle

co'cente [koˈtʃente] *ag* (*anche fig*) burning

co'comero *sm* watermelon

co'cuzzolo [koˈkuttsolo] *sm* top; (*di capo, cappello*) crown

'coda *sf* tail; (*fila di persone, auto*) queue (BRIT), line (US); (*di abiti*) train; **con la** ~ **dell'occhio** out of the corner of one's eye; **mettersi in** ~ to queue (up) (BRIT), line up (US); to join the queue (BRIT) *o* line (US); ~ **di cavallo** (*acconciatura*) ponytail

co'dardo, a *ag* cowardly ♦ *sm/f* coward

'codice [ˈkoditʃe] *sm* code; ~ **di avviamento postale** postcode (BRIT), zip code (US); ~ **fiscale** tax code; ~ **della strada** highway code

coe'rente *ag* coherent; **coe'renza** *sf*

coherence

coe'taneo, a *ag, sm/f* contemporary

cofano *sm* (*AUT*) bonnet (*BRIT*), hood (*US*); (*forziere*) chest

'cogli ['koʎʎi] *prep + det =* **con** + **gli**; *vedi* **con**

'cogliere ['kɔʎʎere] *vt* (*fiore, frutto*) to pick, gather; (*sorprendere*) to catch, surprise; (*bersaglio*) to hit; (*fig: momento opportuno etc*) to grasp, seize, take; (*: capire*) to grasp; **~ qn in flagrante** *o* **in fallo** to catch sb red-handed

co'gnato, a [koɲ'ɲato] *sm/f* brother-/sister-in-law

co'gnome [koɲ'ɲome] *sm* surname

'coi *prep + det =* **con** + **i**; *vedi* **con**

coinci'denza [kointʃi'dɛntsa] *sf* coincidence; (*FERR, AER, di autobus*) connection

coin'cidere [koin'tʃidere] *vi* to coincide; **coin'ciso, a** *pp di* **coincidere**

coin'volgere [koin'vɔldʒere] *vt*: **~ in** to involve in; **coin'volto, a** *pp di* **coinvolgere**

col *prep + det =* **con** + **il**; *vedi* **con**

cola'brodo *sm inv* strainer

cola'pasta *sm inv* colander

co'lare *vt* (*liquido*) to strain; (*pasta*) to drain; (*oro fuso*) to pour ♦ *vi* (*sudore*) to drip; (*botte*) to leak; (*cera*) to melt; **~ a picco** *vt, vi* (*nave*) to sink

co'lata *sf* (*di lava*) flow; (*FONDERIA*) casting

colazi'one [kolat'tsjone] *sf* (*anche:* **prima ~**) breakfast; (*anche:* **seconda ~**) lunch; **fare ~** to have breakfast (*o* lunch)

co'lei *pron vedi* **colui**

co'lera *sm* (*MED*) cholera

'colica *sf* (*MED*) colic

'colla *sf* glue; (*di farina*) paste

collabo'rare *vi* to collaborate; **~ a** to collaborate on; (*giornale*) to contribute to; **collabora'tore, 'trice** *sm/f* collaborator; contributor

col'lana *sf* necklace; (*collezione*) collection, series

col'lant [kɔ'lɑ̃] *sm inv* tights *pl*

col'lare *sm* collar

col'lasso *sm* (*MED*) collapse

collau'dare *vt* to test, try out; **col'laudo** *sm* testing *no pl*; test

'colle *sm* hill

col'lega, ghi, ghe *sm/f* colleague

collega'mento *sm* connection; (*MIL*) liaison

colle'gare *vt* to connect, join, link; **~rsi** *vr* (*RADIO, TV*) to link up; **~rsi con** (*TEL*) to get through to

col'legio [kol'lɛdʒo] *sm* college; (*convitto*) boarding school; **~ elettorale** (*POL*) constituency

'collera *sf* anger

col'lerico, a, ci, che *ag* quick-tempered, irascible

col'letta *sf* collection

collettività *sf* community

collet'tivo, a *ag* collective; (*interesse*) general, everybody's; (*biglietto, visita etc*) group *cpd* ♦ *sm* (*POL*) (political) group

col'letto *sm* collar

collezio'nare [kollettsjo'nare] *vt* to collect

collezi'one [kollet'tsjone] *sf* collection

colli'mare *vi* to correspond, coincide

col'lina *sf* hill

col'lirio *sm* eyewash

collisi'one *sf* collision

'collo *sm* neck; (*di abito*) neck, collar; (*pacco*) parcel; **~ del piede** instep

colloca'mento *sm* (*impiego*) employment; (*disposizione*) placing, arrangement

collo'care *vt* (*libri, mobili*) to place; (*COMM: merce*) to find a market for

col'loquio *sm* conversation, talk; (*ufficiale, per un lavoro*) interview; (*INS*) preliminary oral exam

col'mare *vt*: **~ di** (*anche fig*) to fill with; (*dare in abbondanza*) to load *o* overwhelm with; **'colmo, a** *ag*: **colmo (di)** full (of) ♦ *sm* summit, top; (*fig*) height; **al colmo della disperazione** in the depths of despair; **è il colmo!** it's the last straw!

co'lombo, a *sm/f* dove; pigeon

co'lonia *sf* colony; (*per bambini*) holiday camp; (**acqua di**) **~** (eau de) cologne; **coloni'ale** *ag* colonial ♦ *sm/f* colonist, settler

co'lonna *sf* column; **~ vertebrale** spine, spinal column

colon'nello *sm* colonel

co'lono *sm* (*coltivatore*) tenant farmer

colo'rante *sm* colouring

colo'rare *vt* to colour; (*disegno*) to colour in

co'lore *sm* colour; **a ~i** in colour, colour *cpd*; **farne di tutti i ~i** to get up to all sorts of mischief

colo'rito, a *ag* coloured; (*viso*) rosy, pink; (*linguaggio*) colourful ♦ *sm* (*tinta*) colour; (*carnagione*) complexion

co'loro *pron pl vedi* **colui**

co'losso *sm* colossus

'colpa *sf* fault; (*biasimo*) blame; (*colpevolezza*) guilt; (*azione colpevole*) offence; (*peccato*) sin; **di chi è la ~?** whose fault is it?; **è ~ sua** it's his fault; **per ~ di** through, owing to; **col'pevole** *ag* guilty

col'pire *vt* to hit, strike; (*fig*) to strike; **rimanere colpito da qc** to be amazed *o* struck by sth

'colpo *sm* (*urto*) knock; (: *affettivo*) blow, shock; (: *aggressivo*) blow; (*di pistola*) shot; (*MED*) stroke; (*rapina*) raid; **di ~** suddenly; **fare ~** to make a strong impression; **~ di grazia** coup de grâce; **~ di scena** (*TEATRO*) coup de théâtre; (*fig*) dramatic turn of events; **~ di sole** sunstroke; **~ di Stato** coup d'état; **~ di telefono** phone call; **~ di testa** (sudden) impulse *o* whim; **~ di vento** gust (of wind)

coltel'lata *sf* stab

col'tello *sm* knife; **~ a serramanico** clasp knife

colti'vare *vt* to cultivate; (*verdura*) to grow, cultivate; **coltiva'tore** *sm* farmer; **coltivazi'one** *sf* cultivation; growing

'colto, a *pp di* **cogliere** ♦ *ag* (*istruito*) cultured, educated

'coltre *sf* blanket

col'tura *sf* cultivation

co'lui (*f* **co'lei**, *pl* **co'loro**) *pron* the one; **~ che parla** the one *o* the man *o* the person who is speaking; **colei che amo** the one *o*

the woman *o* the person (whom) I love

'coma *sm inv* coma

comanda'mento *sm* (*REL*) commandment

coman'dante *sm* (*MIL*) commander, commandant; (*di reggimento*) commanding officer; (*NAUT, AER*) captain

coman'dare *vi* to be in command ♦ *vt* to command; (*imporre*) to order, command; **~ a qn di fare** to order sb to do; **co'mando** *sm* (*ingiunzione*) order, command; (*autorità*) command; (*TECN*) control

co'mare *sf* (*madrina*) godmother

combaci'are [komba'tʃare] *vi* to meet; (*fig: coincidere*) to coincide

com'battere *vt, vi* to fight; **combatti'mento** *sm* fight; fighting *no pl*; (*di pugilato*) match

combi'nare *vt* to combine; (*organizzare*) to arrange; (*fam: fare*) to make, cause; **combinazi'one** *sf* combination; (*caso fortuito*) coincidence; **per combinazione** by chance

combus'tibile *ag* combustible ♦ *sm* fuel

com'butta (*peg*) *sf*: **in ~** in league

PAROLA CHIAVE

'come *av* **1** (*alla maniera di*) like; **ti comporti ~ lui** you behave like him *o* like he does; **bianco ~ la neve** (as) white as snow; **~ se** as if, as though

2 (*in qualità di*) as a; **lavora ~ autista** he works as a driver

3 (*interrogativo*) how; **~ ti chiami?** what's your name?; **~ sta?** how are you?; **com'è il tuo amico?** what is your friend like?; **~?** (*prego?*) pardon?, sorry?; **~ mai?** how come?; **~ mai non ci hai avvertiti?** why on earth didn't you warn us?

4 (*esclamativo*): **~ sei bravo!** how clever you are!; **~ mi dispiace!** I'm terribly sorry!

♦ *cong* **1** (*in che modo*) how; **mi ha spiegato ~ l'ha conosciuto** he told me how he met him

2 (*correlativo*) as; (*con comparativi di maggioranza*) than; **non è bravo ~ pensavo** he isn't as clever as I thought; **è meglio di ~ pensassi** it's better than I thought

3 (*appena che, quando*) as soon as; ~ **arrivò, iniziò a lavorare** as soon as he arrived, he set to work; *vedi* **così; tanto**

'comico, a, ci, che *ag* (*TEATRO*) comic; (*buffo*) comical ♦ *sm* (*attore*) comedian, comic actor

co'mignolo [ko'miɲɲolo] *sm* chimney top

cominci'are [komin'tʃare] *vt, vi* to begin, start; ~ **a fare/col fare** to begin to do/by doing

comi'tato *sm* committee

comi'tiva *sf* party, group

co'mizio [ko'mittsjo] *sm* (*POL*) meeting, assembly

com'mando *sm inv* commando (squad)

com'media *sf* comedy; (*opera teatrale*) play; (*: che fa ridere*) comedy; (*fig*) playacting *no pl*; **commedi'ante** (*peg*) *sm/f* third-rate actor/actress; (*fig*) sham

commemo'rare *vt* to commemorate

commenda'tore *sm official title awarded for services to one's country*

commen'tare *vt* to comment on; (*testo*) to annotate; (*RADIO, TV*) to give a commentary on; **commenta'tore, 'trice** *sm/f* commentator; **com'mento** *sm* comment; (*a un testo, RADIO, TV*) commentary

commerci'ale [kommer'tʃale] *ag* commercial, trading; (*peg*) commercial

commerci'ante [kommer'tʃante] *sm/f* trader, dealer; (*negoziante*) shopkeeper

commerci'are [kommer'tʃare] *vt, vi:* ~ **in** to deal *o* trade in

com'mercio [kom'mertʃo] *sm* trade, commerce; **essere in** ~ (*prodotto*) to be on the market *o* on sale; **essere nel** ~ (*persona*) to be in business

com'messa *sf* (*COMM*) order

com'messo, a *pp di* **commettere** ♦ *sm/f* shop assistant (*BRIT*), sales clerk (*US*) ♦ *sm* (*impiegato*) clerk; ~ **viaggiatore** commercial traveller

commes'tibile *ag* edible; ~**i** *smpl* foodstuffs

com'mettere *vt* to commit

com'miato *sm* leave-taking

commi'nare *vt* (*DIR*) to threaten; to inflict

commissari'ato *sm* (*AMM*) commissionership; (*: sede*) commissioner's office; (*: di polizia*) police station

commis'sario *sm* commissioner; (*di pubblica sicurezza*) ≈ (police) superintendent (*BRIT*), (police) captain (*US*); (*SPORT*) steward; (*membro di commissione*) member of a committee *o* board

commissio'nario *sm* (*COMM*) agent, broker

commissi'one *sf* (*incarico*) errand; (*comitato, percentuale*) commission; (*COMM: ordinazione*) order

committ'tente *sm/f* (*COMM*) purchaser, customer

com'mosso, a *pp di* **commuovere**

commo'vente *ag* moving

commozi'one [kommot'tsjone] *sf* emotion, deep feeling; ~ **cerebrale** (*MED*) concussion

commu'overe *vt* to move, affect; ~**rsi** *vr* to be moved

commu'tare *vt* (*pena*) to commute; (*ELETTR*) to change *o* switch over

comò *sm inv* chest of drawers

como'dino *sm* bedside table

comodità *sf inv* comfort; convenience

'comodo, a *ag* comfortable; (*facile*) easy; (*conveniente*) convenient; (*utile*) useful, handy ♦ *sm* comfort; convenience; **con** ~ at one's convenience *o* leisure; **fare il proprio** ~ to do as one pleases; **far** ~ to be useful *o* handy

compae'sano, a *sm/f* fellow countryman; person from the same town

com'pagine [kom'padʒine] *sf* (*squadra*) team

compa'gnia [kompaɲ'nia] *sf* company; (*gruppo*) gathering

com'pagno, a [kom'paɲɲo] *sm/f* (*di classe, gioco*) companion; (*POL*) comrade

compa'rare *vt* to compare

compara'tivo, a *ag, sm* comparative

compa'rire *vi* to appear; **com'parsa** *sf* appearance; (*TEATRO*) walk-on; (*CINEMA*)

extra; **comparso, a** *pp di* **comparire**
compartecipazi'one [kompar-
tetʃipat'tsjone] *sf* sharing; (*quota*) share; **~
agli utili** profit-sharing
comparti'mento *sm* compartment;
(*AMM*) district
compas'sato, a *ag* (*persona*) composed
compassi'one *sf* compassion, pity; **avere
~ di qn** to feel sorry for sb, to pity sb
com'passo *sm* (pair of) compasses *pl*;
callipers *pl*
compa'tibile *ag* (*scusabile*) excusable;
(*conciliabile, INFORM*) compatible
compa'tire *vt* (*aver compassione di*) to
sympathize with, feel sorry for; (*scusare*) to
make allowances for
com'patto, a *ag* compact; (*roccia*) solid;
(*folla*) dense; (*fig: gruppo, partito*) united
com'pendio *sm* summary; (*libro*)
compendium
compen'sare *vt* (*equilibrare*) to
compensate for, make up for; **~ qn di**
(*rimunerare*) to pay *o* remunerate sb for;
(*risarcire*) to pay compensation to sb for;
(*fig: fatiche, dolori*) to reward sb for;
com'penso *sm* compensation; payment,
remuneration; reward; **in compenso**
(*d'altra parte*) on the other hand
'compera *sf* (*acquisto*) purchase; **fare le
~e** to do the shopping
compe'rare *vt* = **comprare**
compe'tente *ag* competent; (*mancia*) apt,
suitable; **compe'tenza** *sf* competence;
competenze *sfpl* (*onorari*) fees
com'petere *vi* to compete, vie; (*DIR:
spettare*): **~ a** to lie within the competence
of; **competizi'one** *sf* competition
compia'cente [kompja'tʃɛnte] *ag*
courteous, obliging; **compia'cenza** *sf*
courtesy
compia'cere [kompja'tʃere] *vi*: **~ a** to
gratify, please ♦ *vt* to please; **~rsi** *vr*
(*provare soddisfazione*): **~rsi di** *o* **per qc** to
be delighted at sth; (*rallegrarsi*): **~rsi con
qn** to congratulate sb; (*degnarsi*): **~rsi di
fare** to be so good as to do;
compiaci'uto, a *pp di* **compiacere**

compi'angere [kom'pjandʒere] *vt* to
sympathize with, feel sorry for;
compi'anto, a *pp di* **compiangere**
'compiere *vt* (*concludere*) to finish,
complete; (*adempiere*) to carry out, fulfil;
~rsi *vr* (*avverarsi*) to be fulfilled, come true;
~ gli anni to have one's birthday
compi'lare *vt* (*modulo*) to fill in;
(*dizionario, elenco*) to compile
com'pire *vt* = **compiere**
compi'tare *vt* to spell out
'compito *sm* (*incarico*) task, duty; (*dovere*)
duty; (*INS*) exercise; (: *a casa*) piece of
homework; **fare i ~i** to do one's homework
com'pito, a *ag* well-mannered, polite
comple'anno *sm* birthday
complemen'tare *ag* complementary;
(*INS: materia*) subsidiary
comple'mento *sm* complement; (*MIL*)
reserve (troops); **~ oggetto** (*LING*) direct
object
complessità *sf* complexity
comples'sivo, a *ag* (*globale*)
comprehensive, overall; (*totale: cifra*) total
com'plesso, a *ag* complex ♦ *sm* (*PSIC,
EDIL*) complex; (*MUS: corale*) ensemble;
(: *orchestrina*) band; (: *di musica pop*)
group; **in** *o* **nel ~** on the whole
comple'tare *vt* to complete
com'pleto, a *ag* complete; (*teatro,
autobus*) full ♦ *sm* suit; **al ~** full; (*tutti
presenti*) all present
compli'care *vt* to complicate; **~rsi** *vr* to
become complicated; **complicazi'one** *sf*
complication
'complice ['kɔmplitʃe] *sm/f* accomplice
complimen'tarsi *vr*: **~ con** to
congratulate
compli'mento *sm* compliment; **~i** *smpl*
(*cortesia eccessiva*) ceremony *sg*; (*ossequi*)
regards, compliments; **~i!** congratulations!;
senza ~i! don't stand on ceremony!; make
yourself at home!; help yourself!
complot'tare *vi* to plot, conspire
com'plotto *sm* plot, conspiracy
compo'nente *sm/f* member ♦ *sm*
component

componi'mento *sm* (*DIR*) settlement; (*INS*) composition; (*poetico, teatrale*) work

com'porre *vt* (*musica, testo*) to compose; (*mettere in ordine*) to arrange; (*DIR*: *lite*) to settle; (*TIP*) to set; (*TEL*) to dial

comporta'mento *sm* behaviour

compor'tare *vt* (*implicare*) to involve; **~rsi** *vr* to behave

composi'tore, 'trice *sm/f* composer; (*TIP*) compositor, typesetter

composizi'one [kompozit'tsjone] *sf* composition; (*DIR*) settlement

com'posta *sf* (*CUC*) stewed fruit *no pl*; (*AGR*) compost; *vedi anche* **composto**

compos'tezza [kompos'tettsa] *sf* composure; decorum

com'posto, a *pp di* **comporre** ♦ *ag* (*persona*) composed, self-possessed; (*: decoroso*) dignified; (*formato da più elementi*) compound *cpd* ♦ *sm* compound

com'prare *vt* to buy; **compra'tore, 'trice** *sm/f* buyer, purchaser

com'prendere *vt* (*contenere*) to comprise, consist of; (*capire*) to understand

comprensi'one *sf* understanding

compren'sivo, a *ag* (*prezzo*) inclusive of; (*indulgente*) understanding

com'preso, a *pp di* **comprendere** ♦ *ag* (*incluso*) included

com'pressa *sf* (*MED*: *garza*) compress; (*: pastiglia*) tablet; *vedi anche* **compresso**

compressi'one *sf* compression

com'presso, a *pp di* **comprimere** ♦ *ag* (*vedi comprimere*) pressed; compressed; repressed

com'primere *vt* (*premere*) to press; (*FISICA*) to compress; (*fig*) to repress

compro'messo, a *pp di* **compromettere** ♦ *sm* compromise

compro'mettere *vt* to compromise

compro'vare *vt* to confirm

com'punto, a *ag* contrite

compu'tare *vt* to calculate

com'puter *sm inv* computer

computiste'ria *sf* accounting, book-keeping

'computo *sm* calculation

comu'nale *ag* municipal, town *cpd*, ≈ borough *cpd*

co'mune *ag* common; (*consueto*) common, everyday; (*di livello medio*) average; (*ordinario*) ordinary ♦ *sm* (*AMM*) town council; (*: sede*) town hall ♦ *sf* (*di persone*) commune; **fuori del ~** out of the ordinary; **avere in ~** to have in common, share; **mettere in ~** to share

comuni'care *vt* (*notizia*) to pass on, convey; (*malattia*) to pass on; (*ansia etc*) to communicate; (*trasmettere*: *calore etc*) to transmit, communicate; (*REL*) to administer communion to ♦ *vi* to communicate; **~rsi** *vr* (*propagarsi*): **~rsi a** to spread to; (*REL*) to receive communion

comuni'cato *sm* communiqué; **~ stampa** press release

comunicazi'one [komunikat'tsjone] *sf* communication; (*annuncio*) announcement; (*TEL*): **~ (telefonica)** (telephone) call; **dare la ~ a qn** to put sb through; **ottenere la ~** to get through

comuni'one *sf* communion; **~ di beni** (*DIR*) joint ownership of property

comu'nismo *sm* communism; **comu'nista, i, e** *ag, sm/f* communist

comunità *sf inv* community; **C~ Europea** European Community

co'munque *cong* however, no matter how ♦ *av* (*in ogni modo*) in any case; (*tuttavia*) however, nevertheless

con *prep* with; **partire col treno** to leave by train; **~ mio grande stupore** to my great astonishment; **~ tutto ciò** for all that

co'nato *sm*: **~ di vomito** retching

'conca, che *sf* (*GEO*) valley

con'cedere [kon'tʃedere] *vt* (*accordare*) to grant; (*ammettere*) to admit, concede; **~rsi qc** to treat o.s. to sth, to allow o.s. sth

concentra'mento [kontʃentra'mento] *sm* concentration

concen'trare [kontʃen'trare] *vt* to concentrate; **~rsi** *vr* to concentrate; **concentrazi'one** *sf* concentration

conce'pire [kontʃe'pire] *vt* (*bambino*) to conceive; (*progetto, idea*) to conceive (of);

(metodo, piano) to devise

con'cernere [kon'tʃernere] vt to concern

concer'tare [kontʃer'tare] vt *(MUS)* to harmonize; *(ordire)* to devise, plan; **~rsi** vr to agree

con'certo [kon'tʃerto] sm *(MUS)* concert; *(: componimento)* concerto

concessio'nario [kontʃessjo'narjo] sm *(COMM)* agent, dealer

con'cesso, a [kon'tʃesso] pp di concedere

con'cetto [kon'tʃetto] sm *(pensiero, idea)* concept; *(opinione)* opinion

concezi'one [kontʃet'tsjone] sf conception

con'chiglia [kon'kiʎʎa] sf shell

'concia ['kɔntʃa] sf *(di pelle)* tanning; *(di tabacco)* curing; *(sostanza)* tannin

conci'are [kon'tʃare] vt *(pelli)* to tan; *(tabacco)* to cure; *(fig: ridurre in cattivo stato)* to beat up; **~rsi** vr *(sporcarsi)* to get in a mess; *(vestirsi male)* to dress badly

concili'are [kontʃi'ljare] vt to reconcile; *(contravvenzione)* to pay on the spot; *(sonno)* to be conducive to, induce; **~rsi qc** to gain *o* win sth (for o.s.); **~rsi qn** to win sb over; **~rsi con** to be reconciled with; conciliazi'one sf reconciliation; *(DIR)* settlement

con'cilio [kon'tʃiljo] sm *(REL)* council

con'cime [kon'tʃime] sm manure; *(chimico)* fertilizer

con'ciso, a [kon'tʃizo] ag concise, succinct

conci'tato, a [kontʃi'tato] ag excited, emotional

concitta'dino, a [kontʃitta'dino] sm/f fellow citizen

con'cludere vt to conclude; *(portare a compimento)* to conclude, finish, bring to an end; *(operare positivamente)* to achieve ♦ vi *(essere convincente)* to be conclusive; **~rsi** vr to come to an end, close; conclusi'one sf conclusion; *(risultato)* result; conclu'sivo, a ag conclusive; *(finale)* final; con'cluso, a pp di concludere

concor'danza [konkor'dantsa] sf *(anche LING)* agreement

concor'dare vt *(tregua, prezzo)* to agree on; *(LING)* to make agree ♦ vi to agree; concor'dato sm agreement; *(REL)* concordat

con'corde ag *(d'accordo)* in agreement; *(simultaneo)* simultaneous

concor'rente sm/f competitor; *(INS)* candidate; concor'renza sf competition

con'correre vi: ~ **(in)** *(MAT)* to converge *o* meet (in); ~ **(a)** *(competere)* to compete (for); *(: INS: a una cattedra)* to apply (for); *(partecipare: a un'impresa)* to take part (in), contribute (to); con'corso, a pp di concorrere ♦ sm competition; *(INS)* competitive examination; **concorso di colpa** *(DIR)* contributory negligence

con'creto, a ag concrete

concussi'one sf *(DIR)* extortion

con'danna sf sentence; conviction; condemnation

condan'nare vt *(DIR)*: ~ **a** to sentence to; ~ **per** to convict of; *(disapprovare)* to condemn; condan'nato, a sm/f convict

conden'sare vt to condense; **~rsi** vr to condense; condensazi'one sf condensation

condi'mento sm seasoning; dressing

con'dire vt to season; *(insalata)* to dress

condi'videre vt to share; condi'viso, a pp di condividere

condizio'nale [kondittsjo'nale] ag conditional ♦ sm *(LING)* conditional ♦ sf *(DIR)* suspended sentence

condizio'nare [kondittsjo'nare] vt to condition; **ad aria condizionata** air-conditioned; condiziona'tore sm air conditioner

condizi'one [kondit'tsjone] sf condition; **~i** sfpl *(di pagamento etc)* terms, conditions; **a ~ che** on condition that, provided that

condogli'anze [kondoʎ'ʎantse] sfpl condolences

condo'minio sm joint ownership; *(edificio)* jointly-owned building

condo'nare vt *(DIR)* to remit; con'dono sm remission; **condono fiscale** *conditional amnesty for people evading tax*

con'dotta sf *(modo di comportarsi)*

conduct, behaviour; (*di un affare etc*) handling; (*di acqua*) piping; (*incarico sanitario*) *country medical practice controlled by a local authority*

con'dotto, a *pp di* condurre ♦ *ag*: medico ~ local authority doctor (*in country district*) ♦ *sm* (*canale, tubo*) pipe, conduit; (ANAT) duct

condu'cente [kondu'tʃente] *sm* driver

con'durre *vt* to conduct; (*azienda*) to manage; (*accompagnare: bambino*) to take; (*automobile*) to drive; (*trasportare: acqua, gas*) to convey, conduct; (*fig*) to lead ♦ *vi* to lead; condursi *vr* to behave, conduct o.s.

condut'tore *ag*: filo ~ (*fig*) thread ♦ *sm* (*di mezzi pubblici*) driver; (FISICA) conductor

con'farsi *vr*: ~ a to suit, agree with

confederazi'one [konfederat'tsjone] *sf* confederation

confe'renza [konfe'rentsa] *sf* (*discorso*) lecture; (*riunione*) conference; ~ stampa press conference; conferenzi'ere, a *sm/f* lecturer

confe'rire *vt*: ~ qc a qn to give sth to sb, bestow sth on sb ♦ *vi* to confer

con'ferma *sf* confirmation

confer'mare *vt* to confirm

confes'sare *vt* to confess; ~rsi *vr* to confess; andare a ~rsi (REL) to go to confession; confessio'nale *ag, sm* confessional; confessi'one *sf* confession; (*setta religiosa*) denomination; confes'sore *sm* confessor

con'fetto *sm* sugared almond; (MED) pill

confezio'nare [konfettsjo'nare] *vt* (*vestito*) to make (up); (*merci, pacchi*) to package

confezi'one [konfet'tsjone] *sf* (*di abiti: da uomo*) tailoring; (: *da donna*) dressmaking; (*imballaggio*) packaging; ~ regalo gift pack; ~i per signora ladies' wear; ~i da uomo menswear

confic'care *vt*: ~ qc in to hammer o drive sth into; ~rsi *vr* to stick

confi'dare *vi*: ~ in to confide in, rely on ♦ *vt* to confide; ~rsi con qn to confide in sb; confi'dente *sm/f* (*persona amica*)

confidant/confidante; (*informatore*) informer; confi'denza *sf* (*familiarità*) intimacy, familiarity; (*fiducia*) trust, confidence; (*rivelazione*) confidence; confidenzi'ale *ag* familiar, friendly; (*segreto*) confidential

configu'rarsi *vr*: ~ a to assume the shape o form of

confi'nare *vi*: ~ con to border on ♦ *vt* (POL) to intern; (*fig*) to confine; ~rsi *vr* (*isolarsi*): ~rsi in to shut o.s. up in

Confin'dustria *sigla f* (= Confederazione Generale dell'Industria Italiana) *employers' association*, ≈ CBI (BRIT)

con'fine *sm* boundary; (*di paese*) border, frontier

con'fino *sm* internment

confis'care *vt* to confiscate

con'flitto *sm* conflict

conflu'enza [konflu'entsa] *sf* (*di fiumi*) confluence; (*di strade*) junction

conflu'ire *vi* (*fiumi*) to flow into each other, meet; (*strade*) to meet

con'fondere *vt* to mix up, confuse; (*imbarazzare*) to embarrass; ~rsi *vr* (*mescolarsi*) to mingle; (*turbarsi*) to be confused; (*sbagliare*) to get mixed up

confor'mare *vt* (*adeguare*): ~ a to adapt o conform to; ~rsi *vr*: ~rsi (a) to conform (to)

confor'tare *vt* to comfort, console; confor'tevole *ag* (*consolante*) comforting; (*comodo*) comfortable; con'forto *sm* comfort, consolation

confron'tare *vt* to compare

con'fronto *sm* comparison; in o a ~ di in comparison with, compared to; nei miei (o tuoi *etc*) ~i towards me (o you *etc*)

confusi'one *sf* confusion; (*chiasso*) racket, noise; (*imbarazzo*) embarrassment

con'fuso, a *pp di* confondere ♦ *ag* (*vedi confondere*) confused; embarrassed

confu'tare *vt* to refute

conge'dare [kondʒe'dare] *vt* to dismiss; (MIL) to demobilize; ~rsi *vr* to take one's leave; con'gedo *sm* (*anche MIL*) leave; prendere congedo da qn to take one's

leave of sb; **congedo assoluto** (*MIL*) discharge
conge'gnare [kondʒeɲˈnare] *vt* to construct, put together; **con'gegno** *sm* device, mechanism
conge'lare [kondʒeˈlare] *vt* to freeze; **~rsi** *vr* to freeze; **congela'tore** *sm* freezer
congestio'nare [kondʒestjoˈnare] *vt* to congest
congesti'one [kondʒesˈtjone] *sf* congestion
conget'tura [kondʒetˈtura] *sf* conjecture
con'giungere [konˈdʒundʒere] *vt* to join (together); **~rsi** *vr* to join (together)
congiunti'vite [kondʒuntiˈvite] *sf* conjunctivitis
congiun'tivo [kondʒunˈtivo] *sm* (*LING*) subjunctive
congi'unto, a [konˈdʒunto] *pp di* **congiungere** ♦ *ag* (*unito*) joined ♦ *sm/f* relative
congiun'tura [kondʒunˈtura] *sf* (*giuntura*) junction, join; (*ANAT*) joint; (*circostanza*) juncture; (*ECON*) economic situation
congiunzi'one [kondʒunˈtsjone] *sf* (*LING*) conjunction
congi'ura [konˈdʒura] *sf* conspiracy; **congiu'rare** *vi* to conspire
conglome'rato *sm* (*GEO*) conglomerate; (*fig*) conglomeration; (*EDIL*) concrete
congratu'larsi *vr*: **~ con qn per qc** to congratulate sb on sth
congratulazi'oni [kongratulatˈtsjoni] *sfpl* congratulations
con'grega, ghe *sf* band, bunch
con'gresso *sm* congress
congu'aglio [konˈgwaʎʎo] *sm* balancing, adjusting; (*somma di denaro*) balance
coni'are *vt* to mint, coin; (*fig*) to coin
co'niglio [koˈniʎʎo] *sm* rabbit
coniu'gare *vt* (*LING*) to conjugate; **~rsi** *vr* to get married; **coniu'gato, a** *ag* (*sposato*) married; **coniugazi'one** *sf* (*LING*) conjugation
'coniuge [ˈkɔnjudʒe] *sm/f* spouse
connazio'nale [konnattsjoˈnale] *sm/f* fellow-countryman/woman
connessi'one *sf* connection

con'nesso, a *pp di* **connettere**
con'nettere *vt* to connect, join ♦ *vi* (*fig*) to think straight
conni'vente *ag* conniving
conno'tati *smpl* distinguishing marks
'cono *sm* cone; **~ gelato** ice-cream cone
cono'scente [konoʃˈʃente] *sm/f* acquaintance
cono'scenza [konoʃˈʃentsa] *sf* (*il sapere*) knowledge *no pl*; (*persona*) acquaintance; (*facoltà sensoriale*) consciousness *no pl*; **perdere ~** to lose consciousness
co'noscere [koˈnoʃʃere] *vt* to know; **ci siamo conosciuti a Firenze** we (first) met in Florence; **conosci'tore, 'trice** *sm/f* connoisseur; **conosci'uto, a** *pp di* **conoscere** ♦ *ag* well-known
con'quista *sf* conquest
conquis'tare *vt* to conquer; (*fig*) to gain, win
consa'crare *vt* (*REL*) to consecrate; (*: sacerdote*) to ordain; (*dedicare*) to dedicate; (*fig: uso etc*) to sanction; **~rsi a** to dedicate o.s. to
consangu'ineo, a *sm/f* blood relation
consa'pevole *ag*: **~ di** aware *o* conscious of; **consapevo'lezza** *sf* awareness, consciousness
'conscio, a, sci, sce [ˈkɔnʃo] *ag*: **~ di** aware *o* conscious of
consecu'tivo, a *ag* consecutive; (*successivo: giorno*) following, next
con'segna [konˈseɲɲa] *sf* delivery; (*merce consegnata*) consignment; (*custodia*) care, custody; (*MIL: ordine*) orders *pl*; (*: punizione*) confinement to barracks; **pagamento alla ~** cash on delivery; **dare qc in ~ a qn** to entrust sth to sb
conse'gnare [konseɲˈnare] *vt* to deliver; (*affidare*) to entrust, hand over; (*MIL*) to confine to barracks
consegu'enza [konseˈgwentsa] *sf* consequence; **per *o* di ~** consequently
consegu'ire *vt* to achieve ♦ *vi* to follow
con'senso *sm* approval, consent
consen'tire *vi*: **~ a** to consent *o* agree to ♦ *vt* to allow, permit

con'serva *sf* (CUC) preserve; ~ **di frutta** jam; ~ **di pomodoro** tomato purée

conser'vare *vt* (CUC) to preserve; (*custodire*) to keep; (: *dalla distruzione etc*) to preserve, conserve; **~rsi** *vr* to keep

conserva'tore, 'trice *sm/f* (POL) conservative

conservazi'one [konservat'tsjone] *sf* preservation; conservation

conside'rare *vt* to consider; (*reputare*) to consider, regard; **considerazi'one** *sf* consideration; (*stima*) regard, esteem; **prendere in considerazione** to take into consideration; **conside'revole** *ag* considerable

consigli'are [konsiʎ'ʎare] *vt* (*persona*) to advise; (*metodo, azione*) to recommend, advise, suggest; **~rsi** *vr*: **~rsi con qn** to ask sb for advice; **consigli'ere, a** *sm/f* adviser ♦ *sm*: **consigliere d'amministrazione** board member; **consigliere comunale** town councillor; **con'siglio** *sm* (*suggerimento*) advice *no pl*, piece of advice; (*assemblea*) council; **consiglio d'amministrazione** board; **il Consiglio dei Ministri** (POL) ≈ the Cabinet; **Consiglio d'Europa** Council of Europe

consis'tente *ag* thick; solid; (*fig*) sound, valid; **consis'tenza** *sf* consistency, thickness; solidity; validity

con'sistere *vi*: ~ **in** to consist of; **consis'tito, a** *pp di* **consistere**

conso'lare *ag* consular ♦ *vt* (*confortare*) to console, comfort; (*rallegrare*) to cheer up; **~rsi** *vr* to be comforted; to cheer up

conso'lato *sm* consulate

consolazi'one [konsolat'tsjone] *sf* consolation, comfort

'console¹ *sm* consul

con'sole² [kon'sɔl] *sf* (*quadro di comando*) console

conso'nante *sf* consonant

'consono, a *ag*: ~ **a** consistent with, consonant with

con'sorte *sm/f* consort

con'sorzio [kon'sɔrtsjo] *sm* consortium

con'stare *vi*: ~ **di** to consist of ♦ *vb impers*: **mi consta che** it has come to my knowledge that, it appears that

consta'tare *vt* to establish, verify; **constatazi'one** *sf* observation; **constatazione amichevole** *jointly-agreed statement for insurance purposes*

consu'eto, a *ag* habitual, usual; **consue'tudine** *sf* habit, custom; (*usanza*) custom

consu'lente *sm/f* consultant; **consu'lenza** *sf* consultancy

consul'tare *vt* to consult; **~rsi** *vr*: **~rsi con qn** to seek the advice of sb; **consultazi'one** *sf* consultation; **consultazioni** *sfpl* (POL) talks, consultations

consul'torio *sm*: ~ **familiare** family planning clinic

consu'mare *vt* (*logorare: abiti, scarpe*) to wear out; (*usare*) to consume, use up; (*mangiare, bere*) to consume; (DIR) to consummate; **~rsi** *vr* to wear out; to be used up; (*anche fig*) to be consumed; (*combustibile*) to burn out; **consuma'tore** *sm* consumer; **consumazi'one** *sf* (*bibita*) drink; (*spuntino*) snack; (DIR) consummation; **consu'mismo** *sm* consumerism; **con'sumo** *sm* consumption; wear; use

consun'tivo *sm* (ECON) final balance

con'tabile *ag* accounts *cpd*, accounting ♦ *sm/f* accountant; **contabilità** *sf* (*attività, tecnica*) accounting, accountancy; (*insieme dei libri etc*) books *pl*, accounts *pl*; (*ufficio*) accounts department

contachi'lometri [kontaki'lɔmetri] *sm inv* ≈ mileometer

conta'dino, a *sm/f* countryman/woman; farm worker; (*peg*) peasant

contagi'are [konta'dʒare] *vt* to infect

con'tagio [kon'tadʒo] *sm* infection; (*per contatto diretto*) contagion; (*epidemia*) epidemic; **contagi'oso, a** *ag* infectious; contagious

conta'gocce [konta'gottʃe] *sm inv* (MED) dropper

contami'nare *vt* to contaminate

con'tante *sm* cash; **pagare in ~i** to pay cash

con'tare *vt* to count; (*considerare*) to consider ♦ *vi* to count, be of importance; **~ su qn** to count *o* rely on sb; **~ di fare qc** to intend to do sth; **conta'tore** *sm* meter

contat'tare *vt* to contact

con'tatto *sm* contact

'conte *sm* count

conteggi'are [konted'dʒare] *vt* to charge, put on the bill; **con'teggio** *sm* calculation

con'tegno [kon'teɲɲo] *sm* (*comportamento*) behaviour; (*atteggiamento*) attitude; **darsi un ~** to act nonchalant; to pull o.s. together

contem'plare *vt* to contemplate, gaze at; (*DIR*) to make provision for

contemporanea'mente *av* simultaneously; at the same time

contempo'raneo, a *ag, sm/f* contemporary

conten'dente *sm/f* opponent, adversary

con'tendere *vi* (*competere*) to compete; (*litigare*) to quarrel ♦ *vt*: **~ qc a qn** to contend *o* be in competition with sb for sth

conte'nere *vt* to contain; **conteni'tore** *sm* container

conten'tare *vt* to please, satisfy; **~rsi di** to be satisfied with, content o.s. with

conten'tezza [konten'tettsa] *sf* contentment

con'tento, a *ag* pleased, glad; **~ di** pleased with

conte'nuto *sm* contents *pl*; (*argomento*) content

con'tesa *sf* dispute, argument

con'teso, a *pp di* **contendere**

con'tessa *sf* countess

contes'tare *vt* (*DIR*) to notify; (*fig*) to dispute; **contestazi'one** *sf* (*DIR*) notification; dispute; (*protesta*) protest

con'testo *sm* context

con'tiguo, a *ag*: **~ (a)** adjacent (to)

continen'tale *ag, sm/f* continental

conti'nente *ag* continent ♦ *sm* (*GEO*) continent; (*: terra ferma*) mainland

contin'gente [kontin'dʒɛnte] *ag* contingent ♦ *sm* (*COMM*) quota; (*MIL*) contingent;

contin'genza *sf* circumstance; (*ECON*): **(indennità di) contingenza** cost-of-living allowance

continu'are *vt* to continue (with), go on with ♦ *vi* to continue, go on; **~ a fare qc** to go on *o* continue doing sth; **continuazi'one** *sf* continuation

continuità *sf* continuity

con'tinuo, a *ag* (*numerazione*) continuous; (*pioggia*) continual, constant; (*ELETTR*): **corrente ~a** direct current; **di ~** continually

'conto *sm* (*calcolo*) calculation; (*COMM, ECON*) account; (*di ristorante, albergo*) bill; (*fig: stima*) consideration, esteem; **fare i ~i con qn** to settle one's account with sb; **fare ~ su qn/qc** to count *o* rely on sb; **rendere ~ a qn di qc** to be accountable to sb for sth; **tener ~ di qn/qc** to take sb/sth into account; **per ~ di** on behalf of; **per ~ mio** as far as I'm concerned; **a ~i fatti, in fin dei ~i** all things considered; **~ corrente** current account; **~ alla rovescia** countdown

con'torcere [kon'tortʃere] *vt* to twist; **~rsi** *vr* to twist, writhe

contor'nare *vt* to surround

con'torno *sm* (*linea*) outline, contour; (*ornamento*) border; (*CUC*) vegetables *pl*

con'torto, a *pp di* **contorcere**

contrabbandi'ere, a *sm/f* smuggler

contrab'bando *sm* smuggling, contraband; **merce di ~** contraband, smuggled goods *pl*

contrab'basso *sm* (*MUS*) (double) bass

contraccambi'are *vt* (*favore etc*) to return

contraccet'tivo, a [kontratt∫et'tivo] *ag, sm* contraceptive

contrac'colpo *sm* rebound; (*di arma da fuoco*) recoil; (*fig*) repercussion

con'trada *sf* street; district

contrad'detto, a *pp di* **contraddire**

contrad'dire *vt* to contradict; **contraddit'torio, a** *ag* contradictory; (*sentimenti*) conflicting ♦ *sm* (*DIR*) cross-examination; **contraddizi'one** sf contradiction

contraf'fare vt (persona) to mimic; (alterare: voce) to disguise; (firma) to forge, counterfeit; **contraf'fatto, a** pp di **contraffare** ♦ ag counterfeit; **contraffazi'one** sf mimicking no pl; disguising no pl; forging no pl; (cosa contraffatta) forgery

contrap'peso sm counterbalance, counterweight

contrap'porre vt: **~ qc a qc** to counter sth with sth; (paragonare) to compare sth with sth; **contrap'posto, a** pp di **contrapporre**

contraria'mente av: **~ a** contrary to

contrari'are vt (contrastare) to thwart, oppose; (irritare) to annoy, bother; **~rsi** vr to get annoyed

contrarietà sf adversity; (fig) aversion

con'trario, a ag opposite; (sfavorevole) unfavourable ♦ sm opposite; **essere ~ a qc** (persona) to be against sth; **in caso ~** otherwise; **avere qc in ~** to have some objection; **al ~** on the contrary

con'trarre vt to contract; **contrarsi** vr to contract

contrasse'gnare [kontrassen'pare] vt to mark; **contras'segno** sm (distintivo) distinguishing mark; **spedire in contrassegno** to send C.O.D.

contras'tare vt (avversare) to oppose; (impedire) to bar; (negare: diritto) to contest, dispute ♦ vi: **~ (con)** (essere in disaccordo) to contrast (with); (lottare) to struggle (with); **con'trasto** sm contrast; (conflitto) conflict; (litigio) dispute

contrat'tacco sm counterattack

contrat'tare vt, vi to negotiate

contrat'tempo sm hitch

con'tratto, a pp di **contrarre** ♦ sm contract; **contrattu'ale** ag contractual

contravvenzi'one [contravven'tsjone] sf contravention; (ammenda) fine

contrazi'one [kontrat'tsjone] sf contraction; (di prezzi etc) reduction

contribu'ente sm/f taxpayer; ratepayer

(BRIT), property tax payer (US)

contribu'ire vi to contribute; **contri'buto** sm contribution; (tassa) tax

'**contro** prep against; **~ di me/lui** against me/him; **pastiglie ~ la tosse** throat lozenges; **~ pagamento** (COMM) on payment ♦ prefisso: **contro'battere** vt (fig: a parole) to answer back; (: confutare) to refute; **controfi'gura** sf (CINEMA) double; **controfir'mare** vt to countersign

control'lare vt (accertare) to check; (sorvegliare) to watch, control; (tenere nel proprio potere, fig: dominare) to control; **con'trollo** sm check; watch; control; **controllo delle nascite** birth control; **control'lore** sm (FERR, AUTOBUS) (ticket) inspector

controprodu'cente [kontroprodu'tʃente] ag counterproductive

contro'senso sm (contraddizione) contradiction in terms; (assurdità) nonsense

controspio'naggio [kontrospio'naddʒo] sm counterespionage

contro'versia sf controversy; (DIR) dispute

contro'verso, a ag controversial

contro'voglia [kontro'vɔʎʎa] av unwillingly

contu'macia [kontu'matʃa] sf (DIR) default

contusi'one sf (MED) bruise

convale'scente [konvaleʃ'ʃente] ag, sm/f convalescent; **convale'scenza** sf convalescence

convali'dare vt (AMM) to validate; (fig: sospetto, dubbio) to confirm

con'vegno [kon'veɲɲo] sm (incontro) meeting; (congresso) convention, congress; (luogo) meeting place

conve'nevoli smpl civilities

conveni'ente ag suitable; (vantaggioso) profitable; (: prezzo) cheap; **conveni'enza** sf suitability; advantage; cheapness; **le convenienze** sfpl social conventions

conve'nire vi (riunirsi) to gather, assemble; (concordare) to agree; (tornare utile) to be worthwhile ♦ vb impers: **conviene fare questo** it is advisable to do this; **conviene andarsene** we should go; **ne convengo** I agree

con'vento *sm* (*di frati*) monastery; (*di suore*) convent

convenzio'nale [konventsjo'nale] *ag* conventional

convenzi'one [konven'tsjone] *sf* (*DIR*) agreement; (*nella società*) convention; **le ~i** *sfpl* social conventions

conver'sare *vi* to have a conversation, converse

conversazi'one [konversat'tsjone] *sf* conversation; **fare ~** to chat, have a chat

conversi'one *sf* conversion; **~ ad U** (*AUT*) U-turn

conver'tire *vt* (*trasformare*) to change; (*POL, REL*) to convert; **~rsi** *vr*: **~rsi (a)** to be converted (to)

con'vesso, a *ag* convex

con'vincere [kon'vintʃere] *vt* to convince; **~ qn di qc** to convince sb of sth; **~ qn a fare qc** to persuade sb to do sth; **con'vinto, a** *pp di* **convincere**; **convinzi'one** *sf* conviction, firm belief

convis'suto, a *pp di* **convivere**

con'vivere *vi* to live together

convo'care *vt* to call, convene; (*DIR*) to summon; **convocazi'one** *sf* meeting; summons *sg*

convogli'are [konvoʎ'ʎare] *vt* to convey; (*dirigere*) to direct, send; **con'voglio** *sm* (*di veicoli*) convoy; (*FERR*) train

convulsi'one *sf* convulsion

con'vulso, a *ag* (*pianto*) violent, convulsive; (*attività*) feverish

coope'rare *vi*: **~ (a)** to cooperate (in); **coopera'tiva** *sf* cooperative; **cooperazi'one** *sf* cooperation

coordi'nare *vt* to coordinate; **coordi'nate** *sfpl* (*MAT, GEO*) coordinates; **coordi'nati** *smpl* (*MODA*) coordinates

co'perchio [ko'perkjo] *sm* cover; (*di pentola*) lid

co'perta *sf* cover; (*di lana*) blanket; (*da viaggio*) rug; (*NAUT*) deck

coper'tina *sf* (*STAMPA*) cover, jacket

co'perto, a *pp di* **coprire** ♦ *ag* covered; (*cielo*) overcast ♦ *sm* place setting; (*posto a tavola*) place; (*al ristorante*) cover charge; **~ di** covered in *o* with

coper'tone *sm* (*AUT*) rubber tyre

coper'tura *sf* (*anche ECON, MIL*) cover; (*di edificio*) roofing

'copia *sf* copy; **brutta/bella ~** rough/final copy

copi'are *vt* to copy; **copia'trice** *sf* copier, copying machine

copi'one *sm* (*CINEMA, TEATRO*) script

'coppa *sf* (*bicchiere*) goblet; (*per frutta, gelato*) dish; (*trofeo*) cup, trophy; **~ dell'olio** oil sump (*BRIT*) *o* pan (*US*)

'coppia *sf* (*di persone*) couple; (*di animali, SPORT*) pair

coprifu'oco, chi *sm* curfew

copri'letto *sm* bedspread

co'prire *vt* to cover; (*occupare: carica, posto*) to hold; **~rsi** *vr* (*cielo*) to cloud over; (*vestirsi*) to wrap up, cover up; (*ECON*) to cover o.s.; **~rsi di** (*macchie, muffa*) to become covered in

co'raggio [ko'raddʒo] *sm* courage, bravery; **~!** (*forza!*) come on!; (*animo!*) cheer up!; **coraggi'oso, a** *ag* courageous, brave

co'rallo *sm* coral

co'rano *sm* (*REL*) Koran

co'razza [ko'rattsa] *sf* armour; (*di animali*) carapace, shell; (*MIL*) armour(-plating); **coraz'zata** *sf* battleship

corbelle'ria *sf* stupid remark; **~e** *sfpl* nonsense *no pl*

'corda *sf* cord; (*fune*) rope; (*spago, MUS*) string; **dare ~ a qn** to let sb have his (*o* her) way; **tenere sulla ~ qn** to keep sb on tenterhooks; **tagliare la ~** to slip away, sneak off; **~e vocali** vocal cords

cordi'ale *ag* cordial, warm ♦ *sm* (*bevanda*) cordial

cor'doglio [kor'dɔʎʎo] *sm* grief; (*lutto*) mourning

cor'done *sm* cord, string; (*linea: di polizia*) cordon; **~ ombelicale** umbilical cord

Co'rea *sf*: **la ~** Korea

coreogra'fia *sf* choreography

cori'andolo *sm* (*BOT*) coriander; **~i** *smpl* confetti *sg*

cori'carsi *vr* to go to bed

'corna *sfpl vedi* **corno**

cor'nacchia [kor'nakkja] *sf* crow

corna'musa *sf* bagpipes *pl*

cor'netta *sf* (*MUS*) cornet; (*TEL*) receiver

cor'netto *sm* (*CUC*) croissant; (*gelato*) cone

cor'nice [kor'nitʃe] *sf* frame; (*fig*) setting, background

cornici'one [korni'tʃone] *sm* (*di edificio*) ledge; (*ARCHIT*) cornice

'corno (*pl*(*f*) **-a**) *sm* (*ZOOL*) horn; (*pl*(*m*) **-i**: *MUS*) horn; **fare le ~a a qn** to be unfaithful to sb

Corno'vaglia [korno'vaʎʎa] *sf*: **la ~** Cornwall

cor'nuto, a *ag* (*con corna*) horned; (*fam!: marito*) cuckolded ♦ *sm* (*fam!*) cuckold; (*: insulto*) bastard (*!*)

'coro *sm* chorus; (*REL*) choir

co'rona *sf* crown; (*di fiori*) wreath; **coro'nare** *vt* to crown

'corpo *sm* body; (*militare, diplomatico*) corps *inv*; **prendere ~** to take shape; **a ~ a ~** hand-to-hand; **~ di ballo** corps de ballet; **~ insegnante** teaching staff

corpo'rale *ag* bodily; (*punizione*) corporal

corpora'tura *sf* build, physique

corporazi'one [korporat'tsjone] *sf* corporation

corpu'lento, a *ag* stout

corre'dare *vt*: **~ di** to provide *o* furnish with; **cor'redo** *sm* equipment; (*di sposa*) trousseau

cor'reggere [kor'reddʒere] *vt* to correct; (*compiti*) to correct, mark

cor'rente *ag* (*acqua: di fiume*) flowing; (*: di rubinetto*) running; (*moneta, prezzo*) current; (*comune*) everyday ♦ *sm*: **essere al ~ (di)** to be well-informed (about); **mettere al ~ (di)** to inform (of) ♦ *sf* (*d'acqua*) current, stream; (*spiffero*) draught; (*ELETTR, METEOR*) current; (*fig*) trend, tendency; **la vostra lettera del 5 ~ mese** (*COMM*) your letter of the 5th of this month; **corrente'mente** *av* commonly; **parlare una lingua correntemente** to speak a language fluently

'correre *vi* to run; (*precipitarsi*) to rush; (*partecipare a una gara*) to race, run; (*fig: diffondersi*) to go round ♦ *vt* (*SPORT: gara*) to compete in; (*rischio*) to run; (*pericolo*) to face; **~ dietro a qn** to run after sb; **corre voce che ...** it is rumoured that ...

cor'retto, a *pp di* **correggere** ♦ *ag* (*comportamento*) correct, proper; **caffè ~ al cognac** coffee laced with brandy

correzi'one [korret'tsjone] *sf* correction; marking; **~ di bozze** proofreading

corri'doio *sm* corridor

corri'dore *sm* (*SPORT*) runner; (*: su veicolo*) racer

corri'era *sf* coach (*BRIT*), bus

corri'ere *sm* (*diplomatico, di guerra, postale*) courier; (*COMM*) carrier

corrispet'tivo *sm* (*somma*) amount due

corrispon'dente *ag* corresponding ♦ *sm/f* correspondent

corrispon'denza [korrispon'dentsa] *sf* correspondence

corris'pondere *vi* (*equivalere*): **~ (a)** to correspond (to) ♦ *vt* (*stipendio*) to pay; (*fig: amore*) to return; **corris'posto, a** *pp di* **corrispondere**

corrobo'rare *vt* to strengthen, fortify; (*fig*) to corroborate, bear out

cor'rodere *vt* to corrode; **~rsi** *vr* to corrode

cor'rompere *vt* to corrupt; (*comprare*) to bribe

corrosi'one *sf* corrosion

cor'roso, a *pp di* **corrodere**

cor'rotto, a *pp di* **corrompere** ♦ *ag* corrupt

corrucci'arsi [korrut'tʃarsi] *vr* to grow angry *o* vexed

corru'gare *vt* to wrinkle; **~ la fronte** to knit one's brows

corruzi'one [korrut'tsjone] *sf* corruption; bribery

'corsa *sf* running *no pl*; (*gara*) race; (*di autobus, taxi*) journey, trip; **fare una ~** to run, dash; (*SPORT*) to run a race

cor'sia *sf* (*AUT, SPORT*) lane; (*di ospedale*) ward

cor'sivo *sm* cursive (writing); (*TIP*) italics *pl*

'corso, a *pp di* correre ♦ *sm* course; (*strada cittadina*) main street; (*di unità monetaria*) circulation; (*di titoli, valori*) rate, price; in ~ in progress, under way; (*annata*) current; ~ d'acqua river, stream; (*artificiale*) waterway; ~ d'aggiornamento refresher course; ~ serale evening class

'corte *sf* (court)yard; (*DIR, regale*) court; fare la ~ a qn to court sb; ~ marziale court-martial

cor'teccia, ce [kor'tettʃa] *sf* bark

corteggi'are [korted'dʒare] *vt* to court

cor'teo *sm* procession

cor'tese *ag* courteous; corte'sia *sf* courtesy; per cortesia ... excuse me, please ...

cortigi'ana [korti'dʒana] *sf* courtesan

cortigi'ano, a [korti'dʒano] *sm/f* courtier

cor'tile *sm* (court)yard

cor'tina *sf* curtain; (*anche fig*) screen

'corto, a *ag* short; essere a ~ di qc to be short of sth; ~ circuito short-circuit

'corvo *sm* raven

'cosa *sf* thing; (*faccenda*) affair, matter, business *no pl*; (*che*) ~? what?; (*che*) cos'è? what is it?; a ~ pensi? what are you thinking about?

'coscia, sce ['kɔʃʃa] *sf* thigh; ~ di pollo (*CUC*) chicken leg

cosci'ente [koʃ'ʃɛnte] *ag* conscious; ~ di conscious *o* aware of; cosci'enza *sf* conscience; (*consapevolezza*) consciousness; coscienzi'oso, a *ag* conscientious

cosci'otto [koʃ'ʃɔtto] *sm* (*CUC*) leg

cos'critto *sm* (*MIL*) conscript

PAROLA CHIAVE

così *av* 1 (*in questo modo*) like this, (in) this way; (*in tal modo*) so; le cose stanno ~ this is the way things stand; non ho detto ~! I didn't say that!; come stai? — so-so; e ~ via and so on; per ~ dire so to speak

2 (*tanto*) so; ~ lontano so far away; un ragazzo ~ intelligente such an intelligent boy

♦ *ag inv* (*tale*): non ho mai visto un film ~ I've never seen such a film

♦ *cong* 1 (*perciò*) so, therefore

2: ~ ... come as ... as; non è ~ bravo come te he's not as good as you; ~ ... che so ... that

cosid'detto, a *ag* so-called

cos'metico, a, ci, che *ag, sm* cosmetic

cos'pargere [kos'pardʒere] *vt*: ~ di to sprinkle with; cos'parso, a *pp di* cospargere

cos'petto *sm*: al ~ di in front of; in the presence of

cos'picuo, a *ag* considerable, large

cospi'rare *vi* to conspire; cospirazi'one *sf* conspiracy

'costa *sf* (*tra terra e mare*) coast(line); (*litorale*) shore; (*ANAT*) rib; la C~ Azzurra the French Riviera

cos'tante *ag* constant; (*persona*) steadfast ♦ *sf* constant

cos'tare *vi, vt* to cost; ~ caro to be expensive, cost a lot

cos'tata *sf* (*CUC*) large chop

cos'tato *sm* (*ANAT*) ribs *pl*

costeggi'are [kosted'dʒare] *vt* to be close to; to run alongside

cos'tei *pron vedi* costui

costi'era *sf* stretch of coast

costi'ero, a *ag* coastal, coast *cpd*

costitu'ire *vt* (*comitato, gruppo*) to set up, form; (*sog: elementi, parti: comporre*) to make up, constitute; (*rappresentare*) to constitute; (*DIR*) to appoint; ~rsi alla polizia to give o.s. up to the police

costituzio'nale [kostituttsjo'nale] *ag* constitutional

costituzi'one [kostitut'tsjone] *sf* setting up; building up; constitution

'costo *sm* cost; a ogni *o* qualunque ~, a tutti i ~i at all costs

'costola *sf* (*ANAT*) rib

cos'toro *pron pl vedi* costui

cos'toso, a *ag* expensive, costly

cos'tretto, a *pp di* costringere

cos'tringere [kos'trindʒere] *vt*: ~ qn a fare

costruire → cristallizzare

qc to force sb to do sth; **costrizi'one** sf coercion

ostru'ire vt to construct, build; **costruzi'one** sf construction, building

cos'tui (f **cos'tei**, pl **cos'toro**) pron (soggetto) he/she; pl they; (complemento) him/her; pl them; **si può sapere chi è ~?** (peg) just who is that fellow?

cos'tume sm (uso) custom; (foggia di vestire, indumento) costume; **~i** smpl (condotta morale) morals, morality sg; **~ da bagno** bathing o swimming costume (BRIT), swimsuit; (da uomo) bathing o swimming trunks pl

o'tenna sf bacon rind

o'togna [ko'toɲɲa] sf quince

oto'letta sf (di maiale, montone) chop; (di vitello, agnello) cutlet

co'tone sm cotton; **~ idrofilo** cotton wool (BRIT), absorbent cotton (US)

cotta sf (fam: innamoramento) crush

cottimo sm: **lavorare a ~** to do piecework

cotto, a pp di **cuocere ♦** ag cooked; (fam: innamorato) head-over-heels in love; **ben ~** (carne) well done

cot'tura sf cooking; (in forno) baking; (in umido) stewing

co'vare vt to hatch; (fig: malattia) to be sickening for; (: odio, rancore) to nurse ♦ vi (fuoco, fig) to smoulder

covo sm den

co'vone sm sheaf

cozza ['kɔttsa] sf mussel

coz'zare [kot'tsare] vi: **~ contro** to bang into, collide with

C.P. abbr (= casella postale) P.O. Box

crack [kræk] sm inv (droga) crack

crampo sm cramp

cranio sm skull

cra'tere sm crater

cra'vatta sf tie

cre'anza [kre'antsa] sf manners pl

cre'are vt to create; **cre'ato** sm creation; **crea'tore, 'trice** ag creative ♦ sm creator; **crea'tura** sf creature; (bimbo) baby, infant; **creazi'one** sf creation; (fondazione) foundation, establishment

cre'dente sm/f (REL) believer

cre'denza [kre'dentsa] sf belief; (armadio) sideboard

credenzi'ali [kreden'tsjali] sfpl credentials

'credere vt to believe ♦ vi: **~ in, ~ a** to believe in; **~ qn onesto** to believe sb (to be) honest; **~ che** to believe o think that; **~rsi furbo** to think one is clever

'credito sm (anche COMM) credit; (reputazione) esteem, repute; **comprare a ~** to buy on credit

'credo sm inv creed

'crema sf cream; (con uova, zucchero etc) custard; **~ solare** sun cream

cre'mare vt to cremate

Crem'lino sm: **il ~** the Kremlin

'crepa sf crack

cre'paccio [kre'pattʃo] sm large crack, fissure; (di ghiacciaio) crevasse

crepacu'ore sm broken heart

cre'pare vi (fam: morire) to snuff it, kick the bucket; **~ dalle risa** to split one's sides laughing

crepi'tare vi (fuoco) to crackle; (pioggia) to patter

cre'puscolo sm twilight, dusk

'crescere ['kreʃʃere] vi to grow ♦ vt (figli) to raise; **'crescita** sf growth; **cresci'uto, a** pp di **crescere**

'cresima sf (REL) confirmation

'crespo, a ag (capelli) frizzy; (tessuto) puckered ♦ sm crêpe

'cresta sf crest; (di polli, uccelli) crest, comb

'creta sf chalk; clay

cre'tino, a ag stupid ♦ sm/f idiot, fool

cric sm inv (TECN) jack

'cricca, che sf clique

cri'ceto [kri'tʃeto] sm hamster

crimi'nale ag, sm/f criminal

'crimine sm (DIR) crime

'crine sm horsehair; **crini'era** sf mane

crisan'temo sm chrysanthemum

'crisi sf inv crisis; (MED) attack, fit; **~ di nervi** attack o fit of nerves

cristalliz'zare [kristalid'dzare] vi to crystallize; (fig) to become fossilized; **~rsi**

vr to crystallize; to become fossilized
cris'tallo *sm* crystal
cristia'nesimo *sm* Christianity
cristi'ano, a *ag, sm/f* Christian
'Cristo *sm* Christ
cri'terio *sm* criterion; (*buon senso*) (common) sense
'critica, che *sf* criticism; **la ~** (*attività*) criticism; (*persone*) the critics *pl*; *vedi anche* **critico**
criti'care *vt* to criticize
'critico, a, ci, che *ag* critical ♦ *sm* critic
Croa'zia [kroa'ttsja] *sf* Croatia
croc'cante *ag* crisp, crunchy
'croce ['krotʃe] *sf* cross; **in ~** (*di traverso*) crosswise; (*fig*) on tenterhooks; **la C~ Rossa** the Red Cross
croce'figgere *etc* [krotʃe'fiddʒere] = **crocifiggere** *etc*
croce'via *sm inv* crossroads *sg*
croci'ata [kro'tʃata] *sf* crusade
cro'cicchio [kro'tʃikkjo] *sm* crossroads *sg*
croci'era [kro'tʃera] *sf* (*viaggio*) cruise; (*ARCHIT*) transept
croci'figgere [krotʃi'fiddʒere] *vt* to crucify; **crocifissi'one** *sf* crucifixion; **croci'fisso, a** *pp di* **crocifiggere**
crogi'olo [kro'dʒɔlo] *sm* (*fig*) melting pot
crol'lare *vi* to collapse; **'crollo** *sm* collapse; (*di prezzi*) slump, sudden fall
cro'mato, a *ag* chromium-plated
'cromo *sm* chrome, chromium
'cronaca, che *sf* (*STAMPA*) news *sg*; (: *rubrica*) column; (*TV, RADIO*) commentary; **fatto** *o* **episodio di ~** news item; **~ nera** crime news *sg*; crime column
'cronico, a, ci, che *ag* chronic
cro'nista, i *sm* (*STAMPA*) reporter
cronolo'gia [kronolo'dʒia] *sf* chronology
cro'nometro *sm* chronometer; (*a scatto*) stopwatch
'crosta *sf* crust
cros'tacei [kros'tatʃei] *smpl* shellfish
cros'tata *sf* (*CUC*) tart
cros'tino *sm* (*CUC*) croûton; (: *da antipasto*) canapé
'cruccio ['kruttʃo] *sm* worry, torment

cruci'verba *sm inv* crossword (puzzle)
cru'dele *ag* cruel; **crudeltà** *sf* cruelty
'crudo, a *ag* (*non cotto*) raw; (*aspro*) harsh, severe
cru'miro (*peg*) *sm* blackleg (*BRIT*), scab
'crusca *sf* bran
crus'cotto *sm* (*AUT*) dashboard
CSI *sigla f inv* (= *Comunità Stati Indipendenti*) CIS
'Cuba *sf* Cuba
cu'betto *sm*: **~ di ghiaccio** ice cube
'cubico, a, ci, che *ag* cubic
'cubo, a *ag* cubic ♦ *sm* cube; **elevare al ~** (*MAT*) to cube
cuc'cagna [kuk'kaɲɲa] *sf*: **paese della ~** land of plenty; **albero della ~** greasy pole (*fig*)
cuc'cetta [kut'tʃetta] *sf* (*FERR*) couchette; (*NAUT*) berth
cucchiai'ata [kukja'jata] *sf* spoonful
cucchia'ino [kukkja'ino] *sm* teaspoon; coffee spoon
cucchi'aio [kuk'kjajo] *sm* spoon
'cuccia, ce ['kuttʃa] *sf* dog's bed; **a ~!** down!
'cucciolo ['kuttʃolo] *sm* cub; (*di cane*) puppy
cu'cina [ku'tʃina] *sf* (*locale*) kitchen; (*arte culinaria*) cooking, cookery; (*le vivande*) food, cooking; (*apparecchio*) cooker; **~ componibile** fitted kitchen; **cuci'nare** *vt* to cook
cu'cire [ku'tʃire] *vt* to sew, stitch; **cuci'trice** *sf* stapler; **cuci'tura** *sf* sewing, stitching; (*costura*) seam
cucù *sm inv* = **cuculo**
cu'culo *sm* cuckoo
'cuffia *sf* bonnet, cap; (*da infermiera*) cap; (*da bagno*) (bathing) cap; (*per ascoltare*) headphones *pl*, headset
cu'gino, a [ku'dʒino] *sm/f* cousin

PAROLA CHIAVE

'cui *pron* **1** (*nei complementi indiretti: persona*) whom; (: *oggetto, animale*) which; **la persona/le persone a ~ accennavi** the person/people you were referring to *o* to

whom you were referring; **i libri di ~ parlavo** the books I was talking about *o* about which I was talking; **il quartiere in ~ abito** the district where I live; **la ragione per ~** the reason why
2 (*inserito tra articolo e sostantivo*) whose; **la donna i ~ figli sono scomparsi** the woman whose children have disappeared; **il signore, dal ~ figlio ho avuto il libro** the man from whose son I got the book

culi'naria *sf* cookery

culla *sf* cradle

cul'lare *vt* to rock

culmi'nare *vi*: ~ **con** to culminate in

culmine *sm* top, summit

culo (*fam!*) *sm* arse (*Brit!*), ass (*US!*); (*fig: fortuna*): **aver ~** to have the luck of the devil

culto *sm* (*religione*) religion; (*adorazione*) worship; (*venerazione: anche fig*) cult

cul'tura *sf* culture; education, learning; **cultu'rale** *ag* cultural

cumula'tivo, a *ag* cumulative; (*prezzo*) inclusive; (*biglietto*) group *cpd*

cumulo *sm* (*mucchio*) pile, heap; (*METEOR*) cumulus

cuneo *sm* wedge

cu'netta *sf* (*avvallamento*) dip; (*di scolo*) gutter

cu'oca *sf vedi* **cuoco**

cu'ocere [ˈkwɔtʃere] *vt* (*alimenti*) to cook; (*mattoni etc*) to fire ♦ *vi* to cook; ~ **al forno** (*pane*) to bake; (*arrosto*) to roast; **cu'oco, a, chi, che** *sm/f* cook; (*di ristorante*) chef

cu'oio *sm* leather; ~ **capelluto** scalp

cu'ore *sm* heart; **~i** *smpl* (*CARTE*) hearts; **avere buon ~** to be kind-hearted; **stare a ~ a qn** to be important to sb

cupi'digia [kupiˈdidʒa] *sf* greed, covetousness

'cupo, a *ag* dark; (*suono*) dull; (*fig*) gloomy, dismal

'cupola *sf* dome; cupola

'cura *sf* care; (*MED: trattamento*) (course of) treatment; **aver ~ di** (*occuparsi di*) to look after; **a ~ di** (*libro*) edited by; ~

dimagrante diet

cu'rare *vt* (*malato, malattia*) to treat; (: *guarire*) to cure; (*aver cura di*) to take care of; (*testo*) to edit; **~rsi** *vr* to take care of o.s.; (*MED*) to follow a course of treatment; **~rsi di** to pay attention to

cu'rato *sm* parish priest; (*protestante*) vicar, minister

cura'tore, 'trice *sm/f* (*DIR*) trustee; (*di antologia etc*) editor

curio'sare *vi* to look round, wander round; (*tra libri*) to browse; ~ **nei negozi** to look *o* wander round the shops

curiosità *sf inv* curiosity; (*cosa rara*) curio, curiosity

curi'oso, a *ag* curious; **essere ~ di** to be curious about

cur'sore *sm* (*INFORM*) cursor

'curva *sf* curve; (*stradale*) bend, curve

cur'vare *vt* to bend ♦ *vi* (*veicolo*) to take a bend; (*strada*) to bend, curve; **~rsi** *vr* to take a bend; (*legno*) to warp

'curvo, a *ag* curved; (*piegato*) bent

cusci'netto [kuʃʃiˈnetto] *sm* pad; (*TECN*) bearing ♦ *ag inv*: **stato ~** buffer state; ~ **a sfere** ball bearing

cu'scino [kuʃˈʃino] *sm* cushion; (*guanciale*) pillow

'cuspide *sf* (*ARCHIT*) spire

cus'tode *sm/f* keeper, custodian

cus'todia *sf* care; (*DIR*) custody; (*astuccio*) case, holder

custo'dire *vt* (*conservare*) to keep; (*assistere*) to look after, take care of; (*fare la guardia*) to guard

'cute *sf* (*ANAT*) skin

C.V. *abbr* (= *cavallo vapore*) h.p.

cybercaffè [tʃiberkaˈfe] *sm inv* cybercafé

D, d

PAROLA CHIAVE

da (*da+il* = **dal**, *da+lo* = **dallo**, *da+l'* = **dall'**, *da+la* = **dalla**, *da+i* = **dai**, *da+gli* = **dagli**, *da+le* = **dalle**) *prep* 1 (*agente*) by;

dipinto ~ un grande artista painted by a great artista
2 (*causa*) with; **tremare dalla paura** to tremble with fear
3 (*stato in luogo*) at; **abito ~ lui** I'm living at his house *o* with him; **sono dal giornalaio/~ Francesco** I'm at the newsagent's/Francesco's (house)
4 (*moto a luogo*) to; (*moto per luogo*) through; **vado ~ Pietro/dal giornalaio** I'm going to Pietro's (house)/to the newsagent's; **sono passati dalla finestra** they came in through the window
5 (*provenienza, allontanamento*) from; **arrivare/partire ~ Milano** to arrive/depart from Milan; **scendere dal treno/dalla macchina** to get off the train/out of the car; **si trova a 5 km ~ qui** it's 5 km from here
6 (*tempo: durata*) for; (: *a partire da: nel passato*) since; (: *nel futuro*) from; **vivo qui ~ un anno** I've been living here for a year; **è dalle 3 che ti aspetto** I've been waiting for you since 3 (o'clock); **~ oggi in poi** from today onwards; **~ bambino** as a child, when I (*o* he *etc*) was a child
7 (*modo, maniera*) like; **comportarsi ~ uomo** to behave like a man; **l'ho fatto ~ me** I did it (by) myself
8 (*descrittivo*): **una macchina ~ corsa** a racing car; **una ragazza dai capelli biondi** a girl with blonde hair; **un vestito ~ 100.000 lire** a 100,000 lire dress

da 'capo *av* = **daccapo**
dac'capo *av* (*di nuovo*) (once) again; (*dal principio*) all over again, from the beginning
'dado *sm* (*da gioco*) dice *o* die; (*CUC*) stock (*BRIT*) *o* bouillon (*US*) cube; (*TECN*) (screw)nut; **giocare a ~i** to play dice
daf'fare *sm* work, toil
'dagli ['daʎʎi] *prep + det vedi* **da**
'dai *prep + det vedi* **da**
'daino *sm* (*ZOOL*) deer *inv*; (*pelle*) buckskin
dal *prep + det vedi* **da**
dall' *prep + det vedi* **da**

'dalla *prep + det vedi* **da**
'dalle *prep + det vedi* **da**
'dallo *prep + det vedi* **da**
dal'tonico, a, ci, che *ag* colour-blind
'dama *sf* lady; (*nei balli*) partner; (*gioco*) draughts *sg* (*BRIT*), checkers *sg* (*US*)
damigi'ana [dami'dʒana] *sf* demijohn
da'naro *sm* = **denaro**
da'nese *ag* Danish ♦ *sm/f* Dane ♦ *sm* (*LING*) Danish
Dani'marca *sf*: **la ~** Denmark
dan'nare *vt* (*REL*) to damn; **~rsi** *vr* (*fig: tormentarsi*) to be worried to death; **far ~ qn** to drive sb mad; **dannazi'one** *sf* damnation
danneggi'are [danned'dʒare] *vt* to damage; (*rovinare*) to spoil; (*nuocere*) to harm
'danno *sm* damage; (*a persona*) harm, injury; **~i** *smpl* damages; **dan'noso, a** *ag*: **dannoso (a, per)** harmful (to), bad (for)
Da'nubio *sm*: **il ~** the Danube
'danza ['dantsa] *sf*: **la ~** dancing; **una ~** a dance
dan'zare [dan'tsare] *vt, vi* to dance
dapper'tutto *av* everywhere
dap'poco *ag inv* inept, worthless
dap'prima *av* at first
'dare *sm* (*COMM*) debit ♦ *vt* to give; (*produrre: frutti, suono*) to produce ♦ *vi* (*guardare*): **~ su** to look (out) onto; **~rsi** *vr*: **~rsi a** to dedicate o.s. to; **~rsi al commercio** to go into business; **~rsi al bere** to take to drink; **~ da mangiare a qn** to give sb sth to eat; **~ per certo qc** to consider sth certain; **~ per morto qn** to give sb up for dead; **~rsi per vinto** to give in
'darsena *sf* dock; dockyard
'data *sf* date; **~ di nascita** date of birth
da'tare *vt* to date ♦ *vi*: **~ da** to date from
'dato, a *ag* (*stabilito*) given ♦ *sm* datum; **~i** *smpl* data *pl*; **~ che** given that; **un ~ di fatto** a fact; **~ sensibili** personal information
da'tore, trice *sm/f*: **~ di lavoro** employer
'dattero *sm* date

dattilogra'fare *vt* to type; **dattilogra'fia** *sf* typing; **datti'lografo, a** *sm/f* typist

la'vanti *av* in front; (*dirimpetto*) opposite ♦ *ag inv* front ♦ *sm* front; **~ a** in front of; facing, opposite; (*in presenza di*) before, in front of

davan'zale [davan'tsale] *sm* windowsill

d'a'vanzo [da'vantso] *av* more than enough

dav'vero *av* really, indeed

dazio ['dattsjo] *sm* (*somma*) duty; (*luogo*) customs *pl*

DC *sigla f* = **Democrazia Cristiana**

d. C. *ad abbr* (= *dopo Cristo*) A.D.

dea *sf* goddess

debito, a *ag* due, proper ♦ *sm* debt; (*COMM: dare*) debit; **a tempo ~** at the right time; **debi'tore, 'trice** *sm/f* debtor

debole *ag* weak, feeble; (*suono*) faint; (*luce*) dim ♦ *sm* weakness; **debo'lezza** *sf* weakness

debut'tare *vi* to make one's début; **de'butto** *sm* début

deca'denza [deka'dɛntsa] *sf* decline; (*DIR*) loss, forfeiture

decaffei'nato, a *ag* decaffeinated

decan'tare *vt* to praise, sing the praises of

decapi'tare *vt* to decapitate

decappot'tabile *ag, sf* convertible

dece'duto, a [detʃe'duto] *ag* deceased

de'cennio [de'tʃɛnnjo] *sm* decade

de'cente [de'tʃɛnte] *ag* decent, respectable, proper; (*accettabile*) satisfactory, decent

de'cesso [de'tʃɛsso] *sm* death

de'cidere [de'tʃidere] *vt*: **~ qc** to decide on sth; (*questione, lite*) to settle sth; **~ di fare / che** to decide to do/that; **~ di qc** (*sog: cosa*) to determine sth; **~rsi (a fare)** to decide (to do), make up one's mind (to do)

deci'frare [detʃi'frare] *vt* to decode; (*fig*) to decipher, make out

deci'male [detʃi'male] *ag* decimal

'decimo, a ['dɛtʃimo] *num* tenth

de'cina [de'tʃina] *sf* ten; (*circa dieci*): **una ~ (di)** about ten

decisi'one [detʃi'zjone] *sf* decision;

prendere una ~ to make a decision

de'ciso, a [de'tʃizo] *pp di* **decidere**

declas'sare *vt* to downgrade; to lower in status

decli'nare *vi* (*pendio*) to slope down; (*fig: diminuire*) to decline ♦ *vt* to decline

declinazi'one *sf* (*LING*) declension

de'clino *sm* decline

decodifica'tore *sm* (*TEL*) decoder

decol'lare *vi* (*AER*) to take off; **de'collo** *sm* take-off

decolo'rare *vt* to bleach

decom'porre *vt* to decompose; **decomporsi** *vr* to decompose; **decom'posto, a** *pp di* **decomporre**

deconge'lare [dekondʒe'lare] *vt* to defrost

deco'rare *vt* to decorate; **decora'tore, 'trice** *sm/f* (*interior*) decorator; **decorazi'one** *sf* decoration

de'coro *sm* decorum; **deco'roso, a** *ag* decorous, dignified

de'correre *vi* to pass, elapse; (*avere effetto*) to run, have effect; **de'corso, a** *pp di* **decorrere** ♦ *sm* (*evoluzione: anche MED*) course

de'crepito, a *ag* decrepit

de'crescere [de'kreʃʃere] *vi* (*diminuire*) to decrease, diminish; (*acque*) to subside, go down; (*prezzi*) to go down; **decresci'uto, a** *pp di* **decrescere**

de'creto *sm* decree; **~ legge** *decree with the force of law*

'dedalo *sm* maze, labyrinth

'dedica, che *sf* dedication

dedi'care *vt* to dedicate

'dedito, a *ag*: **~ a** (*studio etc*) dedicated *o* devoted to; (*vizio*) addicted to

de'dotto, a *pp di* **dedurre**

de'durre *vt* (*concludere*) to deduce; (*defalcare*) to deduct; **deduzi'one** *sf* deduction

defal'care *vt* to deduct

defe'rente *ag* respectful, deferential

defe'rire *vt*: **~ a** (*DIR*) to refer to

defezi'one [defet'tsjone] *sf* defection, desertion

defici'ente [defi'tʃɛnte] *ag* (*mancante*): **~ di**

deficient in; (*insufficiente*) insufficient
♦ *sm/f* mental defective; (*peg: cretino*) idiot
'**deficit** ['dɛfitʃit] *sm inv* (ECON) deficit
defi'nire *vt* to define; (*risolvere*) to settle; **defini'tivo, a** *ag* definitive, final; **definizi'one** *sf* definition; settlement
deflet'tore *sm* (AUT) quarter-light
de'**flusso** *sm* (*della marea*) ebb
defor'**mare** *vt* (*alterare*) to put out of shape; (*corpo*) to deform; (*pensiero, fatto*) to distort; **~rsi** *vr* to lose its shape
de'**forme** *ag* deformed; disfigured; **deformità** *sf inv* deformity
defrau'**dare** *vt*: **~ qn di qc** to defraud sb of sth, cheat sb out of sth
de'**funto, a** *ag* late *cpd* ♦ *sm/f* deceased
degene'**rare** [dedʒene'rare] *vi* to degenerate; de'**genere** *ag* degenerate
de'**gente** [de'dʒɛnte] *sm/f* (*in ospedale*) in-patient
'**degli** ['deʎʎi] *prep + det vedi* **di**
de'**gnarsi** [deɲ'ɲarsi] *vr*: **~ di fare** to deign *o* condescend to do
'**degno, a** *ag* dignified; **~ di** worthy of; **~ di lode** praiseworthy
degra'**dare** *vt* (MIL) to demote; (*privare della dignità*) to degrade; **~rsi** *vr* to demean o.s.
degustazi'one [degustat'tsjone] *sf* sampling, tasting
'**dei** *prep + det vedi* **di**
del *prep + det vedi* **di**
dela'**tore, 'trice** *sm/f* police informer
'**delega, ghe** *sf* (*procura*) proxy
dele'**gare** *vt* to delegate; dele'**gato** *sm* delegate
dele'**terio, a** *ag* damaging; (*per salute etc*) harmful
del'**fino** *sm* (ZOOL) dolphin; (STORIA) dauphin; (*fig*) probable successor
delibe'**rare** *vt* to come to a decision on ♦ *vi* (DIR): **~ (su qc)** to rule (on sth)
delica'**tezza** [delika'tettsa] *sf* delicacy; frailty; thoughtfulness; tactfulness
deli'**cato, a** *ag* delicate; (*salute*) delicate, frail; (*fig: gentile*) thoughtful, considerate; (*: che dimostra tatto*) tactful

deline'**are** *vt* to outline; **~rsi** *vr* to be outlined; (*fig*) to emerge
delin'**quente** *sm/f* criminal, delinquent; **~ abituale** regular offender, habitual offender; **delin'quenza** *sf* criminality, delinquency; **delinquenza minorile** juvenile delinquency
deli'**rare** *vi* to be delirious, rave; (*fig*) to rave
de'**lirio** *sm* delirium; (*ragionamento insensato*) raving; (*fig*): **andare / mandare in ~** to go/send into a frenzy
de'**litto** *sm* crime
de'**lizia** [de'littsja] *sf* delight; **delizi'oso, a** *ag* delightful; (*cibi*) delicious
dell' *prep + det vedi* **di**
'**della** *prep + det vedi* **di**
'**delle** *prep + det vedi* **di**
'**dello** *prep + det vedi* **di**
delta'**plano** *sm* hang-glider; **volo col ~** hang-gliding
de'**ludere** *vt* to disappoint; **delusi'one** *sf* disappointment; de'**luso, a** *pp di* **deludere**
de'**manio** *sm* state property
de'**menza** [de'mɛntsa] *sf* dementia; (*stupidità*) foolishness
demo'**cratico, a, ci, che** *ag* democratic
democra'**zia** [demokrat'tsia] *sf* democracy
democristi'**ano, a** *ag, sm/f* Christian Democrat
demo'**lire** *vt* to demolish
'**demone** *sm* demon
de'**monio** *sm* demon, devil; **il D~** the Devil
de'**naro** *sm* money
denomi'**nare** *vt* to name; **denominazi'one** *sf* name; denomination; **denominazione d'origine controllata** label guaranteeing the quality and origin of a wine
densità *sf inv* density
'**denso, a** *ag* thick, dense
den'**tale** *ag* dental
'**dente** *sm* tooth; (*di forchetta*) prong; **al ~** (CUC: *pasta*) al dente; **~i del giudizio** wisdom teeth; **denti'era** *sf* (set of) false teeth *pl*

denti'fricio [denti'fritʃo] *sm* toothpaste

den'tista, i, e *sm/f* dentist

dentro *av* inside; (*in casa*) indoors; (*fig: nell'intimo*) inwardly ♦ *prep:* ~ **(a)** in; **piegato in** ~ folded over; **qui/là** ~ in here/there; ~ **di sé** (*pensare, brontolare*) to oneself

de'nuncia, ce *o* cie [de'nuntʃa] *sf* denunciation; declaration; ~ **dei redditi** (*income*) tax return

denunci'are [denun'tʃare] *vt* to denounce; (*dichiarare*) to declare

de'nunzia *etc* [de'nuntsja] = **denuncia** *etc*

denutrizi'one [denutrit'tsjone] *sf* malnutrition

deodo'rante *sm* deodorant

depe'rire *vi* to waste away

depila'torio, a *ag* hair-removing *cpd*, depilatory

dépli'ant [depli'ã] *sm inv* leaflet; (*opuscolo*) brochure

deplo'revole *ag* deplorable

de'porre *vt* (*depositare*) to put down; (*rimuovere: da una carica*) to remove; (*: re*) to depose; (*DIR*) to testify

depor'tare *vt* to deport

deposi'tare *vt* (*gen, GEO, ECON*) to deposit; (*lasciare*) to leave; (*merci*) to store

de'posito *sm* deposit; (*luogo*) warehouse; depot; (*: MIL*) depot; ~ **bagagli** left-luggage office

deposizi'one [depozit'tsjone] *sf* deposition; (*da una carica*) removal

de'posto, a *pp di* **deporre**

depra'vato, a *ag* depraved ♦ *sm/f* degenerate

depre'dare *vt* to rob, plunder

depressi'one *sf* depression

de'presso, a *pp di* **deprimere** ♦ *ag* depressed

deprez'zare [depret'tsare] *vt* (*ECON*) to depreciate

de'primere *vt* to depress

depu'rare *vt* to purify

depu'tato *sm* (*POL*) deputy, ≈ Member of Parliament (*BRIT*), ≈ Member of Congress (*US*)

deragli'are [deraʎ'ʎare] *vi* to be derailed; **far** ~ to derail

dere'litto, a *ag* derelict

dere'tano (*fam*) *sm* bottom, buttocks *pl*

de'ridere *vt* to mock, deride; **de'riso, a** *pp di* **deridere**

de'riva *sf* (*NAUT, AER*) drift; **andare alla** ~ (*anche fig*) to drift

deri'vare *vi:* ~ **da** to derive from ♦ *vt* to derive; (*corso d'acqua*) to divert; **derivazi'one** *sf* derivation; diversion

derma'tologo, a, gi, ghe *sm/f* dermatologist

der'rate *sfpl:* ~ **alimentari** foodstuffs

deru'bare *vt* to rob

des'critto, a *pp di* **descrivere**

des'crivere *vt* to describe; **descrizi'one** *sf* description

de'serto, a *ag* deserted ♦ *sm* (*GEO*) desert; **isola ~a** desert island

deside'rare *vt* to want, wish for; (*sessualmente*) to desire; ~ **fare/che qn faccia** to want *o* wish to do/sb to do; **desidera fare una passeggiata?** would you like to go for a walk?

desi'derio *sm* wish; (*più intenso, carnale*) desire

deside'roso, a *ag:* ~ **di** longing *o* eager for

desi'nenza [dezi'nɛntsa] *sf* (*LING*) ending, inflexion

de'sistere *vi:* ~ **da** to give up, desist from; **desis'tito, a** *pp di* **desistere**

deso'lato, a *ag* (*paesaggio*) desolate; (*persona: spiacente*) sorry

des'tare *vt* to wake (up); (*fig*) to awaken, arouse; ~**rsi** *vr* to wake (up)

desti'nare *vt* to destine; (*assegnare*) to appoint, assign; (*indirizzare*) to address; ~ **qc a qn** to intend to give sth to sb, intend sb to have sth; **destina'tario, a** *sm/f* (*di lettera*) addressee

destinazi'one [destinat'tsjone] *sf* destination; (*uso*) purpose

des'tino *sm* destiny, fate

destitu'ire *vt* to dismiss, remove

'desto, a *ag* (wide) awake

'**destra** *sf* (*mano*) right hand; (*parte*) right (side); (*POL*): **la ~** the Right; **a ~** (*essere*) on the right; (*andare*) to the right

destreggi'arsi [destred'dʒarsi] *vr* to manoeuvre (*BRIT*), maneuver (*US*)

des'trezza [des'trettsa] *sf* skill, dexterity

'**destro, a** *ag* right, right-hand

dete'nere *vt* (*incarico, primato*) to hold; (*proprietà*) to have, possess; (*in prigione*) to detain, hold; **dete'nuto, a** *sm/f* prisoner; **detenzi'one** *sf* holding; possession; detention

deter'gente [deter'dʒɛnte] *ag* detergent; (*crema, latte*) cleansing ♦ *sm* detergent

deterio'rare *vt* to damage; **~rsi** *vr* to deteriorate

determi'nare *vt* to determine; **determinazi'one** *sf* determination; (*decisione*) decision

deter'sivo *sm* detergent

detes'tare *vt* to detest, hate

de'trarre *vt*: **~ (da)** to deduct (from), take away (from); **de'tratto, a** *pp di* **detrarre**; **detrazi'one** *sf* deduction; **detrazione d'imposta** tax allowance

de'trito *sm* (*GEO*) detritus

'**detta** *sf*: **a ~ di** according to

dettagli'are [detta'ʎʎare] *vt* to detail, give full details of

det'taglio [det'taʎʎo] *sm* detail; (*COMM*): **il ~** retail; **al ~** (*COMM*) retail; separately

det'tare *vt* to dictate; **~ legge** (*fig*) to lay down the law; **det'tato** *sm* dictation; **detta'tura** *sf* dictation

'**detto, a** *pp di* **dire** ♦ *ag* (*soprannominato*) called, known as; (*già nominato*) above-mentioned ♦ *sm* saying; **~ fatto** no sooner said than done

detur'pare *vt* to disfigure; (*moralmente*) to sully

devas'tare *vt* to devastate; (*fig*) to ravage

devi'are *vi*: **~ (da)** to turn off (from) ♦ *vt* to divert; **deviazi'one** *sf* (*anche AUT*) diversion

devo'luto, a *pp di* **devolvere**

devoluzi'one [devolut'tsjone] *sf* (*DIR*) devolution, transfer

de'volvere *vt* (*DIR*) to transfer, devolve

de'voto, a *ag* (*REL*) devout, pious; (*affezionato*) devoted

devozi'one [devot'tsjone] *sf* devoutness; (*anche REL*) devotion

---
PAROLA CHIAVE
---

di (*di+il* = **del**, *di+lo* = **dello**, *di+l'* = **dell'**, *di+la* = **della**, *di+i* = **dei**, *di+gli* = **degli**, *di+le* = **delle**) *prep* **1** (*possesso, specificazione*) of; (*composto da, scritto da*) by; **la macchina ~ Paolo/mio fratello** Paolo's/my brother's car; **un amico ~ mio fratello** a friend of my brother's, one of my brother's friends; **un quadro ~ Botticelli** a painting by Botticelli

2 (*caratterizzazione, misura*) of; **una casa ~ mattoni** a brick house, a house made of bricks; **un orologio d'oro** a gold watch; **un bimbo ~ 3 anni** a child of 3, a 3-year-old child

3 (*causa, mezzo, modo*) with; **tremare ~ paura** to tremble with fear; **morire ~ cancro** to die of cancer; **spalmare ~ burro** to spread with butter

4 (*argomento*) about, of; **discutere ~ sport** to talk about sport

5 (*luogo: provenienza*) from; out of; **essere ~ Roma** to be from Rome; **uscire ~ casa** to come out of *o* leave the house

6 (*tempo*) in; **d'estate/d'inverno** in (the) summer/winter; **~ notte** by night, at night; **~ mattina/sera** in the morning/evening; **~ lunedì** on Mondays

♦ *det* (*una certa quantità di*) some; (*: negativo*) any; (*: interrogativo*) any, some; **del pane** (some) bread; **delle caramelle** (some) sweets; **degli amici miei** some friends of mine; **vuoi del vino?** do you want some *o* any wine?

dia'bete *sm* diabetes *sg*

di'acono *sm* (*REL*) deacon

dia'dema, i *sm* diadem; (*di donna*) tiara

dia'framma, i *sm* (*divisione*) screen; (*ANAT, FOT, contraccettivo*) diaphragm

di'agnosi [di'aɲɲozi] *sf* diagnosis *sg*

liago'nale *ag, sf* diagonal

lia'gramma, i *sm* diagram

lia'letto *sm* dialect

li'alisi *sf* dialysis *sg*

li'alogo, ghi *sm* dialogue

lia'mante *sm* diamond

li'ametro *sm* diameter

li'amine *escl:* **che ~ ...?** what on earth ...?

liaposi'tiva *sf* transparency, slide

li'ario *sm* diary

liar'rea *sf* diarrhoea

li'avolo *sm* devil

li'battere *vt* to debate, discuss; **~rsi** *vr* to struggle; **di'battito** *sm* debate, discussion

licas'tero *sm* ministry

di'cembre [di'tʃembre] *sm* December

dice'ria [ditʃe'ria] *sf* rumour, piece of gossip

dichia'rare [dikja'rare] *vt* to declare; **dichiarazi'one** *sf* declaration

dician'nove [ditʃan'nɔve] *num* nineteen

dicias'sette [ditʃas'sette] *num* seventeen

dici'otto [di'tʃɔtto] *num* eighteen

dici'tura [ditʃi'tura] *sf* words *pl*, wording

di'eci ['djetʃi] *num* ten; **die'cina** *sf* = **decina**

'diesel ['dizəl] *sm inv* diesel engine

di'eta *sf* diet; **essere a ~** to be on a diet

di'etro *av* behind; (*in fondo*) at the back ♦ *prep* behind; (*tempo: dopo*) after ♦ *sm* back, rear ♦ *ag inv* back *cpd:* **le zampe di ~** the hind legs; **~ richiesta** on demand; (*scritta*) on application

di'fatti *cong* in fact, as a matter of fact

di'fendere *vt* to defend; **difen'sivo, a** *ag* defensive ♦ *sf:* **stare sulla difensiva** (*anche fig*) to be on the defensive; **difen'sore, a** *sm/f* defender; **avvocato difensore** counsel for the defence; **di'fesa** *sf* defence; **di'feso, a** *pp di* **difendere**

difet'tare *vi* to be defective; **~ di** to be lacking in, lack; **difet'tivo, a** *ag* defective

di'fetto *sm* (*mancanza*): **~ di** lack of; shortage of; (*di fabbricazione*) fault, flaw, defect; (*morale*) fault, failing; (*fisico*) defect; **far ~** to be lacking; **in ~** at fault; in the wrong; **difet'toso, a** *ag* defective, faulty

diffa'mare *vt* to slander; to libel

diffe'rente *ag* different

diffe'renza [diffe'rentsa] *sf* difference; **a ~ di** unlike

differenzi'are [differen'tsjare] *vt* to differentiate; **~rsi da** to differentiate o.s. from; to differ from

diffe'rire *vt* to postpone, defer ♦ *vi* to be different

dif'ficile [dif'fitʃile] *ag* difficult; (*persona*) hard to please, difficult (to please); (*poco probabile*): **è ~ che sia libero** it is unlikely that he'll be free ♦ *sm* difficult part; difficulty; **difficoltà** *sf inv* difficulty

dif'fida *sf* (*DIR*) warning, notice

diffi'dare *vi:* **~ di** to be suspicious o distrustful of ♦ *vt* (*DIR*) to warn; **~ qn dal fare qc** to warn sb not to do sth, caution sb against doing sth; **diffi'dente** *ag* suspicious, distrustful; **diffi'denza** *sf* suspicion, distrust

dif'fondere *vt* (*luce, calore*) to diffuse; (*notizie*) to spread, circulate; **~rsi** *vr* to spread; **diffusi'one** *sf* diffusion; spread; (*anche di giornale*) circulation; (*FISICA*) scattering; **dif'fuso, a** *pp di* **diffondere** ♦ *ag* (*malattia, fenomeno*) widespread

difi'lato *av* (*direttamente*) straight, directly; (*subito*) straight away

difte'rite *sf* (*MED*) diphtheria

'diga, ghe *sf* dam; (*portuale*) breakwater

dige'rente [didʒe'rente] *ag* (*apparato*) digestive

dige'rire [didʒe'rire] *vt* to digest; **digesti'one** *sf* digestion; **diges'tivo, a** *ag* digestive ♦ *sm* (after-dinner) liqueur

digi'tale [didʒi'tale] *ag* digital; (*delle dita*) finger *cpd,* digital ♦ *sf* (*BOT*) foxglove

digi'tare [didʒi'tare] *vt, vi* (*INFORM*) to key (in)

digiu'nare [didʒu'nare] *vi* to starve o.s.; (*REL*) to fast; **digi'uno, a** *ag:* **essere digiuno** not to have eaten ♦ *sm* fast; **a digiuno** on an empty stomach

dignità [diɲɲi'ta] *sf inv* dignity; **digni'toso, a** *ag* dignified

'DIGOS ['digɔs] *sigla f* (= *Divisione*

Investigazioni Generali e Operazioni Speciali) police department dealing with political security

digri'gnare [digriɲˈɲare] *vt*: ~ **i denti** to grind one's teeth

dila'gare *vi* to flood; (*fig*) to spread

dilani'are *vt* (*preda*) to tear to pieces

dilapi'dare *vt* to squander, waste

dila'tare *vt* to dilate; (*gas*) to cause to expand; (*passaggio, cavità*) to open (up); ~**rsi** *vr* to dilate; (*FISICA*) to expand

dilazio'nare [dilattsjoˈnare] *vt* to delay, defer; **dilazi'one** *sf* delay; (*COMM: di pagamento etc*) extension; (*rinvio*) postponement

dilegu'are *vi* to vanish, disappear; ~**rsi** *vr* to vanish, disappear

di'lemma, i *sm* dilemma

dilet'tante *sm/f* dilettante; (*anche SPORT*) amateur

dilet'tare *vt* to give pleasure to, delight; ~**rsi** *vr*: ~**rsi di** to take pleasure in, enjoy

di'letto, a *ag* dear, beloved ♦ *sm* pleasure, delight

dili'gente [diliˈdʒɛnte] *ag* (*scrupoloso*) diligent; (*accurato*) careful, accurate; **dili'genza** *sf* diligence; care; (*carrozza*) stagecoach

dilu'ire *vt* to dilute

dilun'garsi *vr* (*fig*): ~ **su** to talk at length on *o* about

diluvi'are *vb impers* to pour (down)

di'luvio *sm* downpour; (*inondazione, fig*) flood

dima'grire *vi* to get thinner, lose weight

dime'nare *vt* to wave, shake; ~**rsi** *vr* to toss and turn; (*fig*) to struggle; ~ **la coda** (*sog: cane*) to wag its tail

dimensi'one *sf* dimension; (*grandezza*) size

dimenti'canza [dimentiˈkantsa] *sf* forgetfulness; (*errore*) oversight, slip; **per** ~ inadvertently

dimenti'care *vt* to forget; ~**rsi di qc** to forget sth

di'messo, a *pp di* **dimettere** ♦ *ag* (*voce*) subdued; (*uomo, abito*) modest, humble

dimesti'chezza [dimestiˈkettsa] *sf* familiarity

di'mettere *vt*: ~ **qn da** to dismiss sb from; (*dall'ospedale*) to discharge sb from; ~**rsi (da)** to resign (from)

dimez'zare [dimedˈdzare] *vt* to halve

diminu'ire *vt* to reduce, diminish; (*prezzi*) to bring down, reduce ♦ *vi* to decrease, diminish; (*rumore*) to die down, die away; (*prezzi*) to fall, go down; **diminuzi'one** *sf* decreasing, diminishing

dimissi'oni *sfpl* resignation *sg*; **dare** *o* **presentare le** ~ to resign, hand in one's resignation

di'mora *sf* residence

dimo'rare *vi* to reside

dimos'trare *vt* to demonstrate, show; (*provare*) to prove, demonstrate; ~**rsi** *vr*: ~**rsi molto abile** to show o.s. *o* prove to be very clever; **dimostra 30 anni** he looks about 30 (years old); **dimostrazi'one** *sf* demonstration; proof

di'namica *sf* dynamics *sg*

di'namico, a, ci, che *ag* dynamic

dina'mite *sf* dynamite

'dinamo *sf inv* dynamo

di'nanzi [diˈnantsi]: ~ **a** *prep* in front of

dini'ego, ghi *sm* refusal; denial

dinocco'lato, a *ag* lanky

din'torno *av* round, (round) about; ~**i** *smpl* outskirts; **nei** ~**i di** in the vicinity *o* neighbourhood of

'dio (*pl* **'dei**) *sm* god; **D~** God; **gli dei** the gods; **D~ mio!** my goodness!, my God!

di'ocesi [diˈɔtʃezi] *sf inv* diocese

dipa'nare *vt* (*lana*) to wind into a ball; (*fig*) to disentangle, sort out

diparti'mento *sm* department

dipen'dente *ag* dependent ♦ *sm/f* employee; **dipen'denza** *sf* dependence; **essere alle dipendenze di qn** to be employed by sb *o* in sb's employ

di'pendere *vi*: ~ **da** to depend on; (*finanziariamente*) to be dependent on; (*derivare*) to come from, be due to; **di'peso, a** *pp di* **dipendere**

di'pingere [diˈpindʒere] *vt* to paint;

di'pinto, a *pp di* dipingere ♦ *sm* painting

di'ploma, i *sm* diploma

diplo'mare *vt* to award a diploma to, graduate (*US*); ~rsi *vr* to obtain a diploma, graduate (*US*)

diplo'matico, a, ci, che *ag* diplomatic ♦ *sm* diplomat

diploma'zia [diplomat'tsia] *sf* diplomacy

di'porto: imbarcazione da ~ *sf* pleasure craft

dira'dare *vt* to thin (out); (*visite*) to reduce, make less frequent; ~rsi *vr* to disperse; (*nebbia*) to clear (up)

dira'mare *vt* to issue ♦ *vi* (*strade*) to branch; ~rsi *vr* to branch

'dire *vt* to say; (*segreto, fatto*) to tell; ~ qc a qn to tell sb sth; ~ a qn di fare qc to tell sb to do sth; ~ di sì/no to say yes/no; si dice che ... they say that ...; si direbbe che ... it looks (*o* sounds) as though ...; dica, signora? (*in un negozio*) yes, Madam, can I help you?

di'retto, a *pp di* dirigere ♦ *ag* direct ♦ *sm* (*FERR*) through train

diret'tore, 'trice *sm/f* (*di azienda*) director; manager/ess; (*di scuola elementare*) head (teacher) (*BRIT*), principal (*US*); ~ d'orchestra conductor; ~ vendite sales director *o* manager

direzi'one [diret'tsjone] *sf* board of directors; management; (*senso di movimento*) direction; in ~ di in the direction of, towards

diri'gente [diri'dʒɛnte] *sm/f* executive; (*POL*) leader ♦ *ag*: classe ~ ruling class

di'rigere [di'ridʒere] *vt* to direct; (*impresa*) to run, manage; (*MUS*) to conduct; ~rsi *vr*: ~rsi verso *o* a to make *o* head for

dirim'petto *av* opposite; ~ a opposite, facing

di'ritto, a *ag* straight; (*onesto*) straight, upright ♦ *av* straight, directly; andare ~ to go straight on ♦ *sm* right side; (*TENNIS*) forehand; (*MAGLIA*) plain stitch; (*prerogativa*) right; (*leggi, scienza*): il ~ law; ~i *smpl* (*tasse*) duty *sg*; stare ~ to stand up straight; aver ~ a qc to be entitled to sth;

~i d'autore royalties

dirit'tura *sf* (*SPORT*) straight; (*fig*) rectitude

diroc'cato, a *ag* tumbledown, in ruins

dirot'tare *vt* (*nave, aereo*) to change the course of; (*aereo: sotto minaccia*) to hijack; (*traffico*) to divert ♦ *vi* (*nave, aereo*) to change course; dirotta'tore, 'trice *sm/f* hijacker

di'rotto, a *ag* (*pioggia*) torrential; (*pianto*) unrestrained; piovere a ~ to pour; piangere a ~ to cry one's heart out

di'rupo *sm* crag, precipice

disabi'tato, a *ag* uninhabited

disabitu'arsi *vr*: ~ a to get out of the habit of

disac'cordo *sm* disagreement

disadat'tato, a *ag* (*PSIC*) maladjusted

disa'dorno, a *ag* plain, unadorned

disagi'ato, a [diza'dʒato] *ag* poor, needy; (*vita*) hard

di'sagio [di'zadʒo] *sm* discomfort; (*disturbo*) inconvenience; (*fig: imbarazzo*) embarrassment; essere a ~ to be ill at ease

disappro'vare *vt* to disapprove of; disapprovazi'one *sf* disapproval

disap'punto *sm* disappointment

disar'mare *vt, vi* to disarm; di'sarmo *sm* (*MIL*) disarmament

di'sastro *sm* disaster

disat'tento, a *ag* inattentive; disattenzi'one *sf* carelessness, lack of attention

disa'vanzo [diza'vantso] *sm* (*ECON*) deficit

disavven'tura *sf* misadventure, mishap

dis'brigo, ghi *sm* (prompt) clearing up *o* settlement

dis'capito *sm*: a ~ di to the detriment of

dis'carica, che *sf* (*di rifiuti*) rubbish tip *o* dump

discen'dente [diʃʃen'dɛnte] *ag* descending ♦ *sm/f* descendant

di'scendere [diʃ'ʃendere] *vt* to go (*o* come) down ♦ *vi* to go (*o* come) down; (*strada*) to go down; (*smontare*) to get off; ~ da (*famiglia*) to be descended from; ~ dalla macchina/dal treno to get out of the car/out of *o* off the train; ~ da cavallo to dismount, get off one's horse

di'scepolo, a [diʃʃepolo] *sm/f* disciple

di'scernere [diʃʃɛrnere] *vt* to discern

di'scesa [diʃʃesa] *sf* descent; (*pendio*) slope; **in ~** (*strada*) downhill *cpd*, sloping; **~ libera** (*SCI*) downhill (race)

di'sceso, a [diʃʃeso] *pp di* **discendere**

disci'ogliere [diʃʃɔʎʎere] *vt* to dissolve; (*fondere*) to melt; **~rsi** *vr* to dissolve; to melt; **disci'olto, a** *pp di* **disciogliere**

disci'plina [diʃʃiplina] *sf* discipline; **discipli'nare** *ag* disciplinary ♦ *vt* to discipline

'disco, schi *sm* disc; (*SPORT*) discus; (*fonografico*) record; (*INFORM*) disk; **~ orario** (*AUT*) parking disc; **~ rigido** (*INFORM*) hard disk; **~ volante** flying saucer

discol'pare *vt* to clear of blame

disco'noscere [diskonoʃʃere] *vt* (*figlio*) to disown; (*meriti*) to ignore, disregard; **disconosci'uto, a** *pp di* **disconoscere**

dis'corde *ag* conflicting, clashing; **dis'cordia** *sf* discord; (*dissidio*) disagreement, clash

dis'correre *vi*: **~ (di)** to talk (about)

dis'corso, a *pp di* **discorrere** ♦ *sm* speech; (*conversazione*) conversation, talk

dis'costo, a *ag* faraway, distant ♦ *av* far away; **~ da** far from

disco'teca, che *sf* (*raccolta*) record library; (*locale*) disco

discre'panza [diskre'pantsa] *sf* disagreement

dis'creto, a *ag* discreet; (*abbastanza buono*) reasonable, fair; **discrezi'one** *sf* discretion; (*giudizio*) judgment, discernment; **a discrezione di** at the discretion of

discriminazi'one [diskriminat'tsjone] *sf* discrimination

discussi'one *sf* discussion; (*litigio*) argument; **fuori ~** out of the question

dis'cusso, a *pp di* **discutere**

dis'cutere *vt* to discuss, debate; (*contestare*) to question ♦ *vi* (*conversare*): **~ (di)** to discuss; (*litigare*) to argue

disde'gnare [disden'ɲare] *vt* to scorn

dis'detta *sf* (*di prenotazione etc*) cancellation; (*sfortuna*) bad luck

dis'detto, a *pp di* **disdire**

dis'dire *vt* (*prenotazione*) to cancel; (*DIR*): **~ un contratto d'affitto** to give notice (to quit)

dise'gnare [disen'ɲare] *vt* to draw; (*progettare*) to design; (*fig*) to outline

disegna'tore, 'trice *sm/f* designer

di'segno [di'seɲɲo] *sm* drawing; design; outline; **~ di legge** (*DIR*) bill

diser'bante *sm* weed-killer

diser'tare *vt, vi* to desert; **diser'tore** *sm* (*MIL*) deserter

dis'fare *vt* to undo; (*valigie*) to unpack; (*meccanismo*) to take to pieces; (*neve*) to melt; **~rsi** *vr* to come undone; (*neve*) to melt; **~ il letto** to strip the bed; **~rsi di qn** (*liberarsi*) to get rid of sb; **dis'fatta** *sf* (*sconfitta*) rout; **dis'fatto, a** *pp di* **disfare**

dis'gelo [diz'dʒelo] *sm* thaw

dis'grazia [diz'grattsja] *sf* (*sventura*) misfortune; (*incidente*) accident, mishap; **disgrazi'ato, a** *ag* unfortunate ♦ *sm/f* wretch

disgre'gare *vt* to break up; **~rsi** *vr* to break up

disgu'ido *sm* hitch; **~ postale** error in postal delivery

disgus'tare *vt* to disgust; **~rsi** *vr*: **~rsi di** to be disgusted by

dis'gusto *sm* disgust; **disgus'toso, a** *ag* disgusting

disidra'tare *vt* to dehydrate

disil'ludere *vt* to disillusion, disenchant

disimpa'rare *vt* to forget

disinfet'tante *ag, sm* disinfectant

disinfet'tare *vt* to disinfect

disini'bito, a *ag* uninhibited

disinte'grare *vt, vi* to disintegrate

disinteres'sarsi *vr*: **~ di** to take no interest in

disinte'resse *sm* indifference; (*generosità*) unselfishness

disintossi'care *vt* (*alcolizzato, drogato*) to treat for alcoholism (*o* drug addiction); **~ l'organismo** to clear out one's system disin'volto, a *ag* casual, free and easy; disinvol'tura *sf* casualness, ease

disles'sia *sf* dyslexia

dislo'care *vt* to station, position

dismi'sura *sf* excess; a ~ to excess, excessively

disobbe'dire *etc* = disubbidire *etc*

disoccu'pato, a *ag* unemployed ♦ *sm/f* unemployed person; disoccupazi'one *sf* unemployment

diso'nesto, a *ag* dishonest

diso'nore *sm* dishonour, disgrace

di'sopra *av* (*con contatto*) on top; (*senza contatto*) above; (*al piano superiore*) upstairs ♦ *ag inv* (*superiore*) upper ♦ *sm inv* top, upper part

disordi'nato, a *ag* untidy; (*privo di misura*) irregular, wild

di'sordine *sm* (*confusione*) disorder, confusion; (*sregolatezza*) debauchery

disorien'tare *vt* to disorientate; ~rsi *vr* (*fig*) to get confused, lose one's bearings

di'sotto *av* below, underneath; (*in fondo*) at the bottom; (*al piano inferiore*) downstairs ♦ *ag inv* (*inferiore*) lower; bottom *cpd* ♦ *sm inv* (*parte inferiore*) lower part; bottom

dis'paccio [dis'pattʃo] *sm* dispatch

'dispari *ag inv* odd, uneven

dis'parte: in ~ *av* (*da lato*) aside, apart; tenersi *o* starsene in ~ to keep to o.s., hold o.s. aloof

dispendi'oso, a *ag* expensive

dis'pensa *sf* pantry, larder; (*mobile*) sideboard; (*DIR*) exemption; (*REL*) dispensation; (*fascicolo*) number, issue

dispen'sare *vt* (*elemosine, favori*) to distribute; (*esonerare*) to exempt

dispe'rare *vi*: ~ (di) to despair (of); ~rsi *vr* to despair; dispe'rato, a *ag* (*persona*) in despair; (*caso, tentativo*) desperate; disperazi'one *sf* despair

dis'perdere *vt* (*disseminare*) to disperse; (*MIL*) to scatter, rout; (*fig: consumare*) to waste, squander; ~rsi *vr* to disperse; to scatter; dis'perso, a *pp di* disperdere ♦ *sm/f* missing person

dis'petto *sm* spite *no pl*, spitefulness *no pl*; fare un ~ a qn to play a (nasty) trick on sb; a ~ di in spite of; dispet'toso, a *ag* spiteful

dispia'cere [dispja'tʃere] *sm* (*rammarico*) regret, sorrow; (*dolore*) grief; ~i *smpl* (*preoccupazioni*) troubles, worries ♦ *vi*: ~ a to displease ♦ *vb impers*: mi dispiace (che) I am sorry (that); se non le dispiace, me ne vado adesso if you don't mind, I'll go now; dispiaci'uto, a *pp di* dispiacere ♦ *ag* sorry

dispo'nibile *ag* available; disponibilità *sf inv* (*di biglietti, camere*) availability; (*gentilezza*) helpfulness; (*spec pl: FIN*) liquid assets *pl*

dis'porre *vt* (*sistemare*) to arrange; (*preparare*) to prepare; (*DIR*) to order; (*persuadere*): ~ qn a to incline *o* dispose sb towards ♦ *vi* (*decidere*) to decide; (*usufruire*): ~ di to use, have at one's disposal; (*essere dotato*): ~ di to have; disporsi *vr* (*ordinarsi*) to place o.s., arrange o.s.

disposi'tivo *sm* (*meccanismo*) device

disposizi'one [dispozit'tsjone] *sf* arrangement, layout; (*stato d'animo*) mood; (*tendenza*) bent, inclination; (*comando*) order; (*DIR*) provision, regulation; a ~ di qn at sb's disposal

dis'posto, a *pp di* disporre

disprez'zare [dispret'tsare] *vt* to despise

dis'prezzo [dis'prettso] *sm* contempt

'disputa *sf* dispute, quarrel

dispu'tare *vt* (*contendere*) to dispute, contest; (*gara*) to take part in ♦ *vi* to quarrel; ~ di to discuss; ~rsi qc to fight for sth

dissan'guare *vt* (*fig: persona*) to bleed white; (: *patrimonio*) to suck dry; ~rsi *vr* (*MED*) to lose blood; (*fig: rovinarsi*) to ruin o.s.

dissec'care *vt* to dry up; ~rsi *vr* to dry up

dissemi'nare *vt* to scatter; (*fig: notizie*) to spread

dis'senso *sm* dissent; (*disapprovazione*) disapproval

dissente'ria sf dysentery

dissen'tire vi: ~ **(da)** to disagree (with)

dissertazi'one [dissertat'tsjone] sf dissertation

disser'vizio [disser'vittsjo] sm inefficiency

disses'tare vt (ECON) to ruin; **dis'sesto** sm (financial) ruin

disse'tante ag refreshing

dis'sidio sm disagreement

dis'simile ag different, dissimilar

dissimu'lare vt (fingere) to dissemble; (nascondere) to conceal

dissi'pare vt to dissipate; (scialacquare) to squander, waste

dis'solto, a pp di **dissolvere**

disso'luto, a pp di **dissolvere** ♦ ag dissolute, licentious

dis'solvere vt to dissolve; (neve) to melt; (fumo) to disperse; **~rsi** vr to dissolve; to melt; to disperse

dissu'adere vt: ~ **qn da** to dissuade sb from; **dissu'aso, a** pp di **dissuadere**

distac'care vt to detach, separate; (SPORT) to leave behind; **~rsi** vr to be detached; (fig) to stand out; **~rsi da** (fig: allontanarsi) to grow away from

dis'tacco, dis'tacchi sm (separazione) separation; (fig: indifferenza) detachment; (SPORT): **vincere con un ~ di ...** to win by a distance of ...

dis'tante av far away ♦ ag: ~ **(da)** distant (from), far away (from)

dis'tanza [dis'tantsa] sf distance

distanzi'are [distan'tsjare] vt to space out, place at intervals; (SPORT) to outdistance; (fig: superare) to outstrip, surpass

dis'tare vi: **distiamo pochi chilometri da Roma** we are only a few kilometres (away) from Rome

dis'tendere vt (coperta) to spread out; (gambe) to stretch (out); (mettere a giacere) to lay; (rilassare: muscoli, nervi) to relax; **~rsi** vr (rilassarsi) to relax; (sdraiarsi) to lie down; **distensi'one** sf stretching; relaxation; (POL) détente

dis'tesa sf expanse, stretch

dis'teso, a pp di **distendere**

distil'lare vt to distil

distille'ria sf distillery

dis'tinguere vt to distinguish

dis'tinta sf (nota) note; (elenco) list

distin'tivo, a ag distinctive; distinguishing ♦ sm badge

dis'tinto, a pp di **distinguere** ♦ ag (dignitoso ed elegante) distinguished; **~i saluti** (in lettera) yours faithfully

distinzi'one [distin'tsjone] sf distinction

dis'togliere [dis'tɔʎʎere] vt: ~ **da** to take away from; (fig) to dissuade from; **dis'tolto, a** pp di **distogliere**

distorsi'one sf (MED) sprain; (FISICA, OTTICA) distortion

dis'trarre vt to distract; (divertire) to entertain, amuse; **distrarsi** vr (non fare attenzione) to be distracted, let one's mind wander; (svagarsi) to amuse o enjoy o.s.; **dis'tratto, a** pp di **distrarre** ♦ ag absent-minded; (disattento) inattentive; **distrazi'one** sf absent-mindedness; inattention; (svago) distraction, entertainment

dis'tretto sm district

distribu'ire vt to distribute; (CARTE) to deal (out); (posta) to deliver; (lavoro) to allocate, assign; (ripartire) to share out; **distribu'tore** sm (di benzina) petrol (BRIT) o gas (US) pump; (AUT, ELETTR) distributor; (automatico) vending machine; **distribuzi'one** sf distribution; delivery

distri'care vt to disentangle, unravel

dis'truggere [dis'truddʒere] vt to destroy; **dis'trutto, a** pp di **distruggere**; **distruzi'one** sf destruction

distur'bare vt to disturb, trouble; (sonno, lezioni) to disturb, interrupt; **~rsi** vr to put o.s. out

dis'turbo sm trouble, bother, inconvenience; (indisposizione) (slight) disorder, ailment; **~i** smpl (RADIO, TV) static sg

disubbidi'ente ag disobedient; **disubbidi'enza** sf disobedience

disubbi'dire vi: ~ **(a qn)** to disobey (sb)

disugu'ale ag unequal; (diverso) different;

(*irregolare*) uneven

disu'mano, a *ag* inhuman

di'suso *sm*: **andare** *o* **cadere in ~** to fall into disuse

'dita *fpl di* **dito**

di'tale *sm* thimble

'dito (*pl(f)* **'dita**) *sm* finger; (*misura*) finger, finger's breadth; **~ (del piede)** toe

'ditta *sf* firm, business

ditta'tore *sm* dictator

ditta'tura *sf* dictatorship

dit'tongo, ghi *sm* diphthong

di'urno, a *ag* day *cpd*, daytime *cpd*

'diva *sf vedi* **divo**

diva'gare *vi* to digress

divam'pare *vi* to flare up, blaze up

di'vano *sm* sofa; divan

divari'care *vt* to open wide

di'vario *sm* difference

dive'nire *vi* = **diventare**

diven'tare *vi* to become; **~ famoso/ professore** to become famous/a teacher

dive'nuto, a *pp di* **divenire**

di'verbio *sm* altercation

di'vergere [di'vɛrdʒere] *vi* to diverge

diversifi'care *vt* to diversify, vary; to differentiate

diversi'one *sf* diversion

diversità *sf inv* difference, diversity; (*varietà*) variety

diver'sivo *sm* diversion, distraction

di'verso, a *ag* (*differente*): **~ (da)** different (from); **~i, e** *det pl* several, various; (COMM) sundry ♦ *pron pl* several (people), many (people)

diver'tente *ag* amusing

diverti'mento *sm* amusement, pleasure; (*passatempo*) pastime, recreation

diver'tire *vt* to amuse, entertain; **~rsi** *vr* to amuse *o* enjoy o.s.

divi'dendo *sm* dividend

di'videre *vt* (*anche* MAT) to divide; (*distribuire*, *ripartire*) to divide (up), split (up); **~rsi** *vr* (*separarsi*) to separate; (*strade*) to fork

divi'eto *sm* prohibition; **"~ di sosta"** (AUT) "no parking"

divinco'larsi *vr* to wriggle, writhe

divinità *sf inv* divinity

di'vino, a *ag* divine

di'visa *sf* (MIL *etc*) uniform; (COMM) foreign currency

divisi'one *sf* division

di'viso, a *pp di* **dividere**

'divo, a *sm/f* star

divo'rare *vt* to devour

divorzi'are [divor'tsjare] *vi*: **~ (da qn)** to divorce (sb); **divorzi'ato, a** *sm/f* divorcee

di'vorzio [di'vɔrtsjo] *sm* divorce

divul'gare *vt* to divulge, disclose; (*rendere comprensibile*) to popularize; **~rsi** *vr* to spread

dizio'nario [ditsjo'narjo] *sm* dictionary

dizi'one [dit'tsjone] *sf* diction; pronunciation

do *sm* (MUS) C; (: *solfeggiando*) do(h)

DOC [dɔk] *abbr* (= *denominazione di origine controllata*) *label guaranteeing the quality of wine*

'doccia, ce ['dottʃa] *sf* (*bagno*) shower; **fare la ~** to have a shower

do'cente [do'tʃɛnte] *ag* teaching ♦ *sm/f* teacher; (*di università*) lecturer

'docile ['dɔtʃile] *ag* docile

documen'tare *vt* to document; **~rsi** *vr*: **~rsi (su)** to gather information *o* material (about)

documen'tario *sm* documentary

docu'mento *sm* document; **~i** *smpl* (*d'identità etc*) papers

'dodici ['doditʃi] *num* twelve

do'gana *sf* (*ufficio*) customs *pl*; (*tassa*) (customs) duty; **passare la ~** to go through customs; **doga'nale** *ag* customs *cpd*; **dogani'ere** *sm* customs officer

'doglie ['dɔʎʎe] *sfpl* (MED) labour *sg*, labour pains

'dolce ['doltʃe] *ag* sweet; (*carattere*, *persona*) gentle, mild; (*fig*: *mite*: *clima*) mild; (*non ripido*: *pendio*) gentle ♦ *sm* (*sapore dolce*) sweetness, sweet taste; (CUC: *portata*) sweet, dessert; (: *torta*) cake; **dol'cezza** *sf* sweetness, softness; mildness; gentleness; **dolcifi'cante** *sm* sweetener; **dolci'umi**

smpl sweets

do'lente *ag* sorrowful, sad

do'lere *vi* to be sore, hurt, ache; **~rsi** *vr* to complain; (*essere spiacente*): **~rsi di** to be sorry for; **mi duole la testa** my head aches, I've got a headache

'dollaro *sm* dollar

'dolo *sm* (*DIR*) malice

Dolo'miti *sfpl*: **le ~** the Dolomites

do'lore *sm* (*fisico*) pain; (*morale*) sorrow, grief; dolo'roso, a *ag* painful; sorrowful, sad

do'loso, a *ag* (*DIR*) malicious

do'manda *sf* question; (*richiesta*) demand; (: *cortese*) request; (*DIR: richiesta scritta*) application; (*ECON*): **la ~** demand; **fare una ~ a qn** to ask sb a question; **fare ~ (per un lavoro)** to apply (for a job)

doman'dare *vt* (*per avere*) to ask for; (*per sapere*) to ask; (*esigere*) to demand; **~rsi** *vr* to wonder; to ask o.s.; **~ qc a qn** to ask sb for sth; to ask sb sth

do'mani *av* tomorrow ♦ *sm*: **il ~** (*il futuro*) the future; (*il giorno successivo*) the next day; **~ l'altro** the day after tomorrow

do'mare *vt* to tame

domat'tina *av* tomorrow morning

do'menica, che *sf* Sunday; **di** *o* **la ~** on Sundays; domeni'cale *ag* Sunday *cpd*

do'mestica, che *sf vedi* **domestico**

do'mestico, a, ci, che *ag* domestic ♦ *sm/f* servant, domestic

domi'cilio [domi'tʃiljo] *sm* (*DIR*) domicile, place of residence

domi'nare *vt* to dominate; (*fig: sentimenti*) to control, master ♦ *vi* to be in the dominant position; **~rsi** *vr* (*controllarsi*) to control o.s.; **~ su** (*fig*) to surpass, outclass; dominazi'one *sf* domination

do'minio *sm* dominion; (*fig: campo*) field, domain

do'nare *vt* to give, present; (*per beneficenza etc*) to donate ♦ *vi* (*fig*): **~ a** to suit, become; **~ sangue** to give blood; dona'tore, 'trice *sm/f* donor; **donatore di sangue/di organi** blood/organ donor

dondo'lare *vt* (*cullare*) to rock; **~rsi** *vr* to swing, sway; 'dondolo *sm*: **sedia/cavallo a dondolo** rocking chair/horse

'donna *sf* woman; **~ di casa** housewife; home-loving woman; **~ di servizio** maid

donnai'olo *sm* ladykiller

'donnola *sf* weasel

'dono *sm* gift

'doping *sm inv* drug abuse

'dopo *av* (*tempo*) afterwards; (: *più tardi*) later; (*luogo*) after, next ♦ *prep* after ♦ *cong* (*temporale*): **~ mangiato va a dormire** after having eaten *o* after a meal he goes for a sleep ♦ *ag inv*: **il giorno ~** the following day; **un anno ~** a year later; **~ di me/lui** after me/him

dopo'barba *sm inv* after-shave

dopodo'mani *av* the day after tomorrow

dopogu'erra *sm* postwar years *pl*

dopo'pranzo [dopo'prandzo] *av* after lunch (*o* dinner)

doposcì [dopoʃ'ʃi] *sm inv* après-ski outfit

doposcu'ola *sm inv* school club offering extra tuition and recreational facilities

dopo'sole *sm inv* aftersun (lotion) ♦ *ag inv* aftersun

dopo'tutto *av* (*tutto considerato*) after all

doppi'aggio [dop'pjaddʒo] *sm* (*CINEMA*) dubbing

doppi'are *vt* (*NAUT*) to round; (*SPORT*) to lap; (*CINEMA*) to dub

'doppio, a *ag* double; (*fig: falso*) double-dealing, deceitful ♦ *sm* (*quantità*): **il ~ (di)** twice as much (*o* many), double the amount (*o* number) of; (*SPORT*) doubles *pl* ♦ *av* double

doppi'one *sm* duplicate (copy)

doppio'petto *sm* double-breasted jacket

do'rare *vt* to gild; (*CUC*) to brown; do'rato, a *ag* golden; (*ricoperto d'oro*) gilt, gilded; dora'tura *sf* gilding

dormicchi'are [dormik'kjare] *vi* to doze

dormigli'one, a [dormiʎ'ʎone] *sm/f* sleepyhead

dor'mire *vt, vi* to sleep; **andare a ~** to go to bed; dor'mita *sf*: **farsi una dormita** to have a good sleep

dormi'torio *sm* dormitory

dormi'veglia [dormi'veʎʎa] sm drowsiness

dorso sm back; (di montagna) ridge, crest; (di libro) spine; a ~ di cavallo on horseback

do'sare vt to measure out; (MED) to dose

dose sf quantity, amount; (MED) dose

dosso sm (rilievo) rise; (di strada) bump; (dorso): levarsi di ~ i vestiti to take one's clothes off

do'tare vt: ~ di to provide o supply with; dotazi'one sf (insieme di beni) endowment; (di macchine etc) equipment

dote sf (di sposa) dowry; (assegnata a un ente) endowment; (fig) gift, talent

Dott. abbr (= dottore) Dr.

'dotto, a ag (colto) learned ♦ sm (sapiente) scholar; (ANAT) duct

dotto'rato sm degree; ~ di ricerca doctorate, doctor's degree

dot'tore, essa sm/f doctor

dot'trina sf doctrine

Dott.ssa abbr (= dottoressa) Dr.

'dove av (gen) where; (in cui) where, in which; (dovunque) wherever ♦ cong (mentre, laddove) whereas; ~ sei?/vai? where are you?/are you going?; dimmi dov'è tell me where it is; di ~ sei? where are you from?; per ~ si passa? which way should we go?; la città ~ abito the town where o in which I live; siediti ~ vuoi sit wherever you like

do'vere sm (obbligo) duty ♦ vt (essere debitore): ~ qc (a qn) to owe (sb) sth ♦ vi (seguito dall'infinito: obbligo) to have to; rivolgersi a chi di ~ to apply to the appropriate authority o person; lui deve farlo he has to do it, he must do it; è dovuto partire he had to leave; ha dovuto pagare he had to pay; (: intenzione): devo partire domani I'm (due) to leave tomorrow; (: probabilità): dev'essere tardi it must be late; come si deve (lavorare, comportarsi) properly; una persona come si deve a respectable person

dove'roso, a ag (right and) proper

do'vunque av (in qualunque luogo) wherever; (dappertutto) everywhere; ~ io

vada wherever I go

do'vuto, a ag (causato): ~ a due to

doz'zina [dod'dzina] sf dozen; una ~ di uova a dozen eggs

dozzi'nale [doddzi'nale] ag cheap, second-rate

dra'gare vt to dredge

'drago, ghi sm dragon

'dramma, i sm drama; dram'matico a, ci, che ag dramatic; drammatiz'zare vt to dramatize; dramma'turgo, ghi sm playwright, dramatist

drappeggi'are [draped'dʒare] vt to drape

drap'pello sm (MIL) squad; (gruppo) band, group

'drastico, a, ci, che ag drastic

dre'naggio [dre'naddʒo] sm drainage

dre'nare vt to drain

'dritto, a ag, av = diritto

driz'zare [drit'tsare] vt (far tornare dritto) to straighten; (innalzare: antenna, muro) to erect; ~rsi vr: ~rsi (in piedi) to stand up; ~ le orecchie to prick up one's ears

'droga, ghe sf (sostanza aromatica) spice; (stupefacente) drug; dro'gare vt to season, spice; to drug, dope; drogarsi vr to take drugs; dro'gato, a sm/f drug addict

droghe'ria [droge'ria] sf grocer's shop (BRIT), grocery (store) (US)

DS sigla mpl = Democratici di Sinistra

'dubbio, a ag (incerto) doubtful, dubious; (ambiguo) dubious ♦ sm (incertezza) doubt; avere il ~ che to be afraid that, suspect that; mettere in ~ qc to question sth; dubbi'oso, a ag doubtful, dubious

dubi'tare vi: ~ di to doubt; (risultato) to be doubtful of

Dub'lino sf Dublin

'duca, chi sm duke

du'chessa [du'kessa] sf duchess

'due num two

due'cento [due'tʃento] num two hundred

due'pezzi [due'pettsi] sm (costume da bagno) two-piece swimsuit; (abito femminile) two-piece suit

du'etto sm duet

'dunque cong (perciò) so, therefore; (riprendendo il discorso) well (then) ♦ sm inv: venire al ~ to come to the point
du'omo sm cathedral
'duplex sm inv (TEL) party line
dupli'cato sm duplicate
'duplice ['duplitʃe] ag double, twofold; in ~ copia in duplicate
du'rante prep during
du'rare vi to last; ~ fatica a to have difficulty in; du'rata sf length (of time); duration; dura'turo, a ag lasting
du'rezza [du'rettsa] sf hardness; stubbornness; harshness; toughness
'duro, a ag (pietra, lavoro, materasso, problema) hard; (persona: ostinato) stubborn, obstinate; (: severo) harsh, hard; (voce) harsh; (carne) tough ♦ sm hardness; (difficoltà) hard part; (persona) tough guy; tener ~ to stand firm, hold out; ~ d'orecchi hard of hearing
du'rone sm hard skin
DVD sigla m (= digital versatile (or) video disc) DVD

E, e

e (dav V spesso ed) cong and; ~ lui? what about him?; ~ compralo! well buy it then!
E. abbr (= est) E
è vb vedi essere
'ebano sm ebony
eb'bene cong well (then)
eb'brezza [eb'brettsa] sf intoxication
'ebbro, a ag drunk; ~ di (gioia etc) beside o.s. o wild with
'ebete ag stupid, idiotic
ebollizi'one [ebollit'tsjone] sf boiling; punto di ~ boiling point
e'braico, a, ci, che ag Hebrew, Hebraic ♦ sm (LING) Hebrew
e'breo, a ag Jewish ♦ sm/f Jew/Jewess
'Ebridi sfpl: le (isole) ~ the Hebrides
ecc av abbr (= eccetera) etc
ecce'denza [ettʃe'dentsa] sf excess, surplus
ec'cedere [et'tʃedere] vt to exceed ♦ vi to

go too far; ~ nel bere/mangiare to indulge in drink/food to excess
eccel'lente [ettʃel'lente] ag excellent; eccel'lenza sf excellence; (titolo) Excellency
ec'cellere [et'tʃellere] vi: ~ (in) to excel (at); ec'celso, a pp di eccellere
ec'centrico, a, ci, che [et'tʃentriko] ag eccentric
ecces'sivo, a [ettʃes'sivo] ag excessive
ec'cesso [et'tʃesso] sm excess; all'~ (gentile, generoso) to excess, excessively; ~ di velocità (AUT) speeding
ec'cetera [et'tʃetera] av et cetera, and so on
ec'cetto [et'tʃetto] prep except, with the exception of; ~ che except, other than; ~ che (non) unless
eccettu'are [ettʃettu'are] vt to except
eccezio'nale [ettʃettsjo'nale] ag exceptional
eccezi'one [ettʃet'tsjone] sf exception; (DIR) objection; a ~ di with the exception of, except for; d'~ exceptional
ec'cidio [et'tʃidio] sm massacre
ecci'tare [ettʃi'tare] vt (curiosità, interesse) to excite, arouse; (folla) to incite; ~rsi vr to get excited; (sessualmente) to become aroused; eccitazi'one sf excitement
'ecco av (per dimostrare): ~ il treno! here's o here comes the train!; (dav pron): ~mi! here I am!; ~ne uno! here's one (of them)!; (dav pp): ~ fatto! there, that's it done!
echeggi'are [eked'dʒare] vi to echo
e'clissi sf eclipse
'eco (pl(m) 'echi) sm o f echo
ecogra'fia (MED) scan
ecolo'gia [ekolo'dʒia] sf ecology
econo'mia sf economy; (scienza) economics sg; (risparmio: azione) saving; fare ~ to economize, make economies; eco'nomico, a, ci, che ag economic; (poco costoso) economical; econo'mista, i sm economist; economiz'zare vt, vi to save; e'conomo, a ag thrifty ♦ sm/f (INS) bursar
E'CU [e'ku] sm inv (= Unità monetaria europea) ECU n
ed cong vedi e
'edera sf ivy

e'dicola *sf* newspaper kiosk *o* stand (*US*)

edifi'care *vt* to build; (*fig: teoria, azienda*)
to establish; (*indurre al bene*) to edify

edi'ficio [edi'fitʃo] *sm* building

e'dile *ag* building *cpd*; edi'lizia *sf* building,
building trade; edi'lizio, a *ag* building
cpd

Edim'burgo *sf* Edinburgh

edi'tore, 'trice *ag* publishing *cpd* ♦ *sm/f*
publisher; (*curatore*) editor; edito'ria *sf*
publishing; editori'ale *ag* publishing *cpd*
♦ *sm* editorial, leader

edizi'one [edit'tsjone] *sf* edition; (*tiratura*)
printing

edu'care *vt* to educate; (*gusto, mente*) to
train; ~ qn a fare to train sb to do;
edu'cato, a *ag* polite, well-mannered;
educazi'one *sf* education; (*familiare*)
upbringing; (*comportamento*) (good)
manners *pl*; educazione fisica (*INS*)
physical training *o* education

effemi'nato, a *ag* effeminate

effet'tivo, a *ag* (*reale*) real, actual;
(*impiegato, professore*) permanent; (*MIL*)
regular ♦ *sm* (*MIL*) strength; (*di patrimonio
etc*) sum total

ef'fetto *sm* effect; (*COMM: cambiale*) bill;
(*fig: impressione*) impression; in ~i in fact,
actually; ~ serra greenhouse effect;
effettu'are *vt* to effect, carry out

effi'cace [effi'katʃe] *ag* effective

effici'ente [effi'tʃente] *ag* efficient;
effici'enza *sf* efficiency

ef'fimero, a *ag* ephemeral

E'geo [e'dʒɛo] *sm*: l'~, il mare ~ the Aegean
(Sea)

E'gitto [e'dʒitto] *sm*: l'~ Egypt

egizi'ano, a [edʒit'tsjano] *ag*, *sm/f*
Egyptian

'egli ['eʎʎi] *pron* he; ~ stesso he himself

ego'ismo *sm* selfishness, egoism;
ego'ista, i, e *ag* selfish, egoistic ♦ *sm/f*
egoist

egr. *abbr* = egregio

e'gregio, a, gi, gie [e'grɛdʒo] *ag* (*nelle
lettere*): E~ Signore Dear Sir

eguagli'anza *etc* [egwaʎ'ʎantsa]

= uguaglianza *etc*

E.I. *abbr* = Esercito Italiano

elabo'rare *vt* (*progetto*) to work out,
elaborate; (*dati*) to process; elabora'tore
sm (*INFORM*): elaboratore elettronico
computer; elaborazi'one *sf* elaboration;
elaborazione dei dati data processing

elasticiz'zato, a [elastitʃid'dzato] *ag*
stretch *cpd*

e'lastico, a, ci, che *ag* elastic; (*fig:
andatura*) springy; (*: decisione, vedute*)
flexible ♦ *sm* (*di gomma*) rubber band; (*per
il cucito*) elastic *no pl*

ele'fante *sm* elephant

ele'gante *ag* elegant

e'leggere [e'lɛddʒere] *vt* to elect

elemen'tare *ag* elementary; le (scuole) ~i
sfpl primary (*BRIT*) *o* grade (*US*) school

ele'mento *sm* element; (*parte componente*)
element, component, part; ~i *smpl* (*della
scienza etc*) elements, rudiments

ele'mosina *sf* charity, alms *pl*; chiedere
l'~ to beg

elen'care *vt* to list

e'lenco, chi *sm* list; ~ telefonico
telephone directory

e'letto, a *pp di* eleggere ♦ *sm/f*
(*nominato*) elected member; eletto'rale
ag electoral, election *cpd*; eletto'rato *sm*
electorate; elet'tore, 'trice *sm/f* voter,
elector

elet'trauto *sm inv* workshop for car
electrical repairs; (*tecnico*) car electrician

elettri'cista, i [elettri'tʃista] *sm* electrician

elettricità [elettritʃi'ta] *sf* electricity

e'lettrico, a, ci, che *ag* electric(al)

elettriz'zare [elettrid'dzare] *vt* to electrify

e'lettro... *prefisso*: elettrocar'dio'gramma, i *sm* electrocardiogram;
elettrodo'mestico, a, ci, che *ag*:
apparecchi elettrodomestici domestic
(electrical) appliances; elet'trone *sm*
electron; elet'tronica *sf* electronics
sg; elet'tronico, a, ci, che *ag*
electronic

ele'vare *vt* to raise; (*edificio*) to erect;
(*multa*) to impose

elezi'one [elet'tsjone] *sf* election; **~i** *sfpl* (*POL*) election(s)

'elica, che *sf* propeller

eli'cottero *sm* helicopter

elimi'nare *vt* to eliminate; **elimina'toria** *sf* eliminating round

'elio *sm* helium

elisoc'corso *sm* helicopter ambulance

'ella *pron* she; (*forma di cortesia*) you; **~ stessa** she herself; you yourself

el'metto *sm* helmet

e'logio [e'lɔdʒo] *sm* (*discorso, scritto*) eulogy; (*lode*) praise (*di solito no pl*)

elo'quente *ag* eloquent

e'ludere *vt* to evade; **elu'sivo, a** *ag* evasive

e-mail *sf inv* e-mail

ema'nare *vt* to send out, give off; (*fig: leggi, decreti*) to issue ♦ *vi*: **~ da** to come from

emanci'pare *vt* to emancipate; **~rsi** *vr* (*fig*) to become liberated *o* emancipated

embri'one *sm* embryo

emenda'mento *sm* amendment

emen'dare *vt* to amend

emer'genza [emer'dʒɛntsa] *sf* emergency; **in caso di ~** in an emergency

e'mergere [e'mɛrdʒere] *vi* to emerge; (*sommergibile*) to surface; (*fig: distinguersi*) to stand out; **e'merso, a** *pp di* **emergere**

e'messo, a *pp di* **emettere**

e'mettere *vt* (*suono, luce*) to give out, emit; (*onde radio*) to send out; (*assegno, francobollo, ordine*) to issue

emi'crania *sf* migraine

emi'grare *vi* to emigrate; **emigrazi'one** *sf* emigration

emi'nente *ag* eminent, distinguished

emis'fero *sm* hemisphere; **~ boreale/ australe** northern/southern hemisphere

emissi'one *sf* (*vedi emettere*) emission; sending out; issue; (*RADIO*) broadcast

emit'tente *ag* (*banca*) issuing; (*RADIO*) broadcasting, transmitting ♦ *sf* (*RADIO*) transmitter

emorra'gia, 'gie [emorra'dʒia] *sf* haemorrhage

emor'roidi *sfpl* haemorrhoids *pl* (*BRIT*), hemorrhoids *pl* (*US*)

emo'tivo, a *ag* emotional

emozio'nante [emottsjo'nante] *ag* exciting, thrilling

emozio'nare [emottsjo'nare] *vt* (*appassionare*) to thrill, excite; (*commuovere*) to move; (*innervosire*) to upset; **~rsi** *vr* to be excited; to be moved; to be upset

emozi'one [emot'tsjone] *sf* emotion; (*agitazione*) excitement

'empio, a *ag* (*sacrilego*) impious; (*spietato*) cruel, pitiless; (*malvagio*) wicked, evil

emulsi'one *sf* emulsion

enciclope'dia [entʃiklope'dia] *sf* encyclopaedia

endove'noso, a *ag* (*MED*) intravenous

ENEL ['enel] *sigla m* (= *Ente Nazionale per l'Energia Elettrica*) *national electricity company*

ener'gia, 'gie [ener'dʒia] *sf* (*FISICA*) energy; (*fig*) energy, strength, vigour; **~ eolica** wind power; **~ solare** solar energy, solar power; **e'nergico, a, ci, che** *ag* energetic, vigorous

'enfasi *sf* emphasis; (*peg*) bombast, pomposity; **en'fatico, a, ci, che** *ag* emphatic; pompous

en'nesimo, a *ag* (*MAT, fig*) nth; **per l'~a volta** for the umpteenth time

e'norme *ag* enormous, huge; **enormità** *sf inv* enormity, huge size; (*assurdità*) absurdity; **non dire enormità!** don't talk nonsense!

'ente *sm* (*istituzione*) body, board, corporation; (*FILOSOFIA*) being

en'trambi, e *pron pl* both (of them) ♦ *ag pl*: **~ i ragazzi** both boys, both of the boys

en'trare *vi* to go (*o* come) in; **~** (*in luogo*) to enter, go (*o* come) into; (*trovar posto, poter stare*) to fit into; (*essere ammesso a: club etc*) to join, become a member of; **~ in automobile** to get into the car; **far ~ qn** (*visitatore etc*) to show sb in; **questo non c'entra** (*fig*) that's got nothing to do with it; **en'trata** *sf* entrance, entry; **entrate** *sfpl* (*COMM*) receipts, takings; (*ECON*) income *sg* 'entro prep (temporale) within

entusias'mare vt to excite, fill with enthusiasm; ~rsi (per qc/qn) to become enthusiastic (about sth/sb); entusi'asmo sm enthusiasm; entusi'asta, i, e ag enthusiastic ♦ sm/f enthusiast; entusi'astico, a, ci, che ag enthusiastic

enunci'are [enun'tʃare] vt (teoria) to set out

epa'tite sf hepatitis

'epico, a, ci, che ag epic

epide'mia sf epidemic

epi'dermide sf skin, epidermis

Epifa'nia sf Epiphany

epiles'sia sf epilepsy

e'pilogo, ghi sm conclusion

epi'sodio sm episode

e'piteto sm epithet

'epoca, che sf (periodo storico) age, era; (tempo) time; (GEO) age

ep'pure cong and yet, nevertheless

equa'tore sm equator

equazi'one [ekwat'tsjone] sf (MAT) equation

e'questre ag equestrian

equi'latero, a ag equilateral

equili'brare vt to balance; equi'librio sm balance, equilibrium; perdere l'~ to lose one's balance

e'quino, a ag horse cpd, equine

equipaggi'are [ekwipad'dʒare] vt (di persone) to man; (di mezzi) to equip; equi'paggio sm crew

equipa'rare vt to make equal

equità sf equity, fairness

equitazi'one [ekwitat'tsjone] sf (horse-)riding

equiva'lente ag, sm equivalent; equiva'lenza sf equivalence

equivo'care vi to misunderstand; e'quivoco, a, ci, che ag equivocal, ambiguous; (sospetto) dubious ♦ sm misunderstanding; a scanso di equivoci to avoid any misunderstanding; giocare sull'equivoco to equivocate

'equo, a ag fair, just

'era sf era

'erba sf grass; (aromatica, medicinale) herb;

in ~ (fig) budding; er'baccia, ce sf weed

e'rede sm/f heir; eredità sf (DIR) inheritance; (BIOL) heredity; lasciare qc in eredità a qn to leave o bequeath sth to sb; eredi'tare vt to inherit; eredi'tario, a ag hereditary

ere'mita, i sm hermit

ere'sia sf heresy; e'retico, a, ci, che ag heretical ♦ sm/f heretic

e'retto, a pp di erigere ♦ ag erect, upright; erezi'one sf (FISIOL) erection

er'gastolo sm (DIR: pena) life imprisonment

'erica sf heather

e'rigere [e'ridʒere] vt to erect, raise; (fig: fondare) to found

ERM sigla (= Meccanismo dei tassi di cambio) ERM n

ermel'lino sm ermine

er'metico, a, ci, che ag hermetic

'ernia sf (MED) hernia

e'roe sm hero

ero'gare vt (somme) to distribute; (gas, servizi) to supply

e'roico, a, ci, che ag heroic

ero'ina sf heroine; (droga) heroin

ero'ismo sm heroism

erosi'one sf erosion

e'rotico, a, ci, che ag erotic

er'rare vi (vagare) to wander, roam; (sbagliare) to be mistaken

er'rore sm error, mistake; (morale) error; per ~ by mistake

'erta sf steep slope; stare all'~ to be on the alert

erut'tare vt (sog: vulcano) to throw out, belch

eruzi'one [erut'tsjone] sf eruption

esacer'bare [ezatʃer'bare] vt to exacerbate

esage'rare [ezadʒe'rare] vt to exaggerate ♦ vi to exaggerate; (eccedere) to go too far; esagerazi'one sf exaggeration

e'sagono sm hexagon

esal'tare vt to exalt; (entusiasmare) to excite, stir; esal'tato, a sm/f fanatic

e'same sm examination; (INS) exam, examination; fare o dare un ~ to sit o take an exam; **~ del sangue** blood test

esami'nare *vt* to examine

e'sanime *ag* lifeless

esaspe'rare *vt* to exasperate; to exacerbate; **~rsi** *vr* to become annoyed *o* exasperated; **esasperazi'one** *sf* exasperation

esatta'mente *av* exactly; accurately, precisely

esat'tezza [ezat'tettsa] *sf* exactitude, accuracy, precision

e'satto, a *pp di* **esigere** ♦ *ag* (*calcolo, ora*) correct, right, exact; (*preciso*) accurate, precise; (*puntuale*) punctual

esat'tore *sm* (*di imposte etc*) collector

esau'dire *vt* to grant, fulfil

esauri'ente *ag* exhaustive

esauri'mento *sm* exhaustion; **~ nervoso** nervous breakdown

esau'rire *vt* (*stancare*) to exhaust, wear out; (*provviste, miniera*) to exhaust; **~rsi** *vr* to exhaust o.s., wear o.s. out; (*provviste*) to run out; **esau'rito, a** *ag* exhausted; (*merci*) sold out; **registrare il tutto esaurito** (*TEATRO*) to have a full house; **e'sausto, a** *ag* exhausted

'esca (*pl* **'esche**) *sf* bait

escande'scenza [eskandef'fentsa] *sf*: **dare in ~e** to lose one's temper, fly into a rage

'esce *etc* ['eʃe] *vb vedi* **uscire**

eschi'mese [eski'mese] *ag, sm/f* Eskimo

escla'mare *vi* to exclaim, cry out; **esclamazi'one** *sf* exclamation

es'cludere *vt* to exclude

esclu'siva *sf* (*DIR, COMM*) exclusive *o* sole rights *pl*

esclu'sivo, a *ag* exclusive

es'cluso, a *pp di* **escludere**

'esco *etc vb vedi* **uscire**

escogi'tare [eskodʒi'tare] *vt* to devise, think up

escursi'one *sf* (*gita*) excursion, trip; (: *a piedi*) hike, walk; (*METEOR*) range

ese'crare *vt* to loathe, abhor

esecu'tivo, a *ag, sm* executive

esecu'tore, 'trice *sm/f* (*MUS*) performer; (*DIR*) executor

esecuzi'one [ezekut'tsjone] *sf* execution, carrying out; (*MUS*) performance; **~ capitale** execution

esegu'ire *vt* to carry out, execute; (*MUS*) to perform, execute

e'sempio *sm* example; **per ~** for example, for instance; **fare un ~** to give an example; **esem'plare** *ag* exemplary ♦ *sm* example; (*copia*) copy; **esemplifi'care** *vt* to exemplify

esen'tare *vt*: **~ qn/qc da** to exempt sb/sth from

e'sente *ag*: **~ da** (*dispensato da*) exempt from; (*privo di*) free from; **esenzi'one** *sf* exemption

e'sequie *sfpl* funeral rites; funeral service *sg*

eser'cente [ezer'tʃɛnte] *sm/f* trader, dealer; shopkeeper

eserci'tare [ezertʃi'tare] *vt* (*professione*) to practise (*BRIT*), practice (*US*); (*allenare: corpo, mente*) to exercise, train; (*diritto*) to exercise; (*influenza, pressione*) to exert; **~rsi** *vr* to practise; **~rsi alla lotta** to practise fighting; **esercitazi'one** *sf* (*scolastica, militare*) exercise

e'sercito [e'zertʃito] *sm* army

eser'cizio [ezer'tʃittsjo] *sm* practice; exercising; (*fisico, di matematica*) exercise; (*ECON*) financial year; (*azienda*) business, concern; **in ~** (*medico etc*) practising

esi'bire *vt* to exhibit, display; (*documenti*) to produce, present; **~rsi** *vr* (*attore*) to perform; (*fig*) to show off; **esibizi'one** *sf* exhibition; (*di documento*) presentation; (*spettacolo*) show, performance

esi'gente [ezi'dʒente] *ag* demanding; **esi'genza** *sf* demand, requirement

e'sigere [e'zidʒere] *vt* (*pretendere*) to demand; (*richiedere*) to demand, require; (*imposte*) to collect

esi'guo, a *ag* small, slight

e'sile *ag* (*persona*) slender, slim; (*stelo*) thin; (*voce*) faint

esili'are *vt* to exile; **e'silio** *sm* exile

e'simere *vt*: **~ qn/qc da** to exempt sb/sth from; **~rsi** *vr*: **~rsi da** to get out of

esis'tenza [ezis'tɛntsa] *sf* existence
e'sistere *vi* to exist
esis'tito, a *pp di* esistere
esi'tare *vi* to hesitate; esitazi'one *sf* hesitation
'esito *sm* result, outcome
'esodo *sm* exodus
esone'rare *vt* to exempt
e'sordio *sm* début
esor'tare *vt*: ~ qn a fare to urge sb to do
e'sotico, a, ci, che *ag* exotic
es'pandere *vt* to expand; (*confini*) to extend; (*influenza*) to extend, spread; ~rsi *vr* to expand; espansi'one *sf* expansion; espan'sivo, a *ag* expansive, communicative
espatri'are *vi* to leave one's country
espedi'ente *sm* expedient
es'pellere *vt* to expel
esperi'enza [espe'rjɛntsa] *sf* experience
esperi'mento *sm* experiment
es'perto, a *ag, sm* expert
espi'are *vt* to atone for
espi'rare *vt, vi* to breathe out
espli'care *vt* (*attività*) to carry out, perform
es'plicito, a [es'plitʃito] *ag* explicit
es'plodere *vi* (*anche fig*) to explode ♦ *vt* to fire
esplo'rare *vt* to explore; esplora'tore *sm* explorer; giovane esploratore (boy) scout
esplosi'one *sf* explosion; esplo'sivo, a *ag, sm* explosive; es'ploso, a *pp di* esplodere
espo'nente *sm/f* (*rappresentante*) representative
es'porre *vt* (*merci*) to display; (*quadro*) to exhibit, show; (*fatti, idee*) to explain, set out; (*porre in pericolo, FOT*) to expose
espor'tare *vt* to export; esportazi'one *sf* exportation; export
esposizi'one [espozit'tsjone] *sf* displaying; exhibiting; setting out; (*anche FOT*) exposure; (*mostra*) exhibition; (*narrazione*) explanation, exposition
es'posto, a *pp di* esporre ♦ *ag*: ~ a nord

facing north ♦ *sm* (*AMM*) statement, account; (: *petizione*) petition
espressi'one *sf* expression
espres'sivo, a *ag* expressive
es'presso, a *pp di* esprimere ♦ *ag* express ♦ *sm* (*lettera*) express letter; (*anche*: **treno ~**) express train; (*anche*: **caffè ~**) espresso
es'primere *vt* to express
espulsi'one *sf* expulsion; es'pulso, a *pp di* espellere
'essa (*pl* 'esse) *pron f vedi* esso
es'senza [es'sɛntsa] *sf* essence; essenzi'ale *ag* essential; l'essenziale the main *o* most important thing

---

PAROLA CHIAVE

'essere *sm* being; ~ umano human being
♦ *vb copulativo* 1 (*con attributo, sostantivo*) to be; sei giovane/simpatico you are *o* you're young/nice; è medico he is *o* he's a doctor
2 (+*di: appartenere*) to be; di chi è la penna? whose pen is it?; è di Carla it is *o* it's Carla's, it belongs to Carla
3 (+*di: provenire*) to be; è di Venezia he is *o* he's from Venice
4 (*data, ora*): è il 15 agosto/lunedì it is *o* it's the 15th of August/Monday; che ora è?, che ore sono? what time is it?; è l'una it is *o* it's one o'clock; sono le due it is *o* it's two o'clock
5 (*costare*): quant'è? how much is it?; sono 20.000 lire it's 20,000 lire
♦ *vb aus* 1 (*attivo*): ~ arrivato/venuto to have arrived/come; è gia partita she has already left
2 (*passivo*) to be; ~ fatto da to be made by; è stata uccisa she has been killed
3 (*riflessivo*): si sono lavati they washed, they got washed
4 (+*da* +*infinito*): è da farsi subito it must be *o* is to be done immediately
♦ *vi* 1 (*esistere, trovarsi*) to be; sono a casa I'm at home; ~ in piedi/seduto to be standing/sitting
2: esserci: c'è there is; ci sono there are;

che c'è? what's the matter?, what is it?; **ci sono!** (fig: ho capito) I get it!; vedi anche **ci** ♦ vb impers: **è tardi/Pasqua** it's late/ Easter; **è possibile che venga** he may come; **è così** that's the way it is

'**esso, a** pron it; (riferito a persona: soggetto) he/she; (: complemento) him/her; **~i, e** pron pl they; (complemento) them
est sm east
'**estasi** sf ecstasy
es'tate sf summer
es'tendere vt to extend; **~rsi** vr (diffondersi) to spread; (territorio, confini) to extend; **estensi'one** sf extension; (di superficie) expanse; (di voce) range
esteri'ore ag outward, external
ester'nare vt to express
es'terno, a ag (porta, muro) outer, outside; (scala) outside; (alunno, impressione) external ♦ sm outside, exterior ♦ sm/f (allievo) day pupil; **per uso ~** for external use only
estero, a ag foreign ♦ sm: **all'~** abroad
es'teso, a pp di **estendere** ♦ ag extensive, large; **scrivere per ~** to write in full
es'tetico, a, ci, che ag aesthetic ♦ sf (disciplina) aesthetics sg; (bellezza) attractiveness; **este'tista, i, e** sm/f beautician
'**estimo** sm valuation; (disciplina) surveying
es'tinguere vt to extinguish, put out; (debito) to pay off; **~rsi** vr to go out; (specie) to become extinct; **es'tinto, a** pp di **estinguere**; **estin'tore** sm (fire) extinguisher; **estinzi'one** sf putting out; (di specie) extinction
estir'pare vt (pianta) to uproot, pull up; (fig: vizio) to eradicate
es'tivo, a ag summer cpd
es'torcere [es'tɔrtʃere] vt: **~ qc (a qn)** to extort sth (from sb); **es'torto, a** pp di **estorcere**
estradizi'one [estradit'tsjone] sf extradition
es'traneo, a ag foreign ♦ sm/f stranger; **rimanere ~ a qc** to take no part in sth
es'trarre vt to extract; (minerali) to mine; (sorteggiare) to draw; **es'tratto, a** pp di **estrarre** ♦ sm extract; (di documento)

abstract; **estratto conto** statement of account; **estratto di carne** (CUC) meat extract; **estratto di nascita** birth certificate; **estrazi'one** sf extraction; mining; drawing no pl; draw
estremità sf inv extremity, end ♦ sfpl (ANAT) extremities
es'tremo, a ag extreme; (ultimo: ora, tentativo) final, last ♦ sm extreme; (di pazienza, forze) limit, end; **~i** smpl (AMM: dati essenziali) details, particulars; **l'~ Oriente** the Far East
'**estro** sm (capriccio) whim, fancy; (ispirazione creativa) inspiration; **es'troso, a** ag whimsical, capricious; inspired
estro'verso, a ag, sm extrovert
'**esule** sm/f exile
età sf inv age; **all'~ di 8 anni** at the age of 8, at 8 years of age; **ha la mia ~** he (o she) is the same age as me o as I am; **raggiungere la maggiore ~** to come of age; **essere in ~ minore** to be under age
'**etere** sm ether; **e'tereo, a** ag ethereal
eternità sf eternity
e'terno, a ag eternal
etero'geneo, a [etero'dʒɛneo] ag heterogeneous
'**etica** sf ethics sg; vedi anche **etico**
eti'chetta [eti'ketta] sf label; (cerimoniale): **l'~** etiquette
'**etico, a, ci, che** ag ethical
etimolo'gia, 'gie [etimolo'dʒia] sf etymology
Eti'opia sf: **l'~** Ethiopia
'**Etna** sm: **l'~** Etna
'**etnico, a, ci, che** ag ethnic
e'trusco, a, schi, sche ag, sm/f Etruscan
'**ettaro** sm hectare (= 10,000 m²)
'**etto** sm abbr = **ettogrammo**
etto'grammo sm hectogram(me) (= 100 grams)
Eucaris'tia sf: **l'~** the Eucharist
'**euro** sm inv (divisa) euro
eurocity [euro'siti] sm international express train
Euro'landia sf Euroland

train

Eu'ropa *sf*: **l'~** Europe; **euro'peo, a** *ag*, *sm/f* European

evacu'are *vt* to evacuate

e'vadere *vi* (*fuggire*): **~ da** to escape from ♦ *vt* (*sbrigare*) to deal with, dispatch; (*tasse*) to evade

evan'gelico, a, ci, che [evan'dʒɛliko] *ag* evangelical

evapo'rare *vi* to evaporate; **evaporazi'one** *sf* evaporation

evasi'one *sf* (*vedi* **evadere**) escape; dispatch; **~ fiscale** tax evasion

eva'sivo, a *ag* evasive

e'vaso, a *pp di* **evadere** ♦ *sm* escapee

eveni'enza [eve'njentsa] *sf*: **pronto(a) per ogni ~** ready for any eventuality

e'vento *sm* event

eventu'ale *ag* possible

eventual'mente *av* if necessary

evi'dente *ag* evident, obvious; **evi'denza** *sf* obviousness; **mettere in evidenza** to point out, highlight; **evidenzi'are** *vt* to emphasize; (*con evidenziatore*) to highlight; **evidenzia'tore** *sm* highlighter

evi'tare *vt* to avoid; **~ di fare** to avoid doing; **~ qc a qn** to spare sb sth

'evo *sm* age, epoch

evo'care *vt* to evoke

evo'luto, a *pp di* **evolvere** ♦ *ag* (*civiltà*) (highly) developed, advanced; (*persona*) independent

evoluzi'one [evolut'tsjone] *sf* evolution

e'volversi *vr* to evolve

ev'viva *escl* hurrah!; **~ il re!** long live the king!, hurrah for the king!

ex *prefisso* ex, former

'extra *ag inv* first-rate; top-quality ♦ *sm inv* extra; **extracomuni'tario, a** *ag* from outside the EC ♦ *sm/f* non-EC citizen; **extraconiu'gale** *ag* extramarital

F, f

fa *vb vedi* **fare** ♦ *sm inv* (*MUS*) F; (: *solfeggiando la scala*) fa ♦ *av*: **10 anni ~** 10 years ago

fabbi'sogno [fabbi'zoɲɲo] *sm* needs *pl*, requirements *pl*

'fabbrica *sf* factory; **fabbri'cante** *sm* manufacturer, maker; **fabbri'care** *vt* to build; (*produrre*) to manufacture, make; (*fig*) to fabricate, invent

'fabbro *sm* (black)smith

fac'cenda [fat'tʃɛnda] *sf* matter, affair; (*cosa da fare*) task, chore

fac'chino [fak'kino] *sm* porter

'faccia, ce ['fattʃa] *sf* face; (*di moneta, medaglia*) side; **~ a ~** face to face

facci'ata [fat'tʃata] *sf* façade; (*di pagina*) side

'faccio ['fattʃo] *vb vedi* **fare**

'facile ['fatʃile] *ag* easy; (*disposto*): **~ a** inclined to, prone to; (*probabile*): **è ~ che piova** it's likely to rain; **facilità** *sf* easiness; (*disposizione, dono*) aptitude; **facili'tare** *vt* to make easier

facino'roso, a [fatʃino'roso] *ag* violent

facoltà *sf inv* faculty; (*autorità*) power

facolta'tivo, a *ag* optional; (*fermata d'autobus*) request *cpd*

fac'simile *sm* facsimile

'faggio ['faddʒo] *sm* beech

fagi'ano [fa'dʒano] *sm* pheasant

fagio'lino [fadʒo'lino] *sm* French (*BRIT*) o string bean

fagi'olo [fa'dʒolo] *sm* bean

fa'gotto *sm* bundle; (*MUS*) bassoon; **far ~** (*fig*) to pack up and go

'fai *vb vedi* **fare**

'falce ['faltʃe] *sf* scythe; **falci'are** *vt* to cut; (*fig*) to mow down

'falco, chi *sm* hawk

fal'cone *sm* falcon

'falda *sf* layer, stratum; (*di cappello*) brim; (*di cappotto*) tails *pl*; (*di monte*) lower slope; (*di tetto*) pitch

fale'gname [falen'name] *sm* joiner

fal'lace [fal'latʃe] *ag* misleading

falli'mento *sm* failure; bankruptcy

fal'lire *vi* (*non riuscire*): ~ **(in)** to fail (in); (*DIR*) to go bankrupt ♦ *vt* (*colpo, bersaglio*) to miss; **fal'lito, a** *ag* unsuccessful; bankrupt ♦ *sm/f* bankrupt

'fallo *sm* error, mistake; (*imperfezione*) defect, flaw; (*SPORT*) foul; fault; **senza ~** without fail

falò *sm inv* bonfire

fal'sare *vt* to distort, misrepresent; **fal'sario** *sm* forger; counterfeiter; **falsifi'care** *vt* to forge; (*monete*) to forge, counterfeit

'falso, a *ag* false; (*errato*) wrong; (*falsificato*) forged; fake; (*: oro, gioielli*) imitation *cpd* ♦ *sm* forgery; **giurare il ~** to commit perjury

'fama *sf* fame; (*reputazione*) reputation, name

'fame *sf* hunger; **aver ~** to be hungry; **fa'melico, a, ci, che** *ag* ravenous

fa'miglia [fa'miʎʎa] *sf* family

famili'are *ag* (*della famiglia*) family *cpd*; (*ben noto*) familiar; (*rapporti, atmosfera*) friendly; (*LING*) informal, colloquial ♦ *sm/f* relative, relation; **familiarità** *sf* familiarity; friendliness; informality

fa'moso, a *ag* famous, well-known

fa'nale *sm* (*AUT*) light, lamp (*BRIT*); (*luce stradale, NAUT*) light; (*di faro*) beacon

fa'natico, a, ci, che *ag* fanatical; (*del teatro, calcio etc*): ~ **di** *o* **per** mad *o* crazy about ♦ *sm/f* fanatic; (*tifoso*) fan

fanci'ullo, a [fan'tʃullo] *sm/f* child

fan'donia *sf* tall story; ~**e** *sfpl* (*assurdità*) nonsense *sg*

fan'fara *sf* (*musica*) fanfare

'fango, ghi *sm* mud; **fan'goso, a** *ag* muddy

'fanno *vb vedi* **fare**

fannul'lone, a *sm/f* idler, loafer

fantasci'enza [fantaʃ'ʃɛntsa] *sf* science fiction

fanta'sia *sf* fantasy, imagination; (*capriccio*) whim, caprice ♦ *ag inv*: **vestito ~** patterned dress

fan'tasma, i *sm* ghost, phantom

fan'tastico, a, ci, che *ag* fantastic; (*potenza, ingegno*) imaginative

'fante *sm* infantryman; (*CARTE*) jack, knave (*BRIT*); **fante'ria** *sf* infantry

fan'toccio [fan'tɔttʃo] *sm* puppet

fara'butto *sm* crook

fard *sm inv* blusher

far'dello *sm* bundle; (*fig*) burden

PAROLA CHIAVE

'fare *sm* 1 (*modo di fare*): **con ~ distratto** absent-mindedly; **ha un ~ simpatico** he has a pleasant manner
2 (*effettuare: lavoro*): **sul far del giorno/della notte** at daybreak/nightfall
♦ *vt* 1 (*fabbricare, creare*) to make; (*: casa*) to build; (*: assegno*) to make out; ~ **un pasto/una promessa/un film** to make a meal/a promise/a film; ~ **rumore** to make a noise
2 (*effettuare: lavoro, attività, studi*) to do; (*: sport*) to play; **cosa fa?** (*adesso*) what are you doing?; (*di professione*) what do you do?; ~ **psicologia/italiano** (*INS*) to do psychology/Italian; ~ **un viaggio** to go on a trip *o* journey; ~ **una passeggiata** to go for a walk; ~ **la spesa** to do the shopping
3 (*funzione*) to be; (*TEATRO*) to play, be; ~ **il medico** to be a doctor; ~ **il malato** (*fingere*) to act the invalid
4 (*suscitare: sentimenti*): ~ **paura a qn** to frighten sb; **(non) fa niente** (*non importa*) it doesn't matter
5 (*ammontare*): **3 più 3 fa 6** 3 and 3 are *o* make 6; **fanno 6.000 lire** that's 6,000 lire; **Roma fa 2.000.000 di abitanti** Rome has 2,000,000 inhabitants; **che ora fai?** what time do you make it?
6 (+*infinito*): **far ~ qc a qn** (*obbligare*) to make sb do sth; (*permettere*) to let sb do sth; **fammi vedere** let me see; **far partire il motore** to start (up) the engine; **far riparare la macchina/costruire una casa** to get *o* have the car repaired/a house built
7: ~**rsi**: ~**rsi una gonna** to make o.s. a

skirt; **~rsi un nome** to make a name for o.s.; **~rsi la permanente** to get a perm; **~rsi tagliare i capelli** to get one's hair cut; **~rsi operare** to have an operation 8 (*fraseologia*): **farcela** to succeed, manage; **non ce la faccio più** I can't go on; **ce la faremo** we'll make it; **me l'hanno fatta!** (*imbrogliare*) I've been done!; **lo facevo più giovane** I thought he was younger; **fare sì/no con la testa** to nod/shake one's head
♦ *vi* 1 (*agire*) to act, do; **fate come volete** do as you like; **~ presto** to be quick; **~ da** to act as; **non c'è niente da ~** it's no use; **saperci ~ con qn/qc** to know how to deal with sb/sth; **faccia pure!** go ahead! 2 (*dire*) to say; **"davvero?" fece** "really?" he said 3: **~ per** (*essere adatto*) to be suitable for; **~ per ~ qc** to be about to do sth; **fece per andarsene** he made as if to leave 4: **~rsi: si fa così** you do it like this, this is the way it's done; **non si fa così!** (*rimprovero*) that's no way to behave!; **la festa non si fa** the party is off 5: **~ a gara con qn** to compete *o* vie with sb; **~ a pugni** to come to blows; **~ in tempo a ~** to be in time to do
♦ *vb impers*: **fa bel tempo** the weather is fine; **fa caldo/freddo** it's hot/cold; **fa notte** it's getting dark
♦ *vr*: **~rsi** 1 (*diventare*) to become; **~rsi prete** to become a priest; **~rsi grande/vecchio** to grow tall/old 2 (*spostarsi*): **~rsi avanti/indietro** to move forward/back 3 (*fam: drogarsi*) to be a junkie

---

far'falla *sf* butterfly
fa'rina *sf* flour
farma'cia, **'cie** [farma'tʃia] *sf* pharmacy; (*negozio*) chemist's (shop) (*BRIT*), pharmacy; **farma'cista**, **i**, **e** *sm/f* chemist (*BRIT*), pharmacist
'farmaco, **ci** *o* **chi** *sm* drug, medicine
'faro *sm* (*NAUT*) lighthouse; (*AER*) beacon; (*AUT*) headlight

'farsa *sf* farce
'fascia, **sce** ['faʃʃa] *sf* band, strip; (*MED*) bandage; (*di sindaco, ufficiale*) sash; (*parte di territorio*) strip, belt; (*di contribuenti etc*) group, band; **essere in ~sce** (*anche fig*) to be in one's infancy; **~ oraria** time band
fasci'are [faʃ'ʃare] *vt* to bind; (*MED*) to bandage
fa'scicolo [faʃ'ʃikolo] *sm* (*di documenti*) file, dossier; (*di rivista*) issue, number; (*opuscolo*) booklet, pamphlet
'fascino ['faʃʃino] *sm* charm, fascination
'fascio ['faʃʃo] *sm* bundle, sheaf; (*di fiori*) bunch; (*di luce*) beam; (*POL*): **il F~** the Fascist Party
fa'scismo [faʃ'ʃizmo] *sm* fascism
'fase *sf* phase; (*TECN*) stroke; **fuori ~** (*motore*) rough
fas'tidio *sm* bother, trouble; **dare ~ a qn** to bother *o* annoy sb; **sento ~ allo stomaco** my stomach's upset; **avere ~i con la polizia** to have trouble *o* bother with the police; **fastidi'oso, a** *ag* annoying, tiresome
'fasto *sm* pomp, splendour
'fata *sf* fairy
fa'tale *ag* fatal; (*inevitabile*) inevitable; (*fig*) irresistible; **fatalità** *sf inv* inevitability; (*avversità*) misfortune; (*fato*) fate, destiny
fa'tica, **che** *sf* hard work; (*sforzo*) effort; (*di metalli*) fatigue; **a ~** with difficulty; **fare ~ a fare qc** to have a job doing sth; **fati'care** *vi* to toil; **faticare a fare qc** to have difficulty doing sth; **fati'coso, a** *ag* tiring, exhausting; (*lavoro*) laborious
'fato *sm* fate, destiny
'fatto, a *pp di* **fare** ♦ *ag*: **un uomo ~** a grown man; **~ a mano/in casa** hand-/home-made ♦ *sm* (*azione*) deed; (*avvenimento*) event, occurrence; (*di romanzo, film*) action, story; **cogliere qn sul ~** to catch sb red-handed; **il ~ sta** *o* **è che** the fact remains *o* is that; **in ~ di** as for, as far as … is concerned
fat'tore *sm* (*AGR*) farm manager; (*MAT, elemento costitutivo*) factor; **~ di protezione** (*di lozione solare*) factor

fatto'ria *sf* farm; farmhouse

fatto'rino *sm* errand-boy; (*di ufficio*) office-boy; (*d'albergo*) porter

fat'tura *sf* (COMM) invoice; (*di abito*) tailoring; (*malia*) spell

fattu'rare *vt* (COMM) to invoice

fattu'rato *sm* (COMM) turnover

'fatuo, a *ag* vain, fatuous

'fauna *sf* fauna

fau'tore, trice *sm/f* advocate, supporter

fa'villa *sf* spark

'favola *sf* (*fiaba*) fairy tale; (*d'intento morale*) fable; (*fandonia*) yarn; **favo'loso, a** *ag* fabulous; (*incredibile*) incredible

fa'vore *sm* favour; **per ~** please; **fare un ~ a qn** to do sb a favour; **favo'revole** *ag* favourable

favo'rire *vt* to favour; (*il commercio, l'industria, le arti*) to promote, encourage; **vuole ~?** won't you help yourself?; **favorisca in salotto** please come into the sitting room; **favo'rito, a** *ag, sm/f* favourite

fazzo'letto [fattso'letto] *sm* handkerchief; (*per la testa*) (head)scarf; **~ di carta** tissue

feb'braio *sm* February

'febbre *sf* fever; **aver la ~** to have a high temperature; **~ da fieno** hay fever; **feb'brile** *ag* (*anche fig*) feverish

'feccia, ce ['fettʃa] *sf* dregs *pl*

'fecola *sf* potato flour

fecondazi'one [fekondat'tsjone] *sf* fertilization; **~ artificiale** artificial insemination

fe'condo, a *ag* fertile

'fede *sf* (*credenza*) belief, faith; (REL) faith; (*fiducia*) faith, trust; (*fedeltà*) loyalty; (*anello*) wedding ring; (*attestato*) certificate; **aver ~ in qn** to have faith in sb; **in buona/cattiva ~** in good/bad faith; **''in ~''** (DIR) ''in witness whereof''; **fe'dele** *ag*: **fedele (a)** faithful (to) ♦ *sm/f* follower; **i fedeli** (REL) the faithful; **fedeltà** *sf* faithfulness; (*coniugale*) fidelity; **alta fedeltà** (RADIO) high fidelity

'federa *sf* pillowslip, pillowcase

fede'rale *ag* federal

'fegato *sm* liver; (*fig*) guts *pl*, nerve

'felce ['feltʃe] *sf* fern

fe'lice [fe'litʃe] *ag* happy; (*fortunato*) lucky; **felicità** *sf* happiness

felici'tarsi [felitʃi'tarsi] *vr* (*congratularsi*): **~ con qn per qc** to congratulate sb on sth

fe'lino, a *ag, sm* feline

'felpa *sf* sweatshirt

'feltro *sm* felt

'femmina *sf* (ZOOL, TECN) female; (*figlia*) girl, daughter; (*spesso peg*) woman; **femmi'nile** *ag* feminine; (*sesso*) female; (*lavoro, giornale, moda*) woman's ♦ *sm* (LING) feminine; **femmi'nismo** *sm* feminism

'fendere *vt* to cut through; **fendi'nebbia** *sm inv* (AUT) fog lamp

fe'nomeno *sm* phenomenon

'feretro *sm* coffin

feri'ale *ag*: **giorno ~** weekday

'ferie *sfpl* holidays (BRIT), vacation *sg* (US); **andare in ~** to go on holiday *o* vacation

fe'rire *vt* to injure; (*deliberatamente*: MIL etc) to wound; (*colpire*) to hurt; **fe'rita** *sf* injury, wound; **fe'rito, a** *sm/f* wounded *o* injured man/woman

'ferma *sf* (MIL) (period of) service; (CACCIA): **cane da ~** pointer

fer'maglio [fer'maʎʎo] *sm* clasp; (*per documenti*) clip

fer'mare *vt* to stop, halt; (POLIZIA) to detain, hold ♦ *vi* to stop; **~rsi** *vr* to stop, halt; **~rsi a fare qc** to stop to do sth

fer'mata *sf* stop; **~ dell'autobus** bus stop

fer'mento *sm* (*anche fig*) ferment; (*lievito*) yeast

fer'mezza [fer'mettsa] *sf* (*fig*) firmness, steadiness

'fermo, a *ag* still, motionless; (*veicolo*) stationary; (*orologio*) not working; (*saldo*: *anche fig*) firm; (*voce, mano*) steady ♦ *escl* stop!; keep still! ♦ *sm* (*chiusura*) catch, lock; (DIR): **~ di polizia** police detention

'fermo 'posta *av, sm inv* poste restante (BRIT), general delivery (US)

fe'roce [fe'rɔtʃe] *ag* (*animale*) fierce, ferocious; (*persona*) cruel, fierce; (*fame,* *dolore)* raging; **le bestie ~i** wild animals

ferra'gosto *sm (festa)* feast of the Assumption; *(periodo)* August holidays *pl*

---
ferragosto

ⓘ **Ferragosto** *is a national holiday which falls on 15 August and is the most important holiday of the summer season. Most people extend it by taking the days around the 15th off too. Consequently during this period, most of industry and commerce is at a standstill.*

---

ferra'menta *sfpl*: **negozio di ~** ironmonger's *(BRIT)*, hardware shop *o* store *(US)*

fer'rato, a *ag (FERR)*: **strada ~a** railway *(BRIT) o* railroad *(US)* line; *(fig)*: **essere ~ in** to be well up in

'ferro *sm* iron; **una bistecca ai ~i** a grilled steak; **~ battuto** wrought iron; **~ da calza** knitting needle; **~ di cavallo** horseshoe; **~ da stiro** iron

ferro'via *sf* railway *(BRIT)*, railroad *(US)*; **ferrovi'ario, a** *ag* railway *cpd (BRIT)*, railroad *cpd (US)*; **ferrovi'ere** *sm* railwayman *(BRIT)*, railroad man *(US)*

'fertile *ag* fertile; **fertiliz'zante** *sm* fertilizer

'fervido, a *ag* fervent

fer'vore *sm* fervour, ardour

'fesso, a *pp di* **fendere** ♦ *ag (fam: sciocco)* crazy, cracked

fes'sura *sf* crack, split; *(per gettone, moneta)* slot

'festa *sf (religiosa)* feast; *(pubblica)* holiday; *(compleanno)* birthday; *(onomastico)* name day; *(ricevimento)* celebration, party; **far ~** to have a holiday; to live it up; **far ~ a qn** to give sb a warm welcome

---
festa della Repubblica

ⓘ *The* **festa della Repubblica**, *which takes place on 2 June, celebrates the founding of the Italian Republic after the fall of the monarchy and the subsequent referendum in 1946. It is marked by military parades and political speeches.*

---

festeggi'are [fested'dʒare] *vt* to celebrate; *(persona)* to have a celebration for

fes'tino *sm* party; *(con balli)* ball

fes'tivo, a *ag (atmosfera)* festive; **giorno ~** holiday

fes'toso, a *ag* merry, joyful

fe'ticcio [fe'tittʃo] *sm* fetish

'feto *sm* foetus *(BRIT)*, fetus *(US)*

'fetta *sf* slice

fettuc'cine [fettut'tʃine] *sfpl (CUC)* ribbon-shaped pasta

FF.SS. *abbr* = **Ferrovie dello Stato**

fi'aba *sf* fairy tale

fi'acca *sf* weariness; *(svogliatezza)* listlessness

fiac'care *vt* to weaken

fi'acco, a, chi, che *ag (stanco)* tired, weary; *(svogliato)* listless; *(debole)* weak; *(mercato)* slack

fi'accola *sf* torch

fi'ala *sf* phial

fi'amma *sf* flame

fiam'mante *ag (colore)* flaming; **nuovo ~** brand new

fiam'mifero *sm* match

fiam'mingo, a, ghi, ghe *ag* Flemish ♦ *sm/f* Fleming ♦ *sm (LING)* Flemish; **i F~ghi** the Flemish

fiancheggi'are [fjanked'dʒare] *vt* to border; *(fig)* to support, back (up); *(MIL)* to flank

fi'anco, chi *sm* side; *(MIL)* flank; **di ~** sideways, from the side; **a ~ a ~** side by side

fi'asco, schi *sm* flask; *(fig)* fiasco; **fare ~** to fail

fi'ato *sm* breath; *(resistenza)* stamina; **avere il ~ grosso** to be out of breath; **prendere ~** to catch one's breath; **~i** *smpl (MUS)* wind instruments; **strumento a ~** wind instrument

'fibbia *sf* buckle

'fibra *sf* fibre; *(fig)* constitution

fic'care *vt* to push, thrust, drive; **~rsi** *vr (andare a finire)* to get to

'fico, chi *sm* (*pianta*) fig tree; (*frutto*) fig; ~ **d'India** prickly pear; ~ **secco** dried fig

fidanza'mento [fidantsa'mento] *sm* engagement

fidan'zarsi [fidan'tsarsi] *vr* to get engaged; **fidan'zato, a** *sm/f* fiancé/fiancée

fi'darsi *vr:* ~ **di** to trust; **fi'dato, a** *ag* reliable, trustworthy

'fido, a *ag* faithful, loyal ♦ *sm* (*COMM*) credit

fi'ducia [fi'dutʃa] *sf* confidence, trust; **incarico di** ~ position of trust, responsible position; **persona di** ~ reliable person

fi'ele *sm* (*fig*) bitterness

fie'nile *sm* barn; hayloft

fi'eno *sm* hay

fi'era *sf* fair

fie'rezza [fje'rettsa] *sf* pride

fi'ero, a *ag* proud; (*audace*) bold

'fifa (*fam*) *sf:* **aver** ~ to have the jitters

'figlia ['fiʎʎa] *sf* daughter

figli'astro, a [fiʎ'ʎastro] *sm/f* stepson/daughter

'figlio ['fiʎʎo] *sm* son; (*senza distinzione di sesso*) child; ~ **di papà** spoilt, wealthy young man; ~ **unico** only child; **figli'occio, a, ci, ce** *sm/f* godchild, godson/daughter

fi'gura *sf* figure; (*forma, aspetto esterno*) form, shape; (*illustrazione*) picture, illustration; **far** ~ to look smart; **fare una brutta** ~ to make a bad impression

figu'rare *vi* to appear ♦ *vt:* ~**rsi qc** to imagine sth; ~**rsi** *vr:* **figurati!** imagine that!; **ti do noia?** — **ma figurati!** am I disturbing you? — not at all!

figura'tivo, a *ag* figurative

figu'rina *sf* figurine; (*cartoncino*) picture card

'fila *sf* row, line; (*coda*) queue; (*serie*) series, string; **di** ~ in succession; **fare la** ~ to queue; **in** ~ **indiana** in single file

filantro'pia *sf* philanthropy

fi'lare *vt* to spin ♦ *vi* (*baco, ragno*) to spin; (*formaggio fuso*) to go stringy; (*discorso*) to hang together; (*fam: amoreggiare*) to go steady; (*muoversi a forte velocità*) to go at full speed; ~ **diritto** (*fig*) to toe the line; ~ **via** to dash off

filas'trocca, che *sf* nursery rhyme

filate'lia *sf* philately, stamp collecting

fi'lato, a *ag* spun ♦ *sm* yarn; **3 giorni** ~**i** 3 days running *o* on end

fi'letto *sm* (*di vite*) thread; (*di carne*) fillet

fili'ale *ag* filial ♦ *sf* (*di impresa*) branch

fili'grana *sf* (*in oreficeria*) filigree; (*su carta*) watermark

film *sm inv* film; **fil'mare** *vt* to film

'filo *sm* (*anche fig*) thread; (*filato*) yarn; (*metallico*) wire; (*di lama, rasoio*) edge; **per** ~ **e per segno** in detail; ~ **d'erba** blade of grass; ~ **interdentale** dental floss; ~ **di perle** string of pearls; ~ **spinato** barbed wire; **con un** ~ **di voce** in a whisper

'filobus *sm inv* trolley bus

filon'cino [filon'tʃino] *sm* ≈ French stick

fi'lone *sm* (*di minerali*) seam, vein; (*pane*) ≈ Vienna loaf; (*fig*) trend

filoso'fia *sf* philosophy; **fi'losofo, a** *sm/f* philosopher

fil'trare *vt, vi* to filter

'filtro *sm* filter; ~ **dell'olio** (*AUT*) oil filter

fin *av, prep* = **fino**

fi'nale *ag* final ♦ *sm* (*di opera*) end, ending; (: *MUS*) finale ♦ *sf* (*SPORT*) final; **finalità** *sf* (*scopo*) aim, purpose; **final'mente** *av* finally, at last

fi'nanza [fi'nantsa] *sf* finance; ~**e** *sfpl* (*di individuo, Stato*) finances; **finanzi'ario, a** *ag* financial; **finanzi'ere** *sm* financier; (*doganale*) customs officer; (*della tributaria*) inland revenue official

finché [fin'ke] *cong* (*per tutto il tempo che*) as long as; (*fino al momento in cui*) until; **aspetta** ~ **io (non) sia ritornato** wait until I get back

'fine *ag* (*lamina, carta*) thin; (*capelli, polvere*) fine; (*vista, udito*) keen, sharp; (*persona: raffinata*) refined, distinguished; (*osservazione*) subtle ♦ *sf* end ♦ *sm* aim, purpose; (*esito*) result, outcome; **secondo** ~ ulterior motive; **in** *o* **alla** ~ in the end, finally; ~ **settimana** *sm o f inv* weekend

fi'nestra *sf* window; **fines'trino** *sm* (*di*

treno, auto) window

'**fingere** ['findʒere] *vt* to feign; (*supporre*) to imagine, suppose; **~rsi** *vr*: **~rsi ubriaco/ pazzo** to pretend to be drunk/mad; **~ di fare** to pretend to do

fini'**mondo** *sm* pandemonium

fi'**nire** *vt* to finish ♦ *vi* to finish, end; **~ di fare** (*compiere*) to finish doing; (*smettere*) to stop doing; **~ in galera** to end up *o* finish up in prison; **fini'tura** *sf* finish

finlan'**dese** *ag, sm* (*LING*) Finnish ♦ *sm/f* Finn

Fin'**landia** *sf*: **la ~** Finland

'**fino, a** *ag* (*capelli, seta*) fine; (*oro*) pure; (*fig: acuto*) shrewd ♦ *av* (*spesso troncato in* **fin**: *pure, anche*) even ♦ *prep* (*spesso troncato in* **fin**: *tempo*): **fin quando?** till when?; (: *luogo*): **fin qui** as far as here; **~ a** (*tempo*) until, till; (*luogo*) as far as, (up) to; **fin da domani** from tomorrow onwards; **fin da ieri** since yesterday; **fin dalla nascita** from *o* since birth

fi'**nocchio** [fi'nɔkkjo] *sm* fennel; (*fam: peg: omosessuale*) queer

fi'**nora** *av* up till now

'**finta** *sf* pretence, sham; (*SPORT*) feint; **far ~a (di fare)** to pretend to (do)

'**finto, a** *pp di* **fingere** ♦ *ag* false; artificial

finzi'**one** [fin'tsjone] *sf* pretence, sham

fi'**occo, chi** *sm* (*di nastro*) bow; (*di stoffa, lana*) flock; (*di neve*) flake; (*NAUT*) jib; **coi ~chi** (*fig*) first-rate; **~chi di granoturco** cornflakes

fi'**ocina** ['fjɔtʃina] *sf* harpoon

fi'**oco, a, chi, che** *ag* faint, dim

fi'**onda** *sf* catapult

fio'**raio, a** *sm/f* florist

fi'**ore** *sm* flower; **~i** *smpl* (*CARTE*) clubs; **a fior d'acqua** on the surface of the water; **avere i nervi a fior di pelle** to be on edge

fioren'**tino, a** *ag* Florentine

fio'**retto** *sm* (*SCHERMA*) foil

fio'**rire** *vi* (*rosa*) to flower; (*albero*) to blossom; (*fig*) to flourish

Fi'**renze** [fi'rɛntse] *sf* Florence

'**firma** *sf* signature

fir'**mare** *vt* to sign; **un abito firmato** a

designer suit

fisar'**monica, che** *sf* accordion

fis'**cale** *ag* fiscal, tax *cpd*; **medico ~** doctor employed by Social Security to verify cases of sick leave

fischi'**are** [fis'kjare] *vi* to whistle ♦ *vt* to whistle; (*attore*) to boo, hiss

'**fischio** ['fiskjo] *sm* whistle

'**fisco** *sm* tax authorities *pl*, ≈ Inland Revenue (*BRIT*), ≈ Internal Revenue Service (*US*)

'**fisica** *sf* physics *sg*

'**fisico, a, ci, che** *ag* physical ♦ *sm/f* physicist ♦ *sm* physique

fisiolo'**gia** [fizjolo'dʒia] *sf* physiology

fisiono'**mia** *sf* face, physiognomy

fisiotera'**pia** *sf* physiotherapy

fis'**sare** *vt* to fix, fasten; (*guardare intensamente*) to stare at; (*data, condizioni*) to fix, establish, set; (*prenotare*) to book; **~rsi su** (*sog: sguardo, attenzione*) to focus on; (*fig: idea*) to become obsessed with; **fissazi'one** *sf* (*PSIC*) fixation

'**fisso, a** *ag* fixed; (*stipendio, impiego*) regular ♦ *av*: **guardare ~ qc/qn** to stare at sth/sb

'**fitta** *sf* sharp pain; *vedi anche* **fitto**

fit'**tizio, a** *ag* fictitious, imaginary

'**fitto, a** *ag* thick, dense; (*pioggia*) heavy ♦ *sm* depths *pl*, middle; (*affitto, pigione*) rent

fi'**ume** *sm* river

fiu'**tare** *vt* to smell, sniff; (*sog: animale*) to scent; (*fig: inganno*) to get wind of, smell; **~ tabacco/cocaina** to take snuff/cocaine; **fi'uto** *sm* (sense of) smell; (*fig*) nose

fla'**gello** [fla'dʒello] *sm* scourge

fla'**grante** *ag*: **cogliere qn in ~** to catch sb red-handed

fla'**nella** *sf* flannel

flash [flaʃ] *sm inv* (*FOT*) flash; (*giornalistico*) newsflash

'**flauto** *sm* flute

'**flebile** *ag* faint, feeble

'**flemma** *sf* (*calma*) coolness, phlegm

fles'**sibile** *ag* pliable; (*fig: che si adatta*) flexible 'flesso, a *pp di* flettere

flessu'oso, a *ag* supple, lithe

'flettere *vt* to bend

'flipper *sm inv* pinball machine

F.lli *abbr* (= *fratelli*) Bros.

'flora *sf* flora

'florido, a *ag* flourishing; (*fig*) glowing with health

'floscio, a, sci, sce ['floʃʃo] *ag* (*cappello*) floppy, soft; (*muscoli*) flabby

'flotta *sf* fleet

'fluido, a *ag, sm* fluid

flu'ire *vi* to flow

fluo'ruro *sm* fluorine

fluo'ruro *sm* fluoride

'flusso *sm* flow; (*FISICA, MED*) flux; ~ e riflusso ebb and flow

fluttu'are *vi* (*mare*) to rise and fall; (*ECON*) to fluctuate

fluvi'ale *ag* river *cpd*, fluvial

'foca, che *sf* (*ZOOL*) seal

fo'caccia, ce [fo'kattʃa] *sf* kind of pizza; (*dolce*) bun

'foce ['fotʃe] *sf* (*GEO*) mouth

foco'laio *sm* (*MED*) centre of infection; (*fig*) hotbed

foco'lare *sm* hearth, fireside; (*TECN*) furnace

'fodera *sf* (*di vestito*) lining; (*di libro, poltrona*) cover; fode'rare *vt* to line; to cover

'fodero *sm* (*di spada*) scabbard; (*di pugnale*) sheath; (*di pistola*) holster

'foga *sf* enthusiasm, ardour

'foggia, ge ['fɔddʒa] *sf* (*maniera*) style; (*aspetto*) form, shape

'foglia ['fɔʎʎa] *sf* leaf; ~ d'argento/d'oro silver/gold leaf; fogli'ame *sm* foliage, leaves *pl*

'foglio ['fɔʎʎo] *sm* (*di carta*) sheet (of paper); (*di metallo*) sheet; ~ rosa (*AUT*) provisional licence; ~ di via (*DIR*) expulsion order; ~ volante pamphlet

'fogna ['fɔɲɲa] *sf* drain, sewer; fogna'tura *sf* drainage, sewerage

föhn [fø:n] *sm inv* hair dryer

folgo'rare *vt* (*sog: fulmine*) to strike down;

(: *alta tensione*) to electrocute

'folla *sf* crowd, throng

'folle *ag* mad, insane; (*TECN*) idle; in ~ (*AUT*) in neutral

fol'lia *sf* folly, foolishness; foolish act; (*pazzia*) madness, lunacy

'folto, a *ag* thick

fomen'tare *vt* to stir up, foment

fon *sm inv* hair dryer

fondamen'tale *ag* fundamental, basic

fonda'mento *sm* foundation; ~a *sfpl* (*EDIL*) foundations

fon'dare *vt* to found; (*fig: dar base*): ~ qc su to base sth on; fondazi'one *sf* foundation

'fondere *vt* (*neve*) to melt; (*metallo*) to fuse, melt; (*fig: colori*) to merge, blend; (: *imprese, gruppi*) to merge ♦ *vi* to melt; ~rsi *vr* to melt; (*fig: partiti, correnti*) to unite, merge; fonde'ria *sf* foundry

'fondo, a *ag* deep ♦ *sm* (*di recipiente, pozzo*) bottom; (*di stanza*) back; (*quantità di liquido che resta, deposito*) dregs *pl*; (*sfondo*) background; (*unità immobiliare*) property, estate; (*somma di denaro*) fund; (*SPORT*) long-distance race; ~i *smpl* (*denaro*) funds; a notte ~a at dead of night; in ~ a at the bottom of; at the back of; (*strada*) at the end of; andare a ~ (*nave*) to sink; conoscere a ~ to know inside out; dar ~ a (*fig: provviste, soldi*) to use up; in ~ (*fig*) after all, all things considered; andare fino in ~ a (*fig*) to examine thoroughly; a ~ perduto (*COMM*) without security; ~i di caffè coffee grounds; ~i di magazzino old *o* unsold stock *sg*

fo'netica *sf* phonetics *sg*

fon'tana *sf* fountain

'fonte *sf* spring, source; (*fig*) source ♦ *sm*: ~ battesimale (*REL*) font

fon'tina *sm* sweet full-fat hard cheese from Val d'Aosta

fo'raggio [fo'raddʒo] *sm* fodder, forage

fo'rare *vt* to pierce, make a hole in; (*pallone*) to burst; (*biglietto*) to punch; ~ una gomma to burst a tyre (*BRIT*) *o* tire (*US*)

'forbici [ˈfɔrbitʃi] *sfpl* scissors

'forca, che *sf* (AGR) fork, pitchfork; (*patibolo*) gallows *sg*

for'cella [forˈtʃɛlla] *sf* (TECN) fork; (*di monte*) pass

for'chetta [forˈketta] *sf* fork

for'cina [forˈtʃina] *sf* hairpin

'forcipe [ˈfɔrtʃipe] *sm* forceps *pl*

fo'resta *sf* forest

foresti'ero, a *ag* foreign ♦ *sm/f* foreigner

'forfora *sf* dandruff

forgi'are *vt* to forge

'forma *sf* form; (*aspetto esteriore*) form, shape; (DIR: *procedura*) procedure; (*per calzature*) last; (*stampo da cucina*) mould; ~e *sfpl* (*del corpo*) figure, shape; le ~e (*convenzioni*) appearances; essere in ~ to be in good shape

formag'gino [formadˈdʒino] *sm* processed cheese

for'maggio [forˈmaddʒo] *sm* cheese

for'male *ag* formal; formalità *sf inv* formality

for'mare *vt* to form, shape, make; (*numero di telefono*) to dial; (*fig: carattere*) to form, mould; ~rsi *vr* to form, take shape; for'mato *sm* format, size; formazi'one *sf* formation; (*fig: educazione*) training

for'mica, che *sf* ant; formi'caio *sm* anthill

formico'lare *vi* (*anche fig*): ~ di to be swarming with; mi formicola la gamba I've got pins and needles in my leg; formico'lio *sm* pins and needles *pl*; swarming

formi'dabile *ag* powerful, formidable; (*straordinario*) remarkable

'formula *sf* formula; ~ di cortesia courtesy form

formu'lare *vt* to formulate; to express

for'nace [forˈnatʃe] *sf* (*per laterizi etc*) kiln; (*per metalli*) furnace; ~ a microonde microwave oven

for'naio *sm* baker

for'nello *sm* (*elettrico, a gas*) ring; (*di pipa*) bowl

for'nire *vt*: ~ qn di qc, ~ qc a qn to provide o supply sb with sth, to supply sth to sb

'forno *sm* (*di cucina*) oven; (*panetteria*) bakery; (TECN: *per calce etc*) kiln; (: *per metalli*) furnace; ~ a microonde microwave oven

'foro *sm* (*buco*) hole; (STORIA) forum; (*tribunale*) (law) court

'forse *av* perhaps, maybe; (*circa*) about; essere in ~ to be in doubt

forsen'nato, a *ag* mad, insane

'forte *ag* strong; (*suono*) loud; (*spesa*) considerable, great; (*passione, dolore*) great, deep ♦ *av* strongly; (*velocemente*) fast; (*a voce alta*) loud(ly); (*violentemente*) hard ♦ *sm* (*edificio*) fort; (*specialità*) forte, strong point; essere ~ in qc to be good at sth

for'tezza [forˈtettsa] *sf* (*morale*) strength; (*luogo fortificato*) fortress

for'tuito, a *ag* fortuitous, chance

for'tuna *sf* (*destino*) fortune, luck; (*buona sorte*) success, fortune; (*eredità, averi*) fortune; per ~ luckily, fortunately; di ~ makeshift, improvised; atterraggio di ~ emergency landing; fortu'nato, a *ag* lucky, fortunate; (*coronato da successo*) successful

'forza [ˈfɔrtsa] *sf* strength; (*potere*) power; (FISICA) force; ~e *sfpl* (*fisiche*) strength *sg*; (MIL) forces ♦ *escl* come on!; per ~ against one's will; (*naturalmente*) of course; a viva ~ by force; a ~ di by dint of; ~ maggiore circumstances beyond one's control; la ~ pubblica the police *pl*; le ~e armate the armed forces; ~e dell'ordine the forces of law and order

for'zare [forˈtsare] *vt* to force; ~ qn a fare to force sb to do; for'zato, a *ag* forced ♦ *sm* (DIR) prisoner sentenced to hard labour

fos'chia [fosˈkia] *sf* mist, haze

'fosco, a, schi, sche *ag* dark, gloomy

'fosforo *sm* phosphorous

'fossa *sf* pit; (*di cimitero*) grave; ~ biologica septic tank

fos'sato *sm* ditch; (*di fortezza*) moat

fos'setta *sf* dimple

'fossile *ag, sm* fossil

'fosso *sm* ditch; (MIL) trench

'foto *sf* photo ♦ *prefisso:* foto'copia *sf* photocopy; fotocopi'are *vt* to photocopy; fotogra'fare *vt* to photograph; fotogra'fia *sf* (*procedimento*) photography; (*immagine*) photograph; **fare una fotografia** to take a photograph; **una fotografia a colori/in bianco e nero** a colour/black and white photograph; fo'tografo, a *sm/f* photographer; foto'romanzo *sm* romantic picture story; foto'tessera *sf* passport-size photo

fra *prep* = **tra**

fracas'sare *vt* to shatter, smash; ~rsi *vr* to shatter, smash; (*veicolo*) to crash; fra'casso *sm* smash; crash; (*baccano*) din, racket

fra'dicio, a, ci, ce ['fradit∫o] *ag* (*molto bagnato*) soaking (wet); **ubriaco ~** blind drunk

'fragile ['fradʒile] *ag* fragile; (fig: *salute*) delicate

'fragola *sf* strawberry

fra'gore *sm* roar; (*di tuono*) rumble

frago'roso, a *ag* deafening

fra'grante *ag* fragrant

frain'tendere *vt* to misunderstand; frain'teso, a *pp di* **fraintendere**

fram'mento *sm* fragment

'frana *sf* landslide; (fig: *persona*): **essere una ~** to be useless; fra'nare *vi* to slip, slide down

fran'cese [fran't∫eze] *ag* French ♦ *sm/f* Frenchman/woman ♦ *sm* (LING) French; **i F~i** the French

fran'chezza [fran'kettsa] *sf* frankness, openness

'Francia ['frant∫a] *sf*: **la ~** France

'franco, a, chi, che *ag* (COMM) free; (*sincero*) frank, open, sincere ♦ *sm* (*moneta*) franc; **farla ~a** (fig) to get off scot-free; **~ di dogana** duty-free; **prezzo ~ fabbrica** ex-works price; **~ tiratore** *sm* sniper

franco'bollo *sm* (postage) stamp

fran'gente [fran'dʒɛnte] *sm* (*onda*) breaker;

(*scoglio emergente*) reef; (*circostanza*) situation, circumstance

'frangia, ge ['frandʒa] *sf* fringe

frantu'mare *vt* to break into pieces, shatter; ~rsi *vr* to break into pieces, shatter

frap'pé *sm* milk shake

'frasca, sche *sf* (*leafy*) branch

'frase *sf* (LING) sentence; (*locuzione, espressione, MUS*) phrase; **~ fatta** set phrase

'frassino *sm* ash (tree)

frastagli'ato, a [frastaʎ'ʎato] *ag* (*costa*) indented, jagged

frastor'nare *vt* to daze; to befuddle

frastu'ono *sm* hubbub, din

'frate *sm* friar, monk

fratel'lanza [fratel'lantsa] *sf* brotherhood; (*associazione*) fraternity

fratel'lastro *sm* stepbrother

fra'tello *sm* brother; **~i** *smpl* brothers; (*nel senso di fratelli e sorelle*) brothers and sisters

fra'terno, a *ag* fraternal, brotherly

frat'tanto *av* in the meantime, meanwhile

frat'tempo *sm*: **nel ~** in the meantime, meanwhile

frat'tura *sf* fracture; (fig) split, break

frazi'one [frat'tsjone] *sf* fraction; (*di comune*) small town

'freccia, ce ['frett∫a] *sf* arrow; **~ di direzione** (AUT) indicator

fred'dare *vt* to shoot dead

fred'dezza [fred'dettsa] *sf* coldness

'freddo, a *ag, sm* cold; **fa ~** it's cold; **aver ~** to be cold; **a ~** (fig) deliberately; freddo'loso, a *ag* sensitive to the cold

fred'dura *sf* pun

fre'gare *vt* to rub; (fam: *truffare*) to take in, cheat; (: *rubare*) to swipe, pinch; **fregarsene** (fam!): **chi se ne frega?** who gives a damn (about it)?

fre'gata *sf* rub; (fam) swindle; (NAUT) frigate

'fregio ['fredʒo] *sm* (ARCHIT) frieze; (*ornamento*) decoration

'fremere *vi*: **~ di** to tremble o quiver with; 'fremito *sm* tremor, quiver

fre'nare *vt* (*veicolo*) to slow down; (*cavallo*) to rein in; (*lacrime*) to restrain, hold back

♦ *vi* to brake; **~rsi** *vr* (*fig*) to restrain o.s., control o.s.; **fre'nata** *sf*: **fare una frenata** to brake

frene'sia *sf* frenzy

'freno *sm* brake; (*morso*) bit; **~ a disco** disc brake; **~ a mano** handbrake; **tenere a ~** to restrain

frequen'tare *vt* (*scuola, corso*) to attend; (*locale, bar*) to go to, frequent; (*persone*) to see (often)

fre'quente *ag* frequent; **di ~** frequently; **fre'quenza** *sf* frequency; (*INS*) attendance

fres'chezza [fres'kettsa] *sf* freshness

'fresco, a, schi, sche *ag* fresh; (*temperatura*) cool; (*notizia*) recent, fresh ♦ *sm*: **godere il ~** to enjoy the cool air; **stare ~** (*fig*) to be in for it; **mettere al ~** to put in a cool place

'fretta *sf* hurry, haste; **in ~** in a hurry; **in ~ e furia** in a mad rush; **aver ~** to be in a hurry; **fretto'loso, a** *ag* (*persona*) in a hurry; (*lavoro etc*) hurried, rushed

fri'abile *ag* (*terreno*) friable; (*pasta*) crumbly

'friggere ['friddʒere] *vt* to fry ♦ *vi* (*olio etc*) to sizzle

'frigido, a ['fridʒido] *ag* (*MED*) frigid

'frigo *sm* fridge

frigo'rifero, a *ag* refrigerating ♦ *sm* refrigerator

fringu'ello *sm* chaffinch

frit'tata *sf* omelette; **fare una ~** (*fig*) to make a mess of things

frit'tella *sf* (*CUC*) fritter

'fritto, a *pp di* **friggere** ♦ *ag* fried ♦ *sm* fried food; **~ misto** mixed fry

frit'tura *sf* (*CUC*): **~ di pesce** mixed fried fish

'frivolo, a *ag* frivolous

frizi'one [frit'tsjone] *sf* friction; (*di pelle*) rub, rub-down; (*AUT*) clutch

friz'zante [frid'dzante] *ag* (*anche fig*) sparkling

fro'dare *vt* to defraud, cheat

'frode *sf* fraud; **~ fiscale** tax evasion

'frollo, a *ag* (*carne*) tender; (*: di selvaggina*) high; **pasta ~a** short(crust) pastry

'fronda *sf* (leafy) branch; (*di partito politico*) internal opposition

fron'tale *ag* frontal; (*scontro*) head-on

'fronte *sf* (*ANAT*) forehead; (*di edificio*) front, façade ♦ *sm* (*MIL, POL, METEOR*) front; **a ~, di ~** facing, opposite; **di ~ a** (*posizione*) opposite, facing, in front of; (*a paragone di*) compared with

fronteggi'are [fronted'dʒare] *vt* (*avversari, difficoltà*) to face, stand up to; (*spese*) to cope with

fronti'era *sf* border, frontier

'fronzolo ['frondzolo] *sm* frill

'frottola *sf* fib; **~e** *sfpl* (*assurdità*) nonsense *sg*

fru'gare *vi* to rummage ♦ *vt* to search

frul'lare *vt* (*CUC*) to whisk ♦ *vi* (*uccelli*) to flutter; **frul'lato** *sm* milk shake; fruit drink; **frulla'tore** *sm* electric mixer; **frul'lino** *sm* whisk

fru'mento *sm* wheat

fru'scio [fruʃʃio] *sm* rustle; rustling; (*di acque*) murmur

'frusta *sf* whip; (*CUC*) whisk

frus'tare *vt* to whip

frus'tino *sm* riding crop

frus'trare *vt* to frustrate

'frutta *sf* fruit; (*portata*) dessert; **~ candita / secca** candied/dried fruit

frut'tare *vi* to bear dividends, give a return

frut'teto *sm* orchard

frutti'vendolo, a *sm/f* greengrocer (*BRIT*), produce dealer (*US*)

'frutto *sm* fruit; (*fig: risultato*) result(s); (*ECON: interesse*) interest; (*: reddito*) income; **~i di mare** seafood *sg*

FS *abbr* = **Ferrovie dello Stato**

fu *vb vedi* **essere** ♦ *ag inv*: **il ~ Paolo Bianchi** the late Paolo Bianchi

fuci'lare [futʃi'lare] *vt* to shoot; **fuci'lata** *sf* rifle shot

fu'cile [fu'tʃile] *sm* rifle, gun; (*da caccia*) shotgun, gun

fu'cina [fu'tʃina] *sf* forge

'fuga *sf* escape, flight; (*di gas, liquidi*) leak; (*MUS*) fugue; **~ di cervelli** brain drain

fu'gace [fu'gatʃe] *ag* fleeting, transient

fug'gevole [fud'dʒevole] *ag* fleeting

fuggi'asco, a, schi, sche [fud'dʒasko] *ag, sm/f* fugitive

fuggi'fuggi [fuddʒi'fuddʒi] *sm* scramble, stampede

fug'gire [fud'dʒire] *vi* to flee, run away; (*fig: passar veloce*) to fly ♦ *vt* to avoid;
fuggi'tivo, a *sm/f* fugitive, runaway

ful'gore *sm* brilliance, splendour

fu'liggine [fu'liddʒine] *sf* soot

fulmi'nare *vt* (*sog: fulmine*) to strike; (: *elettricità*) to electrocute; (*con arma da fuoco*) to shoot dead; (*fig: con lo sguardo*) to look daggers at

'fulmine *sm* thunderbolt; lightning *no pl*

fu'mare *vi* to smoke; (*emettere vapore*) to steam ♦ *vt* to smoke; **fu'mata** *sf* (*segnale*) smoke signal; **farsi una fumata** to have a smoke; **fuma'tore, 'trice** *sm/f* smoker

fu'metto *sm* comic strip; **giornale** *sm* **a ~i** comic

'fumo *sm* smoke; (*vapore*) steam; (*il fumare tabacco*) smoking; **~i** *smpl* (*industriali etc*) fumes; **i ~i dell'alcool** the after-effects of drink; **vendere ~** to deceive, cheat; **~ passivo** passive smoking; **fu'moso, a** *ag* smoky; (*fig*) muddled

fu'nambolo, a *sm/f* tightrope walker

'fune *sf* rope, cord; (*più grossa*) cable

'funebre *ag* (*rito*) funeral; (*aspetto*) gloomy, funereal

fune'rale *sm* funeral

'fungere ['fundʒere] *vi*: **~ da** to act as

'fungo, ghi *sm* fungus; (*commestibile*) mushroom; **~ velenoso** toadstool

funico'lare *sf* funicular railway

funi'via *sf* cable railway

funzio'nare [funtsjo'nare] *vi* to work, function; (*fungere*): **~ da** to act as

funzio'nario [funtsjo'narjo] *sm* official

funzi'one [fun'tsjone] *sf* function; (*carica*) post, position; (*REL*) service; **in ~** (*meccanismo*) in operation; **in ~ di** (*come*) as; **fare la ~ di qn** (*farne le veci*) to take sb's place

fu'oco, chi *sm* fire; (*fornello*) ring; (*FOT, FISICA*) focus; **dare ~ a qc** to set fire to sth;
far ~ (*sparare*) to fire; **~ d'artificio** firework

fuorché [fwor'ke] *cong, prep* except

fu'ori *av* outside; (*all'aperto*) outdoors, outside; (*fuori di casa, SPORT*) out; (*esclamativo*) get out! ♦ *prep*: **~ (di)** out of, outside ♦ *sm* outside; **lasciar ~ qc/qn** to leave sth/sb out; **far ~ qn** (*fam*) to kill sb, do sb in; **essere ~ di sé** to be beside o.s.; **~ luogo** (*inopportuno*) out of place, uncalled for; **~ mano** out of the way, remote; **~ pericolo** out of danger; **~ uso** old-fashioned; obsolete

fu'ori... ** *prefisso*: **fuori'bordo *sm inv* speedboat (with outboard motor); outboard motor; **fuori'classe** *sm/f inv* (undisputed) champion; **fuorigi'oco** *sm* offside; **fuori'legge** *sm/f inv* outlaw; **fuori'serie** *ag inv* (*auto etc*) custom-built ♦ *sf* custom-built car; **fuori'strada** *sm* (*AUT*) cross-country vehicle; **fuor(i)u'scito, a** *sm/f* exile; **fuorvi'are** *vt* to mislead; (*fig*) to lead astray ♦ *vi* to go astray

'furbo, a *ag* clever, smart; (*peg*) cunning

fu'rente *ag*: **~ (contro)** furious (with)

fur'fante *sm* rascal, scoundrel

fur'gone *sm* van

'furia *sf* (*ira*) fury, rage; (*fig: impeto*) fury, violence; (*fretta*) rush; **a ~ di** by dint of; **andare su tutte le ~e** to get into a towering rage; **furi'bondo, a** *ag* furious

furi'oso, a *ag* furious

fu'rore *sm* fury; (*esaltazione*) frenzy; **far ~** to be all the rage

fur'tivo, a *ag* furtive

'furto *sm* theft; **~ con scasso** burglary

'fusa *sfpl*: **fare le ~** to purr

fu'sibile *sm* (*ELETTR*) fuse

fusi'one *sf* (*di metalli*) fusion, melting; (*colata*) casting; (*COMM*) merger; (*fig*) merging

'fuso, a *pp di* **fondere** ♦ *sm* (*FILATURA*) spindle; **~ orario** time zone

fus'tagno [fus'taɲɲo] *sm* corduroy

fus'tino *sm* (*di detersivo*) tub

'fusto *sm* stem; (*ANAT, di albero*) trunk; (*recipiente*) drum, can

fu'turo, a *ag, sm* future

G, g

gab'bare *vt* to take in, dupe; **~rsi** *vr*: **~rsi di qn** to make fun of sb

'gabbia *sf* cage; (*da imballaggio*) crate; **~ dell'ascensore** lift (*BRIT*) *o* elevator (*US*) shaft; **~ toracica** (*ANAT*) rib cage

gabbi'ano *sm* (sea)gull

gabi'netto *sm* (*MED etc*) consulting room; (*POL*) ministry; (*WC*) toilet, lavatory; (*INS: di fisica etc*) laboratory

'gaffe [gaf] *sf inv* blunder

gagli'ardo, a [gaʎ'ʎardo] *ag* strong, vigorous

'gaio, a *ag* cheerful, gay

'gala *sf* (*sfarzo*) pomp; (*festa*) gala

ga'lante *ag* gallant, courteous; (*avventura*) amorous; **galante'ria** *sf* gallantry

galantu'omo (*pl* galantu'omini) *sm* gentleman

ga'lassia *sf* galaxy

gala'teo *sm* (good) manners *pl*

gale'otto *sm* (*rematore*) galley slave; (*carcerato*) convict

ga'lera *sf* (*NAUT*) galley; (*prigione*) prison

'galla *sf*: **a ~** afloat; **venire a ~** to surface, come to the surface; (*fig: verità*) to come out

galleggi'ante [galled'dʒante] *ag* floating ♦ *sm* (*di pescatore, lenza, TECN*) float

galleggi'are [galled'dʒare] *vi* to float

galle'ria *sf* (*traforo*) tunnel; (*ARCHIT, d'arte*) gallery; (*TEATRO*) circle; (*strada coperta con negozi*) arcade

'Galles *sm*: **il ~** Wales; **gal'lese** *ag, sm* (*LING*) Welsh ♦ *sm/f* Welshman/woman

gal'letta *sf* cracker

gal'lina *sf* hen

'gallo *sm* cock

gal'lone *sm* piece of braid; (*MIL*) stripe; (*unità di misura*) gallon

galop'pare *vi* to gallop

ga'loppo *sm* gallop; **al** *o* **di ~** at a gallop

'gamba *sf* leg; (*asta: di lettera*) stem; **in ~** (*in buona salute*) well; (*bravo, sveglio*) bright, smart; **prendere qc sotto ~** (*fig*) to treat sth too lightly

gambe'retto *sm* shrimp

'gambero *sm* (*di acqua dolce*) crayfish; (*di mare*) prawn

'gambo *sm* stem; (*di frutta*) stalk

'gamma *sf* (*MUS*) scale; (*di colori, fig*) range

ga'nascia, sce [ga'naʃʃa] *sf* jaw; **~sce del freno** (*AUT*) brake shoes

'gancio ['gantʃo] *sm* hook

'ganghero ['gangeri] *smpl*: **uscire dai ~** (*fig*) to fly into a temper

'gara *sf* competition; (*SPORT*) competition; contest; match; (: *corsa*) race; **fare a ~** to compete, vie

ga'rage [ga'raʒ] *sm inv* garage

garan'tire *vt* to guarantee; (*debito*) to stand surety for; (*dare per certo*) to assure

garan'zia [garan'tsia] *sf* guarantee; (*pegno*) security

gar'bato, a *ag* courteous, polite

'garbo *sm* (*buone maniere*) politeness, courtesy; (*di vestito etc*) grace, style

gareggi'are [gared'dʒare] *vi* to compete

garga'rismo *sm* gargle; **fare i ~i** to gargle

ga'rofano *sm* carnation; **chiodo di ~** clove

'garza ['gardza] *sf* (*per bende*) gauze

gar'zone [gar'dzone] *sm* (*di negozio*) boy

gas *sm inv* gas; **a tutto ~** at full speed; **dare ~** (*AUT*) to accelerate

ga'solio *sm* diesel (oil)

ga's(s)ato, a *ag* (*bibita*) aerated, fizzy

gas'sosa *sf* fizzy drink

gas'soso, a *ag* gaseous; gassy

gastrono'mia *sf* gastronomy

gat'tino *sm* kitten

'gatto, a *sm/f* cat, tomcat/she-cat; **~ selvatico** wildcat; **~ delle nevi** (*AUT, SCI*) snowcat

gatto'pardo *sm*: **~ africano** serval; **~ americano** ocelot

'gaudio *sm* joy, happiness

ga'vetta *sf* (*MIL*) mess tin; **venire dalla ~** (*MIL, fig*) to rise from the ranks

'gazza ['gaddza] *sf* magpie

gaz'zella [gad'dzɛlla] *sf* gazelle

gaz'zetta [gad'dzetta] *sf* news sheet; **G~ Ufficiale** *official publication containing details of new laws*

gel [dʒɛl] *sm inv* gel

ge'lare [dʒe'lare] *vt, vi, vb impers* to freeze; **ge'lata** *sf* frost

gelate'ria [dʒelate'ria] *sf* ice-cream shop

gela'tina [dʒela'tina] *sf* gelatine; **~ esplosiva** dynamite; **~ di frutta** fruit jelly

ge'lato, a [dʒe'lato] *ag* frozen ♦ *sm* ice cream

'gelido, a ['dʒɛlido] *ag* icy, ice-cold

'gelo ['dʒɛlo] *sm (temperatura)* intense cold; *(brina)* frost; *(fig)* chill; **ge'lone** *sm* chilblain

gelo'sia [dʒelo'sia] *sf* jealousy

ge'loso, a [dʒe'loso] *ag* jealous

'gelso ['dʒɛlso] *sm* mulberry (tree)

gelso'mino [dʒelso'mino] *sm* jasmine

ge'mello, a [dʒe'mɛllo] *ag, sm/f* twin; **~i** *smpl (di camicia)* cufflinks; *(dello zodiaco)*: **G~i** Gemini *sg*

'gemere ['dʒɛmere] *vi* to moan, groan; *(cigolare)* to creak; **'gemito** *sm* moan, groan

'gemma ['dʒɛmma] *sf (BOT)* bud; *(pietra preziosa)* gem

gene'rale [dʒene'rale] *ag, sm* general; **in ~** *(per sommi capi)* in general terms; *(di solito)* usually, in general; **generalità** *sfpl (dati d'identità)* particulars; **generaliz'zare** *vt, vi* to generalize; **general'mente** *av* generally

gene'rare [dʒene'rare] *vt (dar vita)* to give birth to; *(produrre)* to produce; *(causare)* to arouse; *(TECN)* to produce, generate; **genera'tore** *sm (TECN)* generator; **generazi'one** *sf* generation

'genere ['dʒɛnere] *sm* kind, type, sort; *(BIOL)* genus; *(merce)* article, product; *(LING)* gender; *(ARTE, LETTERATURA)* genre; **in ~** generally, as a rule; **il ~ umano** mankind; **~i alimentari** foodstuffs

ge'nerico, a, ci, che [dʒe'nɛriko] *ag* generic; *(vago)* vague, imprecise

'genero ['dʒɛnero] *sm* son-in-law

generosità [dʒenerosi'ta] *sf* generosity

gene'roso, a [dʒene'roso] *ag* generous

ge'netica [dʒe'nɛtika] *sf* genetics *sg*

ge'netico, a, ci, che [dʒe'nɛtiko] *ag* genetic

gen'giva [dʒen'dʒiva] *sf (ANAT)* gum

geni'ale [dʒen'jale] *ag (persona)* of genius; *(idea)* ingenious, brilliant

'genio ['dʒɛnjo] *sm* genius; **andare a ~ a qn** to be to sb's liking, appeal to sb

geni'tale [dʒeni'tale] *ag* genital; **~i** *smpl* genitals

geni'tore [dʒeni'tore] *sm* parent, father *o* mother; **i miei ~i** my parents, my father and mother

gen'naio [dʒen'najo] *sm* January

'Genova ['dʒɛnova] *sf* Genoa

gen'taglia [dʒen'taʎʎa] *(peg) sf* rabble

'gente ['dʒɛnte] *sf* people *pl*

gen'tile [dʒen'tile] *ag (persona, atto)* kind; *(: garbato)* courteous, polite; *(nelle lettere)*: **G~ Signore** Dear Sir; *(: sulla busta)*: **G~ Signor Fernando Villa** Mr Fernando Villa; **genti'lezza** *sf* kindness; courtesy, politeness; **per gentilezza** *(per favore)* please

gentilu'omo [dʒenti'lwɔmo] *(pl* **gentilu'omini)** *sm* gentleman

genu'ino, a [dʒenu'ino] *ag (prodotto)* natural; *(persona, sentimento)* genuine, sincere

geogra'fia [dʒeogra'fia] *sf* geography

geolo'gia [dʒeolo'dʒia] *sf* geology

ge'ometra, i, e [dʒe'ɔmetra] *sm/f (professionista)* surveyor

geome'tria [dʒeome'tria] *sf* geometry; **geo'metrico, a, ci, che** *ag* geometric(al)

gerar'chia [dʒerar'kia] *sf* hierarchy

ge'rente [dʒe'rɛnte] *sm/f* manager/ manageress

'gergo, ghi ['dʒɛrgo] *sm* jargon; slang

geria'tria [dʒerja'tria] *sf* geriatrics *sg*

Ger'mania [dʒer'manja] *sf*: **la ~** Germany; **la ~ occidentale/orientale** West/East Germany

'germe ['dʒɛrme] *sm* germ; *(fig)* seed

germogli'are [dʒermoʎ'ʎare] vi to sprout; to germinate; ger'moglio sm shoot; bud

gero'glifico, ci [dʒero'glifiko] sm hieroglyphic

'gesso ['dʒesso] sm chalk; (SCULTURA, MED, EDIL) plaster; (statua) plaster figure; (minerale) gypsum

gesti'one [dʒes'tjone] sf management

ges'tire [dʒes'tire] vt to run, manage

'gesto ['dʒesto] sm gesture

ges'tore [dʒes'tore] sm manager

Gesù [dʒe'zu] sm Jesus

gesu'ita, i [dʒezu'ita] sm Jesuit

get'tare [dʒet'tare] vt to throw; (anche: ~ via) to throw away o out; (SCULTURA) to cast; (EDIL) to lay; (acqua) to spout; (grido) to utter; ~rsi vr: ~rsi in (sog: fiume) to flow into; ~ uno sguardo su to take a quick look at; get'tata sf (di cemento, gesso, metalli) cast; (diga) jetty

'getto ['dʒetto] sm (di gas, liquido, AER) jet; a ~ continuo uninterruptedly; di ~ (fig) straight off, in one go

get'tone [dʒet'tone] sm token; (per giochi) counter; (: roulette etc) chip; ~ telefonico telephone token

ghiacci'aio [gjat'tʃajo] sm glacier

ghiacci'are [gjat'tʃare] vt to freeze; (fig): ~ qn to make sb's blood run cold ♦ vi to freeze, ice over; ghiacci'ato, a ag frozen; (bevanda) ice-cold

ghi'accio ['gjattʃo] sm ice

ghiacci'olo [gjat'tʃɔlo] sm icicle; (tipo di gelato) ice lolly (BRIT), popsicle (US)

ghi'aia ['gjaja] sf gravel

ghi'anda ['gjanda] sf (BOT) acorn

ghi'andola ['gjandola] sf gland

ghigliot'tina [giʎʎot'tina] sf guillotine

ghi'gnare [gin'nare] vi to sneer

ghi'otto, a ['gjotto] ag greedy; (cibo) delicious, appetizing; ghiot'tone, a sm/f glutton

ghiri'goro [giri'gɔro] sm scribble, squiggle

ghir'landa [gir'landa] sf garland, wreath

'ghiro ['giro] sm dormouse

'ghisa ['giza] sf cast iron

già [dʒa] av already; (ex, in precedenza)

formerly ♦ escl of course!, yes indeed!

gi'acca, che ['dʒakka] sf jacket; ~ a vento windcheater (BRIT), windbreaker (US)

giacché [dʒak'ke] cong since, as

giac'chetta [dʒak'ketta] sf (light) jacket

gia'cenza [dʒa'tʃentsa] sf: merce in ~ goods in stock; ~e di magazzino unsold stock

gia'cere [dʒa'tʃere] vi to lie; giaci'mento sm deposit

gia'cinto [dʒa'tʃinto] sm hyacinth

gi'ada ['dʒada] sf jade

giaggi'olo [dʒad'dʒɔlo] sm iris

giagu'aro [dʒa'gwaro] sm jaguar

gi'allo ['dʒallo] ag yellow; (carnagione) sallow ♦ sm yellow; (anche: romanzo ~) detective novel; (anche: film ~) detective film; ~ dell'uovo yolk

giam'mai [dʒam'mai] av never

Giap'pone [dʒap'pone] sm Japan; giappo'nese ag, sm/f, sm Japanese inv

gi'ara ['dʒara] sf jar

giardi'naggio [dʒardi'naddʒo] sm gardening

giardini'era [dʒardi'njera] sf (misto di sottaceti) mixed pickles pl

giardini'ere, a [dʒardi'njere] sm/f gardener

giar'dino [dʒar'dino] sm garden; ~ d'infanzia nursery school; ~ pubblico public gardens pl, (public) park; ~ zoologico zoo

giarretti'era [dʒarret'tjera] sf garter

giavel'lotto [dʒavel'lɔtto] sm javelin

gi'gante, 'essa [dʒi'gante] sm/f giant ♦ ag giant, gigantic; (COMM) giant-size; gigan'tesco, a, schi, sche ag gigantic

'giglio ['dʒiʎʎo] sm lily

gilè [dʒi'le] sm inv waistcoat

gin [dʒin] sm inv gin

gine'cologo, a, gi, ghe [dʒine'kɔlogo] sm/f gynaecologist

gi'nepro [dʒi'nepro] sm juniper

gi'nestra [dʒi'nestra] sf (BOT) broom

Gi'nevra [dʒi'nevra] sf Geneva

gingil'larsi [dʒindʒil'larsi] vr to fritter away one's time; (giocare): ~ con to fiddle with gin'gillo [dʒin'dʒillo] sm plaything

gin'nasio [dʒin'nazjo] sm the 4th and 5th year of secondary school in Italy

gin'nasta, i, e [dʒin'nasta] sm/f gymnast; gin'nastica sf gymnastics sg; (esercizio fisico) keep-fit exercises; (INS) physical education

gi'nocchio [dʒi'nɔkkjo] (pl(m) gi'nocchi o pl(f) gi'nocchia) sm knee; stare in ~ to kneel, be on one's knees; mettersi in ~ to kneel (down); ginocchi'oni av on one's knees

gio'care [dʒo'kare] vt to play; (scommettere) to stake, wager, bet; (ingannare) to take in ♦ vi to play; (a roulette etc) to gamble; (fig) to play a part, be important; ~ a (gioco, sport) to play; (cavalli) to bet on; ~rsi la carriera to put one's career at risk; gioca'tore, 'trice sm/f player; gambler

gio'cattolo [dʒo'kattolo] sm toy

gio'chetto [dʒo'ketto] sm (tranello) trick; (fig): è un ~ it's child's play

gi'oco, chi ['dʒɔko] sm game; (divertimento, TECN) play; (al casinò) gambling; (CARTE) hand; (insieme di pezzi etc necessari per un gioco) set; per ~ for fun; fare il doppio ~ con qn to double-cross sb; ~ d'azzardo game of chance; ~ degli scacchi chess set; i Giochi Olimpici the Olympic Games

giocoli'ere [dʒokoʎ'lʲere] sm juggler

gio'coso [dʒo'koso] ag playful, jesting

gi'ogo, ghi ['dʒɔgo] sm yoke

gi'oia ['dʒɔja] sf joy, delight; (pietra preziosa) jewel, precious stone

gioielle'ria [dʒojelle'ria] sf jeweller's craft; jeweller's (shop)

gioielli'ere, a [dʒojel'lʲere] sm/f jeweller

gioi'ello [dʒo'jello] sm jewel, piece of jewellery; i miei ~i my jewels o jewellery

gioi'oso, a [dʒo'joso] ag joyful

Gior'dania [dʒor'danja] sf: la ~ Jordan

giorna'laio, a [dʒorna'lajo] sm/f newsagent (BRIT), newsdealer (US)

gior'nale [dʒor'nale] sm newspaper; (diario) journal, diary; (COMM) journal; ~ di bordo log; ~ radio radio news sg

giornali'ero, a [dʒorna'lʲero] ag daily; (che varia: umore) changeable ♦ sm day labourer

giorna'lismo [dʒorna'lizmo] sm journalism

giorna'lista, i, e [dʒorna'lista] sm/f journalist

gior'nata [dʒor'nata] sf day; ~ lavorativa working day

gi'orno ['dʒorno] sm day; (opposto alla notte) day, daytime; (luce del ~) daylight; al ~ per day; di ~ by day; al ~ d'oggi nowadays

---
giorno dei morti
---

i Il giorno dei Morti, All Souls' Day, falls on 2 November. On that day, relatives make a special visit to the graves of loved ones, to lay flowers.

---

gi'ostra ['dʒɔstra] sf (per bimbi) merry-go-round; (torneo storico) joust

gi'ovane [dʒovane] ag young; (aspetto) youthful ♦ sm/f young man/girl, young man/woman; i ~i young people; giova'nile ag youthful; (scritti) early; (errore) of youth; giova'notto sm young man

gio'vare [dʒo'vare] vi: ~ a (essere utile) to be useful for; (far bene) to be good for ♦ vb impers (essere bene, utile) to be useful; ~rsi di qc to make use of sth

giovedì [dʒove'di] sm inv Thursday; di o il ~ on Thursdays

gioventù [dʒoven'tu] sf (periodo) youth; (i giovani) young people pl, youth

giovi'ale [dʒo'vjale] ag jovial, jolly

giovi'nezza [dʒovi'nettsa] sf youth

gira'dischi [dʒira'diski] sm inv record player

gi'raffa [dʒi'raffa] sf giraffe

gi'randola [dʒi'randola] sf (fuoco d'artificio) Catherine wheel; (giocattolo) toy windmill; (banderuola) weather vane, weathercock

gi'rare [dʒi'rare] vt (far ruotare) to turn; (percorrere, visitare) to go round; (CINEMA) to shoot; to make; (COMM) to endorse ♦ vi to turn; (più veloce) to spin; (andare in giro) to wander, go around; ~rsi vr to turn; ~

attorno a to go round; to revolve round; **far ~ la testa a qn** to make sb dizzy; (*fig*) to turn sb's head

girar'rosto [dʒirar'rɔsto] *sm* (*CUC*) spit

gira'sole [dʒira'sole] *sm* sunflower

gi'rata [dʒi'rata] *sf* (*passeggiata*) stroll; (*con veicolo*) drive; (*COMM*) endorsement

gira'volta [dʒira'vɔlta] *sf* twirl, turn; (*curva*) sharp bend; (*fig*) about-turn

gi'revole [dʒi'revole] *ag* revolving, turning

gi'rino [dʒi'rino] *sm* tadpole

'giro [dʒiro] *sm* (*circuito, cerchio*) circle; (*di chiave, manovella*) turn; (*viaggio*) tour, excursion; (*passeggiata*) stroll, walk; (*in macchina*) drive; (*in bicicletta*) ride; (*SPORT: della pista*) lap; (*di denaro*) circulation; (*CARTE*) hand; (*TECN*) revolution; **prendere in ~ qn** (*fig*) to pull sb's leg; **fare un ~** to go for a walk (*o* a drive *o* a ride); **andare in ~** to go about, walk around; **a stretto ~ di posta** by return of post; **nel ~ di un mese** in a month's time; **essere nel ~** (*fig*) to belong to a circle (of friends); **~ d'affari** (*COMM*) turnover; **~ di parole** circumlocution; **~ di prova** (*AUT*) test drive; **~ turistico** sightseeing tour; **giro'collo** *sm*: **a girocollo** crew-neck *cpd*

gironzo'lare [dʒirondzo'lare] *vi* to stroll about

'gita [ˈdʒita] *sf* excursion, trip; **fare una ~** to go for a trip, go on an outing

gi'tano, a [dʒiˈtano] *sm/f* gipsy

giù [dʒu] *av* down; (*dabbasso*) downstairs; **in ~** downwards, down; **~ di lì** (*pressappoco*) thereabouts; **bambini dai 6 anni in ~** children aged 6 and under; **~ per: cadere ~ per le scale** to fall down the stairs; **essere ~** (*fig: di salute*) to be run down; (*: di spirito*) to be depressed

giub'botto [dʒubˈbɔtto] *sm* jerkin; **~ antiproiettile** bulletproof vest

gi'ubilo [ˈdʒubilo] *sm* rejoicing

giudi'care [dʒudiˈkare] *vt* to judge; (*accusato*) to try; (*lite*) to arbitrate in; **~ qn/qc bello** to consider sb/sth (to be) beautiful

gi'udice [ˈdʒuditʃe] *sm* judge; **~**

conciliatore justice of the peace; **~ istruttore** examining (*BRIT*) *o* committing (*US*) magistrate; **~ popolare** member of a jury

giu'dizio [dʒuˈdittsjo] *sm* judgment; (*opinione*) opinion; (*DIR*) judgment, sentence; (*: processo*) trial; (*: verdetto*) verdict; **aver ~** to be wise *o* prudent; **citare in ~** to summons; **giudizi'oso, a** *ag* prudent, judicious

gi'ugno [ˈdʒuɲɲo] *sm* June

giul'lare [dʒulˈlare] *sm* jester

giu'menta [dʒuˈmenta] *sf* mare

gi'unco, chi [ˈdʒunko] *sm* rush

gi'ungere [ˈdʒundʒere] *vi* to arrive ♦ *vt* (*mani etc*) to join; **~ a** to arrive at, reach

gi'ungla [ˈdʒungla] *sf* jungle

gi'unta [ˈdʒunta] *sf* addition; (*organo esecutivo, amministrativo*) council, board; **per ~a** into the bargain, in addition; **~a militare** military junta

gi'unto, a [ˈdʒunto] *pp di* **giungere** ♦ *sm* (*TECN*) coupling, joint; **giun'tura** *sf* joint

giuo'care [dʒwoˈkare] *etc* = **giocare** *etc*

giura'mento [dʒuraˈmento] *sm* oath; **~ falso** perjury

giu'rare [dʒuˈrare] *vt* to swear ♦ *vi* to swear, take an oath; **giu'rato, a** *ag*: **nemico giurato** sworn enemy ♦ *sm/f* juror, juryman/woman

giu'ria [dʒuˈria] *sf* jury

giu'ridico, a, ci, che [dʒuˈridiko] *ag* legal

giustifi'care [dʒustifiˈkare] *vt* to justify; **giustificazi'one** *sf* justification; (*INS*) (note of) excuse

gius'tizia [dʒusˈtittsja] *sf* justice; **giustizi'are** *vt* to execute, put to death; **giustizi'ere** *sm* executioner

gi'usto, a [ˈdʒusto] *ag* (*equo*) fair, just; (*vero*) true, correct; (*adatto*) right, suitable; (*preciso*) exact, correct ♦ *av* (*esattamente*) exactly, precisely; (*per l'appunto, appena*) just; **arrivare ~** to arrive just in time; **ho ~ bisogno di te** you're just the person I need

glaci'ale [glaˈtʃale] *ag* glacial

gli [ʎi] (*dav V, s impura, gn, pn, ps, x, z*) *det mpl* the ♦ *pron* (*a lui*) to him; (*a esso*)

to it; (*in coppia con lo, la, li, le, ne: a lui, a lei, a loro etc*): **gliele do** I'm giving them to him (*o* her *o* them); *vedi anche* **il**
gli'ela [ˈʎela] *etc vedi* **gli**
glo'bale *ag* overall
'globo *sm* globe
'globulo *sm* (ANAT): ~ **rosso/bianco** red/white corpuscle
'gloria *sf* glory; **glori'oso, a** *ag* glorious
glos'sario *sm* glossary
'gnocchi [ˈɲɔkki] *smpl* (CUC) small dumplings made of semolina pasta or potato
'gobba *sf* (ANAT) hump; (*protuberanza*) bump
'gobbo, a *ag* hunchbacked; (*ricurvo*) round-shouldered ♦ *sm/f* hunchback
'goccia, ce [ˈgottʃa] *sf* drop; **goccio'lare** *vi, vt* to drip
go'dere *vi* (*compiacersi*): ~ **(di)** to be delighted (at), rejoice (at); (*trarre vantaggio*): ~ **di** to benefit from ♦ *vt* to enjoy; **~rsi la vita** to enjoy life; **~sela** to have a good time, enjoy o.s.; **godi'mento** *sm* enjoyment
'goffo, a *ag* clumsy, awkward
'gola *sf* (ANAT) throat; (*golosità*) gluttony, greed; (*di camino*) flue; (*di monte*) gorge; **fare ~** (*anche fig*) to tempt
golf *sm inv* (SPORT) golf; (*maglia*) cardigan
'golfo *sm* gulf
go'loso, a *ag* greedy
'gomito *sm* elbow; (*di strada etc*) sharp bend
go'mitolo *sm* ball
'gomma *sf* rubber; (*per cancellare*) rubber, eraser; (*di veicolo*) tyre (BRIT), tire (US); ~ **americana** *o* **da masticare** chewing gum; ~ **a terra** flat tyre (BRIT) *o* tire (US); **gommapi'uma** ® *sf* foam rubber; **gom'mone** *sm* rubber dinghy
'gondola *sf* gondola; **gondoli'ere** *sm* gondolier
gonfa'lone *sm* banner
gonfi'are *vt* (*pallone*) to blow up, inflate; (*dilatare, ingrossare*) to swell; (*fig: notizia*) to exaggerate; **~rsi** *vr* to swell; (*fiume*) to

rise; **'gonfio, a** *ag* swollen; (*stomaco*) bloated; (*vela*) full; **gonfi'ore** *sm* swelling
gongo'lare *vi* to look pleased with o.s.; ~ **di gioia** to be overjoyed
'gonna *sf* skirt; ~ **pantalone** culottes *pl*
'gonzo [ˈgondzo] *sm* simpleton, fool
gorgheggi'are [gorgedˈdʒare] *vi* to warble; to trill
'gorgo, ghi *sm* whirlpool
gorgogli'are [gorgoʎˈʎare] *vi* to gurgle
go'rilla *sm inv* gorilla; (*guardia del corpo*) bodyguard
'gotta *sf* gout
gover'nante *sm/f* ruler ♦ *sf* (*di bambini*) governess; (*donna di servizio*) housekeeper
gover'nare *vt* (*stato*) to govern, rule; (*pilotare, guidare*) to steer; (*bestiame*) to tend, look after; **governa'tivo, a** *ag* government *cpd*; **governa'tore** *sm* governor
go'verno *sm* government
gozzovigli'are [gottsoviʎˈʎare] *vi* to make merry, carouse
gpl *sigla m* (= *gas di petrolio liquefatto*) lpg
gracchi'are [grakˈkjare] *vi* to caw
graci'dare [gratʃiˈdare] *vi* to croak
'gracile [ˈgratʃile] *ag* frail, delicate
gra'dasso *sm* boaster
gradazi'one [gradatˈtsjone] *sf* (*sfumatura*) gradation; ~ **alcolica** alcoholic content, strength
gra'devole *ag* pleasant, agreeable
gradi'mento *sm* pleasure, satisfaction; **è di suo ~?** is it to your liking?
gradi'nata *sf* flight of steps; (*in teatro, stadio*) tiers *pl*
gra'dino *sm* step; (ALPINISMO) foothold
gra'dire *vt* (*accettare con piacere*) to accept; (*desiderare*) to wish, like; **gradisce una tazza di tè?** would you like a cup of tea?; **gra'dito, a** *ag* pleasing; welcome
'grado *sm* (MAT, FISICA *etc*) degree; (*stadio*) degree, level; (MIL, *sociale*) rank; **essere in ~ di fare** to be in a position to do
gradu'ale *ag* gradual
gradu'are *vt* to grade; **gradu'ato, a** *ag* (*esercizi*) graded; (*scala, termometro*) graduated ♦ *sm* (MIL) non-commissioned

officer

'**graffa** *sf* (*gancio*) clip; (*segno grafico*) brace

graffi'are *vt* to scratch

'**graffio** *sm* scratch

gra'fia *sf* spelling; (*scrittura*) handwriting

'**grafica** *sf* graphic arts *pl*

'**grafico, a, ci, che** *ag* graphic ♦ *sm* graph; (*persona*) graphic designer

gra'migna [gra'minna] *sf* weed; couch grass

gram'matica, che *sf* grammar; **grammati'cale** *ag* grammatical

'**grammo** *sm* gram(me)

gran *ag vedi* **grande**

'**grana** *sf* (*granello, di minerali, corpi spezzati*) grain; (*fam: seccatura*) trouble; (: *soldi*) cash ♦ *sm inv* Parmesan (cheese)

gra'naio *sm* granary, barn

gra'nata *sf* (*proiettile*) grenade

Gran Bre'tagna [-bre'tanna] *sf*: **la ~** Great Britain

'**granchio** ['grankjo] *sm* crab; (*fig*) blunder; **prendere un ~** (*fig*) to blunder

grandango'lare *sm* wide-angle lens *sg*

'**grande** (*qualche volta* **gran** +C, **grand'** +V) *ag* (*grosso, largo, vasto*) big, large; (*alto*) tall; (*lungo*) long; (*in sensi astratti*) great ♦ *sm/f* (*persona adulta*) adult, grown-up; (*chi ha ingegno e potenza*) great man/woman; **fare le cose in ~** to do things in style; **una gran bella donna** a very beautiful woman; **non è una gran cosa** *o* **un gran che** it's nothing special; **non ne so gran che** I don't know very much about it

grandeggi'are [grandəd'dʒare] *vi* (*emergere per grandezza*): **~ su** to tower over; (*darsi arie*) to put on airs

gran'dezza [gran'dettsa] *sf* (*dimensione*) size; magnitude; (*fig*) greatness; **in ~ naturale** lifesize

grandi'nare *vb impers* to hail

'**grandine** *sf* hail

gran'duca, chi *sm* grand duke

gra'nello *sm* (*di cereali, uva*) seed; (*di frutta*) pip; (*di sabbia, sale etc*) grain

gra'nita *sf* kind of water ice

gra'nito *sm* granite

'**grano** *sm* (*in quasi tutti i sensi*) grain; (*frumento*) wheat; (*di rosario, collana*) bead; **~ di pepe** peppercorn

gran'turco *sm* maize

'**grappa** *sf* rough, strong brandy

'**grappolo** *sm* bunch, cluster

gras'setto *sm* (*TIP*) bold (type)

'**grasso, a** *ag* fat; (*cibo*) fatty; (*pelle*) greasy; (*terreno*) rich; (*fig: guadagno, annata*) plentiful ♦ *sm* (*di persona, animale*) fat; (*sostanza che unge*) grease; **gras'soccio, a, ci, ce** *ag* plump

'**grata** *sf* grating

gra'ticola *sf* grill

gra'tifica, che *sf* bonus

'**gratis** *av* free, for nothing

grati'tudine *sf* gratitude

'**grato, a** *ag* grateful; (*gradito*) pleasant, agreeable

gratta'capo *sm* worry, headache

grattaci'elo [gratta'tʃɛlo] *sm* skyscraper

grat'tare *vt* (*pelle*) to scratch; (*raschiare*) to scrape; (*pane, formaggio, carote*) to grate; (*fam: rubare*) to pinch ♦ *vi* (*stridere*) to grate; (*AUT*) to grind; **~rsi** *vr* to scratch o.s.; **gratta e vinci** ≈ scratch card

grat'tugia, gie [grat'tudʒa] *sf* grater; **grattugi'are** *vt* to grate; **pane grattugiato** breadcrumbs *pl*

gra'tuito, a *ag* free; (*fig*) gratuitous

gra'vare *vt* to burden ♦ *vi*: **~ su** to weigh on

'**grave** *ag* (*danno, pericolo, peccato etc*) grave, serious; (*responsabilità*) heavy, grave; (*contegno*) grave, solemn; (*voce, suono*) deep, low-pitched; (*LING*): **accento ~** grave accent; **un malato ~** a person who is seriously ill

gravi'danza [gravi'dantsa] *sf* pregnancy

'**gravido, a** *ag* pregnant

gravità *sf* seriousness; (*anche FISICA*) gravity

gra'voso, a *ag* heavy, onerous

'**grazia** ['grattsja] *sf* grace; (*favore*) favour; (*DIR*) pardon; **grazi'are** *vt* (*DIR*) to pardon

'**grazie** ['grattsje] *escl* thank you!; **~ mille!** *o* **tante!** *o* **infinite!** thank you very much!; **~**

a thanks to

grazi'oso, a [grat'tsjoso] *ag* charming, delightful; (*gentile*) gracious

'Grecia ['grɛtʃa] *sf*: la ~ Greece; 'greco, a, ci, che *ag*, *sm/f*, *sm* Greek

'gregge ['greddʒe] (*pl(f)* -i) *sm* flock

'greggio, gi ['greddʒo] *sm* (*anche*: petrolio ~) crude (oil)

grembi'ule *sm* apron; (*sopravveste*) overall

'grembo *sm* lap; (*ventre della madre*) womb

gre'mito, a *ag*: ~ (di) packed *o* crowded (with)

'gretto, a *ag* mean, stingy; (*fig*) narrow-minded

'greve *ag* heavy

'grezzo, a ['greddzo] *ag* raw, unrefined; (*diamante*) rough, uncut; (*tessuto*) unbleached

gri'dare *vi* (*per chiamare*) to shout, cry (out); (*strillare*) to scream, yell ♦ *vt* to shout (out), yell (out); ~ aiuto to cry *o* shout for help

'grido (*pl(m)* -i *o pl(f)* -a) *sm* shout, cry; scream, yell; (*di animale*) cry; di ~ famous

'grigio, a, gi, gie ['gridʒo] *ag*, *sm* grey

'griglia ['griʎʎa] *sf* (*per arrostire*) grill; (*ELETTR*) grid; (*inferriata*) grating; alla ~ (*CUC*) grilled; grigli'ata *sf* (*CUC*) grill

gril'letto *sm* trigger

'grillo *sm* (*ZOOL*) cricket; (*fig*) whim

grimal'dello *sm* picklock

'grinta *sf* grim expression; (*SPORT*) fighting spirit

'grinza ['grintsa] *sf* crease, wrinkle; (*ruga*) wrinkle; non fare una ~ (*fig*: *ragionamento*) to be faultless; grin'zoso, a *ag* creased; wrinkled

gris'sino *sm* bread-stick

'gronda *sf* eaves *pl*

gron'daia *sf* gutter

gron'dare *vi* to pour; (*essere bagnato*): ~ di to be dripping with ♦ *vt* to drip with

'groppa *sf* (*di animale*) back, rump; (*fam*: *dell'uomo*) back, shoulders *pl*

'groppo *sm* tangle; avere un ~ alla gola (*fig*) to have a lump in one's throat

gros'sezza [gros'settsa] *sf* size; thickness

gros'sista, i, e *sm/f* (*COMM*) wholesaler

'grosso, a *ag* big, large; (*di spessore*) thick; (*grossolano*: *anche fig*) coarse; (*grave, insopportabile*) serious, great; (*tempo, mare*) rough ♦ *sm*: il ~ di the bulk of; un pezzo ~ (*fig*) a VIP, a bigwig; farla ~a to do something very stupid; dirle ~e to tell tall stories; sbagliarsi di ~ to be completely wrong

grosso'lano, a *ag* rough, coarse; (*fig*) coarse, crude; (: *errore*) stupid

grosso'modo *av* roughly

'grotta *sf* cave; grotto

grot'tesco, a, schi, sche *ag* grotesque

grovi'era *sm o f* gruyère (cheese)

gro'viglio [gro'viʎʎo] *sm* tangle; (*fig*) muddle

gru *sf inv* crane

'gruccia, ce ['gruttʃa] *sf* (*per camminare*) crutch; (*per abiti*) coat-hanger

gru'gnire [gruɲ'ɲire] *vi* to grunt; gru'gnito *sm* grunt

'grugno ['gruɲɲo] *sm* snout; (*fam*: *faccia*) mug

'grullo, a *ag* silly, stupid

'grumo *sm* (*di sangue*) clot; (*di farina etc*) lump

'gruppo *sm* group; ~ sanguigno blood group

gruvi'era *sm o f* = groviera

guada'gnare [gwadaɲ'ɲare] *vt* (*ottenere*) to gain; (*soldi, stipendio*) to earn; (*vincere*) to win; (*raggiungere*) to reach

gua'dagno [gwa'daɲɲo] *sm* earnings *pl*; (*COMM*) profit; (*vantaggio, utile*) advantage, gain; ~ lordo/netto gross/net earnings *pl*

gu'ado *sm* ford; passare a ~ to ford

gu'ai *escl*: ~ a te (*o* lui *etc*)! woe betide you (*o* him *etc*)!

gua'ina *sf* (*fodero*) sheath; (*indumento per donna*) girdle

gu'aio *sm* trouble, mishap; (*inconveniente*) trouble, snag

gua'ire *vi* to whine, yelp

gu'ancia, ce ['gwantʃa] *sf* cheek

guanci'ale [gwan'tʃale] *sm* pillow

gu'anto sm glove
gu'arda... prefisso: ~'boschi sm inv
forester; ~'caccia sm inv gamekeeper;
~'coste sm inv coastguard; (nave)
coastguard patrol vessel; ~'linee sm inv
(SPORT) linesman
guar'dare vt (con lo sguardo: osservare) to
look at; (film, televisione) to watch;
(custodire) to look after, take care of ♦ vi to
look; (badare): ~ a to pay attention to;
(luoghi: esser orientato): ~ a to face; ~rsi vr
to look at o.s.; ~rsi da (astenersi) to refrain
from; (stare in guardia) to beware of; ~rsi
dal fare to take care not to do; guarda di
non sbagliare try not to make a mistake; ~
a vista qn to keep a close watch on sb
guarda'roba sm inv wardrobe; (locale)
cloakroom; guardarobi'ere, a sm/f
cloakroom attendant
gu'ardia sf (individuo, corpo) guard;
(sorveglianza) watch; fare la ~ a qc/qn to
guard sth/sb; stare in ~ (fig) to be on
one's guard; di ~ (medico) on call; ~
carceraria (prison) warder; ~ del corpo
bodyguard; ~ di finanza (corpo) customs
pl; (persona) customs officer; ~ medica
emergency doctor service

Guardia di finanza

ⓘ The Guardia di finanza is a military
body which deals with infringements of
the laws relating to income tax and
monopolies. It reports to the Ministers of
Finance, Justice or Agriculture.
---

guardi'ano, a sm/f (di carcere) warder;
(di villa etc) caretaker; (di museo)
custodian; (di zoo) keeper; ~ notturno
night watchman
guar'dingo, a, ghi, ghe ag wary,
cautious
guardi'ola sf porter's lodge; (MIL) look-out
tower
guard'rail ['ga:dreil] sm inv crash barrier
guarigi'one [gwari'dʒone] sf recovery
gua'rire vt (persona, malattia) to cure;
(ferita) to heal ♦ vi to recover, be cured; to

heal (up)
guarnigi'one [gwarni'dʒone] sf garrison
guar'nire vt (ornare: abiti) to trim; (CUC) to
garnish; guarnizi'one sf trimming;
garnish; (TECN) gasket
guasta'feste sm/f inv spoilsport
guas'tare vt to spoil, ruin; (meccanismo) to
break; ~rsi vr (cibo) to go bad;
(meccanismo) to break down; (tempo) to
change for the worse
gu'asto, a ag (non funzionante) broken;
(: telefono etc) out of order; (andato a
male) bad, rotten; (: dente) decayed, bad;
(fig: corrotto) depraved ♦ sm breakdown;
(avaria) failure; ~ al motore engine failure
gu'ercio, a, ci, ce ['gwertʃo] ag cross-
eyed
gu'erra sf war; (tecnica: atomica, chimica
etc) warfare; fare la ~ (a) to wage war
(against); ~ mondiale world war;
guerri'ero, a ag warlike ♦ sm warrior;
guer'riglia sf guerrilla warfare;
guerrigli'ero sm guerrilla
'gufo sm owl
gu'ida sf guidebook; (comando, direzione)
guidance, direction; (AUT) driving; (tappeto,
di tenda, cassetto) runner; ~ a destra/
sinistra (AUT) right-/left-hand drive; ~
telefonica telephone directory; ~ turistica
tourist guide
gui'dare vt to guide; (squadra, rivolta) to
lead; (auto) to drive; (aereo, nave) to pilot;
sai ~? can you drive?; guida'tore, trice
sm/f (conducente) driver
guin'zaglio [gwin'tsaʎʎo] sm leash, lead
gu'isa sf: a ~ di like, in the manner of
guiz'zare [gwit'tsare] vi to dart; to flicker;
to leap
'guscio ['guʃʃo] sm shell
gus'tare vt (cibi) to taste; (: assaporare con
piacere) to enjoy, savour; (fig) to enjoy,
appreciate ♦ vi: ~ a to please; non mi
gusta affatto I don't like it at all
'gusto sm taste; (sapore) flavour;
(godimento) enjoyment; al ~ di fragola
strawberry-flavoured; mangiare di ~ to eat
heartily; prenderci ~: ci ha preso ~ he's

acquired a taste for it, he's got to like it;
gus'toso, a *ag* tasty; (*fig*) agreeable

H, h

h *abbr* = **ora; altezza**
ha *etc* [a] *vb vedi* **avere**
ha'cker [hæ'kəʳ] *sm inv* hacker
hall [hɔl] *sf inv* hall, foyer
'handicap ['handikap] *sm inv* handicap;
handicap'pato, a *ag* handicapped
♦ *sm/f* handicapped person, disabled
person
'hanno ['anno] *vb vedi* **avere**
'hascisc ['haʃiʃ] *sm* hashish
'herpes ['ɛrpes] *sm* (*MED*) herpes *sg*; ~
zoster shingles *sg*
ho [ɔ] *vb vedi* **avere**
'hobby ['hɔbi] *sm inv* hobby
'hockey ['hɔki] *sm* hockey; ~ **su ghiaccio**
ice hockey
'hostess ['houstis] *sf inv* air hostess (*BRIT*) o
stewardess
ho'tel *sm inv* hotel

I, i

i *det mpl* the
i'ato *sm* hiatus
ibernazi'one [ibernat'tsjone] *sf* hibernation
'ibrido, a *ag*, *sm* hybrid
i'cona *sf* (*REL, INFORM, fig*) icon
Id'dio *sm* God
i'dea *sf* idea; (*opinione*) opinion, view;
(*ideale*) ideal; **dare l'~ di** to seem, look like;
~ **fissa** obsession; **neanche** o **neppure per**
~! certainly not!
ide'ale *ag*, *sm* ideal
ide'are *vt* (*immaginare*) to think up,
conceive; (*progettare*) to plan
i'dentico, a, ci, che *ag* identical
identifi'care *vt* to identify;
identificazi'one *sf* identification
identità *sf inv* identity
ideolo'gia, 'gie [ideolo'dʒia] *sf* ideology

idi'oma, i *sm* idiom, language;
idio'matico, a, ci, che *ag* idiomatic;
frase idiomatica idiom
idi'ota, i, e *ag* idiotic ♦ *sm/f* idiot
idola'trare *vt* to worship; (*fig*) to idolize
'idolo *sm* idol
idoneità *sf* suitability
i'doneo, a *ag*: ~ **a** suitable for, fit for; (*MIL*)
fit for; (*qualificato*) qualified for
i'drante *sm* hydrant
idra'tante *ag* moisturizing ♦ *sm*
moisturizer
i'draulica *sf* hydraulics *sg*
i'draulico, a, ci, che *ag* hydraulic ♦ *sm*
plumber
idroe'lettrico, a, ci, che *ag*
hydroelectric
i'drofilo, a *ag vedi* **cotone**
i'drogeno [i'drɔdʒeno] *sm* hydrogen
idros'calo *sm* seaplane base
idrovo'lante *sm* seaplane
i'ena *sf* hyena
i'eri *av*, *sm* yesterday; **il giornale di** ~
yesterday's paper; ~ **l'altro** the day before
yesterday; ~ **sera** yesterday evening
igi'ene [i'dʒɛne] *sf* hygiene; ~ **pubblica**
public health; **igi'enico, a, ci, che** *ag*
hygienic; (*salubre*) healthy
i'gnaro, a [iɲ'ɲaro] *ag*: ~ **di** unaware of,
ignorant of
i'gnobile [iɲ'ɲɔbile] *ag* despicable, vile
igno'rante [iɲɲo'rante] *ag* ignorant
igno'rare [iɲɲo'rare] *vt* (*non sapere, conoscere*)
to be ignorant o unaware of, not to know;
(*fingere di non vedere, sentire*) to ignore
i'gnoto, a [iɲ'ɲɔto] *ag* unknown

PAROLA CHIAVE
---

il (*pl* (*m*) **i**; *diventa* **lo** (*pl* **gli**) *davanti a s
impura, gn, pn, ps, x, z; f* **la** (*pl* **le**)) *det m*
1 the; ~ **libro/lo studente/l'acqua** the
book/the student/the water; **gli scolari** the
pupils
2 (*astrazione*): ~ **coraggio/l'amore/la
giovinezza** courage/love/youth
3 (*tempo*): ~ **mattino/la sera** in the
morning/evening; ~ **venerdì** *etc*

(*abitualmente*) on Fridays *etc*; (*quel giorno*) on (the) Friday *etc*; **la settimana prossima** next week

4 (*distributivo*) a, an; **2.500 lire ~ chilo/ paio** 2,500 lire a *o* per kilo/pair

5 (*partitivo*) some, any; **hai messo lo zucchero?** have you added sugar?; **hai comprato ~ latte?** did you buy (some *o* any) milk?

6 (*possesso*): **aprire gli occhi** to open one's eyes; **rompersi la gamba** to break one's leg; **avere i capelli neri/~ naso rosso** to have dark hair/a red nose

7 (*con nomi propri*): **~ Petrarca** Petrarch; **~ Presidente Clinton** President Clinton; **dov'è la Francesca?** where's Francesca?

8 (*con nomi geografici*): **~ Tevere** the Tiber; **l'Italia** Italy; **~ Regno Unito** the United Kingdom; **l'Everest** Everest

'ilare *ag* cheerful; **ilarità** *sf* hilarity, mirth

illazi'one [illat'tsjone] *sf* inference, deduction

ille'gale *ag* illegal

illeg'gibile [illed'dʒibile] *ag* illegible

ille'gittimo, a [ille'dʒittimo] *ag* illegitimate

il'leso, a *ag* unhurt, unharmed

illi'bato, a *ag*: **donna ~a** virgin

illimi'tato, a *ag* boundless; unlimited

ill.mo *abbr* = **illustrissimo**

il'ludere *vt* to deceive, delude; **~rsi** *vr* to deceive o.s., delude o.s.

illumi'nare *vt* to light up, illuminate; (*fig*) to enlighten; **~rsi** *vr* to light up; **~ a giorno** to floodlight; **illuminazi'one** *sf* lighting; illumination; floodlighting; (*fig*) flash of inspiration

illusi'one *sf* illusion; **farsi delle ~i** to delude o.s.

illusio'nismo *sm* conjuring

il'luso, a *pp di* **illudere**

illus'trare *vt* to illustrate; **illustra'tivo, a** *ag* illustrative; **illustrazi'one** *sf* illustration

il'lustre *ag* eminent, renowned; **illus'trissimo, a** *ag* (*negli indirizzi*) very revered

imbacuc'care *vt* to wrap up; **~rsi** *vr* to

wrap up

imbal'laggio [imbal'laddʒo] *sm* packing *no pl*

imbal'lare *vt* to pack; (*AUT*) to race; **~rsi** *vr* (*AUT*) to race

imbalsa'mare *vt* to embalm

imbambo'lato, a *ag* (*sguardo*) vacant, blank

imban'dire *vt*: **~ un pranzo** to prepare a lavish meal

imbaraz'zare [imbarat'tsare] *vt* (*mettere a disagio*) to embarrass; (*ostacolare: movimenti*) to hamper

imba'razzo [imba'rattso] *sm* (*disagio*) embarrassment; (*perplessità*) puzzlement, bewilderment; **~ di stomaco** indigestion

imbarca'dero *sm* landing stage

imbar'care *vt* (*passeggeri*) to embark; (*merci*) to load; **~rsi** *vr*: **~rsi su** to board; **~rsi per l'America** to sail for America; **~rsi in** (*fig: affare etc*) to embark on

imbarcazi'one [imbarkat'tsjone] *sf* (*small*) boat, (*small*) craft *inv*; **~ di salvataggio** lifeboat

im'barco, chi *sm* embarkation; loading; boarding; (*banchina*) landing stage

imbas'tire *vt* (*cucire*) to tack; (*fig: abbozzare*) to sketch, outline

im'battersi *vr*: **~ in** (*incontrare*) to bump *o* run into

imbat'tibile *ag* unbeatable, invincible

imbavagli'are [imbavaʎ'ʎare] *vt* to gag

imbec'cata *sf* (*TEATRO*) prompt

imbe'cille [imbe'tʃille] *ag* idiotic ♦ *sm/f* idiot; (*MED*) imbecile

imbel'lire *vt* to adorn, embellish ♦ *vi* to grow more beautiful

im'berbe *ag* beardless

im'bevere *vt* to soak; **~rsi** *vr*: **~rsi di** to soak up, absorb

imbian'care *vt* to whiten; (*muro*) to whitewash ♦ *vi* to become *o* turn white

imbian'chino [imbjan'kino] *sm* (*house*) painter, painter and decorator

imboc'care *vt* (*bambino*) to feed; (*entrare: strada*) to enter, turn into

imbocca'tura *sf* mouth; (*di strada, porto*)

entrance; (*MUS, del morso*) mouthpiece

im'bocco, chi *sm* entrance

imbos'care *vt* to hide; ~rsi *vr* (*MIL*) to evade military service

imbos'cata *sf* ambush

imbottigli'are [imbotti'ʎʎare] *vt* to bottle; (*NAUT*) to blockade; (*MIL*) to hem in; ~rsi *vr* to be stuck in a traffic jam

imbot'tire *vt* to stuff; (*giacca*) to pad; imbot'tita *sf* quilt; imbot'tito, a *ag* stuffed; (*giacca*) padded; **panino imbottito** filled roll; imbotti'tura *sf* stuffing; padding

imbrat'tare *vt* to dirty, smear, daub

imbrigli'are [imbri'ʎʎare] *vt* to bridle

imbroc'care *vt* (*fig*) to guess correctly

imbrogli'are [imbro'ʎʎare] *vt* to mix up; (*fig: raggirare*) to deceive, cheat; (*: confondere*) to confuse, mix up; ~rsi *vr* to get tangled; (*fig*) to become confused; im'broglio *sm* (*groviglio*) tangle; (*situazione confusa*) mess; (*truffa*) swindle, trick; imbrogli'one, a *sm/f* cheat, swindler

imbronci'ato, a *ag* sulky

imbru'nire *vi, vb impers* to grow dark; **all'~** at dusk

imbrut'tire *vt* to make ugly ♦ *vi* to become ugly

imbu'care *vt* to post

imbur'rare *vt* to butter

im'buto *sm* funnel

imi'tare *vt* to imitate; (*riprodurre*) to copy; (*assomigliare*) to look like; imitazi'one *sf* imitation

immaco'lato, a *ag* spotless; immaculate

immagazzi'nare [immagaddzi'nare] *vt* to store

immagi'nare [immadʒi'nare] *vt* to imagine; (*supporre*) to suppose; (*inventare*) to invent; **s'immagini!** don't mention it!, not at all!; immagi'nario, a *ag* imaginary; immaginazi'one *sf* imagination; (*cosa immaginata*) fancy

im'magine [im'madʒine] *sf* image; (*rappresentazione grafica, mentale*) picture

imman'cabile *ag* certain; unfailing

im'mane *ag* (*smisurato*) enormous; (*spaventoso*) terrible

immangi'abile [imman'dʒabile] *ag* inedible

immatrico'lare *vt* to register; ~rsi *vr* (*INS*) to matriculate, enrol; immatricolazi'one *sf* registration; matriculation; enrolment

imma'turo, a *ag* (*frutto*) unripe; (*persona*) immature; (*prematuro*) premature

immedesi'marsi *vr*: ~ **in** to identify with

immediata'mente *av* immediately, at once

immedi'ato, a *ag* immediate

im'memore *ag*: ~ **di** forgetful of

im'menso, a *ag* immense

im'mergere [im'merdʒere] *vt* to immerse, plunge; ~rsi *vr* to plunge; (*sommergibile*) to dive, submerge; (*dedicarsi a*): ~rsi **in** to immerse o.s. in

immeri'tato, a *ag* undeserved

immeri'tevole *ag* undeserving, unworthy

immersi'one *sf* immersion; (*di sommergibile*) submersion, dive; (*di palombaro*) dive

im'merso, a *pp di* immergere

im'mettere *vt*: ~ **(in)** to introduce (into); ~ **dati in un computer** to enter data on a computer

immi'grato, a *sm/f* immigrant; immigrazi'one *sf* immigration

immi'nente *ag* imminent

immischi'are [immis'kjare] *vt*: ~ **qn in** to involve sb in; ~rsi **in** to interfere *o* meddle in

immissi'one *sf* (*di aria, gas*) intake; ~ **di dati** (*INFORM*) data entry

im'mobile *ag* motionless, still; ~i *smpl* (*anche*: **beni ~i**) real estate *sg*; immobili'are *ag* (*DIR*) property *cpd*; immobilità *sf* stillness; immobility

immo'desto, a *ag* immodest

immo'lare *vt* to sacrifice, immolate

immon'dizia [immon'dittsja] *sf* dirt, filth; (*spesso al pl: spazzatura, rifiuti*) rubbish *no pl*, refuse *no pl*

im'mondo, a *ag* filthy, foul

immo'rale *ag* immoral

immor'tale *ag* immortal

im'mune *ag* (*esente*) exempt; (*MED, DIR*) immune; **immunità** *sf* immunity; **immunità parlamentare** parliamentary privilege
immu'tabile *ag* immutable; unchanging
impacchet'tare [impakket'tare] *vt* to pack up
impacci'are [impat'tʃare] *vt* to hinder, hamper; impacci'ato, a *ag* awkward, clumsy; (*imbarazzato*) embarrassed; im'paccio *sm* obstacle; (*imbarazzo*) embarrassment; (*situazione imbarazzante*) awkward situation
im'pacco, chi *sm* (*MED*) compress
impadro'nirsi *vr*: ~ di to seize, take possession of; (*fig: apprendere a fondo*) to master
impa'gabile *ag* priceless
impagi'nare [impadʒi'nare] *vt* (*TIP*) to paginate, page (up)
impagli'are [impaʎ'ʎare] *vt* to stuff (with straw)
impa'lato, a *ag* (*fig*) stiff as a board
impalca'tura *sf* scaffolding
impalli'dire *vi* to turn pale; (*fig*) to fade
impa'nare *vt* (*CUC*) to dip in breadcrumbs
impanta'narsi *vr* to sink (in the mud); (*fig*) to get bogged down
impappi'narsi *vr* to stammer, falter
impa'rare *vt* to learn
imparen'tarsi *vr*: ~ con to marry into
'impari *ag inv* (*disuguale*) unequal; (*dispari*) odd
impar'tire *vt* to bestow, give
imparzi'ale [impar'tsjale] *ag* impartial, unbiased
impas'sibile *ag* impassive
impas'tare *vt* (*pasta*) to knead
im'pasto *sm* (*l'impastare: di pane*) kneading; (: *di cemento*) mixing; (*pasta*) dough; (*anche fig*) mixture
im'patto *sm* impact
impau'rire *vt* to scare, frighten ♦ *vi* (*anche: ~rsi*) to become scared o frightened
im'pavido, a *ag* intrepid, fearless
impazi'ente [impat'tsjɛnte] *ag* impatient; impazi'enza *sf* impatience

impaz'zata [impat'tsata] *sf*: all'~ (*precipitosamente*) at breakneck speed
impaz'zire [impat'tsire] *vi* to go mad; ~ per qn/qc to be crazy about sb/sth
impec'cabile *ag* impeccable
impedi'mento *sm* obstacle, hindrance
impe'dire *vt* (*vietare*): ~ a qn di fare to prevent sb from doing; (*ostruire*) to obstruct; (*impacciare*) to hamper, hinder
impe'gnare [impen'ɲare] *vt* (*dare in pegno*) to pawn; (*onore etc*) to pledge; (*prenotare*) to book, reserve; (*obbligare*) to oblige; (*occupare*) to keep busy; (*MIL: nemico*) to engage; ~rsi *vr* (*vincolarsi*): ~rsi a fare to undertake to do; (*mettersi risolutamente*): ~rsi in qc to devote o.s. to sth; ~rsi con qn (*accordarsi*) to come to an agreement with sb; impegna'tivo, a *ag* binding; (*lavoro*) demanding, exacting; impe'gnato, a *ag* (*occupato*) busy; (*fig: romanzo, autore*) committed, engagé
im'pegno [im'pen'ɲo] *sm* (*obbligo*) obligation; (*promessa*) promise, pledge; (*zelo*) diligence, zeal; (*compito, d'autore*) commitment
impel'lente *ag* pressing, urgent
impene'trabile *ag* impenetrable
impen'narsi *vr* (*cavallo*) to rear up; (*AER*) to nose up; (*fig*) to bridle
impen'sato, a *ag* unforeseen, unexpected
impensie'rire *vt* to worry; ~rsi *vr* to worry
impe'rare *vi* (*anche fig*) to reign, rule
impera'tivo, a *ag, sm* imperative
impera'tore, 'trice *sm/f* emperor/empress
imperdo'nabile *ag* unforgivable, unpardonable
imper'fetto, a *ag* imperfect ♦ *sm* (*LING*) imperfect (tense); imperfezi'one *sf* imperfection
imperi'ale *ag* imperial
imperi'oso, a *ag* (*persona*) imperious; (*motivo, esigenza*) urgent, pressing
impe'rizia [impe'rittsja] *sf* lack of experience
imperma'lirsi *vr* to take offence

imperme'abile *ag* waterproof ♦ *sm* raincoat

imperni'are *vt*: ~ **qc su** to hinge sth on; *(fig)* to base sth on; **~rsi** *vr* *(fig)*: **~rsi su** to be based on

im'pero *sm* empire; *(forza, autorità)* rule, control

imperscru'tabile *ag* inscrutable

imperso'nale *ag* impersonal

imperso'nare *vt* to personify; *(TEATRO)* to play, act (the part of)

imperter'rito, a *ag* fearless, undaunted; impassive

imperti'nente *ag* impertinent

imperver'sare *vi* to rage

'impeto *sm* *(moto, forza)* force, impetus; *(assalto)* onslaught; *(fig: impulso)* impulse; *(: slancio)* transport; **con ~** energetically; vehemently

impet'tito, a *ag* stiff, erect

impetu'oso, a *ag* *(vento)* strong, raging; *(persona)* impetuous

impian'tare *vt* *(motore)* to install; *(azienda, discussione)* to establish, start

impi'anto *sm* *(installazione)* installation; *(apparecchiature)* plant; *(sistema)* system; ~ **elettrico** wiring; ~ **sportivo** sports complex; **~i di risalita** *(SCI)* ski lifts

impiastricci'are [impjastrit'tʃare] *vt* = **impiastrare**

impi'astro *sm* poultice

impic'care *vt* to hang; **~rsi** *vr* to hang o.s.

impicci'are [impit'tʃare] *vt* to hinder, hamper; **~rsi** *vr* to meddle, interfere; **im'piccio** *sm* *(ostacolo)* hindrance; *(seccatura)* trouble, bother; *(affare imbrogliato)* mess; **essere d'impiccio** to be in the way

impie'gare *vt* *(usare)* to use, employ; *(spendere: denaro, tempo)* to spend; *(investire)* to invest; **impie'gato, a** *sm/f* employee

impi'ego, ghi *sm* *(uso)* use; *(occupazione)* employment; *(posto di lavoro)* (regular) job, post; *(ECON)* investment

impieto'sire *vt* to move to pity; **~rsi** *vr* to be moved to pity

impie'trire *vt* *(fig)* to petrify

impigli'are [impiʎ'ʎare] *vt* to catch, entangle; **~rsi** *vr* to get caught up *o* entangled

impi'grire *vt* to make lazy ♦ *vi* *(anche:* **~rsi)** to grow lazy

impli'care *vt* to imply; *(coinvolgere)* to involve; **implicazi'one** *sf* implication

im'plicito, a [im'plitʃito] *ag* implicit

implo'rare *vt* to implore; *(pietà etc)* to beg for

impolve'rare *vt* to cover with dust; **~rsi** *vr* to get dusty

impo'nente *ag* imposing, impressive

impo'nibile *ag* taxable ♦ *sm* taxable income

impopo'lare *ag* unpopular

im'porre *vt* to impose; *(costringere)* to force, make; *(far valere)* to impose, enforce; **imporsi** *vr* *(persona)* to assert o.s.; *(cosa: rendersi necessario)* to become necessary; *(aver successo: moda, attore)* to become popular; ~ **a qn di fare** to force sb to do, make sb do

impor'tante *ag* important; **impor'tanza** *sf* importance; **dare importanza a qc** to attach importance to sth; **darsi importanza** to give o.s. airs

impor'tare *vt* *(introdurre dall'estero)* to import ♦ *vi* to matter, be important ♦ *vb impers* *(essere necessario)* to be necessary; *(interessare)* to matter; **non importa!** it doesn't matter!; **non me ne importa!** I don't care!; **importazi'one** *sf* importation; *(merci importate)* imports *pl*

im'porto *sm* (total) amount

importu'nare *vt* to bother

impor'tuno, a *ag* irksome, annoying

imposizi'one [impozit'tsjone] *sf* imposition; order, command; *(onere, imposta)* tax

imposses'sarsi *vr*: ~ **di** to seize, take possession of

impos'sibile *ag* impossible; **fare l'~** to do one's utmost, do all one can; **impossibilità** *sf* impossibility; **essere nell'impossibilità di fare qc** to be unable to do sth

im'posta *sf* (*di finestra*) shutter; (*tassa*) tax; **~ sul reddito** income tax; **~ sul valore aggiunto** value added tax (*BRIT*), sales tax (*US*)

impos'tare *vt* (*imbucare*) to post; (*preparare*) to plan, set out; (*avviare*) to begin, start off; (*voce*) to pitch

im'posto, a *pp di* **imporre**

impo'tente *ag* weak, powerless; (*anche MED*) impotent

impove'rire *vt* to impoverish ♦ *vi* (*anche*: **~rsi**) to become poor

imprati'cabile *ag* (*strada*) impassable; (*campo da gioco*) unplayable

imprati'chirsi [imprati'kirsi] *vr*: **~rsi in qc** to practise (*BRIT*) *o* practice (*US*) sth

impre'gnare [impren'nare] *vt*: **~ (di)** (*imbevere*) to soak *o* impregnate (with); (*riempire*: *anche fig*) to fill (with)

imprendi'tore *sm* (*industriale*) entrepreneur; (*appaltatore*) contractor; **piccolo ~** small businessman

im'presa *sf* (*iniziativa*) enterprise; (*azione*) exploit; (*azienda*) firm, concern

impre'sario *sm* (*TEATRO*) manager, impresario; **~ di pompe funebri** funeral director

imprescin'dibile [impreʃʃin'dibile] *ag* not to be ignored

impressio'nante *ag* impressive; upsetting

impressio'nare *vt* to impress; (*turbare*) to upset; (*FOT*) to expose; **~rsi** *vr* to be easily upset

impressi'one *sf* impression; (*fig*: *sensazione*) sensation, feeling; (*stampa*) printing; **fare ~** (*colpire*) to impress; (*turbare*) to frighten, upset; **fare buona/cattiva ~ a** to make a good/bad impression on

im'presso, a *pp di* **imprimere**

impres'tare *vt*: **~ qc a qn** to lend sth to sb

impreve'dibile *ag* unforeseeable; (*persona*) unpredictable

imprevi'dente *ag* lacking in foresight

impre'visto, a *ag* unexpected, unforeseen

♦ *sm* unforeseen event; **salvo ~i** unless anything unexpected happens

imprigio'nare [impridʒo'nare] *vt* to imprison

im'primere *vt* (*anche fig*) to impress, stamp; (*comunicare*: *movimento*) to transmit, give

impro'babile *ag* improbable, unlikely

im'pronta *sf* imprint, impression, sign; (*di piede, mano*) print; (*fig*) mark, stamp; **~ digitale** fingerprint

impro'perio *sm* insult

im'proprio, a *ag* improper; **arma ~a** offensive weapon

improvvisa'mente *av* suddenly; unexpectedly

improvvi'sare *vt* to improvise; **~rsi** *vr*: **~rsi cuoco** to (decide to) act as cook; **improvvi'sata** *sf* (*pleasant*) surprise

improv'viso, a *ag* (*imprevisto*) unexpected; (*subitaneo*) sudden; **all'~** unexpectedly; suddenly

impru'dente *ag* unwise, rash

impu'dente *ag* impudent

impu'dico, a, chi, che *ag* immodest

impu'gnare [impun'nare] *vt* to grasp, grip; (*DIR*) to contest

impul'sivo, a *ag* impulsive

im'pulso *sm* impulse

impun'tarsi *vr* to stop dead, refuse to budge; (*fig*) to be obstinate

impu'tare *vt* (*ascrivere*): **~ qc a** to attribute sth to; (*DIR*: *accusare*): **~ qn di** to charge sb with, accuse sb of; **impu'tato, a** *sm/f* (*DIR*) accused, defendant; **imputazi'one** *sf* (*DIR*) charge

imputri'dire *vi* to rot

| PAROLA CHIAVE |
---

in (*in+il* = **nel**, *in+lo* = **nello**, *in+l'* = **nell'**, *in+la* = **nella**, *in+i* = **nei**, *in+gli* = **negli**, *in+le* = **nelle**) *prep* 1 (*stato in luogo*) in; **vivere ~ Italia/città** to live in Italy/town; **essere ~ casa/ufficio** to be at home/the office; **se fossi ~ te** if I were you

2 (*moto a luogo*) to; (: *dentro*) into; **andare ~ Germania/città** to go to Germany/

town; **andare ~ ufficio** to go to the office;
entrare ~ macchina/casa to get into the
car/go into the house
3 (*tempo*) in; **nel 1999** in 1999; **~
giugno/estate** in June/summer
4 (*modo, maniera*) in; **~ silenzio** in silence;
~ abito da sera in evening dress; **~
guerra** at war; **~ vacanza** on holiday;
Maria Bianchi ~ Rossi Maria Rossi née
Bianchi
5 (*mezzo*) by; **viaggiare ~ autobus/treno**
to travel by bus/train
6 (*materia*) made of; **~ marmo** made of
marble, marble *cpd*; **una collana ~ oro** a
gold necklace
7 (*misura*) in; **siamo ~ quattro** there are
four of us; **~ tutto** in all
8 (*fine*): **dare ~ dono** to give as a gift;
spende tutto ~ alcool he spends all his
money on drink; **~ onore di** in honour of

---

inabi'tabile *ag* uninhabitable
inacces'sibile [inattʃes'sibile] *ag* (*luogo*)
inaccessible; (*persona*) unapproachable
inaccet'tabile [inattʃet'tabile] *ag*
unacceptable
ina'datto, a *ag*: **~ (a)** unsuitable *o* unfit
(for)
inadegu'ato, a *ag* inadequate
inadempi'enza [inadem'pjentsa] *sf*: **~ (a)**
non-fulfilment (of)
inaffer'rabile *ag* elusive; (*concetto, senso*)
difficult to grasp
inalbe'rarsi *vr* (*fig*) to flare up, fly off the
handle
inalte'rabile *ag* unchangeable; (*colore*)
fast, permanent; (*affetto*) constant
inalte'rato, a *ag* unchanged
inami'dato, a *ag* starched
inani'mato, a *ag* inanimate; (*senza vita:
corpo*) lifeless
inappa'gabile *ag* insatiable
inappel'labile *ag* (*decisione*) final,
irrevocable; (*DIR*) final, not open to appeal
inappe'tenza [inappe'tentsa] *sf* (*MED*) lack
of appetite
inappun'tabile *ag* irreproachable

inar'care *vt* (*schiena*) to arch; (*sopracciglia*)
to raise; **~rsi** *vr* to arch
inari'dire *vt* to make arid, dry up ♦ *vi*
(*anche*: **~rsi**) to dry up, become arid
inaspet'tato, a *ag* unexpected
inas'prire *vt* (*disciplina*) to tighten up,
make harsher; (*carattere*) to embitter; **~rsi**
vr to become harsher; to become bitter; to
become worse
inattac'cabile *ag* (*anche fig*) unassailable;
(*alibi*) cast-iron
inatten'dibile *ag* unreliable
inat'teso, a *ag* unexpected
inattu'abile *ag* impracticable
inau'dito, a *ag* unheard of
inaugu'rare *vt* to inaugurate, open;
(*monumento*) to unveil
inavver'tenza [inavver'tentsa] *sf*
carelessness, inadvertence
incagli'are [inkaʎ'ʎare] *vi* (*NAUT: anche:*
~rsi) to run aground
incal'lito, a *ag* calloused; (*fig*) hardened,
inveterate; (: *insensibile*) hard
incal'zare [inkal'tsare] *vt* to follow *o* pursue
closely; (*fig*) to press ♦ *vi* (*urgere*) to be
pressing; (*essere imminente*) to be
imminent
incammi'nare *vt* (*fig: avviare*) to start up;
~rsi *vr* to set off
incande'scente [inkandeʃ'ʃente] *ag*
incandescent, white-hot
incan'tare *vt* to enchant, bewitch; **~rsi** *vr*
(*rimanere intontito*) to be spellbound; to be
in a daze; (*meccanismo: bloccarsi*) to jam;
incanta'tore, 'trice *ag* enchanting,
bewitching ♦ *sm/f* enchanter/enchantress;
incan'tesimo *sm* spell, charm;
incan'tevole *ag* charming, enchanting
in'canto *sm* spell, charm, enchantment;
(*asta*) auction; **come per ~** as if by magic;
mettere all'~ to put up for auction
inca'pace [inka'patʃe] *ag* incapable;
incapacità *sf* inability; (*DIR*) incapacity
incapo'nirsi *vr* to be stubborn, be
determined
incap'pare *vi*: **~ in qc/qn** (*anche fig*) to
run into sth/sb

incapricci'arsi [inkaprit'tʃarsi] *vr:* ~ **di** to take a fancy to *o* for
incapsu'lare *vt* (*dente*) to crown
incarce'rare [inkartʃe'rare] *vt* to imprison
incari'care *vt:* ~ **qn di fare** to give sb the responsibility of doing; ~**rsi di** to take care *o* charge of; **incari'cato, a** *ag:* **incaricato (di)** in charge (of), responsible (for) ♦ *sm/f* delegate, representative; **professore incaricato** *teacher with a temporary appointment*
in'carico, chi *sm* task, job
incar'nare *vt* to embody; ~**rsi** *vr* to be embodied; (*REL*) to become incarnate
incarta'mento *sm* dossier, file
incar'tare *vt* to wrap (in paper)
incas'sare *vt* (*merce*) to pack (in cases); (*gemma: incastonare*) to set; (*ECON: riscuotere*) to collect; (*PUGILATO: colpi*) to take, stand up to; **in'casso** *sm* cashing, encashment; (*introito*) takings *pl*
incasto'nare *vt* to set; **incastona'tura** *sf* setting
incas'trare *vt* to fit in, insert; (*fig: intrappolare*) to catch; ~**rsi** *vr* (*combaciare*) to fit together; (*restare bloccato*) to become stuck; **in'castro** *sm* slot, groove; (*punto di unione*) joint
incate'nare *vt* to chain up
incatra'mare *vt* to tar
incatti'vire *vt* to make wicked; ~**rsi** *vr* to turn nasty
in'cauto, a *ag* imprudent, rash
inca'vare *vt* to hollow out; **in'cavo** *sm* hollow; (*solco*) groove
incendi'are [intʃen'djare] *vt* to set fire to; ~**rsi** *vr* to catch fire, burst into flames
incendi'ario, a [intʃen'djarjo] *ag* incendiary ♦ *sm/f* arsonist
in'cendio [in'tʃendjo] *sm* fire
incene'rire [intʃene'rire] *vt* to burn to ashes, incinerate; (*cadavere*) to cremate; ~**rsi** *vr* to be burnt to ashes
in'censo [in'tʃenso] *sm* incense
incensu'rato, a [intʃensu'rato] *ag* (*DIR*): **essere** ~ to have a clean record
incen'tivo [intʃen'tivo] *sm* incentive

incep'pare [intʃep'pare] *vt* to obstruct, hamper; ~**rsi** *vr* to jam
ince'rata [intʃe'rata] *sf* (*tela*) tarpaulin; (*impermeabile*) oilskins *pl*
incer'tezza [intʃer'tettsa] *sf* uncertainty
in'certo, a [in'tʃerto] *ag* uncertain; (*irresoluto*) undecided, hesitating ♦ *sm* uncertainty
in'cetta [in'tʃetta] *sf* buying up; **fare ~ di qc** to buy up sth
inchi'esta [in'kjesta] *sf* investigation, inquiry
inchi'nare [inki'nare] *vt* to bow; ~**rsi** *vr* to bend down; (*per riverenza*) to bow; (: *donna*) to curtsy; **in'chino** *sm* bow; curtsy
inchio'dare [inkjo'dare] *vt* to nail (down); ~ **la macchina** (*AUT*) to jam on the brakes
inchi'ostro [in'kjɔstro] *sm* ink; ~ **simpatico** invisible ink
inciam'pare [intʃam'pare] *vi* to trip, stumble
inci'ampo [in'tʃampo] *sm* obstacle; **essere d'~ a qn** (*fig*) to be in sb's way
inci'dente [intʃi'dente] *sm* accident; ~ **d'auto** car accident
inci'denza [intʃi'dentsa] *sf* incidence; **avere una forte ~ su qc** to affect sth greatly
in'cidere [in'tʃidere] *vi:* ~ **su** to bear upon, affect ♦ *vt* (*tagliare incavando*) to cut into; (*ARTE*) to engrave; to etch; (*canzone*) to record
in'cinta [in'tʃinta] *ag f* pregnant
incipri'are [intʃi'prjare] *vt* to powder
in'circa [in'tʃirka] *av:* **all'~** more or less, very nearly
incisi'one [intʃi'zjone] *sf* cut; (*disegno*) engraving; etching; (*registrazione*) recording; (*MED*) incision
in'ciso, a [in'tʃizo] *pp di* **incidere** ♦ *sm:* **per ~** incidentally, by the way
inci'tare [intʃi'tare] *vt* to incite
inci'vile [intʃi'vile] *ag* uncivilized; (*villano*) impolite
incl. *abbr* (= *incluso*) encl.
incli'nare *vt* to tilt; ~**rsi** *vr* (*barca*) to list; (*aereo*) to bank; **incli'nato, a** *ag* sloping; **inclinazi'one** *sf* slope; (*fig*) inclination,

tendency; **in'cline** *ag*: **incline a** inclined to

in'cludere *vt* to include; (*accludere*) to enclose; **in'cluso, a** *pp di* **includere ♦** *ag* included; enclosed

incoe'rente *ag* incoherent; (*contraddittorio*) inconsistent

in'cognita [in'kɔɲnita] *sf* (*MAT, fig*) unknown quantity

in'cognito, a [in'kɔɲnito] *ag* unknown ♦ *sm*: **in ~** incognito

incol'lare *vt* to glue, gum; (*unire con colla*) to stick together

incolon'nare *vt* to draw up in columns

inco'lore *ag* colourless

incol'pare *vt*: **~ qn di** to charge sb with

in'colto, a *ag* (*terreno*) uncultivated; (*trascurato: capelli*) neglected; (*persona*) uneducated

in'colume *ag* safe and sound, unhurt

incom'benza [inkom'bentsa] *sf* duty, task

in'combere *vi* (*sovrastare minacciando*): **~ su** to threaten, hang over

incominci'are [inkomin'tʃare] *vi, vt* to begin, start

in'comodo *sm* inconvenience

incompe'tente *ag* incompetent

incompi'uto, a *ag* unfinished, incomplete

incom'pleto, a *ag* incomplete

incompren'sibile *ag* incomprehensible

incom'preso, a *ag* not understood; misunderstood

inconce'pibile [inkontʃe'pibile] *ag* inconceivable

inconcili'abile [inkontʃi'ljabile] *ag* irreconcilable

inconclu'dente *ag* inconclusive; (*persona*) ineffectual

incondizio'nato, a [inkondittsjo'nato] *ag* unconditional

inconfu'tabile *ag* irrefutable

incongru'ente *ag* inconsistent

inconsa'pevole *ag*: **~ di** unaware of, ignorant of

in'conscio, a, sci, sce [in'kɔnʃo] *ag* unconscious ♦ *sm* (*PSIC*): **l'~** the unconscious

inconsis'tente *ag* insubstantial; unfounded

inconsu'eto, a *ag* unusual

incon'sulto, a *ag* rash

incon'trare *vt* to meet; (*difficoltà*) to meet with; **~rsi** *vr* to meet

incontras'tabile *ag* incontrovertible, indisputable

in'contro *av*: **~ a** (*verso*) towards ♦ *sm* meeting; (*SPORT*) match; meeting; **~ di calcio** football match

inconveni'ente *sm* drawback, snag

incoraggia'mento [inkoraddʒa'mento] *sm* encouragement

incoraggi'are [inkorad'dʒare] *vt* to encourage

incornici'are [inkorni'tʃare] *vt* to frame

incoro'nare *vt* to crown; **incoronazi'one** *sf* coronation

incorpo'rare *vt* to incorporate; (*fig: annettere*) to annex

in'correre *vi*: **~ in** to meet with, run into

incosci'ente [inkoʃ'ʃente] *ag* (*inconscio*) unconscious; (*irresponsabile*) reckless, thoughtless; **incosci'enza** *sf* unconsciousness; recklessness, thoughtlessness

incre'dibile *ag* incredible, unbelievable

in'credulo, a *ag* incredulous, disbelieving

incremen'tare *vt* to increase; (*dar sviluppo a*) to promote

incre'mento *sm* (*sviluppo*) development; (*aumento numerico*) increase, growth

incresci'oso, a [inkreʃ'ʃoso] *ag* (*incidente etc*) regrettable

incres'parsi *vr* (*acqua*) to ripple; (*capelli*) to go frizzy; (*pelle, tessuto*) to wrinkle

incrimi'nare *vt* (*DIR*) to charge

incri'nare *vt* to crack; (*fig: rapporti, amicizia*) to cause to deteriorate; **~rsi** *vr* to crack; to deteriorate; **incrina'tura** *sf* crack; (*fig*) rift

incroci'are [inkro'tʃare] *vt* to cross; (*incontrare*) to meet ♦ *vi* (*NAUT, AER*) to cruise; **~rsi** *vr* (*strade*) to cross, intersect; (*persone, veicoli*) to pass each other; **~ le braccia/le gambe** to fold one's arms/cross one's legs; **incrocia'tore** *sm* cruiser

in'crocio [in'krɔtʃo] *sm* (*anche* FERR) crossing; (*di strade*) crossroads

incros'tare *vt* to encrust

incuba'trice [inkuba'tritʃe] *sf* incubator

'incubo *sm* nightmare

in'cudine *sf* anvil

incu'rante *ag*: ~ **(di)** heedless (of), careless (of)

incurio'sire *vt* to make curious; **~rsi** *vr* to become curious

incursi'one *sf* raid

incur'vare *vt* to bend, curve; **~rsi** *vr* to bend, curve

in'cusso, a *pp di* **incutere**

incusto'dito, a *ag* unguarded, unattended

in'cutere *vt*: ~ **timore/rispetto a qn** to strike fear into sb/command sb's respect

'indaco *sm* indigo

indaffa'rato, a *ag* busy

inda'gare *vt* to investigate

in'dagine [in'dadʒine] *sf* investigation, inquiry; (*ricerca*) research, study

indebi'tarsi *vr* to run *o* get into debt

in'debito, a *ag* undue; undeserved

indebo'lire *vt, vi* (*anche*: **~rsi**) to weaken

inde'cente [inde'tʃɛnte] *ag* indecent; **inde'cenza** *sf* indecency

inde'ciso, a [inde'tʃizo] *ag* indecisive; (*irresoluto*) undecided

inde'fesso, a *ag* untiring, indefatigable

indefi'nito, a *ag* (*anche* LING) indefinite; (*impreciso, non determinato*) undefined

in'degno, a [in'deɲɲo] *ag* (*atto*) shameful; (*persona*) unworthy

indelica'tezza [indelika'tettsa] *sf* tactlessness

indemoni'ato, a *ag* possessed (by the devil)

in'denne *ag* unhurt, uninjured; **indennità** *sf inv* (*rimborso: di spese*) allowance; (*: di perdita*) compensation, indemnity; **indennità di contingenza** cost-of-living allowance; **indennità di trasferta** travel expenses *pl*

indenniz'zare [indennid'dzare] *vt* to

compensate; **inden'nizzo** *sm* (*somma*) compensation, indemnity

indero'gabile *ag* binding

'India *sf*: **l'~** India; **indi'ano, a** *ag* Indian ♦ *sm/f* (*d'India*) Indian; (*d'America*) Native American, (American) Indian

indiavo'lato, a *ag* possessed (by the devil); (*vivace, violento*) wild

indi'care *vt* (*mostrare*) to show, indicate; (*: col dito*) to point to, point out; (*consigliare*) to suggest, recommend; **indica'tivo, a** *ag* indicative ♦ *sm* (LING) indicative (mood); **indica'tore** *sm* (*elenco*) guide; directory; (TECN) gauge; indicator; **indicatore di velocità** (AUT) speedometer; **indicatore della benzina** fuel gauge; **indicazi'one** *sf* indication; (*informazione*) piece of information

'indice ['inditʃe] *sm* index; (*fig*) sign; (*dito*) index finger, forefinger; ~ **di gradimento** (RADIO, TV) popularity rating

indi'cibile [indi'tʃibile] *ag* inexpressible

indietreggi'are [indietred'dʒare] *vi* to draw back, retreat

indi'etro *av* back; (*guardare*) behind, back; (*andare, cadere: anche*: **all'~**) backwards; **rimanere ~** to be left behind; **essere ~** (*col lavoro*) to be behind; (*orologio*) to be slow; **rimandare qc ~** to send sth back

indi'feso, a *ag* (*città etc*) undefended; (*persona*) defenceless

indiffe'rente *ag* indifferent; **indiffe'renza** *sf* indifference

in'digeno, a [in'didʒeno] *ag* indigenous, native ♦ *sm/f* native

indi'gente [indi'dʒɛnte] *ag* poverty-stricken, destitute; **indi'genza** *sf* extreme poverty

indigesti'one [indidʒes'tjone] *sf* indigestion

indi'gesto, a [indi'dʒɛsto] *ag* indigestible

indi'gnare [indiɲ'ɲare] *vt* to fill with indignation; **~rsi** *vr* to get indignant

indimenti'cabile *ag* unforgettable

indipen'dente *ag* independent; **indipen'denza** *sf* independence

in'dire *vt* (*concorso*) to announce; (*elezioni*) to call indi'retto, a *ag* indirect

indiriz'zare [indirit'tsare] *vt* (*dirigere*) to direct; (*mandare*) to send; (*lettera*) to address

indi'rizzo [indi'rittso] *sm* address; (*direzione*) direction; (*avvio*) trend, course

indis'creto, a *ag* indiscreet

indis'cusso, a *ag* unquestioned

indispen'sabile *ag* indispensable, essential

indispet'tire *vt* to irritate, annoy ♦ *vi* (*anche*: ~rsi) to get irritated o annoyed

in'divia *sf* endive

individu'ale *ag* individual; individualità *sf* individuality

individu'are *vt* (*dar forma distinta a*) to characterize; (*determinare*) to locate; (*riconoscere*) to single out

indi'viduo *sm* individual

indizi'ato, a *ag* suspected ♦ *sm/f* suspect

in'dizio [in'dittsjo] *sm* (*segno*) sign, indication; (*POLIZIA*) clue; (*DIR*) piece of evidence

'indole *sf* nature, character

indolen'zito, a [indolen'tsito] *ag* stiff, aching; (*intorpidito*) numb

indo'lore *ag* painless

indo'mani *sm*: l'~ the next day, the following day

Indo'nesia *sf*: l'~ Indonesia

indos'sare *vt* (*mettere indosso*) to put on; (*avere indosso*) to have on; indossa'tore, 'trice *sm/f* model

in'dotto, a *pp di* indurre

indottri'nare *vt* to indoctrinate

indovi'nare *vt* (*scoprire*) to guess; (*immaginare*) to imagine, guess; (*il futuro*) to foretell; indovi'nato, a *ag* successful; (*scelta*) inspired; indovi'nello *sm* riddle; indo'vino, a *sm/f* fortuneteller

indubbia'mente *av* undoubtedly

in'dubbio, a *ag* certain, undoubted

indugi'are [indu'dʒare] *vi* to take one's time, delay

in'dugio [in'dudʒo] *sm* (*ritardo*) delay; senza ~ without delay

indul'gente [indul'dʒɛnte] *ag* indulgent;

(*giudice*) lenient; indul'genza *sf* indulgence; leniency

in'dulgere [in'duldʒere] *vi*: ~ a (*accondiscendere*) to comply with; (*abbandonarsi*) to indulge in; in'dulto, a *pp di* indulgere ♦ *sm* (*DIR*) pardon

indu'mento *sm* article of clothing, garment; ~i *smpl* (*vestiti*) clothes

indu'rire *vt* to harden ♦ *vi* (*anche*: ~rsi) to harden, become hard

in'durre *vt*: ~ qn a fare qc to induce o persuade sb to do sth; ~ qn in errore to mislead sb

in'dustria *sf* industry; industri'ale *ag* industrial ♦ *sm* industrialist

industri'arsi *vr* to do one's best, try hard

industri'oso, a *ag* industrious, hard-working

induzi'one [indut'tsjone] *sf* induction

inebe'tito, a *ag* dazed, stunned

inebri'are *vt* (*anche fig*) to intoxicate; ~rsi *vr* to become intoxicated

inecce'pibile [inettʃe'pibile] *ag* unexceptionable

i'nedia *sf* starvation

i'nedito, a *ag* unpublished

ineffi'cace [ineffi'katʃe] *ag* ineffective

ineffici'ente [ineffi'tʃɛnte] *ag* inefficient

inegu'ale *ag* unequal; (*irregolare*) uneven

ine'rente *ag*: ~ a concerning, regarding

i'nerme *ag* unarmed; defenceless

inerpi'carsi *vr*: ~ (su) to clamber (up)

i'nerte *ag* inert; (*inattivo*) indolent, sluggish; i'nerzia *sf* inertia; indolence, sluggishness

ine'satto, a *ag* (*impreciso*) inexact; (*erroneo*) incorrect; (*AMM: non riscosso*) uncollected

inesis'tente *ag* non-existent

inesperi'enza [inespe'rjentsa] *sf* inexperience

ines'perto, a *ag* inexperienced

i'netto, a *ag* (*incapace*) inept; (*che non ha attitudine*) ~ (a) unsuited (to)

ine'vaso, a *ag* (*ordine, corrispondenza*) outstanding

inevi'tabile *ag* inevitable

i'nezia [i'nettsja] *sf* trifle, thing of no

importance

infagot'tare *vt* to bundle up, wrap up;
~**rsi** *vr* to wrap up

infal'libile *ag* infallible

infa'mante *ag* defamatory

in'fame *ag* infamous; (*fig: cosa, compito*)
awful, dreadful

infan'gare *vt* to cover with mud; (*fig:
reputazione*) to sully

infan'tile *ag* child *cpd*; childlike; (*adulto,
azione*) childish; **letteratura ~** children's
books *pl*

in'fanzia [in'fantsja] *sf* childhood; (*bambini*)
children *pl*; **prima ~** babyhood, infancy

infari'nare *vt* to cover with (*o* sprinkle
with *o* dip in) flour; **infarina'tura** *sf* (*fig*)
smattering

in'farto *sm* (*MED*) heart attack

infasti'dire *vt* to annoy, irritate; ~**rsi** *vr* to
get annoyed *o* irritated

infati'cabile *ag* tireless, untiring

in'fatti *cong* as a matter of fact, in fact,
actually

infatu'arsi *vr*: ~ **di** to become infatuated
with, fall for; **infatuazi'one** *sf* infatuation

in'fausto, a *ag* unpropitious, unfavourable

infe'condo, a *ag* infertile

infe'dele *ag* unfaithful; **infedeltà** *sf*
infidelity

infe'lice [infe'litʃe] *ag* unhappy; (*sfortunato*)
unlucky, unfortunate; (*inopportuno*)
inopportune, ill-timed; (*mal riuscito: lavoro*)
bad, poor; **infelicità** *sf* unhappiness

inferi'ore *ag* lower; (*per intelligenza,
qualità*) inferior ♦ *sm/f* inferior; ~ **a**
(*numero, quantità*) less *o* smaller than;
(*meno buono*) inferior to; ~ **alla media**
below average; **inferiorità** *sf* inferiority

inferme'ria *sf* infirmary; (*di scuola, nave*)
sick bay

infermi'ere, a *sm/f* nurse

infermità *sf inv* illness; infirmity

in'fermo, a *ag* (*ammalato*) ill; (*debole*)
infirm

infer'nale *ag* infernal; (*proposito,
complotto*) diabolical

in'ferno *sm* hell

inferri'ata *sf* grating

infervo'rarsi *vr* to get excited, get carried
away

infes'tare *vt* to infest

infet'tare *vt* to infect; ~**rsi** *vr* to become
infected; **infet'tivo, a** *ag* infectious;
in'fetto, a *ag* infected; (*acque*) polluted,
contaminated; **infezi'one** *sf* infection

infiac'chire [infjak'kire] *vt* to weaken ♦ *vi*
(*anche:* ~**rsi**) to grow weak

infiam'mabile *ag* inflammable

infiam'mare *vt* to set alight; (*fig, MED*) to
inflame; ~**rsi** *vr* to catch fire; (*MED*) to
become inflamed; **infiammazi'one** *sf*
(*MED*) inflammation

in'fido, a *ag* unreliable, treacherous

infie'rire *vi*: ~ **su** (*fisicamente*) to attack
furiously; (*verbalmente*) to rage at

in'figgere [in'fiddʒere] *vt*: ~ **qc in** to thrust
o drive sth into

infi'lare *vt* (*ago*) to thread; (*mettere: chiave*)
to insert; (: *anello, vestito*) to slip *o* put on;
(*strada*) to turn into, take; ~**rsi** *vr*: ~**rsi in**
to slip into; (*indossare*) to slip on; ~ **l'uscio**
to slip in; to slip out

infil'trarsi *vr* to penetrate, seep through;
(*MIL*) to infiltrate; **infiltrazi'one** *sf*
infiltration

infil'zare [infil'tsare] *vt* (*infilare*) to string
together; (*trafiggere*) to pierce

'infimo, a *ag* lowest

in'fine *av* finally; (*insomma*) in short

infinità *sf* infinity; (*in quantità*): **un'~ di** an
infinite number of

infi'nito, a *ag* infinite; (*LING*) infinitive ♦ *sm*
infinity; (*LING*) infinitive; **all'~** (*senza fine*)
endlessly

infinocchi'are [infinok'kjare] (*fam*) *vt* to
hoodwink

infischi'arsi *vr*: ~ **di** not to
care about

in'fisso, a *pp di* **infiggere** ♦ *sm* fixture; (*di
porta, finestra*) frame

infit'tire *vt, vi* (*anche:* ~**rsi**) to thicken

inflazi'one [inflat'tsjone] *sf* inflation

in'fliggere [in'fliddʒere] *vt* to inflict;
in'flitto, a *pp di* **infliggere**

influ'ente *ag* influential; **influ'enza** *sf* influence; (*MED*) influenza, flu
influ'ire *vi*: ~ **su** to influence
in'flusso *sm* influence
infol'tire *vt*, *vi* to thicken
infon'dato, a *ag* unfounded, groundless
in'fondere *vt*: ~ **qc in qn** to instill sth in sb
infor'care *vt* to fork (up); (*bicicletta, cavallo*) to get on; (*occhiali*) to put on
infor'mare *vt* to inform, tell; **~rsi** *vr*: **~rsi (di** o **su)** to inquire (about)
infor'matica *sf* computer science
informa'tivo, a *ag* informative
informa'tore *sm* informer
informazi'one [informat'tsjone] *sf* piece of information; **prendere ~i sul conto di qn** to get information about sb; **chiedere un'~** to ask for (some) information
in'forme *ag* shapeless
informico'larsi *vr* = **informicolirsi**
informico'lirsi *vr* to have pins and needles
infor'tunio *sm* accident; ~ **sul lavoro** industrial accident, accident at work
infos'sarsi *vr* (*terreno*) to sink; (*guance*) to become hollow; **infos'sato, a** *ag* hollow; (*occhi*) deep-set; (*: per malattia*) sunken
in'frangere [in'frandʒere] *vt* to smash; (*fig: legge, patti*) to break; **~rsi** *vr* to smash, break; **infran'gibile** *ag* unbreakable; **in'franto, a** *pp di* **infrangere** ♦ *ag* broken
infrazi'one [infrat'tsjone] *sf*: ~ **a** breaking of, violation of
infredda'tura *sf* slight cold
infreddo'lito, a *ag* cold, chilled
infruttu'oso, a *ag* fruitless
infu'ori *av* out; **all'~** outwards; **all'~ di** (*eccetto*) except, with the exception of
infuri'are *vi* to rage; **~rsi** *vr* to fly into a rage
infusi'one *sf* infusion
in'fuso, a *pp di* **infondere** ♦ *sm* infusion
Ing. *abbr* = **ingegnere**
ingabbi'are *vt* to cage
ingaggi'are [ingad'dʒare] *vt* (*assumere con compenso*) to take on, hire; (*SPORT*) to sign on; (*MIL*) to engage; **in'gaggio** *sm* hiring;

signing on
ingan'nare *vt* to deceive; (*fisco*) to cheat; (*eludere*) to dodge, elude; (*fig: tempo*) to while away ♦ *vi* (*apparenza*) to be deceptive; **~rsi** *vr* to be mistaken, be wrong; **ingan'nevole** *ag* deceptive
in'ganno *sm* deceit, deception; (*azione*) trick; (*menzogna, frode*) cheat, swindle; (*illusione*) illusion
ingarbugli'are [ingarbuʎ'ʎare] *vt* to tangle; (*fig*) to confuse, muddle; **~rsi** *vr* to become confused o muddled
inge'gnarsi [indʒeɲ'ɲarsi] *vr* to do one's best, try hard; ~ **per vivere** to live by one's wits
inge'gnere [indʒeɲ'ɲere] *sm* engineer; ~ **civile/navale** civil/naval engineer; **ingegne'ria** *sf* engineering; ~ **genetica** genetic engineering
in'gegno [in'dʒeɲɲo] *sm* (*intelligenza*) intelligence, brains *pl*; (*capacità creativa*) ingenuity; (*disposizione*) talent; **inge'gnoso, a** *ag* ingenious, clever
ingelo'sire [indʒelo'zire] *vt* to make jealous ♦ *vi* (*anche*: **~rsi**) to become jealous
in'gente [in'dʒente] *ag* huge, enormous
ingenuità [indʒenui'ta] *sf* ingenuousness
in'genuo, a [in'dʒenuo] *ag* ingenuous, naïve
inge'rire [indʒe'rire] *vt* to ingest
inges'sare [indʒes'sare] *vt* (*MED*) to put in plaster; **ingessa'tura** *sf* plaster
Inghil'terra [ingil'terra] *sf*: **l'~** England
inghiot'tire [ingjot'tire] *vt* to swallow
ingial'lire [indʒal'lire] *vi* to go yellow
ingigan'tire [indʒigan'tire] *vt* to enlarge, magnify ♦ *vi* to become gigantic o enormous
inginocchi'arsi [indʒinok'kjarsi] *vr* to kneel (down)
ingiù [in'dʒu] *av* down, downwards
ingiunzi'one [indʒun'tsjone] *sf* injunction
ingi'uria [in'dʒurja] *sf* insult; (*fig: danno*) damage; **ingiuri'are** *vt* to insult, abuse; **ingiuri'oso, a** *ag* insulting, abusive
ingius'tizia [indʒus'tittsja] *sf* injustice
ingi'usto, a [in'dʒusto] *ag* unjust, unfair

in'glese *ag* English ♦ *sm/f* Englishman/woman ♦ *sm* (LING) English; **gli I~i** the English; **andarsene** *o* **filare all'~** to take French leave

ingoi'are *vt* to gulp (down); (*fig*) to swallow (up)

ingol'fare *vt* (*motore*) to flood; ~**rsi** *vr* to flood

ingom'brante *ag* cumbersome

ingom'brare *vt* (*strada*) to block; (*stanza*) to clutter up; **in'gombro, a** *ag* (*strada, passaggio*) blocked ♦ *sm* obstacle; **essere d'ingombro** to be in the way

in'gordo, a *ag*: ~ **di** greedy for

in'gorgo, ghi *sm* blockage, obstruction; (*anche*: ~ **stradale**) traffic jam

ingoz'zare [ingot'tsare] *vt* (*animali*) to fatten; (*fig: persona*) to stuff; ~**rsi** *vr*: ~**rsi (di)** to stuff o.s. (with)

ingra'naggio [ingra'naddʒo] *sm* (TECN) gear; (*di orologio*) mechanism; **gli ~i della burocrazia** the bureaucratic machinery

ingra'nare *vi* to mesh, engage ♦ *vt* to engage; ~ **la marcia** to get into gear

ingrandi'mento *sm* enlargement; extension

ingran'dire *vt* (*anche* FOT) to enlarge; (*estendere*) to extend; (OTTICA, *fig*) to magnify ♦ *vi* (*anche*: ~**rsi**) to become larger *o* bigger; (*aumentare*) to grow, increase; (*espandersi*) to expand

ingras'sare *vt* to make fat; (*animali*) to fatten; (*lubrificare*) to oil, lubricate ♦ *vi* (*anche*: ~**rsi**) to get fat, put on weight

in'grato, a *ag* ungrateful; (*lavoro*) thankless, unrewarding

ingredi'ente *sm* ingredient

in'gresso *sm* (*porta*) entrance; (*atrio*) hall; (*l'entrare*) entrance, entry; (*facoltà di entrare*) admission; **"~ libero"** "admission free"

ingros'sare *vt* to increase; (*folla, livello*) to swell ♦ *vi* (*anche*: ~**rsi**) to increase; to swell

in'grosso *av*: **all'~** (COMM) wholesale; (*all'incirca*) roughly, about

ingua'ribile *ag* incurable

'inguine *sm* (ANAT) groin

ini'bire *vt* to forbid, prohibit; (PSIC) to inhibit; **inibizi'one** *sf* prohibition; inhibition

iniet'tare *vt* to inject; ~**rsi** *vr*: ~**rsi di sangue** (*occhi*) to become bloodshot; **iniezi'one** *sf* injection

inimi'carsi *vr*: ~ **con qn** to fall out with sb

ininter'rotto, a *ag* unbroken; uninterrupted

iniquità *sf inv* iniquity; (*atto*) wicked action

inizi'ale [init'tsjale] *ag, sf* initial

inizi'are [init'tsjare] *vi, vt* to begin, start; ~ **qn a** to initiate sb into; (*pittura etc*) to introduce sb to; ~ **a fare qc** to start doing sth

inizia'tiva [inittsja'tiva] *sf* initiative; ~ **privata** private enterprise

i'nizio [i'nittsjo] *sm* beginning; **all'~** at the beginning, at the start; **dare ~ a qc** to start sth, get sth going

innaffi'are *etc* = **annaffiare** *etc*

innal'zare [innal'tsare] *vt* (*sollevare, alzare*) to raise; (*rizzare*) to erect; ~**rsi** *vr* to rise

innamo'rarsi *vr*: ~ **(di qn)** to fall in love (with sb); **innamo'rato, a** *ag* (*che nutre amore*): **innamorato (di)** in love (with); (*appassionato*): **innamorato di** very fond of ♦ *sm/f* lover; sweetheart

in'nanzi [in'nantsi] *av* (*stato in luogo*) in front, ahead; (*moto a luogo*) forward, on; (*tempo: prima*) before ♦ *prep* (*prima*) before; ~ **a** in front of; **innanzi'tutto** *av* first of all

in'nato, a *ag* innate

innatu'rale *ag* unnatural

inne'gabile *ag* undeniable

innervo'sire *vt*: ~ **qn** to get on sb's nerves; ~**rsi** *vr* to get irritated *o* upset

innes'care *vt* to prime

innes'tare *vt* (BOT, MED) to graft; (TECN) to engage; (*inserire: presa*) to insert; **in'nesto** *sm* graft; grafting *no pl*; (TECN) clutch; (ELETTR) connection

'inno *sm* hymn; ~ **nazionale** national anthem

inno'cente [inno'tʃɛnte] *ag* innocent;

inno'cenza *sf* innocence

in'nocuo, a *ag* innocuous, harmless

innova'tivo, a *ag* innovative

innume'revole *ag* innumerable

ino'doro, a *ag* odourless

inol'trare *vt* (*AMM*) to pass on, forward; **~rsi** *vr* (*addentrarsi*) to advance, go forward

i'noltre *av* besides, moreover

inon'dare *vt* to flood; inondazi'one *sf* flooding *no pl*; flood

inope'roso, a *ag* inactive, idle

inoppor'tuno, a *ag* untimely, ill-timed; inappropriate; (*momento*) inopportune

inorgo'glire [inorgoʎ'ʎire] *vt* to make proud ♦ *vi* (*anche:* **~rsi**) to become proud; **~rsi di qc** to pride o.s. on sth

inorri'dire *vt* to horrify ♦ *vi* to be horrified

inospi'tale *ag* inhospitable

inosser'vato, a *ag* (*non notato*) unobserved; (*non rispettato*) not observed, not kept

inossi'dabile *ag* stainless

inqua'drare *vt* (*foto, immagine*) to frame; (*fig*) to situate, set

inquie'tare *vt* (*turbare*) to disturb, worry; **~rsi** *vr* to worry, become anxious; (*impazientirsi*) to get upset

inqui'eto, a *ag* restless; (*preoccupato*) worried, anxious; inquie'tudine *sf* anxiety, worry

inqui'lino, a *sm/f* tenant

inquina'mento *sm* pollution

inqui'nare *vt* to pollute

inqui'sire *vt, vi* to investigate; inquisi'tore, 'trice *ag* (*sguardo*) inquiring; inquisizi'one *sf* (*STORIA*) inquisition

insabbi'are *vt* (*fig: pratica*) to shelve; **~rsi** *vr* (*arenarsi: barca*) to run aground; (*fig: pratica*) to be shelved

insac'cati *smpl* (*CUC*) sausages

insa'lata *sf* salad; **~ mista** mixed salad; insalati'era *sf* salad bowl

insa'lubre *ag* unhealthy

insa'nabile *ag* (*piaga*) which cannot be healed; (*situazione*) irremediable; (*odio*)
implacable

insangui'nare *vt* to stain with blood

insa'puta *sf*: **all'~ di qn** without sb knowing

insce'nare [inʃe'nare] *vt* (*TEATRO*) to stage, put on; (*fig*) to stage

insedi'are *vt* to install; **~rsi** *vr* to take up office; (*popolo, colonia*) to settle

in'segna [in'seɲɲa] *sf* sign; (*emblema*) sign, emblem; (*bandiera*) flag, banner; **~e** *sfpl* (*decorazioni*) insignia *pl*

insegna'mento [inseɲɲa'mento] *sm* teaching

inse'gnante [inseɲ'ɲante] *ag* teaching ♦ *sm/f* teacher

inse'gnare [inseɲ'ɲare] *vt, vi* to teach; **~ a qn qc** to teach sb sth; **~ a qn a fare qc** to teach sb (how) to do sth

insegui'mento *sm* pursuit, chase

insegu'ire *vt* to pursue, chase

inselvati'chire [inselvati'kire] *vi* (*anche:* **~rsi**) to grow wild

insena'tura *sf* inlet, creek

insen'sato, a *ag* senseless, stupid

insen'sibile *ag* (*nervo*) insensible; (*persona*) indifferent

inse'rire *vt* to insert; (*ELETTR*) to connect; (*allegare*) to enclose; (*annuncio*) to put in, place; **~rsi** *vr* (*fig*): **~rsi in** to become part of; in'serto *sm* (*pubblicazione*) insert

inservi'ente *sm/f* attendant

inserzi'one [inser'tsjone] *sf* insertion; (*avviso*) advertisement; **fare un'~ sul giornale** to put an advertisement in the paper

insetti'cida, i [insetti'tʃida] *sm* insecticide

in'setto *sm* insect

insi'curo, a *ag* insecure

in'sidia *sf* snare, trap; (*pericolo*) hidden danger; insidi'are *vt*: **~ la vita di qn** to make an attempt on sb's life

insi'eme *av* together ♦ *prep*: **~ a** *o* **con** together with ♦ *sm* whole; (*MAT, servizio, assortimento*) set; (*MODA*) ensemble, outfit; **tutti ~** all together; **tutto ~** all together; (*in una volta*) at one go; **nell'~** on the whole; **d'~** (*veduta etc*) overall in'signe [in'siɲɲe] *ag* (*persona*) famous, distinguished; (*città, monumento*) notable

insignifi'cante [insiɲɲifi'kante] *ag* insignificant

insi'gnire [insiɲ'ɲire] *vt*: ~ **qn di** to honour *o* decorate sb with

insin'cero, a [insin't∫ero] *ag* insincere

insinda'cabile *ag* unquestionable

insinu'are *vt* (*introdurre*): ~ **qc in** to slip *o* slide sth into; (*fig*) to insinuate, imply; ~rsi *vr*: ~rsi **in** to seep into; (*fig*) to creep into; to worm one's way into

in'sipido, a *ag* insipid

insis'tente *ag* insistent; persistent

in'sistere *vi*: ~ **su qc** to insist on sth; ~ **in qc/a fare** (*perseverare*) to persist in sth/in doing; insis'tito, a *pp di* insistere

insoddis'fatto, a *ag* dissatisfied

insoffe'rente *ag* intolerant

insolazi'one [insolat'tsjone] *sf* (*MED*) sunstroke

inso'lente *ag* insolent; insolen'tire *vi* to grow insolent ♦ *vt* to insult, be rude to

in'solito, a *ag* unusual, out of the ordinary

inso'luto, a *ag* (*non risolto*) unsolved

in'somma *av* (*in conclusione*) in short; (*dunque*) well ♦ *escl* for heaven's sake!

in'sonne *ag* sleepless; in'sonnia *sf* insomnia, sleeplessness

insonno'lito, a *ag* sleepy, drowsy

insoppor'tabile *ag* unbearable

in'sorgere [in'sordʒere] *vi* (*ribellarsi*) to rise up, rebel; (*apparire*) to come up, arise

in'sorto, a *pp di* insorgere ♦ *sm/f* rebel, insurgent

insospet'tire *vt* to make suspicious ♦ *vi* (*anche*: ~rsi) to become suspicious

inspi'rare *vt* to breathe in, inhale

in'stabile *ag* (*carico, indole*) unstable; (*tempo*) unsettled; (*equilibrio*) unsteady

instal'lare *vt* to install; ~rsi *vr* (*sistemarsi*): ~rsi **in** to settle in; installazi'one *sf* installation

instan'cabile *ag* untiring, indefatigable

instau'rare *vt* to introduce, institute

instra'dare *vt*: ~ (**verso**) to direct (towards)

insuc'cesso [insut't∫esso] *sm* failure, flop

insudici'are [insudi't∫are] *vt* to dirty; ~rsi *vr* to get dirty

insuffici'ente [insuffi't∫ɛnte] *ag* insufficient; (*compito, allievo*) inadequate; insuffici'enza *sf* insufficiency; inadequacy; (*INS*) fail

insu'lare *ag* insular

insu'lina *sf* insulin

in'sulso, a *ag* (*sciocco*) inane, silly; (*persona*) dull, insipid

insul'tare *vt* to insult, affront

in'sulto *sm* insult, affront

insussis'tente *ag* non-existent

intac'care *vt* (*fare tacche*) to cut into; (*corrodere*) to corrode; (*fig: cominciare ad usare: risparmi*) to break into; (*: ledere*) to damage

intagli'are [intaʎ'ʎare] *vt* to carve; in'taglio *sm* carving

intan'gibile [intan'dʒibile] *ag* untouchable; inviolable

in'tanto *av* (*nel frattempo*) meanwhile, in the meantime; (*per cominciare*) just to begin with; ~ **che** while

in'tarsio *sm* inlaying *no pl*, marquetry *no pl*; inlay

inta'sare *vt* to choke (up), block (up); (*AUT*) to obstruct, block; ~rsi *vr* to become choked *o* blocked

intas'care *vt* to pocket

in'tatto, a *ag* intact; (*puro*) unsullied

intavo'lare *vt* to start, enter into

inte'grale *ag* complete; (*pane, farina*) wholemeal (*BRIT*), whole-wheat (*US*); (*MAT*): **calcolo** ~ integral calculus

inte'grante *ag*: **parte** ~ integral part

inte'grare *vt* to complete; (*MAT*) to integrate; ~rsi *vr* (*persona*) to become integrated

integrità *sf* integrity

'integro, a *ag* (*intatto, intero*) complete, whole; (*retto*) upright

intelaia'tura *sf* frame; (*fig*) structure, framework

intel'letto *sm* intellect; intellettu'ale *ag*, *sm/f* intellectual

intelli'gente [intelli'dʒɛnte] *ag* intelligent;
  intelli'genza *sf* intelligence
intem'perie *sfpl* bad weather *sg*
intempes'tivo, a *ag* untimely
inten'dente *sm*: **~ di Finanza** inland (BRIT)
  o internal (US) revenue officer;
  inten'denza *sf*: **intendenza di Finanza**
  inland (BRIT) *o* internal (US) revenue office
in'tendere *vt* (*avere intenzione*): **~ fare qc**
  to intend *o* mean to do sth; (*comprendere*)
  to understand; (*udire*) to hear; (*significare*)
  to mean; **~rsi** *vr* (*conoscere*): **~rsi di** to
  know a lot about, be a connoisseur of;
  (*accordarsi*) to get on (well); **intendersela**
  con qn (*avere una relazione amorosa*) to
  have an affair with sb; **intendi'mento** *sm*
  (*intelligenza*) understanding; (*proposito*)
  intention; **intendi'tore, 'trice** *sm/f*
  connoisseur, expert
intene'rire *vt* (*fig*) to move (to pity); **~rsi**
  vr (*fig*) to be moved
inten'sivo, a *ag* intensive
in'tenso, a *ag* intense
in'tento, a *ag* (*teso, assorto*): **~ (a)** intent
  (on), absorbed (in) ♦ *sm* aim, purpose
intenzio'nale [intentsjo'nale] *ag* intentional
intenzi'one [inten'tsjone] *sf* intention; (DIR)
  intent; **avere ~ di fare qc** to intend to do
  sth, have the intention of doing sth
interat'tivo, a *ag* interactive
interca'lare *sm* pet phrase, stock phrase
  ♦ *vt* to insert
interca'pedine *sf* gap, cavity
intercet'tare [intertʃet'tare] *vt* to intercept
intercity [intasi'ti] *sm inv* (FERR) ≈ intercity
  (train)
inter'detto, a *pp di* **interdire** ♦ *ag*
  forbidden, prohibited; (*sconcertato*)
  dumbfounded ♦ *sm* (REL) interdict
inter'dire *vt* to forbid, prohibit, ban; (REL)
  to interdict; (DIR) to deprive of civil rights;
  interdizi'one *sf* prohibition, ban
interessa'mento *sm* interest
interes'sante *ag* interesting; **essere in**
  stato ~ to be expecting (a baby)
interes'sare *vt* to interest; (*concernere*) to
  concern, be of interest to; (*far intervenire*):

~ qn a to draw sb's attention to ♦ *vi*: **~ a** to
  interest, matter to; **~rsi** *vr* (*mostrare interesse*):
  ~rsi a to take an interest in, be interested
  in; (*occuparsi*): **~rsi di** to take care of
inte'resse *sm* (*anche* COMM) interest
inter'faccia, ce [inter'fattʃa] *sf* (INFORM)
  interface
interfe'renza [interfe'rentsa] *sf* interference
interfe'rire *vi* to interfere
interiezi'one [interjet'tsjone] *sf*
  exclamation, interjection
interi'ora *sfpl* entrails
interi'ore *ag* interior, inner, inside, internal;
  (*fig*) inner
inter'ludio *sm* (MUS) interlude
inter'medio, a *ag* intermediate
inter'mezzo [inter'mɛddzo] *sm* (*intervallo*)
  interval; (*breve spettacolo*) intermezzo
inter'nare *vt* (*arrestare*) to intern; (MED) to
  commit (to a mental institution)
inter'nauta *sm/f* (Inter)net surfer
internazio'nale [internattsjo'nale] *ag*
  international
'Internet ['internet] *sf* Internet; **in ~** on the
  Internet
in'terno, a *ag* (*di dentro*) internal, interior,
  inner; (: *mare*) inland; (*nazionale*) domestic;
  (*allievo*) boarding ♦ *sm* inside, interior; (*di*
  paese) interior; (*fodera*) lining; (*di apparta-*
  mento) flat (number); (TEL) extension
  ♦ *sm/f* (INS) boarder; **~i** *smpl* (CINEMA)
  interior shots; **all'~** inside; **Ministero degli**
  I~i Ministry of the Interior, ≈ Home Office
  (BRIT), Department of the Interior (US)
in'tero, a *ag* (*integro, intatto*) whole, entire;
  (*completo, totale*) complete; (*numero*) whole;
  (*non ridotto: biglietto*) full; (*latte*) full-cream
interpel'lare *vt* to consult
inter'porre *vt* (*ostacolo*): **~ qc a qc** to put
  sth in the way of sth; (*influenza*) to use;
  interporsi *vr* to intervene; **interporsi fra**
  (*mettersi in mezzo*) to come between;
  inter'posto, a *pp di* **interporre**
interpre'tare *vt* to interpret; **in'terprete**
  sm/f interpreter; (TEATRO) actor/actress,
  performer; (MUS) performer
interregio'nale [interredʒo'nale] *sm* long

distance train (*stopping frequently*)

interro'gare *vt* to question; (*INS*) to test; **interroga'tivo, a** *ag* (*occhi, sguardo*) questioning, inquiring; (*LING*) interrogative ♦ *sm* question; (*fig*) mystery; **interroga'torio, a** *ag* interrogatory, questioning ♦ *sm* (*DIR*) questioning *no pl*; **interrogazi'one** *sf* questioning *no pl*; (*INS*) oral test

inter'rompere *vt* to interrupt; (*studi, trattative*) to break off, interrupt; **~rsi** *vr* to break off, stop; **inter'rotto, a** *pp di* **interrompere**

interrut'tore *sm* switch

interruzi'one [interrut'tsjone] *sf* interruption; break

interse'care *vt* to intersect; **~rsi** *vr* to intersect

inter'stizio [inter'stittsjo] *sm* interstice, crack

interur'bana *sf* trunk *o* long-distance call

interur'bano, a *ag* inter-city; (*TEL: chiamata*) trunk *cpd*, long-distance; (*: telefono*) long-distance

inter'vallo *sm* interval; (*spazio*) space, gap

interve'nire *vi* (*partecipare*): **~ a** to take part in; (*intromettersi: anche POL*) to intervene; (*MED: operare*) to operate; **inter'vento** *sm* participation; (*intromissione*) intervention; (*MED*) operation; **fare un intervento nel corso di** (*dibattito, programma*) to take part in

inter'vista *sf* interview; **intervis'tare** *vt* to interview

in'tesa *sf* understanding; (*accordo*) agreement, understanding

in'teso, a *pp di* **intendere** ♦ *ag* agreed; **siamo ~i?** OK?

intes'tare *vt* (*lettera*) to address; (*proprietà*): **~ a** to register in the name of; **~ un assegno a qn** to make out a cheque to sb; **intestazi'one** *sf* heading; (*su carta da lettere*) letterhead

intes'tino, a *ag* (*lotte*) internal, civil ♦ *sm* (*ANAT*) intestine

inti'mare *vt* to order, command; **intimazi'one** *sf* order, command

intimidazi'one [intimidat'tsjone] *sf* intimidation

intimi'dire *vt* to intimidate ♦ *vi* (*anche:* **~rsi**) to grow shy

intimità *sf* intimacy; privacy; (*familiarità*) familiarity

'intimo, a *ag* intimate; (*affetti, vita*) private; (*fig: profondo*) inmost ♦ *sm* (*persona*) intimate *o* close friend; (*dell'animo*) bottom, depths *pl*; **parti ~e** (*ANAT*) private parts

intimo'rire *vt* to frighten; **~rsi** *vr* to become frightened

in'tingolo *sm* sauce; (*pietanza*) stew

intiriz'zire [intirid'dzire] *vt* to numb ♦ *vi* (*anche:* **~rsi**) to go numb

intito'lare *vt* to give a title to; (*dedicare*) to dedicate

intolle'rabile *ag* intolerable

intolle'rante *ag* intolerant

in'tonaco, ci *o* **chi** *sm* plaster

into'nare *vt* (*canto*) to start to sing; (*armonizzare*) to match; **~rsi** *vr* (*colori*) to go together; **~rsi a** (*carnagione*) to suit; (*abito*) to go with, match

inton'tire *vt* to stun, daze ♦ *vi* (*anche:* **~rsi**) to be stunned *o* dazed

in'toppo *sm* stumbling block, obstacle

in'torno *av* around; **~ a** (*attorno a*) around; (*riguardo, circa*) about

intorpi'dire *vt* to numb; (*fig*) to make sluggish ♦ *vi* (*anche:* **~rsi**) to grow numb; (*fig*) to become sluggish

intossi'care *vt* to poison; **intossicazi'one** *sf* poisoning

intralci'are [intral'tʃare] *vt* to hamper, hold up

intransi'tivo, a *ag, sm* intransitive

intrapren'dente *ag* enterprising, go-ahead

intra'prendere *vt* to undertake

intrat'tabile *ag* intractable

intratte'nere *vt* to entertain; to engage in conversation; **~rsi** *vr* to linger; **~rsi su qc** to dwell on sth

intrave'dere *vt* to catch a glimpse of; (*fig*) to foresee

intrecci'are [intret'tʃare] vt (capelli) to plait, braid; (intessere: anche fig) to weave, interweave, intertwine; ~**rsi** vr to intertwine, become interwoven; ~ **le mani** to clasp one's hands; **in'treccio** sm (fig: trama) plot, story

intri'gare vi to manoeuvre (BRIT), maneuver (US), scheme; **in'trigo, ghi** sm plot, intrigue

in'trinseco, a, ci, che ag intrinsic

in'triso, a ag: ~ **(di)** soaked (in)

intro'durre vt to introduce; (chiave etc): ~ **qc in** to insert sth into; (persone: far entrare) to show in; **introdursi** vr (moda, tecniche) to be introduced; **introdursi in** (persona: penetrare) to enter; (: entrare furtivamente) to steal o slip into; **introduzi'one** sf introduction

in'troito sm income, revenue

intro'mettersi vr to interfere, meddle; (interporsi) to intervene

in'truglio [in'truʎʎo] sm concoction

intrusi'one sf intrusion; interference

in'truso, a sm/f intruder

intu'ire vt to perceive by intuition; (rendersi conto) to realize; **in'tuito** sm intuition; (perspicacia) perspicacity; **intuizi'one** sf intuition

inu'mano, a ag inhuman

inumi'dire vt to dampen, moisten; ~**rsi** vr to become damp o wet

i'nutile ag useless; (superfluo) pointless, unnecessary; **inutilità** sf uselessness; pointlessness

inutil'mente av unnecessarily; (senza risultato) in vain

inva'dente ag (fig) interfering, nosey

in'vadere vt to invade; (affollare) to swarm into, overrun; (sog: acque) to flood

inva'ghirsi [inva'girsi] vr: ~ **di** to take a fancy to

invalidità sf infirmity; disability; (DIR) invalidity

in'valido, a ag (infermo) infirm, invalid; (al lavoro) disabled; (DIR: nullo) invalid ♦ sm/f invalid; disabled person

in'vano av in vain

invasi'one sf invasion

in'vaso, a pp di **invadere**

inva'sore, invadi'trice [invadi'tritʃe] ag invading ♦ sm invader

invecchi'are vi (persona) to grow old; (vino, popolazione) to age; (moda) to become dated ♦ vt to age; (far apparire più vecchio) to make look older

in'vece [in'vetʃe] av instead; (al contrario) on the contrary; ~ **di** instead of

inve'ire vi: ~ **contro** to rail against

inven'tare vt to invent; (pericoli, pettegolezzi) to make up, invent

inven'tario sm inventory; (COMM) stocktaking no pl

inven'tivo, a ag inventive ♦ sf inventiveness

inven'tore sm inventor

invenzi'one [inven'tsjone] sf invention; (bugia) lie, story

inver'nale ag winter cpd; (simile all'inverno) wintry

in'verno sm winter

invero'simile ag unlikely

inversi'one sf inversion; reversal; "**divieto d'~**" (AUT) "no U-turns"

in'verso, a ag opposite; (MAT) inverse ♦ sm contrary, opposite; **in senso ~** in the opposite direction; **in ordine ~** in reverse order

inver'tire vt to invert, reverse; ~ **la marcia** (AUT) to do a U-turn; **inver'tito, a** sm/f homosexual

investi'gare vt, vi to investigate; **investiga'tore, trice** sm/f investigator, detective; **investigazi'one** sf investigation, inquiry

investi'mento sm (ECON) investment

inves'tire vt (denaro) to invest; (sog: veicolo: pedone) to knock down; (: altro veicolo) to crash into; (apostrofare) to assail; (incaricare): ~ **qn di** to invest sb with

invi'are vt to send; **invi'ato, a** sm/f envoy; (STAMPA) correspondent

in'vidia sf envy; **invidi'are** vt: **invidiare qn (per qc)** to envy sb for sth; **invidiare qc a qn** to envy sb sth; **invidi'oso, a** ag envious

in'vio, 'vii sm sending; (*insieme di merci*) consignment; (*tasto*) return

invipe'rito, a ag furious

invischi'are [invis'kjare] vt (*fig*): ~ qn in to involve sb in; ~rsi vr: ~rsi (con qn/in qc) to get mixed up *o* involved (with sb/in sth)

invi'sibile ag invisible

invi'tare vt to invite; ~ qn a fare to invite sb to do; invi'tato, a sm/f guest; in'vito sm invitation

invo'care vt (*chiedere: aiuto, pace*) to cry out for; (*appellarsi: la legge, Dio*) to appeal to, invoke

invogli'are [invoʎ'ʎare] vt: ~ qn a fare to tempt sb to do, induce sb to do

involon'tario, a ag (*errore*) unintentional; (*gesto*) involuntary

invol'tino sm (*CUC*) roulade

in'volto sm (*pacco*) parcel; (*fagotto*) bundle

in'volucro sm cover, wrapping

involuzi'one [involut'tsjone] sf (*di stile*) convolutedness; (*regresso*): subire un'~ to regress

inzacche'rare [intsakke'rare] vt to spatter with mud

inzup'pare [intsup'pare] vt to soak; ~rsi vr to get soaked

'io pron I ♦ sm inv: I'~ the ego, the self; ~ stesso(a) I myself

i'odio sm iodine

I'onio sm: lo ~, il mar ~ the Ionian (Sea)

iperme'rcato sm hypermarket

ipertensi'one sf high blood pressure

iper'testo sm hypertext; ipertestuale ag hypertext(ual)

ip'nosi sf hypnosis; ipno'tismo sm hypnotism; ipno'tizzare vt to hypnotize

ipocri'sia sf hypocrisy

i'pocrita, i, e ag hypocritical ♦ sm/f hypocrite

ipo'teca, che sf mortgage; ipote'care vt to mortgage

i'potesi sf inv hypothesis; ipo'tetico, a, ci, che ag hypothetical

'ippica sf horseracing

'ippico, a, ci, che ag horse cpd

ippocas'tano sm horse chestnut

ip'podromo sm racecourse

ippo'potamo sm hippopotamus

'ira sf anger, wrath

I'ran sm: l'~ Iran

I'raq sm: l'~ Iraq

'iride sf (*arcobaleno*) rainbow; (*ANAT, BOT*) iris

Ir'landa sf: l'~ Ireland; l'~ del Nord Northern Ireland, Ulster; la Repubblica d'~ Eire, the Republic of Ireland; irlan'dese ag Irish ♦ sm/f Irishman/woman; gli Irlandesi the Irish

iro'nia sf irony; i'ronico, a, ci, che ag ironic(al)

irradi'are vt to radiate; (*sog: raggi di luce: illuminare*) to shine on ♦ vi (*diffondersi: anche: ~rsi*) to radiate

irragio'nevole [irradʒo'nevole] ag irrational; unreasonable

irrazio'nale [irrattsjo'nale] ag irrational

irre'ale ag unreal

irrecupe'rabile ag irretrievable; (*fig: persona*) irredeemable

irrecu'sabile ag (*offerta*) not to be refused; (*prova*) irrefutable

irrego'lare ag irregular; (*terreno*) uneven

irremo'vibile ag (*fig*) unyielding

irrepa'rabile ag irreparable; (*fig*) inevitable

irrepe'ribile ag nowhere to be found

irrequi'eto, a ag restless

irresis'tibile ag irresistible

irrespon'sabile ag irresponsible

irridu'cibile [irridu'tʃibile] ag irreducible; (*fig*) indomitable

irri'gare vt (*annaffiare*) to irrigate; (*sog: fiume etc*) to flow through; irrigazi'one sf irrigation

irrigi'dire [irridʒi'dire] vt to stiffen; ~rsi vr to stiffen

irri'sorio, a ag derisory

irri'tare vt (*mettere di malumore*) to irritate, annoy; (*MED*) to irritate; ~rsi vr (*stizzirsi*) to become irritated *o* annoyed; (*MED*) to become irritated; irritazi'one sf irritation; annoyance

ir'rompere vi: ~ in to burst into

irro'rare vt to sprinkle; (AGR) to spray
irru'ente ag (fig) impetuous, violent
irruzi'one [irrut'tsjone] sf: **fare ~ in** to burst into; (sog: polizia) to raid
'irto, a ag bristly; **~ di** bristling with
is'critto, a pp di **iscrivere** ♦ sm/f member; **per** o **in ~** in writing
is'crivere vt to register, enter; (persona): **~ (a)** to register (in), enrol (in); **~rsi** vr: **~rsi (a)** (club, partito) to join; (università) to register o enrol (at); (esame, concorso) to register o enter (for); **iscrizi'one** sf (epigrafe etc) inscription; (a scuola, società) enrolment, registration; (registrazione) registration
Is'lam sm: **l'~** Islam
Is'landa sf: **l'~** Iceland
'isola sf island; **~ pedonale** (AUT) pedestrian precinct
isola'mento sm isolation; (TECN) insulation
iso'lante ag insulating ♦ sm insulator
iso'lare vt to isolate; (TECN) to insulate; (: acusticamente) to soundproof; **iso'lato, a** ag isolated; insulated ♦ sm (gruppo di edifici) block
ispetto'rato sm inspectorate
ispet'tore sm inspector
ispezio'nare [ispettsjo'nare] vt to inspect; **ispezi'one** sf inspection
'ispido, a ag bristly, shaggy
ispi'rare vt to inspire; **~rsi** vr: **~rsi a** to draw one's inspiration from
Isra'ele sm: **l'~** Israel; **israeli'ano, a** ag, sm/f Israeli
is'sare vt to hoist
istan'taneo, a ag instantaneous ♦ sf (FOT) snapshot
is'tante sm instant, moment; **all'~, sull'~** instantly, immediately
is'tanza [is'tantsa] sf petition, request
is'terico, a, ci, che ag hysterical
iste'rismo sm hysteria
isti'gare vt to incite; **istigazi'one** sf incitement; **istigazione a delinquere** (DIR) incitement to crime
is'tinto sm instinct
istitu'ire vt (fondare) to institute, found;

(porre: confronto) to establish; (intraprendere: inchiesta) to set up
isti'tuto sm institute; (di università) department; (ente, DIR) institution; **~ di bellezza** beauty salon
istituzi'one [istitut'tsjone] sf institution
'istmo sm (GEO) isthmus
'istrice ['istritʃe] sm porcupine
istri'one (peg) sm ham actor
istru'ire vt (insegnare) to teach; (ammaestrare) to train; (informare) to instruct, inform; (DIR) to prepare; **istrut'tore, 'trice** sm/f instructor ♦ ag: **giudice istruttore** vedi **giudice**; **istrut'toria** sf (DIR) (preliminary) investigation and hearing; **istruzi'one** sf education; training; (direttiva) instruction
l'talia sf: **l'~** Italy
itali'ano, a ag Italian ♦ sm/f Italian ♦ sm (LING) Italian; **gli l~i** the Italians
itine'rario sm itinerary
itte'rizia [itte'rittsja] sf (MED) jaundice
'ittico, a, ci, che ag fish cpd; fishing cpd
lugos'lavia etc = **Jugoslavia** etc
i'uta sf jute
I.V.A. ['iva] sigla f (= imposta sul valore aggiunto) VAT

J, j

jazz [dʒaz] sm jazz
jeans [dʒinz] smpl jeans
Jugos'lavia [jugoz'lavja] sf: **la ~** Yugoslavia; **la ex-~** former Yugoslavia; **jugos'lavo, a** ag, sm/f Yugoslav(ian)
'juta ['juta] sf = **iuta**

K, k

K abbr (INFORM) K
k abbr (= kilo) k
karatè sm karate
Kg abbr (= chilogrammo) kg
'killer sm inv gunman, hired gun
'kiwi ['kiwi] sm inv kiwi fruit

km *abbr* (= *chilometro*) km
koso'varo, a *sm/f, ag* Kosovar
'krapfen *sm inv* (*CUC*) doughnut

L, l

l' *det vedi* **la; lo; il**
la[1] (*dav V* **l'**) *det f* the ♦ *pron* (*oggetto:
persona*) her; (: *cosa*) it; (: *forma di cortesia*)
you; *vedi anche* **il**
la[2] *sm inv* (*MUS*) A; (: *solfeggiando*) la
là *av* there; **di ~** (*da quel luogo*) from there;
(*in quel luogo*) in there; (*dall'altra parte*)
over there; **di ~ di** beyond; **per di ~** that
way; **più in ~** further on; (*tempo*) later on;
fatti in ~ move up; **~ dentro/sopra/sotto**
in/up (*o* on)/under there; *vedi anche*
quello
'labbro (*pl(f)*: **labbra**: *solo nel senso ANAT*)
sm lip
labi'rinto *sm* labyrinth, maze
labora'torio *sm* (*di ricerca*) laboratory; (*di
arti, mestieri*) workshop
labori'oso, a *ag* (*faticoso*) laborious;
(*attivo*) hard-working
labu'rista, i, e *ag* Labour (*BRIT*) *cpd*
♦ *sm/f* Labour Party member (*BRIT*)
'lacca, che *sf* lacquer
'laccio ['lattʃo] *sm* noose; (*legaccio, tirante*)
lasso; (*di scarpa*) lace; **~ emostatico**
tourniquet
lace'rare [latʃe'rare] *vt* to tear to shreds,
lacerate; **~rsi** *vr* to tear; **'lacero, a** *ag*
(*logoro*) torn, tattered; (*MED*) lacerated
'lacrima *sf* tear; **in ~e** in tears; **lacri'mare**
vi to water; **lacri'mogeno, a** *ag:* **gas
lacrimogeno** tear gas
la'cuna *sf* (*fig*) gap
'ladro *sm* thief; **ladro'cinio** *sm* theft,
larceny
laggiù [lad'dʒu] *av* down there; (*di là*) over
there
la'gnarsi [laɲ'narsi] *vr:* **~ (di)** to complain
(about)
'lago, ghi *sm* lake
la'guna *sf* lagoon

'laico, a, ci, che *ag* (*apostolato*) lay;
(*vita*) secular; (*scuola*) non-denominational
♦ *sm/f* layman/woman
'lama *sm inv* (*ZOOL*) llama; (*REL*) lama ♦ *sf*
blade
lam'bire *vt* to lick; to lap
lamen'tare *vt* to lament; **~rsi** *vr* (*emettere
lamenti*) to moan, groan; (*rammaricarsi*):
~rsi (di) to complain (about); **lamen'tela**
sf complaining *no pl*; **lamen'tevole** *ag*
(*voce*) complaining, plaintive; (*destino*)
pitiful; **la'mento** *sm* moan, groan; wail;
lamen'toso, a *ag* plaintive
la'metta *sf* razor blade
lami'era *sf* sheet metal
'lamina *sf* (*lastra sottile*) thin sheet (*o* layer
o plate); **~ d'oro** gold leaf; gold foil;
lami'nare *vt* to laminate; **lami'nato, a**
ag laminated; (*tessuto*) lamé ♦ *sm* laminate
'lampada *sf* lamp; **~ a gas** gas lamp; **~ da
tavolo** table lamp
lampa'dario *sm* chandelier
lampa'dina *sf* light bulb; **~ tascabile**
pocket torch (*BRIT*) *o* flashlight (*US*)
lam'pante *ag* (*fig: evidente*) crystal clear,
evident
lampeggi'are [lamped'dʒare] *vi* (*luce, fari*)
to flash ♦ *vb impers:* **lampeggia** there's
lightning; **lampeggia'tore** *sm* (*AUT*)
indicator
lampi'one *sm* street light *o* lamp (*BRIT*)
'lampo *sm* (*METEOR*) flash of lightning; (*di
luce, fig*) flash; **~i** *smpl* lightning *no pl* ♦ *ag
inv:* **cerniera ~** zip (*fastener*) (*BRIT*), zipper
(*US*); **guerra ~** blitzkrieg
lam'pone *sm* raspberry
'lana *sf* wool; **~ d'acciaio** steel wool; **pura
~ vergine** pure new wool; **~ di vetro** glass
wool
lan'cetta [lan'tʃetta] *sf* (*indice*) pointer,
needle; (*di orologio*) hand
'lancia ['lantʃa] *sf* (*arma*) lance; (: *picca*)
spear; (*di pompa antincendio*) nozzle;
(*imbarcazione*) launch
lanciafi'amme [lantʃa'fjamme] *sm inv*
flamethrower
lanci'are [lan'tʃare] *vt* to throw, hurl, fling;

(SPORT) to throw; (far partire: automobile) to get up to full speed; (bombe) to drop; (razzo, prodotto, moda) to launch; **~rsi** vr: **~rsi contro/su** to throw o hurl o fling o.s. against/on; **~rsi in** (fig) to embark on

lanci'nante [lantʃi'nante] ag (dolore) shooting, throbbing; (grido) piercing

'lancio ['lantʃo] sm throwing no pl; throw; dropping no pl; drop; launching no pl; launch; **~ del peso** putting the shot

'landa sf (GEO) moor

'languido, a ag (fiacco) languid, weak; (tenero, malinconico) languishing

langu'ore sm weakness, languor

lani'ficio [lani'fitʃo] sm woollen mill

la'noso, a ag woolly

lan'terna sf lantern; (faro) lighthouse

la'nugine [la'nudʒine] sf down

lapi'dario, a ag (fig) terse

'lapide sf (di sepolcro) tombstone; (commemorativa) plaque

'lapis sm inv pencil

Lap'ponia sf Lapland

'lapsus sm inv slip

'laptop ['læptɔp] sm inv laptop (computer)

'lardo sm bacon fat, lard

lar'ghezza [lar'gettsa] sf width; breadth; looseness; generosity; **~ di vedute** broad-mindedness

'largo, a, ghi, ghe ag wide; broad; (maniche) wide; (abito: troppo ampio) loose; (fig) generous ♦ sm width; breadth; (mare aperto): **il ~** the open sea ♦ sf: **stare** o **tenersi alla ~a (da qn/qc)** to keep one's distance (from sb/sth), keep away (from sb/sth); **~ due metri** two metres wide; **~ di spalle** broad-shouldered; **di ~ghe vedute** broad-minded; **su ~a scala** on a large scale; **di manica ~a** generous, open-handed; **al ~ di Genova** off (the coast of) Genoa; **farsi ~ tra la folla** to push one's way through the crowd

'larice ['laritʃe] sm (BOT) larch

larin'gite [larin'dʒite] sf laryngitis

'larva sf larva; (fig) shadow

la'sagne [la'zaɲɲe] sfpl lasagna sg

lasci'are [laʃ'ʃare] vt to leave; (abbandonare) to leave, abandon, give up; (cessare di tenere) to let go of ♦ vb aus: **~ fare qn** to let sb do; **~ andare** o **correre** o **perdere** to let things go their own way; **~ stare qc/qn** to leave sth/sb alone; **~rsi** vr (persone) to part; (coppia) to split up; **~rsi andare** to let o.s. go

'lascito ['laʃʃito] sm (DIR) legacy

'laser ['lazer] ag, sm inv: **(raggio) ~** laser (beam)

lassa'tivo, a ag, sm laxative

'lasso sm: **~ di tempo** interval, lapse of time

las'sù av up there

'lastra sf (di pietra) slab; (di metallo, FOT) plate; (di ghiaccio, vetro) sheet; (radiografica) X-ray (plate)

lastri'cato sm paving

late'rale ag lateral, side cpd; (uscita, ingresso etc) side cpd ♦ sm (CALCIO) half-back

late'rizio [late'rittsjo] sm (perforated) brick

lati'fondo sm large estate

la'tino, a ag, sm Latin; **~-ameri'cano, a** ag Latin-American

lati'tante sm/f fugitive (from justice)

lati'tudine sf latitude

'lato, a ag (fig) wide, broad ♦ sm side; (fig) aspect, point of view; **in senso ~** broadly speaking

la'trare vi to bark

la'trina sf public lavatory

'latta sf tin (plate); (recipiente) tin, can

lat'taio, a sm/f milkman/woman; dairyman/woman

lat'tante ag unweaned

'latte sm milk; **~ detergente** cleansing milk o lotion; **~ in polvere** dried o powdered milk; **~ scremato** skimmed milk; latte'ria sf dairy; latti'cini smpl dairy products

lat'tina sf (di birra etc) can

lat'tuga, ghe sf lettuce

'laurea sf degree; laurearsi vr to graduate; laure'ato, a ag, sm/f graduate

'lauro sm laurel

'lauto, a ag (pranzo, mancia) lavish

'lava sf lava

la'vabo *sm* washbasin

la'vaggio [la'vaddʒo] *sm* washing *no pl*; ~ **del cervello** brainwashing *no pl*

la'vagna [la'vaɲɲa] *sf* (GEO) slate; (*di scuola*) blackboard

la'vanda *sf* (*anche* MED) wash; (BOT) lavender; **lavan'daia** *sf* washerwoman; **lavande'ria** *sf* laundry; **lavanderia automatica** launderette; **lavanderia a secco** dry-cleaner's; **lavan'dino** *sm* sink

lavapi'atti *sm/f* dishwasher

la'vare *vt* to wash; **~rsi** *vr* to wash, have a wash; ~ **a secco** to dry-clean; **~rsi le mani/i denti** to wash one's hands/clean one's teeth

lava'secco *sm o f inv* drycleaner's

lavasto'viglie [lavasto'viʎʎe] *sm o f inv* (*macchina*) dishwasher

lava'trice [lava'tritʃe] *sf* washing machine

lava'tura *sf* washing *no pl*; ~ **di piatti** dishwater

lavo'rante *sm/f* worker

lavo'rare *vi* to work; (*fig: bar, studio etc*) to do good business ♦ *vt* to work; **~rsi qn** (*persuaderlo*) to work on sb; ~ **a** to work on; ~ **a maglia** to knit; **lavora'tivo, a** *ag* working; **lavora'tore, 'trice** *sm/f* worker ♦ *ag* working; **lavorazi'one** *sf* (*gen*) working; (*di legno, pietra*) carving; (*di film*) making; (*di prodotto*) manufacture; (*modo di esecuzione*) workmanship; **lavo'rio** *sm* intense activity

la'voro *sm* work; (*occupazione*) job, work *no pl*; (*opera*) piece of work, job; (ECON) labour; **~i forzati** hard labour *sg*; **~i pubblici** public works

le *det fpl* the ♦ *pron* (*oggetto*) them; (: *a lei, a essa*) (to) her; (: *forma di cortesia*) (to) you; *vedi anche* **il**

le'ale *ag* loyal; (*sincero*) sincere; (*onesto*) fair; **lealtà** *sf* loyalty; sincerity; fairness

'lebbra *sf* leprosy

'lecca 'lecca *sm inv* lollipop

leccapi'edi (*peg*) *sm/f inv* toady, bootlicker

lec'care *vt* to lick; (*sog: gatto: latte etc*) to lick *o* lap up; (*fig*) to flatter; **~rsi i baffi** to lick one's lips

'leccio ['lettʃo] *sm* holm oak, ilex

leccor'nia *sf* titbit, delicacy

'lecito, a ['letʃito] *ag* permitted, allowed

'ledere *vt* to damage, injure

'lega, ghe *sf* league; (*di metalli*) alloy

le'gaccio [le'gattʃo] *sm* string, lace

le'gale *ag* legal ♦ *sm* lawyer; **legaliz'zare** *vt* to authenticate; (*regolarizzare*) to legalize

le'game *sm* (*corda, fig: affettivo*) tie, bond; (*nesso logico*) link, connection

le'gare *vt* (*prigioniero, capelli, cane*) to tie (up); (*libro*) to bind; (CHIM) to alloy; (*fig: collegare*) to bind, join ♦ *vi* (*far lega*) to unite; (*fig*) to get on well

le'gato *sm* (REL) legate; (DIR) legacy, bequest

lega'tura *sf* (*di libro*) binding; (MUS) ligature

le'genda [le'dʒɛnda] *sf* (*di carta geografica etc*) = **leggenda**

'legge ['leddʒe] *sf* law

leg'genda [led'dʒɛnda] *sf* (*narrazione*) legend; (*di carta geografica etc*) key, legend

'leggere ['lɛddʒere] *vt, vi* to read

legge'rezza [leddʒe'rettsa] *sf* lightness; thoughtlessness; fickleness

leg'gero, a [led'dʒɛro] *ag* light; (*agile, snello*) nimble, agile, light; (*tè, caffè*) weak; (*fig: non grave, piccolo*) slight; (: *spensierato*) thoughtless; (: *incostante*) fickle; free and easy; **alla ~a** thoughtlessly

leggi'adro, a [led'dʒadro] *ag* pretty, lovely; (*movimenti*) graceful

leg'gio, 'gii [led'dʒio] *sm* lectern; (MUS) music stand

legisla'tura [ledʒizla'tura] *sf* legislature

legislazi'one [ledʒizlat'tsjone] *sf* legislation

le'gittimo, a [le'dʒittimo] *ag* legitimate; (*fig: giustificato, lecito*) justified, legitimate; **~a difesa** (DIR) self-defence

'legna ['leɲɲa] *sf* firewood; **le'gname** *sm* wood, timber

'legno ['leɲɲo] *sm* wood; (*pezzo di ~*) piece of wood; **di ~** wooden; ~ **compensato** plywood; le'gnoso, a *ag* wooden; woody; (*carne*) tough

le'gumi *smpl* (*BOT*) pulses

'lei *pron* (*soggetto*) she; (*oggetto: per dare rilievo, con preposizione*) her; (*forma di cortesia: anche:* **L~**) you ♦ *sm:* **dare del ~ a qn** to address sb as "lei"; **~ stessa** she herself; **you yourself**

'lembo *sm* (*di abito, strada*) edge; (*striscia sottile: di terra*) strip

'lemma, i *sm* headword

'lemme 'lemme *av* (very) very slowly

'lena *sf* (*fig*) energy, stamina

le'nire *vt* to soothe

lenta'mente *av* slowly

'lente *sf* (*OTTICA*) lens *sg;* **~ d'ingrandimento** magnifying glass; **~i a contatto** *o* **corneali** contact lenses

len'tezza [len'tettsa] *sf* slowness

len'ticchia [len'tikkja] *sf* (*BOT*) lentil

len'tiggine [len'tiddʒine] *sf* freckle

'lento, a *ag* slow; (*molle: fune*) slack; (*non stretto: vite, abito*) loose ♦ *sm* (*ballo*) slow dance

'lenza ['lentsa] *sf* fishing-line

lenzu'olo [len'tswɔlo] *sm* sheet; **~a** *sfpl* pair of sheets

le'one *sm* lion; (*dello zodiaco*): **L~** Leo

lepo'rino, a *ag:* **labbro ~** harelip

'lepre *sf* hare

'lercio, a, ci, cie ['lertʃo] *ag* filthy

'lesbica, che *sf* lesbian

lesi'nare *vt* to be stingy with ♦ *vi:* **~ (su)** to skimp (on), be stingy (with)

lesi'one *sf* (*MED*) lesion; (*DIR*) injury, damage; (*EDIL*) crack

'leso, a *pp di* **ledere** ♦ *ag* (*offeso*) injured; **parte ~a** (*DIR*) injured party

les'sare *vt* (*CUC*) to boil

'lessico, ci *sm* vocabulary; lexicon

'lesso, a *ag* boiled ♦ *sm* boiled meat

'lesto, a *ag* quick; (*agile*) nimble; **~ di mano** (*per rubare*) light-fingered; (*per picchiare*) free with one's fists

le'tale *ag* lethal; fatal

leta'maio *sm* dunghill

le'tame *sm* manure, dung

le'targo, ghi *sm* lethargy; (*ZOOL*) hibernation

le'tizia [le'tittsja] *sf* joy, happiness

'lettera *sf* letter; **~e** *sfpl* (*letteratura*) literature *sg;* (*studi umanistici*) arts (subjects); **alla ~** literally; **in ~e** in words, in full; **lette'rale** *ag* literal

lette'rario, a *ag* literary

lette'rato, a *ag* well-read, scholarly

lettera'tura *sf* literature

let'tiga, ghe *sf* (*barella*) stretcher

let'tino *sm* cot (*BRIT*), crib (*US*)

'letto, a *pp di* **leggere** ♦ *sm* bed; **andare a ~** to go to bed; **~ a castello** bunk beds *pl;* **~ a una piazza / a due piazze** *o* **matrimoniale** single/double bed

let'tore, 'trice *sm/f* reader; (*INS*) (foreign language) assistant (*BRIT*), (foreign) teaching assistant (*US*) ♦ *sm* (*TECN*): **~ ottico** optical character reader

let'tura *sf* reading

leuce'mia [leutʃe'mia] *sf* leukaemia

'leva *sf* lever; (*MIL*) conscription; **far ~ su qn** to work on sb; **~ del cambio** (*AUT*) gear lever

le'vante *sm* east; (*vento*) East wind; **il L~** the Levant

le'vare *vt* (*occhi, braccio*) to raise; (*sollevare, togliere: tassa, divieto*) to lift; (*indumenti*) to take off, remove; (*rimuovere*) to take away; (*: dal di sopra*) to take off; (*: dal di dentro*) to take out; **~rsi** *vr* to get up; (*sole*) to rise; **le'vata** *sf* (*di posta*) collection

leva'toio, a *ag:* **ponte ~** drawbridge

leva'tura *sf* intelligence, mental capacity

levi'gare *vt* to smooth; (*con carta vetrata*) to sand

levri'ere *sm* greyhound

lezi'one [let'tsjone] *sf* lesson; (*UNIV*) lecture; **fare ~** to teach; to lecture; **dare una ~ a qn** to teach sb a lesson

lezi'oso, a [let'tsjoso] *ag* affected; simpering

'lezzo ['leddzo] *sm* stench, stink

li *pron pl* (*oggetto*) them

lì *av* there; **di** *o* **da ~** from there; **per di ~** that way; **di ~ a pochi giorni** a few days later; **~ per ~** there and then; at first; **essere ~ (~) per fare** to be on the point of doing, be about to do; **~ dentro** in there; **~ sotto** under there; **~ sopra** on there; up there; *vedi anche* **quello**

liba'nese *ag, sm/f* Lebanese *inv*
Li'bano *sm:* **il ~** the Lebanon
'libbra *sf (peso)* pound
li'beccio [li'bettʃo] *sm* south-west wind
li'bello *sm* libel
li'bellula *sf* dragonfly
libe'rale *ag, sm/f* liberal
liberaliz'zare [liberalid'dzare] *vt* to liberalize
libe'rare *vt (rendere libero: prigioniero)* to release; *(: popolo)* to free, liberate; *(sgombrare: passaggio)* to clear; *(: stanza)* to vacate; *(produrre: energia)* to release; **~rsi** *vr:* **~rsi di qc/qn** to get rid of sth/sb; libera'tore, 'trice *ag* liberating ♦ *sm/f* liberator; liberazi'one *sf* liberation, freeing; release; rescuing

---

Liberazione

> The **Liberazione** is a national holiday which falls on 25 April. It commemorates the liberation of Italy at the end of the Second World War.

'libero, a *ag* free; *(strada)* clear; *(non occupato: posto etc)* vacant; not taken; empty; not engaged; **~ di fare qc** free to do sth; **~ da** free from; **~ arbitrio** free will; **~ professionista** self-employed professional person; **~ scambio** free trade; libertà *sf inv* freedom, *(tempo disponibile)* free time ♦ *sfpl (licenza)* liberties; **in libertà provvisoria/vigilata** released without bail/on probation
'Libia *sf:* **la ~** Libya; 'libico, a, ci, che *ag, sm/f* Libyan
li'bidine *sf* lust
li'braio *sm* bookseller
li'brarsi *vr* to hover
libre'ria *sf (bottega)* bookshop; *(stanza)* library; *(mobile)* bookcase
li'bretto *sm* booklet; *(taccuino)* notebook;

(MUS) libretto; **~ degli assegni** cheque book; **~ di circolazione** *(AUT)* logbook; **~ di risparmio** *(savings)* bank-book, passbook; **~ universitario** student's report book
'libro *sm* book; **~ di cassa** cash book; **~ mastro** ledger; **~ paga** payroll; **~ di testo** textbook
li'cenza [li'tʃentsa] *sf (permesso)* permission, leave; *(di pesca, caccia, circolazione)* permit, licence; *(MIL)* leave; *(INS)* school leaving certificate; *(libertà)* liberty; licence; licentiousness; **andare in ~** *(MIL)* to go on leave
licenzia'mento [litʃentsja'mento] *sm* dismissal
licenzi'are [litʃen'tsjare] *vt (impiegato)* to dismiss; *(COMM: per eccesso di personale)* to make redundant; *(INS)* to award a certificate to; **~rsi** *vr (impiegato)* to resign, hand in one's notice; *(INS)* to obtain one's school-leaving certificate
li'ceo [li'tʃɛo] *sm (INS)* secondary *(BRIT) o* high *(US)* school *(for 14- to 19-year-olds)*
'lido *sm* beach, shore
li'eto, a *ag* happy, glad; **"molto ~"** *(nelle presentazioni)* "pleased to meet you"
li'eve *ag* light; *(di poco conto)* slight; *(sommesso: voce)* faint, soft
lievi'tare *vi (anche fig)* to rise ♦ *vt* to leaven
li'evito *sm* yeast; **~ di birra** brewer's yeast
'ligio, a, gi, gie ['lidʒo] *ag* faithful, loyal
'lilla *sm inv* lilac
'lillà *sm inv* lilac
'lima *sf* file
limacci'oso, a [limat'tʃoso] *ag* slimy; muddy
li'mare *vt* to file (down); *(fig)* to polish
'limbo *sm (REL)* limbo
li'metta *sf* nail file
limi'tare *vt* to limit, restrict; *(circoscrivere)* to bound, surround; limita'tivo, a *ag* limiting, restricting; limi'tato, a *ag* limited, restricted
'limite *sm* limit; *(confine)* border, boundary; **~ di velocità** speed limit
li'mitrofo, a *ag* neighbouring

limo'nata *sf* lemonade (*BRIT*), (lemon) soda (*US*); lemon squash (*BRIT*), lemonade (*US*)

li'mone *sm* (*pianta*) lemon tree; (*frutto*) lemon

'limpido, a *ag* clear; (*acqua*) limpid, clear

'lince ['lintʃe] *sf* lynx

linci'are *vt* to lynch

'lindo, a *ag* tidy, spick and span; (*biancheria*) clean

'linea *sf* line; (*di mezzi pubblici di trasporto: itinerario*) route; (: *servizio*) service; **a grandi ~e** in outline; **mantenere la ~** to look after one's figure; **aereo di ~** airliner; **nave di ~** liner; **volo di ~** scheduled flight; **~ aerea** airline; **~ cortesia ~ di partenza/ d'arrivo** (*SPORT*) starting/finishing line; **~ di tiro** line of fire

linea'menti *smpl* features; (*fig*) outlines

line'are *ag* linear; (*fig*) coherent, logical

line'etta *sf* (*trattino*) dash; (*d'unione*) hyphen

lin'gotto *sm* ingot, bar

'lingua *sf* (*ANAT, CUC*) tongue; (*idioma*) language; **mostrare la ~** to stick out one's tongue; **di ~ italiana** Italian-speaking; **~ madre** mother tongue; **una ~ di terra** a spit of land

lingu'aggio [liŋ'gwaddʒo] *sm* language

lingu'etta *sf* (*di strumento*) reed; (*di scarpa, TECN*) tongue; (*di busta*) flap

lingu'istica *sf* linguistics *sg*

'lino *sm* (*pianta*) flax; (*tessuto*) linen

li'noleum *sm inv* linoleum, lino

liposuzi'one [liposut'tsjone] *sf* liposuction

lique'fare *vt* (*render liquido*) to liquefy; (*fondere*) to melt; **~rsi** *vr* to liquefy; (*fig*) to melt

liqui'dare *vt* (*società, beni; persona: uccidere*) to liquidate; (*persona: sbarazzarsene*) to get rid of; (*conto, problema*) to settle; (*COMM: merce*) to sell off, clear; **liquidazi'one** *sf* liquidation; settlement; clearance sale

liquidità *sf* liquidity

'liquido, a *ag, sm* liquid; **~ per freni** brake fluid

liqui'rizia [likwi'rittsja] *sf* liquorice

li'quore *sm* liqueur

'lira *sf* (*unità monetaria*) lira; (*MUS*) lyre; **~ sterlina** pound sterling

'lirica, che *sf* (*poesia*) lyric poetry; (*componimento poetico*) lyric; (*MUS*) opera

'lirico, a, ci, che *ag* lyric(al); (*MUS*) lyric; **cantante/teatro ~** opera singer/house

'lisca, sche *sf* (*di pesce*) fishbone

lisci'are [liʃ'ʃare] *vt* to smooth; (*fig*) to flatter

'liscio, a, sci, sce ['liʃʃo] *ag* smooth; (*capelli*) straight; (*mobile*) plain; (*bevanda alcolica*) neat; (*fig*) straightforward, simple ♦ *av*: **andare ~** to go smoothly; **passarla ~a** to get away with it

'liso, a *ag* worn out, threadbare

'lista *sf* (*elenco*) list; **~ elettorale** electoral roll; **~ delle vivande** menu; **~ delle spese** shopping list

lis'tino *sm* list; **~ dei cambi** (foreign) exchange rate; **~ dei prezzi** price list

Lit. *abbr* = **lire italiane**

'lite *sf* quarrel, argument; (*DIR*) lawsuit

liti'gare *vi* to quarrel; (*DIR*) to litigate

li'tigio [li'tidʒo] *sm* quarrel; **litigi'oso, a** *ag* quarrelsome; (*DIR*) litigious

litogra'fia *sf* (*sistema*) lithography; (*stampa*) lithograph

lito'rale *ag* coastal, coast *cpd* ♦ *sm* coast

'litro *sm* litre

livel'lare *vt* to level, make level; **~rsi** *vr* to become level; (*fig*) to level out, balance out

li'vello *sm* level; (*fig*) level, standard; **ad alto ~** (*fig*) high-level; **~ del mare** sea level

'livido, a *ag* livid; (*per percosse*) bruised, black and blue; (*cielo*) leaden ♦ *sm* bruise

li'vore *sm* malice, spite

Li'vorno *sf* Livorno, Leghorn

li'vrea *sf* livery

'lizza ['littsa] *sf* lists *pl*; **scendere in ~** (*anche fig*) to enter the lists

lo (*dav s impura, gn, pn, ps, x, z; dav V* **l'**) *det m* the ♦ *pron* (*oggetto: persona*) him; (: *cosa*) it; **~ sapevo** I knew it; **~ so** I know; **sii buono, anche se lui non ~ è** be good, even if he isn't; *vedi anche* **il**

lo'cale *ag* local ♦ *sm* room; (*luogo pubblico*) premises *pl*; **~ notturno** nightclub;

località *sf inv* locality; **localiz'zare** *vt* (*circoscrivere*) to confine, localize; (*accertare*) to locate, place

lo'canda *sf* inn; **locandi'ere, a** *sm/f* innkeeper

loca'tario, a *sm/f* tenant

loca'tore, 'trice *sm/f* landlord/lady

locazi'one [lokat'tsjone] *sf* (*da parte del locatario*) renting *no pl*; (*da parte del locatore*) renting out *no pl*, letting *no pl*; **(contratto di) ~** lease; **(canone di) ~** rent; **dare in ~** to rent out, let

locomo'tiva *sf* locomotive

locomo'tore *sm* electric locomotive

locomozi'one [lokomot'tsjone] *sf* locomotion; **mezzi di ~** vehicles, means of transport

lo'custa *sf* locust

locuzi'one [lokut'tsjone] *sf* phrase, expression

lo'dare *vt* to praise

'lode *sf* praise; (*INS*): **laurearsi con 110 e ~** ≈ to graduate with a first-class honours degree (*BRIT*), graduate summa cum laude (*US*)

'loden *sm inv* (*stoffa*) loden; (*cappotto*) loden overcoat

lo'devole *ag* praiseworthy

loga'ritmo *sm* logarithm

'loggia, ge ['lɔddʒa] *sf* (*ARCHIT*) loggia; (*circolo massonico*) lodge; **loggi'one** *sm* (*di teatro*): **il loggione** the Gods *sg*

'logica *sf* logic

'logico, a, ci, che ['lɔdʒiko] *ag* logical

logo'rare *vt* to wear out; (*sciupare*) to waste; **~rsi** *vr* to wear out; (*fig*) to wear o.s. out

logo'rio *sm* wear and tear; (*fig*) strain

'logoro, a *ag* (*stoffa*) worn out, threadbare; (*persona*) worn out

lom'baggine [lom'baddʒine] *sf* lumbago

Lombar'dia *sf*: **la ~** Lombardy

lom'bata *sf* (*taglio di carne*) loin

'lombo *sm* (*ANAT*) loin

lom'brico, chi *sm* earthworm

londi'nese *ag* London *cpd* ♦ *sm/f* Londoner

'Londra *sf* London

lon'gevo, a [lon'dʒɛvo] *ag* long-lived

longi'tudine [londʒi'tudine] *sf* longitude

lonta'nanza [lonta'nantsa] *sf* distance; absence

lon'tano, a *ag* (*distante*) distant, faraway; (*assente*) absent; (*vago: sospetto*) slight, remote; (*tempo: remoto*) far-off, distant; (*parente*) distant, remote ♦ *av* far; **è ~a la casa?** is it far to the house?, is the house far from here?; **è ~ un chilometro** it's a kilometre away *o* a kilometre from here; **più ~** farther; **da** *o* **di ~** from a distance; **~ da** a long way from; **alla ~a** slightly, vaguely

'lontra *sf* otter

lo'quace [lo'kwatʃe] *ag* talkative, loquacious; (*fig: gesto etc*) eloquent

'lordo, a *ag* dirty, filthy; (*peso, stipendio*) gross

'loro *pron pl* (*oggetto, con preposizione*) them; (*complemento di termine*) to them; (*soggetto*) they; (*forma di cortesia: anche:* **L~**) you; to you; **il(la) ~, i(le) ~** *det* their; (*forma di cortesia: anche:* **L~**) your ♦ *pron* theirs; (*forma di cortesia: anche:* **L~**) yours; **~ stessi(e)** they themselves; you yourselves

'losco, a, schi, sche *ag* (*fig*) shady, suspicious

'lotta *sf* struggle, fight; (*SPORT*) wrestling; **~ libera** all-in wrestling; **lot'tare** *vi* to fight, struggle; to wrestle; **lotta'tore, trice** *sm/f* wrestler

lotte'ria *sf* lottery; (*di gara ippica*) sweepstake

'lotto *sm* (*gioco*) (state) lottery; (*parte*) lot; (*EDIL*) site

lozi'one [lot'tsjone] *sf* lotion

lubrifi'cante *sm* lubricant

lubrifi'care *vt* to lubricate

luc'chetto [luk'ketto] *sm* padlock

lucci'care [luttʃi'kare] *vi* to sparkle, glitter, twinkle

'luccio ['luttʃo] *sm* (*ZOOL*) pike

'lucciola ['luttʃola] *sf* (*ZOOL*) firefly; glowworm

'luce ['lutʃe] *sf* light; (*finestra*) window; **alla**

~ **di** by the light of; **fare ~ su qc** (*fig*) to shed *o* throw light on sth; **~ del sole/della luna** sun/moonlight; **lu'cente** *ag* shining
lucer'nario [lutʃer'narjo] *sm* skylight
lu'certola [lu'tʃɛrtola] *sf* lizard
luci'dare [lutʃi'dare] *vt* to polish
lucida'trice [lutʃida'tritʃe] *sf* floor polisher
'lucido, a ['lutʃido] *ag* shining, bright; (*lucidato*) polished; (*fig*) lucid ♦ *sm* shine, lustre; (*per scarpe etc*) polish; (*disegno*) tracing
'lucro *sm* profit, gain; **lu'croso, a** *ag* lucrative, profitable
'luglio ['luʎʎo] *sm* July
'lugubre *ag* gloomy
'lui *pronome* (*soggetto*) he; (*oggetto: per dare rilievo, con preposizione*) him; **~ stesso** he himself
lu'maca, che *sf* slug; (*chiocciola*) snail
'lume *sm* light; (*lampada*) lamp; (*fig*): **chiedere ~i a qn** to ask sb for advice; **a ~ di naso** (*fig*) by rule of thumb
lumi'naria *sf* (*per feste*) illuminations *pl*
lumi'noso, a *ag* (*che emette luce*) luminous; (*cielo, colore, stanza*) bright; (*sorgente*) of light, light *cpd*; (*fig: sorriso*) bright, radiant
'luna *sf* moon; **~ nuova/piena** new/full moon; **~ di miele** honeymoon
'luna park *sm inv* amusement park, funfair
lu'nare *ag* lunar, moon *cpd*
lu'nario *sm* almanac; **sbarcare il ~** to make ends meet
lu'natico, a, ci, che *ag* whimsical, temperamental
lunedì *sm inv* Monday; **di** *o* **il ~** on Mondays
lun'gaggine [lun'gaddʒine] *sf* slowness; **~i della burocrazia** red tape
lun'ghezza [lun'gettsa] *sf* length; **~ d'onda** (*FISICA*) wavelength
'lungi ['lundʒi]: **~ da** *prep* far from
'lungo, a, ghi, ghe *ag* long; (*lento: persona*) slow; (*diluito: caffè, brodo*) weak, watery, thin ♦ *sm* length ♦ *prep* along; **~ 3 metri** 3 metres long; **a ~** for a long time; **a ~ andare** in the long run; **di gran ~a**

(*molto*) by far; **andare in ~ o per le lunghe** to drag on; **saperla ~a** to know what's what; **in ~ e in largo** far and wide, all over; **~ il corso dei secoli** throughout the centuries
lungo'mare *sm* promenade
lu'notto *sm* (*AUT*) rear *o* back window; **~ termico** heated rear window
lu'ogo, ghi *sm* place; (*posto: di incidente etc*) scene, site; (*punto, passo di libro*) passage; **in ~ di** instead of; **in primo ~** in the first place; **aver ~** to take place; **dar ~ a** to give rise to; **~ comune** commonplace; **~ di nascita** birthplace; (*AMM*) place of birth; **~ di provenienza** place of origin
luogote'nente *sm* (*MIL*) lieutenant
lu'para *sf* sawn-off shotgun
'lupo, a *sm/f* wolf
'luppolo *sm* (*BOT*) hop
'lurido, a *ag* filthy
lu'singa, ghe *sf* (*spesso al pl*) flattery *no pl*
lusin'gare *vt* to flatter; **lusinghi'ero, a** *ag* flattering, gratifying
lus'sare *vt* (*MED*) to dislocate
Lussem'burgo *sm* (*stato*): **il ~** Luxembourg ♦ *sf* (*città*) Luxembourg
'lusso *sm* luxury; **di ~** luxury *cpd*; **lussu'oso, a** *ag* luxurious
lussureggi'ante [lussured'dʒante] *ag* luxuriant
lus'suria *sf* lust
lus'trare *vt* to polish, shine
lustras'carpe *sm/f inv* shoeshine
lus'trino *sm* sequin
'lustro, a *ag* shiny; (*pelo*) glossy ♦ *sm* shine, gloss; (*fig*) prestige, glory; (*quinquennio*) five-year period
'lutto *sm* mourning; **essere in/portare il ~** to be in/wear mourning; **luttu'oso, a** *ag* mournful, sad

M, m

ma *cong* but; **~ insomma!** for goodness sake!; **~ no!** of course not!

'macabro, a *ag* gruesome, macabre

macché [mak'ke] *escl* not at all!, certainly not!

macche'roni [makke'roni] *smpl* macaroni *sg*

'macchia ['makkja] *sf* stain, spot; (*chiazza di diverso colore*) spot; splash, patch; (*tipo di boscaglia*) scrub; **alla ~** (*fig*) in hiding; **macchi'are** *vt* (*sporcare*) to stain, mark; **macchiarsi** *vr* (*persona*) to get o.s. dirty; (*stoffa*) to stain; to get stained o marked

'macchina ['makkina] *sf* machine; (*motore, locomotiva*) engine; (*automobile*) car; (*fig: meccanismo*) machinery; **andare in ~** (*AUT*) to go by car; (*STAMPA*) to go to press; **~ da cucire** sewing machine; **~ fotografica** camera; **~ da presa** cine o movie camera; **~ da scrivere** typewriter; **~ a vapore** steam engine

macchi'nare [makki'nare] *vt* to plot

macchi'nario [makki'narjo] *sm* machinery

macchi'netta [makki'netta] (*fam*) *sf* (*caffettiera*) percolator; (*accendino*) lighter

macchi'nista, i [makki'nista] *sm* (*di treno*) engine-driver; (*di nave*) engineer

macchi'noso, a [makki'noso] *ag* complex, complicated

mace'donia [matʃe'dɔnja] *sf* fruit salad

macel'laio [matʃel'lajo] *sm* butcher

macel'lare [matʃel'lare] *vt* to slaughter, butcher; **macelle'ria** *sf* butcher's (shop); **ma'cello** *sm* (*mattatoio*) slaughterhouse, abattoir (*BRIT*); (*fig*) slaughter, massacre; (: *disastro*) shambles *sg*

mace'rare [matʃe'rare] *vt* to macerate; (*CUC*) to marinate; **~rsi** *vr* (*fig*): **~rsi in** to be consumed with

ma'cerie [ma'tʃɛrje] *sfpl* rubble *sg*, debris *sg*

ma'cigno [ma'tʃiɲɲo] *sm* (*masso*) rock, boulder

'macina ['matʃina] *sf* (*pietra*) millstone

(*macchina*) grinder; **macinacaffè** *sm inv* coffee grinder; **macina'pepe** *sm inv* peppermill

maci'nare [matʃi'nare] *vt* to grind; (*carne*) to mince (*BRIT*), grind (*US*); **maci'nato** *sm* meal, flour; (*carne*) minced (*BRIT*) o ground (*US*) meat

maci'nino [matʃi'nino] *sm* coffee grinder; peppermill

'madido, a *ag*: **~ (di)** wet o moist (with)

Ma'donna *sf* (*REL*) Our Lady

mador'nale *ag* enormous, huge

'madre *sf* mother; (*matrice di bolletta*) counterfoil ♦ *ag inv* mother *cpd*; **ragazza ~** unmarried mother; **scena ~** (*TEATRO*) principal scene; (*fig*) terrible scene

madre'lingua *sf* mother tongue, native language

madre'perla *sf* mother-of-pearl

ma'drina *sf* godmother

maestà *sf inv* majesty; **maes'toso, a** *ag* majestic

ma'estra *sf vedi* **maestro**

maes'trale *sm* north-west wind, mistral

maes'tranze [maes'trantse] *sfpl* workforce *sg*

maes'tria *sf* mastery, skill

ma'estro, a *sm/f* (*INS: anche:* **~ di scuola** o **elementare**) primary (*BRIT*) o grade school (*US*) teacher; (*esperto*) expert ♦ *sm* (*artigiano, fig: guida*) master; (*MUS*) maestro ♦ *ag* (*principale*) main; (*di grande abilità*) masterly, skilful; **~a d'asilo** nursery teacher; **~ di cerimonie** master of ceremonies

'mafia *sf* Mafia; **mafi'oso** *sm* member of the Mafia

'maga *sf* sorceress

ma'gagna [ma'gaɲɲa] *sf* defect, flaw, blemish; (*noia, guaio*) problem

ma'gari *escl* (*esprime desiderio*): **~ fosse vero!** if only it were true!; **ti piacerebbe andare in Scozia? — ~!** I would you like to go to Scotland? — and how! ♦ *av* (*anche*) even; (*forse*) perhaps

magaz'zino [magad'dzino] *sm* warehouse; **grande ~** department store

'maggio ['maddʒo] *sm* May

maggio'rana [maddʒo'rana] *sf* (*BOT*) (sweet) marjoram

maggio'ranza [maddʒo'rantsa] *sf* majority

maggio'rare [maddʒo'rare] *vt* to increase, raise

maggior'domo [maddʒor'dɔmo] *sm* butler

maggi'ore [mad'dʒore] *ag* (*comparativo: più grande*) bigger, larger; taller; greater; (: *di vecchio: sorella, fratello*) older, elder; (: *di grado superiore*) senior; (: *più importante*, MIL, MUS) major; (*superlativo*) biggest, largest; greatest; oldest, eldest ♦ *sm/f* (*di grado*) superior; (*di età*) elder; (MIL) major; (: AER) squadron leader; **la maggior parte** the majority; **andare per la ~** (*cantante etc*) to be very popular; **maggio'renne** *ag* of age ♦ *sm/f* person who has come of age; **maggior'mente** *av* much more; (*con senso superlativo*) most

ma'gia [ma'dʒia] *sf* magic; **'magico, a, ci, che** *ag* magic; (*fig*) fascinating, charming, magical

'magio ['madʒo] *sm* (REL): **i re Magi** the Magi, the Three Wise Men

magis'tero [madʒis'tero] *sm*: **facoltà di M~** ≈ teachers' training college; **magis'trale** *ag* primary (BRIT) *o* grade school (US) teachers', primary (BRIT) *o* grade school (US) teaching *cpd*; skilful

magis'trato [madʒis'trato] *sm* magistrate; **magistra'tura** *sf* magistrature; (*magistrati*): **la magistratura** the Bench

'maglia ['maʎʎa] *sf* stitch; (*lavoro ai ferri*) knitting *no pl*; (*tessuto*, SPORT) jersey; (*maglione*) jersey, sweater; (*di catena*) link; (*di rete*) mesh; **~ diritta/rovescia** plain/purl; **maglie'ria** *sf* knitwear; (*negozio*) knitwear shop; **magli'etta** *sf* (*canottiera*) vest; (*tipo camicia*) T-shirt; **magli'ficio** *sm* knitwear factory

'maglio ['maʎʎo] *sm* mallet; (*macchina*) power hammer

magli'one *sm* sweater, jumper

ma'gnanimo, a [maɲ'ɲanimo, a] *ag* magnanimous

ma'gnete [maɲ'ɲete] *sm* magnet; **ma'gnetico, a, ci, che** *ag* magnetic

magne'tofono [maɲɲe'tɔfono] *sm* tape recorder

ma'gnifico, a, ci, che [maɲ'ɲifiko] *ag* magnificent, splendid; (*ospite*) generous

'magno, a ['maɲɲo] *ag*: **aula ~a** main hall

ma'gnolia [maɲ'ɲɔlja] *sf* magnolia

'mago, ghi *sm* (*stregone*) magician, wizard; (*illusionista*) magician

ma'grezza [ma'grettsa] *sf* thinness

'magro, a *ag* (*very*) thin, skinny; (*carne*) lean; (*formaggio*) low-fat; (*fig: scarso, misero*) meagre, poor; (: *meschino: scusa*) poor, lame; **mangiare di ~** not to eat meat

'mai *av* (*nessuna volta*) never; (*talvolta*) ever; **non ... ~** never; **~ più** never again; **come ~?** why (*o* how) on earth?; **chi/dove/quando ~?** whoever/wherever/whenever?

mai'ale *sm* (ZOOL) pig; (*carne*) pork

mail *sf inv* e-mail

maio'nese *sf* mayonnaise

'mais *sm inv* maize

mai'uscola *sf* capital letter

mai'uscolo, a *ag* (*lettera*) capital; (*fig*) enormous, huge

mal *av, sm vedi* **male**

malac'corto, a *ag* rash, careless

mala'fede *sf* bad faith

mala'lingua (*pl* **male'lingue**) *sf* gossip(monger)

mala'mente *av* badly; dangerously

malan'dato, a *ag* (*persona: di salute*) in poor health; (: *di condizioni finanziarie*) badly off; (*trascurato*) shabby

ma'lanno *sm* (*disgrazia*) misfortune; (*malattia*) ailment

mala'pena *sf*: **a ~** hardly, scarcely

mala'sorte *sf* bad luck

mala'ticcio, a [mala'tittʃo] *ag* sickly

ma'lato, a *ag* ill, sick; (*gamba*) bad; (*pianta*) diseased ♦ *sm/f* sick person; (*in ospedale*) patient; **malat'tia** *sf* (*infettiva etc*) illness, disease; (*cattiva salute*) illness, sickness; (*di pianta*) disease

malau'gurio *sm* bad *o* ill omen

mala'vita *sf* underworld

mala'voglia [mala'vɔʎʎa] *sf*: **di ~** unwillingly, reluctantly mal'concio, a, ci, ce [mal'kontʃo] *ag* in a sorry state

malcon'tento *sm* discontent

malcos'tume *sm* immorality

mal'destro, a *ag* (*inabile*) inexpert, inexperienced; (*goffo*) awkward

maldi'cenza [maldi'tʃentsa] *sf* malicious gossip

maldis'posto, a *ag*: ~ (verso) ill-disposed (towards)

'male *av* badly ♦ *sm* (*ciò che è ingiusto, disonesto*) evil; (*danno, svantaggio*) harm; (*sventura*) misfortune; (*dolore fisico, morale*) pain, ache; di ~ in peggio from bad to worse; sentirsi ~ to feel ill; far ~ (*dolere*) to hurt; far ~ alla salute to be bad for one's health; far del ~ a qn to hurt *o* harm sb; restare *o* rimanere ~ to be sorry; to be disappointed; to be hurt; andare a ~ to go bad; come va? — non c'è ~ how are you? — not bad; mal di cuore heart trouble; ~ di dente toothache; mal di mare seasickness; avere mal di gola/testa to have a sore throat/a headache; aver ~ ai piedi to have sore feet

male'detto, a *pp di* maledire ♦ *ag* cursed, damned; (*fig: fam*) damned, blasted

male'dire *vt* to curse; maledizi'one *sf* curse; maledizione! damn it!

maledu'cato, a *ag* rude, ill-mannered

male'fatta *sf* misdeed

male'ficio [male'fitʃo] *sm* witchcraft

ma'lefico, a, ci, che *ag* (*influsso, azione*) evil

ma'lessere *sm* indisposition, slight illness; (*fig*) uneasiness

ma'levolo, a *ag* malevolent

malfa'mato, a *ag* notorious

mal'fatto, a *ag* (*persona*) deformed; (*oggetto*) badly made; (*lavoro*) badly done

malfat'tore, 'trice *sm/f* wrongdoer

mal'fermo, a *ag* unsteady, shaky; (*salute*) poor, delicate

malformazi'one [malformat'tsjone] *sf* malformation

malgo'verno *sm* maladministration

mal'grado *prep* in spite of, despite ♦ *cong* although; mio (*o* tuo *etc*) ~ against my (*o* your *etc*) will

mali'gnare [malin'ɲare] *vi*: ~ su to malign, speak ill of

ma'ligno, a [ma'liɲɲo] *ag* (*malvagio*) malicious, malignant; (*MED*) malignant

malinco'nia *sf* melancholy, gloom; malin'conico, a, ci, che *ag* melancholy

malincu'ore: a ~ *av* reluctantly, unwillingly

malintenzio'nato, a [malintentsjo'nato] *ag* ill-intentioned

malin'teso, a *ag* misunderstood; (*riguardo, senso del dovere*) mistaken, wrong ♦ *sm* misunderstanding

ma'lizia [ma'littsja] *sf* (*malignità*) malice; (*furbizia*) cunning; (*espediente*) trick; malizi'oso, a *ag* malicious; cunning; (*vivace, birichino*) mischievous

mal'loppo *sm* (*involto*) bundle; (*fam: refurtiva*) loot

malme'nare *vt* to beat up

mal'messo, a *ag* shabby

malnu'trito, a *ag* undernourished

ma'locchio [ma'lɔkkjo] *sm* evil eye

ma'lora *sf*: andare in ~ to go to the dogs

ma'lore *sm* (*sudden*) illness

mal'sano, a *ag* unhealthy

malsi'curo, a *ag* unsafe

'Malta *sf* Malta

'malta *sf* (*EDIL*) mortar

mal'tempo *sm* bad weather

'malto *sm* malt

maltrat'tare *vt* to ill-treat

malu'more *sm* bad mood; (*irritabilità*) bad temper; (*discordia*) ill feeling; di ~ in a bad mood

mal'vagio, a, gi, gie [mal'vadʒo] *ag* wicked, evil

malversazi'one [malversat'tsjone] *sf* (*DIR*) embezzlement

mal'visto, a *ag*: ~ (da) disliked (by), unpopular (with)

malvi'vente *sm* criminal

malvolenti'eri *av* unwillingly, reluctantly

'mamma *sf* mummy, mum; ~ mia! my

goodness!

mam'mella *sf* (ANAT) breast; (*di vacca, capra etc*) udder

mam'mifero *sm* mammal

'mammola *sf* (BOT) violet

ma'nata *sf* (*colpo*) slap; (*quantità*) handful

'manca *sf* left (hand); **a destra e a ~** left, right and centre, on all sides

man'canza [man'kantsa] *sf* lack; (*carenza*) shortage, scarcity; (*fallo*) fault; (*imperfezione*) failing, shortcoming; **per ~ di tempo** through lack of time; **in ~ di meglio** for lack of anything better

man'care *vi* (*essere insufficiente*) to be lacking; (*venir meno*) to fail; (*sbagliare*) to be wrong, make a mistake; (*non esserci*) to be missing, not to be there; (*essere lontano*): **~ (da)** to be away (from) ♦ *vt* to miss; **~ di** to lack; **~ a** (*promessa*) to fail to keep; **tu mi manchi** I miss you; **mancò poco che morisse** he very nearly died; **mancano ancora 10 sterline** we're still £10 short; **manca un quarto alle 6** it's a quarter to 6; **man'cato, a** *ag* (*tentativo*) unsuccessful; (*artista*) failed

'mancia, ce ['mantʃa] *sf* tip; **~ competente** reward

manci'ata [man'tʃata] *sf* handful

man'cino, a [man'tʃino] *ag* (*braccio*) left; (*persona*) left-handed; (*fig*) underhand

'manco *av* (*nemmeno*): **~ per sogno** *o* **per idea!** not on your life!

man'dante *sm/f* (*di delitto*) instigator

manda'rancio [manda'rantʃo] *sm* clementine

man'dare *vt* to send; (*far funzionare: macchina*) to drive; (*emettere*) to send out; (*: grido*) to give, utter, let out; **~ a chiamare qn** to send for sb; **~ avanti** (*fig: famiglia*) to provide for; (*: fabbrica*) to run, look after; **~ giù** to send down; (*anche fig*) to swallow; **~ via** to send away; (*licenziare*) to fire

manda'rino *sm* mandarin (orange); (*cinese*) mandarin

man'data *sf* (*quantità*) lot, batch; (*di chiave*) turn; **chiudere a doppia ~** to

double-lock

man'dato *sm* (*incarico*) commission; (DIR: *provvedimento*) warrant; (*di deputato etc*) mandate; (*ordine di pagamento*) postal *o* money order; **~ d'arresto** warrant for arrest

man'dibola *sf* mandible, jaw

'mandorla *sf* almond; **'mandorlo** *sm* almond tree

'mandria *sf* herd

maneggi'are [maned'dʒare] *vt* (*creta, cera*) to mould, work, fashion; (*arnesi, utensili*) to handle; (: *adoperare*) to use; (*fig: persone, denaro*) to handle, deal with; **ma'neggio** *sm* moulding; handling; use; (*intrigo*) plot, scheme; (*per cavalli*) riding school

ma'nesco, a, schi, sche *ag* free with one's fists

ma'nette *sfpl* handcuffs

manga'nello *sm* club

manga'nese *sm* manganese

mange'reccio, a, ci, ce [mandʒe'rettʃo] *ag* edible

mangi'are [man'dʒare] *vt* to eat; (*intaccare*) to eat into *o* away; (CARTE, SCACCHI etc) to take ♦ *vi* to eat ♦ *sm* eating; (*cibo*) food; (*cucina*) cooking; **~rsi le parole** to mumble; **~rsi le unghie** to bite one's nails; **mangia'toia** *sf* feeding-trough

man'gime [man'dʒime] *sm* fodder

'mango, ghi *sm* mango

ma'nia *sf* (PSIC) mania; (*fig*) obsession, craze; **ma'niaco, a, ci, che** *ag* suffering from a mania; **maniaco (di)** obsessed (by), crazy (about)

'manica *sf* sleeve; (*fig: gruppo*) gang, bunch; (GEO): **la M~, il Canale della M~** the (English) Channel; **essere di ~ larga/ stretta** to be easy-going/strict; **~ a vento** (AER) wind sock

mani'chino [mani'kino] *sm* (*di sarto, vetrina*) dummy

'manico, ci *sm* handle; (MUS) neck

mani'comio *sm* mental hospital; (*fig*) madhouse

mani'cotto *sm* muff; (TECN) coupling; sleeve

mani'cure *sm o f inv* manicure ♦ *sf inv* manicurist

mani'era *sf* way, manner; *(stile)* style, manner; **~e** *sfpl (comportamento)* manners; **in ~ che** so that; **in ~ da** so as to; **in tutte le ~e** at all costs

manie'rato, a *ag* affected

manifat'tura *sf (lavorazione)* manufacture; *(stabilimento)* factory

manifes'tare *vt* to show, display; *(esprimere)* to express; *(rivelare)* to reveal, disclose ♦ *vi* to demonstrate; **~rsi** *vr* to show o.s.; **~rsi amico** to prove o.s. (to be) a friend; **manifestazi'one** *sf* show, display; expression; *(sintomo)* sign, symptom; *(dimostrazione pubblica)* demonstration; *(cerimonia)* event

mani'festo, a *ag* obvious, evident ♦ *sm* poster, bill; *(scritto ideologico)* manifesto

ma'niglia [ma'niʎʎa] *sf* handle; *(sostegno: negli autobus etc)* strap

manipo'lare *vt* to manipulate; *(alterare: vino)* to adulterate; **manipolazi'one** *sf* manipulation; adulteration

---

mani pulite

ⓘ **Mani pulite** *is a term used to describe the judicial operation which identified, gathered evidence against, and brought to trial a number of politicians and industrialists implicated in bribery and corruption scandals. See also* **Tangentopoli.**

'manna *sf (REL)* manna; *(fig)* godsend

man'naia *sf (del boia)* (executioner's) axe; *(per carni)* cleaver

man'naro: lupo ~ *sm* werewolf

'mano, i *sf* hand; *(strato: di vernice etc)* coat; **di prima ~** *(notizia)* first-hand; **di seconda ~** second-hand; **man ~** little by little, gradually; **man ~ che** as; **darsi o stringersi la ~** to shake hands; **mettere le ~i avanti** *(fig)* to safeguard o.s.; **restare a ~i vuote** to be left empty-handed; **venire alle ~i** to come to blows; **a ~** by hand; **~i in alto!** hands up!

mano'dopera *sf* labour

mano'messo, a *pp di* **manomettere**

ma'nometro *sm* gauge, manometer

mano'mettere *vt (alterare)* to tamper with; *(aprire indebitamente)* to break open illegally

ma'nopola *sf (dell'armatura)* gauntlet; *(guanto)* mitt; *(di impugnatura)* hand-grip; *(pomello)* knob

manos'critto, a *ag* handwritten ♦ *sm* manuscript

mano'vale *sm* labourer

mano'vella *sf* handle; *(TECN)* crank

ma'novra *sf* manoeuvre *(BRIT)*, maneuver *(US)*; *(FERR)* shunting; **mano'vrare** *vt (veicolo)* to manoeuvre *(BRIT)*, maneuver *(US)*; *(macchina, congegno)* to operate; *(fig: persona)* to manipulate ♦ *vi* to manoeuvre

manro'vescio [manro'veʃʃo] *sm* slap *(with back of hand)*

man'sarda *sf* attic

mansi'one *sf* task, duty, job

mansu'eto, a *ag* gentle, docile

man'tello *sm* cloak; *(fig: di neve etc)* blanket, mantle; *(ZOOL)* coat

mante'nere *vt* to maintain; *(adempiere: promesse)* to keep, abide by; *(provvedere a)* to support, maintain; **~rsi** *vr:* **~rsi calmo/giovane** to stay calm/young; **manteni'mento** *sm* maintenance

'mantice ['mantitʃe] *sm* bellows *pl*

'manto *sm* cloak; **~ stradale** road surface

manu'ale *ag* manual ♦ *sm (testo)* manual, handbook

ma'nubrio *sm* handle; *(di bicicletta etc)* handlebars *pl*; *(SPORT)* dumbbell

manu'fatto *sm* manufactured article

manutenzi'one *sf* [manuten'tsjone] maintenance, upkeep; *(d'impianti)* maintenance, servicing

'manzo ['mandzo] *sm (ZOOL)* steer; *(carne)* beef

'mappa *sf (GEO)* map; **mappa'mondo** *sm* map of the world; *(globo girevole)* globe

mara'tona *sf* marathon

'marca, che *sf (COMM: di prodotti)* brand; *(contrassegno, scontrino)* ticket, check;

prodotto di ~ (*di buona qualità*) high-class product; **~ da bollo** official stamp

mar'care vt (*munire di contrassegno*) to mark; (*a fuoco*) to brand; (SPORT: *gol*) to score; (: *avversario*) to mark; (*accentuare*) to stress; **~ visita** (MIL) to report sick

'Marche ['marke] sfpl: **le ~ the Marches** (*region of central Italy*)

mar'chese, a [mar'keze] sm/f marquis *o* marquess/marchioness

marchi'are [mar'kjare] vt to brand; 'marchio sm (*di bestiame*, COMM, *fig*) brand; **marchio depositato** registered trademark; **marchio di fabbrica** trademark

'marcia, ce ['martʃa] sf (*anche* MUS, MIL) march; (*funzionamento*) running; (*il camminare*) walking; (AUT) gear; **mettere in ~ to start; mettersi in ~ to get moving; far ~ indietro** (AUT) to reverse; (*fig*) to back-pedal

marciapi'ede [martʃa'pjɛde] sm (*di strada*) pavement (BRIT), sidewalk (US); (FERR) platform

marci'are [mar'tʃare] vi to march; (*andare: treno, macchina*) to go; (*funzionare*) to run, work

'marcio, a, ci, ce ['martʃo] ag (*frutta, legno*) rotten, bad; (MED) festering; (*fig*) corrupt, rotten

mar'cire [mar'tʃire] vi (*andare a male*) to go bad, rot; (*suppurare*) to fester; (*fig*) to rot, waste away

'marco, chi sm (*unità monetaria*) mark

'mare sm sea; **in ~ at sea; andare al ~** (*in vacanza etc*) to go to the seaside; **il M~ del Nord the North Sea**

ma'rea sf tide; **alta/bassa ~ high/low tide**

mareggi'ata [mared'dʒata] sf heavy sea

mare'moto sm seaquake

maresci'allo [mareʃ'ʃallo] sm (MIL) marshal; (: *sottufficiale*) warrant officer

marga'rina sf margarine

marghe'rita [marge'rita] sf (ox-eye) daisy, marguerite; (*di stampante*) daisy wheel

'margine ['mardʒine] sm margin; (*di bosco, via*) edge, border

ma'rina sf navy; (*costa*) coast; (*quadro*)

seascape; **~ militare/mercantile** navy/merchant navy (BRIT) *o* marine (US)

mari'naio sm sailor

mari'nare vt (CUC) to marinate; **~ la scuola** to play truant; **mari'nata** sf marinade

ma'rino, a ag sea cpd, marine

mario'netta sf puppet

mari'tare vt to marry; **~rsi** vr: **~rsi a** *o* **con qn** to marry sb, get married to sb

ma'rito sm husband

ma'rittimo, a ag maritime, sea cpd

mar'maglia [mar'maʎʎa] sf mob, riff-raff

marmel'lata sf jam; (*di agrumi*) marmalade

mar'mitta sf (*recipiente*) pot; (AUT) silencer; **~ catalitica** catalytic converter

'marmo sm marble

mar'mocchio [mar'mɔkkjo] (*fam*) sm tot, kid

mar'motta sf (ZOOL) marmot

Ma'rocco sm: **il ~** Morocco

mar'rone ag inv brown ♦ sm (BOT) chestnut

mar'sala sm inv (*vino*) Marsala

mar'sina sf tails pl, tail coat

mar'supio sm (*per denaro*) bum bag; (*per neonato*) sling

martedì sm inv Tuesday; **di** *o* **il ~** on Tuesdays; **~ grasso** Shrove Tuesday

martel'lare vt to hammer ♦ vi (*pulsare*) to throb; (: *cuore*) to thump

mar'tello sm hammer; (*di uscio*) knocker

marti'netto sm (TECN) jack

'martire sm/f martyr; mar'tirio sm martyrdom; (*fig*) agony, torture

'martora sf marten

martori'are vt to torment, torture

mar'xista, i, e ag, sm/f Marxist

marza'pane [martsa'pane] sm marzipan

'marzo ['martso] sm March

mascal'zone [maskal'tsone] sm rascal, scoundrel

ma'scella [maʃ'ʃella] sf (ANAT) jaw

'maschera ['maskera] sf mask; (*travestimento*) disguise; (: *per un ballo etc*) fancy dress; (TEATRO, CINEMA) usher/

usherette; (*personaggio del teatro*) stock character; **masche'rare** *vt* to mask; (*travestire*) to disguise; to dress up; (*fig: celare*) to hide, conceal; (*MIL*) to camouflage; **~rsi da** to disguise o.s. as; to dress up as; (*fig*) to masquerade as

mas'chile [mas'kile] *ag* masculine; (*sesso, popolazione*) male; (*abiti*) men's; (*per ragazzi: scuola*) boys'

'maschio, a ['maskjo] *ag* (*BIOL*) male; (*virile*) manly ♦ *sm* (*anche ZOOL, TECN*) male; (*uomo*) man; (*ragazzo*) boy; (*figlio*) son

masco'lino, a *ag* masculine

'massa *sf* mass; (*di errori etc*) heaps of, masses of; (*di gente*) mass, multitude; (*ELETTR*) earth; **in ~** (*COMM*) in bulk; (*tutti insieme*) en masse; **adunata in ~** mass meeting; **di ~** (*cultura, manifestazione*) mass *cpd*

mas'sacro *sm* massacre, slaughter; (*fig*) mess, disaster

mas'saggio [mas'saddʒo] *sm* massage

mas'saia *sf* housewife

masse'rizie [masse'rittsje] *sfpl* (household) furnishings

mas'siccio, a, ci, ce [mas'sittʃo] *ag* (*oro, legno*) solid; (*palazzo*) massive; (*corporatura*) stout ♦ *sm* (*GEO*) massif

'massima *sf* (*sentenza, regola*) maxim; (*METEOR*) maximum temperature; **in linea di ~** generally speaking; *vedi anche* **massimo**

massi'male *sm* maximum

'massimo, a *ag, sm* maximum; **al ~** at (the) most

'masso *sm* rock, boulder

mas'sone *sm* freemason; **massone'ria** *sf* freemasonry

mas'tello *sm* tub

masti'care *vt* to chew

'mastice ['mastitʃe] *sm* mastic; (*per vetri*) putty

mas'tino *sm* mastiff

ma'tassa *sf* skein

mate'matica *sf* mathematics *sg*

mate'matico, a, ci, che *ag*

mathematical ♦ *sm/f* mathematician

materas'sino *sm* mat; (*gonfiabile*) air bed

mate'rasso *sm* mattress; **~ a molle** spring *o* interior-sprung mattress

ma'teria *sf* (*FISICA*) matter; (*TECN, COMM*) material, matter *no pl*; (*disciplina*) subject; (*argomento*) subject matter, material; **~e prime** raw materials; **in ~ di** (*per quanto concerne*) on the subject of

materi'ale *ag* material; (*fig: grossolano*) rough, rude ♦ *sm* material; (*insieme di strumenti etc*) equipment *no pl*, materials *pl*

maternità *sf* motherhood, maternity; (*reparto*) maternity ward

ma'terno, a *ag* (*amore, cura etc*) maternal, motherly; (*nonno*) maternal; (*lingua, terra*) mother *cpd*

ma'tita *sf* pencil

ma'trice [ma'tritʃe] *sf* matrix; (*COMM*) counterfoil; (*fig: origine*) background

ma'tricola *sf* (*registro*) register; (*numero*) registration number; (*nell'università*) freshman, fresher

ma'trigna [ma'triɲɲa] *sf* stepmother

matrimoni'ale *ag* matrimonial, marriage *cpd*

matri'monio *sm* marriage, matrimony; (*durata*) marriage, married life; (*cerimonia*) wedding

ma'trona *sf* (*fig*) matronly woman

mat'tina *sf* morning; **matti'nata** *sf* morning; (*spettacolo*) matinée, afternoon performance; **mattini'ero, a** *ag*: **essere mattiniero** to be an early riser

mat'tino *sm* morning

'matto, a *ag* mad, crazy; (*fig: falso*) false, imitation ♦ *sm/f* madman/woman; **avere una voglia ~a di qc** to be dying for sth

mat'tone *sm* brick; (*fig*): **questo libro/film è un ~** this book/film is heavy going

matto'nella *sf* tile

matu'rare *vi* (*anche:* **~rsi**) (*frutta, grano*) to ripen; (*ascesso*) to come to a head; (*fig: persona, idea, ECON*) to mature ♦ *vt* to ripen; to (make) mature

maturità *sf* maturity; (*di frutta*) ripeness, maturity; (*INS*) school-leaving examination,

≈ GCE A-levels (BRIT)

ma'turo, a *ag* mature; (*frutto*) ripe, mature

maxipro'cesso *n* criminal trial involving large numbers of co-accused

'mazza ['mattsa] *sf* (*bastone*) club; (*martello*) sledge-hammer; (SPORT: *da golf*) club; (: *da baseball, cricket*) bat

maz'zata [mat'tsata] *sf* (*anche fig*) heavy blow

'mazzo ['mattso] *sm* (*di fiori, chiavi etc*) bunch; (*di carte da gioco*) pack

me *pron* me; ~ **stesso(a)** myself; **sei bravo quanto** ~ you are as clever as I (am) *o* as me

me'andro *sm* meander

mec'canica, che *sf* mechanics *sg*; (*attività tecnologica*) mechanical engineering; (*meccanismo*) mechanism

mec'canico, a, ci, che *ag* mechanical ♦ *sm* mechanic

mecca'nismo *sm* mechanism

me'daglia [me'daʎʎa] *sf* medal; **medagli'one** *sm* (ARCHIT) medallion; (*gioiello*) locket

me'desimo, a *ag* same; (*in persona*): **io** ~ I myself

'media *sf* average; (MAT) mean; (INS: *voto*) end-of-term average; **in** ~ on average; *vedi anche* **medio**

medi'ano, a *ag* median; (*valore*) mean ♦ *sm* (CALCIO) half-back

medi'ante *prep* by means of

medi'are *vt* (*fare da mediatore*) to act as mediator in; (MAT) to average

media'tore, 'trice *sm/f* mediator; (COMM) middle man, agent

medica'mento *sm* medicine, drug

medi'care *vt* to treat; (*ferita*) to dress; **medicazi'one** *sf* treatment, medication; dressing

medi'cina [medi'tʃina] *sf* medicine; ~ **legale** forensic medicine; **medici'nale** *ag* medicinal ♦ *sm* drug, medicine

'medico, a, ci, che *ag* medical ♦ *sm* doctor; ~ **generico** general practitioner, GP

medie'vale *ag* medieval

'medio, a *ag* average; (*punto, ceto*) middle; (*altezza, statura*) medium ♦ *sm* (*dito*) middle finger; **licenza ~a** *leaving certificate awarded at the end of 3 years of secondary education*; **scuola ~a** *first 3 years of secondary school*

medi'ocre *ag* mediocre, poor

medioe'vale *ag* = **medievale**

medio'evo *sm* Middle Ages *pl*

medi'tare *vt* to ponder over, meditate on; (*progettare*) to plan, think out ♦ *vi* to meditate

mediter'raneo, a *ag* Mediterranean; **il (mare) M~** the Mediterranean (Sea)

me'dusa *sf* (ZOOL) jellyfish

me'gafono *sm* megaphone

'meglio ['meʎʎo] *av, ag inv* better; (*con senso superlativo*) best ♦ *sm* (*la cosa migliore*): **il** ~ the best (thing); **faresti ~ ad andartene** you had better leave; **alla** ~ as best one can; **andar di bene in** ~ to get better and better; **fare del proprio** ~ to do one's best; **per il** ~ for the best; **aver la** ~ **su qn** to get the better of sb

'mela *sf* apple; ~ **cotogna** quince

mela'grana *sf* pomegranate

melan'zana [melan'dzana] *sf* aubergine (BRIT), eggplant (US)

me'lenso, a *ag* dull, stupid

mel'lifluo, a (*peg*) *ag* sugary, honeyed

'melma *sf* mud, mire

'melo *sm* apple tree

melo'dia *sf* melody

me'lone *sm* (*musk*)melon

'membro *sm* member; (*pl(f)* ~a: *arto*) limb

memo'randum *sm inv* memorandum

me'moria *sf* memory; ~**e** *sfpl* (*opera autobiografica*) memoirs; **a** ~ (*imparare, sapere*) by heart; **a** ~ **d'uomo** within living memory; **memori'ale** *sm* (*raccolta di memorie*) memoirs *pl*; (DIR) memorial

mena'dito: **a** ~ *av* perfectly, thoroughly; **sapere qc a** ~ to have sth at one's fingertips

me'nare *vt* to lead; (*picchiare*) to hit, beat; (*dare: colpi*) to deal; ~ **la coda** (*cane*) to wag its tail

mendi'cante *sm/f* beggar

mendicare → mercenario

mendi'care *vt* to beg for ♦ *vi* to beg

PAROLA CHIAVE

'meno *av* 1 (*in minore misura*) less; **dovresti mangiare ~** you should eat less, you shouldn't eat so much
2 (*comparativo*): **~ ... di** not as ... as, less ... than; **sono ~ alto di te** I'm not as tall as you (are), I'm less tall than you (are); **~ ... che** not as ... as, less ... than; **~ che mai** less than ever; **è ~ intelligente che ricco** he's more rich than intelligent; **~ fumo più mangio** the less I smoke the more I eat
3 (*superlativo*) least; **il ~ dotato degli studenti** the least gifted of the students; **è quello che compro ~ spesso** it's the one I buy least often
4 (*MAT*) minus; **8 ~ 5** 8 minus 5, 8 take away 5; **sono le 8 ~ un quarto** it's a quarter to 8; **~ 5 gradi** 5 degrees below zero, minus 5 degrees; **mille lire in ~** a thousand lire less
5 (*fraseologia*): **quanto ~ poteva telefonare** he could at least have phoned; **non so se accettare o ~** I don't know whether to accept or not; **fare a ~ di qc/qn** to do without sth/sb; **non potevo fare a ~ di ridere** I couldn't help laughing; **~ male!** thank goodness!; **~ male che sei arrivato** it's a good job that you've come
♦ *ag inv* (*tempo, denaro*) less; (*errori, persone*) fewer; **ha fatto ~ errori di tutti** he made fewer mistakes than anyone, he made the fewest mistakes of all
♦ *sm inv* 1: **il ~** (*il minimo*) the least; **parlare del più e del ~** to talk about this and that
2 (*MAT*) minus
♦ *prep* (*eccetto*) except (for), apart from; **a ~ che, a ~ di** unless; **a ~ che non piova** unless it rains; **non posso, a ~ di prendere ferie** I can't, unless I take some leave

meno'mare *vt* (*danneggiare*) to maim, disable

meno'pausa *sf* menopause

'mensa *sf* (*locale*) canteen; (: *MIL*) mess; (: *nelle università*) refectory

men'sile *ag* monthly ♦ *sm* (*periodico*) monthly (magazine); (*stipendio*) monthly salary

'mensola *sf* bracket; (*ripiano*) shelf; (*ARCHIT*) corbel

'menta *sf* mint; (*anche*: ~ **piperita**) peppermint; (*bibita*) peppermint cordial; (*caramella*) mint, peppermint

men'tale *ag* mental; **mentalità** *sf inv* mentality

'mente *sf* mind; **imparare/sapere qc a ~** to learn/know sth by heart; **avere in ~ qc** to have sth in mind; **passare di ~ a qn** to slip sb's mind

men'tire *vi* to lie

'mento *sm* chin

men'tolo *sm* menthol

'mentre *cong* (*temporale*) while; (*avversativo*) whereas

menù *sm inv* menu; **~ turistico** set menu

menzio'nare [mentsjo'nare] *vt* to mention

menzi'one [men'tsjone] *sf* mention; **fare ~ di** to mention

men'zogna [men'tsɔɲɲa] *sf* lie

mera'viglia [mera'viʎʎa] *sf* amazement, wonder; (*persona, cosa*) marvel, wonder; **a ~** perfectly, wonderfully; **meravigli'are** *vt* to amaze, astonish; **meravigliarsi (di)** to marvel (at); (*stupirsi*) to be amazed (at), be astonished (at); **meravigli'oso, a** *ag* wonderful, marvellous

mer'cante *sm* merchant; **~ d'arte** art dealer; **mercanteggi'are** *vt* (*onore, voto*) to sell ♦ *vi* to bargain, haggle; **mercan'tile** *ag* commercial, mercantile; (*nave, marina*) merchant *cpd* ♦ *sm* (*nave*) merchantman; **mercan'zia** *sf* merchandise, goods *pl*

mer'cato *sm* market; **~ dei cambi** exchange market; **~ nero** black market

'merce ['mertʃe] *sf* goods *pl*, merchandise; **~ deperibile** perishable goods *pl*

mercé [mer'tʃe] *sf* mercy

merce'nario, a [mertʃe'narjo] *ag, sm* mercenary

merce'ria [mertʃe'ria] *sf (articoli)* haberdashery (*BRIT*), notions *pl* (*US*); (*bottega*) haberdasher's shop (*BRIT*), notions store (*US*)

mercoledì *sm inv* Wednesday; **di** *o* **il ~ on** Wednesdays; **~ delle Ceneri** Ash Wednesday

---
mercoledì delle ceneri
---

i **Mercoledì delle ceneri**, *in the Catholic Church, marks the beginning of Lent. On that day, people go to church and are marked on the forehead with ash from the burning of the blessed olive branch. Ash Wednesday is a day of fasting, abstinence and penitence.*

---

mer'curio *sm* mercury

'merda (*fam!*) *sf* shit (*!*)

me'renda *sf* afternoon snack

meridi'ana *sf (orologio)* sundial

meridi'ano, a *ag* meridian; midday *cpd*, noonday ♦ *sm* meridian

meridio'nale *ag* southern ♦ *sm/f* southerner

meridi'one *sm* south

me'ringa, ghe *sf (CUC)* meringue

meri'tare *vt* to deserve, merit ♦ *vb impers:* **merita andare** it's worth going

meri'tevole *ag* worthy

'merito *sm* merit; (*valore*) worth; **in ~ a** as regards, with regard to; **dare ~ a qn di** to give sb credit for; **finire a pari ~** to finish joint first (*o* second *etc*); to tie; **meri'torio, a** *ag* praiseworthy

mer'letto *sm* lace

'merlo *sm* (*ZOOL*) blackbird; (*ARCHIT*) battlement

mer'luzzo [mer'luttso] *sm* (*ZOOL*) cod

mes'chino, a [mes'kino] *ag* wretched; (*scarso*) scanty, poor; (*persona: gretta*) mean; (*: limitata*) narrow-minded, petty

mesco'lanza [mesko'lantsa] *sf* mixture

mesco'lare *vt* to mix; (*vini, colori*) to blend; (*mettere in disordine*) to mix up, muddle up; (*carte*) to shuffle; **~rsi** *vr* to mix; to blend; to get mixed up; (*fig*): **~rsi in** to get mixed up in, meddle in

'mese *sm* month

'messa *sf* (*REL*) mass; (*il mettere*): **~ in moto** starting; **~ in piega** set; **~ a punto** (*TECN*) adjustment; (*AUT*) tuning; (*fig*) clarification; **~ in scena = messinscena**

messag'gero [messad'dʒero] *sm* messenger

mes'saggio [mes'saddʒo] *sm* message

mes'sale *sm* (*REL*) missal

'messe *sf* harvest

Mes'sia *sm inv* (*REL*): **il ~** the Messiah

'Messico *sm:* **il ~** Mexico

messin'scena [messin'ʃena] *sf* (*TEATRO*) production

'messo, a *pp di* **mettere** ♦ *sm* messenger

mesti'ere *sm* (*professione*) job; (*: manuale*) trade; (*: artigianale*) craft; (*fig: abilità nel lavoro*) skill, technique; **essere del ~** to know the tricks of the trade

'mesto, a *ag* sad, melancholy

'mestolo *sm* (*CUC*) ladle

mestruazi'one [mestruat'tsjone] *sf* menstruation

'meta *sf* destination; (*fig*) aim, goal

metà *sf inv* half; (*punto di mezzo*) middle; **dividere qc a** *o* **per ~** to divide sth in half, halve sth; **fare a ~ (di qc con qn)** to go halves (with sb in sth); **a ~ prezzo** at half price; **a ~ strada** halfway

me'tafora *sf* metaphor

me'tallico, a, ci, che *ag* (*di metallo*) metal *cpd*; (*splendore, rumore etc*) metallic

me'tallo *sm* metal

metalmec'canico, a, ci, che *ag* engineering *cpd* ♦ *sm* engineering worker

me'tano *sm* methane

meteorolo'gia [meteorolo'dʒia] *sf* meteorology; **meteoro'logico, a, ci, che** *ag* meteorological, weather *cpd*

me'ticcio, a, ci, ce [me'tittʃo] *sm/f* half-caste, half-breed

me'todico, a, ci, che *ag* methodical

'metodo *sm* method

'metrica *sf* metrics *sg;* **'metrico, a, ci, che** *ag* metric; (*POESIA*) metrical

'metro *sm* metre; (*nastro*) tape measure;

(*asta*) (*metre*) rule
metropoli'tana *sf* underground, subway
metropoli'tano, a *ag* metropolitan
'**mettere** *vt* to put; (*abito*) to put on; (: *portare*) to wear; (*installare: telefono*) to put in; (*fig: provocare*): ~ **fame/allegria a qn** to make sb hungry/happy; (*supporre*): **mettiamo che ...** let's suppose *o* say that ... ; **~rsi** *vr* (*persona*) to put o.s.; (*oggetto*) to go; (*disporsi: faccenda*) to turn out; **~rsi a sedere** to sit down; **~rsi a letto** to get into bed; (*per malattia*) to take to one's bed; **~rsi il cappello** to put on one's hat; **~rsi a** (*cominciare*) to begin to, start to; **~rsi al lavoro** to set to work; **~rsi con qn** (*in società*) to team up with sb; (*in coppia*) to start going out with sb; **~rci: ~rci molta cura/molto tempo** to take a lot of care/a lot of time; **ci ho messo 3 ore per venire** it's taken me 3 hours to get here; **~rcela tutta** to do one's best; **~ a tacere qn/qc** to keep sb/sth quiet; **~ su casa** to set up house; **~ su un negozio** to start a shop; **~ via** to put away
'**mezza** ['meddza] *sf*: **la ~** half-past twelve (*in the afternoon*); *vedi anche* **mezzo**
mez'zadro [med'dzadro] *sm* (*AGR*) sharecropper
mezza'luna [meddza'luna] *sf* half-moon; (*dell'islamismo*) crescent; (*coltello*) (*semicircular*) chopping knife
mezza'nino [meddza'nino] *sm* mezzanine (*floor*)
mez'zano, a [med'dzano] *ag* (*medio*) average, medium; (*figlio*) middle *cpd* ♦ *sm/f* (*ruffiano*) pimp
mezza'notte [meddza'nɔtte] *sf* midnight
'**mezzo, a** ['meddzo] *ag* half; **un ~ litro/panino** half a litre/roll ♦ *av* half-; **~ morto** half-dead ♦ *sm* (*metà*) half; (*parte centrale: di strada etc*) middle; (*per raggiungere un fine*) means *sg*; (*veicolo*) vehicle; (*nell'indicare l'ora*): **le nove e ~** half past nine; **mezzogiorno e ~** half past twelve; **~i** *smpl* (*possibilità economiche*) means; **di ~a età** middle-aged; **un soprabito di ~a stagione** a spring (*o* autumn) coat; **di ~**

middle, in the middle; **andarci di ~** (*patir danno*) to suffer; **levarsi** *o* **togliersi di ~** to get out of the way; **in ~ a** in the middle of; **per** *o* **a ~ di** by means of; **~i di comunicazione di massa** mass media *pl*; **~i pubblici** public transport *sg*; **~i di trasporto** means of transport
mezzogi'orno [meddzo'dʒorno] *sm* midday, noon; **a ~** at 12 (o'clock) *o* midday *o* noon; **il ~ d'Italia** southern Italy
mez'z'ora [med'dzora] *sf* half-hour, half an hour
mi (*dav lo, la, li, le, ne diventa* **me**) *pron* (*oggetto*) me; (*complemento di termine*) to me; (*riflessivo*) myself ♦ *sm* (*MUS*) E; (: *solfeggiando la scala*) mi
'**mia** *vedi* **mio**
miago'lare *vi* to miaow, mew
'**mica** *av* (*fam*): **non ... ~** not ... at all; **non sono ~ stanco** I'm not a bit tired; **non sarà ~ partito?** he wouldn't have left, would he?; **~ male** not bad
'**miccia, ce** ['mittʃa] *sf* fuse
micidi'ale [mitʃi'djale] *ag* fatal; (*dannosissimo*) deadly
mi'crofono *sm* microphone
micros'copio *sm* microscope
mi'dollo (*pl(f)* **~a**) *sm* (*ANAT*) marrow; **~ osseo** bone marrow
'**mie** *vedi* **mio**
mi'ei *vedi* **mio**
mi'ele *sm* honey
mi'etere *vt* (*AGR*) to reap, harvest; (*fig: vite*) to take, claim
'**miglia** ['miʎʎa] *sfpl di* **miglio**
migli'aio [miʎ'ʎajo] (*pl(f)* **~a**) *sm* thousand; **un ~ (di)** about a thousand; **a ~a** by the thousand, in thousands
'**miglio** ['miʎʎo] *sm* (*BOT*) millet; (*pl(f)* **~a**: *unità di misura*) mile; **~ marino** *o* **nautico** nautical mile
migliora'mento [miʎʎora'mento] *sm* improvement
miglio'rare [miʎʎo'rare] *vt, vi* to improve
migli'ore [miʎ'ʎore] *ag* (*comparativo*) better; (*superlativo*) best ♦ *sm*: **il ~** the best (*thing*) ♦ *sm/f*: **il(la) ~** the best (*person*); **il**

miglior vino di questa regione the best wine in this area

'**mignolo** ['miɲɲolo] *sm* (ANAT) little finger, pinkie; (: *dito del piede*) little toe

mi'**grare** *vi* to migrate

'**mila** *pl di* **mille**

Mi'**lano** *sf* Milan

miliar'**dario, a** *sm/f* millionaire

mili'**ardo** *sm* thousand million, billion (US)

mili'**are** *ag*: **pietra ~** milestone

mili'**one** *sm* million; **due ~i di lire** two million lire

mili'**tante** *ag, sm/f* militant

mili'**tare** *vi* (MIL) to be a soldier, serve; (fig: *in un partito*) to be a militant ♦ *ag* military ♦ *sm* serviceman; **fare il ~** to do one's military service

'**milite** *sm* soldier

millan'**tatore, 'trice** *sm/f* boaster

'**mille** (*pl* **mila**) *num* a *o* one thousand; **dieci mila** ten thousand

mille'**foglie** [mille'fɔʎʎe] *sm inv* (CUC) cream *o* vanilla slice

mil'**lennio** *sm* millennium

millepi'**edi** *sm inv* centipede

mil'**lesimo, a** *ag, sm* thousandth

milli'**grammo** *sm* milligram(me)

milli'**metro** *sm* millimetre

'**milza** ['miltsa] *sf* (ANAT) spleen

mimetiz'**zare** [mimetid'dzare] *vt* to camouflage; **~rsi** *vr* to camouflage o.s.

'**mimica** *sf* (*arte*) mime

'**mimo** *sm* (*attore, componimento*) mime

mi'**mosa** *sf* mimosa

'**mina** *sf* (*esplosiva*) mine; (*di matita*) lead

mi'**naccia, ce** [mi'nattʃa] *sf* threat; minacci'**are** *vt* to threaten; **minacciare qn di morte** to threaten to kill sb; **minacciare di fare qc** to threaten to do sth; minacci'**oso, a** *ag* threatening

mi'**nare** *vt* (MIL) to mine; (*fig*) to undermine

mina'**tore** *sm* miner

mina'**torio, a** *ag* threatening

mine'**rale** *ag, sm* mineral

mine'**rario, a** *ag* (*delle miniere*) mining; (*dei minerali*) ore *cpd*

mi'**nestra** *sf* soup; **~ in brodo/di verdure** noodle/vegetable soup; mines'**trone** *sm* thick vegetable and pasta soup

minger'**lino, a** [minger'lino] *ag* thin, slender

'**mini** *ag inv* mini ♦ *sf inv* miniskirt

minia'**tura** *sf* miniature

mini'**disc** *sm inv* Minidisc ®

mini'**era** *sf* mine

mini'**gonna** *sf* miniskirt

'**minimo, a** *ag* minimum, least, slightest; (*piccolissimo*) very small, slight; (*il più basso*) lowest, minimum ♦ *sm* minimum; **al ~** at least; **girare al ~** (AUT) to idle

minis'**tero** *sm* (POL, REL) ministry; (*governo*) government; **M~ delle Finanze** Ministry of Finance, ≈ Treasury

mi'**nistro** *sm* (POL, REL) minister

mino'**ranza** [mino'rantsa] *sf* minority

mino'**rato, a** *ag* handicapped ♦ *sm/f* physically (*o* mentally) handicapped person

mi'**nore** *ag* (*comparativo*) less; (*più piccolo*) smaller; (*numero*) lower; (*inferiore*) lower, inferior; (*meno importante*) minor; (*più giovane*) younger; (*superlativo*) least; smallest; lowest; youngest ♦ *sm/f* = **minorenne**

mino'**renne** *ag* under age ♦ *sm/f* minor, person under age

mi'**nuscolo, a** *ag* (*scrittura, carattere*) small; (*piccolissimo*) tiny ♦ *sf* small letter

mi'**nuta** *sf* rough copy, draft

mi'**nuto, a** *ag* tiny, minute; (*pioggia*) fine; (*corporatura*) delicate, fine ♦ *sm* (*unità di misura*) minute; **al ~** (COMM) retail

'**mio** (f '**mia**, *pl* '**miei**, '**mie**) *det*: **il ~, la mia** *etc* my ♦ *pron*: **il ~, la mia** *etc* mine; **i miei** my family; **un ~ amico** a friend of mine

'**miope** *ag* short-sighted

'**mira** *sf* (*anche fig*) aim; **prendere la ~** to take aim; **prendere di ~ qn** (*fig*) to pick on sb

mi'**rabile** *ag* admirable, wonderful

mi'**racolo** *sm* miracle

mi'**raggio** [mi'raddʒo] *sm* mirage

mi'**rare** *vi*: **~ a** to aim at

mi'**rino** *sm* (TECN) sight; (FOT) viewer, viewfinder

mir'tillo *sm* bilberry (*BRIT*), blueberry (*US*), whortleberry

mi'scela [miʃˈʃela] *sf* mixture; (*di caffè*) blend

miscel'lanea [miʃʃelˈlanea] *sf* miscellany

'mischia [ˈmiskja] *sf* scuffle; (*RUGBY*) scrum, scrummage

mischi'are [misˈkjare] *vt* to mix, blend; **~rsi** *vr* to mix, blend

mis'cuglio [misˈkuʎʎo] *sm* mixture, hotchpotch, jumble

mise'rabile *ag* (*infelice*) miserable, wretched; (*povero*) poverty-stricken; (*di scarso valore*) miserable

mi'seria *sf* extreme poverty; (*infelicità*) misery; **~e** *sfpl* (*del mondo etc*) misfortunes, troubles; **porca ~!** (*fam*) blast!, damn!

miseri'cordia *sf* mercy, pity

'misero, a *ag* miserable, wretched; (*povero*) poverty-stricken; (*insufficiente*) miserable

mis'fatto *sm* misdeed, crime

mi'sogino [miˈzɔdʒino] *sm* misogynist

'missile *sm* missile

missio'nario, a *ag, sm/f* missionary

missi'one *sf* mission

misteri'oso, a *ag* mysterious

mis'tero *sm* mystery

'misto, a *ag* mixed; (*scuola*) mixed, coeducational ♦ *sm* mixture

mis'tura *sf* mixture

mi'sura *sf* measure; (*misurazione, dimensione*) measurement; (*taglia*) size; (*provvedimento*) measure, step; (*moderazione*) moderation; (*MUS*) time; (*: divisione*) bar; (*fig: limite*) bounds *pl*, limit; **nella ~ in cui** inasmuch as, insofar as; **(fatto) su ~** made to measure

misu'rare *vt* (*ambiente, stoffa*) to measure; (*terreno*) to survey; (*abito*) to try on; (*pesare*) to weigh; (*fig: parole etc*) to weigh up; (*: spese, cibo*) to limit ♦ *vi* to measure; **~rsi** *vr*: **~rsi con qn** to have a confrontation with sb; to compete with sb; **misu'rato, a** *ag* (*ponderato*) measured; (*moderato*) moderate

'mite *ag* mild

miti'gare *vt* to mitigate, lessen; (*lenire*) to soothe, relieve; **~rsi** *vr* (*odio*) to subside; (*tempo*) to become milder

'mito *sm* myth; **mitolo'gia, 'gie** *sf* mythology

'mitra *sf* (*REL*) mitre ♦ *sm inv* (*arma*) sub-machine gun

mitraglia'trice [mitraʎˈʎaˈtritʃe] *sf* machine gun

mit'tente *sm/f* sender

'mobile *ag* mobile; (*parte di macchina*) moving; (*DIR: bene*) movable, personal ♦ *sm* (*arredamento*) piece of furniture; **~i** *smpl* (*mobilia*) furniture *sg*

mo'bilia *sf* furniture

mobili'are *ag* (*DIR*) personal, movable

mo'bilio *sm* = **mobilia**

mobili'tare *vt* to mobilize

mocas'sino *sm* moccasin

mocci'oso, a [motˈtʃoso, a] *sm/f* (*peg*) snotty(-nosed) kid

'moccolo *sm* (*di candela*) candle-end; (*fam: bestemmia*) oath; (*: moccio*) snot; **reggere il ~** to play gooseberry (*BRIT*), act as chaperon

'moda *sf* fashion; **alla ~, di ~** fashionable, in fashion

modalità *sf inv* formality

mo'della *sf* model

model'lare *vt* (*creta*) to model, shape; **~rsi** *vr*: **~rsi su** to model o.s. on

mo'dello *sm* model; (*stampo*) mould ♦ *ag inv* model *cpd*

'modem *sm inv* modem

mode'rare *vt* to moderate; **~rsi** *vr* to restrain o.s.; **mode'rato, a** *ag* moderate

modera'tore, 'trice *sm/f* moderator

mo'derno, a *ag* modern

mo'destia *sf* modesty

mo'desto, a *ag* modest

'modico, a, ci, che *ag* reasonable, moderate

mo'difica, che *sf* modification

modifi'care *vt* to modify, alter; **~rsi** *vr* to alter, change

mo'dista *sf* milliner

'modo *sm* way, manner; (*mezzo*) means,

way; (*occasione*) opportunity; (*LING*) mood; (*MUS*) mode; **~i** *smpl* (*comportamento*) manners; **a suo ~, a ~ suo** in his own way; **ad** *o* **in ogni ~** anyway; **di** *o* **in ~ che** so that; **in ~ da** so as to; **in tutti i ~i** at all costs; (*comunque sia*) anyway; (*in ogni caso*) in any case; **in qualche ~** somehow or other; **~ di dire** turn of phrase; **per ~ di dire** so to speak

modu'lare *vt* to modulate; modulazi'one *sf* modulation; **modulazione di frequenza** frequency modulation

'modulo *sm* (*modello*) form; (*ARCHIT, lunare, di comando*) module

'mogano *sm* mahogany

'mogio, a, gi, gie ['mɔdʒo] *ag* down in the dumps, dejected

'moglie ['moʎʎe] *sf* wife

mo'ine *sfpl* cajolery *sg*; (*leziosità*) affectation *sg*

'mola *sf* millstone; (*utensile abrasivo*) grindstone

mo'lare *sm* (*dente*) molar

'mole *sf* mass; (*dimensioni*) size; (*edificio grandioso*) massive structure

moles'tare *vt* to bother, annoy; mo'lestia *sf* annoyance, bother; **recar molestia a qn** to bother sb; mo'lesto, a *ag* annoying

'molla *sf* spring; **~e** *sfpl* (*per camino*) tongs

mol'lare *vt* to release, let go; (*NAUT*) to ease; (*fig: ceffone*) to give ♦ *vi* (*cedere*) to give in

'molle *ag* soft; (*muscoli*) flabby

mol'letta *sf* (*per capelli*) hairgrip; (*per panni stesi*) clothes peg

'mollica, che *sf* crumb, soft part

mol'lusco, schi *sm* mollusc

'molo *sm* mole, breakwater; jetty

mol'teplice [mol'teplitʃe] *ag* (*formato di più elementi*) complex; **~i** *pl* (*svariati: interessi, attività*) numerous, various

moltipli'care *vt* to multiply; **~rsi** *vr* to multiply; to increase in number; moltiplicazi'one *sf* multiplication

---

PAROLA CHIAVE

'molto, a *det* (*quantità*) a lot of, much; (*numero*) a lot of, many; **~ pane/carbone** a lot of bread/coal; **~a gente** a lot of people, many people; **~i libri** a lot of books, many books; **non ho ~ tempo** I haven't got much time; **per ~ (tempo)** for a long time

♦ *av* **1** a lot, (very) much; **viaggia ~** he travels a lot; **non viaggia ~** he doesn't travel much *o* a lot

2 (*intensivo: con aggettivi, avverbi*) very; (: *con participio passato*) (very) much; **~ buono** very good; **~ migliore, ~ meglio** much *o* a lot better

♦ *pron* much, a lot; **~i, e** *pron pl* many, a lot; **~i pensano che ...** many (people) think ...

---

momen'taneo, a *ag* momentary, fleeting

mo'mento *sm* moment; **da un ~ all'altro** at any moment; (*all'improvviso*) suddenly; **al ~ di fare** just as I was (*o* you were *o* he was *etc*) doing; **per il ~** for the time being; **dal ~ che** ever since; (*dato che*) since; **a ~i** (*da un ~ all'altro*) any time *o* moment now; (*quasi*) nearly

'monaca, che *sf* nun

'Monaco *sf* Monaco; **~ (di Baviera)** Munich

'monaco, ci *sm* monk

mo'narca, chi *sm* monarch; monar'chia *sf* monarchy

monas'tero *sm* (*di monaci*) monastery; (*di monache*) convent; mo'nastico, a, ci, che *ag* monastic

'monco, a, chi, che *ag* maimed; (*fig*) incomplete

mon'dano, a *ag* (*anche fig*) worldly; (*dell'alta società*) society *cpd*; fashionable

mon'dare *vt* (*frutta, patate*) to peel; (*piselli*) to shell; (*pulire*) to clean

mondi'ale *ag* (*campionato, popolazione*) world *cpd*; (*influenza*) world-wide

'mondo *sm* world; (*grande quantità*): **un ~ di** lots of, a host of; **il bel ~** high society mo'nello, a *sm/f* street urchin; (*ragazzo vivace*) scamp, imp

mo'neta *sf* coin; (ECON: *valuta*) currency; (*denaro spicciolo*) (small) change; ~ estera foreign currency; ~ legale legal tender; mone'tario, a *ag* monetary

mongo'loide *ag, sm/f* (MED) mongol

'monito *sm* warning

'monitor *sm inv* (TECN, TV) monitor

monolo'cale *sm* studio flat

mono'polio *sm* monopoly

mo'notono, a *ag* monotonous

monsi'gnore [monsin'nore] *sm* (REL: *titolo*) Your (*o* His) Grace

mon'sone *sm* monsoon

monta'carichi [monta'kariki] *sm inv* hoist, goods lift

mon'taggio [mon'taddʒo] *sm* (TECN) assembly; (CINEMA) editing

mon'tagna [mon'tanna] *sf* mountain; (*zona montuosa*): la ~ the mountains *pl*; andare in ~ to go to the mountains; ~e russe roller coaster *sg*, big dipper *sg* (BRIT); monta'gnoso, a *ag* mountainous

monta'naro, a *ag* mountain *cpd* ♦ *sm/f* mountain dweller

mon'tano, a *ag* mountain *cpd*; alpine

mon'tare *vt* to go (*o* come) up; (*cavallo*) to ride; (*apparecchiatura*) to set up, assemble; (CUC) to whip; (ZOOL) to cover; (*incastonare*) to mount, set; (CINEMA) to edit; (FOT) to mount ♦ *vi* to go (*o* come) up; (*a cavallo*): ~ bene/male to ride well/badly; (*aumentare di livello, volume*) to rise; ~rsi *vr* to become big-headed; ~ qc to exaggerate sth; ~ qn *o* la testa a qn to turn sb's head; ~ in bicicletta/macchina/treno to get on a bicycle/into a car/on a train; ~ a cavallo to get on *o* mount a horse

monta'tura *sf* assembling *no pl*; (*di occhiali*) frames *pl*; (*di gioiello*) mounting, setting; (*fig*): ~ pubblicitaria publicity stunt

'monte *sm* mountain; a ~ upstream; mandare a ~ qc to upset sth, cause sth to fail; il M~ Bianco Mont Blanc; ~ di pietà pawnshop

mon'tone *sm* (ZOOL) ram; carne di ~ mutton

montu'oso, a *ag* mountainous

monu'mento *sm* monument

mo'quette [mɔ'kɛt] *sf inv* fitted carpet

'mora *sf* (*del rovo*) blackberry; (*del gelso*) mulberry; (DIR) delay; (: *somma*) arrears *pl*

mo'rale *ag* moral ♦ *sf* (*scienza*) ethics *sg*, moral philosophy; (*complesso di norme*) moral standards *pl*, morality; (*condotta*) morals *pl*; (*insegnamento morale*) moral ♦ *sm* morale; essere giù di ~ to be feeling down; morali'tà *sf* morality; (*condotta*) morals *pl*

'morbido, a *ag* soft; (*pelle*) soft, smooth

mor'billo *sm* (MED) measles *sg*

'morbo *sm* disease

mor'boso, a *ag* (*fig*) morbid

mor'dace [mor'datʃe] *ag* biting, cutting

mor'dente *sm* (*fig: di satira, critica*) bite; (: *di persona*) drive

'mordere *vt* to bite; (*addentare*) to bite into

mori'bondo, a *ag* dying, moribund

morige'rato, a [moridʒe'rato] *ag* of good morals

mo'rire *vi* to die; (*abitudine, civiltà*) to die out; ~ di fame to die of hunger; (*fig*) to be starving; ~ di noia/paura to be bored/scared to death; fa un caldo da ~ it's terribly hot

mormo'rare *vi* to murmur; (*brontolare*) to grumble

'moro, a *ag* dark(-haired); dark(-complexioned); i M~i *smpl* (STORIA) the Moors

mo'roso, a *ag* in arrears ♦ *sm/f* (*fam: innamorato*) sweetheart

'morsa *sf* (TECN) vice; (*fig: stretta*) grip

morsi'care *vt* to nibble (at), gnaw (at); (*sog: insetto*) to bite

'morso, a *pp di* mordere ♦ *sm* bite; (*di insetto*) sting; (*parte della briglia*) bit; ~i della fame pangs of hunger

mor'taio *sm* mortar

mor'tale *ag, sm* mortal; mortalità *sf* mortality, death rate

'morte *sf* death
mortifi'care *vt* to mortify
'morto, a *pp di* morire ♦ *ag* dead ♦ *sm/f*
dead man/woman; i ~i the dead; fare il ~
(nell'acqua) to float on one's back; il Mar
M~ the Dead Sea
mor'torio *sm (anche fig)* funeral
mo'saico, ci *sm* mosaic
'Mosca *sf* Moscow
'mosca, sche *sf* fly; ~ cieca blind-man's-
buff
mos'cato *sm* muscatel (wine)
mosce'rino [moʃʃe'rino] *sm* midge, gnat
mos'chea [mos'kɛa] *sf* mosque
mos'chetto [mos'ketto] *sm* musket
'moscio, a, sci, sce [ˈmɔʃʃo] *ag (fig)*
lifeless
mos'cone *sm (ZOOL)* bluebottle; *(barca)*
pedalo; *(: a remi)* kind of pedalo with oars
'mossa *sf* movement; *(nel gioco)* move
'mosso, a *pp di* muovere ♦ *ag (mare)*
rough; *(capelli)* wavy; *(FOT)* blurred
mos'tarda *sf* mustard
'mostra *sf* exhibition, show; *(ostentazione)*
show; in ~ on show; far ~ di *(fingere)* to
pretend; far ~ di sé to show off
mos'trare *vt* to show; ~rsi *vr* to appear
'mostro *sm* monster; mostru'oso, a *ag*
monstrous
mo'tel *sm inv* motel
moti'vare *vt (causare)* to cause; *(giustificare)* to justify, account for; motivazi'one
sf justification; motive; *(PSIC)* motivation
mo'tivo *sm (causa)* reason, cause;
(movente) motive; *(letterario)* (central)
theme; *(disegno)* motif, design, pattern;
(MUS) motif; per quale ~? why?, for what
reason?
'moto *sm (anche FISICA)* motion;
(movimento, gesto) movement; *(esercizio
fisico)* exercise; *(sommossa)* rising, revolt;
(commozione) feeling, impulse ♦ *sf inv
(motocicletta)* motorbike; mettere in ~ to
set in motion; *(AUT)* to start up
motoci'cletta [mototʃi'kletta] *sf*
motorcycle; motoci'clismo *sm*
motorcycling, motorcycle racing;

motoci'clista, i, e *sm/f* motorcyclist
mo'tore, 'trice *ag* motor; *(TECN)* driving
♦ *sm* engine, motor; a ~ motor *cpd*,
power-driven; ~ a combustione interna/a
reazione internal combustion/jet engine; ~
di ricerca search engine; moto'rino *sm*
moped; motorino di avviamento *(AUT)*
starter; motoriz'zato, a *ag (truppe)*
motorized; *(persona)* having a car *o*
transport
motos'cafo *sm* motorboat
'motto *sm (battuta scherzosa)* witty remark;
(frase emblematica) motto, maxim
'mouse [ˈmaus] *sm inv (INFORM)* mouse
mo'vente *sm* motive
movimen'tare *vt* to liven up
movi'mento *sm* movement; *(fig)* activity,
hustle and bustle; *(MUS)* tempo, movement
mozi'one [mot'tsjone] *sf (POL)* motion
moz'zare *vt* to cut off; *(coda)* to
dock; ~ il fiato *o* il respiro a qn *(fig)* to
take sb's breath away
mozza'rella [mottsa'rɛlla] *sf* mozzarella
mozzi'cone [mottsi'kone] *sm* stub, butt,
end; *(anche:* ~ di sigaretta) cigarette end
'mozzo [ˈmottso] *sm (NAUT)* ship's boy
'mucca, che *sf* cow
mucchio [ˈmukkjo] *sm* pile, heap; *(fig)* un
~ di lots of, heaps of
'muco, chi *sm* mucus
'muffa *sf* mould, mildew
mug'gire [mud'dʒire] *vi (vacca)* to low,
moo; *(toro)* to bellow; *(fig)* to roar;
mug'gito *sm* low, moo; bellow; roar
mu'ghetto [muˈgetto] *sm* lily of the valley
mu'gnaio, a [muɲ'najo] *sm/f* miller
mugo'lare *vi (cane)* to whimper, whine;
(fig: persona) to moan
muli'nare *vi* to whirl, spin (round and
round)
muli'nello *sm (moto vorticoso)* eddy, whirl;
(di canna da pesca) reel
mu'lino *sm* mill; ~ a vento windmill
'mulo *sm* mule
'multa *sf* fine; mul'tare *vt* to fine
'multiplo, a *ag, sm* multiple
multiproprietà *sf inv* time-share

'**mummia** *sf* mummy

'**mungere** ['mundʒere] *vt (anche fig)* to milk

munici'pale [munitʃi'pale] *ag* municipal; town *cpd*

muni'cipio [muni'tʃipjo] *sm* town council, corporation; *(edificio)* town hall

mu'nire *vt*: ~ **qc/qn di** to equip sth/sb with

munizi'oni [munit'tsjoni] *sfpl (MIL)* ammunition *sg*

'**munto, a** *pp di* **mungere**

mu'overe *vt* to move; *(ruota, macchina)* to drive; *(sollevare: questione, obiezione)* to raise, bring up; *(: accusa)* to make, bring forward; **~rsi** *vr* to move; **muoviti!** hurry up!, get a move on!

'**mura** *sfpl vedi* **muro**

mu'raglia [mu'raʎʎa] *sf* (high) wall

mu'rale *ag* wall *cpd*; mural

mu'rare *vt (persona)* to wall up

mura'tore *sm* mason; bricklayer

'**muro** *sm* wall; **~a** *sfpl (cinta cittadina)* walls; **a ~** wall *cpd*; *(armadio etc)* built-in; **~ del suono** sound barrier; **mettere al ~** *(fucilare)* to shoot *o* execute (by firing squad)

'**muschio** ['muskjo] *sm (ZOOL)* musk; *(BOT)* moss

musco'lare *ag* muscular, muscle *cpd*

'**muscolo** *sm (ANAT)* muscle

mu'seo *sm* museum

museru'ola *sf* muzzle

'**musica** *sf* music; **~ da ballo/camera** dance/chamber music; **musi'cale** *ag* musical; **musi'cista, i, e** *sm/f* musician

'**muso** *sm* muzzle; *(di auto, aereo)* nose; **tenere il ~** to sulk; **mu'sone, a** *sm/f* sulky person

'**muta** *sf (di animali)* moulting; *(di serpenti)* sloughing; *(per immersioni subacquee)* diving suit; *(gruppo di cani)* pack

muta'mento *sm* change

mu'tande *sfpl (da uomo)* (under) pants; **mutan'dine** *sfpl (da donna, bambino)* pants *(BRIT)*, briefs

mu'tare *vt, vi* to change, alter; **mutazi'one** *sf* change, alteration; *(BIOL)*

mutation; **mu'tevole** *ag* changeable

muti'lare *vt* to mutilate, maim; *(fig)* to mutilate, deface; **muti'lato, a** *sm/f* disabled person *(through loss of limbs)*

mu'tismo *sm (MED)* mutism; *(atteggiamento)* (stubborn) silence

'**muto, a** *ag (MED)* dumb; *(emozione, dolore, CINEMA)* silent; *(LING)* silent, mute; *(carta geografica)* blank; **~ per lo stupore** *etc* speechless with amazement *etc*

'**mutua** *sf (anche:* **cassa ~**) health insurance scheme

mutu'are *vt (fig)* to borrow

mutu'ato, a *sm/f* member of a health insurance scheme

'**mutuo, a** *ag (reciproco)* mutual ♦ *sm (ECON)* (long-term) loan

N, n

N. *abbr (= nord)* N

'**nacchere** ['nakkere] *sfpl* castanets

'**nafta** *sf* naphtha; *(per motori diesel)* diesel oil

nafta'lina *sf (CHIM)* naphthalene; *(tarmicida)* mothballs *pl*

'**naia** *sf (MIL) slang term for national service*

'**nailon** *sm* nylon

'**nanna** *sf (linguaggio infantile)*: **andare a ~** to go to beddy-byes

'**nano, a** *ag, sm/f* dwarf

napole'tano, a *ag, sm/f* Neapolitan

'**Napoli** *sf* Naples

'**nappa** *sf* tassel

nar'ciso [nar'tʃizo] *sm* narcissus

nar'cosi *sf* narcosis

nar'cotico, ci *sm* narcotic

na'rice [na'ritʃe] *sf* nostril

nar'rare *vt* to tell the story of, recount; **narra'tiva** *sf (branca letteraria)* fiction; **narra'tivo, a** *ag* narrative; **narra'tore, 'trice** *sm/f* narrator; **narrazi'one** *sf* narration; *(racconto)* story, tale

na'sale *ag* nasal

'**nascere** ['naʃʃere] *vi (bambino)* to be born; *(pianta)* to come *o* spring up; *(fiume)* to rise, have its source; (*sole*) to rise; (*dente*) to come through; (*fig: derivare, conseguire*): **~ da** to arise from, be born out of; **è nata nel 1952** she was born in 1952; **'nascita** *sf* birth

nas'condere *vt* to hide, conceal; **~rsi** *vr* to hide; **nascon'diglio** *sm* hiding place; **nascon'dino** *sm* (*gioco*) hide-and-seek; **nas'costo, a** *pp di* **nascondere** ♦ *ag* hidden; **di nascosto** secretly

na'sello *sm* (ZOOL) hake

'naso *sm* nose

'nastro *sm* ribbon; (*magnetico, isolante,* SPORT) tape; **~ adesivo** adhesive tape; **~ trasportatore** conveyor belt

nas'turzio [nas'turtsjo] *sm* nasturtium

na'tale *ag* of one's birth ♦ *sm* (REL): **N~** Christmas; (*giorno della nascita*) birthday; **natalità** *sf* birth rate; **nata'lizio, a** *ag* (*del Natale*) Christmas *cpd*

na'tante *sm* craft *inv*, boat

'natica, che *sf* (ANAT) buttock

na'tio, a, 'tii, 'tie *ag* native

Nativ ità *sf* (REL) Nativity

na'tivo, a *ag, sm/f* native

'nato, a *pp di* **nascere** ♦ *ag*: **un attore ~** a born actor; **~a Pieri** née Pieri

na'tura *sf* nature; **pagare in ~** to pay in kind; **~ morta** still life

natu'rale *ag* natural; **natura'lezza** *sf* naturalness; **natura'lista, i, e** *sm/f* naturalist

naturaliz'zare [naturalid'dzare] *vt* to naturalize

natural'mente *av* naturally; (*certamente, sì*) of course

naufra'gare *vi* (*nave*) to be wrecked; (*persona*) to be shipwrecked; (*fig*) to fall through; **nau'fragio** *sm* shipwreck; (*fig*) ruin, failure; **'naufrago, ghi** *sm* castaway, shipwreck victim

'nausea *sf* nausea; **nausea'bondo, a** *ag* nauseating, sickening; **nause'are** *vt* to nauseate, make (feel) sick

'nautica *sf* (art of) navigation

'nautico, a, ci, che *ag* nautical

na'vale *ag* naval

na'vata *sf* (*anche:* **~ centrale**) nave; (*anche:* **~ laterale**) aisle

'nave *sf* ship, vessel; **~ cisterna** tanker; **~ da guerra** warship; **~ passeggeri** passenger ship

na'vetta *sf* shuttle; (*servizio di collegamento*) shuttle (service)

navi'cella [navi'tʃɛlla] *sf* (*di aerostato*) gondola; **~ spaziale** spaceship

navi'gare *vi* to sail; **~ in Internet** to surf the Net; **navigazi'one** *sf* navigation

na'viglio [na'viʎʎo] *sm* (*canale artificiale*) canal; **~ da pesca** fishing fleet

nazio'nale [nattsjo'nale] *ag* national ♦ *sf* (SPORT) national team; **naziona'lismo** *sm* nationalism; **nazionalità** *sf inv* nationality

nazi'one [nat'tsjone] *sf* nation

PAROLA CHIAVE

ne *pron* **1** (*di lui, lei, loro*) of him/her/them; about him/her/them; **~ riconosco la voce** I recognize his (*o* her) voice

2 (*di questa, quella cosa*) of it; about it; **~ voglio ancora** I want some more (of it *o* them); **non parliamone più!** let's not talk about it any more!

3 (*con valore partitivo*): **hai dei libri? – sì, ~ ho** have you any books? — yes, I have (some); **hai del pane? – no, non ~ ho** have you any bread? — no, I haven't any; **quanti anni hai? – ~ ho 17** how old are you? — I'm 17

♦ *av* (*moto da luogo: da lì*) from there; **~ vengo ora** I've just come from there

---

né *cong*: **~ ... ~** neither ... nor; **~ l'uno ~ l'altro lo vuole** neither of them wants it; **non parla ~ l'italiano ~ il tedesco** he speaks neither Italian nor German, he doesn't speak either Italian or German; **non piove ~ nevica** it isn't raining or snowing

ne'anche [ne'anke] *av, cong* not even; **non ... ~** not even; **~ se volesse potrebbe venire** he couldn't come even if he wanted to; **non l'ho visto — ~ io** I didn't see him — neither did I *o* I didn't either; **~ per idea** *o* **sogno!** not on your life!

'**nebbia** *sf* fog; (*foschia*) mist; **nebbi'oso, a** *ag* foggy; misty

nebu'loso, a *ag* (*atmosfera*) hazy; (*fig*) hazy, vague

necessaria'mente [netʃessarja'mɛnte] *av* necessarily

neces'sario, a [netʃes'sarjo] *ag* necessary

necessità [netʃessi'ta] *sf inv* necessity; (*povertà*) need, poverty; **necessi'tare** *vt* to require ♦ *vi* (*aver bisogno*): **necessitare di** to need

necro'logio [nekro'lɔdʒo] *sm* obituary notice

ne'fando, a *ag* infamous, wicked

ne'fasto, a *ag* inauspicious, ill-omened

ne'gare *vt* to deny; (*rifiutare*) to deny, refuse; ~ **di aver fatto/che** to deny having done/that; **nega'tivo, a** *ag, sf, sm* negative; **negazi'one** *sf* negation

ne'gletto, a *ag* (*trascurato*) neglected

'**negli** ['neʎʎi] *prep* +*det vedi* **in**

negli'gente [negli'dʒɛnte] *ag* negligent, careless; **negli'genza** *sf* negligence, carelessness

negozi'ante [negot'tsjante] *sm/f* trader, dealer; (*bottegaio*) shopkeeper (*BRIT*), storekeeper (*US*)

negozi'are [negot'tsjare] *vt* to negotiate ♦ *vi*: ~ **in** to trade *o* deal in; **negozi'ato** *sm* negotiation

ne'gozio [ne'gɔttsjo] *sm* (*locale*) shop (*BRIT*), store (*US*)

'**negro, a** *ag, sm/f* Negro

'**nei** *prep* +*det vedi* **in**

nel *prep* +*det vedi* **in**

nell' *prep* +*det vedi* **in**

'**nella** *prep* +*det vedi* **in**

'**nelle** *prep* +*det vedi* **in**

'**nello** *prep* +*det vedi* **in**

'**nembo** *sm* (*METEOR*) nimbus

ne'mico, a, ci, che *ag* hostile; (*MIL*) enemy *cpd* ♦ *sm/f* enemy; **essere** ~ **di** to be strongly averse *o* opposed to

nem'meno *av, cong* = **neanche**

'**nenia** *sf* dirge; (*motivo monotono*) monotonous tune

'**neo** *sm* mole; (*fig*) (slight) flaw

'**neo...** *prefisso* neo...

'**neon** *sm* (*CHIM*) neon

neo'nato, a *ag* newborn ♦ *sm/f* newborn baby

neozelan'dese [neoddzelan'dese] *ag* New Zealand *cpd* ♦ *sm/f* New Zealander

nep'pure *av, cong* = **neanche**

'**nerbo** *sm* lash; (*fig*) strength, backbone; **nerbo'ruto, a** *ag* muscular; robust

ne'retto *sm* (*TIP*) bold type

'**nero, a** *ag* black; (*scuro*) dark ♦ *sm* black; **il Mar N~** the Black Sea

nerva'tura *sf* (*ANAT*) nervous system; (*BOT*) veining; (*ARCHIT, TECN*) rib

'**nervo** *sm* (*ANAT*) nerve; (*BOT*) vein; **avere i ~i** to be on edge; **dare sui ~i a qn** to get on sb's nerves; **ner'voso, a** *ag* nervous; (*irritabile*) irritable ♦ *sm* (*fam*): **far venire il nervoso a qn** to get on sb's nerves

'**nespola** *sf* (*BOT*) medlar; (*fig*) blow, punch; '**nespolo** *sm* medlar tree

'**nesso** *sm* connection, link

PAROLA CHIAVE

nes'suno, a (*det: dav sm* **nessun** +*C, V*, **nessuno** +*s impura, gn, pn, ps, x, z; dav sf* **nessuna** +*C*, **nessun'** +*V*) *det* 1 (*non uno*) no, *espressione negativa* +any; **non c'è nessun libro** there isn't any book, there is no book; **nessun altro** no one else, nobody else; **nessun'altra cosa** nothing else; **in nessun luogo** nowhere
2 (*qualche*) any; **hai ~a obiezione?** do you have any objections?
♦ *pron* 1 (*non uno*) no one, nobody, *espressione negativa* +any(one); (: *cosa*) none, *espressione negativa* +any; ~ **è venuto, non è venuto** ~ nobody came
2 (*qualcuno*) anyone, anybody; **ha telefonato ~?** did anyone phone?

---

net'tare[1] *vt* to clean

'**nettare**[2] *sm* nectar

net'tezza [net'tettsa] *sf* cleanness, cleanliness; ~ **urbana** cleansing department

'**netto, a** *ag* (*pulito*) clean; (*chiaro*) clear, clear-cut; (*deciso*) definite; (*ECON*) net

nettur'bino *sm* dustman (*BRIT*), garbage collector (*US*)

neu'rosi *sf* = **nevrosi**

neu'trale *ag* neutral; **neutralità** *sf* neutrality; **neutraliz'zare** *vt* to neutralize

'neutro, a *ag* neutral; (*LING*) neuter ♦ *sm* (*LING*) neuter

'neve *sf* snow; **nevi'care** *vb impers* to snow; **nevi'cata** *sf* snowfall

ne'vischio [ne'viskjo] *sm* sleet

ne'voso, a *ag* snowy; snow-covered

nevral'gia [nevral'dʒia] *sf* neuralgia

nevras'tenico, a, ci, che *ag* (*MED*) neurasthenic; (*fig*) hot-tempered

ne'vrosi *sf* neurosis

'nibbio *sm* (*ZOOL*) kite

'nicchia ['nikkja] *sf* niche; (*naturale*) cavity, hollow

nicchi'are [nik'kjare] *vi* to shilly-shally, hesitate

'nichel ['nikel] *sm* nickel

nico'tina *sf* nicotine

'nido *sm* nest; **a ~ d'ape** (*tessuto etc*) honeycomb *cpd*

PAROLA CHIAVE
---

ni'ente *pron* 1 (*nessuna cosa*) nothing; **~ può fermarlo** nothing can stop him; **~ di ~** absolutely nothing; **nient'altro** nothing else; **nient'altro che** nothing but, just, only; **~ affatto** not at all, not in the least; **come se ~ fosse** as if nothing had happened; **cose da ~** trivial matters; **per ~** (*gratis, invano*) for nothing

2 (*qualcosa*) **hai bisogno di ~?** do you need anything?

3: **non ... ~** nothing, *espressione negativa* +anything; **non ho visto ~** I saw nothing, I didn't see anything; **non ho ~ da dire** I have nothing *o* haven't anything to say ♦ *sm* nothing; **un bel ~** absolutely nothing; **basta un ~ per farla piangere** the slightest thing is enough to make her cry ♦ *av* (*in nessuna misura*): **non ... ~** not ... at all; **non è (per) ~ buono** it isn't good at all

nientedi'meno *av* actually, even ♦ *escl* really!, I say!

niente'meno *av, escl* = **nientedimeno**

'Nilo *sm*: **il ~** the Nile

'ninfa *sf* nymph

nin'fea *sf* water lily

ninna-'nanna *sf* lullaby

'ninnolo *sm* (*gingillo*) knick-knack

ni'pote *sm/f* (*di zii*) nephew/niece; (*di nonni*) grandson/daughter, grandchild

'nitido, a *ag* clear; (*specchio*) bright

ni'trato *sm* nitrate

'nitrico, a, ci, che *ag* nitric

ni'trire *vi* to neigh

ni'trito *sm* (*di cavallo*) neighing *no pl*; neigh; (*CHIM*) nitrite

nitroglice'rina [nitroglitʃe'rina] *sf* nitroglycerine

no *av* (*risposta*) no; **vieni o ~?** are you coming or not?; **perché ~?** why not?; **lo conosciamo? – tu ~ ma io sì** do we know him? — you don't but I do; **verrai, ~?** you'll come, won't you?

'nobile *ag* noble ♦ *sm/f* noble, nobleman/woman; **nobili'are** *ag* noble; **nobiltà** *sf* nobility; (*di azione*) nobleness

'nocca, che *sf* (*ANAT*) knuckle

nocci'ola [not'tʃola] *ag inv* (*colore*) hazel, light brown ♦ *sf* hazelnut

noccio'lina [nottʃo'lina] *sf*: **~ americana** peanut

'nocciolo[1] ['nɔttʃolo] *sm* (*di frutto*) stone; (*fig*) heart, core

noc'ciolo[2] [not'tʃolo] *sm* (*albero*) hazel

'noce ['notʃe] *sm* (*albero*) walnut tree ♦ *sf* (*frutto*) walnut; **~ moscata** nutmeg

no'civo, a [no'tʃivo] *ag* harmful, noxious

'nodo *sm* (*di cravatta, legname, NAUT*) knot; (*AUT, FERR*) junction; (*MED, ASTR, BOT*) node; (*fig: legame*) bond, tie; (*: punto centrale*) heart, crux; **avere un ~ alla gola** to have a lump in one's throat; **no'doso, a** *ag* (*tronco*) gnarled

'noi *pron* (*soggetto*) we; (*oggetto: per dare rilievo, con preposizione*) us; **~ stessi(e)** we ourselves; (*oggetto*) ourselves

'**noia** *sf* boredom; (*disturbo, impaccio*) bother *no pl*, trouble *no pl*; **avere qn/qc a** ~ not to like sb/sth; **mi è venuto a** ~ I'm tired of it; **dare** ~ **a** to annoy; **avere delle** ~**e con qn** to have trouble with sb

noi'altri *pron* we

noi'oso, a *ag* boring; (*fastidioso*) annoying, troublesome

noleggi'are [noled'dʒare] *vt* (*prendere a noleggio*) to hire (BRIT), rent; (*dare a noleggio*) to hire out (BRIT), rent (out); (*aereo, nave*) to charter; **no'leggio** *sm* hire (BRIT), rental; charter

'**nolo** *sm* hire (BRIT), rental; charter; (*per trasporto merci*) freight; **prendere/dare a** ~ **qc** to hire/hire out sth

'**nomade** *ag* nomadic ♦ *sm/f* nomad

'**nome** *sm* name; (LING) noun; **in/a** ~ **di** in the name of; **di** *o* **per** ~ (*chiamato*) called, named; **conoscere qn di** ~ to know sb by name; ~ **d'arte** stage name; ~ **di battesimo** Christian name; ~ **di famiglia** surname

no'mea *sf* notoriety

no'mignolo [no'miɲɲolo] *sm* nickname

'**nomina** *sf* appointment

nomi'nale *ag* nominal; (LING) noun *cpd*

nomi'nare *vt* to name; (*eleggere*) to appoint; (*citare*) to mention

nomina'tivo, a *ag* (LING) nominative; (ECON) registered ♦ *sm* (LING: *anche:* **caso** ~) nominative (case); (AMM) name

non *av* not ♦ *prefisso* non-; *vedi* **affatto; appena** *etc*

nonché [non'ke] *cong* (*tanto più, tanto meno*) let alone; (*e inoltre*) as well as

noncu'rante *ag:* ~ (**di**) careless (of), indifferent (to); **noncu'ranza** *sf* carelessness, indifference

nondi'meno *cong* (*tuttavia*) however; (*nonostante*) nevertheless

'**nonno, a** *sm/f* grandfather/mother; (*in senso più familiare*) grandma/grandpa; ~**i** *smpl* grandparents

non'nulla *sm inv:* **un** ~ nothing, a trifle

'**nono, a** *ag, sm* ninth

nonos'tante *prep* in spite of, notwithstanding ♦ *cong* although, even though

nontiscordardimé *sm inv* (BOT) forget-me-not

nord *sm* North ♦ *ag inv* north; northern; **il Mare del N**~ the North Sea; **nor'dest** *sm* north-east; '**nordico, a, ci, che** *ag* nordic, northern European; **nor'dovest** *sm* north-west

'**norma** *sf* (*principio*) norm; (*regola*) regulation, rule; (*consuetudine*) custom, rule; **a** ~ **di legge** according to law, as laid down by law

nor'male *ag* normal; standard *cpd*; **normalità** *sf* normality; **normaliz'zare** *vt* to normalize, bring back to normal

normal'mente *av* normally

norve'gese [norve'dʒese] *ag, sm/f, sm* Norwegian

Nor'vegia [nor'vedʒa] *sf:* **la** ~ Norway

nostal'gia [nostal'dʒia] *sf* (*di casa, paese*) homesickness; (*del passato*) nostalgia; **nos'talgico, a, ci, che** *ag* homesick; nostalgic

nos'trano, a *ag* local; national; home-produced

'**nostro, a** *det:* **il(la)** ~**(a)** *etc* our ♦ *pron:* **il(la)** ~**(a)** *etc* ours ♦ *sm:* **il** ~ our money; **i** ~**i** our family; our own people; **è dei** ~**i** he's one of us

'**nota** *sf* (*segno*) mark; (*comunicazione scritta, MUS*) note; (*fattura*) bill; (*elenco*) list; **degno di** ~ noteworthy, worthy of note

no'tabile *ag* notable ♦ *sm* prominent citizen

no'taio *sm* notary

no'tare *vt* (*segnare: errori*) to mark; (*registrare*) to note (down), write down; (*rilevare, osservare*) to note, notice; **farsi** ~ to get o.s. noticed

no'tevole *ag* (*talento*) notable, remarkable; (*peso*) considerable

no'tifica, che *sf* notification

notifi'care *vt* (DIR): ~ **qc a qn** to notify sb of sth, give sb notice of sth

no'tizia [no'tittsja] *sf* (*piece of*) news *sg*; (*informazione*) piece of information; ~**e** *sfpl*

(*informazioni*) news *sg*; information *sg*;
   notizi'ario *sm* (*RADIO, TV, STAMPA*) news *sg*
'**noto, a** *ag* (well-)known
notorietà *sf* fame; notoriety
no'**torio, a** *ag* well-known; (*peg*) notorious
not'**tambulo, a** *sm/f* night-bird (*fig*)
not'**tata** *sf* night
'**notte** *sf* night; **di ~** at night; (*durante la
   notte*) in the night, during the night; **~
   bianca** sleepless night; **notte'tempo** *av*
   at night; during the night
not'**turno, a** *ag* nocturnal; (*servizio,
   guardiano*) night *cpd*
no'**vanta** *num* ninety; **novan'tesimo, a**
   num ninetieth; **novan'tina** *sf*: **una
   novantina (di)** about ninety
'**nove** *num* nine
nove'cento [nove'tʃɛnto] *num* nine
   hundred ♦ *sm*: **il N~** the twentieth century
no'**vella** *sf* (*LETTERATURA*) short story
novel'**lino, a** *ag* (*pivello*) green,
   inexperienced
no'**vello, a** *ag* (*piante, patate*) new;
   (*insalata, verdura*) early; (*sposo*) newly-
   married
no'**vembre** *sm* November
novi'**lunio** *sm* (*ASTR*) new moon
novità *sf inv* novelty; (*innovazione*)
   innovation; (*cosa originale, insolita*)
   something new; (*notizia*) (piece of) news
   sg; **le ~ della moda** the latest fashions
no'**vizio, a** [no'vittsjo] *sm/f* (*REL*) novice;
   (*tirocinante*) beginner, apprentice
nozi'**one** [not'tsjone] *sf* notion, idea; **~i** *sfpl*
   (*rudimenti*) basic knowledge *sg*, rudiments
'**nozze** ['nɔttse] *sfpl* wedding *sg*, marriage
   sg; **~ d'argento/d'oro** silver/golden
   wedding *sg*
ns. *abbr* (*COMM*) = **nostro**
'**nube** *sf* cloud; **nubi'fragio** *sm* cloudburst
'**nubile** *ag* (*donna*) unmarried, single
'**nuca** *sf* nape of the neck
nucle'are *ag* nuclear
'**nucleo** *sm* nucleus; (*gruppo*) team, unit,
   group; (*MIL, POLIZIA*) squad; **il ~ familiare**
   the family unit
nu'**dista, i, e** *sm/f* nudist

'**nudo, a** *ag* (*persona*) bare, naked, nude;
   (*membra*) bare, naked; (*montagna*) bare
   ♦ *sm* (*ARTE*) nude
'**nugolo** *sm*: **un ~ di** a whole host of
'**nulla** *pron, av* = **niente** ♦ *sm*: **il ~** nothing
nulla'osta *sm inv* authorization
nullità *sf inv* nullity; (*persona*) nonentity
'**nullo, a** *ag* useless, worthless; (*DIR*) null
   (and void); (*SPORT*): **incontro ~** draw
nume'rale *ag, sm* numeral
nume'rare *vt* to number; **numerazi'one**
   sf numbering; (*araba, decimale*) notation
nu'**merico, a, ci, che** *ag* numerical
'**numero** *sm* number; (*romano, arabo*)
   numeral; (*di spettacolo*) act, turn; **~ civico**
   house number; **~ di telefono** telephone
   number; **nume'roso, a** *ag* numerous,
   many; (*con sostantivo sg*) large
'**nunzio** ['nuntsjo] *sm* (*REL*) nuncio
nu'**ocere** ['nwɔtʃere] *vi*: **~ a** to harm,
   damage; **nuoci'uto, a** *pp di* **nuocere**
nu'**ora** *sf* daughter-in-law
nuo'**tare** *vi* to swim; (*galleggiare: oggetti*)
   to float; **nuota'tore, 'trice** *sm/f*
   swimmer; **nu'oto** *sm* swimming
nu'**ova** *sf* (*notizia*) (piece of) news *sg*; *vedi
   anche* **nuovo**
nuova'**mente** *av* again
Nu'ova Ze'landa [-dze'landa] *sf*: **la ~**
   New Zealand
nu'**ovo, a** *ag* new; **di ~** again; **~
   fiammante** *o* **di zecca** brand-new
nutri'ente *ag* nutritious, nourishing
nutri'mento *sm* food, nourishment
nu'**trire** *vt* to feed; (*fig: sentimenti*) to
   harbour, nurse; **nutri'tivo, a** *ag*
   nutritional; (*alimento*) nutritious;
   nutrizi'one *sf* nutrition
'**nuvola** *sf* cloud; **nuvo'loso, a** *ag* cloudy
nuzi'**ale** [nut'tsjale] *ag* nuptial; wedding *cpd*

O, o

o (*dav V spesso* **od**) *cong* or; **~ ... ~** either ... or; **~ l'uno ~ l'altro** either (of them)

O. *abbr* (= *ovest*) W

'oasi *sf inv* oasis

obbedi'ente *etc* = **ubbidiente** *etc*

obbli'gare *vt* (*costringere*): **~ qn a fare** to force *o* oblige sb to do; (*DIR*) to bind; **~rsi** *vr*: **~rsi a fare** to undertake to do; **obbli'gato, a** *a* (*costretto, grato*) obliged; (*percorso, tappa*) set, fixed; **obbliga'torio, a** *ag* compulsory, obligatory; **obbligazi'one** *sf* (*COMM*) bond, debenture; **'obbligo, ghi** *sm* obligation; (*dovere*) duty; **avere l'obbligo di fare** to be obliged to do; **essere d'obbligo** (*discorso, applauso*) to be called for

ob'brobrio *sm* disgrace; (*fig*) eyesore

o'beso, a *ag* obese

obiet'tare *vt*: **~ che** to object that; **~ su qc** to object to sth, raise objections concerning sth

obiet'tivo, a *ag* objective ♦ *sm* (*OTTICA, FOT*) lens *sg*, objective; (*MIL, fig*) objective

obiet'tore *sm* objector; **~ di coscienza** conscientious objector

obiezi'one [objet'tsjone] *sf* objection

obi'torio *sm* morgue, mortuary

o'bliquo, a *ag* oblique; (*inclinato*) slanting; (*fig*) devious, underhand

oblite'rare *vt* (*biglietto*) to stamp; (*francobollo*) to cancel

oblò *sm inv* porthole

o'blungo, a, ghi, ghe *ag* oblong

'oboe *sm* (*MUS*) oboe

'oca (*pl* **'oche**) *sf* goose

occasi'one *sf* (*caso favorevole*) opportunity; (*causa, motivo, circostanza*) occasion; (*COMM*) bargain; **d'~** (*a buon prezzo*) bargain *cpd*; (*usato*) secondhand

occhi'aia [ok'kjaja] *sf* eye socket; **avere le ~e** to have shadows under one's eyes

occhi'ali [ok'kjali] *smpl* glasses, spectacles;

~ da sole sunglasses; **~ da vista** (prescription) glasses

occhi'ata [ok'kjata] *sf* look, glance; **dare un'~ a** to have a look at

occhi'ello [ok'kjello] *sm* buttonhole; (*asola*) eyelet

'occhio ['ɔkkjo] *sm* eye; **~!** careful!, watch out!; **a ~ nudo** with the naked eye; **a quattr'~i** privately, tête-à-tête; **dare all'~** *o* **nell'~ a qn** to catch sb's eye; **fare l'~ a qc** to get used to sth; **tenere d'~ qn** to keep an eye on sb; **vedere di buon/mal ~ qc** to look favourably/unfavourably on sth

occhio'lino [okkjo'lino] *sm*: **fare l'~ a qn** to wink at sb

occiden'tale [ottʃiden'tale] *ag* western ♦ *sm/f* Westerner

occi'dente [ottʃi'dɛnte] *sm* west; (*POL*): **l'O~** the West; **a ~** in the west

oc'cipite [ot'tʃipite] *sm* back of the head, occiput

oc'cludere *vt* to block; **occlusi'one** *sf* blockage, obstruction; **oc'cluso, a** *pp di* **occludere**

occor'rente *ag* necessary ♦ *sm* all that is necessary

occor'renza [okkor'rɛntsa] *sf* necessity, need; **all'~** in case of need

oc'correre *vi* to be needed, be required ♦ *vb impers*: **occorre farlo** it must be done; **occorre che tu parta** you must leave, you'll have to leave; **mi occorrono i soldi** I need the money; **oc'corso, a** *pp di* **occorrere**

occul'tare *vt* to hide, conceal

oc'culto, a *ag* hidden, concealed; (*scienze, forze*) occult

occu'pare *vt* to occupy; (*manodopera*) to employ; (*ingombrare*) to occupy, take up; **~rsi** *vr* to occupy o.s., keep o.s. busy; (*impiegarsi*) to get a job; **~rsi di** (*interessarsi*) to take an interest in; (*prendersi cura di*) to look after, take care of; **occu'pato, a** *ag* (*MIL, POL*) occupied; (*persona: affaccendato*) busy; (*posto, sedia*) taken; (*toilette, TEL*) engaged; **occupazi'one** *sf* occupation; (*impiego,* *lavoro*) job; (*ECON*) employment

o'**ceano** [o't∫eano] *sm* ocean

'**ocra** *sf* ochre

ocu'**lare** *ag* ocular, eye *cpd*; **testimone ~** eye witness

ocu'**lato, a** *ag* (*attento*) cautious, prudent; (*accorto*) shrewd

ocu'**lista, i, e** *sm/f* eye specialist, oculist

'**ode** *sf* ode

odi'**are** *vt* to hate, detest

odi'**erno, a** *ag* today's, of today; (*attuale*) present

'**odio** *sm* hatred; **avere in ~ qc/qn** to hate *o* detest sth/sb; **odi'oso, a** *ag* hateful, odious

odo'**rare** *vt* (*annusare*) to smell; (*profumare*) to perfume, scent ♦ *vi*: **~ (di)** to smell (of); **odo'rato** *sm* sense of smell

o'**dore** *sm* smell; **gli ~i** *smpl* (*CUC*) (aromatic) herbs; **odo'roso, a** *ag* sweet-smelling

of'**fendere** *vt* to offend; (*violare*) to break, violate; (*insultare*) to insult; (*ferire*) to hurt; **~rsi** *vr* (*con senso reciproco*) to insult one another; (*risentirsi*): **~rsi (di)** to take offence (at), be offended (by); **offen'sivo, a** *ag, sf* offensive

offe'**rente** *sm* (*in aste*): **al maggior ~** to the highest bidder

of'**ferta** *sf* offer; (*donazione, anche REL*) offering; (*in gara d'appalto*) tender; (*in aste*) bid; (*ECON*) supply; **"~e d'impiego"** "situations vacant"; **fare un'~a** to make an offer; to tender; to bid

of'**ferto, a** *pp di* **offrire**

of'**fesa** *sf* insult, affront; (*MIL*) attack; (*DIR*) offence; *vedi anche* **offeso**

of'**feso, a** *pp di* **offendere** ♦ *ag* offended; (*fisicamente*) hurt, injured ♦ *sm/f* offended party; **essere ~ con qn** to be annoyed with sb; **parte ~a** (*DIR*) plaintiff

offi'**cina** [offi't∫ina] *sf* workshop

of'**frire** *vt* to offer; **~rsi** *vr* (*proporsi*) to offer (o.s.), volunteer; (*occasione*) to present itself; (*esporsi*): **~rsi a** to expose o.s. to; **ti offro da bere** I'll buy you a drink

offus'**care** *vt* to obscure, darken; (*fig:*

intelletto) to dim, cloud; (*: fama*) to obscure, overshadow; **~rsi** *vr* to grow dark; to cloud, grow dim; to be obscured

ogget'**tivo, a** [oddʒet'tivo] *ag* objective

og'**getto** [od'dʒɛtto] *sm* object; (*materia, argomento*) subject (matter); **~i smarriti** lost property *sg*

'**oggi** ['ɔddʒi] *av, sm* today; **~ a otto** a week today; **oggigi'orno** *av* nowadays

OGM *sigla m* (= *organismo geneticamente modificato*) GMO

'**ogni** ['oɲni] *det* every, each; (*tutti*) all; (*con valore distributivo*) every; **~ uomo è mortale** all men are mortal; **viene ~ due giorni** he comes every two days; **~ cosa** everything; **ad ~ costo** at all costs, at any price; **in ~ luogo** everywhere; **~ tanto** every so often; **~ volta che** every time that

Ognis'santi [oɲɲis'santi] *sm* All Saints' Day

o'**gnuno** [oɲ'ɲuno] *pron* everyone, everybody

'**ohi** *escl* oh!; (*esprimendo dolore*) ow!

ohi**mè** *escl* oh dear!

O'**landa** *sf*: **l'~** Holland; **olan'dese** *ag* Dutch ♦ *sm* (*LING*) Dutch ♦ *sm/f* Dutchman/woman; **gli Olandesi** the Dutch

oleo'**dotto** *sm* oil pipeline

ole'**oso, a** *ag* oily; (*che contiene olio*) oil-yielding

ol'**fatto** *sm* sense of smell

oli'**are** *vt* to oil

oli'**era** *sf* oil cruet

olim'**piadi** *sfpl* Olympic games; o'**limpico, a, ci, che** *ag* Olympic

'**olio** *sm* oil; **sott'~** (*CUC*) in oil; **~ di fegato di merluzzo** cod liver oil; **~ d'oliva** olive oil; **~ di semi** vegetable oil

o'**liva** *sf* olive; **oli'vastro, a** *ag* olive(-coloured); (*carnagione*) sallow; **oli'veto** *sm* olive grove; o'**livo** *sm* olive tree

'**olmo** *sm* elm

oltraggi'**are** [oltrad'dʒare] *vt* to outrage

ol'**traggio** [ol'traddʒo] *sm* outrage; offence; insult; **~ al pudore** (*DIR*) indecent behaviour; **oltraggi'oso, a** *ag* offensive

ol'**tralpe** *av* beyond the Alps

ol'**tranza** [ol'trantsa] *sf*: **a ~** to the last, to

the bitter end

'**oltre** *av* (*più in là*) further; (*di più: aspettare*) longer, more ♦ *prep* (*di là da*) beyond, over, on the other side of; (*più di*) more than, over; (*in aggiunta a*) besides; (*eccetto*): ~ **a** except, apart from; **oltre'mare** *av* overseas; **oltre'modo** *av* extremely; **oltrepas'sare** *vt* to go beyond, exceed

o'**maggio** [o'maddʒo] *sm* (*dono*) gift; (*segno di rispetto*) homage, tribute; ~**i** *smpl* (*complimenti*) respects; **rendere ~ a** to pay homage *o* tribute to; **in ~** (*copia, biglietto*) complimentary

ombe'**lico, chi** *sm* navel

'**ombra** *sf* (*zona non assolata, fantasma*) shade; (*sagoma scura*) shadow; **sedere all'~** to sit in the shade; **restare nell'~** (*fig*) to remain in obscurity

om'**brello** *sm* umbrella; **ombrel'lone** *sm* beach umbrella

om'**bretto** *sm* eyeshadow

om'**broso, a** *ag* shady, shaded; (*cavallo*) nervous, skittish; (*persona*) touchy, easily offended

ome'**lia** *sf* (*REL*) homily, sermon

omeopa'**tia** *sf* homoeopathy

omertà *sf* conspiracy of silence

o'**messo, a** *pp di* **omettere**

o'**mettere** *vt* to omit, leave out; **~ di fare** to omit *o* fail to do

omi'**cida, i, e** [omi'tʃida] *ag* homicidal, murderous ♦ *sm/f* murderer/eress

omi'**cidio** [omi'tʃidjo] *sm* murder; **~ colposo** culpable homicide

omissi'**one** *sf* omission; **~ di soccorso** (*DIR*) failure to stop and give assistance

omogeneiz'**zato** [omodʒeneid'dzato] *sm* baby food

omo'**geneo, a** [omo'dʒeneo] *ag* homogeneous

omolo'**gare** *vt* to approve, recognize; to ratify

o'**monimo, a** *sm/f* namesake ♦ *sm* (*LING*) homonym

omosessu'**ale** *ag, sm/f* homosexual

'**oncia, ce** ['ontʃa] *sf* ounce

'**onda** *sf* wave; **mettere** *o* **mandare in ~** (*RADIO, TV*) to broadcast; **andare in ~** (*RADIO, TV*) to go on the air; **~e corte/ medie/lunghe** short/medium/long wave; **on'data** *sf* wave, billow; (*fig*) wave, surge; **a ondate** in waves; **ondata di caldo** heatwave

ondeggi'**are** [onded'dʒare] *vi* (*acqua*) to ripple; (*muoversi sulle onde: barca*) to rock, roll; (*fig: muoversi come le onde, barcollare*) to sway; (: *essere incerto*) to waver

'**onere** *sm* burden; **~i fiscali** taxes; **one'roso, a** *ag* (*fig*) heavy, onerous

onestà *sf* honesty

o'**nesto, a** *ag* (*probo, retto*) honest; (*giusto*) fair; (*casto*) chaste, virtuous

'**onice** ['ɔnitʃe] *sf* onyx

onnipo'**tente** *ag* omnipotent

ono'**mastico, ci** *sm* name-day

ono'**ranze** [ono'rantse] *sfpl* honours; **~ funebri** funeral (service)

ono'**rare** *vt* to honour; (*far onore a*) to do credit to; **~rsi** *vr*: **~rsi di** to feel honoured at, be proud of

ono'**rario, a** *ag* honorary ♦ *sm* fee

o'**nore** *sm* honour; **in ~ di** in honour of; **fare gli ~i di casa** to play host (*o* hostess); **fare ~ a** to honour; (*pranzo*) to do justice to; (*famiglia*) to be a credit to; **farsi ~** to distinguish o.s.; **ono'revole** *ag* honourable ♦ *sm/f* (*POL*) ≈ Member of Parliament (*BRIT*), ≈ Congressman/woman (*US*); **onorifi'cenza** *sf* honour; decoration; **ono'rifico, a, ci, che** *ag* honorary

'**onta** *sf* shame, disgrace

on'**tano** *sm* (*BOT*) alder

'**O.N.U.** ['ɔnu] *sigla f* (= *Organizzazione delle Nazioni Unite*) UN, UNO

o'**paco, a, chi, che** *ag* (*vetro*) opaque; (*metallo*) dull, matt

o'**pale** *sm o f* opal

'**opera** *sf* work; (*azione rilevante*) action, deed, work; (*MUS*) work; opus; (: *melodramma*) opera; (: *teatro*) opera house; (*ente*) institution, organization; **~ d'arte** work of art; **~ lirica** (grand) opera;

~e pubbliche public works

ope'raio, a *ag* working-class; workers' ♦ *sm/f* worker; **classe ~a** working class

ope'rare *vt* to carry out, make; (*MED*) to operate on ♦ *vi* to operate, work; (*rimedio*) to act, work; (*MED*) to operate; **~rsi** *vr* (*MED*) to have an operation; **~rsi d'appendicite** to have one's appendix out; **opera'tivo, a** *ag* operative, operating; **opera'tore, 'trice** *sm/f* operator; (*TV, CINEMA*) cameraman; **operatore economico** agent, broker; **operatore turistico** tour operator; **opera'torio, a** *ag* (*MED*) operating; **operazi'one** *sf* operation

ope'retta *sf* (*MUS*) operetta, light opera

ope'roso, a *ag* busy, active, hard-working

opini'one *sf* opinion; **~ pubblica** public opinion

'oppio *sm* opium

oppo'nente *ag* opposing ♦ *sm/f* opponent

op'porre *vt* to oppose; **opporsi** *vr*: **opporsi (a qc)** to oppose (sth); to object (to sth); **~ resistenza/un rifiuto** to offer resistance/refuse

opportu'nista, i, e *sm/f* opportunist

opportu'nità *sf inv* opportunity; (*convenienza*) opportuneness, timeliness

oppor'tuno, a *ag* timely, opportune

opposi'tore, 'trice *sm/f* opposer, opponent

opposizi'one [oppozit'tsjone] *sf* opposition; (*DIR*) objection

op'posto, a *pp di* **opporre** ♦ *ag* opposite; (*opinioni*) conflicting ♦ *sm* opposite, contrary; **all'~** on the contrary

oppressi'one *sf* oppression

oppres'sivo, a *ag* oppressive

op'presso, a *pp di* **opprimere**

oppres'sore *sm* oppressor

op'primere *vt* (*premere, gravare*) to weigh down; (*estenuare: sog: caldo*) to suffocate, oppress; (*tiranneggiare: popolo*) to oppress

op'pure *cong* or (else)

op'tare *vi*: **~ per** to opt for

o'puscolo *sm* booklet, pamphlet

opzi'one [op'tsjone] *sf* option

'ora¹ *sf* (*60 minuti*) hour; (*momento*) time; **che ~ è?, che ~e sono?** what time is it?; **non veder l'~ di fare** to long to do, look forward to doing; **di buon'~** early; **alla buon'~!** at last!; **~ di cena** dinner time; **~ legale** *o* **estiva** summer time (*BRIT*), daylight saving time (*US*); **~ locale** local time; **~ di pranzo** lunchtime; **~ di punta** (*AUT*) rush hour

'ora² *av* (*adesso*) now; (*poco fa*): **è uscito proprio ~** he's just gone out; (*tra poco*) presently, in a minute; (*correlativo*): **~ ... ~** now ... now; **d'~ in avanti** *o* **poi** from now on; **or ~** just now, a moment ago; **5 anni or sono** 5 years ago; **~ come ~** right now, at present

o'racolo *sm* oracle

'orafo *sm* goldsmith

o'rale *ag, sm* oral

ora'mai *av* = **ormai**

o'rario, a *ag* hourly; (*fuso, segnale*) time *cpd*; (*velocità*) per hour ♦ *sm* timetable, schedule; (*di ufficio, visite etc*) hours *pl*, time(s *pl*); **in ~** on time

o'rata *sf* (*ZOOL*) sea bream

ora'tore, 'trice *sm/f* speaker; orator

ora'toria *sf* (*arte*) oratory

ora'torio, a *ag* oratorical ♦ *sm* (*REL*) oratory; (*MUS*) oratorio

ora'zione [orat'tsjone] *sf* (*REL*) prayer; (*discorso*) speech, oration

or'bene *cong* so, well (then)

'orbita *sf* (*ASTR, FISICA*) orbit; (*ANAT*) (eye-)socket

or'chestra [or'kestra] *sf* orchestra; **orches'trare** *vt* to orchestrate; (*fig*) to mount, stage-manage

orchi'dea [orki'dea] *sf* orchid

'orco, chi *sm* ogre

'orda *sf* horde

or'digno [or'dinno] *sm* (*esplosivo*) explosive device

ordi'nale *ag, sm* ordinal

ordina'mento *sm* order, arrangement; (*regolamento*) regulations *pl*, rules *pl*; **~ scolastico/giuridico** education/legal system

ordi'nanza [ordi'nantsa] *sf* (DIR, MIL) order; (*persona*: MIL) orderly, batman; **d'~** (MIL) regulation *cpd*

ordi'nare *vt* (*mettere in ordine*) to arrange, organize; (COMM) to order; (*prescrivere*: *medicina*) to prescribe; (*comandare*): **~ a qn di fare qc** to order *o* command sb to do sth; (REL) to ordain

ordi'nario, a *ag* (*comune*) ordinary; everyday; standard; (*grossolano*) coarse, common ♦ *sm* ordinary; (INS: *di università*) full professor

ordi'nato, a *ag* tidy, orderly

ordinazi'one [ordinat'tsjone] *sf* (COMM) order; (REL) ordination; **eseguire qc su ~** to make sth to order

'ordine *sm* order; (*carattere*): **d'~ pratico** of a practical nature; **all'~** (COMM: *assegno*) to order; **di prim'~** first-class; **fino a nuovo ~** until further notice; **essere in ~** (*documenti*) to be in order; (*stanza, persona*) to be tidy; **mettere in ~** to put in order, tidy (up); **~ del giorno** (*di seduta*) agenda; (MIL) order of the day; **~ di pagamento** (COMM) order for payment; **l'~ pubblico** law and order; **~i (sacri)** (REL) holy orders

or'dire *vt* (*fig*) to plot, scheme; **or'dito** *sm* (*di tessuto*) warp

orec'chino [orek'kino] *sm* earring

o'recchio [o'rekkjo] (*pl(f)* **o'recchie**) (ANAT) ear

orecchi'oni [orekki'kjoni] *smpl* (MED) mumps *sg*

o'refice [o'refitʃe] *sm* goldsmith; jeweller; **orefice'ria** *sf* (*arte*) goldsmith's art; (*negozio*) jeweller's (shop)

'orfano, a *ag* orphan(ed) ♦ *sm/f* orphan; **~ di padre/madre** fatherless/motherless; **orfano'trofio** *sm* orphanage

orga'netto *sm* barrel organ; (*fam*: *armonica a bocca*) mouth organ; (: *fisarmonica*) accordion

or'ganico, a, ci, che *ag* organic ♦ *sm* personnel, staff

organi'gramma, i *sm* organization chart

orga'nismo *sm* (BIOL) organism; (*corpo umano*) body; (AMM) body, organism

organiz'zare [organid'dzare] *vt* to organize; **~rsi** *vr* to get organized; **organizza'tore, 'trice** *ag* organizing ♦ *sm/f* organizer; **organizzazi'one** *sf* organization

'organo *sm* organ; (*di congegno*) part; (*portavoce*) spokesman, mouthpiece

or'gasmo *sm* (FISIOL) orgasm; (*fig*) agitation, anxiety

'orgia, ge ['ɔrdʒa] *sf* orgy

or'goglio [or'gɔʎʎo] *sm* pride; **orgogli'oso, a** *ag* proud

orien'tale *ag* oriental; eastern; east

orienta'mento *sm* positioning; orientation; direction; **senso di ~** sense of direction; **perdere l'~** to lose one's bearings; **~ professionale** careers guidance

orien'tare *vt* (*situare*) to position; (*fig*) to direct, orientate; **~rsi** *vr* to find one's bearings; (*fig*: *tendere*) to tend, lean; (: *indirizzarsi*): **~rsi verso** to take up, go in for

ori'ente *sm* east; **l'O~** the East, the Orient; **a ~** in the east

o'rigano *sm* oregano

origi'nale [oridʒi'nale] *ag* original; (*bizzarro*) eccentric ♦ *sm* original; **originalità** *sf* originality; eccentricity

origi'nare [oridʒi'nare] *vt* to bring about, produce ♦ *vi*: **~ da** to arise *o* spring from

origi'nario, a [oridʒi'narjo] *ag* original; **essere ~ di** to be a native of; (*provenire da*) to originate from; to be native to

o'rigine [o'ridʒine] *sf* origin; **all'~** originally; **d'~ inglese** of English origin; **dare ~ a** to give rise to

origli'are [oriʎ'ʎare] *vi*: **~ (a)** to eavesdrop (on)

o'rina *sf* urine

ori'nare *vi* to urinate ♦ *vt* to pass; **orina'toio** *sm* (public) urinal

ori'undo, a *ag*: **essere ~ di Milano** *etc* to be of Milanese *etc* extraction *o* origin ♦ *sm/f* person of foreign extraction *o* origin

orizzon'tale [oriddzon'tale] *ag* horizontal

oriz'zonte [orid'dzonte] *sm* horizon

or'lare *vt* to hem

'orlo *sm* edge, border; (*di recipiente*) rim, brim; (*di vestito etc*) hem

'orma *sf* (*di persona*) footprint; (*di animale*) track; (*impronta, traccia*) mark, trace

or'mai *av* by now, by this time; (*adesso*) now; (*quasi*) almost, nearly

ormeggi'are [ormed'dʒare] *vt* (NAUT) to moor; or'meggio *sm* (*atto*) mooring *no pl*; (*luogo*) moorings *pl*

or'mone *sm* hormone

ornamen'tale *ag* ornamental, decorative

orna'mento *sm* ornament, decoration

or'nare *vt* to adorn, decorate; ~rsi *vr*: ~rsi (di) to deck o.s. (out) (with); or'nato, a *ag* ornate

ornito'logia [ornitolo'dʒia] *sf* ornithology

'oro *sm* gold; d'~, in ~ gold *cpd*; d'~ (*colore, occasione*) golden; (*persona*) marvellous

orologe'ria [orolodʒe'ria] *sf* watchmaking *no pl*; watchmaker's (shop); clockmaker's (shop); bomba a ~ time bomb

orologi'aio [orolo'dʒajo] *sm* watchmaker; clockmaker

oro'logio [oro'lɔdʒo] *sm* clock; (*da tasca, da polso*) watch; ~ da polso wristwatch; ~ al quarzo quartz watch

o'roscopo *sm* horoscope

or'rendo, a *ag* (*spaventoso*) horrible, awful; (*bruttissimo*) hideous

or'ribile *ag* horrible

'orrido, a *ag* fearful, horrid

orripi'lante *ag* hair-raising, horrifying

or'rore *sm* horror; avere in ~ qn/qc to loathe *o* detest sb/sth; mi fanno ~ I loathe *o* detest them

orsacchi'otto [orsak'kjɔtto] *sm* teddy bear

'orso *sm* bear; ~ bruno/bianco brown/polar bear

or'taggio [or'taddʒo] *sm* vegetable

or'tensia *sf* hydrangea

or'tica, che *sf* (*stinging*) nettle

orti'caria *sf* nettle rash

'orto *sm* vegetable garden, kitchen garden; (AGR) market garden (BRIT), truck farm (US)

orto'dosso, a *ag* orthodox

ortogra'fia *sf* spelling

orto'lano, a *sm/f* (*venditore*) greengrocer (BRIT), produce dealer (US)

ortope'dia *sf* orthopaedics *sg*; orto'pedico, a, ci, che *ag* orthopaedic ♦ *sm* orthopaedic specialist

orzai'olo [ordza'jɔlo] *sm* (MED) stye

or'zata [or'dzata] *sf* barley water

'orzo ['ordzo] *sm* barley

o'sare *vt, vi* to dare; ~ fare to dare (to) do

osceni'tà [oʃeni'ta] *sf inv* obscenity

o'sceno, a [oʃ'ʃɛno] *ag* obscene; (*ripugnante*) ghastly

oscil'lare [oʃʃil'lare] *vi* (*pendolo*) to swing; (*dondolare: al vento etc*) to rock; (*variare*) to fluctuate; (TECN) to oscillate; (*fig*): ~ fra to waver *o* hesitate between; oscillazi'one *sf* oscillation; (*di prezzi, temperatura*) fluctuation

oscura'mento *sm* darkening; obscuring; (*in tempo di guerra*) blackout

oscu'rare *vt* to darken, obscure; (*fig*) to obscure; ~rsi *vr* to darken, cloud over; (*persona*): si oscurò in volto his face clouded over

os'curo, a *ag* dark; (*fig*) obscure; humble, lowly ♦ *sm*: all'~ in the dark; tenere qn all'~ di qc to keep sb in the dark about sth

ospe'dale *sm* hospital; ospedali'ero, a *ag* hospital *cpd*

ospi'tale *ag* hospitable; ospitalità *sf* hospitality

ospi'tare *vt* to give hospitality to; (*sog: albergo*) to accommodate

'ospite *sm/f* (*persona che ospita*) host/hostess; (*persona ospitata*) guest

os'pizio [os'pittsjo] *sm* (*per vecchi etc*) home

'ossa *sfpl vedi* osso

ossa'tura *sf* (ANAT) skeletal structure, frame; (TECN, *fig*) framework

'osseo, a *ag* bony; (*tessuto etc*) bone *cpd*

os'sequio *sm* deference, respect; ~i *smpl* (*saluto*) respects, regards; ossequi'oso, a *ag* obsequious

osser'vanza [osser'vantsa] *sf* observance

osser'vare *vt* to observe, watch; (*esaminare*) to examine; (*notare, rilevare*) to

notice, observe; (DIR: *la legge*) to observe, respect; (*mantenere: silenzio*) to keep, observe; **far ~ qc a qn** to point sth out to sb; **osserva'tore, 'trice** *ag* observant, perceptive ♦ *sm/f* observer;
osserva'torio *sm* (ASTR) observatory; (MIL) observation post; **osservazi'one** *sf* observation; (*di legge etc*) observance; (*considerazione critica*) observation, remark; (*rimprovero*) reproof; **in osservazione** under observation

ossessio'nare *vt* to obsess, haunt; (*tormentare*) to torment, harass

ossessi'one *sf* obsession

os'sesso, a *ag* (*spiritato*) possessed

os'sia *cong* that is, to be precise

ossi'buchi [ossi'buki] *smpl di* **ossobuco**

ossi'dare *vt* to oxidize; **~rsi** *vr* to oxidize

'ossido *sm* oxide; **~ di carbonio** carbon monoxide

ossige'nare [ossidʒe'nare] *vt* to oxygenate; (*decolorare*) to bleach; **acqua ossigenata** hydrogen peroxide

os'sigeno *sm* oxygen

'osso (*pl(f)* **ossa** *nel senso* ANAT) *sm* bone; **d'~** (*bottone etc*) of bone, bone *cpd*

osso'buco (*pl* **ossi'buchi**) *sm* (CUC) marrowbone; (: *piatto*) stew made with *knuckle of veal in tomato sauce*

os'suto, a *ag* bony

ostaco'lare *vt* to block, obstruct

os'tacolo *sm* obstacle; (EQUITAZIONE) hurdle, jump

os'taggio [os'taddʒo] *sm* hostage

'oste, 'ostessa *sm/f* innkeeper

osteggi'are [osted'dʒare] *vt* to oppose, be opposed to

os'tello *sm*: **~ della gioventù** youth hostel

osten'tare *vt* to make a show of, flaunt; **ostentazi'one** *sf* ostentation, show

oste'ria *sf* inn

os'tessa *sf vedi* **oste**

os'tetrica *sf* midwife; **os'tetrico, a, ci, che** *ag* obstetric ♦ *sm* obstetrician

'ostia *sf* (REL) host; (*per medicinali*) wafer

'ostico, a, ci, che *ag* (*fig*) harsh; hard, difficult; unpleasant

os'tile *ag* hostile; **ostilità** *sf inv* hostility ♦ *sfpl* (MIL) hostilities

osti'narsi *vr* to insist, dig one's heels in; **~ a fare** to persist (obstinately) in doing; **osti'nato, a** *ag* (*caparbio*) obstinate; (*tenace*) persistent, determined; **ostinazi'one** *sf* obstinacy; persistence

'ostrica, che *sf* oyster

ostru'ire *vt* to obstruct, block; **ostruzi'one** *sf* obstruction, blockage

'otre *sm* (*recipiente*) goatskin

ottago'nale *ag* octagonal

ot'tagono *sm* octagon

ot'tanta *num* eighty; **ottan'tesimo, a** *num* eightieth; **ottan'tina** *sf*: **una ottantina (di)** about eighty

ot'tava *sf* octave

ot'tavo, a *num* eighth

ottempe'rare *vi*: **~ a** to comply with, obey

otte'nere *vt* to obtain, get; (*risultato*) to achieve, obtain

'ottica *sf* (*scienza*) optics *sg*; (FOT: *lenti, prismi etc*) optics *pl*

'ottico, a, ci, che *ag* (*della vista: nervo*) optic; (*dell'ottica*) optical ♦ *sm* optician

ottima'mente *av* excellently, very well

otti'mismo *sm* optimism; **otti'mista, i, e** *sm/f* optimist

'ottimo, a *ag* excellent, very good

'otto *num* eight

ot'tobre *sm* October

otto'cento [otto'tʃɛnto] *num* eight hundred ♦ *sm*: **l'O~** the nineteenth century

ot'tone *sm* brass; **gli ~i** (MUS) the brass

ottu'rare *vt* to close (up); (*dente*) to fill; **ottura'tore** *sm* (FOT) shutter; (*nelle armi*) breechblock; **otturazi'one** *sf* closing (up); (*dentaria*) filling

ot'tuso, a *ag* (MAT, *fig*) obtuse; (*suono*) dull

o'vaia *sf* (ANAT) ovary

o'vale *ag, sm* oval

o'vatta *sf* cotton wool; (*per imbottire*) padding, wadding; **ovat'tare** *vt* (*fig*: *smorzare*) to muffle

ovazi'one [ovat'tsjone] *sf* ovation

over'dose ['ouvədous] *sf inv* overdose

'ovest *sm* west

o'vile *sm* pen, enclosure

o'vino, a *ag* sheep *cpd*, ovine

ovulazi'one [ovulat'tsjone] *sf* ovulation

'ovulo *sm* (FISIOL) ovum

o'vunque *av* = **dovunque**

ov'vero *cong* (*ossia*) that is, to be precise; (*oppure*) or (else)

ovvi'are *vi*: ~ **a** to obviate

'ovvio, a *ag* obvious

ozi'are [ot'tsjare] *vi* to laze, idle

'ozio ['ɔttsjo] *sm* idleness; (*tempo libero*) leisure; **ore d'~** leisure time; **stare in ~** to be idle; **ozi'oso, a** *ag* idle

o'zono [o'dzɔno] *sm* ozone

P, p

P *abbr* (= *parcheggio*) P; (AUT: = *principiante*) L

pa'cato, a *ag* quiet, calm

'pacca *sf* pat

pac'chetto [pak'ketto] *sm* packet; ~ **azionario** (COMM) shareholding

pacchi'ano, a [pak'kjano] *ag* vulgar

'pacco, chi *sm* parcel; (*involto*) bundle

'pace ['patʃe] *sf* peace; **darsi ~** to resign o.s.; **fare la ~ con** to make it up with

pacifi'care [patʃifi'kare] *vt* (*riconciliare*) to reconcile, make peace between; (*mettere in pace*) to pacify

pa'cifico, a, ci, che [pa'tʃiːfiko] *ag* (*persona*) peaceable; (*vita*) peaceful; (*fig: indiscusso*) indisputable; (: *ovvio*) obvious, clear ♦ *sm*: **il P~, l'Oceano P~** the Pacific (Ocean)

paci'fista, i, e [patʃi'fista] *sm/f* pacifist

pa'della *sf* frying pan; (*per infermi*) bedpan

padigli'one [padiʎ'ʎone] *sm* pavilion

'Padova *sf* Padua

'padre *sm* father; ~i *smpl* (*antenati*) forefathers

pa'drino *sm* godfather

padro'nanza [padro'nantsa] *sf* command, mastery

pa'drone, a *sm/f* master/mistress; (*proprietario*) owner; (*datore di lavoro*) employer; **essere ~ di sé** to be in control of o.s.; ~ **di casa** (*ospite*) host/hostess; (*per gli inquilini*) landlord/lady; **padroneggi'are** *vt* (*fig: sentimenti*) to master, control; (: *materia*) to master, know thoroughly; **padroneggiarsi** *vr* to control o.s.

pae'saggio [pae'zaddʒo] *sm* landscape

pae'sano, a *ag* country *cpd* ♦ *sm/f* villager; countryman/woman

pa'ese *sm* (*nazione*) country, nation; (*terra*) country, land; (*villaggio*) village; (*small*) town; ~ **di provenienza** country of origin; **i P~i Bassi** the Netherlands

paf'futo, a *ag* chubby, plump

'paga, ghe *sf* pay, wages *pl*

paga'mento *sm* payment

pa'gano, a *ag, sm/f* pagan

pa'gare *vt* (*acquisto, fig: colpa*) to pay; (*contraccambiare*) to repay, pay back ♦ *vi* to pay; **quanto l'hai pagato?** how much did you pay for it?; ~ **con carta di credito** to pay by credit card; ~ **in contanti** to pay cash

pa'gella [pa'dʒella] *sf* (INS) report card

'paggio ['paddʒo] *sm* page(boy)

paghe'rò [page'rɔ] *sm inv* acknowledgement of a debt, IOU

'pagina ['padʒina] *sf* page; ~**e gialle** Yellow Pages

'paglia ['paʎʎa] *sf* straw

pagliac'cetto [paʎʎat'tʃetto] *sm* (*per bambini*) rompers *pl*

pagli'accio [paʎ'ʎattʃo] *sm* clown

pagli'etta [paʎ'ʎetta] *sf* (*cappello per uomo*) (straw) boater; (*per tegami etc*) steel wool

pa'gnotta [paɲ'ɲɔtta] *sf* round loaf

'paio (*pl(f)* 'paia) *sm* pair; **un ~ di** (*alcuni*) a couple of

pai'olo *sm* (copper) pot

'pala *sf* shovel; (*di remo, ventilatore, elica*) blade; (*di ruota*) paddle

pa'lato *sm* palate

pa'lazzo [pa'lattso] *sm* (*reggia*) palace; (*edificio*) building; ~ **di giustizia** courthouse; ~ **dello sport** sports stadium

---

palazzi

i Rome has a number of **palazzi**, which are now associated with various government departments and political figures or groups. **Palazzo Chigi**, in Piazza Colonna, dates from the 16th century and has, since 1961, been the Prime Minister's office and the place where the cabinet meets. **Palazzo Madama**, also built in the 16th century, has been the seat of the Senate since 1871. **Palazzo di Montecitorio**, which was completed in 1694, has housed the **Camera dei deputati** since 1870. **Palazzo Viminale**, which takes its name from the hill in Rome on which it stands, is the home of the Ministry of the Interior.

'**palco, chi** *sm* (TEATRO) box; (*tavolato*) platform, stand; (*ripiano*) layer

palco'scenico, ci [palkoʃˈʃɛniko] *sm* (TEATRO) stage

pale'sare *vt* to reveal, disclose; **~rsi** *vr* to reveal *o* show o.s.

pa'lese *ag* clear, evident

Pales'tina *sf*: **la ~** Palestine

pa'lestra *sf* gymnasium; (*esercizio atletico*) exercise; (*fig*) training ground, school

pa'letta *sf* spade; (*per il focolare*) shovel; (*del capostazione*) signalling disc

pa'letto *sm* stake, peg; (*spranga*) bolt

'**palio** *sm* (*gara*): **il P~** horse race run at Siena; **mettere qc in ~** to offer sth as a prize

---

palio

i The **palio** is a horse race which takes place in a number of Italian towns, the most famous being the one in Siena. This is usually held twice a year on 2 July and 16 August in the Piazza del Campo, Siena. 10 of the 17 **contrade** or districts take part, each represented by a horse and rider. The winner is the first horse to complete the course, whether it has a rider or not.

'**palla** *sf* ball; (*pallottola*) bullet; **~ canestro** *sm* basketball; **~ nuoto** *sm* water polo; **~ ovale** rugby ball; **~ volo** *sm* volleyball

palleggi'are [palled'dʒare] *vi* (CALCIO) to practise with the ball; (TENNIS) to knock up

pallia'tivo *sm* palliative; (*fig*) stopgap measure

'**pallido, a** *ag* pale

pal'lina *sf* (*bilia*) marble

pallon'cino [pallon'tʃino] *sm* balloon; (*lampioncino*) Chinese lantern

pal'lone *sm* (*palla*) ball; (CALCIO) football; (*aerostato*) balloon; **gioco del ~** football

pal'lore *sm* pallor, paleness

pal'lottola *sf* pellet; (*proiettile*) bullet

'**palma** *sf* (ANAT) = **palmo**; (BOT, *simbolo*) palm; **~ da datteri** date palm

'**palmo** *sm* (ANAT) palm; **restare con un ~ di naso** to be badly disappointed

'**palo** *sm* (*legno appuntito*) stake; (*sostegno*) pole; **fare da** *o* **il ~** (*fig*) to act as look-out

palom'baro *sm* diver

pa'lombo *sm* (*pesce*) dogfish

pal'pare *vt* to feel, finger

'**palpebra** *sf* eyelid

palpi'tare *vi* (*cuore, polso*) to beat; (: *più forte*) to pound, throb; (*fremere*) to quiver; '**palpito** *sm* (*del cuore*) beat; (*fig: d'amore etc*) throb

paltò *sm inv* overcoat

pa'lude *sf* marsh, swamp; **palu'doso, a** *ag* marshy, swampy

pa'lustre *ag* marsh *cpd*, swamp *cpd*

'**pampino** *sm* vine leaf

'**panca, che** *sf* bench

pancarrè *sm* sliced square bread

pan'cetta [pan'tʃetta] *sf* (CUC) bacon

pan'chetto [pan'ketto] *sm* stool; footstool

pan'china [pan'kina] *sf* garden seat; (*di giardino pubblico*) (park) bench

'**pancia, ce** [pantʃa] *sf* belly, stomach; **mettere** *o* **fare ~** to be getting a paunch; **avere mal di ~** to have stomachache *o* a sore stomach

panci'otto [pan'tʃɔtto] *sm* waistcoat

'pancreas sm inv pancreas

'panda sm inv panda

pande'monio sm pandemonium

'pane sm bread; (pagnotta) loaf (of bread); (forma): un ~ di burro a pat of butter; guadagnarsi il ~ to earn one's living; ~ a cassetta sliced bread; ~ di Spagna sponge cake; ~ integrale wholemeal bread; ~ tostato toast

panette'ria sf (forno) bakery; (negozio) baker's (shop), bakery

panetti'ere, a sm/f baker

panet'tone sm a kind of spiced brioche with sultanas, eaten at Christmas

'panfilo sm yacht

pangrat'tato sm breadcrumbs pl

'panico, a, ci, che ag, sm panic

pani'ere sm basket

pani'ficio [pani'fitʃo] sm (forno) bakery; (negozio) baker's (shop), bakery

pa'nino sm roll; ~ caldo toasted sandwich; ~ imbottito filled roll; sandwich; panino'teca sf sandwich bar

'panna sf (CUC) cream; (TECN) = panne; ~ da cucina cooking cream; ~ montata whipped cream

'panne sf inv: essere in ~ (AUT) to have broken down

pan'nello sm panel; ~ solare solar panel

'panno sm cloth; ~i smpl (abiti) clothes; mettiti nei miei ~i (fig) put yourself in my shoes

pan'nocchia [pan'nɔkkja] sf (di mais etc) ear

panno'lino sm (per bambini) nappy (BRIT), diaper (US)

pano'rama, i sm panorama; pano'ramico, a, ci, che ag panoramic; strada panoramica scenic route

panta'loni smpl trousers (BRIT), pants (US), pair sg of trousers o pants

pan'tano sm bog

pan'tera sf panther

pan'tofola sf slipper

panto'mima sf pantomime

pan'zana [pan'tsana] sf fib, tall story

pao'nazzo, a [pao'nattso] ag purple

'papa, i sm pope

papà sm inv dad(dy)

pa'pale ag papal

pa'pato sm papacy

pa'pavero sm poppy

'papera sf (fig) slip of the tongue, blunder; vedi anche papero

'papero, a sm/f (ZOOL) gosling

pa'piro sm papyrus

'pappa sf baby cereal

pappa'gallo sm parrot; (fig: uomo) Romeo, wolf

pappa'gorgia, ge [pappa'gɔrdʒa] sf double chin

pap'pare vt (fam: anche: ~rsi) to gobble up

'para sf: suole di ~ crepe soles

pa'rabola sf (MAT) parabola; (REL) parable

para'brezza [para'breddza] sm inv (AUT) windscreen (BRIT), windshield (US)

paraca'dute sm inv parachute

para'carro sm kerbstone (BRIT), curbstone (US)

para'diso sm paradise

parados'sale ag paradoxical

para'dosso sm paradox

para'fango, ghi sm mudguard

paraf'fina sf paraffin, paraffin wax

para'fulmine sm lightning conductor

pa'raggi [pa'raddʒi] smpl: nei ~ in the vicinity, in the neighbourhood

parago'nare vt: ~ con/a to compare with/to

para'gone sm comparison; (esempio analogo) analogy, parallel; reggere al ~ to stand comparison

pa'ragrafo sm paragraph

pa'ralisi sf paralysis; para'litico, a, ci, che ag, sm/f paralytic

paraliz'zare [paralid'dzare] vt to paralyze

paral'lela sf parallel (line); ~e sfpl (attrezzo ginnico) parallel bars

paral'lelo, a ag parallel ♦ sm (GEO) parallel; (comparazione): fare un ~ tra to draw a parallel between

para'lume sm lampshade

pa'rametro sm parameter

para'noia *sf* paranoia; para'noico, a, ci, che *ag*, *sm/f* paranoid

para'occhi [para'ɔkki] *smpl* blinkers

para'petto *sm* balustrade

para'piglia [para'piʎʎa] *sm* commotion, uproar

pa'rare *vt* (*addobbare*) to adorn, deck; (*proteggere*) to shield, protect; (*scansare: colpo*) to parry; (*CALCIO*) to save ♦ *vi*: **dove vuole andare a ~?** what are you driving at?; **~rsi** *vr* (*presentarsi*) to appear, present o.s.

para'sole *sm inv* parasol, sunshade

paras'sita, i *sm* parasite

pa'rata *sf* (*SPORT*) save; (*MIL*) review, parade

para'tia *sf* (*di nave*) bulkhead

para'urti *sm inv* (*AUT*) bumper

para'vento *sm* folding screen; **fare da ~ a qn** (*fig*) to shield sb

par'cella [par'tʃella] *sf* account, fee (*of lawyer etc*)

parcheggi'are [parked'dʒare] *vt* to park; par'cheggio *sm* parking *no pl*; (*luogo*) car park; (*singolo posto*) parking space

par'chimetro [par'kimetro] *sm* parking meter

'parco[1], chi *sm* park; (*spazio per deposito*) depot; (*complesso di veicoli*) fleet

'parco[2], a, chi, che *ag*: **~ (in)** (*sobrio*) moderate (in); (*avaro*) sparing (with)

pa'recchio, a *det* quite a lot of; (*tempo*) quite a lot of, a long; **~i, e** *det pl* quite a lot of, several ♦ *pron* quite a lot, quite a bit; (*tempo*) quite a while, a long time; **~i, e** *pron pl* quite a lot, several ♦ *av* (*con ag*) quite, rather; (*con vb*) quite a lot, quite a bit

pareggi'are [pared'dʒare] *vt* to make equal; (*terreno*) to level, make level; (*bilancio, conti*) to balance ♦ *vi* (*SPORT*) to draw; pa'reggio *sm* (*ECON*) balance; (*SPORT*) draw

pa'rente *sm/f* relative, relation

paren'tela *sf* (*vincolo di sangue, fig*) relationship

pa'rentesi *sf* (*segno grafico*) bracket, parenthesis; (*frase incisa*) parenthesis; (*digressione*) parenthesis, digression

pa'rere *sm* (*opinione*) opinion; (*consiglio*) advice, opinion; **a mio ~** in my opinion ♦ *vi* to seem, appear ♦ *vb impers*: **pare che** it seems *o* it appears that, they say that; **mi pare che** it seems to me that; **mi pare di sì** I think so; **fai come ti pare** do as you like; **che ti pare del mio libro?** what do you think of my book?

pa'rete *sf* wall

'pari *ag inv* (*uguale*) equal, same; (*in giochi*) equal; drawn, tied; (*MAT*) even; (*POL: di Gran Bretagna*) peer ♦ *sm/f inv* peer, equal; **copiato ~ ~** copied word for word; **alla ~** on the same level; **ragazza alla ~** au pair girl; **mettersi alla ~ con** to place o.s. on the same level as; **mettersi in ~ con** to catch up with; **andare di ~ passo con qn** to keep pace with sb

Pa'rigi [pa'ridʒi] *sf* Paris

pa'riglia [pa'riʎʎa] *sf* pair; **rendere la ~** to give tit for tat

parità *sf* parity, equality; (*SPORT*) draw, tie

parlamen'tare *ag* parliamentary ♦ *sm/f* ≈ Member of Parliament (*BRIT*), ≈ Congressman/woman (*US*) ♦ *vi* to negotiate, parley

parla'mento *sm* parliament

parlan'tina (*fam*) *sf* talkativeness; **avere ~** to have the gift of the gab

par'lare *vi* to speak, talk; (*confidare cose segrete*) to talk ♦ *vt* to speak; **~ (a qn) di** to speak *o* talk (to sb) about; **parla'torio** *sm* (*di carcere etc*) visiting room; (*REL*) parlour

parmigi'ano [parmi'dʒano] *sm* (*grana*) Parmesan (cheese)

paro'dia *sf* parody

pa'rola *sf* word; (*facoltà*) speech; **~e** *sfpl* (*chiacchiere*) talk *sg*; **chiedere la ~** to ask permission to speak; **prendere la ~** to take the floor; **~ d'onore** word of honour; **~ d'ordine** (*MIL*) password; **~e incrociate** crossword (puzzle) *sg*; **paro'laccia, ce** *sf* bad word, swearword

par'rocchia [par'rɔkkja] *sf* parish; parish church

'parroco, ci *sm* parish priest

par'rucca, che *sf* wig
parrucchi'ere, a [parruk'kjɛre] *sm/f*
   hairdresser ♦ *sm* barber
parsi'monia *sf* frugality, thrift
'parso, a *pp di* parere
'parte *sf* part; (*lato*) side; (*quota spettante a
   ciascuno*) share; (*direzione*) direction; (*POL*)
   party; faction; (*DIR*) party; a ~ *ag* separate
   ♦ *av* separately; scherzi a ~ joking aside; a
   ~ ciò apart from that; da ~ (*in disparte*) to
   one side, aside; d'altra ~ on the other
   hand; da ~ di (*per conto di*) on behalf of;
   da ~ mia as far as I'm concerned, as for
   me; da ~ a ~ right through; da ogni ~ on
   all sides, everywhere; (*moto da luogo*) from
   all sides; da nessuna ~ nowhere; da
   questa ~ (*in questa direzione*) this way;
   prendere ~ a qc to take part in sth;
   mettere da ~ to put aside; mettere qn a ~
   di to inform sb of
parteci'pare [partetʃi'pare] *vi*: ~ a to take
   part in, participate in; (*utili etc*) to share in;
   (*spese etc*) to contribute to; (*dolore,
   successo di qn*) to share (in);
   partecipazi'one *sf* participation; sharing;
   (*ECON*) interest; partecipazione agli utili
   profit-sharing; partecipazioni di nozze
   wedding announcement card; par'tecipe
   ag participating; essere partecipe di to
   take part in, participate in; to share (in);
   (*consapevole*) to be aware of
parteggi'are [parted'dʒare] *vi*: ~ per to
   side with, be on the side of
par'tenza [par'tɛntsa] *sf* departure; (*SPORT*)
   start; essere in ~ to be about to leave, be
   leaving
parti'cella [parti'tʃɛlla] *sf* particle
parti'cipio [parti'tʃipjo] *sm* participle
partico'lare *ag* (*specifico*) particular;
   (*proprio*) personal, private; (*speciale*)
   special, particular; (*caratteristico*) distinctive,
   characteristic; (*fuori dal comune*) peculiar
   ♦ *sm* detail, particular; in ~ in particular,
   particularly; particolarità *sf inv*
   particularity; detail; characteristic, feature
partigi'ano, a [parti'dʒano] *ag* partisan
   ♦ *sm* (*MIL*) partisan

par'tire *vi* to go, leave; (*allontanarsi*) to go
   (*o drive etc*) away *o* off; (*petardo, colpo*) to
   go off; (*fig: avere inizio, SPORT*) to start;
   sono partita da Roma alle 7 I left Rome at
   7; il volo parte da Ciampino the flight
   leaves from Ciampino; a ~ da from
par'tita *sf* (*COMM*) lot, consignment; (*ECON:
   registrazione*) entry, item; (*CARTE, SPORT:
   gioco*) game; (: *competizione*) match, game;
   ~ di caccia hunting party; ~ IVA VAT
   registration number
par'tito *sm* (*POL*) party; (*decisione*) decision,
   resolution; (*persona da maritare*) match
parti'tura *sf* (*MUS*) score
'parto *sm* (*MED*) delivery, (child)birth;
   labour; parto'rire *vt* to give birth to; (*fig*)
   to produce
parzi'ale [par'tsjale] *ag* (*limitato*) partial;
   (*non obiettivo*) biased, partial
'pascere ['paʃʃere] *vt* (*brucare*) to graze on;
   (*far pascolare*) to graze, pasture;
   pasci'uto, a *pp di* pascere
pasco'lare *vt, vi* to graze
'pascolo *sm* pasture
'Pasqua *sf* Easter; pas'quale *ag* Easter
   cpd; Pas'quetta *sf* Easter Monday
pas'sabile *ag* fairly good, passable
pas'saggio [pas'saddʒo] *sm* passing *no pl*,
   passage; (*traversata*) crossing *no pl*,
   passage; (*luogo, prezzo della traversata,
   brano di libro etc*) passage; (*su veicolo altrui*)
   lift (*BRIT*), ride; (*SPORT*) pass; di ~ (*persona*)
   passing through; ~ pedonale/a livello
   pedestrian/level (*BRIT*) *o* grade (*US*) crossing
passamon'tagna [passamon'taɲɲa] *sm
   inv* balaclava
pas'sante *sm/f* passer-by ♦ *sm* loop
passa'porto *sm* passport
pas'sare *vi* (*andare*) to go; (*veicolo,
   pedone*) to pass (by), go by; (*fare una breve
   sosta: postino etc*) to come, call; (: *amico:
   per fare una visita*) to call *o* drop in; (*sole,
   aria, luce*) to get through; (*trascorrere:
   giorni, tempo*) to pass, go by; (*fig: proposta
   di legge*) to be passed; (: *dolore*) to pass, go
   away; (*CARTE*) to pass ♦ *vt* (*attraversare*) to
   cross; (*trasmettere: messaggio*): ~ qc a qn

to pass sth on to sb; (*dare*): **~ qc a qn** to pass sth to sb, give sb sth; (*trascorrere: tempo*) to spend; (*superare: esame*) to pass; (*triturare: verdura*) to strain; (*approvare*) to pass, approve; (*oltrepassare, sorpassare: anche fig*) to go beyond, pass; (*fig: subire*) to go through; **~ da ... a** to pass from ... to; **~ di padre in figlio** to be handed down *o* from father to son; **~ per** (*anche fig*) to go through; **~ per stupido/un genio** to be taken for a fool/a genius; **~ sopra** (*anche fig*) to pass over; **~ attraverso** (*anche fig*) to go through; **~ alla storia** to pass into history; **~ a un esame** to go up (to the next class) after an exam; **~ inosservato** to go unnoticed; **~ di moda** to go out of fashion; **le passo il Signor X** (*al telefono*) here is Mr X; I'm putting you through to Mr X; **lasciar ~ qn/qc** to let sb/sth through; **come te la passi?** how are you getting on *o* along?

pas'sata *sf*: **dare una ~ di vernice a qc** to give sth a coat of paint; **dare una ~ al giornale** to have a look at the paper, skim through the paper

passa'tempo *sm* pastime, hobby

pas'sato, a *ag* past; (*sfiorito*) faded ♦ *sm* past; (*LING*) past (tense); **~ prossimo** (*LING*) present perfect; **~ remoto** (*LING*) past historic; **~ di verdura** (*CUC*) vegetable purée

passaver'dura *sm inv* vegetable mill

passeg'gero, a [passed'dʒero] *ag* passing ♦ *sm/f* passenger

passeggi'are [passed'dʒare] *vi* to go for a walk; (*in veicolo*) to go for a drive; **passeggi'ata** *sf* walk; drive; (*luogo*) promenade; **fare una passeggiata** to go for a walk (*o* drive); **passeg'gino** *sm* pushchair (*BRIT*), stroller (*US*); **pas'seggio** *sm* walk, stroll; (*luogo*) promenade

passe'rella *sf* footbridge; (*di nave, aereo*) gangway; (*pedana*) catwalk

'passero *sm* sparrow

pas'sibile *ag*: **~ di** liable to

passi'one *sf* passion

pas'sivo, a *ag* passive ♦ *sm* (*LING*) passive;

(*ECON*) debit; (*: complesso dei debiti*) liabilities *pl*

'passo *sm* step; (*andatura*) pace; (*rumore*) (foot)step; (*orma*) footprint; (*passaggio, fig: brano*) passage; (*valico*) pass; **a ~ d'uomo** at walking pace; **~ (a) ~** step by step; **fare due *o* quattro ~i** to go for a walk *o* a stroll; **di questo ~** at this rate; **"~ carraio"** "vehicle entrance — keep clear"

'pasta *sf* (*CUC*) dough; (*: impasto per dolce*) pastry; (*: anche*: **~ alimentare**) pasta; (*massa molle di materia*) paste; (*fig: indole*) nature; **~e** *sfpl* (*pasticcini*) pastries; **~ in brodo** noodle soup

pastasci'utta [pastaʃˈʃutta] *sf* pasta

pas'tella *sf* batter

pas'tello *sm* pastel

pas'ticca, che *sf* = **pastiglia**

pasticce'ria [pastittʃeˈria] *sf* (*pasticcini*) pastries *pl*, cakes *pl*; (*negozio*) cake shop; (*arte*) confectionery

pasticci'are [pastitˈtʃare] *vt* to mess up, make a mess of ♦ *vi* to make a mess

pasticci'ere, a [pastitˈtʃere] *sm/f* pastrycook; confectioner

pas'ticcio [pasˈtittʃo] *sm* (*CUC*) pie; (*lavoro disordinato, imbroglio*) mess; **trovarsi nei ~i** to get into trouble

pasti'ficio [pastiˈfitʃo] *sm* pasta factory

pas'tiglia [pasˈtiʎʎa] *sf* pastille, lozenge

pas'tina *sf* small pasta shapes used in soup

'pasto *sm* meal

pas'tore *sm* shepherd; (*REL*) pastor, minister; (*anche*: **cane ~**) sheepdog; **~ tedesco** (*ZOOL*) Alsatian, German shepherd

pastoriz'zare [pastoridˈdzare] *vt* to pasteurize

pas'toso, a *ag* doughy; pasty; (*fig: voce, colore*) mellow, soft

pas'trano *sm* greatcoat

pa'tata *sf* potato; **~e fritte** chips (*BRIT*), French fries; **pata'tine** *sfpl* (*potato*) crisps; **~ fritte** chips

pata'trac *sm* (*crollo: anche fig*) crash

paté *sm inv* pâté

pa'tella *sf* (*ZOOL*) limpet

pa'tema, i *sm* anxiety, worry
pa'tente *sf* licence; (*anche*: ~ **di guida**) driving licence (BRIT), driver's license (US)
paternità *sf* paternity, fatherhood
pa'terno, a *ag* (*affetto, consigli*) fatherly; (*casa, autorità*) paternal
pa'tetico, a, ci, che *ag* pathetic; (*commovente*) moving, touching
pa'tibolo *sm* gallows *sg*, scaffold
'patina *sf* (*su rame etc*) patina; (*sulla lingua*) fur, coating
pa'tire *vt, vi* to suffer
pa'tito, a *sm/f* enthusiast, fan, lover
patolo'gia [patolo'dʒia] *sf* pathology; **pato'logico, a, ci, che** *ag* pathological
'patria *sf* homeland
patri'arca, chi *sm* patriarch
pa'trigno [pa'triɲɲo] *sm* stepfather
patri'monio *sm* estate, property; (*fig*) heritage
patri'ota, i, e *sm/f* patriot; **patri'ottico, a, ci, che** *ag* patriotic; **patriot'tismo** *sm* patriotism
patroci'nare [patrotʃi'nare] *vt* (DIR: *difendere*) to defend; (*sostenere*) to sponsor, support; **patro'cinio** *sm* defence; support, sponsorship
patro'nato *sm* patronage; (*istituzione benefica*) charitable institution *o* society
pa'trono *sm* (REL) patron saint; (*socio di patronato*) patron; (DIR) counsel
'patta *sf* flap; (*dei pantaloni*) fly
patteggia'mento [patteddʒa'mento] *sm* (DIR) plea bargaining
patteggi'are [patted'dʒare] *vt, vi* to negotiate; (DIR) to plea-bargain
patti'naggio [patti'naddʒo] *sm* skating
patti'nare *vi* to skate; ~ **sul ghiaccio** to ice-skate; **pattina'tore, 'trice** *sm/f* skater; **'pattino¹** *sm* skate; (*di slitta*) runner; (AER) skid; (TECN) sliding block; **pattini (da ghiaccio)** (ice) skates; **pattini a rotelle** roller skates; **pat'tino²** *sm* (*barca*) *kind of pedalo with oars*
'patto *sm* (*accordo*) pact, agreement; (*condizione*) term, condition; **a ~ che** on condition that

pat'tuglia [pat'tuʎʎa] *sf* (MIL) patrol
pattu'ire *vt* to reach an agreement on
pattumi'era *sf* (dust)bin (BRIT), ashcan (US)
pa'ura *sf* fear; **aver ~ di/di fare/che** to be frightened *o* afraid of/of doing/that; **far ~ a** to frighten; **per ~ di/che** for fear of/that; **pau'roso, a** *ag* (*che fa paura*) frightening; (*che ha paura*) fearful, timorous
'pausa *sf* (*sosta*) break; (*nel parlare*, MUS) pause
pavi'mento *sm* floor
pa'vone *sm* peacock; **pavoneggi'arsi** *vr* to strut about, show off
pazien'tare [pattsjen'tare] *vi* to be patient
pazi'ente [pat'tsjente] *ag, sm/f* patient; **pazi'enza** *sf* patience
paz'zesco, a, schi, sche [pat'tsesko] *ag* mad, crazy
paz'zia [pat'tsia] *sf* (MED) madness, insanity; (*azione*) folly; (*di azione, decisione*) madness, folly
'pazzo, a ['pattso] *ag* (MED) mad, insane; (*strano*) wild, mad ♦ *sm/f* madman/ woman; ~ **di** (*gioia, amore etc*) mad *o* crazy with; ~ **per qc/qn** mad *o* crazy about sth/ sb
PCI *sigla m* = **Partito Comunista Italiano**
'pecca, che *sf* defect, flaw, fault
peccami'noso, a *ag* sinful
pec'care *vi* to sin; (*fig*) to err
pec'cato *sm* sin; **è un ~ che** it's a pity that; **che ~!** what a shame *o* pity!
pecca'tore, 'trice *sm/f* sinner
'pece ['petʃe] *sf* pitch
Pe'chino [pe'kino] *sf* Beijing
'pecora *sf* sheep; **peco'raio** *sm* shepherd; **peco'rino** *sm* sheep's milk cheese
peculi'are *ag*: ~ **di** peculiar to
pe'daggio [pe'daddʒo] *sm* toll
pedago'gia [pedago'dʒia] *sf* pedagogy, educational methods *pl*
peda'lare *vi* to pedal; (*andare in bicicletta*) to cycle
pe'dale *sm* pedal
pe'dana *sf* footboard; (SPORT: *nel salto*) springboard; (: *nella scherma*) piste
pe'dante *ag* pedantic ♦ *sm/f* pedant

pe'data sf (impronta) footprint; (colpo) kick; **prendere a ~e qn/qc** to kick sb/sth

pede'rasta, i sm pederast; homosexual

pedi'atra, i, e sm/f paediatrician; pedia'tria sf paediatrics sg

pedi'cure sm/f inv chiropodist

pe'dina sf (della dama) draughtsman (BRIT), draftsman (US); (fig) pawn

pedi'nare vt to shadow, tail

pedo'nale ag pedestrian

pe'done, a sm/f pedestrian ♦ sm (SCACCHI) pawn

'peggio ['pɛddʒo] av, ag inv worse ♦ sm o f: **il o la ~** the worst; **alla ~** at worst, if the worst comes to the worst; peggiora'mento sm worsening; peggio'rare vt to make worse, worsen ♦ vi to grow worse, worsen; peggiora'tivo, a ag pejorative; peggi'ore ag (comparativo) worse; (superlativo) worst ♦ sm/f: **il(la) peggiore** the worst (person)

'pegno ['peɲɲo] sm (DIR) security, pledge; (nei giochi di società) forfeit; (fig) pledge, token; **dare in ~ qc** to pawn sth

pe'lare vt (spennare) to pluck; (spellare) to skin; (sbucciare) to peel; (fig) to make pay through the nose; ~**rsi** vr to go bald

pe'lato, a ag: **pomodori ~i** tinned tomatoes

pel'lame sm skins pl, hides pl

'pelle sf skin; (di animale) skin, hide; (cuoio) leather; **avere la ~ d'oca** to have goose pimples o goose flesh

pellegri'naggio [pellegri'naddʒo] sm pilgrimage

pelle'grino, a sm/f pilgrim

pelle'rossa (pl pelli'rosse) sm/f Red Indian

pellette'ria sf leather goods pl; (negozio) leather goods shop

pelli'cano sm pelican

pellicce'ria [pellittʃe'ria] sf (negozio) furrier's (shop)

pel'liccia, ce [pel'littʃa] sf (mantello di animale) coat, fur; (indumento) fur coat

pel'licola sf (membrana sottile) film, layer; (FOT, CINEMA) film

'pelo sm hair; (pelame) coat, hair; (pelliccia) fur; (di tappeto) pile; (di liquido) surface; **per un ~: per un ~ non ho perduto il treno** I very nearly missed the train; **c'è mancato un ~ che affogasse** he escaped drowning by the skin of his teeth; pe'loso, a ag hairy

'peltro sm pewter

pe'luria sf down

'pena sf (DIR) sentence; (punizione) punishment; (sofferenza) sadness no pl, sorrow; (fatica) trouble no pl, effort; (difficoltà) difficulty; **far ~** to be pitiful; **mi fai ~** I feel sorry for you; **prendersi o darsi la ~ di fare** to go to the trouble of doing; **~ di morte** death sentence; **~ pecuniaria** fine; pe'nale ag penal; penalità sf inv penalty; penaliz'zare vt (SPORT) to penalize

pe'nare vi (patire) to suffer; (faticare) to struggle

pen'dente ag hanging; leaning ♦ sm (ciondolo) pendant; (orecchino) drop earring; pen'denza sf slope, slant; (grado d'inclinazione) gradient; (ECON) outstanding account

'pendere vi (essere appeso): **~ da** to hang from; (essere inclinato) to lean; (fig: incombere): **~ su** to hang over

pen'dice [pen'ditʃe] sf: **alle ~i del monte** at the foot of the mountain

pen'dio, 'dii sm slope, slant; (luogo in pendenza) slope

'pendola sf pendulum clock

pendo'lare sm/f commuter

pendo'lino sm high-speed train

'pendolo sm (peso) pendulum; (anche: **orologio a ~**) pendulum clock

'pene sm penis

pene'trante ag piercing, penetrating

pene'trare vi to come o get in ♦ vt to penetrate; **~ in** to enter; (sog: proiettile) to penetrate; (: acqua, aria) to go o come into

penicil'lina [penitʃil'lina] sf penicillin

pe'nisola sf peninsula

peni'tenza [peni'tɛntsa] sf penitence;

(*punizione*) penance

penitenzi'ario [peniten'tsjarjo] *sm* prison

'**penna** *sf* (*di uccello*) feather; (*per scrivere*) pen; **~e** *sfpl* (*CUC*) quills (*type of pasta*); **~ stilografica/a sfera** fountain/ballpoint pen

penna'rello *sm* felt(-tip) pen

pennel'lare *vi* to paint

pen'nello *sm* brush; (*per dipingere*) (paint)brush; **a ~** (*perfettamente*) to perfection, perfectly; **~ per la barba** shaving brush

pen'nino *sm* nib

pen'none *sm* (*NAUT*) yard; (*stendardo*) banner, standard

pe'nombra *sf* half-light, dim light

pe'noso, a *ag* painful, distressing; (*faticoso*) tiring, laborious

pen'sare *vi* to think ♦ *vt* to think; (*inventare, escogitare*) to think out; **~ a** to think of; (*amico, vacanze*) to think of *o* about; (*problema*) to think about; **~ di fare qc** to think of doing sth; **ci penso io** I'll see to *o* take care of it

pensi'ero *sm* thought; (*modo di pensare, dottrina*) thinking *no pl*; (*preoccupazione*) worry, care, trouble; **stare in ~ per qn** to be worried about sb; **pensie'roso, a** *ag* thoughtful

'**pensile** *ag* hanging

pensi'lina *sf* (*per autobus*) bus shelter

pensio'nante *sm/f* (*presso una famiglia*) lodger; (*di albergo*) guest

pensio'nato, a *sm/f* pensioner

pensi'one *sf* (*al prestatore di lavoro*) pension; (*vitto e alloggio*) board and lodging; (*albergo*) boarding house; **andare in ~** to retire; **mezza ~** half board; **~ completa** full board

pen'soso, a *ag* thoughtful, pensive, lost in thought

pentapar'tito *sm* five-party government

Pente'coste *sf* Pentecost, Whit Sunday (*BRIT*)

penti'mento *sm* repentance, contrition

pen'tirsi *vr*: **~ di** to repent of; (*rammaricarsi*) to regret, be sorry for

'**pentola** *sf* pot; **~ a pressione** pressure

cooker

pe'nultimo, a *ag* last but one (*BRIT*), next to last, penultimate

pe'nuria *sf* shortage

penzo'lare [pendzo'lare] *vi* to dangle, hang loosely; **penzo'loni** *av* dangling, hanging down; **stare penzoloni** to dangle, hang down

'**pepe** *sm* pepper; **~ macinato/in grani** ground/whole pepper

pepero'nata *sf* (*CUC*) stewed peppers, tomatoes and onions

pepe'rone *sm* pepper, capsicum; (*piccante*) chili

pe'pita *sf* nugget

PAROLA CHIAVE

---

per *prep* **1** (*moto attraverso luogo*) through; **i ladri sono passati ~ la finestra** the thieves got in (*o* out) through the window; **l'ho cercato ~ tutta la casa** I've searched the whole house *o* all over the house for it

2 (*moto a luogo*) for, to; **partire ~ la Germania/il mare** to leave for Germany/ the sea; **il treno ~ Roma** the Rome train, the train for *o* to Rome

3 (*stato in luogo*): **seduto/sdraiato ~ terra** sitting/lying on the ground

4 (*tempo*) for; **~ anni/lungo tempo** for years/a long time; **~ tutta l'estate** throughout the summer, all summer long; **lo rividi ~ Natale** I saw him again at Christmas; **lo faccio ~ lunedì** I'll do it for Monday

5 (*mezzo, maniera*) by; **~ lettera/via aerea/ferrovia** by letter/airmail/rail; **prendere qn ~ un braccio** to take sb by the arm

6 (*causa, scopo*) for; **assente ~ malattia** absent because of *o* through *o* owing to illness; **ottimo ~ il mal di gola** excellent for sore throats

7 (*limitazione*) for; **è troppo difficile ~ lui** it's too difficult for him; **~ quel che mi riguarda** as far as I'm concerned; **~ poco che sia** however little it may be; **~ questa volta ti perdono** I'll forgive you this time

8 (*prezzo, misura*) for; (*distributivo*) a, per; **venduto ~ 3 milioni** sold for 3 million; **1000 lire ~ persona** 1000 lire a *o* per person; **uno ~ volta** one at a time; **uno ~ uno** one by one; **5 ~ cento** 5 per cent; **3 ~ 4 fa 12** 3 times 4 equals 12; **dividere/ moltiplicare 12 ~ 4** to divide/multiply 12 by 4

9 (*in qualità di*) as; (*al posto di*) for; **avere qn ~ professore** to have sb as a teacher; **ti ho preso ~ Mario** I mistook you for Mario, I thought you were Mario; **dare ~ morto qn** to give sb up for dead

10 (*seguito da vb: finale*): **~ fare qc** (so as) to do sth, in order to do sth; (: *causale*): **~ aver fatto qc** for having done sth; (: *consecutivo*): **è abbastanza grande ~ andarci da solo** he's big enough to go on his own

'**pera** *sf* pear
pe'raltro *av* moreover, what's more
per'bene *ag inv* respectable, decent ♦ *av* (*con cura*) properly, well
percentu'ale [pertʃentu'ale] *sf* percentage
perce'pire [pertʃe'pire] *vt* (*sentire*) to perceive; (*ricevere*) to receive;
percezi'one [pertʃe'tsjone] *sf* perception

PAROLA CHIAVE

perché [per'ke] *av* why; **~ no?** why not?; **non vuoi andarci?** why don't you want to go?; **spiegami ~ l'hai fatto** tell me why you did it

♦ *cong* **1** (*causale*) because; **non posso uscire ~ ho da fare** I can't go out because *o* as I've a lot to do

2 (*finale*) in order that, so that; **te lo do ~ tu lo legga** I'm giving it to you so (that) you can read it

3 (*consecutivo*): **è troppo forte ~ si possa batterlo** he's too strong to be beaten

♦ *sm inv* reason; **il ~ di** the reason for

---

perciò [per'tʃɔ] *cong* so, for this (*o* that) reason
per'correre *vt* (*luogo*) to go all over;

(: *paese*) to travel up and down, go all over; (*distanza*) to cover
per'corso, a *pp di* percorrere ♦ *sm* (*tragitto*) journey; (*tratto*) route
per'cossa *sf* blow
per'cosso, a *pp di* percuotere
percu'otere *vt* to hit, strike
percussi'one *sf* percussion; **strumenti a ~** (*MUS*) percussion instruments
'perdere *vt* to lose; (*lasciarsi sfuggire*) to miss; (*sprecare: tempo, denaro*) to waste ♦ *vi* to lose; (*serbatoio etc*) to leak; **~rsi** *vr* (*smarrirsi*) to get lost; (*svanire*) to disappear, vanish; **saper ~** to be a good loser; **lascia ~!** forget it!, never mind!
perdi'giorno [perdi'dʒorno] *sm/f inv* idler, waster
'perdita *sf* loss; (*spreco*) waste; (*fuoriuscita*) leak; **siamo in ~** (*COMM*) we are running at a loss; **a ~ d'occhio** as far as the eye can see
perdo'nare *vt* to pardon, forgive; (*scusare*) to excuse, pardon
per'dono *sm* forgiveness; (*DIR*) pardon
perdu'rare *vi* to go on, last
perduta'mente *av* desperately, passionately
per'duto, a *pp di* perdere
peregri'nare *vi* to wander, roam
pe'renne *ag* eternal, perpetual, perennial; (*BOT*) perennial
peren'torio, a *ag* peremptory; (*definitivo*) final
per'fetto, a *ag* perfect ♦ *sm* (*LING*) perfect (tense)
perfezio'nare [perfettsjo'nare] *vt* to improve, perfect; **~rsi** *vr* to improve
perfezi'one [perfet'tsjone] *sf* perfection
'perfido, a *ag* perfidious, treacherous
per'fino *av* even
perfo'rare *vt* to perforate; to punch a hole (*o* holes) in; (*banda, schede*) to punch; (*trivellare*) to drill; **perfora'trice** *sf* (*TECN*) boring *o* drilling machine; (*INFORM*) card punch; **perforazi'one** *sf* perforation; punching; drilling; (*INFORM*) punch; (*MED*) perforation

perga'mena *sf* parchment

'pergola *sf* (*per rampicanti*) pergola

perico'lante *ag* precarious

pe'ricolo *sm* danger; **mettere in ~** to endanger, put in danger; **perico'loso, a** *ag* dangerous

perife'ria *sf* (*di città*) outskirts *pl*

pe'rifrasi *sf* circumlocution

pe'rimetro *sm* perimeter

peri'odico, a, ci, che *ag* periodic(al); (*MAT*) recurring ♦ *sm* periodical

pe'riodo *sm* period

peripe'zie [peripet'tsie] *sfpl* ups and downs, vicissitudes

pe'rire *vi* to perish, die

pe'rito, a *ag* expert, skilled ♦ *sm/f* expert; (*agronomo, navale*) surveyor; **un ~ chimico** a qualified chemist

pe'rizia [pe'rittsja] *sf* (*abilità*) ability; (*giudizio tecnico*) expert opinion; expert's report

'perla *sf* pearl; **per'lina** *sf* bead

perlus'trare *vt* to patrol

perma'loso, a *ag* touchy

perma'nente *ag* permanent ♦ *sf* permanent wave, perm; **perma'nenza** *sf* permanence; (*soggiorno*) stay

perma'nere *vi* to remain

perme'are *vt* to permeate

per'messo, a *pp di* **permettere** ♦ *sm* (*autorizzazione*) permission, leave; (*dato a militare, impiegato*) leave; (*licenza*) licence, permit; (*MIL: foglio*) pass; **~?, è ~?** (*posso entrare?*) may I come in?; (*posso passare?*) excuse me; **~ di lavoro/pesca** work/fishing permit; **~ di soggiorno** residence permit

per'mettere *vt* to allow, permit; **~ a qn qc/di fare** to allow sb sth/to do; **~rsi qc/di fare** to allow o.s. sth/to do; (*avere la possibilità*) to afford sth/to do

per'nacchia [per'nakkja] (*fam*) *sf*: **fare una ~** to blow a raspberry

per'nice [per'nitʃe] *sf* partridge

'perno *sm* pivot

pernot'tare *vi* to spend the night, stay overnight

'pero *sm* pear tree

però *cong* (*ma*) but; (*tuttavia*) however, nevertheless

pero'rare *vt* (*DIR, fig*): **~ la causa di qn** to plead sb's case

perpendico'lare *ag, sf* perpendicular

perpe'trare *vt* to perpetrate

perpetu'are *vt* to perpetuate

per'petuo, a *ag* perpetual

per'plesso, a *ag* perplexed; uncertain, undecided

perqui'sire *vt* to search; **perquisizi'one** *sf* (*police*) search

persecu'tore *sm* persecutor

persecuzi'one [persekut'tsjone] *sf* persecution

persegu'ire *vt* to pursue

persegui'tare *vt* to persecute

perseve'rante *ag* persevering

perseve'rare *vi* to persevere

'Persia *sf*: **la ~** Persia

persi'ana *sf* shutter; **~ avvolgibile** roller shutter

persi'ano, a *ag, sm/f* Persian

'persico, a, ci, che *ag*: **il golfo P~** the Persian Gulf

per'sino *av* = **perfino**

persis'tente *ag* persistent

per'sistere *vi* to persist; **~ a fare** to persist in doing; **persis'tito, a** *pp di* **persistere**

'perso, a *pp di* **perdere**

per'sona *sf* person; (*qualcuno*): **una ~** someone, somebody, *espressione interrogativa* +anyone *o* anybody; **~e** *sfpl* people; **non c'è ~ che ...** there's nobody who ..., there isn't anybody who ...

perso'naggio [perso'naddʒo] *sm* (*persona ragguardevole*) personality, figure; (*tipo*) character, individual; (*LETTERATURA*) character

perso'nale *ag* personal ♦ *sm* staff; personnel; (*figura fisica*) build

personalità *sf inv* personality

personifi'care *vt* to personify; to embody

perspi'cace [perspi'katʃe] *ag* shrewd, discerning

persu'adere *vt*: **~ qn (di qc/a fare)** to

persuade sb (of sth/to do); **persuasi'one**
sf persuasion; **persua'sivo, a** *ag*
persuasive; **persu'aso, a** *pp di*
persuadere
per'tanto *cong* (quindi) so, therefore
'pertica, che *sf* pole
perti'nente *ag*: ~ (a) relevant (to),
pertinent (to)
per'tosse *sf* whooping cough
per'tugio [per'tudʒo] *sm* hole, opening
perturbazi'one [perturbat'tsjone] *sf*
disruption; perturbation; ~ atmosferica
atmospheric disturbance
per'vadere *vt* to pervade; per'vaso, a
pp di pervadere
perve'nire *vi*: ~ a to reach, arrive at, come
to; (venire in possesso): gli pervenne una
fortuna he inherited a fortune; far ~ qc a
to have sth sent to; perve'nuto, a *pp di*
pervenire
per'verso, a *ag* depraved; perverse
p. es. *abbr* (= per esempio) e.g.
'pesa *sf* weighing *no pl*; weighbridge
pe'sante *ag* heavy
pe'sare *vt* to weigh ♦ *vi* (avere un peso) to
weigh; (essere pesante) to be heavy; (fig) to
carry weight; ~ su (fig) to lie heavy on; to
influence; to hang over
'pesca (pl pesche: frutto) *sf* peach; (il
pescare) fishing; andare a ~ to go fishing;
~ di beneficenza (lotteria) lucky dip; ~ con
la lenza angling
pes'care *vt* (pesce) to fish for; to catch; (qc
nell'acqua) to fish out; (fig: trovare) to get
hold of, find; andare a ~ to go fishing
pesca'tore *sm* fisherman; angler
'pesce ['peʃʃe] *sm* fish *gen inv*; P~i (dello
zodiaco) Pisces; ~ d'aprile! April Fool!; ~
spada swordfish; pesce'cane *sm* shark

> **pesce d'aprile**

> *i* **Il pesce d'aprile** *is a practical joke
> played on 1 April. It takes its name from
> the traditional prank of surreptitiously
> sticking a paper fish on someone's back.*

pesche'reccio [peske'rettʃo] *sm* fishing

boat
pesche'ria [peske'ria] *sf* fishmonger's
(shop) (BRIT), fish store (US)
pesci'vendolo, a [peʃʃi'vendolo] *sm/f*
fishmonger (BRIT), fish merchant (US)
'pesco, schi *sm* peach tree
pes'coso, a *ag* abounding in fish
'peso *sm* weight; (SPORT) shot; rubare sul
~ to give short weight; essere di ~ a qn
(fig) to be a burden to sb; ~ lordo/netto
gross/net weight; ~ piuma/mosca/gallo/
medio/massimo (PUGILATO) feather/fly/
bantam/middle/heavyweight
pessi'mismo *sm* pessimism;
pessi'mista, i, e *ag* pessimistic ♦ *sm/f*
pessimist
'pessimo, a *ag* very bad, awful
pes'tare *vt* to tread on, trample on; (sale,
pepe) to grind; (uva, aglio) to crush; (fig:
picchiare): ~ qn to beat sb up
'peste *sf* plague; (persona) nuisance, pest
pes'tello *sm* pestle
pesti'lenza [pesti'lentsa] *sf* pestilence;
(fetore) stench
'pesto, a *ag*: c'è buio ~ it's pitch-dark;
occhio ~ black eye ♦ *sm* (CUC) sauce made
with basil, garlic, cheese and oil
'petalo *sm* (BOT) petal
pe'tardo *sm* firecracker, banger (BRIT)
petizi'one [petit'tsjone] *sf* petition
'peto (fam!) *sm* fart (!)
petrol'chimica [petrol'kimika] *sf*
petrochemical industry
petroli'era *sf* (nave) oil tanker
petro'lifero, a *ag* oil-bearing; oil *cpd*
pe'trolio *sm* oil, petroleum; (per lampada,
fornello) paraffin
petтego'lare *vi* to gossip
pettego'lezzo [pettego'leddzo] *sm* gossip
no pl; fare ~i to gossip
pet'tegolo, a *ag* gossipy ♦ *sm/f* gossip
petti'nare *vt* to comb (the hair of); ~rsi *vr*
to comb one's hair; petti'natura *sf*
(acconciatura) hairstyle
'pettine *sm* comb; (ZOOL) scallop
petti'rosso *sm* robin
'petto *sm* chest; (seno) breast, bust; (CUC: di

carne bovina) brisket; (: *di pollo etc*) breast; **a doppio ~** (*abito*) double-breasted; **petto'ruto, a** *ag* broad-chested; full-breasted

petu'lante *ag* insolent

pe'tunia *sf* (BOT) petunia

'pezza ['pettsa] *sf* piece of cloth; (*toppa*) patch; (*cencio*) rag, cloth

pez'zato, a [pet'tsato] *ag* piebald

pez'zente [pet'tsɛnte] *sm/f* beggar

'pezzo ['pettso] *sm* (*gen*) piece; (*brandello, frammento*) piece, bit; (*di macchina, arnese etc*) part; (STAMPA) article; (*di tempo*): **aspettare un ~** to wait quite a while *o* some time; **in** *o* **a ~i** in pieces; **andare in ~i** to break into pieces; **un bel ~ d'uomo** a fine figure of a man; **abito a due ~i** two-piece suit; **~ di cronaca** (STAMPA) report; **~ grosso** (*fig*) bigwig; **~ di ricambio** spare part

pia'cente [pja'tʃɛnte] *ag* attractive

pia'cere [pja'tʃere] *vi* to please; **una ragazza che piace** a likeable girl; an attractive girl; **~ a: mi piace** I like it; **quei ragazzi non mi piacciono** I don't like those boys; **gli piacerebbe andare al cinema** he would like to go to the cinema ♦ *sm* pleasure; (*favore*) favour; **"~!"** (*nelle presentazioni*) "pleased to meet you!"; **con ~** certainly, with pleasure; **per ~!** please; **fare un ~ a qn** to do sb a favour; **pia'cevole** *ag* pleasant, agreeable; **piaci'uto, a** *pp di* **piacere**

pi'aga, ghe *sf* (*lesione*) sore; (*ferita: anche fig*) wound; (*fig: flagello*) scourge, curse; (: *persona*) pest, nuisance

piagnis'teo [pjaɲɲis'tɛo] *sm* whining, whimpering

piagnuco'lare [pjaɲɲuko'lare] *vi* to whimper

pi'alla *sf* (*arnese*) plane; **pial'lare** *vt* to plane

pi'ana *sf* stretch of level ground; (*più estesa*) plain

pianeggi'ante [pjaned'dʒante] *ag* flat, level

piane'rottolo *sm* landing

pia'neta *sm* (ASTR) planet

pi'angere ['pjandʒere] *vi* to cry, weep; (*occhi*) to water ♦ *vt* to cry, weep; (*lamentare*) to bewail, lament; **~ la morte di qn** to mourn sb's death

pianifi'care *vt* to plan; **pianificazi'one** *sf* planning

pia'nista, i, e *sm/f* pianist

pi'ano, a *ag* (*piatto*) flat, level; (MAT) plane; (*chiaro*) clear, plain ♦ *av* (*adagio*) slowly; (*a bassa voce*) softly; (*con cautela*) slowly, carefully ♦ *sm* (MAT) plane; (GEO) plain; (*livello*) level, plane; (*di edificio*) floor; (*programma*) plan; (MUS) piano; **pian ~** very slowly; (*poco a poco*) little by little; **in primo/secondo ~** in the foreground/background; **di primo ~** (*fig*) prominent, high-ranking

piano'forte *sm* piano, pianoforte

pi'anta *sf* (BOT) plant; (ANAT: *anche*: **~ del piede**) sole (of the foot); (*grafico*) plan; (*topografica*) map; **in ~ stabile** on the permanent staff; **piantagi'one** *sf* plantation; **pian'tare** *vt* to plant; (*conficcare*) to drive *o* hammer in; (*tenda*) to put up, pitch; (*fig: lasciare*) to leave, desert; **~rsi** *vr*: **~rsi davanti a qn** to plant o.s. in front of sb; **piantala!** (*fam*) cut it out!

pianter'reno *sm* ground floor

pian'tina *sf* (*carta*) map

pi'anto, a *pp di* **piangere** ♦ *sm* tears *pl*, crying

pian'tone *sm* (*vigilante*) sentry, guard; (*soldato*) orderly; (AUT) steering column

pia'nura *sf* plain

pi'astra *sf* plate; (*di pietra*) slab; (*di fornello*) hotplate; **~ di registrazione** tape deck; **panino alla ~** ≈ toasted sandwich

pias'trella *sf* tile

pias'trina *sf* (MIL) identity disc

piatta'forma *sf* (*anche fig*) platform

piat'tino *sm* saucer

pi'atto, a *ag* flat; (*fig: scialbo*) dull ♦ *sm* (*recipiente, vivanda*) dish; (*portata*) course; (*parte piana*) flat (part); **~i** *smpl* (MUS) cymbals; **~ fondo** soup dish; **~ forte** main course; **~ del giorno** dish of the day, plat du jour; **~ del giradischi** turntable

pi'azza ['pjattsa] sf square; (COMM) market; **far ~ pulita** to make a clean sweep; **~ d'armi** (MIL) parade ground; **piaz'zale** sm (large) square

piaz'zare [pjat'tsare] vt to place; (COMM) to market, sell; **~rsi** vr (SPORT) to be placed

piaz'zista, i [pjat'tsista] sm (COMM) commercial traveller

piaz'zola [pjat'tsɔla] sf (AUT) lay-by

'picca, che sf pike; **~che** sfpl (CARTE) spades

pic'cante ag hot, pungent; (fig) racy; biting

pic'carsi vr: **~ di fare** to pride o.s. on one's ability to do; **~ per qc** to take offence at sth

pic'chetto [pik'ketto] sm (MIL, di scioperanti) picket; (di tenda) peg

picchi'are [pik'kjare] vt (persona: colpire) to hit, strike; (: prendere a botte) to beat (up); (battere) to beat; (sbattere) to bang ♦ vi (bussare) to knock; (: con forza) to bang; (colpire) to hit, strike; (sole) to beat down; **picchi'ata** sf (AER) dive

picchiet'tare [pikkjet'tare] vt (punteggiare) to spot, dot; (colpire) to tap

'picchio ['pikkjo] sm woodpecker

pic'cino, a [pit'tʃino] ag tiny, very small

piccio'naia [pittʃo'naja] sf pigeon-loft; (TEATRO): **la ~** the gods sg

picci'one [pit'tʃone] sm pigeon

'picco, chi sm peak; **a ~** vertically

'piccolo, a ag small; (oggetto, mano, di età: bambino) small, little (dav sostantivo); (di breve durata: viaggio) short; (fig) mean, petty ♦ sm/f child, little one; **~i** smpl (di animale) young pl; **in ~** in miniature

pic'cone sm pick(-axe)

pic'cozza [pik'kɔttsa] sf ice-axe

pic'nic sm inv picnic

pi'docchio [pi'dɔkkjo] sm louse

pi'ede sm foot; (di mobile) leg; **in ~i** standing; **a ~i** on foot; **a ~i nudi** barefoot; **su due ~i** (fig) at once; **prendere ~** (fig) to gain ground, catch on; **sul ~ di guerra** (MIL) ready for action; **~ di porco** crowbar

piedes'tallo sm pedestal

piedipi'atti sm inv (peg) cop

pi'ega, ghe sf (piegatura, GEO) fold; (di gonna) pleat; (di pantaloni) crease; (grinza) wrinkle, crease; **prendere una brutta ~** (fig) to take a turn for the worse

pie'gare vt to fold; (braccia, gambe, testa) to bend ♦ vi to bend; **~rsi** vr to bend; (fig): **~rsi (a)** to yield (to), submit (to); **pieghet'tare** vt to pleat; **pie'ghevole** ag pliable, flexible; (porta) folding

Pie'monte sm: **il ~** Piedmont

pi'ena sf (di fiume) flood, spate

pi'eno, a ag full; (muro, mattone) solid ♦ sm (colmo) height, peak; (carico) full load; **~ di** full of; **in ~ giorno** in broad daylight; **fare il ~ (di benzina)** to fill up (with petrol)

pietà sf pity; (REL) piety; **senza ~** pitiless, merciless; **avere ~ di** (compassione) to pity, feel sorry for; (misericordia) to have pity o mercy on

pie'tanza [pje'tantsa] sf dish, course

pie'toso, a ag (compassionevole) pitying, compassionate; (che desta pietà) pitiful

pi'etra sf stone; **~ preziosa** precious stone, gem; **pie'traia** (di terreno) stony ground; **pietrifi'care** vt to petrify; (fig) to transfix, paralyze

'piffero sm (MUS) pipe

pig'iama, i [pi'dʒama] sm pyjamas pl

'pigia 'pigia ['pidʒa'pidʒa] sf crowd, press

pigi'are [pi'dʒare] vt to press

pigi'one [pi'dʒone] sf rent

pigli'are [piʎ'ʎare] vt to take, grab; (afferrare) to catch

'piglio ['piʎʎo] sm look, expression

pig'meo, a sm/f pygmy

'pigna ['piɲɲa] sf pine cone

pi'gnolo, a [piɲ'ɲɔlo] ag pernickety

pigno'rare [piɲɲo'rare] vt to distrain

pigo'lare vi to cheep, chirp

pi'grizia [pi'grittsja] sf laziness

'pigro, a ag lazy

'pila sf (catasta, di ponte) pile; (ELETTR) battery; (torcia) torch (BRIT), flashlight

pi'lastro sm pillar

'pile ['pail] *sm inv* fleece

'pillola *sf* pill; **prendere la ~** to be on the pill

pi'lone *sm* (*di ponte*) pier; (*di linea elettrica*) pylon

pi'lota, i, e *sm/f* pilot; (*AUT*) driver ♦ *ag inv* pilot *cpd*; **~ automatico** automatic pilot; **pilo'tare** *vt* to pilot; to drive

pinaco'teca, che *sf* art gallery

pi'neta *sf* pinewood

ping-'pong [piŋ'pɔŋ] *sm* table tennis

'pingue *ag* fat, corpulent

pingu'ino *sm* (*ZOOL*) penguin

'pinna *sf* (*di pesce*) fin; (*di cetaceo, per nuotare*) flipper

'pino *sm* pine (tree); pi'nolo *sm* pine kernel

'pinza ['pintsa] *sf* pliers *pl*; (*MED*) forceps *pl*; (*ZOOL*) pincer

pinzette [pin'tsette] *sfpl* tweezers

'pio, a, 'pii, 'pie *ag* pious; (*opere, istituzione*) charitable, charity *cpd*

pi'oggia, ge ['pjɔddʒa] *sf* rain; **~ acida** acid rain

pi'olo *sm* peg; (*di scala*) rung

piom'bare *vi* to fall heavily; (*gettarsi con impeto*): **~ su** to fall upon, assail ♦ *vt* (*dente*) to fill; piomba'tura *sf* (*di dente*) filling

piom'bino *sm* (*sigillo*) (lead) seal; (*del filo a piombo*) plummet; (*PESCA*) sinker

pi'ombo *sm* (*CHIM*) lead; **a ~** (*cadere*) straight down; **senza ~** (*benzina*) unleaded

pioni'ere, a *sm/f* pioneer

pi'oppo *sm* poplar

pi'overe *vb impers* to rain ♦ *vi* (fig: *scendere dall'alto*) to rain down; (*lettere, regali*) to pour into; pioviggi'nare *vb impers* to drizzle; pio'voso, a *ag* rainy

pi'ovra *sf* octopus

'pipa *sf* pipe

pipì (*fam*) *sf*: **fare ~** to have a wee (wee)

pipis'trello *sm* (*ZOOL*) bat

pi'ramide *sf* pyramid

pi'rata, i *sm* pirate; **~ della strada** hit-and-run driver

Pire'nei *smpl*: **i ~** the Pyrenees

'pirico, a, ci, che *ag*: **polvere ~a** gunpowder

pi'rofilo, a *ag* heat-resistant; pi'rofila *sf* heat-resistant dish

pi'roga, ghe *sf* dug-out canoe

pi'romane *sm/f* pyromaniac; arsonist

pi'roscafo *sm* steamer, steamship

pisci'are [piʃ'ʃare] (*fam!*) *vi* to piss (!), pee (!)

pi'scina [piʃ'ʃina] *sf* (swimming) pool; (*stabilimento*) (swimming) baths *pl*

pi'sello *sm* pea

piso'lino *sm* nap

'pista *sf* (*traccia*) track, trail; (*di stadio*) track; (*di pattinaggio*) rink; (*da sci*) run; (*AER*) runway; (*di circo*) ring; **~ da ballo** dance floor

pis'tacchio [pis'takkjo] *sm* pistachio (tree); pistachio (nut)

pis'tola *sf* pistol, gun

pis'tone *sm* piston

pi'tone *sm* python

pit'tore, 'trice *sm/f* painter; pitto'resco, a, schi, sche *ag* picturesque

pit'tura *sf* painting; pittu'rare *vt* to paint

PAROLA CHIAVE

più *av* **1** (*in maggiore quantità*) more; **~ del solito** more than usual; **in ~, di ~** more; **ne voglio di ~** I want some more; **ci sono 3 persone in** *o* **di ~** there are 3 more *o* extra people; **~ o meno** more or less; **per di ~** (*inoltre*) what's more, moreover

2 (*comparativo*) more, *aggettivo corto* +...er; **~ ... di/che** more ... than; **lavoro ~ di te/Paola** I work harder than you/Paola; **è ~ intelligente che ricco** he's more intelligent than rich

3 (*superlativo*) most, *aggettivo corto* +...est; **il ~ grande/intelligente** the biggest/most intelligent; **è quello che compro ~ spesso** that's the one I buy most often; **al ~ presto** as soon as possible; **al ~ tardi** at the latest

4 (*negazione*): **non ... ~** no more, no longer; **non ho ~ soldi** I've got no more money, I don't have any more money; **non**

lavoro ~ I'm no longer working, I don't work any more; **a ~ non posso** (*gridare*) at the top of one's voice; (*correre*) as fast as one can

5 (*MAT*) plus; **4 ~ 5 fa 9** 4 plus 5 equals 9; **~ 5 gradi** 5 degrees above freezing, plus 5
♦ *prep* plus
♦ *ag inv* 1: **~ ... (di)** more ... (than); **~ denaro/tempo** more money/time; **~ persone di quante ci aspettassimo** more people than we expected
2 (*numerosi, diversi*) several; **l'aspettai per ~ giorni** I waited for it for several days
♦ *sm* 1 (*la maggior parte*): **il ~ è fatto** most of it is done
2 (*MAT*) plus (sign)
3: **i ~** the majority

piuccheper'fetto [pjukkepper'fetto] *sm* (*LING*) pluperfect, past perfect
pi'uma *sf* feather; **piu'maggio** *sm* plumage, feathers *pl*; **piu'mino** *sm* (eider)down; (*per letto*) eiderdown; (: *tipo danese*) duvet, continental quilt; (*giacca*) quilted jacket (*with goose-feather padding*); (*per cipria*) powder puff; (*per spolverare*) feather duster
piut'tosto *av* rather; **~ che** (*anziché*) rather than
pi'vello, a *sm/f* greenhorn
'pizza ['pittsa] *sf* pizza; **pizze'ria** *sf* place where pizzas are made, sold or eaten
pizzi'cagnolo, a [pittsi'kaɲɲolo] *sm/f* specialist grocer
pizzi'care [pittsi'kare] *vt* (*stringere*) to nip, pinch; (*pungere*) to sting; to bite; (*MUS*) to pluck ♦ *vi* (*prudere*) to itch, be itchy; (*cibo*) to be hot o spicy
pizziche'ria [pittsike'ria] *sf* delicatessen (shop)
'pizzico, chi ['pittsiko] *sm* (*pizzicotto*) pinch, nip; (*piccola quantità*) pinch, dash; (*d'insetto*) sting; bite
pizzi'cotto [pittsi'kotto] *sm* pinch, nip
'pizzo ['pittso] *sm* (*merletto*) lace; (*barbetta*) goatee beard
pla'care *vt* to placate, soothe; **~rsi** *vr* to

calm down
'placca, che *sf* plate; (*con iscrizione*) plaque; (*anche:* **~ dentaria**) (dental) plaque; **plac'care** *vt* to plate; **placcato in oro/argento** gold-/silver-plated
'placido, a ['platʃido] *ag* placid, calm
plagi'are [pla'dʒare] *vt* (*copiare*) to plagiarize; **'plagio** *sm* plagiarism
pla'nare *vi* (*AER*) to glide
'plancia, ce ['plantʃa] *sf* (*NAUT*) bridge
plane'tario, a *ag* planetary ♦ *sm* (*locale*) planetarium
'plasma *sm* plasma
plas'mare *vt* to mould, shape
'plastica, che *sf* (*arte*) plastic arts *pl*; (*MED*) plastic surgery; (*sostanza*) plastic
'plastico, a, ci, che *ag* plastic ♦ *sm* (*rappresentazione*) relief model; (*esplosivo*): **bomba al ~** plastic bomb
plasti'lina ® *sf* plasticine ®
'platano *sm* plane tree
pla'tea *sf* (*TEATRO*) stalls *pl*
'platino *sm* platinum
pla'tonico, a, ci, che *ag* platonic
plau'sibile *ag* plausible
'plauso *sm* (*fig*) approval
ple'baglia [ple'baʎʎa] (*peg*) *sf* rabble, mob
'plebe *sf* common people; **ple'beo, a** *ag* plebeian; (*volgare*) coarse, common
ple'nario, a *ag* plenary
pleni'lunio *sm* full moon
'plettro *sm* plectrum
pleu'rite *sf* pleurisy
'plico, chi *sm* (*pacco*) parcel; **in ~ a parte** (*COMM*) under separate cover
plo'tone *sm* (*MIL*) platoon; **~ d'esecuzione** firing squad
'plumbeo, a *ag* leaden
plu'rale *ag, sm* plural; **pluralità** *sf* plurality; (*maggioranza*) majority
plusva'lore *sm* (*ECON*) surplus
pneu'matico, a, ci, che *ag* inflatable; pneumatic ♦ *sm* (*AUT*) tyre (*BRIT*), tire (*US*)
po' *av, sm vedi* **poco**

PAROLA CHIAVE

'poco, a, chi, che *ag* (*quantità*) little, not

much; (*numero*) few, not many; **~ pane/denaro/spazio** little *o* not much bread/money/space; **~che persone/idee** few *o* not many people/ideas; **ci vediamo tra ~** (*sottinteso: tempo*) see you soon
♦ *av* 1 (*in piccola quantità*) little, not much; (*numero limitato*) few, not many; **guadagna ~** he doesn't earn much, he earns little
2 (*con ag, av*) (a) little, not very; **sta ~ bene** he isn't very well; **è ~ più vecchia di lui** she's a little *o* slightly older than him
3 (*tempo*): **~ dopo/prima** shortly afterwards/before; **il film dura ~** the film doesn't last very long; **ci vediamo molto ~** we don't see each other very often, we hardly ever see each other
4: **un po'** a little, a bit; **è un po' corto** it's a little *o* bit short; **arriverà fra un po'** he'll arrive shortly *o* in a little while
5: **a dir ~** to say the least; **a ~ a ~** little by little; **per ~ non cadevo** I nearly fell; **è una cosa da ~** it's nothing, it's of no importance; **una persona da ~** a worthless person
♦ *pron* (a) little; **~chi, che** *pron pl* (*persone*) few (people); (*cose*) few
♦ *sm* 1 little; **vive del ~ che ha** he lives on the little he has
2: **un po'** a little; **un po' di zucchero** a little sugar; **un bel po' di denaro** quite a lot of money; **un po' per ciascuno** a bit each

po'dere *sm* (*AGR*) farm
pode'roso, a *ag* powerful
podestà *sm inv* (*nel fascismo*) podesta, mayor
'podio *sm* dais, platform; (*MUS*) podium
po'dismo *sm* (*SPORT*) track events *pl*
po'ema, i *sm* poem
poe'sia *sf* (*arte*) poetry; (*componimento*) poem
po'eta, 'essa *sm/f* poet/poetess; po'etico, a, ci, che *ag* poetic(al)
poggi'are [pod'dʒare] *vt* to lean, rest; (*posare*) to lay, place; **poggia'testa** *sm*

inv (*AUT*) headrest
'poggio ['pɔddʒo] *sm* hillock, knoll
poggi'olo [pod'dʒɔlo] *sm* balcony
'poi *av* then; (*alla fine*) finally, at last; **e ~** (*inoltre*) and besides; **questa ~ (è bella)!** (*ironico*) that's a good one!
poiché [poi'ke] *cong* since, as
'poker *sm* poker
po'lacco, a, chi, che *ag* Polish ♦ *sm/f* Pole
po'lare *ag* polar
po'lemica, che *sf* controversy
po'lemico, a, ci, che *ag* polemic(al), controversial
po'lenta *sf* (*CUC*) sort of thick porridge *made with maize flour*
poliambula'torio *sm* health centre
poli'clinico, ci *sm* general hospital, polyclinic
poli'estere *sm* polyester
'polio(mie'lite) *sf* polio(myelitis)
'polipo *sm* polyp
polisti'rolo *sm* polystyrene
poli'tecnico, ci *sm* postgraduate technical college
po'litica, che *sf* politics *sg*; (*linea di condotta*) policy; *vedi anche* **politico**
politiciz'zare [polititʃid'dzare] *vt* to politicize
po'litico, a, ci, che *ag* political ♦ *sm/f* politician
poli'zia [polit'tsia] *sf* police; **~ giudiziaria** ≈ Criminal Investigation Department (*BRIT*), ≈ Federal Bureau of Investigation (*US*); **~ stradale** traffic police; **polizi'esco, a, schi, sche** *ag* police *cpd*; (*film, romanzo*) detective *cpd*; **polizi'otto** *sm* policeman; **cane poliziotto** police dog; **donna poliziotto** policewoman

---

polizia di stato

---

i The function of the **polizia di stato** is to maintain public order, to uphold the law and prevent and investigate crime. They are a civil body, reporting to the Minister of the Interior.

'**polizza** [po'littsa] *sf* (*COMM*) bill; ~ **di assicurazione** insurance policy; ~ **di carico** bill of lading

pol'laio *sm* henhouse

pol'lame *sm* poultry

pol'lastro *sm* (*ZOOL*) cockerel

'**pollice** ['pollitʃe] *sm* thumb

'**polline** *sm* pollen

'**pollo** *sm* chicken

pol'mone *sm* lung; ~ **d'acciaio** (*MED*) iron lung; **polmo'nite** *sf* pneumonia

'**polo** *sm* (*GEO, FISICA*) pole; (*gioco*) polo; **il ~ sud/nord** the South/North Pole

Po'lonia *sf*: **la** ~ Poland

'**polpa** *sf* flesh, pulp; (*carne*) lean meat

pol'paccio [pol'pattʃo] *sm* (*ANAT*) calf

polpas'trello *sm* fingertip

pol'petta *sf* (*CUC*) meatball; **polpet'tone** *sm* (*CUC*) meatloaf

'**polpo** *sm* octopus

pol'poso, a *ag* fleshy

pol'sino *sm* cuff

'**polso** *sm* (*ANAT*) wrist; (*pulsazione*) pulse; (*fig: forza*) drive, vigour

pol'tiglia [pol'tiʎʎa] *sf* (*composto*) mash, mush; (*di fango e neve*) slush

pol'trire *vi* to laze about

pol'trona *sf* armchair; (*TEATRO: posto*) seat in the front stalls (*BRIT*) *o* orchestra (*US*)

pol'trone *ag* lazy, slothful

'**polvere** *sf* dust; (*anche*: ~ **da sparo**) (gun)powder; (*sostanza ridotta minutissima*) powder, dust; **latte in** ~ dried *o* powdered milk; **caffè in** ~ instant coffee; **sapone in** ~ soap powder; **polveri'era** *sf* (*MIL*) (gun)-powder magazine; **polveriz'zare** *vt* to pulverize; (*nebulizzare*) to atomize; (*fig*) to crush, pulverize; to smash; **polve'rone** *sm* thick cloud of dust; **polve'roso, a** *ag* dusty

po'mata *sf* ointment, cream

po'mello *sm* knob

pomeridi'ano, a *ag* afternoon *cpd*; **nelle ore ~e** in the afternoon

pome'riggio [pome'riddʒo] *sm* afternoon

'**pomice** ['pomitʃe] *sf* pumice

'**pomo** *sm* (*mela*) apple; (*ornamentale*) knob; (*di sella*) pommel; ~ **d'Adamo** (*ANAT*) Adam's apple

pomo'doro *sm* tomato

'**pompa** *sf* pump; (*sfarzo*) pomp (and ceremony); ~**e funebri** funeral parlour *sg* (*BRIT*), undertaker's *sg*; **pom'pare** *vt* to pump; (*trarre*) to pump out; (*gonfiare d'aria*) to pump up

pom'pelmo *sm* grapefruit

pompi'ere *sm* fireman

pom'poso, a *ag* pompous

ponde'rare *vt* to ponder over, consider carefully

ponde'roso, a *ag* (*anche fig*) weighty

po'nente *sm* west

'**ponte** *sm* bridge; (*di nave*) deck; (*: anche*: ~ **di comando**) bridge; (*impalcatura*) scaffold; **fare il** ~ (*fig*) to take the extra day off (*between 2 public holidays*); **governo** ~ interim government; ~ **aereo** airlift; ~ **sospeso** suspension bridge

pon'tefice [pon'tefitʃe] *sm* (*REL*) pontiff

pontifi'care *vi* (*anche fig*) to pontificate

ponti'ficio, a, ci, cie [ponti'fitʃo] *ag* papal

popo'lano, a *ag* popular, of the people

popo'lare *ag* popular; (*quartiere, clientela*) working-class ♦ *vt* (*rendere abitato*) to populate; ~**rsi** *vr* to fill with people, get crowded; **popolarità** *sf* popularity; **popolazi'one** *sf* population

'**popolo** *sm* people; **popo'loso, a** *ag* densely populated

'**poppa** *sf* (*di nave*) stern; (*seno*) breast

pop'pare *vt* to suck

poppa'toio *sm* (feeding) bottle

porcel'lana [portʃel'lana] *sf* porcelain, china; piece of china

porcel'lino, a [portʃel'lino] *sm/f* piglet

porche'ria [porke'ria] *sf* filth, muck; (*fig: oscenità*) obscenity; (*: azione disonesta*) dirty trick; (*: cosa mal fatta*) rubbish

por'cile [por'tʃile] *sm* pigsty

por'cino, a [por'tʃino] *ag* of pigs, pork *cpd* ♦ *sm* (*fungo*) *type of edible mushroom*

'**porco, ci** *sm* pig; (*carne*) pork

porcos'pino *sm* porcupine

'**porgere** ['pɔrdʒere] *vt* to hand, give; (*tendere*) to hold out

pornogra'fia *sf* pornography; **porno'grafico, a, ci, che** *ag* pornographic

'**poro** *sm* pore; **po'roso, a** *ag* porous

'**porpora** *sf* purple

'**porre** *vt* (*mettere*) to put; (*collocare*) to place; (*posare*) to lay (down), put (down); (*fig: supporre*): **poniamo (il caso) che ...** let's suppose that ...; **porsi** *vr* (*mettersi*): **porsi a sedere/in cammino** to sit down/ set off; **~ una domanda a qn** to ask sb a question, put a question to sb

'**porro** *sm* (*BOT*) leek; (*MED*) wart

'**porta** *sf* door; (*SPORT*) goal; **~e** *sfpl* (*di città*) gates; **a ~e chiuse** (*DIR*) in camera

'**porta...** *prefisso*: **portaba'gagli** *sm inv* (*facchino*) porter; (*AUT, FERR*) luggage rack; **porta'cenere** *sm inv* ashtray; **portachi'avi** *sm inv* keyring; **porta'cipria** *sm inv* powder compact; **porta'erei** *sf inv* (*nave*) aircraft carrier; **portafi'nestra** (*pl* **portefi'nestre**) *sf* French window; **porta'foglio** *sm* wallet; (*POL, BORSA*) portfolio; **portafor'tuna** *sm inv* lucky charm; mascot; **portagi'oie** *sm inv* jewellery box

por'tale *sm* (*di chiesa, INFORM*) portal

porta'lettere *sm/f inv* postman/woman (*BRIT*), mailman/woman (*US*)

porta'mento *sm* carriage, bearing

portamo'nete *sm inv* purse

por'tante *ag* (*muro etc*) supporting, load-bearing

portan'tina *sf* sedan chair; (*per ammalati*) stretcher

por'tare *vt* (*sostenere, sorreggere: peso, bambino, pacco*) to carry; (*indossare: abito, occhiali*) to wear; (: *capelli lunghi*) to have; (*avere: nome, titolo*) to have, bear; (*recare*): **~ qc a qn** to take (*o* bring) sth to sb; (*fig: sentimenti*) to bear; **~rsi** *vr* (*recarsi*) to go; **~ avanti** (*discorso, idea*) to pursue; **~ via** to take away; (*rubare*) to take; **~ i bambini a spasso** to take the children for a walk; **~ fortuna** to bring good luck

portasiga'rette *sm inv* cigarette case

por'tata *sf* (*vivanda*) course; (*AUT*) carrying (*o* loading) capacity; (*di arma*) range; (*volume d'acqua*) (rate of) flow; (*fig: limite*) scope, capability; (: *importanza*) impact, import; **alla ~ di tutti** (*conoscenza*) within everybody's capabilities; (*prezzo*) within everybody's means; **a/fuori ~ (di)** within/ out of reach (of); **a ~ di mano** within (arm's) reach

por'tatile *ag* portable

por'tato, a *ag*: **~ a** inclined *o* apt to

porta'tore, 'trice *sm/f* (*anche COMM*) bearer; (*MED*) carrier

portau'ovo *sm inv* eggcup

porta'voce [porta'votʃe] *sm/f inv* spokesman/woman

por'tento *sm* wonder, marvel

porticci'olo [portit'tʃolo] *sm* marina

'**portico, ci** *sm* portico

porti'era *sf* (*AUT*) door

porti'ere *sm* (*portinaio*) concierge, caretaker; (*di hotel*) porter; (*nel calcio*) goalkeeper

porti'naio, a *sm/f* concierge, caretaker

portine'ria *sf* caretaker's lodge

'**porto** *sf* *pp di* **porgere** ♦ *sm inv* port (wine); **~ d'armi** (*documento*) gun licence

Porto'gallo *sm*: **il ~** Portugal; **porto'ghese** *ag, sm/f, sm* Portuguese *inv*

por'tone *sm* main entrance, main door

portu'ale *ag* harbour *cpd*, port *cpd* ♦ *sm* dock worker

porzi'one [por'tsjone] *sf* portion, share; (*di cibo*) portion, helping

'**posa** *sf* (*FOT*) exposure; (*atteggiamento, di modello*) pose

posa'cenere [posa'tʃenere] *sm inv* ashtray

po'sare *vt* to put (down), lay (down) ♦ *vi* (*ponte, edificio, teoria*): **~ su** to rest on; (*FOT, atteggiarsi*) to pose; **~rsi** *vr* (*aereo*) to land; (*uccello*) to alight; (*sguardo*) to settle

po'sata *sf* piece of cutlery; **~e** *sfpl* (*servizio*) cutlery *sg*

po'sato, a *ag* serious

pos'critto *sm* postscript

posi'tivo, a *ag* positive

posizi'one [pozit'tsjone] *sf* position; **prendere ~** (*fig*) to take a stand; **luci di ~** (*AUT*) sidelights

posolo'gia, 'gie [pozolo'dʒia] *sf* dosage, directions *pl* for use

pos'porre *vt* to place after; (*differire*) to postpone, defer; **pos'posto, a** *pp di* **posporre**

posse'dere *vt* to own, possess; (*qualità, virtù*) to have, possess; **possedi'mento** *sm* possession

posses'sivo, a *ag* possessive

pos'sesso *sm* ownership *no pl*; possession

posses'sore *sm* owner

pos'sibile *ag* possible ♦ *sm*: **fare tutto il ~** to do everything possible; **nei limiti del ~** as far as possible; **al più tardi ~** as late as possible; **possibilità** *sf inv* possibility ♦ *sfpl* (*mezzi*) means; **aver la possibilità di fare** to be in a position to do; to have the opportunity to do

possi'dente *sm/f* landowner

'posta *sf* (*servizio*) post, postal service; (*corrispondenza*) post, mail; (*ufficio postale*) post office; (*nei giochi d'azzardo*) stake; **~e** *sfpl* (*amministrazione*) post office; **~ aerea** airmail; **~ elettronica** E-mail, e-mail, electronic mail; **ministro delle P~e e Telecomunicazioni** Postmaster General; **posta'giro** *sm* post office cheque, postal giro (*BRIT*); **pos'tale** *ag* postal, post office *cpd*

post'bellico, a, ci, che *ag* postwar

posteggi'are [posted'dʒare] *vt, vi* to park; **posteggia'tore, trice** *sm/f* car park attendant; **pos'teggio** *sm* car park (*BRIT*), parking lot (*US*); (*di taxi*) rank (*BRIT*), stand (*US*)

postelegra'fonico, a, ci, che *ag* postal and telecommunications *cpd*

'poster *sm inv* poster

posteri'ore *ag* (*dietro*) back; (*dopo*) later ♦ *sm* (*fam: sedere*) behind

pos'ticcio, a, ci, ce [pos'tittʃo] *ag* false ♦ *sm* hairpiece

postici'pare [postitʃi'pare] *vt* to defer, postpone

pos'tilla *sf* marginal note

pos'tino *sm* postman (*BRIT*), mailman (*US*)

'posto, a *pp di* **porre** ♦ *sm* (*sito, posizione*) place; (*impiego*) job; (*spazio libero*) space; (*di parcheggio*) space; (*sedile: al teatro, in treno etc*) seat; (*MIL*) post; **a ~** (*in ordine*) in place, tidy; (*fig*) settled; (: *persona*) reliable; **al ~ di** in place of; **sul ~** on the spot; **mettere a ~** to tidy (up), put in order; (*faccende*) to straighten out; **~ di blocco** roadblock; **~ di polizia** police station

pos'tribolo *sm* brothel

'postumo, a *ag* posthumous; (*tardivo*) belated; **~i** *smpl* (*conseguenze*) after-effects, consequences

po'tabile *ag* drinkable; **acqua ~** drinking water

po'tare *vt* to prune

po'tassio *sm* potassium

po'tente *ag* (*nazione*) strong, powerful; (*veleno, farmaco*) potent, strong; **po'tenza** *sf* power; (*forza*) strength

potenzi'ale [poten'tsjale] *ag, sm* potential

PAROLA CHIAVE

---

po'tere *sm* power; **al ~** (*partito etc*) in power; **~ d'acquisto** purchasing power ♦ *vb aus* **1** (*essere in grado di*) can, be able to; **non ha potuto ripararlo** he couldn't *o* he wasn't able to repair it; **non è potuto venire** he couldn't *o* he wasn't able to come; **spiacente di non poter aiutare** sorry not to be able to help

2 (*avere il permesso*) can, may, be allowed to; **posso entrare?** can *o* may I come in?; **si può sapere dove sei stato?** where on earth have you been?

3 (*eventualità*) may, might, could; **potrebbe essere vero** it might *o* could be true; **può aver avuto un incidente** he may *o* might *o* could have had an accident; **può darsi** perhaps; **può darsi** *o* **essere che non venga** he may *o* might not come

4 (*augurio*): **potessi almeno parlargli!** if only I could speak to him!

5 (*suggerimento*): **potresti almeno scusarti!** you could at least apologize! ♦ *vt* can, be able to; **può molto per noi** he can do a lot for us; **non ne posso più** (*per stanchezza*) I'm exhausted; (*per rabbia*) I can't take any more

potestà *sf* (*potere*) power; (*DIR*) authority
'povero, a *ag* poor; (*disadorno*) plain, bare ♦ *sm/f* poor man/woman; **i ~i** the poor; **~ di** lacking in, having little; **povertà** *sf* poverty
'pozza ['pottsa] *sf* pool
poz'zanghera [pot'tsangera] *sf* puddle
'pozzo ['pottso] *sm* well; (*cava: di carbone*) pit; (*di miniera*) shaft; **~ petrolifero** oil well
pran'zare [pran'dzare] *vi* to dine, have dinner; to lunch, have lunch
'pranzo ['prandzo] *sm* dinner; (*a mezzogiorno*) lunch
'prassi *sf* usual procedure
'pratica, che *sf* practice; (*esperienza*) experience; (*conoscenza*) knowledge, familiarity; (*tirocinio*) training, practice; (*AMM: affare*) matter, case; (: *incartamento*) file, dossier; **in ~** (*praticamente*) in practice; **mettere in ~** to put into practice
prati'cabile *ag* (*progetto*) practicable, feasible; (*luogo*) passable, practicable
prati'cante *sm/f* apprentice, trainee; (*REL*) (regular) churchgoer
prati'care *vt* to practise; (*SPORT: tennis etc*) to play; (: *nuoto, scherma etc*) to go in for; (*eseguire: apertura, buco*) to make; **~ uno sconto** to give a discount
'pratico, a, ci, che *ag* practical; **~ di** (*esperto*) experienced *o* skilled in; (*familiare*) familiar with
'prato *sm* meadow; (*di giardino*) lawn
preav'viso *sm* notice; **telefonata con ~** personal *o* person to person call
pre'cario, a *ag* precarious; (*INS*) temporary
precauzi'one [prekaut'tsjone] *sf* caution, care; (*misura*) precaution
prece'dente [pretʃe'dɛnte] *ag* previous ♦ *sm* precedent; **il discorso/film ~** the previous *o* preceding speech/film; **senza ~i**

unprecedented; **~i penali** criminal record *sg*; **prece'denza** *sf* priority, precedence; (*AUT*) right of way
pre'cedere [pre'tʃɛdere] *vt* to precede, go (*o* come) before
pre'cetto [pre'tʃetto] *sm* precept; (*MIL*) call-up notice
precet'tore [pretʃet'tore] *sm* (*private*) tutor
precipi'tare [pretʃipi'tare] *vi* (*cadere*) to fall headlong; (*fig: situazione*) to get out of control ♦ *vt* (*gettare dall'alto in basso*) to hurl, fling; (*fig: affrettare*) to rush; **~rsi** *vr* (*gettarsi*) to hurl *o* fling o.s.; (*affrettarsi*) to rush; **precipitazi'one** *sf* (*METEOR*) precipitation; (*fig*) haste; **precipi'toso, a** *ag* (*caduta, fuga*) headlong; (*fig: avventato*) rash, reckless; (: *affrettato*) hasty, rushed
preci'pizio [pretʃi'pittsjo] *sm* precipice; **a ~** (*fig: correre*) headlong
preci'sare [pretʃi'zare] *vt* to state, specify; (*spiegare*) to explain (in detail)
precisi'one [pretʃi'zjone] *sf* precision; accuracy
pre'ciso, a [pre'tʃizo] *ag* (*esatto*) precise; (*accurato*) accurate, precise; (*deciso: idee*) precise, definite; (*uguale*): **2 vestiti ~i** 2 dresses exactly the same; **sono le 9 ~e** it's exactly 9 o'clock
pre'cludere *vt* to block, obstruct; **pre'cluso, a** *pp di* **precludere**
pre'coce [pre'kɔtʃe] *ag* early; (*bambino*) precocious; (*vecchiaia*) premature
precon'cetto [prekon'tʃetto] *sm* preconceived idea, prejudice
precur'sore *sm* forerunner, precursor
'preda *sf* (*bottino*) booty; (*animale, fig*) prey; **essere ~ di** to fall prey to; **essere in ~ a** to be prey to; **preda'tore** *sm* predator
predeces'sore, a [predetʃes'sore] *sm/f* predecessor
predesti'nare *vt* to predestine
pre'detto, a *pp di* **predire**
'predica, che *sf* sermon; (*fig*) lecture, talking-to
predi'care *vt, vi* to preach
predi'cato *sm* (*LING*) predicate

predi'letto, a *pp di* **prediligere** ♦ *ag, sm/f* favourite

predilezi'one [predilet'tsjone] *sf* fondness, partiality; **avere una ~ per qc/qn** to be partial to sth/fond of sb

predi'ligere [predi'lidʒere] *vt* to prefer, have a preference for

pre'dire *vt* to foretell, predict

predis'porre *vt* to get ready, prepare; **~ qn a qc** to predispose sb to sth; **predis'posto, a** *pp di* **predisporre**

predizi'one [predit'tsjone] *sf* prediction

predomi'nare *vi* to predominate; **predo'minio** *sm* predominance; supremacy

prefabbri'cato, a *ag* (EDIL) prefabricated

prefazi'one [prefat'tsjone] *sf* preface, foreword

prefe'renza [prefe'rentsa] *sf* preference; **preferenzi'ale** *ag* preferential; **corsia ~** bus and taxi lane

prefe'rire *vt* to prefer, like better; **~ il caffè al tè** to prefer coffee to tea, like coffee better than tea; **prefe'rito, a** *ag* favourite

pre'fetto *sm* prefect; **prefet'tura** *sf* prefecture

pre'figgersi [pre'fiddʒersi] *vr*: **~ uno scopo** to set o.s. a goal

pre'fisso, a *pp di* **prefiggere** ♦ *sm* (LING) prefix; (TEL) dialling (BRIT) *o* dial (US) code

pre'gare *vi* to pray ♦ *vt* (REL) to pray to; (*implorare*) to beg; (*chiedere*): **~ qn di fare** to ask sb to do; **farsi ~** to need coaxing *o* persuading

pre'gevole [pre'dʒevole] *ag* valuable

preghi'era [pre'gjera] *sf* (REL) prayer; (*domanda*) request

pregi'ato, a [pre'dʒato] *ag* (*di valore*) valuable; **vino ~** vintage wine

'pregio ['predʒo] *sm* (*stima*) esteem, regard; (*qualità*) (good) quality, merit; (*valore*) value, worth

pregiudi'care [predʒudi'kare] *vt* to prejudice, harm, be detrimental to; **pregiudi'cato, a** *sm/f* (DIR) previous offender

pregiu'dizio [predʒu'dittsjo] *sm* (*idea errata*) prejudice; (*danno*) harm *no pl*

'pregno, a ['preɲɲo] *ag* (*saturo*): **~ di** full of, saturated with

'prego *escl* (*a chi ringrazia*) don't mention it!; (*invitando qn ad accomodarsi*) please sit down!; (*invitando qn ad andare prima*) after you!

pregus'tare *vt* to look forward to

preis'torico, a, ci, che *ag* prehistoric

pre'lato *sm* prelate

prele'vare *vt* (*denaro*) to withdraw; (*campione*) to take; (*sog: polizia*) to take, capture

preli'evo *sm* (*di denaro*) withdrawal; (MED): **fare un ~ (di)** to take a sample (of)

prelimi'nare *ag* preliminary; **~i** *smpl* preliminary talks; preliminaries

pre'ludio *sm* prelude

pré-ma'man [prema'mã] *sm inv* maternity dress

prema'turo, a *ag* premature

premeditazi'one [premeditat'tsjone] *sf* (DIR) premeditation; **con ~** *ag* premeditated ♦ *av* with intent

'premere *vt* to press ♦ *vi*: **~ su** to press down on; (*fig*) to put pressure on; **~ a** (*fig: importare*) to matter to

pre'messa *sf* introductory statement, introduction

pre'messo, a *pp di* **premettere**

pre'mettere *vt* to put before; (*dire prima*) to start by saying, state first

premi'are *vt* to give a prize to; (*fig: merito, onestà*) to reward

'premio *sm* prize; (*ricompensa*) reward; (COMM) premium; (AMM: *indennità*) bonus

premu'nirsi *vr*: **~ di** to provide o.s. with; **~ contro** to protect o.s. from, guard o.s. against

pre'mura *sf* (*fretta*) haste, hurry; (*riguardo*) attention, care; **premu'roso, a** *ag* thoughtful, considerate

prena'tale *ag* antenatal

'prendere *vt* to take; (*andare a prendere*) to get, fetch; (*ottenere*) to get; (*guadagnare*) to get, earn; (*catturare: ladro,* *pesce*) to catch; (*collaboratore, dipendente*) to take on; (*passeggero*) to pick up; (*chiedere: somma, prezzo*) to charge, ask; (*trattare: persona*) to handle ♦ *vi* (*colla, cemento*) to set; (*pianta*) to take; (*fuoco: nel camino*) to catch; (*voltare*): ~ **a destra** to turn (to the) right; ~**rsi** *vr* (*azzuffarsi*): ~**rsi a pugni** to come to blows; **prendi qualcosa?** (*da bere, da mangiare*) would you like something to eat (*o* drink)?; **prendo un caffè** I'll have a coffee; ~ **qn/ qc per** (*scambiare*) to take sb/sth for; ~ **fuoco** to catch fire; ~ **parte a** to take part in; ~**rsi cura di qn/qc** to look after sb/sth; **prendersela** (*adirarsi*) to get annoyed; (*preoccuparsi*) to get upset, worry

prendi'sole *sm inv* sundress

preno'tare *vt* to book, reserve; **prenotazi'one** *sf* booking, reservation

preoccu'pare *vt* to worry; to preoccupy; ~**rsi** *vr*: ~**rsi di qn/qc** to worry about sb/ sth; ~**rsi per qn** to be anxious for sb; **preoccupazi'one** *sf* worry, anxiety

prepa'rare *vt* to prepare; (*esame, concorso*) to prepare for; ~**rsi** *vr* (*vestirsi*) to get ready; ~**rsi a qc/a fare** to get ready *o* prepare (o.s.) for sth/to do; ~ **da mangiare** to prepare a meal; **prepa'rativi** *smpl* preparations; **prepa'rato** *sm* (*prodotto*) preparation; **preparazi'one** *sf* preparation

preposizi'one [prepozit'tsjone] *sf* (*LING*) preposition

prepo'tente *ag* (*persona*) domineering, arrogant; (*bisogno, desiderio*) overwhelming, pressing ♦ *sm/f* bully; **prepo'tenza** *sf* arrogance; arrogant behaviour

'presa *sf* taking *no pl*; catching *no pl*; (*di città*) capture; (*indurimento: di cemento*) setting; (*appiglio, SPORT*) hold; (*di acqua, gas*) (supply) point; (*ELETTR*): ~ **(di corrente)** socket; (: *al muro*) point; (*piccola quantità: di sale etc*) pinch; (*CARTE*) trick; **far ~** (*colla*) to set; **far ~ sul pubblico** to catch the public's imagination; ~ **d'aria** air inlet; **essere alle ~e con** (*fig*) to be struggling

with

pre'sagio [pre'zadʒo] *sm* omen

presa'gire [preza'dʒire] *vt* to foresee

'presbite *ag* long-sighted

presbi'terio *sm* presbytery

pre'scindere [preʃ'ʃindere] *vi*: ~ **da** to leave out of consideration; **a ~ da** apart from

pres'critto, a *pp di* **prescrivere**

pres'crivere *vt* to prescribe; **prescrizi'one** *sf* (*MED, DIR*) prescription; (*norma*) regulation

presen'tare *vt* to present; (*far conoscere*) ~ **qn (a)** to introduce sb (to); (*AMM: inoltrare*) to submit; ~**rsi** *vr* (*recarsi, farsi vedere*) to present o.s., appear; (*farsi conoscere*) to introduce o.s.; (*occasione*) to arise; ~**rsi come candidato** (*POL*) to stand as a candidate; ~**rsi bene/male** to have a good/poor appearance; **presentazi'one** *sf* presentation; introduction

pre'sente *ag* present; (*questo*) this ♦ *sm* present; **i ~i** those present; **aver ~ qc/qn** to remember sth/sb

presenti'mento *sm* premonition

pre'senza [pre'zentsa] *sf* presence; (*aspetto esteriore*) appearance; ~ **di spirito** presence of mind

pre'sepe, pre'sepio *sm* crib

preser'vare *vt* to protect; to save; **preserva'tivo** *sm* sheath, condom

'preside *sm/f* (*INS*) head (teacher) (*BRIT*), principal (*US*); (*di facoltà universitaria*) dean

presi'dente *sm* (*POL*) president; (*di assemblea, COMM*) chairman; ~ **del consiglio** prime minister; **presiden'tessa** *sf* president; president's wife; chairwoman; **presi'denza** *sf* presidency; office of president; chairmanship

presidi'are *vt* to garrison; **pre'sidio** *sm* garrison

presi'edere *vt* to preside over ♦ *vi*: ~ **a** to direct, be in charge of

'preso, a *pp di* **prendere**

'pressa *sf* (*TECN*) press

pressap'poco *av* about, roughly

pres'sare *vt* to press

pressi'one *sf* pressure; **far ~ su qn** to put pressure on sb; **~ sanguigna** blood pressure

'presso *av* (*vicino*) nearby, close at hand ♦ *prep* (*vicino a*) near; (*accanto a*) beside, next to; (*in casa di*): **~ qn** at sb's home; (*nelle lettere*) care of, c/o; (*alle dipendenze di*): **lavora ~ di noi** he works for *o* with us ♦ *smpl*: **nei ~i di** near, in the vicinity of

pressuriz'zare [pressurid'dzare] *vt* to pressurize

presta'nome (*peg*) *sm/f inv* figurehead

pres'tante *ag* good-looking

pres'tare *vt*: **~ (qc a qn)** to lend (sb sth *o* sth to sb); **~rsi** *vr* (*offrirsi*): **~rsi a fare** to offer to do; (*essere adatto*): **~rsi a** to lend itself to, be suitable for; **~ aiuto** to lend a hand; **~ attenzione** to pay attention; **~ fede a qc/qn** to give credence to sth/sb; **~ orecchio** to listen; **prestazi'one** *sf* (*TECN, SPORT*) performance; **prestazioni** *sfpl* (*di persona: servizi*) services

prestigia'tore, 'trice [prestidʒa'tore] *sm/f* conjurer

pres'tigio [pres'tidʒo] *sm* (*fama*) prestige; (*illusione*): **gioco di ~** conjuring trick

'prestito *sm* lending *no pl*; loan; **dar in ~** to lend; **prendere in ~** to borrow

'presto *av* (*tra poco*) soon; (*in fretta*) quickly; (*di buon'ora*) early; **a ~** see you soon; **fare ~ a fare qc** to hurry up and do sth; (*non costare fatica*) to have no trouble doing sth; **si fa ~ a criticare** it's easy to criticize

pre'sumere *vt* to presume, assume; **pre'sunto, a** *pp di* **presumere**

presuntu'oso, a *ag* presumptuous

presunzi'one [prezun'tsjone] *sf* presumption

presup'porre *vt* to suppose; to presuppose

'prete *sm* priest

preten'dente *sm/f* pretender ♦ *sm* (*corteggiatore*) suitor

pre'tendere *vt* (*esigere*) to demand, require; (*sostenere*): **~ che** to claim that; **pretende di aver sempre ragione** he thinks he's always right

pretenzi'oso, a [preten'tsjoso] *ag* pretentious

pre'tesa *sf* (*esigenza*) claim, demand; (*presunzione, sfarzo*) pretentiousness; **senza ~e** unpretentious

pre'teso, a *pp di* **pretendere**

pre'testo *sm* pretext, excuse

pre'tore *sm* magistrate; **pre'tura** *sf* magistracy; (*sede*) magistrate's court

preva'lente *ag* prevailing; **preva'lenza** *sf* predominance

preva'lere *vi* to prevail; **pre'valso, a** *pp di* **prevalere**

preve'dere *vt* (*indovinare*) to foresee; (*presagire*) to foretell; (*considerare*) to make provision for

pre'vendita *sf* advance booking

preve'nire *vt* (*anticipare*) to forestall; (*evitare*) to avoid, prevent

preven'tivo, a *ag* preventive ♦ *sm* (*COMM*) estimate

prevenzi'one [preven'tsjone] *sf* prevention; (*preconcetto*) prejudice

previ'dente *ag* showing foresight; prudent; **previ'denza** *sf* foresight; **istituto di previdenza** provident institution; **previdenza sociale** social security (*BRIT*), welfare (*US*)

previsi'one *sf* forecast, prediction; **~i meteorologiche** *o* **del tempo** weather forecast *sg*

pre'visto, a *pp di* **prevedere** ♦ *sm*: **più/ meno del ~** more/less than expected

prezi'oso, a [pret'tsjoso] *ag* precious; invaluable ♦ *sm* jewel; valuable

prez'zemolo [pret'tsemolo] *sm* parsley

'prezzo ['prettso] *sm* price; **~ d'acquisto / di vendita** buying / selling price

prigi'one [pri'dʒone] *sf* prison; **prigio'nia** *sf* imprisonment; **prigioni'ero, a** *ag* captive ♦ *sm/f* prisoner

'prima *sf* (*TEATRO*) first night; (*CINEMA*) première; (*AUT*) first gear; *vedi anche* **primo** ♦ *av* before; (*in anticipo*) in advance, beforehand; (*per l'addietro*) at one time, formerly; (*più presto*) sooner, earlier; (*in primo luogo*) first ♦ *cong*: ~ **di fare/che parta** before doing/he leaves; ~ **di** before; ~ **o poi** sooner or later

pri'mario, a *ag* primary; (*principale*) chief, leading, primary ♦ *sm* (MED) chief physician

pri'mato *sm* supremacy; (SPORT) record

prima've ra *sf* spring; primave'rile *ag* spring *cpd*

primeggi'are [primed'dʒare] *vi* to excel, be one of the best

primi'tivo, a *ag* primitive; original

pri'mizie [pri'mittsje] *sfpl* early produce *sg*

'primo, a *ag* first; (*fig*) initial; basic; prime ♦ *sm/f* first (one) ♦ *sm* (CUC) first course; (*in date*): il ~ **luglio** the first of July; le ~e **ore del mattino** the early hours of the morning; ai ~i **di maggio** at the beginning of May; **viaggiare in ~a** to travel first-class; in ~ **luogo** first of all, in the first place; di prim'**ordine** *o* ~**a qualità** first-class, first-rate; in un ~ **tempo** at first; ~**a donna** leading lady; (*di opera lirica*) prima donna

primo'genito, a [primo'dʒenito] *ag, sm/f* firstborn

'primula *sf* primrose

princi'pale [printʃi'pale] *ag* main, principal ♦ *sm* manager, boss

princi'pato [printʃi'pato] *sm* principality

'principe ['printʃipe] *sm* prince; ~ **ereditario** crown prince; princi'pessa *sf* princess

principi'ante [printʃi'pjante] *sm/f* beginner

prin'cipio [prin'tʃipjo] *sm* (*inizio*) beginning, start; (*origine*) origin, cause; (*concetto, norma*) principle; al *o* in ~ at first; per ~ on principle

pri'ore *sm* (REL) prior

priorità *sf* priority

priori'tario, a *ag* priority; **posta prioritaria** first-class mail

'prisma, i *sm* prism

pri'vare *vt*: ~ **qn di** to deprive sb of; ~**rsi di** to go *o* do without

pri'vato, a *ag* private ♦ *sm/f* private citizen; in ~ in private

privazi'one [privat'tsjone] *sf* privation, hardship

privilegi'are [privile'dʒare] *vt* to grant a privilege to

privi'legio [privi'ledʒo] *sm* privilege

'privo, a *ag*: ~ **di** without, lacking

pro *prep* for, on behalf of ♦ *sm inv* (*utilità*) advantage, benefit; **a che ~?** what's the use?; **il ~ e il contro** the pros and cons

pro'babile *ag* probable, likely; **probabilità** *sf inv* probability

pro'blema, i *sm* problem

pro'boscide [pro'bɔʃʃide] *sf* (*di elefante*) trunk

procacci'are [prokat'tʃare] *vt* to get, obtain

pro'cedere [pro'tʃedere] *vi* to proceed; (*comportarsi*) to behave; (*iniziare*): ~ **a** to start; ~ **contro** (DIR) to start legal proceedings against; procedi'mento *sm* procedure; (*di avvenimenti*) course; (TECN) process; **procedimento penale** (DIR) criminal proceedings; proce'dura *sf* (DIR) procedure

proces'sare [protʃes'sare] *vt* (DIR) to try

processi'one [protʃes'sjone] *sf* procession

pro'cesso [pro'tʃesso] *sm* (DIR) trial; proceedings *pl*; (*metodo*) process

pro'cinto [pro'tʃinto] *sm*: in ~ **di fare** about to do, on the point of doing

pro'clama, i *sm* proclamation

procla'mare *vt* to proclaim

procre'are *vt* to procreate

pro'cura *sf* (DIR) proxy; power of attorney; (*ufficio*) attorney's office

procu'rare *vt*: ~ **qc a qn** (*fornire*) to get *o* obtain sth for sb; (*causare: noie etc*) to bring *o* give sb sth

procura'tore, 'trice *sm/f* (DIR) ≈ solicitor; (: *chi ha la procura*) attorney; proxy; ~ **generale** (*in corte d'appello*) public prosecutor; (*in corte di cassazione*) Attorney General; ~ **della Repubblica** (*in corte d'assise, tribunale*) public prosecutor

prodi'gare *vt* to be lavish with; ~**rsi per qn** to do all one can for sb

pro'digio [pro'didʒo] *sm* marvel, wonder; (*persona*) prodigy; prodigi'oso, a *ag* prodigious; phenomenal

'prodigo, a, ghi, ghe *ag* lavish, extravagant

pro'dotto, a *pp di* **produrre** ♦ *sm* product; **~i agricoli** farm produce *sg*

pro'durre *vt* to produce; **produttività** *sf* productivity; **produt'tivo, a** *ag* productive; **produt'tore, 'trice** *sm/f* producer; **produzi'one** *sf* production; (*rendimento*) output

pro'emio *sm* introduction, preface

Prof. *abbr* (= *professore*) Prof

profa'nare *vt* to desecrate

pro'fano, a *ag* (*mondano*) secular; profane; (*sacrilego*) profane

profe'rire *vt* to utter

profes'sare *vt* to profess; (*medicina etc*) to practise

professio'nale *ag* professional

professi'one *sf* profession; **professio'nista, i, e** *sm/f* professional

profes'sore, 'essa *sm/f* (*INS*) teacher; (*: di università*) lecturer; (*: titolare di cattedra*) professor

pro'feta, i *sm* prophet; **profe'zia** *sf* prophecy

pro'ficuo, a *ag* useful, profitable

profi'larsi *vr* to stand out, be silhouetted; to loom up

profi'lattico *sm* condom

pro'filo *sm* profile; (*breve descrizione*) sketch, outline; **di ~** in profile

pro'fitto *sm* advantage, profit, benefit; (*fig: progresso*) progress; (*COMM*) profit

profondità *sf inv* depth

pro'fondo, a *ag* deep; (*rancore, meditazione*) profound ♦ *sm* depth(s *pl*), bottom; **~ 8 metri** 8 metres deep

'profugo, a, ghi, ghe *sm/f* refugee

profu'mare *vt* to perfume ♦ *vi* to be fragrant; **~rsi** *vr* to put on perfume *o* scent

profume'ria *sf* perfumery; (*negozio*) perfume shop

pro'fumo *sm* (*prodotto*) perfume, scent; (*fragranza*) scent, fragrance

profusi'one *sf* profusion; **a ~** in plenty

proget'tare [prodʒet'tare] *vt* to plan; (*edificio*) to plan, design; **pro'getto** *sm* plan; (*idea*) plan, project; **progetto di legge** bill

pro'gramma, i *sm* programme; (*TV, RADIO*) programmes *pl*; (*INS*) syllabus, curriculum; (*INFORM*) program; **program'mare** *vt* (*TV, RADIO*) to put on; (*INFORM*) to program; (*ECON*) to plan; **programma'tore, 'trice** *sm/f* (*INFORM*) computer programmer

progre'dire *vi* to progress, make progress

progres'sivo, a *ag* progressive

pro'gresso *sm* progress *no pl*; **fare ~i** to make progress

proi'bire *vt* to forbid, prohibit; **proibi'tivo, a** *ag* prohibitive; **proibizi'one** *sf* prohibition

proiet'tare *vt* (*gen, GEOM, CINEMA*) to project; (*: presentare*) to show, screen; (*luce, ombra*) to throw, cast, project; **proi'ettile** *sm* projectile, bullet (*o* shell *etc*); **proiet'tore** *sm* (*CINEMA*) projector; (*AUT*) headlamp; (*MIL*) searchlight; **proiezi'one** *sf* (*CINEMA*) projection; showing

'prole *sf* children *pl*, offspring

prole'tario, a *ag, sm* proletarian

prolife'rare *vi* (*fig*) to proliferate

pro'lisso, a *ag* verbose

'prologo, ghi *sm* prologue

pro'lunga, ghe *sf* (*di cavo etc*) extension

prolun'gare *vt* (*discorso, attesa*) to prolong; (*linea, termine*) to extend

prome'moria *sm inv* memorandum

pro'messa *sf* promise

pro'messo, a *pp di* **promettere**

pro'mettere *vt* to promise ♦ *vi* to be *o* look promising; **~ a qn di fare** to promise sb that one will do

promi'nente *ag* prominent

promiscuità *sf* promiscuousness

promon'torio *sm* promontory, headland

pro'mosso, a *pp di* **promuovere**

promo'tore, trice *sm/f* promoter, organizer

promozi'one [promot'tsjone] *sf* promotion

promul'gare *vt* to promulgate

promuo'vere *vt* to promote

proni'pote *sm/f* (*di nonni*) great-grandchild, great-grandson/granddaughter; (*di zii*) great-nephew/niece; **~i** *smpl* (*discendenti*) descendants

pro'nome *sm* (LING) pronoun

pro'nostico, ci *sm* forecast, prediction

pron'tezza [pron'tettsa] *sf* readiness; quickness, promptness

'pronto, a *ag* ready; (*rapido*) fast, quick, prompt; **~!** (TEL) hello!; **~ all'ira** quick-tempered; **~ soccorso** first aid

prontu'ario *sm* manual, handbook

pro'nuncia [pro'nuntʃa] *sf* pronunciation

pronunci'are [pronun'tʃare] *vt* (*parola, sentenza*) to pronounce; (*dire*) to utter; (*discorso*) to deliver; **~rsi** *vr* to declare one's opinion; **pronunci'ato, a** *ag* (*spiccato*) pronounced, marked; (*sporgente*) prominent

pro'nunzia *etc* [pro'nuntsja] = **pronuncia** *etc*

propa'ganda *sf* propaganda

propa'gare *vt* (*notizia, malattia*) to spread; (REL, BIOL) to propagate; **~rsi** *vr* to spread; (BIOL) to propagate; (FISICA) to be propagated

pro'pendere *vi*: **~ per** to favour, lean towards; **propensi'one** *sf* inclination, propensity; **pro'penso, a** *pp di* **propendere**

propi'nare *vt* to administer

pro'pizio, a [pro'pittsjo] *ag* favourable

pro'porre *vt* (*suggerire*): **~ qc (a qn)** to suggest sth (to sb); (*candidato*) to put forward; (*legge, brindisi*) to propose; **~ di fare** to suggest *o* propose doing; **proporsi di fare** to propose *o* intend to do; **proporsi una meta** to set o.s. a goal

proporzio'nale [proportsjo'nale] *ag* proportional

proporzio'nare [proportsjo'nare] *vt*: **~ qc a** to proportion *o* adjust sth to

proporzi'one [propor'tsjone] *sf* proportion; **in ~ a** in proportion to

pro'posito *sm* (*intenzione*) intention, aim; (*argomento*) subject, matter; **a ~ di** regarding, with regard to; **di ~** (*apposta*) deliberately, on purpose; **a ~** by the way; **capitare a ~** (*cosa, persona*) to turn up at the right time

proposizi'one [propozit'tsjone] *sf* (LING) clause; (: *periodo*) sentence

pro'posta *sf* proposal; (*suggerimento*) suggestion; **~a di legge** bill

pro'posto, a *pp di* **proporre**

proprietà *sf inv* (*ciò che si possiede*) property *gen no pl*, estate; (*caratteristica*) property; (*correttezza*) correctness; **proprie'tario, a** *sm/f* owner; (*di albergo etc*) proprietor, owner; (*per l'inquilino*) landlord/lady

'proprio, a *ag* (*possessivo*) own; (: *impersonale*) one's; (*esatto*) exact, correct, proper; (*senso, significato*) literal; (LING: *nome*) proper; (*particolare*): **~ di** characteristic of, peculiar to ♦ *av* (*precisamente*) just, exactly; (*davvero*) really; (*affatto*): **non ... ~** not ... at all; **l'ha visto con i (suoi) ~i occhi** he saw it with his own eyes

'prora *sf* (NAUT) bow(s *pl*), prow

'proroga, ghe *sf* extension; postponement; **proro'gare** *vt* to extend; (*differire*) to postpone, defer

pro'rompere *vi* to burst out; **pro'rotto, a** *pp di* **prorompere**

'prosa *sf* prose; **pro'saico, a, ci, che** *ag* (*fig*) prosaic, mundane

pro'sciogliere [proʃˈʃɔʎʎere] *vt* to release; (DIR) to acquit; **prosci'olto, a** *pp di* **prosciogliere**

prosciu'gare [proʃʃuˈgare] *vt* (*terreni*) to drain, reclaim; **~rsi** *vr* to dry up

prosci'utto [proʃˈʃutto] *sm* ham; **~ cotto/crudo** cooked/cured ham

prosegui'mento *sm* continuation; **buon ~!** all the best!; (*a chi viaggia*) enjoy the rest of your journey!

prosegu'ire *vt* to carry on with, continue ♦ *vi* to carry on, go on

prospe'rare *vi* to thrive; **prosperità** *sf* prosperity; **'prospero, a** *ag* (*fiorente*) flourishing, thriving, prosperous;

prospe'roso, a *ag* (*robusto*) hale and hearty; (: *ragazza*) buxom

prospet'tare *vt* (*esporre*) to point out, show; **~rsi** *vr* to look, appear

prospet'tiva *sf* (*ARTE*) perspective; (*veduta*) view; (*fig: previsione, possibilità*) prospect

pros'petto *sm* (*DISEGNO*) elevation; (*veduta*) view, prospect; (*facciata*) façade, front; (*tabella*) table; (*sommario*) summary

prospici'ente [prospi'tʃɛnte] *ag*: **~ qc** facing *o* overlooking sth

prossimità *sf* nearness, proximity; **in ~ di** near (to), close to

'prossimo, a *ag* (*vicino*): **~ a** near (to), close to; (*che viene subito dopo*) next; (*parente*) close ♦ *sm* neighbour, fellow man

prosti'tuta *sf* prostitute; **prostituzi'one** *sf* prostitution

pros'trare *vt* (*fig*) to exhaust, wear out; **~rsi** *vr* (*fig*) to humble o.s.

protago'nista, i, e *sm/f* protagonist

pro'teggere [pro'tɛddʒere] *vt* to protect

proteggi'slip [protɛddʒi'zlip] *sm inv* panty liner

prote'ina *sf* protein

pro'tendere *vt* to stretch out; **pro'teso, a** *pp di* **protendere**

pro'testa *sf* protest

protes'tante *ag, sm/f* Protestant

protes'tare *vt, vi* to protest; **~rsi** *vr*: **~rsi innocente** *etc* to protest one's innocence *o* that one is innocent *etc*

protet'tivo, a *ag* protective

pro'tetto, a *pp di* **proteggere**

protet'tore, 'trice *sm/f* protector; (*sostenitore*) patron

protezi'one [protet'tsjone] *sf* protection; (*patrocinio*) patronage

protocol'lare *vt* to register ♦ *ag* formal; of protocol; **proto'collo** *sm* protocol; (*registro*) register of documents

pro'totipo *sm* prototype

pro'trarre *vt* (*prolungare*) to prolong; **pro'tratto, a** *pp di* **protrarre**

protube'ranza [protube'rantsa] *sf* protuberance, bulge

prova *sf* (*esperimento, cimento*) test, trial; (*tentativo*) attempt, try; (*MAT, testimonianza, documento etc*) proof; (*DIR*) evidence *no pl*, proof; (*INS*) exam, test; (*TEATRO*) rehearsal; (*di abito*) fitting; **a ~ di** (*in testimonianza di*) as proof of; **a ~ di fuoco** fireproof; **fino a ~ contraria** until it is proved otherwise; **mettere alla ~** to put to the test; **giro di ~** test *o* trial run; **~ generale** (*TEATRO*) dress rehearsal

pro'vare *vt* (*sperimentare*) to test; (*tentare*) to try, attempt; (*assaggiare*) to try, taste; (*sperimentare in sé*) to experience; (*sentire*) to feel; (*cimentare*) to put to the test; (*dimostrare*) to prove; (*abito*) to try on; **~ a fare** to try *o* attempt to do

proveni'enza [prove'njɛntsa] *sf* origin, source

prove'nire *vi*: **~ da** to come from

pro'venti *smpl* revenue *sg*

prove'nuto, a *pp di* **provenire**

pro'verbio *sm* proverb

pro'vetta *sf* test tube; **bambino in ~** test-tube baby

pro'vetto, a *ag* skilled, experienced

pro'vincia, ce *o* **cie** [pro'vintʃa] *sf* province; **provinci'ale** *ag* provincial; **(strada) provinciale** main road (*BRIT*), highway (*US*)

pro'vino *sm* (*CINEMA*) screen test; (*campione*) specimen

provo'cante *ag* (*attraente*) provocative

provo'care *vt* (*causare*) to cause, bring about; (*eccitare: riso, pietà*) to arouse; (*irritare, sfidare*) to provoke; **provoca'torio, a** *ag* provocative; **provocazi'one** *sf* provocation

provve'dere *vi* (*disporre*): **~ (a)** to provide (for); (*prendere un provvedimento*) to take steps, act; **provvedi'mento** *sm* measure; (*di previdenza*) precaution

provvi'denza [provvi'dɛntsa] *sf*: **la ~** providence; **provvidenzi'ale** *ag* providential

provvigi'one [provvi'dʒone] *sf* (*COMM*) commission

provvi'sorio, a *ag* temporary

prov'vista *sf* provision, supply

'prua *sf* (*NAUT*) = **prora**

pru'dente *ag* cautious, prudent; (*assennato*) sensible, wise; pru'denza *sf* prudence, caution; wisdom

'prudere *vi* to itch, be itchy

'prugna ['pruɲɲa] *sf* plum; ~ **secca** prune

prurigi'noso, a [pruridʒi'noso] *ag* itchy

pru'rito *sm* itchiness no pl; itch

P.S. *abbr* (= *postscriptum*) P.S.; (*POLIZIA*) = **Pubblica Sicurezza**

pseu'donimo *sm* pseudonym

PSI *sigla m* = **Partito Socialista Italiano**

psicana'lista, i, e *sm/f* psychoanalyst

'psiche ['psike] *sf* (*PSIC*) psyche

psichi'atra, i, e [psi'kjatra] *sm/f* psychiatrist; psichi'atrico, a, ci, che *ag* psychiatric

'psichico, a, ci, che ['psikiko] *ag* psychological

psicolo'gia [psikolo'dʒia] *sf* psychology; psico'logico, a, ci, che *ag* psychological; psi'cologo, a, gi, ghe *sm/f* psychologist

psico'patico, a, ci, che *ag* psychopathic ♦ *sm/f* psychopath

P.T. *abbr* = **Posta e Telegrafi**

pubbli'care *vt* to publish

pubblicazi'one [pubblikat'tsjone] *sf* publication; ~i (matrimoniali) *sfpl* (marriage) banns

pubbli'cista, i, e [pubbli'tʃista] *sm/f* (*STAMPA*) occasional contributor

pubblicità [pubblitʃi'ta] *sf* (*diffusione*) publicity; (*attività*) advertising; (*annunci nei giornali*) advertisements *pl*; pubblici'tario, a *ag* advertising *cpd*; (*trovata, film*) publicity *cpd*

'pubblico, a, ci, che *ag* public; (*statale: scuola etc*) state *cpd* ♦ *sm* public; (*spettatori*) audience; **in** ~ in public; ~ **funzionario** civil servant; **P~ Ministero** Public Prosecutor's Office; **la P~a Sicurezza** the police

'pube *sm* (*ANAT*) pubis

pubertà *sf* puberty

'pudico, a, ci, che *ag* modest

pu'dore *sm* modesty

puericul'tura *sf* paediatric nursing; infant care

pue'rile *ag* childish

pugi'lato [pudʒi'lato] *sm* boxing

'pugile ['pudʒile] *sm* boxer

pugna'lare [puɲɲa'lare] *vt* to stab

pu'gnale [puɲ'ɲale] *sm* dagger

'pugno ['puɲɲo] *sm* fist; (*colpo*) punch; (*quantità*) fistful

'pulce ['pultʃe] *sf* flea

pul'cino [pul'tʃino] *sm* chick

pu'ledro, a *sm/f* colt/filly

pu'leggia, ge [pu'leddʒa] *sf* pulley

pu'lire *vt* to clean; (*lucidare*) to polish; pu'lita *sf* quick clean; pu'lito, a *ag* (*anche fig*) clean; (*ordinato*) neat, tidy; puli'tura *sf* cleaning; **pulitura a secco** dry cleaning; puli'zia *sf* cleaning; cleanness; **fare le pulizie** to do the cleaning *o* the housework

'pullman *sm inv* coach

pul'lover *sm inv* pullover, jumper

pullu'lare *vi* to swarm, teem

pul'mino *sm* minibus

'pulpito *sm* pulpit

pul'sante *sm* (push-)button

pul'sare *vi* to pulsate, beat; pulsazi'one *sf* beat

pul'viscolo *sm* fine dust

'puma *sm inv* puma

pun'gente [pun'dʒɛnte] *ag* prickly; stinging; (*anche fig*) biting

'pungere ['pundʒere] *vt* to prick; (*sog: insetto, ortica*) to sting; (: *freddo*) to bite

pungigli'one [pundʒiʎ'ʎone] *sm* sting

pu'nire *vt* to punish; punizi'one *sf* punishment; (*SPORT*) penalty

'punta *sf* point; (*parte terminale*) tip, end; (*di monte*) peak; (*di costa*) promontory; (*minima parte*) touch, trace; **in** ~ **di piedi** on tip-toe; **ore di** ~ peak hours; **uomo di** ~ front-rank *o* leading man

pun'tare *vt* (*piedi a terra, gomiti sul tavolo*) to plant; (*dirigere: pistola*) to point; (*scommettere*) to bet ♦ *vi* (*mirare*): ~ **a** to aim at; ~ **su** (*dirigersi*) to head *o* make for; (*fig: contare*) to count *o* rely on

pun'tata *sf* (*gita*) short trip; (*scommessa*) bet; (*parte di opera*) instalment; **romanzo a ~e** serial

punteggia'tura [puntedd͡ʒa'tura] *sf* (LING) punctuation

pun'teggio [pun'tedd͡ʒo] *sm* score

puntel'lare *vt* to support

pun'tello *sm* prop, support

puntigli'oso, a [puntiʎ'ʎoso] *ag* punctilious

pun'tina *sf*: ~ **da disegno** drawing pin

pun'tino *sm* dot; **fare qc a ~** to do sth properly

'punto, a *pp di* **pungere** ♦ *sm* (*segno, macchiolina*) dot; (LING) full stop; (MAT, *momento, di punteggio, fig: argomento*) point; (*posto*) spot; (*a scuola*) mark; (*nel cucire, nella maglia, MED*) stitch ♦ *av*: **non ... ~** not at all; **due ~i** *sm* (LING) colon; **sul ~ di fare** (just) about to do; **fare il ~** (NAUT) to take a bearing; (*fig*): **fare il ~ della situazione** to take stock of the situation; to sum up the situation; **alle 6 in ~** at 6 o'clock sharp *o* on the dot; **essere a buon ~** to have reached a satisfactory stage; **mettere a ~** to adjust; (*motore*) to tune; (*cannocchiale*) to focus; (*fig*) to settle; **di ~ in bianco** point-blank; **~ cardinale** point of the compass, cardinal point; **~ debole** weak point; **~ esclamativo/interrogativo** exclamation/question mark; **~ di riferimento** landmark; (*fig*) point of reference; **~ di vendita** retail outlet; **~ e virgola** semicolon; **~ di vista** (*fig*) point of view; **~i di sospensione** suspension points

puntu'ale *ag* punctual; **puntualità** *sf* punctuality

pun'tura *sf* (*di ago*) prick; (*di insetto*) sting, bite; (MED) puncture; (: *iniezione*) injection; (*dolore*) sharp pain

punzecchi'are [puntsek'kjare] *vt* to prick; (*fig*) to tease

'pupa *sf* doll

pu'pazzo [pu'pattso] *sm* puppet

pu'pilla *sf* (ANAT) pupil

pu'pillo, a *sm/f* (DIR) ward; (*prediletto*) favourite, pet

purché [pur'ke] *cong* provided that, on condition that

'pure *cong* (*tuttavia*) and yet, nevertheless; (*anche se*) even if ♦ *av* (*anche*) too, also; **pur di** (*al fine di*) just to; **faccia ~!** go ahead!, please do!

purè *sm* (CUC) purée; (: *di patate*) mashed potatoes

pu'rea *sf* = **purè**

pu'rezza [pu'rettsa] *sf* purity

'purga, ghe *sf* (MED) purging *no pl*; purge; (POL) purge

pur'gante *sm* (MED) purgative, purge

pur'gare *vt* (MED, POL) to purge; (*pulire*) to clean

purga'torio *sm* purgatory

purifi'care *vt* to purify; (*metallo*) to refine

puri'tano, a *ag, sm/f* puritan

'puro, a *ag* pure; (*acqua*) clear, limpid; (*vino*) undiluted; **puro'sangue** *sm/f inv* thoroughbred

pur'troppo *av* unfortunately

'pustola *sf* pimple

puti'ferio *sm* rumpus, row

putre'fare *vi* to putrefy, rot; **putre'fatto, a** *pp di* **putrefare**

'putrido, a *ag* putrid, rotten

put'tana (*fam!*) *sf* whore (!)

'puzza ['puttsa] *sf* = **puzzo**

puz'zare [put'tsare] *vi* to stink

'puzzo ['puttso] *sm* stink, foul smell

'puzzola ['puttsola] *sf* polecat

puzzo'lente [puttso'lɛnte] *ag* stinking

Q, q

qua *av* here; **in ~** (*verso questa parte*) this way; **da un anno in ~** for a year now; **da quando in ~?** since when?; **per di ~** (*passare*) this way; **al di ~ di** (*fiume, strada*) on this side of; **~ dentro/fuori** *etc* in/out here *etc*; *vedi anche* **questo**

qua'derno *sm* notebook; (*per scuola*) exercise book

qua'drante *sm* quadrant; (*di orologio*) face

qua'drare *vi* (*bilancio*) to balance, tally;

(*descrizione*) to correspond ♦ *vt* (*MAT*) to square; **non mi quadra** I don't like it; **qua'drato, a** *ag* square; (*fig: equilibrato*) level-headed, sensible; (: *peg*) square ♦ *sm* (*MAT*) square; (*PUGILATO*) ring; **5 al quadrato** 5 squared

qua'dretto *sm*: **a ~i** (*tessuto*) checked; (*foglio*) squared

quadri'foglio [kwadri'fɔʎʎo] *sm* four-leaf clover

'**quadro** *sm* (*pittura*) painting, picture; (*quadrato*) square; (*tabella*) table, chart; (*TECN*) board, panel; (*TEATRO*) scene; (*fig: scena, spettacolo*) sight; (: *descrizione*) outline, description; **~i** *smpl* (*POL*) party organizers; (*MIL*) cadres; (*COMM*) managerial staff; (*CARTE*) diamonds

'**quadruplo, a** *ag, sm* quadruple

quaggiù [kwad'dʒu] *av* down here

'**quaglia** ['kwaʎʎa] *sf* quail

'**qualche** ['kwalke] *det* **1** some, a few; (*in interrogative*) any; **ho comprato ~ libro** I've bought some *o* a few books; **~ volta** sometimes; **hai ~ sigaretta?** have you any cigarettes?

2 (*uno*): **c'è ~ medico?** is there a doctor?; **in ~ modo** somehow

3 (*un certo, parecchio*) some; **un personaggio di ~ rilievo** a figure of some importance

4: **~ cosa = qualcosa**

qualche'duno [kwalke'duno] *pron* = **qualcuno**

qual'cosa *pron* something; (*in espressioni interrogative*) anything; **qualcos'altro** something else; anything else; **~ di nuovo** something new; anything new; **~ da mangiare** something to eat; anything to eat; **c'è ~ che non va?** is there something *o* anything wrong?

qual'cuno *pron* (*persona*) someone, somebody; (: *in espressioni interrogative*) anyone, anybody; (*alcuni*) some; **~ è favorevole a noi** some are on our side;

qualcun altro someone *o* somebody else; anyone *o* anybody else

'**quale** (*spesso troncato in* **qual**) *det* **1** (*interrogativo*) what; (: *scegliendo tra due o più cose o persone*) which; **~ uomo/ denaro?** what man/money?; which man/ money?; **~i sono i tuoi programmi?** what are your plans?; **~ stanza preferisci?** which room do you prefer?

2 (*relativo: come*): **il risultato fu ~ ci si aspettava** the result was as expected

3 (*esclamativo*) what; **~ disgrazia!** what bad luck!

♦ *pron* **1** (*interrogativo*) which; **~ dei due scegli?** which of the two do you want?

2 (*relativo*): **il(la) ~** (*persona: soggetto*) who; (: *oggetto, con preposizione*) whom; (*cosa*) which; (*possessivo*) whose; **suo padre, il ~ è avvocato, ...** his father, who is a lawyer, ...; **il signore con il ~ parlavo** the gentleman to whom I was speaking; **l'albergo al ~ ci siamo fermati** the hotel where we stayed *o* which we stayed at; **la signora della ~ ammiriamo la bellezza** the lady whose beauty we admire

3 (*relativo: in elenchi*) such as, like; **piante ~i l'edera** plants like *o* such as ivy; **~ sindaco di questa città** as mayor of this town

quali'fica, che *sf* qualification; (*titolo*) title

qualifi'care *vt* to qualify; (*definire*): **~ qn/ qc come** to describe sb/sth as; **~rsi** *vr* (*anche SPORT*) to qualify; **qualifica'tivo, a** *ag* qualifying; **qualificazi'one** *sf*: **gara di qualificazione** (*SPORT*) qualifying event

qualità *sf inv* quality; **in ~ di** in one's capacity as

qua'lora *cong* in case, if

qual'siasi *det inv* = **qualunque**

qua'lunque *det inv* any; (*quale che sia*) whatever; (*discriminativo*) whichever; (*posposto: mediocre*) poor, indifferent; ordinary; **mettiti un vestito ~** put on any old dress; **~ cosa** anything; **~ cosa**

accada whatever happens; **a ~ costo** at any cost, whatever the cost; **l'uomo ~** the man in the street; **~ persona** anyone, anybody

'quando *cong, av* when; **~ sarò ricco** when I'm rich; **da ~** (*dacché*) since; (*interrogativo*): **da ~ sei qui?** how long have you been here?; **quand'anche** even if

quantità *sf inv* quantity; (*gran numero*): **una ~ di** a great deal of; a lot of; **in grande ~** in large quantities; **quantita'tivo** *sm* (*COMM*), amount, quantity

---

PAROLA CHIAVE

'quanto, a *det* 1 (*interrogativo*: *quantità*) how much; (: *numero*) how many; **~ pane/denaro?** how much bread/money?; **~i libri/ragazzi?** how many books/boys?; **~ tempo?** how long?; **~i anni hai?** how old are you?

2 (*esclamativo*): **~e storie!** what a lot of nonsense!; **~ tempo sprecato!** what a waste of time!

3 (*relativo*: *quantità*) as much ... as; (: *numero*) as many ... as; **ho ~ denaro mi occorre** I have as much money as I need; **prendi ~i libri vuoi** take as many books as you like

♦ *pron* 1 (*interrogativo*: *quantità*) how much; (: *numero*) how many; (: *tempo*) how long; **~ mi dai?** how much will you give me?; **~i me ne hai portati?** how many did you bring me?; **da ~ sei qui?** how long have you been here?; **~i ne abbiamo oggi?** what's the date today?

2 (*relativo*: *quantità*) as much as; (: *numero*) as many as; **farò ~ posso** I'll do as much as I can; **possono venire ~i sono stati invitati** all those who have been invited can come

♦ *av* 1 (*interrogativo*: *con ag, av*) how; (: *con vb*) how much; **~ stanco ti sembrava?** how tired did he seem to you?; **~ corre la tua moto?** how fast can your motorbike go?; **~ costa?** how much

does it cost?; **quant'è?** how much is it?

2 (*esclamativo*: *con ag, av*) how; (: *con vb*) how much; **~ sono felice!** how happy I am!; **sapessi ~ abbiamo camminato!** if you knew how far we've walked!; **studierò ~ posso** I'll study as much as *o* all I can; **~ prima** as soon as possible

3: **in ~** (*in qualità di*) as; (*perché, per il fatto che*) as, since; **(in) ~ a** (*per ciò che riguarda*) as for, as regards

4: **per ~** (*nonostante, anche se*) however; **per ~ si sforzi, non ce la farà** try as he may, he won't manage it; **per ~ sia brava, fa degli errori** however good she may be, she makes mistakes; **per ~ io sappia** as far as I know

---

quan'tunque *cong* although, though
qua'ranta *num* forty
quaran'tena *sf* quarantine
quaran'tesimo, a *num* fortieth
quaran'tina *sf*: **una ~ (di)** about forty
qua'resima *sf*: **la ~** Lent
'quarta *sf* (*AUT*) fourth (gear); *vedi anche* **quarto**
quar'tetto *sm* quartet(te)
quarti'ere *sm* district, area; (*MIL*) quarters *pl*; **~ generale** headquarters *pl*
'quarto, a *ag* fourth ♦ *sm* fourth; (*quarta parte*) quarter; **le 6 e un ~ a** quarter past six; **~ d'ora** quarter of an hour; **~i di finale** quarter final
'quarzo ['kwartso] *sm* quartz
'quasi *av* almost, nearly ♦ *cong* (*anche*: **~ che**) as if; **(non) ... ~ mai** hardly ever; **~ ~ me ne andrei** I've half a mind to leave
quassù *av* up here
'quatto, a *ag* crouched, squatting; (*silenzioso*) silent; **~ ~** very quietly; stealthily
quat'tordici [kwat'torditʃi] *num* fourteen
quat'trini *smpl* money *sg*, cash *sg*
'quattro *num* four; **in ~ e quattr'otto** in less than no time; **quattro'cento** *num* four hundred ♦ *sm*: **il Quattrocento** the fifteenth century; **quattro'mila** *num* four thousand

PAROLA CHIAVE

'quello, a (dav sm quel +C, quell' +V,
quello +s impura, gn, pn, ps, x, z; pl quei
+C, quegli +V o s impura, gn, pn, ps, x, z;
dav sf quella +C, quell' +V; pl quelle) det
that; those pl; ~a casa that house; quegli
uomini those men; voglio ~a camicia (lì o
là) I want that shirt
♦ pron 1 (dimostrativo) that (one); those
(ones) pl; (ciò) that; conosci ~a? do you
know that woman?; prendo ~ bianco I'll
take the white one; chi è ~? who's that?;
prendi ~ (lì o là) take that one (there)
2 (relativo): ~(a) che (persona) the one
(who); (cosa) the one (which), the one
(that); ~i(e) che (persone) those who;
(cose) those which; è lui ~ che non voleva
venire he's the one who didn't want to
come; ho fatto ~ che potevo I did what I
could

'quercia, ce ['kwertʃa] sf oak (tree); (legno)
oak
que'rela sf (DIR) (legal) action; quere'lare
vt to bring an action against
que'sito sm question, query; problem
questio'nario sm questionnaire
questi'one sf problem, question;
(controversia) issue; (litigio) quarrel; in ~ in
question; è ~ di tempo it's a matter o
question of time

PAROLA CHIAVE

'questo, a det 1 (dimostrativo) this; these
pl; ~ libro (qui o qua) this book; io prendo
~ cappotto, tu quello I'll take this coat,
you take that one; quest'oggi today; ~a
sera this evening
2 (enfatico): non fatemi più prendere di
~e paure don't frighten me like that again
♦ pron (dimostrativo) this (one); these
(ones) pl; (ciò) this; prendo ~ (qui o qua)
I'll take this one; preferisci ~i o quelli? do
you prefer these (ones) or those (ones)?; ~
intendevo io this is what I meant;
vengono Paolo e Luca: ~ da Roma,

quello da Palermo Paolo and Luca are
coming: the former from Palermo, the
latter from Rome

ques'tore sm ≈ chief constable (BRIT),
≈ police commissioner (US)
'questua sf collection (of alms)
ques'tura sf police headquarters pl
qui av here; da o di ~ from here; di ~ in
avanti from now on; di ~ a poco/una
settimana in a little while/a week's time; ~
dentro/sopra/vicino in/up/near here; vedi
anche questo
quie'tanza [kwje'tantsa] sf receipt
quie'tare vt to calm, soothe
qui'ete sf quiet, quietness; calmness;
stillness; peace
qui'eto, a ag quiet; (notte) calm, still;
(mare) calm
'quindi av then ♦ cong therefore, so
'quindici ['kwinditʃi] num fifteen; ~ giorni a
fortnight (BRIT), two weeks
quindi'cina [kwindi'tʃina] sf (serie): una ~
(di) about fifteen; fra una ~ di giorni in a
fortnight
quin'quennio sm period of five years
quin'tale sm quintal (100 kg)
'quinte sfpl (TEATRO) wings
'quinto, a num fifth

Quirinale

ⓘ The Quirinale, which takes its name
from the hill in Rome on which it
stands, is the official residence of the
Presidente della Repubblica.

'quota sf (parte) quota, share; (AER) height,
altitude; (IPPICA) odds pl; prendere/
perdere ~ (AER) to gain/lose height o
altitude; ~ d'iscrizione enrolment fee; (a
club) membership fee
quo'tare vt (BORSA) to quote;
quotazi'one sf quotation
quotidi'ano, a ag daily; (banale) everyday
♦ sm (giornale) daily (paper)
quozi'ente [kwot'tsjente] sm (MAT)
quotient; ~ d'intelligenza

intelligence quotient, IQ

R, r

ra'barbaro *sm* rhubarb

'**rabbia** *sf* (*ira*) anger, rage; (*accanimento, furia*) fury; (*MED: idrofobia*) rabies *sg*

rab'bino *sm* rabbi

rabbi'oso, a *ag* angry, furious; (*facile all'ira*) quick-tempered; (*forze, acqua etc*) furious, raging; (*MED*) rabid, mad

rabbo'nire *vt* to calm down; **~rsi** *vr* to calm down

rabbrivi'dire *vi* to shudder, shiver

rabbui'arsi *vr* to grow dark

raccapez'zarsi [rakkapet'tsarsi] *vr*: **non ~** to be at a loss

raccapricci'ante [rakkaprit'tʃante] *ag* horrifying

raccatta'palle *sm inv* (*SPORT*) ballboy

raccat'tare *vt* to pick up

rac'chetta [rak'ketta] *sf* (*per tennis*) racket; (*per ping-pong*) bat; **~ da neve** snowshoe; **~ da sci** ski stick

racchi'udere [rak'kjudere] *vt* to contain; **racchi'uso, a** *pp di* **racchiudere**

rac'cogliere [rak'kɔʎʎere] *vt* to collect; (*raccattare*) to pick up; (*frutti, fiori*) to pick, pluck; (*AGR*) to harvest; (*approvazione, voti*) to win; **~rsi** *vr* to gather; (*fig*) to gather one's thoughts; to meditate;
raccogli'mento *sm* meditation;
raccogli'tore *sm* (*cartella*) folder, binder;
raccoglitore ad anelli ring binder

rac'colta *sf* collecting *no pl*; collection; (*AGR*) harvesting *no pl*, gathering *no pl*; harvest, crop; (*adunata*) gathering

rac'colto, a *pp di* **raccogliere** ♦ *ag* (*persona: pensoso*) thoughtful; (*luogo: appartato*) secluded, quiet ♦ *sm* (*AGR*) crop, harvest

raccoman'dare *vt* to recommend; (*affidare*) to entrust; (*esortare*): **~ a qn di non fare** to tell *o* warn sb not to do; **~rsi** *vr*: **~rsi a qn** to commend o.s. to sb; **mi raccomando!** don't forget!;

raccoman'data *sf* (*anche:* **lettera raccomandata**) recorded-delivery letter;
raccomandazi'one *sf* recommendation

raccon'tare *vt*: **~ (a qn)** (*dire*) to tell (sb); (*narrare*) to relate (to sb), tell (sb) about;
rac'conto *sm* telling *no pl*, relating *no pl*; (*fatto raccontato*) story, tale

raccorci'are [rakkor'tʃare] *vt* to shorten

rac'cordo *sm* (*TECN: giunto*) connection, joint; (*AUT: di autostrada*) slip road (*BRIT*), entrance (*o* exit) ramp (*US*); **~ anulare** (*AUT*) ring road (*BRIT*), beltway (*US*)

ra'chitico, a, ci, che [ra'kitiko] *ag* suffering from rickets; (*fig*) scraggy, scrawny

racimo'lare [ratʃimo'lare] *vt* (*fig*) to scrape together, glean

'**rada** *sf* (natural) harbour

'**radar** *sm* radar

raddol'cire [raddol'tʃire] *vt* (*persona, carattere*) to soften; **~rsi** *vr* (*tempo*) to grow milder; (*persona*) to soften, mellow

raddoppi'are *vt, vi* to double

raddriz'zare [raddrit'tsare] *vt* to straighten; (*fig: correggere*) to put straight, correct

'**radere** *vt* (*barba*) to shave off; (*mento*) to shave; (*fig: rasentare*) to graze; to skim; **~rsi** *vr* to shave (o.s.); **~ al suolo** to raze to the ground

radi'are *vt* to strike off

radia'tore *sm* radiator

radiazi'one [radjat'sjone] *sf* (*FISICA*) radiation; (*cancellazione*) striking off

radi'cale *ag* radical ♦ *sm* (*LING*) root

ra'dicchio [ra'dikkjo] *sm* chicory

ra'dice [ra'ditʃe] *sf* root

'**radio** *sf inv* radio ♦ *sm* (*CHIM*) radium;
radioat'tivo, a *ag* radioactive;
radiodiffusi'one *sf* (radio) broadcasting;
radiogra'fare *vt* to X-ray; **radiogra'fia** *sf* radiography; (*foto*) X-ray photograph

radi'oso, a *ag* radiant

'**rado, a** *ag* (*capelli*) sparse, thin; (*visite*) infrequent; **di ~** rarely

radu'nare *vt, to* gather, assemble; **~rsi** *vr* to gather, assemble; **ra'duno** *sm* meeting

ra'dura *sf* clearing

raffazzo'nato [raffattso'nato] *ag* patched up

raf'fermo, a *ag* stale

'raffica, che *sf* (METEOR) gust (of wind); (*di colpi: scarica*) burst of gunfire

raffigu'rare *vt* to represent

raffi'nare *vt* to refine; **raffina'tezza** *sf* refinement; **raffi'nato, a** *ag* refined; **raffine'ria** *sf* refinery

raffor'zare [raffor'tsare] *vt* to reinforce

raffredda'mento *sm* cooling

raffred'dare *vt* to cool; (*fig*) to dampen, have a cooling effect on; **~rsi** *vr* to grow cool *o* cold; (*prendere un raffreddore*) to catch a cold; (*fig*) to cool (off)

raffred'dato, a *ag* (MED): **essere ~** to have a cold

raffred'dore *sm* (MED) cold

raf'fronto *sm* comparison

'rafia *sf* (*fibra*) raffia

ra'gazzo, a [ra'gattso] *sm/f* boy/girl; (*fam: fidanzato*) boyfriend/girlfriend

raggi'ante [rad'dʒante] *ag* radiant, shining

'raggio ['raddʒo] *sm* (*di sole etc*) ray; (MAT, *distanza*) radius; (*di ruota etc*) spoke; **~ d'azione** range; **~i X** X-rays

raggi'rare [raddʒi'rare] *vt* to take in, trick; **rag'giro** *sm* trick

raggi'ungere [rad'dʒundʒere] *vt* to reach; (*persona: riprendere*) to catch up (with); (*bersaglio*) to hit; (*fig: meta*) to achieve; **raggi'unto, a** *pp di* **raggiungere**

raggomito'larsi *vr* to curl up

raggranel'lare *vt* to scrape together

raggrup'pare *vt* to group (together)

raggu'aglio [rag'gwaʎʎo] *sm* (*informazione*) piece of information

raggu̱ar'devole *ag* (*degno di riguardo*) distinguished, notable; (*notevole: somma*) considerable

ragiona'mento [radʒona'mento] *sm* reasoning *no pl*; arguing *no pl*; argument

ragio'nare [radʒo'nare] *vi* to reason; **~ di** (*discorrere*) to talk about

ragi'one [ra'dʒone] *sf* reason; (*dimostrazione, prova*) argument, reason; (*diritto*) right; **aver ~** to be right; **aver ~ di**

qn to get the better of sb; **dare ~ a qn** to agree with sb; to prove sb right; **perdere la ~** to become insane; (*fig*) to take leave of one's senses; **in ~ di** at the rate of; to the amount of; according to; **a o con ~** rightly, justly; **~ sociale** (COMM) corporate name; **a ragion veduta** after due consideration

ragione'ria [radʒone'ria] *sf* accountancy; accounts department

ragio'nevole [radʒo'nevole] *ag* reasonable

ragioni'ere, a [radʒo'njere] *sm/f* accountant

ragli'are [raʎ'ʎare] *vi* to bray

ragna'tela [raɲɲa'tela] *sf* cobweb, spider's web

'ragno ['raɲɲo] *sm* spider

ragù *sm inv* (CUC) meat sauce; stew

RAI-TV [raiti'vu] *sigla f* = **Radio televisione italiana**

rallegra'menti *smpl* congratulations

ralle'grare *vt* to cheer up; **~rsi** *vr* to cheer up; (*provare allegrezza*) to rejoice; **~rsi con qn** to congratulate sb

rallen'tare *vt* to slow down; (*fig*) to lessen, slacken ♦ *vi* to slow down

raman'zina [raman'dzina] *sf* lecture, telling-off

'rame *sm* (CHIM) copper

rammari'carsi *vr*: **~ (di)** (*rincrescersi*) to be sorry (about), regret; (*lamentarsi*) to complain (about); **ram'marico, chi** *sm* regret

rammen'dare *vt* to mend; (*calza*) to darn; **ram'mendo** *sm* mending *no pl*; darning *no pl*; mend; darn

rammen'tare *vt* to remember, recall; (*richiamare alla memoria*): **~ qc a qn** to remind sb of sth; **~rsi** *vr*: **~rsi (di qc)** to remember (sth)

rammol'lire *vt* to soften ♦ *vi* (*anche: ~rsi*) to go soft

'ramo *sm* branch

ramo'scello [ramoʃ'ʃello] *sm* twig

'rampa *sf* flight (of stairs); **~ di lancio** launching pad

rampi'cante *ag* (BOT) climbing

ram'pone *sm* harpoon; (*ALPINISMO*) crampon

'rana *sf* frog

'rancido, a ['rantʃido] *ag* rancid

ran'core *sm* rancour, resentment

ran'dagio, a, gi, gie *o* ge [ran'dadʒo] *ag* (*gatto, cane*) stray

ran'dello *sm* club, cudgel

'rango, ghi *sm* (*condizione sociale, MIL: riga*) rank

rannicchi'arsi [rannik'kjarsi] *vr* to crouch, huddle

rannuvo'larsi *vr* to cloud over, become overcast

ra'nocchio [ra'nɔkkjo] *sm* (*edible*) frog

'rantolo *sm* wheeze; (*di agonizzanti*) death rattle

'rapa *sf* (*BOT*) turnip

ra'pace [ra'patʃe] *ag* (*animale*) predatory; (*fig*) rapacious, grasping ♦ *sm* bird of prey

ra'pare *vt* (*capelli*) to crop, cut very short

'rapida *sf* (*di fiume*) rapid; *vedi anche* rapido

rapida'mente *av* quickly, rapidly

rapidità *sf* speed

'rapido, a *ag* fast; (*esame, occhiata*) quick, rapid ♦ *sm* (*FERR*) express (train)

rapi'mento *sm* kidnapping; (*fig*) rapture

ra'pina *sf* robbery; ~ a mano armata armed robbery; rapi'nare *vt* to rob; rapina'tore, 'trice *sm/f* robber

ra'pire *vt* (*cose*) to steal; (*persone*) to kidnap; (*fig*) to enrapture, delight; rapi'tore, 'trice *sm/f* kidnapper

rappor'tare *vt* (*confrontare*) to compare; (*riprodurre*) to reproduce

rap'porto *sm* (*resoconto*) report; (*legame*) relationship; (*MAT, TECN*) ratio; ~i *smpl* (*fra persone, paesi*) relations; ~i sessuali sexual intercourse *sg*

rap'prendersi *vr* to coagulate, clot; (*latte*) to curdle

rappre'saglia [rappre'saʎʎa] *sf* reprisal, retaliation

rappresen'tante *sm/f* representative; rappresen'tanza *sf* delegation, deputation; (*COMM: ufficio, sede*) agency

rappresen'tare *vt* to represent; (*TEATRO*) to perform; rappresentazi'one *sf* representation; performing *no pl*; (*spettacolo*) performance

rap'preso, a *pp di* rapprendere

rapso'dia *sf* rhapsody

rara'mente *av* seldom, rarely

rare'fatto, a *ag* rarefied

'raro, a *ag* rare

ra'sare *vt* (*barba etc*) to shave off; (*siepi, erba*) to trim, cut; ~rsi *vr* to shave (o.s.)

raschi'are [ras'kjare] *vt* to scrape; (*macchia, fango*) to scrape off ♦ *vi* to clear one's throat

rasen'tare *vt* (*andar rasente*) to keep close to; (*sfiorare*) to skim along (*o over*); (*fig*) to border on

ra'sente *prep*: ~ (a) close to, very near

'raso, a *pp di* radere ♦ *ag* (*barba*) shaved; (*capelli*) cropped; (*con misure di capacità*) level; (*pieno: bicchiere*) full to the brim ♦ *sm* (*tessuto*) satin; ~ terra close to the ground; un cucchiaio ~ a level spoonful

ra'soio *sm* razor; ~ elettrico electric shaver *o* razor

ras'segna [ras'seɲɲa] *sf* (*MIL*) inspection, review; (*esame*) inspection; (*resoconto*) review, survey; (*pubblicazione letteraria etc*) review; (*mostra*) exhibition, show; passare in ~ (*MIL, fig*) to review

rasse'gnare [rasseɲ'ɲare] *vt*: ~ le dimissioni to resign, hand in one's resignation; ~rsi *vr* (*accettare*): ~rsi (a qc/ a fare) to resign o.s. (to sth/to doing); rassegnazi'one *sf* resignation

rassere'narsi *vr* (*tempo*) to clear up

rasset'tare *vt* to tidy, put in order; (*aggiustare*) to repair, mend

rassicu'rare *vt* to reassure

rasso'dare *vt* to harden, stiffen

rassomigli'anza [rassomiʎ'ʎantsa] *sf* resemblance

rassomigli'are [rassomiʎ'ʎare] *vi*: ~ a to resemble, look like

rastrel'lare *vt* to rake; (*fig: perlustrare*) to comb

rastrelli'era *sf* rack; (*per piatti*) dish rack

ras'trello *sm* rake

'rata *sf* (*quota*) instalment; **pagare a ~e** to pay by instalments *o* on hire purchase (*BRIT*)

ratifi'care *vt* (*DIR*) to ratify

'ratto *sm* (*DIR*) abduction; (*ZOOL*) rat

rattop'pare *vt* to patch; rat'toppo *sm* patching *no pl*; patch

rattrap'pirsi *vr* to get stiff

rattris'tare *vt* to sadden; ~rsi *vr* to become sad

'rauco, a, chi, che *ag* hoarse

rava'nello *sm* radish

ravi'oli *smpl* ravioli *sg*

ravve'dersi *vr* to mend one's ways

ravvici'nare [ravvitʃi'nare] *vt* (*avvicinare*): ~ **qc a** to bring sth nearer to; (: *due tubi*) to bring closer together; (*riconciliare*) to reconcile, bring together

ravvi'sare *vt* to recognize

ravvi'vare *vt* to revive; (*fig*) to brighten up, enliven; ~rsi *vr* to revive; to brighten up

razio'cinio [ratsjo'tʃinjo] *sm* reasoning *no pl*; reason; (*buon senso*) common sense

razio'nale [rattsjo'nale] *ag* rational

razio'nare [rattsjo'nare] *vt* to ration

razi'one [rat'tsjone] *sf* ration; (*porzione*) portion, share

'razza ['rattsa] *sf* race; (*ZOOL*) breed; (*discendenza, stirpe*) stock, race; (*sorta*) sort, kind

raz'zia [rat'tsia] *sf* raid, foray

razzi'ale [rat'tsjale] *ag* racial

raz'zismo [rat'tsizmo] *sm* racism, racialism

raz'zista, i, e [rat'tsista] *ag, sm/f* racist, racialist

'razzo ['raddzo] *sm* rocket

razzo'lare [rattso'lare] *vi* (*galline*) to scratch about

re *sm inv* king; (*MUS*) D; (: *solfeggiando*) re

rea'gire [rea'dʒire] *vi* to react

re'ale *ag* real; (*di, da re*) royal ♦ *sm*: **il ~** reality; rea'lismo *sm* realism; rea'lista, i, e *sm/f* realist; (*POL*) royalist

realiz'zare [realid'dzare] *vt* (*progetto etc*) to realize, carry out; (*sogno, desiderio*) to realize, fulfil; (*scopo*) to achieve; (*COMM: titoli etc*) to realize; (*CALCIO etc*) to score; ~rsi *vr* to be realized; realizzazi'one *sf* realization; fulfilment; achievement

real'mente *av* really, actually

realtà *sf inv* reality

re'ato *sm* offence

reat'tore *sm* (*FISICA*) reactor; (*AER: aereo*) jet; (: *motore*) jet engine

reazio'nario, a [reattsjo'narjo] *ag* (*POL*) reactionary

reazi'one [reat'tsjone] *sf* reaction

recapi'tare *vt* to deliver

re'capito *sm* (*indirizzo*) address; (*consegna*) delivery

re'care *vt* (*portare*) to bring; (*avere su di sé*) to carry, bear; (*cagionare*) to cause, bring; ~rsi *vr* to go

re'cedere [re'tʃedere] *vi* to withdraw

recensi'one [retʃen'sjone] *sf* review; recen'sire *vt* to review

re'cente [re'tʃente] *ag* recent; **di ~** recently; recente'mente *av* recently

recessi'one [retʃes'sjone] *sf* (*ECON*) recession

re'cidere [re'tʃidere] *vt* to cut off, chop off

reci'divo, a [retʃi'divo] *sm/f* (*DIR*) second (*o* habitual) offender, recidivist

re'cinto [re'tʃinto] *sm* enclosure; (*ciò che recinge*) fence; surrounding wall

recipi'ente [retʃi'pjente] *sm* container

re'ciproco, a, ci, che [re'tʃiproko] *ag* reciprocal

re'ciso, a [re'tʃizo] *pp di* **recidere**

'recita ['rɛtʃita] *sf* performance

reci'tare [retʃi'tare] *vt* (*poesia, lezione*) to recite; (*dramma*) to perform; (*ruolo*) to play *o* act (the part of); recitazi'one *sf* recitation; (*di attore*) acting

recla'mare *vi* to complain ♦ *vt* (*richiedere*) to demand

ré'clame [re'klam] *sf inv* advertising *no pl*; advertisement, advert (*BRIT*), ad (*fam*)

re'clamo *sm* complaint

reclusi'one *sf* (*DIR*) imprisonment

'recluta *sf* recruit; reclu'tare *vt* to recruit

re'condito, a *ag* secluded; (*fig*) secret,

hidden

recriminazi'one [rekriminat'tsjone] *sf* recrimination

recrude'scenza [rekrudeʃ'ʃentsa] *sf* fresh outbreak

recupe'rare *vt* = **ricuperare**

redargu'ire *vt* to rebuke

re'datto, a *pp di* **redigere**; **redat'tore, 'trice** *sm/f* (STAMPA) editor; (: *di articolo*) writer; (: *di dizionario etc*) compiler; **redattore capo** chief editor; **redazi'one** *sf* editing; writing; (*sede*) editorial office(s); (*personale*) editorial staff; (*versione*) version

reddi'tizio, a [reddi'tittsjo] *ag* profitable

'reddito *sm* income; (*dello Stato*) revenue; (*di un capitale*) yield

re'dento, a *pp di* **redimere**

redenzi'one [reden'tsjone] *sf* redemption

re'digere [re'didʒere] *vt* to write; (*contratto*) to draw up

'redini *sfpl* reins

'reduce ['redutʃe] *ag*: ~ **da** returning from, back from ♦ *sm/f* survivor

refe'rendum *sm inv* referendum

refe'renza [refe'rentsa] *sf* reference

re'ferto *sm* medical report

refet'torio *sm* refectory

refrat'tario, a *ag* refractory

refrige'rare [refridʒe'rare] *vt* to refrigerate; (*rinfrescare*) to cool, refresh

rega'lare *vt* to give (as a present), make a present of

re'gale *ag* regal

re'galo *sm* gift, present

re'gata *sf* regatta

reg'gente [red'dʒente] *sm/f* regent

'reggere ['reddʒere] *vt* (*tenere*) to hold; (*sostenere*) to support, bear, hold up; (*portare*) to carry, bear; (*resistere*) to withstand; (*dirigere: impresa*) to manage, run; (*governare*) to rule, govern; (LING) to take, be followed by ♦ *vi* (*resistere*): **~ a** to stand up to, hold out against; (*sopportare*): **~ a** to stand; (*durare*) to last; (*fig: teoria etc*) to hold water; **~rsi** *vr* (*stare ritto*) to stand

'reggia, ge ['reddʒa] *sf* royal palace

reggi'calze [reddʒi'kaltse] *sm inv* suspender belt

reggi'mento [reddʒi'mento] *sm* (MIL) regiment

reggi'petto [reddʒi'petto] *sm* bra

reggi'seno [reddʒi'seno] *sm* bra

re'gia, 'gie [re'dʒia] *sf* (TV, CINEMA *etc*) direction

re'gime [re'dʒime] *sm* (POL) regime; (DIR: *aureo, patrimoniale etc*) system; (MED) diet; (TECN) (engine) speed

re'gina [re'dʒina] *sf* queen

'regio, a, gi, gie ['redʒo] *ag* royal

regio'nale [redʒo'nale] *ag* regional ♦ *sm* local train (*stopping frequently*)

regi'one [re'dʒone] *sf* region; (*territorio*) region, district, area

re'gista, i, e [re'dʒista] *sm/f* (TV, CINEMA *etc*) director

regis'trare [redʒis'trare] *vt* (AMM) to register; (COMM) to enter; (*notare*) to note, take note of; (*canzone, conversazione, sog: strumento di misura*) to record; (*mettere a punto*) to adjust, regulate; (*bagagli*) to check in; **registra'tore** *sm* (*strumento*) recorder, register; (*magnetofono*) tape recorder; **registratore di cassa** cash register; **registrazi'one** *sf* recording; (AMM) registration; (COMM) entry; (*di bagagli*) check-in

re'gistro [re'dʒistro] *sm* (*libro, MUS, TECH*) register; ledger; logbook; (DIR) registry

re'gnare [reɲ'ɲare] *vi* to reign, rule

'regno ['reɲɲo] *sm* kingdom; (*periodo*) reign; (*fig*) realm; **il ~ animale/vegetale** the animal/vegetable kingdom; **il R~ Unito** the United Kingdom

'regola *sf* rule; **a ~ d'arte** duly; perfectly; **in ~** in order

rego'labile *ag* adjustable

regola'mento *sm* (*complesso di norme*) regulations *pl*; (*di debito*) settlement; **~ di conti** (*fig*) settling of scores

rego'lare *ag* regular; (*in regola: domanda*) in order, lawful ♦ *vt* to regulate, control; (*apparecchio*) to adjust, regulate; (*questione, conto, debito*) to settle; **~rsi** *vr* (*moderarsi*): **~rsi nel bere/nello spendere** to control one's drinking/spending; (*comportarsi*) to behave, act; **regolarità** *sf inv* regularity

'**regolo** *sm* ruler; **~ calcolatore** slide rule

reinte'grare *vt* (*energie*) to recover; (*in una carica*) to reinstate

rela'tivo, a *ag* relative

relazi'one [relat'tsjone] *sf* (*fra cose, persone*) relation(ship); (*resoconto*) report, account; **~i** *sfpl* (*conoscenze*) connections

rele'gare *vt* to banish; (*fig*) to relegate

religi'one [reli'dʒone] *sf* religion; **religi'oso, a** *ag* religious ♦ *sm/f* monk/nun

re'liquia *sf* relic

re'litto *sm* wreck; (*fig*) down-and-out

re'mare *vi* to row

remini'scenze [reminiʃʃentse] *sfpl* reminiscences

remissi'one *sf* remission

remis'sivo, a *ag* submissive, compliant

'remo *sm* oar

re'moto, a *ag* remote

'rendere *vt* (*ridare*) to return, give back; (: *saluto etc*) to return; (*produrre*) to yield, bring in; (*esprimere, tradurre*) to render; **~ qc possibile** to make sth possible; **~rsi utile** to make o.s. useful; **~rsi conto di qc** to realize sth

rendi'conto *sm* (*rapporto*) report, account; (*AMM, COMM*) statement of account

rendi'mento *sm* (*reddito*) yield; (*di manodopera, TECN*) efficiency; (*capacità di produrre*) output; (*di studenti*) performance

'rendita *sf* (*di individuo*) private *o* unearned income; (*COMM*) revenue; **~ annua** annuity

'rene *sm* kidney

'reni *sfpl* back *sg*

reni'tente *ag* reluctant, unwilling; **~ ai consigli di qn** unwilling to follow sb's advice; **essere ~ alla leva** (*MIL*) to fail to report for military service

'renna *sf* reindeer *inv*

'Reno *sm*: **il ~** the Rhine

'reo, a *sm/f* (*DIR*) offender

re'parto *sm* department, section; (*MIL*) detachment

repel'lente *ag* repulsive

repen'taglio [repen'taʎʎo] *sm*: **mettere a ~** to jeopardize, risk

repen'tino, a *ag* sudden, unexpected

repe'rire *vt* to find, trace

re'perto *sm* (*ARCHEOLOGIA*) find; (*MED*) report; (*DIR*: *anche*: **~ giudiziario**) exhibit

reper'torio *sm* (*TEATRO*) repertory; (*elenco*) index, (alphabetical) list

'replica, che *sf* repetition; reply, answer; (*obiezione*) objection; (*TEATRO, CINEMA*) repeat performance; (*copia*) replica

repli'care *vt* (*ripetere*) to repeat; (*rispondere*) to answer, reply

repressi'one *sf* repression

re'presso, a *pp di* **reprimere**

re'primere *vt* to suppress, repress

re'pubblica, che *sf* republic; **repubbli'cano, a** *ag, sm/f* republican

repu'tare *vt* to consider, judge

reputazi'one [reputat'tsjone] *sf* reputation

'requie *sf*: **senza ~** unceasingly

requi'sire *vt* to requisition

requi'sito *sm* requirement

'resa *sf* (*l'arrendersi*) surrender; (*restituzione, rendimento*) return; **~ dei conti** rendering of accounts; (*fig*) day of reckoning

resi'dente *ag* resident; **resi'denza** *sf* residence; **residenzi'ale** *ag* residential

re'siduo, a *ag* residual, remaining ♦ *sm* remainder; (*CHIM*) residue

'resina *sf* resin

resis'tente *ag* (*che resiste*): **~ a** resistant to; (*forte*) strong; (*duraturo*) long-lasting, durable; **~ al caldo** heat-resistant; **resis'tenza** *sf* resistance; (*di persona*: *fisica*) stamina, endurance; (: *mentale*) endurance, resistance

---
Resistenza
---

i The **Resistenza** in Italy fought against the Nazis and the Fascists during the Second World War. Members of the Resistance spanned a wide political spectrum and played a vital role in the Liberation and in the formation of the new democratic government at the end *of the war.*

re'sistere *vi* to resist; ~ **a** (*assalto, tentazioni*) to resist; (*dolore, sog: pianta*) to withstand; (*non patir danno*) to be resistant to; resis'tito, a *pp di* **resistere**

'reso, a *pp di* **rendere**

reso'conto *sm* report, account

res'pingere [res'pindʒere] *vt* to drive back, repel; (*rifiutare*) to reject; (*INS: bocciare*) to fail; res'pinto, a *pp di* **respingere**

respi'rare *vi* to breathe; (*fig*) to get one's breath; to breathe again ♦ *vt* to breathe (in), inhale; respira'tore *sm* respirator; respirazi'one *sf* breathing; **respirazione artificiale** artificial respiration; res'piro *sm* breathing *no pl*; (*singolo atto*) breath; (*fig*) respite, rest; **mandare un respiro di sollievo** to give a sigh of relief

respon'sabile *ag* responsible ♦ *sm/f* person responsible; (*capo*) person in charge; ~ **di** responsible for; (*DIR*) liable for; **responsabilità** *sf inv* responsibility; (*legale*) liability

res'ponso *sm* answer

'ressa *sf* crowd, throng

res'tare *vi* (*rimanere*) to remain, stay; (*avanzare*) to be left, remain; ~ **orfano/ cieco** to become *o* be left an orphan/ become blind; ~ **d'accordo** to agree; **non resta più niente** there's nothing left; **restano pochi giorni** there are only a few days left

restau'rare *vt* to restore; restaurazi'one *sf* (*POL*) restoration; res'tauro *sm* (*di edifici etc*) restoration

res'tio, a, 'tii, 'tie *ag*: ~ **a** reluctant to

restitu'ire *vt* to return, give back; (*energie, forze*) to restore

'resto *sm* remainder, rest; (*denaro*) change; (*MAT*) remainder; ~**i** *smpl* (*di cibo*) leftovers; (*di città*) remains; **del** ~ moreover, besides; ~**i mortali** (mortal) remains

res'tringere [res'trindʒere] *vt* to reduce; (*vestito*) to take in; (*stoffa*) to shrink; (*fig*) to restrict, limit; ~**rsi** *vr* (*strada*) to narrow; (*stoffa*) to shrink; restrizi'one *sf*

restriction

'rete *sf* net; (*fig*) trap, snare; (*di recinzione*) wire netting; (*AUT, FERR, di spionaggio etc*) network; **segnare una** ~ (*CALCIO*) to score a goal; ~ **del letto** (sprung) bed base

reti'cente [reti'tʃente] *ag* reticent

retico'lato *sm* grid; (*rete*) wire netting; (*di filo spinato*) barbed wire (fence)

'retina [ANAT] retina

re'torica *sf* rhetoric

re'torico, a, ci, che *ag* rhetorical

retribu'ire *vt* to pay; retribuzi'one *sf* payment

'retro *sm inv* back ♦ *av* (*dietro*): **vedi** ~ see over(leaf)

retro'cedere [retro'tʃedere] *vi* to withdraw ♦ *vt* (*CALCIO*) to relegate; (*MIL*) to degrade

re'trogrado, a *ag* (*fig*) reactionary, backward-looking

retro'marcia [retro'martʃa] *sf* (*AUT*) reverse; (: *dispositivo*) reverse gear

retro'scena [retroʃ'ʃena] *sm inv* (*TEATRO*) backstage; **i** ~ (*fig*) the behind-the-scenes activities

retrospet'tivo, a *ag* retrospective

retrovi'sore *sm* (*AUT*) (rear-view) mirror

'retta *sf* (*MAT*) straight line; (*di convitto*) charge for bed and board; (*fig: ascolto*): **dar** ~ **a** to listen to, pay attention to

rettango'lare *ag* rectangular

ret'tangolo, a *ag* right-angled ♦ *sm* rectangle

retti'fica, che *sf* rectification, correction

rettifi'care *vt* (*curva*) to straighten; (*fig*) to rectify, correct

'rettile *sm* reptile

retti'lineo, a *ag* rectilinear

retti'tudine *sf* rectitude, uprightness

'retto, a *pp di* **reggere** ♦ *ag* straight; (*MAT*): **angolo** ~ right angle; (*onesto*) honest, upright; (*giusto, esatto*) correct, proper, right

ret'tore *sm* (*REL*) rector; (*di università*) ≈ chancellor

reuma'tismo *sm* rheumatism

reve'rendo, a *ag*: **il** ~ **padre Belli** the Reverend Father Belli

rever'sibile *ag* reversible

revisio'nare *vt* (*conti*) to audit; (*TECN*) to overhaul, service; (*DIR: processo*) to review

revisi'one *sf* auditing *no pl*; audit; servicing *no pl*; review; revision

revi'sore *sm*: ~ **di conti/bozze** auditor/ proofreader

'revoca *sf* revocation

revo'care *vt* to revoke

re'volver *sm inv* revolver

riabili'tare *vt* to rehabilitate

riaggancia're [riaggan'tʃare] *vt* (*TEL*) to hang up

rial'zare [rial'tsare] *vt* to raise, lift; (*alzare di più*) to heighten, raise; (*aumentare: prezzi*) to increase, raise ♦ *vi* (*prezzi*) to rise, increase; **ri'alzo** *sm* (*di prezzi*) increase, rise; (*sporgenza*) rise

rianimazi'one [rianimat'tsjone] *sf* (*MED*) resuscitation; **centro di** ~ intensive care unit

riap'pendere *vt* to rehang; (*TEL*) to hang up

ria'prire *vt* to reopen, open again; **~rsi** *vr* to reopen, open again

ri'armo *sm* (*MIL*) rearmament

rias'setto *sm* (*di stanza etc*) rearrangement; (*ordinamento*) reorganization

rias'sumere *vt* (*riprendere*) to resume; (*impiegare di nuovo*) to re-employ; (*sintetizzare*) to summarize; **rias'sunto, a** *pp di* **riassumere** ♦ *sm* summary

ria'vere *vt* to have again; (*avere indietro*) to get back; (*riacquistare*) to recover; **~rsi** *vr* to recover

riba'dire *vt* (*fig*) to confirm

ri'balta *sf* flap; (*TEATRO: proscenio*) front of the stage; (*fig*) limelight; **luci della** ~ footlights *pl*

ribal'tabile *ag* (*sedile*) tip-up

ribal'tare *vt, vi* (*anche:* **~rsi**) to turn over, tip over

ribas'sare *vt* to lower, bring down ♦ *vi* to come down, fall; **ri'basso** *sm* reduction, fall

ri'battere *vt* to return, hit back; (*confutare*)

to refute; ~ **che** to retort that

ribel'larsi *vr*: ~ **(a)** to rebel (against); **ri'belle** *ag* (*soldati*) rebel; (*ragazzo*) rebellious ♦ *sm/f* rebel; **ribelli'one** *sf* rebellion

'ribes *sm inv* currant; ~ **nero** blackcurrant; ~ **rosso** redcurrant

ribol'lire *vi* (*fermentare*) to ferment; (*fare bolle*) to bubble, boil; (*fig*) to seethe

ri'brezzo [ri'breddzo] *sm* disgust, loathing; **far** ~ **a** to disgust

ribut'tante *ag* disgusting, revolting

rica'dere *vi* to fall again; (*scendere a terra, fig: nel peccato etc*) to fall back; (*vestiti, capelli etc*) to hang (down); (*riversarsi: fatiche, colpe*): ~ **su** to fall on; **rica'duta** *sf* (*MED*) relapse

rical'care *vt* (*disegni*) to trace; (*fig*) to follow faithfully

rica'mare *vt* to embroider

ricambi'are *vt* to change again; (*contraccambiare*) to repay, return; **ri'cambio** *sm* exchange, return; (*FISIOL*) metabolism; **ricambi** *smpl* (*TECN*) spare parts

ri'camo *sm* embroidery

ricapito'lare *vt* to recapitulate, sum up

ricari'care *vt* (*arma, macchina fotografica*) to reload; (*pipa*) to refill; (*orologio*) to rewind; (*batteria*) to recharge

ricat'tare *vt* to blackmail; **ricatta'tore, 'trice** *sm/f* blackmailer; **ri'catto** *sm* blackmail

rica'vare *vt* (*estrarre*) to draw out, extract; (*ottenere*) to obtain, gain; **ri'cavo** *sm* proceeds *pl*

ric'chezza [rik'kettsa] *sf* wealth; (*fig*) richness; **~e** *sfpl* (*beni*) wealth *sg*, riches

'riccio, a ['rittʃo] *ag* curly ♦ *sm* (*ZOOL*) hedgehog; (: *anche*: ~ **di mare**) sea urchin; **'ricciolo** *sm* curl; **ricci'uto, a** *ag* curly

'ricco, a, chi, che *ag* rich; (*persona, paese*) rich, wealthy ♦ *sm/f* rich man/ woman; **i ~chi** the rich; ~ **di** full of; rich in

ri'cerca, che [ri'tʃerka] *sf* search; (*indagine*) investigation, inquiry; (*studio*): **la** ~ research; **una** ~ piece of research

ricer'care [ritʃer'kare] *vt* (*motivi, cause*) to look for, try to determine; (*successo, piacere*) to pursue; (*onore, gloria*) to seek; ricer'cato, a *ag* (*apprezzato*) much sought-after; (*affettato*) studied, affected ♦ *sm/f* (*POLIZIA*) wanted man/woman

ri'cetta [ri'tʃetta] *sf* (*MED*) prescription; (*CUC*) recipe

ricettazi'one [ritʃettat'tsjone] *sf* (*DIR*) receiving (stolen goods)

ri'cevere [ri'tʃevere] *vt* to receive; (*stipendio, lettera*) to get, receive; (*accogliere: ospite*) to welcome; (*vedere: cliente, rappresentante etc*) to see; ricevi'mento *sm* receiving *no pl*; (*festa*) reception; ricevi'tore *sm* (*TECN*) receiver; ricevito'ria *sf* lottery *o* pools office; rice'vuta *sf* receipt; ricevuta fiscale receipt for tax purposes; ricezi'one *sf* (*RADIO, TV*) reception

richia'mare [rikja'mare] *vt* (*chiamare indietro, ritelefonare*) to call back; (*ambasciatore, truppe*) to recall; (*rimproverare*) to reprimand; (*attirare*) to attract, draw; ~rsi a (*riferirsi a*) to refer to; richi'amo *sm* call; recall; reprimand; attraction

richi'edere [ri'kjedere] *vt* to ask again for; (*chiedere indietro*): ~ qc to ask for sth back; (*chiedere: per sapere*) to ask; (: *per avere*) to ask for; (*AMM: documenti*) to apply for; (*esigere*) to need, require; richi'esta *sf* (*domanda*) request; (*AMM*) application, request; (*esigenza*) demand, request; a richiesta on request; richi'esto, a *pp di* richiedere

rici'clare [ritʃi'klare] *vt* to recycle

'ricino ['ritʃino] *sm*: olio di ~ castor oil

ricogni'zione [rikoɲɲit'tsjone] *sf* (*MIL*) reconnaissance; (*DIR*) recognition, acknowledgement

ricominci'are [rikomin'tʃare] *vt, vi* to start again, begin again

ricom'pensa *sf* reward

ricompen'sare *vt* to reward

riconcili'are [rikontʃi'ljare] *vt* to reconcile; ~rsi *vr* to be reconciled; riconciliazi'one *sf* reconciliation

ricono'scente [rikonoʃ'ʃente] *ag* grateful; ricono'scenza *sf* gratitude

rico'noscere [riko'noʃʃere] *vt* to recognize; (*DIR: figlio, debito*) to acknowledge; (*ammettere: errore*) to admit, acknowledge; riconosci'mento *sm* recognition; acknowledgement; (*identificazione*) identification; riconosci'uto, a *pp di* riconoscere

ricopi'are *vt* to copy

rico'prire *vt* (*coprire*) to cover; (*occupare: carica*) to hold

ricor'dare *vt* to remember, recall; (*richiamare alla memoria*): ~ qc a qn to remind sb of sth; ~rsi *vr*: ~rsi (di) to remember; ~rsi di qc/di aver fatto to remember sth/having done

ri'cordo *sm* memory; (*regalo*) keepsake, souvenir; (*di viaggio*) souvenir; ~i *smpl* (*memorie*) memoirs

ricor'rente *ag* recurrent, recurring; ricor'renza *sf* recurrence; (*festività*) anniversary

ri'correre *vi* (*ripetersi*) to recur; ~ a (*rivolgersi*) to turn to; (: *DIR*) to appeal to; (*servirsi di*) to have recourse to; ri'corso, a *pp di* ricorrere ♦ *sm* recurrence; (*DIR*) appeal; far ricorso a = ricorrere

ricostitu'ente *ag* (*MED*): cura ~ tonic

ricostru'ire *vt* (*casa*) to rebuild; (*fatti*) to reconstruct; ricostruzi'one *sf* rebuilding *no pl*; reconstruction

ri'cotta *sf* soft white unsalted cheese made from sheep's milk

ricove'rare *vt* to give shelter to; ~ qn in ospedale to admit sb to hospital

ri'covero *sm* shelter, refuge; (*MIL*) shelter; (*MED*) admission (to hospital)

ricre'are *vt* to recreate; (*fig: distrarre*) to amuse

ricreazi'one [rikreat'tsjone] *sf* recreation, entertainment; (*INS*) break

ri'credersi *vr* to change one's mind

ricupe'rare *vt* (*rientrare in possesso di*) to recover, get back; (*tempo perduto*) to make up for; (*NAUT*) to salvage; (: *naufraghi*) to rescue; (*delinquente*) to rehabilitate; ~ lo

svantaggio (SPORT) to close the gap

ridacchi'are [ridak'kjare] *vi* to snigger

ri'dare *vt* to return, give back

'**ridere** *vi* to laugh; (*deridere, beffare*): ~ **di** to laugh at, make fun of

ri'detto, a *pp di* **ridire**

ri'dicolo, a *ag* ridiculous, absurd

ridimensio'nare *vt* to reorganize; (*fig*) to see in the right perspective

ri'dire *vt* to repeat; (*criticare*) to find fault with; to object to; **trova sempre qualcosa da ~** he always manages to find fault

ridon'dante *ag* redundant

ri'dotto, a *pp di* **ridurre** ♦ *ag* (*biglietto*) reduced; (*formato*) small

ri'durre *vt* (*anche* CHIM, MAT) to reduce; (*prezzo, spese*) to cut, reduce; (*accorciare*: *opera letteraria*) to abridge; (: RADIO, TV) to adapt; **ridursi** *vr* (*diminuirsi*) to be reduced, shrink; **ridursi a** to be reduced to; **ridursi pelle e ossa** to be reduced to skin and bone; **ridut'tore** *sm* (ELEC) adaptor; **riduzi'one** *sf* reduction; abridgement; adaptation

riem'pire *vt* to fill (up); (*modulo*) to fill in *o* out; **~rsi** *vr* to fill (up); ~ **qc di** to fill sth (up) with

rien'tranza [rien'trantsa] *sf* recess; indentation

rien'trare *vi* (*entrare di nuovo*) to go (*o* come) back in; (*tornare*) to return; (*fare una rientranza*) to go in, curve inwards; to be indented; (*riguardare*): ~ **in** to be included among, form part of; **ri'entro** *sm* (*ritorno*) return; (*di astronave*) re-entry

riepilo'gare *vt* to summarize ♦ *vi* to recapitulate

ri'fare *vt* to do again; (*ricostruire*) to make again; (*nodo*) to tie again, do up again; (*imitare*) to imitate, copy; **~rsi** *vr* (*risarcirsi*): **~rsi di** to make up for; (*vendicarsi*): **~rsi di qc su qn** to get one's own back on sb for sth; (*riferirsi*): **~rsi a** to go back to; to follow; ~ **il letto** to make the bed; **~rsi una vita** to make a new life for o.s.; **ri'fatto, a** *pp di* **rifare**

riferi'mento *sm* reference; **in** *o* **con ~ a** with reference to

rife'rire *vt* (*riportare*) to report ♦ *vi* to do a report; **~rsi** *vr*: **~rsi a** to refer to

rifi'nire *vt* to finish off, put the finishing touches to; **rifini'tura** *sf* finishing touch; **rifiniture** *sfpl* (*di mobile, auto*) finish *sg*

rifiu'tare *vt* to refuse; ~ **di fare** to refuse to do; **rifi'uto** *sm* refusal; **rifiuti** *smpl* (*spazzatura*) rubbish *sg*, refuse *sg*

riflessi'one *sf* (FISICA, *meditazione*) reflection; (*il pensare*) thought, reflection; (*osservazione*) remark

rifles'sivo, a *ag* (*persona*) thoughtful, reflective; (LING) reflexive

ri'flesso, a *pp di* **riflettere** ♦ *sm* (*di luce, allo specchio*) reflection; (FISIOL) reflex; **di** *o* **per ~** indirectly

ri'flettere *vt* to reflect ♦ *vi* to think; **~rsi** *vr* to be reflected; ~ **su** to think over

riflet'tore *sm* reflector; (*proiettore*) floodlight; searchlight

ri'flusso *sm* flowing back; (*della marea*) ebb; **un'epoca di ~** an era of nostalgia

ri'fondere *vt* to refund, repay

ri'forma *sf* reform; **la R~** (REL) the Reformation

rifor'mare *vt* to re-form; (REL, POL) to reform; (MIL: *recluta*) to declare unfit for service; (: *soldato*) to invalid out, discharge; **riforma'torio** *sm* (DIR) community home (BRIT), reformatory (US)

riforni'mento *sm* supplying, providing; restocking; **~i** *smpl* (*provviste*) supplies, provisions

rifor'nire *vt* (*provvedere*): ~ **di** to supply *o* provide with; (*fornire di nuovo*: *casa etc*) to restock

rifrazi'one [rifrat'tsjone] *sf* refraction

rifug'gire [rifud'dʒire] *vi* to escape again; (*fig*): ~ **da** to shun

rifugi'arsi [rifu'dʒarsi] *vr* to take refuge; **rifugi'ato, a** *sm/f* refugee

ri'fugio [ri'fudʒo] *sm* refuge, shelter; (*in montagna*) shelter; ~ **antiaereo** air-raid shelter

'**riga, ghe** *sf* line; (*striscia*) stripe; (*di persone, cose*) line, row; (*regolo*) ruler;

(*scriminatura*) parting; **mettersi in ~** to line up; **a ~ghe** (*foglio*) lined; (*vestito*) striped

ri'gagnolo [ri'gaɲɲolo] *sm* rivulet

ri'gare *vt* (*foglio*) to rule ♦ *vi*: **~ diritto** (*fig*) to toe the line

rigatti'ere *sm* junk dealer

riget'tare [ridʒet'tare] *vt* (*gettare indietro*) to throw back; (*fig: respingere*) to reject; (*vomitare*) to bring o throw up; **ri'getto** *sm* (*anche MED*) rejection

rigidità [ridʒidi'ta] *sf* rigidity; stiffness; severity, rigours *pl*; strictness

'rigido, a ['ridʒido] *ag* rigid, stiff; (*membra etc: indurite*) stiff; (*METEOR*) harsh, severe; (*fig*) strict

rigi'rare [ridʒi'rare] *vt* to turn; **~rsi** *vr* to turn round; (*nel letto*) to turn over; **~ qc tra le mani** to turn sth over in one's hands; **~ il discorso** to change the subject

'rigo, ghi *sm* line; (*MUS*) staff, stave

rigogli'oso, a [rigoʎ'ʎoso] *ag* (*pianta*) luxuriant; (*fig: commercio, sviluppo*) thriving

ri'gonfio, a *ag* swollen

ri'gore *sm* (*METEOR*) harshness, rigours *pl*; (*fig*) severity, strictness; (*anche:* **calcio di ~**) penalty; **di ~** compulsory; **a rigor di termini** strictly speaking; **rigo'roso, a** *ag* (*severo: persona, ordine*) strict; (*preciso*) rigorous

rigover'nare *vt* to wash (up)

riguar'dare *vt* to look at again; (*considerare*) to regard, consider; (*concernere*) to regard, concern; **~rsi** *vr* (*aver cura di sé*) to look after o.s.

rigu'ardo *sm* (*attenzione*) care; (*considerazione*) regard, respect; **~ a** concerning, with regard to; **non aver ~i nell'agire/nel parlare** to act/speak freely

rilasci'are [rilaʃ'ʃare] *vt* (*rimettere in libertà*) to release; (*AMM: documenti*) to issue; **ri'lascio** *sm* release; issue

rilas'sare *vt* to relax; **~rsi** *vr* to relax; (*fig: disciplina*) to become slack

rile'gare *vt* (*libro*) to bind; **rilega'tura** *sf* binding

ri'leggere [ri'leddʒere] *vt* to reread, read again; (*rivedere*) to read over

ri'lento: a ~ *av* slowly

rileva'mento *sm* (*topografico, statistico*) survey; (*NAUT*) bearing

rile'vante *ag* considerable; important

rile'vare *vt* (*ricavare*) to find; (*notare*) to notice; (*mettere in evidenza*) to point out; (*venire a conoscere: notizia*) to learn; (*raccogliere: dati*) to gather, collect; (*TOPOGRAFIA*) to survey; (*MIL*) to relieve; (*COMM*) to take over

rili'evo *sm* (*ARTE, GEO*) relief; (*fig: rilevanza*) importance; (*TOPOGRAFIA*) survey; **dar ~ a** o **mettere in ~ qc** (*fig*) to bring sth out, highlight sth

rilut'tante *ag* reluctant; **rilut'tanza** *sf* reluctance

'rima *sf* rhyme; (*verso*) verse

riman'dare *vt* to send again; (*restituire, rinviare*) to send back, return; (*differire*): **~ qc (a)** to postpone sth o put sth off (till); (*fare riferimento*): **~ qn a** to refer sb to; **essere rimandato** (*INS*) to have to repeat one's exams

ri'mando *sm* (*rinvio*) return; (*dilazione*) postponement; (*riferimento*) cross-reference

rima'nente *ag* remaining ♦ *sm* rest, remainder; **i ~i** (*persone*) the rest of them, the others; **rima'nenza** *sf* rest, remainder; **rimanenze** *sfpl* (*COMM*) unsold stock *sg*

rima'nere *vi* (*restare*) to remain, stay; (*avanzare*) to be left, remain; (*restare stupito*) to be amazed; (*restare, mancare*): **rimangono poche settimane a Pasqua** there are only a few weeks left till Easter; **rimane da vedere se** it remains to be seen whether; (*diventare*): **~ vedovo** to be left a widower; (*trovarsi*): **~ sorpreso** to be surprised

ri'mare *vt, vi* to rhyme

rimargi'nare [rimardʒi'nare] *vt, vi* (*anche:* **~rsi**) to heal

ri'masto, a *pp di* **rimanere**

rima'sugli [rima'suʎʎi] *smpl* leftovers

rimbal'zare [rimbal'tsare] *vi* to bounce back, rebound; (*proiettile*) to ricochet; **rim'balzo** *sm* rebound; ricochet

rimbam'bito, a *ag* senile, in one's dotage

rimboc'care *vt* (*coperta*) to tuck in; (*maniche, pantaloni*) to turn *o* roll up

rimbom'bare *vi* to resound

rimbor'sare *vt* to pay back, repay; **rim'borso** *sm* repayment

rimedi'are *vi*: ~ **a** to remedy ♦ *vt* (*fam: procurarsi*) to get *o* scrape together

ri'medio *sm* (*medicina*) medicine; (*cura, fig*) remedy, cure

rimesco'lare *vt* to mix well, stir well; (*carte*) to shuffle; **sentirsi ~ il sangue** (*per paura*) to feel one's blood run cold; (*per rabbia*) to feel one's blood boil

ri'messa *sf* (*locale: per veicoli*) garage; (: *per aerei*) hangar; (COMM: *di merce*) consignment; (: *di denaro*) remittance; (TENNIS) return; (CALCIO: *anche*: ~ **in gioco**) throw-in

ri'messo, a *pp di* **rimettere**

ri'mettere *vt* (*mettere di nuovo*) to put back; (*indossare di nuovo*): ~ **qc** to put sth back on, put sth on again; (*affidare*) to entrust; (: *decisione*) to refer; (*condonare*) to remit; (COMM: *merci*) to deliver; (: *denaro*) to remit; (*vomitare*) to bring up; (*perdere: anche*: **rimetterci**) to lose; ~**rsi al bello** (*tempo*) to clear up; ~**rsi in salute** to get better, recover one's health

'rimmel ® *sm inv* mascara

rimoder'nare *vt* to modernize

rimon'tare *vt* (*meccanismo*) to reassemble; (: *tenda*) to put up again ♦ *vi* (*salire di nuovo*): ~ **in** (*macchina, treno*) to get back into; (SPORT) to close the gap

rimorchi'are [rimor'kjare] *vt* to tow; (*fig: ragazza*) to pick up; **rimorchia'tore** *sm* (NAUT) tug(boat)

ri'morchio [ri'mɔrkjo] *sm* tow; (*veicolo*) trailer

ri'morso *sm* remorse

rimozi'one [rimot'tsjone] *sf* removal; (*da un impiego*) dismissal; (PSIC) repression

rim'pasto *sm* (POL) reshuffle

rimpatri'are *vi* to return home ♦ *vt* to repatriate; **rim'patrio** *sm* repatriation

rimpi'angere [rim'pjandʒere] *vt* to regret; (*persona*) to miss; **rimpi'anto, a** *pp di*

rimpiangere ♦ *sm* regret

rimpiat'tino *sm* hide-and-seek

rimpiaz'zare [rimpjat'tsare] *vt* to replace

rimpiccio'lire [rimpittʃo'lire] *vt* to make smaller ♦ *vi* (*anche*: ~**rsi**) to become smaller

rimpin'zare [rimpin'tsare] *vt*: ~ **di** to cram *o* stuff with

rimprove'rare *vt* to rebuke, reprimand; **rim'provero** *sm* rebuke, reprimand

rimugi'nare [rimudʒi'nare] *vt* (*fig*) to turn over in one's mind

rimunerazi'one [rimunerat'tsjone] *sf* remuneration; (*premio*) reward

rimu'overe *vt* to remove; (*destituire*) to dismiss

Rinasci'mento [rinaʃʃi'mento] *sm*: **il ~** the Renaissance

ri'nascita [ri'naʃʃita] *sf* rebirth, revival

rinca'rare *vt* to increase the price of ♦ *vi* to go up, become more expensive

rinca'sare *vi* to go home

rinchi'udere [rin'kjudere] *vt* to shut (*o* lock) up; ~**rsi** *vr*: ~**rsi in** to shut o.s. up in; ~**rsi in se stesso** to withdraw into o.s.; **rinchi'uso, a** *pp di* **rinchiudere**

rin'correre *vt* to chase, run after; **rin'corsa** *sf* short run; **rin'corso, a** *pp di* **rincorrere**

rin'crescere [rin'kreʃʃere] *vb impers*: **mi rincresce che/di non poter fare** I'm sorry that/I can't do, I regret that/being unable to do; **rincresci'mento** *sm* regret; **rincresci'uto, a** *pp di* **rincrescere**

rincu'lare *vi* (*arma*) to recoil

rinfacci'are [rinfat'tʃare] *vt* (*fig*): ~ **qc a qn** to throw sth in sb's face

rinfor'zare [rinfor'tsare] *vt* to reinforce, strengthen ♦ *vi* (*anche*: ~**rsi**) to grow stronger; **rin'forzo** *sm*: **mettere un rinforzo a** to strengthen; **di rinforzo** (*asse, sbarra*) strengthening; (*esercito*) supporting; (*personale*) extra, additional; **rinforzi** *smpl* (MIL) reinforcements

rinfran'care *vt* to encourage, reassure

rinfres'care *vt* (*atmosfera, temperatura*) to cool (down); (*abito, pareti*) to freshen up

♦ *vi (tempo)* to grow cooler; **~rsi** *vr (ristorarsi)* to refresh o.s.; *(lavarsi)* to freshen up; **rin'fresco, schi** *sm (festa)* party; **rinfreschi** *smpl* refreshments

rin'fusa *sf:* **alla ~** in confusion, higgledy-piggledy

ringhi'are [rin'gjare] *vi* to growl, snarl

ringhi'era [rin'gjera] *sf* railing; *(delle scale)* banister(s *pl*)

ringiova'nire [rindʒova'nire] *vt (sog: vestito, acconciatura etc):* **~ qn** to make sb look younger; *(: vacanze etc)* to rejuvenate ♦ *vi (anche: ~rsi)* to become *(o* look*)* younger

ringrazia'mento [ringrattsja'mento] *sm* thanks *pl*

ringrazi'are [ringrat'tsjare] *vt* to thank; **~ qn di qc** to thank sb for sth

rinne'gare *vt (fede)* to renounce; *(figlio)* to disown, repudiate; **rinne'gato, a** *sm/f* renegade

rinnova'mento *sm* renewal; *(economico)* revival

rinno'vare *vt* to renew; *(ripetere)* to repeat, renew; **rin'novo** *sm (di contratto)* renewal; **"chiuso per rinnovo dei locali"** "closed for alterations"

rinoce'ronte [rinotʃe'ronte] *sm* rhinoceros

rino'mato, a *ag* renowned, celebrated

rinsal'dare *vt* to strengthen

rintoc'care *vi (campana)* to toll; *(orologio)* to strike

rintracci'are [rintrat'tʃare] *vt* to track down

rintro'nare *vi* to boom, roar ♦ *vt (assordare)* to deafen; *(stordire)* to stun

ri'nuncia [ri'nuntʃa] *etc* = **rinunzia** *etc*

ri'nunzia [ri'nuntsja] *sf* renunciation

rinunzi'are [rinun'tsjare] *vi:* **~ a** to give up, renounce

rinve'nire *vt* to find, recover; *(scoprire)* to discover, find out ♦ *vi (riprendere i sensi)* to come round; *(fiori)* to revive

rinvi'are *vt (rimandare indietro)* to send back, return; *(differire):* **~ qc (a)** to postpone sth *o* put sth off (till); to adjourn sth (till); *(fare un rimando):* **~ qn a** to refer sb to

rinvigo'rire *vt* to strengthen

rin'vio, 'vii *sm (rimando)* return; *(differimento)* postponement; *(: di seduta)* adjournment; *(in un testo)* cross-reference

ri'one *sm* district, quarter

riordi'nare *vt (rimettere in ordine)* to tidy; *(riorganizzare)* to reorganize

riorganiz'zare [riorganid'dzare] *vt* to reorganize

ripa'gare *vt* to repay

ripa'rare *vt (proteggere)* to protect, defend; *(correggere: male, torto)* to make up for; *(: errore)* to put right; *(aggiustare)* to repair ♦ *vi (mettere rimedio):* **~ a** to make up for; **~rsi** *vr (rifugiarsi)* to take refuge *o* shelter; **riparazi'one** *sf (di un torto)* reparation; *(di guasto, scarpe)* repairing *no pl*; repair; *(risarcimento)* compensation

ri'paro *sm (protezione)* shelter, protection; *(rimedio)* remedy

ripar'tire *vt (dividere)* to divide up; *(distribuire)* to share out ♦ *vi* to set off again; to leave again

ripas'sare *vi* to come *(o* go*)* back ♦ *vt (scritto, lezione)* to go over (again); **ri'passo** *sm* revision *(BRIT)*, review *(US)*

ripen'sare *vi* to think; *(cambiare pensiero)* to change one's mind; *(tornare col pensiero):* **~ a** to recall

ripercu'otersi *vr:* **~ su** *(fig)* to have repercussions on

ripercussi'one *sf (fig):* **avere una ~** *o* **delle ~i su** to have repercussions on

ripes'care *vt (pesce)* to catch again; *(persona, cosa)* to fish out; *(fig: ritrovare)* to dig out

ri'petere *vt* to repeat; *(ripassare)* to go over; **ripetizi'one** *sf* repetition; *(di lezione)* revision; **ripetizioni** *sfpl (INS)* private tutoring *o* coaching *sg*

ripi'ano *sm (di mobile)* shelf

ri'picca *sf:* **per ~** out of spite

'ripido, a *ag* steep

ripie'gare *vt* to refold; *(piegare più volte)* to fold (up) ♦ *vi (MIL)* to retreat, fall back; *(fig: accontentarsi):* **~ su** to make do with; **~rsi** *vr* to bend; **ripi'ego, ghi** *sm* expedient

ripi'eno, a *ag* full; (*CUC*) stuffed; (: *panino*) filled ♦ *sm* (*CUC*) stuffing

ri'porre *vt* (*porre al suo posto*) to put back, replace; (*mettere via*) to put away; (*fiducia, speranza*): ~ **qc in qn** to place *o* put sth in sb

ripor'tare *vt* (*portare indietro*) to bring (*o* take) back; (*riferire*) to report; (*citare*) to quote; (*vittoria*) to gain; (*successo*) to have; (*MAT*) to carry; ~**rsi a** (*anche fig*) to go back to; (*riferirsi a*) to refer to; ~ **danni** to suffer damage

ripo'sare *vt, vi* to rest; ~**rsi** *vr* to rest; ri'poso *sm* rest; (*MIL*): **riposo!** at ease!; **a riposo** (*in pensione*) retired; **giorno di riposo** day off

ripos'tiglio [ripos'tiʎʎo] *sm* lumber-room

ri'posto, a *pp di* **riporre**

ri'prendere *vt* (*prigioniero, fortezza*) to recapture; (*prendere indietro*) to take back; (*ricominciare: lavoro*) to resume; (*andare a prendere*) to fetch, come back for; (*riassumere: impiegati*) to take on again, re-employ; (*rimproverare*) to tell off; (*restringere: abito*) to take in; (*CINEMA*) to shoot; ~**rsi** *vr* to recover; (*correggersi*) to correct o.s.; ri'presa *sf* recapture; resumption; (*economica, da malattia, emozione*) recovery; (*AUT*) acceleration *no pl*; (*TEATRO, CINEMA*) rerun; (*CINEMA: presa*) shooting *no pl*; shot; (*SPORT*) second half; (: *PUGILATO*) round; **a più riprese** on several occasions, several times; **ripreso, a** *pp di* **riprendere**

ripristi'nare *vt* to restore

ripro'durre *vt* to reproduce; **riprodursi** *vr* (*BIOL*) to reproduce; (*riformarsi*) to form again; **riproduzi'one** *sf* reproduction; **riproduzione vietata** all rights reserved

ripudi'are *vt* to repudiate, disown

ripu'gnante [ripuɲ'ɲante] *ag* disgusting, repulsive

ripu'gnare [ripuɲ'ɲare] *vi*: ~ **a qn** to repel *o* disgust sb

ripu'lire *vt* to clean up; (*sog: ladri*) to clean out; (*perfezionare*) to polish, refine

ri'quadro *sm* square; (*ARCHIT*) panel

ri'saia *sf* paddy field

risa'lire *vi* (*ritornare in su*) to go back up; ~ **a** (*ritornare con la mente*) to go back to; (*datare da*) to date back to, go back to

risal'tare *vi* (*fig: distinguersi*) to stand out; (*ARCHIT*) to project, jut out; ri'salto *sm* prominence; (*sporgenza*) projection; **mettere** *o* **porre in risalto qc** to make sth stand out

risa'nare *vt* (*guarire*) to heal, cure; (*palude*) to reclaim; (*economia*) to improve; (*bilancio*) to reorganize

risa'puto, a *ag*: **è ~ che ...** everyone knows that ..., it is common knowledge that ...

risarci'mento [risartʃi'mento] *sm*: ~ **(di)** compensation (for)

risar'cire [risar'tʃire] *vt* (*cose*) to pay compensation for; (*persona*): ~ **qn di qc** to compensate sb for sth

ri'sata *sf* laugh

riscalda'mento *sm* heating; ~ **centrale** central heating

riscal'dare *vt* (*scaldare*) to heat; (: *mani, persona*) to warm; (*minestra*) to reheat; ~**rsi** *vr* to warm up

riscat'tare *vt* (*prigioniero*) to ransom, pay a ransom for; (*DIR*) to redeem; ~**rsi** *vr* (*da disonore*) to redeem o.s.; ris'catto *sm* ransom; redemption

rischia'rare [riskja'rare] *vt* (*illuminare*) to light up; (*colore*) to make lighter; ~**rsi** *vr* (*tempo*) to clear up; (*cielo*) to clear; (*fig: volto*) to brighten up; ~**rsi la voce** to clear one's throat

rischi'are [ris'kjare] *vt* to risk ♦ *vi*: ~ **di fare qc** to risk *o* run the risk of doing sth

'rischio ['riskjo] *sm* risk; **rischi'oso, a** *ag* risky, dangerous

riscia'cquare [riʃʃa'kware] *vt* to rinse

riscon'trare *vt* (*rilevare*) to find; ris'contro *sm* confirmation; (*lettera di risposta*) reply

ris'cossa *sf* (*riconquista*) recovery, reconquest; *vedi anche* **riscosso**

riscossi'one *sf* collection

ris'cosso, a *pp di* **riscuotere**

ris'cuotere *vt* (*ritirare: somma*) to collect; (*: stipendio*) to draw, collect; (*assegno*) to cash; (*fig: successo etc*) to win, earn; **~rsi** *vr:* **~rsi (da)** to shake o.s. (out of), rouse o.s. (from)

risenti'mento *sm* resentment

risen'tire *vt* to hear again; (*provare*) to feel ♦ *vi:* ~ **di** to feel (*o* show) the effects of; **~rsi** *vr:* **~rsi di** *o* **per** to take offence at, resent

risen'tito, a *ag* resentful

ri'serbo *sm* reserve

ri'serva *sf* reserve; (*di caccia, pesca*) preserve; (*restrizione, di indigeni*) reservation; **di ~** (*provviste etc*) in reserve

riser'vare *vt* (*tenere in serbo*) to keep, put aside; (*prenotare*) to book, reserve; **~rsi** *vr:* **~rsi di fare qc** to intend to do sth

riserva'tezza *sf* reserve

riser'vato, a *ag* (*prenotato, fig: persona*) reserved; (*confidenziale*) confidential

risi'edere *vi:* ~ **a** *o* **in** to reside in

'risma *sf* (*di carta*) ream; (*fig*) kind, sort

'riso (*pl(f)* ~**a**: *il ridere*) *sm:* **il ~** laughter; (*pianta*) rice ♦ *pp di* **ridere**

riso'lino *sm* snigger

ri'solto, a *pp di* **risolvere**

risolu'tezza [risolu'tettsa] *sf* determination

riso'luto, a *ag* determined, resolute

risoluzi'one [risolut'tsjone] *sf* solving *no pl*; (*MAT*) solution; (*decisione, di immagine*) resolution

ri'solvere *vt* (*difficoltà, controversia*) to resolve; (*problema*) to solve; (*decidere*): ~ **di fare** to resolve to do; **~rsi** *vr* (*decidersi*): **~rsi a fare** to make up one's mind to do; (*andare a finire*): **~rsi in** to end up, turn out; **~rsi in nulla** to come to nothing

riso'nanza [riso'nantsa] *sf* resonance; **aver vasta ~** (*fig: fatto etc*) to be known far and wide

riso'nare *vt, vi* = **risuonare**

ri'sorgere [ri'sordʒere] *vi* to rise again; **risorgi'mento** *sm* revival; **il Risorgimento** (*STORIA*) the Risorgimento

---

Risorgimento

i   The **Risorgimento** was the political movement which led to the proclamation of the Kingdom of Italy in 1861, and eventually to unification (1871).

---

ri'sorsa *sf* expedient, resort; **~e** *sfpl* (*naturali, finanziarie etc*) resources; **persona piena di ~e** resourceful person

ri'sorto, a *pp di* **risorgere**

ri'sotto *sm* (*CUC*) risotto

risparmi'are *vt* to save; (*non uccidere*) to spare ♦ *vi* to save; ~ **qc a qn** to spare sb sth

ris'parmio *sm* saving *no pl*; (*denaro*) savings *pl*

rispec'chiare [rispek'kjare] *vt* to reflect

rispet'tabile *ag* respectable

rispet'tare *vt* to respect; **farsi ~** to command respect

rispet'tivo, a *ag* respective

ris'petto *sm* respect; **~i** *smpl* (*saluti*) respects, regards; ~ **a** (*in paragone a*) compared to; (*in relazione a*) as regards, as for; **rispet'toso, a** *ag* respectful

ris'plendere *vi* to shine

ris'pondere *vi* to answer, reply; (*freni*) to respond; ~ **a** (*domanda*) to answer, reply to; (*persona*) to answer; (*invito*) to reply to; (*provocazione, sog: veicolo, apparecchio*) to respond to; (*corrispondere a*) to correspond to; (*: speranze, bisogno*) to answer; ~ **di** to answer for; **ris'posta** *sf* answer, reply; **in risposta a** in reply to; **risposto, a** *pp di* **rispondere**

'rissa *sf* brawl

ristabi'lire *vt* to re-establish, restore; (*persona: sog: riposo etc*) to restore to health; **~rsi** *vr* to recover

rista'gnare [ristan'ɲare] *vi* (*acqua*) to become stagnant; (*sangue*) to cease flowing; (*fig: industria*) to stagnate; **ris'tagno** *sm* stagnation

ris'tampa *sf* reprinting *no pl*; reprint

risto'rante *sm* restaurant

risto'rarsi *vr* to have something to eat and

drink; (*riposarsi*) to rest, have a rest;
ris'toro *sm* (*bevanda, cibo*) refreshment;
servizio di ristoro (*FERR*) refreshments *pl*
ristret'tezza [ristret'tettsa] *sf* (*strettezza*)
narrowness; (*fig: scarsezza*) scarcity, lack;
(*: meschinità*) meanness; **~e** *sfpl* (*povertà*)
financial straits
ris'tretto, a *pp di* **restringere** ♦ *ag*
(*racchiuso*) enclosed, hemmed in; (*angusto*)
narrow; (*limitato*): **~ (a)** restricted *o* limited
(to); (*CUC: brodo*) thick; (*: caffè*) extra
strong
risucchi'are [risuk'kjare] *vt* to suck in
risul'tare *vi* (*dimostrarsi*) to prove (to be),
turn out (to be); (*riuscire*): **~ vincitore** to
emerge as the winner; **~ da** (*provenire*) to
result from, be the result of; **mi risulta che
...** I understand that ...; **non mi risulta** not
as far as I know; **risul'tato** *sm* result
risuo'nare *vi* (*rimbombare*) to resound
risurrezi'one [risurret'tsjone] *sf* (*REL*)
resurrection
risusci'tare [risuʃʃi'tare] *vt* to resuscitate,
restore to life; (*fig*) to revive, bring back
♦ *vi* to rise (from the dead)
ris'veglio [riz'veʎʎo] *sm* waking up; (*fig*)
revival
ris'volto *sm* (*di giacca*) lapel; (*di
pantaloni*) turn-up; (*di manica*) cuff; (*di
tasca*) flap; (*di libro*) inside flap; (*fig*)
implication
ritagli'are [ritaʎ'ʎare] *vt* (*tagliar via*) to cut
out; **ri'taglio** *sm* (*di giornale*) cutting,
clipping; (*di stoffa etc*) scrap; **nei ritagli di
tempo** in one's spare time
ritar'dare *vi* (*persona, treno*) to be late;
(*orologio*) to be slow ♦ *vt* (*rallentare*) to
slow down; (*impedire*) to delay, hold up;
(*differire*) to postpone, delay;
ritarda'tario, a *sm/f* latecomer
ri'tardo *sm* delay; (*di persona aspettata*)
lateness *no pl*; (*fig: mentale*) backwardness;
in ~ late
ri'tegno [ri'teɲɲo] *sm* restraint
rite'nere *vt* (*trattenere*) to hold back;
(*: somma*) to deduct; (*giudicare*) to
consider, believe; **rite'nuta** *sf* (*sul salario*)

deduction
riti'rare *vt* to withdraw; (*POL: richiamare*) to
recall; (*andare a prendere: pacco etc*) to
collect, pick up; **~rsi** *vr* to withdraw; (*da
un'attività*) to retire; (*stoffa*) to shrink;
(*marea*) to recede; **riti'rata** *sf* (*MIL*) retreat;
(*latrina*) lavatory; **ri'tiro** *sm* withdrawal;
recall; collection; (*luogo appartato*) retreat
'ritmo *sm* rhythm; (*fig*) rate; (*: della vita*)
pace, tempo
'rito *sm* rite; **di ~** usual, customary
ritoc'care *vt* (*disegno, fotografia*) to touch
up; (*testo*) to alter; **ri'tocco, chi** *sm*
touching up *no pl*; alteration
ritor'nare *vi* to return, go (*o come*) back;
(*ripresentarsi*) to recur; (*ridiventare*): **~ ricco**
to become rich again ♦ *vt* (*restituire*) to
return, give back
ritor'nello *sm* refrain
ri'torno *sm* return; **essere di ~** to be back;
avere un ~ di fiamma (*AUT*) to backfire;
(*fig: persona*) to be back in love again
ritorsi'one *sf* retaliation
ri'trarre *vt* (*trarre indietro, via*) to withdraw;
(*distogliere: sguardo*) to turn away;
(*rappresentare*) to portray, depict; (*ricavare*)
to get, obtain
ritrat'tare *vt* (*disdire*) to retract, take back;
(*trattare nuovamente*) to deal with again
ri'tratto, a *pp di* **ritrarre** ♦ *sm* portrait
ri'troso, a *ag* (*restio*): **~ (a)** reluctant (to);
(*schivo*) shy; **andare a ~** to go backwards
ritro'vare *vt* to find; (*salute*) to regain;
(*persona*) to find; to meet again; **~rsi** *vr*
(*essere, capitare*) to find o.s.; (*raccapezzarsi*)
to find one's way; (*con senso reciproco*) to
meet (again); **ri'trovo** *sm* meeting place;
ritrovo notturno night club
'ritto, a *ag* (*in piedi*) standing, on one's
feet; (*levato in alto*) erect, raised; (*: capelli*)
standing on end; (*posto verticalmente*)
upright
ritu'ale *ag, sm* ritual
riuni'one *sf* (*adunanza*) meeting;
(*riconciliazione*) reunion
riu'nire *vt* (*ricongiungere*) to join (together);
(*riconciliare*) to reunite, bring together

(again); **~rsi** *vr* (*adunarsi*) to meet; (*tornare insieme*) to be reunited

riu'scire [riuʃ'ʃire] *vi* (*uscire di nuovo*) to go out again, go back out; (*aver esito: fatti, azioni*) to turn out; (*aver successo*) to succeed, be successful; (*essere, apparire*) to be, prove; (*raggiungere il fine*) to manage, succeed; **~ a fare qc** to manage to do o succeed in doing o be able to do sth; **riu'scita** *sf* (*esito*) result, outcome; (*buon esito*) success

'riva *sf* (*di fiume*) bank; (*di lago, mare*) shore

ri'vale *sm/f* rival; **rivalità** *sf* rivalry

ri'valsa *sf* (*rivincita*) revenge

rivalu'tare *vt* (*ECON*) to revalue

rivan'gare *vt* (*ricordi etc*) to dig up (again)

rive'dere *vt* to see again; (*ripassare*) to revise; (*verificare*) to check

rive'lare *vt* to reveal; (*divulgare*) to reveal, disclose; (*dare indizio*) to reveal, show; **~rsi** *vr* (*manifestarsi*) to be revealed; **~rsi onesto** etc to prove to be honest *etc*; **rivela'tore** *sm* (*TECN*) detector; (*FOT*) developer; **rivelazi'one** *sf* revelation

rivendi'care *vt* to claim, demand

ri'vendita *sf* (*bottega*) retailer's (shop)

rivendi'tore, 'trice *sm/f* retailer; **~ autorizzato** (*COMM*) authorized dealer

ri'verbero *sm* (*di luce, calore*) reflection; (*di suono*) reverberation

rive'renza [rive'rɛntsa] *sf* reverence; (*inchino*) bow; curtsey

rive'rire *vt* (*rispettare*) to revere; (*salutare*) to pay one's respects to

river'sare *vt* (*anche fig*) to pour; **~rsi** *vr* (*fig: persone*) to pour out

rivesti'mento *sm* covering; coating

rives'tire *vt* to dress again; (*ricoprire*) to cover; to coat; (*fig: carica*) to hold; **~rsi** *vr* to get dressed again; to change (one's clothes)

rivi'era *sf* coast; **la ~ ligure** the Italian Riviera

ri'vincita [ri'vintʃita] *sf* (*SPORT*) return match; (*fig*) revenge

rivis'suto, a *pp di* **rivivere**

ri'vista *sf* review; (*periodico*) magazine, review; (*TEATRO*) revue; variety show

ri'vivere *vi* (*riacquistare forza*) to come alive again; (*tornare in uso*) to be revived ♦ *vt* to relive

ri'volgere [ri'vɔldʒere] *vt* (*attenzione, sguardo*) to turn, direct; (*parole*) to address; **~rsi** *vr* to turn round; (*fig: dirigersi per informazioni*): **~rsi a** to go and see, go and speak to; (: *ufficio*) to enquire at

ri'volta *sf* revolt, rebellion

rivol'tare *vt* to turn over; (*con l'interno all'esterno*) to turn inside out; (*disgustare: stomaco*) to upset, turn; **~rsi** *vr* (*ribellarsi*): **~rsi (a)** to rebel (against)

rivol'tella *sf* revolver

ri'volto, a *pp di* **rivolgere**

rivoluzio'nare [rivoluttsjo'nare] *vt* to revolutionize

rivoluzio'nario, a [rivoluttsjo'narjo] *ag, sm/f* revolutionary

rivoluzi'one [rivolut'tsjone] *sf* revolution

riz'zare [rit'tsare] *vt* to raise, erect; **~rsi** *vr* to stand up; (*capelli*) to stand on end

'roba *sf* stuff, things *pl*; (*possessi, beni*) belongings *pl*, things *pl*, possessions *pl*; **~ da mangiare** things *pl* to eat, food; **~ da matti** sheer madness o lunacy

'robot *sm inv* robot

ro'busto, a *ag* robust, sturdy; (*solido: catena*) strong

'rocca, che *sf* fortress

rocca'forte *sf* stronghold

roc'chetto [rok'ketto] *sm* reel, spool

'roccia, ce ['rɔttʃa] *sf* rock; **fare ~** (*SPORT*) to go rock climbing; **roc'cioso, a** *ag* rocky

ro'daggio [ro'daddʒo] *sm* running (*BRIT*) o breaking (*US*) in; **in ~** running (*BRIT*) o breaking (*US*) in

'Rodano *sm*: **il ~** the Rhone

'rodere *vt* to gnaw (at); (*distruggere poco a poco*) to eat into

rodi'tore *sm* (*ZOOL*) rodent

rodo'dendro *sm* rhododendron

'rogna ['rɔɲɲa] *sf* (*MED*) scabies *sg*; (*fig*) bother, nuisance

ro'gnone [ron'none] sm (CUC) kidney

'rogo, ghi sm (per cadaveri) (funeral) pyre; (supplizio): il ~ the stake

rol'lio sm roll(ing)

'Roma sf Rome

Roma'nia sf: la ~ Romania

ro'manico, a, ci, che ag Romanesque

ro'mano, a ag, sm/f Roman

romanti'cismo [romanti'tʃizmo] sm romanticism

ro'mantico, a, ci, che ag romantic

ro'manza [ro'mandza] sf (MUS, LETTERATURA) romance

roman'zesco, a, schi, sche [roman'dzesko] ag (stile, personaggi) fictional; (fig) storybook cpd

romanzi'ere [roman'dzjere] sm novelist

ro'manzo, a [ro'mandzo] ag (LING) romance cpd ♦ sm novel; ~ d'appendice serial (story)

rom'bare vi to rumble, thunder, roar

'rombo sm rumble, thunder, roar; (MAT) rhombus; (ZOOL) turbot; brill

ro'meno, a ag, sm/f, sm = rumeno, a

'rompere vt to break; (fidanzamento) to break off ♦ vi to break; ~rsi vr to break; mi rompe le scatole (fam) he (o she) is a pain in the neck; ~rsi un braccio to break an arm; rompi'capo sm worry, headache; (indovinello) puzzle; (in enigmistica) brainteaser; rompighi'accio sm (NAUT) icebreaker; rompis'catole (fam) sm/f inv pest, pain in the neck

'ronda sf (MIL) rounds pl, patrol

ron'della sf (TECN) washer

'rondine sf (ZOOL) swallow

ron'done sm (ZOOL) swift

ron'zare [ron'dzare] vi to buzz, hum

ron'zino [ron'dzino] sm (peg: cavallo) nag

ron'zio [ron'dzio] sm buzzing

'rosa sf rose ♦ ag inv, sm pink; ro'saio sm (pianta) rosebush, rose tree; (giardino) rose garden; ro'sario sm (REL) rosary; ro'sato, a ag pink, rosy ♦ sm (vino) rosé (wine); ro'seo, a ag (anche fig) rosy

rosicchi'are [rosik'kjare] vt to gnaw (at); (mangiucchiare) to nibble (at)

rosma'rino sm rosemary

'roso, a pp di rodere

roso'lare vt (CUC) to brown

roso'lia sf (MED) German measles sg, rubella

ro'sone sm rosette; (vetrata) rose window

'rospo sm (ZOOL) toad

ros'setto sm (per labbra) lipstick

'rosso, a ag, sm, sm/f red; il mar R~ the Red Sea; ~ d'uovo egg yolk; ros'sore sm flush, blush

rosticce'ria [rostitteʃe'ria] sf shop selling roast meat and other cooked food

ro'tabile ag (percorribile): strada ~ roadway; (FERR): materiale ~ rolling stock

ro'taia sf rut, track; (FERR) rail

ro'tare vt, vi to rotate; rotazi'one sf rotation

rote'are vt, vi to whirl; ~ gli occhi to roll one's eyes

ro'tella sf small wheel; (di mobile) castor

roto'lare vt, vi to roll; ~rsi vr to roll (about)

'rotolo sm roll; andare a ~i (fig) to go to rack and ruin

ro'tonda sf rotunda

ro'tondo, a ag round

'rotta sf (AER, NAUT) course, route; (MIL) rout; a ~ di collo at breakneck speed; essere in ~ con qn to be on bad terms with sb

rot'tame sm fragment, scrap, broken bit; ~i smpl (di nave, aereo etc) wreckage sg

'rotto, a pp di rompere ♦ ag broken; (calzoni) torn, split; per il ~ della cuffia by the skin of one's teeth

rot'tura sf breaking no pl; break; breaking off; (MED) fracture, break

rou'lotte [ru'lɔt] sf caravan

ro'vente ag red-hot

'rovere sm oak

rovesci'are [roveʃ'ʃare] vt (versare in giù) to pour; (: accidentalmente) to spill; (capovolgere) to turn upside down; (gettare a terra) to knock down; (: fig: governo) to overthrow; (piegare all'indietro: testa) to throw back; ~rsi vr (sedia, macchina) to overturn; (*barca*) to capsize; (*liquido*) to spill; (*fig: situazione*) to be reversed

ro'vescio, sci [ro'veʃʃo] *sm* other side, wrong side; (*della mano*) back; (*di moneta*) reverse; (*pioggia*) sudden downpour; (*fig*) setback; (*MAGLIA: anche:* **punto ~**) purl (stitch); (*TENNIS*) backhand (stroke); **a ~** upside-down; inside-out; **capire qc a ~** to misunderstand sth

ro'vina *sf* ruin; **andare in ~** (*andare a pezzi*) to collapse; (*fig*) to go to rack and ruin

rovi'nare *vi* to collapse, fall down ♦ *vt* (*danneggiare, fig*) to ruin; rovi'noso, a *ag* disastrous; damaging; violent

rovis'tare *vt* (*casa*) to ransack; (*tasche*) to rummage in (*o* through)

'rovo *sm* (*BOT*) blackberry bush, bramble bush

'rozzo, a ['roddzo] *ag* rough, coarse

'ruba *sf*: **andare a ~** to sell like hot cakes

ru'bare *vt* to steal; **~ qc a qn** to steal sth from sb

rubi'netto *sm* tap, faucet (*US*)

ru'bino *sm* ruby

ru'brica, che *sf* (*STAMPA*) column; (*quadernetto*) index book; address book

'rude *ag* tough, rough

'rudere *sm* (*rovina*) ruins *pl*

rudimen'tale *ag* rudimentary, basic

rudi'menti *smpl* rudiments; basic principles; basic knowledge *sg*

ruffi'ano *sm* pimp

'ruga, ghe *sf* wrinkle

'ruggine ['ruddʒine] *sf* rust

rug'gire [rud'dʒire] *vi* to roar

rugi'ada [ru'dʒada] *sf* dew

ru'goso, a *ag* wrinkled

rul'lare *vi* (*tamburo, nave*) to roll; (*aereo*) to taxi

rul'lino *sm* (*FOT*) spool; (*: pellicola*) film

'rullo *sm* (*di tamburi*) roll; (*arnese cilindrico, TIP*) roller; **~ compressore** steam roller; **~ di pellicola** roll of film

rum *sm* rum

ru'meno, a *ag, sm/f, sm* Romanian

rumi'nare *vt* (*ZOOL*) to ruminate

ru'more *sm*: **un ~** a noise, a sound; (*fig*) a rumour; **il ~** noise; rumo'roso, a *ag* noisy

ru'olo *sm* (*TEATRO, fig*) role, part; (*elenco*) roll, register, list; **di ~** permanent, on the permanent staff

ru'ota *sf* wheel; **~ anteriore/posteriore** front/back wheel; **~ di scorta** spare wheel

ruo'tare *vt, vi* = rotare

'rupe *sf* cliff

ru'rale *ag* rural, country *cpd*

ru'scello [ruʃ'ʃello] *sm* stream

'ruspa *sf* excavator

rus'sare *vi* to snore

'Russia *sf*: **la ~** Russia; 'russo, a *ag, sm/f, sm* Russian

'rustico, a, ci, che *ag* rustic; (*fig*) rough, unrefined

rut'tare *vi* to belch; 'rutto *sm* belch

'ruvido, a *ag* rough, coarse

ruzzo'lare [ruttso'lare] *vi* to tumble down; ruzzo'loni [ruttso'loni] *av*: **cadere ruzzoloni** to tumble down

S, s

S. *abbr* (= *sud*) S

sa *vb vedi* sapere

'sabato *sm* Saturday; **di *o* il ~** on Saturdays

'sabbia *sf* sand; **~e mobili** quicksand(s); sabbi'oso, a *ag* sandy

sabo'taggio [sabo'taddʒo] *sm* sabotage

sabo'tare *vt* to sabotage

'sacca, che *sf* bag; (*bisaccia*) haversack; **~ da viaggio** travelling bag

sacca'rina *sf* saccharin(e)

sac'cente [sat'tʃente] *sm/f* know-all (*BRIT*), know-it-all (*US*)

saccheggi'are [sakked'dʒare] *vt* to sack, plunder; sac'cheggio *sm* sack(ing)

sac'chetto [sak'ketto] *sm* (small) bag; (small) sack

'sacco, chi *sm* bag; (*per carbone etc*) sack; (*ANAT, BIOL*) sac; (*tela*) sacking; (*saccheggio*) sack(ing); (*fig: grande quantità*): **un ~ di** lots of, heaps of; **~ a pelo** sleeping bag; **~ per i rifiuti** bin bag

sacer'dote [satʃerˈdɔte] *sm* priest;
  sacer'dozio *sm* priesthood

sacra'mento *sm* sacrament

sacrifi'care *vt* to sacrifice; **~rsi** *vr* to
  sacrifice o.s.; (*privarsi di qc*) to make
  sacrifices

sacri'ficio [sakriˈfitʃo] *sm* sacrifice

sacri'legio [sakriˈledʒo] *sm* sacrilege

'sacro, a *ag* sacred

'sadico, a, ci, che *ag* sadistic ♦ *sm/f*
  sadist

sa'etta *sf* arrow; (*fulmine: anche fig*)
  thunderbolt; flash of lightning

sa'fari *sm inv* safari

sa'gace [saˈgatʃe] *ag* shrewd, sagacious

sag'gezza [sadˈdʒettsa] *sf* wisdom

saggi'are [sadˈdʒare] *vt* (*metalli*) to assay;
  (*fig*) to test

'saggio, a, gi, ge [ˈsaddʒo] *ag* wise ♦ *sm*
  (*persona*) sage; (*esperimento*) test; (*fig:
  prova*) proof; (*campione*) sample; (*scritto*)
  essay

Sagit'tario [sadʒitˈtarjo] *sm* Sagittarius

'sagoma *sf* (*profilo*) outline, profile; (*forma*)
  form, shape; (*TECN*) template; (*bersaglio*)
  target; (*fig: persona*) character

'sagra *sf* festival

sagres'tano *sm* sacristan; sexton

sagres'tia *sf* sacristy

Sa'hara [saˈara] *sm*: **il (deserto del) ~** the
  Sahara (Desert)

'sai *vb vedi* **sapere**

'sala *sf* hall; (*stanza*) room; **~ d'aspetto**
  waiting room; **~ da ballo** ballroom; **~ per
  concerti** concert hall; **~ da gioco** gaming
  room; **~ operatoria** operating theatre; **~
  da pranzo** dining room

sa'lame *sm* salami *no pl*, salami sausage

sala'moia *sf* (*CUC*) brine

sa'lare *vt* to salt

sa'lario *sm* pay, wages *pl*

sa'lato, a *ag* (*sapore*) salty; (*CUC*) salted,
  salt *cpd*; (*fig: prezzo*) steep, stiff

sal'dare *vt* (*congiungere*) to join, bind;
  (*parti metalliche*) to solder; (: *con saldatura
  autogena*) to weld; (*conto*) to settle, pay;
  salda'tura *sf* soldering; welding; (*punto

saldato*) soldered joint; weld

sal'dezza [salˈdettsa] *sf* firmness; strength

'saldo, a *ag* (*resistente, forte*) strong, firm;
  (*fermo*) firm, steady, stable; (*fig*) firm,
  steadfast ♦ *sm* (*svendita*) sale; (*di conto*)
  settlement; (*ECON*) balance

'sale *sm* salt; (*fig*): **ha poco ~ in zucca** he
  doesn't have much sense; **~ fino/grosso**
  table/cooking salt

'salice [ˈsalitʃe] *sm* willow; **~ piangente**
  weeping willow

sali'ente *ag* (*fig*) salient, main

sali'era *sf* salt cellar

sa'lina *sf* saltworks *sg*

sa'lino, a *ag* saline

sa'lire *vi* to go (*o* come) up; (*aereo etc*) to
  climb, go up; (*passeggero*) to get on;
  (*sentiero, prezzi, livello*) to go up, rise ♦ *vt*
  (*scale, gradini*) to go (*o* come) up; **~ su** to
  climb (up); **~ sul treno/sull'autobus** to
  board the train/the bus; **~ in macchina** to
  get into the car; **sa'lita** *sf* climb, ascent;
  (*erta*) hill, slope; **in salita** *ag*, *av* uphill

sa'liva *sf* saliva

'salma *sf* corpse

'salmo *sm* psalm

sal'mone *sm* salmon

sa'lone *sm* (*stanza*) sitting room, lounge;
  (*in albergo*) lounge; (*su nave*) lounge,
  saloon; (*mostra*) show, exhibition; **~ di
  bellezza** beauty salon

sa'lotto *sm* lounge, sitting room; (*mobilio*)
  lounge suite

sal'pare *vi* (*NAUT*) to set sail; (*anche*: **~
  l'ancora**) to weigh anchor

'salsa *sf* (*CUC*) sauce; **~ di pomodoro**
  tomato sauce

sal'siccia, ce [salˈsittʃa] *sf* pork sausage

sal'tare *vi* to jump, leap; (*esplodere*) to
  blow up, explode; (: *valvola*) to blow;
  (*venir via*) to pop off; (*non aver luogo: corso
  etc*) to be cancelled ♦ *vt* to jump (over),
  leap (over); (*fig: pranzo, capitolo*) to skip,
  miss (out); (*CUC*) to sauté; **far ~** to blow
  up; to burst open; **~ fuori** (*fig: apparire
  all'improvviso*) to turn up

saltel'lare *vi* to skip; to hop

saltim'banco sm acrobat

'salto sm jump; (SPORT) jumping; fare un ~ to jump, leap; fare un ~ da qn to pop over to sb's (place); ~ in alto/lungo high/long jump; ~ con l'asta pole vaulting; ~ mortale somersault

saltu'ario, a ag occasional, irregular

sa'lubre ag healthy, salubrious

salume'ria sf delicatessen

sa'lumi smpl salted pork meats

salu'tare ag healthy; (fig) salutary, beneficial ♦ vt (incontrandosi) to greet; (congedandosi) to say goodbye to; (MIL) to salute

sa'lute sf health; ~! (a chi starnutisce) bless you!; (nei brindisi) cheers!; bere alla ~ di qn to drink (to) sb's health

sa'luto sm (gesto) wave; (parola) greeting; (MIL) salute; (formula di cortesia) greetings; cari ~i best regards; vogliate gradire i nostri più distinti ~i Yours faithfully

salvacon'dotto sm (MIL) safe-conduct

salva'gente [salva'dʒɛnte] sm (NAUT) lifebuoy; (ciambella) life belt; (giubbotto) lifejacket; (stradale) traffic island

salvaguar'dare vt to safeguard

sal'vare vt to save; (trarre da un pericolo) to rescue; (proteggere) to protect; ~rsi vr to save o.s.; (scappare) to escape; salva'taggio sm rescue; salva'tore, 'trice sm/f saviour

'salve (fam) escl hi!

sal'vezza [sal'vettsa] sf salvation; (sicurezza) safety

'salvia sf (BOT) sage

salvi'etta sf napkin; ~ umidificata baby wipe

'salvo, a ag safe, unhurt, unharmed; (fuori pericolo) safe, out of danger ♦ sm: in ~ safe ♦ prep (eccetto) except; mettere qc in ~ to put sth in a safe place; ~ che (a meno che) unless; (eccetto che) except (that); ~ imprevisti barring accidents

sam'buco sm elder (tree)

san ag vedi santo

sa'nare vt to heal, cure; (economia) to put right

san'cire [san'tʃire] vt to sanction

'sandalo sm (BOT) sandalwood; (calzatura) sandal

'sangue sm blood; farsi cattivo ~ to fret, get in a state; ~ freddo (fig) sang-froid, calm; a ~ freddo in cold blood; sangu'igno, a ag blood cpd; (colore) blood-red; sangui'nare vi to bleed; sangui'noso, a ag bloody; sangui'suga sf leech

sanità sf health; (salubrità) healthiness; Ministero della S~ Department of Health; ~ mentale sanity

sani'tario, a ag health cpd; (condizioni) sanitary ♦ sm (AMM) doctor; (impianti) ~i smpl bathroom o sanitary fittings

'sanno vb vedi sapere

'sano, a ag healthy; (denti, costituzione) healthy, sound; (integro) whole, unbroken; (fig: politica, consigli) sound; ~ di mente sane; di ~a pianta completely, entirely; ~ e salvo safe and sound

sant' ag vedi santo

santifi'care vt to sanctify; (feste) to observe

santità sf sanctity; holiness; Sua/Vostra ~ (titolo di Papa) His/Your Holiness

'santo, a ag holy; (fig) saintly; (seguito da nome proprio) saint ♦ sm/f saint; la S~a Sede the Holy See

santu'ario sm sanctuary

sanzio'nare [santsjo'nare] vt to sanction

sanzi'one [san'tsjone] sf sanction; (penale, civile) sanction, penalty

sa'pere vt to know; (essere capace di): so nuotare I know how to swim, I can swim ♦ vi: ~ di (aver sapore) to taste of; (aver odore) to smell of ♦ sm knowledge; far ~ qc a qn to inform sb about sth, let sb know sth; mi sa che non sia vero I don't think that's true

sapi'enza [sa'pjɛntsa] sf wisdom

sa'pone sm soap; ~ da bucato washing soap; sapo'netta sf cake o bar o tablet of soap

sa'pore sm taste, flavour; sapo'rito, a ag tasty

sappi'amo *vb vedi* **sapere**

saraci'nesca [saratʃi'neska] *sf* (*serranda*) rolling shutter

sar'casmo *sm* sarcasm *no pl*; sarcastic remark

Sar'degna [sar'deɲɲa] *sf*: **la ~** Sardinia

sar'dina *sf* sardine

'sardo, a *ag, sm/f* Sardinian

'sarto, a *sm/f* tailor/dressmaker; **sarto'ria** *sf* tailor's (shop); dressmaker's (shop); (*casa di moda*) fashion house; (*arte*) couture

'sasso *sm* stone; (*ciottolo*) pebble; (*masso*) rock

sas'sofono *sm* saxophone

sas'soso, a *ag* stony; pebbly

'Satana *sm* Satan; **sa'tanico, a, ci, che** *ag* satanic, fiendish

sa'tellite *sm, ag* satellite

'satira *sf* satire

'saturo, a *ag* saturated; (*fig*): **~ di** full of

'sauna *sf* sauna

Sa'voia *sf* Savoy

savoi'ardo, a *ag* of Savoy, Savoyard ♦ *sm* (*biscotto*) sponge finger

sazi'are [sat'tsjare] *vt* to satisfy, satiate; **~rsi** *vr*: **~rsi (di)** to eat one's fill (of); (*fig*): **~rsi di** to grow tired *o* weary of

'sazio, a ['sattsjo] *ag*: **~ (di)** sated (with), full (of); (*fig: stufo*) fed up (with), sick (of)

sba'dato, a *ag* careless, inattentive

sbadigli'are [zbadiʎ'ʎare] *vi* to yawn; **sba'diglio** *sm* yawn

sbagli'are [zbaʎ'ʎare] *vt* to make a mistake in, get wrong ♦ *vi* to make a mistake, be mistaken, be wrong; (*operare in modo non giusto*) to err; **~rsi** *vr* to make a mistake, be mistaken, be wrong; **~ la mira/strada** to miss one's aim/take the wrong road; **'sbaglio** *sm* mistake, error; (*morale*) error; **fare uno sbaglio** to make a mistake

sbal'lare *vt* (*merce*) to unpack ♦ *vi* (*nel fare un conto*) to overestimate; (*fam: gergo della droga*) to get high

sballot'tare *vt* to toss (about)

sbalor'dire *vt* to stun, amaze ♦ *vi* to be stunned, be amazed; **sbalordi'tivo, a** *ag* amazing; (*prezzo*) incredible, absurd

sbal'zare [zbal'tsare] *vt* to throw, hurl ♦ *vi* (*balzare*) to bounce; (*saltare*) to leap, bound; **'sbalzo** *sm* (*spostamento improvviso*) jolt, jerk; (*fig*) in fits and starts; **uno sbalzo di temperatura** a sudden change in temperature

sban'dare *vi* (NAUT) to list; (AER) to bank; (AUT) to skid; **~rsi** *vr* (*folla*) to disperse

sbandie'rare *vt* (*bandiera*) to wave; (*fig*) to parade, show off

sbaragli'are [zbaraʎ'ʎare] *vt* (MIL) to rout; (*in gare sportive etc*) to beat, defeat

sba'raglio [zba'raʎʎo] *sm* rout; defeat; **gettarsi allo ~** to risk everything

sbaraz'zarsi [zbarat'tsarsi] *vr*: **~ di** to get rid of, rid o.s. of

sbar'care *vt* (*passeggeri*) to disembark; (*merci*) to unload ♦ *vi* to disembark; **'sbarco** *sm* disembarkation; unloading; (MIL) landing

'sbarra *sf* bar; (*di passaggio a livello*) barrier; (DIR): **presentarsi alla ~** to appear before the court

sbarra'mento *sm* (*stradale*) barrier; (*diga*) dam, barrage; (MIL) barrage

sbar'rare *vt* (*strada etc*) to block, bar; (*assegno*) to cross; **~ il passo** to bar the way; **~ gli occhi** to open one's eyes wide

'sbattere *vt* (*porta*) to slam, bang; (*tappeti, ali, CUC*) to beat; (*urtare*) to knock, hit ♦ *vi* (*porta, finestra*) to bang; (*agitarsi: ali, vele etc*) to flap; **me ne sbatto!** (*fam*) I don't give a damn!; **sbat'tuto, a** *ag* (*viso, aria*) dejected, worn out; (*uovo*) beaten

sba'vare *vi* to dribble; (*colore*) to smear, smudge

sbia'dire *vi, vt* to fade; **~rsi** *vr* to fade, **sbia'dito, a** *ag* faded; (*fig*) colourless, dull

sbian'care *vt* to whiten; (*tessuto*) to bleach ♦ *vi* (*impallidire*) to grow pale *o* white

sbi'eco, a, chi, che *ag* (*storto*) squint, askew; **di ~: guardare qn di ~** (*fig*) to look askance at sb; **tagliare una stoffa di ~** to cut a material on the bias

sbigot'tire *vt* to dismay, stun ♦ *vi* (*anche*: **~rsi**) to be dismayed

sbilanci'are [zbilan'tʃare] *vt* to throw off balance; **~rsi** *vr* (*perdere l'equilibrio*) to overbalance, lose one's balance; (*fig: compromettersi*) to compromise o.s.

sbirci'are [zbir'tʃare] *vt* to cast sidelong glances at, eye

'sbirro (*peg*) *sm* cop

sbizzar'rirsi [zbiddzar'rirsi] *vr* to indulge one's whims

sbloc'care *vt* to unblock, free; (*freno*) to release; (*prezzi, affitti*) to decontrol

sboc'care *vi*: **~ in** (*fiume*) to flow into; (*strada*) to lead into; (*persona*) to come (out) into; (*fig: concludersi*) to end (up) in

sboc'cato, a *ag* (*persona*) foul-mouthed; (*linguaggio*) foul

sbocci'are [zbot'tʃare] *vi* (*fiore*) to bloom, open (out)

'sbocco, chi *sm* (*di fiume*) mouth; (*di strada*) end; (*di tubazione, COMM*) outlet; (*uscita: anche fig*) way out; **siamo in una situazione senza ~chi** there's no way out of this for us

sbol'lire *vi* (*fig*) to cool down, calm down

'sbornia (*fam*) *sf*: **prendersi una ~** to get plastered

sbor'sare *vt* (*denaro*) to pay out

sbot'tare *vi*: **~ in una risata/per la collera** to burst out laughing/explode with anger

sbotto'nare *vt* to unbutton, undo

sbrai'tare *vi* to yell, bawl

sbra'nare *vt* to tear to pieces

sbricio'lare [zbritʃo'lare] *vt* to crumble; **~rsi** *vr* to crumble

sbri'gare *vt* to deal with; **~rsi** *vr* to hurry (up); **sbriga'tivo, a** *ag* (*persona, modo*) quick, expeditious; (*giudizio*) hasty

sbrindel'lato, a *ag* tattered, in tatters

sbrodo'lare *vt* to stain, dirty

'sbronza ['zbrontsa] (*fam*) *sf* (*ubriaco*): **prendersi una ~** to get plastered

'sbronzo, a ['zbrontso] (*fam*) *ag* plastered

sbruf'fone, a *sm/f* boaster

sbu'care *vi* to come out, emerge; (*improvvisamente*) to pop out (*o* up)

sbucci'are [zbut'tʃare] *vt* (*arancia, patata*) to peel; (*piselli*) to shell; **~rsi un ginocchio** to graze one's knee

sbudel'larsi *vr*: **~ dalle risa** to split one's sides laughing

sbuf'fare *vi* (*persona, cavallo*) to snort; (*: ansimare*) to puff, pant; (*treno*) to puff; **'sbuffo** *sm* (*di aria, fumo, vapore*) puff; **maniche a sbuffo** puff(ed) sleeves

'scabbia *sf* (*MED*) scabies *sg*

sca'broso, a *ag* (*fig: difficile*) difficult, thorny; (*: imbarazzante*) embarrassing; (*: sconcio*) indecent

scacchi'era [skak'kjera] *sf* chessboard

scacci'are [skat'tʃare] *vt* to chase away *o* out, drive away *o* out

'scacco, chi *sm* (*pezzo del gioco*) chessman; (*quadretto di scacchiera*) square; (*fig*) setback, reverse; **~chi** *smpl* (*gioco*) chess *sg*; **a ~chi** (*tessuto*) check(ed); **scacco'matto** *sm* checkmate

sca'dente *ag* shoddy, of poor quality

sca'denza [ska'dentsa] *sf* (*di cambiale, contratto*) maturity; (*di passaporto*) expiry date; **a breve/lunga ~** short-/long-term; **data di ~** expiry date

sca'dere *vi* (*contratto etc*) to expire; (*debito*) to fall due; (*valore, forze, peso*) to decline, go down

sca'fandro *sm* (*di palombaro*) diving suit; (*di astronauta*) space-suit

scaf'fale *sm* shelf; (*mobile*) set of shelves

'scafo *sm* (*NAUT, AER*) hull

scagio'nare [skadʒo'nare] *vt* to exonerate, free from blame

'scaglia ['skaʎʎa] *sf* (*ZOOL*) scale; (*scheggia*) chip, flake

scagli'are [skaʎ'ʎare] *vt* (*lanciare: anche fig*) to hurl, fling; **~rsi** *vr*: **~rsi su *o* contro** to hurl *o* fling o.s. at; (*fig*) to rail at

scaglio'nare [skaʎʎo'nare] *vt* (*pagamenti*) to space out, spread out; (*MIL*) to echelon; **scagli'one** *sm* echelon; (*GEO*) terrace; **a scaglioni** in groups

'scala *sf* (*a gradini etc*) staircase, stairs *pl*; (*a pioli, di corda*) ladder; (*MUS, GEO, di colori, valori, fig*) scale; **~e** *sfpl* (*scalinata*) stairs; **su vasta ~/~ ridotta** on a large/small scale; ~ **a libretto** stepladder; ~ **mobile** escalator; (*ECON*) sliding scale; ~ **mobile (dei salari)** index-linked pay scale

---

Scala

i *Milan's world-famous* **la Scala** *theatre first opened its doors in 1778 with a performance of Salieri's opera, "L'Europa riconosciuta". It suffered serious damage in the bombing of Milan in 1943 and reopened in 1946 with a concert conducted by Toscanini. It also has a famous classical dance school.*

---

sca'lare vt (*ALPINISMO, muro*) to climb, scale; (*debito*) to scale down, reduce; sca'lata sf scaling no pl, climbing no pl; (*arrampicata, fig*) climb; scala'tore, 'trice sm/f climber

scalda'bagno [skalda'baɲɲo] sm water-heater

scal'dare vt to heat; ~rsi vr to warm up, heat up; (*al fuoco, al sole*) to warm o.s.; (*fig*) to get excited

scal'fire vt to scratch

scali'nata sf staircase

sca'lino sm (*anche fig*) step; (*di scala a pioli*) rung

'scalo sm (*NAUT*) slipway; (: *porto d'approdo*) port of call; (*AER*) stopover; **fare ~ (a)** (*NAUT*) to call (at), put in (at); (*AER*) to land (at), make a stop (at); ~ **merci** (*FERR*) goods (*BRIT*) o freight yard

scalop'pina sf (*CUC*) escalope

scal'pello sm chisel

scal'pore sm noise, row; **far ~** (*notizia*) to cause a sensation o a stir

'scaltro, a ag cunning, shrewd

'scalzo, a ['skaltso] ag barefoot

scambi'are vt to exchange; (*confondere*): ~ **qn/qc per** to take o mistake sb/sth for; **mi hanno scambiato il cappello** they've given me the wrong hat

scambi'evole ag mutual, reciprocal

'scambio sm exchange; (*FERR*) points pl; **fare (uno) ~** to make a swap

scampa'gnata [skampaɲ'ɲata] sf trip to the country

scam'pare vt (*salvare*) to rescue, save; (*evitare: morte, prigione*) to escape ♦ vi: ~ **(a qc)** to survive (sth), escape (sth); **scamparla bella** to have a narrow escape

'scampo sm (*salvezza*) escape; (*ZOOL*) prawn; **cercare ~ nella fuga** to seek safety in flight

'scampolo sm remnant

scanala'tura sf (*incavo*) channel, groove

scandagli'are [skandaʎ'ʎare] vt (*NAUT*) to sound; (*fig*) to sound out; to probe

scandaliz'zare [skandalid'dzare] vt to shock, scandalize; ~rsi vr to be shocked

'scandalo sm scandal

Scandi'navia sf: **la ~** Scandinavia; scandi'navo, a ag, sm/f Scandinavian

scan'dire vt (*versi*) to scan; (*parole*) to articulate, pronounce distinctly; ~ **il tempo** (*MUS*) to beat time

scan'nare vt (*animale*) to butcher, slaughter; (*persona*) to cut o slit the throat of

'scanno sm seat, bench

scansafa'tiche [skansafa'tike] sm/f inv idler, loafer

scan'sare vt (*rimuovere*) to move (aside), shift; (*schivare: schiaffo*) to dodge; (*sfuggire*) to avoid; ~rsi vr to move aside

scan'sia sf shelves pl; (*per libri*) bookcase

'scanso sm: **a ~ di** in order to avoid, as a precaution against

scanti'nato sm basement

scanto'nare vi to turn the corner; (*svignarsela*) to sneak off

scapacci'one [skapat'tʃone] sm clout

scapes'trato, a ag dissolute

'scapito sm: **a ~ di** to the detriment of

'scapola sf shoulder blade

'scapolo sm bachelor

scappa'mento sm (*AUT*) exhaust

scap'pare vi (*fuggire*) to escape; (*andare via in fretta*) to rush off; **lasciarsi ~ un'occasione** to let an opportunity go by; ~ **di prigione** to escape from prison; ~ **di mano** (*oggetto*) to slip out of one's hands; ~ **di mente a qn** to slip sb's mind; **mi**

scappò detto I let it slip; **scap'pata** *sf* quick visit *o* call; **scappa'tella** *sf* escapade; **scappa'toia** *sf* way out

scara'beo *sm* beetle

scarabocchi'are [skarabok'kjare] *vt* to scribble, scrawl; **scara'bocchio** *sm* scribble, scrawl

scara'faggio [skara'faddʒo] *sm* cockroach

scaraven'tare *vt* to fling, hurl

scarce'rare [skartʃe'rare] *vt* to release (from prison)

scardi'nare *vt*: **~ una porta** to take a door off its hinges

'scarica, che *sf* (*di più armi*) volley of shots; (*di sassi, pugni*) hail, shower; (*ELETTR*) discharge; **~ di mitra** burst of machine-gun fire

scari'care *vt* (*merci, camion etc*) to unload; (*passeggeri*) to set down, put off; (*arma*) to unload; (: *sparare, ELETTR*) to discharge; (*sog: corso d'acqua*) to empty, pour; (*fig: liberare da un peso*) to unburden, relieve; **~rsi** *vr* (*orologio*) to run *o* wind down; (*batteria, accumulatore*) to go flat *o* dead; (*fig: rilassarsi*) to unwind; (: *sfogarsi*) to let off steam; **scarica'tore** *sm* (*di porto*) docker

'scarico, a, chi, che *ag* unloaded; (*orologio*) run down; (*accumulatore*) dead, flat ♦ *sm* (*di merci, materiali*) unloading; (*di immondizie*) dumping, tipping (*BRIT*); (*TECN: deflusso*) draining; (: *dispositivo*) drain; (*AUT*) exhaust

scarlat'tina *sf* scarlet fever

scar'latto, a *ag* scarlet

'scarno, a *ag* thin, bony

'scarpa *sf* shoe; **~e da ginnastica/tennis** gym/tennis shoes

scar'pata *sf* escarpment

scar'pone *sm* boot; **~i da sci** ski-boots

scarseggi'are [skarsed'dʒare] *vi* to be scarce; **~ di** to be short of, lack

scar'sezza [skar'settsa] *sf* scarcity, lack

'scarso, a *ag* (*insufficiente*) insufficient, meagre; (*povero: annata*) poor, lean; (*INS: voto*) poor; **~ di** lacking in; **3 chili ~i** just under 3 kilos, barely 3 kilos

scarta'mento *sm* (*FERR*) gauge; **~ normale/ridotto** standard/narrow gauge

scar'tare *vt* (*pacco*) to unwrap; (*idea*) to reject; (*MIL*) to declare unfit for military service; (*carte da gioco*) to discard; (*CALCIO*) to dodge (past) ♦ *vi* to swerve

'scarto *sm* (*cosa scartata, anche COMM*) reject; (*di veicolo*) swerve; (*differenza*) gap, difference

scassi'nare *vt* to break, force

'scasso *sm vedi* **furto**

scate'nare *vt* (*fig*) to incite, stir up; **~rsi** *vr* (*temporale*) to break; (*rivolta*) to break out; (*persona: infuriarsi*) to rage

'scatola *sf* box; (*di latta*) tin (*BRIT*), can; **cibi in ~** tinned (*BRIT*) *o* canned foods; **~ cranica** cranium

scat'tare *vt* (*fotografia*) to take ♦ *vi* (*congegno, molla etc*) to be released; (*balzare*) to spring up; (*SPORT*) to put on a spurt; (*fig: per l'ira*) to fly into a rage; **~ in piedi** to spring to one's feet

'scatto *sm* (*dispositivo*) release; (: *di arma da fuoco*) trigger mechanism; (*rumore*) click; (*balzo*) jump, start; (*SPORT*) spurt; (*fig: di ira etc*) fit; (: *di stipendio*) increment; **di ~** suddenly

scatu'rire *vi* to gush, spring

scaval'care *vt* (*ostacolo*) to pass (*o* climb) over; (*fig*) to get ahead of, overtake

sca'vare *vt* (*terreno*) to dig; (*legno*) to hollow out; (*pozzo, galleria*) to bore; (*città sepolta etc*) to excavate

'scavo *sm* excavating *no pl*; excavation

'scegliere ['ʃeʎʎere] *vt* to choose, select

sce'icco, chi [ʃe'ikko] *sm* sheik

scelle'rato, a [ʃelle'rato] *ag* wicked, evil

scel'lino [ʃel'lino] *sm* shilling

'scelta ['ʃelta] *sf* choice; selection; **di prima ~** top grade *o* quality; **frutta o formaggi a ~** choice of fruit or cheese

'scelto, a ['ʃelto] *pp di* **scegliere** ♦ *ag* (*gruppo*) carefully selected; (*frutta, verdura*) choice, top quality; (*MIL: specializzato*) crack *cpd*, highly skilled

sce'mare [ʃe'mare] *vt, vi* to diminish

'scemo, a ['ʃemo] *ag* stupid, silly

'scempio ['ʃempjo] *sm* slaughter, massacre; (*fig*) ruin; **far ~ di** (*fig*) to play havoc with, ruin

'scena ['ʃena] *sf* (*gen*) scene; (*palcoscenico*) stage; **le ~e** (*fig: teatro*) the stage; **fare una ~** to make a scene; **andare in ~** to be staged *o* put on *o* performed; **mettere in ~** to stage

sce'nario [ʃe'narjo] *sm* scenery; (*di film*) scenario

sce'nata [ʃe'nata] *sf* row, scene

'scendere ['ʃendere] *vi* to go (*o* come) down; (*strada, sole*) to go down; (*notte*) to fall; (*passeggero: fermarsi*) to get out, alight; (*fig: temperatura, prezzi*) to go *o* come down, fall, drop ♦ *vt* (*scale, pendio*) to go (*o* come) down; **~ dalle scale** to go (*o* come) down the stairs; **~ dal treno** to get off *o* out of the train; **~ dalla macchina** to get out of the car; **~ da cavallo** to dismount, get off one's horse

'scenico, a, ci, che ['ʃeniko] *ag* stage *cpd*, scenic

scervel'lato, a [ʃervel'lato] *ag* feather-brained, scatterbrained

'sceso, a ['ʃeso] *pp di* **scendere**

'scettico, a, ci, che ['ʃettiko] *ag* sceptical

'scettro ['ʃettro] *sm* sceptre

'scheda ['skɛda] *sf* (index) card; **~ elettorale** ballot paper; **~ telefonica** phone card; **sche'dare** *vt* (*dati*) to file; (*libri*) to catalogue; (*registrare: anche POLIZIA*) to put on one's files; **sche'dario** *sm* file; (*mobile*) filing cabinet

'scheggia, ge ['skeddʒa] *sf* splinter, sliver

'scheletro ['skɛletro] *sm* skeleton

'schema, i ['skɛma] *sm* (*diagramma*) diagram, sketch; (*progetto, abbozzo*) outline, plan

'scherma ['skɛrma] *sf* fencing

scher'maglia [sker'maʎʎa] *sf* (*fig*) skirmish

'schermo ['skɛrmo] *sm* shield, screen; (*CINEMA, TV*) screen

scher'nire [sker'nire] *vt* to mock, sneer at; **'scherno** *sm* mockery, derision

scher'zare [sker'tsare] *vi* to joke

'scherzo ['skertso] *sm* joke; (*tiro*) trick; (*MUS*) scherzo; **è uno ~!** (*una cosa facile*) it's child's play!, it's easy!; **per ~** in jest; for a joke *o* a laugh; **fare un brutto ~ a qn** to play a nasty trick on sb; **scher'zoso, a** *ag* (*tono, gesto*) playful; (*osservazione*) facetious; **è un tipo scherzoso** he likes a joke

schiaccia'noci [skjattʃa'notʃi] *sm inv* nutcracker

schiacci'are [skjat'tʃare] *vt* (*dito*) to crush; (*noci*) to crack; **~ un pisolino** to have a nap

schiaffeggi'are [skjaffed'dʒare] *vt* to slap

schi'affo ['skjaffo] *sm* slap

schiamaz'zare [skjamat'tsare] *vi* to squawk, cackle

schian'tare [skjan'tare] *vt* to break, tear apart; **~rsi** *vr* to break (up), shatter; **schi'anto** *sm* (*rumore*) crash; tearing sound; **è uno schianto!** (*fam*) it's (*o* he's *o* she's) terrific!; **di schianto** all of a sudden

schia'rire [skja'rire] *vt* to lighten, make lighter ♦ *vi* (*anche:* **~rsi**) to grow lighter; (*tornar sereno*) to clear, brighten up; **~rsi la voce** to clear one's throat

schiavitù [skjavi'tu] *sf* slavery

schi'avo, a ['skjavo] *sm/f* slave

schi'ena ['skjena] *sf* (*ANAT*) back; **schie'nale** *sm* (*di sedia*) back

schi'era ['skjera] *sf* (*MIL*) rank; (*gruppo*) group, band

schiera'mento [skjera'mento] *sm* (*MIL, SPORT*) formation; (*fig*) alliance

schie'rare [skje'rare] *vt* (*esercito*) to line up, draw up, marshal; **~rsi** *vr* to line up; (*fig*): **~rsi con** *o* **dalla parte di / contro qn** to side with/oppose sb

schi'etto, a ['skjɛtto] *ag* (*puro*) pure; (*fig*) frank, straightforward; sincere

'schifo ['skifo] *sm* disgust; **fare ~** (*essere fatto male, dare pessimi risultati*) to be awful; **mi fa ~** it makes me sick, it's disgusting; **quel libro è uno ~** that book's rotten; **schi'foso, a** *ag* disgusting, revolting; (*molto scadente*) rotten, lousy

schioc'care [skjɔk'kare] *vt* (*frusta*) to crack; (*dita*) to snap; (*lingua*) to click; **~ le labbra**

to smack one's lips

schi'udere ['skjudere] *vt* to open; **~rsi** *vr* to open

schi'uma ['skjuma] *sf* foam; (*di sapone*) lather; (*di latte*) froth; (*fig: feccia*) scum; **schiu'mare** *vt* to skim ♦ *vi* to foam

schi'uso, a ['skjuso] *pp di* **schiudere**

schi'vare [ski'vare] *vt* to dodge, avoid

'schivo, a ['skivo] *ag* (*ritroso*) stand-offish, reserved; (*timido*) shy

schiz'zare [skit'tsare] *vt* (*spruzzare*) to spurt, squirt; (*sporcare*) to splash, spatter; (*fig: abbozzare*) to sketch ♦ *vi* to spurt, squirt; (*saltar fuori*) to dart up (*o* off *etc*)

schizzi'noso, a [skittsi'noso] *ag* fussy, finicky

'schizzo ['skittso] *sm* (*di liquido*) spurt; splash, spatter; (*abbozzo*) sketch

sci [ʃi] *sm* (*attrezzo*) ski; (*attività*) skiing; **~ nautico** water-skiing

'scia ['ʃia] (*pl* **'scie**) *sf* (*di imbarcazione*) wake; (*di profumo*) trail

scià [ʃa] *sm inv* shah

sci'abola ['ʃabola] *sf* sabre

scia'callo [ʃa'kallo] *sm* jackal

sciac'quare [ʃak'kware] *vt* to rinse

scia'gura [ʃa'gura] *sf* disaster, calamity; misfortune; **sciagu'rato, a** *ag* unfortunate; (*malvagio*) wicked

scialac'quare [ʃalak'kware] *vt* to squander

scia'lare [ʃa'lare] *vi* to lead a life of luxury

sci'albo, a ['ʃalbo] *ag* pale, dull; (*fig*) dull, colourless

sci'alle ['ʃalle] *sm* shawl

scia'luppa [ʃa'luppa] *sf* (*anche:* **~ di salvataggio**) lifeboat

sci'ame ['ʃame] *sm* swarm

scian'cato, a [ʃan'kato] *ag* lame

sci'are [ʃi'are] *vi* to ski

sci'arpa ['ʃarpa] *sf* scarf; (*fascia*) sash

scia'tore, 'trice [ʃia'tore] *sm/f* skier

sci'atto, a ['ʃatto] *ag* (*persona*) slovenly, unkempt

scien'tifico, a, ci, che [ʃen'tifiko] *ag* scientific

sci'enza ['ʃentsa] *sf* science; (*sapere*) knowledge; **~e** *sfpl* (*INS*) science *sg*; **~e**

naturali natural sciences; **scienzi'ato, a** *sm/f* scientist

'scimmia ['ʃimmja] *sf* monkey; **scimmiot'tare** *vt* to ape, mimic

scimpanzé [ʃimpan'tse] *sm inv* chimpanzee

scimu'nito, a [ʃimu'nito] *ag* silly, idiotic

'scindere ['ʃindere] *vt* to split (up); **~rsi** *vr* to split (up)

scin'tilla [ʃin'tilla] *sf* spark; **scintil'lare** *vi* to spark; (*acqua, occhi*) to sparkle

scioc'chezza [ʃok'kettsa] *sf* stupidity *no pl*; stupid *o* foolish thing; **dire ~e** to talk nonsense

sci'occo, a, chi, che ['ʃɔkko] *ag* stupid, foolish

sci'ogliere ['ʃɔʎʎere] *vt* (*nodo*) to untie; (*capelli*) to loosen; (*persona, animale*) to untie, release; (*fig: persona*): **~ da** to release from; (*neve*) to melt; (*nell'acqua: zucchero etc*) to dissolve; (*fig: mistero*) to solve; (*porre fine a: contratto*) to cancel; (: *società, matrimonio*) to dissolve; (: *riunione*) to bring to an end; **~rsi** *vr* to loosen, come untied; to melt; to dissolve; (*assemblea etc*) to break up; **~ i muscoli** to limber up

sciol'tezza [ʃol'tettsa] *sf* agility; suppleness; ease

sci'olto, a ['ʃɔlto] *pp di* **sciogliere** ♦ *ag* loose; (*agile*) agile, nimble; supple; (*disinvolto*) free and easy; **versi ~i** (*POESIA*) blank verse

sciope'rante [ʃope'rante] *sm/f* striker

sciope'rare [ʃope'rare] *vi* to strike, go on strike

sci'opero ['ʃɔpero] *sm* strike; **fare ~** to strike; **~ bianco** work-to-rule (*BRIT*), slowdown (*US*); **~ selvaggio** wildcat strike; **~ a singhiozzo** on-off strike

scip'pare [ʃip'pare] *vt*: **~ qn** to snatch sb's bag; **mi hanno scippato** they snatched my bag

sci'rocco [ʃi'rɔkko] *sm* sirocco

sci'roppo [ʃi'rɔppo] *sm* syrup

'scisma, i ['ʃizma] *sm* (*REL*) schism

scissi'one [ʃis'sjone] *sf* (*anche fig*) split, division; (*FISICA*) fission

'scisso, a ['ʃisso] *pp di* **scindere**

sciu'pare [ʃu'pare] *vt* (*abito, libro, appetito*) to spoil, ruin; (*tempo, denaro*) to waste; **~rsi** *vr* to get spoilt *o* ruined; (*rovinarsi la salute*) to ruin one's health

scivo'lare [ʃivo'lare] *vi* to slide *o* glide along; (*involontariamente*) to slip, slide; **'scivolo** *sm* slide; (*TECN*) chute; **scivo'loso, a** *ag* slippery

scle'rosi *sf* sclerosis

scoc'care *vt* (*freccia*) to shoot ♦ *vi* (*guizzare*) to shoot up; (*battere: ora*) to strike

scocci'are [skot'tʃare] (*fam*) *vt* to bother, annoy; **~rsi** *vr* to be bothered *o* annoyed

sco'della *sf* bowl

scodinzo'lare [skodintso'lare] *vi* to wag its tail

scogli'era [skoʎ'ʎera] *sf* reef; cliff

'scoglio ['skɔʎʎo] *sm* (*al mare*) rock

scoi'attolo *sm* squirrel

scolapi'atti *sm inv* drainer (*for plates*)

sco'lare *ag*: **età ~** school age ♦ *vt* to drain ♦ *vi* to drip

scola'resca *sf* schoolchildren *pl*, pupils *pl*

sco'laro, a *sm/f* pupil, schoolboy/girl

sco'lastico, a, ci, che *ag* school *cpd*; scholastic

scol'lare *vt* (*staccare*) to unstick; **~rsi** *vr* to come unstuck

scolla'tura *sf* neckline

'scolo *sm* drainage

scolo'rire *vt* to fade; to discolour ♦ *vi* (*anche: ~rsi*) to fade; to become discoloured; (*impallidire*) to turn pale

scol'pire *vt* to carve, sculpt

scombi'nare *vt* to mess up, upset

scombusso'lare *vt* to upset

scom'messa *sf* bet, wager

scom'messo, a *pp di* **scommettere**

scom'mettere *vt, vi* to bet

scomo'dare *vt* to trouble, bother; to disturb; **~rsi** *vr* to put o.s. out; **~rsi a fare** to go to the bother *o* trouble of doing

'scomodo, a *ag* uncomfortable; (*sistemazione, posto*) awkward, inconvenient

scompa'rire *vi* (*sparire*) to disappear,

vanish; (*fig*) to be insignificant; **scom'parsa** *sf* disappearance; **scom'parso, a** *pp di* **scomparire**

scomparti'mento *sm* compartment

scom'parto *sm* compartment, division

scompigli'are [skompiʎ'ʎare] *vt* (*cassetto, capelli*) to mess up, disarrange; (*fig: piani*) to upset; **scom'piglio** *sm* mess, confusion

scom'porre *vt* (*parola, numero*) to break up; (*CHIM*) to decompose; **scomporsi** *vr* (*fig*) to get upset, lose one's composure; **scom'posto, a** *pp di* **scomporre** ♦ *ag* (*gesto*) unseemly; (*capelli*) ruffled, dishevelled

sco'munica *sf* excommunication

scomuni'care *vt* to excommunicate

sconcer'tare [skontʃer'tare] *vt* to disconcert, bewilder

'sconcio, a, ci, ce ['skontʃo] *ag* (*osceno*) indecent, obscene ♦ *sm* disgrace

sconfes'sare *vt* to renounce, disavow; to repudiate

scon'figgere [skon'fiddʒere] *vt* to defeat, overcome

sconfi'nare *vi* to cross the border; (*in proprietà privata*) to trespass; (*fig*): **~ da** to stray *o* digress from; **sconfi'nato, a** *ag* boundless, unlimited

scon'fitta *sf* defeat

scon'fitto, a *pp di* **sconfiggere**

scon'forto *sm* despondency

scongiu'rare [skondʒu'rare] *vt* (*implorare*) to entreat, beseech, implore; (*eludere: pericolo*) to ward off, avert; **scongi'uro** *sm* entreaty; (*esorcismo*) exorcism; **fare gli scongiuri** to touch wood (*BRIT*), knock on wood (*US*)

scon'nesso, a *ag* incoherent

sconosci'uto, a [skonoʃ'ʃuto] *ag* unknown; new, strange ♦ *sm/f* stranger; unknown person

sconquas'sare *vt* to shatter, smash

sconside'rato, a *ag* thoughtless, rash

sconsigli'are [skonsiʎ'ʎare] *vt*: **~ qc a qn** to advise sb against sth; **~ qn dal fare qc** to advise sb not to do *o* against doing sth

sconso'lato, a *ag* inconsolable; desolate

scon'tare *vt* (*COMM: detrarre*) to deduct; (: *debito*) to pay off; (: *cambiale*) to discount; (*pena*) to serve; (*colpa, errori*) to pay for, suffer for

scon'tato, a *ag* (*previsto*) foreseen, taken for granted; **dare per ~ che** to take it for granted that

scon'tento, a *ag*: ~ **(di)** dissatisfied (with) ♦ *sm* dissatisfaction

'sconto *sm* discount; **fare uno ~** to give a discount

scon'trarsi *vr* (*treni etc*) to crash, collide; (*venire ad uno scontro, fig*) to clash; ~ **con** to crash into, collide with

scon'trino *sm* ticket

'scontro *sm* clash, encounter; crash, collision

scon'troso, a *ag* sullen, surly; (*permaloso*) touchy

sconveni'ente *ag* unseemly, improper

scon'volgere [skon'vɔldʒere] *vt* to throw into confusion, upset; (*turbare*) to shake, disturb, upset; **scon'volto, a** *pp di* **sconvolgere**

'scopa *sf* broom; (*CARTE*) Italian card game; **sco'pare** *vt* to sweep

sco'perta *sf* discovery

sco'perto, a *pp di* **scoprire** ♦ *ag* uncovered; (*capo*) uncovered, bare; (*macchina*) open; (*MIL*) exposed, without cover; (*conto*) overdrawn

'scopo *sm* aim, purpose; **a che ~?** what for?

scoppi'are *vi* (*spaccarsi*) to burst; (*esplodere*) to explode; (*fig*) to break out; ~ **in pianto** *o* **a piangere** to burst out crying; ~ **dalle risa** *o* **dal ridere** to split one's sides laughing

scoppiet'tare *vi* to crackle

'scoppio *sm* explosion; (*di tuono, arma etc*) crash, bang; (*fig: di risa, ira*) fit, outburst; (: *di guerra*) outbreak; **a ~ ritardato** delayed-action

sco'prire *vt* to discover; (*liberare da ciò che copre*) to uncover; (: *monumento*) to unveil; ~**rsi** *vr* to put on lighter clothes; (*fig*) to give o.s. away

scoraggi'are [skorad'dʒare] *vt* to discourage; ~**rsi** *vr* to become discouraged, lose heart

scorcia'toia [skortʃa'toja] *sf* short cut

'scorcio ['skortʃo] *sm* (*ARTE*) foreshortening; (*di secolo, periodo*) end, close

scor'dare *vt* to forget; ~**rsi** *vr*: ~**rsi di qc/ di fare** to forget sth/to do

'scorgere ['skɔrdʒere] *vt* to make out, distinguish, see

sco'ria *sf* (*di metalli*) slag; (*vulcanica*) scoria; ~**e radioattive** (*FISICA*) radioactive waste *sg*

'scorno *sm* ignominy, disgrace

scorpacci'ata [skorpat'tʃata] *sf*: **fare una ~ (di)** to stuff o.s. (with), eat one's fill (of)

scorpi'one *sm* scorpion; (*dello zodiaco*): **S~** Scorpio

scorraz'zare [skorrat'tsare] *vi* to run about

scor'rere *vt* (*giornale, lettera*) to run *o* skim through ♦ *vi* (*liquido, fiume*) to run, flow; (*fune*) to run; (*cassetto, porta*) to slide easily; (*tempo*) to pass (by)

scor'retto, a *ag* incorrect; (*sgarbato*) impolite; (*sconveniente*) improper

scor'revole *ag* (*porta*) sliding; (*fig: stile*) fluent, flowing

scorri'banda *sf* (*MIL*) raid; (*escursione*) trip, excursion

'scorsa *sf* quick look, glance

'scorso, a *pp di* **scorrere** ♦ *ag* last

scor'soio, a *ag*: **nodo ~** noose

'scorta *sf* (*di personalità, convoglio*) escort; (*provvista*) supply, stock; **scor'tare** *vt* to escort

scor'tese *ag* discourteous, rude; **scorte'sia** *sf* discourtesy, rudeness; (*azione*) discourtesy

scorti'care *vt* to skin

'scorto, a *pp di* **scorgere**

'scorza ['skɔrdza] *sf* (*di albero*) bark; (*di agrumi*) peel, skin

sco'sceso, a [skoʃ'ʃeso] *ag* steep

'scossa *sf* jerk, jolt, shake; (*ELETTR, fig*) shock

'scosso, a *pp di* **scuotere** ♦ *ag* (*turbato*) shaken, upset

scos'tante *ag* (*fig*) off-putting (*BRIT*), unpleasant

scos'tare *vt* to move (away), shift; **~rsi** *vr* to move away

scostu'mato, a *ag* immoral, dissolute

scot'tare *vt* (*ustionare*) to burn; (: *con liquido bollente*) to scald ♦ *vi* to burn; (*caffè*) to be too hot; **scotta'tura** *sf* burn; scald

'scotto, a *ag* overcooked ♦ *sm* (*fig*): **pagare lo ~ (di)** to pay the penalty (for)

sco'vare *vt* to drive out, flush out; (*fig*) to discover

'Scozia ['skɔttsja] *sf*: **la ~** Scotland; **scoz'zese** *ag* Scottish ♦ *sm/f* Scot

scredi'tare *vt* to discredit

screpo'lare *vt* to crack; **~rsi** *vr* to crack; **screpola'tura** *sf* cracking *no pl*; crack

screzi'ato, a [skret'tsjato] *ag* streaked

'screzio ['skrettsjo] *sm* disagreement

scricchio'lare [skrikkjo'lare] *vi* to creak, squeak

'scricciolo ['skrittʃolo] *sm* wren

'scrigno ['skriɲɲo] *sm* casket

scrimina'tura *sf* parting

'scritta *sf* inscription

'scritto, a *pp di* **scrivere** ♦ *ag* written ♦ *sm* writing; (*lettera*) letter, note; **~i** *smpl* (*letterari etc*) writing *sg*

scrit'toio *sm* writing desk

scrit'tore, 'trice *sm/f* writer

scrit'tura *sf* writing; (*COMM*) entry; (*contratto*) contract; (*REL*): **la Sacra S~** the Scriptures *pl*; **~e** *sfpl* (*COMM*) accounts, books

scrittu'rare *vt* (*TEATRO, CINEMA*) to sign up, engage; (*COMM*) to enter

scriva'nia *sf* desk

'scrivere *vt* to write; **come si scrive?** how is it spelt?, how do you write it?

scroc'cone, a *sm/f* scrounger

'scrofa *sf* (*ZOOL*) sow

scrol'lare *vt* to shake; **~rsi** *vr* (*anche fig*) to give o.s. a shake; **~ le spalle/il capo** to shrug one's shoulders/shake one's head

scrosci'are [skroʃ'ʃare] *vi* (*pioggia*) to pour down, pelt down; (*torrente, fig: applausi*) to thunder, roar; **'scroscio** *sm* pelting; thunder, roar; (*di applausi*) burst

scros'tare *vt* (*intonaco*) to scrape off, strip; **~rsi** *vr* to peel off, flake off

'scrupolo *sm* scruple; (*meticolosità*) care, conscientiousness

scru'tare *vt* to scrutinize; (*intenzioni, causa*) to examine, scrutinize

scruti'nare *vt* (*voti*) to count; **scru'tinio** *sm* (*votazione*) ballot; (*insieme delle operazioni*) poll; (*INS*) (*meeting for*) assignment of marks at end of a term or year

scu'cire [sku'tʃire] *vt* (*orlo etc*) to unpick, undo

scude'ria *sf* stable

scu'detto *sm* (*SPORT*) (championship) shield; (*distintivo*) badge

'scudo *sm* shield

scul'tore, 'trice *sm/f* sculptor

scul'tura *sf* sculpture

scu'ola *sf* school; **~ elementare/ materna/media** primary (*BRIT*) *o* grade (*US*)/nursery/secondary (*BRIT*) *o* high (*US*) school; **~ guida** driving school; **~ dell'obbligo** compulsory education; **~e serali** evening classes, night school *sg*; **~ tecnica** technical college

scu'otere *vt* to shake; **~rsi** *vr* to jump, be startled; (*fig: muoversi*) to rouse o.s., stir o.s.; (: *turbarsi*) to be shaken

'scure *sf* axe

'scuro, a *ag* dark; (*fig: espressione*) grim ♦ *sm* darkness; dark colour; (*imposta*) (window) shutter; **verde/rosso** *etc* **~** dark green/red *etc*

scur'rile *ag* scurrilous

'scusa *sf* apology; (*pretesto*) excuse; **chiedere ~ a qn (per)** to apologize to sb (for); **chiedo ~** I'm sorry; (*disturbando etc*) excuse me

scu'sare *vt* to excuse; **~rsi** *vr*: **~rsi (di)** to apologize (for); **(mi) scusi** I'm sorry; (*per richiamare l'attenzione*) excuse me

sde'gnato, a [zdeɲ'ɲato] *ag* indignant, angry

'sdegno ['zdeɲɲo] *sm* scorn, disdain;

sde'gnoso, a *ag* scornful, disdainful

sdoga'nare *vt (merci)* to clear through customs

sdolci'nato, a [zdoltʃi'nato] *ag* mawkish, oversentimental

sdrai'arsi *vr* to stretch out, lie down

'sdraio: *sm:* **sedia a ~** deck chair

sdruccio'levole [zdruttʃo'levole] *ag* slippery

PAROLA CHIAVE

se *pron vedi* si

♦ *cong* 1 *(condizionale, ipotetica)* if; **~ nevica non vengo** I won't come if it snows; **sarei rimasto ~ me l'avessero chiesto.**I would have stayed if they'd asked me; **non puoi fare altro ~ non telefonare** all you can do is phone; **~ mai** if, if ever; **siamo noi ~ mai che le siamo grati** it is we who should be grateful to you; **~ no** *(altrimenti)* or (else), otherwise

2 *(in frasi dubitative, interrogative indirette)* if, whether; **non so ~ scrivere o telefonare** I don't know whether *o* if I should write or phone

---

sé *pron (gen)* oneself; *(esso, essa, lui, lei, loro)* itself; himself; herself; themselves; **~ stesso(a)** *pron* oneself; itself; himself; herself; **~ stessi(e)** *pron pl* themselves

seb'bene *cong* although, though

sec. *abbr* (= secolo) c

'secca *sf (del mare)* shallows *pl; vedi anche* **secco**

sec'care *vt* to dry; *(prosciugare)* to dry up; *(fig: importunare)* to annoy, bother ♦ *vi* to dry; to dry up; **~rsi** *vr* to dry; to dry up; *(fig)* to grow annoyed; **secca'tura** *sf (fig)* bother *no pl*, trouble *no pl*

secchi'ello *sm* bucket; **~ del ghiaccio** ice bucket

'secchio ['sekkjo] *sm* bucket, pail

'secco, a, chi, che *ag* dry; *(fichi, pesce)* dried; *(foglie, ramo)* withered; *(magro: persona)* thin, skinny; *(fig: risposta, modo di fare)* curt, abrupt; *(: colpo)* clean, sharp ♦ *sm (siccità)* drought; **restarci ~** *(fig:*

morire sul colpo) to drop dead; **mettere in ~** *(barca)* to beach; **rimanere a ~** *(fig)* to be left in the lurch

seco'lare *ag* age-old, centuries-old; *(laico, mondano)* secular

'secolo *sm* century; *(epoca)* age

se'conda *sf (AUT)* second (gear); **viaggiare in ~** to travel second-class; *vedi anche* **secondo**

secon'dario, a *ag* secondary

se'condo, a *ag* second ♦ *sm* second; *(di pranzo)* main course ♦ *prep* according to; *(nel modo prescritto)* in accordance with; **~ me** in my opinion, to my mind; **di ~a classe** second-class; **di ~a mano** second-hand; **a ~a di** according to; in accordance with

'sedano *sm* celery

seda'tivo, a *ag, sm* sedative

'sede *sf* seat; *(di ditta)* head office; *(di organizzazione)* headquarters *pl;* **~ sociale** registered office

seden'tario, a *ag* sedentary

se'dere *vi* to sit, be seated; **~rsi** *vr* to sit down ♦ *sm (deretano)* behind, bottom

'sedia *sf* chair

sedi'cente [sedi'tʃɛnte] *ag* self-styled

'sedici ['seditʃi] *num* sixteen

se'dile *sm* seat; *(panchina)* bench

se'dotto, a *pp di* **sedurre**

sedu'cente [sedu'tʃɛnte] *ag* seductive; *(proposta)* very attractive

se'durre *vt* to seduce

se'duta *sf* session, sitting; *(riunione)* meeting; **~ spiritica** séance; **~ stante** *(fig)* immediately

seduzi'one [sedut'tsjone] *sf* seduction; *(fascino)* charm, appeal

'sega, ghe *sf* saw

'segale *sf* rye

se'gare *vt* to saw; *(recidere)* to saw off; **sega'tura** *sf (residuo)* sawdust

'seggio ['sɛddʒo] *sm* seat; **~ elettorale** polling station

'seggiola ['sɛddʒola] *sf* chair; **seggio'lino** *sm* seat; *(per bambini)* child's chair; **seggio'lone** *sm (per bambini)* highchair

seggio'via [sedd͡ʒo'via] *sf* chairlift

seghe'ria [sege'ria] *sf* sawmill

segna'lare [seɲɲa'lare] *vt* (*manovra etc*) to signal; to indicate; (*annunciare*) to announce; to report; (*fig: far conoscere*) to point out; (: *persona*) to single out; **~rsi** *vr* (*distinguersi*) to distinguish o.s.

se'gnale [seɲ'ɲale] *sm* signal; (*cartello*): **~ stradale** road sign; **~ d'allarme** alarm; (*FERR*) communication cord; **~ orario** (*RADIO*) time signal; **segna'letica** *sf* signalling, signposting; **segnaletica stradale** road signs *pl*

segna'libro [seɲɲa'libro] *sm* bookmark

se'gnare [seɲ'ɲare] *vt* to mark; (*prendere nota*) to note; (*indicare*) to indicate, mark; (*SPORT: goal*) to score; **~rsi** *vr* (*REL*) to make the sign of the cross, cross o.s.

'segno ['seɲɲo] *sm* sign; (*impronta, contrassegno*) mark; (*limite*) limit, bounds *pl*; (*bersaglio*) target; **fare ~ di sì/no** to nod (one's head)/shake one's head; **fare ~ a qn di fermarsi** to motion (to) sb to stop; **cogliere** *o* **colpire nel ~** (*fig*) to hit the mark

segre'gare *vt* to segregate, isolate; **segregazi'one** *sf* segregation

segre'tario, a *sm/f* secretary; **~ comunale** town clerk; **S~ di Stato** Secretary of State

segrete'ria *sf* (*di ditta, scuola*) (secretary's) office; (*d'organizzazione internazionale*) secretariat; (*POL etc: carica*) office of Secretary; **~ telefonica** answering service

segre'tezza [segre'tettsa] *sf* secrecy

se'greto, a *ag* secret ♦ *sm* secret; secrecy *no pl*; **in ~** in secret, secretly

segu'ace [se'gwat͡ʃe] *sm/f* follower, disciple

segu'ente *ag* following, next

segu'ire *vt* to follow; (*frequentare: corso*) to attend ♦ *vi* to follow; (*continuare: testo*) to continue

segui'tare *vt* to continue, carry on with ♦ *vi* to continue, carry on

'seguito *sm* (*scorta*) suite, retinue; (*discepoli*) followers *pl*; (*favore*) following;

(*continuazione*) continuation; (*conseguenza*) result; **di ~** at a stretch, on end; **in ~** later on; **in ~ a, a ~ di** following; (*a causa di*) as a result of, owing to

'sei *vb vedi* **essere** ♦ *num* six

sei'cento [sei't͡ʃɛnto] *num* six hundred ♦ *sm*: **il S~** the seventeenth century

selci'ato [sel't͡ʃato] *sm* cobbled surface

selezio'nare [selet͡sjo'nare] *vt* to select

selezi'one [selet͡sjone] *sf* selection

'sella *sf* saddle; **sel'lare** *vt* to saddle

selvag'gina [selvad'd͡ʒina] *sf* (*animali*) game

sel'vaggio, a, gi, ge [sel'vadd͡ʒo] *ag* wild; (*tribù*) savage, uncivilized; (*fig*) savage, brutal ♦ *sm/f* savage

sel'vatico, a, ci, che *ag* wild

se'maforo *sm* (*AUT*) traffic lights *pl*

sem'brare *vi* to seem ♦ *vb impers*: **sembra che** it seems that; **mi sembra che** it seems to me that; I think (that); **~ di essere** to seem to be

'seme *sm* seed; (*sperma*) semen; (*CARTE*) suit

se'mestre *sm* half-year, six-month period

'semi... *prefisso* semi...; **semi'cerchio** *sm* semicircle; **semifi'nale** *sf* semifinal; **semi'freddo** *sm* ice-cream cake

'semina *sf* (*AGR*) sowing

semi'nare *vt* to sow

semi'nario *sm* seminar; (*REL*) seminary

seminter'rato *sm* basement; (*appartamento*) basement flat

sem'mai = **se mai**; *vedi* **se**

'semola *sf*: **~ di grano duro** durum wheat

semo'lino *sm* semolina

'semplice ['semplit͡ʃe] *ag* simple; (*di un solo elemento*) single; **semplice'mente** *av* simply; **semplicità** *sf* simplicity

'sempre *av* always; (*ancora*) still; **posso ~ tentare** I can always *o* still try; **da ~** always; **per ~** forever; **una volta per ~** once and for all; **~ che** provided (that); **~ più** more and more; **~ meno** less and less

sempre'verde *ag, sm o f* (*BOT*) evergreen

'senape *sf* (*CUC*) mustard

se'nato *sm* senate; **sena'tore, 'trice**

sm/f senator

'**senno** *sm* judgment, (common) sense; **col ~ di poi** with hindsight

sennò *av* = **se no**; *vedi* **se**

'**seno** *sm* (ANAT: *petto, mammella*) breast; (: *grembo, fig*) womb; (: *cavità*) sinus

sen'**sato, a** *ag* sensible

sensazio'**nale** [sensattsjo'nale] *ag* sensational

sensazi'**one** [sensat'tsjone] *sf* feeling, sensation; **avere la ~ che** to have a feeling that; **fare ~** to cause a sensation, create a stir

sen'**sibile** *ag* sensitive; (*ai sensi*) perceptible; (*rilevante, notevole*) appreciable, noticeable; **~ a** sensitive to; **sensibilità** *sf* sensitivity

'**senso** *sm* (FISIOL, *istinto*) sense; (*impressione, sensazione*) feeling, sensation; (*significato*) meaning, sense; (*direzione*) direction; **~i** *smpl* (*coscienza*) consciousness *sg*; (*sensualità*) senses; **ciò non ha ~** that doesn't make sense; **fare ~ a** (*ripugnare*) to disgust, repel; **~ comune** common sense; **in ~ orario/antiorario** clockwise/anticlockwise; **a ~ unico** (*strada*) one-way

sensu'**ale** *ag* sensual; sensuous; **sensualità** *sf* sensuality; sensuousness

sen'**tenza** [sen'tentsa] *sf* (DIR) sentence; (*massima*) maxim; **sentenzi'are** *vi* (DIR) to pass judgment

senti'**ero** *sm* path

sentimen'**tale** *ag* sentimental; (*vita, avventura*) love *cpd*

senti'**mento** *sm* feeling

senti'**nella** *sf* sentry

sen'**tire** *vt* (*percepire al tatto, fig*) to feel; (*udire*) to hear; (*ascoltare*) to listen to; (*odore*) to smell; (*avvertire con il gusto, assaggiare*) to taste ♦ *vi*: **~ di** (*avere sapore*) to taste of; (*avere odore*) to smell of; **~rsi** *vr* (*uso reciproco*) to be in touch; **~rsi bene/male** to feel well/unwell o ill; **~rsi di fare qc** (*essere disposto*) to feel like doing sth

sen'**tito, a** *ag* (*sincero*) sincere, warm; **per ~ dire** by hearsay

'**senza** ['sentsa] *prep, cong* without; **~ dir**

nulla without saying a word; **fare ~ qc** to do without sth; **~ di me** without me; **~ che io lo sapessi** without me o my knowing; **senz'altro** of course, certainly; **~ dubbio** no doubt; **~ scrupoli** unscrupulous; **~ amici** friendless

sepa'**rare** *vt* to separate; (*dividere*) to divide; (*tenere distinto*) to distinguish; **~rsi** *vr* (*coniugi*) to separate, part; (*amici*) to part, leave each other; **~rsi da** (*coniuge*) to separate o part from; (*amico, socio*) to part company with; (*oggetto*) to part with; sepa'**rato, a** *ag* (*letti, conti etc*) separate; (*coniugi*) separated; separazi'**one** *sf* separation

se'**polcro** *sm* sepulchre

se'**polto, a** *pp di* **seppellire**

seppel'**lire** *vt* to bury

'**seppia** *sf* cuttlefish ♦ *ag inv* sepia

se'**quenza** [se'kwentsa] *sf* sequence

seques'**trare** *vt* (DIR) to impound; (*rapire*) to kidnap; se'**questro** *sm* (DIR) impoundment; **sequestro di persona** kidnapping

'**sera** *sf* evening; **di ~** in the evening; **domani ~** tomorrow evening, tomorrow night; se'**rale** *ag* evening *cpd*; se'**rata** *sf* evening; (*ricevimento*) party

ser'**bare** *vt* to keep; (*mettere da parte*) to put aside; **~ rancore/odio verso qn** to bear sb a grudge/hate sb

serba'**toio** *sm* tank; (*cisterna*) cistern

'**serbo** *sm*: **mettere/tenere** o **avere in ~ qc** to put/keep sth aside

se'**reno, a** *ag* (*tempo, cielo*) clear; (*fig*) serene, calm

ser'**gente** [ser'dʒɛnte] *sm* (MIL) sergeant

'**serie** *sf inv* (*successione*) series *inv*; (*gruppo, collezione*) set; (SPORT) division; league; (COMM): **modello di ~/fuori ~** standard/custom-built model; **in ~** in quick succession; (COMM) mass *cpd*

serietà *sf* seriousness; reliability

'**serio, a** *ag* serious; (*impiegato*) responsible, reliable; (*ditta, cliente*) reliable, dependable; **sul ~** (*davvero*) really, truly; (*seriamente*) seriously, in earnest

ser'mone *sm* sermon
serpeggi'are [serped'dʒare] *vi* to wind;
(*fig*) to spread
ser'pente *sm* snake; ~ a sonagli
rattlesnake
'serra *sf* greenhouse; hothouse
ser'randa *sf* roller shutter
ser'rare *vt* to close, shut; (*a chiave*) to
lock; (*stringere*) to tighten; ~ i pugni/i
denti to clench one's fists/teeth; ~ le file
to close ranks
serra'tura *sf* lock
'serva *sf vedi* servo
ser'vire *vt* to serve; (*clienti: al ristorante*) to
wait on; (: *al negozio*) to serve, attend to;
(*fig: giovare*) to aid, help; (*CARTE*) to deal
♦ *vi* (*TENNIS*) to serve; (*essere utile*): ~ a qn
to be of use to sb; ~ a qc/a fare (*utensile
etc*) to be used for sth/for doing; ~ (a qn)
da to serve as (for sb); ~rsi *vr* (*usare*): ~rsi
di to use; (*prendere: cibo*): ~rsi (di) to help
o.s. (to); (*essere cliente abituale*): ~rsi da to
be a regular customer at, go to
servitù *sf* servitude; slavery; (*personale di
servizio*) servants *pl*, domestic staff
servizi'evole [servit'tʃevole] *ag* obliging,
willing to help
ser'vizio [ser'vittsjo] *sm* service; (*al
ristorante: sul conto*) service (charge);
(*STAMPA, TV, RADIO*) report; (*da tè, caffè etc*)
set, service; ~i *smpl* (*di casa*) kitchen and
bathroom; (*ECON*) services; essere di ~ to
be on duty; fuori ~ (*telefono etc*) out of
order; ~ compreso service included; ~
militare military service; ~i segreti secret
service *sg*
'servo, a *sm/f* servant
ses'santa *num* sixty; sessan'tesimo, a
num sixtieth
sessan'tina *sf*: una ~ (di) about sixty

ⓘ Sessantotto, '68, refers to 1968 when
the student protest movement intensified
and influenced other parts of society,
leading to major political and social change.
Left-wing groups flourished, schools and
universities became more democratic and
the referendum on divorce was held.

sessi'one *sf* session
'sesso *sm* sex; sessu'ale *ag* sexual, sex
cpd
ses'tante *sm* sextant
'sesto, a *ag, sm* sixth
'seta *sf* silk
'sete *sf* thirst; avere ~ to be thirsty
'setola *sf* bristle
'setta *sf* sect
set'tanta *num* seventy; settan'tesimo, a
num seventieth
settan'tina *sf*: una ~ (di) about seventy
'sette *num* seven
sette'cento [sette'tʃento] *num* seven
hundred ♦ *sm*: il S~ the eighteenth
century
set'tembre *sm* September
settentrio'nale *ag* northern
settentri'one *sm* north
setti'mana *sf* week; settima'nale *ag, sm*
weekly

ⓘ The settimana bianca *is a winter-
sports holiday taken by many Italians.*

'settimo, a *ag, sm* seventh
set'tore *sm* sector
severità *sf* severity
se'vero, a *ag* severe
sevizi'are [sevit'tsjare] *vt* to torture
se'vizie [se'vittsje] *sfpl* torture *sg*
sezio'nare [settsjo'nare] *vt* to divide into
sections; (*MED*) to dissect
sezi'one [set'tsjone] *sf* section
sfaccen'dato, a [sfattʃen'dato] *ag* idle
sfacci'ato, a [sfat'tʃato] *ag* (*maleducato*)
cheeky, impudent; (*vistoso*) gaudy
sfa'celo [sfa'tʃelo] *sm* (*fig*) ruin, collapse
sfal'darsi *vr* to flake (off)
sfa'mare *vt* to feed; (*sog: cibo*) to fill
'sfarzo ['sfartso] *sm* pomp, splendour
sfasci'are [sfaʃ'ʃare] *vt* (*ferita*) to
unbandage; (*distruggere*) to smash, shatter;

~rsi vr (rompersi) to smash, shatter
sfa'tare vt (leggenda) to explode
sfavil'lare vi to spark, send out sparks; (risplendere) to sparkle
sfavo'revole ag unfavourable
'sfera sf sphere; 'sferico, a, ci, che ag spherical
sfer'rare vt (fig: colpo) to land, deal; (: attacco) to launch
sfer'zare [sfer'tsare] vt to whip; (fig) to lash out at
sfi'brare vt (indebolire) to exhaust, enervate
'sfida sf challenge
sfi'dare vt to challenge; (fig) to defy, brave
sfi'ducia [sfi'dutʃa] sf distrust, mistrust
sfigu'rare vt (persona) to disfigure; (quadro, statua) to deface ♦ vi (far cattiva figura) to make a bad impression
sfi'lare vt (ago) to unthread; (abito, scarpe) to slip off ♦ vi (truppe) to march past; (atleti) to parade; ~rsi vr (perle etc) to come unstrung; (orlo, tessuto) to fray; (calza) to run, ladder; sfi'lata sf march past; parade; sfilata di moda fashion show
'sfinge ['sfindʒe] sf sphinx
sfi'nito, a ag exhausted
sfio'rare vt to brush (against); (argomento) to touch upon
sfio'rire vi to wither, fade
sfo'cato, a ag (FOT) out of focus
sfoci'are [sfo'tʃare] vi: ~ in to flow into; (fig: malcontento) to develop into
sfode'rato, a ag (vestito) unlined
sfo'gare vt to vent, pour out; ~rsi vr (sfogare la propria rabbia) to give vent to one's anger; (confidarsi): ~rsi (con) to pour out one's feelings (to); non sfogarti su di me! don't take your bad temper out on me!
sfoggi'are [sfod'dʒare] vt, vi to show off
'sfoglia ['sfoʎʎa] sf sheet of pasta dough; pasta ~ (CUC) puff pastry
sfogli'are [sfoʎ'ʎare] vt (libro) to leaf through
'sfogo, ghi sm (eruzione cutanea) rash; (fig) outburst; dare ~ a (fig) to give vent to

sfolgo'rante ag (luce) blazing; (fig: vittoria) brilliant
sfol'lare vt to empty, clear ♦ vi to disperse; ~ da (città) to evacuate
sfon'dare vt (porta) to break down; (scarpe) to wear a hole in; (cesto, scatola) to burst, knock the bottom out of; (MIL) to break through ♦ vi (riuscire) to make a name for o.s.
'sfondo sm background
sfor'mato sm (CUC) type of soufflé
sfor'nare vt (pane etc) to take out of the oven; (fig) to churn out
sfor'nito, a ag: ~ di lacking in, without; (negozio) out of stock
sfor'tuna sf misfortune, ill luck no pl; avere ~ to be unlucky; sfortu'nato, a ag unlucky; (impresa, film) unsuccessful
sfor'zare [sfor'tsare] vt to force; (voce, occhi) to strain; ~rsi vr: ~rsi di o a o per fare to try hard to do
'sforzo ['sfɔrtso] sm effort; (tensione eccessiva, TECN) strain; fare uno ~ to make an effort
sfrat'tare vt to evict; 'sfratto sm eviction
sfrecci'are [sfret'tʃare] vi to shoot o flash past
sfregi'are [sfre'dʒare] vt to slash, gash; (persona) to disfigure; (quadro) to deface; 'sfregio sm gash; scar; (fig) insult
sfre'nato, a ag (fig) unrestrained, unbridled
sfron'tato, a ag shameless
sfrutta'mento sm exploitation
sfrut'tare vt (terreno) to overwork, exhaust; (miniera) to exploit, work; (fig: operai, occasione, potere) to exploit
sfug'gire [sfud'dʒire] vi to escape; ~ a (custode) to escape (from); (morte) to escape; ~ a qn (dettaglio, nome) to escape sb; ~ di mano a qn to slip out of sb's hand (o hands); sfug'gita: di sfuggita ad (rapidamente, in fretta) in passing
sfu'mare vt (colori, contorni) to soften, shade off ♦ vi to shade (off), fade; (fig: svanire) to vanish, disappear; (: speranze) to come to nothing

sfuma'tura *sf* shading off *no pl*; *(tonalità)* shade, tone; *(fig)* touch, hint

sfuri'ata *sf (scatto di collera)* fit of anger; *(rimprovero)* sharp rebuke

sga'bello *sm* stool

sgabuz'zino [zgabud'dzino] *sm* lumber room

sgambet'tare *vi* to kick one's legs about

sgam'betto *sm*: **far lo ~ a qn** to trip sb up; *(fig)* to oust sb

sganasci'arsi [zganaʃʃarsi] *vr*: **~ dalle risa** to roar with laughter

sganci'are [zgan'tʃare] *vt* to unhook; *(FERR)* to uncouple; *(bombe: da aereo)* to release, drop; *(fig: fam: soldi)* to fork out; **~rsi** *vr (fig)*: **~rsi (da)** to get away (from)

sganghe'rato, a [zgange'rato] *ag (porta)* off its hinges; *(auto)* ramshackle; *(risata)* wild, boisterous

sgar'bato, a *ag* rude, impolite

'sgarbo *sm*: **fare uno ~ a qn** to be rude to sb

sgattaio'lare *vi* to sneak away *o* off

sge'lare [zdʒe'lare] *vi*, *vt* to thaw

'sghembo, a ['zgembo] *ag (obliquo)* slanting; *(storto)* crooked

sghignaz'zare [zgiɲɲat'tsare] *vi* to laugh scornfully

sgob'bare *(fam) vi (scolaro)* to swot; *(operaio)* to slog

sgoccio'lare [zgottʃo'lare] *vt (vuotare)* to drain (to the last drop) ♦ *vi (acqua)* to drip; *(recipiente)* to drain; **'sgoccioli** *smpl*: **essere agli ~** *(provviste)* to be nearly finished; *(periodo)* to be nearly over

sgo'larsi *vr* to talk *(o* shout *o* sing) o.s. hoarse

sgomb(e)'rare *vt* to clear; *(andarsene da: stanza)* to vacate; *(evacuare)* to evacuate

'sgombro, a *ag*: **~ (di)** clear (of), free (from) ♦ *sm (ZOOL)* mackerel; *(anche:* **sgombero)** clearing; vacating; evacuation; *(: trasloco)* removal

sgomen'tare *vt* to dismay; **sgo'mento, a** *ag* dismayed ♦ *sm* dismay, consternation

sgonfi'are *vt* to let down, deflate; **~rsi** *vr* to go down

'sgorbio *sm* blot; scribble

sgor'gare *vi* to gush (out)

sgoz'zare [zgot'tsare] *vt* to cut the throat of

sgra'devole *ag* unpleasant, disagreeable

sgra'dito, a *ag* unpleasant, unwelcome

sgra'nare *vt (piselli)* to shell; **~ gli occhi** to open one's eyes wide

sgran'chirsi [zgran'kirsi] *vr* to stretch; **~ le gambe** to stretch one's legs

sgranocchi'are [zgranok'kjare] *vt* to munch

'sgravio *sm*: **~ fiscale** tax relief

sgrazi'ato, a [zgrat'tsjato] *ag* clumsy, ungainly

sgreto'lare *vt* to cause to crumble; **~rsi** *vr* to crumble

sgri'dare *vt* to scold; **sgri'data** *sf* scolding

sguai'ato, a *ag* coarse, vulgar

sgual'cire [zgwal'tʃire] *vt* to crumple (up), crease

sgual'drina *(peg) sf* slut

sgu'ardo *sm (occhiata)* look, glance; *(espressione)* look (in one's eye)

'sguattero, a *sm/f* dishwasher *(person)*

sguaz'zare [zgwat'tsare] *vi (nell'acqua)* to splash about; *(nella melma)* to wallow; **~ nell'oro** to be rolling in money

sguinzagli'are [zgwintsaʎ'ʎare] *vt* to let off the leash; *(fig: persona)*: **~ qn dietro a qn** to set sb on sb

sgusci'are [zguʃ'ʃare] *vt* to shell ♦ *vi (sfuggire di mano)* to slip; **~ via** to slip *o* slink away

'shampoo ['ʃampo] *sm inv* shampoo

shock [ʃɔk] *sm inv* shock

PAROLA CHIAVE

si[1] *(dav lo, la, li, le, ne diventa* **se**) *pron*
1 *(riflessivo: maschile)* himself; *(: femminile)* herself; *(: neutro)* itself; *(: impersonale)* oneself; *(: pl)* themselves; **lavarsi** to wash (oneself); **~ è tagliato** he has cut himself; **~ credono importanti** they think a lot of themselves
2 *(riflessivo: con complemento oggetto)*: **lavarsi le mani** to wash one's hands; **~ sta**

lavando i capelli he (*o* she) is washing his (*o* her) hair

3 (*reciproco*) one another, each other; **si amano** they love one another *o* each other

4 (*passivo*): ~ **ripara facilmente** it is easily repaired

5 (*impersonale*): ~ **dice che ...** they *o* people say that ...; ~ **vede che è vecchio** one *o* you can see that it's old

6 (*noi*) we; **tra poco ~ parte** we're leaving soon

---

si² *sm* (MUS) B; (*solfeggiando la scala*) ti

sì *av* yes; **un giorno ~ e uno no** every other day

'sia *cong*: ~ **... ~** (*o ... o*): ~ **che lavori, ~ che non lavori** whether he works or not; (*tanto ... quanto*): **verranno ~ Luigi ~ suo fratello** both Luigi and his brother will be coming

si'amo *vb vedi* **essere**

sibi'lare *vi* to hiss; (*fischiare*) to whistle; **'sibilo** *sm* hiss; whistle

si'cario *sm* hired killer

sicché [sik'ke] *cong* (*perciò*) so (that), therefore; (*e quindi*) (and) so

siccità [sittʃi'ta] *sf* drought

sic'come *cong* since, as

Si'cilia [si'tʃilja] *sf*: **la ~** Sicily; **sicili'ano, a** *ag, sm/f* Sicilian

si'cura *sf* safety catch; (AUT) safety lock

sicu'rezza [siku'rettsa] *sf* safety; security; (*fiducia*) confidence; (*certezza*) certainty; **di ~** safety *cpd*; **la ~ stradale** road safety

si'curo, a *ag* safe; (*ben difeso*) secure; (*fiducioso*) confident; (*certo*) sure, certain; (*notizia, amico*) reliable; (*esperto*) skilled ♦ *av* (*anche*: **di ~**) certainly; **essere/ mettere al ~** to be safe/put in a safe place; **~ di sé** self-confident, sure of o.s.; **sentirsi ~** to feel safe *o* secure

siderur'gia [siderur'dʒia] *sf* iron and steel industry

'sidro *sm* cider

si'epe *sf* hedge

si'ero *sm* (MED) serum; **sieronega'tivo, a** *ag* HIV-negative; **sieroposi'tivo, a** *ag*

HIV-positive

si'esta *sf* siesta, (afternoon) nap

si'ete *vb vedi* **essere**

si'filide *sf* syphilis

si'fone *sm* siphon

Sig. *abbr* (= *signore*) Mr

siga'retta *sf* cigarette

'sigaro *sm* cigar

Sigg. *abbr* (= *signori*) Messrs

sigil'lare [sidʒil'lare] *vt* to seal

si'gillo [si'dʒillo] *sm* seal

'sigla *sf* initials *pl*; acronym, abbreviation; ~ **automobilistica** abbreviation of province on vehicle number plate; ~ **musicale** signature tune

si'glare *vt* to initial

Sig.na *abbr* (= *signorina*) Miss

signifi'care [siɲifi'kare] *vt* to mean; **significa'tivo, a** *ag* significant; **signifi'cato** *sm* meaning

si'gnora [siɲ'ɲora] *sf* lady; **la ~ X** Mrs X; **buon giorno S~/Signore/Signorina** good morning; (*deferente*) good morning Madam/Sir/Madam; (*quando si conosce il nome*) good morning Mrs/Mr/Miss X; **Gentile S~/Signore/Signorina** (*in una lettera*) Dear Madam/Sir/Madam; **il signor Rossi e ~** Mr Rossi and his wife; **~e e signori** ladies and gentlemen

si'gnore [siɲ'ɲore] *sm* gentleman; (*padrone*) lord, master; (REL): **il S~** the Lord; **il signor X** Mr X; **i ~i Bianchi** (*coniugi*) Mr and Mrs Bianchi; *vedi anche* **signora**

signo'rile [siɲɲo'rile] *ag* refined

signo'rina [siɲɲo'rina] *sf* young lady; **la ~ X** Miss X; *vedi anche* **signora**

Sig.ra *abbr* (= *signora*) Mrs

silenzia'tore [silentsja'tore] *sm* silencer

si'lenzio [si'lentsjo] *sm* silence; **fare ~** to be quiet, stop talking; **silenzi'oso, a** *ag* silent, quiet

si'licio [si'litʃo] *sm* silicon

'sillaba *sf* syllable

silu'rare *vt* to torpedo; (*fig: privare del comando*) to oust

si'luro *sm* torpedo

simboleggi'are [simboled'dʒare] *vt* to

symbolize

'**simbolo** *sm* symbol

'**simile** *ag* (*analogo*) similar; (*di questo tipo*): **un uomo ~** such a man, a man like this; **libri ~i** such books; **~ a** similar to; **i suoi ~i** one's fellow men; one's peers

simme'tria *sf* symmetry

simpa'tia *sf* (*qualità*) pleasantness; (*inclinazione*) liking; **avere ~ per qn** to like sb, have a liking for sb; **sim'patico, a, ci, che** *ag* (*persona*) nice, pleasant, likeable; (*casa, albergo etc*) nice, pleasant

simpatiz'zare [simpatid'dzare] *vi*: **~ con** to take a liking to

sim'posio *sm* symposium

simu'lare *vt* to sham, simulate; (*TECN*) to simulate; **simulazi'one** *sf* shamming; simulation

simul'taneo, a *ag* simultaneous

sina'goga, ghe *sf* synagogue

sincerità [sintʃeri'ta] *sf* sincerity

sin'cero, a [sin'tʃero] *ag* sincere; genuine; heartfelt

'**sincope** *sf* syncopation; (*MED*) blackout

sinda'cale *ag* (trade-)union *cpd*; **sindaca'lista, i, e** *sm/f* trade unionist

sinda'cato *sm* (*di lavoratori*) (trade) union; (*AMM, ECON, DIR*) syndicate, trust, pool

'**sindaco, ci** *sm* mayor

sinfo'nia *sf* (*MUS*) symphony

singhioz'zare [singjot'tsare] *vi* to sob; to hiccup

singhi'ozzo [sin'gjottso] *sm* sob; (*MED*) hiccup; **avere il ~** to have the hiccups; **a ~** (*fig*) by fits and starts

singo'lare *ag* (*insolito*) remarkable, singular; (*LING*) singular ♦ *sm* (*LING*) singular; (*TENNIS*): **~ maschile/femminile** men's/women's singles

'**singolo, a** *ag* single, individual ♦ *sm* (*persona*) individual; (*TENNIS*) = **singolare**

si'nistra *sf* (*POL*) left (wing); **a ~** on the left; (*direzione*) to the left

si'nistro, a *ag* left, left-hand; (*fig*) sinister ♦ *sm* (*incidente*) accident

'**sino** *prep* = **fino**

si'nonimo *sm* synonym; **~ di** synonymous with

sin'tassi *sf* syntax

'**sintesi** *sf* synthesis; (*riassunto*) summary, résumé

sin'tetico, a, ci, che *ag* synthetic

sintetiz'zare [sintetid'dzare] *vt* to synthesize; (*riassumere*) to summarize

sinto'matico, a, ci, che *ag* symptomatic

'**sintomo** *sm* symptom

sinu'oso, a *ag* (*strada*) winding

si'pario *sm* (*TEATRO*) curtain

si'rena *sf* (*apparecchio*) siren; (*nella mitologia, fig*) siren, mermaid

'**Siria** *sf*: **la ~** Syria

si'ringa, ghe *sf* syringe

'**sismico, a, ci, che** *ag* seismic

sis'mografo *sm* seismograph

sis'tema, i *sm* system; method, way

siste'mare *vt* (*mettere a posto*) to tidy, put in order; (*risolvere: questione*) to sort out, settle; (*procurare un lavoro a*) to find a job for; (*dare un alloggio a*) to settle, find accommodation for; **~rsi** *vr* (*problema*) to be settled; (*persona: trovare alloggio*) to find accommodation (*BRIT*) *o* accommodations (*US*); (: *trovarsi un lavoro*) to get fixed up with a job; **ti sistemo io!** I'll soon sort you out!

siste'matico, a, ci, che *ag* systematic

sistemazi'one [sistemat'tsjone] *sf* arrangement; order; settlement; employment; accommodation (*BRIT*), accommodations (*US*)

'**sito** *sm* (*Internet*) Website

situ'are *vt* to site, situate; **situ'ato, a** *ag*: **situato a/su** situated at/on

situazi'one [situat'tsjone] *sf* situation

ski-lift ['ski:lift] *sm inv* ski tow

slacci'are [zlat'tʃare] *vt* to undo, unfasten

slanci'ato, a [zlan'tʃato] *ag* slender

'**slancio** *sm* dash, leap; (*fig*) surge; **di ~** impetuously

sla'vato, a *ag* faded, washed out; (*fig: viso, occhi*) pale, colourless

'**slavo, a** *ag* Slav(onic), Slavic

sle'ale *ag* disloyal; (*concorrenza etc*) unfair

sle'gare *vt* to untie

slip [zlip] *sm inv* briefs *pl*

'slitta *sf* sledge; (*trainata*) sleigh

slit'tare *vi* to slip, slide; (*AUT*) to skid

slo'gare *vt* (*MED*) to dislocate

sloggi'are [zlod'dʒare] *vt* (*inquilino*) to turn out ♦ *vi* to move out

slo'vacco, a, chi, che *ag, sm/f* Slovak

Slovenia [zlo'vɛnja] *sf* Slovenia

smacchi'are [zmak'kjare] *vt* to remove stains from; smacchia'tore *sm* stain remover

'smacco, chi *sm* humiliating defeat

smagli'ante [zmaʎ'ʎante] *ag* brilliant, dazzling

smaglia'tura [zmaʎʎa'tura] *sf* (*su maglia, calza*) ladder; (*della pelle*) stretch mark

smalizi'ato, a [zmalit'tsjato] *ag* shrewd, cunning

smal'tare *vt* to enamel; (*ceramica*) to glaze; (*unghie*) to varnish

smal'tire *vt* (*merce*) to sell off; (*rifiuti*) to dispose of; (*cibo*) to digest; (*peso*) to lose; (*rabbia*) to get over; ~ **la sbornia** to sober up

'smalto *sm* (*anche: di denti*) enamel; (*per ceramica*) glaze; ~ **per unghie** nail varnish

'smania *sf* agitation, restlessness; (*fig*): ~ **di** thirst for, craving for; avere la ~ addosso to have the fidgets; avere la ~ di fare to be desperate to do

smantel'lare *vt* to dismantle

smarri'mento *sm* loss; (*fig*) bewilderment; dismay

smar'rire *vt* to lose; (*non riuscire a trovare*) to mislay; ~rsi *vr* (*perdersi*) to lose one's way, get lost; (*: oggetto*) to go astray; smar'rito, a *ag* (*sbigottito*) bewildered

smasche'rare [zmaske'rare] *vt* to unmask

smemo'rato, a *ag* forgetful

smen'tire *vt* (*negare*) to deny; (*testimonianza*) to refute; smen'tita *sf* denial; retraction

sme'raldo *sm* emerald

smerci'are [zmer'tʃare] *vt* (*COMM*) to sell; (*: svendere*) to sell off

'smesso, a *pp di* smettere

'smettere *vt* to stop; (*vestiti*) to stop wearing ♦ *vi* to stop, cease; ~ **di fare** to stop doing

'smilzo, a ['zmiltso] *ag* thin, lean

sminu'ire *vt* to diminish, lessen; (*fig*) to belittle

sminuz'zare [zminut'tsare] *vt* to break into small pieces; to crumble

smis'tare *vt* (*pacchi etc*) to sort; (*FERR*) to shunt

smisu'rato, a *ag* boundless, immeasurable; (*grandissimo*) immense, enormous

smobili'tare *vt* to demobilize

smo'dato, a *ag* immoderate

smoking ['zmaukiŋ] *sm inv* dinner jacket

smon'tare *vt* (*mobile, macchina etc*) to take to pieces, dismantle; (*fig: scoraggiare*) to dishearten ♦ *vi* (*scendere: da cavallo*) to dismount; (*: da treno*) to get off; (*terminare il lavoro*) to stop (work); ~rsi *vr* to lose heart; to lose one's enthusiasm

'smorfia *sf* grimace; (*atteggiamento lezioso*) simpering; fare ~e to make faces; to simper; smorfi'oso, a *ag* simpering

'smorto, a *ag* (*viso*) pale, wan; (*colore*) dull

smor'zare [zmor'tsare] *vt* (*suoni*) to deaden; (*colori*) to tone down; (*luce*) to dim; (*sete*) to quench; (*entusiasmo*) to dampen; ~rsi *vr* (*suono, luce*) to fade; (*entusiasmo*) to dampen

'smosso, a *pp di* smuovere

smotta'mento *sm* landslide

SMS *sigla m* (= *short message system*) SMS

'smunto, a *ag* haggard, pinched

smu'overe *vt* to move, shift; (*fig: commuovere*) to move; (*: dall'inerzia*) to rouse, stir; ~rsi *vr* to move, shift

smus'sare *vt* (*angolo*) to round off, smooth; (*lama etc*) to blunt; ~rsi *vr* to become blunt

snatu'rato, a *ag* inhuman, heartless

'snello, a *ag* (*agile*) agile; (*svelto*) slender, slim

sner'vare *vt* to enervate, wear out

sni'dare *vt* to drive out, flush out

snob'bare *vt* to snub

sno'bismo *sm* snobbery

snoccio'lare [znottʃo'lare] *vt* (*frutta*) to stone; (*fig: orazioni*) to rattle off

sno'dare *vt* (*rendere agile, mobile*) to loosen; **~rsi** *vr* to come loose; (*articolarsi*) to bend; (*strada, fiume*) to wind

so *vb vedi* **sapere**

so'ave *ag* sweet, gentle, soft

sobbal'zare [sobbal'tsare] *vi* to jolt, jerk; (*trasalire*) to jump, start; **sob'balzo** *sm* jerk, jolt; jump, start

sobbar'carsi *vr*: **~ a** to take on, undertake

sob'borgo, ghi *sm* suburb

sobil'lare *vt* to stir up, incite

'sobrio, a *ag* sober

socchi'udere [sok'kjudere] *vt* (*porta*) to leave ajar; (*occhi*) to half-close; **socchi'uso, a** *pp di* **socchiudere**

soc'correre *vt* to help, assist; **soc'corso, a** *pp di* **soccorrere** ♦ *sm* help, aid; assistance; **soccorsi** *smpl* relief *sg*, aid *sg*; **soccorso stradale** breakdown service

soci'ale [so'tʃale] *ag* social; (*di associazione*) club *cpd*, association *cpd*

socia'lismo [sotʃa'lizmo] *sm* socialism; **socia'lista, i, e** *ag, sm/f* socialist

società [sotʃe'ta] *sf inv* society; (*sportiva*) club; (*COMM*) company; **~ per azioni** limited (*BRIT*) o incorporated (*US*) company; **~ a responsabilità limitata** type of limited liability company

soci'evole [so'tʃevole] *ag* sociable

'socio ['sɔtʃo] *sm* (*DIR, COMM*) partner; (*membro di associazione*) member

'soda *sf* (*CHIM*) soda; (*bibita*) soda (water)

soda'lizio [soda'littsjo] *sm* association, society

soddisfa'cente [soddisfa'tʃente] *ag* satisfactory

soddis'fare *vt, vi*: **~ a** to satisfy; (*impegno*) to fulfil; (*debito*) to pay off; (*richiesta*) to meet, comply with; **soddis'fatto, a** *pp di* **soddisfare** ♦ *ag* satisfied; **soddisfatto di** happy o satisfied with; pleased with; **soddisfazi'one** *sf* satisfaction

'sodo, a *ag* firm, hard; (*uovo*) hard-boiled ♦ *av* (*picchiare, lavorare*) hard; (*dormire*)

soundly

sofà *sm inv* sofa

soffe'renza [soffe'rentsa] *sf* suffering

sof'ferto, a *pp di* **soffrire**

soffi'are *vt* to blow; (*notizia, segreto*) to whisper ♦ *vi* to blow; (*sbuffare*) to puff (and blow); **~rsi il naso** to blow one's nose; **~ qc/qn a qn** (*fig*) to pinch o steal sth/sb from sb; **~ via qc** to blow sth away

'soffice ['sɔffitʃe] *ag* soft

'soffio *sm* (*di vento*) breath; **~ al cuore** heart murmur

sof'fitta *sf* attic

sof'fitto *sm* ceiling

soffo'care *vi* (*anche: ~rsi*) to suffocate, choke ♦ *vt* to suffocate, choke; (*fig*) to stifle, suppress

sof'friggere [sof'friddʒere] *vt* to fry lightly

sof'frire *vt* to suffer, endure; (*sopportare*) to bear, stand ♦ *vi* to suffer; to be in pain; **~ (di) qc** (*MED*) to suffer from sth

sof'fritto, a *pp di* **soffriggere** ♦ *sm* (*CUC*) fried mixture of herbs, bacon and onions

sofisti'cato, a *ag* sophisticated; (*vino*) adulterated

sogget'tivo, a [soddʒet'tivo] *ag* subjective

sog'getto [sod'dʒetto] *ag*: **~ a** (*sottomesso*) subject to; (*esposto: a variazioni, danni etc*) subject o liable to ♦ *sm* subject

soggezi'one [soddʒet'tsjone] *sf* subjection; (*timidezza*) awe; **avere ~ di qn** to stand in awe of sb; to be ill at ease in sb's presence

sogghi'gnare [soggiɲ'ɲare] *vi* to sneer

soggior'nare [soddʒor'nare] *vi* to stay; **soggi'orno** *sm* (*invernale, marino*) stay; (*stanza*) living room

sog'giungere [sod'dʒundʒere] *vt* to add

'soglia ['sɔʎʎa] *sf* doorstep; (*anche fig*) threshold

sogli'ola ['sɔʎʎola] *sf* (*ZOOL*) sole

so'gnare [soɲ'ɲare] *vt, vi* to dream; **~ a occhi aperti** to daydream; **sogna'tore, 'trice** *sm/f* dreamer

'sogno ['soɲɲo] *sm* dream

'soia *sf* (*BOT*) soya

sol *sm* (*MUS*) G; (*: solfeggiando*) so(h)

so'laio *sm* (*soffitta*) attic

sola'mente *av* only, just

so'lare *ag* solar, sun *cpd*

'solco, chi *sm* (*scavo, fig: ruga*) furrow; (*incavo*) rut, track; (*di disco*) groove

sol'dato *sm* soldier; **~ semplice** private

'soldo *sm* (*fig*): **non avere un ~** to be penniless; **non vale un ~** it's not worth a penny; **~i** *smpl* (*denaro*) money *sg*

'sole *sm* sun; (*luce*) sun(light); (*tempo assolato*) sun(shine); **prendere il ~** to sunbathe

soleggi'ato, a [soled'dʒato] *ag* sunny

so'lenne *ag* solemn; **solennità** *sf* solemnity; (*festività*) holiday, feast day

sol'fato (*CHIM*) *sm* sulphate

soli'dale *ag*: **essere ~ (con)** to be in agreement (with)

solidarietà *sf* solidarity

'solido, a *ag* solid; (*forte, robusto*) sturdy, solid; (*fig: ditta*) sound, solid ♦ *sm* (*MAT*) solid

soli'loquio *sm* soliloquy

so'lista, i, e *ag* solo ♦ *sm/f* soloist

solita'mente *av* usually, as a rule

soli'tario, a *ag* (*senza compagnia*) solitary, lonely; (*solo, isolato*) solitary, lone; (*deserto*) lonely ♦ *sm* (*gioiello, gioco*) solitaire

'solito, a *ag* usual; **essere ~ fare** to be in the habit of doing; **di ~** usually; **più tardi del ~** later than usual; **come al ~** as usual

soli'tudine *sf* solitude

solleci'tare [solletʃi'tare] *vt* (*lavoro*) to speed up; (*persona*) to urge on; (*chiedere con insistenza*) to press for, request urgently; (*stimolare*): **~ qn a fare** to urge sb to do; **sollecitazi'one** *sf* entreaty, request; (*fig*) incentive; (*TECN*) stress

sol'lecito, a [sol'letʃito] *ag* prompt, quick ♦ *sm* (*lettera*) reminder; **solleci'tudine** *sf* promptness, speed

solleti'care *vt* to tickle

sol'letico *sm* tickling; **soffrire il ~** to be ticklish

solleva'mento *sm* raising; lifting; revolt; **~ pesi** (*SPORT*) weight-lifting

solle'vare *vt* to lift, raise; (*fig: persona:*

alleggerire): **~ (da)** to relieve (of); (*: dar conforto*) to comfort, relieve; (*: questione*) to raise; (*: far insorgere*) to stir (to revolt); **~rsi** *vr* to rise; (*fig: riprendersi*) to recover; (*: ribellarsi*) to rise up

solli'evo *sm* relief; (*conforto*) comfort

'solo, a *ag* alone; (*in senso spirituale: isolato*) lonely; (*unico*): **un ~ libro** only one book, a single book; (*con ag numerale*): **veniamo noi tre ~i** just *o* only the three of us are coming ♦ *av* (*soltanto*) only, just; **non ~ ... ma anche** not only ... but also; **fare qc da ~** to do sth (all) by oneself

sol'tanto *av* only

so'lubile *ag* (*sostanza*) soluble

soluzi'one [solut'tsjone] *sf* solution

sol'vente *ag, sm* solvent

'soma *sf*: **bestia da ~** beast of burden

so'maro *sm* ass, donkey

somigli'anza [somiʎ'ʎantsa] *sf* resemblance

somigli'are [somiʎ'ʎare] *vi*: **~ a** to be like, resemble; (*nell'aspetto fisico*) to look like; **~rsi** *vr* to be (*o* look) alike

'somma *sf* (*MAT*) sum; (*di denaro*) sum (of money)

som'mare *vt* to add up; (*aggiungere*) to add; **tutto sommato** all things considered

som'mario, a *ag* (*racconto, indagine*) brief; (*giustizia*) summary ♦ *sm* summary

som'mergere [som'merdʒere] *vt* to submerge

sommer'gibile [sommer'dʒibile] *sm* submarine

som'merso, a *pp di* **sommergere**

som'messo, a *ag* (*voce*) soft, subdued

somminis'trare *vt* to give, administer

sommità *sf inv* summit, top; (*fig*) height

'sommo, a *ag* highest; (*rispetto etc*) highest, greatest; (*poeta, artista*) great, outstanding; **per ~i capi** briefly, covering the main points

som'mossa *sf* uprising

so'nare *etc* = **suonare** *etc*

son'daggio [son'daddʒo] *sm* sounding; probe; boring, drilling; (*indagine*) survey; **~ d'opinioni** opinion poll

son'dare *vt* (*NAUT*) to sound; (*atmosfera,*

piaga) to probe; (*MINERALOGIA*) to bore, drill; (*fig: opinione etc*) to survey, poll

so'netto *sm* sonnet

son'nambulo, a *sm/f* sleepwalker

sonnecchi'are [sonnek'kjare] *vi* to doze, nod

son'nifero *sm* sleeping drug (*o* pill)

'sonno *sm* sleep; **prendere ~** to fall asleep; **aver ~** to be sleepy

'sono *vb vedi* essere

so'noro, a *ag* (*ambiente*) resonant; (*voce*) sonorous, ringing; (*onde, film*) sound *cpd*

sontu'oso, a *ag* sumptuous; lavish

sopo'rifero, a *ag* soporific

soppe'sare *vt* to weigh in one's hand(s), feel the weight of; (*fig*) to weigh up

soppi'atto: **di ~** *av* secretly; furtively

soppor'tare *vt* (*reggere*) to support; (*subire: perdita, spese*) to bear, sustain; (*soffrire: dolore*) to bear, endure; (*sog: cosa: freddo*) to withstand; (*sog: persona: freddo, vino*) to take; (*tollerare*) to put up with, tolerate

sop'presso, a *pp di* sopprimere

sop'primere *vt* (*carica, privilegi, testimone*) to do away with; (*pubblicazione*) to suppress; (*parola, frase*) to delete

'sopra *prep* (*gen*) on; (*al di sopra di, più in alto di*) above; over; (*riguardo a*) on, about ♦ *av* on top; (*attaccato, scritto*) on it; (*al di sopra*) above; (*al piano superiore*) upstairs; **donne ~ i 30 anni** women over 30 (years of age); **abito di ~** I live upstairs; **dormirci ~** (*fig*) to sleep on it

so'prabito *sm* overcoat

soprac'ciglio [soprat'tʃiʎʎo] (*pl(f)* **soprac'ciglia**) *sm* eyebrow

sopracco'perta *sf* (*di letto*) bedspread; (*di libro*) jacket

sopraf'fare *vt* to overcome, overwhelm; sopraf'fatto, a *pp di* sopraffare

sopraf'fino, a *ag* (*pranzo, vino*) excellent

sopraggi'ungere [soprad'dʒundʒere] *vi* (*giungere all'improvviso*) to arrive (unexpectedly); (*accadere*) to occur (unexpectedly)

sopral'luogo, ghi *sm* (*di esperti*) inspection; (*di polizia*) on-the-spot investigation

sopram'mobile *sm* ornament

soprannatu'rale *ag* supernatural

sopran'nome *sm* nickname

so'prano, a *sm/f* (*persona*) soprano ♦ *sm* (*voce*) soprano

soprappensi'ero *av* lost in thought

sopras'salto *sm*: **di ~** with a start; suddenly

soprasse'dere *vi*: **~ a** to delay, put off

soprat'tutto *av* (*anzitutto*) above all; (*specialmente*) especially

sopravvalu'tare *vt* to overestimate

soprav'vento *sm*: **avere/prendere il ~ su** to have/get the upper hand over

sopravvis'suto, a *pp di* sopravvivere

soprav'vivere *vi* to survive; (*continuare a vivere*): **~ (in)** to live on (in); **~ a** (*incidente etc*) to survive; (*persona*) to outlive

soprele'vata *sf* (*strada*) flyover; (*ferrovia*) elevated railway

soprinten'dente *sm/f* supervisor; (*statale: di belle arti etc*) keeper; soprinten'denza *sf* supervision; (*ente*): **soprintendenza alle Belle Arti** *government department responsible for monuments and artistic treasures*

so'pruso *sm* abuse of power; **subire un ~** to be abused

soq'quadro *sm*: **mettere a ~** to turn upside-down

sor'betto *sm* sorbet, water ice

sor'bire *vt* to sip; (*fig*) to put up with

'sorcio, ci [ˈsortʃo] *sm* mouse

'sordido, a *ag* sordid; (*fig: gretto*) stingy

sor'dina *sf*: **in ~** softly; (*fig*) on the sly

sordità *sf* deafness

'sordo, a *ag* deaf; (*rumore*) muffled; (*dolore*) dull; (*odio, rancore*) veiled ♦ *sm/f* deaf person; sordo'muto, a *ag* deaf-and-dumb ♦ *sm/f* deaf-mute

so'rella *sf* sister; sorel'lastra *sf* stepsister

sor'gente [sor'dʒɛnte] *sf* (*d'acqua*) spring; (*di fiume, FISICA, FIG*) source

'sorgere [ˈsordʒere] *vi* to rise; (*scaturire*) to spring, rise; (*fig: difficoltà*) to arise

sormon'tare *vt* (*fig*) to overcome, surmount

sorni'one, a *ag* sly

sorpas'sare *vt* (*AUT*) to overtake; (*fig*) to surpass; (: *eccedere*) to exceed, go beyond; ~ **in altezza** to be higher than; (*persona*) to be taller than; **sor'passo** *sm* (*AUT*) overtaking

sorpren'dente *ag* surprising

sor'prendere *vt* (*cogliere: in flagrante etc*) to catch; (*stupire*) to surprise; ~**rsi** *vr*: ~**rsi (di)** to be surprised (at); **sor'presa** *sf* surprise; **fare una sorpresa a qn** to give sb a surprise; **sor'preso, a** *pp di* **sorprendere**

sor'reggere [sor'rɛddʒere] *vt* to support, hold up; (*fig*) to sustain; **sor'retto, a** *pp di* **sorreggere**

sor'ridere *vi* to smile; **sor'riso, a** *pp di* **sorridere** ♦ *sm* smile

'sorso *sm* sip

'sorta *sf* sort, kind; **di** ~ whatever, of any kind, at all

'sorte *sf* (*fato*) fate, destiny; (*evento fortuito*) chance; **tirare a** ~ to draw lots

sor'teggio [sor'teddʒo] *sm* draw

sorti'legio [sorti'lɛdʒo] *sm* witchcraft *no pl*; (*incantesimo*) spell; **fare un** ~ **a qn** to cast a spell on sb

sor'tita *sf* (*MIL*) sortie

'sorto, a *pp di* **sorgere**

sorvegli'anza [sorveʎ'ʎantsa] *sf* watch; supervision; (*POLIZIA, MIL*) surveillance

sorvegli'are [sorveʎ'ʎare] *vt* (*bambino, bagagli, prigioniero*) to watch, keep an eye on; (*malato*) to watch over; (*territorio, casa*) to watch *o* keep watch over; (*lavori*) to supervise

sorvo'lare *vt* (*territorio*) to fly over ♦ *vi*: ~ **su** (*fig*) to skim over

'sosia *sm inv* double

sos'pendere *vt* (*appendere*) to hang (up); (*interrompere, privare di una carica*) to suspend; (*rimandare*) to defer; (*appendere*) to hang; **sospensi'one** *sf* (*anche CHIM, AUT*) suspension; deferment; **sos'peso, a** *pp di* **sospendere** ♦ *ag* (*appeso*): **sospeso**

a hanging on (*o* from); (*treno, autobus*) cancelled; **in sospeso** in abeyance; (*conto*) outstanding; **tenere in sospeso** (*fig*) to keep in suspense

sospet'tare *vt* to suspect ♦ *vi*: ~ **di** to suspect; (*diffidare*) to be suspicious of **sos'petto, a** *ag* suspicious ♦ *sm* suspicion; **sospet'toso, a** *ag* suspicious

sos'pingere [sos'pindʒere] *vt* to drive, push; **sos'pinto, a** *pp di* **sospingere**

sospi'rare *vi* to sigh ♦ *vt* to long for, yearn for; **sos'piro** *sm* sigh

'sosta *sf* (*fermata*) stop, halt; (*pausa*) pause, break; **senza** ~ non-stop, without a break

sostan'tivo *sm* noun, substantive

sos'tanza [sos'tantsa] *sf* substance; ~**e** *sfpl* (*ricchezze*) wealth *sg*, possessions; **in** ~ in short, to sum up; **sostanzi'oso, a** *ag* (*cibo*) nourishing, substantial

sos'tare *vi* (*fermarsi*) to stop (for a while), stay; (*fare una pausa*) to take a break

sos'tegno [sos'teɲɲo] *sm* support

soste'nere *vt* to support; (*prendere su di sé*) to take on, bear; (*resistere*) to withstand, stand up to; (*affermare*): ~ **che** to maintain that; ~**rsi** *vr* to hold o.s. up, support o.s.; (*fig*) to keep up one's strength; ~ **gli esami** to sit exams; **sosteni'tore, 'trice** *sm/f* supporter

sostenta'mento *sm* maintenance, support

soste'nuto, a *ag* (*stile*) elevated; (*velocità, ritmo*) sustained; (*prezzo*) high ♦ *sm/f*: **fare il(la) ~(a)** to be standoffish, keep one's distance

sostitu'ire *vt* (*mettere al posto di*): ~ **qn/qc a** to substitute sb/sth for; (*prendere il posto di: persona*) to substitute for; (: *cosa*) to take the place of

sosti'tuto, a *sm/f* substitute

sostituzi'one *sf* substitution; **in** ~ **di** as a substitute for, in place of

sotta'ceti [sotta'tʃeti] *smpl* pickles

sot'tana *sf* (*sottoveste*) underskirt; (*gonna*) skirt; (*REL*) soutane, cassock

sotter'fugio [sotter'fudʒo] *sm* subterfuge
sotter'raneo, a *ag* underground ♦ *sm* cellar
sotter'rare *vt* to bury
sottigli'ezza [sottiʎˈʎettsa] *sf* thinness; slimness; (*fig: acutezza*) subtlety; shrewdness; **~e** *sfpl* (*pedanteria*) quibbles
sot'tile *ag* thin; (*figura, caviglia*) thin, slim, slender; (*fine: polvere, capelli*) fine; (: *leggero*) light; (: *vista*) sharp, keen; (: *olfatto*) fine, discriminating; (: *mente*) subtle; shrewd ♦ *sm*: **non andare per il ~** not to mince matters
sottin'tendere *vt* (*intendere qc non espresso*) to understand; (*implicare*) to imply; **sottin'teso, a** *pp di* **sottintendere** ♦ *sm* allusion; **parlare senza sottintesi** to speak plainly
'sotto *prep* (*gen*) under; (*più in basso di*) below ♦ *av* underneath, beneath; below; **(al piano) di ~** downstairs; **~ forma di** in the form of; **~ il monte** at the foot of the mountain; **siamo ~ Natale** it's nearly Christmas; **~ la pioggia/il sole** in the rain/sun(shine); **~ terra** underground; **chiuso ~ vuoto** vacuum-packed
sottoline'are *vt* to underline; (*fig*) to emphasize, stress
sottoma'rino, a *ag* (*flora*) submarine; (*cavo, navigazione*) underwater ♦ *sm* (*NAUT*) submarine
sotto'messo, a *pp di* **sottomettere**
sotto'mettere *vt* to subdue, subjugate; **~rsi** *vr* to submit
sottopas'saggio [sottopas'saddʒo] *sm* (*AUT*) underpass; (*pedonale*) subway, underpass
sotto'porre *vt* (*costringere*) to subject; (*fig: presentare*) to submit; **sottoporsi** *vr* to submit; **sottoporsi a** (*subire*) to undergo; **sotto'posto, a** *pp di* **sottoporre**
sottos'critto, a *pp di* **sottoscrivere**
sottos'crivere *vt* to sign ♦ *vi*: **~ a** to subscribe to; **sottoscrizi'one** *sf* signing; subscription
sottosegre'tario *sm*: **~ di Stato** Under-Secretary of State (*BRIT*), Assistant Secretary

of State (*US*)
sotto'sopra *av* upside-down
sotto'terra *av* underground
sotto'titolo *sm* subtitle
sottovalu'tare *vt* to underestimate
sotto'veste *sf* underskirt
sotto'voce [sotto'votʃe] *av* in a low voice
sot'trarre *vt* (*MAT*) to subtract, take away; **~ qn/qc a** (*togliere*) to remove sb/sth from; (*salvare*) to save *o* rescue sb/sth from; **~ qc a qn** (*rubare*) to steal sth from sb; **sottrarsi** *vr*: **sottrarsi a** (*sfuggire*) to escape; (*evitare*) to avoid; **sot'tratto, a** *pp di* **sottrarre**; **sottrazi'one** *sf* subtraction; removal
sovi'etico, a, ci, che *ag* Soviet ♦ *sm/f* Soviet citizen
sovraccari'care *vt* to overload
sovrannatu'rale *ag* = **soprannaturale**
so'vrano, a *ag* sovereign; (*fig: sommo*) supreme ♦ *sm/f* sovereign, monarch
sovrap'porre *vt* to place on top of, put on top of
sovras'tare *vi*: **~ a** (*vallata, fiume*) to overhang; (*fig*) to hang over, threaten ♦ *vt* to overhang; to hang over, threaten
sovrinten'dente *etc* = **soprintendente** *etc*
sovru'mano, a *ag* superhuman
sovvenzi'one [sovven'tsjone] *sf* subsidy, grant
sovver'sivo, a *ag* subversive
'sozzo, a ['sottso] *ag* filthy, dirty
S.p.A. *abbr* = **società per azioni**
spac'care *vt* to split, break; (*legna*) to chop; **~rsi** *vr* to split, break; **spacca'tura** *sf* split
spacci'are [spat'tʃare] *vt* (*vendere*) to sell (off); (*mettere in circolazione*) to circulate; (*droga*) to peddle, push; **~rsi** *vr*: **~rsi per** (*farsi credere*) to pass o.s. off as, pretend to be; **spaccia'tore, 'trice** *sm/f* (*di droga*) pusher; (*di denaro falso*) dealer; **'spaccio** *sm* (*di merce rubata, droga*): **spaccio (di)** trafficking (in); (*in denaro falso*): **spaccio (di)** passing (of); (*vendita*) sale; (*bottega*) shop
'spacco, chi *sm* (*fenditura*) split, crack;

(*strappo*) tear; (*di gonna*) slit

spac'cone *sm/f* boaster, braggart

'**spada** *sf* sword

spae'sato, a *ag* disorientated, lost

spa'ghetti [spa'getti] *smpl* (CUC) spaghetti *sg*

'**Spagna** ['spaɲɲa] *sf*: **la ~** Spain; **spa'gnolo, a** *ag* Spanish ♦ *sm/f* Spaniard ♦ *sm* (LING) Spanish; **gli Spagnoli** the Spanish

'**spago, ghi** *sm* string, twine

spai'ato, a *ag* (*calza, guanto*) odd

spalan'care *vt* to open wide; **~rsi** *vr* to open wide

spa'lare *vt* to shovel

'**spalla** *sf* shoulder; (*fig*: TEATRO) stooge; **~e** *sfpl* (*dorso*) back; **spalleggi'are** *vt* to back up, support

spalli'era *sf* (*di sedia etc*) back; (*di letto*: *da capo*) head(board); (: *da piedi*) foot(board); (GINNASTICA) wall bars *pl*

spal'lina *sf* (*bretella*) strap; (*imbottita*) shoulder pad

spal'mare *vt* to spread

'**spalti** *smpl* (*di stadio*) terracing

'**spandere** *vt* to spread; (*versare*) to pour (out); **~rsi** *vr* to spread; '**spanto, a** *pp di* **spandere**

spa'rare *vt* to fire ♦ *vi* (*far fuoco*) to fire; (*tirare*) to shoot; **spara'toria** *sf* exchange of shots

sparecchi'are [sparek'kjare] *vt*: **~ (la tavola)** to clear the table

spa'reggio [spa'reddʒo] *sm* (SPORT) play-off

'**spargere** ['spardʒere] *vt* (*sparpagliare*) to scatter; (*versare*: *vino*) to spill; (: *lacrime, sangue*) to shed; (*diffondere*) to spread; (*emanare*) to give off (*o* out); **~rsi** *vr* to spread; **spargi'mento** *sm* scattering, strewing; spilling; shedding; **spargimento di sangue** bloodshed

spa'rire *vi* to disappear, vanish

spar'lare *vi*: **~ di** to run down, speak ill of

'**sparo** *sm* shot

sparpagli'are [sparpaʎ'ʎare] *vt* to scatter; **~rsi** *vr* to scatter

'**sparso, a** *pp di* **spargere** ♦ *ag* scattered;

(*sciolto*) loose

spar'tire *vt* (*eredità, bottino*) to share out; (*avversari*) to separate

spar'tito *sm* (MUS) score

sparti'traffico *sm inv* (AUT) central reservation (BRIT), median (strip) (US)

spa'ruto, a *ag* (*viso etc*) haggard

sparvi'ero *sm* (ZOOL) sparrowhawk

spasi'mante *sm* suitor

'**spasimo** *sm* pang; '**spasmo** *sm* (MED) spasm; **spas'modico, a, ci, che** *ag* (*angoscioso*) agonizing; (MED) spasmodic

spassio'nato, a *ag* dispassionate, impartial

'**spasso** *sm* (*divertimento*) amusement, enjoyment; **andare a ~** to go out for a walk; **essere a ~** (*fig*) to be out of work; **mandare qn a ~** (*fig*) to give sb the sack

'**spatola** *sf* spatula; (*di muratore*) trowel

spau'racchio [spau'rakkjo] *sm* scarecrow

spau'rire *vt* to frighten, terrify

spa'valdo, a *ag* arrogant, bold

spaventa'passeri *sm inv* scarecrow

spaven'tare *vt* to frighten, scare; **~rsi** *vr* to be frightened, be scared; to get a fright; **spa'vento** *sm* fear, fright; **far spavento a qn** to give sb a fright; **spaven'toso, a** *ag* frightening, terrible; (*fig*: *fam*) tremendous, fantastic

spazien'tire [spattsjen'tire] *vi* (*anche*: **~rsi**) to lose one's patience

'**spazio** ['spattsjo] *sm* space; **~ aereo** airspace; **spazi'oso, a** *ag* spacious

spazzaca'mino [spattsaka'mino] *sm* chimney sweep

spazza'neve [spattsa'neve] *sm inv* snowplough

spaz'zare [spat'tsare] *vt* to sweep; (*foglie etc*) to sweep up; (*cacciare*) to sweep away; **spazza'tura** *sf* sweepings *pl*; (*immondizia*) rubbish; **spaz'zino** *sm* street sweeper

'**spazzola** ['spattsola] *sf* brush; **~ per abiti** clothesbrush; **~ da capelli** hairbrush; **spazzo'lare** *vt* to brush; **spazzo'lino** *sm* (*small*) brush; **spazzolino da denti** toothbrush

specchi'arsi [spek'kjarsi] *vr* to look at o.s. in a mirror; *(riflettersi)* to be mirrored, be reflected

'specchio ['spekkjo] *sm* mirror

speci'ale [spe'tʃale] *ag* special; **specia'lista, i, e** *sm/f* specialist; **specialità** *sf inv* speciality; *(branca di studio)* special field, speciality; **specializ'zarsi** *vr*: **specializzarsi (in)** to specialize (in); **special'mente** *av* especially, particularly

'specie ['spetʃe] *sf inv (BIOL, BOT, ZOOL)* species *inv*; *(tipo)* kind, sort ♦ *av* especially, particularly; **una ~ di** a kind of; **fare ~ a qn** to surprise sb; **la ~ umana** mankind

specifi'care [spetʃifi'kare] *vt* to specify, state

spe'cifico, a, ci, che [spe'tʃifiko] *ag* specific

specu'lare *vi*: **~ su** *(COMM)* to speculate in; *(sfruttare)* to exploit; *(meditare)* to speculate on; **speculazi'one** *sf* speculation

spe'dire *vt* to send; **spedizi'one** *sf* sending; *(collo)* consignment; *(scientifica etc)* expedition

'spegnere ['speɲɲere] *vt (fuoco, sigaretta)* to put out, extinguish; *(apparecchio elettrico)* to turn *o* switch off; *(gas)* to turn off; *(fig: suoni, passioni)* to stifle; *(debito)* to extinguish; **~rsi** *vr* to go out; to go off; *(morire)* to pass away

spel'lare *vt (scuoiare)* to skin; *(scorticare)* to graze; **~rsi** *vr* to peel

'spendere *vt* to spend

spen'nare *vt* to pluck

spensie'rato, a *ag* carefree

'spento, a *pp di* **spegnere** ♦ *ag (suono)* muffled; *(colore)* dull; *(sigaretta)* out; *(civiltà, vulcano)* extinct

spe'ranza [spe'rantsa] *sf* hope

spe'rare *vt* to hope for ♦ *vi*: **~ in** to trust in; **~ che/di fare** to hope that/to do; **lo spero, spero di sì** I hope so

sper'duto, a *ag (isolato)* out-of-the-way; *(persona: smarrita, a disagio)* lost

spergi'uro, a [sper'dʒuro] *sm/f* perjurer

♦ *sm* perjury

sperimen'tale *ag* experimental

sperimen'tare *vt* to experiment with, test; *(fig)* to test, put to the test

'sperma, i *sm* sperm

spe'rone *sm* spur

sperpe'rare *vt* to squander

'spesa *sf (somma di denaro)* expense; *(costo)* cost; *(acquisto)* purchase; *(fam: acquisto del cibo quotidiano)* shopping; **~e** *sfpl (soldi spesi)* expenses; *(COMM)* costs; charges; **fare la ~** to do the shopping; **a ~e di** *(a carico di)* at the expense of; **~e generali** overheads; **~e postali** postage *sg*; **~e di viaggio** travelling expenses

'speso, a *pp di* **spendere**

'spesso, a *ag (fitto)* thick; *(frequente)* frequent ♦ *av* often; **~e volte** frequently, often

spes'sore *sm* thickness

spet'tabile *(abbr:* **Spett.**: *in lettere) ag*: **~ ditta X** Messrs X and Co.

spet'tacolo *sm (rappresentazione)* performance, show; *(vista, scena)* sight; **dare ~ di sé** to make an exhibition *o* a spectacle of o.s.; **spettaco'loso, a** *ag* spectacular

spet'tare *vi*: **~ a** *(decisione)* to be up to; *(stipendio)* to be due to; **spetta a te decidere** it's up to you to decide

spetta'tore, 'trice *sm/f (CINEMA, TEATRO)* member of the audience; *(di avvenimento)* onlooker, witness

spetti'nare *vt*: **~ qn** to ruffle sb's hair; **~rsi** *vr* to get one's hair in a mess

'spettro *sm (fantasma)* spectre; *(FISICA)* spectrum

'spezie ['spɛttsje] *sfpl (CUC)* spices

spez'zare [spet'tsare] *vt (rompere)* to break; *(fig: interrompere)* to break up; **~rsi** *vr* to break

spezza'tino [spettsa'tino] *sm (CUC)* stew

spezzet'tare [spettset'tare] *vt* to break up *(o* chop) into small pieces

'spia *sf* spy; *(confidente della polizia)* informer; *(ELETTR)* indicating light; warning light; *(fessura)* peep-hole; *(fig: sintomo)* sign, indication

spia'cente [spja'tʃɛnte] *ag* sorry; **essere ~ di qc/di fare qc** to be sorry about sth/for doing sth

spia'cevole [spja'tʃevole] *ag* unpleasant

spi'aggia, ge [ˈspjaddʒa] *sf* beach; **~ libera** public beach

spia'nare *vt* (*terreno*) to level, make level; (*edificio*) to raze to the ground; (*pasta*) to roll out; (*rendere liscio*) to smooth (out)

spi'ano *sm*: **a tutto ~** (*lavorare*) non-stop, without a break; (*spendere*) lavishly

spian'tato, a *ag* penniless, ruined

spi'are *vt* to spy on

spi'azzo [ˈspjattso] *sm* open space; (*radura*) clearing

spic'care *vt* (*assegno, mandato di cattura*) to issue ♦ *vi* (*risaltare*) to stand out; **~ il volo** to fly off; (*fig*) to spread one's wings; **~ un balzo** to leap; **spic'cato, a** *ag* (*marcato*) marked, strong; (*notevole*) remarkable

spicchio [ˈspikkjo] *sm* (*di agrumi*) segment; (*di aglio*) clove; (*parte*) piece, slice

spicci'are [spit'tʃare] *vt* to finish off quickly; **~rsi** *vr* to hurry up

spicciolo, a [ˈspittʃolo] *ag*: **moneta ~a, ~i** *smpl* (small) change

spicco, chi *sm*: **di ~** outstanding; (*tema*) main, principal; **fare ~** to stand out

spie'dino *sm* (*utensile*) skewer; (*pietanza*) kebab

spi'edo *sm* (*CUC*) spit

spie'gare *vt* (*far capire*) to explain; (*tovaglia*) to unfold; (*vele*) to unfurl; **~rsi** *vr* to explain o.s., make o.s. clear; **~ qc a qn** to explain sth to sb; **spiegazi'one** *sf* explanation

spiegaz'zare [spjegat'tsare] *vt* to crease, crumple

spie'tato, a *ag* ruthless, pitiless

spiffe'rare (*fam*) *vt* to blurt out, blab

spiga, ghe *sf* (*BOT*) ear

spigli'ato, a [spiʎ'ʎato] *ag* self-possessed, self-confident

spigolo *sm* corner; (*MAT*) edge

spilla *sf* brooch; (*da cravatta, cappello*) pin; **~ di sicurezza** *o* **da balia** safety pin

spil'lare *vt* (*vino, fig*) to tap; **~ denaro/ notizie a qn** to tap sb for money/ information

spillo *sm* pin

spi'lorcio, a, ci, ce [spi'lortʃo] *ag* mean, stingy

spina *sf* (*BOT*) thorn; (*ZOOL*) spine, prickle; (*di pesce*) bone; (*ELETTR*) plug; (*di botte*) bunghole; **birra alla ~** draught beer; **~ dorsale** (*ANAT*) backbone

spi'nacio [spi'natʃo] *sm* spinach; (*CUC*): **~i** spinach *sg*

spingere [ˈspindʒere] *vt* to push; (*condurre: anche fig*) to drive; (*stimolare*): **~ qn a fare** to urge *o* press sb to do; **~rsi** *vr* (*inoltrarsi*) to push on, carry on; **~rsi troppo lontano** (*anche fig*) to go too far

spi'noso, a *ag* thorny, prickly

spinta *sf* (*urto*) push; (*FISICA*) thrust; (*fig: stimolo*) incentive, spur; (: *appoggio*) string-pulling *no pl*; **dare una ~a qn** (*fig*) to pull strings for sb

spinto, a *pp di* **spingere**

spio'naggio [spio'naddʒo] *sm* espionage, spying

spi'overe *vi* to stop raining

spira *sf* coil

spi'raglio [spi'raʎʎo] *sm* (*fessura*) chink, narrow opening; (*raggio di luce, fig*) glimmer, gleam

spi'rale *sf* spiral; (*contraccettivo*) coil; **a ~** spiral(-shaped)

spi'rare *vi* (*vento*) to blow; (*morire*) to expire, pass away

spiri'tato, a *ag* possessed; (*fig: persona, espressione*) wild

spiri'tismo *sm* spiritualism

spirito *sm* (*REL, CHIM, disposizione d'animo, di legge etc, fantasma*) spirit; (*pensieri, intelletto*) mind; (*arguzia*) wit; (*umorismo*) humour, wit; **lo S~ Santo** the Holy Spirit *o* Ghost

spirito'saggine [spirito'saddʒine] *sf* witticism; (*peg*) wisecrack

spiri'toso, a *ag* witty

spiritu'ale *ag* spiritual

'splendere *vi* to shine

'splendido, a *ag* splendid; *(splendente)* shining; *(sfarzoso)* magnificent, splendid

splen'dore *sm* splendour; *(luce intensa)* brilliance, brightness

spodes'tare *vt* to deprive of power; *(sovrano)* to depose

spogli'are [spoʎ'ʎare] *vt (svestire)* to undress; *(privare, fig: depredare)*: ~ **qn di qc** to deprive sb of sth; *(togliere ornamenti: anche fig)*: ~ **qn/qc di** to strip sb/sth of; ~**rsi** *vr* to undress, strip; ~**rsi di** *(ricchezze etc)* to deprive o.s. of, give up; *(pregiudizi)* to rid o.s. of; **spoglia'toio** *sm* dressing room; *(di scuola etc)* cloakroom; *(SPORT)* changing room; **'spoglie** ['spoʎʎe] *sfpl (salma)* remains; *(preda)* spoils, booty *sg*; *vedi anche* **spoglio**; **'spoglio, a** *ag (pianta, terreno)* bare; *(privo)*: **spoglio di** stripped of; lacking in, without ♦ *sm (di voti)* counting

'spola *sf (bobina di filo)* cop; **fare la ~ (fra)** to go to and fro *o* shuttle (between)

spol'pare *vt* to strip the flesh off

spolve'rare *vt (anche CUC)* to dust; *(con spazzola)* to brush; *(con battipanni)* to beat; *(fig)* to polish off ♦ *vi* to dust

'sponda *sf (di fiume)* bank; *(di mare, lago)* shore; *(bordo)* edge

spon'taneo, a *ag* spontaneous; *(persona)* unaffected, natural

spopo'lare *vt* to depopulate ♦ *vi (attirare folla)* to draw the crowds; ~**rsi** *vr* to become depopulated

spor'care *vt* to dirty, make dirty; *(fig)* to sully, soil; ~**rsi** *vr* to get dirty

spor'cizia [spor'tʃittsja] *sf (stato)* dirtiness; *(sudiciume)* dirt, filth; *(cosa sporca)* dirt *no pl*, something dirty

'sporco, a, chi, che *ag* dirty, filthy

spor'genza [spor'dʒentsa] *sf* projection

'sporgere [spor'dʒere] *vt* to put out, stretch out ♦ *vi (venire in fuori)* to stick out; ~**rsi** *vr* to lean out; ~ **querela contro qn** *(DIR)* to take legal action against sb

sport *sm inv* sport

'sporta *sf* shopping bag

spor'tello *sm (di treno, auto etc)* door; *(di banca, ufficio)* window, counter; ~ **automatico** *(BANCA)* cash dispenser, automated telling machine

spor'tivo, a *ag (gara, giornale, centro)* sports *cpd*; *(persona)* sporty; *(abito)* casual; *(spirito, atteggiamento)* sporting

'sporto, a *pp di* **sporgere**

'sposa *sf* bride; *(moglie)* wife

sposa'lizio [spoza'littsjo] *sm* wedding

spo'sare *vt* to marry; *(fig: idea, fede)* to espouse; ~**rsi** *vr* to get married, marry; ~**rsi con qn** to marry sb, get married to sb; **spo'sato, a** *ag* married

'sposo *sm (bride)*groom; *(marito)* husband; **gli ~i** *smpl* the newlyweds

spos'sato, a *ag* exhausted, weary

spos'tare *vt* to move, shift; *(cambiare: orario)* to change; ~**rsi** *vr* to move

'spranga, ghe *sf (sbarra)* bar

'sprazzo ['sprattso] *sm (di sole etc)* flash; *(fig: di gioia etc)* burst

spre'care *vt* to waste; ~**rsi** *vr (persona)* to waste one's energy; **'spreco** *sm* waste

spre'gevole [spre'dʒevole] *ag* contemptible, despicable

spregiudi'cato, a [spredʒudi'kato] *ag* unprejudiced, unbiased; *(peg)* unscrupulous

'spremere *vt* to squeeze

spre'muta *sf* fresh juice; ~ **d'arancia** fresh orange juice

sprez'zante [spret'tsante] *ag* scornful, contemptuous

sprigio'nare [spridʒo'nare] *vt* to give off, emit; ~**rsi** *vr* to emanate; *(uscire con impeto)* to burst out

spriz'zare [sprit'tsare] *vt, vi* to spurt; ~ **gioia/salute** to be bursting with joy/health

sprofon'dare *vi* to sink; *(casa)* to collapse; *(suolo)* to give way, subside; ~**rsi** *vr*: ~**rsi in** *(poltrona)* to sink into; *(fig)* to become immersed *o* absorbed in

spro'nare *vt* to spur (on)

'sprone *sm (sperone, fig)* spur

sproporzio'nato, a [sproportsjo'nato] *ag* disproportionate, out of all proportion

sproporzi'one [spropor'tsjone] *sf* disproportion

sproposi'tato, a *ag* (*lettera, discorso*) full of mistakes; (*fig: costo*) excessive, enormous

spro'posito *sm* blunder; **a ~** at the wrong time; (*rispondere, parlare*) irrelevantly

sprovve'duto, a *ag* inexperienced, naïve

sprov'visto, a *ag* (*mancante*): **~ di** lacking in, without; **alla ~a** unawares

spruz'zare [sprut'tsare] *vt* (*a nebulizzazione*) to spray; (*aspergere*) to sprinkle; (*inzaccherare*) to splash; **'spruzzo** *sm* spray; splash

'spugna ['spuɲɲa] *sf* (ZOOL) sponge; (*tessuto*) towelling; **spu'gnoso, a** *ag* spongy

'spuma *sf* (*schiuma*) foam; (*bibita*) fizzy drink

spu'mante *sm* sparkling wine

spumeggi'ante [spumed'dʒante] *ag* (*birra*) foaming; (*vino, fig*) sparkling

spu'mone *sm* (CUC) mousse

spun'tare *vt* (*coltello*) to break the point of; (*capelli*) to trim ♦ *vi* (*uscire: germogli*) to sprout; (*: capelli*) to begin to grow; (*: denti*) to come through; (*apparire*) to appear (suddenly); **~rsi** *vr* to become blunt, lose its point; **spuntarla** (*fig*) to make it, win through

spun'tino *sm* snack

'spunto *sm* (TEATRO, MUS) cue; (*fig*) starting point; **dare lo ~ a** (*fig*) to give rise to

spur'gare *vt* (*fogna*) to clean, clear

spu'tare *vt* to spit out; (*fig*) to belch (out) ♦ *vi* to spit; **'sputo** *sm* spittle *no pl*, spit *no pl*

'squadra *sf* (*strumento*) (set) square; (*gruppo*) team, squad; (*di operai*) gang, squad; (MIL) squad; (*: AER, NAUT*) squadron; (SPORT) team; **lavoro a ~e** teamwork

squa'drare *vt* to square, make square; (*osservare*) to look at closely

squa'driglia [skwa'driʎʎa] *sf* (AER) flight; (NAUT) squadron

squa'drone *sm* squadron

squagli'arsi [skwaʎ'ʎarsi] *vr* to melt; (*fig*) to sneak off

squa'lifica *sf* disqualification

squalifi'care *vt* to disqualify

'squallido, a *ag* wretched, bleak

squal'lore *sm* wretchedness, bleakness

'squalo *sm* shark

'squama *sf* scale; **squa'mare** *vt* to scale; **squamarsi** *vr* to flake *o* peel (off)

squarcia'gola [skwartʃa'gola]: **a ~** *av* at the top of one's voice

squarci'are [skwar'tʃare] *vt* to rip (open); (*fig*) to pierce

squar'tare *vt* to quarter, cut up

squattri'nato, a *ag* penniless

squili'brato, a *ag* (PSIC) unbalanced; **squi'librio** *sm* (*differenza, sbilancio*) imbalance; (PSIC) unbalance

squil'lante *ag* shrill, sharp

squil'lare *vi* (*campanello, telefono*) to ring (out); (*tromba*) to blare; **'squillo** *sm* ring, ringing *no pl*; blare; **ragazza *f* squillo** *inv* call girl

squi'sito, a *ag* exquisite; (*cibo*) delicious; (*persona*) delightful

squit'tire *vi* (*uccello*) to squawk; (*topo*) to squeak

sradi'care *vt* to uproot; (*fig*) to eradicate

sragio'nare [zradʒo'nare] *vi* to talk nonsense, rave

srego'lato, a *ag* (*senza ordine: vita*) disorderly; (*smodato*) immoderate; (*dissoluto*) dissolute

S.r.l. *abbr* = **società a responsabilità limitata**

'stabile *ag* stable, steady; (*tempo: non variabile*) settled; (TEATRO: *compagnia*) resident ♦ *sm* (*edificio*) building

stabili'mento *sm* (*edificio*) establishment; (*fabbrica*) plant, factory

stabi'lire *vt* to establish; (*fissare: prezzi, data*) to fix; (*decidere*) to decide; **~rsi** *vr* (*prendere dimora*) to settle

stac'care *vt* (*levare*) to detach, remove; (*separare: anche fig*) to separate, divide; (*strappare*) to tear off (*o* out); (*scandire: parole*) to pronounce clearly; (SPORT) to leave behind; **~rsi** *vr* (*bottone etc*) to come off; (*scostarsi*): **~rsi (da)** to move away (from); (*fig: separarsi*): **~rsi da** to leave; **non ~ gli occhi da qn** not to take one's eyes off sb

'stadio *sm* (*SPORT*) stadium; (*periodo, fase*) phase, stage

'staffa *sf* (*di sella, TECN*) stirrup; **perdere le ~e** (*fig*) to fly off the handle

staf'fetta *sf* (*messo*) dispatch rider; (*SPORT*) relay race

stagio'nale [stadʒo'nale] *ag* seasonal

stagio'nare [stadʒo'nare] *vt* (*legno*) to season; (*formaggio, vino*) to mature

stagi'one [sta'dʒone] *sf* season; **alta/bassa ~** high/low season

stagli'arsi [staʎ'ʎarsi] *vr* to stand out, be silhouetted

'stagno, a ['staɲɲo] *ag* watertight; (*a tenuta d'aria*) airtight ♦ *sm* (*acquitrino*) pond; (*CHIM*) tin

sta'gnola [staɲ'ɲɔla] *sf* tinfoil

'stalla *sf* (*per bovini*) cowshed; (*per cavalli*) stable

stal'lone *sm* stallion

sta'mani *av* = stamattina

stamat'tina *av* this morning

stam'becco, chi *sm* ibex

'stampa *sf* (*TIP, FOT: tecnica*) printing; (*impressione, copia fotografica*) print; (*insieme di quotidiani, giornalisti etc*) press; **"~e"** *sfpl* "printed matter"

stam'pante *sf* (*INFORM*) printer

stam'pare *vt* to print; (*pubblicare*) to publish; (*coniare*) to strike, coin; (*imprimere: anche fig*) to impress

stampa'tello *sm* block letters *pl*

stam'pella *sf* crutch

'stampo *sm* mould; (*fig: indole*) type, kind, sort

sta'nare *vt* to drive out

stan'care *vt* to tire, make tired; (*annoiare*) to bore; (*infastidire*) to annoy; **~rsi** *vr* to get tired, tire o.s. out; **~rsi (di)** to grow weary (of), grow tired (of)

stan'chezza [stan'kettsa] *sf* tiredness, fatigue

'stanco, a, chi, che *ag* tired; **~ di** tired of, fed up with

'stanga, ghe *sm* bar; (*di carro*) shaft

stan'gata *sf* (*colpo: anche fig*) blow; (*cattivo risultato*) poor result; (*CALCIO*) shot

sta'notte *av* tonight; (*notte passata*) last night

'stante *prep*: **a sé ~** (*appartamento, casa*) independent, separate

stan'tio, a, 'tii, 'tie *ag* stale; (*burro*) rancid; (*fig*) old

stan'tuffo *sm* piston

'stanza ['stantsa] *sf* room; (*POESIA*) stanza; **~ da letto** bedroom

stanzi'are [stan'tsjare] *vt* to allocate

stap'pare *vt* to uncork; to uncap

'stare *vi* (*restare in un luogo*) to stay, remain; (*abitare*) to stay, live; (*essere situato*) to be, be situated; (*anche: ~ in piedi*) to be, stand; (*essere, trovarsi*) to be; (*dipendere*): **se stesse in me** if it were up to me, if it depended on me; (*seguito da gerundio*): **sta studiando** he's studying; **starci** (*esserci spazio*): **nel baule non ci sta più niente** there's no more room in the boot; (*accettare*) to accept; **ci stai?** is that okay with you?; **~ a** (*attenersi a*) to follow, stick to; (*seguito dall'infinito*): **stiamo a discutere** we're talking; (*toccare a*): **sta a te giocare** it's your turn to play; **~ per fare qc** to be about to do sth; **come sta?** how are you?; **io sto bene/male** I'm very well/not very well; **~ a qn** (*abiti etc*) to fit sb; **queste scarpe mi stanno strette** these shoes are tight for me; **il rosso ti sta bene** red suits you

starnu'tire *vi* to sneeze; star'nuto *sm* sneeze

sta'sera *av* this evening, tonight

sta'tale *ag* state *cpd*; government *cpd* ♦ *sm/f* state employee, local authority employee; (*nell'amministrazione*) ≈ civil servant

sta'tista, i *sm* statesman

sta'tistica *sf* statistics *sg*

'stato, a *pp di* essere; stare ♦ *sm* (*condizione*) state, condition; (*POL*) state; (*DIR*) status; **essere in ~ d'accusa** (*DIR*) to be committed for trial; **~ d'assedio/**

d'emergenza state of siege/emergency; ~ **civile** (*AMM*) marital status; ~ **maggiore** (*MIL*) staff; **gli S~i Uniti (d'America)** the United States (of America)

'**statua** *sf* statue

statuni'tense *ag* United States *cpd*, of the United States

sta'tura *sf* (*ANAT*) height, stature; (*fig*) stature

sta'tuto *sm* (*DIR*) statute; constitution

sta'volta *av* this time

stazio'nario, a [stattsjo'narjo] *ag* stationary; (*fig*) unchanged

stazi'one [stat'tsjone] *sf* station; (*balneare, termale*) resort; ~ **degli autobus** bus station; ~ **balneare** seaside resort; ~ **ferroviaria** railway (*BRIT*) *o* railroad (*US*) station; ~ **invernale** winter sports resort; ~ **di polizia** police station (*in small town*); ~ **di servizio** service *o* petrol (*BRIT*) *o* filling station

'**stecca, che** *sf* stick; (*di ombrello*) rib; (*di sigarette*) carton; (*MED*) splint; (*stonatura*): **fare una ~** to sing (*o* play) a wrong note

stec'cato *sm* fence

stec'chito, a [stek'kito] *ag*: **lasciar ~ qn** (*fig*) to leave sb flabbergasted; **morto ~** stone dead

'**stella** *sf* star; ~ **alpina** (*BOT*) edelweiss; ~ **di mare** (*ZOOL*) starfish

'**stelo** *sm* stem; (*asta*) rod; **lampada a ~** standard lamp

'**stemma, i** *sm* coat of arms

stempe'rare *vt* to dilute; to dissolve; (*colori*) to mix

sten'dardo *sm* standard

'**stendere** *vt* (*braccia, gambe*) to stretch (out); (*tovaglia*) to spread (out); (*bucato*) to hang out; (*mettere a giacere*) to lay (down); (*spalmare: colore*) to spread; (*mettere per iscritto*) to draw up; **~rsi** *vr* (*coricarsi*) to stretch out, lie down; (*estendersi*) to extend, stretch

stenodatti'lografo, a *sm/f* shorthand typist (*BRIT*), stenographer (*US*)

stenogra'fare *vt* to take down in shorthand; **stenogra'fia** *sf* shorthand

sten'tare *vi*: ~ **a fare** to find it hard to do, have difficulty doing

'**stento** *sm* (*fatica*) difficulty; **~i** *smpl* (*privazioni*) hardship *sg*, privation *sg*; **a ~** with difficulty, barely

'**sterco** *sm* dung

stereo('fonico, a, ci, che) *ag* stereo(phonic)

'**sterile** *ag* sterile; (*terra*) barren; (*fig*) futile, fruitless; **sterilità** *sf* sterility

steriliz'zare [sterilid'dzare] *vt* to sterilize; **sterilizzazi'one** *sf* sterilization

ster'lina *sf* pound (sterling)

stermi'nare *vt* to exterminate, wipe out

stermi'nato, a *ag* immense; endless

ster'minio *sm* extermination, destruction

'**sterno** *sm* (*ANAT*) breastbone

'**sterpo** *sm* dry twig; **~i** *smpl* brushwood *sg*

ster'zare [ster'tsare] *vt, vi* (*AUT*) to steer; '**sterzo** *sm* steering; (*volante*) steering wheel

'**steso, a** *pp di* **stendere**

'**stesso, a** *ag* same; (*rafforzativo: in persona, proprio*): **il re ~** the king himself *o* in person ♦ *pron*: **lo(la) ~(a)** the same (one); **i suoi ~i avversari lo ammirano** even his enemies admire him; **fa lo ~** it doesn't matter; **per me è lo ~** it's all the same to me, it doesn't matter to me; *vedi io; tu etc*

ste'sura *sf* drafting *no pl*, drawing up *no pl*; draft

'**stigmate** *sfpl* (*REL*) stigmata

sti'lare *vt* to draw up, draft

'**stile** *sm* style; **sti'lista, i** *sm* designer

stil'lare *vi* (*trasudare*) to ooze; (*gocciolare*) to drip; **stilli'cidio** *sm* (*fig*) continual pestering (*o* moaning *etc*)

stilo'grafica, che *sf* (*anche*: **penna ~**) fountain pen

'**stima** *sf* esteem; valuation; assessment, estimate

sti'mare *vt* (*persona*) to esteem, hold in high regard; (*terreno, casa etc*) to value; (*stabilire in misura approssimativa*) to estimate, assess; (*ritenere*): ~ **che** to consider that; **~rsi fortunato** to consider o.s. (to be) lucky

stimo'lare *vt* to stimulate; (*incitare*): ~ **qn (a fare)** to spur sb on (to do)

'stimolo *sm* (*anche fig*) stimulus

'stinco, chi *sm* shin; shinbone

'stingere ['stindʒere] *vt, vi* (*anche*: ~**rsi**) to fade; **'stinto, a** *pp di* **stingere**

sti'pare *vt* to cram, pack; ~**rsi** *vr* (*accalcarsi*) to crowd, throng

sti'pendio *sm* salary

'stipite *sm* (*di porta, finestra*) jamb

stipu'lare *vt* (*redigere*) to draw up

sti'rare *vt* (*abito*) to iron; (*distendere*) to stretch; (*strappare: muscolo*) to strain; ~**rsi** *vr* to stretch (o.s.); **stira'tura** *sf* ironing

'stirpe *sf* birth, stock; descendants *pl*

stiti'chezza [stiti'kettsa] *sf* constipation

'stitico, a, ci, che *ag* constipated

'stiva *sf* (*di nave*) hold

sti'vale *sm* boot

'stizza ['stittsa] *sf* anger, vexation; **stiz'zirsi** *vr* to lose one's temper; **stiz'zoso, a** *ag* (*persona*) quick-tempered, irascible; (*risposta*) angry

stocca'fisso *sm* stockfish, dried cod

stoc'cata *sf* (*colpo*) stab, thrust; (*fig*) gibe, cutting remark

'stoffa *sf* material, fabric; (*fig*): **aver la ~ di** to have the makings of

'stola *sf* stole

'stolto, a *ag* stupid, foolish

'stomaco, chi *sm* stomach; **dare di ~** to vomit, be sick

sto'nare *vt* to sing (*o* play) out of tune ♦ *vi* to be out of tune, sing (*o* play) out of tune; (*fig*) to be out of place, jar; (: *colori*) to clash; **stona'tura** *sf* (*suono*) false note

stop *sm inv* (TEL) stop; (AUT: *cartello*) stop sign; (: *fanalino d'arresto*) brake-light

'stoppa *sf* tow

stop'pino *sm* wick; (*miccia*) fuse

'storcere ['stɔrtʃere] *vt* to twist; ~**rsi** *vr* to writhe, twist; ~ **il naso** (*fig*) to turn up one's nose; ~**rsi la caviglia** to twist one's ankle

stor'dire *vt* (*intontire*) to stun, daze; ~**rsi** *vr*: ~**rsi col bere** to dull one's senses with

drink; **stor'dito, a** *ag* stunned

'storia *sf* (*scienza, avvenimenti*) history; (*racconto, bugia*) story; (*faccenda, questione*) business *no pl*; (*pretesto*) excuse, pretext; ~**e** *sfpl* (*smancerie*) fuss *sg*; **'storico, a, ci, che** *ag* historic(al) ♦ *sm* historian

stori'one *sm* (ZOOL) sturgeon

stor'mire *vi* to rustle

'stormo *sm* (*di uccelli*) flock

stor'nare *vt* (COMM) to transfer

'storno *sm* (ZOOL) starling

storpi'are *vt* to cripple, maim; (*fig: parole*) to mangle; (: *significato*) to twist

'storpio, a *ag* crippled, maimed

'storta *sf* (*distorsione*) sprain, twist

'storto, a *pp di* **storcere** ♦ *ag* (*chiodo*) twisted, bent; (*gamba, quadro*) crooked

sto'viglie [sto'viʎʎe] *sfpl* dishes *pl*, crockery

'strabico, a, ci, che *ag* squint-eyed; (*occhi*) squint

stra'bismo *sm* squinting

stra'carico, a, chi, che *ag* overloaded

strac'chino [strak'kino] *sm* type of soft cheese

stracci'are [strat'tʃare] *vt* to tear

'straccio, a, ci, ce ['strattʃo] *ag*: **carta ~a** waste paper ♦ *sm* rag; (*per pulire*) cloth, duster

stra'cotto, a *ag* overcooked ♦ *sm* (CUC) beef stew

'strada *sf* road; (*di città*) street; (*cammino, via, fig*) way; **farsi ~** (*fig*) to do well for o.s.; **essere fuori ~** (*fig*) to be on the wrong track; ~ **facendo** on the way; ~ **senza uscita** dead end; **stra'dale** *ag* road *cpd*

strafalci'one [strafal'tʃone] *sm* blunder, howler

stra'fare *vi* to overdo it; **stra'fatto, a** *pp di* **strafare**

strafot'tente *ag*: **è ~** he doesn't give a damn, he couldn't care less

'strage ['stradʒe] *sf* massacre, slaughter

stralu'nato, a *ag* (*occhi*) rolling; (*persona*) beside o.s., very upset

stramaz'zare [stramat'tsare] *vi* to fall heavily

'strambo, a *ag* strange, queer

strampa'lato, a *ag* odd, eccentric

stra'nezza [stra'nettsa] *sf* strangeness

strango'lare *vt* to strangle; ~rsi *vr* to choke

strani'ero, a *ag* foreign ♦ *sm/f* foreigner

'strano, a *ag* strange, odd

straordi'nario, a *ag* extraordinary; (*treno etc*) special ♦ *sm* (*lavoro*) overtime

strapaz'zare [strapat'tsare] *vt* to ill-treat; ~rsi *vr* to tire o.s. out, overdo things; stra'pazzo *sm* strain, fatigue; **da strapazzo** (*fig*) third-rate

strapi'ombo *sm* overhanging rock; **a ~** overhanging

strapo'tere *sm* excessive power

strap'pare *vt* (*gen*) to tear, rip; (*pagina etc*) to tear off, tear out; (*sradicare*) to pull up; (*togliere*): **~ qc a qn** to snatch sth from sb; (*fig*) to wrest sth from sb; ~rsi *vr* (*lacerarsi*) to rip, tear; (*rompersi*) to break; ~**rsi un muscolo** to tear a muscle; 'strappo *sm* pull, tug; tear, rip; **fare uno strappo alla regola** to make an exception to the rule; **strappo muscolare** torn muscle

strari'pare *vi* to overflow

strasci'care [straʃʃi'kare] *vt* to trail; (*piedi*) to drag; **~ le parole** to drawl

'strascico, chi ['straʃʃiko] *sm* (*di abito*) train; (*conseguenza*) after-effect

strata'gemma, i [strata'dʒemma] *sm* stratagem

strate'gia, 'gie [strate'dʒia] *sf* strategy; stra'tegico, a, ci, che *ag* strategic

'strato *sm* layer; (*rivestimento*) coat, coating; (*GEO*, *fig*) stratum; (*METEOR*) stratus; **~ di ozono** ozone layer

strava'gante *ag* odd, eccentric; strava'ganza *sf* eccentricity

stra'vecchio, a [stra'vekkjo] *ag* very old

stra'vizio [stra'vittsjo] *sm* excess

stra'volgere [stra'vɔldʒere] *vt* (*volto*) to contort; (*fig: animo*) to trouble deeply; (: *verità*) to twist, distort; stra'volto, a *pp di* **stravolgere**

strazi'are [strat'tsjare] *vt* to torture,

torment; 'strazio *sm* torture; (*fig: cosa fatta male*): **essere uno ~** to be appalling

'strega, ghe *sf* witch

stre'gare *vt* to bewitch

stre'gone *sm* (*mago*) wizard; (*di tribù*) witch doctor

'stregua *sf*: **alla ~ di** by the same standard as

stre'mare *vt* to exhaust

'stremo *sm* very end; **essere allo ~** to be at the end of one's tether

'strenna *sf* Christmas present

strepi'toso, a *ag* clamorous, deafening; (*fig: successo*) resounding

stres'sante *ag* stressful

'stretta *sf* (*di mano*) grasp; (*finanziaria*) squeeze; (*fig: dolore, turbamento*) pang; **una ~a di mano** a handshake; **essere alle ~e** to have one's back to the wall; *vedi anche* **stretto**

stretta'mente *av* tightly; (*rigorosamente*) strictly

stret'tezza [stret'tettsa] *sf* narrowness

'stretto, a *pp di* **stringere** ♦ *ag* (*corridoio, limiti*) narrow; (*gonna, scarpe, nodo, curva*) tight; (*intimo: parente, amico*) close; (*rigoroso: osservanza*) strict; (*preciso: significato*) precise, exact ♦ *sm* (*braccio di mare*) strait; **a denti ~i** with clenched teeth; **lo ~ necessario** the bare minimum; stret'toia *sf* bottleneck; (*fig*) tricky situation

stri'ato, a *ag* streaked

'stridere *vi* (*porta*) to squeak; (*animale*) to screech, shriek; (*colori*) to clash; 'stridulo, a *ag* shrill

stril'lare *vt*, *vi* to scream, shriek; 'strillo *sm* scream, shriek

stril'lone *sm* newspaper seller

strimin'zito, a [strimin'tsito] *ag* (*misero*) shabby; (*molto magro*) skinny

strimpel'lare *vt* (*MUS*) to strum

'stringa, ghe *sf* lace

strin'gato, a *ag* (*fig*) concise

'stringere ['strindʒere] *vt* (*avvicinare due cose*) to press (together), squeeze (together); (*tenere stretto*) to hold tight, clasp, clutch; (*pugno, mascella, denti*) to clench; (*labbra*) to compress; (*avvitare*) to tighten; (*abito*) to take in; (*sog: scarpe*) to pinch, be tight for; (*fig: concludere: patto*) to make; (: *accelerare: passo, tempo*) to quicken ♦ *vi* (*essere stretto*) to be tight; (*tempo: incalzare*) to be pressing; **~rsi** *vr* (*accostarsi*): **~rsi a** to press o.s. up against; **~ la mano a qn** to shake sb's hand; **~ gli occhi** to screw up one's eyes

'**striscia, sce** ['striʃʃa] *sf* (*di carta, tessuto etc*) strip; (*riga*) stripe; **~sce (pedonali)** zebra crossing *sg*

strisci'**are** [striʃ'ʃare] *vt* (*piedi*) to drag; (*muro, macchina*) to graze ♦ *vi* to crawl, creep

'**striscio** ['striʃʃo] *sm* graze; (*MED*) smear; **colpire di ~** to graze

strito'**lare** *vt* to grind

striz'**zare** [strit'tsare] *vt* (*panni*) to wring (out); **~ l'occhio** to wink

'**strofa** *sf* strophe

strofi'**naccio** [strofi'nattʃo] *sm* duster, cloth; (*per piatti*) dishcloth; (*per pavimenti*) floorcloth

strofi'**nare** *vt* to rub

stron'**care** *vt* to break off; (*fig: ribellione*) to suppress, put down; (: *film, libro*) to tear to pieces

stropicci'**are** [stropit'tʃare] *vt* to rub

stroz'**zare** [strot'tsare] *vt* (*soffocare*) to choke, strangle; **~rsi** *vr* to choke; strozza'**tura** *sf* (*restringimento*) narrowing; (*di strada etc*) bottleneck

'**struggersi** ['struddʒersi] *vr* (*fig*): **~ di** to be consumed with

strumen'**tale** *ag* (*MUS*) instrumental

strumentaliz'**zare** [strumentalid'dzare] *vt* to exploit, use to one's own ends

stru'**mento** (*arnese, fig*) instrument, tool; (*MUS*) instrument; **~ a corda** *o* **ad arco/a fiato** stringed/wind instrument

'**strutto** *sm* lard

strut'**tura** *sf* structure; struttu'**rare** *vt* to structure

'**struzzo** ['struttso] *sm* ostrich

stuc'**care** *vt* (*muro*) to plaster; (*vetro*) to

putty; (*decorare con stucchi*) to stucco

stuc'**chevole** [stuk'kevole] *ag* nauseating; (*fig*) tedious, boring

'**stucco, chi** *sm* plaster; (*da vetri*) putty; (*ornamentale*) stucco; **rimanere di ~** (*fig*) to be dumbfounded

stu'**dente, 'essa** *sm/f* student; (*scolaro*) pupil, schoolboy/girl; studen'**tesco, a, schi, sche** *ag* student *cpd*; school *cpd*

studi'**are** *vt* to study

'**studio** *sm* studying; (*ricerca, saggio, stanza*) study; (*di professionista*) office; (*di artista, CINEMA, TV, RADIO*) studio; **~i** *smpl* (*INS*) studies; **~ medico** doctor's surgery (*BRIT*) *o* office (*US*)

studi'**oso, a** *ag* studious, hard-working ♦ *sm/f* scholar

'**stufa** *sf* stove; **~ elettrica** electric fire *o* heater

stu'**fare** *vt* (*CUC*) to stew; (*fig: fam*) to bore; stu'**fato** *sm* (*CUC*) stew; '**stufo, a** (*fam*) *ag*: **essere stufo di** to be fed up with, be sick and tired of

stu'**oia** *sf* mat

stupefa'**cente** [stupefa'tʃɛnte] *ag* stunning, astounding ♦ *sm* drug, narcotic

stu'**pendo, a** *ag* marvellous, wonderful

stupi'**daggine** [stupi'daddʒine] *sf* stupid thing (to do *o* say)

stupidità *sf* stupidity

'**stupido, a** *ag* stupid

stu'**pire** *vt* to amaze, stun ♦ *vi* (*anche*: **~rsi**): **~ (di)** to be amazed (at), be stunned (by)

stu'**pore** *sm* amazement, astonishment

'**stupro** *sm* rape

stu'**rare** *vt* (*lavandino*) to clear

stuzzica'**denti** [stuttsika'dɛnti] *sm* toothpick

stuzzi'**care** [stuttsi'kare] *vt* (*ferita etc*) to poke (at), prod (at); (*fig*) to tease; (: *appetito*) to whet; (: *curiosità*) to stimulate; **~ i denti** to pick one's teeth

---

PAROLA CHIAVE

---

su (*su +il* = **sul**, *su +lo* = **sullo**, *su +l'* = **sull'**, *su +la* = **sulla**, *su +i* = **sui**, *su +gli*

= **sugli,** *su +le* = **sulle**) *prep* 1 *(gen)* on; *(moto)* on(to); *(in cima a)* on (top of); **mettilo sul tavolo** put it on the table; **un paesino sul mare** a village by the sea 2 *(argomento)* about, on; **un libro ~ Cesare** a book on *o* about Caesar 3 *(circa)* about; **costerà sui 3 milioni** it will cost about 3 million; **una ragazza sui 17 anni** a girl of about 17 (years of age) 4: **~ misura** made to measure; **~ richiesta** on request; **3 casi ~ dieci** 3 cases out of 10

♦ *av* 1 *(in alto, verso l'alto)* up; **vieni ~** come on up; **guarda ~** look up; **~ le mani!** hands up!; **in ~** *(verso l'alto)* up(wards); *(in poi)* onwards; **dai 20 anni in ~** from the age of 20 onwards 2 *(addosso)* on; **cos'hai ~?** what have you got on?

♦ *escl* come on!; **~ coraggio!** come on, cheer up!

'**sua** *vedi* **suo**
su'**bacqueo, a** *ag* underwater ♦ *sm* skindiver
sub'**buglio** [sub'buʎʎo] *sm* confusion, turmoil
subcosci'**ente** [subkoʃʃɛnte] *ag, sm* subconscious
'**subdolo, a** *ag* underhand, sneaky
suben'**trare** *vi*: **~ a qn in qc** to take over sth from sb
su'**bire** *vt* to suffer, endure
subis'**sare** *vt (fig)*: **~ di** to overwhelm with, load with
subi'**taneo, a** *ag* sudden
'**subito** *av* immediately, at once, straight away
subodo'**rare** *vt (insidia etc)* to smell, suspect
subordi'**nato, a** *ag* subordinate; *(dipendente)*: **~ a** dependent on, subject to
subur'**bano, a** *ag* suburban
suc'**cedere** [sut'tʃedere] *vi (prendere il posto di qn)*: **~ a** to succeed; *(venire dopo)*: **~ a** to follow; *(accadere)* to happen; **~rsi** *vr* to follow each other; **~ al trono** to succeed to the throne; **successi'one** *sf* succession; **succes'sivo, a** *ag* successive; **suc'cesso, a** *pp di* **succedere** ♦ *sm* *(esito)* outcome; *(buona riuscita)* success; **di successo** *(libro, personaggio)* successful
succhi'**are** [suk'kjare] *vt* to suck (up); **succhi'otto** *sm (per bambino)* dummy
suc'**cinto, a** [sut'tʃinto] *ag (discorso)* succinct; *(abito)* brief
'**succo, chi** *sm* juice; *(fig)* essence, gist; **~ di frutta** fruit juice; **suc'coso, a** *ag* juicy; *(fig)* pithy
succur'**sale** *sf* branch (office)
sud *sm* south ♦ *ag inv* south; *(lato)* south, southern
Su'**dafrica** *sm*: **il ~** South Africa; **sudafri'cano, a** *ag, sm/f* South African
Suda'**merica** *sm*: **il ~** South America; **sudameri'cano, a** *ag, sm/f* South American
su'**dare** *vi* to perspire, sweat; **~ freddo** to come out in a cold sweat; **su'data** *sf* sweat; **ho fatto una bella sudata per finirlo in tempo** it was a real sweat to get it finished in time
sud'**detto, a** *ag* above-mentioned
sud'**dito, a** *sm/f* subject
suddi'**videre** *vt* to subdivide
su'**dest** *sm* south-east
'**sudicio, a, ci, ce** ['suditʃo] *ag* dirty, filthy; **sudici'ume** *sm* dirt, filth
su'**dore** *sm* perspiration, sweat
su'**dovest** *sm* south-west
'**sue** *vedi* **suo**
suffici'**ente** [suffi'tʃɛnte] *ag* enough, sufficient; *(borioso)* self-important; *(INS)* satisfactory; **suffici'enza** *sf* self-importance; pass mark; **a sufficienza** enough; **ne ho avuto a sufficienza!** I've had enough of this!
suf'**fisso** *sm (LING)* suffix
suf'**fragio** [suf'fradʒo] *sm (voto)* vote; **~ universale** universal suffrage
sugge'**llare** [suddʒel'lare] *vt (fig)* to seal
sugger'**mento** [suddʒeri'mento] *sm* suggestion; *(consiglio)* piece of advice, advice *no pl*

sugge'rire [sudd͡ʒe'rire] vt (risposta) to tell; (consigliare) to advise; (proporre) to suggest; (TEATRO) to prompt; **suggeri'tore, 'trice** sm/f (TEATRO) prompter

suggestio'nare [sudd͡ʒestjo'nare] vt to influence

suggesti'one [sudd͡ʒes'tjone] sf (PSIC) suggestion

sugges'tivo, a [sudd͡ʒes'tivo] ag (paesaggio) evocative; (teoria) interesting, attractive

'sughero ['sugero] sm cork

'sugli ['suʎʎi] prep +det vedi **su**

'sugo, ghi sm (succo) juice; (di carne) gravy; (condimento) sauce; (fig) gist, essence

'sui prep +det vedi **su**

sui'cida, i, e [sui'tʃida] ag suicidal ♦ sm/f suicide

suici'darsi [suitʃi'darsi] vr to commit suicide

sui'cidio [sui'tʃidjo] sm suicide

su'ino, a ag: **carne ~a** pork ♦ sm pig; **~i** smpl swine pl

sul prep + det vedi **su**

sull' prep + det vedi **su**

'sulla prep + det vedi **su**

'sulle prep + det vedi **su**

'sullo prep + det vedi **su**

sulta'nina ag f: **(uva) ~** sultana

sul'tano, a sm/f sultan/sultana

'sunto sm summary

'suo (f **'sua**, pl **'sue, su'oi**) det: **il ~, la sua** etc (di lui) his; (di lei) her; (di esso) its; (con valore indefinito) one's, his/her; (forma di cortesia: anche: **S~**) your ♦ pron: **il ~, la sua** etc his; hers; yours; **i suoi** his (o her o one's o your) family

su'ocero, a ['swɔtʃero] sm/f father/mother-in-law; **i ~i** smpl father-and-mother-in-law

su'oi vedi **suo**

su'ola sf (di scarpa) sole

su'olo sm (terreno) ground; (terra) soil

suo'nare vt (MUS) to play; (campana) to ring; (ore) to strike; (clacson, allarme) to sound ♦ vi to play; (telefono, campana) to ring; (ore) to strike; (clacson, fig: parole) to sound

suone'ria sf alarm

su'ono sm sound

su'ora sf (REL) sister

'super sf (anche: **benzina ~**) ≈ four-star (petrol) (BRIT), premium (US)

supe'rare vt (oltrepassare: limite) to exceed, surpass; (percorrere) to cover; (attraversare: fiume) to cross; (sorpassare: veicolo) to overtake; (fig: essere più bravo di) to surpass, outdo; (: difficoltà) to overcome; (: esame) to get through; **~ qn in altezza/peso** to be taller/heavier than sb; **ha superato la cinquantina** he's over fifty (years of age)

su'perbia sf pride; **su'perbo, a** ag proud; (fig) magnificent, superb

superfici'ale [superfi'tʃale] ag superficial

super'ficie, ci [super'fitʃe] sf surface

su'perfluo, a ag superfluous

superi'ore ag (piano, arto, classi) upper; (più elevato: temperatura, livello): **~ (a)** higher (than); (migliore): **~ (a)** superior (to); **~, a** sm/f (anche REL) superior; **superiorità** sf superiority

superla'tivo, a ag, sm superlative

supermer'cato sm supermarket

su'perstite ag surviving ♦ sm/f survivor

superstizi'one [superstit'tsjone] sf superstition; **superstizi'oso, a** ag superstitious

super'strada sf ≈ (toll-free) motorway

su'pino, a ag supine

suppel'lettile sf furnishings pl

suppergiù [supper'd͡ʒu] av more or less, roughly

supplemen'tare ag extra; (treno) relief cpd; (entrate) additional

supple'mento sm supplement

sup'plente sm/f temporary member of staff; supply (o substitute) teacher

'supplica, che sf (preghiera) plea; (domanda scritta) petition, request

suppli'care vt to implore, beseech

sup'plire vi: **~ a** to make up for,

compensate for

sup'plizio [sup'plittsjo] *sm* torture

sup'porre *vt* to suppose

sup'porto *sm* (*sostegno*) support

sup'posta *sf* (*MED*) suppository

sup'posto, a *pp di* **supporre**

su'premo, a *ag* supreme

surge'lare [surdʒe'lare] *vt* to (deep-) freeze; **surge'lati** *smpl* frozen food *sg*

sur'plus *sm inv* (*ECON*) surplus

surriscal'dare *vt* to overheat

surro'gato *sm* substitute

suscet'tibile [suʃʃet'tibile] *ag* (*sensibile*) touchy, sensitive

susci'tare [suʃʃi'tare] *vt* to provoke, arouse

su'sina *sf* plum; **su'sino** *sm* plum (tree)

sussegu'ire *vt* to follow; **~rsi** *vr* to follow one another

sus'sidio *sm* subsidy

sus'sistere *vi* to exist; (*essere fondato*) to be valid *o* sound

sussul'tare *vi* to shudder

sussur'rare *vt, vi* to whisper, murmur; **sus'surro** *sm* whisper, murmur

sutu'rare *vt* (*MED*) to stitch up, suture

sva'gare *vt* (*distrarre*) to distract; (*divertire*) to amuse; **~rsi** *vr* to amuse o.s.; to enjoy o.s.

'svago, ghi *sm* (*riposo*) relaxation; (*ricreazione*) amusement; (*passatempo*) pastime

svaligi'are [zvali'dʒare] *vt* to rob, burgle (*BRIT*), burglarize (*US*)

svalu'tare *vt* (*ECON*) to devalue; (*fig*) to belittle; **~rsi** *vr* (*ECON*) to be devalued; **svalutazi'one** *sf* devaluation

sva'nire *vi* to disappear, vanish

svan'taggio [zvan'taddʒo] *sm* disadvantage; (*inconveniente*) drawback, disadvantage

svapo'rare *vi* to evaporate

svari'ato, a *ag* varied; various

'svastica *sf* swastika

sve'dese *ag* Swedish ♦ *sm/f* Swede ♦ *sm* (*LING*) Swedish

'sveglia [zve'ʎʎa] *sf* waking up; (*orologio*) alarm (clock); **~ telefonica** alarm call

svegli'are [zveʎ'ʎare] *vt* to wake up; (*fig*) to awaken, arouse; **~rsi** *vr* to wake up; (*fig*) to be revived, reawaken

'sveglio, a ['zveʎʎo] *ag* awake; (*fig*) quick-witted

sve'lare *vt* to reveal

'svelto, a *ag* (*passo*) quick; (*mente*) quick, alert; **alla ~a** quickly

'svendita *sf* (*COMM*) (clearance) sale

sveni'mento *sm* fainting fit, faint

sve'nire *vi* to faint

sven'tare *vt* to foil, thwart

sven'tato, a *ag* (*distratto*) scatterbrained; (*imprudente*) rash

svento'lare *vt, vi* to wave, flutter

sven'trare *vt* to disembowel

sven'tura *sf* misfortune; **sventu'rato, a** *ag* unlucky, unfortunate

sve'nuto, a *pp di* **svenire**

svergo'gnato, a [zvergoɲ'ɲato] *ag* shameless

sver'nare *vi* to spend the winter

sves'tire *vt* to undress; **~rsi** *vr* to get undressed

'Svezia ['zvɛttsja] *sf*: **la ~** Sweden

svez'zare [zvet'tsare] *vt* to wean

svi'are *vt* to divert; (*fig*) to lead astray; **~rsi** *vr* to go astray

svi'gnarsela [zviɲ'ɲarsela] *vr* to slip away, sneak off

svilup'pare *vt* to develop; **~rsi** *vr* to develop

svi'luppo *sm* development

'svincolo *sm* (*stradale*) motorway (*BRIT*) *o* expressway (*US*) intersection

svisce'rare [zviʃʃe'rare] *vt* (*fig: argomento*) to examine in depth; **svisce'rato, a** *ag* (*amore*) passionate; (*lodi*) obsequious

'svista *sf* oversight

svi'tare *vt* to unscrew

'Svizzera ['zvittsera] *sf*: **la ~** Switzerland

'svizzero, a ['zvittsero] *ag, sm/f* Swiss

svogli'ato, a [zvoʎ'ʎato] *ag* listless; (*pigro*) lazy

svolaz'zare [zvolat'tsare] *vi* to flutter

'svolgere ['zvɔldʒere] *vt* to unwind; (*srotolare*) to unroll; (*fig: argomento*) to develop; (: *piano, programma*) to carry out; **~rsi** *vr* to unwind; to unroll; (*fig: aver luogo*) to take place; (: *procedere*) to go on; **svolgi'mento** *sm* development; carrying out; (*andamento*) course

'**svolta** *sf* (*atto*) turning *no pl*; (*curva*) turn, bend; (*fig*) turning-point

svol'tare *vi* to turn

'**svolto, a** *pp di* **svolgere**

svuo'tare *vt* to empty (out)

T, t

tabac'caio, a *sm/f* tobacconist

tabacche'ria [tabakke'ria] *sf* tobacconist's (shop)

ta'bacco, chi *sm* tobacco

ta'bella *sf* (*tavola*) table; (*elenco*) list

tabel'lone *sm* (*pubblicitario*) billboard; (*con orario*) timetable board

taber'nacolo *sm* tabernacle

tabu'lato *sm* (INFORM) printout

'**tacca, che** *sf* notch, nick

tac'cagno, a [tak'kaɲɲo] *ag* mean, stingy

tac'chino [tak'kino] *sm* turkey

tacci'are [tat'tʃare] *vt*: **~ qn di** to accuse sb of

'**tacco, chi** *sm* heel; **~chi a spillo** stiletto heels

taccu'ino *sm* notebook

ta'cere [ta'tʃere] *vi* to be silent *o* quiet; (*smettere di parlare*) to fall silent ♦ *vt* to keep to oneself, say nothing about; **far ~ qn** to make sb be quiet; (*fig*) to silence sb

ta'chimetro [ta'kimetro] *sm* speedometer

'**tacito, a** ['tatʃito] *ag* silent; (*sottinteso*) tacit, unspoken

ta'fano *sm* horsefly

taffe'ruglio [taffe'ruʎʎo] *sm* brawl, scuffle

taffettà *sm* taffeta

'**taglia** ['taʎʎa] *sf* (*statura*) height; (*misura*) size; (*riscatto*) ransom; (*ricompensa*) reward; **~ forte** (*di abito*) large size

taglia'carte [taʎʎa'karte] *sm inv* paperknife

tagli'ando [taʎ'ʎando] *sm* coupon

tagli'are [taʎ'ʎare] *vt* to cut; (*recidere,*

interrompere) to cut off; (*intersecare*) to cut across, intersect; (*carne*) to carve; (*vini*) to blend ♦ *vi* to cut; (*prendere una scorciatoia*) to take a short-cut; **~ corto** (*fig*) to cut short

taglia'telle [taʎʎa'telle] *sfpl* tagliatelle *pl*

taglia'unghie [taʎʎa'ungje] *sm inv* nail clippers *pl*

tagli'ente [taʎ'ʎɛnte] *ag* sharp

'**taglio** ['taʎʎo] *sm* cutting *no pl*; cut; (*parte tagliente*) cutting edge; (*di abito*) cut, style; (*di stoffa: lunghezza*) length; (*di vini*) blending; **di ~** on edge, edgeways; **banconote di piccolo/grosso ~** notes of small/large denomination

tagli'ola [taʎ'ʎola] *sf* trap, snare

tai'lleur [ta'jœr] *sm inv* suit (*for women*)

'**talco** *sm* talcum powder

PAROLA CHIAVE

'**tale** *det* **1** (*simile, così grande*) such; **un(a) ~ ...** such (a) ...; **non accetto ~i discorsi** I won't allow such talk; **è di una ~ arroganza** he is so arrogant; **fa una ~ confusione!** he makes such a mess!

2 (*persona o cosa indeterminata*) such-and-such; **il giorno ~ all'ora ~** on such-and-such a day at such-and-such a time; **la tal persona** that person; **ha telefonato una ~ Giovanna** somebody called Giovanna phoned

3 (*nelle similitudini*): **~ ... ~** like ... like; **~ padre ~ figlio** like father, like son; **hai il vestito ~ quale il mio** your dress is just *o* exactly like mine

♦ *pron* (*indefinito: persona*): **un(a) ~** someone; **quel (o quella) ~** that person, that man (*o* woman); **il tal dei ~i** what's-his-name

---

ta'lento *sm* talent

talis'mano *sm* talisman

tallon'cino [tallon'tʃino] *sm* counterfoil

tal'lone *sm* heel

tal'mente *av* so

ta'lora *av* = **talvolta**

'**talpa** *sf* (ZOOL) mole

tal'volta *av* sometimes, at times

tambu'rello *sm* tambourine

tam'buro *sm* drum

Ta'migi [ta'midʒi] *sm*: **il ~** the Thames

tampona'mento *sm* (AUT) collision; **~ a catena** pile-up

tampo'nare *vt* (*otturare*) to plug; (*urtare: macchina*) to crash o ram into

tam'pone *sm* (MED) wad, pad; (*per timbri*) ink-pad; (*respingente*) buffer; **~ assorbente** tampon

'tana *sf* lair, den

'tanfo *sm* stench; musty smell

tan'gente [tan'dʒɛnte] *ag* (MAT): **~ a** tangential to ♦ *sf* tangent; (*quota*) share

---
Tangentopoli

ⓘ **Tangentopoli** *describes the corruption scandal involving a large number of politicians, industrialists and businessmen. Investigations exposed a complex system of bribes, some paid from public funds, to gain benefits for private individuals and political parties. The scandal began in Milan which was subsequently called Tangentopoli or "Bribesville".*
---

tangenzi'ale [tandʒen'tsjale] *sf* (AUT) bypass

'tanica *sf* (*contenitore*) jerry can

tan'tino: **un ~** *av* a little, a bit

PAROLA CHIAVE

'tanto, a *det* 1 (*molto: quantità*) a lot of, much; (: *numero*) a lot of, many; (*così ~: quantità*) so much, such a lot of; (: *numero*) so many, such a lot of; **~e volte** so many times, so often; **~i auguri!** all the best!; **~e grazie** many thanks; **~ tempo** so long, such a long time; **ogni ~i chilometri** every so many kilometres

2: **~ ... quanto** (*quantità*) as much ... as; (*numero*) as many ... as; **ho ~a pazienza quanta ne hai tu** I have as much patience as you have o as you; **ha ~i amici quanti nemici** he has as many friends as he has enemies

3 (*rafforzativo*) such; **ho aspettato per ~ tempo** I waited so long o for such a long time

♦ *pron* 1 (*molto*) much, a lot; (*così ~*) so much, such a lot; **~i, e** many, a lot; so many, such a lot; **credevo ce ne fosse ~** I thought there was (such) a lot, I thought there was plenty

2: **~ quanto** (*denaro*) as much as; (*cioccolatini*) as many as; **ne ho ~ quanto basta** I have as much as I need; **due volte ~** twice as much

3 (*indeterminato*) so much; **~ per l'affitto, ~ per il gas** so much for the rent, so much for the gas; **costa un ~ al metro** it costs so much per metre; **di ~ in ~, ogni ~** every so often; **~ vale che ...** I (o we *etc*) may as well ...; **~ meglio!** so much the better!; **~ peggio per lui!** so much the worse for him!

♦ *av* 1 (*molto*) very; **vengo ~ volentieri** I'd be very glad to come; **non ci vuole ~ a capirlo** it doesn't take much to understand it

2 (*così ~*: con ag, av) so; (: con vb) so much, such a lot; **è ~ bella!** she's so beautiful!; **non urlare ~** don't shout so much; **sto ~ meglio adesso** I'm so much better now; **~ ... che** so ... (that); **~ ... da** so ... as

3: **~ ... quanto** as ... as; **conosco ~ Carlo quanto suo padre** I know both Carlo and his father; **non è poi ~ complicato quanto sembri** it's not as difficult as it seems; **~ più insisti, ~ più non mollerà** the more you insist, the more stubborn he'll be; **quanto più ... ~ meno** the more ... the less

4 (*solamente*) just; **~ per cambiare/ scherzare** just for a change/a joke; **una volta ~** for once

5 (*a lungo*) (for) long

♦ *cong* after all

'tappa *sf* (*luogo di sosta, fermata*) stop, halt; (*parte di un percorso*) stage, leg; (SPORT) lap; **a ~e** in stages

tap'pare *vt* to plug, stop up; (*bottiglia*) to cork

tap'peto *sm* carpet; (*anche*: **tappetino**) rug; (*SPORT*): **andare al ~** to go down for the count; **mettere sul ~** (*fig*) to bring up for discussion

tappez'zare [tappet'tsare] *vt* (*con carta*) to paper; (*rivestire*): **~ qc (di)** to cover sth (with); **tappezze'ria** *sf* (*tessuto*) tapestry; (*carta da parati*) wallpaper; (*arte*) upholstery; **far da tappezzeria** (*fig*) to be a wallflower; **tappezzi'ere** *sm* upholsterer

'tappo *sm* stopper; (*in sughero*) cork

tarchi'ato, a [tar'kjato] *ag* stocky, thickset

tar'dare *vi* to be late ♦ *vt* to delay; **~ a fare** to delay doing

'tardi *av* late; **più ~** later (on); **al più ~** at the latest; **sul ~** (*verso sera*) late in the day; **far ~** to be late; (*restare alzato*) to stay up late

tar'divo, a *ag* (*primavera*) late; (*rimedio*) belated, tardy; (*fig*) retarded

'tardo, a *ag* (*lento, fig: ottuso*) slow; (*tempo: avanzato*) late

'targa, ghe *sf* plate; (*AUT*) number (*BRIT*) o license (*US*) plate; **tar'ghetta** *sf* (*su bagaglio*) name tag; (*su porta*) nameplate

ta'riffa *sf* (*gen*) rate, tariff; (*di trasporti*) fare; (*elenco*) price list; tariff

'tarlo *sm* woodworm

'tarma *sf* moth

ta'rocco, chi *sm* tarot card; **~chi** *smpl* (*gioco*) tarot *sg*

tartagli'are [tartaʎ'ʎare] *vi* to stutter, stammer

'tartaro, a *ag, sm* (*in tutti i sensi*) tartar

tarta'ruga, ghe *sf* tortoise; (*di mare*) turtle; (*materiale*) tortoiseshell

tar'tina *sf* canapé

tar'tufo *sm* (*BOT*) truffle

'tasca, sche *sf* pocket; **tas'cabile** *ag* (*libro*) pocket *cpd*; **tasca'pane** *sm* haversack; **tas'chino** *sm* breast pocket

'tassa *sf* (*imposta*) tax; (*doganale*) duty; (*per iscrizione: a scuola etc*) fee; **~ di circolazione / di soggiorno** road/tourist tax

tas'sametro *sm* taximeter

tas'sare *vt* to tax; to levy a duty on

tassa'tivo, a *ag* peremptory

tassazi'one [tassat'tsjone] *sf* taxation

tas'sello *sm* plug; wedge

tassì *sm inv* = **taxi**; **tas'sista, i, e** *sm/f* taxi driver

'tasso *sm* (*di natalità, d'interesse etc*) rate; (*BOT*) yew; (*ZOOL*) badger; **~ di cambio / d'interesse** rate of exchange/interest

tas'tare *vt* to feel; **~ il terreno** (*fig*) to see how the land lies

tasti'era *sf* keyboard

'tasto *sm* key; (*tatto*) touch, feel

tas'toni *av*: **procedere (a) ~** to grope one's way forward

'tattica *sf* tactics *pl*

'tattico, a, ci, che *ag* tactical

'tatto *sm* (*senso*) touch; (*fig*) tact; **duro al ~** hard to the touch; **aver ~** to be tactful, have tact

tatu'aggio [tatu'addʒo] *sm* tattooing; (*disegno*) tattoo

tatu'are *vt* to tattoo

'tavola *sf* table; (*asse*) plank, board; (*lastra*) tablet; (*quadro*) panel (painting); (*illustrazione*) plate; **~ calda** snack bar; **~ a vela** windsurfer

tavo'lato *sm* boarding; (*pavimento*) wooden floor

tavo'letta *sf* tablet, bar; **a ~** (*AUT*) flat out

tavo'lino *sm* small table; (*scrivania*) desk

'tavolo *sm* table

tavo'lozza [tavo'lɔttsa] *sf* (*ARTE*) palette

'taxi *sm inv* taxi

'tazza ['tattsa] *sf* cup; **~ da caffè / tè** coffee/ tea cup; **una ~ di caffè / tè** a cup of coffee/tea

te *pron* (*soggetto: in forme comparative, oggetto*) you

tè *sm inv* tea; (*trattenimento*) tea party

tea'trale *ag* theatrical

te'atro *sm* theatre

'tecnica, che *sf* technique; (*tecnologia*) technology

'tecnico, a, ci, che *ag* technical ♦ *sm/f* technician

tecnolo'gia [teknolo'dʒia] *sf* technology

te'desco, a, schi, sche *ag, sm/f, sm* German

'tedio *sm* tedium, boredom

te'game *sm* (*CUC*) pan

'teglia ['teʎʎa] *sf* (*per dolci*) (baking) tin; (*per arrosti*) (roasting) tin

'tegola *sf* tile

tei'era *sf* teapot

'tela *sf* (*tessuto*) cloth; (*per vele, quadri*) canvas; (*dipinto*) canvas, painting; **di ~** (*calzoni*) (heavy) cotton *cpd*; (*scarpe, borsa*) canvas *cpd*; **~ cerata** oilcloth

te'laio *sm* (*apparecchio*) loom; (*struttura*) frame

tele'camera *sf* television camera

teleco'mando *sm* remote control

telecopia'trice *sf* fax (machine)

tele'cronaca *sf* television report

tele'ferica, che *sf* cableway

telefo'nare *vi* to telephone, ring; to make a phone call ♦ *vt* to telephone; **~ a** to phone up, ring up, call up

telefo'nata *sf* (telephone) call; **~ a carico del destinatario** reverse-charge (*BRIT*) *o* collect (*US*) call

tele'fonico, a, ci, che *ag* (tele)phone *cpd*

telefon'ino *sm* mobile phone

telefo'nista, i, e *sm/f* telephonist; (*d'impresa*) switchboard operator

te'lefono *sm* telephone; **~ a gettoni** ≈ pay phone

telegior'nale [teledʒor'nale] *sm* television news (programme)

tele'grafo *sm* telegraph

tele'gramma, i *sm* telegram

telela'voro *sm* teleworking

tele'matica *sf* data transmission; telematics *sg*

teleobiet'tivo *sm* telephoto lens *sg*

telepa'tia *sf* telepathy

teles'copio *sm* telescope

teleselezi'one [teleselet'tsjone] *sf* direct dialling

telespetta'tore, 'trice *sm/f* (television) viewer

televisi'one *sf* television

televi'sore *sm* television set

'telex *sm inv* telex

'telo *sm* cloth; **~ da bagno** bath towel; **~ da spiaggia** beach towel

'tema, i *sm* theme; (*INS*) essay, composition

teme'rario, a *ag* rash, reckless

te'mere *vt* to fear, be afraid of; (*essere sensibile a: freddo, calore*) to be sensitive to ♦ *vi* to be afraid; (*essere preoccupato*): **~ per** to worry about, fear for; **~ di/che** to be afraid of/that

temperama'tite *sm inv* pencil sharpener

tempera'mento *sm* temperament

tempe'rato, a *ag* moderate, temperate

tempera'tura *sf* temperature

tempe'rino *sm* penknife

tem'pesta *sf* storm; **~ di sabbia/neve** sand/snowstorm

tempes'tare *vt*: **~ qn di domande** to bombard sb with questions; **~ qn di colpi** to rain blows on sb

tempes'tivo, a *ag* timely

tempes'toso, a *ag* stormy

'tempia *sf* (*ANAT*) temple

'tempio *sm* (*edificio*) temple

'tempo *sm* (*METEOR*) weather; (*cronologico*) time; (*epoca*) time, times *pl*; (*di film, gioco: parte*) part; (*MUS*) time; (: *battuta*) beat; (*LING*) tense; **un ~** once; **~ fa** some time ago; **al ~ stesso** *o* **a un ~** at the same time; **per ~** early; **ha fatto il suo ~** it has had its day; **~ libero** free time; **primo/ secondo ~** (*TEATRO*) first/second part; (*SPORT*) first/second half; **in ~ utile** in due time *o* course; **a ~ pieno** full-time

tempo'rale *ag* temporal ♦ *sm* (*METEOR*) (thunder)storm

tempo'raneo, a *ag* temporary

temporeggi'are [tempored'dʒare] *vi* to play for time, temporize

tem'prare *vt* to temper

te'nace [te'natʃe] *ag* strong, tough; (*fig*) tenacious; te'nacia *sf* tenacity

te'naglie [te'naʎʎe] *sfpl* pincers *pl*

'tenda *sf* (*riparo*) awning; (*di finestra*) curtain; (*per campeggio etc*) tent

ten'denza [ten'dentsa] *sf* tendency; (*orientamento*) trend; **avere ~ a** *o* **per qc** to have a bent for sth

'tendere *vt* (*allungare al massimo*) to stretch, draw tight; (*porgere: mano*) to hold out; (*fig: trappola*) to lay, set ♦ *vi*: **~ a qc/a fare** to tend towards sth/to do; **~ l'orecchio** to prick up one's ears; **il tempo tende al caldo** the weather is getting hot; **un blu che tende al verde** a greenish blue

ten'dina *sf* curtain

'tendine *sm* tendon, sinew

ten'done *sm* (*da circo*) tent

'tenebre *sfpl* darkness *sg*; tene'broso, a *ag* dark, gloomy

te'nente *sm* lieutenant

te'nere *vt* to hold; (*conservare, mantenere*) to keep; (*ritenere, considerare*) to consider; (*spazio: occupare*) to take up, occupy; (*seguire: strada*) to keep to ♦ *vi* to hold; (*colori*) to be fast; (*dare importanza*): **~ a** to care about; **~ a fare** to want to do, be keen to do; **~rsi** *vr* (*stare in una determinata posizione*) to stand; (*stimarsi*) to consider o.s.; (*aggrapparsi*): **~rsi a** to hold on to; (*attenersi*): **~rsi a** to stick to; **~ una conferenza** to give a lecture; **~ conto di qc** to take sth into consideration; **~ presente qc** to bear sth in mind

'tenero, a *ag* tender; (*pietra, cera, colore*) soft; (*fig*) tender, loving

'tenia *sf* tapeworm

'tennis *sm* tennis

te'nore *sm* (*tono*) tone; (*MUS*) tenor; **~ di vita** (*livello*) standard of living

tensi'one *sf* tension

ten'tare *vt* (*indurre*) to tempt; (*provare*): **~ qc/di fare** to attempt *o* try sth/to do; tenta'tivo *sm* attempt; tentazi'one *sf* temptation

tenten'nare *vi* to shake, be unsteady; (*fig*) to hesitate, waver

ten'toni *av*: **andare a ~** (*anche fig*) to grope one's way

'tenue *ag* (*sottile*) fine; (*colore*) soft; (*fig*) slender, slight

te'nuta *sf* (*capacità*) capacity; (*divisa*)

uniform; (*abito*) dress; (*AGR*) estate; **a ~ d'aria** airtight; **~ di strada** roadholding power

teolo'gia [teolo'dʒia] *sf* theology; te'ologo, gi *sm* theologian

teo'rema, i *sm* theorem

teo'ria *sf* theory; te'orico, a, ci, che *ag* theoretic(al)

te'pore *sm* warmth

'teppa *sf* mob, hooligans *pl*; tep'pismo *sm* hooliganism; tep'pista, i *sm* hooligan

tera'pia *sf* therapy

tergicris'tallo [terdʒikris'tallo] *sm* windscreen (*BRIT*) *o* windshield (*US*) wiper

tergiver'sare [terdʒiver'sare] *vi* to shilly-shally

'tergo *sm*: **a ~** behind; **vedi a ~** please turn over

ter'male *ag* thermal; **stazione** *sf* **~** spa

'terme *sfpl* thermal baths

'termico, a, ci, che *ag* thermic; (*unità*) thermal

termi'nale *ag*, *sm* terminal

termi'nare *vt* to end; (*lavoro*) to finish ♦ *vi* to end

'termine *sm* term; (*fine, estremità*) end; (*di territorio*) boundary, limit; **contratto a ~** (*COMM*) forward contract; **a breve/lungo ~** short-/long-term; **parlare senza mezzi ~i** to talk frankly, not to mince one's words

ter'mometro *sm* thermometer

termonucle'are *ag* thermonuclear

termosi'fone *sm* radiator

ter'mostato *sm* thermostat

'terra *sf* (*gen, ELETTR*) earth; (*sostanza*) soil, earth; (*opposto al mare*) land *no pl*; (*regione, paese*) land; (*argilla*) clay; **~e** *sfpl* (*possedimento*) lands, land *sg*; **a o per ~** (*stato*) on the ground (*o* floor); (*moto*) to the ground, down; **mettere a ~** (*ELETTR*) to earth

terra'cotta *sf* terracotta; **vasellame** *sm* **di ~** earthenware

terra'ferma *sf* dry land, terra firma; (*continente*) mainland

terrapi'eno *sm* embankment, bank

ter'razza [ter'rattsa] *sf* terrace

ter'razzo [ter'rattso] *sm* = **terrazza**

terre'moto *sm* earthquake

ter'reno, a *ag* (*vita, beni*) earthly ♦ *sm* (*suolo, fig*) ground; (*COMM*) land *no pl*, plot (of land); site; (*SPORT, MIL*) field

ter'restre *ag* (*superficie*) of the earth, earth's; (*di terra: battaglia, animale*) land *cpd*; (*REL*) earthly, worldly

ter'ribile *ag* terrible, dreadful

terrifi'cante *ag* terrifying

ter'rina *sf* tureen

territori'ale *ag* territorial

terri'torio *sm* territory

ter'rore *sm* terror; terro'rismo *sm* terrorism; terro'rista, i, e *sm/f* terrorist

'terso, a *ag* clear

'terzo, a ['tɛrtso] *ag* third ♦ *sm* (*frazione*) third; (*DIR*) third party; la ~a pagina (*STAMPA*) the Arts page

'tesa *sf* brim

'teschio ['teskjo] *sm* skull

'tesi *sf* thesis

'teso, a *pp di* tendere ♦ *ag* (*tirato*) taut, tight; (*fig*) tense

tesore'ria *sf* treasury

tesori'ere *sm* treasurer

te'soro *sm* treasure; il Ministero del T~ the Treasury

'tessera *sf* (*documento*) card

'tessere *vt* to weave; 'tessile *ag, sm* textile; tessi'tore, 'trice *sm/f* weaver; tessi'tura *sf* weaving

tes'suto *sm* fabric, material; (*BIOL*) tissue

'testa *sf* head; (*di cose: estremità, parte anteriore*) head, front; di ~ (*vettura etc*) front; tenere ~ a qn (*nemico etc*) to stand up to sb; fare di ~ propria to go one's own way; in ~ (*SPORT*) in the lead; ~ o croce? heads or tails?; avere la ~ dura to be stubborn; ~ di serie (*TENNIS*) seed, seeded player

testa'mento *sm* (*atto*) will; l'Antico/il Nuovo T~ (*REL*) the Old/New Testament

tes'tardo, a *ag* stubborn, pig-headed

tes'tata *sf* (*parte anteriore*) head; (*intestazione*) heading

'teste *sm/f* witness

tes'ticolo *sm* testicle

testi'mone *sm/f* (*DIR*) witness

testimoni'anza [testimo'njantsa] *sf* testimony

testimoni'are *vt* to testify; (*fig*) to bear witness to, testify to ♦ *vi* to give evidence, testify

tes'tina *sf* (*TECN*) head

'testo *sm* text; fare ~ (*opera, autore*) to be authoritative; questo libro non fa ~ this book is not essential reading; testu'ale *ag* textual; literal, word for word

tes'tuggine [tes'tuddʒine] *sf* tortoise; (*di mare*) turtle

'tetano *sm* (*MED*) tetanus

'tetro, a *ag* gloomy

'tetto *sm* roof; tet'toia *sf* roofing; canopy

'Tevere *sm*: il ~ the Tiber

Tg *abbr* = **telegiornale**

'thermos ® ['tɛrmos] *sm inv* vacuum *o* Thermos ® flask

ti *pron* (*dav lo, la, li, le, ne diventa* te) *pron* (*oggetto*) you; (*complemento di termine*) (to) you; (*riflessivo*) yourself

'tibia *sf* tibia, shinbone

tic *sm inv* tic, (*nervous*) twitch; (*fig*) mannerism

ticchet'tio [tikket'tio] *sm* (*di macchina da scrivere*) clatter; (*di orologio*) ticking; (*della pioggia*) patter

'ticchio ['tikkjo] *sm* (*ghiribizzo*) whim; (*tic*) tic, (*nervous*) twitch

'ticket *sm inv* (*su farmaci*) prescription charge

ti'epido, a *ag* lukewarm, tepid

ti'fare *vi*: ~ per to be a fan of; (*parteggiare*) to side with

'tifo *sm* (*MED*) typhus; (*fig*): fare il ~ per to be a fan of

tifoi'dea *sf* typhoid

ti'fone *sm* typhoon

ti'foso, a *sm/f* (*SPORT etc*) fan

'tiglio ['tiʎʎo] *sm* lime (tree), linden (tree)

'tigre *sf* tiger

tim'ballo *sm* (*strumento*) kettledrum; (*CUC*) timbale

'timbro *sm* stamp; (*MUS*) timbre, tone

'**timido, a** *ag* shy; timid

'**timo** *sm* thyme

ti'**mone** *sm* (NAUT) rudder; **timoni'ere** *sm* helmsman

ti'**more** *sm* (paura) fear; (rispetto) awe; **timo'roso, a** *ag* timid, timorous

'**timpano** *sm* (ANAT) eardrum; (MUS): ~**i** *smpl* kettledrums, timpani

ti'**nello** *sm* small dining room

'**tingere** ['tindʒere] *vt* to dye

'**tino** *sm* vat

ti'**nozza** [ti'nɔttsa] *sf* tub

'**tinta** *sf* (materia colorante) dye; (colore) colour, shade; **tinta'rella** (fam) *sf* (sun)tan

tintin'**nare** *vi* to tinkle

'**tinto, a** *pp di* **tingere**

tinto'**ria** *sf* (lavasecco) dry cleaner's (shop)

tin'**tura** *sf* (operazione) dyeing; (colorante) dye; ~ **di iodio** tincture of iodine

'**tipico, a, ci, che** *ag* typical

'**tipo** *sm* type; (genere) kind, type; (fam) chap, fellow

tipogra'**fia** *sf* typography; (procedimento) letterpress (printing); (officina) printing house; **tipo'grafico, a, ci, che** *ag* typographic(al); letterpress *cpd*; ti'**pografo** *sm* typographer

ti'**ranno, a** *ag* tyrannical ♦ *sm* tyrant

ti'**rante** *sm* (per tenda) guy

ti'**rare** *vt* (gen) to pull; (estrarre): ~ **qc da** to take *o* pull sth out of; to get sth out of; to extract sth from; (chiudere: tenda etc) to draw, pull; (tracciare, disegnare) to draw, trace; (lanciare: sasso, palla) to throw; (stampare) to print; (pistola, freccia) to fire ♦ *vi* (pipa, camino) to draw; (vento) to blow; (abito) to be tight; (fare fuoco) to fire; (fare del tiro, CALCIO) to shoot; ~ **avanti** *vi* to struggle on ♦ *vt* to keep going; ~ **fuori** (estrarre) to take out, pull out; ~ **giù** (abbassare) to bring down; ~ **su** to pull up; (capelli) to do up; (fig: bambino) to bring up; ~**rsi indietro** to move back

tira'**tore** *sm* gunman; **un buon** ~ a good shot; ~ **scelto** marksman

tira'**tura** *sf* (azione) printing; (di libro) (print) run; (di giornale) circulation

'**tirchio, a** ['tirkjo] *ag* mean, stingy

'**tiro** *sm* shooting *no pl*, firing *no pl*; (colpo, sparo) shot; (di palla: lancio) throwing *no pl*; throw; (fig) trick; **cavallo da** ~ draught (BRIT) *o* draft (US) horse; ~ **a segno** target shooting; (luogo) shooting range

tiro'**cinio** [tiro'tʃinjo] *sm* apprenticeship; (professionale) training

ti'**roide** *sf* thyroid (gland)

Tir'**reno** *sm*: **il (mar)** ~ the Tyrrhenian Sea

ti'**sana** *sf* herb tea

tito'**lare** *sm/f* incumbent; (proprietario) owner; (CALCIO) regular player

'**titolo** *sm* title; (di giornale) headline; (diploma) qualification; (COMM) security; (: azione) share; **a che ~?** for what reason?; **a ~ di amicizia** out of friendship; **a ~ di premio** as a prize; ~ **di credito** share

titu'**bante** *ag* hesitant, irresolute

'**tizio, a** ['tittsjo] *sm/f* fellow, chap

tiz'**zone** [tit'tsone] *sm* brand

toast [toust] *sm inv* toasted sandwich (generally with ham and cheese)

toc'**cante** *ag* touching

toc'**care** *vt* to touch; (tastare) to feel; (fig: riguardare) to concern; (: commuovere) to touch, move; (: pungere) to hurt, wound; (: far cenno a: argomento) to touch on, mention ♦ *vi*: ~ **a** (accadere) to happen to; (spettare) to be up to; ~ **(il fondo)** (in acqua) to touch the bottom; **tocca a te difenderci** it's up to you to defend us; **a chi tocca?** whose turn is it?; **mi toccò pagare** I had to pay

'**tocco, chi** *sm* touch; (ARTE) stroke, touch

'**toga, ghe** *sf* toga; (di magistrato, professore) gown

'**togliere** ['tɔʎʎere] *vt* (rimuovere) to take away (*o* off), remove; (riprendere, non concedere più) to take away, remove; (MAT) to take away, subtract; ~ **qc a qn** to take sth (away) from sb; **ciò non toglie che** nevertheless, be that as it may; ~**rsi il cappello** to take off one's hat

toi'**lette** [twa'lɛt] *sf inv* toilet; (mobile) dressing table

to'**letta** *sf* = **toilette**

tolle'ranza [tolle'rantsa] *sf* tolerance

tolle'rare *vt* to tolerate

'tolto, a *pp di* **togliere**

to'maia *sf* (*di scarpa*) upper

'tomba *sf* tomb

tom'bino *sm* manhole cover

'tombola *sf* (*gioco*) tombola; (*ruzzolone*) tumble

'tomo *sm* volume

'tonaca, che *sf* (*REL*) habit

'tondo, a *ag* round

'tonfo *sm* splash; (*rumore sordo*) thud; (*caduta*): **fare un ~** to take a tumble

'tonico, a, ci, che *ag, sm* tonic

tonifi'care *vt* (*muscoli, pelle*) to tone up; (*irrobustire*) to invigorate, brace

tonnel'laggio [tonnel'laddʒo] *sm* (*NAUT*) tonnage

tonnel'lata *sf* ton

'tonno *sm* tuna (fish)

'tono *sm* (*gen*) tone; (*MUS: di pezzo*) key; (*di colore*) shade, tone

ton'silla *sf* tonsil; **tonsil'lite** *sf* tonsillitis

'tonto, a *ag* dull, stupid

to'pazio [to'pattsjo] *sm* topaz

'topo *sm* mouse

topogra'fia *sf* topography

'toppa *sf* (*serratura*) keyhole; (*pezza*) patch

to'race [to'ratʃe] *sm* chest

'torba *sf* peat

'torbido, a *ag* (*liquido*) cloudy; (: *fiume*) muddy; (*fig*) dark; troubled ♦ *sm*: **pescare nel ~** (*fig*) to fish in troubled water

'torcere ['tɔrtʃere] *vt* to twist; **~rsi** *vr* to twist, writhe

torchi'are [tor'kjare] *vt* to press; **'torchio** *sm* press

'torcia, ce ['tɔrtʃa] *sf* torch; **~ elettrica** torch (*BRIT*), flashlight (*US*)

torci'collo [tortʃi'kɔllo] *sm* stiff neck

'tordo *sm* thrush

To'rino *sf* Turin

tor'menta *sf* snowstorm

tormen'tare *vt* to torment; **~rsi** *vr* to fret, worry o.s.; **tor'mento** *sm* torment

torna'conto *sm* advantage, benefit

tor'nado *sm* tornado

tor'nante *sm* hairpin bend

tor'nare *vi* to return, go (*o* come) back; (*ridiventare: anche fig*) to become (again); (*riuscire giusto, esatto: conto*) to work out; (*risultare*) to turn out (to be), prove (to be); **~ utile** to prove *o* turn out (to be) useful; **~ a casa** to go (*o* come) home

torna'sole *sm inv* litmus

tor'neo *sm* tournament

'tornio *sm* lathe

'toro *sm* bull; (*dello zodiaco*): **T~** Taurus

tor'pedine *sf* torpedo; **torpedini'era** *sf* torpedo boat

'torre *sf* tower; (*SCACCHI*) rook, castle; **~ di controllo** (*AER*) control tower

torrefazi'one [torrefat'tsjone] *sf* roasting

tor'rente *sm* torrent

tor'retta *sf* turret

torri'one *sm* keep

tor'rone *sm* nougat

torsi'one *sf* twisting; torsion

'torso *sm* torso, trunk; (*ARTE*) torso

'torsolo *sm* (*di cavolo etc*) stump; (*di frutta*) core

'torta *sf* cake

'torto, a *pp di* **torcere** ♦ *ag* (*ritorto*) twisted; (*storto*) twisted, crooked ♦ *sm* (*ingiustizia*) wrong; (*colpa*) fault; **a ~** wrongly; **aver ~** to be wrong

'tortora *sf* turtle dove

tortu'oso, a *ag* (*strada*) twisting; (*fig*) tortuous

tor'tura *sf* torture; **tortu'rare** *vt* to torture

'torvo, a *ag* menacing, grim

tosa'erba *sm o f inv* (lawn)mower

to'sare *vt* (*pecora*) to shear; (*siepe*) to clip

Tos'cana *sf*: **la ~** Tuscany; **tos'cano, a** *ag, sm/f* Tuscan ♦ *sm* (*sigaro*) strong Italian cigar

'tosse *sf* cough

'tossico, a, .ci, che *ag* toxic

tossicodipen'dente *sm/f* drug addict

tossi'comane *sm/f* drug addict

tos'sire *vi* to cough

tosta'pane *sm inv* toaster

tos'tare *vt* to toast; (*caffè*) to roast

'tosto, a *ag*: **faccia ~a** cheek

to'tale *ag, sm* total; **totalità** *sf*: **la totalità di** all of, the total amount (*o* number) of; the whole +*sg*; **totaliz'zare** *vt* to total; (*SPORT: punti*) to score

toto'calcio [toto'kaltʃo] *sm gambling pool betting on football results,* ≈ (football) pools *pl* (*BRIT*)

to'vaglia [to'vaʎʎa] *sf* tablecloth; **tovagli'olo** *sm* napkin

'tozzo, a ['tɔttso] *ag* squat ♦ *sm*: ~ **di pane** crust of bread

tra *prep* (*di due persone, cose*) between; (*di più persone, cose*) among(st); (*tempo: entro*) within, in; ~ **5 giorni** in 5 days' time; **sia detto ~ noi ...** between you and me ...; **litigano ~ (di) loro** they're fighting amongst themselves; ~ **breve** soon; ~ **sé e sé** (*parlare etc*) to oneself

trabal'lare *vi* to stagger, totter

traboc'care *vi* to overflow

trabocchetto [trabok'ketto] *sm* (*fig*) trap

tracan'nare *vt* to gulp down

'traccia, ce ['trattʃa] *sf* (*segno, striscia*) trail, track; (*orma*) tracks *pl*; (*residuo, testimonianza*) trace, sign; (*abbozzo*) outline

tracci'are [trat'tʃare] *vt* to trace, mark (out); (*disegnare*) to draw; (*fig: abbozzare*) to outline; **tracci'ato** *sm* (*grafico*) layout, plan

tra'chea [tra'kɛa] *sf* windpipe, trachea

tra'colla *sf* shoulder strap; **borsa a ~** shoulder bag

tra'collo *sm* (*fig*) collapse, crash

tradi'mento *sm* betrayal; (*DIR, MIL*) treason

tra'dire *vt* to betray; (*coniuge*) to be unfaithful to; (*doveri: mancare*) to fail in; (*rivelare*) to give away, reveal; **tradi'tore, 'trice** *sm/f* traitor

tradizio'nale [tradittsjo'nale] *ag* traditional

tradizi'one [tradit'tsjone] *sf* tradition

tra'dotto, a *pp di* **tradurre**

tra'durre *vt* to translate; (*spiegare*) to render, convey; **tradut'tore, 'trice** *sm/f* translator; **traduzi'one** *sf* translation

trafe'lato, a *ag* out of breath

traffi'cante *sm/f* dealer; (*peg*) trafficker

traffi'care *vi* (*commerciare*): ~ **(in)** to trade (in), deal (in); (*affaccendarsi*) to busy o.s. ♦ *vt* (*peg*) to traffic in

'traffico, ci *sm* traffic; (*commercio*) trade, traffic

tra'figgere [tra'fiddʒere] *vt* to run through, stab; (*fig*) to pierce

tra'fitto, a *pp di* **trafiggere**

trafo'rare *vt* to bore, drill; **tra'foro** *sm* (*azione*) boring, drilling; (*galleria*) tunnel

tra'gedia [tra'dʒɛdja] *sf* tragedy

tra'ghetto [tra'getto] *sm* ferry(boat)

'tragico, a, ci, che ['tradʒiko] *ag* tragic

tra'gitto [tra'dʒitto] *sm* (*passaggio*) crossing; (*viaggio*) journey

tragu'ardo *sm* (*SPORT*) finishing line; (*fig*) goal, aim

traiet'toria *sf* trajectory

trai'nare *vt* to drag, haul; (*rimorchiare*) to tow; **'traino** *sm* (*carro*) wagon; (*slitta*) sledge; (*carico*) load

tralasci'are [tralaʃ'ʃare] *vt* (*studi*) to neglect; (*dettagli*) to leave out, omit

'tralcio ['traltʃo] *sm* (*BOT*) shoot

tra'liccio [tra'littʃo] *sm* (*ELETTR*) pylon

tram *sm inv* tram

'trama *sf* (*filo*) weft, woof; (*fig: argomento, maneggio*) plot

traman'dare *vt* to pass on, hand down

tra'mare *vt* (*fig*) to scheme, plot

tram'busto *sm* turmoil

trames'tio *sm* bustle

tramez'zino [tramed'dzino] *sm* sandwich

tra'mezzo [tra'mɛddzo] *sm* (*EDIL*) partition

'tramite *prep* through

tramon'tare *vi* to set, go down; **tra'monto** *sm* setting; (*del sole*) sunset

tramor'tire *vi* to faint ♦ *vt* to stun

trampo'lino *sm* (*per tuffi*) springboard, diving board; (*per lo sci*) ski-jump

'trampolo *sm* stilt

tramu'tare *vt*: ~ **in** to change into, turn into

tra'nello *sm* trap

trangugi'are [trangu'dʒare] *vt* to gulp down

'tranne *prep* except (for), but (for); ~ **che**

unless

tranquil'lante *sm* (MED) tranquillizer

tranquillità *sf* calm, stillness; quietness; peace of mind

tranquilliz'zare [trankwillid'dzare] *vt* to reassure

tran'quillo, a *ag* calm, quiet; (*bambino, scolaro*) quiet; (*sereno*) with one's mind at rest; **sta' ~** don't worry

transat'lantico, ci *sm* transatlantic liner

---
transatlantico

🛈 The **transatlantico** *is a room in the* Palazzo di Montecitorio. *The* **deputati** *relax in it between parliamentary sessions and give media interviews and press conferences there.*

---

transazi'one [transat'tsjone] *sf* compromise; (DIR) settlement; (COMM) transaction, deal

tran'senna *sf* barrier

tran'sigere [tran'sidʒere] *vi* (*venire a patti*) to compromise, come to an agreement

tran'sistor *sm inv* transistor

transi'tabile *ag* passable

transi'tare *vi* to pass

transi'tivo, a *ag* transitive

'transito *sm* transit; **di ~** (*merci*) in transit; (*stazione*) transit *cpd*; **"divieto di ~"** "no entry"

transi'torio, a *ag* transitory, transient; (*provvisorio*) provisional

'trapano *sm* (*utensile*) drill; (: MED) trepan

trapas'sare *vt* to pierce

tra'passo *sm* passage

trape'lare *vi* to leak, drip; (*fig*) to leak out

tra'pezio [tra'pettsjo] *sm* (MAT) trapezium; (*attrezzo ginnico*) trapeze

trapian'tare *vt* to transplant; **trapi'anto** *sm* transplanting; (MED) transplant

'trappola *sf* trap

tra'punta *sf* quilt

'trarre *vt* to draw, pull; (*portare*) to take; (*prendere, tirare fuori*) to take (out), draw; (*derivare*) to obtain; **~ origine da qc** to have its origins *o* originate in sth

trasa'lire *vi* to start, jump

trasan'dato, a *ag* shabby

tras'bordo *sm* transfer

trasci'nare [traʃʃi'nare] *vt* to drag; **~rsi** *vr* to drag o.s. along; (*fig*) to drag on

tras'correre *vt* (*tempo*) to spend, pass ♦ *vi* to pass; **tras'corso, a** *pp di* **trascorrere**

tras'critto, a *pp di* **trascrivere**

tras'crivere *vt* to transcribe

trascu'rare *vt* to neglect; (*non considerare*) to disregard; **trascura'tezza** *sf* carelessness, negligence; **trascu'rato, a** *ag* (*casa*) neglected; (*persona*) careless, negligent

trasfe'ribile *ag* transferable; **"non ~"** (*su assegno*) "account payee only"

trasferi'mento *sm* transfer; (*trasloco*) removal, move

trasfe'rire *vt* to transfer; **~rsi** *vr* to move; **tras'ferta** *sf* transfer; (*indennità*) travelling expenses *pl*; (SPORT) away game

trasfigu'rare *vt* to transfigure

trasfor'mare *vt* to transform, change; **trasforma'tore** *sm* (ELEC) transformer

trasfusi'one *sf* (MED) transfusion

trasgre'dire *vt* to disobey, contravene

tras'lato, a *ag* metaphorical, figurative

traslo'care *vt* to move, transfer; **~rsi** *vr* to move; **tras'loco, chi** *sm* removal

tras'messo, a *pp di* **trasmettere**

tras'mettere *vt* (*passare*): **~ qc a qn** to pass sth on to sb; (*mandare*) to send; (TECN, TEL, MED) to transmit; (TV, RADIO) to broadcast; **trasmetti'tore** *sm* transmitter; **trasmissi'one** *sf* (*gen, FISICA, TECN*) transmission; (*passaggio*) transmission, passing on; (TV, RADIO) broadcast; **trasmit'tente** *sf* transmitting *o* broadcasting station

traso'gnato, a [trasoɲ'ɲato] *ag* dreamy

traspa'rente *ag* transparent

traspa'rire *vi* to show (through)

traspi'rare *vi* to perspire; (*fig*) to come to light, leak out; **traspirazi'one** *sf* perspiration

traspor'tare *vt* to carry, move; (*merce*) to

transport, convey; **lasciarsi ~ (da qc)** (fig) to let o.s. be carried away (by sth);
tras'porto sm transport

trastul'lare vt to amuse; **~rsi** vr to amuse o.s.

trasu'dare vi (filtrare) to ooze; (sudare) to sweat ♦ vt to ooze with

trasver'sale ag transverse, cross(-); running at right angles

trasvo'lare vt to fly over

'tratta sf (ECON) draft; (di persone): **la ~ delle bianche** the white slave trade

tratta'mento sm treatment; (servizio) service

trat'tare vt (gen) to treat; (commerciare) to deal in; (svolgere: argomento) to discuss, deal with; (negoziare) to negotiate ♦ vi: **~ di** to deal with; **~ con** (persona) to deal with; **si tratta di ...** it's about ...;
tratta'tive sfpl negotiations; **trat'tato** sm (testo) treatise; (accordo) treaty;
trattazi'one sf treatment

tratteggi'are [tratted'dʒare] vt (disegnare: a tratti) to sketch, outline; (: col tratteggio) to hatch

tratte'nere vt (far rimanere: persona) to detain; (intrattenere: ospiti) to entertain; (tenere, frenare, reprimere) to hold back, keep back; (astenersi dal consegnare) to hold, keep; (detrarre: somma) to deduct;
~rsi vr (astenersi) to restrain o.s., stop o.s.; (soffermarsi) to stay, remain

tratteni'mento sm entertainment; (festa) party

tratte'nuta sf deduction

trat'tino sm dash; (in parole composte) hyphen

'tratto, a pp di **trarre** ♦ sm (di penna, matita) stroke; (parte) part, piece; (di strada) stretch; (di mare, cielo) expanse; (di tempo) period (of time); **~i** smpl (caratteristiche) features; (modo di fare) ways, manners; **a un ~, d'un ~** suddenly

trat'tore sm tractor

tratto'ria sf restaurant

'trauma, i sm trauma; **trau'matico, a, ci, che** ag traumatic

tra'vaglio [tra'vaʎʎo] sm (angoscia) pain, suffering; (MED) pains pl

trava'sare vt to decant

'trave sf beam

tra'versa sf (trave) crosspiece; (via) sidestreet; (FERR) sleeper (BRIT), (railroad) tie (US); (CALCIO) crossbar

traver'sare vt to cross; **traver'sata** sf crossing; (AER) flight, trip

traver'sie sfpl mishaps, misfortunes

traver'sina sf (FERR) sleeper (BRIT), (railroad) tie (US)

tra'verso, a ag oblique; **di ~** ag askew ♦ av sideways; **andare di ~** (cibo) to go down the wrong way; **guardare di ~** to look askance at

travesti'mento sm disguise

traves'tire vt to disguise; **~rsi** vr to disguise o.s.

travi'are vt (fig) to lead astray

travi'sare vt (fig) to distort, misrepresent

tra'volgere [tra'vɔldʒere] vt to sweep away, carry away; (fig) to overwhelm; **tra'volto, a** pp di **travolgere**

tre num three

trebbi'are vt to thresh

'treccia, ce ['trettʃa] sf plait, braid

tre'cento [tre'tʃento] num three hundred ♦ sm: **il T~** the fourteenth century

'tredici ['treditʃi] num thirteen

'tregua sf truce; (fig) respite

tre'mare vi: **~ di** (freddo etc) to shiver o tremble with; (paura, rabbia) to shake o tremble with

tre'mendo, a ag terrible, awful

tre'mila num three thousand

'tremito sm trembling no pl; shaking no pl; shivering no pl

tremo'lare vi to tremble; (luce) to flicker; (foglie) to quiver

tre'more sm tremor

'treno sm train; **~ di gomme** set of tyres (BRIT) o tires (US); **~ merci** goods (BRIT) o freight train; **~ viaggiatori** passenger train

'trenta num thirty; **tren'tesimo, a** num thirtieth; **tren'tina** sf: **una trentina (di)** thirty or so, about thirty

'**trepidante** *ag* anxious

treppi'ede *sm* tripod; (*CUC*) trivet

'**tresca, sche** *sf* (*fig*) intrigue; (*: relazione amorosa*) affair

'**trespolo** *sm* trestle

tri'angolo *sm* triangle

tribù *sf inv* tribe

tri'buna *sf* (*podio*) platform; (*in aule etc*) gallery; (*di stadio*) stand

tribu'nale *sm* court

tribu'tare *vt* to bestow

tri'buto *sm* tax; (*fig*) tribute

tri'checo, chi [tri'keko] *sm* (*ZOOL*) walrus

tri'ciclo [tri'tʃiklo] *sm* tricycle

trico'lore *ag* three-coloured ♦ *sm* tricolour; (*bandiera italiana*) Italian flag

tri'dente *sm* trident

tri'foglio [tri'fɔʎʎo] *sm* clover

'**triglia** ['triʎʎa] *sf* red mullet

tril'lare *vi* (*MUS*) to trill

tri'mestre *sm* period of three months; (*INS*) term, quarter (*US*); (*COMM*) quarter

'**trina** *sf* lace

trin'cea [trin'tʃea] *sf* trench; **trince'rare** *vt* to entrench

trinci'are [trin'tʃare] *vt* to cut up

trion'fare *vi* to triumph, win; ~ **su** to triumph over, overcome; **tri'onfo** *sm* triumph

tripli'care *vt* to triple

'**triplice** ['triplitʃe] *ag* triple; **in ~ copia** in triplicate

'**triplo, a** *ag* triple; treble ♦ *sm*: **il ~ (di)** three times as much (as); **la spesa è ~a** it costs three times as much

'**trippa** *sf* (*CUC*) tripe

'**triste** *ag* sad; (*luogo*) dreary, gloomy; **tris'tezza** *sf* sadness; gloominess

trita'carne *sm inv* mincer, grinder (*US*)

tri'tare *vt* to mince, grind (*US*)

'**trito, a** *ag* (*tritato*) minced, ground (*US*); ~ **e ritrito** (*fig*) trite, hackneyed

'**trittico, ci** *sm* (*ARTE*) triptych

trivel'lare *vt* to drill

trivi'ale *ag* vulgar, low

tro'feo *sm* trophy

'**tromba** *sf* (*MUS*) trumpet; (*AUT*) horn; ~

d'aria whirlwind; ~ **delle scale** stairwell

trom'bone *sm* trombone

trom'bosi *sf* thrombosis

tron'care *vt* to cut off; (*spezzare*) to break off

'**tronco, a, chi, che** *ag* cut off; broken off; (*LING*) truncated; (*fig*) cut short ♦ *sm* (*BOT, ANAT*) trunk; (*fig: tratto*) section; **licenziare qn in ~** to fire sb on the spot

troneggi'are [troned'dʒare] *vi:* ~ **(su)** to tower (over)

'**tronfio, a** *ag* conceited

'**trono** *sm* throne

tropi'cale *ag* tropical

'**tropico, ci** *sm* tropic; ~**ci** *smpl* (*GEO*) tropics

PAROLA CHIAVE

'**troppo, a** *det* (*in eccesso: quantità*) too much; (*: numero*) too many; **c'era ~a gente** there were too many people; **fa ~ caldo** it's too hot

♦ *pron* (*in eccesso: quantità*) too much; (*: numero*) too many; **ne hai messo ~** you've put in too much; **meglio ~i che pochi** better too many than too few

♦ *av* (*eccessivamente: con ag, av*) too; (*: con vb*) too much; ~ **amaro/tardi** too bitter/late; **lavora ~** he works too much; **di ~** too much; too many; **qualche tazza di ~** a few cups too many; **3000 lire di ~** 3000 lire too much; **essere di ~** to be in the way

---

'**trota** *sf* trout

trot'tare *vi* to trot; **trotterel'lare** *vi* to trot along; (*bambino*) to toddle; '**trotto** *sm* trot

'**trottola** *sf* spinning top

tro'vare *vt* to find; (*giudicare*): **trovo che** I find *o* think that; ~**rsi** *vr* (*reciproco: incontrarsi*) to meet; (*essere, stare*) to be; (*arrivare, capitare*) to find o.s.; **andare a ~ qn** to go and see sb; ~ **qn colpevole** to find sb guilty; ~**rsi bene** (*in un luogo, con qn*) to get on well; **tro'vata** *sf* good idea

truc'care *vt* (*falsare*) to fake; (*attore etc*) to

make up; (*travestire*) to disguise; (*SPORT*) to
fix; (*AUT*) to soup up; **~rsi** *vr* to make up
(one's face); **trucca'tore, 'trice** *sm/f*
(*CINEMA, TEATRO*) make-up artist
'**trucco, chi** *sm* trick; (*cosmesi*) make-up
'**truce** ['trutʃe] *ag* fierce
truci'**dare** [trutʃi'dare] *vt* to slaughter
tru'**ciolo** ['trutʃolo] *sm* shaving
'**truffa** *sf* fraud, swindle; **truf'fare** *vt* to
swindle, cheat
'**truppa** *sf* troop
tu *pron* you; **~ stesso(a)** you yourself; **dare
del ~ a qn** to address sb as "tu"
'**tua** *vedi* **tuo**
'**tuba** *sf* (*MUS*) tuba; (*cappello*) top hat
tu'**bare** *vi* to coo
tuba'**tura** *sf* piping *no pl*, pipes *pl*
tu'**betto** *sm* tube
'**tubo** *sm* tube; pipe; **~ digerente** (*ANAT*)
alimentary canal, digestive tract; **~ di
scappamento** (*AUT*) exhaust pipe
'**tue** *vedi* **tuo**
tuf'**fare** *vt* to plunge, dip; **~rsi** *vr* to
plunge, dive; '**tuffo** *sm* dive; (*breve bagno*)
dip
tu'**gurio** *sm* hovel
tuli'**pano** *sm* tulip
tume'**farsi** *vr* (*MED*) to swell
'**tumido, a** *ag* swollen
tu'**more** *sm* (*MED*) tumour
tu'**multo** *sm* uproar, commotion;
(*sommossa*) riot; (*fig*) turmoil;
tumultu'**oso, a** *ag* rowdy, unruly; (*fig*)
turbulent, stormy
'**tunica, che** *sf* tunic
Tuni'**sia** *sf*: **la ~** Tunisia
'**tuo** (*f* '**tua**, *pl* **tu'oi**, '**tue**) *det*: **il ~, la tua**
etc your ♦ *pron*: **il ~, la tua** *etc* yours
tuo'**nare** *vi* to thunder; **tuona** it is
thundering, there's some thunder
tu'**ono** *sm* thunder
tu'**orlo** *sm* yolk
tu'**racciolo** [tu'rattʃolo] *sm* cap, top; (*di
sughero*) cork
tu'**rare** *vt* to stop, plug; (*con sughero*) to
cork; **~rsi il naso** to hold one's nose
turba'**mento** *sm* disturbance; (*di animo*)

anxiety, agitation
tur'**bante** *sm* turban
tur'**bare** *vt* to disturb, trouble
'**turbine** *sm* whirlwind
turbo'**lento, a** *ag* turbulent; (*ragazzo*)
boisterous, unruly
turbo'**lenza** [turbo'lentsa] *sf* turbulence
tur'**chese** [tur'kese] *sf* turquoise
Tur'**chia** [tur'kia] *sf*: **la ~** Turkey
tur'**chino, a** [tur'kino] *ag* deep blue
'**turco, a, chi, che** *ag* Turkish ♦ *sm/f*
Turk/Turkish woman ♦ *sm* (*LING*) Turkish;
parlare ~ (*fig*) to talk double-dutch
tu'**rismo** *sm* tourism; tourist industry;
tu'**rista, i, e** *sm/f* tourist; tu'**ristico, a,
ci, che** *ag* tourist *cpd*
'**turno** *sm* turn; (*di lavoro*) shift; **di ~**
(*soldato, medico, custode*) on duty; **a ~**
(*rispondere*) in turn; (*lavorare*) in shifts; **fare
a ~ a fare qc** to take turns to do sth; **è il
suo ~** it's your (*o* his *etc*) turn
'**turpe** *ag* filthy, vile; **turpi'loquio** *sm*
obscene language
'**tuta** *sf* overalls *pl*; (*SPORT*) tracksuit
tu'**tela** *sf* (*DIR: di minore*) guardianship;
(*: protezione*) protection; (*difesa*) defence;
tute'lare *vt* to protect, defend
tu'**tore, 'trice** *sm/f* (*DIR*) guardian
tutta'**via** *cong* nevertheless, yet

PAROLA CHIAVE

'**tutto, a** *det* **1** (*intero*) all; **~ il latte** all the
milk; **~a la notte** all night, the whole
night; **~ il libro** the whole book; **~a una
bottiglia** a whole bottle
2 (*pl, collettivo*) all; every; **~i i libri** all the
books; **~e le notti** every night; **~i i venerdì**
every Friday; **~i gli uomini** all the men;
(*collettivo*) all men; **~ l'anno** all year long;
~i e due both *o* all of us (*o* them *o* you);
~i e cinque all five of us (*o* them *o* you)
3 (*completamente*): **era ~a sporca** she was
all dirty; **tremava ~** he was trembling all
over; **è ~a sua madre** she's just *o* exactly
like her mother
4: **a tutt'oggi** so far, up till now; **a ~a
velocità** at full *o* top speed

♦ *pron* 1 (*ogni cosa*) everything, all; (*qualsiasi cosa*) anything; **ha mangiato ~** he's eaten everything; **~ considerato** all things considered; **in ~: 10.000 lire in ~** 10.000 lire in all; **in ~ eravamo 50** there were 50 of us in all

2: **~i, e** (*ognuno*) all, everybody; **vengono ~i** they are all coming, everybody's coming; **~i quanti** all and sundry ♦ *av* (*completamente*) entirely, quite; **è ~ il contrario** it's quite *o* exactly the opposite; **tutt'al più: saranno stati tutt'al più una cinquantina** there were about fifty of them at (the very) most; **tutt'al più possiamo prendere un treno** if the worst comes to the worst we can take a train; **tutt'altro** on the contrary; **è tutt'altro che felice** he's anything but happy; **tutt'a un tratto** suddenly

♦ *sm*: **il ~** the whole lot, all of it

tutto'fare *ag inv*: **domestica ~** general maid; **ragazzo ~** office boy ♦ *sm/f inv* handyman/woman

tut'tora *av* still

U, u

ubbidi'ente *ag* obedient; **ubbidi'enza** *sf* obedience
ubbi'dire *vi* to obey; **~ a** to obey; (*sog: veicolo, macchina*) to respond to
ubria'care *vt*: **~ qn** to get sb drunk; (*sog: alcool*) to make sb drunk; (*fig*) to make sb's head spin *o* reel; **~rsi** *vr* to get drunk; **~rsi di** (*fig*) to become intoxicated with
ubri'aco, a, chi, che *ag, sm/f* drunk
uccelli'era [uttʃelˈljɛra] *sf* aviary
uccel'lino [uttʃelˈlino] *sm* baby bird, chick
uc'cello [utˈtʃɛllo] *sm* bird
uc'cidere [utˈtʃidere] *vt* to kill; **~rsi** *vr* (*suicidarsi*) to kill o.s.; (*perdere la vita*) to be killed; **uccisi'one** *sf* killing; **uc'ciso, a** *pp di* **uccidere**; **ucci'sore** *sm* killer
udi'enza [uˈdjɛntsa] *sf* audience; (*DIR*) hearing

u'dire *vt* to hear; **udi'tivo, a** *ag* auditory; **u'dito** *sm* (sense of) hearing; **udi'torio** *sm* (*persone*) audience
UE *sigla f* (= *Unione Europea*) EU
UEM *sigla f* (= *Unione economica e monetaria*) EMU
'uffa *escl* tut!
uffici'ale [uffiˈtʃale] *ag* official ♦ *sm* (*AMM*) official, officer; (*MIL*) officer; **~ di stato civile** registrar
uf'ficio [ufˈfitʃo] *sm* (*gen*) office; (*dovere*) duty; (*mansione*) task, function, job; (*agenzia*) agency, bureau; (*REL*) service; **d'~** *ag* office *cpd*; official ♦ *av* officially; **~ di collocamento** employment office; **~ informazioni** information bureau; **~ oggetti smarriti** lost property office (*BRIT*), lost and found (*US*); **~ postale** post office
uffici'oso, a [uffiˈtʃoso] *ag* unofficial
'UFO *sm inv* UFO
'ufo: a ~ *av* free, for nothing
uguagli'anza [ugwaʎˈʎantsa] *sf* equality
uguagli'are [ugwaʎˈʎare] *vt* to make equal; (*essere uguale*) to equal, be equal to; (*livellare*) to level; **~rsi a** *o* **con qn** (*paragonarsi*) to compare o.s. to sb
ugu'ale *ag* equal; (*identico*) identical, the same; (*uniforme*) level, even ♦ *av*: **costano ~** they cost the same; **sono bravi ~** they're equally good; **ugual'mente** *av* equally; (*lo stesso*) all the same
'ulcera [ˈultʃera] *sf* ulcer
u'livo = **olivo**
ulteri'ore *ag* further
ulti'mare *vt* to finish, complete
'ultimo, a *ag* (*finale*) last; (*estremo*) farthest, utmost; (*recente: notizia, moda*) latest; (*fig*) ultimate ♦ *sm/f* last (one); **fino all'~** to the last, until the end; **da ~, in ~** in the end; **abitare all'~ piano** to live on the top floor; **per ~** (*entrare, arrivare*) last
ulu'lare *vi* to howl; **ulu'lato** *sm* howling *no pl*; howl
umanità *sf* humanity; **umani'tario, a** *ag* humanitarian
u'mano, a *ag* human; (*comprensivo*) humane

umet'tare vt to dampen, moisten

umidità sf dampness; humidity

'umido, a ag damp; (mano, occhi) moist; (clima) humid ♦ sm dampness, damp; **carne in ~** stew

'umile ag humble

umili'are vt to humiliate; **~rsi** vr to humble o.s.; **umiliazi'one** sf humiliation

umiltà sf humility, humbleness

u'more sm (disposizione d'animo) mood; (carattere) temper; **di buon/cattivo ~** in a good/bad mood

umo'rismo sm humour; **avere il senso dell'~** to have a sense of humour; **umo'ristico, a, ci, che** ag humorous, funny

un vedi **uno**

un' vedi **uno**

'una vedi **uno**

u'nanime ag unanimous; **unanimità** sf unanimity; **all'unanimità** unanimously

unci'netto [untʃi'netto] sm crochet hook

un'cino [un'tʃino] sm hook

'undici ['unditʃi] num eleven

'ungere ['undʒere] vt to grease, oil; (REL) to anoint; (fig) to flatter, butter up; **~rsi** vr (sporcarsi) to get covered in grease; **~rsi con la crema** to put on cream

unghe'rese [unge'rese] ag, sm/f, sm Hungarian

Unghe'ria [unge'ria] sf: **l'~** Hungary

'unghia ['ungja] sf (ANAT) nail; (di animale) claw; (di rapace) talon; (di cavallo) hoof; **unghi'ata** sf (graffio) scratch

ungu'ento sm ointment

'unico, a, ci, che ag (solo) only; (ineguagliabile) unique; (singolo: binario) single; **figlio(a) ~(a)** only son/daughter, only child

unifamili'are ag one-family cpd

unifi'care vt to unite, unify; (sistemi) to standardize; **unificazi'one** sf uniting; unification; standardization

uni'forme ag uniform; (superficie) even ♦ sf (divisa) uniform

unilate'rale ag one-sided; (DIR) unilateral

uni'one sf union; (fig: concordia) unity;

harmony

u'nire vt to unite; (congiungere) to join, connect; (: ingredienti, colori) to combine; (in matrimonio) to unite, join together; **~rsi** vr to unite; (in matrimonio) to be joined together; **~ qc a** to unite sth with; to join o connect sth with; to combine sth with; **~rsi a** (gruppo, società) to join

unità sf inv (unione, concordia) unity; (MAT, MIL, COMM, di misura) unit; **uni'tario, a** ag unitary; **prezzo unitario** price per unit

u'nito, a ag (paese) united; (amici, famiglia) close; **in tinta ~a** plain, self-coloured

univer'sale ag universal; general

università sf inv university; **universi'tario, a** ag university cpd ♦ sm/f (studente) university student; (insegnante) academic, university lecturer

uni'verso sm universe

PAROLA CHIAVE

'uno, a (dav sm **un** +C, V, **uno** +s impura, gn, pn, ps, x, z; dav sf **un'** +V, **una** +C) art indet **1** a; (dav vocale) an; **un bambino** a child; **~a strada** a street; **~ zingaro** a gypsy

2 (intensivo): **ho avuto ~a paura!** I got such a fright!

♦ pron **1** one; **prendine ~** take one (of them); **l'~ o l'altro** either (of them); **l'~ e l'altro** both (of them); **aiutarsi l'un l'altro** to help one another o each other; **sono entrati l'~ dopo l'altro** they came in one after the other

2 (un tale) someone, somebody

3 (con valore impersonale) one, you; **se ~ vuole** if one wants, if you want

♦ num one; **~a mela e due pere** one apple and two pears; **~ più ~ fa due** one plus one equals two, one and one are two

♦ sf: **è l'~a** it's one (o'clock)

'unto, a pp di **ungere** ♦ ag greasy, oily ♦ sm grease; **untu'oso, a** ag greasy, oily

u'omo (pl **u'omini**) sm man; **da ~** (abito, scarpe) men's, for men; **~ d'affari** businessman; **~ di paglia** stooge; **~ rana** frogman u'**ovo** (*pl*(*f*) u'**ova**) *sm* egg; ~ **affogato** poached egg; ~ **al tegame** fried egg; ~ **alla coque** boiled egg; ~ **bazzotto / sodo** soft-/hard-boiled egg; ~ **di Pasqua** Easter egg; ~ **in camicia** poached egg; ~**a strapazzate** scrambled eggs

ura'**gano** *sm* hurricane

urba'**nistica** *sf* town planning

ur'**bano, a** *ag* urban, city *cpd*, town *cpd*; (*TEL: chiamata*) local; (*fig*) urbane

ur'**gente** [urˈdʒɛnte] *ag* urgent; ur'**genza** *sf* urgency; **in caso d'urgenza** in (case of) an emergency; **d'urgenza** *ag* emergency ♦ *av* urgently, as a matter of urgency

u'**rina** *sf* = **orina**

ur'**lare** *vi* (*persona*) to scream, yell; (*animale, vento*) to howl ♦ *vt* to scream, yell

'**urlo** (*pl*(*m*) '**urli**, *pl*(*f*) '**urla**) *sm* scream, yell; howl

'**urna** *sf* urn; (*elettorale*) ballot-box; **andare alle ~e** to go to the polls

urrà '**rà** *escl* hurrah!

U.R.S.S. *abbr f*: **l'~** the USSR

ur'**tare** *vt* to bump into, knock against; (*fig: irritare*) to annoy ♦ *vi*: ~ **contro** *o* **in** to bump into, knock against, crash into; (*fig: imbattersi*) to come up against; ~**rsi** *vr* (*reciproco: scontrarsi*) to collide; (*: fig*) to clash; (*irritarsi*) to get annoyed; '**urto** *sm* (*colpo*) knock, bump; (*scontro*) crash, collision; (*fig*) clash

'**U.S.A.** ['uza] *smpl*: **gli ~** the USA

u'**sanza** [u'zantsa] *sf* custom; (*moda*) fashion

u'**sare** *vt* to use, employ ♦ *vi* (*servirsi*): ~ **di** to use; (*: diritto*) to exercise; (*essere di moda*) to be fashionable; (*essere solito*): ~ **fare** to be in the habit of doing, be accustomed to doing ♦ *vb impers*: **qui usa così** it's the custom round here; u'**sato, a** *ag* used; (*consumato*) worn; (*di seconda mano*) used, second-hand ♦ *sm* second-hand goods *pl*

usci'**ere** [uʃˈʃɛre] *sm* usher

'**uscio** ['uʃʃo] *sm* door

u'**scire** [uʃˈʃire] *vi* (*gen*) to come out; (*partire, andare a passeggio, a uno spettacolo etc*) to go out; (*essere sorteggiato: numero*) to come up; ~ **da** (*gen*) to leave; (*posto*) to go (*o* come) out of, leave; (*solco, vasca etc*) to come out of; (*muro*) to stick out of; (*competenza etc*) to be outside; (*infanzia, adolescenza*) to leave behind; (*famiglia nobile etc*) to come from; ~ **da** *o* **di casa** to go out; (*fig*) to leave home; ~ **in automobile** to go out in the car, go for a drive; ~ **di strada** (*AUT*) to go off *o* leave the road

u'**scita** [uʃˈʃita] *sf* (*passaggio, varco*) exit, way out; (*per divertimento*) outing; (*ECON: somma*) expenditure; (*TEATRO*) entrance; (*fig: battuta*) witty remark; ~ **di sicurezza** emergency exit

usi'**gnolo** [uziɲˈɲɔlo] *sm* nightingale

U.S.L. [uzl] *sigla f* (= *unità sanitaria locale*) local health centre

'**uso** *sm* (*utilizzazione*) use; (*esercizio*) practice; (*abitudine*) custom; **a ~ di** for (the use of); **d'~** (*corrente*) in use; **fuori ~** out of use

usti'**one** *sf* burn

usu'**ale** *ag* common, everyday

u'**sura** *sf* usury; (*logoramento*) wear (and tear)

uten'**sile** *sm* tool, implement; ~**i da cucina** kitchen utensils

u'**tente** *sm/f* user

'**utero** *sm* uterus

'**utile** *ag* useful ♦ *sm* (*vantaggio*) advantage, benefit; (*ECON: profitto*) profit; **utilità** *sf* usefulness *no pl*; use; (*vantaggio*) benefit; utili'**taria** *sf* (*AUT*) economy car

utiliz'**zare** [utilid'dzare] *vt* to use, make use of, utilize

'**uva** *sf* grapes *pl*; ~ **passa** raisins *pl*; ~ **spina** gooseberry

V, v

v. *abbr* (= *vedi*) v

va *vb vedi* **andare**

va'cante *ag* vacant

va'canza [va'kantsa] *sf* (*l'essere vacante*) vacancy; (*riposo, ferie*) holiday(s *pl*) (BRIT), vacation (US); (*giorno di permesso*) day off, holiday; **~e** *sfpl* (*periodo di ferie*) holidays (BRIT), vacation *sg* (US); **essere/andare in ~** to be/go on holiday *o* vacation; **~e estive** summer holiday(s) *o* vacation

'vacca, che *sf* cow

vacci'nare [vattʃi'nare] *vt* to vaccinate

vac'cino [vat'tʃino] *sm* (MED) vaccine

vacil'lare [vatʃil'lare] *vi* to sway, wobble; (*luce*) to flicker; (*fig: memoria, coraggio*) to be failing, falter

'vacuo, a *ag* (*fig*) empty, vacuous

'vado *vb vedi* **andare**

vaga'bondo, a *sm/f* tramp, vagrant

va'gare *vi* to wander

va'gina [va'dʒina] *sf* vagina

va'gire [va'dʒire] *vi* to whimper

va'gito [va'dʒito] *sm* cry

'vaglia ['vaʎʎa] *sm inv* money order; **~ postale** postal order

vagli'are [vaʎ'ʎare] *vt* to sift; (*fig*) to weigh up; **'vaglio** *sm* sieve

'vago, a, ghi, ghe *ag* vague

va'gone *sm* (FERR: *per passeggeri*) coach; (: *per merci*) truck, wagon; **~ letto** sleeper, sleeping car; **~ ristorante** dining *o* restaurant car

'vai *vb vedi* **andare**

vai'olo *sm* smallpox

va'langa, ghe *sf* avalanche

va'lente *ag* able, talented

va'lere *vi* (*avere forza, potenza*) to have influence; (*essere valido*) to be valid; (*avere vigore, autorità*) to hold, apply; (*essere capace: poeta, studente*) to be good, be able ♦ *vt* (*prezzo, sforzo*) to be worth; (*corrispondere*) to correspond to; (*procurare*): **~ qc a qn** to earn sb sth; **~rsi**

di to make use of, take advantage of; **far ~** (*autorità etc*) to assert; **vale a dire** that is to say; **~ la pena** to be worth the effort *o* worth it

va'levole *ag* valid

vali'care *vt* to cross

'valico, chi *sm* (*passo*) pass

'valido, a *ag* valid; (*rimedio*) effective; (*aiuto*) real; (*persona*) worthwhile

valige'ria [validʒe'ria] *sf* leather goods *pl*; leather goods factory; leather goods shop

vali'getta [vali'dʒetta] *sf* briefcase

va'ligia, gie *o* **ge** [va'lidʒa] *sf* (suit)case; **fare le ~gie** to pack (up)

val'lata *sf* valley

'valle *sf* valley; **a ~** (*di fiume*) downstream; **scendere a ~** to go downhill

va'lore *sm* (*gen*) value; (*merito*) merit, worth; (*coraggio*) valour, courage; (COMM: *titolo*) security; **~i** *smpl* (*oggetti preziosi*) valuables

valoriz'zare [valorid'dzare] *vt* (*terreno*) to develop; (*fig*) to make the most of

'valso, a *pp di* **valere**

va'luta *sf* currency, money; (BANCA): **~ 15 gennaio** interest to run from January 15th

valu'tare *vt* (*casa, gioiello, fig*) to value; (*stabilire: peso, entrate, fig*) to estimate; **valutazi'one** *sf* valuation; estimate

'valvola *sf* (TECN, ANAT) valve; (ELETTR) fuse

'valzer ['valtser] *sm inv* waltz

vam'pata *sf* (*di fiamma*) blaze; (*di calore*) blast; (: *al viso*) flush

vam'piro *sm* vampire

vanda'lismo *sm* vandalism

'vandalo *sm* vandal

vaneggi'are [vaned'dʒare] *vi* to rave

'vanga, ghe *sf* spade; **van'gare** *vt* to dig

van'gelo [van'dʒelo] *sm* gospel

va'niglia [va'niʎʎa] *sf* vanilla

vanità *sf* vanity; (*di promessa*) emptiness; (*di sforzo*) futility; **vani'toso, a** *ag* vain, conceited

'vanno *vb vedi* **andare**

'vano, a *ag* vain ♦ *sm* (*spazio*) space; (*apertura*) opening; (*stanza*) room

van'taggio [van'taddʒo] *sm* advantage;

essere/portarsi in ~ (*SPORT*) to be in/take the lead; **vantaggi'oso, a** *ag* advantageous; favourable

van'tare *vt* to praise, speak highly of; **~rsi** *vr*: **~rsi (di/di aver fatto)** to boast *o* brag (about/about having done); **vante'ria** *sf* boasting; '**vanto** *sm* boasting; (*merito*) virtue, merit; (*gloria*) pride

'**vanvera** *sf*: **a ~** haphazardly; **parlare a ~** to talk nonsense

va'pore *sm* vapour; (*anche*: **~ acqueo**) steam; (*nave*) steamer; **a ~** (*turbina etc*) steam *cpd*; **al ~** (*CUC*) steamed; **vapo'retto** *sm* steamer; **vaporiz'zare** *vt* to vaporize; **vapo'roso, a** *ag* (*tessuto*) filmy; (*capelli*) soft and full

va'rare *vt* (*NAUT, fig*) to launch; (*DIR*) to pass

var'care *vt* to cross

'**varco, chi** *sm* passage; **aprirsi un ~ tra la folla** to push one's way through the crowd

vari'abile *ag* variable; (*tempo, umore*) changeable, variable ♦ *sf* (*MAT*) variable

vari'are *vt, vi* to vary; **~ di opinione** to change one's mind; **variazi'one** *sf* variation; change

va'rice [va'ritʃe] *sf* varicose vein

vari'cella [vari'tʃella] *sf* chickenpox

vari'coso, a *ag* varicose

varie'gato, a *ag* variegated

varietà *sf inv* variety ♦ *sm inv* variety show

'**vario, a** *ag* varied; (*parecchi: col sostantivo al pl*) various; (*mutevole: umore*) changeable; **vario'pinto, a** *ag* multicoloured

'**varo** *sm* (*NAUT, fig*) launch; (*di leggi*) passing

va'saio *sm* potter

'**vasca, sche** *sf* basin; (*anche*: **~ da bagno**) bathtub, bath

va'scello [vaʃ'ʃɛllo] *sm* vessel, ship

vase'lina *sf* vaseline

vasel'lame *sm* (*stoviglie*) crockery; (: *di porcellana*) china; **~ d'oro/d'argento** gold/silver plate

'**vaso** *sm* (*recipiente*) pot; (: *barattolo*) jar; (: *decorativo*) vase; (*ANAT*) vessel; **~ da fiori**

vase; (*per piante*) flowerpot

vas'soio *sm* tray

'**vasto, a** *ag* vast, immense

Vati'cano *sm*: **il ~** the Vatican

ve *pron, av vedi* **vi**

vecchi'aia [vek'kjaja] *sf* old age

'**vecchio, a** ['vɛkkjo] *ag* old ♦ *sm/f* old man/woman; **i ~i** the old

vece ['vetʃe] *sf*: **in ~ di** in the place of, for; **fare le ~i di qn** to take sb's place

ve'dere *vt, vi* to see; **~rsi** *vr* to meet, see one another; **avere a che ~ con** to have something to do with; **far ~ qc a qn** to show sb sth; **farsi ~** to show o.s.; (*farsi vivo*) to show one's face; **vedi di non farlo** make sure *o* see you don't do it; **non (ci) si vede** (*è buio etc*) you can't see a thing; **non lo posso ~** (*fig*) I can't stand him

ve'detta *sf* (*sentinella, posto*) look-out; (*NAUT*) patrol boat

'**vedovo, a** *sm/f* widower/widow

ve'duta *sf* view

vee'mente *ag* vehement; violent

vege'tale [vedʒe'tale] *ag, sm* vegetable

vegetari'ano, a [vedʒeta'rjano] *ag, sm/f* vegetarian

'**vegeto, a** ['vɛdʒeto] *ag* (*pianta*) thriving; (*persona*) strong, vigorous

'**veglia** ['veʎʎa] *sf* wakefulness; (*sorveglianza*) watch; (*trattenimento*) evening gathering; **fare la ~ a un malato** to watch over a sick person

vegli'are [veʎ'ʎare] *vi* to be awake; to stay *o* sit up; (*stare vigile*) to watch; to keep watch ♦ *vt* (*malato, morto*) to watch over, sit up with

ve'icolo *sm* vehicle

'**vela** *sf* (*NAUT: tela*) sail; (*sport*) sailing

ve'lare *vt* to veil; **~rsi** *vr* (*occhi, luna*) to mist over; (*voce*) to become husky; **~rsi il viso** to cover one's face (with a veil); **ve'lato, a** *ag* veiled

veleggi'are [veled'dʒare] *vi* to sail; (*AER*) to glide

ve'leno *sm* poison; **vele'noso, a** *ag* poisonous

veli'ero *sm* sailing ship

ve'lina *sf* (*anche:* **carta ~**: *per imballare*) tissue paper

ve'livolo *sm* aircraft

velleità *sf inv* vain ambition, vain desire

vel'luto *sm* velvet; **~ a coste** cord

'velo *sm* veil; (*tessuto*) voile

ve'loce [ve'lotʃe] *ag* fast, quick ♦ *av* fast, quickly; velo'cista, i, e *sm/f* (*SPORT*) sprinter; velocità *sf* speed; **a forte velocità** at high speed; **velocità di crociera** cruising speed

'vena *sf* (*gen*) vein; (*filone*) vein, seam; (*fig: ispirazione*) inspiration; (*: umore*) mood; **essere in ~ di qc** to be in the mood for sth

ve'nale *ag* (*prezzo, valore*) market *cpd*; (*fig*) venal; mercenary

ven'demmia *sf* (*raccolta*) grape harvest; (*quantità d'uva*) grape crop, grapes *pl*; (*vino ottenuto*) vintage; vendemmi'are *vt* to harvest ♦ *vi* to harvest the grapes

'vendere *vt* to sell; **"vendesi"** "for sale"

ven'detta *sf* revenge

vendi'care *vt* to avenge; **~rsi** *vr*: **~rsi** (*di*) to avenge o.s. (for); (*per rancore*) to take one's revenge (for); **~rsi su qn** to revenge o.s. on sb; vendica'tivo, a *ag* vindictive

'vendita *sf* sale; **la ~** (*attività*) selling; (*smercio*) sales *pl*; **in ~** on sale; **~ all'asta** sale by auction; vendi'tore *sm* seller, vendor; (*gestore di negozio*) trader, dealer

vene'rabile *ag* venerable

venerando, a *ag* = venerabile

vene'rare *vt* to venerate

venerdì *sm inv* Friday; **di** *o* **il ~** on Fridays; **V~ Santo** Good Friday

ve'nereo, a *ag* venereal

'veneto, a *ag, sm/f* Venetian

Ve'nezia [ve'nɛttsja] *sf* Venice; venezi'ana *sf* Venetian blind; venezi'ano, a *ag, sm/f* Venetian

veni'ale *ag* venial

ve'nire *vi* to come; (*riuscire: dolce, fotografia*) to turn out; (*come ausiliare: essere*): **viene ammirato da tutti** he is admired by everyone; **~ da** to come from; **quanto viene?** how much does it cost?;

far **~** (*mandare a chiamare*) to send for; **~ giù** to come down; **~ meno** (*svenire*) to faint; **~ meno a qc** not to fulfil sth; **~ su** to come up; **~ a trovare qn** to come and see sb; **~ via** to come away

ven'taglio [ven'taʎʎo] *sm* fan

ven'tata *sf* gust (of wind)

ven'tenne *ag*: **una ragazza ~** a twenty-year-old girl, a girl of twenty

ven'tesimo, a *num* twentieth

'venti *num* twenty

venti'lare *vt* (*stanza*) to air, ventilate; (*fig: idea, proposta*) to air; ventila'tore *sm* ventilator, fan

ven'tina *sf*: **una ~** (*di*) around twenty, twenty or so

venti'sette *num* twenty-seven

'vento *sm* wind

'ventola *sf* (*AUT, TECN*) fan

ven'tosa *sf* (*ZOOL*) sucker; (*di gomma*) suction pad

ven'toso, a *ag* windy

'ventre *sm* stomach

ven'tura *sf*: **soldato di ~** mercenary

ven'turo, a *ag* next, coming

ve'nuta *sf* coming, arrival

ve'nuto, a *pp di* venire

vera'mente *av* really

ver'bale *ag* verbal ♦ *sm* (*di riunione*) minutes *pl*

'verbo *sm* (*LING*) verb; (*parola*) word; (*REL*): **il V~** the Word

'verde *ag, sm* green; **essere al ~** to be broke; **~ bottiglia/oliva** bottle/olive green

verde'rame *sm* verdigris

ver'detto *sm* verdict

ver'dura *sf* vegetables *pl*

'verga, ghe *sf* rod

'vergine ['vɛrdʒine] *sf* virgin; (*dello zodiaco*): **V~** Virgo ♦ *ag* virgin; (*ragazza*): **essere ~** to be a virgin

ver'gogna [ver'ɡoɲɲa] *sf* shame; (*timidezza*) shyness, embarrassment; vergo'gnarsi *vr*: **vergognarsi (di)** to be *o* feel ashamed (of); to be shy (about), be embarrassed (about); vergo'gnoso, a *ag* ashamed; (*timido*) shy, embarrassed; (*causa* *di vergogna: azione*) shameful

ve'**rifica, che** *sf* checking *no pl*, check

verifi'**care** *vt* (*controllare*) to check; (*confermare*) to confirm, bear out

veri**tà** *sf inv* truth

veriti'**ero, a** *ag* (*che dice la verità*) truthful; (*conforme a verità*) true

'**verme** *sm* worm

vermi'**celli** [vermi'tʃelli] *smpl* vermicelli *sg*

ver'**miglio** [ver'miʎʎo] *sm* vermilion, scarlet

'**vermut** *sm inv* vermouth

ver'**nice** [ver'nitʃe] *sf* (*colorazione*) paint; (*trasparente*) varnish; (*pelle*) patent leather; "**~ fresca**" "wet paint"; verni'**ciare** *vt* to paint; to varnish

'**vero, a** *ag* (*veridico: fatti, testimonianza*) true; (*autentico*) real ♦ *sm* (*verità*) truth; (*realtà*) (real) life; **un ~ e proprio delinquente** a real criminal, an out-and-out criminal

vero'**simile** *ag* likely, probable

ver'**ruca, che** *sf* wart

versa'**mento** *sm* (*pagamento*) payment; (*deposito di denaro*) deposit

ver'**sante** *sm* slopes *pl*, side

ver'**sare** *vt* (*fare uscire: vino, farina*) to pour (out); (*spargere: lacrime, sangue*) to shed; (*rovesciare*) to spill; (*ECON*) to pay; (*: depositare*) to deposit, pay in; **~rsi** *vr* (*rovesciarsi*) to spill; (*fiume, folla*): **~rsi (in)** to pour (into)

versa'**tile** *ag* versatile

ver'**setto** *sm* (*REL*) verse

versi'**one** *sf* version; (*traduzione*) translation

'**verso** *sm* (*di poesia*) verse, line; (*di animale, uccello*) cry; (*direzione*) direction; (*modo*) way; (*di foglio di carta*) verso; (*di moneta*) reverse; **~i** *smpl* (*poesia*) verse *sg*; **non c'è ~ di persuaderlo** there's no way of persuading him, he can't be persuaded ♦ *prep* (*in direzione di*) toward(s); (*nei pressi di*) near, around (about); (*in senso temporale*) about, around; (*nei confronti di*) for; **~ di me** towards me; **~ sera** towards evening

'**vertebra** *sf* vertebra

verti'**cale** *ag, sf* vertical

'**vertice** ['vertitʃe] *sm* summit, top; (*MAT*) vertex; **conferenza al ~** (*POL*) summit conference

ver'**tigine** [ver'tidʒine] *sf* dizziness *no pl*; dizzy spell; (*MED*) vertigo; **avere le ~i** to feel dizzy; vertigi'**noso, a** *ag* (*altezza*) dizzy; (*fig*) breathtakingly high (*o deep etc*)

ve'**scica, che** [veʃ'ʃika] *sf* (*ANAT*) bladder; (*MED*) blister

'**vescovo** *sm* bishop

'**vespa** *sf* wasp

'**vespro** *sm* (*REL*) vespers *pl*

ves'**sillo** *sm* standard; (*bandiera*) flag

ves'**taglia** [ves'taʎʎa] *sf* dressing gown

'**veste** *sf* garment; (*rivestimento*) covering; (*qualità, facoltà*) capacity; **in ~ ufficiale** (*fig*) in an official capacity; **in ~ di** in the guise of, as; vesti'**ario** *sm* wardrobe, clothes *pl*

ves'**tire** *vt* (*bambino, malato*) to dress; (*avere indosso*) to have on, wear; **~rsi** *vr* to dress, get dressed; ves'**tito, a** *ag* dressed ♦ *sm* garment; (*da donna*) dress; (*da uomo*) suit; **vestiti** *smpl* (*indumenti*) clothes; **vestito di bianco** dressed in white

Ve'**suvio** *sm*: **il ~** Vesuvius

vete'**rano, a** *ag, sm/f* veteran

veteri'**naria** *sf* veterinary medicine

veteri'**nario, a** *ag* veterinary ♦ *sm* veterinary surgeon (*BRIT*), veterinarian (*US*), vet

'**veto** *sm inv* veto

ve'**traio** *sm* glassmaker; glazier

ve'**trata** *sf* glass door (*o window*); (*di chiesa*) stained glass window

vetre'**ria** *sf* (*stabilimento*) glassworks *sg*; (*oggetti di vetro*) glassware

ve'**trina** *sf* (*di negozio*) (shop) window; (*armadio*) display cabinet; vetri'**nista, i, e** *sm/f* window dresser

vetri'**olo** *sm* vitriol

'**vetro** *sm* glass; (*per finestra, porta*) pane (of glass)

'**vetta** *sf* peak, summit, top

vet'**tore** *sm* (*MAT, FISICA*) vector; (*chi trasporta*) carrier

vetto'vaglie [vetto'vaʎʎe] *sfpl* supplies

vet'tura *sf* (*carrozza*) carriage; (*FERR*) carriage (*BRIT*), car (*US*); (*auto*) car (*BRIT*), automobile (*US*)

vezzeggia'tivo [vettseddʒa'tivo] *sm* (*LING*) term of endearment

'vezzo ['vettso] *sm* habit; **~i** *smpl* (*smancerie*) affected ways; (*leggiadria*) charms; **vez'zoso, a** *ag* (*grazioso*) charming, pretty; (*lezioso*) affected

vi (*dav lo, la, li, le, ne diventa* **ve**) *pron* (*oggetto*) you; (*complemento di termine*) (to) you; (*riflessivo*) yourselves; (*reciproco*) each other ♦ *av* (*lì*) there; (*qui*) here; (*per questo/quel luogo*) through here/there; **~ è/sono** there is/are

'via *sf* (*gen*) way; (*strada*) street; (*sentiero, pista*) path, track; (*AMM: procedimento*) channels *pl* ♦ *prep* (*passando per*) via, by way of ♦ *av* away ♦ *escl* go away!; (*suvvia*) come on!; (*SPORT*) go! ♦ *sm* (*SPORT*) starting signal; **in ~ di guarigione** on the road to recovery; **per ~ di** (*a causa di*) because of, on account of; **in o per ~** on the way; **per ~ aerea** by air; (*lettere*) by airmail; **andare/essere ~** to go/be away; **~ ~ che** (*a mano a mano*) as; **dare il ~** (*SPORT*) to give the starting signal; **dare il ~ a** (*fig*) to start; **V~ lattea** (*ASTR*) Milky Way; **~ di mezzo** middle course; **in ~ provvisoria** provisionally

viabilità *sf* (*di strada*) practicability; (*rete stradale*) roads *pl*, road network

via'dotto *sm* viaduct

viaggi'are [viad'dʒare] *vi* to travel; **viaggia'tore, 'trice** *ag* travelling ♦ *sm* traveller; (*passeggero*) passenger

vi'aggio ['vjaddʒo] *sm* travel(ling); (*tragitto*) journey, trip; **buon ~!** have a good trip!; **~ di nozze** honeymoon

vi'ale *sm* avenue

via'vai *sm* coming and going, bustle

vi'brare *vi* to vibrate

vi'cario *sm* (*apostolico etc*) vicar

'vice ['vitʃe] *sm/f* deputy ♦ *prefisso*: **~'console** *sm* vice-consul; **~diret'tore** *sm* assistant manager

vi'cenda [vi'tʃɛnda] *sf* event; **a ~** in turn; **vicen'devole** *ag* mutual, reciprocal

vice'versa [vitʃe'vɛrsa] *av* vice versa; **da Roma a Pisa e ~** from Rome to Pisa and back

vici'nanza [vitʃi'nantsa] *sf* nearness, closeness; **~e** *sfpl* (*paraggi*) neighbourhood, vicinity

vici'nato [vitʃi'nato] *sm* neighbourhood; (*vicini*) neighbours *pl*

vi'cino, a [vi'tʃino] *ag* (*gen*) near; (*nello spazio*) near, nearby; (*accanto*) next; (*nel tempo*) near, close at hand ♦ *sm/f* neighbour ♦ *av* near, close; **da ~** (*guardare*) close up; (*esaminare, seguire*) closely; (*conoscere*) well, intimately; **~ a** near to, close to; (*accanto a*) beside; **~ di casa** neighbour

'vicolo *sm* alley; **~ cieco** blind alley

'video *sm inv* (*TV: schermo*) screen; **~'camera** *sf* camcorder; **~cas'setta** *sf* videocassette; **~registra'tore** *sm* video (recorder)

vie'tare *vt* to forbid; (*AMM*) to prohibit; **~ a qn di fare** to forbid sb to do; to prohibit sb from doing; **"vietato fumare/ l'ingresso"** "no smoking/admittance"

Viet'nam *sm*: **il ~** Vietnam; **vietna'mita, i, e** *ag, sm/f, sm* Vietnamese *inv*

vi'gente [vi'dʒɛnte] *ag* in force

vigi'lare [vidʒi'lare] *vt* to watch over, keep an eye on; **~ che** to make sure that, see to it that

'vigile ['vidʒile] *ag* watchful ♦ *sm* (*anche*: **~ urbano**) policeman (*in towns*); **~ del fuoco** fireman

vi'gilia [vi'dʒilja] *sf* (*giorno antecedente*) eve; **la ~ di Natale** Christmas Eve

vigli'acco, a, chi, che [viʎ'ʎakko] *ag* cowardly ♦ *sm/f* coward

'vigna ['viɲɲa] *sf* = **vi'gneto**

vi'gneto [viɲ'ɲeto] *sm* vineyard

vi'gnetta [viɲ'ɲetta] *sf* cartoon

vi'gore *sm* vigour; (*DIR*): **essere/entrare in ~** to be in/come into force; **vigo'roso, a** *ag* vigorous

'vile *ag* (*spregevole*) low, mean, base;

(*codardo*) cowardly
vili'pendio *sm* contempt, scorn; public insult
'villa *sf* villa
vil'laggio [vil'laddʒo] *sm* village
villa'nia *sf* rudeness, lack of manners; **fare (*o* dire) una ~ a qn** to be rude to sb
vil'lano, a *ag* rude, ill-mannered
villeggia'tura [villeddʒa'tura] *sf* holiday(s *pl*) (*BRIT*), vacation (*US*)
vil'lino *sm* small house (with a garden), cottage
vil'loso, a *ag* hairy
viltà *sf* cowardice *no pl*; cowardly act

Viminale

i The **Viminale**, which takes its name from the hill in Rome on which it stands, is the home of the Ministry of the Interior.

'vimine *sm* wicker; **mobili di ~i** wicker furniture *sg*
'vincere ['vintʃere] *vt* (*in guerra, al gioco, a una gara*) to defeat, beat; (*premio, guerra, partita*) to win; (*fig*) to overcome, conquer ♦ *vi* to win; **~ qn in bellezza** to be better-looking than sb; 'vincita *sf* win; (*denaro vinto*) winnings *pl*; vinci'tore *sm* winner; (*MIL*) victor
vinco'lare *vt* to bind; (*COMM: denaro*) to tie up; 'vincolo *sm* (*fig*) bond, tie; (*DIR: servitù*) obligation
vi'nicolo, a *ag* wine *cpd*
'vino *sm* wine; **~ bianco/rosso** white/red wine; **~ da pasto** table wine
'vinto, a *pp di* vincere
vi'ola *sf* (*BOT*) violet; (*MUS*) viola ♦ *ag, sm inv* (*colore*) purple
vio'lare *vt* (*chiesa*) to desecrate, violate; (*giuramento, legge*) to violate
violen'tare *vt* to use violence on; (*donna*) to rape
vio'lento, a *ag* violent; vio'lenza *sf* violence; **violenza carnale** rape
vio'letta *sf* (*BOT*) violet
vio'letto, a *ag, sm* (*colore*) violet

violi'nista, i, e *sm/f* violinist
vio'lino *sm* violin
violon'cello [violon'tʃello] *sm* cello
vi'ottolo *sm* path, track
'vipera *sf* viper, adder
vi'rare *vi* (*NAUT, AER*) to turn; (*FOT*) to tone; **~ di bordo** (*NAUT*) to tack
'virgola *sf* (*LING*) comma; (*MAT*) point; virgo'lette *sfpl* inverted commas, quotation marks
vi'rile *ag* (*proprio dell'uomo*) masculine; (*non puerile, da uomo*) manly, virile
virtù *sf inv* virtue; **in *o* per ~ di** by virtue of, by
virtu'ale *ag* virtual
virtu'oso, a *ag* virtuous ♦ *sm/f* (*MUS etc*) virtuoso
'virus *sm inv* (*anche COMPUT*) virus
'viscere ['viʃʃere] *sfpl* (*di animale*) entrails *pl*; (*fig*) bowels *pl*
'vischio ['viskjo] *sm* (*BOT*) mistletoe; (*pania*) birdlime; vischi'oso, a *ag* sticky
'viscido, a ['viʃʃido] *ag* slimy
vi'sibile *ag* visible
visi'bilio *sm*: **andare in ~** to go into raptures
visibilità *sf* visibility
visi'era *sf* (*di elmo*) visor; (*di berretto*) peak
visi'one *sf* vision; **prendere ~ di qc** to examine sth, look sth over; **prima/ seconda ~** (*CINEMA*) first/second showing
'visita *sf* visit; (*MED*) visit, call; (*: esame*) examination; visi'tare *vt* to visit; (*MED*) to visit, call on; (*: esaminare*) to examine; visita'tore, 'trice *sm/f* visitor
vi'sivo, a *ag* visual
'viso *sm* face
vi'sone *sm* mink
'vispo, a *ag* quick, lively
vis'suto, a *pp di* vivere ♦ *ag* (*aria, modo di fare*) experienced
'vista *sf* (*facoltà*) (eye)sight; (*fatto di vedere*) sight; (*veduta*) view; **la ~** in the sight of; (*veduta*) view; **sparare a ~** to shoot on sight; **in ~** in sight; **perdere qn di ~** to lose sight of sb; (*fig*) to lose touch with sb; **a ~ d'occhio** as far as the eye can see; (*fig*) before one's

very eyes; **far ~ di fare** to pretend to do
'**visto, a** *pp di* **vedere** ♦ *sm* visa; **~ che**
seeing (that)
vis'**toso, a** *ag* gaudy, garish; (*ingente*)
considerable
visu'**ale** *ag* visual; **visualizza'tore** *sm*
(*INFORM*) visual display unit, VDU
'**vita** *sf* life; (*ANAT*) waist; **a ~ for** life
vi'**tale** *ag* vital; **vita'lizio, a** *ag* life *cpd*
♦ *sm* life annuity
vita'**mina** *sf* vitamin
'**vite** *sf* (*BOT*) vine; (*TECN*) screw
vi'**tello** *sm* (*ZOOL*) calf; (*carne*) veal; (*pelle*)
calfskin
vi'**ticcio** [vi'tittʃo] *sm* (*BOT*) tendril
viticol'**tore** *sm* wine grower; **viticol'tura**
sf wine growing
'**vitreo, a** *ag* vitreous; (*occhio, sguardo*)
glassy
'**vittima** *sf* victim
'**vitto** *sm* food; (*in un albergo etc*) board; **~**
e alloggio board and lodging
vit'**toria** *sf* victory
'**viva** *escl*: **~ il re!** long live the king!
vi'**vace** [vi'vatʃe] *ag* (*vivo, animato*) lively;
(: *mente*) lively, sharp; (*colore*) bright;
vivacità *sf* vivacity; liveliness; brightness
vi'**vaio** *sm* (*di pesci*) hatchery; (*AGR*) nursery
vi'**vanda** *sf* food; (*piatto*) dish
vi'**vente** *ag* living, alive; **i ~i** the living
'**vivere** *vi* to live; ♦ *vt* to live; (*passare:*
brutto momento) to live through, go
through; (*sentire: gioie, pene di qn*) to share
♦ *sm* life; (*anche*: **modo di ~**) way of life;
~i *smpl* (*cibo*) food *sg*, provisions; **~ di** to
live on
'**vivido, a** *ag* (*colore*) vivid, bright
'**vivo, a** *ag* (*vivente*) alive, living;
(: *animale*) live; (*fig*) lively; (: *colore*) bright,
brilliant; **i ~i** the living; **~ e vegeto** hale
and hearty; **farsi ~** to show one's face; to
be heard from; **ritrarre dal ~** to paint from
life; **pungere qn nel ~** (*fig*) to cut sb to the
quick
vizi'**are** [vit'tsjare] *vt* (*bambino*) to spoil;
(*corrompere moralmente*) to corrupt;
vizi'ato, a *ag* spoilt; (*aria, acqua*) polluted

'**vizio** ['vittsjo] *sm* (*morale*) vice; (*cattiva*
abitudine) bad habit; (*imperfezione*) flaw,
defect; (*errore*) fault, mistake; **vizi'oso, a**
ag depraved; defective; (*inesatto*) incorrect,
wrong
vocabo'**lario** *sm* (*dizionario*) dictionary;
(*lessico*) vocabulary
vo'**cabolo** *sm* word
vo'**cale** *ag* vocal ♦ *sf* vowel
vocazi'**one** [vokat'tsjone] *sf* vocation; (*fig*)
natural bent
'**voce** ['votʃe] *sf* voice; (*diceria*) rumour; (*di*
un elenco, in bilancio) item; **aver ~ in**
capitolo (*fig*) to have a say in the matter
voci'**are** [vo'tʃare] *vi* to shout, yell
'**voga** *sf* (*NAUT*) rowing; (*usanza*): **essere in**
~ to be in fashion *o* in vogue
vo'**gare** *vi* to row
'**voglia** ['vɔʎʎa] *sf* desire, wish; (*macchia*)
birthmark; **aver ~ di qc/di fare** to feel like
sth/like doing; (*più forte*) to want sth/to do
'**voi** *pron* you; **voi'altri** *pron* you
vo'**lano** *sm* (*SPORT*) shuttlecock; (*TECN*)
flywheel
vo'**lante** *ag* flying ♦ *sm* (*steering*) wheel
volan'**tino** *sm* leaflet
vo'**lare** *vi* (*uccello, aereo, fig*) to fly;
(*cappello*) to blow away *o* off, fly away *o*
off; **~ via** to fly away *o* off
vo'**latile** *ag* (*CHIM*) volatile ♦ *sm* (*ZOOL*) bird
volente'**roso, a** *ag* willing
volenti'**eri** *av* willingly; "**~**" "with
pleasure", "I'd be glad to"

PAROLA CHIAVE

vo'**lere** *sm* will, wish(es); **contro il ~ di**
against the wishes of; **per ~ di qn** in
obedience to sb's will *o* wishes
♦ *vt* **1** (*esigere, desiderare*) to want; **voler**
fare/che qn faccia to want to do/sb to
do; **volete del caffè?** would you like *o* do
you want some coffee?; **vorrei questo/**
fare I would *o* I'd like this/to do; **come**
vuoi as you like; **senza ~** (*inavvertitamente*)
without meaning to, unintentionally
2 (*consentire*): **vogliate attendere, per**
piacere please wait; **vogliamo andare?**

shall we go?; **vuole essere così gentile da ...?** would you be so kind as to ...?; **non ha voluto ricevermi** he wouldn't see me **3: volerci** (*essere necessario: materiale, attenzione*) to need; (: *tempo*) to take; **quanta farina ci vuole per questa torta?** how much flour do you need for this cake?; **ci vuole un'ora per arrivare a Venezia** it takes an hour to get to Venice **4: voler bene a qn** (*amore*) to love sb; (*affetto*) to be fond of sb, like sb very much; **voler male a qn** to dislike sb; **volerne a qn** to bear sb a grudge; **voler dire** to mean

vol'gare *ag* vulgar; **volgariz'zare** *vt* to popularize

'volgere ['vɔldʒere] *vt* to turn ♦ *vi* to turn; (*tendere*): **~ a: il tempo volge al brutto** the weather is breaking; **un rosso che volge al viola** a red verging on purple; **~rsi** *vr* to turn; **~ al peggio** to take a turn for the worse; **~ al termine** to draw to an end

'volgo *sm* common people

voli'era *sf* aviary

voli'tivo, a *ag* strong-willed

'volo *sm* flight; **al ~: colpire qc al ~** to hit sth as it flies past; **capire al ~** to understand straight away

volontà *sf* will; **a ~** (*mangiare, bere*) as much as one likes; **buona/cattiva ~** goodwill/lack of goodwill

volon'tario, a *ag* voluntary ♦ *sm* (*MIL*) volunteer

'volpe *sf* fox

'volta *sf* (*momento, circostanza*) time; (*turno, giro*) turn; (*curva*) turn, bend; (*ARCHIT*) vault; (*direzione*): **partire alla ~ di** to set off for; **a mia** (*o* **tua** *etc*) **~** in turn; **una ~** once; **una ~ sola** only once; **due ~e** twice; **una cosa per ~** one thing at a time; **una ~ per tutte** once and for all; **a ~e** at times, sometimes; **una ~ che** (*temporale*) once; (*causale*) since; **3 ~e 4** 3 times 4

volta'faccia [volta'fattʃa] *sm inv* (*fig*) volte-face

vol'taggio [vol'taddʒo] *sm* (*ELETTR*) voltage

vol'tare *vt* to turn; (*girare: moneta*) to turn over; (*rigirare*) to turn round ♦ *vi* to turn; **~rsi** *vr* to turn; to turn over; to turn round

volteggi'are [volted'dʒare] *vi* (*volare*) to circle; (*in equitazione*) to do trick riding; (*in ginnastica*) to vault; to perform acrobatics

'volto, a *pp di* volgere ♦ *sm* face

vo'lubile *ag* changeable, fickle

vo'lume *sm* volume; **volumi'noso, a** *ag* voluminous, bulky

voluttà *sf* sensual pleasure *o* delight; **voluttu'oso, a** *ag* voluptuous

vomi'tare *vt, vi* to vomit; **'vomito** *sm* vomiting *no pl*; vomit

'vongola *sf* clam

vo'race [vo'ratʃe] *ag* voracious, greedy

vo'ragine [vo'radʒine] *sf* abyss, chasm

'vortice ['vɔrtitʃe] *sm* whirlwind; whirlpool; (*fig*) whirl

'vostro, a *det*: **il(la) ~(a)** *etc* your ♦ *pron*: **il(la) ~(a)** *etc* yours

vo'tante *sm/f* voter

vo'tare *vi* to vote ♦ *vt* (*sottoporre a votazione*) to take a vote on; (*approvare*) to vote for; (*REL*): **~ qc a** to dedicate sth to; **votazi'one** *sf* vote, voting; **votazioni** *sfpl* (*POL*) votes; (*INS*) marks

'voto *sm* (*POL*) vote; (*INS*) mark; (*REL*) vow; (: *offerta*) votive offering; **aver ~i belli/ brutti** (*INS*) to get good/bad marks

vs. *abbr* (*COMM*) = vostro

vul'cano *sm* volcano

vulne'rabile *ag* vulnerable

vuo'tare *vt* to empty; **~rsi** *vr* to empty

vu'oto, a *ag* empty; (*fig: privo*): **~ di** (*senso etc*) devoid of ♦ *sm* empty space, gap; (*spazio in bianco*) blank; (*FISICA*) vacuum; (*fig: mancanza*) gap, void; **a mani ~e** empty-handed; **~ d'aria** air pocket; **~ a rendere** returnable bottle

W, X, Y

'water ['wɔːtə•] *sm inv* toilet
watt [vat] *sm inv* watt
'weekend ['wiːkend] *sm inv* weekend
'whisky ['wiski] *sm inv* whisky
'windsurf ['windsəːf] *sm inv* (*tavola*)
windsurfer; (*sport*) windsurfing
'würstel ['vyrstəl] *sm inv* frankfurter
xi'lofono [ksi'lɔfono] *sm* xylophone
yacht [jɔt] *sm inv* yacht
'yoghurt ['jɔgurt] *sm inv* yoghurt

Z, z

zabai'one [dzaba'jone] *sm dessert made of
egg yolks, sugar and marsala*
zaf'fata [tsaf'fata] *sf* (*tanfo*) stench
zaffe'rano [dzaffe'rano] *sm* saffron
zaf'firo [dzaf'firo] *sm* sapphire
'zaino ['dzaino] *sm* rucksack
'zampa ['tsampa] *sf* (*di animale: gamba*) leg;
(*: piede*) paw; **a quattro ~e** on all fours
zampil'lare [tsampil'lare] *vi* to gush, spurt;
zam'pillo [tsam'pillo] *sm* gush, spurt
zam'pogna [tsam'poɲɲa] *sf instrument
similar to bagpipes*
'zanna ['tsanna] *sf* (*di elefante*) tusk; (*di
carnivori*) fang
zan'zara [dzan'dzara] *sf* mosquito;
zanzari'era [dzandza'rjɛra] *sf* mosquito net
'zappa ['tsappa] *sf* hoe; **zap'pare** *vt* to hoe
'zapping ['tsapiŋ] *sm* (*TV*) channel-hopping
zar, za'rina [tsar, tsa'rina] *sm/f* tsar/tsarina
'zattera ['dzattera] *sf* raft
za'vorra [dza'vɔrra] *sf* ballast
'zazzera ['tsattsera] *sf* shock of hair
'zebra ['dzɛbra] *sf* zebra; **~e** *sfpl* (*AUT*) zebra
crossing *sg* (*BRIT*), crosswalk *sg* (*US*)
'zecca, che ['tsekka] *sf* (*ZOOL*) tick; (*officina
di monete*) mint
'zelo ['dzɛlo] *sm* zeal
'zenit ['dzɛnit] *sm* zenith
'zenzero ['dzendzero] *sm* ginger

'zeppa ['tseppa] *sf* wedge
'zeppo, a ['tseppo] *ag*: **~ di** crammed *o*
packed with
zer'bino [dzer'bino] *sm* doormat
'zero ['dzɛro] *sm* zero, nought; **vincere per
tre a ~** (*SPORT*) to win three-nil
'zeta ['dzɛta] *sm o f* zed, (the letter) z
'zia ['tsia] *sf* aunt
zibel'lino [dzibel'lino] *sm* sable
'zigomo ['dzigomo] *sm* cheekbone
zig'zag [dzig'dzag] *sm inv* zigzag; **andare a
~** to zigzag
zim'bello [dzim'bɛllo] *sm* (*oggetto di burle*)
laughing-stock
'zinco ['dzinko] *sm* zinc
'zingaro, a ['dzingaro] *sm/f* gipsy
'zio ['tsio] (*pl* 'zii) *sm* uncle; **zii** *smpl* (*zio e
zia*) uncle and aunt
zippare *vt, vi* (*INFORM*) to zip
zi'tella [dzi'tɛlla] *sf* spinster; (*peg*) old maid
'zitto, a ['tsitto] *ag* quiet; **sta' ~!** be quiet!
ziz'zania [dzid'dzanja] *sf* (*fig*): **gettare** *o*
seminare ~ to sow discord
'zoccolo ['tsɔkkolo] *sm* (*calzatura*) clog; (*di
cavallo etc*) hoof; (*basamento*) base; plinth
zo'diaco [dzo'diako] *sm* zodiac
'zolfo ['tsolfo] *sm* sulphur
'zolla ['dzɔlla] *sf* clod (of earth)
zol'letta [dzol'letta] *sf* sugar lump
'zona ['dzɔna] *sf* zone, area; **~ di
depressione** (*METEOR*) trough of low
pressure; **~ disco** (*AUT*) ≈ meter zone; **~
pedonale** pedestrian precinct; **~ verde** (*di
abitato*) green area
'zonzo ['dzondzo] : **a ~** *av*: **andare a ~** to
wander about, stroll about
zoo ['dzɔo] *sm inv* zoo
zoolo'gia [dzoolo'dʒia] *sf* zoology
zoppi'care [tsoppi'kare] *vi* to limp; to be
shaky, rickety
'zoppo, a ['tsɔppo] *ag* lame; (*fig: mobile*)
shaky, rickety
zoti'cone [dzoti'kone] *sm* lout
'zucca, che ['tsukka] *sf*(*BOT*) marrow;
pumpkin
zucche'rare [tsukke'rare] *vt* to put sugar
in; **zucche'rato, a** *ag* sweet, sweetened

zuccheri'era [tsukke'rjera] *sf* sugar bowl

zuccheri'ficio [tsukkeri'fitʃo] *sm* sugar refinery

zucche'rino, a [tsukke'rino] *ag* sugary, sweet

'zucchero ['tsukkero] *sm* sugar

zuc'china [tsuk'kina] *sf* courgette (*BRIT*), zucchini (*US*)

zuc'chino [tsuk'kino] *sm* = **zucchina**

'zuffa ['tsuffa] *sf* brawl

'zuppa ['tsuppa] *sf* soup; (*fig*) mixture, muddle; **~ inglese** (*CUC*) *dessert made with sponge cake, custard and chocolate,* ≈ trifle (*BRIT*); **zuppi'era** *sf* soup tureen

'zuppo, a ['tsuppo] *ag:* **~ (di)** drenched (with), soaked (with)

PUZZLES AND WORDGAMES

Introduction

We are delighted that you have decided to invest in this Collins Pocket Dictionary! Whether you intend to use it in school, at home, on holiday or at work, we are sure that you will find it very useful.

The purpose of this supplement is to help you become aware of the wealth of vocabulary and grammatical information your dictionary contains, to explain how this information is presented and also to point out some of the traps one can fall into when using an Italian-English English-Italian dictionary.

In the pages which follow you will find explanations and wordgames (not too difficult!) designed to give you practice in exploring the dictionary's contents and in retrieving information for a variety of purposes. Answers are provided at the end. If you spend a little time on these pages you should be able to use your dictionary more efficiently and effectively. Have fun!

Supplement by
Roy Simon
reproduced by kind permission of
Tayside Region Education Department

PUZZLES AND WORDGAMES

Contents

HOW INFORMATION IS PRESENTED IN YOUR DICTIONARY

A great deal of information is packed into your Collins Pocket Dictionary using colour, various typefaces, sizes of type, symbols, abbreviations and brackets. The purpose of this section is to acquaint you with the conventions used in presenting information.

Headwords

A headword is the word you look up in a dictionary. Headwords are listed in alphabetical order throughout the dictionary. They are printed in colour so that they stand out clearly from all the other words on the dictionary page.

Note that at the top of each page two headwords appear. These tell you which is the first and last word dealt with on the page in question. They are there to help you scan through the dictionary more quickly.

The Italian alphabet consists in practice of the same 26 letters as the English alphabet but j, k, w, x and y are found only in words of foreign origin. Where words are distinguised only by an accent, the unaccented form precedes the accented – e.g. te, tè.

A dictionary entry

An entry is made up of a headword and all the information about that headword. Entries will be short or long depending on how frequently a word is used in either English or Italian and how many meanings it has. Inevitably, the fuller the dictionary entry the more care is needed in sifting through it to find the information you require.

Meanings

The translations of a headword are given in ordinary type. Where there is more than one meaning or usage, a semi-colon separates one from the other.

cannocchi'ale [kannok'kjale] *sm* telescope
can'none *sm* (MIL) gun; (: STORIA) cannon; (*tubo*) pipe, tube; (*piega*) box pleat; (*fig*) ace
can'nuccia, ce [kan'nuttʃa] *sf* (drinking) straw
ca'noa *sf* canoe

'prua *sf* (NAUT) = **prora**
pru'dente *ag* cautious, prudent;

puericul'tura *sf* paediatric nursing; infant care

te *pron* (*soggetto: in forme comparative, oggetto*) you
tè *sm inv* tea; (*trattenimento*) tea party

fu'ori *av* outside; (*all'aperto*) outdoors, outside; (*fuori di casa*, SPORT) out; (*esclamativo*) get out! ♦ *prep*: ~ **(di)** out of, outside ♦ *sm* outside; **lasciar ~ qc/qn** to leave sth/sb out; **far ~ qn** (*fam*) to kill sb, do sb in; **essere ~ di sé** to be beside o.s.; ~ **luogo** (*inopportuno*) out of place, uncalled for; ~ **mano** out of the way, remote; ~ **pericolo** out of danger; ~ **uso** old-fashioned; obsolete

'fragola *sf* strawberry

'grande (*qualche volta* **gran** +C, **grand'** +V) *ag* (*grosso, largo, vasto*) big, large; (*alto*) tall; (*lungo*) long; (*in sensi astratti*) great ♦ *sm/f* (*persona adulta*) adult, grown-up; (*chi ha ingegno e potenza*) great man/woman; **fare le cose in ~** to do things in style; **una gran bella donna** a very beautiful woman; **non è una gran cosa** *o* **un gran che** it's nothing special; **non ne so gran che** I don't know very much about it

In addition, you will often find other words appearing in *italics* in brackets before the translations. These either give some notion of the contexts in which the headword might appear (as with 'alto' opposite – 'una persona alta', 'un suono alto', etc.) or else they provide synonyms (as with 'reggere' opposite – 'tenere', 'sostenere', etc.).

Phonetic spellings

Where an Italian word contains a sound which is difficult for the English speaker, the phonetic spelling of the word – i.e. its pronunciation – is given in square brackets immediately after it. The phonetic transcription of Italian and English vowels and consonants is given on pages xiv to xv at the front of your dictionary.

Additional information about headwords

Information about the form or usage of certain headwords is given in brackets between the headword and the translation or translations. Have a look at the entries for 'A.C.I.', 'camerino', 'materia' and 'leccapiedi' opposite. This information is usually given in abbreviated form. A helpful list of abbreviations is given on pages xi to xiii at the front of your dictionary.

You should be particularly careful with colloquial words or phrases. Words labelled (*fam*) would not normally be used in formal speech, while those labelled (*fam!*) would be considered offensive. Careful consideration of such style labels will help you avoid many an embarrassing situation when using Italian!

Expressions in which the headword appears

An entry will often feature certain common expressions in which the headword appears. These expressions are in **bold** type, but in black as opposed to colour. A swung dash (~) is used instead of repeating a headword in an entry. 'Freno' and 'idea' opposite illustrate this point. Sometimes the swung dash is used with the appropriate ending shown after it; e.g. 'mano', where '~i' is used to indicate the plural form, 'mani'.

Related words

In the Pocket Dictionary words related to certain headwords are sometimes given at the end of an entry, as with 'finestra' and 'accept' opposite. These are easily picked out as they are also in colour. These words are placed in alphabetical order after the headword to which they belong: cf. 'acceptable', 'acceptance' opposite.

'alto, a *ag* high; *(persona)* tall; *(tessuto)* wide, broad; *(sonno, acque)* deep; *(suono)* high(-pitched); *(GEO)* upper; (: *settentrionale*) northern ♦ *sm* top (part) ♦ *av* high; *(parlare)* aloud, loudly; **il palazzo è ~ 20 metri** the building is 20 metres high;

pron'tezza [pron'tettsa] *sf* readiness; quickness, promptness

came'rino *sm (TEATRO)* dressing room

scocci'are [skot'tʃare] *(fam) vt* to bother, annoy; **~rsi** *vr* to be bothered *o* annoyed

fre'gare *vt* to rub; *(fam: truffare)* to take in, cheat; (: *rubare*) to swipe, pinch; **fregarsene** *(fam!)*: **chi se ne frega?** who gives a damn (about it)?

'freno *sm* brake; *(morso)* bit; **~ a disco** disc brake; **~ a mano** handbrake; **tenere a ~** to restrain

i'dea *sf* idea; *(opinione)* opinion, view; *(ideale)* ideal; **dare l'~ di** to seem, look like; **~ fissa** obsession; **neanche** *o* **neppure per ~!** certainly not!

fi'nestra *sf* window; **fines'trino** *sm (di treno, auto)* window

accept [ək'sɛpt] *vt* accettare; **~able** *adj* accettabile; **~ance** *n* accettazione *f*

'reggere ['reddʒere] *vt (tenere)* to hold; *(sostenere)* to support, bear, hold up; *(portare)* to carry, bear; *(resistere)* to withstand; *(dirigere: impresa)* to manage, run; *(governare)* to rule, govern;

reci'tare [retʃi'tare] *vt (poesia, lezione)* to recite; *(dramma)* to perform; *(ruolo)* to play *o* act (the part of); **recitazi'one** *sf* recitation; *(di attore)* acting

ma'teria *sf (FISICA)* matter; *(TECN, COMM)* material, matter *no pl*; *(disciplina)* subject; *(argomento)* subject matter, material;

leccapi'edi *(peg) sm/f inv* toady, bootlicker

'rompere *vt* to break; *(fidanzamento)* to break off ♦ *vi* to break; **~rsi** *vr* to break; **mi rompe le scatole** *(fam)* he *(o* she) is a pain in the neck; **~rsi un braccio** to break an arm;

'mano, i *sf* hand; *(strato: di vernice etc)* coat; **di prima ~** *(notizia)* first-hand; **di seconda ~** second-hand; **man ~** little by little, gradually; **man ~ che** as; **darsi** *o* **stringersi la ~** to shake hands; **mettere le ~i avanti** *(fig)* to safeguard o.s.; **restare a ~i vuote** to be left empty-handed; **venire alle ~i** to come to blows; **a ~** by hand; **~i in alto!** hands up!

'Key' words

Your Collins Pocket Dictionary gives special status to certain Italian and English words which can be looked on as 'key' words in each language. These are words which have many different usages. 'Molto', 'volere' and 'così' opposite are typical examples in Italian. You are likely to become familiar with them in your day-to-day language studies.

There will be occasions, however, when you want to check on a particular usage. Your dictionary can be very helpful here. Note how with 'volere', for example, different parts of speech and different usages are clearly indicated by a combination of lozenges – ♦ – and numbers. Additionally, further guides to usage are given in the language of the user who needs them. These are bracketed and in italics.

'molto, a det (quantità) a lot of, much; (numero) a lot of, many; ~ pane/carbone a lot of bread/coal; ~a gente a lot of people, many people; ~i libri a lot of books, many books; non ho ~ tempo I haven't got much time; per ~ (tempo) for a long time

♦ av 1 a lot, (very) much; viaggia ~ he travels a lot; non viaggia ~ he doesn't travel much o a lot

2 (intensivo: con aggettivi, avverbi) very; (: con participio passato) (very) much; ~ buono very good; ~ migliore, ~ meglio much o a lot better

♦ pron much, a lot; ~i, e pron pl many, a lot; ~i pensano che ... many (people) think ...

vo'lere sm will, wish(es); contro il ~ di against the wishes of; per ~ di qn in obedience to sb's will o wishes

♦ vt 1 (esigere, desiderare) to want; voler fare/che qn faccia to want to do/sb to do; volete del caffè? would you like o do you want some coffee?; vorrei questo/fare I would o I'd like this/to do; come vuoi as you like; senza ~ (inavvertitamente) without meaning to, unintentionally

2 (consentire): vogliate attendere, per piacere please wait; vogliamo andare? shall we go?; vuole essere così gentile da ...? would you be so kind as to ...?; non ha voluto ricevermi he wouldn't see me

3: volerci (essere necessario: materiale, attenzione) to need; (: tempo) to take; quanta farina ci vuole per questa torta? how much flour do you need for this cake?; ci vuole un'ora per arrivare a Venezia it takes an hour to get to Venice

4: voler bene a qn (amore) to love sb; (affetto) to be fond of sb, like sb very much; voler male a qn to dislike sb; volerne a qn to bear sb a grudge; voler dire to mean

così av 1 (in questo modo) like this, (in) this way; (in tal modo) so; le cose stanno ~ this is the way things stand; non ho detto ~! I didn't say that!; come stai? – (e) ~ how are you? — so-so; e ~ via and so on; per ~ dire so to speak

2 (tanto) so; ~ lontano so far away; un ragazzo ~ intelligente such an intelligent boy

♦ ag inv (tale): non ho mai visto un film ~ I've never seen such a film

♦ cong 1 (perciò) so, therefore

2: ~ ... come as ... as; non è ~ bravo come te he's not as good as you; ~ ... che so ... that

WORDGAME 1

HEADWORDS

Study the following sentences. In each sentence a wrong word spelt very similarly to the correct word has deliberately been put in and the sentence doesn't make sense. This word is shaded each time. Write out each sentence again, putting in the <u>correct</u> word which you will find in your dictionary near the wrong word.

Example: Vietato l'ingrosso agli estranei

['ingrosso' ('all'ingrosso' = 'wholesale') is the wrong word and should be replaced by 'ingresso' (= 'entry')]

1. Ha agito contro il volare della maggioranza.
2. Inserire la moneta e pigliare il pulsante.
3. Non dobbiamo molare proprio adesso.
4. Ho dovuto impanare la lezione a memoria.
5. Il prato era circondato da uno stecchito.
6. Vorrei sentire il tuo parare.
7. Vorrei un po' di panno sulle fragole.
8. Qual è l'oratorio d'apertura dell'ufficio?
9. Quel negoziante mi ha imbrigliato!
10. Sedevano fiasco a fiasco.

WORDGAME 2

DICTIONARY ENTRIES

Complete the crossword below by looking up the English words in the list and finding the correct Italian translations. There is a slight catch, however! All the English words can be translated several ways into Italian, but only one translation will fit correctly into each part of the crossword.

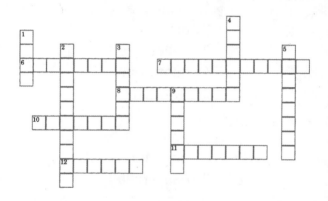

1. THREAD	7. COLD
2. PERMIT	8. WAIT
3. PRESENT	9. NOTICE
4. WANT	10. RETURN
5. JOURNEY	11. CUT
6. FREE	12. REST

WORDGAME 3

FINDING MEANINGS

In this list there are eight pairs of words that have some sort of connection with each other. For example, **'laurea'** (= 'degree') and **'studente'** (= 'student') are linked. Find the other pairs.

1. vestaglia
2. nido
3. pelletteria
4. pantofola
5. campanile
6. studente
7. libro
8. borsetta
9. passerella
10. pinna
11. laurea
12. scaffale
13. gazza
14. nave
15. campana
16. squalo

WORDGAME 4

SYNONYMS

Complete the crossword by supplying SYNONYMS of the words below. You will sometimes find the synonym you are looking for in italics and bracketed at the entries for the words listed below. Sometimes you will have to turn to the English-Italian section for help.

1. RIGUARDO
2. GALA
3. GALLERIA
4. CANCELLARE
5. GALERA
6. BUFFO
7. GIOCARE
8. RAPIDO
9. PAURA
10. MARRONE

WORDGAME 5

SPELLING .

You will often use your dictionary to check spellings. The person who has compiled this list of ten Italian words has made <u>three</u> spelling mistakes. Find the three words which have been misspelt and write them out correctly.

1. uccello
2. docia
3. unghia
4. opportuno
5. temporale
6. ortica
7. ovest
8. arabiato
9. folio
10. ossigeno

WORDGAME 6

ANTONYMS

Complete the crossword by supplying ANTONYMS (i.e. opposites) in Italian of the words below. Use your dictionary to help you.

1. ricchezza
2. accettare
3. coraggioso
4. ridere
5. difendere
6. liscio
7. colpevole
8. chiaro
9. bello
10. aperto

PHONETIC SPELLINGS

The phonetic transcriptions of ten Italian words are given below. If you study pages xiv to xv at the front of your dictionary you should be able to work out what the words are.

1. 'ridʒido

2. pit'tʃone

3. 'dʒɛlo

4. 'mattso

5. de'tʃennjo

6. 'kjave

7. 'fɔʎʎa

8. 'soɲɲo

9. 'aʃʃa

10. 'gjanda

WORDGAME 8

EXPRESSIONS IN WHICH THE HEADWORD APPEARS

If you look up the headword 'colpo' in the Italian-English section of your dictionary you will find that the word can have many meanings. Study the entry carefully and translate the following sentences into English.

1. La sua sconfitta è stata un duro colpo per tutti.

2. Ha preso un brutto colpo in testa.

3. Dammi un colpo di telefono domani mattina.

4. Sparò quattro colpi di pistola.

5. Il rumore cessò di colpo.

6. La sua fuga è stata un colpo di testa.

7. Un colpo di vento fece sbattere le persiane.

8. Gli è preso un colpo ed è morto.

9. Hai fatto colpo col tuo discorso, ieri.

10. Gli ho dato un colpo senza volere ed è caduto.

11. Con questo caldo è facile prendere un colpo di sole.

12. Hanno arrestato gli autori del fallito colpo di Stato.

WORDGAME 9

RELATED WORDS

Fill in the blanks in the pairs of sentences below. The missing words are related to the words on the left. Choose the correct 'relative' each time. You will find it in your dictionary near the headword provided.

HEADWORD	RELATED WORDS
impiegare	1. Fa l' _____ di banca. 2. Ha appena lasciato il suo _____ .
studiare	3. Ha vissuto a Firenze quand'era _____ . 4. Ha uno _____ in centro.
usare	5. Si raccomanda l' _____ delle cinture di sicurezza. 6. La tua macchina è nuova o _____ ?
unità	7. È una famiglia molto _____ . 8. Vi potete _____ a noi, se volete.
rifiuto	9. È un'offerta che non potrete _____. 10. Dov'è il bidone dei _____ ?
festeggiare	11. Il negozio è chiuso nei giorni _____ . 12. Ha organizzato una _____ di compleanno.

'KEY' WORDS

Study carefully the entry **'fare'** in your dictionary and find translations for the following:

1. the weather is fine

2. to do psychology

3. go ahead!

4. let me see

5. to get one's hair cut

6. this is the way it's done

7. to do the shopping

8. to be quick

9. to start up the engine

10. he made as if to leave

THE DICTIONARY AND GRAMMAR

While it is true that a dictionary can never be a substitute for a detailed grammar reference book, it nevertheless provides a great deal of grammatical information. If you know how to extract this information you will be able to use Italian more accurately both in speech and in writing.

The Collins Pocket Dictionary presents grammatical information as follows.

Parts of speech

Parts of speech are given in italics immediately after the phonetic spellings of headwords. Abbreviated forms are used. Abbreviations can be checked on pages xi to xiii.

Changes in parts of speech within an entry – for example, from adjective to adverb to noun – are indicated by means of lozenges - ♦ - as with the Italian 'forte' and the English 'act' opposite.

Genders of Italian nouns

The gender of each noun in the Italian-English section of the dictionary is indicated in the following way:

> *sm* = sostantivo maschile
>
> *sf* = sostantivo femminile

You will occasionally see *'sm/f'* beside an entry. This indicates that a noun – 'insegnante', for example – can be either masculine or feminine.

Feminine and *irregular* plural forms of nouns are shown, as with 'bambino', 'autore' and 'bruco' opposite.

So many things depend on your knowing the correct gender of an Italian noun – whether you use 'il' or 'la' etc. to translate 'the'; the way you spell and pronounce certain adjectives; the changes you make to past participles, etc. If you are in any doubt as to the gender of a noun, it is always best to check it in your dictionary.

ono'rare *vt* to honour; (*far onore a*) to do credit to; **~rsi** *vr:* **~rsi di** to feel honoured at, be proud of

quassù *av* up here

perciò [per'tʃɔ] *cong* so, for this (*o* that) reason

'forte *ag* strong; (*suono*) loud; (*spesa*) considerable, great; (*passione, dolore*) great, deep ♦ *av* strongly; (*velocemente*) fast; (*a voce alta*) loud(ly); (*violentemente*) hard ♦ *sm* (*edificio*) fort; (*specialità*) forte, strong point; **essere ~ in qc** to be good at sth

act [ækt] *n* atto; (*in music-hall etc*) numero; (*LAW*) decreto ♦ *vi* agire; (*THEATRE*) recitare; (*pretend*) fingere ♦ *vt* (*part*) recitare; **to ~ as** agire da; **~ing** *adj* che fa le funzioni di ♦ *n* (*of actor*) recitazione *f*; (*activity*): **to do some ~ing** fare del teatro (*or* del cinema)

'pranzo ['prandzo] *sm* dinner; (*a mezzogiorno*) lunch

'cena ['tʃena] *sf* dinner; (*leggera*) supper

inse'gnante [insɛɲ'ɲante] *ag* teaching ♦ *sm/f* teacher

bam'bino, a *sm/f* child

au'tore, 'trice *sm/f* author

'bruco, chi *sm* caterpillar; grub

Adjectives

Adjectives are given in both their masculine and feminine forms, where these are different. The usual rule is to drop the 'o' of the masculine form and add an 'a' to make an adjective feminine, as with 'nero' opposite.

Some adjectives have identical masculine and feminine forms, as with 'verde' opposite.

Many Italian adjectives, however, do not follow the regular pattern. Where an adjective has irregular plural forms, this information is clearly provided in your dictionary, usually with the irregular endings, being given. Consider the entries for 'bianco' and 'lungo' opposite.

Adverbs

Advebs are not always listed in your dictionary. The normal rule for forming adverbs in Italian is to add '-mente' to the feminine form of the adjective. Thus:

vero > vera > veramente

The '-mente' ending is often the equivalent of the English '-ly':

veramente – really
certamente – certainly

Adjectives ending in '-e' and '-le' are slightly different:

recente > recentemente
reale > realmente

Where an adverb is very common in Italian, or where its translation(s) cannot be derived from translations for the adjective, it will be listed in alphabetical order, either as a headword or as a subentry. Compare 'solamente' and 'attualmente' opposite.

In many cases, however, Italian adverbs are not given, since the English translation can easily be derived from the relevant translation of the adjective headword: e.g. 'cortese' opposite.

Information about verbs

A major problem facing language learners is that the form of a verb will change according to the subject and/or the tense being used. A typical Italian verb can take on many different forms – too many to list in a dictionary entry.

'nero, a ag black; (scuro) dark ♦ sm black;
il Mar N~ the Black Sea

'verde ag, sm green; essere al ~ to be
broke; ~ bottiglia/oliva bottle/olive green

bi'anco, a, chi, che ag white; (non
scritto) blank ♦ sm white; (intonaco)
whitewash ♦ sm/f white, white man/
woman; in ~ (foglio, assegno) blank; (notte)
sleepless; in ~ e nero (TV, FOT) black and
white; mangiare in ~ to follow a bland
diet; pesce in ~ boiled fish; andare in ~
(non riuscire) to fail; ~ dell'uovo egg-white

'lungo, a, ghi, ghe ag long; (lento:
persona) slow; (diluito: caffè, brodo) weak,
watery, thin ♦ sm length ♦ prep along; ~ 3
metri 3 metres long; a ~ for a long time; a
~ andare in the long run; di gran ~a
(molto) by far; andare in ~ o per le lunghe
to drag on; saperla ~a to know what's
what; in ~ e in largo far and wide, all over;
~ il corso dei secoli throughout the
centuries

vera'mente av really

certa'mente [tʃerta'mente] av certainly

re'cente [re'tʃente] ag recent; di ~ recently;
recente'mente av recently

cor'tese ag courteous; corte'sia sf
courtesy; per cortesia ... excuse me,
please ...

sola'mente av only, just

'solo, a ag alone; (in senso spirituale:
isolato) lonely; (unico): un ~ libro only one
book, a single book; (con ag numerale):
veniamo noi tre ~i just o only the three of
us are coming ♦ av (soltanto) only, just;
non ~ ... ma anche not only ... but also;
fare qc da ~ to do sth (all) by oneself

attu'ale ag (presente) present; (di attualità)
topical; (che è in atto) actual; attualità sf
inv topicality; (avvenimento) current event;
attual'mente av at the moment, at
present

Yet, although verbs are listed in your dictionary in their infinitive forms only, this does not mean that the dictionary is of limited value when it comes to handling the verb system of the Italian language. On the contrary, it contains much valuable information.

First of all, your dictionary will help you with the meanings of unfamiliar verbs. If you came across the word 'riempie' in a text and looked it up in your dictionary you wouldn't find it. You must deduce that it is part of a verb and look for the infinitive form. Thus you will see that 'riempie' is a form of the verb 'riempire'. You now have the basic meaning of the word you are concerned with – something to do with the English verb 'fill' – and this should be enough to help you understand the text you are reading.

It is usually an easy task to make the connection between the form of a verb and the infinitive. For example, 'riempiono', 'riempirò', 'riempissero' and 'reimpii' are all recognisable as parts of the infinitive 'riempire'. However, sometimes it is less obvious – for example, 'vengo', 'vieni' and 'verrò are all parts of 'venire'. The only real solution to this problem is to learn the various forms of the main Italian regular and irregular verbs.

And this is the second source of help offered by your dictionary. The verb tables on page 616 to 617 at the back of the Collins Pocket Dictionary provide a summary of some of the main forms of the main tenses of regular and irregular verbs. Consider the verb 'venire' below where the following information is given:

2	venuto	–	Past Participle
3	vengo, vieni, viene, vengono	–	Present Tense forms
5	venni, venisti	–	Past Tense forms
6	verrò *etc.*	–	1st Person Singular of the Future Tense
8	venga	–	1st, 2nd, 3rd Person of Present Subjunctive

The regular '-are' verb 'parlare' is presented in greater detail, as are the regular '-ire' and '-ere' verbs. The main tenses and the different endings are given in full. This information can be transferred and applied to all verbs in the list. In addition, the main parts of the most common irregular verbs are listed in the body of the dictionary.

PARLARE

1 parlando
2 parlato
3 parlo, parli, parla, parliamo, parlate, parlano
4 parlavo, parlavi, parlava, parlavamo, parlavate, parlavano
5 parlai, parlasti, parlò, parlammo, parlaste, parlarono
6 parlerò, parlerai, parlerà, parleremo, parlerete, parleranno
7 parlerei, parleresti, parlerebbe, parleremmo, parlereste, parlerebbero
8 parli, parli, parli, parliamo, parliate, parlino
9 parlassi, parlassi, parlasse, parlassimo, parlaste, parlassero
10 parla!, parli!, parlate!, parlino!

In order to make maximum use of the information contained in these pages, a good working knowledge of the various rules affecting Italian verbs is required. You will acquire this in the course of your Italian studies and your Collins dictionary will serve as a useful reminder. If you happen to forget how to form the second person singular form of the Future Tense of 'venire' there will be no need to panic – your dictionary contains the information!

WORDGAME 11

PARTS OF SPEECH

In each sentence below a word has been shaded. Put a tick in the appropriate box to indicate the <u>part of speech</u> each time. Remember, different parts of speech are indicated by lozenges within entries.

SENTENCE	Noun	Adj	Adv	Verb
1. Studia diritto a Roma.				
2. Parla più piano! Il bambino dorme.				
3. Ho già versato la minestra nel piatto.				
4. Ho spento il televisore prima della fine del film.				
5. Ha finto di andarsene ed è rimasto ad ascoltare.				
6. Non gli ho permesso di venire.				
7. Vuoi una fetta di dolce?				
8. Abbassi il volume, per favore? Così è troppo forte.				
9. Dopo la notizia sembrava molto scossa.				
10. Hanno assunto un capo del personale per la nostra sezione.				

WORDGAME 12

NOUNS

This list contains the feminine form of some Italian nouns. Use your dictionary to find the **masculine** form.

MASCULINE	FEMININE
	amica
	cantante
	direttrice
	straniera
	regista
	studentessa
	cugina
	lettrice
	professoressa
	collaboratrice

WORDGAME 13

MEANING CHANGES WITH GENDER

There are some pairs of Italian nouns which are distinguished only by their ending and gender, e.g. 'il partito' and 'la partita'. Fill in the blanks below with the appropriate member of each pair and the correct article – **'il, la, un'** etc – where an article is required.

1. L'ho scritto su _____ da qualche parte   foglio *or*
   Guarda! Sulla pianta è spuntata _____   foglia?

2. Non è questo _____ di fare le cose!   moda *or*
   È un colore che non va più di _____   modo?

3. È arrivato di _____   corso *or*
   Credo che mi iscriverò ad _____   corsa?
   di spagnolo

4. In questa zona ci sono tanti _____   castagne *or*
   Ho comprato un sacchetto di _____   castagni?

5. Fammi vedere _____ della mano!   palma *or*
   Sedevano sulla spiaggia all'ombra di _____   palmo?

6. Ti va di fare _____ a tennis?   partito *or*
   _____ si sta preparando alle elezioni   partita?

7. Devo mettere _____ su questi pantaloni   pezzo *or*
   Vuoi _____ di torta?   pezza?

8. Per oggi basta lavorare! Vado a _____   caso *or*
   Ci siamo conosciuti per _____   casa?

WORDGAME 14

NOUN AND ADJECTIVE FORMS

Use your dictionary to find the following forms of these words.

MASCULINE	FEMININE
1. bianco	
2. fresco	
3. largo	
4. verde	
5. grave	

SINGULAR	PLURAL
6. poca	
7. giovane	
8. grande	
9. veloce	
10. poeta	
11. diadema	
12. triste	
13. tronco	
14. tromba	
15. dialogo	

WORDGAME 15

ADVERBS

Translate the following Italian adverbs into English. Put an asterisk next to those that don't appear in the Italian-English section of the Collins dictionary.

1. recentemente
2. redditiziamente
3. costantemente
4. gentilmente
5. mensilmente
6. naturalmente
7. aggressivamente
8. semplicemente
9. tenacemente
10. esattamente

WORDGAME 16

VERB TENSES

Use your dictionary to help you fill in the blanks in the table below.
(Remember the important pages at the back of your dictionary.)

INFINITIVE	PRESENT TENSE	PAST PARTICIPLE	FUTURE
venire			io
rimanere			
vedere			io
avere	io		
offrire			
muovere			io
finire	io		
uscire	io		
dovere			io
dormire			io
vivere			
potere	io		

315

WORDGAME 17

PAST PARTICIPLES

Use the verb tables at the back of your dictionary to work out the past participle of these verbs. Check that you have found the correct form by looking in the main text.

INFINITIVE	PAST PARTICIPLE
venire	
contrarre	
coprire	
vivere	
offrire	
sorridere	
prendere	
mettere	
sorprendere	
percorrere	
accogliere	
dipingere	
condurre	
scendere	

WORDGAME 18

IDENTIFYING INFINITIVES

In the sentences below you will see various Italian verbs shaded.
Use your dictionary to help you find the **infinitive** form of each verb.

1. Quand'ero a Londra dividevo
   un appartamento con degli amici.

2. I miei amici mi raggiunsero in discoteca.

3. Sua madre lo accompagnava a scuola in macchina.

4. Domani mi alzerò alle nove.

5. Questo fine settimana andremo tutti in campagna.

6. Hanno già venduto la casa.

7. Entrò e si mise a sedere.

8. È nato in Germania.

9. Gli piacerebbe vivere negli Stati Uniti.

10. Faranno una partita a tennis.

11. Ha ricominciato a piovere.

12. Non so cosa gli sia successo.

13. Vorremmo visitare il castello.

14. I bambini avevano freddo.

15. Non so cosa sia meglio fare.

MORE ABOUT MEANING

In this section we will consider some of the problems associated with using a bilingual dictionary.

Overdependence on your dictionary

That the dictionary is an invaluable tool for the language learner is beyond dispute. Nevertheless, it is possible to become overdependent on your dictionary, turning to it in an almost automatic fashion every time you come up against a new Italian word or phrase. Tackling an unfamiliar text in this way will turn reading in Italian into an extremely tedious activity. If you stop to look up every new word you may actually be *hindering* your ability to read in Italian – you are so concerned with the individual words that you pay no attention to the text as a whole and to the context which gives them meaning. It is therefore important to develop appropriate reading skills – using clues such as titles, headlines, illustrations, etc., understanding relations within a sentence, etc. to predict or infer what a text is about.

A detailed study of the development of reading skills is not within the scope of this supplement; we are concerned with knowing how to use a dictionary, which is only one of several important skills involved in reading. Nevertheless, it may be instructive to look at one example. You see the following text in an Italian newspaper and are interested in working out what it is about.

Contextual clues here include the words in large type which you would probably recognise as an Italian name, something that looks like a date in the middle, and the name and address in the bottom right hand corner. The Italian words 'annunciare' and 'clinica' resemble closely the words 'announce' and

*Siamo lieti di annunciare
la nascito di*

Mario, Francesco

il 29 marzo 1999

Monica e Fraco ROSSI

Clinca
del Sole

corso Italia n° 18
34142 Padova

'clinic' in English, so you would not have to look them up in your dictionary. Other 'form' words such as 'siamo', 'la', 'il', and 'di' will be familiar to you from your general studies in Italian. Given that we are dealing with a newspaper, you will probably have worked out by now that this could be an announcement placed in the 'Personal Column'.

So you have used a series of cultural, contextual and word-formation clues to get you to the point where you have understood that Monica and Franco Rossi have placed this notice in the 'Personal Column' of the newspaper and that something happened to Francesco on 29 March 1999, something connected with a hospital. And you have reached this point *without* opening your dictionary once. Common sense and your knowledge of newspaper contents in this country might suggest that this must be an announcement of someone's birth or death. Thus 'lieti' ('happy') and 'nascita' ('birth') become the only words that you need to look up in order to confirm that this is indeed a birth announcement.

When learning Italian we are helped considerably by the fact that many Italian and English words look and sound alike and have exactly the same meaning. Such words are called 'COGNATES'. Many words which look similar in Italian and English come from a common Latin root. Other words are the same or nearly the same in both languages because Italian language has borrowed a word from English or vice versa. The dictionary will often not be necessary where cognates are concerned – provided you know the English word that the Italian word resembles!

Words with more than one meaning

The need to examine with care *all* the information contained in a dictionary entry must be stressed. This is particularly important with the many Italian words which have more than one meaning. For example, the Italian 'giornale' can mean 'diary' as well as 'newspaper'. How you translated the word would depend on the context in which you found it.

Similarly, if you were trying to translate a phrase such as 'era in corso ...', you would have to look through the whole entry for 'corso' to get the right translation. If you restricted your search to the first lines of the entry and saw that the meanings given are 'course' and 'main street', you might be tempted to assume that the phrase meant 'it was in the main street'. But if you examined the entry closely you would see that 'in corso' means 'in progress, under way'. So 'era in corso' means 'it was in progress', as in the phrase 'lavori in corso'.

The same need for care applies when you are using the English-Italian section of your dictionary to translate a word from English into Italian. Watch out in particular for the lozenges indicating changes in parts of speech.

The noun 'sink' is 'lavandino, aquaio', while the verb is 'affondare'. If you don't watch what you are doing, you could end up with ridiculous non-Italian e.g. 'Ha messo i piatti sporchi nell'affondare.'

Phrasal verbs

Another potential source of difficulty is English phrasal verbs. These consist of a common verb ('go', 'make', etc.) plus an adverb and/or a preposition to give English expressions such as 'to make out', 'to take after', etc. Entries for such verbs tend to be fairly full, so close examination of the contents is required. Note how these verbs appear in colour within the entry.

False friends

Many Italian and English words have similar forms *and* meanings. Many Italian words, however, *look* like English words but have a

make [meɪk] (*pt, pp* **made**) *vt* fare; (*manufacture*) fare, fabbricare; (*cause to be*): **to ~ sb sad** *etc* rendere qn triste *etc*; (*force*): **to ~ sb do sth** costringere qn a fare qc, far fare qc a qn; (*equal*): **2 and 2 ~ 4** 2 più 2 fa 4 ♦ *n* fabbricazione *f*; (*brand*) marca; **to ~ a fool of sb** far fare a qn la figura dello scemo; **to ~ a profit** realizzare un profitto; **to ~ a loss** subire una perdita; **to ~ it** (*arrive*) arrivare; (*achieve sth*) farcela; **what time do you ~ it?** che ora fai?; **to ~ do with** arrangiarsi con; **~ for** *vt fus* (*place*) avviarsi verso; **~ out** *vt* (*write out*) scrivere; (: *cheque*) emettere; (*understand*) capire; (*see*) distinguere; (: *numbers*) decifrare; **~ up** *vt* (*constitute*) formare; (*invent*) inventare; (*parcel*) fare ♦ *vi* conciliarsi; (*with cosmetics*) truccarsi; **~ up for** *vt fus* compensare; ricuperare; **~-believe** *n*: **a world of ~-believe** un mondo di favole;

completely *different* meaning. For example, 'attualmente' means 'at the moment, at present'; 'eventuale' means 'possible'. This can easily lead to serious mistranslations.

Sometimes the meaning of the Italian word is *close* to the English. For example, 'la moneta' means 'small change' rather than 'money'; 'il soprannome' means 'nickname' not 'surname'. But some Italian words have two meanings, one the same as the English, the other completely different! 'L'editore' can mean 'publisher' as well as 'editor'; 'la marcia' can mean 'march/running/walking', but also 'the gear (of a car)'.

Such words are often referred to as 'false friends'. You will have to look at the context in which they appear to arrive at the correct meaning. If they seem to fit in with the sense of the passage as a whole, you will probably not need to look them up. If they don't make sense, however, you may well be dealing with 'false friends'.

WORDGAME 19

WORDS IN CONTEXT

Study the sentences below. Translations of the shaded words are given at the bottom. Match the number of the sentence and the letter of the translation correctly each time.

1. In questa zona è proibito cacciare.
2. L'ho visto cacciare i soldi in tasca.
3. È il ritratto di una dama del Settecento.
4. Facciamo una partita a dama?
5. Ha versato il vino nei bicchieri.
6. Hanno versato tutti i soldi sul loro conto.
7. Ti presento il mio fratello maggiore.
8. Aveva il grado di maggiore nell'esercito.
9. Ho finito i dadi per brodo.
10. In un angolo due uomini giocavano a dadi.
11. Sua madre è già partita per il mare.
12. Ti va di fare una partita a carte?
13. Il ladro è stato visto da un passante.
14. Devi infilare la cintura nel passante.
15. È corso verso di me.
16. Leggete ad alta voce il primo verso della poesia.

a. poured	e. loop	i. dice	m. passer-by
b. hunt	f. towards	j. major	n. draughts
c. left	g. paid	k. stock cubes	o. older
d. game	h. line	l. stick	p. lady

WORDGAME 20

WORDS WITH MORE THAN ONE MEANING

Look at the advertisements below. The words which are shaded can have more than one meaning. Use your dictionary to help you work out the correct translation in the context.

1
> Desidero ricevere maggiori informazioni per un soggiorno al Lago di Garda
>
> Nome e cognome: —————
>
> Indirizzo:—————

2
> Con il patrocinio della
>
> REGIONE TOSCANA e CAMERA DI
>
> COMMERCIO DELLA TOSCANA

3
> TRILLO
> LA SVEGLIA ELETTRONICA
> CHE NON TI TRADISCE
> 4 funzioni: ore, minuti, secondi,
> sveglia
> Funzionamento a pile

4
> ECONOMIA E
> FINANZA
> BORSA E FONDI

5
> Albergo Ristorante
> **"La Cantina"**
> cucina casalinga
> *a 500 metri dalla piazza*

6

SI PREGA DI RITIRARE LO SCONTRINO ALLA CASSA

7

Visite guidate al paese
di Alassio

8

CASSA
rurale ed artigiana
Via Basovizza 2
Trieste

9

**Una casa in riva al mare
"CALA DEI TEMPLARI"**
Soggiorno, una camera da letto,
bagno, balcone

10

PRATOLINI
la cucina su misura per te
Pratolini S.p.A. – 57480 Frascati – Roma
Tel (0733) 5581 (10 linee) –
Fax (0733) 5585

WORDGAME 21

FALSE FRIENDS

Look at the advertisements below. The words which are shaded resemble English words but have different meanings here. Find a correct translation for each word in the context.

1

Boutique "La Moda"
Liquidazione di tutti gli articoli

2

Pensione Miramonti

camere con bagno/doccia

parcheggio privato

bar, ristorante

3

ACCENDERE LE LUCI IN GALLERIA

4

LIBRERIA
Il Gabbiano
    Libri – Giornali – Articoli
    spiaggia – Guide turistiche
    – Cartoline
            SASSARI
            Via Mazzini 46

5

ITALMODA CRAVATTE
LE GRANDI FIRME
Divisione della BST,
Bergamo S.p.A

6

La **direzione** di questo albergo declina ogni responsabilità per lo smarrimento di oggetti lasciati incustoditi

7

Questo **esercizio** resterà chiuso nei giorni festivi e il lunedì

8

"Le bollicine"
Locale notturno
– pianobar
– discoteca

9

Lago di Garda
campeggi, sport acquatici, gite in battello

10

Attenzione: per l'uso leggere attentamente l'istruzione interna.
Da vendersi dietro presentazione di **ricetta** medica.

Here are some word games for you to try. You will find your dictionary helpful as you attempt the activities.

WORDGAME 22

CODED WORDS

In the boxes below, the letters of eight Italian words have been replaced by numbers. A number represents the same letter each time.

Try to crack the code and find the eight words. If you need help, use your dictionary.

Here is a clue: all the words you are looking for have something to do with TRANSPORT.

1 | T¹ | R² | E³ | ⁴ | ⁵ |

2 | ⁶ | ⁷ | ⁸ | ⁹ | ⁵ | ⁴ |

3 | ⁴ | ⁷ | ¹⁰ | ³ |

4 | ⁷ | ¹¹ | ¹ | ⁵ | ¹² | ¹¹ | ¹⁶ |

5 | ¹ | ² | ⁷ | ¹³ | ¹⁴ | ³ | ¹ | ¹ | ⁵ |

6 | ⁸ | ⁵ | ¹ | ⁵ | ⁶ | ⁹ | ⁶ | ¹⁵ | ³ | ¹ | ¹ | ⁷ |

7 | ¹² | ⁷ | ² | ⁶ | ⁷ |

8 | ⁷ | ¹¹ | ¹ | ⁵ | ⁸ | ⁵ | ¹² | ⁹ | ¹⁵ | ³ |

WORDGAME 23

HEADLESS WORDS

If you 'behead' certain Italian words, i.e. take away their first letter, you are left with another Italian word. For example, if you behead **'maglio'** (= 'mallet'), you get **'aglio'** (= 'garlic').

The following words have their heads chopped off, i.e. the first letter has been removed. Use your dictionary to help you form a new Italian word by adding one letter to the start of each word below. Write down the new Italian word and its meaning. There may be more than one new word you can form.

1. arto (= limb)
2. alto (= high)
3. esca (= bait)
4. unto (= greasy)
5. ora (= hour)
6. acca (= letter H)
7. orale (= oral)
8. otto (= eight)
9. orda (= horde)
10. alone (= halo)
11. oca (= goose)
12. anca (= hip)
13. ascia (= axe)
14. anno (= year)
15. rete (= net)

WORDGAME 24

CROSSWORD

Complete this crossword by looking up the words listed below in the English-Italian section of your dictionary. Remember to read through the entry carefully to find the word that will fit.

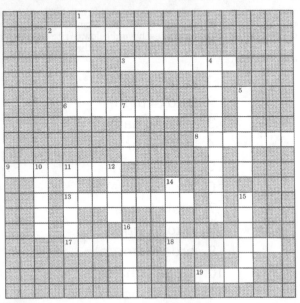

ACROSS

2. to dirty
3. to admire
6. relationship
8. deposit
9. strip
13. employ
17. ebony
18. to take off
19. night

DOWN

1. (a piece of) news
4. to reassure
5. story
7. porthole
10. rough
11. swarm
12. air
14. sad
15. adder
16. harbour

WORDGAME 25

SPLIT WORDS

There are twelve Italian words hidden in the grid below. Each word is made up of five letters but has been split into two parts. Find the Italian words. Each group of letters can only be used once. Use your dictionary to help you.

fer	ba	por	sce	za	che
an	mo	to	gam	se	duo
pri	ta	co	ro	fuo	na
fal	sen	men	so	for	mo

WORDGAME 26

KITCHEN WORDS

Here is a list of Italian words for things you will find in the kitchen. Unfortunately, the letters have all been jumbled up. Try to work out what each word is and put the word in the boxes on the right. You will see that there are six shaded boxes below. With the six letters in the shaded boxes make up <u>another</u> Italian word for an object you can find in the kitchen.

1. zazta   Vuoi una _____ di caffè?

2. grifo   Metti il burro nel _____!

3. vatloa   A _____! È pronto!

4. norfo   Cuocere in _____ per 20 minuti.

5. chiocciau Assaggia la minestra col _____.

6. polacasta Usa il _____ per gli spaghetti.

The word you are looking for is:

WORDGAME 27

GRID WORDS

Take the four letters given each time and put them in the four empty boxes in the centre of each grid. Arrange them in such a way that you form four six-letter words. Use your dictionary to check the words.

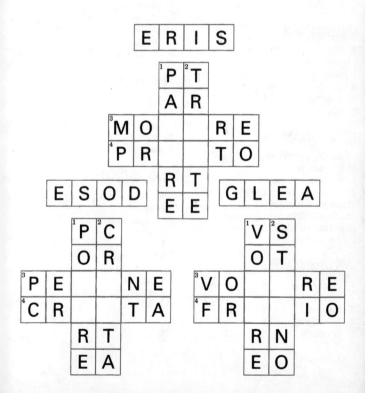

ANSWERS

WORDGAME 1

1	volere	6	parere
2	pigiare	7	panna
3	mollare	8	orario
4	imparare	9	imbrogliato
5	steccato	10	fianco

WORDGAME 2

1	filo	7	raffreddore
2	permettere	8	attendere
3	regalo	9	notare
4	volere	10	ritorno
5	tragitto	11	ridurre
6	liberare	12	riposo

WORDGAME 3

vestaglia + pantofola
nido + gazza
pelletteria + borsetta
campanile + campana
studente + laurea
libro + scaffale
passerella + nave
pinna + squalo

WORDGAME 4

1	attenzione	6	divertente
2	sfarzo	7	ingannare
3	traforo	8	veloce
4	annullare	9	timore
5	prigione	10	bruno

WORDGAME 5

1 doccia   2 arrabbiato   3 foglio

WORDGAME 6

1	povertà	6	ruvido
2	rifiutare	7	innocente
3	vigliacco	8	scuro
4	piangere	9	brutto
5	attaccare	10	chiuso

WORDGAME 7

1	rigido	6	chiave
2	piccione	7	foglia
3	gelo	8	sogno
4	mazzo	9	ascia
5	decennio	10	ghianda

WORDGAME 8

1 shock
2 blow
3 phone call
4 shot
5 suddenly
6 impulse *or* whim
7 gust of wind
8 stroke
9 strong impression
10 knock
11 sunstroke
12 coup d'état

WORDGAME 9

1	impiegato	7	unita
2	impiego	8	unire
3	studente	9	rifiutare
4	studio	10	rifiuti
5	uso	11	festivi
6	usata	12	festa

WORDGAME 10

1 fa bel tempo
2 fare psicologia
3 faccia pure
4 fammi vedere
5 farsi tagliare i capelli
6 si fa così
7 fare la spesa
8 fare presto
9 far partire il motore
10 fece per andarsene

WORDGAME 11

1	n	5	v	8	adj
2	adv	6	v	9	adj
3	n	7	n	10	n
4	n				

WORDGAME 12

1	amico	6	studente
2	cantante	7	cugino
3	direttore	8	lettore
4	straniero	9	professore
5	regista	10	collaboratore

WORDGAME 13

1	un foglio	5	il palmo
	una foglia		una palma
2	il modo	6	una partita
	moda		il partito
3	corsa	7	una pezza
	un corso		un pezzo
4	castagni	8	casa
	castagne		caso

WORDGAME 14

1	bianca	9	veloci
2	fresca	10	poeti
3	larga	11	diademi
4	verde	12	tristi
5	grave	13	tronchi
6	poche	14	trombe
7	giovani	15	dialoghi
8	grandi		

WORDGAME 16

1	io verrò	7	io finisco
2	rimasto	8	io esco
3	io vedrò	9	io dovrò
4	io ho	10	io dormirò
5	offerto	11	vissuto
6	mosso	12	io posso

WORDGAME 17

1	venuto	8	messo
2	contratto	9	sorpreso
3	coperto	10	percorso
4	vissuto	11	accolto
5	offerto	12	dipinto
6	sorriso	13	condotto
7	preso	14	sceso

WORDGAME 18

1	essere	9	piacere
2	raggiungere	10	fare
3	accompagnare	11	ricominciare
4	alzarsi	12	succedere
5	andare	13	volere
6	vendere	14	avere
7	mettersi	15	essere
8	nascere		

WORDGAME 19

1	b	5	a	9	k	13	m
2	l	6	g	10	i	14	e
3	p	7	o	11	c	15	f
4	n	8	j	12	d	16	h

WORDGAME 20

1	stay	7	village
2	chamber		(here; town)
3	alarm clock	8	bank
4	stock exchange;	9	living room
	funds	10	kitchen
5	cooking		
6	checkout		
	(here; till)		

WORDGAME 21

1	clearance sale	6	management
2	boarding house	7	business
3	tunnel	8	nightclub
4	newspapers	9	camp site
5	ties	10	prescription

WORDGAME 22

1	treno	5	traghetto
2	camion	6	motocicletta
3	nave	7	barca
4	autobus	8	automobile

WORDGAME 23

1 sarto (= tailor)
2 salto (= jump)
3 pesca (= peach)
4 punto (= dot)
5 mora (= blackberry)
6 vacca (= cow)
7 morale (= moral)
8 rotto (= broken)
9 corda (= cord)
10 salone (= sitting room)
11 foca (= seal)
12 panca (= bench)
13 fascia (= band)
14 danno (= damage)
15 prete (= priest)

WORDGAME 24

ACROSS		DOWN	
2	sporcare	1	notizia
3	ammirare	4	rassicurare
6	rapporto	5	favola
8	acconto	7	oblò
9	striscia	10	rozzo
13	impiegare	11	sciame
17	ebano	12	aria
18	togliere	14	triste
19	sera	15	vipera
		16	porto

WORDGAME 25

ferro	senza	duomo
gamba	anche	fuoco
porta	primo	falso
scena	mento	forse

WORDGAME 26

1	tazza	4	forno
2	frigo	5	cucchiaio
3	tavola	6	colapasta

Missing word – FRUSTA

WORDGAME 27

1	parere	1	podere	1	volere
2	triste	2	crosta	2	stagno
3	morire	3	pedone	3	volare
4	presto	4	cresta	4	fregio

ENGLISH – ITALIAN
INGLESE – ITALIANO

A, a

A [eɪ] *n* (*MUS*) la *m*; (*letter*) A, a *f or m inv*; **~-road** *n* strada statale

a [ə] (*before vowel or silent h:* **an**) *indef art*
1 un (uno *+s impure, gn, pn, ps, x, z*), *f* una (un' *+vowel*); **~ book** un libro; **~ mirror** uno specchio; **an apple** una mela; **she's ~ doctor** è medico
2 (*instead of the number "one"*) un(o), *f* una; **~ year ago** un anno fa; **~ hundred/ thousand** *etc* **pounds** cento/mille *etc* sterline
3 (*in expressing ratios, prices etc*) a, per; **3 ~ day/week** 3 al giorno/alla settimana; **10 km an hour** 10 km all'ora; **£5 ~ person** 5 sterline a persona *or* per persona

A.A. *n abbr* (= *Alcoholics Anonymous*) AA; (*BRIT:* = *Automobile Association*) ≈ A.C.I. *m*
A.A.A. (*US*) *n abbr* (= *American Automobile Association*) ≈ A.C.I. *m*
aback [ə'bæk] *adv*: **to be taken ~** essere sbalordito(a)
abandon [ə'bændən] *vt* abbandonare ♦ *n*: **with ~** sfrenatamente, spensieratamente
abate [ə'beɪt] *vi* calmarsi
abattoir ['æbətwɑ:*] (*BRIT*) *n* mattatoio
abbey ['æbɪ] *n* abbazia, badia
abbot ['æbət] *n* abate *m*
abbreviation [əbri:vɪ'eɪʃən] *n* abbreviazione *f*
abdicate ['æbdɪkeɪt] *vt* abdicare a ♦ *vi* abdicare
abdomen ['æbdəmən] *n* addome *m*
abduct [æb'dʌkt] *vt* rapire
abide [ə'baɪd] *vt*: **I can't ~ it/him** non lo posso soffrire *or* sopportare; **~ by** *vt fus* conformarsi a
ability [ə'bɪlɪtɪ] *n* abilità *f inv*

abject ['æbdʒekt] *adj* (*poverty*) abietto(a); (*apology*) umiliante
ablaze [ə'bleɪz] *adj* in fiamme
able ['eɪbl] *adj* capace; **to be ~ to do sth** essere capace di fare qc, poter fare qc; **~-bodied** *adj* robusto(a); **ably** *adv* abilmente
abnormal [æb'nɔ:məl] *adj* anormale
aboard [ə'bɔ:d] *adv* a bordo ♦ *prep* a bordo di
abode [ə'bəud] *n*: **of no fixed ~** senza fissa dimora
abolish [ə'bɔlɪʃ] *vt* abolire
abominable [ə'bɔmɪnəbl] *adj* abominevole
aborigine [æbə'rɪdʒɪnɪ] *n* aborigeno/a
abort [ə'bɔ:t] *vt* abortire; **~ion** [ə'bɔ:ʃən] *n* aborto; **to have an ~ion** abortire; **~ive** *adj* abortivo(a)
abound [ə'baund] *vi* abbondare; **to ~ in** *or* **with** abbondare di

about [ə'baut] *adv* **1** (*approximately*) circa, quasi; **~ a hundred/thousand** *etc* un centinaio/migliaio *etc*, circa cento/mille *etc*; **it takes ~ 10 hours** ci vogliono circa 10 ore; **at ~ 2 o'clock** verso le 2; **I've just ~ finished** ho quasi finito
2 (*referring to place*) qua e là, in giro; **to leave things lying ~** lasciare delle cose in giro; **to run ~** correre qua e là; **to walk ~** camminare
3: **to be ~ to do sth** stare per fare qc
♦ *prep* **1** (*relating to*) su, di; **a book ~ London** un libro su Londra; **what is it ~?** di che si tratta?; (*book, film etc*) di cosa tratta?; **we talked ~ it** ne abbiamo parlato; **what** *or* **how ~ doing this?** che ne dici di fare questo?
2 (*referring to place*): **to walk ~ the town**

camminare per la città; **her clothes were scattered ~ the room** i suoi vestiti erano sparsi *or* in giro per tutta la stanza

---

about-face *n* dietro front *m inv*
about-turn *n* dietro front *m inv*
above [ə'bʌv] *adv, prep* sopra; **mentioned ~** suddetto; **~ all** soprattutto; **~board** *adj* aperto(a); onesto(a)
abrasive [ə'breɪzɪv] *adj* abrasivo(a); *(fig)* caustico(a)
abreast [ə'brest] *adv* di fianco; **to keep ~ of** tenersi aggiornato su
abroad [ə'brɔːd] *adv* all'estero
abrupt [ə'brʌpt] *adj (sudden)* improvviso(a); *(gruff, blunt)* brusco(a)
abscess ['æbsɪs] *n* ascesso
absence ['æbsəns] *n* assenza
absent ['æbsənt] *adj* assente; **~ee** [-'tiː] *n* assente *m/f*; **~-minded** *adj* distratto(a)
absolute ['æbsəluːt] *adj* assoluto(a); **~ly** [-'luːtlɪ] *adv* assolutamente
absolve [əb'zɒlv] *vt*: **to ~ sb (from)** *(sin)* assolvere qn (da); *(oath)* sciogliere qn (da)
absorb [əb'zɔːb] *vt* assorbire; **to be ~ed in a book** essere immerso in un libro; **~ent cotton** *(US)* *n* cotone *m* idrofilo
absorption [əb'sɔːpʃən] *n* assorbimento
abstain [əb'steɪn] *vi*: **to ~ (from)** astenersi (da)
abstract ['æbstrækt] *adj* astratto(a)
absurd [əb'sɜːd] *adj* assurdo(a)
abuse [*n* ə'bjuːs, *vb* ə'bjuːz] *n* abuso; *(insults)* ingiurie *fpl* ♦ *vt* abusare di; **abusive** *adj* ingiurioso(a)
abysmal [ə'bɪzməl] *adj* spaventoso(a)
abyss [ə'bɪs] *n* abisso
AC *abbr* (= *alternating current*) c.a.
academic [ækə'demɪk] *adj* accademico(a); *(pej: issue)* puramente formale ♦ *n* universitario/a
academy [ə'kædəmɪ] *n (learned body)* accademia; *(school)* scuola privata; **~ of music** conservatorio
accelerate [æk'seləreɪt] *vt, vi* accelerare; **acceleration** *n* accelerazione *f*; **accelerator** *n* acceleratore *m*

accent ['æksənt] *n* accento
accept [ək'sept] *vt* accettare; **~able** *adj* accettabile; **~ance** *n* accettazione *f*
access ['æksɛs] *n* accesso; **~ible** [æk'sesəbl] *adj* accessibile
accessory [æk'sesərɪ] *n* accessorio; *(LAW)*: **~ to** complice *m/f* di
accident ['æksɪdənt] *n* incidente *m*; *(chance)* caso; **by ~** per caso; **~al** [-'dentl] *adj* accidentale; **~ally** [-'dentəlɪ] *adv* per caso; **~ insurance** *n* assicurazione *f* contro gli infortuni; **~-prone** *adj*: **he's very ~-prone** è un vero passaguai
acclaim [ə'kleɪm] *n* acclamazione *f*
accommodate [ə'kɒmədeɪt] *vt* alloggiare; *(oblige, help)* favorire
accommodating [ə'kɒmədeɪtɪŋ] *adj* compiacente
accommodation [əkɒmə'deɪʃən] *n* alloggio; **~s** *(US) npl* alloggio
accompany [ə'kʌmpənɪ] *vt* accompagnare
accomplice [ə'kʌmplɪs] *n* complice *m/f*
accomplish [ə'kʌmplɪʃ] *vt* compiere; *(goal)* raggiungere; **~ed** *adj* esperto(a); **~ment** *n* compimento; realizzazione *f*
accord [ə'kɔːd] *n* accordo ♦ *vt* accordare; **of his own ~** di propria iniziativa; **~ance** *n*: **in ~ance with** in conformità con; **~ing**: **~ing to** *prep* secondo; **~ingly** *adv* in conformità
accordion [ə'kɔːdɪən] *n* fisarmonica
account [ə'kaʊnt] *n (COMM)* conto; *(report)* descrizione *f*; **~s** *npl (COMM)* conti *mpl*; **of no ~** di nessuna importanza; **on ~** in acconto; **on no ~** per nessun motivo; **on ~ of** a causa di; **to take into ~, take ~ of** tener conto di; **~ for** *vt fus* spiegare; giustificare; **~able** *adj*: **~able (to)** responsabile (verso)
accountancy [ə'kaʊntənsɪ] *n* ragioneria
accountant [ə'kaʊntənt] *n* ragioniere/a
account number *n* numero di conto
accrued interest [ə'kruːd-] *n* interesse *m* maturato
accumulate [ə'kjuːmjuleɪt] *vt* accumulare ♦ *vi* accumularsi
accuracy ['ækjurəsɪ] *n* precisione *f*

accurate ['ækjurɪt] *adj* preciso(a); **~ly** *adv* precisamente

accusation [ækju'zeɪʃən] *n* accusa

accuse [ə'kju:z] *vt* accusare; **~d** *n* accusato/a

accustom [ə'kʌstəm] *vt* abituare; **~ed** *adj*: **~ed to** abituato(a) a

ace [eɪs] *n* asso

ache [eɪk] *n* male *m*, dolore *m* ♦ *vi* (*be sore*) far male, dolere; **my head ~s** mi fa male la testa

achieve [ə'tʃi:v] *vt* (*aim*) raggiungere; (*victory, success*) ottenere; **~ment** *n* compimento; successo

acid ['æsɪd] *adj* acido(a) ♦ *n* acido; **~ rain** *n* pioggia acida

acknowledge [ək'nɒlɪdʒ] *vt* (*letter: also:* **~ receipt of**) confermare la ricevuta di; (*fact*) riconoscere; **~ment** *n* conferma; riconoscimento

acne ['æknɪ] *n* acne *f*

acorn ['eɪkɔ:n] *n* ghianda

acoustic [ə'ku:stɪk] *adj* acustico(a); **~s** *n*, *npl* acustica

acquaint [ə'kweɪnt] *vt*: **to ~ sb with sth** far sapere qc a qn; **to be ~ed with** (*person*) conoscere; **~ance** *n* conoscenza; (*person*) conoscente *m/f*

acquire [ə'kwaɪə*] *vt* acquistare

acquit [ə'kwɪt] *vt* assolvere; **to ~ o.s. well** comportarsi bene; **~tal** *n* assoluzione *f*

acre ['eɪkə*] *n* acro (= 4047 m²)

acrid ['ækrɪd] *adj* acre; pungente

acrobat ['ækrəbæt] *n* acrobata *m/f*

across [ə'krɒs] *prep* (*on the other side*) dall'altra parte di; (*crosswise*) attraverso ♦ *adv* dall'altra parte; in larghezza; **to run/swim ~** attraversare di corsa/a nuoto; **~ from** di fronte a

acrylic [ə'krɪlɪk] *adj* acrilico(a)

act [ækt] *n* atto; (*in music-hall etc*) numero; (*LAW*) decreto ♦ *vi* agire; (*THEATRE*) recitare; (*pretend*) fingere ♦ *vt* (*part*) recitare; **to ~ as** agire da; **~ing** *adj* che fa le funzioni di ♦ *n* (*of actor*) recitazione *f*; (*activity*): **to do some ~ing** fare del teatro (*or* del cinema)

action ['ækʃən] *n* azione *f*; (*MIL*) com-

battimento; (*LAW*) processo; **out of ~** fuori combattimento; fuori servizio; **to take ~** agire; **~ replay** *n* (*TV*) replay *m inv*

activate ['æktɪveɪt] *vt* (*mechanism*) attivare

active ['æktɪv] *adj* attivo(a); **~ly** *adv* (*participate*) attivamente; (*discourage, dislike*) vivamente

activity [æk'tɪvɪtɪ] *n* attività *f inv*; **~ holiday** *n* vacanza organizzata con attività ricreative per ragazzi

actor ['æktə*] *n* attore *m*

actress ['æktrɪs] *n* attrice *f*

actual ['æktjuəl] *adj* reale, vero(a); **~ly** *adv* veramente; (*even*) addirittura

acute [ə'kju:t] *adj* acuto(a); (*mind, person*) perspicace

ad [æd] *n abbr* = **advertisement**

A.D. *adv abbr* (= *Anno Domini*) d.C.

adamant ['ædəmənt] *adj* irremovibile

adapt [ə'dæpt] *vt* adattare ♦ *vi*: **to ~ (to)** adattarsi (a); **~able** *adj* (*device*) adattabile; (*person*) che sa adattarsi; **~er** *or* **~or** *n* (*ELEC*) adattatore *m*

add [æd] *vt* aggiungere; (*figures: also:* **~ up**) addizionare ♦ *vi*: **to ~ to** (*increase*) aumentare; **it doesn't ~ up** (*fig*) non quadra, non ha senso

adder ['ædə*] *n* vipera

addict ['ædɪkt] *n* tossicomane *m/f*; (*fig*) fanatico/a; **~ed** [ə'dɪktɪd] *adj*: **to be ~ed to** (*drink etc*) essere dedito(a) a; (*fig: football etc*) essere tifoso(a) di; **~ion** [ə'dɪkʃən] *n* (*MED*) tossicodipendenza; **~ive** [ə'dɪktɪv] *adj* che dà assuefazione

addition [ə'dɪʃən] *n* addizione *f*; (*thing added*) aggiunta; **in ~** inoltre; **in ~ to** oltre; **~al** *adj* supplementare

additive ['ædɪtɪv] *n* additivo

address [ə'drɛs] *n* indirizzo; (*talk*) discorso ♦ *vt* indirizzare; (*speak to*) fare un discorso a; (*issue*) affrontare

adept ['ædɛpt] *adj*: **~ at** esperto(a) in

adequate ['ædɪkwɪt] *adj* adeguato(a); sufficiente

adhere [əd'hɪə*] *vi*: **to ~ to** aderire a; (*fig: rule, decision*) seguire

adhesive [əd'hi:zɪv] *n* adesivo; **~ tape** *n*

(*BRIT: for parcels etc*) nastro adesivo; (*US: MED*) cerotto adesivo

adjective ['ædʒɛktɪv] *n* aggettivo

adjoining [ə'dʒɔɪnɪŋ] *adj* accanto *inv*, adiacente

adjourn [ə'dʒəːn] *vt* rimandare ♦ *vi* essere aggiornato(a)

adjust [ə'dʒʌst] *vt* aggiustare; (*change*) rettificare ♦ *vi*: **to ~ (to)** adattarsi (a); **~able** *adj* regolabile; **~ment** *n* (*PSYCH*) adattamento; (*of machine*) regolazione *f*; (*of prices, wages*) modifica

ad-lib [æd'lɪb] *vi* improvvisare ♦ *adv*: **ad lib** a piacere, a volontà

administer [əd'mɪnɪstə*] *vt* amministrare; (*justice, drug*) somministrare

administration [ədmɪnɪs'treɪʃən] *n* amministrazione *f*

administrative [əd'mɪnɪstrətɪv] *adj* amministrativo(a)

admiral ['ædmərəl] *n* ammiraglio; **A~ty** (*BRIT*) *n* Ministero della Marina

admiration [ædmə'reɪʃən] *n* ammirazione *f*

admire [əd'maɪə*] *vt* ammirare

admission [əd'mɪʃən] *n* ammissione *f*; (*to exhibition, night club etc*) ingresso; (*confession*) confessione *f*

admit [əd'mɪt] *vt* ammettere; far entrare; (*agree*) riconoscere; **to ~ to** riconoscere; **~tance** *n* ingresso; **~tedly** *adv* bisogna pur riconoscere (che)

ad nauseam [æd'nɔːsɪæm] *adv* fino alla nausea, a non finire

ado [ə'duː] *n*: **without (any) more ~** senza più indugi

adolescence [ædəu'lɛsns] *n* adolescenza

adolescent [ædəu'lɛsnt] *adj, n* adolescente *m/f*

adopt [ə'dɔpt] *vt* adottare; **~ed** *adj* adottivo(a); **~ion** [ə'dɔpʃən] *n* adozione *f*

adore [ə'dɔː*] *vt* adorare

Adriatic [eɪdrɪ'ætɪk] *n*: **the ~ (Sea)** il mare Adriatico, l'Adriatico

adrift [ə'drɪft] *adv* alla deriva

adult ['ædʌlt] *adj* adulto(a); (*work, education*) per adulti ♦ *n* adulto/a

adultery [ə'dʌltərɪ] *n* adulterio

advance [əd'vɑːns] *n* avanzamento; (*money*) anticipo ♦ *adj* (*booking etc*) in anticipo ♦ *vt* (*money*) anticipare ♦ *vi* avanzare; **in ~** in anticipo; **~d** *adj* avanzato(a); (*SCOL: studies*) superiore

advantage [əd'vɑːntɪdʒ] *n* (*also: TENNIS*) vantaggio; **to take ~ of** approfittarsi di

advent ['ædvənt] *n* avvento; (*REL*): **A~** Avvento

adventure [əd'ventʃə*] *n* avventura

adverb ['ædvəːb] *n* avverbio

adversary ['ædvəsɪ] *adj* avverso(a)

advert ['ædvəːt] (*BRIT*) *n abbr* = **advertisement**

advertise ['ædvətaɪz] *vi* (*vt*) fare pubblicità *or* réclame (a); **to ~** mettere un'inserzione (per vendere); **to ~ for** (*staff*) mettere un annuncio sul giornale per trovare

advertisement [əd'vəːtɪsmənt] *n* (*COMM*) réclame *f inv*, pubblicità *f inv*; (*in classified ads*) inserzione *f*

advertising ['ædvətaɪzɪŋ] *n* pubblicità

advice [əd'vaɪs] *n* consigli *mpl*; (*notification*) avviso; **piece of ~** consiglio; **to take legal ~** consultare un avvocato

advisable [əd'vaɪzəbl] *adj* consigliabile

advise [əd'vaɪz] *vt* consigliare; **to ~ sb of sth** informare qn di qc; **to ~ sb against sth/doing sth** sconsigliare qc a qn/a qn di fare qc; **~r** *or* **advisor** *n* consigliere/a; **advisory** [-ərɪ] *adj* consultivo(a)

advocate [*n* 'ædvəkɪt, *vb* 'ædvəkeɪt] *n* (*upholder*) sostenitore/trice; (*LAW*) avvocato (difensore) ♦ *vt* propugnare

Aegean [iː'dʒiːən] *n*: **the ~ (Sea)** il mar Egeo, l'Egeo

aerial ['ɛərɪəl] *n* antenna ♦ *adj* aereo(a)

aerobics [ɛə'rəubɪks] *n* aerobica

aeroplane ['ɛərəpleɪn] (*BRIT*) *n* aeroplano

aerosol ['ɛərəsɔl] (*BRIT*) *n* aerosol *m inv*

aesthetic [ɪs'θɛtɪk] *adj* estetico(a)

afar [ə'fɑː*] *adv*: **from ~** da lontano

affair [ə'fɛə*] *n* affare *m*; (*also:* **love ~**) relazione *f* amorosa; **~s** (*business*) affari

affect [ə'fɛkt] *vt* toccare; (*influence*) influire su, incidere su; (*feign*) fingere; **~ed** *adj* affettato(a)

affection [əˈfɛkʃən] n affezione f; **~ate** adj affettuoso(a)

afflict [əˈflɪkt] vt affliggere

affluence [ˈæfluəns] n abbondanza; opulenza

affluent [ˈæfluənt] adj ricco(a); **the ~ society** la società del benessere

afford [əˈfɔːd] vt permettersi; (provide) fornire

afloat [əˈfləut] adv a galla

afoot [əˈfut] adv: **there is something ~** si sta preparando qualcosa

afraid [əˈfreɪd] adj impaurito(a); **to be ~ of** or **to/that** aver paura di/che; **I am ~ so/ not** ho paura di sì/no

Africa [ˈæfrɪkə] n Africa; **~n** adj, n africano(a)

after [ˈɑːftə*] prep, adv dopo ♦ conj dopo che; **what/who are you ~?** che/chi cerca?; **~ he left/having done** dopo che se ne fu andato/dopo aver fatto; **to name sb ~ sb** dare a qn il nome di qn; **it's twenty ~ eight** (US) sono le otto e venti; **to ask ~ sb** chiedere di qn; **~ all** dopo tutto; **~ you!** dopo di lei!; **~effects** npl conseguenze fpl; (of illness) postumi mpl; **in the ~math of** nel periodo dopo; **~noon** n pomeriggio; **~s** n (inf: dessert) dessert m inv; **~-shave (lotion)** n dopobarba m inv; **~sun (lotion/cream)** n doposole m inv; **~thought** n: **as an ~thought** come aggiunta; **~wards** (US **~ward**) adv dopo

again [əˈgɛn] adv di nuovo; **to begin/see ~** ricominciare/rivedere; **not ... ~** non ... più; **~ and ~** ripetutamente

against [əˈgɛnst] prep contro

age [eɪdʒ] n età f inv ♦ vt, vi invecchiare; **it's been ~s since** sono secoli che; **he is 20 years of ~** ha 20 anni; **to come of ~** diventare maggiorenne; **~d** [adj eɪdʒd, npl ˈeɪdʒɪd] adj: **~d 10** di 10 anni ♦ npl **the ~d** gli anziani; **~ group** n generazione f; **~ limit** n limite m d'età

agency [ˈeɪdʒənsɪ] n agenzia

agenda [əˈdʒɛndə] n ordine m del giorno

agent [ˈeɪdʒənt] n agente m

aggravate [ˈægrəveɪt] vt aggravare; (person) irritare

aggregate [ˈægrɪgɪt] n aggregato

aggressive [əˈgrɛsɪv] adj aggressivo(a)

agitate [ˈædʒɪteɪt] vt turbare; agitare ♦ vi: **to ~ for** agitarsi per

AGM n abbr = **annual general meeting**

ago [əˈgəu] adv: **2 days ~** 2 giorni fa; **not long ~** poco tempo fa; **how long ~?** quanto tempo fa?

agonizing [ˈægənaɪzɪŋ] adj straziante

agony [ˈægənɪ] n dolore m atroce; **to be in ~** avere dolori atroci

agree [əˈgriː] vt (price) pattuire ♦ vi: **to ~ (with)** essere d'accordo (con); (LING) concordare (con); **to ~ to sth/to do sth** accettare qc/di fare qc; **to ~ that** (admit) ammettere che; **to ~ on sth** accordarsi su qc; **garlic doesn't ~ with me** l'aglio non mi va; **~able** adj gradevole; (willing) disposto(a); **~d** adj (time, place) stabilito(a); **~ment** n accordo; **in ~ment** d'accordo

agricultural [ægrɪˈkʌltʃərəl] adj agricolo(a)

agriculture [ˈægrɪkʌltʃə*] n agricoltura

aground [əˈgraund] adv: **to run ~** arenarsi

ahead [əˈhɛd] adv avanti; davanti; **~ of** davanti a; (fig: schedule etc) in anticipo su; **~ of time** in anticipo; **go right** or **straight ~** tiri diritto

aid [eɪd] n aiuto ♦ vt aiutare; **in ~ of** a favore di

aide [eɪd] n (person) aiutante m

AIDS [eɪdz] n abbr (= acquired immune deficiency syndrome) AIDS f; **~-related** adj (symptoms, illness) legato(a) all'AIDS; (research) sull'AIDS

aim [eɪm] vt: **to ~ sth at** (such as gun) mirare qc a, puntare qc a; (camera) rivolgere qc a; (missile) lanciare qc contro ♦ vi (also: **to take ~**) prendere la mira ♦ n mira; **to ~ at** mirare; **to ~ to do** aver l'intenzione di fare; **~less** adj senza scopo

ain't [eɪnt] (inf) = **am not; aren't; isn't**

air [ɛə*] n aria ♦ vt (room) arieggiare; (clothes) far prendere aria a; (grievances, ideas) esprimere pubblicamente ♦ cpd (*currents*) d'aria; (*attack*) aereo(a); **to throw sth into the ~** lanciare qc in aria; **by ~** (*travel*) in aereo; **on the ~** (*RADIO, TV*) in onda; **~bed** (*BRIT*) *n* materassino; **~ conditioning** *n* condizionamento d'aria; **~craft** *n inv* apparecchio; **~craft carrier** *n* portaerei *f inv*; **~field** *n* campo d'aviazione; **A~ Force** *n* aviazione *f* militare; **~ freshener** *n* deodorante *m* per ambienti; **~gun** *n* fucile *m* ad aria compressa; **~ hostess** (*BRIT*) *n* hostess *f inv*; **~ letter** (*BRIT*) *n* aerogramma *m*; **~lift** *n* ponte *m* aereo; **~line** *n* linea aerea; **~liner** *n* aereo di linea; **~mail** *n*: **by ~mail** per via aerea; **~ mattress** *n* materassino gonfiabile; **~plane** (*US*) *n* aeroplano; **~port** *n* aeroporto; **~ raid** *n* incursione *f* aerea; **~sick** *adj*: **to be ~sick** soffrire di mal d'aria; **~tight** *adj* ermetico(a); **~ traffic controller** *n* controllore *m* del traffico aereo; **~y** *adj* arioso(a); (*manners*) noncurante

aisle [aɪl] *n* (*of church*) navata laterale; navata centrale; (*of plane*) corridoio; **~ seat** *n* (*on plane*) posto sul corridoio

ajar [ə'dʒɑː*] *adj* socchiuso(a)

alarm [ə'lɑːm] *n* allarme *m* ♦ *vt* allarmare; **~ call** *n* (*in hotel etc*) sveglia; **~ clock** *n* sveglia

alas [ə'læs] *excl* ohimè!, ahimè!

albeit [ɔːl'biːɪt] *conj* sebbene +*sub*, benché +*sub*

album ['ælbəm] *n* album *m inv*

alcohol ['ælkəhɔl] *n* alcool *m*; **~ic** [-'hɔlɪk] *adj* alcolico(a) ♦ *n* alcolizzato/a

ale [eɪl] *n* birra

alert [ə'lɜːt] *adj* vigile ♦ *n* allarme *m* ♦ *vt* avvertire; mettere in guardia; **on the ~** all'erta

algebra ['ældʒɪbrə] *n* algebra

alias ['eɪlɪəs] *adv* alias ♦ *n* pseudonimo, falso nome *m*

alibi ['ælɪbaɪ] *n* alibi *m inv*

alien ['eɪlɪən] *n* straniero/a; (*extraterrestrial*) alieno/a ♦ *adj*: **~ (to)** estraneo(a) (a); **~ate** *vt* alienare

alight [ə'laɪt] *adj* acceso(a) ♦ *vi* scendere;

(*bird*) posarsi

alike [ə'laɪk] *adj* simile ♦ *adv* sia ... sia; **to look ~** assomigliarsi

alimony ['ælɪmənɪ] *n* (*payment*) alimenti *mpl*

alive [ə'laɪv] *adj* vivo(a); (*lively*) vivace

KEYWORD

all [ɔːl] *adj* tutto(a); **~ day** tutto il giorno; **~ night** tutta la notte; **~ men** tutti gli uomini; **~ five came** sono venuti tutti e cinque; **~ the books** tutti i libri; **~ the food** tutto il cibo; **~ the time** sempre; tutto il tempo; **~ his life** tutta la vita

♦ *pron* **1** tutto(a); **I ate it ~, I ate ~ of it** l'ho mangiato tutto; **~ of us went** siamo andati tutti; **~ of the boys went** tutti i ragazzi sono andati

2 (*in phrases*): **above ~** soprattutto; **after ~** dopotutto; **at ~: not at ~** (*in answer to question*) niente affatto; (*in answer to thanks*) prego!, di niente!, s'immagini!; **I'm not at ~ tired** non sono affatto stanco(a); **anything at ~ will do** andrà bene qualsiasi cosa; **~ in** tutto sommato

♦ *adv*: **~ alone** tutto(a) solo(a); **it's not as hard as ~ that** non è poi così difficile; **~ the more/the better** tanto più/meglio; **~ but** quasi; **the score is two ~** il punteggio è di due a due

allay [ə'leɪ] *vt* (*fears*) dissipare

all clear *n* (*also fig*) segnale *m* di cessato allarme

allegation [ælɪ'geɪʃən] *n* asserzione *f*

allege [ə'ledʒ] *vt* asserire; **~dly** [ə'ledʒɪdlɪ] *adv* secondo quanto si asserisce

allegiance [ə'liːdʒəns] *n* fedeltà

allergic [ə'lɜːdʒɪk] *adj*: **~ to** allergico(a) a

allergy ['ælədʒɪ] *n* allergia

alleviate [ə'liːvɪeɪt] *vt* sollevare

alley ['ælɪ] *n* vicolo

alliance [ə'laɪəns] *n* alleanza

allied ['ælaɪd] *adj* alleato(a)

all-in *adj* (*BRIT*: *also adv*: *charge*) tutto compreso

all-night *adj* aperto(a) (*or che dura*) tutta

la notte

allocate [ˈæləkeɪt] *vt* assegnare

allot [əˈlɔt] *vt* assegnare; **~ment** *n* assegnazione *f*; (*garden*) lotto di terra

all-out *adj* (*effort etc*) totale ♦ *adv*: **to go all out for** mettercela tutta per

allow [əˈlau] *vt* (*practice, behaviour*) permettere; (*allot*) accordare; (*sum, time estimated*) dare; (*concede*): **to ~ that** ammettere che; **to ~ sb to do** permettere a qn di fare; **he is ~ed to** lo può fare; **~ for** *vt fus* tener conto di; **~ance** *n* (*money received*) assegno; indennità *f inv*; (*TAX*) detrazione *f* di imposta; **to make ~ances for** tener conto di

alloy [ˈælɔɪ] *n* lega

all right *adv* (*feel, work*) bene; (*as answer*) va bene

all-round *adj* completo(a)

all-time *adj* (*record*) assoluto(a)

alluring [əˈljuərɪŋ] *adj* seducente

ally [ˈælaɪ] *n* alleato

almighty [ɔːlˈmaɪtɪ] *adj* onnipotente; (*row etc*) colossale

almond [ˈɑːmənd] *n* mandorla

almost [ˈɔːlməust] *adv* quasi

alone [əˈləun] *adj, adv* solo(a); **to leave sb ~** lasciare qn in pace; **to leave sth ~** lasciare stare qc; **let ~ ...** figuriamoci poi ..., tanto meno ....

along [əˈlɔŋ] *prep* lungo ♦ *adv*: **is he coming ~?** viene con noi?; **he was limping ~** veniva zoppicando; **~ with** insieme con; **all ~** (*all the time*) sempre, fin dall'inizio; **~side** *prep* accanto a; lungo ♦ *adv* accanto

aloof [əˈluːf] *adj* distaccato(a) ♦ *adv*: **to stand ~** tenersi a distanza *or* in disparte

aloud [əˈlaud] *adv* ad alta voce

alphabet [ˈælfəbet] *n* alfabeto

alpine [ˈælpaɪn] *adj* alpino(a)

Alps [ælps] *npl*: **the ~** le Alpi

already [ɔːlˈrɛdɪ] *adv* già

alright [ˈɔːlˈraɪt] (*BRIT*) *adv* = **all right**

Alsatian [ælˈseɪʃən] (*BRIT*) *n* (*dog*) pastore *m* tedesco, (*cane m*) lupo

also [ˈɔːlsəu] *adv* anche

altar [ˈɔltə*] *n* altare *m*

alter [ˈɔltə*] *vt, vi* alterare

alternate [*adj* ɔlˈtəːnɪt, *vb* ˈɔltəːneɪt] *adj* alterno(a); (*US: plan etc*) alternativo(a) ♦ *vi*: **to ~ (with)** alternarsi (con); **on ~ days** ogni due giorni; **alternating** [ˈɔltəːneɪtɪŋ] *adj* (*current*) alternato(a)

alternative [ɔlˈtəːnətɪv] *adj* alternativo(a) ♦ *n* (*choice*) alternativa; **~ly** *adv*: **~ly one could ...** come alternativa si potrebbe ...; **~ medicine** *n* medicina alternativa

alternator [ˈɔltəːneɪtə*] *n* (*AUT*) alternatore *m*

although [ɔːlˈðəu] *conj* benché +*sub*, sebbene +*sub*

altitude [ˈæltɪtjuːd] *n* altitudine *f*

alto [ˈæltəu] *n* contralto; (*male*) contraltino

altogether [ɔːltəˈgɛðə*] *adv* del tutto, completamente; (*on the whole*) tutto considerato; (*in all*) in tutto

aluminium [æljuˈmɪnɪəm] *n* alluminio

aluminum [əˈluːmɪnəm] (*US*) *n* = **aluminium**

always [ˈɔːlweɪz] *adv* sempre

Alzheimer's (disease) [ˈæltshaɪməz-] *n* (malattia di) Alzheimer

AM *n abbr* (= (*Welsh*) *Assembly Member*) deputato/a del Parlamento gallese

am [æm] *vb see* **be**

a.m. *adv abbr* (= *ante meridiem*) della mattina

amalgamate [əˈmælgəmeɪt] *vt* amalgamare ♦ *vi* amalgamarsi

amateur [ˈæmətə*] *n* dilettante *m/f* ♦ *adj* (*SPORT*) dilettante; **~ish** (*pej*) *adj* da dilettante

amaze [əˈmeɪz] *vt* stupire; **to be ~d (at)** essere sbalordito (da); **~ment** *n* stupore *m*; **amazing** *adj* sorprendente, sbalorditivo(a)

ambassador [æmˈbæsədə*] *n* ambasciatore/trice

amber [ˈæmbə*] *n* ambra; **at ~** (*BRIT: AUT*) giallo

ambiguous [æmˈbɪgjuəs] *adj* ambiguo(a)

ambition [æmˈbɪʃən] *n* ambizione *f*

ambitious [æmˈbɪʃəs] *adj* ambizioso(a)

ambulance [ˈæmbjuləns] *n* ambulanza

ambush ['æmbʊʃ] *n* imboscata ♦ *vt* fare un'imboscata a

amenable [ə'mi:nəbl] *adj*: ~ **to** (*advice etc*) ben disposto(a) a

amend [ə'mɛnd] *vt* (*law*) emendare; (*text*) correggere; **to make ~s** fare ammenda

amenities [ə'mi:nɪtɪz] *npl* attrezzature *fpl* ricreative e culturali

America [ə'mɛrɪkə] *n* America; ~**n** *adj, n* americano(a)

amiable ['eɪmɪəbl] *adj* amabile, gentile

amicable ['æmɪkəbl] *adj* amichevole

amid(st) [ə'mɪd(st)] *prep* fra, tra, in mezzo a

amiss [ə'mɪs] *adj, adv*: **there's something ~** c'è qualcosa che non va bene; **don't take it ~** non prendertela (a male)

ammonia [ə'məunɪə] *n* ammoniaca

ammunition [æmju'nɪʃən] *n* munizioni *fpl*

amok [ə'mɔk] *adv*: **to run ~** diventare pazzo(a) *or* furioso(a)

among(st) [ə'mʌŋ(st)] *prep* fra, tra, in mezzo a

amorous ['æmərəs] *adj* amoroso(a)

amount [ə'maunt] *n* somma; ammontare *m*; quantità *f inv* ♦ *vi*: **to ~ to** (*total*) ammontare a; (*be same as*) essere come

amp(ère) ['æmp(ɛə*)] *n* ampère *m inv*

ample ['æmpl] *adj* ampio(a); spazioso(a); (*enough*): **this is ~** questo è più che sufficiente

amplifier ['æmplɪfaɪə*] *n* amplificatore *m*

amuse [ə'mju:z] *vt* divertire; ~**ment** *n* divertimento; ~**ment arcade** *n* sala giochi; ~**ment park** *n* luna park *m inv*

an [æn] *indef art see* **a**

anaemic [ə'ni:mɪk] *adj* anemico(a)

anaesthetic [ænɪs'θɛtɪk] *adj* anestetico(a) ♦ *n* anestetico

analog(ue) ['ænəlɔg] *adj* (*watch, computer*) analogico(a)

analyse ['ænəlaɪz] (*BRIT*) *vt* analizzare

analysis [ə'næləsɪs] (*pl* **analyses**) *n* analisi *f inv*

analyst ['ænəlɪst] *n* (*POL etc*) analista *m/f*; (*US*) (psic)analista *m/f*

analyze ['ænəlaɪz] (*US*) *vt* = **analyse**

anarchy ['ænəkɪ] *n* anarchia

anatomy [ə'nætəmɪ] *n* anatomia

ancestor ['ænsɪstə*] *n* antenato/a

anchor ['æŋkə*] *n* ancora ♦ *vi* (*also*: **to drop ~**) gettare l'ancora ♦ *vt* ancorare; **to weigh ~** salpare *or* levare l'ancora

anchovy ['æntʃəvɪ] *n* acciuga

ancient ['eɪnʃənt] *adj* antico(a); (*person, car*) vecchissimo(a)

ancillary [æn'sɪlərɪ] *adj* ausiliario(a)

and [ænd] *conj* e (*often* ed *before vowel*); ~ **so on** e così via; **try ~** come cerca di venire; **he talked ~ talked** non la finiva di parlare; **better ~ better** sempre meglio

anemic [ə'ni:mɪk] (*US*) *adj* = **anaemic**

anesthetic [ænɪs'θɛtɪk] (*US*) *adj, n* = **anaesthetic**

anew [ə'nju:] *adv* di nuovo

angel ['eɪndʒəl] *n* angelo

anger ['æŋgə*] *n* rabbia

angina [æn'dʒaɪnə] *n* angina pectoris

angle ['æŋgl] *n* angolo; **from their ~** dal loro punto di vista

Anglican ['æŋglɪkən] *adj, n* anglicano(a)

angling ['æŋglɪŋ] *n* pesca con la lenza

Anglo- ['æŋgləu] *prefix* anglo....

angrily ['æŋgrɪlɪ] *adv* con rabbia

angry ['æŋgrɪ] *adj* arrabbiato(a), furioso(a); (*wound*) infiammato(a); **to be ~ with sb/at sth** essere in collera con qn/per qc; **to get ~** arrabbiarsi; **to make sb ~** fare arrabbiare qn

anguish ['æŋgwɪʃ] *n* angoscia

animal ['ænɪməl] *adj* animale ♦ *n* animale *m*

animate ['ænɪmɪt] *adj* animato(a)

animated ['ænɪmeɪtɪd] *adj* animato(a)

aniseed ['ænɪsi:d] *n* semi *mpl* di anice

ankle ['æŋkl] *n* caviglia; ~ **sock** *n* calzino

annex [*n* 'ænɛks, *vb* ə'nɛks] *n* (*also*: *BRIT*: **annexe**) (edificio) annesso ♦ *vt* annettere

anniversary [ænɪ'və:sərɪ] *n* anniversario

announce [ə'nauns] *vt* annunciare; ~**ment** *n* annuncio; (*letter, card*) partecipazione *f*; ~**r** *n* (*RADIO, TV*: *between programmes*) annunciatore/trice; (: *in a programme*) presentatore/trice

annoy [ə'nɔɪ] *vt* dare fastidio a; **don't get**

~ed! non irritarti!; **~ance** n fastidio; (*cause of ~ance*) noia; **~ing** adj noioso(a)

annual ['ænjuəl] adj annuale ♦ n (BOT) pianta annua; (*book*) annuario

annul [ə'nʌl] vt annullare

annum ['ænəm] n see **per**

anonymous [ə'nɔnɪməs] adj anonimo(a)

anorak ['ænəræk] n giacca a vento

anorexia [ænə'reksɪə] n (MED) anoressia

another [ə'nʌðə*] adj: ~ **book** (*one more*) un altro libro, ancora un libro; (*a different one*) un altro libro ♦ pron un altro(un'altra), ancora uno(a); *see also* **one**

answer ['ɑːnsə*] n risposta; soluzione f ♦ vi rispondere ♦ vt (*reply to*) rispondere a; (*problem*) risolvere; (*prayer*) esaudire; **in ~ to your letter** in risposta alla sua lettera; **to ~ the phone** rispondere (al telefono); **to ~ the bell** rispondere al campanello; **to ~ the door** aprire la porta; **~ back** vi ribattere; **~ for** vt fus essere responsabile di; **~ to** vt fus (*description*) corrispondere a; **~able** adj: **~able (to sb/for sth)** responsabile (verso qn/di qc); **~ing machine** n segreteria (telefonica) automatica

ant [ænt] n formica

antagonism [æn'tægənɪzəm] n antagonismo

antagonize [æn'tægənaɪz] vt provocare l'ostilità di

Antarctic [ænt'ɑːktɪk] n: **the ~** l'Antartide f

antenatal ['æntɪ'neɪtl] adj prenatale; **~ clinic** n assistenza medica preparto

anthem ['ænθəm] n: **national ~** inno nazionale

antibiotic ['æntɪbaɪ'ɔtɪk] n antibiotico

antibody ['æntɪbɔdɪ] n anticorpo

anticipate [æn'tɪsɪpeɪt] vt prevedere; pregustare; (*wishes, request*) prevenire

anticipation [æntɪsɪ'peɪʃən] n anticipazione f; (*expectation*) aspettative fpl

anticlimax ['æntɪ'klaɪmæks] n: **it was an ~** fu una completa delusione

anticlockwise ['æntɪ'klɔkwaɪz] adj, adv in senso antiorario

antics ['æntɪks] npl buffonerie fpl

antidepressant ['æntɪdɪ'prɛsnt] n antidepressivo

antifreeze ['æntɪ'friːz] n anticongelante m

antihistamine [æntɪ'hɪstəmɪn] n antistaminico

antiquated ['æntɪkweɪtɪd] adj antiquato(a)

antique [æn'tiːk] n antichità f inv ♦ adj antico(a); **~ dealer** n antiquario/a; **~ shop** n negozio d'antichità

anti-Semitism ['æntɪ'sɛmɪtɪzəm] n antisemitismo

antiseptic [æntɪ'sɛptɪk] n antisettico

antisocial ['æntɪ'səuʃəl] adj asociale

antlers ['æntləz] npl palchi mpl

anvil ['ænvɪl] n incudine f

anxiety [æŋ'zaɪətɪ] n ansia

anxious ['æŋkʃəs] adj ansioso(a), inquieto(a); (*worrying*) angosciante; (*keen*): **~ to do/that** impaziente di fare/che +*sub*

KEYWORD

any ['ɛnɪ] adj **1** (*in questions etc*): **have you ~ butter?** hai del burro?, hai un po' di burro?; **have you ~ children?** hai bambini?; **if there are ~ tickets left** se ci sono ancora (dei) biglietti, se c'è ancora qualche biglietto

2 (*with negative*): **I haven't ~ money/ books** non ho soldi/libri

3 (*no matter which*) qualsiasi, qualunque; **choose ~ book you like** scegli un libro qualsiasi

4 (*in phrases*): **in ~ case** in ogni caso; **~ day now** da un giorno all'altro; **at ~ moment** in qualsiasi momento, da un momento all'altro; **at ~ rate** ad ogni modo

♦ pron **1** (*in questions, with negative*): **have you got ~?** ne hai?; **can ~ of you sing?** qualcuno di voi sa cantare?; **I haven't ~ (of them)** non ne ho

2 (*no matter which one(s)*): **take ~ of those books (you like)** prendi uno qualsiasi di quei libri

♦ adv **1** (*in questions etc*): **do you want ~ more soup/sandwiches?** vuoi ancora un po' di minestra/degli altri panini?; **are you feeling ~ better?** ti senti meglio?

2 (*with negative*): **I can't hear him ~ more**

non lo sento più; **don't wait ~ longer** non aspettare più

---

anybody ['ɛnɪbɔdɪ] *pron* (*in questions etc*) qualcuno, nessuno; (*with negative*) nessuno; (*no matter who*) chiunque; **can you see ~?** vedi qualcuno *or* nessuno?; **if ~ should phone ...** se telefona qualcuno ...; **I can't see ~** non vedo nessuno; **~ could do it** chiunque potrebbe farlo

anyhow ['ɛnɪhau] *adv* (*at any rate*) ad ogni modo, comunque; (*haphazard*): **do it ~ you like** fallo come ti pare; **I shall go ~** ci andrò lo stesso *or* comunque; **she leaves things just ~** lascia tutto come capita

anyone ['ɛnɪwʌn] *pron* = **anybody**

anything ['ɛnɪθɪŋ] *pron* (*in question etc*) qualcosa, niente; (*with negative*) niente; (*no matter what*): **you can say ~ you like** puoi dire quello che ti pare; **can you see ~?** vedi niente *or* qualcosa?; **if ~ happens to me ...** se mi dovesse succedere qualcosa ...; **I can't see ~** non vedo niente; **~ will do** va bene qualsiasi cosa *or* tutto

anyway ['ɛnɪweɪ] *adv* (*at any rate*) ad ogni modo, comunque; (*besides*) ad ogni modo

anywhere ['ɛnɪwɛə*] *adv* (*in questions etc*) da qualche parte; (*with negative*) da nessuna parte; (*no matter where*) da qualsiasi *or* qualunque parte, dovunque; **can you see him ~?** lo vedi da qualche parte?; **I can't see him ~** non lo vedo da nessuna parte; **~ in the world** dovunque nel mondo

apart [ə'pɑːt] *adv* (*to one side*) a parte; (*separately*) separatamente; **with one's legs ~** con le gambe divaricate; **10 miles ~** a 10 miglia di distanza (l'uno dall'altro); **to take ~** smontare; **~ from** a parte, eccetto

apartheid [ə'pɑːteɪt] *n* apartheid *f*

apartment [ə'pɑːtmənt] *n* (*US*) appartamento; (*room*) locale *m*; **building** (*US*) stabile *m*, caseggiato

ape [eɪp] *n* scimmia ♦ *vt* scimmiottare

apéritif [ə'pɛrɪtɪv] *n* aperitivo

aperture ['æpətʃuə*] *n* apertura

APEX *n abbr* (= *advance purchase excursion*) APEX *m inv*

apologetic [əpɔlə'dʒɛtɪk] *adj* (*tone, letter*) di scusa

apologize [ə'pɔlədʒaɪz] *vi*: **to ~ (for sth to sb)** scusarsi (di qc a qn), chiedere scusa (a qn per qc)

apology [ə'pɔlədʒɪ] *n* scuse *fpl*

apostle [ə'pɔsl] *n* apostolo

apostrophe [ə'pɔstrəfɪ] *n* (*sign*) apostrofo

appal [ə'pɔːl] *vt* scioccare; **~ling** *adj* spaventoso(a)

apparatus [æpə'reɪtəs] *n* apparato; (*in gymnasium*) attrezzatura

apparel [ə'pærl] (*US*) *n* abbigliamento, confezioni *fpl*

apparent [ə'pærənt] *adj* evidente; **~ly** *adv* evidentemente

appeal [ə'piːl] *vi* (*LAW*) appellarsi alla legge ♦ *n* (*LAW*) appello; (*request*) richiesta; (*charm*) attrattiva; **to ~ for** chiedere (con insistenza); **to ~ to** (*subj: person*) appellarsi a; (*subj: thing*) piacere a; **it doesn't ~ to me** mi dice poco; **~ing** *adj* (*nice*) attraente

appear [ə'pɪə*] *vi* apparire; (*LAW*) comparire; (*publication*) essere pubblicato(a); (*seem*) sembrare; **it would ~ that** sembra che; **~ance** *n* apparizione *f*; apparenza; (*look, aspect*) aspetto

appease [ə'piːz] *vt* calmare, appagare

appendicitis [əpɛndɪ'saɪtɪs] *n* appendicite *f*

appendix [ə'pɛndɪks] (*pl* **appendices**) *n* appendice *f*

appetite ['æpɪtaɪt] *n* appetito

appetizer ['æpɪtaɪzə*] *n* stuzzichino

applaud [ə'plɔːd] *vt, vi* applaudire

applause [ə'plɔːz] *n* applauso

apple ['æpl] *n* mela; **~ tree** *n* melo

appliance [ə'plaɪəns] *n* apparecchio

applicant ['æplɪkənt] *n* candidato/a

application [æplɪ'keɪʃən] *n* applicazione *f*; (*for a job, a grant etc*) domanda; **~ form** *n* modulo per la domanda

applied [ə'plaɪd] *adj* applicato(a)

apply [ə'plaɪ] *vt*: **to ~ (to)** (*paint, ointment*) dare (a); (*theory, technique*) applicare (a) ♦ *vi*: **to ~ to** (*ask*) rivolgersi a; (*be suitable for, relevant to*) riguardare, riferirsi a; **to ~**

(for) (*permit, grant, job*) fare domanda (per); **to ~ o.s. to** dedicarsi a

appoint [ə'pɔɪnt] *vt* nominare; **~ed** *adj*: **at the ~ed time** all'ora stabilita; **~ment** *n* nomina; (*arrangement to meet*) appuntamento; **to make an ~ment (with)** prendere un appuntamento (con)

appraisal [ə'preɪzl] *n* valutazione *f*

appreciate [ə'priːʃɪeɪt] *vt* (*like*) apprezzare; (*be grateful for*) essere riconoscente di; (*be aware of*) rendersi conto di ♦ *vi* (*FINANCE*) aumentare; **I'd ~ your help** ti sono grato per l'aiuto

appreciation [əpriːʃɪ'eɪʃən] *n* apprezzamento; (*FINANCE*) aumento del valore

appreciative [ə'priːʃɪətɪv] *adj* (*person*) sensibile; (*comment*) elogiativo(a)

apprehend [æprɪ'hɛnd] *vt* (*arrest*) arrestare

apprehension [æprɪ'hɛnʃən] *n* (*fear*) inquietudine *f*

apprehensive [æprɪ'hɛnsɪv] *adj* apprensivo(a)

apprentice [ə'prɛntɪs] *n* apprendista *m/f*; **~ship** *n* apprendistato

approach [ə'prəʊtʃ] *vi* avvicinarsi ♦ *vt* (*come near*) avvicinarsi a; (*ask, apply to*) rivolgersi a; (*subject, passer-by*) avvicinare ♦ *n* approccio; accesso; (*to problem*) modo di affrontare; **~able** *adj* accessibile

appropriate [*adj* ə'prəʊprɪɪt, *vb* ə'prəʊprɪeɪt] *adj* appropriato(a); adatto(a) ♦ *vt* (*take*) appropriarsi

approval [ə'pruːvəl] *n* approvazione *f*; **on ~** (*COMM*) in prova, in esame

approve [ə'pruːv] *vt, vi* approvare; **~ of** *vt fus* approvare

approximate [ə'prɔksɪmɪt] *adj* approssimativo(a); **~ly** *adv* circa

apricot ['eɪprɪkɔt] *n* albicocca

April ['eɪprəl] *n* aprile *m*; **~ fool!** pesce d'aprile!

April Fool's Day

i **April Fool's Day** è il primo aprile, il giorno degli scherzi e delle burle. Il nome deriva dal fatto che, se una persona cade nella trappola che gli è stata tesa, fa la figura del **fool**, cioè dello sciocco.

apron ['eɪprən] *n* grembiule *m*

apt [æpt] *adj* (*suitable*) adatto(a); (*able*) capace; (*likely*): **to be ~ to do** avere tendenza a fare

aquarium [ə'kwɛərɪəm] *n* acquario

Aquarius [ə'kwɛərɪəs] *n* Acquario

Arab ['ærəb] *adj, n* arabo(a)

Arabian [ə'reɪbɪən] *adj* arabo(a)

Arabic ['ærəbɪk] *adj* arabico(a), arabo(a) ♦ *n* arabo; **~ numerals** numeri *mpl* arabi

arbitrary ['ɑːbɪtrərɪ] *adj* arbitrario(a)

arbitration [ɑːbɪ'treɪʃən] *n* (*LAW*) arbitrato; (*INDUSTRY*) arbitraggio

arcade [ɑː'keɪd] *n* portico; (*passage with shops*) galleria

arch [ɑːtʃ] *n* arco; (*of foot*) arco plantare ♦ *vt* inarcare

archaeologist [ɑːkɪ'ɔlədʒɪst] *n* archeologo/a

archaeology [ɑːkɪ'ɔlədʒɪ] *n* archeologia

archbishop [ɑːtʃ'bɪʃəp] *n* arcivescovo

archeology [ɑːkɪ'ɔlədʒɪ] *etc* (*US*) = **archaeology** *etc*

archery ['ɑːtʃərɪ] *n* tiro all'arco

architect ['ɑːkɪtɛkt] *n* architetto; **~ure** ['ɑːkɪtɛktʃə*] *n* architettura

archives ['ɑːkaɪvz] *npl* archivi *mpl*

Arctic ['ɑːktɪk] *adj* artico(a) ♦ *n*: **the ~** l'Artico

ardent ['ɑːdənt] *adj* ardente

are [ɑː*] *vb see* **be**; **~n't** [ɑːnt] = **~ not**

area ['ɛərɪə] *n* (*GEOM*) area; (*zone*) zona; (: *smaller*) settore *m*

Argentina [ɑːdʒən'tiːnə] *n* Argentina; **Argentinian** [-'tɪnɪən] *adj, n* argentino(a)

arguably ['ɑːgjʊəblɪ] *adv*: **it is ~ ...** si può sostenere che sia ...

argue ['ɑːgjuː] *vi* (*quarrel*) litigare; (*reason*) ragionare; **to ~ that** sostenere che

argument ['ɑːgjumənt] *n* (*reasons*) argomento; (*quarrel*) lite *f*; **~ative** [ɑːgjuː'mɛntətɪv] *adj* litigioso(a)

Aries ['ɛərɪz] *n* Ariete *m*

arise [ə'raɪz] (*pt* **arose**, *pp* **arisen**) *vi* (*opportunity, problem*) presentarsi

aristocrat ['ærɪstəkræt] *n* aristocratico/a
arithmetic [ə'rɪθmətɪk] *n* aritmetica
ark [ɑːk] *n*: **Noah's A~** l'arca di Noè
arm [ɑːm] *n* braccio ♦ *vt* armare; **~s** *npl* (*weapons*) armi *fpl*; **in ~** a braccetto
armaments ['ɑːməmənts] *npl* armamenti *mpl*
arm: **~chair** *n* poltrona; **~ed** *adj* armato(a); **~ed robbery** *n* rapina a mano armata
armour ['ɑːmə*] (*US* **armor**) *n* armatura; (*MIL*: *tanks*) mezzi *mpl* blindati; **~ed car** *n* autoblinda *f inv*
armpit ['ɑːmpɪt] *n* ascella
armrest ['ɑːmrest] *n* bracciolo
army ['ɑːmɪ] *n* esercito
aroma [ə'rəumə] *n* aroma; **~therapy** *n* aromaterapia
arose [ə'rəuz] *pt of* **arise**
around [ə'raund] *adv* attorno, intorno ♦ *prep* intorno a; (*fig*: *about*): **~ £5 / 3 o'clock** circa 5 sterline/le 3; **is he ~?** è in giro?
arouse [ə'rauz] *vt* (*sleeper*) svegliare; (*curiosity*, *passions*) suscitare
arrange [ə'reɪndʒ] *vt* sistemare; (*programme*) preparare; **to ~ to do sth** mettersi d'accordo per fare qc; **~ment** *n* sistemazione *f*; (*agreement*) accordo; **~ments** *npl* (*plans*) progetti *mpl*, piani *mpl*
array [ə'reɪ] *n*: **~ of** fila di
arrears [ə'rɪəz] *npl* arretrati *mpl*; **to be in ~ with one's rent** essere in arretrato con l'affitto
arrest [ə'rest] *vt* arrestare; (*sb's attention*) attirare ♦ *n* arresto; **under ~** in arresto
arrival [ə'raɪvl] *n* arrivo; (*person*) arrivato/a; **a new ~** un nuovo venuto; (*baby*) un neonato
arrive [ə'raɪv] *vi* arrivare
arrogant ['ærəgənt] *adj* arrogante
arrow ['ærəu] *n* freccia
arse [ɑːs] (*infl*) *n* culo (!)
arson ['ɑːsn] *n* incendio doloso
art [ɑːt] *n* arte *f*; (*craft*) mestiere *m*; **A~s** *npl* (*SCOL*) Lettere *fpl*
artery ['ɑːtərɪ] *n* arteria

art gallery *n* galleria d'arte
arthritis [ɑː'θraɪtɪs] *n* artrite *f*
artichoke ['ɑːtɪtʃəuk] *n* carciofo; **Jerusalem ~** topinambur *m inv*
article ['ɑːtɪkl] *n* articolo; **~s** *npl* (*BRIT*: *LAW*: *training*) contratto di tirocinio; **~ of clothing** capo di vestiario
articulate [*adj* ɑː'tɪkjulɪt, *vb* ɑː'tɪkjuleɪt] *adj* (*person*) che si esprime forbitamente; (*speech*) articolato(a) ♦ *vi* articolare; **~d lorry** (*BRIT*) *n* autotreno
artificial [ɑːtɪ'fɪʃəl] *adj* artificiale; **~ respiration** *n* respirazione *f* artificiale
artist ['ɑːtɪst] *n* artista *m/f*; **~ic** [ɑː'tɪstɪk] *adj* artistico(a); **~ry** *n* arte *f*
art school *n* scuola d'arte

KEYWORD
---

as [æz] *conj* **1** (*referring to time*) mentre; **~ the years went by** col passare degli anni; **he came in ~ I was leaving** arrivò mentre stavo uscendo; **~ from tomorrow** da domani
2 (*in comparisons*): **~ big ~** grande come; **twice ~ big ~** due volte più grande di; **~ much / many ~** tanto quanto/tanti quanti; **~ soon ~ possible** prima possibile
3 (*since, because*) dal momento che, siccome
4 (*referring to manner, way*) come; **do ~ you wish** fa' come vuoi; **~ she said** come ha detto lei
5 (*concerning*): **~ for** *or* **to that** per quanto riguarda *or* quanto a quello
6: **~ if** *or* **though** come se; **he looked ~ if he was ill** sembrava stare male; *see also* **long**; **such**; **well**
♦ *prep*: **he works ~ a driver** fa l'autista; **~ chairman of the company, he ...** come presidente della compagnia, lui ...; **he gave me it ~ a present** me lo ha regalato

a.s.a.p. *abbr* = **as soon as possible**
ascend [ə'send] *vt* salire
ascertain [æsə'teɪn] *vt* accertare
ash [æʃ] *n* (*dust*) cenere *f*; (*wood, tree*) frassino

ashamed [əˈʃeɪmd] adj vergognoso(a); **to be ~ of** vergognarsi di

ashore [əˈʃɔː*] adv a terra

ashtray [ˈæʃtreɪ] n portacenere m

Ash Wednesday n mercoledì m inv delle Ceneri

Asia [ˈeɪʃə] n Asia; **~n** adj, n asiatico(a)

aside [əˈsaɪd] adv da parte ♦ n a parte m

ask [ɑːsk] vt (question) domandare; (invite) invitare; **to ~ sb sth/sb to do sth** chiedere qc a qn/a qn di fare qc; **to ~ sb about sth** chiedere a qn di qc; **to ~ (sb) a question** fare una domanda (a qn); **to ~ sb out to dinner** invitare qn a mangiare fuori; **~ after** vt fus chiedere di; **~ for** vt fus chiedere; (trouble etc) cercare

asleep [əˈsliːp] adj addormentato(a); **to be ~** dormire; **to fall ~** addormentarsi

asparagus [əsˈpærəgəs] n asparagi mpl

aspect [ˈæspekt] n aspetto

aspersions [əsˈpəːʃənz] npl: **to cast ~ on** diffamare

asphyxiation [æsfɪksɪˈeɪʃən] n asfissia

aspire [əsˈpaɪə*] vi: **to ~ to** aspirare a

aspirin [ˈæsprɪn] n aspirina

ass [æs] n asino; (inf) scemo/a; (US: inf!) culo (!)

assailant [əˈseɪlənt] n assalitore m

assassinate [əˈsæsɪneɪt] vt assassinare; **assassination** [əsæsɪˈneɪʃən] n assassinio

assault [əˈsɔːlt] n (MIL) assalto; (gen: attack) aggressione f ♦ vt assaltare; aggredire; (sexually) violentare

assemble [əˈsɛmbl] vt riunire; (TECH) montare ♦ vi riunirsi

assembly [əˈsɛmblɪ] n (meeting) assemblea; (construction) montaggio; **~ line** n catena di montaggio

assent [əˈsɛnt] n assenso, consenso

assert [əˈsəːt] vt asserire; (insist on) far valere

assess [əˈsɛs] vt valutare; **~ment** n valutazione f

asset [ˈæsɛt] n vantaggio; **~s** npl (FINANCE: of individual) beni mpl; (: of company) attivo

assign [əˈsaɪn] vt: **to ~ (to)** (task) assegnare

(a); (resources) riservare (a); (cause, meaning) attribuire (a); **to ~ a date to sth** fissare la data di qc; **~ment** n compito

assist [əˈsɪst] vt assistere, aiutare; **~ance** n assistenza, aiuto; **~ant** n assistente m/f; (BRIT: also: **shop ~ant**) commesso/a

associate [adj, n əˈsəʊʃɪɪt, vb əˈsəʊʃɪeɪt] adj associato(a); (member) aggiunto(a) ♦ n collega m/f ♦ vt associare ♦ vi: **to ~ with sb** frequentare qn

association [əsəʊsɪˈeɪʃən] n associazione f

assorted [əˈsɔːtɪd] adj assortito(a)

assortment [əˈsɔːtmənt] n assortimento

assume [əˈsjuːm] vt supporre; (responsibilities etc) assumere; (attitude, name) prendere

assumption [əˈsʌmpʃən] n supposizione f, ipotesi f inv; (of power) assunzione f

assurance [əˈʃuərəns] n assicurazione f; (self-confidence) fiducia in se stesso

assure [əˈʃuə*] vt assicurare

asthma [ˈæsmə] n asma

astonish [əˈstɒnɪʃ] vt stupire; **~ment** n stupore m

astound [əˈstaʊnd] vt sbalordire

astray [əˈstreɪ] adv: **to go ~** smarrirsi; **to lead ~** portare sulla cattiva strada

astride [əˈstraɪd] prep a cavalcioni di

astrology [əsˈtrɒlədʒɪ] n astrologia

astronaut [ˈæstrənɔːt] n astronauta m/f

astronomy [əsˈtrɒnəmɪ] n astronomia

asylum [əˈsaɪləm] n asilo; (building) manicomio

KEYWORD

---

at [æt] prep 1 (referring to position, direction) a; **~ the top** in cima; **~ the desk** al banco, alla scrivania; **~ home/school** a casa/ scuola; **~ the baker's** dal panettiere; **to look ~ sth** guardare qc; **to throw sth ~ sb** lanciare qc a qn

2 (referring to time) a; **~ 4 o'clock** alle 4; **~ night** di notte; **~ Christmas** a Natale; **~ times** a volte

3 (referring to rates, speed etc) a; **~ £1 a kilo** a 1 sterlina al chilo; **two ~ a time** due alla volta, due per volta; **~ 50 km/h** a

50 km/h
4 (*referring to manner*): ~ **a stroke** d'un
solo colpo; ~ **peace** in pace
5 (*referring to activity*): **to be ~ work** essere
al lavoro; **to play ~ cowboys** giocare ai
cowboy; **to be good ~ sth/doing sth**
essere bravo in qc/a fare qc
6 (*referring to cause*): **shocked/**
surprised/annoyed ~ sth colpito da/
sorpreso da/arrabbiato per qc; **I went ~ his**
suggestion ci sono andato dietro suo
consiglio

ate [eɪt] *pt of* eat
atheist [ˈeɪθɪɪst] *n* ateo/a
Athens [ˈæθɪnz] *n* Atene *f*
athlete [ˈæθliːt] *n* atleta *m/f*
athletic [æθˈletɪk] *adj* atletico(a); **~s** *n*
atletica
Atlantic [atˈlæntɪk] *adj* atlantico(a) ♦ *n*: **the**
~ (Ocean) l'Atlantico, l'Oceano Atlantico
atlas [ˈætləs] *n* atlante *m*
ATM *n abbr* (= *automated telling machine*)
cassa automatica prelievi, sportello
automatico
atmosphere [ˈætməsfɪə*] *n* atmosfera
atom [ˈætəm] *n* atomo; **~ic** [əˈtɒmɪk] *adj*
atomico(a); **~(ic) bomb** *n* bomba
atomica; **~izer** [ˈætəmaɪzə*] *n* atomizzatore
m
atone [əˈtəun] *vi*: **to ~ for** espiare
atrocious [əˈtrəuʃəs] *adj* pessimo(a), atroce
attach [əˈtætʃ] *vt* attaccare; (*document*,
letter) allegare; (*importance etc*) attribuire;
to be ~ed to sb/sth (*to like*) essere
affezionato(a) a qn/qc
attaché case [əˈtæʃeɪ-] *n* valigetta per
documenti
attachment [əˈtætʃmənt] *n* (*tool*)
accessorio; (*love*): ~ **(to)** affetto (per)
attack [əˈtæk] *vt* attaccare; (*person*)
aggredire; (*task etc*) iniziare; (*problem*)
affrontare ♦ *n* attacco; **heart ~** infarto; **~er**
n aggressore *m*
attain [əˈteɪn] *vt* (*also*: **to ~ to**) arrivare a,
raggiungere
attempt [əˈtempt] *n* tentativo ♦ *vt* tentare;

to make an ~ on sb's life attentare alla
vita di qn
attend [əˈtend] *vt* frequentare; (*meeting*,
talk) andare a; (*patient*) assistere; ~ **to** *vt*
fus (*needs, affairs etc*) prendersi cura di;
(*customer*) occuparsi di; **~ance** *n* (*being*
present) presenza; (*people present*) gente *f*
presente; **~ant** *n* custode *m/f*; persona di
servizio ♦ *adj* concomitante
attention [əˈtenʃən] *n* attenzione *f* ♦ *excl*
(*MIL*) attenti!; **for the ~ of** (*ADMIN*) per
l'attenzione di
attentive [əˈtentɪv] *adj* attento(a); (*kind*)
premuroso(a)
attic [ˈætɪk] *n* soffitta
attitude [ˈætɪtjuːd] *n* atteggiamento; posa
attorney [əˈtəːnɪ] *n* (*lawyer*) avvocato;
(*having proxy*) mandatario; **A~ General** *n*
(*BRIT*) Procuratore *m* Generale; (*US*) Ministro
della Giustizia
attract [əˈtrækt] *vt* attirare; **~ion** [əˈtrækʃən]
n (*gen pl: pleasant things*) attrattiva;
(*PHYSICS, fig: towards sth*) attrazione *f*; **~ive**
adj attraente
attribute [*n* ˈætrɪbjuːt, *vb* əˈtrɪbjuːt] *n*
attributo ♦ *vt*: **to ~ sth to** attribuire qc a
attrition [əˈtrɪʃən] *n*: **war of ~** guerra di
logoramento
aubergine [ˈəubəʒiːn] *n* melanzana
auburn [ˈɔːbən] *adj* tizianesco(a)
auction [ˈɔːkʃən] *n* (*also*: **sale by ~**) asta
♦ *vt* (*also*: **to sell by ~**) vendere all'asta;
(*also*: **to put up for ~**) mettere all'asta;
~eer [-ˈnɪə*] *n* banditore *m*
audible [ˈɔːdɪbl] *adj* udibile
audience [ˈɔːdɪəns] *n* (*people*) pubblico;
spettatori *mpl*; ascoltatori *mpl*; (*interview*)
udienza
audio-typist [ˈɔːdɪəuˈtaɪpɪst] *n* dattilografo/a
che trascrive da nastro
audio-visual [ɔːdɪəuˈvɪzjuəl] *adj*
audiovisivo(a); **~ aid** *n* sussidio audiovisivo
audit [ˈɔːdɪt] *vt* rivedere, verificare
audition [ɔːˈdɪʃən] *n* audizione *f*
auditor [ˈɔːdɪtə*] *n* revisore *m*
augment [ɔːgˈment] *vt, vi* aumentare
augur [ˈɔːgə*] *vi*: **it ~s well** promette bene

August ['ɔ:gəst] *n* agosto

aunt [ɑ:nt] *n* zia; **~ie** *or* **~y** *n* zietta

au pair ['əu'pɛə*] *n* (*also:* **~ girl**) (ragazza *f*) alla pari *inv*

auspicious [ɔ:s'pɪʃəs] *adj* propizio(a)

Australia [ɔs'treɪlɪə] *n* Australia; **~n** *adj, n* australiano(a)

Austria ['ɔstrɪə] *n* Austria; **~n** *adj, n* austriaco(a)

authentic [ɔ:'θentɪk] *adj* autentico(a)

author ['ɔ:θə*] *n* autore/trice

authoritarian [ɔ:θɔrɪ'tɛərɪən] *adj* autoritario(a)

authoritative [ɔ:'θɔrɪtətɪv] *adj* (*account etc*) autorevole; (*manner*) autoritario(a)

authority [ɔ:'θɔrɪtɪ] *n* autorità *f inv*; (*permission*) autorizzazione *f*; **the authorities** *npl* (*government etc*) le autorità

authorize ['ɔ:θəraɪz] *vt* autorizzare

auto ['ɔ:təu] (*US*) *n* auto *f inv*

autobiography [ɔ:təbaɪ'ɔgrəfɪ] *n* autobiografia

autograph ['ɔ:təgrɑ:f] *n* autografo ♦ *vt* firmare

automatic [ɔ:tə'mætɪk] *adj* automatico(a) ♦ *n* (*gun*) arma automatica; (*washing machine*) lavatrice *f* automatica; (*car*) automobile *f* con cambio automatico; **~ally** *adv* automaticamente

automation [ɔ:tə'meɪʃən] *n* automazione *f*

automobile ['ɔ:təməbi:l] (*US*) *n* automobile *f*

autonomy [ɔ:'tɔnəmɪ] *n* autonomia

autumn ['ɔ:təm] *n* autunno

auxiliary [ɔ:g'zɪlɪərɪ] *adj* ausiliario(a) ♦ *n* ausiliare *m/f*

Av. *abbr* = **avenue**

avail [ə'veɪl] *vt*: **to ~ o.s. of** servirsi di; approfittarsi di ♦ *n*: **to no ~** inutilmente

available [ə'veɪləbl] *adj* disponibile

avalanche ['ævəlɑ:nʃ] *n* valanga

avant-garde ['ævɑ̃'gɑ:d] *adj* d'avanguardia

Ave. *abbr* = **avenue**

avenge [ə'vendʒ] *vt* vendicare

avenue ['ævənju:] *n* viale *m*; (*fig*) strada, via

average ['ævərɪdʒ] *n* media ♦ *adj* medio(a)

♦ *vt* (*a certain figure*) fare di *or* in media; **on ~** in media; **~ out** *vi*: **to ~ out at** aggirarsi in media su, essere in media di

averse [ə'və:s] *adj*: **to be ~ to sth/doing** essere contrario a qc/a fare

avert [ə'və:t] *vt* evitare, prevenire; (*one's eyes*) distogliere

aviary ['eɪvɪərɪ] *n* voliera, uccelliera

avid ['ævɪd] *adj* (*supporter etc*) accanito(a)

avocado [ævə'kɑ:dəu] *n* (*also:* BRIT: **~ pear**) avocado *m inv*

avoid [ə'vɔɪd] *vt* evitare

await [ə'weɪt] *vt* aspettare

awake [ə'weɪk] (*pt* **awoke**, *pp* **awoken**, **awaked**) *adj* sveglio(a) ♦ *vt* svegliare ♦ *vi* svegliarsi; **~ning** ['weɪknɪŋ] *n* risveglio

award [ə'wɔ:d] *n* premio; (*LAW*) risarcimento ♦ *vt* assegnare; (*LAW: damages*) accordare

aware [ə'wɛə*] *adj*: **~ of** (*conscious*) conscio(a) di; (*informed*) informato(a) di; **to become ~ of** accorgersi di; **~ness** *n* consapevolezza

away [ə'weɪ] *adj, adv* via; lontano(a); **two kilometres ~** a due chilometri di distanza; **two hours ~ by car** a due ore di distanza in macchina; **the holiday was two weeks ~** mancavano due settimane alle vacanze; **he's ~ for a week** è andato via per una settimana; **to take ~** togliere; **he was working/pedalling** *etc* **~** la particella *indica la continuità o l'energia dell'azione:* lavorava/pedalava *etc* più che poteva; **to fade/wither** *etc* **~** la particella rinforza l'idea della diminuzione; **~ game** *n* (*SPORT*) partita fuori casa

awe [ɔ:] *n* timore *m*; **~-inspiring** imponente; **~some** *adj* imponente

awful ['ɔ:fəl] *adj* terribile; **an ~ lot of** un mucchio di; **~ly** *adv* (*very*) terribilmente

awkward ['ɔ:kwəd] *adj* (*clumsy*) goffo(a); (*inconvenient*) scomodo(a); (*embarrassing*) imbarazzante

awning ['ɔ:nɪŋ] *n* (*of shop, hotel etc*) tenda

awoke [ə'wəuk] *pt of* **awake**

awoken [ə'wəukn] *pp of* **awake**

awry [ə'raɪ] *adv* di traverso

axe [æks] (*US* **ax**) *n* scure *f* ♦ *vt* (*project etc*) abolire; (jobs) sopprimere

axes ['æksi:z] npl of **axis**

axis ['æksɪs] (pl **axes**) n asse m

axle ['æksl] n (also: **~-tree**) asse m

ay(e) [aɪ] excl (yes) sì

B, b

B [bi:] n (MUS) si m; (letter) B, b f or m inv; **~-road** n (BRIT: AUT) strada secondaria

B.A. n abbr = **Bachelor of Arts**

baby ['beɪbɪ] n bambino/a; **~ carriage** (US) n carrozzina; **~ food** n omogeneizzati mpl; **~-sit** vi fare il (or la) baby-sitter; **~-sitter** n baby-sitter m/f inv; **~-sitting** n: **to go ~-sitting** fare il (or la) baby-sitter; **~ wipe** n salvietta umidificata

bachelor ['bætʃələ*] n scapolo; **B~ of Arts/ Science** ≈ laureato/a in lettere/scienze

back [bæk] n (of person, horse) dorso, schiena; (as opposed to front) dietro; (of hand) dorso; (of train) coda; (of chair) schienale m; (of page) rovescio; (of book) retro; (FOOTBALL) difensore m ♦ vt (candidate: also: **~ up**) appoggiare; (horse: at races) puntare su; (car) guidare a marcia indietro ♦ vi indietreggiare; (car etc) fare marcia indietro ♦ cpd posteriore, di dietro; (AUT: seat, wheels) posteriore ♦ adv (not forward) indietro; (returned): **he's ~** è tornato; **he ran ~** tornò indietro di corsa; (restitution): **throw the ball ~** ritira la palla; **can I have it ~?** posso riaverlo?; (again): **he called ~** ha richiamato; **~ down** vi fare marcia indietro; **~ out** vi (of promise) tirarsi indietro; **~ up** vt (support) appoggiare, sostenere; (COMPUT) fare una copia di riserva di; **~bencher** (BRIT) n membro del Parlamento senza potere amministrativo; **~bone** n spina dorsale; **~date** vt (letter) retrodatare; **~dated pay rise** aumento retroattivo; **~fire** vi (AUT) dar ritorni di fiamma; (plans) fallire; **~ground** n sfondo; (of events) background m inv; (basic knowledge) base f; (experience) esperienza; **family ~ground** ambiente m familiare;

~hand n (TENNIS: also: **~hand stroke**) rovescio; **~handed** adj (fig) ambiguo(a); **~hander** (BRIT) n (bribe) bustarella; **~ing** n (fig) appoggio; **~lash** n contraccolpo, ripercussione f; **~log** n: **~log of work** lavoro arretrato; **~ number** n (of magazine etc) numero arretrato; **~pack** n zaino; **~packer** n chi viaggia con zaino e sacco a pelo; **~ pay** n arretrato di paga; **~payments** npl arretrati mpl; **~side** (inf) n sedere m; **~stage** adv nel retroscena; **~stroke** n nuoto sul dorso; **~up** adj (train, plane) supplementare; (COMPUT) di riserva ♦ n (support) appoggio, sostegno; (also: **~up file**) file m inv di riserva; **~ward** adj (movement) indietro; (person) tardivo(a); (country) arretrato(a); **~wards** adv indietro; (fall, walk) all'indietro; **~yard** n cortile m dietro la casa

bacon ['beɪkən] n pancetta

bad [bæd] adj cattivo(a); (accident, injury) brutto(a); (meat, food) andato(a) a male; **his ~ leg** la sua gamba malata; **to go ~** andare a male

badge [bædʒ] n insegna; (of policeman) stemma m

badger ['bædʒə*] n tasso

badly ['bædlɪ] adv (work, dress etc) male; **~ wounded** gravemente ferito; **he needs it ~** ne ha un gran bisogno; **~ off** adj povero(a)

badminton ['bædmɪntən] n badminton m

bad-tempered ['bæd'tempəd] adj irritabile; di malumore

baffle ['bæfl] vt (puzzle) confondere

bag [bæg] n sacco; (handbag etc) borsa; **~s of** (inf: lots of) un sacco di; **~gage** n bagagli mpl; **~gage allowance** n franchigia f bagaglio inv; **~gage reclaim** n ritiro m bagaglio inv; **~gy** adj largo(a), sformato(a); **~pipes** npl cornamusa

bail [beɪl] n cauzione f ♦ vt (prisoner: also: **grant ~ to**) concedere la libertà provvisoria su cauzione a; (boat: also: **~ out**) aggottare; **on ~** in libertà provvisoria su cauzione; **~ out** vt (prisoner) ottenere la libertà provvisoria su cauzione di; see also **bale**

bailiff ['beɪlɪf] n (LAW: BRIT) ufficiale m giudiziario; (: US) usciere m

bait [beɪt] n esca ♦ vt (hook) innescare; (trap) munire di esca; (fig) tormentare

bake [beɪk] vt cuocere al forno ♦ vi cuocersi al forno; ~d beans npl fagioli mpl in salsa di pomodoro; ~d potato npl patata cotta al forno con la buccia; ~r n fornaio/a, panettiere/a; ~ry n panetteria; **baking** n cottura (al forno); **baking powder** n lievito in polvere

balance ['bæləns] n equilibrio; (COMM: sum) bilancio; (remainder) resto; (scales) bilancia ♦ vt tenere in equilibrio; (budget) far quadrare; (account) pareggiare; (compensate) contrappesare; ~ **of trade/payments** bilancia commerciale/dei pagamenti; ~d adj (personality, diet) equilibrato(a); ~ **sheet** n bilancio

balcony ['bælkənɪ] n balcone m; (in theatre) balconata

bald [bɔːld] adj calvo(a); (tyre) liscio(a)

bale [beɪl] n balla; ~ **out** vi (of a plane) gettarsi col paracadute

ball [bɔːl] n palla; (football) pallone m; (for golf) pallina; (of wool, string) gomitolo; (dance) ballo; **to play** ~ (fig) stare al gioco

ballast ['bæləst] n zavorra

ball bearings npl cuscinetti a sfere

ballerina [bælə'riːnə] n ballerina

ballet ['bæleɪ] n balletto; ~ **dancer** n ballerino/a classico(a)

balloon [bə'luːn] n pallone m

ballot paper ['bælət-] n scheda

ball-point pen n penna a sfera

ballroom ['bɔːlrum] n sala da ballo

balm [bɑːm] n balsamo

ban [bæn] n interdizione f ♦ vt interdire

banana [bə'nɑːnə] n banana

band [bænd] n banda; (at a dance) orchestra; (MIL) fanfara; ~ **together** vi collegarsi

bandage ['bændɪdʒ] n benda, fascia

Bandaid ® ['bændeɪd] (US) n cerotto

bandy-legged [-'legɪd] adj dalle gambe storte

bang [bæŋ] n (of door) lo sbattere; (of gun,

blow) colpo ♦ vt battere (violentemente); (door) sbattere ♦ vi scoppiare; sbattere

Bangladesh [bɑːŋglə'deʃ] n Bangladesh m

bangle ['bæŋgl] n braccialetto

bangs [bæŋz] (US) npl (fringe) frangia, frangetta

banish ['bænɪʃ] vt bandire

banister(s) ['bænɪstə(z)] n(pl) ringhiera

bank [bæŋk] n banca, banco; (of river, lake) riva, sponda; (of earth) banco ♦ vi (AVIAT) inclinarsi in virata; ~ **on** vt fus contare su; ~ **account** n conto in banca; ~ **card** n carta f assegni inv; ~**er** n banchiere m; ~**er's card** (BRIT) n = **bank card**; **B~ holiday** (BRIT) n giorno di festa; ~**ing** n attività bancaria; professione f di banchiere; ~**note** n banconota; ~ **rate** n tasso bancario

---
bank holiday
---

i Una **bank holiday**, in Gran Bretagna, è una giornata in cui banche e negozi sono chiusi. Generalmente le **bank holiday** cadono di lunedì e molti ne approfittano per fare una breve vacanza fuori città.

---

bankrupt ['bæŋkrʌpt] adj fallito(a); **to go** ~ fallire; ~**cy** n fallimento

bank statement n estratto conto

banner ['bænə*] n striscione m

baptism ['bæptɪzəm] n battesimo

bar [bɑː*] n (place) bar m inv; (counter) banco; (rod) barra; (of window etc) sbarra; (of chocolate) tavoletta; (fig) ostacolo; restrizione f; (MUS) battuta ♦ vt (road, window) sbarrare; (person) escludere; (activity) interdire; ~ **of soap** saponetta; **the B~** (LAW) l'Ordine m degli avvocati; **behind** ~s (prisoner) dietro le sbarre; ~ **none** senza eccezione

barbaric [bɑː'bærɪk] adj barbarico(a)

barbecue ['bɑːbɪkjuː] n barbecue m inv

barbed wire ['bɑːbd-] n filo spinato

barber ['bɑːbə*] n barbiere m

bar code n (on goods) codice m a barre

bare [beə*] adj nudo(a) ♦ vt scoprire,

denudare; (_teeth_) mostrare; **the ~ necessities** lo stretto necessario; **~back** _adv_ senza sella; **~faced** _adj_ sfacciato(a); **~foot** _adj, adv_ scalzo(a); **~ly** _adv_ appena

bargain ['bɑːgɪn] _n_ (_transaction_) contratto; (_good buy_) affare _m_ ♦ _vi_ trattare; **into the ~** per giunta; **~ for** _vt fus_: **he got more than he ~ed for** gli è andata peggio di quel che si aspettasse

barge [bɑːdʒ] _n_ chiatta; **~ in** _vi_ (_walk in_) piombare dentro; (_interrupt talk_) intromettersi a sproposito

bark [bɑːk] _n_ (_of tree_) corteccia; (_of dog_) abbaio ♦ _vi_ abbaiare

barley ['bɑːlɪ] _n_ orzo

barmaid ['bɑːmeɪd] _n_ cameriera al banco

barman ['bɑːmən] _n_ barista _m_

bar meal _n_ spuntino servito al bar

barn [bɑːn] _n_ granaio

barometer [bə'rɔmɪtə*] _n_ barometro

baron ['bærən] _n_ barone _m_; **~ess** _n_ baronessa

barracks ['bærəks] _npl_ caserma

barrage ['bærɑːʒ] _n_ (_MIL, dam_) sbarramento; (_fig_) fiume _m_

barrel ['bærəl] _n_ barile _m_; (_of gun_) canna

barren ['bærən] _adj_ sterile; (_soil_) arido(a)

barricade [bærɪ'keɪd] _n_ barricata

barrier ['bærɪə*] _n_ barriera

barring ['bɑːrɪŋ] _prep_ salvo

barrister ['bærɪstə*] (_BRIT_) _n_ avvocato/essa (con diritto di parlare davanti a tutte le corti)

barrow ['bærəu] _n_ (_cart_) carriola

bartender ['bɑːtendə*] (_US_) _n_ barista _m_

barter ['bɑːtə*] _vt_: **to ~ sth for** barattare qc con

base [beɪs] _n_ base _f_ ♦ _vt_: **to ~ sth on** basare qc su ♦ _adj_ vile

baseball ['beɪsbɔːl] _n_ baseball _m_

basement ['beɪsmənt] _n_ seminterrato; (_of shop_) interrato

bases[1] ['beɪsiːz] _npl of_ **basis**

bases[2] ['beɪsɪz] _npl of_ **base**

bash [bæʃ] (_inf_) _vt_ picchiare

bashful ['bæʃful] _adj_ timido(a)

basic ['beɪsɪk] _adj_ rudimentale; essenziale; **~ally** [-lɪ] _adv_ fondamentalmente;

sostanzialmente; **~s** _npl_: **the ~s** l'essenziale _m_

basil ['bæzl] _n_ basilico

basin ['beɪsn] _n_ (_vessel, also GEO_) bacino; (_also:_ **wash~**) lavabo

basis ['beɪsɪs] (_pl_ **bases**) _n_ base _f_; **on a part-time ~** part-time; **on a trial ~** in prova

bask [bɑːsk] _vi_: **to ~ in the sun** crogiolarsi al sole

basket ['bɑːskɪt] _n_ cesta; (_smaller_) cestino; (_with handle_) paniere _m_; **~ball** _n_ pallacanestro _f_

bass [beɪs] _n_ (_MUS_) basso

bassoon [bə'suːn] _n_ fagotto

bastard ['bɑːstəd] _n_ bastardo/a; (_inf!_) stronzo (!)

bat [bæt] _n_ pipistrello; (_for baseball etc_) mazza; (_BRIT: for table tennis_) racchetta ♦ _vt_: **he didn't ~ an eyelid** non battè ciglio

batch [bætʃ] _n_ (_of bread_) infornata; (_of papers_) cumulo

bated ['beɪtɪd] _adj_: **with ~ breath** col fiato sospeso

bath [bɑːθ] _n_ bagno; (_bathtub_) vasca da bagno ♦ _vt_ far fare il bagno a; **to have a ~** fare un bagno; _see also_ **baths**

bathe [beɪð] _vi_ fare il bagno ♦ _vt_ (_wound_) lavare; **~r** _n_ bagnante _m/f_

bathing ['beɪðɪŋ] _n_ bagni _mpl_; **~ costume** (_US_ **~ suit**) _n_ costume _m_ da bagno

bathrobe ['bɑːθrəub] _n_ accappatoio

bathroom ['bɑːθrum] _n_ stanza da bagno

baths [bɑːðz] _npl_ bagni _mpl_ pubblici

bath towel _n_ asciugamano da bagno

baton ['bætən] _n_ (_MUS_) bacchetta; (_ATHLETICS_) testimone _m_; (_club_) manganello

batter ['bætə*] _vt_ battere ♦ _n_ pastetta; **~ed** _adj_ (_hat_) sformato(a); (_pan_) ammaccato(a)

battery ['bætərɪ] _n_ batteria; (_of torch_) pila; **~ farming** _n_ allevamento in batteria

battle ['bætl] _n_ battaglia ♦ _vi_ battagliare, lottare; **~field** _n_ campo di battaglia; **~ship** _n_ nave _f_ da guerra

bawl [bɔːl] _vi_ urlare

bay [beɪ] _n_ (_of sea_) baia; **to hold sb at ~** tenere qn a bada; **~ leaf** _n_ foglia d'alloro;

~ **window** *n* bovindo

bazaar [bə'zɑː*] *n* bazar *m inv*; vendita di beneficenza

B. & B. *abbr* = **bed and breakfast**

BBC *n abbr* (= *British Broadcasting Corporation*) rete nazionale di radiotelevisione in Gran Bretagna

B.C. *adv abbr* (= *before Christ*) a.C.

KEYWORD

---

be [biː] (*pt* **was, were**, *pp* **been**) *aux vb*
1 (*with present participle: forming continuous tenses*): **what are you doing?** che fa?, che sta facendo?; **they're coming tomorrow** vengono domani; **I've been waiting for her for hours** sono ore che l'aspetto
2 (*with pp: forming passives*): **to ~ killed** essere *or* venire ucciso(a); **the box had been opened** la scatola era stata aperta; **the thief was nowhere to ~ seen** il ladro non si trovava da nessuna parte
3 (*in tag questions*): **it was fun, wasn't it?** è stato divertente, no?; **he's good-looking, isn't he?** è un bell'uomo, vero?; **she's back, is she?** così è tornata, eh?
4 (+**to** +*infinitive*): **the house is to ~ sold** abbiamo (*or* hanno *etc*) intenzione di vendere casa; **you're to ~ congratulated for all your work** dovremo farvi i complimenti per tutto il vostro lavoro; **he's not to open it** non deve aprirlo

♦ *vb* +*complement* 1 (*gen*) essere; **I'm English** sono inglese; **I'm tired** sono stanco(a); **I'm hot/cold** ho caldo/freddo; **he's a doctor** è medico; **2 and 2 are 4** 2 più 2 fa 4; ~ **careful!** sta attento(a)!; ~ **good** sii buono(a)
2 (*of health*) stare; **how are you?** come sta?; **he's very ill** sta molto male
3 (*of age*): **how old are you?** quanti anni hai?; **I'm sixteen (years old)** ho sedici anni
4 (*cost*) costare; **how much was the meal?** quant'era *or* quanto costava il pranzo?; **that'll ~ £5, please** (fa) 5 sterline, per favore

♦ *vi* 1 (*exist, occur etc*) essere, esistere; **the**

best singer that ever was il migliore cantante mai esistito *or* di tutti tempi; ~ **that as it may** comunque sia, sia come sia; **so ~ it** sia pure, e sia
2 (*referring to place*) essere, trovarsi; **I won't ~ here tomorrow** non ci sarò domani; **Edinburgh is in Scotland** Edimburgo si trova in Scozia
3 (*referring to movement*): **where have you been?** dov'è stato?; **I've been to China** sono stato in Cina

♦ *impers vb* 1 (*referring to time, distance*) essere; **it's 5 o'clock** sono le 5; **it's the 28th of April** è il 28 aprile; **it's 10 km to the village** di qui al paese sono 10 km
2 (*referring to the weather*) fare; **it's too hot/cold** fa troppo caldo/freddo; **it's windy** c'è vento
3 (*emphatic*): **it's me** sono io; **it was Maria who paid the bill** è stata Maria che ha pagato il conto

---

beach [biːtʃ] *n* spiaggia ♦ *vt* tirare in secco

beacon ['biːkən] *n* (*lighthouse*) faro; (*marker*) segnale *m*

bead [biːd] *n* perlina

beak [biːk] *n* becco

beaker ['biːkə*] *n* coppa

beam [biːm] *n* trave *f*; (*of light*) raggio ♦ *vi* brillare

bean [biːn] *n* fagiolo; (*of coffee*) chicco; **runner** ~ fagiolino; **broad** ~ fava; ~**sprouts** *npl* germogli *mpl* di soia

bear [bɛə*] (*pt* **bore**, *pp* **borne**) *n* orso ♦ *vt* portare; (*endure*) sopportare; (*produce*) generare ♦ *vi*: **to ~ right/left** piegare a destra/sinistra; ~ **out** *vt* (*suspicions*) confermare, convalidare; (*person*) dare il proprio appoggio a; ~ **up** *vi* (*person*) fare buon viso a cattiva sorte

beard [biəd] *n* barba

bearer ['bɛərə*] *n* portatore *m*

bearing ['bɛəriŋ] *n* portamento; (*connection*) rapporto; ~**s** *npl* (*also*: **ball ~s**) cuscinetti *mpl* a sfere; **to take a ~** fare un rilevamento; **to find one's ~s** orientarsi

beast [biːst] *n* bestia; ~**ly** *adj* meschino(a);

(*weather*) da cani

beat [biːt] (*pt* **beat**, *pp* **beaten**) *n* colpo; (*of heart*) battito; (*MUS*) tempo; battuta; (*of policeman*) giro ♦ *vt* battere; (*eggs, cream*) sbattere ♦ *vi* battere; **off the ~en track** fuori mano; **~ it!** (*inf*) fila!, fuori dai piedi!; **~ off** *vt* respingere; **~ up** *vt* (*person*) picchiare; (*eggs*) sbattere; **beaten** *pp of* **beat**; **~ing** *n* bastonata

beautiful [ˈbjuːtɪful] *adj* bello(a); **~ly** *adv* splendidamente

beauty [ˈbjuːtɪ] *n* bellezza; **~ salon** *n* istituto di bellezza; **~ spot** (*BRIT*) *n* (*TOURISM*) luogo pittoresco

beaver [ˈbiːvəʳ] *n* castoro

became [bɪˈkeɪm] *pt of* **become**

because [bɪˈkɒz] *conj* perché; **~ of** a causa di

beckon [ˈbɛkən] *vt* (*also*: **~ to**) chiamare con un cenno

become [bɪˈkʌm] (*irreg*: *like* **come**) *vt* diventare; **to ~ fat/thin** ingrassarsi/dimagrire

becoming [bɪˈkʌmɪŋ] *adj* (*behaviour*) che si conviene; (*clothes*) grazioso(a)

bed [bɛd] *n* letto; (*of flowers*) aiuola; (*of coal, clay*) strato; **single/double ~** letto a una piazza/a due piazze or matrimoniale; **~ and breakfast** *n* (*place*) ≈ pensione *f* familiare; (*terms*) camera con colazione; **~clothes** [ˈbɛdkləʊðz] *npl* biancheria e coperte *fpl* da letto; **~ding** *n* coperte e lenzuola *fpl*

---

bed and breakfast

ℹ️ *I* **bed and breakfast**, *anche* B & B, *sono piccole pensioni a conduzione familiare, più economiche rispetto agli alberghi, dove al mattino viene servita la tradizionale colazione all'inglese.*

---

bed linen *n* biancheria da letto
bedraggled [bɪˈdrægld] *adj* fradicio(a)
bed: ~ridden *adj* costretto(a) a letto; **~room** *n* camera da letto; **~side** *n*: **at sb's ~side** al capezzale di qn; **~sit(ter)** (*BRIT*) *n* monolocale *m*; **~spread** *n*

copriletto; **~time** *n*: **it's ~time** è ora di andare a letto

bee [biː] *n* ape *f*

beech [biːtʃ] *n* faggio

beef [biːf] *n* manzo; **roast ~** arrosto di manzo; **~burger** *n* hamburger *m inv*; **B~eater** *n* guardia della Torre di Londra

beehive [ˈbiːhaɪv] *n* alveare *m*

beeline [ˈbiːlaɪn] *n*: **to make a ~ for** buttarsi a capo fitto verso

been [biːn] *pp of* **be**

beer [bɪəʳ] *n* birra

beetle [ˈbiːtl] *n* scarafaggio; coleottero

beetroot [ˈbiːtruːt] (*BRIT*) *n* barbabietola

before [bɪˈfɔːʳ] *prep* (*in time*) prima di; (*in space*) davanti a ♦ *conj* prima che +*sub*; prima di ♦ *adv* prima; **~ going** prima di andare; **~ she goes** prima che vada; **the week ~** la settimana prima; **I've seen it ~** l'ho già visto; **I've never seen it ~** è la prima volta che lo vedo; **~hand** *adv* in anticipo

beg [bɛg] *vi* chiedere l'elemosina ♦ *vt* (*also*: **~ for**) chiedere in elemosina; (: *favour*) chiedere; **to ~ sb to do** pregare qn di fare

began [bɪˈgæn] *pt of* **begin**

beggar [ˈbɛgəʳ] *n* mendicante *m/f*

begin [bɪˈgɪn] (*pt* **began**, *pp* **begun**) *vt, vi* cominciare; **to ~ doing** *or* **to do sth** incominciare *or* iniziare a fare qc; **~ner** *n* principiante *m/f*; **~ning** *n* inizio, principio

begun [bɪˈgʌn] *pp of* **begin**

behalf [bɪˈhɑːf] *n*: **on ~ of** per conto di; a nome di

behave [bɪˈheɪv] *vi* comportarsi; (*well: also*: **~ o.s.**) comportarsi bene

behaviour [bɪˈheɪvjəʳ] (*US* **behavior**) *n* comportamento, condotta

behind [bɪˈhaɪnd] *prep* dietro; (*followed by pronoun*) dietro di; (*time*) in ritardo con ♦ *adv* dietro; (*leave, stay*) indietro ♦ *n* didietro; **to be ~ (schedule)** essere in ritardo rispetto al programma; **~ the scenes** (*fig*) dietro le quinte

behold [bɪˈhəʊld] (*irreg*: *like* **hold**) *vt* vedere, scorgere

beige [beɪʒ] *adj* beige *inv*

Beijing ['ber'dʒɪŋ] n Pechino f

being ['bi:ɪŋ] n essere m

Beirut [ber'ru:t] n Beirut f

Belarus [belə'rus] n Bielorussia

belated [bɪ'leɪtɪd] adj tardo(a)

belch [beltʃ] vi ruttare ♦ vt (gen: **~ out**: smoke etc) eruttare

Belgian ['beldʒən] adj, n belga m/f

Belgium ['beldʒəm] n Belgio

belie [bɪ'laɪ] vt smentire

belief [bɪ'li:f] n (opinion) opinione f, convinzione f; (trust, faith) fede f

believe [bɪ'li:v] vt, vi credere; **to ~ in** (God) credere in; (ghosts) credere a; (method) avere fiducia in; **~r** n (REL) credente m/f; (in idea, activity): **to be a ~r in** credere in

belittle [bɪ'lɪtl] vt sminuire

bell [bel] n campana f; (small, on door, electric) campanello

belligerent [bɪ'lɪdʒərənt] adj bellicoso(a)

bellow ['beləu] vi muggire

bellows ['beləuz] npl soffietto

belly ['belɪ] n pancia

belong [bɪ'lɒŋ] vi: **to ~ to** appartenere a; (club etc) essere socio di; **this book ~s here** questo libro va qui; **~ings** npl cose fpl, roba

beloved [bɪ'lʌvɪd] adj adorato(a)

below [bɪ'ləu] prep sotto, al di sotto di ♦ adv sotto, di sotto; giù; **see ~** vedi sotto or oltre

belt [belt] n cintura; (TECH) cinghia ♦ vt (thrash) picchiare ♦ vi (inf) filarsela; **~way** (US) n (AUT: ring road) circonvallazione f; (: motorway) autostrada

bemused [bɪ'mju:zd] adj perplesso(a), stupito(a)

bench [bentʃ] n panca; (in workshop, POL) banco; **the B~** (LAW) la Corte

bend [bend] (pt, pp bent) vt curvare; (leg, arm) piegare ♦ vi curvarsi; piegarsi ♦ n (BRIT: in road) curva; (in pipe, river) gomito; **~ down** vi chinarsi; **~ over** vi piegarsi

beneath [bɪ'ni:θ] prep sotto, al di sotto di; (unworthy of) indegno(a) di ♦ adv sotto, di sotto

benefactor ['benɪfæktə*] n benefattore m

beneficial [benɪ'fɪʃəl] adj che fa bene; vantaggioso(a)

benefit ['benɪfɪt] n beneficio, vantaggio; (allowance of money) indennità f inv ♦ vt far bene a ♦ vi: **he'll ~ from it** ne trarrà beneficio or profitto

benevolent [bɪ'nevələnt] adj benevolo(a)

benign [bɪ'naɪn] adj (person, smile) benevolo(a); (MED) benigno(a)

bent [bent] pt, pp of **bend** ♦ n inclinazione f ♦ adj (inf: dishonest) losco(a); **to be ~ on** essere deciso(a) a

bequest [bɪ'kwest] n lascito

bereaved [bɪ'ri:vd] n: **the ~** i familiari in lutto

beret ['bereɪ] n berretto

Berlin [bə:'lɪn] n Berlino f

berm [bə:m] (US) n (AUT) corsia d'emergenza

berry ['berɪ] n bacca

berserk [bə'sə:k] adj: **to go ~** montare su tutte le furie

berth [bə:θ] n (bed) cuccetta; (for ship) ormeggio ♦ vi (in harbour) entrare in porto; (at anchor) gettare l'ancora

beseech [bɪ'si:tʃ] (pt, pp besought) vt implorare

beset [bɪ'set] (pt, pp beset) vt assalire

beside [bɪ'saɪd] prep accanto a; **to be ~ o.s. (with anger)** essere fuori di sé (dalla rabbia); **that's ~ the point** non c'entra

besides [bɪ'saɪdz] adv inoltre, per di più ♦ prep oltre a; a parte

besiege [bɪ'si:dʒ] vt (town) assediare; (fig) tempestare

best [best] adj migliore ♦ adv meglio; **the ~ part of** (quantity) la maggior parte di; **at ~** tutt'al più; **to make the ~ of sth** cavare il meglio possibile da qc; **to do one's ~** fare del proprio meglio; **to the ~ of my knowledge** per quel che ne so; **to the ~ of my ability** al massimo delle mie capacità; **~-before date** n scadenza; **~ man** n testimone m dello sposo

bestow [bɪ'stəu] vt accordare; (title) conferire

bet [bet] (pt, pp bet or betted) n scommessa ♦ vt, vi scommettere; **to ~ sb sth**

scommettere qc con qn

betray [bɪ'treɪ] *vt* tradire; **~al** *n* tradimento

better ['betə*] *adj* migliore ♦ *adv* meglio ♦ *vt* migliorare ♦ *n*: **to get the ~ of** avere la meglio su; **you had ~ do it** è meglio che lo faccia; **he thought ~ of it** cambiò idea; **to get ~** migliorare; **~ off** *adj* più ricco(a); *(fig)*: **you'd be ~ off this way** staresti meglio così

betting ['betɪŋ] *n* scommesse *fpl*; **~ shop** *(BRIT)* *n* ufficio dell'allibratore

between [bɪ'twiːn] *prep* tra ♦ *adv* in mezzo, nel mezzo

beverage ['bevərɪdʒ] *n* bevanda

beware [bɪ'weə*] *vt, vi*: **to ~ (of)** stare attento(a) (a); **"~ of the dog"** "attenti al cane"

bewildered [bɪ'wɪldəd] *adj* sconcertato(a), confuso(a)

beyond [bɪ'jɔnd] *prep* *(in space)* oltre; *(exceeding)* al di sopra di ♦ *adv* di là; **~ doubt** senza dubbio; **~ repair** irreparabile

bias ['baɪəs] *n* *(prejudice)* pregiudizio; *(preference)* preferenza; **~(s)ed** *adj* parziale

bib [bɪb] *n* bavaglino

Bible ['baɪbl] *n* Bibbia

bicarbonate of soda [baɪ'kɑːbənɪt-] *n* bicarbonato (di sodio)

bicker ['bɪkə*] *vi* bisticciare

bicycle ['baɪsɪkl] *n* bicicletta

bid [bɪd] *(pt* **bade** *or* **bid,** *pp* **bidden** *or* **bid**) *n* offerta; *(attempt)* tentativo ♦ *vi* fare un'offerta ♦ *vt* fare un'offerta di; **to ~ sb good day** dire buon giorno a qn; **bidden** *pp* of **bid**; **~der** *n*: **the highest ~der** il maggior offerente; **~ding** *n* offerte *fpl*

bide [baɪd] *vt*: **to ~ one's time** aspettare il momento giusto

bifocals [baɪ'fəuklz] *npl* occhiali *mpl* bifocali

big [bɪg] *adj* grande; grosso(a)

big dipper [-'dɪpə*] *n* montagne *fpl* russe, otto *m* inv volante

bigheaded ['bɪg'hedɪd] *adj* presuntuoso(a)

bigot ['bɪgət] *n* persona gretta; **~ed** *adj* gretto(a); **~ry** *n* grettezza

big top *n* tendone *m* del circo

bike [baɪk] *n* bici *f inv*

bikini [bɪ'kiːnɪ] *n* bikini *m inv*

bilingual [baɪ'lɪŋgwəl] *adj* bilingue

bill [bɪl] *n* conto; *(POL)* atto; *(US: banknote)* banconota; *(of bird)* becco; *(of show)* locandina; **"post no ~s"** "divieto di affissione"; **to fit** *or* **fill the ~** *(fig)* fare al caso; **~board** *n* tabellone *m*

billet ['bɪlɪt] *n* alloggio

billfold ['bɪlfəuld] *(US)* *n* portafoglio

billiards ['bɪljədz] *n* biliardo

billion ['bɪljən] *n* *(BRIT)* bilione *m*; *(US)* miliardo

bimbo ['bɪmbəu] *n* *(pej, col)* pollastrella, svampitella

bin [bɪn] *n* *(for coal, rubbish)* bidone *m*; *(for bread)* cassetta; *(dust~)* pattumiera; *(litter ~)* cestino

bind [baɪnd] *(pt, pp* **bound**) *vt* legare; *(oblige)* obbligare ♦ *n* *(inf)* scocciatura; **~ing** *adj* *(contract)* vincolante

binge [bɪndʒ] *(inf)* *n*: **to go on a ~** fare baldoria

bingo ['bɪŋgəu] *n* gioco simile alla tombola

binoculars [bɪ'nɔkjuləz] *npl* binocolo

bio... [baɪə'...] *prefix*: **~chemistry** *n* biochimica; **~degradable** *adj* biodegradabile; **~graphy** ['grəfɪ] *n* biografia; **~logical** *adj* biologico(a); **~logy** [baɪ'ɔlədʒɪ] *n* biologia

birch [bəːtʃ] *n* betulla

bird [bəːd] *n* uccello; *(BRIT: inf: girl)* bambola; **~'s eye view** *n* vista panoramica; **~ watcher** *n* ornitologo/a dilettante

Biro ® ['baɪrəu] *n* biro ® *f inv*

birth [bəːθ] *n* nascita; **to give ~ to** partorire; **~ certificate** *n* certificato di nascita; **~ control** *n* controllo delle nascite; contraccezione *f*; **~day** *n* compleanno ♦ *cpd* di compleanno; **~ rate** *n* indice *m* di natalità

biscuit ['bɪskɪt] *(BRIT)* *n* biscotto

bisect [baɪ'sekt] *vt* tagliare in due (parti)

bishop ['bɪʃəp] *n* vescovo

bit [bɪt] *pt of* **bite** ♦ *n* pezzo; *(COMPUT)* bit *m inv*; *(of horse)* morso; **a ~ of** un po' di; **a ~ mad** un po' matto; **~ by ~** a poco a poco

bitch [bɪtʃ] *n* *(dog)* cagna; *(inf!)* vacca

bite [baɪt] (*pt* **bit**, *pp* **bitten**) *vt, vi* mordere; (*subj: insect*) pungere ♦ *n* morso; (*insect ~*) puntura; (*mouthful*) boccone *m*; **let's have a ~ (to eat)** mangiamo un boccone; **to ~ one's nails** mangiarsi le unghie; **bitten** ['bɪtn] *pp of* **bite**

bitter ['bɪtə*] *adj* amaro(a); (*wind, criticism*) pungente ♦ *n* (BRIT: *beer*) birra amara; **~ness** *n* amarezza; gusto amaro

black [blæk] *adj* nero(a) ♦ *n* nero; (*person*): **B~** negro/a ♦ *vt* (BRIT: INDUSTRY) boicottare; **to give sb a ~ eye** fare un occhio nero a qn; **in the ~** (*bank account*) in attivo; **~ and blue** *adj* tutto(a) pesto(a); **~berry** *n* mora; **~bird** *n* merlo; **~board** *n* lavagna; **~ coffee** *n* caffè *m inv* nero; **~currant** *n* ribes *m inv*; **~en** *vt* annerire; **~ ice** *n* strato trasparente di ghiaccio; **~leg** (BRIT) *n* crumiro; **~list** *n* lista nera; **~mail** *n* ricatto ♦ *vt* ricattare; **~ market** *n* mercato nero; **~out** *n* oscuramento; (TV, RADIO) interruzione *f* delle trasmissioni; (*fainting*) svenimento; **B~ Sea** *n*: **the B~ Sea** il Mar Nero; **~ sheep** *n* pecora nera; **~smith** *n* fabbro ferraio; **~ spot** *n* (AUT) luogo famigerato per gli incidenti; (*for unemployment etc*) zona critica

bladder ['blædə*] *n* vescica

blade [bleɪd] *n* lama; (*of oar*) pala; **~ of grass** filo d'erba

blame [bleɪm] *n* colpa ♦ *vt*: **to ~ sb/sth for sth** dare la colpa di qc a qn/qc; **who's to ~?** chi è colpevole?

bland [blænd] *adj* mite; (*taste*) blando(a)

blank [blæŋk] *adj* bianco(a); (*look*) distratto(a) ♦ *n* spazio vuoto; (*cartridge*) cartuccia a salve; **~ cheque** *n* assegno in bianco

blanket ['blæŋkɪt] *n* coperta

blare [blɛə*] *vi* strombettare

blasphemy ['blæsfɪmɪ] *n* bestemmia

blast [blɑ:st] *n* (*of wind*) raffica; (*of bomb etc*) esplosione *f* ♦ *vt* far saltare; **~-off** *n* (SPACE) lancio

blatant ['bleɪtənt] *adj* flagrante

blaze [bleɪz] *n* (*fire*) incendio; (*fig*) vampata; splendore *m* ♦ *vi* (*fire*) ardere, fiammeggiare; (*guns*) sparare senza sosta; (*fig: eyes*) ardere ♦ *vt*: **to ~ a trail** (*fig*) tracciare una via nuova; **in a ~ of publicity** circondato da grande pubblicità

blazer ['bleɪzə*] *n* blazer *m inv*

bleach [bli:tʃ] *n* (*also*: **household ~**) varechina ♦ *vt* (*material*) candeggiare; **~ed** *adj* (*hair*) decolorato(a); **~ers** (US) *npl* (SPORT) posti *mpl* di gradinata

bleak [bli:k] *adj* tetro(a)

bleat [bli:t] *vi* belare

bled [bled] *pt, pp of* **bleed**

bleed [bli:d] (*pt, pp* **bled**) *vi* sanguinare; **my nose is ~ing** mi viene fuori sangue dal naso

bleeper ['bli:pə*] *n* (*device*) cicalino

blemish ['blemɪʃ] *n* macchia

blend [blend] *n* miscela ♦ *vt* mescolare ♦ *vi* (*colours etc: also*: **~ in**) armonizzare

bless [bles] (*pt, pp* **blessed** *or* **blest**) *vt* benedire; **~ you!** (*after sneeze*) salute!; **~ing** *n* benedizione *f*; fortuna; **blest** [blest] *pt, pp of* **bless**

blew [blu:] *pt of* **blow**

blight [blaɪt] *vt* (*hopes etc*) deludere; (*life*) rovinare

blimey ['blaɪmɪ] (BRIT: *inf*) *excl* accidenti!

blind [blaɪnd] *adj* cieco(a) ♦ *n* (*for window*) avvolgibile *m*; (*Venetian ~*) veneziana ♦ *vt* accecare; **the ~** *npl* i ciechi; **~ alley** *n* vicolo cieco; **~ corner** (BRIT) *n* svolta cieca; **~fold** *n* benda ♦ *adj, adv* bendato(a) ♦ *vt* bendare gli occhi a; **~ly** *adv* ciecamente; **~ness** *n* cecità; **~ spot** *n* (AUT etc) punto cieco; (*fig*) punto debole

blink [blɪŋk] *vi* battere gli occhi; (*light*) lampeggiare; **~ers** *npl* paraocchi *mpl*

bliss [blɪs] *n* estasi *f*

blister ['blɪstə*] *n* (*on skin*) vescica; (*on paintwork*) bolla ♦ *vi* (*paint*) coprirsi di bolle

blizzard ['blɪzəd] *n* bufera di neve

bloated ['bləʊtɪd] *adj* gonfio(a)

blob [blɔb] *n* (*drop*) goccia; (*stain, spot*) macchia

bloc [blɔk] *n* (POL) blocco

block [blɔk] *n* blocco; (*in pipes*) ingombro; (*toy*) cubo; (*of buildings*) isolato ♦ *vt* bloccare; **~ade** [-'keɪd] *n* blocco; **~age** *n* ostacolo; **~buster** *n* (*film, book*) grande successo; **~ letters** *npl* stampatello; **~ of flats** (*BRIT*) *n* caseggiato.

bloke [bləuk] (*BRIT: inf*) *n* tizio

blond(e) [blɔnd] *adj, n* biondo(a)

blood [blʌd] *n* sangue *m*; **~ donor** *n* donatore/trice di sangue; **~ group** *n* gruppo sanguigno; **~hound** *n* segugio; **~ poisoning** *n* setticemia; **~ pressure** *n* pressione *f* sanguigna; **~shed** *n* spargimento di sangue; **~shot** *adj*: **~shot eyes** occhi iniettati di sangue; **~stream** *n* flusso del sangue; **~ test** *n* analisi *f inv* del sangue; **~thirsty** *adj* assetato(a) di sangue; **~y** *adj* (*fight*) sanguinoso(a); (*nose*) sanguinante; (*BRIT: inf!*): **this ~y ...** questo maledetto ...; **~y awful/good** (*inf!*) veramente terribile/forte; **~y-minded** (*BRIT: inf*) *adj* indisponente

bloom [bluːm] *n* fiore *m* ♦ *vi* (*tree*) essere in fiore; (*flower*) aprirsi

blossom ['blɔsəm] *n* fiore *m*; (*with pl sense*) fiori *mpl* ♦ *vi* essere in fiore

blot [blɔt] *n* macchia ♦ *vt* macchiare; **~ out** *vt* (*memories*) cancellare; (*view*) nascondere

blotchy ['blɔtʃɪ] *adj* (*complexion*) coperto(a) di macchie

blotting paper ['blɔtɪŋ-] *n* carta assorbente

blouse [blauz] *n* (*feminine garment*) camicetta

blow [bləu] (*pt* **blew**, *pp* **blown**) *n* colpo ♦ *vi* soffiare ♦ *vt* (*fuse*) far saltare; (*subj: wind*) spingere; (*instrument*) suonare; **to ~ one's nose** soffiarsi il naso; **to ~ a whistle** fischiare; **~ away** *vt* portare via; **~ down** *vt* abbattere; **~ off** *vt* far volare via; **~ out** *vi* scoppiare; **~ over** *vi* calmarsi; **~ up** *vi* saltare in aria ♦ *vt* far saltare in aria; (*tyre*) gonfiare; (*PHOT*) ingrandire; **~-dry** *n* messa in piega a föhn; **~lamp** (*BRIT*) *n* lampada a benzina per saldare; **blown** *pp of* **blow**; **~-out** *n* (*of tyre*) scoppio; **~torch** *n* = **~lamp**

blue [bluː] *adj* azzurro(a); (*depressed*) giù *inv*; **~ film/joke** film/ barzelletta pornografico(a); **out of the ~** (*fig*) all'improvviso, **~bell** *n* giacinto dei boschi; **~bottle** *n* moscone *m*; **~print** *n* (*fig*): **~print (for)** formula (di)

bluff [blʌf] *vi* bluffare ♦ *n* bluff *m inv* ♦ *adj* (*person*) brusco(a); **to call sb's ~** mettere alla prova il bluff di qn

blunder ['blʌndə*] *n* abbaglio ♦ *vi* prendere un abbaglio

blunt [blʌnt] *adj* smussato(a); spuntato(a); (*person*) brusco(a)

blur [bləː*] *n* forma indistinta ♦ *vt* offuscare

blush [blʌʃ] *vi* arrossire ♦ *n* rossore *m*

blustering ['blʌstərɪŋ] *adj* infuriato(a)

blustery ['blʌstərɪ] *adj* (*weather*) burrascoso(a)

boar [bɔː*] *n* cinghiale *m*

board [bɔːd] *n* tavola; (*on wall*) tabellone *m*; (*committee*) consiglio, comitato; (*in firm*) consiglio d'amministrazione; (*NAUT, AVIAT*): **on ~** a bordo ♦ *vt* (*ship*) salire a bordo di; (*train*) salire su; **full ~** (*BRIT*) pensione completa; **half ~** (*BRIT*) mezza pensione; **~ and lodging** vitto e alloggio; **which goes by the ~** (*fig*) che viene abbandonato; **~ up** *vt* (*door*) chiudere con assi; **~er** *n* (*SCOL*) convittore/trice; **~ing card** *n* = **~ing pass**; **~ing house** *n* pensione *f*; **~ing pass** *n* (*AVIAT, NAUT*) carta d'imbarco; **~ing school** *n* collegio; **~ room** *n* sala del consiglio

boast [bəust] *vi*: **to ~ (about *or* of)** vantarsi (di)

boat [bəut] *n* nave *f*; (*small*) barca; **~swain** ['bəusn] *n* nostromo

bob [bɔb] *vi* (*boat, cork on water: also:* **~ up and down**) andare su e giù; **~ up** *vi* saltare fuori

bobby ['bɔbɪ] (*BRIT: inf*) *n* poliziotto

bobsleigh ['bɔbsleɪ] *n* bob *m inv*

bode [bəud] *vi*: **to ~ well/ill (for)** essere di buon/cattivo auspicio (per)

bodily ['bɔdɪlɪ] *adj* fisico(a), corporale ♦ *adv* corporalmente; interamente; in persona

body ['bɔdɪ] *n* corpo; (*of car*) carrozzeria; (*of*

plane) fusoliera; *(fig: group)* gruppo;
(: organization) organizzazione f;
(: quantity) quantità f inv; **~-building** n
culturismo; **~guard** n guardia del corpo;
~work n carrozzeria

bog [bɔg] n palude f ♦ vt: **to get ~ged
down** *(fig)* impantanarsi

bogus ['bəʊgəs] adj falso(a); finto(a)

boil [bɔɪl] vt, vi bollire ♦ n (MED) foruncolo;
to come to the (BRIT) **or a** (US) **~**
raggiungere l'ebollizione; **~ down to** vt
fus *(fig)* ridursi a; **~ over** vi traboccare
(bollendo); **~ed egg** n uovo alla coque;
~ed potatoes npl patate fpl bollite or
lesse; **~er** n caldaia; **~er suit** (BRIT) n tuta;
~ing point n punto di ebollizione

boisterous ['bɔɪstərəs] adj chiassoso(a)

bold [bəʊld] adj audace; *(child)* impudente;
(colour) deciso(a)

bollard ['bɔləd] (BRIT) n (AUT) colonnina
luminosa

bolt [bəʊlt] n chiavistello; *(with nut)* bullone
m ♦ adv: **~ upright** diritto(a) come un fuso
♦ vt serrare; *(also:* **~ together**) imbullonare;
(food) mangiare in fretta ♦ vi scappare via

bomb [bɔm] n bomba ♦ vt bombardare

bombastic [bɔm'bæstɪk] adj magniloquente

bomb: ~ disposal unit n corpo degli
artificieri; **~er** n (AVIAT) bombardiere m;
~shell n *(fig)* notizia bomba

bond [bɔnd] n legame m; *(binding promise,
FINANCE)* obbligazione f; *(COMM)*: **in ~** in
attesa di sdoganamento

bondage ['bɔndɪdʒ] n schiavitù f

bone [bəʊn] n osso; *(of fish)* spina, lisca ♦ vt
disossare; togliere le spine a; **~ idle** adj
pigrissimo(a); **~ marrow** n midollo osseo

bonfire ['bɔnfaɪə*] n falò m inv

bonnet ['bɔnɪt] n cuffia; (BRIT: *of car*) cofano

bonus ['bəʊnəs] n premio; *(fig)* sovrappiù m
inv

bony ['bəʊnɪ] adj (MED: *tissue*) osseo(a);
(arm, face) ossuto(a); *(meat)* pieno(a) di
ossi; *(fish)* pieno(a) di spine

boo [buː] excl ba! ♦ vt fischiare

booby trap ['buːbɪ-] n trappola

book [bʊk] n libro; *(of stamps etc)*

blocchetto ♦ vt *(ticket, seat, room)*
prenotare; *(driver)* multare; *(football player)*
ammonire; **~s** npl (COMM) conti mpl;
~case n scaffale m; **~ing office** (BRIT) n
(RAIL) biglietteria; (THEATRE) botteghino; **~-
keeping** n contabilità f; **~let** n libricino;
~maker n allibratore m; **~seller** n
libraio; **~shop**, **~store** n libreria

boom [buːm] n *(noise)* rimbombo; *(in prices
etc)* boom m inv ♦ vi rimbombare; andare
a gonfie vele

boon [buːn] n vantaggio

boost [buːst] n spinta ♦ vt spingere; **~er** n
(MED) richiamo

boot [buːt] n stivale m; *(for hiking)* scarpone
m da montagna; *(for football etc)* scarpa;
(BRIT: *of car*) portabagagli m inv ♦ vt
(COMPUT) inizializzare; **to ~** *(in addition)* per
giunta, in più

booth [buːð] n cabina; *(at fair)* baraccone m

booty ['buːtɪ] n bottino

booze [buːz] (inf) n alcool m

border ['bɔːdə*] n orlo; margine m; *(of a
country)* frontiera; *(for flowers)* aiuola
(laterale) ♦ vt *(road)* costeggiare; *(another
country: also:* **~ on**) confinare con; **the B~s**
la zona di confine tra l'Inghilterra e la
Scozia; **~ on** vt fus *(fig: insanity etc)*
sfiorare; **~line** n *(fig)*: **on the ~line**
incerto(a); **~line case** n caso incerto

bore [bɔː*] pt of **bear** ♦ vt *(hole etc)* scavare;
(person) annoiare ♦ n *(person)* seccatore/
trice; *(of gun)* calibro; **to be ~d** annoiarsi;
~dom n noia; **boring** adj noioso(a)

born [bɔːn] adj: **to be ~** nascere; **I was ~ in
1960** sono nato nel 1960

borne [bɔːn] pp of **bear**

borough ['bʌrə] n comune m

borrow ['bɔrəʊ] vt: **to ~ sth (from sb)**
prendere in prestito qc (da qn)

Bosnia(-Herzegovina) ['bɔznɪə-
(hɛrzə'gəʊviːnə)] n Bosnia-Erzegovina

Bosnian ['bɔznɪən] n, adj bosniaco(a) m/f

boss [bɔs] n capo ♦ vt comandare; **~y** adj
prepotente

bosun ['bəʊsn] n nostromo

botany ['bɔtənɪ] n botanica

botch [bɒtʃ] *vt* (*also:* ~ **up**) fare un pasticcio di

both [bəʊθ] *adj* entrambi(e), tutt'e due ♦ *pron*: ~ (**of them**) entrambi(e); ~ **of us went, we ~ went** ci siamo andati tutt'e due ♦ *adv*: **they sell ~ meat and poultry** vendono insieme la carne ed il pollame

bother ['bɒðə*] *vt* (*worry*) preoccupare; (*annoy*) infastidire ♦ *vi* (*also:* ~ **o.s.**) preoccuparsi ♦ *n*: **it is a ~ to have to do** è una seccatura dover fare; **it was no ~** non c'era problema; **to ~ doing sth** darsi la pena di fare qc

bottle ['bɒtl] *n* bottiglia; (*baby's*) biberon *m inv* ♦ *vt* imbottigliare; ~ **up** *vt* contenere; ~ **bank** *n* contenitore *m* per la raccolta del vetro; ~**neck** *n* imbottigliamento; ~**opener** *n* apribottiglie *m inv*

bottom ['bɒtəm] *n* fondo; (*buttocks*) sedere *m* ♦ *adj* più basso(a); ultimo(a); **at the ~ of** in fondo a

bough [baʊ] *n* ramo

bought [bɔːt] *pt*, *pp of* **buy**

boulder ['bəʊldə*] *n* masso (tondeggiante)

bounce [baʊns] *vi* (*ball*) rimbalzare; (*cheque*) essere restituito(a) ♦ *vt* far rimbalzare ♦ *n* (*rebound*) rimbalzo; ~**r** (*inf*) *n* buttafuori *m inv*

bound [baʊnd] *pt*, *pp of* **bind** ♦ *n* (*gen pl*) limite *m*; (*leap*) salto ♦ *vi* saltare ♦ *vt* (*limit*) delimitare ♦ *adj*: ~ **by law** obbligato(a) per legge; **to be ~ to do sth** (*obliged*) essere costretto(a) a fare qc; **he's ~ to fail** (*likely*) fallirà di certo; ~ **for** diretto(a) a; **out of ~s** il cui accesso è vietato

boundary ['baʊndrɪ] *n* confine *m*

boundless ['baʊndlɪs] *adj* senza limiti

bourgeois ['bʊəʒwɑː] *adj* borghese

bout [baʊt] *n* periodo; (*of malaria etc*) attacco; (*BOXING etc*) incontro

bow[1] [bəʊ] *n* nodo; (*weapon*) arco; (*MUS*) archetto

bow[2] [baʊ] *n* (*with body*) inchino; (*NAUT: also:* ~**s**) prua ♦ *vi* inchinarsi; (*yield*): **to ~ to** *or* **before** sottomettersi a

bowels ['baʊəlz] *npl* intestini *mpl*; (*fig*) viscere *fpl*

bowl [bəʊl] *n* (*for eating*) scodella; (*for washing*) bacino; (*ball*) boccia ♦ *vi* (*CRICKET*) servire (la palla)

bow-legged ['bəʊ'lɛgɪd] *adj* dalle gambe storte

bowler ['bəʊlə*] *n* (*CRICKET, BASEBALL*) lanciatore *m*; (*BRIT: also:* ~ **hat**) bombetta

bowling ['bəʊlɪŋ] *n* (*game*) gioco delle bocce; ~ **alley** *n* pista da bowling; ~ **green** *n* campo di bocce

bowls [bəʊlz] *n* gioco delle bocce

bow tie *n* cravatta a farfalla

box [bɒks] *n* scatola; (*also:* **cardboard** ~) cartone *m*; (*THEATRE*) palco ♦ *vt* inscatolare ♦ *vi* fare del pugilato; ~**er** *n* (*person*) pugile *m*; ~**ing** *n* (*SPORT*) pugilato; **B~ing Day** (*BRIT*) *n* ≈ Santo Stefano; ~**ing gloves** *npl* guantoni *mpl* da pugile; ~**ing ring** *n* ring *m inv*; ~ **office** *n* biglietteria; ~ **room** *n* ripostiglio

---

Boxing Day

i **Il Boxing Day** è il primo giorno infrasettimanale dopo Natale. Prende il nome dalla tradizionale usanza di donare pacchi regalo natalizi, un tempo chiamati "Christmas boxes", a fornitori e dipendenti.

---

boy [bɔɪ] *n* ragazzo

boycott ['bɔɪkɒt] *n* boicottaggio ♦ *vt* boicottare

boyfriend ['bɔɪfrɛnd] *n* ragazzo

boyish ['bɔɪʃ] *adj* da ragazzo

B.R. *abbr* (*formerly*) = **British Rail**

bra [brɑː] *n* reggipetto, reggiseno

brace [breɪs] *n* (*on teeth*) apparecchio correttore; (*tool*) trapano ♦ *vt* rinforzare, sostenere; ~**s** (*BRIT*) *npl* (*DRESS*) bretelle *fpl*; **to ~ o.s.** (*also fig*) tenersi forte

bracelet ['breɪslɪt] *n* braccialetto

bracing ['breɪsɪŋ] *adj* invigorante

bracken ['brækən] *n* felce *f*

bracket ['brækɪt] *n* (*TECH*) mensola; (*group*) gruppo; (*TYP*) parentesi *f inv* ♦ *vt* mettere fra parentesi

brag [bræg] *vi* vantarsi

braid [breɪd] *n* (*trimming*) passamano; (*of*

hair) treccia

brain [breɪn] *n* cervello; **~s** *npl* (*intelligence*) cervella *fpl*; **he's got ~s** è intelligente; **~wash** *vt* fare un lavaggio di cervello a; **~wave** *n* lampo di genio; **~y** *adj* intelligente

braise [breɪz] *vt* brasare

brake [breɪk] *n* (*on vehicle*) freno ♦ *vi* frenare; **~ fluid** *n* liquido dei freni; **~ light** *n* (*fanalino dello*) stop *m inv*

bramble ['bræmbl] *n* rovo

bran [bræn] *n* crusca

branch [brɑːntʃ] *n* ramo; (*COMM*) succursale *f*; **~ out** *vi* (*fig*) intraprendere una nuova attività

brand [brænd] *n* (*also*: **~ name**) marca; (*fig*) tipo ♦ *vt* (*cattle*) marcare (a ferro rovente)

brand-new *adj* nuovo(a) di zecca

brandy ['brændɪ] *n* brandy *m inv*

brash [bræʃ] *adj* sfacciato(a)

brass [brɑːs] *n* ottone *m*; **the ~** (*MUS*) gli ottoni; **~ band** *n* fanfara

brat [bræt] (*pej*) *n* marmocchio, monello/a

bravado [brə'vɑːdəʊ] *n* spavalderia

brave [breɪv] *adj* coraggioso(a) ♦ *vt* affrontare; **~ry** *n* coraggio

brawl [brɔːl] *n* rissa

brawny ['brɔːnɪ] *adj* muscoloso(a)

bray [breɪ] *vi* ragliare

brazen ['breɪzn] *adj* sfacciato(a) ♦ *vt*: **to ~ it out** fare lo sfacciato

brazier ['breɪzɪə*] *n* braciere *m*

Brazil [brə'zɪl] *n* Brasile *m*

breach [briːtʃ] *vt* aprire una breccia in ♦ *n* (*gap*) breccia, varco; (*breaking*): **~ of contract** rottura di contratto; **~ of the peace** violazione *f* dell'ordine pubblico

bread [bred] *n* pane *m*; **~ and butter** *n* pane e burro; (*fig*) mezzi *mpl* di sussistenza; **~bin** *n* cassetta *f* portapane *inv*; **~crumbs** *npl* briciole *fpl*; (*CULIN*) pangrattato; **~line** *n*: **to be on the ~line** avere appena il denaro per vivere

breadth [bretθ] *n* larghezza; (*fig: of knowledge etc*) ampiezza

breadwinner ['bredwɪnə*] *n* chi guadagna il pane per tutta la famiglia

break [breɪk] (*pt* **broke**, *pp* **broken**) *vt* rompere; (*law*) violare; (*record*) battere ♦ *vi* rompersi; (*storm*) scoppiare; (*weather*) cambiare; (*dawn*) spuntare; (*news*) saltare fuori ♦ *n* (*gap*) breccia; (*fracture*) rottura; (*rest, also SCOL*) intervallo; (: *short*) pausa; (*chance*) possibilità *f inv*; **to ~ one's leg** *etc* rompersi la gamba *etc*; **to ~ the news to sb** comunicare per primo la notizia a qn; **to ~ even** coprire le spese; **to ~ free** *or* **loose** spezzare i legami; **to ~ open** (*door etc*) sfondare; **~ down** *vt* (*figures, data*) analizzare ♦ *vi* (*person*) avere un esaurimento (nervoso); (*AUT*) guastarsi; **~ in** *vt* (*horse etc*) domare ♦ *vi* (*burglar*) fare irruzione; (*interrupt*) interrompere; **~ into** *vt fus* (*house*) fare irruzione in; **~ off** *vi* (*speaker*) interrompersi; (*branch*) troncarsi; **~ out** *vi* evadere; (*war, fight*) scoppiare; **to ~ out in spots** coprirsi di macchie; **~ up** *vi* (*ship*) sfondarsi; (*meeting*) sciogliersi; (*crowd*) disperdersi; (*marriage*) andare a pezzi; (*SCOL*) chiudere ♦ *vt* fare a pezzi, spaccare; (*fight etc*) interrompere, far cessare; **~age** *n* rottura; (*object broken*) cosa rotta; **~down** *n* (*AUT*) guasto; (*in communications*) interruzione *f*; (*of marriage*) rottura; (*MED: also:* **nervous ~down**) esaurimento nervoso; (*of statistics*) resoconto; **~down van** (*BRIT*) *n* carro *m* attrezzi *inv*; **~er** *n* frangente *m*

breakfast ['brekfəst] *n* colazione *f*

break: **~-in** *n* irruzione *f*; **~ing and entering** *n* (*LAW*) violazione *f* di domicilio con scasso; **~through** *n* (*fig*) passo avanti; **~water** *n* frangiflutti *m inv*

breast [brest] *n* (*of woman*) seno; (*chest, CULIN*) petto; **~-feed** (*irreg: like* **feed**) *vt, vi* allattare (al seno); **~-stroke** *n* nuoto a rana

breath [breθ] *n* respiro; **out of ~** senza fiato

Breathalyser ® ['breθəlaɪzə*] (*BRIT*) *n* alcoltest *m inv*

breathe [briːð] *vt, vi* respirare; **~ in** *vt* respirare ♦ *vi* inspirare; **~ out** *vt, vi* espirare; **~r** *n* attimo di respiro; **breathing** *n* respiro, respirazione *f*

breathless ['brεθlıs] *adj* senza fiato
breathtaking ['brεθteıkıŋ] *adj* mozzafiato *inv*
bred [brεd] *pt, pp of* **breed**
breed [bri:d] (*pt, pp* **bred**) *vt* allevare ♦ *vi* riprodursi ♦ *n* razza; (*type, class*) varietà *f inv*; ~**ing** *n* riproduzione *f*; allevamento; (*upbringing*) educazione *f*
breeze [bri:z] *n* brezza
breezy ['bri:zı] *adj* allegro(a); ventilato(a)
brew [bru:] *vt* (*tea*) fare un infuso di; (*beer*) fare ♦ *vi* (*storm, fig: trouble etc*) prepararsi; ~**ery** *n* fabbrica di birra
bribe [braıb] *n* bustarella ♦ *vt* comprare; ~**ry** *n* corruzione *f*
brick [brık] *n* mattone *m*; ~**layer** *n* muratore *m*
bridal ['braıdl] *adj* nuziale
bride [braıd] *n* sposa; ~**groom** *n* sposo; ~**smaid** *n* damigella d'onore
bridge [brıdʒ] *n* ponte *m*; (*NAUT*) ponte di comando; (*of nose*) dorso; (*CARDS*) bridge *m inv* ♦ *vt* (*fig: gap*) colmare
bridle ['braıdl] *n* briglia; ~ **path** *n* sentiero (per cavalli)
brief [bri:f] *adj* breve ♦ *n* (*LAW*) comparsa; (*gen*) istruzioni *fpl* ♦ *vt* mettere al corrente; ~**s** *npl* (*underwear*) mutande *fpl*; ~**case** *n* cartella; ~**ing** *n* briefing *m inv*; ~**ly** *adv* (*glance*) di sfuggita; (*explain, say*) brevemente
bright [braıt] *adj* luminoso(a); (*clever*) sveglio(a); (*lively*) vivace; ~**en** (*also:* ~**en up**) *vt* (*room*) rendere luminoso(a) ♦ *vi* schiarirsi; (*person*) rallegrarsi
brilliance ['brıljəns] *n* splendore *m*
brilliant ['brıljənt] *adj* brillante; (*light, smile*) radioso(a); (*inf*) splendido(a)
brim [brım] *n* orlo
brine [braın] *n* (*CULIN*) salamoia
bring [brıŋ] (*pt, pp* **brought**) *vt* portare; ~ **about** *vt* causare; ~ **back** *vt* riportare; ~ **down** *vt* portare giù; abbattere; ~ **forward** *vt* (*proposal*) avanzare; (*meeting*) anticipare; ~ **off** *vt* (*task, plan*) portare a compimento; ~ **out** *vt* tirar fuori; (*meaning*) mettere in evidenza; (*book,*

album) far uscire; ~ **round** *vt* (*unconscious person*) far rinvenire; ~ **up** *vt* (*carry up*) portare su; (*child*) allevare; (*question*) introdurre; (*food: vomit*) rimettere, rigurgitare
brink [brıŋk] *n* orlo
brisk [brısk] *adj* (*manner*) spiccio(a); (*trade*) vivace; (*pace*) svelto(a)
bristle ['brısl] *n* setola ♦ *vi* rizzarsi; **bristling with** irto(a) di
Britain ['brıtən] *n* (*also:* **Great ~**) Gran Bretagna
British ['brıtıʃ] *adj* britannico(a); **the ~** *npl* i Britannici; **the ~ Isles** *npl* le Isole Britanniche; ~ **Rail** *n* compagnia ferroviaria britannica, ≈ Ferrovie *fpl* dello Stato
Briton ['brıtən] *n* britannico/a
brittle ['brıtl] *adj* fragile
broach [brəutʃ] *vt* (*subject*) affrontare
broad [brɔ:d] *adj* largo(a); (*distinction*) generale; (*accent*) spiccato(a); **in ~ daylight** in pieno giorno; ~**cast** (*pt, pp* ~**cast**) *n* trasmissione *f* ♦ *vt* trasmettere per radio (*or* per televisione) ♦ *vi* fare una trasmissione; ~**en** *vt* allargare ♦ *vi* allargarsi; ~**ly** *adv* (*fig*) in generale; ~-**minded** *adj* di mente aperta
broccoli ['brɔkəlı] *n* broccoli *mpl*
brochure ['brəuʃjuə*] *n* dépliant *m inv*
broil [brɔıl] *vt* cuocere a fuoco vivo
broke [brəuk] *pt of* **break** ♦ *adj* (*inf*) squattrinato(a)
broken ['brəukn] *pp of* **break** ♦ *adj* rotto(a); **a ~ leg** una gamba rotta; **in ~ English** in un inglese stentato; ~-**hearted** *adj*: **to be** ~-**hearted** avere il cuore spezzato
broker ['brəukə*] *n* agente *m*
brolly ['brɔlı] (*BRIT: inf*) *n* ombrello
bronchitis [brɔŋ'kaıtıs] *n* bronchite *f*
bronze [brɔnz] *n* bronzo
brooch [brəutʃ] *n* spilla
brood [bru:d] *n* covata ♦ *vi* (*person*) rimuginare
brook [bruk] *n* ruscello
broom [brum] *n* scopa; (*BOT*) ginestra
Bros. *abbr* (= *Brothers*) F.lli

broth [brɔθ] *n* brodo
brothel ['brɔθl] *n* bordello
brother ['brʌðə*] *n* fratello; **~-in-law** *n* cognato
brought [brɔːt] *pt, pp* of **bring**
brow [brau] *n* fronte *f*; (*rare, gen: eye~*) sopracciglio; (*of hill*) cima
brown [braun] *adj* bruno(a), marrone; (*tanned*) abbronzato(a) ♦ *n* (*colour*) color *m* bruno *or* marrone ♦ *vt* (*CULIN*) rosolare; **~ bread** *n* pane *m* integrale, pane nero
Brownie ['brauni] *n* giovane esploratrice *f*; **b~** (*US: cake*) dolce al cioccolato e nocciole
brown paper *n* carta da pacchi *or* da imballaggio
brown sugar *n* zucchero greggio
browse [brauz] *vi* (*among books*) curiosare fra i libri; **to ~ through a book** sfogliare un libro; **~r** *n* (*COMPUT*) browser *m inv*
bruise [bruːz] *n* (*on person*) livido ♦ *vt* farsi un livido a
brunette [bruːˈnɛt] *n* bruna
brunt [brʌnt] *n*: **the ~ of** (*attack, criticism etc*) il peso maggiore di
brush [brʌʃ] *n* spazzola; (*for painting, shaving*) pennello; (*quarrel*) schermaglia ♦ *vt* spazzolare; (*also:* **~ against**) sfiorare; **~ aside** *vt* scostare; **~ up** *vt* (*knowledge*) rinfrescare; **~wood** *n* macchia
Brussels ['brʌslz] *n* Bruxelles *f*; **~ sprout** *n* cavolo di Bruxelles
brutal ['bruːtl] *adj* brutale
brute [bruːt] *n* bestia ♦ *adj*: **by ~ force** con la forza, a viva forza
B.Sc. *n abbr* (*UNIV*) = **Bachelor of Science**
BSE *n abbr* (= *bovine spongiform encephalopathy*) encefalite *f* bovina spongiforme
BTW *abbr* a proposito
bubble ['bʌbl] *n* bolla ♦ *vi* ribollire; (*sparkle, fig*) essere effervescente; **~ bath** *n* bagnoschiuma *m inv*; **~ gum** *n* gomma americana
buck [bʌk] *n* maschio (*di camoscio, caprone, coniglio etc*); (*US: inf*) dollaro ♦ *vi* sgroppare; **to pass the ~ (to sb)** scaricare (su di qn) la propria responsabilità; **~ up** *vi*

(*cheer up*) rianimarsi
bucket ['bʌkɪt] *n* secchio

Buckingham Palace

🛈 **Buckingham Palace** è la residenza ufficiale a Londra del sovrano britannico. Fu costruita nel 1703 per il duca di Buckingham.

---

buckle ['bʌkl] *n* fibbia ♦ *vt* allacciare ♦ *vi* (*wheel etc*) piegarsi
bud [bʌd] *n* gemma; (*of flower*) bocciolo ♦ *vi* germogliare; (*flower*) sbocciare
Buddhism ['budɪzəm] *n* buddismo
budding ['bʌdɪŋ] *adj* (*poet etc*) in erba
buddy ['bʌdɪ] (*US*) *n* compagno
budge [bʌdʒ] *vt* scostare; (*fig*) smuovere ♦ *vi* spostarsi; smuoversi
budgerigar ['bʌdʒərɪgɑː*] *n* pappagallino
budget ['bʌdʒɪt] *n* bilancio preventivo ♦ *vi*: **to ~ for sth** fare il bilancio per qc
budgie ['bʌdʒɪ] *n* = **budgerigar**
buff [bʌf] *adj* color camoscio ♦ *n* (*inf: enthusiast*) appassionato/a
buffalo ['bʌfələu] (*pl ~ or* **~es**) *n* bufalo; (*US*) bisonte *m*
buffer ['bʌfə*] *n* respingente *m*; (*COMPUT*) memoria tampone, buffer *m inv*
buffet[1] ['bufeɪ] *n* (*food, BRIT: bar*) buffet *m inv*; **~ car** (*BRIT*) *n* (*RAIL*) ≈ servizio ristoro
buffet[2] ['bʌfɪt] *vt* sferzare
bug [bʌg] *n* (*esp US: insect*) insetto; (*COMPUT, fig: germ*) virus *m inv*; (*spy device*) microfono spia ♦ *vt* mettere sotto controllo; (*inf: annoy*) scocciare
buggy ['bʌgɪ] *n* (*baby* ~) passeggino
bugle ['bjuːgl] *n* tromba
build [bɪld] (*pt, pp* **built**) *n* (*of person*) corporatura ♦ *vt* costruire; **~ up** *vt* accumulare; aumentare; **~er** *n* costruttore *m*; **~ing** *n* costruzione *f*; edificio; (*industry*) edilizia; **~ing society** (*BRIT*) *n* società *f inv* immobiliare
built [bɪlt] *pt, pp* of **build** ♦ *adj*: **~-in** (*cupboard*) a muro; (*device*) incorporato(a); **~-up area** *n* abitato
bulb [bʌlb] *n* (*BOT*) bulbo; (*ELEC*) lampadina
bulge [bʌldʒ] *n* rigonfiamento ♦ *vi* essere

protuberante *or* rigonfio(a); **to be bulging with** essere pieno(a) *or* zeppo(a) di

bulk [bʌlk] *n* massa, volume *m*; **in ~** a pacchi (*or* cassette *etc*); (*COMM*) all'ingrosso; **the ~ of** il grosso di; **~y** *adj* grosso(a); voluminoso(a)

bull [bul] *n* toro; (*male elephant, whale*) maschio; **~dog** *n* bulldog *m inv*

bulldozer ['buldəuzə*] *n* bulldozer *m inv*

bullet ['bulɪt] *n* pallottola

bulletin ['bulɪtɪn] *n* bollettino

bulletproof ['bulɪtpruːf] *adj* (*car*) blindata(a); (*vest etc*) antiproiettile *inv*

bullfight ['bulfaɪt] *n* corrida; **~er** *n* torero; **~ing** *n* tauromachia

bullion ['buljən] *n* oro *or* argento in lingotti

bullock ['bulək] *n* manzo

bullring ['bulrɪŋ] *n* arena (per corride)

bull's-eye ['bulzaɪ] *n* centro del bersaglio

bully ['bulɪ] *n* prepotente *m* ♦ *vt* angariare; (*frighten*) intimidire

bum [bʌm] (*inf*) *n* (*backside*) culo; (*tramp*) vagabondo/a

bumblebee ['bʌmblbiː] *n* bombo

bump [bʌmp] *n* (*in car*) piccolo tamponamento; (*jolt*) scossa; (*on road etc*) protuberanza; (*on head*) bernoccolo ♦ *vt* battere; **~ into** *vt fus* scontrarsi con; (*person*) imbattersi in; **~er** *n* paraurti *m inv* ♦ *adj*: **~er harvest** raccolto eccezionale; **~er cars** *npl* autoscontri *mpl*

bumpy ['bʌmpɪ] *adj* (*road*) dissestato(a)

bun [bʌn] *n* focaccia; (*of hair*) crocchia

bunch [bʌntʃ] *n* (*of flowers, keys*) mazzo; (*of bananas*) casco; (*of people*) gruppo; **~ of grapes** grappolo d'uva; **~es** *npl* (*in hair*) codine *fpl*

bundle ['bʌndl] *n* fascio ♦ *vt* (*also*: **~ up**) legare in un fascio; (*put*): **to ~ sth/sb into** spingere qc/qn in

bungalow ['bʌŋgələu] *n* bungalow *m inv*

bungle ['bʌŋgl] *vt* fare un pasticcio di

bunion ['bʌnjən] *n* callo (al piede)

bunk [bʌŋk] *n* cuccetta; **~ beds** *npl* letti *mpl* a castello

bunker ['bʌŋkə*] *n* (*coal store*) ripostiglio per il carbone; (*MIL, GOLF*) bunker *m inv*

bunny ['bʌnɪ] *n* (*also*: **~ rabbit**) coniglietto

bunting ['bʌntɪŋ] *n* pavesi *mpl*, bandierine *fpl*

buoy [bɔɪ] *n* boa; **~ant** *adj* galleggiante; (*fig*) vivace

burden ['bəːdn] *n* carico, fardello ♦ *vt*: **to ~ sb with** caricare qn di

bureau [bjuə'rəu] (*pl* **bureaux**) *n* (*BRIT*: *writing desk*) scrivania; (*US*: *chest of drawers*) cassettone *m*; (*office*) ufficio, agenzia

bureaucracy [bjuə'rɔkrəsɪ] *n* burocrazia

bureaux [bjuə'rəuz] *npl of* **bureau**

burglar ['bəːglə*] *n* scassinatore *m*; **~ alarm** *n* campanello antifurto; **~y** *n* furto con scasso

burial ['berɪəl] *n* sepoltura

burly ['bəːlɪ] *adj* robusto(a)

Burma ['bəːmə] *n* Birmania

burn [bəːn] (*pt, pp* **burned** *or* **burnt**) *vt, vi* bruciare ♦ *n* bruciatura, scottatura; **~ down** *vt* distruggere col fuoco; **~er** *n* (*on cooker*) fornello; (*TECH*) bruciatore *m*, becco (a gas); **~ing** *adj* in fiamme; (*sand*) che scotta; (*ambition*) bruciante; **burnt** *pt, pp of* **burn**

burrow ['bʌrəu] *n* tana ♦ *vt* scavare

bursary ['bəːsərɪ] (*BRIT*) *n* (*SCOL*) borsa di studio

burst [bəːst] (*pt, pp* **burst**) *vt* far scoppiare ♦ *vi* esplodere; (*tyre*) scoppiare ♦ *n* scoppio; (*also*: **~ pipe**) rottura nel tubo, perdita; **a ~ of speed** uno scatto di velocità; **to ~ into flames/tears** scoppiare in fiamme/lacrime; **to ~ out laughing** scoppiare a ridere; **to be ~ing with** scoppiare di; **~ into** *vt fus* (*room etc*) irrompere in

bury ['berɪ] *vt* seppellire

bus [bʌs] (*pl* **~es**) *n* autobus *m inv*

bush [buʃ] *n* cespuglio; (*scrub land*) macchia; **to beat about the ~** menare il cane per l'aia

bushy ['buʃɪ] *adj* cespuglioso(a)

busily ['bɪzɪlɪ] *adv* con impegno, alacremente

business ['bɪznɪs] *n* (*matter*) affare *m*; (*trading*) affari *mpl*; (*firm*) azienda; (*job*, *duty*) lavoro; **to be away on ~** essere andato via per affari; **it's none of my ~** questo non mi riguarda; **he means ~** non scherza; **~like** *adj* serio(a); efficiente; **~man/woman** *(irreg) n* uomo/donna d'affari; **~ trip** *n* viaggio d'affari

busker ['bʌskə*] *(BRIT) n* suonatore/trice ambulante

bus: **~ shelter** *n* pensilina *(alla fermata dell'autobus)*; **~ station** *n* stazione *f* delle corriere, autostazione *f*; **~-stop** *n* fermata d'autobus

bust [bʌst] *n* busto; *(ANAT)* seno ♦ *adj (inf: broken)* rotto(a); **to go ~** fallire

bustle ['bʌsl] *n* movimento, attività ♦ *vi* darsi da fare; **bustling** *adj* movimentato(a)

busy ['bɪzɪ] *adj* occupato(a); *(shop, street)* molto frequentato(a) ♦ *vt*: **to ~ o.s.** darsi da fare; **~body** *n* ficcanaso *m/f inv*; **~ signal** *n (US) (TEL)* segnale *m* di occupato

but [bʌt] *conj* ma; **I'd love to come, ~ I'm busy** vorrei tanto venire, ma ho da fare
♦ *prep (apart from, except)* eccetto, tranne, meno; **he was nothing ~ trouble** non dava altro che guai; **no-one ~ him can do it** nessuno può farlo tranne lui; **~ for you/ your help** se non fosse per te/per il tuo aiuto; **anything ~ that** tutto ma non questo
♦ *adv (just, only)* solo, soltanto; **she's ~ a child** è solo una bambina; **had I ~ known** se solo avessi saputo; **I can ~ try** tentar non nuoce; **all ~ finished** quasi finito

butcher ['butʃə*] *n* macellaio ♦ *vt* macellare; **~'s (shop)** *n* macelleria

butler ['bʌtlə*] *n* maggiordomo

butt [bʌt] *n (cask)* grossa botte *f*; *(of gun)* calcio; *(of cigarette)* mozzicone *m*; *(BRIT: fig: target)* oggetto ♦ *vt* cozzare; **~ in** *vi (interrupt)* interrompere

butter ['bʌtə*] *n* burro ♦ *vt* imburrare; **~cup** *n* ranuncolo

butterfly ['bʌtəflaɪ] *n* farfalla; *(SWIMMING:*

also: **~ stroke**) (nuoto a) farfalla

buttocks ['bʌtəks] *npl* natiche *fpl*

button ['bʌtn] *n* bottone *m*; *(US: badge)* distintivo ♦ *vt (also:* **~ up**) abbottonare
♦ *vi* abbottonarsi

buttress ['bʌtrɪs] *n* contrafforte *f*

buy [baɪ] *(pt, pp* **bought**) *vt* comprare ♦ *n* acquisto; **to ~ sb sth/sth from sb** comprare qc per qn/qc da qn; **to ~ sb a drink** offrire da bere a qn; **~er** *n* compratore/trice

buzz [bʌz] *n* ronzio; *(inf: phone call)* colpo di telefono ♦ *vi* ronzare

buzzer ['bʌzə*] *n* cicalino

buzz word *(inf) n* termine *m* di gran moda

by [baɪ] *prep* **1** *(referring to cause, agent)* da; **killed ~ lightning** ucciso da un fulmine; **surrounded ~ a fence** circondato da uno steccato; **a painting ~ Picasso** un quadro di Picasso
2 *(referring to method, manner, means)*: **~ bus/car/train** in autobus/macchina/treno, con l'autobus/la macchina/il treno; **to pay ~ cheque** pagare con (un) assegno; **~ moonlight** al chiaro di luna; **~ saving hard, he ...** risparmiando molto, lui ...
3 *(via, through)* per; **we came ~ Dover** siamo venuti via Dover
4 *(close to, past)* accanto a; **the house ~ the river** la casa sul fiume; **a holiday ~ the sea** una vacanza al mare; **she sat ~ his bed** si sedette accanto al suo letto; **she rushed ~ me** mi è passata accanto correndo; **I go ~ the post office every day** passo davanti all'ufficio postale ogni giorno
5 *(not later than)* per, entro; **~ 4 o'clock** per *o* entro le 4; **~ this time tomorrow** domani a quest'ora; **~ the time I got here it was too late** quando sono arrivato era ormai troppo tardi
6 *(during)*: **~ day/night** di giorno/notte
7 *(amount)* a; **~ the kilo/metre** a chili/ metri; **paid ~ the hour** pagato all'ora; **one ~ one** uno per uno; **little ~ little** a poco a poco

8 (*MATH, measure*): **to divide/multiply ~ 3** dividere/moltiplicare per 3; **it's broader ~ a metre** è un metro più largo, è più largo di un metro

9 (*according to*) per; **to play ~ the rules** attenersi alle regole; **it's all right ~ me** per me va bene

10: **(all) ~ oneself** *etc* (tutto(a)) solo(a); **he did it (all) ~ himself** lo ha fatto (tutto) da solo

11: **~ the way** a proposito; **this wasn't my idea ~ the way** tra l'altro l'idea non è stata mia

♦ *adv* 1 *see* **go; pass** *etc*

2: **~ and ~** (*in past*) poco dopo; (*in future*) fra breve; **~ and large** nel complesso

bye(-bye) ['baɪ('baɪ)] *excl* ciao!, arrivederci!
by(e)-law *n* legge *f* locale
by-election (*BRIT*) *n* elezione *f* straordinaria
bygone ['baɪɡɔn] *adj* passato(a) ♦ *n*: **let ~s be ~s** mettiamoci una pietra sopra
bypass ['baɪpɑːs] *n* circonvallazione *f*; (*MED*) by-pass *m inv* ♦ *vt* fare una deviazione intorno a
by-product *n* sottoprodotto; (*fig*) conseguenza secondaria
bystander ['baɪstændə*] *n* spettatore/trice
byte [baɪt] *n* (*COMPUT*) byte *m inv*, bicarattere *m*
byword ['baɪwɔːd] *n*: **to be a ~ for** essere sinonimo di

C, c

C [siː] *n* (*MUS*) do
C. *abbr* (= *centigrade*) C.
C.A. *n abbr* = **chartered accountant**
cab [kæb] *n* taxi *m inv*; (*of truck*) cabina
cabaret ['kæbəreɪ] *n* cabaret *m inv*
cabbage ['kæbɪdʒ] *n* cavolo
cabin ['kæbɪn] *n* capanna; (*on ship*) cabina; **~ crew** *n* equipaggio; **~ cruiser** *n* cabinato
cabinet ['kæbɪnɪt] *n* (*POL*) consiglio dei ministri; (*furniture*) armadietto; (*also:*

display ~) vetrinetta
cable ['keɪbl] *n* cavo; fune *f*; (*TEL*) cablogramma *m* ♦ *vt* telegrafare; **~-car** *n* funivia; **~ television** *n* televisione *f* via cavo
cache [kæʃ] *n* deposito segreto
cackle ['kækl] *vi* schiamazzare
cactus ['kæktəs] (*pl* **cacti**) *n* cactus *m inv*
cadet [kə'dɛt] *n* (*MIL*) cadetto
cadge [kædʒ] (*inf*) *vt* scroccare
café ['kæfeɪ] *n* caffè *m inv*
cafeteria [kæfɪ'tɪərɪə] *n* self-service *m inv*
cage [keɪdʒ] *n* gabbia
cagey ['keɪdʒɪ] (*inf*) *adj* chiuso(a); guardingo(a)
cagoule [kə'ɡuːl] *n* K-way ® *m inv*
cajole [kə'dʒəʊl] *vt* allettare
cake [keɪk] *n* (*large*) torta; (*small*) pasticcino; **~ of soap** saponetta; **~d** *adj*: **~d with** incrostato(a) di
calculate ['kælkjuleɪt] *vt* calcolare; **calculation** [-'leɪʃən] *n* calcolo; **calculator** *n* calcolatrice *f*
calendar ['kæləndə*] *n* calendario; **~ year** *n* anno civile
calf [kɑːf] (*pl* **calves**) *n* (*of cow*) vitello; (*of other animals*) piccolo; (*also:* **~skin**) (pelle *f* di) vitello; (*ANAT*) polpaccio
calibre ['kælɪbə*] (*US* **caliber**) *n* calibro
call [kɔːl] *vt* (*gen, also TEL*) chiamare; (*meeting*) indire ♦ *vi* chiamare; (*visit: also:* **~ in, ~ round**) passare ♦ *n* (*shout*) grido, urlo; (*TEL*) telefonata; **to be ~ed** (*person, object*) chiamarsi; **to be on ~** essere a disposizione; **~ back** *vi* (*return*) ritornare; (*TEL*) ritelefonare, richiamare; **~ for** *vt fus* richiedere; (*fetch*) passare a prendere; **~ off** *vt* disdire; **~ on** *vt fus* (*visit*) passare da; (*appeal to*) chiedere a; **~ out** *vi* (*in pain*) urlare; (*to person*) chiamare; **~ up** *vt* (*MIL*) richiamare; (*TEL*) telefonare a; **~box** (*BRIT*) *n* cabina telefonica; **~ centre** *n* centro informazioni telefoniche; **~er** *n* persona che chiama; visitatore/trice; **~ girl** *n* ragazza *f* squillo *inv*; **~-in** (*US*) *n* (*phone-in*) trasmissione *f* a filo diretto con gli ascoltatori; **~ing** *n* vocazione *f*; **~ing card**

(US) n biglietto da visita

callous ['kæləs] *adj* indurito(a), insensibile

calm [kɑːm] *adj* calmo(a) ♦ *n* calma ♦ *vt* calmare; **~ down** *vi* calmarsi ♦ *vt* calmare

Calor gas ® ['kælə*-] *n* butano

calorie ['kælərɪ] *n* caloria

calves [kɑːvz] *npl of* **calf**

Cambodia [kæm'bəudjə] *n* Cambogia

camcorder ['kæmkɔːdə*] *n* camcorder *f inv*

came [keɪm] *pt of* **come**

camel ['kæməl] *n* cammello

camera ['kæmərə] *n* macchina fotografica; (CINEMA, TV) cinepresa; **in ~** a porte chiuse; **~man** (*irreg*) *n* cameraman *m inv*

camouflage ['kæməflɑːʒ] (MIL, ZOOL) mimetizzazione *f* ♦ *vt* mimetizzare

camp [kæmp] *n* campeggio; (MIL) campo ♦ *vi* accamparsi ♦ *adj* effeminato(a)

campaign [kæm'peɪn] *n* (MIL, POL *etc*) campagna ♦ *vi* (*also fig*) fare una campagna

camp bed (BRIT) *n* brandina

camper ['kæmpə*] *n* campeggiatore/trice; (*vehicle*) camper *m inv*

camping ['kæmpɪŋ] *n* campeggio; **to go ~** andare in campeggio

campsite ['kæmpsaɪt] *n* campeggio

campus ['kæmpəs] *n* campus *m inv*

can¹ [kæn] *n* (*of milk*) scatola; (*of oil*) bidone *m*; (*of water*) tanica; (*tin*) scatola ♦ *vt* mettere in scatola

KEYWORD

can² [kæn] (*negative* **cannot, can't**; *conditional and pt* **could**) *aux vb* **1** (*be able to*) potere; **I ~'t go any further** non posso andare oltre; **you ~ do it if you try** sei in grado di farlo — basta provarci; **I'll help you all I ~** ti aiuterò come potrò; **I ~'t see you** non ti vedo

2 (*know how to*) sapere, essere capace di; **I ~ swim** so nuotare; **~ you speak French?** parla francese?

3 (*may*) potere; **could I have a word with you?** posso parlarle un momento?

4 (*expressing disbelief, puzzlement etc*): **it ~'t be true!** non può essere vero!; **what**

CAN he want? cosa può mai volere?

5 (*expressing possibility, suggestion etc*): **he could be in the library** può darsi che sia in biblioteca; **she could have been delayed** può aver avuto un contrattempo

Canada ['kænədə] *n* Canada *m*

Canadian [kə'neɪdɪən] *adj*, *n* canadese *m/f*

canal [kə'næl] *n* canale *m*

canary [kə'neərɪ] *n* canarino

cancel ['kænsəl] *vt* annullare; (*train*) sopprimere; (*cross out*) cancellare; **~lation** [-'leɪʃən] *n* annullamento; soppressione *f*; cancellazione *f*; (TOURISM) prenotazione *f* annullata

cancer ['kænsə*] *n* cancro; **C~** (*sign*) Cancro

candid ['kændɪd] *adj* onesto(a)

candidate ['kændɪdeɪt] *n* candidato/a

candle ['kændl] *n* candela; (*in church*) cero; **~light** *n*: **by ~light** a lume di candela; **~stick** *n* bugia; (*bigger, ornate*) candeliere *m*

candour ['kændə*] (US **candor**) *n* sincerità

candy ['kændɪ] *n* zucchero candito; (US) caramella; caramelle *fpl*; **~-floss** (BRIT) *n* zucchero filato

cane [keɪn] *n* canna; (*for furniture*) bambù *m*; (*stick*) verga ♦ *vt* (BRIT: SCOL) punire a colpi di verga

canister ['kænɪstə*] *n* scatola metallica

cannabis ['kænəbɪs] *n* canapa indiana

canned ['kænd] *adj* (*food*) in scatola

cannon ['kænən] (*pl* **~** *or* **~s**) *n* (*gun*) cannone *m*

cannot ['kænɔt] = **can not**

canny ['kænɪ] *adj* furbo(a)

canoe [kə'nuː] *n* canoa; **~ing** *n* canottaggio

canon ['kænən] *n* (*clergyman*) canonico; (*standard*) canone *m*

can opener [-'əupnə*] *n* apriscatole *m inv*

canopy ['kænəpɪ] *n* baldacchino

cant [kænt] *n* gergo ♦ *vt* inclinare ♦ *vi* inclinarsi

can't [kænt] = **can not**

canteen [kæn'tiːn] *n* mensa; (BRIT: *of cutlery*) portaposate *m inv*

canter ['kæntə*] *vi* andare al piccolo

galoppo
canvas ['kænvəs] *n* tela
canvass ['kænvəs] *vi* (POL): **to ~ for**
raccogliere voti per ♦ *vt* fare un sondaggio
di
cap [kæp] *n* (hat) berretto; (of pen)
coperchio; (of bottle, toy gun) tappo;
(contraceptive) diaframma *m* ♦ *vt* (outdo)
superare; (limit) fissare un tetto (a)
capability [keɪpə'bɪlɪtɪ] *n* capacità *f inv*,
abilità *f inv*
capable ['keɪpəbl] *adj* capace
capacity [kə'pæsɪtɪ] *n* capacità *f inv*; (of lift
etc) capienza
cape [keɪp] *n* (garment) cappa; (GEO) capo
caper ['keɪpə*] *n* (CULIN) cappero; (prank)
scherzetto
capital ['kæpɪtl] *n* (also: ~ **city**) capitale *f*;
(money) capitale *m*; (also: ~ **letter**) (lettera)
maiuscola; ~ **gains tax** *n* imposta sulla
plusvalenza; ~**ism** *n* capitalismo; ~**ist** *adj*,
n capitalista (*m/f*); ~**ize**: **to ~ize on** *vt fus*
trarre vantaggio da; ~ **punishment** *n*
pena capitale
Capitol ['kæpɪtl] *n*: **the ~** il Campidoglio

─────────────────
| Capitol |
─────────────────

ⓘ Il **Capitol** è l'edificio dove si svolgono le
riunioni del Congresso degli Stati Uniti.
È situato sull'omonimo colle, Capitol Hill, a
Washington D.C.
─────────────────

Capricorn ['kæprɪkɔːn] *n* Capricorno
capsize [kæp'saɪz] *vt* capovolgere ♦ *vi*
capovolgersi
capsule ['kæpsjuːl] *n* capsula
captain ['kæptɪn] *n* capitano
caption ['kæpʃən] *n* leggenda
captivate ['kæptɪveɪt] *vt* avvincere
captive ['kæptɪv] *adj*, *n* prigioniero(a)
captivity [kæp'tɪvɪtɪ] *n* cattività
capture ['kæptʃə*] *vt* catturare; (COMPUT)
registrare ♦ *n* cattura; (data ~) registrazione *f* or rilevazione *f* di dati
car [kɑː*] *n* (AUT) macchina, automobile *f*;
(RAIL) vagone *m*
carafe [kə'ræf] *n* caraffa

caramel ['kærəməl] *n* caramello
caravan ['kærəvæn] *n* (BRIT) roulotte *f inv*;
(of camels) carovana; ~**ning** *n* vacanze *fpl*
in roulotte; ~ **site** (BRIT) *n* campeggio per
roulotte
carbohydrates [kɑːbəʊ'haɪdreɪts] *npl*
(foods) carboidrati *mpl*
carbon ['kɑːbən] *n* carbonio; ~ **paper** *n*
carta carbone
car boot sale *n* mercatino dell'usato dove
la merce viene esposta nei bagagliai delle
macchine
carburettor [kɑːbju'rɛtə*] (US **carburetor**) *n*
carburatore *m*
card [kɑːd] *n* carta; (visiting ~ etc) biglietto;
(Christmas ~ etc) cartolina; ~**board** *n*
cartone *m*; ~ **game** *n* gioco di carte
cardiac ['kɑːdɪæk] *adj* cardiaco(a)
cardigan ['kɑːdɪgən] *n* cardigan *m inv*
cardinal ['kɑːdɪnl] *adj* cardinale ♦ *n*
cardinale *m*
card index *n* schedario
cardphone ['kɑːdfəʊn] *n* telefono a scheda
care [kɛə*] *n* cura, attenzione *f*; (worry)
preoccupazione *f* ♦ *vi*: **to ~ about** curarsi
di; (thing, idea) interessarsi di; ~ **of** presso;
in sb's ~ alle cure di qn; **to take ~ (to do)**
fare attenzione (a fare); **to take ~ of** curarsi
di; (bill, problem) occuparsi di; **I don't ~**
non me ne importa; **I couldn't ~ less** non
m'interessa affatto; ~ **for** *vt fus* aver cura
di; (like) volere bene a
career [kə'rɪə*] *n* carriera ♦ *vi* (also: ~
along) andare di (gran) carriera
carefree ['kɛəfriː] *adj* sgombro(a) di
preoccupazioni
careful ['kɛəful] *adj* attento(a); (cautious)
cauto(a); **(be) ~!** attenzione!; ~**ly** *adv* con
cura; cautamente
careless ['kɛəlɪs] *adj* negligente; (heedless)
spensierato(a)
carer ['kɛərə*] *n* assistente *m/f* (di persone
malata o handicappata)
caress [kə'rɛs] *n* carezza ♦ *vt* accarezzare
caretaker ['kɛəteɪkə*] *n* custode *m*
car-ferry *n* traghetto
cargo ['kɑːgəʊ] (pl ~**es**) *n* carico

car hire *n* autonoleggio
Caribbean [kærɪˈbiːən] *adj*: **the ~ (Sea)** il Mar dei Caraibi
caring [ˈkeərɪŋ] *adj* (*person*) premuroso(a); (*society, organization*) umanitario(a)
carnage [ˈkɑːnɪdʒ] *n* carneficina
carnation [kɑːˈneɪʃən] *n* garofano
carnival [ˈkɑːnɪvəl] *n* (*public celebration*) carnevale *m*; (*US: funfair*) luna park *m inv*
carol [ˈkærəl] *n*: **(Christmas) ~** canto di Natale
carp [kɑːp] *n* (*fish*) carpa
car park (*BRIT*) *n* parcheggio
carpenter [ˈkɑːpɪntə*] *n* carpentiere *m*
carpentry [ˈkɑːpɪntrɪ] *n* carpenteria
carpet [ˈkɑːpɪt] *n* tappeto ♦ *vt* coprire con tappeto
car phone *n* telefonino per auto, cellulare *m* per auto
car rental (*US*) *n* autonoleggio
carriage [ˈkærɪdʒ] *n* vettura; (*of goods*) trasporto; **~way** (*BRIT*) *n* (*part of road*) carreggiata
carrier [ˈkærɪə*] *n* (*of disease*) portatore/trice; (*COMM*) impresa di trasporti; **~ bag** (*BRIT*) *n* sacchetto
carrot [ˈkærət] *n* carota
carry [ˈkærɪ] *vt* (*subj: person*) portare; (: *vehicle*) trasportare; (*involve: responsibilities etc*) comportare; (*MED*) essere portatore/trice di ♦ (*sound*) farsi sentire; **to be** *or* **get carried away** (*fig*) entusiasmarsi; **~ on** *vi*: **to ~ on with sth/doing** continuare qc/a fare ♦ *vt* mandare avanti; **~ out** *vt* (*orders*) eseguire; (*investigation*) svolgere; **~cot** (*BRIT*) *n* culla portabile; **~-on** (*inf*) *n* (*fuss*) casino, confusione *f*
cart [kɑːt] *n* carro ♦ *vt* (*inf*) trascinare
carton [ˈkɑːtən] *n* (*box*) scatola di cartone; (*of yogurt*) cartone *m*; (*of cigarettes*) stecca
cartoon [kɑːˈtuːn] *n* (*PRESS*) disegno umoristico; (*comic strip*) fumetto; (*CINEMA*) disegno animato
cartridge [ˈkɑːtrɪdʒ] *n* (*for gun, pen*) cartuccia; (*music tape*) cassetta
carve [kɑːv] *vt* (*meat*) trinciare; (*wood,*

stone) intagliare; **~ up** *vt* (*fig: country*) suddividere; **carving** *n* (*in wood etc*) scultura; **carving knife** *n* trinciante *m*
car wash *n* lavaggio auto
cascade [kæsˈkeɪd] *n* cascata
case [keɪs] *n* (*LAW*) causa, processo; (*box*) scatola; (*BRIT: also*: **suit~**) valigia; **in ~ of** in caso di; **in ~ he** caso mai lui; **in any ~** in ogni caso; **just in ~** in caso di bisogno
cash [kæʃ] *n* denaro; (*coins, notes*) denaro liquido ♦ *vt* incassare; **to pay (in) ~** pagare in contanti; **~ on delivery** pagamento alla consegna; **~-book** *n* giornale *m* di cassa; **~ card** (*BRIT*) *n* tesserino di prelievo; **~ desk** (*BRIT*) *n* cassa; **~ dispenser** (*BRIT*) *n* sportello automatico
cashew [kæˈʃuː] *n* (*also*: **~ nut**) anacardio
cashier [kæˈʃɪə*] *n* cassiere/a
cashmere [ˈkæʃmɪə*] *n* cachemire *m*
cash register *n* registratore *m* di cassa
casing [ˈkeɪsɪŋ] *n* rivestimento
casino [kəˈsiːnəu] *n* casinò *m inv*
cask [kɑːsk] *n* botte *f*
casket [ˈkɑːskɪt] *n* cofanetto; (*US: coffin*) bara
casserole [ˈkæsərəul] *n* casseruola; (*food*): **chicken ~** pollo in casseruola
cassette [kæˈset] *n* cassetta; **~ player** *n* riproduttore *m* a cassette; **~ recorder** *n* registratore *m* a cassette
cast [kɑːst] (*pt, pp* **cast**) *vt* (*throw*) gettare; (*metal*) gettare, fondere; (*THEATRE*): **to ~ sb as Hamlet** scegliere qn per la parte di Amleto ♦ *n* (*THEATRE*) cast *m inv*; (*also*: **plaster ~**) ingessatura; **to ~ one's vote** votare, dare il voto; **~ off** *vi* (*NAUT*) salpare; (*KNITTING*) calare; **~ on** *vi* (*KNITTING*) avviare le maglie
castaway [ˈkɑːstəwei] *n* naufrago,a
caster sugar [ˈkɑːstə*-] (*BRIT*) *n* zucchero semolato
casting vote [ˈkɑːstɪŋ-] (*BRIT*) *n* voto decisivo
cast iron *n* ghisa
castle [ˈkɑːsl] *n* castello
castor oil [ˈkɑːstə*-] *n* olio di ricino
casual [ˈkæʒjul] *adj* (*by chance*) casuale,

fortuito(a); (*irregular: work etc*)
avventizio(a); (*unconcerned*) noncurante,
indifferente; ~ **wear** casual *m*; ~**ly** *adv* (*in
a relaxed way*) con noncuranza; (*dress*)
casual

casualty ['kæʒjultɪ] *n* ferito/a; (*dead*)
morto/a, vittima; (*MED: department*) pronto
soccorso

cat [kæt] *n* gatto

catalogue ['kætəlɔg] (*US* **catalog**) *n*
catalogo ♦ *vt* catalogare

catalyst ['kætəlɪst] *n* catalizzatore *m*

catalytic convertor [kætəlɪtɪk-] *n*
marmitta catalitica, catalizzatore *m*

catapult ['kætəpʌlt] *n* catapulta; fionda

cataract ['kætərækt] *n* (*also MED*) cateratta

catarrh [kə'tɑ:*] *n* catarro

catastrophe [kə'tæstrəfɪ] *n* catastrofe *f*

catch [kætʃ] (*pt, pp* **caught**) *vt* prendere;
(*ball*) afferrare; (*surprise*) person)
sorprendere; (*attention*) attirare; (*comment,
whisper*) cogliere; (*person: also:* ~ **up**)
raggiungere ♦ *vi* (*fire*) prendere ♦ *n* (*fish
etc caught*) retata; (*of ball*) presa; (*trick*)
inganno; (*TECH*) gancio; (*game*) catch *m
inv*; **to ~ fire** prendere fuoco; **to ~ sight of**
scorgere; ~ **on** *vi* capire; (*become popular*)
affermarsi, far presa; ~ **up** *vi* mettersi in
pari ♦ *vt* (*also:* ~ **up with**) raggiungere

catching ['kætʃɪŋ] *adj* (*MED*) contagioso(a)

catchment area ['kætʃmənt-] (*BRIT*) *n*
(*SCOL*) circoscrizione *f* scolare

catch phrase *n* slogan *m inv*; frase *f* fatta

catchy ['kætʃɪ] *adj* orecchiabile

category ['kætɪgərɪ] *n* categoria

cater ['keɪtə*] *vi:* ~ **for** (*BRIT: needs*)
provvedere a; (: *readers, consumers*)
incontrare i gusti di; (*COMM: provide food*)
provvedere alla ristorazione di; ~**er** *n*
fornitore *m*; ~**ing** *n* approvvigionamento

caterpillar ['kætəpɪlə*] *n* bruco

cathedral [kə'θi:drəl] *n* cattedrale *f*, duomo

catholic ['kæθəlɪk] *adj* universale; aperto(a);
eclettico(a); **C~** *adj, n* (*REL*) cattolico(a)

CAT scan *n* (= *computerized axial
tomography*) TAC *f inv*

Catseye ® [kæts'aɪ] (*BRIT*) *n* (*AUT*) cata-

rifrangente *m*

cattle ['kætl] *npl* bestiame *m*, bestie *fpl*

catty ['kætɪ] *adj* maligno(a), dispettoso(a)

caucus ['kɔ:kəs] *n* (*POL: group*) comitato di
dirigenti; (: *US*) (riunione *f* del) comitato
elettorale

caught [kɔ:t] *pt, pp of* **catch**

cauliflower ['kɔlɪflauə*] *n* cavolfiore *m*

cause [kɔ:z] *n* causa ♦ *vt* causare

caution ['kɔ:ʃən] *n* prudenza; (*warning*)
avvertimento ♦ *vt* avvertire; ammonire

cautious ['kɔ:ʃəs] *adj* cauto(a), prudente

cavalry ['kævəlrɪ] *n* cavalleria

cave [keɪv] *n* caverna, grotta; ~ **in** *vi* (*roof
etc*) crollare; ~**man** (*irreg*) *n* uomo delle
caverne

caviar(e) ['kævɪɑ:*] *n* caviale *m*

CB *n abbr* (= *Citizens' Band (Radio)*): ~
radio (set) baracchino

CBI *n abbr* (= *Confederation of British
Industries*) ≈ Confindustria

cc *abbr* = **cubic centimetres; carbon copy**

CCTV *n abbr* (= *closed-circuit television*)
televisione *f* a circuito chiuso

CD *abbr* (*disc*) CD *m inv*

CDI *n abbr* (= *compact disk interactive*) CD-I
m inv, compact disc *m inv* interattivo

CD player *n* lettore *m* CD

CD-ROM [-rɔm] *n abbr* CD-ROM *m inv*

cease [si:s] *vt, vi* cessare; ~**fire** *n* cessate il
fuoco *m inv*; ~**less** *adj* incessante,
continuo(a)

cedar ['si:də*] *n* cedro

ceiling ['si:lɪŋ] *n* soffitto; (*on wages etc*)
tetto

celebrate ['selɪbreɪt] *vt, vi* celebrare; ~**d** *adj*
celebre; **celebration** [-'breɪʃən] *n*
celebrazione *f*

celery ['selərɪ] *n* sedano

cell [sel] *n* cella; (*of revolutionaries, BIOL*)
cellula; (*ELEC*) elemento (di batteria)

cellar ['selə*] *n* sottosuolo; cantina

'cello ['tʃeləu] *n* violoncello

cellphone [sel,fəun] *n* cellulare *m*

Celt [kelt, selt] *n* celta *m/f*

cement [sə'ment] *n* cemento; ~ **mixer** *n*
betoniera

cemetery ['sɛmɪtrɪ] n cimitero

censor ['sɛnsə*] n censore m ♦ vt censurare; **~ship** n censura

censure ['sɛnʃə*] vt riprovare, censurare

census ['sɛnsəs] n censimento

cent [sɛnt] n (US: coin) centesimo (= 1:100 di un dollaro); (unit of euro) centesimo; see also **per**

centenary [sɛn'tiːnərɪ] n centenario

center ['sɛntə*] (US) n, vt = **centre**

centigrade ['sɛntɪgreɪd] adj centigrado(a)

centimetre ['sɛntɪmiːtə*] (US **centimeter**) n centimetro

centipede ['sɛntɪpiːd] n centopiedi m inv

central ['sɛntrəl] adj centrale; **C~ America** n America centrale; **~ heating** n riscaldamento centrale; **~ize** vt accentrare

centre ['sɛntə*] (US **center**) n centro ♦ vt centrare; **~-forward** n (SPORT) centroavanti m inv; **~-half** n (SPORT) centromediano

century ['sɛntjurɪ] n secolo; **20th ~** ventesimo secolo

ceramic [sɪ'ræmɪk] adj ceramico(a); **~s** npl ceramica

cereal ['siːrɪəl] n cereale m

ceremony ['sɛrɪmənɪ] n cerimonia; **to stand on ~** fare complimenti

certain ['sɜːtən] adj certo(a); **to make ~** assicurarsi di; **for ~** per certo, di sicuro; **~ly** adv certamente, certo; **~ty** n certezza

certificate [sə'tɪfɪkɪt] n certificato; diploma m

certified ['sɜːtɪfaɪd]: **~ mail** (US) n posta raccomandata con ricevuta di ritorno; **~ public accountant** (US) n ≈ commercialista m/f

certify ['sɜːtɪfaɪ] vt certificare; (award diploma to) conferire un diploma a; (declare insane) dichiarare pazzo(a)

cervical ['sɜːvɪkl] adj: **~ cancer** cancro della cervice; **~ smear** Pap-test m inv

cervix ['sɜːvɪks] n cervice f

cf. abbr (= compare) cfr

CFC n (= chlorofluorocarbon) CFC m inv

ch. abbr (= chapter) cap

chafe [tʃeɪf] vt fregare, irritare

chain [tʃeɪn] n catena ♦ vt (also: ~ **up**) incatenare; **~ reaction** n reazione f a catena; **~-smoke** vi fumare una sigaretta dopo l'altra; **~ store** n negozio a catena

chair [tʃeə*] n sedia; (armchair) poltrona; (of university) cattedra; (of meeting) presidenza ♦ vt (meeting) presiedere; **~lift** n seggiovia; **~man** (irreg) n presidente m

chalet ['ʃæleɪ] n chalet m inv

chalk [tʃɔːk] n gesso

challenge ['tʃælɪndʒ] n sfida ♦ vt sfidare; (statement, right) mettere in dubbio; **to ~ sb to do** sfidare qn a fare; **challenging** adj (task) impegnativo(a); (look) di sfida

chamber ['tʃeɪmbə*] n camera; **~ of commerce** n camera di commercio; **~maid** n cameriera; **~ music** n musica da camera

chamois ['ʃæmwɑː] n camoscio; (also: ~ **leather**) panno in pelle di camoscio

champagne [ʃæm'peɪn] n champagne m inv

champion ['tʃæmpɪən] n campione/essa; **~ship** n campionato

chance [tʃɑːns] n caso; (opportunity) occasione f; (likelihood) possibilità f inv ♦ vt: **to ~ it** rischiare, provarci ♦ adj fortuito(a); **to take a ~** rischiare; **by ~** per caso

chancellor ['tʃɑːnsələ*] n cancelliere m; **C~ of the Exchequer** (BRIT) n Cancelliere dello Scacchiere

chandelier [ʃændə'lɪə*] n lampadario

change [tʃeɪndʒ] vt cambiare; (transform): **to ~ sb into** trasformare qn in ♦ vi cambiare; (~ one's clothes) cambiarsi; (be transformed): **to ~ into** trasformarsi in ♦ n cambiamento; (of clothes) cambio; (money) resto; **to ~ one's mind** cambiare idea; **for a ~** tanto per cambiare; **~able** adj (weather) variabile; **~ machine** n distributore automatico di monete; **~over** n cambiamento, passaggio

changing ['tʃeɪndʒɪŋ] adj che cambia; (colours) cangiante; **~ room** n (BRIT: in shop) camerino; (: SPORT) spogliatoio

channel ['tʃænl] n canale m; (of river, sea) alveo ♦ vt canalizzare; **the (English) C~**

n la Manica; **~-hopping** *n* (*TV*) zapping *m inv*; **the C~ Islands** *npl* le Isole Normanne; **the C~ Tunnel** *n* il tunnel sotto la Manica

chant [tʃɑːnt] *n* canto; salmodia ♦ *vt* cantare; salmodiare

chaos ['keɪɔs] *n* caos *m*

chap [tʃæp] (*BRIT: inf*) *n* (*man*) tipo

chapel ['tʃæpəl] *n* cappella

chaperone ['ʃæpərəʊn] *n* accompagnatrice *f* ♦ *vt* accompagnare

chaplain ['tʃæplɪn] *n* cappellano

chapped [tʃæpt] *adj* (*skin, lips*) screpolato(a)

chapter ['tʃæptə*] *n* capitolo

char [tʃɑː*] *vt* (*burn*) carbonizzare

character ['kærɪktə*] *n* carattere *m*; (*in novel, film*) personaggio; **~istic** [-'rɪstɪk] *adj* caratteristico(a) ♦ *n* caratteristica

charcoal ['tʃɑːkəʊl] *n* carbone *m* di legna

charge [tʃɑːdʒ] *n* accusa; (*cost*) prezzo; (*responsibility*) responsabilità ♦ *vt* (*gun, battery, MIL: enemy*) caricare; (*customer*) fare pagare a; (*sum*) fare pagare; (*LAW*): **to ~ sb (with)** accusare qn (di) ♦ *vi* (*gen with: up, along etc*) lanciarsi; **~s** *npl* (*bank ~s etc*) tariffe *fpl*; **to reverse the ~s** (*TEL*) fare una telefonata a carico del destinatario; **to take ~ of** incaricarsi di; **to be in ~ of** essere responsabile per; **how much do you ~?** quanto chiedete?; **to ~ an expense (up) to sb** addebitare una spesa a qn; **~ card** *n* carta *f* clienti *inv*

charitable ['tʃærɪtəbl] *adj* caritatevole

charity ['tʃærɪtɪ] *n* carità; (*organization*) opera pia

charm [tʃɑːm] *n* fascino; (*on bracelet*) ciondolo ♦ *vt* affascinare, incantare; **~ing** *adj* affascinante

chart [tʃɑːt] *n* tabella; grafico; (*map*) carta nautica ♦ *vt* fare una carta nautica di; **~s** *npl* (*MUS*) hit parade *f*

charter ['tʃɑːtə*] *vt* (*plane*) noleggiare ♦ *n* (*document*) carta; **~ed accountant** (*BRIT*) *n* ragioniere/a professionista; **~ flight** *n* volo *m* charter *inv*

charwoman ['tʃɑːwʊmən] *n* = **charlady**

chase [tʃeɪs] *vt* inseguire; (*also*: **~ away**) cacciare ♦ *n* caccia

chasm ['kæzəm] *n* abisso

chassis ['ʃæsɪ] *n* telaio

chat [tʃæt] *vi* (*also*: **have a ~**) chiacchierare ♦ *n* chiacchierata; **~ show** (*BRIT*) *n* talk show *m inv*

chatter ['tʃætə*] *vi* (*person*) ciarlare; (*bird*) cinguettare; (*teeth*) battere ♦ *n* ciarle *fpl*; cinguettio; **~box** (*inf*) *n* chiacchierone/a

chatty ['tʃætɪ] *adj* (*style*) familiare; (*person*) chiacchierino(a)

chauffeur ['ʃəʊfə*] *n* autista *m*

chauvinist ['ʃəʊvɪnɪst] *n* (*male ~*) maschilista *m*; (*nationalist*) sciovinista *m/f*

cheap [tʃiːp] *adj* a buon mercato; (*joke*) grossolano(a); (*poor quality*) di cattiva qualità ♦ *adv* a buon mercato; **~ day return** *n* biglietto ridotto di andata e ritorno valido in giornata; **~er** *adj* meno caro(a); **~ly** *adv* a buon prezzo, a buon mercato

cheat [tʃiːt] *vi* imbrogliare; (*at school*) copiare ♦ *vt* ingannare ♦ *n* imbroglione *m*; **to ~ sb out of sth** defraudare qn di qc

check [tʃɛk] *vt* verificare; (*passport, ticket*) controllare; (*halt*) fermare; (*restrain*) contenere ♦ *n* verifica; controllo; (*curb*) freno; (*US: bill*) conto; (*pattern: gen pl*) quadretti *mpl*; (*US*) = **cheque** ♦ *adj* (*pattern, cloth*) a quadretti; **~ in** *vi* (*in hotel*) registrare; (*at airport*) presentarsi all'accettazione ♦ *vt* (*luggage*) depositare; **~ out** *vi* (*in hotel*) saldare il conto; **~ up** *vi*: **to ~ up (on sth)** investigare (qc); **to ~ up on sb** informarsi sul conto di qn; **~ered** (*US*) *adj* = **chequered**; **~ers** (*US*) *n* dama; **~-in (desk)** *n* check-in *m inv*, accettazione *f* (bagagli *inv*); **~ing account** (*US*) *n* conto corrente; **~mate** *n* scaccomatto; **~out** *n* (*in supermarket*) cassa; **~point** *n* posto di blocco; **~room** (*US*) *n* deposito *m* bagagli *inv*; **~up** *n* (*MED*) controllo medico

cheek [tʃiːk] *n* guancia; (*impudence*) faccia tosta; **~bone** *n* zigomo; **~y** *adj* sfacciato(a)

cheep [tʃiːp] vi pigolare
cheer [tʃɪə*] vt applaudire; (gladden) rallegrare ♦ vi applaudire ♦ n grido (di incoraggiamento); **~s** npl (of approval, encouragement) applausi mpl; evviva mpl; **~s!** salute!; **~ up** vi rallegrarsi, farsi animo ♦ vt rallegrare; **~ful** adj allegro(a)
cheerio ['tʃɪərɪ'əʊ] (BRIT) excl ciao!
cheese [tʃiːz] n formaggio; **~board** n piatto del (or per il) formaggio
cheetah ['tʃiːtə] n ghepardo
chef [ʃef] n capocuoco
chemical ['kɛmɪkəl] adj chimico(a) ♦ n prodotto chimico
chemist ['kɛmɪst] n (BRIT: pharmacist) farmacista m/f; (scientist) chimico/a; **~ry** n chimica; **~'s (shop)** (BRIT) n farmacia
cheque [tʃek] (BRIT) n assegno; **~book** n libretto degli assegni; **~ card** n carta f assegni inv
chequered ['tʃekəd] (US **checkered**) adj (fig) movimentato(a)
cherish ['tʃerɪʃ] vt aver caro
cherry ['tʃeri] n ciliegia; (also: **~ tree**) ciliegio
chess [tʃes] n scacchi mpl; **~board** n scacchiera
chest [tʃest] n petto; (box) cassa; **~ of drawers** n cassettone m
chestnut ['tʃesnʌt] n castagna; (also: **~ tree**) castagno
chew [tʃuː] vt masticare; **~ing gum** n chewing gum m
chic [ʃiːk] adj elegante
chick [tʃɪk] n pulcino; (inf) pollastrella
chicken ['tʃɪkɪn] n pollo; (inf: coward) coniglio; **~ out** (inf) vi avere fifa; **~pox** n varicella
chicory ['tʃɪkəri] n cicoria
chief [tʃiːf] n capo ♦ adj principale; **~ executive** n direttore m generale; **~ly** adv per lo più, soprattutto
chilblain ['tʃɪlbleɪn] n gelone m
child [tʃaɪld] (pl **~ren**) n bambino/a; **~birth** n parto; **~hood** n infanzia; **~ish** adj puerile; **~like** adj fanciullesco(a); **~ minder** (BRIT) n bambinaia
children ['tʃɪldrən] npl of **child**

child seat n seggiolino per bambini (in auto)
Chile ['tʃɪlɪ] n Cile m
chill [tʃɪl] n freddo; (MED) infreddatura ♦ vt raffreddare
chilli ['tʃɪlɪ] n peperoncino
chilly ['tʃɪlɪ] adj freddo(a), fresco(a); **to feel ~** sentirsi infreddolito(a)
chime [tʃaɪm] n carillon m inv ♦ vi suonare, scampanare
chimney ['tʃɪmnɪ] n camino; **~ sweep** n spazzacamino
chimpanzee [tʃɪmpæn'ziː] n scimpanzé m inv
chin [tʃɪn] n mento
China ['tʃaɪnə] n Cina
china ['tʃaɪnə] n porcellana
Chinese [tʃaɪ'niːz] adj cinese ♦ n inv cinese m/f; (LING) cinese m
chink [tʃɪŋk] n (opening) fessura; (noise) tintinnio
chip [tʃɪp] n (gen pl: CULIN) patatina fritta; (: US: also: **potato ~**) patatina; (of wood, glass, stone) scheggia; (also: **micro~**) chip m inv ♦ vt (cup, plate) scheggiare

---
chip shop

ℹ I **chip shops**, anche chiamati "fish and chip shops", sono friggitorie che vendono principalmente filetti di pesce impanati e patatine fritte.
---

chiropodist [kɪ'rɒpədɪst] (BRIT) n pedicure m/f inv
chirp [tʃəːp] vi cinguettare; fare cri cri
chisel ['tʃɪzl] n cesello
chit [tʃɪt] n biglietto
chitchat ['tʃɪttʃæt] n chiacchiere fpl
chivalry ['ʃɪvəlrɪ] n cavalleria; cortesia
chives [tʃaɪvz] npl erba cipollina
chock-a-block ['tʃɔk-] adj pieno(a) zeppo(a)
chock-full ['tʃɔk-] adj = **chock-a-block**
chocolate ['tʃɔklɪt] n (substance) cioccolato, cioccolata; (drink) cioccolata; (a sweet) cioccolatino
choice [tʃɔɪs] n scelta ♦ adj scelto(a)

choir ['kwaɪə*] *n* coro; **~boy** *n* corista *m* fanciullo

choke [tʃəuk] *vi* soffocare ♦ *vt* soffocare; (*block*): **to be ~d with** essere intasato(a) di ♦ *n* (*AUT*) valvola dell'aria

cholera ['kɔlərə] *n* colera *m*

cholesterol [kə'lestərɔl] *n* colesterolo

choose [tʃuːz] (*pt* **chose**, *pp* **chosen**) *vt* scegliere; **to ~ to do** decidere di fare; preferire fare

choosy ['tʃuːzɪ] *adj* schizzinoso(a)

chop [tʃɔp] *vt* (*wood*) spaccare; (*CULIN*: *also*: **~ up**) tritare ♦ *n* (*CULIN*) costoletta; **~s** *npl* (*jaws*) mascelle *fpl*

chopper ['tʃɔpə*] *n* (*helicopter*) elicottero

choppy ['tʃɔpɪ] *adj* (*sea*) mosso(a)

chopsticks ['tʃɔpstɪks] *npl* bastoncini *mpl* cinesi

choral ['kɔːrəl] *adj* corale

chord [kɔːd] *n* (*MUS*) accordo

chore [tʃɔː*] *n* faccenda; **household ~s** faccende *fpl* domestiche

chortle ['tʃɔːtl] *vi* ridacchiare

chorus ['kɔːrəs] *n* coro; (*repeated part of song, also fig*) ritornello

chose [tʃəuz] *pt of* **choose**

chosen ['tʃəuzn] *pp of* **choose**

chowder ['tʃaudə*] *n* (*esp US*) zuppa di pesce

Christ [kraɪst] *n* Cristo

christen ['krɪsn] *vt* battezzare

Christian ['krɪstɪən] *adj*, *n* cristiano(a); **~ity** [-'ænɪtɪ] *n* cristianesimo; **~ name** *n* nome *m* (di battesimo)

Christmas ['krɪsməs] *n* Natale *m*; **Merry ~!** Buon Natale!; **~ card** *n* cartolina di Natale; **~ Day** *n* il giorno di Natale; **~ Eve** *n* la vigilia di Natale; **~ tree** *n* albero di Natale

chrome [krəum] *n* cromo

chromium ['krəumɪəm] *n* cromo

chronic ['krɔnɪk] *adj* cronico(a)

chronological [krɔnə'lɔdʒɪkəl] *adj* cronologico(a)

chrysanthemum [krɪ'sænθəməm] *n* crisantemo

chubby ['tʃʌbɪ] *adj* paffuto(a)

chuck [tʃʌk] (*inf*) *vt* buttare, gettare; (*BRIT*: *also*: **~ up**) piantare; **~ out** *vt* buttar fuori

chuckle ['tʃʌkl] *vi* ridere sommessamente

chug [tʃʌg] *vi* fare ciuf ciuf

chum [tʃʌm] *n* compagno/a

chunk [tʃʌŋk] *n* pezzo

church [tʃəːtʃ] *n* chiesa; **~yard** *n* sagrato

churn [tʃəːn] *n* (*for butter*) zangola; (*for milk*) bidone *m*; **~ out** *vt* sfornare

chute [ʃuːt] *n* (*also*: **rubbish ~**) canale *m* di scarico; (*BRIT*: *children's slide*) scivolo

chutney ['tʃʌtnɪ] *n* salsa piccante (*di frutta, zucchero e spezie*)

CIA (*US*) *n abbr* (= *Central Intelligence Agency*) CIA *f*

CID (*BRIT*) *n abbr* (= *Criminal Investigation Department*) ≈ polizia giudiziaria

cider ['saɪdə*] *n* sidro

cigar [sɪ'gɑː*] *n* sigaro

cigarette [sɪgə'ret] *n* sigaretta; **~ case** *n* portasigarette *m inv*; **~ end** *n* mozzicone *m*

Cinderella [sɪndə'relə] *n* Cenerentola

cinders ['sɪndəz] *npl* ceneri *fpl*

cine camera ['sɪnɪ-] (*BRIT*) *n* cinepresa

cine film ['sɪnɪ-] (*BRIT*) *n* pellicola

cinema ['sɪnəmə] *n* cinema *m inv*

cinnamon ['sɪnəmən] *n* cannella

cipher ['saɪfə*] *n* cifra

circle ['səːkl] *n* cerchio; (*of friends etc*) circolo; (*in cinema*) galleria ♦ *vi* girare in circolo ♦ *vt* (*surround*) circondare; (*move round*) girare intorno a

circuit ['səːkɪt] *n* circuito; **~ous** [səː'kjuɪtəs] *adj* indiretto(a)

circular ['səːkjulə*] *adj* circolare ♦ *n* circolare *f*

circulate ['səːkjuleɪt] *vi* circolare ♦ *vt* far circolare; **circulation** [-'leɪʃən] *n* circolazione *f*; (*of newspaper*) tiratura

circumstances ['səːkəmstənsɪz] *npl* circostanze *fpl*; (*financial condition*) condizioni *fpl* finanziarie

circus ['səːkəs] *n* circo

CIS *n abbr* (= *Commonwealth of Independent States*) CSI *f*

cistern ['sɪstən] *n* cisterna; (*in toilet*)

serbatoio d'acqua

citizen ['sɪtɪzn] *n* (*of country*) cittadino/a; (*of town*) abitante *m/f*; **~ship** *n* cittadinanza

citrus fruit ['sɪtrəs-] *n* agrume *m*

city ['sɪtɪ] *n* città *f inv*; **the C~** la Città di Londra (*centro commerciale*)

civic ['sɪvɪk] *adj* civico(a); **~ centre** (*BRIT*) *n* centro civico

civil ['sɪvɪl] *adj* civile; **~ engineer** *n* ingegnere *m* civile; **~ian** [sɪ'vɪlɪən] *adj, n* borghese *m/f*

civilization [sɪvɪlaɪ'zeɪʃən] *n* civiltà *f inv*

civilized ['sɪvɪlaɪzd] *adj* civilizzato(a); (*fig*) cortese

civil: **~ law** *n* codice *m* civile; (*study*) diritto civile; **~ servant** *n* impiegato/a statale; **C~ Service** *n* amministrazione *f* statale; **~ war** *n* guerra civile

clad [klæd] *adj*: **~ (in)** vestito(a) (di)

claim [kleɪm] *vt* (*assert*): **to ~ (that)/to be** sostenere (che)/di essere; (*credit, rights etc*) rivendicare; (*damages*) richiedere ♦ *vi* (*for insurance*) fare una domanda d'indennizzo ♦ *n* pretesa; rivendicazione *f*; richiesta; **~ant** *n* (*ADMIN, LAW*) richiedente *m/f*

clairvoyant [kleə'vɔɪənt] *n* chiaroveggente *m/f*

clam [klæm] *n* vongola

clamber ['klæmbə*] *vi* arrampicarsi

clammy ['klæmɪ] *adj* (*weather*) caldo(a) e umido(a); (*hands*) viscido(a)

clamour ['klæmə*] (*US* **clamor**) *vi*: **to ~ for** chiedere a gran voce

clamp [klæmp] *n* pinza; morsa ♦ *vt* stringere con una morsa; (*AUT: wheel*) applicare i ceppi bloccaruote a; **~ down on** *vt fus* dare un giro di vite a

clan [klæn] *n* clan *m inv*

clang [klæŋ] *vi* emettere un suono metallico

clap [klæp] *vi* applaudire; **~ping** *n* applausi *mpl*

claret ['klærət] *n* vino di Bordeaux

clarify ['klærɪfaɪ] *vt* chiarificare, chiarire

clarinet [klærɪ'net] *n* clarinetto

clarity ['klærɪtɪ] *n* chiarità

clash [klæʃ] *n* frastuono; (*fig*) scontro ♦ *vi* scontrarsi; cozzare

clasp [klɑːsp] *n* (*hold*) stretta; (*of necklace, bag*) fermaglio, fibbia ♦ *vt* stringere

class [klɑːs] *n* classe *f* ♦ *vt* classificare

classic ['klæsɪk] *adj* classico(a) ♦ *n* classico; **~al** *adj* classico(a)

classified ['klæsɪfaɪd] *adj* (*information*) segreto(a), riservato(a); **~ advertisement** *n* annuncio economico

classmate ['klɑːsmeɪt] *n* compagno/a di classe

classroom ['klɑːsrum] *n* aula

clatter ['klætə*] *n* tintinnio; scalpitio ♦ *vi* tintinnare; scalpitare

clause [klɔːz] *n* clausola; (*LING*) proposizione *f*

claw [klɔː] *n* (*of bird of prey*) artiglio; (*of lobster*) pinza

clay [kleɪ] *n* argilla

clean [kliːn] *adj* pulito(a); (*clear, smooth*) liscio(a) ♦ *vt* pulire; **~ out** *vt* ripulire; **~ up** *vt* (*also fig*) ripulire; **~-cut** *adj* (*man*) curato(a); **~er** *n* (*person*) donna delle pulizie; **~er's** *n* (*also*: **dry ~er's**) tintoria; **~ing** *n* pulizia; **~liness** ['klenlɪnɪs] *n* pulizia

cleanse [klenz] *vt* pulire; purificare; **~r** *n* detergente *m*

clean-shaven [-'ʃeɪvn] *adj* sbarbato(a)

cleansing department ['klenzɪŋ-] (*BRIT*) *n* nettezza urbana

clear [klɪə*] *adj* chiaro(a); (*glass etc*) trasparente; (*road, way*) libero(a); (*conscience*) pulito(a) ♦ *vt* sgombrare; liberare; (*table*) sparecchiare; (*cheque*) fare la compensazione di; (*LAW: suspect*) discolpare; (*obstacle*) superare ♦ *vi* (*weather*) rasserenarsi; (*fog*) andarsene ♦ *adv*: **~ of** distante da; **~ up** *vt* mettere in ordine; (*mystery*) risolvere; **~ance** *n* (*removal*) sgombro; (*permission*) autorizzazione *f*, permesso; **~-cut** *adj* ben delineato(a), distinto(a); **~ing** *n* radura; **~ing bank** (*BRIT*) *n* banca (che fa uso della camera di compensazione); **~ly** *adv* chiaramente; **~way** (*BRIT*) *n* strada con divieto di sosta

cleaver ['kliːvə*] *n* mannaia

clef [klɛf] n (MUS) chiave f

cleft [klɛft] n (in rock) crepa, fenditura

clench [klɛntʃ] vt stringere

clergy ['klə:dʒɪ] n clero; ~man (irreg) n ecclesiastico

clerical ['klɛrɪkəl] adj d'impiegato; (REL) clericale

clerk [klɑ:k, (US) klə:rk] n (BRIT) impiegato/a; (US) commesso/a

clever ['klɛvə*] adj (mentally) intelligente; (deft, skilful) abile; (device) ingegnoso(a)

click [klɪk] vi scattare ♦ vt (heels etc) battere; (tongue) far schioccare ♦ ~on vt (COMPUT) cliccare su

client ['klaɪənt] n cliente m/f

cliff [klɪf] n scogliera scoscesa, rupe f

climate ['klaɪmɪt] n clima m

climax ['klaɪmæks] n culmine m; (sexual) orgasmo

climb [klaɪm] vi salire; (clamber) arrampicarsi ♦ vt salire; (CLIMBING) scalare ♦ n salita; arrampicata; scalata; ~-down n marcia indietro; ~er n rocciatore/trice; alpinista m/f; ~ing n alpinismo

clinch [klɪntʃ] vt (deal) concludere

cling [klɪŋ] (pt, pp clung) vi: to ~ (to) aggrapparsi (a); (of clothes) aderire strettamente (a)

clinic ['klɪnɪk] n clinica; ~al adj clinico(a); (fig) distaccato(a); (: room) freddo(a)

clink [klɪŋk] vi tintinnare

clip [klɪp] n (for hair) forcina; (also: paper ~) graffetta; (TV, CINEMA) sequenza ♦ vt attaccare insieme; (hair, nails) tagliare; (hedge) tosare; ~pers npl (for gardening) cesoie fpl; (also: nail ~pers) forbicine fpl per le unghie; ~ping n (from newspaper) ritaglio

clique [kli:k] n cricca

cloak [kləuk] n mantello ♦ vt avvolgere; ~room n (for coats etc) guardaroba m inv; (BRIT: W.C.) gabinetti mpl

clock [klɔk] n orologio; ~ in or on vi timbrare il cartellino (all'entrata); ~ off or out vi timbrare il cartellino (all'uscita); ~wise adv in senso orario; ~work n movimento or meccanismo a orologeria

♦ adj a molla

clog [klɔg] n zoccolo ♦ vt intasare ♦ vi (also: ~ up) intasarsi, bloccarsi

cloister ['klɔɪstə*] n chiostro

clone [kləun] n clone m

close¹ [kləus] adj: ~ (to) vicino(a) (a); (watch, link, relative) stretto(a); (examination) attento(a); (contest) combattuto(a); (weather) afoso(a) ♦ adv vicino, dappresso; ~ to vicino a; ~ by, ~ at hand a portata di mano; a ~ friend un amico intimo; to have a ~ shave (fig) scamparla bella

close² [kləuz] vt chiudere ♦ vi (shop etc) chiudere; (lid, door etc) chiudersi; (end) finire ♦ n (end) fine f; ~ down vi cessare (definitivamente); ~d adj chiuso(a); ~d shop n azienda o fabbrica che impiega solo aderenti ai sindacati

close-knit [kləus'nɪt] adj (family, community) molto unito(a)

closely ['kləuslɪ] adv (examine, watch) da vicino; (related) strettamente

closet ['klɔzɪt] n (cupboard) armadio

close-up ['kləusʌp] n primo piano

closure ['kləuʒə*] n chiusura

clot [klɔt] n (also: blood ~) coagulo; (inf: idiot) scemo/a ♦ vi coagularsi

cloth [klɔθ] n (material) tessuto, stoffa; (rag) strofinaccio

clothe [kləuð] vt vestire; ~s npl abiti mpl, vestiti mpl; ~s brush n spazzola per abiti; ~s line n corda (per stendere il bucato); ~s peg (US ~s pin) n molletta

clothing ['kləuðɪŋ] n = clothes

cloud [klaud] n nuvola; ~burst n acquazzone m; ~y adj nuvoloso(a); (liquid) torbido(a)

clout [klaut] vt dare un colpo a

clove [kləuv] n chiodo di garofano; ~ of garlic spicchio d'aglio

clover ['kləuvə*] n trifoglio

clown [klaun] n pagliaccio ♦ vi (also: ~ about, ~ around) fare il pagliaccio

cloying ['klɔɪɪŋ] adj (taste, smell) nauseabondo(a)

club [klʌb] n (society) club m inv, circolo;

(*weapon*, GOLF) mazza ♦ *vt* bastonare ♦ *vi*:
to ~ together associarsi; **~s** *npl* (CARDS) fiori
mpl; **~ class** *n* (AVIAT) classe *f* club *inv*;
~house *n* sede *f* del circolo
cluck [klʌk] *vi* chiocciare
clue [kluː] *n* indizio; (*in crosswords*)
definizione *f*; **I haven't a ~** non ho la
minima idea
clump [klʌmp] *n* (*of flowers, trees*) gruppo;
(*of grass*) ciuffo
clumsy ['klʌmzɪ] *adj* goffo(a)
clung [klʌŋ] *pt, pp* of **cling**
cluster ['klʌstə*] *n* gruppo ♦ *vi*
raggrupparsi
clutch [klʌtʃ] *n* (*grip, grasp*) presa, stretta;
(AUT) frizione *f* ♦ *vt* afferrare, stringere forte
clutter ['klʌtə*] *vt* ingombrare
CND *n abbr* = **Campaign for Nuclear
Disarmament**
Co. *abbr* = **county; company**
c/o *abbr* (= *care of*) presso
coach [kəutʃ] *n* (*bus*) pullman *m inv*;
(*horse-drawn, of train*) carrozza; (SPORT)
allenatore/trice; (*tutor*) chi dà ripetizioni
♦ *vt* allenare; dare ripetizioni a; **~ trip** *n*
viaggio in pullman
coal [kəul] *n* carbone *m*; **~ face** *n* fronte *f*;
~field *n* bacino carbonifero
coalition [kəuə'lɪʃən] *n* coalizione *f*
coalman ['kəulmən] (*irreg*) *n* negoziante *m*
di carbone
coalmine ['kəulmaɪn] *n* miniera di carbone
coarse [kɔːs] *adj* (*salt, sand etc*) grosso(a);
(*cloth, person*) rozzo(a)
coast [kəust] *n* costa ♦ *vi* (*with cycle etc*)
scendere a ruota libera; **~al** *adj* costiero(a);
~guard *n* guardia costiera; **~line** *n* linea
costiera
coat [kəut] *n* cappotto; (*of animal*) pelo; (*of
paint*) mano *f* ♦ *vt* coprire; **~ hanger** *n*
attaccapanni *m inv*; **~ing** *n* rivestimento;
~ of arms *n* stemma *m*
coax [kəuks] *vt* indurre (con moine)
cobbler ['kɔblə*] *n* calzolaio
cobbles ['kɔblz] *npl* ciottoli *mpl*
cobblestones ['kɔblstəunz] *npl* ciottoli
mpl

cobweb ['kɔbwɛb] *n* ragnatela
cocaine [kə'keɪn] *n* cocaina
cock [kɔk] *n* (*rooster*) gallo; (*male bird*)
maschio ♦ *vt* (*gun*) armare; **~erel** *n*
galletto
cockle ['kɔkl] *n* cardio
cockney ['kɔknɪ] *n* cockney *m/f inv*
(*abitante dei quartieri popolari dell'East End
di Londra*)
cockpit ['kɔkpɪt] *n* abitacolo
cockroach ['kɔkrəutʃ] *n* blatta
cocktail ['kɔkteɪl] *n* cocktail *m inv*; **~
cabinet** *n* mobile *m* bar *inv*; **~ party** *n*
cocktail *m inv*
cocoa ['kəukəu] *n* cacao
coconut ['kəukənʌt] *n* noce *f* di cocco
cocoon [kə'kuːn] *n* bozzolo
cod [kɔd] *n* merluzzo
C.O.D. *abbr* = **cash on delivery**
code [kəud] *n* codice *m*
cod-liver oil *n* olio di fegato di merluzzo
coercion [kəu'əːʃən] *n* coercizione *f*
coffee ['kɔfɪ] *n* caffè *m inv*; **~ bar** (BRIT) *n*
caffè *m inv*; **~ break** *n* pausa per il caffè;
~pot *n* caffettiera; **~ table** *n* tavolino
coffin ['kɔfɪn] *n* bara
cog [kɔg] *n* dente *m*
cogent ['kəudʒənt] *adj* convincente
coherent [kəu'hɪərənt] *adj* coerente
coil [kɔɪl] *n* rotolo; (ELEC) bobina;
(*contraceptive*) spirale *f* ♦ *vt* avvolgere
coin [kɔɪn] *n* moneta ♦ *vt* (*word*) coniare;
~age *n* sistema *m* monetario; **~-box**
(BRIT) *n* telefono a gettoni
coincide [kəuɪn'saɪd] *vi* coincidere;
coincidence [kəu'ɪnsɪdəns] *n*
combinazione *f*
Coke ® [kəuk] *n* coca
coke [kəuk] *n* coke *m*
colander ['kɔləndə*] *n* colino
cold [kəuld] *adj* freddo(a) ♦ *n* freddo; (MED)
raffreddore *m*; **it's ~** fa freddo; **to be ~**
(*person*) aver freddo; (*object*) essere
freddo(a); **to catch ~** prendere freddo; **to
catch a ~** prendere un raffreddore; **in ~
blood** a sangue freddo; **~-shoulder** *vt*
trattare con freddezza; **~ sore** *n* erpete *m*

coleslaw ['kəʊlslɔ:] n insalata di cavolo bianco

colic ['kɒlɪk] n colica

collapse [kə'læps] vi crollare ♦ n crollo; (MED) collasso

collapsible [kə'læpsəbl] adj pieghevole

collar ['kɒlə*] n (of coat, shirt) colletto; (of dog, cat) collare m; ~**bone** n clavicola

collateral [kə'lætərl] n garanzia

colleague ['kɒli:g] n collega m/f

collect [kə'lɛkt] vt (gen) raccogliere; (as a hobby) fare collezione di; (BRIT: call and pick up) prendere; (money owed, pension) riscuotere; (donations, subscriptions) fare una colletta di ♦ vi adunarsi, riunirsi; ammucchiarsi; **to call** ~ (US: TEL) fare una chiamata a carico del destinatario; ~**ion** [kə'lɛkʃən] n raccolta; collezione f; (for money) colletta

collector [kə'lɛktə*] n collezionista m/f

college ['kɒlɪdʒ] n college m inv; (of technology etc) istituto superiore

collide [kə'laɪd] vi: **to** ~ (**with**) scontrarsi (con)

colliery ['kɒlɪərɪ] (BRIT) n miniera di carbone

collision [kə'lɪʒən] n collisione f, scontro

colloquial [kə'ləʊkwɪəl] adj familiare

colon ['kəʊlən] n (sign) due punti mpl; (MED) colon m inv

colonel ['kɜ:nl] n colonnello

colonial [kə'ləʊnɪəl] adj coloniale

colony ['kɒlənɪ] n colonia

colour ['kʌlə*] (US **color**) n colore m ♦ vt colorare; (tint, dye) tingere; (fig: affect) influenzare ♦ vi (blush) arrossire; ~**s** npl (of party, club) colori mpl; **in** ~ a colori; ~ **in** vt colorare; ~ **bar** n discriminazione f razziale (in locali etc); ~-**blind** adj daltonico(a); ~**ed** adj (photo) a colori; (person) di colore; ~ **film** n (for camera) pellicola a colori; ~**ful** adj pieno(a) di colore, a vivaci colori; (personality) colorato(a); ~**ing** n (substance) colorante m; (complexion) colorito; ~ **scheme** n combinazione f di colori; ~ **television** n televisione f a colori

colt [kəʊlt] n puledro

column ['kɒləm] n colonna; ~**ist** ['kɒləmnɪst] n articolista m/f

coma ['kəʊmə] n coma m inv

comb [kəʊm] n pettine m ♦ vt (hair) pettinare; (area) battere a tappeto

combat ['kɒmbæt] n combattimento ♦ vt combattere, lottare contro

combination [kɒmbɪ'neɪʃən] n combinazione f

combine [vb kəm'baɪn, n 'kɒmbaɪn] vt: **to** ~ (**with**) combinare (con); (one quality with another) unire (a) ♦ vi unirsi; (CHEM) combinarsi ♦ n (ECON) associazione f; ~ (**harvester**) n mietitrebbia

come [kʌm] (pt **came**, pp **come**) vi venire; arrivare; **to** ~ **to** (decision etc) raggiungere; **I've** ~ **to like him** ha cominciato a piacermi; **to** ~ **undone** slacciarsi; **to** ~ **loose** allentarsi; ~ **about** vi succedere; ~ **across** vt fus trovare per caso; ~ **away** vi venire via; staccarsi; ~ **back** vi ritornare; ~ **by** vt fus (acquire) ottenere; procurarsi; ~ **down** vi scendere; (prices) calare; (buildings) essere demolito(a); ~ **forward** vi farsi avanti; presentarsi; ~ **from** vt fus venire da; provenire da; ~ **in** vi entrare; ~ **in for** vt fus (criticism etc) ricevere; ~ **into** vt fus (money) ereditare; ~ **off** vi (button) staccarsi; (stain) andar via; (attempt) riuscire; ~ **on** vi (pupil, work, project) fare progressi; (lights) accendersi; (electricity) entrare in funzione; ~ **on!** avanti!, andiamo!, forza!; ~ **out** vi uscire; (stain) andare via; ~ **round** vi (after faint, operation) riprendere conoscenza, rinvenire; ~ **to** vi rinvenire; ~ **up** vi (sun) salire; (problem) sorgere; (event) essere in arrivo; (in conversation) saltar fuori; ~ **up against** vt fus (resistance, difficulties) urtare contro; ~ **up with** vt fus: **he came up with an idea** venne fuori con un'idea; ~ **upon** vt fus trovare per caso; ~**back** n (THEATRE etc) ritorno

comedian [kə'mi:dɪən] n comico

comedienne [kəmi:dɪ'ɛn] n attrice f comica

comedy ['kɒmɪdɪ] n commedia

comeuppance [kʌm'ʌpəns] n: **to get**

one's ~ ricevere ciò che si merita
comfort ['kʌmfət] n comodità f inv,
benessere m; (relief) consolazione f,
conforto ♦ vt consolare, confortare; **~s** npl
comodità fpl; **~able** adj comodo(a);
(financially) agiato(a); **~ably** adv (sit etc)
comodamente; (live) bene; **~ station** (US)
n gabinetti mpl

comic ['kɒmɪk] adj (also: **~al**) comico(a) ♦ n
comico; (BRIT: magazine) giornaletto; **~
strip** n fumetto

coming ['kʌmɪŋ] n arrivo ♦ adj (next)
prossimo(a); (future) futuro(a); **~(s) and
going(s)** n(pl) andirivieni m inv

comma ['kɒmə] n virgola

command [kə'mɑːnd] n ordine m,
comando; (MIL: authority) comando;
(mastery) padronanza ♦ vt comandare; **to ~
sb to do** ordinare a qn di fare; **~eer**
[kɒmən'dɪə*] vt requisire; **~er** n capo; (MIL)
comandante m

commando [kə'mɑːndəu] n commando m
inv; membro di un commando

commence [kə'mɛns] vt, vi cominciare

commend [kə'mɛnd] vt lodare;
raccomandare

commensurate [kə'mɛnʃərɪt] adj: **~ with**
proporzionato(a) a

comment ['kɒmɛnt] n commento ♦ vi: **to ~
(on)** fare commenti (su); **~ary** ['kɒməntəri]
n commentario; (SPORT) radiocronaca,
telecronaca; **~ator** ['kɒməntertə*] n
commentatore/trice; radiocronista m/f;
telecronista m/f

commerce ['kɒmɜːs] n commercio

commercial [kə'mɜːʃəl] adj commerciale
♦ n (TV, RADIO: advertisement) pubblicità f
inv; **~ radio/television** n radio f inv/
televisione f privata

commiserate [kə'mɪzəreɪt] vi: **to ~ with**
partecipare al dolore di

commission [kə'mɪʃən] n commissione f
♦ vt (work of art) commissionare; **out of ~**
(NAUT) in disarmo; **~aire** [kəmɪʃə'nɛə*] (BRIT)
n (at shop, cinema etc) portiere m in livrea;
~er n (POLICE) questore m

commit [kə'mɪt] vt (act) commettere; (to

sb's care) affidare; **to ~ o.s. (to do)**
impegnarsi (a fare); **to ~ suicide** suicidarsi;
~ment n impegno; promessa

committee [kə'mɪtɪ] n comitato

commodity [kə'mɒdɪtɪ] n prodotto, articolo

common ['kɒmən] adj comune; (pej)
volgare; (usual) normale ♦ n terreno
comune; **the C~s** (BRIT) npl la Camera dei
Comuni; **in ~** in comune; **~er** n cittadino/a
(non nobile); **~ law** n diritto
consuetudinario; **~ly** adv comunemente,
usualmente; **C~ Market** n Mercato
Comune; **~place** adj banale, ordinario(a);
~room n sala di riunione; (SCOL) sala dei
professori; **~ sense** n buon senso; **the
C~wealth** n il Commonwealth

commotion [kə'məuʃən] n confusione f,
tumulto

communal ['kɒmjuːnl] adj (for common
use) pubblico(a)

commune [n 'kɒmjuːn, vb kə'mjuːn] n
(group) comune f ♦ vi: **to ~ with** mettersi
in comunione con

communicate [kə'mjuːnɪkeɪt] vt
comunicare, trasmettere ♦ vi: **to ~ (with)**
comunicare (con)

communication [kəmjuːnɪ'keɪʃən] n
comunicazione f; **~ cord** (BRIT) n segnale
m d'allarme

communion [kə'mjuːnɪən] n (also: **Holy
C~**) comunione f

communiqué [kə'mjuːnɪkeɪ] n comunicato

communism ['kɒmjunɪzəm] n comunismo;
communist adj, n comunista m/f

community [kə'mjuːnɪtɪ] n comunità f inv;
~ centre n circolo ricreativo; **~ chest**
(US) n fondo di beneficenza

commutation ticket [kɒmju'teɪʃən-] (US) n
biglietto di abbonamento

commute [kə'mjuːt] vi fare il pendolare
♦ vt (LAW) commutare; **~r** n pendolare m/f

compact [adj kəm'pækt, n 'kɒmpækt] adj
compatto(a) ♦ n (also: **powder ~**)
portacipria m inv; **~ disc** n compact disc
m inv; **~ disc player** n lettore m CD inv

companion [kəm'pænɪən] n compagno/a;
~ship n compagnia

company ['kʌmpənɪ] *n (also COMM, MIL, THEATRE)* compagnia; **to keep sb ~** tenere compagnia a qn; **~ secretary** *(BRIT)* n segretario/a generale

comparable ['kɒmpərəbl] *adj* simile

comparative [kəm'pærətɪv] *adj* relativo(a); *(adjective etc)* comparativo(a); **~ly** *adv* relativamente

compare [kəm'pɛə*] *vt*: **to ~ sth/sb with/to** confrontare qc/qn con/a ♦ *vi*: **to ~ (with)** reggere il confronto (con); **comparison** [-'pærɪsn] *n* confronto; **in comparison (with)** in confronto (a)

compartment [kəm'pɑ:tmənt] *n* compartimento; *(RAIL)* scompartimento

compass ['kʌmpəs] *n* bussola; **~es** *npl (MATH)* compasso

compassion [kəm'pæʃən] *n* compassione *f*

compatible [kəm'pætɪbl] *adj* compatibile

compel [kəm'pel] *vt* costringere, obbligare

compensate ['kɒmpənseɪt] *vt* risarcire ♦ *vi*: **to ~ for** compensare; **compensation** [-'seɪʃən] *n* compensazione *f*; *(money)* risarcimento

compère ['kɒmpɛə*] *n* presentatore/trice

compete [kəm'pi:t] *vi (take part)* concorrere; *(vie)*: **to ~ (with)** fare concorrenza a

competent ['kɒmpɪtənt] *adj* competente

competition [kɒmpɪ'tɪʃən] *n* gara; concorso; *(ECON)* concorrenza

competitive [kəm'petɪtɪv] *adj (ECON)* concorrenziale; *(sport)* agonistico(a); *(person)* che ha spirito di competizione; che ha spirito agonistico

competitor [kəm'petɪtə*] *n* concorrente *m/f*

complacency [kəm'pleɪsnsɪ] *n* compiacenza di sé

complain [kəm'pleɪn] *vi* lagnarsi, lamentarsi; **~t** *n* lamento; *(in shop etc)* reclamo; *(MED)* malattia

complement [*n* 'kɒmplɪmənt, *vb* 'kɒmplɪment] *n* complemento; *(especially of ship's crew etc)* effettivo ♦ *vt (enhance)* accompagnarsi bene a; **~ary** [kɒmplɪ'mentərɪ] *adj* complementare

complete [kəm'pli:t] *adj* completo(a) ♦ *vt*

completare; *(a form)* riempire; **~ly** *adv* completamente; **completion** [-'pli:ʃən] *n* completamento

complex ['kɒmpleks] *adj* complesso(a) ♦ *n (PSYCH, buildings etc)* complesso

complexion [kəm'plekʃən] *n (of face)* carnagione *f*

compliance [kəm'plaɪəns] *n* acquiescenza; **in ~ with** *(orders, wishes etc)* in conformità con

complicate ['kɒmplɪkeɪt] *vt* complicare; **~d** *adj* complicato(a); **complication** [-'keɪʃən] *n* complicazione *f*

compliment [*n* 'kɒmplɪmənt, *vb* 'kɒmplɪment] *n* complimento ♦ *vt* fare un complimento a; **~s** *npl (greetings)* complimenti *mpl*; rispetti *mpl*; **to pay sb a ~** fare un complimento a qn; **~ary** [-'mentərɪ] *adj* complimentoso(a), elogiativo(a); *(free)* in omaggio; **~ary ticket** *n* biglietto omaggio

comply [kəm'plaɪ] *vi*: **to ~ with** assentire a; conformarsi a

component [kəm'pəunənt] *adj* componente ♦ *n* componente *m*

compose [kəm'pəuz] *vt (form)*: **to be ~d of** essere composto di; *(music, poem etc)* comporre; **to ~ o.s.** ricomporsi; **~d** *adj* calmo(a); **~r** *n (MUS)* compositore/trice

composition [kɒmpə'zɪʃən] *n* composizione *f*

composure [kəm'pəuʒə*] *n* calma

compound ['kɒmpaund] *n (CHEM, LING)* composto; *(enclosure)* recinto ♦ *adj* composto(a); **~ fracture** *n* frattura esposta

comprehend [kɒmprɪ'hend] *vt* comprendere, capire; **comprehension** [-'henʃən] *n* comprensione *f*

comprehensive [kɒmprɪ'hensɪv] *adj* comprensivo(a); **~ policy** *n (INSURANCE)* polizza che copre tutti i rischi; **~ (school)** *(BRIT)* n scuola secondaria aperta a tutti

compress [*vb* kəm'pres, *n* 'kɒmpres] *vt* comprimere ♦ *n (MED)* compressa

comprise [kəm'praɪz] *vt (also:* **be ~d of)** comprendere

compromise ['kɒmprəmaɪz] *n* compromesso ♦ *vt* compromettere ♦ *vi* venire a un compromesso

compulsion [kəm'pʌlʃən] *n* costrizione *f*

compulsive [kəm'pʌlsɪv] *adj* (*liar, gambler*) che non riesce a controllarsi; (*viewing, reading*) cui non si può fare a meno

compulsory [kəm'pʌlsərɪ] *adj* obbligatorio(a)

computer [kəm'pju:tə*] *n* computer *m inv*, elaboratore *m* elettronico; ~ **game** *n* gioco per computer; **~-generated** *adj* realizzato(a) al computer; **~ize** *vt* computerizzare; ~ **programmer** *n* programmatore/trice; ~ **programming** *n* programmazione *f* di computer; ~ **science** *n* informatica; **computing** *n* informatica

comrade ['kɒmrɪd] *n* compagno/a; **~ship** *n* cameratismo

con [kɒn] (*inf*) *vt* truffare ♦ *n* truffa

conceal [kən'si:l] *vt* nascondere

concede [kən'si:d] *vt* ammettere

conceit [kən'si:t] *n* presunzione *f*, vanità; **~ed** *adj* presuntuoso(a), vanitoso(a)

conceive [kən'si:v] *vt* concepire ♦ *vi* concepire un bambino

concentrate ['kɒnsəntreɪt] *vi* concentrarsi ♦ *vt* concentrare

concentration [kɒnsən'treɪʃən] *n* concentrazione *f*; ~ **camp** *n* campo di concentramento

concept ['kɒnsept] *n* concetto

concern [kən'sə:n] *n* affare *m*; (*COMM*) azienda, ditta; (*anxiety*) preoccupazione *f* ♦ *vt* riguardare; **to be ~ed (about)** preoccuparsi (di); **~ing** *prep* riguardo a, circa

concert ['kɒnsət] *n* concerto; **~ed** [kən'sə:tɪd] *adj* concertato(a); ~ **hall** *n* sala da concerti

concertina [kɒnsə'ti:nə] *n* piccola fisarmonica

conclude [kən'klu:d] *vt* concludere; **conclusion** [-'klu:ʒən] *n* conclusione *f*; **conclusive** [-'klu:sɪv] *adj* conclusivo(a)

concoct [kən'kɒkt] *vt* inventare; **~ion** [-'kɒkʃən] *n* miscuglio

concourse ['kɒnkɔ:s] *n* (*hall*) atrio

concrete ['kɒnkri:t] *n* calcestruzzo ♦ *adj* concreto(a); di calcestruzzo

concur [kən'kə:*] *vi* concordare

concurrently [kən'kʌrntlɪ] *adv* simultaneamente

concussion [kən'kʌʃən] *n* commozione *f* cerebrale

condemn [kən'dem] *vt* condannare; (*building*) dichiarare pericoloso(a)

condensation [kɒnden'seɪʃən] *n* condensazione *f*

condense [kən'dens] *vi* condensarsi ♦ *vt* condensare; **~d milk** *n* latte *m* condensato

condescending [kɒndɪ'sendɪŋ] *adj* (*person*) che ha un'aria di superiorità

condition [kən'dɪʃən] *n* condizione *f*; (*MED*) malattia ♦ *vt* condizionare; **on ~ that** a condizione che +*sub*, a condizione di; **~er** *n* (*for hair*) balsamo; (*for fabrics*) ammorbidente *m*

condolences [kən'dəʊlənsɪz] *npl* condoglianze *fpl*

condom ['kɒndəm] *n* preservativo

condominium [kɒndə'mɪnɪəm] (*US*) *n* condominio

conducive [kən'dju:sɪv] *adj*: ~ **to** favorevole a

conduct [*n* 'kɒndʌkt, *vb* kən'dʌkt] *n* condotta ♦ *vt* condurre; (*manage*) dirigere; amministrare; (*MUS*) dirigere; **to ~ o.s.** comportarsi; **~ed tour** *n* gita accompagnata; **~or** *n* (*of orchestra*) direttore *m* d'orchestra; (*on bus*) bigliettaio; (*US: on train*) controllore *m*; (*ELEC*) conduttore *m*; **~ress** *n* (*on bus*) bigliettaia

cone [kəʊn] *n* cono; (*BOT*) pigna; (*traffic ~*) birillo

confectioner [kən'fekʃənə*] *n* pasticciere *m*; **~'s (shop)** *n* ≈ pasticceria; **~y** *n* dolciumi *mpl*

confer [kən'fə:*] *vt*: **to ~ sth on** conferire qc a ♦ *vi* conferire

conference ['kɒnfərns] *n* congresso

confess [kən'fes] *vt* confessare, ammettere

♦ *vi* confessare; **~ion** [-'fɛʃən] *n* confessione
f
confetti [kən'fɛti] *n* coriandoli *mpl*
confide [kən'faid] *vi*: **to ~ in** confidarsi con
confidence ['kɒnfidns] *n* confidenza;
(*trust*) fiducia; (*self-assurance*) sicurezza di
sé; **in ~** (*speak, write*) in confidenza,
confidenzialmente; **~ trick** *n* truffa;
confident *adj* sicuro(a); sicuro/a di sé;
confidential [kɒnfi'dɛnʃəl] *adj* riservato(a),
confidenziale
confine [kən'fain] *vt* limitare; (*shut up*)
rinchiudere; **~d** *adj* (*space*) ristretto(a);
~ment *n* prigionia; **~s** ['kɒnfainz] *npl*
confini *mpl*
confirm [kən'fə:m] *vt* confermare; **~ation**
[kɒnfə'meiʃən] *n* conferma; (*REL*) cresima;
~ed *adj* inveterato(a)
confiscate ['kɒnfiskeit] *vt* confiscare
conflict [*n* 'kɒnflikt, *vb* kən'flikt] *n* conflitto
♦ *vi* essere in conflitto; **~ing** *adj*
contrastante
conform [kən'fɔ:m] *vi*: **to ~ (to)** conformarsi
(a)
confound [kən'faund] *vt* confondere
confront [kən'frʌnt] *vt* (*enemy, danger*)
affrontare; **~ation** [kɒnfrən'teiʃən] *n* scontro
confuse [kən'fju:z] *vt* (*one thing with
another*) confondere; **~d** *adj* confuso(a);
confusing *adj* che fa confondere;
confusion [-'fju:ʒən] *n* confusione *f*
congeal [kən'dʒi:l] *vi* (*blood*) congelarsi
congenial [kən'dʒi:niəl] *adj* (*person*)
simpatico(a); (*thing*) congeniale
congested [kən'dʒestid] *adj*
congestionato(a)
congestion [kən'dʒestʃən] *n* congestione *f*
congratulate [kən'grætjuleit] *vt*: **to ~ sb
(on)** congratularsi con qn (per *or* di);
congratulations [-'leiʃənz] *npl* auguri
mpl; (*on success*) complimenti *mpl*,
congratulazioni *fpl*
congregate ['kɒngrigeit] *vi* congregarsi,
riunirsi
congress ['kɒngres] *n* congresso; **C~man**
(*US*) *n* membro del Congresso
conjunction [kən'dʒʌŋkʃən] *n*

congiunzione *f*
conjunctivitis [kəndʒʌŋkti'vaitis] *n*
congiuntivite *f*
conjure ['kʌndʒə*] *vi* fare giochi di
prestigio; **~ up** *vt* (*ghost, spirit*) evocare;
(*memories*) rievocare; **~r** *n* prestidigitatore/
trice, prestigiatore/trice
conk out [kɒŋk-] (*inf*) *vi* andare in panne
con man *n* truffatore *m*
connect [kə'nekt] *vt* connettere, collegare;
(*ELEC, TEL*) collegare; (*fig*) associare ♦ *vi*
(*train*): **to ~ with** essere in coincidenza con;
to be ~ed with (*associated*) aver rapporti
con; **~ion** [-ʃən] *n* relazione *f*, rapporto;
(*ELEC*) connessione *f*; (*train, plane*)
coincidenza; (*TEL*) collegamento
connive [kə'naiv] *vi*: **to ~ at** essere
connivente in
connoisseur [kɒni'sə*] *n* conoscitore/trice
conquer ['kɒŋkə*] *vt* conquistare; (*feelings*)
vincere
conquest ['kɒŋkwest] *n* conquista
cons [kɒnz] *npl see* **convenience; pro**
conscience ['kɒnʃəns] *n* coscienza
conscientious [kɒnʃi'enʃəs] *adj*
coscienzioso(a)
conscious ['kɒnʃəs] *adj* consapevole; (*MED*)
cosciente; **~ness** *n* consapevolezza;
coscienza
conscript ['kɒnskript] *n* coscritto; **~ion**
[-'skripʃən] *n* arruolamento (obbligatorio)
consent [kən'sent] *n* consenso ♦ *vi*: **to ~
(to)** acconsentire (a)
consequence ['kɒnsikwəns] *n*
conseguenza, risultato; importanza
consequently ['kɒnsikwəntli] *adv* di
conseguenza, dunque
conservation [kɒnsə'veiʃən] *n*
conservazione *f*
conservative [kən'sə:vətiv] *adj*
conservatore(trice); (*cautious*) cauto(a);
C~ (*BRIT*) *adj, n* (*POL*) conservatore(trice)
conservatory [kən'sə:vətri] *n* (*greenhouse*)
serra; (*MUS*) conservatorio
conserve [kən'sə:v] *vt* conservare ♦ *n*
conserva
consider [kən'sidə*] *vt* considerare; (*take*

into account) tener conto di; **to ~ doing sth** considerare la possibilità di fare qc

considerable [kən'sɪdərəbl] *adj* considerevole, notevole; **considerably** *adv* notevolmente, decisamente

considerate [kən'sɪdərɪt] *adj* premuroso(a)

consideration [kənsɪdə'reɪʃən] *n* considerazione *f*

considering [kən'sɪdərɪŋ] *prep* in considerazione di

consign [kən'saɪn] *vt*: **to ~ to** (*sth unwanted*) relegare in; (*person: to sb's care*) consegnare a; (: *to poverty*) condannare a; **~ment** *n* (*of goods*) consegna; spedizione *f*

consist [kən'sɪst] *vi*: **to ~ of** constare di, essere composto(a) di

consistency [kən'sɪstənsɪ] *n* consistenza; (*fig*) coerenza

consistent [kən'sɪstənt] *adj* coerente

consolation [kɒnsə'leɪʃən] *n* consolazione *f*

console[1] [kən'səul] *vt* consolare

console[2] ['kɒnsəul] *n* quadro di comando

consonant ['kɒnsənənt] *n* consonante *f*

consortium [kən'sɔ:tɪəm] *n* consorzio

conspicuous [kən'spɪkjuəs] *adj* cospicuo(a)

conspiracy [kən'spɪrəsɪ] *n* congiura, cospirazione *f*

constable ['kʌnstəbl] (*BRIT*) *n* ≈ poliziotto, agente *m* di polizia; **chief ~** ≈ questore *m*

constabulary [kən'stæbjulərɪ] *n* forze *fpl* dell'ordine

constant ['kɒnstənt] *adj* costante; continuo(a); **~ly** *adv* costantemente; continuamente

constipated ['kɒnstɪpeɪtɪd] *adj* stitico(a)

constipation [kɒnstɪ'peɪʃən] *n* stitichezza

constituency [kən'stɪtjuənsɪ] *n* collegio elettorale

constituent [kən'stɪtjuənt] *n* elettore/trice; (*part*) elemento componente

constitution [kɒnstɪ'tju:ʃən] *n* costituzione *f*; **~al** *adj* costituzionale

constraint [kən'streɪnt] *n* costrizione *f*

construct [kən'strʌkt] *vt* costruire; **~ion** [-ʃən] *n* costruzione *f*; **~ive** *adj* costruttivo(a)

consul ['kɒnsl] *n* console *m*; **~ate**

['kɒnsjulɪt] *n* consolato

consult [kən'sʌlt] *vt* consultare; **~ant** *n* (*MED*) consulente *m* medico; (*other specialist*) consulente; (*discussion*) consultazione *f*; **~ation** [-'teɪʃən] *n* (*MED*) consulto; (*discussion*) consultazione *f*; **~ing room** (*BRIT*) *n* ambulatorio

consume [kən'sju:m] *vt* consumare; **~r** *n* consumatore/trice; **~r goods** *npl* beni *mpl* di consumo; **~r society** *n* società dei consumi

consumption [kən'sʌmpʃən] *n* consumo

cont. *abbr* = **continued**

contact ['kɒntækt] *n* contatto; (*person*) conoscenza ♦ *vt* mettersi in contatto con; **~ lenses** *npl* lenti *fpl* a contatto

contagious [kən'teɪdʒəs] *adj* (*also fig*) contagioso(a)

contain [kən'teɪn] *vt* contenere; **to ~ o.s.** contenersi; **~er** *n* recipiente *m*; (*for shipping etc*) container *m inv*

contaminate [kən'tæmɪneɪt] *vt* contaminare

cont'd *abbr* = **continued**

contemplate ['kɒntəmpleɪt] *vt* contemplare; (*consider*) pensare a (*or di*)

contemporary [kən'tempərərɪ] *adj, n* contemporaneo(a)

contempt [kən'tempt] *n* disprezzo; **~ of court** (*LAW*) oltraggio alla Corte; **~ible** *adj* deprecabile

contend [kən'tend] *vt*: **to ~ that** sostenere che ♦ *vi*: **to ~ with** lottare contro; **~er** *n* contendente *m/f*; concorrente *m/f*

content[1] ['kɒntent] *n* contenuto; **~s** *npl* (*of box, case etc*) contenuto; **(table of) ~s** indice *m*

content[2] [kən'tent] *adj* contento(a), soddisfatto(a) ♦ *vt* contentare, soddisfare; **~ed** *adj* contento(a), soddisfatto(a)

contention [kən'tenʃən] *n* contesa; (*assertion*) tesi *f inv*

contentment [kən'tentmənt] *n* contentezza

contest [*n* 'kɒntest, *vb* kən'test] *n* lotta; (*competition*) gara, concorso ♦ *vt* contestare; impugnare; (*compete for*) essere in lizza per; **~ant** [kən'testənt] *n* concorrente *m/f*; (*in fight*) avversario/a

context ['kɔntekst] *n* contesto

continent ['kɔntɪnənt] *n* continente *m*; **the C~** (BRIT) l'Europa continentale; **~al** [-'nentl] *adj* continentale; **~al breakfast** *n* colazione *f* all'europea (*senza piatti caldi*); **~al quilt** (BRIT) *n* piumino

contingency [kən'tɪndʒənsɪ] *n* eventualità *f inv*

continual [kən'tɪnjuəl] *adj* continuo(a)

continuation [kəntɪnju'eɪʃən] *n* continuazione *f*; (*after interruption*) ripresa; (*of story*) seguito

continue [kən'tɪnju:] *vi* continuare ♦ *vt* continuare; (*start again*) riprendere

continuity [kɔntɪ'nju:ɪtɪ] *n* continuità *f*; (TV, CINEMA) (ordine *m* della) sceneggiatura

continuous [kən'tɪnjuəs] *adj* continuo(a); ininterrotto(a)

contort [kən'tɔ:t] *vt* contorcere

contour ['kɔntuə*] *n* contorno, profilo; (*also*: ~ **line**) curva di livello

contraband ['kɔntrəbænd] *n* contrabbando

contraceptive [kɔntrə'septɪv] *adj* contraccettivo(a) ♦ *n* contraccettivo

contract [*n* 'kɔntrækt, *vb* kən'trækt] *n* contratto ♦ *vi* (*become smaller*) contrarsi; (COMM): **to ~ to do sth** fare un contratto per fare qc ♦ *vt* (*illness*) contrarre; **~ion** [-ʃən] *n* contrazione *f*; **~or** *n* imprenditore *m*

contradict [kɔntrə'dɪkt] *vt* contraddire

contraflow ['kɔntrəfləu] *n* (AUT) senso unico alternato

contraption [kən'træpʃən] (*pej*) *n* aggeggio

contrary[1] ['kɔntrərɪ] *adj* contrario(a); (*unfavourable*) avverso(a), contrario(a) ♦ *n* contrario; **on the ~** al contrario; **unless you hear to the ~** salvo contrordine

contrary[2] [kən'trɛərɪ] *adj* (*perverse*) bisbetico(a)

contrast [*n* 'kɔntrɑ:st, *vb* kən'trɑ:st] *n* contrasto ♦ *vt* mettere in contrasto; **in ~ to** contrariamente a

contribute [kən'trɪbju:t] *vi* contribuire ♦ *vt*: **to ~ £10/an article to** dare 10 sterline/un articolo a; **to ~ to** contribuire a; (*newspaper*) scrivere per; **contribution** [kɔntrɪ'bju:ʃən] *n* contributo; **contributor**

contrivance [kən'traɪvəns] *n* congegno; espediente *m*

contrive [kən'traɪv] *vi*: **to ~ to do** fare in modo di fare

control [kən'trəul] *vt* controllare; (*firm, operation etc*) dirigere ♦ *n* controllo; **~s** *npl* (*of vehicle etc*) comandi *mpl*; (*governmental*) controlli *mpl*; **under ~** sotto controllo; **to be in ~ of** avere il controllo di; **to go out of ~** (*car*) non rispondere ai comandi; (*situation*) sfuggire di mano; **~led substance** *n* sostanza stupefacente; **~ 'panel** *n* quadro dei comandi; **~ room** *n* (NAUT, MIL) sala di comando; (RADIO, TV) sala di regia; **~ tower** *n* (AVIAT) torre *f* di controllo

controversial [kɔntrə'və:ʃl] *adj* controverso(a), polemico(a)

controversy ['kɔntrəvə:sɪ] *n* controversia, polemica

convalesce [kɔnvə'les] *vi* rimettersi in salute

convene [kən'vi:n] *vt* convocare ♦ *vi* convenire, adunarsi

convenience [kən'vi:nɪəns] *n* comodità *f inv*; **at your ~** a suo comodo; **all modern ~s**, (BRIT) **all mod cons** tutte le comodità moderne

convenient [kən'vi:nɪənt] *adj* conveniente, comodo(a)

convent ['kɔnvənt] *n* convento

convention [kən'venʃən] *n* convenzione *f*; (*meeting*) convegno; **~al** *adj* convenzionale

conversant [kən'və:snt] *adj*: **to be ~ with** essere al corrente di; essere pratico(a) di

conversation [kɔnvə'seɪʃən] *n* conversazione *f*; **~al** *adj* non formale

converse[1] [kən'və:s] *vi* conversare

converse[2] ['kɔnvə:s] *n* contrario, opposto; **~ly** [-'və:slɪ] *adv* al contrario, per contro

convert [*vb* kən'və:t, *n* 'kɔnvə:t] *vt* (COMM, REL) convertire; (*alter*) trasformare ♦ *n* convertito/a; **~ible** *n* macchina decappottabile

convex ['kɔnveks] *adj* convesso(a)

convey [kən'veɪ] *vt* trasportare; (*thanks*)

comunicare; (*idea*) dare; ~**or belt** *n* nastro trasportatore

convict [*vb* kən'vɪkt, *n* 'kɒnvɪkt] *vt* dichiarare colpevole ♦ *n* carcerato/a; ~**ion** [-ʃən] *n* condanna; (*belief*) convinzione *f*

convince [kən'vɪns] *vt* convincere, persuadere; **convincing** *adj* convincente

convoluted [kɒnvə'lu:tɪd] *adj* (*argument etc*) involuto(a)

convoy ['kɒnvɔɪ] *n* convoglio

convulse [kən'vʌls] *vt*: **to be ~d with laughter** contorcersi dalle risa

cook [kuk] *vt* cucinare, cuocere ♦ *vi* cuocere; (*person*) cucinare ♦ *n* cuoco/a; ~**book** *n* libro di cucina; ~**er** *n* fornello, cucina; ~**ery** *n* cucina; ~**ery book** (*BRIT*) *n* = ~**book**; ~**ie** (*US*) *n* biscotto; ~**ing** *n* cucina

cool [ku:l] *adj* fresco(a); (*not afraid, calm*) calmo(a); (*unfriendly*) freddo(a) ♦ *vt* raffreddare; (*room*) rinfrescare ♦ *vi* (*water*) raffreddarsi; (*air*) rinfrescarsi

coop [ku:p] *n* stia ♦ *vt*: **to ~ up** (*fig*) rinchiudere

cooperate [kəu'ɒpəreɪt] *vi* cooperare, collaborare; **cooperation** [-'reɪʃən] *n* cooperazione *f*, collaborazione *f*

cooperative [kəu'ɒpərətɪv] *adj* cooperativo(a) ♦ *n* cooperativa

coordinate [*vb* kəu'ɔːdɪneɪt, *n* kəu'ɔːdɪnət] *vt* coordinare ♦ *n* (*MATH*) coordinata; ~**s** *npl* (*clothes*) coordinati *mpl*

co-ownership [kəu'əunəʃɪp] *n* comproprietà

cop [kɒp] (*inf*) *n* sbirro

cope [kəup] *vi*: **to ~ with** (*problems*) far fronte a

copper ['kɒpə*] *n* rame *m*; (*inf: policeman*) sbirro; ~**s** *npl* (*coins*) spiccioli *mpl*

copse [kɒps] *n* bosco ceduo

copy ['kɒpɪ] *n* copia ♦ *vt* copiare; ~**right** *n* diritto d'autore

coral ['kɒrəl] *n* corallo

cord [kɔːd] *n* corda; (*ELEC*) filo

cordial ['kɔːdɪəl] *adj* cordiale ♦ *n* (*BRIT*) cordiale *m*

cordon ['kɔːdn] *n* cordone *m*; ~ **off** *vt* fare cordone a

corduroy ['kɔːdərɔɪ] *n* fustagno

core [kɔː*] *n* (*of fruit*) torsolo; (*of organization etc*) cuore *m* ♦ *vt* estrarre il torsolo da

cork [kɔːk] *n* sughero; (*of bottle*) tappo; ~**screw** *n* cavatappi *m inv*

corn [kɔːn] *n* (*BRIT: wheat*) grano; (*US: maize*) granturco; (*on foot*) callo; ~ **on the cob** (*CULIN*) pannocchia cotta

corned beef ['kɔːnd-] *n* carne *f* di manzo in scatola

corner ['kɔːnə*] *n* angolo; (*AUT*) curva ♦ *vt* intrappolare; mettere con le spalle al muro; (*COMM: market*) accaparrare ♦ *vi* prendere una curva; ~**stone** *n* pietra angolare

cornet ['kɔːnɪt] *n* (*MUS*) cornetta; (*BRIT: of ice-cream*) cono

cornflakes ['kɔːnfleɪks] *npl* fiocchi *mpl* di granturco

cornflour ['kɔːnflauə*] (*BRIT*) *n* farina finissima di granturco

cornstarch ['kɔːnstɑːtʃ] (*US*) *n* = **cornflour**

Cornwall ['kɔːnwəl] *n* Cornovaglia

corny ['kɔːnɪ] (*inf*) *adj* trito(a)

coronary ['kɒrənərɪ] *n*: ~ **(thrombosis)** trombosi *f* coronaria

coronation [kɒrə'neɪʃən] *n* incoronazione *f*

coroner ['kɒrənə*] *n magistrato incaricato di indagare la causa di morte in circostanze sospette*

coronet ['kɒrənɪt] *n* diadema *m*

corporal ['kɔːpərl] *n* caporalmaggiore *m* ♦ *adj*: ~ **punishment** pena corporale

corporate ['kɔːpərɪt] *adj* costituito(a) (in corporazione); comune

corporation [kɔːpə'reɪʃən] *n* (*of town*) consiglio comunale; (*COMM*) ente *m*

corps [kɔː*, *pl* kɔːz] *n inv* corpo

corpse [kɔːps] *n* cadavere *m*

correct [kə'rɛkt] *adj* (*accurate*) corretto(a), esatto(a); (*proper*) corretto(a) ♦ *vt* correggere; ~**ion** [-ʃən] *n* correzione *f*

correspond [kɒrɪs'pɒnd] *vi* corrispondere; ~**ence** *n* corrispondenza; ~**ence course** *n* corso per corrispondenza; ~**ent** *n* corrispondente *m/f*

corridor ['kɔrɪdɔ:*] *n* corridoio
corrode [kə'rəud] *vt* corrodere ♦ *vi* corrodersi
corrugated ['kɔrəgeɪtɪd] *adj* increspato(a); ondulato(a); ~ **iron** *n* lamiera di ferro ondulata
corrupt [kə'rʌpt] *adj* corrotto(a); (*COMPUT*) alterato(a) ♦ *vt* corrompere
corset ['kɔ:sɪt] *n* busto
Corsica ['kɔ:sɪkə] *n* Corsica
cosh [kɔʃ] (*BRIT*) *n* randello (corto)
cosmetic [kɔz'metɪk] *n* cosmetico ♦ *adj* (*fig: measure etc*) superficiale
cost [kɔst] (*pt, pp* **cost**) *n* costo ♦ *vt* costare; (*find out the ~ of*) stabilire il prezzo di; ~s *npl* (*COMM, LAW*) spese *fpl*; **how much does it ~?** quanto costa?; **at all ~s** a ogni costo
co-star ['kəu-] *n* attore/trice della stessa importanza del protagonista
cost-effective *adj* conveniente
costly ['kɔstlɪ] *adj* costoso(a), caro(a)
cost-of-living *adj:* ~ **allowance** indennità *f inv* di contingenza
cost price (*BRIT*) *n* prezzo all'ingrosso
costume ['kɔstjuːm] *n* costume *m*; (*lady's suit*) tailleur *m inv*; (*BRIT: also:* **swimming ~**) costume da bagno; ~ **jewellery** *n* bigiotteria
cosy ['kəuzɪ] (*US* **cozy**) *adj* intimo(a); **I'm very ~ here** sto proprio bene qui
cot [kɔt] *n* (*BRIT: child's*) lettino; (*US: campbed*) brandina
cottage ['kɔtɪdʒ] *n* cottage *m inv*; ~ **cheese** *n* fiocchi *mpl* di latte magro
cotton ['kɔtn] *n* cotone *m*; ~ **on to** (*inf*) *vt fus* afferrare; ~ **candy** (*US*) *n* zucchero filato; ~ **wool** (*BRIT*) *n* cotone idrofilo
couch [kautʃ] *n* sofà *m inv*
couchette [kuː'ʃet] *n* (*on train, boat*) cuccetta
cough [kɔf] *vi* tossire ♦ *n* tosse *f*; ~ **drop** *n* pasticca per la tosse
could [kud] *pt of* **can²**; ~**n't** = **could not**
council ['kaunsl] *n* consiglio; **city** *or* **town** ~ consiglio comunale; ~ **estate** (*BRIT*) *n* quartiere *m* di case popolari; ~ **house**

(*BRIT*) *n* casa popolare; ~**lor** *n* consigliere/a
counsel ['kaunsl] *n* avvocato; consultazione *f* ♦ *vt* consigliare; ~**lor** *n* (*US:* ~**or**) consigliere/a; (*US*) avvocato
count [kaunt] *vt, vi* contare ♦ *n* (*of votes etc*) conteggio; (*of pollen etc*) livello; (*nobleman*) conte *m*; ~ **on** *vt fus* contare su; ~**down** *n* conto alla rovescia
countenance ['kauntɪnəns] *n* volto, aspetto ♦ *vt* approvare
counter ['kauntə*] *n* banco ♦ *vt* opporsi a ♦ *adv:* ~ **to** contro; in opposizione a; ~**act** *vt* agire in opposizione a; annullare gli effetti di; ~**espionage** *n* controspionaggio
counterfeit ['kauntəfɪt] *n* contraffazione *f*, falso ♦ *vt* contraffare, falsificare ♦ *adj* falso(a)
counterfoil ['kauntəfɔɪl] *n* matrice *f*
counterpart ['kauntəpaːt] *n* (*of document etc*) copia; (*of person*) corrispondente *m/f*
counter-productive [-prə'dʌktɪv] *adj* controproducente
countersign ['kauntəsaɪn] *vt* controfirmare
countess ['kauntɪs] *n* contessa
countless ['kauntlɪs] *adj* innumerevole
country ['kʌntrɪ] *n* paese *m*; (*native land*) patria; (*as opposed to town*) campagna; (*region*) regione *f*; ~ **dancing** (*BRIT*) *n* danza popolare; ~ **house** *n* villa in campagna; ~**man** (*irreg*) *n* (*national*) compatriota *m*; (*rural*) contadino; ~**side** *n* campagna
county ['kauntɪ] *n* contea
coup [kuː] (*pl* **coups**) *n* colpo; (*also:* ~ **d'état**) colpo di Stato
couple ['kʌpl] *n* coppia; **a ~ of** un paio di
coupon ['kuːpɔn] *n* buono; (*detachable form*) coupon *m inv*
courage ['kʌrɪdʒ] *n* coraggio
courgette [kuə'ʒet] (*BRIT*) *n* zucchina
courier ['kurɪə*] *n* corriere *m*; (*for tourists*) guida
course [kɔːs] *n* corso; (*of ship*) rotta; (*for golf*) campo; (*part of meal*) piatto; **of ~** senz'altro, naturalmente; ~ **of action** modo d'agire; **a ~ of treatment** (*MED*) una cura

court [kɔːt] *n* corte *f*; (*TENNIS*) campo ♦ *vt* (*woman*) fare la corte a; **to take to ~** citare in tribunale

courteous ['kɜːtɪəs] *adj* cortese

courtesy ['kɜːtəsɪ] *n* cortesia; **(by) ~ of** per gentile concessione di; **~ bus, ~ coach** *n* autobus *m inv* gratuito (*di hotel, aeroporto*)

court-house (*US*) *n* palazzo di giustizia

courtier ['kɔːtɪə*] *n* cortigiano/a

court-martial [-'mɑːʃəl] (*pl* **courts-martial**) *n* corte *f* marziale

courtroom ['kɔːtrum] *n* tribunale *m*

courtyard ['kɔːtjɑːd] *n* cortile *m*

cousin ['kʌzn] *n* cugino/a; **first ~** cugino di primo grado

cove [kəuv] *n* piccola baia

covenant ['kʌvənənt] *n* accordo

cover ['kʌvə*] *vt* coprire; (*book, table*) rivestire; (*include*) comprendere; (*PRESS*) fare un servizio su ♦ *n* (*of pan*) coperchio; (*over furniture*) fodera; (*of bed*) copriletto; (*of book*) copertina; (*shelter*) riparo; (*COMM, INSURANCE, of spy*) copertura; **to take ~** (*shelter*) ripararsi; **under ~** al riparo; **under ~ of darkness** protetto dall'oscurità; **under separate ~** (*COMM*) a parte, in plico separato; **~ up** *vi*: **to ~ up for sb** coprire qn; **~age** *n* (*PRESS, RADIO, TV*): **to give full ~age to sth** fare un ampio servizio su qc; **~ charge** *n* coperto; **~ing** *n* copertura; **~ing letter** (*US* = **letter**) *n* lettera d'accompagnamento; **~ note** *n* (*INSURANCE*) polizza (di assicurazione) provvisoria

covert ['kʌvət] *adj* (*hidden*) nascosto(a); (*glance*) furtivo(a)

cover-up *n* occultamento (di informazioni)

cow [kau] *n* vacca ♦ *vt* (*person*) intimidire

coward ['kauəd] *n* vigliacco/a; **~ice** [-ɪs] *n* vigliaccheria; **~ly** *adj* vigliacco(a)

cowboy ['kaubɔɪ] *n* cow-boy *m inv*

cower ['kauə*] *vi* acquattarsi

coxswain ['kɔksn] (*abbr*: **cox**) *n* timoniere *m*

coy [kɔɪ] *adj* falsamente timido(a)

cozy ['kəuzɪ] (*US*) *adj* = **cosy**

CPA (*US*) *n abbr* = **certified public accountant**

crab [kræb] *n* granchio; **~ apple** *n* mela selvatica

crack [kræk] *n* fessura, crepa; incrinatura; (*noise*) schiocco; (: *of gun*) scoppio; (*drug*) crack *m inv* ♦ *vt* spaccare; incrinare; (*whip*) schioccare; (*nut*) schiacciare; (*problem*) risolvere; (*code*) decifrare ♦ *adj* (*troops*) fuori classe; **to ~ a joke** fare una battuta; **~ down on** *vt fus* porre freno a; **~ up** *vi* crollare; **~er** *n* cracker *m inv*; petardo

crackle ['krækl] *vi* crepitare

cradle ['kreɪdl] *n* culla

craft [krɑːft] *n* mestiere *m*; (*cunning*) astuzia; (*boat*) naviglio; **~sman** (*irreg*) *n* artigiano; **~smanship** *n* abilità; **~y** *adj* furbo(a), astuto(a)

crag [kræg] *n* roccia

cram [kræm] *vt* (*fill*): **to ~ sth with** riempire qc di; (*put*): **to ~ sth into** stipare qc in ♦ *vi* (*for exams*) prepararsi (in gran fretta)

cramp [kræmp] *n* crampo; **~ed** *adj* ristretto(a)

crampon ['kræmpən] *n* (*CLIMBING*) rampone *m*

cranberry ['krænbərɪ] *n* mirtillo

crane [kreɪn] *n* gru *f inv*

crank [kræŋk] *n* manovella; (*person*) persona stramba

cranny ['krænɪ] *n see* **nook**

crash [kræʃ] *n* fragore *m*; (*of car*) incidente *m*; (*of plane*) caduta; (*of business etc*) crollo ♦ *vt* fracassare ♦ *vi* (*plane*) fracassarsi; (*car*) avere un incidente; (*two cars*) scontrarsi; (*business etc*) fallire, andare in rovina; **~ course** *n* corso intensivo; **~ helmet** *n* casco; **~ landing** *n* atterraggio di fortuna

crate [kreɪt] *n* cassa

cravat(e) [krə'væt] *n* fazzoletto da collo

crave [kreɪv] *vt, vi*: **to ~ (for)** desiderare ardentemente

crawl [krɔːl] *vi* strisciare carponi; (*vehicle*) avanzare lentamente ♦ *n* (*SWIMMING*) crawl *m*

crayfish ['kreɪfɪʃ] *n inv* (*freshwater*) gambero (d'acqua dolce); (*saltwater*)

gambero
crayon ['kreɪən] *n* matita colorata
craze [kreɪz] *n* mania
crazy ['kreɪzɪ] *adj* matto(a); (*inf: keen*): ~ **about sb** pazzo(a) di qn; ~ **about sth** matto(a) per qc
creak [kriːk] *vi* cigolare, scricchiolare
cream [kriːm] *n* crema; (*fresh*) panna ♦ *adj* (*colour*) color crema *inv*; ~ **cake** *n* torta alla panna; ~ **cheese** *n* formaggio fresco; ~**y** *adj* cremoso(a)
crease [kriːs] *n* grinza; (*deliberate*) piega ♦ *vt* sgualcire ♦ *vt* sgualcirsi
create [kriː'eɪt] *vt* creare; **creation** [-ʃən] *n* creazione *f*; **creative** *adj* creativo(a)
creature ['kriːtʃə•] *n* creatura
crèche [kreʃ] *n* asilo infantile
credence ['kriːdns] *n*: **to lend** *or* **give** ~ **to** prestar fede a
credentials [krɪ'denʃlz] *npl* credenziali *fpl*
credit ['kredɪt] *n* credito; onore *m* ♦ *vt* (*COMM*) accreditare; (*believe: also:* **give** ~ **to**) credere, prestar fede a; ~**s** *npl* (*CINEMA*) titoli *mpl*; **to** ~ **sb with** (*fig*) attribuire a qn; **to be in** ~ (*person*) essere creditore (trice); (*bank account*) essere coperto(a); ~ **card** *n* carta di credito; ~**or** *n* creditore/trice
creed [kriːd] *n* credo; dottrina
creek [kriːk] *n* insenatura; (*US*) piccolo fiume *m*
creep [kriːp] (*pt, pp* **crept**) *vi* avanzare furtivamente (*or* pian piano); ~**er** *n* pianta rampicante; ~**y** *adj* (*frightening*) che fa accapponare la pelle
crematorium [kremə'tɔːrɪəm] (*pl* **crematoria**) *n* forno crematorio
crêpe [kreɪp] *n* crespo; ~ **bandage** (*BRIT*) *n* fascia elastica
crept [krept] *pt, pp of* **creep**
crescent ['kresnt] *n* (*shape*) mezzaluna; (*street*) strada semicircolare
cress [kres] *n* crescione *m*
crest [krest] *n* cresta; (*of coat of arms*) cimiero; ~**fallen** *adj* mortificato(a)
Crete [kriːt] *n* Creta
crevasse [krɪ'væs] *n* crepaccio
crevice ['krevɪs] *n* fessura, crepa

crew [kruː] *n* equipaggio; ~**-cut** *n*: **to have a** ~**-cut** avere i capelli a spazzola; ~**-neck** *n* girocollo
crib [krɪb] *n* culla ♦ *vt* (*inf*) copiare
crick [krɪk] *n* crampo
cricket ['krɪkɪt] *n* (*insect*) grillo; (*game*) cricket *m*
crime [kraɪm] *n* crimine *m*; **criminal** ['krɪmɪnl] *adj*, *n* criminale *m/f*
crimson ['krɪmzn] *adj* color cremisi *inv*
cringe [krɪndʒ] *vi* acquattarsi; (*in embarrassment*) sentirsi sprofondare
crinkle ['krɪŋkl] *vt* arricciare, increspare
cripple ['krɪpl] *n* zoppo/a ♦ *vt* azzoppare
crises ['kraɪsiːz] *npl of* **crisis**
crisis ['kraɪsɪs] (*pl* **crises**) *n* crisi *f inv*
crisp [krɪsp] *adj* croccante; (*fig*) frizzante; vivace; deciso(a); ~**s** (*BRIT*) *npl* patatine *fpl*
criss-cross ['krɪs-] *adj* incrociato(a)
criteria [kraɪ'tɪərɪə] *npl of* **criterion**
criterion [kraɪ'tɪərɪən] (*pl* **criteria**) *n* criterio
critic ['krɪtɪk] *n* critico; ~**al** *adj* critico(a); ~**ally** *adv* (*speak etc*) criticamente; ~**ally ill** gravemente malato; ~**ism** ['krɪtɪsɪzm] *n* critica; ~**ize** ['krɪtɪsaɪz] *vt* criticare
croak [krəuk] *vi* gracchiare; (*frog*) gracidare
Croatia [krəu'eɪʃə] *n* Croazia
crochet ['krəuʃeɪ] *n* lavoro all'uncinetto
crockery ['krɔkərɪ] *n* vasellame *m*
crocodile ['krɔkədaɪl] *n* coccodrillo
crocus ['krəukəs] *n* croco
croft [krɔft] (*BRIT*) *n* piccolo podere *m*
crony ['krəunɪ] (*inf: pej*) *n* compare *m*
crook [kruk] *n* truffatore *m*; (*of shepherd*) bastone *m*; ~**ed** ['krukɪd] *adj* curvo(a), storto(a); (*action*) disonesto(a)
crop [krɔp] *n* (*produce*) coltivazione *f*; (*amount produced*) raccolto; (*riding* ~) frustino ♦ *vt* (*hair*) rapare; ~ **up** *vi* presentarsi
croquette [krə'ket] *n* crocchetta
cross [krɔs] *n* croce *f*; (*BIOL*) incrocio ♦ *vt* (*street etc*) attraversare; (*arms, legs, BIOL*) incrociare; (*cheque*) sbarrare ♦ *adj* di cattivo umore; ~ **out** *vt* cancellare; ~ **over** *vi* attraversare; ~**bar** *n* traversa; ~**country (race)** *n* cross-country *m inv*; ~**-examine**

vt (*LAW*) interrogare in contraddittorio; ~-**eyed** *adj* strabico(a); ~**fire** *n* fuoco incrociato; ~**ing** *n* incrocio; (*sea passage*) traversata; (*also:* **pedestrian ~ing**) passaggio pedonale; ~**ing guard** (*US*) *n dipendente comunale che aiuta i bambini ad attraversare la strada*; ~ **purposes** *npl*: **to be at ~ purposes** non parlare della stessa cosa; ~-**reference** *n* rinvio, rimando; ~**roads** *n* incrocio; ~ **section** *n* sezione *f* trasversale; (*in population*) settore *m* rappresentativo; ~**walk** (*US*) *n* strisce *fpl* pedonali, passaggio pedonale; ~**wind** *n* vento di traverso; ~**word** *n* cruciverba *m inv*

crotch [krɔtʃ] *n* (*ANAT*) inforcatura; (*of garment*) pattina

crotchet ['krɔtʃɪt] *n* (*MUS*) semiminima

crouch [krautʃ] *vi* acquattarsi; rannicchiarsi

crow [krəu] *n* (*bird*) cornacchia; (*of cock*) canto del gallo ♦ *vi* (*cock*) cantare

crowbar ['krəubɑː*] *n* piede *m* di porco

crowd [kraud] *n* folla ♦ *vt* affollare, stipare ♦ *vi*: **to ~ round/in** affollarsi intorno a/in; ~**ed** *adj* affollato(a); ~**ed with** stipato(a) di

crown [kraun] *n* corona; (*of head*) calotta cranica; (*of hat*) cocuzzolo; (*of hill*) cima ♦ *vt* incoronare; (*fig: career*) coronare; ~ **jewels** *npl* gioielli *mpl* della Corona; ~ **prince** *n* principe *m* ereditario

crow's feet *npl* zampe *fpl* di gallina

crucial ['kruːʃl] *adj* cruciale, decisivo(a)

crucifix ['kruːsɪfɪks] *n* crocifisso; ~**ion** [-'fɪkʃən] *n* crocifissione *f*

crude [kruːd] *adj* (*materials*) greggio(a); non raffinato(a); (*fig: basic*) crudo(a), primitivo(a); (: *vulgar*) rozzo(a), grossolano(a); ~ (**oil**) *n* (petrolio) greggio

cruel ['kruəl] *adj* crudele; ~**ty** *n* crudeltà *f inv*

cruise [kruːz] *n* crociera ♦ *vi* andare a velocità di crociera; (*taxi*) circolare; ~**r** *n* incrociatore *m*

crumb [krʌm] *n* briciola

crumble ['krʌmbl] *vt* sbriciolare ♦ *vi* sbriciolarsi; (*plaster etc*) sgretolarsi; (*land, earth*) franare; (*building, fig*) crollare;

crumbly *adj* friabile

crumpet ['krʌmpɪt] *n specie di frittella*

crumple ['krʌmpl] *vt* raggrinzare, spiegazzare

crunch [krʌntʃ] *vt* sgranocchiare; (*underfoot*) scricchiolare ♦ *n* (*fig*) punto *or* momento cruciale; ~**y** *adj* croccante

crusade [kruː'seɪd] *n* crociata

crush [krʌʃ] *n* folla; (*love*): **to have a ~ on sb** avere una cotta per qn; (*drink*): **lemon ~** spremuta di limone ♦ *vt* schiacciare; (*crumple*) sgualcire

crust [krʌst] *n* crosta

crutch [krʌtʃ] *n* gruccia

crux [krʌks] *n* nodo

cry [kraɪ] *vi* piangere; (*shout: also:* ~ **out**) urlare ♦ *n* urlo, grido; ~ **off** *vi* ritirarsi

cryptic ['krɪptɪk] *adj* ermetico(a)

crystal ['krɪstl] *n* cristallo; ~-**clear** *adj* cristallino(a)

cub [kʌb] *n* cucciolo; (*also:* ~ **scout**) lupetto

Cuba ['kjuːbə] *n* Cuba

cube [kjuːb] *n* cubo ♦ *vt* (*MATH*) elevare al cubo; **cubic** *adj* cubico(a); (*metre, foot*) cubo(a); **cubic capacity** *n* cilindrata

cubicle ['kjuːbɪkl] *n* scompartimento separato; cabina

cuckoo ['kuku] *n* cucù *m inv*; ~ **clock** *n* orologio a cucù

cucumber ['kjuːkʌmbə*] *n* cetriolo

cuddle ['kʌdl] *vt* abbracciare, coccolare ♦ *vi* abbracciarsi

cue [kjuː] *n* (*snooker ~*) stecca; (*THEATRE etc*) segnale *m*

cuff [kʌf] *n* (*BRIT: of shirt, coat etc*) polsino; (*US: of trousers*) risvolto; **off the ~** improvvisando; ~**link** *n* gemello

cuisine [kwɪ'ziːn] *n* cucina

cul-de-sac ['kʌldəsæk] *n* vicolo cieco

cull [kʌl] *vt* (*ideas etc*) scegliere ♦ *n* (*of animals*) abbattimento selettivo

culminate ['kʌlmɪneɪt] *vi*: **to ~ in** culminare con; **culmination** [-'neɪʃən] *n* culmine *m*

culottes [kjuː'lɔts] *npl* gonna *f* pantalone *inv*

culpable ['kʌlpəbl] *adj* colpevole

culprit ['kʌlprɪt] *n* colpevole *m/f*

cult [kʌlt] *n* culto

cultivate ['kʌltɪveɪt] *vt (also fig)* coltivare; **cultivation** [-'veɪʃən] *n* coltivazione *f*

cultural ['kʌltʃərəl] *adj* culturale

culture ['kʌltʃə*] *n (also fig)* cultura; **~d** *adj* colto(a)

cumbersome ['kʌmbəsəm] *adj* ingombrante

cunning ['kʌnɪŋ] *n* astuzia, furberia ♦ *adj* astuto(a), furbo(a)

cup [kʌp] *n* tazza; *(prize, of bra)* coppa

cupboard ['kʌbəd] *n* armadio

cup-tie *(BRIT) n* partita di coppa

curate ['kjuərɪt] *n* cappellano

curator [kjuə'reɪtə*] *n* direttore *m (di museo etc)*

curb [kə:b] *vt* tenere a freno ♦ *n* freno; *(US)* bordo del marciapiede

curdle ['kə:dl] *vi* cagliare

cure [kjuə*] *vt* guarire; *(CULIN)* trattare; affumicare; essiccare ♦ *n* rimedio

curfew ['kə:fju:] *n* coprifuoco

curiosity [kjuərɪ'ɔsɪtɪ] *n* curiosità

curious ['kjuərɪəs] *adj* curioso(a)

curl [kə:l] *n* riccio ♦ *vt* ondulare; *(tightly)* arricciare ♦ *vi* arricciarsi; **~ up** *vi* rannicchiarsi; **~er** *n* bigodino

curly ['kə:lɪ] *adj* ricciuto(a)

currant ['kʌrnt] *n (dried)* sultanina; *(bush, fruit)* ribes *m inv*

currency ['kʌrnsɪ] *n* moneta; **to gain ~** *(fig)* acquistare larga diffusione

current ['kʌrnt] *adj* corrente ♦ *n* corrente *f*; **~ account** *(BRIT)* *n* conto corrente; **~ affairs** *npl* attualità *fpl*; **~ly** *adv* attualmente

curricula [kə'rɪkjulə] *npl of* **curriculum**

curriculum [kə'rɪkjuləm] *(pl ~s or* **curricula**) *n* curriculum *m inv*; **~ vitae** *n* curriculum vitae *m inv*

curry ['kʌrɪ] *n* curry *m inv* ♦ *vt*: **to ~ favour with** cercare di attirarsi i favori di; **~ powder** *n* curry *m*

curse [kə:s] *vt* maledire ♦ *vi* bestemmiare ♦ *n* maledizione *f*; bestemmia

cursor ['kə:sə*] *n (COMPUT)* cursore *m*

cursory ['kə:sərɪ] *adj* superficiale

curt [kə:t] *adj* secco(a)

curtail [kə:'teɪl] *vt (visit etc)* accorciare; *(expenses etc)* ridurre

curtain ['kə:tn] *n* tenda; *(THEATRE)* sipario

curts(e)y ['kə:tsɪ] *vi* fare un inchino *or* una riverenza

curve [kə:v] *n* curva ♦ *vi* curvarsi

cushion ['kuʃən] *n* cuscino ♦ *vt (shock)* fare da cuscinetto a

custard ['kʌstəd] *n (for pouring)* crema

custodian [kʌs'təudɪən] *n* custode *m/f*

custody ['kʌstədɪ] *n (of child)* tutela; **to take into ~** *(suspect)* mettere in detenzione preventiva

custom ['kʌstəm] *n* costume *m*, consuetudine *f*; *(COMM)* clientela; **~ary** *adj* consueto(a)

customer ['kʌstəmə*] *n* cliente *m/f*

customized ['kʌstəmaɪzd] *adj (car etc)* fuoriserie *inv*

custom-made *adj (clothes)* fatto(a) su misura; *(other goods)* fatto(a) su ordinazione

customs ['kʌstəmz] *npl* dogana; **~ duty** *n* tassa doganale; **~ officer** *n* doganiere *m*

cut [kʌt] *(pt, pp* **cut)** *vt* tagliare; *(shape, make)* intagliare; *(reduce)* ridurre ♦ *vi* tagliare ♦ *n* taglio; *(in salary etc)* riduzione *f*; **to ~ a tooth** mettere un dente; **~ down** *vt (tree etc)* abbattere ♦ *vt fus (also:* **~ down on)** ridurre; **~ off** *vt* tagliare; *(fig)* isolare; **~ out** *vt* tagliare fuori; eliminare; ritagliare; **~ up** *vt* tagliare a pezzi; **~back** *n* riduzione *f*

cute [kju:t] *adj (sweet)* carino(a)

cuticle ['kju:tɪkl] *n (on nail)* pellicina, cuticola

cutlery ['kʌtlərɪ] *n* posate *fpl*

cutlet ['kʌtlɪt] *n* costoletta; *(nut etc ~)* cotoletta vegetariana

cut: **~out** *n* interruttore *m*; *(cardboard ~out)* ritaglio; **~-price** *(US* **~-rate)** *adj* a prezzo ridotto; **~throat** *n* assassino ♦ *adj (competition)* spietato(a)

cutting ['kʌtɪŋ] *adj* tagliente ♦ *n (from newspaper)* ritaglio (di giornale); *(from plant)* talea

CV n abbr = **curriculum vitae**

cwt abbr = **hundredweight(s)**

cyanide ['saɪənaɪd] n cianuro

cybercafé ['saɪbəkæfeɪ] n cybercaffè m inv

cycle ['saɪkl] n ciclo; (bicycle) bicicletta ♦ vi andare in bicicletta; **~ hire** n noleggio m biciclette inv; **~ lane, ~ path** n pista ciclabile

cycling ['saɪklɪŋ] n ciclismo

cyclist ['saɪklɪst] n ciclista m/f

cygnet ['sɪgnɪt] n cigno giovane

cylinder ['sɪlɪndə*] n cilindro; **~-head gasket** n guarnizione f della testata del cilindro

cymbals ['sɪmblz] npl cembali mpl

cynic ['sɪnɪk] n cinico/a; **~al** adj cinico(a); **~ism** ['sɪnɪsɪzəm] n cinismo

Cyprus ['saɪprəs] n Cipro

cyst [sɪst] n cisti f inv

cystitis [sɪs'taɪtɪs] n cistite f

czar [zɑː*] n zar m inv

Czech [tʃɛk] adj ceco(a) ♦ n ceco/a; (LING) ceco

Czech Republic n: **the ~** la Repubblica Ceca

D, d

D [diː] n (MUS) re m

dab [dæb] vt (eyes, wound) tamponare; (paint, cream) applicare (con leggeri colpetti)

dabble ['dæbl] vi: **to ~ in** occuparsi (da dilettante) di

dad(dy) [dæd(ɪ)] (inf) n babbo, papà m inv

daffodil ['dæfədɪl] n trombone m, giunchiglia

daft [dɑːft] adj sciocco(a)

dagger ['dægə*] n pugnale m

daily ['deɪlɪ] adj quotidiano(a), giornaliero(a) ♦ n quotidiano ♦ adv tutti i giorni

dainty ['deɪntɪ] adj delicato(a), grazioso(a)

dairy ['dɛərɪ] n (BRIT: shop) latteria; (on farm) caseificio ♦ adj caseario(a); **~ farm** n caseificio; **~ products** npl latticini mpl; **~**

store (US) n latteria

daisy ['deɪzɪ] n margherita

dale [deɪl] (BRIT) n valle f

dam [dæm] n diga ♦ vt sbarrare; costruire dighe su

damage ['dæmɪdʒ] n danno, danni mpl; (fig) danno ♦ vt danneggiare; **~s** npl (LAW) danni

damn [dæm] vt condannare; (curse) maledire ♦ n (inf): **I don't give a ~** non me ne frega niente ♦ adj (inf: also: **~ed**): **this ~ ...** questo maledetto ...; ♦ (it)! accidenti!; **~ing** adj (evidence) schiacciante

damp [dæmp] adj umido(a) ♦ n umidità, umido ♦ vt (also: **~en**: cloth, rag) inumidire, bagnare; (: enthusiasm etc) spegnere

damson ['dæmzən] n susina damaschina

dance [dɑːns] n danza, ballo; (ball) ballo ♦ vi ballare; **~ hall** n dancing m inv, sala da ballo; **~r** n danzatore/trice; (professional) ballerino/a

dancing ['dɑːnsɪŋ] n danza, ballo

dandelion ['dændɪlaɪən] n dente m di leone

dandruff ['dændrəf] n forfora

Dane [deɪn] n danese m/f

danger ['deɪndʒə*] n pericolo; **there is a ~ of fire** c'è pericolo di incendio; **in ~** in pericolo; **he was in ~ of falling** rischiava di cadere; **~ous** adj pericoloso(a)

dangle ['dæŋgl] vt dondolare; (fig) far balenare ♦ vi pendolare

Danish ['deɪnɪʃ] adj danese ♦ n (LING) danese m

dare [dɛə*] vt: **to ~ sb to do** sfidare qn a fare ♦ vi: **to ~ (to) do sth** osare fare qc; **I ~ say** (I suppose) immagino (che); **daring** adj audace, ardito(a) ♦ n audacia

dark [dɑːk] adj (night, room) buio(a), scuro(a); (colour, complexion) scuro(a); (fig) cupo(a), tetro(a), nero(a) ♦ n: **in the ~** al buio; **in the ~ about** (fig) all'oscuro di; **after ~** a notte fatta; **~en** vt (colour) scurire ♦ vi (sky, room) oscurarsi; **~ glasses** npl occhiali mpl scuri; **~ness** n oscurità, buio; **~room** n camera oscura

darling ['dɑːlɪŋ] adj caro(a) ♦ n tesoro

darn [dɑːn] vt rammendare

dart [dɑːt] n freccetta; (SEWING) pince f inv
♦ vi: **to ~ towards** precipitarsi verso; **to ~ away/along** sfrecciare via/lungo; **~board** n bersaglio (per freccette); **~s** n tiro al bersaglio (con freccette)

dash [dæʃ] n (sign) lineetta; (small quantity) punta ♦ vt (missile) gettare; (hopes) infrangere ♦ vi: **to ~** precipitarsi verso; **~ away** or **off** vi scappare via

dashboard ['dæʃbɔːd] n (AUT) cruscotto

dashing ['dæʃɪŋ] adj ardito(a)

data ['deɪtə] npl dati mpl; **~base** n base f di dati, data base m inv; **~ processing** n elaborazione f (elettronica) dei dati

date [deɪt] n data; appuntamento; (fruit) dattero ♦ vt datare; (person) uscire con; **~ of birth** data di nascita; **to ~** (until now) fino a oggi; **~d** adj passato(a) di moda; **~ rape** n stupro perpetrato da persona conosciuta

daub [dɔːb] vt imbrattare

daughter ['dɔːtə*] n figlia; **~-in-law** n nuora

daunting ['dɔːntɪŋ] adj non invidiabile

dawdle ['dɔːdl] vi bighellonare

dawn [dɔːn] n alba ♦ vi (day) spuntare; (fig): **it ~ed on him that ...** gli è venuto in mente che ....

day [deɪ] n giorno; (as duration) giornata; (period of time, age) tempo, epoca; **the ~ before** il giorno avanti or prima; **the ~ after, the following ~** il giorno dopo or seguente; **the ~ after tomorrow** dopodomani; **the ~ before yesterday** l'altroieri; **by ~** di giorno; **~break** n spuntar m del giorno; **~dream** vi sognare a occhi aperti; **~light** n luce f del giorno; **~ return** (BRIT) n biglietto giornaliero di andata e ritorno; **~time** n giorno; **~-to-~** adj (life, organization) quotidiano(a)

daze [deɪz] vt (subj: drug) inebetire; (: blow) stordire ♦ n: **in a ~** inebetito(a); stordito(a)

dazzle ['dæzl] vt abbagliare

DC abbr (= direct current) c.c.

D-day n giorno dello sbarco alleato in Normandia

dead [dɛd] adj morto(a); (numb) intirizzito(a); (telephone) muto(a); (battery) scarico(a) ♦ adv assolutamente, perfettamente ♦ npl: **the ~** i morti; **he was shot ~** fu colpito a morte; **~ tired** stanco(a) morto(a); **to stop ~** fermarsi di colpo; **~en** vt (blow, sound) ammortire; **~ end** n vicolo cieco; **~ heat** n (SPORT): **to finish in a ~ heat** finire alla pari; **~line** n scadenza; **~lock** n punto morto; **~ loss** n: **to be a ~ loss** (inf: person, thing) non valere niente; **~ly** adj mortale; (weapon, poison) micidiale; **~pan** adj a faccia impassibile

deaf [dɛf] adj sordo(a); **~en** vt assordare; **~ness** n sordità

deal [diːl] (pt, pp dealt) n accordo; (business ~) affare m ♦ vt (blow, cards) dare; **a great ~ (of)** molto(a); **~ in** vt fus occuparsi di; **~ with** vt fus (COMM) fare affari con, trattare con; (handle) occuparsi di; (be about: book etc) trattare di; **~er** n commerciante m/f; **~ings** npl (COMM) relazioni fpl; (relations) rapporti mpl; **dealt** [dɛlt] pt, pp of **deal**

dean [diːn] n (REL) decano; (SCOL) preside m di facoltà (or di collegio)

dear [dɪə*] adj caro(a) ♦ n: **my ~** caro mio/ cara mia ♦ excl: **~ me!** Dio mio!; **D~ Sir/ Madam** (in letter) Egregio Signore/Egregia Signora; **D~ Mr/Mrs X** Gentile Signor/ Signora X; **~ly** adv (love) moltissimo; (pay) a caro prezzo

death [dɛθ] n morte f; (ADMIN) decesso; **~ certificate** n atto di decesso; **~ly** adj di morte; **~ penalty** n pena di morte; **~ rate** n indice m di mortalità; **~ toll** n vittime fpl

debacle [dɪ'bækl] n fiasco

debase [dɪ'beɪs] vt (currency) adulterare; (person) degradare

debatable [dɪ'beɪtəbl] adj discutibile

debate [dɪ'beɪt] n dibattito ♦ vt dibattere; discutere

debit ['dɛbɪt] n debito ♦ vt: **to ~ a sum to sb** or **to sb's account** addebitare una somma a qn

debris ['dɛbriː] n detriti mpl

debt [dɛt] n debito; **to be in ~** essere

indebitato(a); **~or** n debitore/trice

début ['deɪbjuː] n debutto

decade ['dɛkeɪd] n decennio

decadence ['dɛkədəns] n decadenza

decaff ['diːkæf] (inf) n decaffeinato

decaffeinated [dɪ'kæfɪneɪtɪd] adj decaffeinato(a)

decanter [dɪ'kæntə*] n caraffa

decay [dɪ'keɪ] n decadimento; (also: **tooth ~**) carie f ♦ vi (rot) imputridire

deceased [dɪ'siːst] n defunto/a

deceit [dɪ'siːt] n inganno; **~ful** adj ingannevole, perfido(a)

deceive [dɪ'siːv] vt ingannare

December [dɪ'sɛmbə*] n dicembre m

decent ['diːsənt] adj decente; (respectable) per bene; (kind) gentile

deception [dɪ'sɛpʃən] n inganno

deceptive [dɪ'sɛptɪv] adj ingannevole

decide [dɪ'saɪd] vt (person) far prendere una decisione a; (question, argument) risolvere, decidere ♦ vi decidere, decidersi; **to ~ to do/that** decidere di fare/che; **to ~ on** decidere per; **~d** adj (resolute) deciso(a); (clear, definite) netto(a), chiaro(a); **~dly** [-dɪdlɪ] adv indubbiamente; decisamente

decimal ['dɛsɪməl] adj decimale ♦ n decimale m; **~ point** n ≈ virgola

decipher [dɪ'saɪfə*] vt decifrare

decision [dɪ'sɪʒən] n decisione f

decisive [dɪ'saɪsɪv] adj decisivo(a); (person) deciso(a)

deck [dɛk] n (NAUT) ponte m; (of bus): **top ~** imperiale m; (record ~) piatto; (of cards) mazzo; **~chair** n sedia a sdraio

declaration [dɛklə'reɪʃən] n dichiarazione f

declare [dɪ'klɛə*] vt dichiarare

decline [dɪ'klaɪn] n (decay) declino; (lessening) ribasso ♦ vt declinare; rifiutare ♦ vi declinare; diminuire

decode [diː'kəud] vt decifrare

decoder [diː'kəudə*] n (TV) decodificatore m

decompose [diːkəm'pəuz] vi decomporre

décor ['deɪkɔː*] n decorazione f

decorate ['dɛkəreɪt] vt (adorn, give a medal to) decorare; (paint and paper) tinteggiare

e tappezzare; **decoration** [-'reɪʃən] n (medal etc, adornment) decorazione f; **decorator** n decoratore m

decorum [dɪ'kɔːrəm] n decoro

decoy ['diːkɔɪ] n zimbello

decrease [n 'diːkriːs, vb diː'kriːs] n diminuzione f ♦ vt, vi diminuire

decree [dɪ'kriː] n decreto; **~ nisi** [-'naɪsaɪ] n sentenza provvisoria di divorzio

dedicate ['dɛdɪkeɪt] vt consacrare; (book etc) dedicare

dedication [dɛdɪ'keɪʃən] n (devotion) dedizione f; (in book etc) dedica

deduce [dɪ'djuːs] vt dedurre

deduct [dɪ'dʌkt] vt: **to ~ sth (from)** dedurre qc (da); **~ion** [dɪ'dʌkʃən] n deduzione f

deed [diːd] n azione f, atto; (LAW) atto

deep [diːp] adj profondo(a); **4 metres ~** profondo(a) 4 metri ♦ adv: **spectators stood 20 ~** c'erano 20 file di spettatori; **~en** vt (hole) approfondire ♦ vi approfondirsi; (darkness) farsi più buio; **~ end** n: **the ~ end** (of swimming pool) la parte più profonda; **~-freeze** n congelatore m; **~-fry** vt friggere in olio abbondante; **~ly** adv profondamente; **~-sea diving** n immersione f in alto mare; **~-seated** adj radicato(a)

deer [dɪə*] n inv: **the ~** i cervidi; **(red) ~** cervo; **(fallow) ~** daino; **(roe) ~** capriolo; **~skin** n pelle f di daino

deface [dɪ'feɪs] vt imbrattare

default [dɪ'fɔːlt] n (COMPUT: also: **~ value**) default m inv; **by ~** (SPORT) per abbandono

defeat [dɪ'fiːt] n sconfitta ♦ vt (team, opponents) sconfiggere; **~ist** adj, n disfattista m/f

defect [n 'diːfɛkt, vb dɪ'fɛkt] n difetto ♦ vi: **to ~ to the enemy** passare al nemico; **~ive** [dɪ'fɛktɪv] adj difettoso(a)

defence [dɪ'fɛns] (US **defense**) n difesa; **~less** adj senza difesa

defend [dɪ'fɛnd] vt difendere; **~ant** n imputato/a; **~er** n difensore/a

defense [dɪ'fɛns] (US) n = **defence**

defensive [dɪ'fɛnsɪv] adj difensivo(a) ♦ n: **on the ~** sulla difensiva

defer [dɪ'fə:*] *vt* (*postpone*) differire, rinviare

defiance [dɪ'faɪəns] *n* sfida; **in ~ of** a dispetto di

defiant [dɪ'faɪənt] *adj* (*attitude*) di sfida; (*person*) ribelle

deficiency [dɪ'fɪʃənsɪ] *n* deficienza; carenza

deficit ['defɪsɪt] *n* deficit *m inv*

define [dɪ'faɪn] *vt* definire

definite ['defɪnɪt] *adj* (*fixed*) definito(a), preciso(a); (*clear, obvious*) ben definito(a), esatto(a); (*LING*) determinativo(a); **he was ~ about it** ne era sicuro; **~ly** *adv* indubbiamente

definition [defɪ'nɪʃən] *n* definizione *f*

deflate [di:'fleɪt] *vt* sgonfiare

deflect [dɪ'flekt] *vt* deflettere, deviare

deformed [dɪ'fɔ:md] *adj* deforme

defraud [dɪ'frɔ:d] *vt* defraudare

defrost [di:'frɔst] *vt* (*fridge*) disgelare; **~er** (*US*) *n* (*demister*) sbrinatore *m*

deft [deft] *adj* svelto(a), destro(a)

defunct [dɪ'fʌŋkt] *adj* che non esiste più

defuse [di:'fju:z] *vt* disinnescare; (*fig*) distendere

defy [dɪ'faɪ] *vt* sfidare; (*efforts etc*) resistere a; **it defies description** supera ogni descrizione

degenerate [*vb* dɪ'dʒenəreɪt, *adj* dɪ'dʒenərɪt] *vi* degenerare ♦ *adj* degenere

degree [dɪ'gri:] *n* grado; (*SCOL*) laurea (universitaria); **a** (**first**) **~ in maths** una laurea in matematica; **by ~s** (*gradually*) gradualmente, a poco a poco; **to some ~** fino a un certo punto, in certa misura

dehydrated [di:haɪ'dreɪtɪd] *adj* disidratato(a); (*milk, eggs*) in polvere

de-ice [di:'aɪs] *vt* (*windscreen*) disgelare

deign [deɪn] *vi*: **to ~ to do** degnarsi di fare

deity ['di:ɪtɪ] *n* divinità *f inv*

dejected [dɪ'dʒektɪd] *adj* abbattuto(a), avvilito(a)

delay [dɪ'leɪ] *vt* ritardare ♦ *vi*: **to ~ (in doing sth)** ritardare (a fare qc) ♦ *n* ritardo; **to be ~ed** subire un ritardo; (*person*) essere trattenuto(a)

delectable [dɪ'lektəbl] *adj* (*person, food*) delizioso(a)

delegate [*n* 'delɪgɪt, *vb* 'delɪgeɪt] *n* delegato/a ♦ *vt* delegare; **delegation** [-'geɪʃən] *n* (*group*) delegazione *f*; (*by manager*) delega

delete [dɪ'li:t] *vt* cancellare

deliberate [*adj* dɪ'lɪbərɪt, *vb* dɪ'lɪbəreɪt] *adj* (*intentional*) intenzionale; (*slow*) misurato(a) ♦ *vi* deliberare, riflettere; **~ly** *adv* (*on purpose*) deliberatamente

delicacy ['delɪkəsɪ] *n* delicatezza

delicate ['delɪkɪt] *adj* delicato(a)

delicatessen [delɪkə'tesn] *n* ≈ salumeria

delicious [dɪ'lɪʃəs] *adj* delizioso(a), squisito(a)

delight [dɪ'laɪt] *n* delizia, gran piacere *m* ♦ *vt* dilettare; **to take (a) ~ in** dilettarsi in; **~ed** *adj*: **~ed (at** *or* **with)** contentissimo(a) (di), felice (di); **~ed to do** felice di fare; **~ful** *adj* delizioso(a); incantevole

delinquent [dɪ'lɪŋkwənt] *adj*, *n* delinquente *m/f*

delirious [dɪ'lɪrɪəs] *adj*: **to be ~** delirare

deliver [dɪ'lɪvə*] *vt* (*mail*) distribuire; (*goods*) consegnare; (*speech*) pronunciare; (*MED*) far partorire; **~y** *n* distribuzione *f*; consegna; (*of speaker*) dizione *f*; (*MED*) parto

delude [dɪ'lu:d] *vt* illudere

deluge ['delju:dʒ] *n* diluvio

delusion [dɪ'lu:ʒən] *n* illusione *f*

demand [dɪ'mɑ:nd] *vt* richiedere; (*rights*) rivendicare ♦ *n* domanda; (*claim*) rivendicazione *f*; **in ~** ricercato(a), richiesto(a); **on ~** a richiesta; **~ing** *adj* (*boss*) esigente; (*work*) impegnativo(a)

demean [dɪ'mi:n] *vt*: **to ~ o.s.** umiliarsi

demeanour [dɪ'mi:nə*] (*US* **demeanor**) *n* comportamento; contegno

demented [dɪ'mentɪd] *adj* demente, impazzito(a)

demise [dɪ'maɪz] *n* decesso

demister [di:'mɪstə*] (*BRIT*) *n* (*AUT*) sbrinatore *m*

demo ['deməu] (*inf*) *n abbr* (= *demonstration*) manifestazione *f*

democracy [dɪ'mɔkrəsɪ] *n* democrazia

democrat ['deməkræt] *n* democratico/a; **~ic** [demə'krætɪk] *adj* democratico(a)

demolish [dɪ'mɔlɪʃ] vt demolire
demonstrate ['dɛmənstreɪt] vt dimostrare, provare ♦ vi dimostrare, manifestare; **demonstration** [-'streɪʃən] n dimostrazione f; (POL) dimostrazione, manifestazione f; **demonstrator** n (POL) dimostrante m/f; (COMM) dimostratore/trice
demote [dɪ'məut] vt far retrocedere
demure [dɪ'mjuə*] adj contegnoso(a)
den [dɛn] n tana, covo; (room) buco
denial [dɪ'naɪəl] n diniego; rifiuto
denim ['dɛnɪm] n tessuto di cotone ritorto; **~s** npl (jeans) blue jeans mpl
Denmark ['dɛnmɑːk] n Danimarca
denomination [dɪnɔmɪ'neɪʃən] n (money) valore m; (REL) confessione f
denounce [dɪ'naʊns] vt denunciare
dense [dɛns] adj fitto(a); (smoke) denso(a); (inf: person) ottuso(a), duro(a)
density ['dɛnsɪtɪ] n densità f inv
dent [dɛnt] n ammaccatura ♦ vt (also: **make a ~ in**) ammaccare
dental ['dɛntl] adj dentale; **~ surgeon** n medico/a dentista
dentist ['dɛntɪst] n dentista m/f
dentures ['dɛntʃəz] npl dentiera
deny [dɪ'naɪ] vt negare; (refuse) rifiutare
deodorant [diː'əʊdərənt] n deodorante m
depart [dɪ'pɑːt] vi partire; **to ~ from** (fig) deviare da
department [dɪ'pɑːtmənt] n (COMM) reparto; (SCOL) sezione f, dipartimento; (POL) ministero; **~ store** n grande magazzino
departure [dɪ'pɑːtʃə*] n partenza; (fig): **~ from** deviazione f da; **a new ~** una svolta (decisiva); **~ lounge** n (at airport) sala d'attesa
depend [dɪ'pɛnd] vi: **to ~ on** dipendere da; (rely on) contare su; **it ~s** dipende; **~ing on the result ...** a seconda del risultato ...; **~able** adj fidato(a); (car etc) affidabile; **~ant** n persona a carico; **~ent** adj: **to be ~ent on** dipendere da; (child, relative) essere a carico di ♦ n = **~ant**
depict [dɪ'pɪkt] vt (in picture) dipingere; (in words) descrivere

depleted [dɪ'pliːtɪd] adj diminuito(a)
deploy [dɪ'plɔɪ] vt dispiegare
depopulation ['diːpɔpjuˈleɪʃən] n spopolamento
deport [dɪ'pɔːt] vt deportare; espellere
deportment [dɪ'pɔːtmənt] n portamento
deposit [dɪ'pɔzɪt] n (COMM, GEO) deposito; (of ore, oil) giacimento; (CHEM) sedimento; (part payment) acconto; (for hired goods etc) cauzione f ♦ vt depositare; dare in acconto; mettere or lasciare in deposito; **~ account** n conto vincolato
depot ['dɛpəu] n deposito; (US) stazione f ferroviaria
depreciate [dɪ'priːʃɪeɪt] vi svalutarsi
depress [dɪ'prɛs] vt deprimere; (price, wages) abbassare; (press down) premere; **~ed** adj (person) depresso(a), abbattuto(a); (price) in ribasso; (industry) in crisi; **~ing** adj deprimente; **~ion** [dɪ'prɛʃən] n depressione f
deprivation [dɛprɪ'veɪʃən] n privazione f
deprive [dɪ'praɪv] vt: **to ~ sb of** privare qn di; **~d** adj disgraziato(a)
depth [dɛpθ] n profondità f inv; **in the ~s of** nel profondo di; nel cuore di; **out of one's ~** (in water) dove non si tocca; (fig) a disagio
deputize ['dɛpjutaɪz] vi: **to ~ for** svolgere le funzioni di
deputy ['dɛpjutɪ] adj: **~ head** (BRIT: SCOL) vicepreside m/f ♦ n (assistant) vice m/f inv; (US: also: **~ sheriff**) vice-sceriffo
derail [dɪ'reɪl] vt: **to be ~ed** deragliare
deranged [dɪ'reɪndʒd] adj: **to be (mentally) ~** essere pazzo(a)
derby ['dəːbɪ] (US) n (bowler hat) bombetta
derelict ['dɛrɪlɪkt] adj abbandonato(a)
derisory [dɪ'raɪsərɪ] adj (sum) irrisorio(a); (laughter, person) beffardo(a)
derive [dɪ'raɪv] vt: **to ~ sth from** derivare qc da; trarre qc da ♦ vi: **to ~ from** derivare da
derogatory [dɪ'rɔgətərɪ] adj denigratorio(a)
derv [dəːv] (BRIT) n gasolio
descend [dɪ'sɛnd] vt, vi discendere, scendere; **to ~ from** discendere da; **to ~ to** (lying, begging) abbassarsi a; **~ant** n

discendente m/f

descent [dɪ'sɛnt] n discesa; (origin) discendenza, famiglia

describe [dɪs'kraɪb] vt descrivere; **description** [-'krɪpʃən] n descrizione f; (sort) genere m, specie f

desecrate ['dɛsɪkreɪt] vt profanare

desert [n 'dɛzət, vb dɪ'zə:t] n deserto ♦ vt lasciare, abbandonare ♦ vi (MIL) disertare; ~**er** n disertore m; ~**ion** [dɪ'zə:ʃən] n (MIL) diserzione f; (LAW) abbandono del tetto coniugale; ~ **island** n isola deserta; ~**s** [dɪ'zə:ts] npl: **to get one's just ~s** avere ciò che si merita

deserve [dɪ'zə:v] vt meritare; **deserving** adj (person) meritevole, degno(a); (cause) meritorio(a)

design [dɪ'zaɪn] n (art, sketch) disegno; (layout, shape) linea; (pattern) fantasia; (intention) intenzione f ♦ vt disegnare; progettare

designer [dɪ'zaɪnə*] n (ART, TECH) disegnatore/trice; (of fashion) modellista m/f

desire [dɪ'zaɪə*] n desiderio, voglia ♦ vt desiderare, volere

desk [dɛsk] n (in office) scrivania; (for pupil) banco; (BRIT: in shop, restaurant) cassa; (in hotel) ricevimento; (at airport) accettazione f

desolate ['dɛsəlɪt] adj desolato(a)

despair [dɪs'pɛə*] n disperazione f ♦ vi: **to ~ of** disperare di

despatch [dɪs'pætʃ] n, vt = **dispatch**

desperate ['dɛspərɪt] adj disperato(a); (fugitive) capace di tutto; **to be ~ for sth/ to do** volere disperatamente qc/fare; ~**ly** adv disperatamente; (very) terribilmente, estremamente

desperation [dɛspə'reɪʃən] n disperazione f

despicable [dɪs'pɪkəbl] adj disprezzabile

despise [dɪs'paɪz] vt disprezzare, sdegnare

despite [dɪs'paɪt] prep malgrado, a dispetto di, nonostante

despondent [dɪs'pɔndənt] adj abbattuto(a), scoraggiato(a)

dessert [dɪ'zə:t] n dolce m; frutta; ~**spoon**
n cucchiaio da dolci

destination [dɛstɪ'neɪʃən] n destinazione f

destined ['dɛstɪnd] adj: **to be ~ to do/for** essere destinato(a) a fare/per

destiny ['dɛstɪnɪ] n destino

destitute ['dɛstɪtju:t] adj indigente, bisognoso(a)

destroy [dɪs'trɔɪ] vt distruggere; ~**er** n (NAUT) cacciatorpediniere m

destruction [dɪs'trʌkʃən] n distruzione f

detach [dɪ'tætʃ] vt staccare, distaccare; ~**ed** adj (attitude) distante; ~**ed house** n villa; ~**ment** n (MIL) distaccamento; (fig) distacco

detail ['di:teɪl] n particolare m, dettaglio ♦ vt dettagliare, particolareggiare; **in ~** nei particolari; ~**ed** adj particolareggiato(a)

detain [dɪ'teɪn] vt trattenere; (in captivity) detenere

detect [dɪ'tɛkt] vt scoprire, scorgere; (MED, POLICE, RADAR etc) individuare; ~**ion** [dɪ'tɛkʃən] n scoperta; individuazione f; ~**ive** n investigatore/trice; ~**ive story** n giallo

détente [deɪ'tɑ:nt] n (POL) distensione f

detention [dɪ'tɛnʃən] n detenzione f; (SCOL) permanenza forzata per punizione

deter [dɪ'tə:*] vt dissuadere

detergent [dɪ'tə:dʒənt] n detersivo

deteriorate [dɪ'tɪərɪəreɪt] vi deteriorarsi

determine [dɪ'tə:mɪn] vt determinare; ~**d** adj (person) risoluto(a), deciso(a); ~**d to do** deciso(a) a fare

detour ['di:tuə*] n deviazione f

detract [dɪ'trækt] vi: **to ~ from** detrarre da

detriment ['dɛtrɪmənt] n: **to the ~ of** a detrimento di; ~**al** [dɛtrɪ'mɛntl] adj: ~**al to** dannoso(a) a, nocivo(a) a

devaluation [dɪvælju'eɪʃən] n svalutazione f

devastate ['dɛvəsteɪt] vt devastare; (fig): ~**d by** sconvolto(a) da; **devastating** adj devastatore(trice); sconvolgente

develop [dɪ'vɛləp] vt sviluppare; (habit) prendere (gradualmente) ♦ vi svilupparsi; (facts, symptoms: appear) manifestarsi, rivelarsi; ~**er** n (also: **property ~er**) costruttore m edile; ~**ing country** n paese *m* in via di sviluppo; **~ment** *n* sviluppo

device [dɪ'vaɪs] *n* (*apparatus*) congegno

devil ['dɛvl] *n* diavolo; demonio

devious ['di:vɪəs] *adj* (*person*) subdolo(a)

devise [dɪ'vaɪz] *vt* escogitare, concepire

devoid [dɪ'vɔɪd] *adj*: **~ of** privo(a) di

devolution [di:və'lu:ʃən] *n* (*POL*) decentramento

devote [dɪ'vəut] *vt*: **to ~ sth to** dedicare qc a; **~d** *adj* devoto(a); **to be ~d to sb** essere molto affezionato(a) a qn; **~e** [dɛvəu'ti:] *n* (*MUS, SPORT*) appassionato/a

devotion [dɪ'vəuʃən] *n* devozione *f*, attaccamento; (*REL*) atto di devozione, preghiera

devour [dɪ'vauə*] *vt* divorare

devout [dɪ'vaut] *adj* pio(a), devoto(a)

dew [dju:] *n* rugiada

dexterity [dɛks'tɛrɪtɪ] *n* destrezza

diabetes [daɪə'bi:ti:z] *n* diabete *m*; **diabetic** [-'bɛtɪk] *adj, n* diabetico(a)

diabolical [daɪə'bɔlɪkl] (*inf*) *adj* orribile

diagnosis [daɪəg'nəusɪs] (*pl* **diagnoses**) *n* diagnosi *f inv*

diagonal [daɪ'ægənl] *adj* diagonale ♦ *n* diagonale *f*

diagram ['daɪəgræm] *n* diagramma *m*

dial ['daɪəl] *n* quadrante *m*; (*on radio*) lancetta; (*on telephone*) disco combinatore ♦ *vt* (*number*) fare

dialect ['daɪəlɛkt] *n* dialetto

dialling code ['daɪəlɪŋ-] (*US* **area code**) *n* prefisso

dialling tone ['daɪəlɪŋ-] (*US* **dial tone**) *n* segnale *m* di linea libera

dialogue ['daɪəlɔg] (*US* **dialog**) *n* dialogo

diameter [daɪ'æmɪtə*] *n* diametro

diamond ['daɪəmənd] *n* diamante *m*; (*shape*) rombo; **~s** *npl* (*CARDS*) quadri *mpl*

diaper ['daɪəpə*] (*US*) *n* pannolino

diaphragm ['daɪəfræm] *n* diaframma *m*

diarrhoea [daɪə'ri:ə] (*US* **diarrhea**) *n* diarrea

diary ['daɪərɪ] *n* (*daily account*) diario; (*book*) agenda

dice [daɪs] *n inv* dado ♦ *vt* (*CULIN*) tagliare a dadini

Dictaphone ® ['dɪktəfəun] *n* dittafono ®

dictate [dɪk'teɪt] *vt* dettare

dictation [dɪk'teɪʃən] *n* dettatura; (*SCOL*) dettato

dictator [dɪk'teɪtə*] *n* dittatore *m*; **~ship** *n* dittatura

dictionary ['dɪkʃənrɪ] *n* dizionario

did [dɪd] *pt of* **do**

didn't = **did not**

die [daɪ] *vi* morire; **to be dying for sth/to do sth** morire dalla voglia di qc/di fare qc; **~ away** *vi* spegnersi a poco a poco; **~ down** *vi* abbassarsi; **~ out** *vi* estinguersi

diesel ['di:zəl] *n* (*vehicle*) diesel *m inv*; **~ engine** *n* motore *m* diesel *inv*; **~ (oil)** *n* gasolio (per motori diesel), diesel *m inv*

diet ['daɪət] *n* alimentazione *f*; (*restricted food*) dieta ♦ *vi* (*also*: **be on a ~**) stare a dieta

differ ['dɪfə*] *vi*: **to ~ from sth** differire da qc; essere diverso(a) da qc; **to ~ from sb over sth** essere in disaccordo con qn su qc; **~ence** *n* differenza; (*disagreement*) screzio; **~ent** *adj* diverso(a); **~entiate** [-'rɛnʃɪeɪt] *vi*: **to ~entiate between** discriminare *or* fare differenza fra

difficult ['dɪfɪkəlt] *adj* difficile; **~y** *n* difficoltà *f inv*

diffident ['dɪfɪdənt] *adj* sfiduciato(a)

diffuse [*adj* dɪ'fju:s, *vb* dɪ'fju:z] *adj* diffuso(a) ♦ *vt* diffondere

dig [dɪg] (*pt, pp* **dug**) *vt* (*hole*) scavare; (*garden*) vangare ♦ *n* (*prod*) gomitata; (*archaeological*) scavo; **~ into** *vt fus* (*savings*) scavare in; **to ~ one's nails into** conficcare le unghie in; **~ up** *vt* (*tree etc*) sradicare; (*information*) scavare fuori

digest [*vb* daɪ'dʒɛst, *n* 'daɪdʒɛst] *vt* digerire ♦ *n* compendio; **~ion** [dɪ'dʒɛstʃən] *n* digestione *f*; **~ive** *adj* (*juices, system*) digerente

digit ['dɪdʒɪt] *n* cifra; (*finger*) dito; **~al** *adj* digitale; **~al camera** *n* macchina fotografica digitale; **~al TV** *n* televisione *f* digitale

dignified ['dɪgnɪfaɪd] *adj* dignitoso(a)

dignity ['dɪgnɪtɪ] *n* dignità

digress [daɪˈgrɛs] vi: **to ~ from** divagare da

digs [dɪgz] (BRIT: inf) npl camera ammobiliata

dike [daɪk] n = **dyke**

dilapidated [dɪˈlæpɪdeɪtɪd] adj cadente

dilemma [daɪˈlɛmə] n dilemma m

diligent [ˈdɪlɪdʒənt] adj diligente

dilute [daɪˈluːt] vt diluire; (with water) annacquare

dim [dɪm] adj (light) debole; (outline, figure) vago(a); (room) in penombra; (inf: person) tonto(a) ♦ vt (light) abbassare

dime [daɪm] (US) n = 10 cents

dimension [daɪˈmɛnʃən] n dimensione f

diminish [dɪˈmɪnɪʃ] vt, vi diminuire

diminutive [dɪˈmɪnjutɪv] adj minuscolo(a) ♦ n (LING) diminutivo

dimmers [ˈdɪmaz] (US) npl (AUT) anabbaglianti mpl; luci fpl di posizione

dimple [ˈdɪmpl] n fossetta

din [dɪn] n chiasso, fracasso

dine [daɪn] vi pranzare; **~r** n (person) cliente m/f; (US: place) tavola calda

dinghy [ˈdɪŋgɪ] n battello pneumatico; (also: **rubber ~**) gommone m

dingy [ˈdɪndʒɪ] adj grigio(a)

dining car [ˈdaɪnɪŋ-] (BRIT) n vagone m ristorante

dining room [ˈdaɪnɪŋ-] n sala da pranzo

dinner [ˈdɪnə*] n (lunch) pranzo; (evening meal) cena; (public) banchetto; **~ jacket** n smoking m inv; **~ party** n cena; **~ time** n ora di pranzo (or cena)

dip [dɪp] n discesa; (in sea) bagno; (CULIN) salsetta ♦ vt immergere; bagnare; (BRIT: AUT: lights) abbassare ♦ vi abbassarsi

diploma [dɪˈpləumə] n diploma m

diplomacy [dɪˈpləuməsɪ] n diplomazia

diplomat [ˈdɪpləmæt] n diplomatico; **~ic** [dɪpləˈmætɪk] adj diplomatico(a)

diprod [ˈdɪprɔd] (US) n = **dipstick**

dipstick [ˈdɪpstɪk] n (AUT) indicatore m di livello dell'olio

dipswitch [ˈdɪpswɪtʃ] (BRIT) n (AUT) levetta dei fari

dire [daɪə*] adj terribile; estremo(a)

direct [daɪˈrɛkt] adj diretto(a) ♦ vt dirigere; (order): **to ~ sb to do sth** dare direttive a qn di fare qc ♦ adv direttamente; **can you ~ me to ...?** mi può indicare la strada per ...?

direction [dɪˈrɛkʃən] n direzione f; **~s** npl (advice) chiarimenti mpl; **sense of ~** senso dell'orientamento; **~s for use** istruzioni fpl

directly [dɪˈrɛktlɪ] adv (in straight line) direttamente; (at once) subito

director [dɪˈrɛktə*] n direttore/trice; amministratore/trice; (THEATRE, CINEMA) regista m/f

directory [dɪˈrɛktərɪ] n elenco; **~ enquiries, ~ assistance** (US) n informazioni fpl elenco abbonati inv

dirt [dəːt] n sporcizia; immondizia; (earth) terra; **~-cheap** adj da due soldi; **~y** adj sporco(a) ♦ vt sporcare; **~y trick** n brutto scherzo

disability [dɪsəˈbɪlɪtɪ] n invalidità f inv; (LAW) incapacità f inv

disabled [dɪsˈeɪbld] adj invalido(a); (mentally) ritardato(a) ♦ npl: **the ~** gli invalidi

disadvantage [dɪsədˈvɑːntɪdʒ] n svantaggio

disagree [dɪsəˈgriː] vi (differ) discordare; (be against, think otherwise): **to ~ (with)** essere in disaccordo (con), dissentire (da); **~able** adj sgradevole; (person) antipatico(a); **~ment** n disaccordo; (argument) dissapore m

disallow [dɪsəˈlau] vt (appeal) respingere

disappear [dɪsəˈpɪə*] vi scomparire; **~ance** n scomparsa

disappoint [dɪsəˈpɔɪnt] vt deludere; **~ed** adj deluso(a); **~ing** adj deludente; **~ment** n delusione f

disapproval [dɪsəˈpruːvəl] n disapprovazione f

disapprove [dɪsəˈpruːv] vi: **to ~ of** disapprovare

disarm [dɪsˈɑːm] vt disarmare; **~ament** n disarmo

disarray [dɪsəˈreɪ] n: **in ~** (army) in rotta; (organization) in uno stato di confusione; (clothes, hair) in disordine

disaster [dɪ'zɑːstə*] n disastro
disband [dɪs'bænd] vt sbandare; (MIL)
congedare ♦ vi sciogliersi
disbelief ['dɪsbə'liːf] n incredulità
disc [dɪsk] n disco; (COMPUT) = **disk**
discard [dɪs'kɑːd] vt (old things) scartare;
(fig) abbandonare
discern [dɪ'sɜːn] vt discernere, distinguere;
~ing adj perspicace
discharge [vb dɪs'tʃɑːdʒ, n 'dɪstʃɑːdʒ] vt
(duties) compiere; (ELEC, waste etc)
scaricare; (MED) emettere; (patient)
dimettere; (employee) licenziare; (soldier)
congedare; (defendant) liberare ♦ n (ELEC)
scarica; (MED) emissione f; (dismissal)
licenziamento; congedo; liberazione f
disciple [dɪ'saɪpl] n discepolo
discipline ['dɪsɪplɪn] n disciplina ♦ vt
disciplinare; (punish) punire
disc jockey n disc jockey m inv
disclaim [dɪs'kleɪm] vt negare, smentire
disclose [dɪs'kləuz] vt rivelare, svelare;
disclosure [-'kləuʒə*] n rivelazione f
disco ['dɪskəu] n abbr = **discotheque**
discoloured [dɪs'kʌləd] (US **discolored**) adj
scolorito(a); ingiallito(a)
discomfort [dɪs'kʌmfət] n disagio; (lack of
comfort) scomodità f inv
disconcert [dɪskən'sɜːt] vt sconcertare
disconnect [dɪskə'nekt] vt sconnettere,
staccare; (ELEC, RADIO) staccare; (gas, water)
chiudere
discontent [dɪskən'tent] n scontentezza;
~ed adj scontento(a)
discontinue [dɪskən'tɪnjuː] vt smettere,
cessare; **"~d"** (COMM) "fuori produzione"
discord ['dɪskɔːd] n disaccordo; (MUS)
dissonanza
discotheque ['dɪskəutek] n discoteca
discount [n 'dɪskaunt, vb dɪs'kaunt] n sconto
♦ vt scontare; (idea) non badare a
discourage [dɪs'kʌrɪdʒ] vt scoraggiare
discourteous [dɪs'kɜːtɪəs] adj scortese
discover [dɪs'kʌvə*] vt scoprire; **~y** n
scoperta
discredit [dɪs'kredɪt] vt screditare; mettere
in dubbio

discreet [dɪ'skriːt] adj discreto(a)
discrepancy [dɪ'skrepənsɪ] n discrepanza
discriminate [dɪ'skrɪmɪneɪt] vi: **to ~
between** distinguere tra; **to ~ against**
discriminare contro; **discriminating** adj
fine, giudizioso(a); **discrimination**
[-'neɪʃən] n discriminazione f; (judgment)
discernimento
discuss [dɪ'skʌs] vt discutere; (debate)
dibattere; **~ion** [dɪ'skʌʃən] n discussione f
disdain [dɪs'deɪn] n disdegno
disease [dɪ'ziːz] n malattia
disembark [dɪsɪm'bɑːk] vt, vi sbarcare
disentangle [dɪsɪn'tæŋgl] vt liberare; (wool
etc) sbrogliare
disfigure [dɪs'fɪgə*] vt sfigurare
disgrace [dɪs'greɪs] n vergogna; (disfavour)
disgrazia ♦ vt disonorare, far cadere in
disgrazia; **~ful** adj scandaloso(a),
vergognoso(a)
disgruntled [dɪs'grʌntld] adj scontento(a),
di cattivo umore
disguise [dɪs'gaɪz] n travestimento ♦ vt: **to
~ (as)** travestire (da); **in ~** travestito(a)
disgust [dɪs'gʌst] n disgusto, nausea ♦ vt
disgustare, far schifo a; **~ing** adj
disgustoso(a); ripugnante
dish [dɪʃ] n piatto; **to do** or **wash the ~es**
fare i piatti; **~ out** vt distribuire; **~ up** vt
servire; **~cloth** n strofinaccio
dishearten [dɪs'hɑːtn] vt scoraggiare
dishevelled [dɪ'ʃevəld] (US **disheveled**) adj
arruffato(a); scapigliato(a)
dishonest [dɪs'ɔnɪst] adj disonesto(a)
dishonour [dɪs'ɔnə*] (US **dishonor**) n
disonore m; **~able** adj disonorevole
dishtowel ['dɪʃtauəl] (US) n strofinaccio dei
piatti
dishwasher ['dɪʃwɔʃə*] n lavastoviglie f inv
disillusion [dɪsɪ'luːʒən] vt disilludere,
disingannare
disinfect [dɪsɪn'fekt] vt disinfettare; **~ant** n
disinfettante m
disintegrate [dɪs'ɪntɪgreɪt] vi disintegrarsi
disinterested [dɪs'ɪntrəstɪd] adj
disinteressato(a)
disjointed [dɪs'dʒɔɪntɪd] adj sconnesso(a)

disk [dɪsk] n (COMPUT) disco; **single-/ double-sided ~** disco a facciata singola/ doppia; **~ drive** n lettore m; **~ette** (US) n = **disk**

dislike [dɪs'laɪk] n antipatia, avversione f; (gen pl) cosa che non piace ♦ vt: **he ~s it** non gli piace

dislocate ['dɪsləkeɪt] vt slogare

dislodge [dɪs'lɒdʒ] vt rimuovere

disloyal [dɪs'lɔɪəl] adj sleale

dismal ['dɪzml] adj triste, cupo(a)

dismantle [dɪs'mæntl] vt (machine) smontare

dismay [dɪs'meɪ] n costernazione f ♦ vt sgomentare

dismiss [dɪs'mɪs] vt congedare; (employee) licenziare; (idea) scacciare; (LAW) respingere; **~al** n congedo; licenziamento

dismount [dɪs'maʊnt] vi scendere

disobedience [dɪsə'biːdɪəns] n disubbidienza

disobedient [dɪsə'biːdɪənt] adj disubbidiente

disobey [dɪsə'beɪ] vt disubbidire a

disorder [dɪs'ɔːdə*] n disordine m; (rioting) tumulto; (MED) disturbo; **~ly** adj disordinato(a); tumultuoso(a)

disorientated [dɪs'ɔːrɪenteɪtɪd] adj disorientato(a)

disown [dɪs'əʊn] vt rinnegare

disparaging [dɪs'pærɪdʒɪŋ] adj spregiativo(a), sprezzante

dispassionate [dɪs'pæʃənət] adj calmo(a), freddo(a); imparziale

dispatch [dɪs'pætʃ] vt spedire, inviare ♦ n spedizione f, invio; (MIL, PRESS) dispaccio

dispel [dɪs'pel] vt dissipare, scacciare

dispense [dɪs'pens] vt distribuire, amministrare; **~ with** vt fus fare a meno di; **~r** n (container) distributore m; **dispensing chemist** (BRIT) n farmacista m/f

disperse [dɪs'pɜːs] vt disperdere; (knowledge) disseminare ♦ vi disperdersi

dispirited [dɪs'pɪrɪtɪd] adj scoraggiato(a), abbattuto(a)

displace [dɪs'pleɪs] vt spostare; **~d person** n (POL) profugo/a

display [dɪs'pleɪ] n esposizione f; (of feeling etc) manifestazione f; (screen) schermo ♦ vt mostrare; (goods) esporre; (pej) ostentare

displease [dɪs'pliːz] vt dispiacere a, scontentare; **~d with** scontento di; **displeasure** [-'pleʒə*] n dispiacere m

disposable [dɪs'pəʊzəbl] adj (pack etc) a perdere; (income) disponibile; **~ nappy** n pannolino di carta

disposal [dɪs'pəʊzl] n eliminazione f; (of property) cessione f; **at one's ~** alla sua disposizione

dispose [dɪs'pəʊz] vi: **~ of** sbarazzarsi di; **~d** adj: **~d to do** disposto(a) a fare; **disposition** [-'zɪʃən] n disposizione f; (temperament) carattere m

disproportionate [dɪsprə'pɔːʃənət] adj sproporzionato(a)

disprove [dɪs'pruːv] vt confutare

dispute [dɪs'pjuːt] n disputa; (also: **industrial ~**) controversia (sindacale) ♦ vt contestare; (matter) discutere; (victory) disputare

disqualify [dɪs'kwɒlɪfaɪ] vt (SPORT) squalificare; **to ~ sb from sth/from doing** rendere qn incapace a qc/a fare; squalificare qn da qc/da fare; **to ~ sb from driving** ritirare la patente a qn

disquiet [dɪs'kwaɪət] n inquietudine f

disregard [dɪsrɪ'gɑːd] vt non far caso a, non badare a

disrepair [dɪsrɪ'pɛə*] n: **to fall into ~** (building) andare in rovina; (machine) deteriorarsi

disreputable [dɪs'repjutəbl] adj poco raccomandabile; indecente

disrupt [dɪs'rʌpt] vt disturbare; creare scompiglio in

dissatisfaction [dɪssætɪs'fækʃən] n scontentezza, insoddisfazione f

dissect [dɪ'sekt] vt sezionare

dissent [dɪ'sent] n dissenso

dissertation [dɪsə'teɪʃən] n tesi f inv, dissertazione f

disservice [dɪs'sɜːvɪs] n: **to do sb a ~** fare un cattivo servizio a qn

dissimilar [dɪ'sɪmɪlə*] adj: **~ (to)** dissimile

or diverso(a) (da)

dissipate ['dɪsɪpeɪt] *vt* dissipare

dissolve [dɪ'zɒlv] *vt* dissolvere, sciogliere; (*POL, marriage etc*) sciogliere ♦ *vi* dissolversi, sciogliersi

distance ['dɪstns] *n* distanza; **in the ~** in lontananza

distant ['dɪstnt] *adj* lontano(a), distante; (*manner*) riservato(a), freddo(a)

distaste [dɪs'teɪst] *n* ripugnanza; **~ful** *adj* ripugnante, sgradevole

distended [dɪs'tɛndɪd] *adj* (*stomach*) dilatato(a)

distil [dɪs'tɪl] (*US* **distill**) *vt* distillare; **~lery** *n* distilleria

distinct [dɪs'tɪŋkt] *adj* distinto(a); **as ~ from** a differenza di; **~ion** [dɪs'tɪŋkʃən] *n* distinzione *f*; (*in exam*) lode *f*; **~ive** *adj* distintivo(a)

distinguish [dɪs'tɪŋgwɪʃ] *vt* distinguere; discernere; **~ed** *adj* (*eminent*) eminente; **~ing** *adj* (*feature*) distinto(a), caratteristico(a)

distort [dɪs'tɔːt] *vt* distorcere; (*TECH*) deformare

distract [dɪs'trækt] *vt* distrarre; **~ed** *adj* distratto(a); **~ion** [dɪs'trækʃən] *n* distrazione *f*

distraught [dɪs'trɔːt] *adj* stravolto(a)

distress [dɪs'trɛs] *n* angoscia ♦ *vt* affliggere; **~ing** *adj* doloroso(a); **~ signal** *n* segnale *m* di soccorso

distribute [dɪs'trɪbjuːt] *vt* distribuire; **distribution** [-'bjuːʃən] *n* distribuzione *f*; **distributor** *n* distributore *m*

district ['dɪstrɪkt] *n* (*of country*) regione *f*; (*of town*) quartiere *m*; (*ADMIN*) distretto *n*; **~ attorney** (*US*) *n* ≈ sostituto procuratore *m* della Repubblica; **~ nurse** (*BRIT*) *n* infermiera di quartiere

distrust [dɪs'trʌst] *n* diffidenza, sfiducia ♦ *vt* non aver fiducia in

disturb [dɪs'tɜːb] *vt* disturbare; **~ance** *n* disturbo; (*political etc*) disordini *mpl*; **~ed** *adj* (*worried, upset*) turbato(a); **emotionally ~ed** con turbe emotive; **~ing** *adj* sconvolgente

disuse [dɪs'juːs] *n*: **to fall into ~** cadere in disuso

disused [dɪs'juːzd] *adj* abbandonato(a)

ditch [dɪtʃ] *n* fossa ♦ *vt* (*inf*) piantare in asso

dither ['dɪðə*] (*pej*) *vi* vacillare

ditto ['dɪtəu] *adv* idem

dive [daɪv] *n* tuffo; (*of submarine*) immersione *f* ♦ *vi* tuffarsi; immergersi; **~r** *n* tuffatore/trice; palombaro

diverse [daɪ'vɜːs] *adj* vario(a)

diversion [daɪ'vɜːʃən] *n* (*BRIT: AUT*) deviazione *f*; (*distraction*) divertimento

divert [daɪ'vɜːt] *vt* deviare

divide [dɪ'vaɪd] *vt* dividere; (*separate*) separare ♦ *vi* dividersi; **~d highway** (*US*) *n* strada a doppia carreggiata

dividend ['dɪvɪdɛnd] *n* dividendo; (*fig*): **to pay ~s** dare dei frutti

divine [dɪ'vaɪn] *adj* divino(a)

diving ['daɪvɪŋ] *n* tuffo; **~ board** *n* trampolino

divinity [dɪ'vɪnɪtɪ] *n* divinità *f inv*; teologia

division [dɪ'vɪʒən] *n* divisione *f*; separazione *f*; (*esp FOOTBALL*) serie *f*

divorce [dɪ'vɔːs] *n* divorzio ♦ *vt* divorziare da; (*dissociate*) separare; **~d** *adj* divorziato(a); **~e** [-'siː] *n* divorziato/a

D.I.Y. (*BRIT*) *n abbr* = **do-it-yourself**

dizzy ['dɪzɪ] *adj*: **to feel ~** avere il capogiro

DJ *n abbr* = **disc jockey**

KEYWORD

do [duː] (*pt* **did**, *pp* **done**) *n* (*inf: party etc*) festa; **it was rather a grand ~** è stato un ricevimento piuttosto importante
♦ *vb* 1 (*in negative constructions*) non tradotto; **I don't understand** non capisco
2 (*to form questions*) non tradotto; **didn't you know?** non lo sapevi?; **why didn't you come?** perché non sei venuto?
3 (*for emphasis, in polite expressions*): **she does seem rather late** sembra essere piuttosto in ritardo; **~ sit down** si accomodi la prego, prego si sieda; **~ take care!** mi raccomando, sta attento!
4 (*used to avoid repeating vb*): **she swims better than I ~** lei nuota meglio di me; **~**

you agree? – yes, I ~/no, I don't sei d'accordo? — sì/no; **she lives in Glasgow – so ~ I** lei vive a Glasgow — anch'io; **he asked me to help him and I did** mi ha chiesto di aiutarlo ed io l'ho fatto
5 (*in question tags*): **you like him, don't you?** ti piace, vero?; **I don't know him, ~ I?** non lo conosco, vero?
♦ *vt* (*gen, carry out, perform etc*) fare; **what are you ~ing tonight?** che fa stasera?; **to ~ the cooking** cucinare; **to ~ the washing-up** fare i piatti; **to ~ one's teeth** lavarsi i denti; **to ~ one's hair/nails** farsi i capelli/ le unghie; **the car was ~ing 100** la macchina faceva i 100 all'ora
♦ *vi* 1 (*act, behave*) fare; **~ as I ~** faccia come me, faccia come faccio io
2 (*get on, fare*) andare; **he's ~ing well/ badly at school** va bene/male a scuola; **how ~ you ~?** piacere!
3 (*suit*) andare bene; **this room will ~** questa stanza va bene
4 (*be sufficient*) bastare; **will £10 ~?** basteranno 10 sterline?; **that'll ~** basta così; **that'll ~!** (*in annoyance*) ora basta!; **to make ~ (with)** arrangiarsi (con)
do away with *vt fus* (*kill*) far fuori; (*abolish*) abolire
do up *vt* (*laces*) allacciare; (*dress, buttons*) abbottonare; (*renovate: room, house*) rimettere a nuovo, rifare
do with *vt fus* (*need*) aver bisogno di; (*be connected*): **what has it got to ~ with you?** e tu che c'entri?; **I won't have anything to ~ with it** non voglio avere niente a che farci; **it has to ~ with money** si tratta di soldi
do without *vi* fare senza ♦ *vt fus* fare a meno di

dock [dɔk] *n* (*NAUT*) bacino; (*LAW*) banco degli imputati ♦ *vi* entrare in bacino; (*SPACE*) agganciarsi; **~s** *npl* (*NAUT*) dock *m inv*; **~er** *n* scaricatore *m*; **~yard** *n* cantiere *m* (navale)
doctor ['dɔktə*] *n* medico/a; (*Ph.D. etc*) dottore/essa ♦ *vt* (*drink etc*) adulterare; **D~**

of Philosophy *n* dottorato di ricerca; (*person*) titolare *m/f* di un dottorato di ricerca
doctrine ['dɔktrɪn] *n* dottrina
document ['dɔkjumənt] *n* documento; **~ary** [-'mentərɪ] *adj* (*evidence*) documentato(a) ♦ *n* documentario
dodge [dɔdʒ] *n* trucco; schivata ♦ *vt* schivare, eludere
dodgems ['dɔdʒəmz] (*BRIT*) *npl* autoscontri *mpl*
doe [dəu] *n* (*deer*) femmina di daino; (*rabbit*) coniglia
does [dʌz] *vb see* **do**; **doesn't** = **does not**
dog [dɔg] *n* cane *m* ♦ *vt* (*follow closely*) pedinare; (*fig: memory etc*) perseguitare; **~ collar** *n* collare *m* di cane; (*fig*) collarino; **~-eared** *adj* (*book*) con orecchie
dogged ['dɔgɪd] *adj* ostinato(a), tenace
dogsbody ['dɔgzbɔdɪ] (*BRIT: inf*) *n* factotum *m inv*
doing ['duːɪŋ] *n*: **this is your ~** è opera tua, sei stato tu
do-it-yourself *n* il far da sé
doldrums ['dɔldrəmz] *npl* (*fig*): **to be in the ~** avere un brutto periodo
dole [dəul] (*BRIT*) *n* sussidio di disoccu-pazione; **to be on the ~** vivere del sussidio; **~ out** *vt* distribuire
doll [dɔl] *n* bambola; **~ed up** (*inf*) *adj* in ghingheri
dollar ['dɔlə*] *n* dollaro
dolly ['dɔlɪ] *n* bambola
dolphin ['dɔlfɪn] *n* delfino
domain [də'meɪn] *n* dominio
dome [dəum] *n* cupola
domestic [də'mɛstɪk] *adj* (*duty, happiness, animal*) domestico(a); (*policy, affairs, flights*) nazionale; **~ated** *adj* addomesticato(a)
dominant ['dɔmɪnənt] *adj* dominante
dominate ['dɔmɪneɪt] *vt* dominare
domineering [dɔmɪ'nɪərɪŋ] *adj* dispotico(a), autoritario(a)
dominion [də'mɪnɪən] *n* dominio; sovranità; dominion *m inv*
domino ['dɔmɪnəu] (*pl* **~es**) *n* domino; **~es** *n* (*game*) gioco del domino

don [dɔn] (BRIT) n docente m/f universitario(a)

donate [də'neɪt] vt donare

done [dʌn] pp of **do**

donkey ['dɔŋkɪ] n asino

donor ['dəunə*] n donatore/trice; ~ **card** n tessera di donatore di organi

don't [dəunt] = **do not**

doodle ['du:dl] vi scarabocchiare

doom [du:m] n destino; rovina ♦ vt: **to be ~ed** (**to failure**) essere predestinato(a) (a fallire)

door [dɔ:*] n porta; ~**bell** n campanello; ~ **handle** n maniglia; ~**man** (irreg) n (in hotel) portiere m in livrea; ~**mat** n stuoia della porta; ~**step** n gradino della porta; ~**way** n porta

dope [dəup] n (inf: drugs) roba ♦ vt drogare

dormant ['dɔ:mənt] adj inattivo(a)

dormitory ['dɔ:mɪtrɪ] n dormitorio; (US) casa dello studente

dormouse ['dɔ:maus] (pl **dormice**) n ghiro

dosage ['dəusɪdʒ] n posologia

dose [dəus] n dose f; (bout) attacco

doss house ['dɔs-] (BRIT) n asilo notturno

dot [dɔt] n punto; macchiolina ♦ vt: ~**ted with** punteggiato(a) di; **on the ~** in punto; ~**ted line** n linea punteggiata

double ['dʌbl] adj doppio(a) ♦ adv (twice): **to cost ~** (sth) costare il doppio (di qc) ♦ n sosia m inv ♦ vt raddoppiare; (fold) piegare doppio or in due ♦ vi raddoppiarsi; **at the ~** (BRIT), **on the ~** a passo di corsa; ~ **bass** n contrabbasso; ~ **bed** n letto matrimoniale; ~**-breasted** adj a doppio petto; ~**cross** vt fare il doppio gioco con; ~**decker** n autobus m inv a due piani; ~ **glazing** (BRIT) n doppi vetri mpl; ~ **room** n camera per due; ~**s** n (TENNIS) doppio; **doubly** adv doppiamente

doubt [daut] n dubbio ♦ vt dubitare di; **to ~ that** dubitare che +sub; ~**ful** adj dubbioso(a), incerto(a); (person) equivoco(a); ~**less** adv indubbiamente

dough [dəu] n pasta, impasto; ~**nut** n bombolone m

dove [dʌv] n colombo/a

Dover ['dəuvə*] n Dover f

dovetail ['dʌvteɪl] vi (fig) combaciare

dowdy ['daudɪ] adj trasandato(a); malvestito(a)

down [daun] n piume fpl ♦ adv giù, di sotto ♦ prep giù per ♦ vt (inf: drink) scolarsi; ~ **with X!** abbasso X!; ~**-and-out** n barbone m; ~**-at-heel** adj scalcagnato(a); ~**cast** adj abbattuto(a); ~**fall** n caduta; rovina; ~**hearted** adj scoraggiato(a); ~**hill** adv: **to go ~hill** andare in discesa; (fig) lasciarsi andare; andare a rotoli; ~**load** vt (COMPUT) scaricare; ~ **payment** n acconto; ~**pour** n scroscio di pioggia; ~**right** adj franco(a); (refusal) assoluto(a); ~**size** vi (ECON: company) ridurre il personale; ~**stairs** adv di sotto; al piano inferiore; ~**stream** adv a valle; ~**-to-earth** adj pratico(a); ~**town** adv in città; ~ **under** adv (Australia etc) agli antipodi; ~**ward** ['daunwəd] adj, adv in giù, in discesa; ~**wards** ['daunwədz] adv = ~**ward**

dowry ['daurɪ] n dote f

doz. abbr = **dozen**

doze [dəuz] vi sonnecchiare; ~ **off** vi appisolarsi

dozen ['dʌzn] n dozzina; **a ~ books** una dozzina di libri; ~**s of** decine fpl di

Dr. abbr (= doctor) dott.; (in street names) = **drive**

drab [dræb] adj tetro(a), grigio(a)

draft [drɑ:ft] n abbozzo; (POL) bozza; (COMM) tratta; (US: call-up) leva ♦ vt abbozzare; see also **draught**

draftsman ['drɑ:ftsmən] (US) n = **draughtsman**

drag [dræg] vt trascinare; (river) dragare ♦ vi trascinarsi ♦ n (inf) noioso/a; noia, fatica; (women's clothing): **in ~** travestito (da donna); ~ **on** vi tirar avanti lentamente

dragon ['drægən] n drago

dragonfly ['drægənflaɪ] n libellula

drain [dreɪn] n (for sewage) fogna; (on resources) salasso ♦ vt (land, marshes) prosciugare; (vegetables) scolare ♦ vi (water) defluire (via); ~**age** n prosciugamento; fognatura; ~**ing board** (US ~**board**) n piano del lavello; ~**pipe** n tubo di scarico

drama ['drɑːmə] n (art) dramma m, teatro; (play) commedia; (event) dramma; ~**tic** [drə'mætɪk] adj drammatico(a); ~**tist** ['dræmətɪst] n drammaturgo/a; ~**tize** ['dræmətaɪz] vt (events) drammatizzare

drank [dræŋk] pt of **drink**

drape [dreɪp] vt drappeggiare; ~**r** (BRIT) n negoziante m/f di stoffe; ~**s** (US) npl (curtains) tende fpl

drastic ['dræstɪk] adj drastico(a)

draught [drɑːft] (US **draft**) n corrente f d'aria; (NAUT) pescaggio; **on ~** (beer) alla spina; ~ **beer** n birra alla spina; ~**board** (BRIT) n scacchiera; ~**s** (BRIT) n (gioco della) dama

draughtsman ['drɑːftsmən] (US **draftsman**) (irreg) n disegnatore m

draw [drɔː] (pt **drew**, pp **drawn**) vt tirare; (take out) estrarre; (attract) attirare; (picture) disegnare; (line, circle) tracciare; (money) ritirare ♦ vi (SPORT) pareggiare ♦ n pareggio; (in lottery) estrazione f; **to ~ near** avvicinarsi; ~ **out** vi (lengthen) allungarsi ♦ vt (money) ritirare; ~ **up** vi (stop) arrestarsi, fermarsi ♦ vt (chair) avvicinare; (document) compilare; ~**back** n svantaggio, inconveniente m; ~**bridge** n ponte m levatoio

drawer [drɔː*] n cassetto

drawing ['drɔːɪŋ] n disegno; ~ **board** n tavola da disegno; ~ **pin** (BRIT) n puntina da disegno; ~ **room** n salotto

drawl [drɔːl] n pronuncia strascicata

drawn [drɔːn] pp of **draw**

dread [drɛd] n terrore m ♦ vt tremare all'idea di; ~**ful** adj terribile

dream [driːm] (pt, pp **dreamed** or **dreamt**) n sogno ♦ vt, vi sognare; ~**y** adj sognante

dreary ['drɪərɪ] adj tetro(a); monotono(a)

dredge [drɛdʒ] vt dragare

dregs [drɛgz] npl feccia

drench [drɛntʃ] vt inzuppare

dress [drɛs] n vestito; (no pl: clothing) abbigliamento ♦ vt vestire; (wound) fasciare ♦ vi vestirsi; **to get ~ed** vestirsi; ~ **up** vi vestirsi a festa; (in fancy dress) vestirsi in costume; ~ **circle** (BRIT) n prima galleria; ~**er** n (BRIT: cupboard) credenza; (US) cassettone m; ~**ing** n (MED) benda; (CULIN) condimento; ~**ing gown** (BRIT) n vestaglia; ~**ing room** n (THEATRE) camerino; (SPORT) spogliatoio; ~**ing table** n toilette f inv; ~**maker** n sarta; ~ **rehearsal** n prova generale; ~**y** (inf) adj elegante

drew [druː] pt of **draw**

dribble ['drɪbl] vi (baby) sbavare ♦ vt (ball) dribblare

dried [draɪd] adj (fruit, beans) secco(a); (eggs, milk) in polvere

drier ['draɪə*] n = **dryer**

drift [drɪft] n (of current etc) direzione f; forza; (of snow) cumulo; turbine m; (general meaning) senso ♦ vi (boat) essere trasportato(a) dalla corrente; (sand, snow) ammucchiarsi; ~**wood** n resti mpl della mareggiata

drill [drɪl] n trapano; (MIL) esercitazione f ♦ vt trapanare; (troops) addestrare ♦ vi (for oil) fare trivellazioni

drink [drɪŋk] (pt **drank**, pp **drunk**) n bevanda, bibita; (alcoholic ~) bicchierino; (sip) sorso ♦ vt, vi bere; **to have a ~** bere qualcosa; **a ~ of water** un po' d'acqua; ~**er** n bevitore/trice; ~**ing water** n acqua potabile

drip [drɪp] n goccia; gocciolamento; (MED) fleboclisi f inv ♦ vi gocciolare; (tap) sgocciolare; ~-**dry** adj (shirt) che non si stira; ~**ping** n grasso d'arrosto

drive [draɪv] (pt **drove**, pp **driven**) n passeggiata or giro in macchina; (also: ~**way**) viale m d'accesso; (energy) energia; (campaign) campagna; (also: disk ~) lettore m ♦ vt guidare; (nail) piantare; (push) cacciare, spingere; (TECH: motor) azionare; far funzionare ♦ vi (AUT: at controls) guidare; (: travel) andare in macchina; **left-/right-hand ~** guida a sinistra/destra; **to ~ sb mad** far impazzire qn

drivel ['drɪvl] (inf) n idiozie fpl

driven ['drɪvn] pp of **drive**

driver ['draɪvə*] n conducente m/f; (of taxi) tassista m; (chauffeur, of bus) autista m/f; **~'s license** (US) n patente f di guida

driveway ['draɪvweɪ] n viale m d'accesso

driving ['draɪvɪŋ] n guida; **~ instructor** n istruttore/trice di scuola guida; **~ lesson** n lezione f di guida; **~ licence** (BRIT) n patente f di guida; **~ mirror** n specchietto retrovisore; **~ school** n scuola f guida inv; **~ test** n esame m di guida

drizzle ['drɪzl] n pioggerella

drool [druːl] vi sbavare

droop [druːp] vi (flower) appassire; (head, shoulders) chinarsi

drop [drɔp] n (of water) goccia; (lessening) diminuzione f; (fall) caduta ♦ vt lasciare cadere; (voice, eyes, price) abbassare; (set down from car) far scendere; (name from list) lasciare fuori ♦ vi cascare; (wind) abbassarsi; **~s** npl (MED) gocce fpl; **~ off** vi (sleep) addormentarsi ♦ vt (passenger) far scendere; **~ out** vi (withdraw) ritirarsi; (student etc) smettere di studiare; **~-out** n (from society/from university) chi ha abbandonato (la società/gli studi); **~per** n contagocce m inv; **~pings** npl sterco

drought [draut] n siccità f inv

drove [drəuv] pt of **drive**

drown [draun] vt affogare; (fig: noise) soffocare ♦ vi affogare

drowsy ['drauzɪ] adj sonnolento(a), assonnato(a)

drug [drʌg] n farmaco; (narcotic) droga ♦ vt drogare; **to be on ~s** drogarsi; (MED) prendere medicinali; **hard/soft ~s** droghe pesanti/leggere; **~ addict** n tossicomane m/f; **~gist** (US) n persona che gestisce un drugstore; **~store** (US) n drugstore m inv

drum [drʌm] n tamburo; (for oil, petrol)

fusto ♦ vi tamburellare; **~s** npl (set of ~s) batteria; **~mer** n batterista m/f

drunk [drʌŋk] pp of **drink** ♦ adj ubriaco(a); ebbro(a) ♦ n (also: **~ard**) ubriacone/a; **~en** adj ubriaco(a); da ubriaco

dry [draɪ] adj secco(a); (day, clothes) asciutto(a) ♦ vt seccare; (clothes, hair, hands) asciugare ♦ vi asciugarsi; **~ up** vi seccarsi; **~-cleaner's** n lavasecco m inv; **~-cleaning** n pulitura a secco; **~er** n (for hair) föhn m inv, asciugacapelli m inv; (for clothes) asciugabiancheria; (US: spin-dryer) centrifuga; **~ goods store** (US) n negozio di stoffe; **~ rot** n fungo del legno

DSS n abbr (= Department of Social Security) ministero della Previdenza sociale

DTP n abbr (= desk-top publishing) desktop publishing m inv

dual ['djuəl] adj doppio(a); **~ carriageway** (BRIT) n strada a doppia carreggiata; **~-purpose** adj a doppio uso

dubbed [dʌbd] adj (CINEMA) doppiato(a)

dubious ['djuːbɪəs] adj dubbio(a)

Dublin ['dʌblɪn] n Dublino f

duchess ['dʌtʃɪs] n duchessa

duck [dʌk] n anatra ♦ vi abbassare la testa; **~ling** n anatroccolo

duct [dʌkt] n condotto; (ANAT) canale m

dud [dʌd] n (object, tool): **it's a ~** è inutile, non funziona ♦ adj: **~ cheque** (BRIT) assegno a vuoto

due [djuː] adj dovuto(a); (expected) atteso(a); (fitting) giusto(a) ♦ n dovuto ♦ adv: **~ north** diritto verso nord; **~s** npl (for club, union) quota; (in harbour) diritti mpl di porto; **in ~ course** a tempo debito; finalmente; **~ to** dovuto a; a causa di; **to be ~ to do** dover fare

duet [djuː'et] n duetto

duffel bag ['dʌfl-] n sacca da viaggio di tela

duffel coat ['dʌfl-] n montgomery m inv

dug [dʌg] pt, pp of **dig**

duke [djuːk] n duca m

dull [dʌl] adj (light) debole; (boring) noioso(a); (slow-witted) ottuso(a); (sound, pain) sordo(a); (weather, day) fosco(a), scuro(a) ♦ vt (pain, grief) attutire; (mind, senses) intorpidire

duly ['dju:li] adv (on time) a tempo debito; (as expected) debitamente

dumb [dʌm] adj muto(a); (pej) stupido(a); **~founded** [dʌm'faundɪd] adj stupito(a), stordito(a)

dummy ['dʌmɪ] n (tailor's model) manichino; (TECH, COMM) riproduzione f; (BRIT: for baby) tettarella ♦ adj falso(a), finto(a)

dump [dʌmp] n (also: **rubbish ~**) discarica di rifiuti; (inf: place) buco ♦ vt (put down) scaricare; (get rid of) buttar via

dumpling ['dʌmplɪŋ] n specie di gnocco

dumpy ['dʌmpɪ] adj tracagnotto(a)

dunce [dʌns] n (SCOL) somaro/a

dung [dʌŋ] n concime m

dungarees [dʌŋgə'ri:z] npl tuta

dungeon ['dʌndʒən] n prigione f sotterranea

dupe [dju:p] n zimbello ♦ vt gabbare, ingannare

duplex ['dju:pleks] (US) n (house) casa con muro divisorio in comune con un'altra; (apartment) appartamento su due piani

duplicate [n 'dju:plɪkət, vb 'dju:plɪkeɪt] n doppio ♦ vt duplicare; **in ~** in doppia copia

durable ['djuərəbl] adj durevole; (clothes, metal) resistente

duration [djuə'reɪʃən] n durata

during ['djuərɪŋ] prep durante, nel corso di

dusk [dʌsk] n crepuscolo

dust [dʌst] n polvere f ♦ vt (furniture) spolverare; (cake etc) **to ~ with** cospargere con; **~bin** (BRIT) n pattumiera; **~er** n straccio per la polvere; **~man** (BRIT: irreg) n netturbino; **~y** adj polveroso(a)

Dutch [dʌtʃ] adj olandese ♦ n (LING) olandese m; **the ~** npl gli Olandesi; **to go ~** (inf) fare alla romana; **~man/woman** (irreg) n olandese m/f

duty ['dju:tɪ] n dovere m; (tax) dazio, tassa; **on ~** di servizio; **off ~** libero(a), fuori servizio; **~ chemist's** n farmacia di turno; **~-free** adj esente da dazio

duvet ['du:veɪ] (BRIT) n piumino, piumone m

DVD n abbr (= digital versatile (or) video disk) DVD m inv

dwarf [dwɔ:f] n nano/a ♦ vt far apparire piccolo

dwell [dwel] (pt, pp **dwelt**) vi dimorare; **~ on** vt fus indugiare su

dwindle ['dwɪndl] vi diminuire, decrescere

dye [daɪ] n tinta ♦ vt tingere

dying ['daɪɪŋ] adj morente, moribondo(a)

dyke [daɪk] (BRIT) n diga

dynamic [daɪ'næmɪk] adj dinamico(a)

dynamite ['daɪnəmaɪt] n dinamite f

dynamo ['daɪnəməu] n dinamo f inv

dyslexia [dɪs'leksɪə] n dislessia

E, e

E [i:] n (MUS) mi m

each [i:tʃ] adj ogni, ciascuno(a) ♦ pron ciascuno(a), ognuno(a); **~ one** ognuno(a); **~ other** si (or ci etc); **they hate ~ other** si odiano (l'un l'altro); **you are jealous of ~ other** siete gelosi l'uno dell'altro; **they have 2 books ~** hanno 2 libri ciascuno

eager ['i:gə*] adj impaziente; desideroso(a); ardente; **to be ~ for** essere desideroso di, aver gran voglia di

eagle ['i:gl] n aquila

ear [ɪə*] n orecchio; (of corn) pannocchia; **~ache** n mal m d'orecchi; **~drum** n timpano

earl [ə:l] (BRIT) n conte m

earlier ['ə:lɪə*] adj precedente ♦ adv prima

early ['ə:lɪ] adv presto, di buon'ora; (ahead of time) in anticipo ♦ adj (near the start) primo(a); (sooner than expected) prematuro(a); (quick: reply) veloce; **at an ~ hour** di buon'ora; **to have an ~ night** andare a letto presto; **in the ~** or **in the spring** all'inizio della primavera; **~ retirement** n ritiro anticipato

earmark ['ɪəmɑ:k] vt: **to ~ sth for** destinare qc a

earn [ə:n] vt guadagnare; (rest, reward) meritare

earnest ['ə:nɪst] adj serio(a); **in ~** sul serio

earnings ['ə:nɪŋz] npl guadagni mpl;

(*salary*) stipendio

earphones ['ɪəfəʊnz] *npl* cuffia

earring ['ɪərɪŋ] *n* orecchino

earshot ['ɪəʃɒt] *n*: **within ~** a portata d'orecchio

earth [ɜːθ] *n* terra ♦ *vt* (*BRIT*: *ELEC*) mettere a terra; **~enware** *n* terracotta; stoviglie *fpl* di terracotta; **~quake** *n* terremoto; **~y** *adj* (*fig*) grossolano(a)

ease [iːz] *n* agio, comodo ♦ *vt* (*soothe*) calmare; (*loosen*) allentare; **to ~ sth out/in** tirare fuori/infilare qc con delicatezza; facilitare l'uscita/l'entrata di qc; **at ~** a proprio agio; (*MIL*) a riposo; **~ off** *or* **up** *vi* diminuire; (*slow down*) rallentare

easel ['iːzl] *n* cavalletto

easily ['iːzɪlɪ] *adv* facilmente

east [iːst] *n* est *m* ♦ *adj* dell'est ♦ *adv* a oriente; **the E~** l'Oriente *m*; (*POL*) l'Est

Easter ['iːstə*] *n* Pasqua; **~ egg** *n* uovo di Pasqua

easterly ['iːstəlɪ] *adj* dall'est, d'oriente

eastern ['iːstən] *adj* orientale, d'oriente; dell'est

East Germany *n* Germania dell'Est

eastward(s) ['iːstwəd(z)] *adv* verso est, verso levante

easy ['iːzɪ] *adj* facile; (*manner*) disinvolto(a) ♦ *adv*: **to take it** *or* **things ~** prendersela con calma; **~ chair** *n* poltrona; **~-going** *adj* accomodante

eat [iːt] (*pt* **ate**, *pp* **eaten**) *vt*, *vi* mangiare; **~ away at** *vt fus* rodere; **~ into** *vt fus* rodere

eaves [iːvz] *npl* gronda

eavesdrop ['iːvzdrɒp] *vi*: **to ~ (on a conversation)** origliare (una conversazione)

ebb [ɛb] *n* riflusso ♦ *vi* rifluire; (*fig*: *also*: **~ away**) declinare

ebony ['ɛbənɪ] *n* ebano

EC *n abbr* (= *European Community*) CEE *f*

ECB *n abbr* (= *European Central Bank*) BCE *f*

eccentric [ɪk'sɛntrɪk] *adj*, *n* eccentrico(a)

echo ['ɛkəʊ] (*pl* **~es**) *n* eco *m or f* ♦ *vt* ripetere; fare eco a ♦ *vi* echeggiare; dare

un eco

éclair [eɪ'klɛə*] *n* ≈ bignè *m inv*

eclipse [ɪ'klɪps] *n* eclissi *f inv*

ecology [ɪ'kɒlədʒɪ] *n* ecologia

e-commerce *n* commercio elettronico

economic [iːkə'nɒmɪk] *adj* economico(a); **~al** *adj* economico(a); (*person*) economo(a); **~s** *n* economia ♦ *npl* lato finanziario

economize [ɪ'kɒnəmaɪz] *vi* risparmiare, fare economia

economy [ɪ'kɒnəmɪ] *n* economia; **~ class** *n* (*AVIAT*) classe *f* turistica; **~ size** *n* (*COMM*) confezione *f* economica

ecstasy ['ɛkstəsɪ] *n* estasi *f inv*

ECU ['eɪkjuː] *n abbr* (= *European Currency Unit*) ECU *m inv*

edge [ɛdʒ] *n* margine *m*; (*of table, plate, cup*) orlo; (*of knife etc*) taglio ♦ *vt* bordare; **on ~** (*fig*) = **edgy**; **to ~ away from** sgattaiolare da; **~ways** *adv*: **he couldn't get a word in ~ways** non riuscì a dire una parola; **edgy** *adj* nervoso(a)

edible ['ɛdɪbl] *adj* commestibile; (*meal*) mangiabile

edict ['iːdɪkt] *n* editto

Edinburgh ['ɛdɪnbərə] *n* Edimburgo *f*

edit ['ɛdɪt] *vt* curare; **~ion** [ɪ'dɪʃən] *n* edizione *f*; **~or** *n* (*in newspaper*) redattore/trice; redattore/trice capo; (*of sb's work*) curatore/trice; **~orial** [-'tɔːrɪəl] *adj* redazionale, editoriale ♦ *n* editoriale *m*

educate ['ɛdjukeɪt] *vt* istruire; educare

education [ɛdju'keɪʃən] *n* educazione *f*; (*schooling*) istruzione *f*; **~al** *adj* pedagogico(a); scolastico(a); istruttivo(a)

EEC *n abbr* = **EC**

eel [iːl] *n* anguilla

eerie ['ɪərɪ] *adj* che fa accapponare la pelle

effect [ɪ'fɛkt] *n* effetto ♦ *vt* effettuare; **to take ~** (*law*) entrare in vigore; (*drug*) fare effetto; **in ~** effettivamente; **~ive** *adj* efficace; (*actual*) effettivo(a); **~ively** *adv* efficacemente; effettivamente; **~iveness** *n* efficacia

effeminate [ɪ'fɛmɪnɪt] *adj* effeminato(a)

efficiency [ɪ'fɪʃənsɪ] *n* efficienza

efficient [ɪ'fɪʃənt] *adj* efficiente

effort ['ɛfət] *n* sforzo

effusive [ɪ'fjuːsɪv] *adj* (*handshake, welcome*) caloroso(a)

e.g. *adv abbr* (= *exempli gratia*) per esempio, p.es.

egg [ɛg] *n* uovo; **hard-boiled/soft-boiled ~** uovo sodo/alla coque; **~ on** *vt* incitare; **~cup** *n* portauovo *m inv*; **~plant** *n* (*esp US*) melanzana; **~shell** *n* guscio d'uovo

ego ['iːgəu] *n* ego *m inv*

egotism ['ɛgəutɪzəm] *n* egotismo

Egypt ['iːdʒɪpt] *n* Egitto; **~ian** [ɪ'dʒɪpʃən] *adj, n* egiziano(a)

eiderdown ['aɪdədaun] *n* piumino

eight [eɪt] *num* otto; **~een** *num* diciotto; **~eenth** [eɪtθ] *num* ottavo(a); **~y** *num* ottanta

Eire ['ɛərə] *n* Repubblica d'Irlanda

either ['aɪðə*] *adj* l'uno(a) o l'altro(a); (*both, each*) ciascuno(a) ♦ *pron:* **~ (of them)** (o) l'uno(a) o l'altro(a) ♦ *adv* neanche ♦ *conj:* **~ good or bad** o buono o cattivo; **on ~ side** su ciascun lato; **I don't like ~** non mi piace né l'uno né l'altro; **no, I don't ~** no, neanch'io

eject [ɪ'dʒɛkt] *vt* espellere; lanciare

elaborate [*adj* ɪ'læbrɪt, *vb* ɪ'læbəreɪt] *adj* elaborato(a), minuzioso(a) ♦ *vt* elaborare ♦ *vi* fornire i particolari

elastic [ɪ'læstɪk] *adj* elastico(a) ♦ *n* elastico; **~ band** (*BRIT*) *n* elastico

elated [ɪ'leɪtɪd] *adj* pieno(a) di gioia

elbow ['ɛlbəu] *n* gomito

elder ['ɛldə*] *adj* maggiore, più vecchio(a) ♦ *n* (*tree*) sambuco; **one's ~s** i più anziani; **~ly** *adj* anziano(a) ♦ *npl:* **the ~ly** gli anziani

eldest ['ɛldɪst] *adj, n:* **the ~ (child)** il(la) maggiore (dei bambini)

elect [ɪ'lɛkt] *vt* eleggere ♦ *adj:* **the president ~** il presidente designato; **to ~ to do** decidere di fare; **~ion** [ɪ'lɛkʃən] *n* elezione *f*; **~ioneering** [ɪlɛkʃə'nɪərɪŋ] *n* propaganda elettorale; **~or** *n* elettore/trice; **~orate** *n* elettorato

electric [ɪ'lɛktrɪk] *adj* elettrico(a); **~al** *adj* elettrico(a); **~ blanket** *n* coperta elettrica;

~ fire *n* stufa elettrica

electrician [ɪlɛk'trɪʃən] *n* elettricista *m*

electricity [ɪlɛk'trɪsɪtɪ] *n* elettricità

electrify [ɪ'lɛktrɪfaɪ] *vt* (*RAIL*) elettrificare; (*audience*) elettrizzare

electrocute [ɪ'lɛktrəkjuːt] *vt* fulminare

electronic [ɪlɛk'trɔnɪk] *adj* elettronico(a); **~ mail** *n* posta elettronica; **~s** *n* elettronica

elegant ['ɛlɪgənt] *adj* elegante

element ['ɛlɪmənt] *n* elemento; (*of heater, kettle etc*) resistenza; **~ary** [-'mɛntərɪ] *adj* elementare

elephant ['ɛlɪfənt] *n* elefante/essa

elevation [ɛlɪ'veɪʃən] *n* elevazione *f*

elevator ['ɛlɪveɪtə*] *n* elevatore *m*; (*US: lift*) ascensore *m*

eleven [ɪ'lɛvn] *num* undici; **~ses** (*BRIT*) *n* caffè *m* a metà mattina; **~th** *adj* undicesimo(a)

elicit [ɪ'lɪsɪt] *vt:* **to ~ (from)** trarre (da), cavare fuori (da)

eligible ['ɛlɪdʒəbl] *adj* eleggibile; (*for membership*) che ha i requisiti

elm [ɛlm] *n* olmo

elocution [ɛlə'kjuːʃən] *n* dizione *f*

elongated ['iːlɔŋgeɪtɪd] *adj* allungato(a)

elope [ɪ'ləup] *vi* (*lovers*) scappare; **~ment** *n* fuga

eloquent ['ɛləkwənt] *adj* eloquente

else [ɛls] *adv* altro; **something ~** qualcos'altro; **somewhere ~** altrove; **everywhere ~** in qualsiasi altro luogo; **nobody ~** nessun altro; **where ~?** in quale altro luogo?; **little ~** poco altro; **~where** *adv* altrove

elude [ɪ'luːd] *vt* eludere

elusive [ɪ'luːsɪv] *adj* elusivo(a)

emaciated [ɪ'meɪsɪeɪtɪd] *adj* emaciato(a)

E-mail, e-mail *n abbr* (= *electronic mail*) posta elettronica ♦ *vt, vi* mandare un messaggio di posta elettronica a

emanate ['ɛməneɪt] *vi:* **to ~ from** provenire da

emancipate [ɪ'mænsɪpeɪt] *vt* emancipare

embankment [ɪm'bæŋkmənt] *n* (*of road, railway*) terrapieno

embark [ɪm'baːk] *vi:* **to ~ (on)** imbarcarsi

(su) ♦ vt imbarcare; **to ~ on** (fig) imbarcarsi in; **~ation** [ɛmbɑːˈkeɪʃən] n imbarco

embarrass [ɪmˈbærəs] vt imbarazzare; **~ed** adj imbarazzato(a); **~ing** adj imbarazzante; **~ment** n imbarazzo

embassy [ˈɛmbəsɪ] n ambasciata

embedded [ɪmˈbɛdɪd] adj incastrato(a)

embellish [ɪmˈbɛlɪʃ] vt abbellire

embers [ˈɛmbəz] npl braci fpl

embezzle [ɪmˈbɛzl] vt appropriarsi indebitamente di

embitter [ɪmˈbɪtə*] vt amareggiare; inasprire

embody [ɪmˈbɔdɪ] vt (features) racchiudere, comprendere; (ideas) dar forma concreta a, esprimere

embossed [ɪmˈbɔst] adj in rilievo; goffrato(a)

embrace [ɪmˈbreɪs] vt abbracciare ♦ vi abbracciarsi ♦ n abbraccio

embroider [ɪmˈbrɔɪdə*] vt ricamare; **~y** n ricamo

embryo [ˈɛmbrɪəu] n embrione m

emerald [ˈɛmərəld] n smeraldo

emerge [ɪˈmɜːdʒ] vi emergere

emergency [ɪˈmɜːdʒənsɪ] n emergenza; **in an ~** in caso di emergenza; **~ cord** (US) n segnale m d'allarme; **~ exit** n uscita di sicurezza; **~ landing** n atterraggio forzato; **~ services** npl (fire, police, ambulance) servizi mpl di pronto intervento

emery board [ˈɛmərɪ-] n limetta di carta smerigliata

emigrate [ˈɛmɪgreɪt] vi emigrare

eminent [ˈɛmɪnənt] adj eminente

emissions [ɪˈmɪʃənz] npl emissioni fpl

emit [ɪˈmɪt] vt emettere

emotion [ɪˈməuʃən] n emozione f; **~al** adj (person) emotivo(a); (scene) commovente; (tone, speech) carico(a) d'emozione

emperor [ˈɛmpərə*] n imperatore m

emphasis [ˈɛmfəsɪs] n (pl -ases) n enfasi f inv; importanza

emphasize [ˈɛmfəsaɪz] vt (word, point) sottolineare; (feature) mettere in evidenza

emphatic [ɛmˈfætɪk] adj (strong) vigoroso(a); (unambiguous, clear) netto(a)

empire [ˈɛmpaɪə*] n impero

employ [ɪmˈplɔɪ] vt impiegare; **~ee** [-ˈiː] n impiegato/a; **~er** n principale m/f, datore m di lavoro; **~ment** n impiego; **~ment agency** n agenzia di collocamento

empower [ɪmˈpauə*] vt: **to ~ sb to do** concedere autorità a qn di fare

empress [ˈɛmprɪs] n imperatrice f

emptiness [ˈɛmptɪnɪs] n vuoto

empty [ˈɛmptɪ] adj vuoto(a); (threat, promise) vano(a) ♦ vt vuotare ♦ vi vuotarsi; (liquid) scaricarsi; **~-handed** adj a mani vuote

EMU n abbr (= economic and monetary union) unione f economica e monetaria

emulate [ˈɛmjuleɪt] vt emulare

emulsion [ɪˈmʌlʃən] n emulsione f; **~ (paint)** n colore m a tempera

enable [ɪˈneɪbl] vt: **to ~ sb to do** permettere a qn di fare

enamel [ɪˈnæməl] n smalto; (also: **~ paint**) vernice f a smalto

enchant [ɪnˈtʃɑːnt] vt incantare; (subj: magic spell) catturare; **~ing** adj incantevole, affascinante

encircle [ɪnˈsɜːkl] vt accerchiare

encl. abbr (= enclosed) all

enclave [ˈɛnkleɪv] n enclave f

enclose [ɪnˈkləuz] vt (land) circondare, recingere; (letter etc): **to ~ (with)** allegare (con); **please find ~d** trovi qui accluso

enclosure [ɪnˈkləuʒə*] n recinto

encompass [ɪnˈkʌmpəs] vt comprendere

encore [ɔŋˈkɔː*] excl bis ♦ n bis m inv

encounter [ɪnˈkauntə*] n incontro ♦ vt incontrare

encourage [ɪnˈkʌrɪdʒ] vt incoraggiare; **~ment** n incoraggiamento

encroach [ɪnˈkrəutʃ] vi: **to ~ (up)on** (rights) usurpare; (time) abusare di; (land) oltrepassare i limiti di

encyclop(a)edia [ɛnsaɪkləuˈpiːdɪə] n enciclopedia

end [ɛnd] n fine f; (aim) fine m; (of table) bordo estremo; (of pointed object) punta ♦ vt finire; (also: **bring to an ~**, **put an ~ to**) mettere fine a ♦ vi finire; **in the ~** alla fine; **on ~** (*object*) ritto(a); **to stand on ~** (*hair*) rizzarsi; **for hours on ~** per ore ed ore; **~ up** *vi*: **to ~ up in** finire in

endanger [ɪnˈdeɪndʒə*] *vt* mettere in pericolo

endearing [ɪnˈdɪərɪŋ] *adj* accattivante

endeavour [ɪnˈdɛvə*] (*US* **endeavor**) *n* sforzo, tentativo ♦ *vi*: **to ~ to do** cercare *or* sforzarsi di fare

ending [ˈendɪŋ] *n* fine *f*, conclusione *f*; (*LING*) desinenza

endive [ˈendaɪv] *n* (*curly*) indivia (riccia); (*smooth, flat*) indivia belga

endless [ˈendlɪs] *adj* senza fine

endorse [ɪnˈdɔ:s] *vt* (*cheque*) girare; (*approve*) approvare, appoggiare; **~ment** *n* approvazione *f*; (*on driving licence*) *contravvenzione registrata sulla patente*

endurance [ɪnˈdjuərəns] *n* resistenza; pazienza

endure [ɪnˈdjuə*] *vt* sopportare, resistere a ♦ *vi* durare

enemy [ˈenəmɪ] *adj, n* nemico(a)

energetic [ɛnəˈdʒetɪk] *adj* energico(a); attivo(a)

energy [ˈenədʒɪ] *n* energia

enforce [ɪnˈfɔ:s] *vt* (*LAW*) applicare, far osservare

engage [ɪnˈgeɪdʒ] *vt* (*hire*) assumere; (*lawyer*) incaricare; (*attention, interest*) assorbire; (*TECH*): **to ~ gear/the clutch** innestare la marcia/la frizione ♦ *vi* (*TECH*) ingranare; **to ~ in** impegnarsi in; **~d** *adj* (*BRIT: busy, in use*) occupato(a); (*betrothed*) fidanzato(a); **to get ~d** fidanzarsi; **~d tone** (*BRIT*) *n* (*TEL*) segnale *m* di occupato; **~ment** *n* impegno, obbligo; appuntamento; (*to marry*) fidanzamento; **~ment ring** *n* anello di fidanzamento

engaging [ɪnˈgeɪdʒɪŋ] *adj* attraente

engine [ˈendʒɪn] *n* (*AUT*) motore *m*; (*RAIL*) locomotiva; **~ driver** *n* (*of train*) macchinista *m*

engineer [endʒɪˈnɪə*] *n* ingegnere *m*; (*BRIT: for repairs*) tecnico; (*on ship, US: RAIL*) macchinista *m*; **~ing** *n* ingegneria

England [ˈɪŋglənd] *n* Inghilterra

English [ˈɪŋglɪʃ] *adj* inglese ♦ *n* (*LING*) inglese *m*; **the ~ npl** gli Inglesi; **the ~ Channel** *n* la Manica; **~man/woman** (*irreg*) *n* inglese *m/f*

engraving [ɪnˈgreɪvɪŋ] *n* incisione *f*

engrossed [ɪnˈgrəust] *adj*: **~ in** assorbito(a) da, preso(a) da

engulf [ɪnˈgʌlf] *vt* inghiottire

enhance [ɪnˈhɑːns] *vt* accrescere

enjoy [ɪnˈdʒɔɪ] *vt* godere; (*have: success, fortune*) avere; **to ~ o.s.** godersela, divertirsi; **~able** *adj* piacevole; **~ment** *n* piacere *m*, godimento

enlarge [ɪnˈlɑːdʒ] *vt* ingrandire ♦ *vi*: **to ~ on** (*subject*) dilungarsi su

enlighten [ɪnˈlaɪtn] *vt* illuminare; dare schiarimenti a; **~ed** *adj* illuminato(a); **~ment** *n*: **the E~ment** (*HISTORY*) l'Illuminismo

enlist [ɪnˈlɪst] *vt* arruolare; (*support*) procurare ♦ *vi* arruolarsi

enmity [ˈenmɪtɪ] *n* inimicizia

enormous [ɪˈnɔːməs] *adj* enorme

enough [ɪˈnʌf] *adj, n*: **~ time/books** assai tempo/libri; **have you got ~?** ne ha abbastanza *or* a sufficienza? ♦ *adv*: **big ~** abbastanza grande; **he has not worked ~** non ha lavorato abbastanza; **~!** basta!; **that's ~, thanks** basta così, grazie; **I've had ~ of him** ne ho abbastanza di lui; **... which, funnily** *or* **oddly ~** ... che, strano a dirsi

enquire [ɪnˈkwaɪə*] *vt, vi* = **inquire**

enrage [ɪnˈreɪdʒ] *vt* fare arrabbiare

enrich [ɪnˈrɪtʃ] *vt* arricchire

enrol [ɪnˈrəul] (*US* **enroll**) *vt* iscrivere ♦ *vi* iscriversi; **~ment** (*US* **enrollment**) *n* iscrizione *f*

en suite [ɒnˈswiːt] *adj*: **room with ~ bathroom** camera con bagno

ensure [ɪnˈʃuə*] *vt* assicurare; garantire

entail [ɪnˈteɪl] *vt* comportare

entangled [ɪnˈtæŋgld] *adj*: **to become ~ (in)** impigliarsi (in)

enter [ˈentə*] *vt* entrare in; (*army*) arruolarsi in; (*competition*) partecipare a; (*sb for a competition*) iscrivere; (*write down*) registrare; (COMPUT) inserire ♦ vi entrare; ~ **for** vt fus iscriversi a; ~ **into** vt fus (explanation) cominciare a dare; (debate) partecipare a; (agreement) concludere

enterprise ['ɛntəpraɪz] n (undertaking, company) impresa; (spirit) iniziativa; **free ~** liberalismo economico; **private ~** iniziativa privata

enterprising ['ɛntəpraɪzɪŋ] adj intraprendente

entertain [ɛntə'teɪn] vt divertire; (invite) ricevere; (idea, plan) nutrire; **~er** n comico/a; **~ing** adj divertente; **~ment** n (amusement) divertimento; (show) spettacolo

enthralled [ɪn'θrɔːld] adj affascinato(a)

enthusiasm [ɪn'θuːzɪæzəm] n entusiasmo

enthusiast [ɪn'θuːzɪæst] n entusiasta m/f; **~ic** [-'æstɪk] adj entusiasta, entusiastico(a); **to be ~ic about sth/sb** essere appassionato(a) di qc/entusiasta di qn

entire [ɪn'taɪə*] adj intero(a); **~ly** adv completamente, interamente; **~ty** [ɪn'taɪərətɪ] n: **in its ~ty** nel suo complesso

entitle [ɪn'taɪtl] vt (give right): **to ~ sb to sth/to do** dare diritto a qn a qc/a fare; **~d** adj (book) che si intitola; **to be ~d to do** avere il diritto di fare

entrails ['ɛntreɪlz] npl interiora fpl

entrance [n 'ɛntrns, vb ɪn'trɑːns] n entrata, ingresso; (of person) entrata ♦ vt incantare, rapire; **to gain ~ to** (university etc) essere ammesso a; ~ **examination** n esame m di ammissione; ~ **fee** n tassa d'iscrizione; (to museum etc) prezzo d'ingresso; ~ **ramp** (US) n (AUT) rampa di accesso

entrant ['ɛntrnt] n partecipante m/f; concorrente m/f

entreat [ɛn'triːt] vt supplicare

entrenched [ɛn'trɛntʃt] adj radicato(a)

entrepreneur [ɔntrəprə'nəː*] n imprenditore m

entrust [ɪn'trʌst] vt: **to ~ sth to** affidare qc a

entry ['ɛntrɪ] n entrata; (way in) entrata, ingresso; (item: on list) iscrizione f; (in dictionary) voce f; **no ~** vietato l'ingresso; (AUT) divieto di accesso; ~ **form** n modulo

d'iscrizione; ~ **phone** n citofono

envelop [ɪn'vɛləp] vt avvolgere, avviluppare

envelope ['ɛnvələup] n busta

envious ['ɛnvɪəs] adj invidioso(a)

environment [ɪn'vaɪərnmənt] n ambiente m; **~al** [-'mɛntl] adj ecologico(a); ambientale; **~-friendly** adj che rispetta l'ambiente

envisage [ɪn'vɪzɪdʒ] vt immaginare; prevedere

envoy ['ɛnvɔɪ] n inviato/a

envy ['ɛnvɪ] n invidia ♦ vt invidiare; **to ~ sb sth** invidiare qn per qc

epic ['ɛpɪk] n poema m epico ♦ adj epico(a)

epidemic [ɛpɪ'dɛmɪk] n epidemia

epilepsy ['ɛpɪlɛpsɪ] n epilessia

episode ['ɛpɪsəud] n episodio

epistle [ɪ'pɪsl] n epistola

epitome [ɪ'pɪtəmɪ] n epitome f; quintessenza; **epitomize** vt (fig) incarnare

equal ['iːkwl] adj uguale ♦ n pari m/f inv ♦ vt uguagliare; ~ **to** (task) all'altezza di; **~ity** [iː'kwɔlɪtɪ] n uguaglianza; **~ize** vi pareggiare; **~ly** adv ugualmente

equanimity [ɛkwə'nɪmɪtɪ] n serenità

equate [ɪ'kweɪt] vt: **to ~ sth with** considerare qc uguale a; (compare) paragonare qc con; **equation** [ɪ'kweɪʃən] n (MATH) equazione f

equator [ɪ'kweɪtə*] n equatore m

equilibrium [iːkwɪ'lɪbrɪəm] n equilibrio

equip [ɪ'kwɪp] vt equipaggiare, attrezzare; **to ~ sb/sth with** fornire qn/qc di; **to be well ~ped** (office etc) essere ben attrezzato(a); **he is well ~ped for the job** ha i requisiti necessari per quel lavoro; **~ment** n attrezzatura; (electrical etc) apparecchiatura

equitable ['ɛkwɪtəbl] adj equo(a), giusto(a)

equities ['ɛkwɪtɪz] (BRIT) npl (COMM) azioni fpl ordinarie

equivalent [ɪ'kwɪvəlnt] adj equivalente ♦ n equivalente m; **to be ~ to** equivalere a

era ['ɪərə] n era, età f inv

eradicate [ɪ'rædɪkeɪt] vt sradicare

erase [ɪ'reɪz] vt cancellare; **~r** n gomma

erect [ɪ'rɛkt] adj eretto(a) ♦ vt costruire; (assemble) montare; **~ion** [ɪ'rɛkʃən] n costruzione *f*; montaggio; (*PHYSIOL*) erezione *f*

ERM *n* (= *Exchange Rate Mechanism*) ERM *m*

ermine ['ə:mɪn] *n* ermellino

erode [ɪ'rəʊd] *vt* erodere; (*metal*) corrodere

erotic [ɪ'rɔtɪk] *adj* erotico(a)

errand ['ɛrnd] *n* commissione *f*

erratic [ɪ'rætɪk] *adj* imprevedibile; (*person, mood*) incostante

error ['ɛrə*] *n* errore *m*

erupt [ɪ'rʌpt] *vi* (*volcano*) mettersi (*or* essere) in eruzione; (*war, crisis*) scoppiare; **~ion** [ɪ'rʌpʃən] *n* eruzione *f*; scoppio

escalate ['ɛskəleɪt] *vi* intensificarsi

escalator ['ɛskəleɪtə*] *n* scala mobile

escapade [ɛskə'peɪd] *n* scappatella; avventura

escape [ɪ'skeɪp] *n* evasione *f*; fuga; (*of gas etc*) fuga, fuoriuscita ♦ *vi* fuggire; (*from jail*) evadere, scappare; (*leak*) uscire ♦ *vt* sfuggire a; **to ~ from** (*place*) fuggire da; (*person*) sfuggire a; **escapism** *n* evasione *f* (dalla realtà)

escort [*n* 'ɛskɔ:t, *vb* ɪ'skɔ:t] *n* scorta; (*male companion*) cavaliere *m* ♦ *vt* scortare; accompagnare

Eskimo ['ɛskɪməʊ] *n* eschimese *m/f*

especially [ɪ'spɛʃlɪ] *adv* specialmente; soprattutto; espressamente

espionage ['ɛspɪənɑ:ʒ] *n* spionaggio

esplanade [ɛsplə'neɪd] *n* lungomare *m inv*

Esq. *abbr* = **Esquire**

Esquire [ɪ'skwaɪə*] *n*: **J. Brown, ~** Signor J. Brown

essay ['ɛseɪ] *n* (*SCOL*) composizione *f*; (*LITERATURE*) saggio

essence ['ɛsns] *n* essenza

essential [ɪ'sɛnʃl] *adj* essenziale ♦ *n* elemento essenziale; **~ly** *adv* essenzialmente

establish [ɪ'stæblɪʃ] *vt* stabilire; (*business*) mettere su; (*one's power etc*) affermare; **~ed** *adj* (*business etc*) affermato(a); **~ment** *n* stabilimento; **the E~ment** la classe dirigente, l'establishment *m*

estate [ɪ'steɪt] *n* proprietà *f inv*; beni *mpl*, patrimonio; (*BRIT: also*: **housing ~**) complesso

edilizio; **~ agent** (*BRIT*) *n* agente *m* immobiliare; **~ car** (*BRIT*) *n* giardiniera

esteem [ɪ'sti:m] *n* stima ♦ *vt* (*think highly of*) stimare; (*consider*) considerare

esthetic [ɪs'θɛtɪk] (*US*) *adj* = **aesthetic**

estimate [*n* 'ɛstɪmət, *vb* 'ɛstɪmeɪt] *n* stima; (*COMM*) preventivo ♦ *vt* stimare, valutare; **estimation** [-'meɪʃən] *n* stima; opinione *f*

estranged [ɪ'streɪndʒd] *adj* separato(a)

etc *abbr* (= *et cetera*) etc, ecc

eternal [ɪ'tə:nl] *adj* eterno(a)

eternity [ɪ'tə:nɪtɪ] *n* eternità

ether ['i:θə*] *n* etere *m*

ethical ['ɛθɪkl] *adj* etico(a), morale

ethics ['ɛθɪks] *n* etica ♦ *npl* morale *f*

Ethiopia [i:θɪ'əʊpɪə] *n* Etiopia

ethnic ['ɛθnɪk] *adj* etnico(a); **~ minority** *n* minoranza etnica

ethos ['i:θɔs] *n* norma di vita

etiquette ['ɛtɪkɛt] *n* etichetta

EU *n abbr* (= *European Union*) UE

euro ['jʊərəʊ] *n* (*currency*) euro *m inv*

Euroland ['jʊərəʊlænd] *n* Eurolandia

Eurocheque ['jʊərəʊtʃɛk] *n* eurochèque *m inv*

Europe ['jʊərəp] *n* Europa; **European** [-'pi:ən] *adj*, *n* europeo(a); **European Community** *n* Comunità Europea

evacuate [ɪ'vækjʊeɪt] *vt* evacuare

evade [ɪ'veɪd] *vt* (*tax*) evadere; (*duties etc*) sottrarsi a; (*person*) schivare

evaluate [ɪ'væljʊeɪt] *vt* valutare

evaporate [ɪ'væpəreɪt] *vi* evaporare; **~d milk** *n* latte *m* concentrato

evasion [ɪ'veɪʒən] *n* evasione *f*

evasive [ɪ'veɪsɪv] *adj* evasivo(a)

eve [i:v] *n*: **on the ~ of** alla vigilia di

even ['i:vn] *adj* regolare; (*number*) pari *inv* ♦ *adv* anche, perfino; **~ if**, **~ though** anche se; **~ more** ancora di più; **~ so** ciò nonostante; **not ~** nemmeno; **to get ~ with sb** dare la pari a qn

evening ['i:vnɪŋ] *n* sera; (*as duration, event*) serata; **in the ~** la sera; **~ class** *n* corso serale; **~ dress** *n* (*woman's*) abito da sera; **in ~ dress** (*man*) in abito scuro; (*woman*) in abito lungo

event [ɪ'vɛnt] *n* avvenimento; (*SPORT*) gara; **in the ~ of** in caso di; **~ful** *adj* denso(a) di eventi

eventual [ɪ'vɛntʃuəl] *adj* finale; **~ity** [-'ælɪtɪ] *n* possibilità *f inv*, eventualità *f inv*; **~ly** *adv* alla fine

ever ['ɛvə*] *adv* mai; (*at all times*) sempre; **the best ~** il migliore che ci sia mai stato; **have you ~ seen it?** l'ha mai visto?; **~ since** *adv* da allora ♦ *conj* sin da quando; **~ so pretty** così bello(a); **~green** *n* sempreverde *m*; **~lasting** *adj* eterno(a)

every ['ɛvrɪ] *adj* ogni; **~ day** tutti i giorni, ogni giorno; **~ other/third day** ogni due/tre giorni; **~ other car** una macchina su due; **~ now and then** ogni tanto, di quando in quando; **~body** *pron* = **~one**; **~day** *adj* quotidiano(a); di ogni giorno; **~one** *pron* ognuno, tutti *pl*; **~thing** *pron* tutto, ogni cosa; **~where** *adv* (*gen*) dappertutto; (*wherever*) ovunque

evict [ɪ'vɪkt] *vt* sfrattare

evidence ['ɛvɪdns] *n* (*proof*) prova; (*of witness*) testimonianza; (*sign*): **to show ~ of** dare segni di; **to give ~** deporre

evident ['ɛvɪdnt] *adj* evidente; **~ly** *adv* evidentemente

evil ['iːvl] *adj* cattivo(a), maligno(a) ♦ *n* male *m*

evoke [ɪ'vəuk] *vt* evocare

evolution [iːvə'luːʃən] *n* evoluzione *f*

evolve [ɪ'vɔlv] *vt* elaborare ♦ *vi* svilupparsi, evolversi

ewe [juː] *n* pecora

ex- [ɛks] *prefix* ex

exacerbate [ɛks'æsəbeɪt] *vt* aggravare

exact [ɪg'zækt] *adj* esatto(a) ♦ *vt*: **to ~ sth (from)** estorcere qc (da); esigere qc (da); **~ing** *adj* esigente; (*work*) faticoso(a); **~ly** *adv* esattamente

exaggerate [ɪg'zædʒəreɪt] *vt, vi* esagerare; **exaggeration** [-'reɪʃən] *n* esagerazione *f*

exalted [ɪg'zɔːltɪd] *adj* esaltato(a); elevato(a)

exam [ɪg'zæm] *n abbr* (*SCOL*) = **examination**

examination [ɪgzæmɪ'neɪʃən] *n* (*SCOL*) esame *m*; (*MED*) controllo

examine [ɪg'zæmɪn] *vt* esaminare; **~r** *n* esaminatore/trice

example [ɪg'zɑːmpl] *n* esempio; **for ~** ad *or* per esempio

exasperate [ɪg'zɑːspəreɪt] *vt* esasperare; **exasperating** *adj* esasperante; **exasperation** [-'reɪʃən] *n* esasperazione *f*

excavate ['ɛkskəveɪt] *vt* scavare

exceed [ɪk'siːd] *vt* superare; (*one's powers, time limit*) oltrepassare; **~ingly** *adv* eccessivamente

excellent ['ɛksələnt] *adj* eccellente

except [ɪk'sɛpt] *prep* (*also:* **~ for, ~ing**) salvo, all'infuori di, eccetto ♦ *vt* escludere; **~ if/when** salvo se/quando; **~ that** salvo che; **~ion** [ɪk'sɛpʃən] *n* eccezione *f*; **to take ~ion to** trovare da ridire su; **~ional** [ɪk'sɛpʃənl] *adj* eccezionale

excerpt ['ɛksəːpt] *n* estratto

excess [ɪk'sɛs] *n* eccesso; **~ baggage** *n* bagaglio in eccedenza; **~ fare** *n* supplemento; **~ive** *adj* eccessivo(a)

exchange [ɪks'tʃeɪndʒ] *n* scambio; (*also: telephone ~*) centralino ♦ *vt*: **to ~ (for)** scambiare (con); **~ rate** *n* tasso di cambio

Exchequer [ɪks'tʃɛkə*] *n*: **the ~** (*BRIT*) lo Scacchiere, ≈ il ministero delle Finanze

excise ['ɛksaɪz] *n* imposta, dazio

excite [ɪk'saɪt] *vt* eccitare; **to get ~d** eccitarsi; **~ment** *n* eccitazione *f*; agitazione *f*; **exciting** *adj* avventuroso(a); (*film, book*) appassionante

exclaim [ɪk'skleɪm] *vi* esclamare; **exclamation** [ɛkskləˈmeɪʃən] *n* esclamazione *f*; **exclamation mark** *n* punto esclamativo

exclude [ɪk'skluːd] *vt* escludere

exclusive [ɪk'skluːsɪv] *adj* esclusivo(a); **~ of VAT** I.V.A. esclusa

excommunicate [ɛkskə'mjuːnɪkeɪt] *vt* scomunicare

excruciating [ɪk'skruːʃɪeɪtɪŋ] *adj* straziante, atroce

excursion [ɪk'skəːʃən] *n* escursione *f*, gita

excuse [*n* ɪk'skjuːs, *vb* ɪk'skjuːz] *n* scusa ♦ *vt* scusare; **to ~ sb from** (*activity*) dispensare qn da; **~ me!** mi scusi!; **now, if you will ~**

me ... ora, mi scusi ma ....

ex-directory (*BRIT*) *adj* (*TEL*): **to be ~** non essere sull'elenco

execute ['eksɪkjuːt] *vt* (*prisoner*) giustiziare; (*plan etc*) eseguire

execution [eksɪ'kjuːʃən] *n* esecuzione *f*; **~er** *n* boia *m inv*

executive [ɪg'zekjutɪv] *n* (*COMM*) dirigente *m*; (*POL*) esecutivo ♦ *adj* esecutivo(a)

exemplify [ɪg'zemplɪfaɪ] *vt* esemplificare

exempt [ɪg'zempt] *adj* esentato(a) ♦ *vt*: **to ~ sb from** esentare qn da; **~ion** [ɪg'zempʃən] *n* esenzione *f*

exercise ['eksəsaɪz] *n* (*keep fit*) moto; (*SCOL, MIL etc*) esercizio ♦ *vt* esercitare; (*patience*) usare; (*dog*) portar fuori ♦ *vi* (*also*: **take ~**) fare del moto; **~bike** *n* cyclette *f inv*; **~ book** *n* quaderno

exert [ɪg'zəːt] *vt* esercitare; **to ~ o.s.** sforzarsi; **~ion** [-ʃən] *n* sforzo

exhale [eks'heɪl] *vt*, *vi* espirare

exhaust [ɪg'zɔːst] *n* (*also*: **~ fumes**) scappamento; (*also*: **~ pipe**) tubo di scappamento ♦ *vt* esaurire; **~ed** *adj* esaurito(a); **~ion** [ɪg'zɔːstʃən] *n* esaurimento; **nervous ~ion** sovraffaticamento mentale; **~ive** *adj* esauriente

exhibit [ɪg'zɪbɪt] *n* (*ART*) oggetto esposto; (*LAW*) documento *or* oggetto esibito ♦ *vt* esporre; (*courage, skill*) dimostrare; **~ion** [eksɪ'bɪʃən] *n* mostra, esposizione *f*

exhilarating [ɪg'zɪləreɪtɪŋ] *adj* esilarante; stimolante

exhort [ɪg'zɔːt] *vt* esortare

exile ['eksaɪl] *n* esilio; (*person*) esiliato/a ♦ *vt* esiliare

exist [ɪg'zɪst] *vi* esistere; **~ence** *n* esistenza; **~ing** *adj* esistente

exit ['eksɪt] *n* uscita ♦ *vi* (*THEATRE, COMPUT*) uscire; **~ poll** *n* exit poll *m inv*; **~ ramp** *n* (*US*) (*AUT*) rampa di uscita

exodus ['eksədəs] *n* esodo

exonerate [ɪg'zɔnəreɪt] *vt*: **to ~ from** discolpare da

exotic [ɪg'zɔtɪk] *adj* esotico(a)

expand [ɪk'spænd] *vt* espandere; estendere;

allargare ♦ *vi* (*business, gas*) espandersi; (*metal*) dilatarsi

expanse [ɪk'spæns] *n* distesa, estensione *f*

expansion [ɪk'spænʃən] *n* (*gen*) espansione *f*; (*of town, economy*) sviluppo; (*of metal*) dilatazione *f*

expect [ɪk'spekt] *vt* (*anticipate*) prevedere, aspettarsi, prevedere *or* aspettarsi che +*sub*; (*require*) richiedere, esigere; (*suppose*) supporre; (*await, also baby*) aspettare ♦ *vi*: **to be ~ing** essere in stato interessante; **to ~ sb to do** aspettarsi che qn faccia; **~ancy** *n* (*anticipation*) attesa; **life ~ancy** probabilità *fpl* di vita; **~ant mother** *n* gestante *f*; **~ation** [ekspek'teɪʃən] *n* aspettativa; speranza

expediency [ɪk'spiːdɪənsɪ] *n* convenienza

expedient [ɪk'spiːdɪənt] *adj* conveniente; vantaggioso(a) ♦ *n* espediente *m*

expedition [ekspə'dɪʃən] *n* spedizione *f*

expel [ɪk'spel] *vt* espellere

expend [ɪk'spend] *vt* spendere; (*use up*) consumare; **~iture** [ɪk'spendɪtʃəʳ] *n* spesa

expense [ɪk'spens] *n* spesa; (*high cost*) costo; **~s** *npl* (*COMM*) spese *fpl*, indennità *fpl*; **at the ~ of** a spese di; **~ account** *n* conto *m* spese *inv*

expensive [ɪk'spensɪv] *adj* caro(a), costoso(a)

experience [ɪk'spɪərɪəns] *n* esperienza ♦ *vt* (*pleasure*) provare; (*hardship*) soffrire; **~d** *adj* esperto(a)

experiment [*n* ɪk'sperɪmənt, *vb* ɪk'sperɪment] *n* esperimento, esperienza ♦ *vi*: **to ~ (with/on)** fare esperimenti (con/su)

expert ['ekspəːt] *adj*, *n* esperto(a); **~ise** [-'tiːz] *n* competenza

expire [ɪk'spaɪəʳ] *vi* (*period of time, licence*) scadere; **expiry** *n* scadenza

explain [ɪk'spleɪn] *vt* spiegare; **explanation** [eksplə'neɪʃən] *n* spiegazione *f*; **explanatory** [ɪk'splænətrɪ] *adj* esplicativo(a)

explicit [ɪk'splɪsɪt] *adj* esplicito(a)

explode [ɪk'spləud] *vi* esplodere

exploit [*n* 'eksplɔɪt, *vb* ɪk'splɔɪt] *n* impresa ♦ *vt* sfruttare; **~ation** [-'teɪʃən] *n* sfruttamento

exploratory [ɪk'splɔrətrɪ] *adj* esplorativo(a)

explore [ɪk'splɔ:*] *vt* esplorare; (*possibilities*) esaminare; **~r** *n* esploratore/trice

explosion [ɪk'spləuʒən] *n* esplosione *f*

explosive [ɪk'spləusɪv] *adj* esplosivo(a) ♦ *n* esplosivo

exponent [ɪk'spəunənt] *n* esponente *m/f*

export [*vb* ɛk'spɔ:t, *n* 'ɛkspɔ:t] *vt* esportare ♦ *n* esportazione *f*; articolo di esportazione ♦ *cpd* d'esportazione; **~er** *n* esportatore *m*

expose [ɪk'spəuz] *vt* esporre; (*unmask*) smascherare; **~d** *adj* (*position*) esposto(a)

exposure [ɪk'spəuʒə*] *n* esposizione *f*; (*PHOT*) posa; (*MED*) assideramento; **~ meter** *n* esposimetro

express [ɪk'sprɛs] *adj* (*definite*) chiaro(a), espresso(a); (*BRIT: letter etc*) espresso *inv* ♦ *n* (*train*) espresso ♦ *vt* esprimere; **~ion** [ɪk'sprɛʃən] *n* espressione *f*; **~ive** *adj* espressivo(a); **~ly** *adv* espressamente; **~way** (*US*) *n* (*urban motorway*) autostrada che attraversa la città

exquisite [ɛk'skwɪzɪt] *adj* squisito(a)

extend [ɪk'stɛnd] *vt* (*visit*) protrarre; (*road, deadline*) prolungare; (*building*) ampliare; (*offer*) offrire, porgere ♦ *vi* (*land, period*) estendersi

extension [ɪk'stɛnʃən] *n* (*of road, term*) prolungamento; (*of contract, deadline*) proroga; (*building*) annesso; (*to wire, table*) prolunga; (*telephone*) interno; (: *in private house*) apparecchio supplementare

extensive [ɪk'stɛnsɪv] *adj* esteso(a), ampio(a); (*damage*) su larga scala; (*coverage, discussion*) esauriente; (*use*) grande; **~ly** *adv*: **he's travelled ~ly** ha viaggiato molto

extent [ɪk'stɛnt] *n* estensione *f*; **to some ~** fino a un certo punto; **to such an ~ that ...** a un tal punto che ...; **to what ~?** fino a che punto?; **to the ~ of ...** fino al punto di ...

extenuating [ɪks'tɛnjueɪtɪŋ] *adj*: **~ circumstances** attenuanti *fpl*

exterior [ɛk'stɪərɪə*] *adj* esteriore, esterno(a) ♦ *n* esteriore *m*, esterno; aspetto (esteriore)

exterminate [ɪk'stə:mɪneɪt] *vt* sterminare

external [ɛk'stə:nl] *adj* esterno(a), esteriore

extinct [ɪk'stɪŋkt] *adj* estinto(a)

extinguish [ɪk'stɪŋgwɪʃ] *vt* estinguere; **~er** *n* estintore *m*

extort [ɪk'stɔ:t] *vt*: **to ~ sth (from)** estorcere qc (da); **~ionate** [ɪk'stɔ:ʃənɪt] *adj* esorbitante

extra ['ɛkstrə] *adj* extra *inv*, supplementare ♦ *adv* (*in addition*) di più ♦ *n* extra *m inv*; (*surcharge*) supplemento; (*CINEMA, THEATRE*) comparsa

extra... ['ɛkstrə] *prefix* extra...

extract [*vb* ɪk'strækt, *n* 'ɛkstrækt] *vt* estrarre; (*money, promise*) strappare ♦ *n* estratto; (*passage*) brano

extracurricular ['ɛkstrəkə'rɪkjulə*] *adj* extrascolastico(a)

extradite ['ɛkstrədaɪt] *vt* estradare

extramarital [ɛkstrə'mærɪtl] *adj* extraconiugale

extramural [ɛkstrə'mjuərl] *adj* fuori dell'università

extraordinary [ɪk'strɔ:dnrɪ] *adj* straordinario(a)

extravagance [ɪk'strævəgəns] *n* sperpero; stravaganza

extravagant [ɪk'strævəgənt] *adj* (*lavish*) prodigo(a); (*wasteful*) dispendioso(a)

extreme [ɪk'stri:m] *adj* estremo(a) ♦ *n* estremo; **~ly** *adv* estremamente

extricate ['ɛkstrɪkeɪt] *vt*: **to ~ sth (from)** districare qc (da)

extrovert ['ɛkstrəvə:t] *n* estroverso/a

exude [ɪg'zju:d] *vt* trasudare; (*fig*) emanare

eye [aɪ] *n* occhio; (*of needle*) cruna ♦ *vt* osservare; **to keep an ~ on** tenere d'occhio; **~brow** *n* sopracciglio; **~drops** *npl* gocce *fpl* oculari, collirio; **~lash** *n* ciglio; **~lid** *n* palpebra; **~liner** *n* eye-liner *m inv*; **~-opener** *n* rivelazione *f*; **~shadow** *n* ombretto; **~sight** *n* vista; **~sore** *n* pugno nell'occhio; **~ witness** *n* testimone *m/f* oculare

F, f

F [ɛf] n (MUS) fa m
fable ['feɪbl] n favola
fabric ['fæbrɪk] n stoffa, tessuto
fabulous ['fæbjuləs] adj favoloso(a); (super) favoloso(a), fantastico(a)
façade [fə'sɑːd] n (also fig) facciata
face [feɪs] n faccia, viso, volto; (expression) faccia; (of clock) quadrante m; (of building) facciata ♦ vt essere di fronte a; (facts, situation) affrontare; ~ **down** a faccia in giù; **to make** or **pull a** ~ fare una smorfia; **in the** ~ **of** (difficulties etc) di fronte a; **on the** ~ **of it** a prima vista; ~ **to** ~ faccia a faccia; ~ **up to** vt fus affrontare, far fronte a; ~ **cloth** (BRIT) n guanto di spugna; ~ **cream** n crema per il viso; ~ **lift** n lifting m inv; (of façade etc) ripulita; ~ **powder** n cipria; ~-**saving** adj per salvare la faccia
facet ['fæsɪt] n sfaccettatura
facetious [fə'siːʃəs] adj faceto(a)
face value n (of coin) valore m facciale or nominale; **to take sth at** ~ (fig) giudicare qc dalle apparenze
facial ['feɪʃəl] adj del viso
facile ['fæsaɪl] adj superficiale
facilities [fə'sɪlɪtɪz] npl attrezzature fpl; **credit** ~ facilitazioni fpl di credito
facing ['feɪsɪŋ] prep di fronte a
facsimile [fæk'sɪmɪlɪ] n facsimile m inv; ~ **machine** n telecopiatrice f
fact [fækt] n fatto; **in** ~ infatti
factor ['fæktə*] n fattore m
factory ['fæktərɪ] n fabbrica, stabilimento
factual ['fæktjuəl] adj che si attiene ai fatti
faculty ['fækəltɪ] n facoltà f inv; (US) corpo insegnante
fad [fæd] n mania; capriccio
fade [feɪd] vi sbiadire, sbiadirsi; (light, sound, hope) attenuarsi, affievolirsi; (flower) appassire
fag [fæg] (BRIT: inf) n (cigarette) cicca
fail [feɪl] vt (exam) non superare; (candidate) bocciare; (subj: courage, memory) mancare

a ♦ vi fallire; (student) essere respinto(a); (eyesight, health, light) venire a mancare; **to** ~ **to do sth** (neglect) mancare di fare qc; (be unable) non riuscire a fare qc; **without** ~ senza fallo; certamente; ~**ing** n difetto ♦ prep in mancanza di; ~**ure** ['feɪljə*] n fallimento; (person) fallito/a; (mechanical etc) guasto
faint [feɪnt] adj debole; (recollection) vago(a); (mark) indistinto(a) ♦ n (MED) svenimento ♦ vi svenire; **to feel** ~ sentirsi svenire
fair [fɛə*] adj (person, decision) giusto(a), equo(a); (quite large, quite good) discreto(a); (hair etc) biondo(a); (skin, complexion) chiaro(a); (weather) bello(a), clemente ♦ adv (play) lealmente ♦ n fiera; (BRIT: funfair) luna park m inv; ~**ly** adv equamente; (quite) abbastanza; ~**ness** n equità, giustizia; ~ **play** n correttezza
fairy ['fɛərɪ] n fata; ~ **tale** n fiaba
faith [feɪθ] n fede f; (trust) fiducia; (sect) religione f, fede f; ~**ful** adj fedele; ~**fully** adv fedelmente; **yours** ~**fully** (BRIT: in letters) distinti saluti
fake [feɪk] n imitazione f; (picture) falso; (person) impostore/a ♦ adj falso(a) ♦ vt (accounts) falsificare; (illness) fingere; (painting) contraffare
fall [fɔːl] (pt fell, pp fallen) n caduta; (in temperature) abbassamento; (in price) ribasso; (US: autumn) autunno ♦ vi cadere; (temperature, price, night) scendere; ~**s** npl (waterfall) cascate fpl; **to** ~ **flat** (on one's face) cadere bocconi; (joke) fare cilecca; (plan) fallire; ~ **back** vi (retreat) indietreggiare; (MIL) ritirarsi; ~ **back on** vt fus (remedy etc) ripiegare su; ~ **behind** vi rimanere indietro; ~ **down** vi (person) cadere; (building) crollare; ~ **for** vt fus (person) prendere una cotta per; **to** ~ **for a trick** (or a story etc) cascarci; ~ **in** vi crollare; (MIL) mettersi in riga; ~ **off** vi cadere; (diminish) diminuire, abbassarsi; ~ **out** vi (hair, teeth) cadere; (friends etc) litigare; ~ **through** vi (plan, project) fallire
fallacy ['fæləsɪ] n errore m

fallen ['fɔːlən] *pp of* **fall**

fallout ['fɔːlaut] *n* fall-out *m*

fallow ['fæləu] *adj* incolto(a), a maggese

false [fɔːls] *adj* falso(a); **under ~ pretences** con l'inganno; **~ teeth** (*BRIT*) *npl* denti *mpl* finti

falter ['fɔːltə*] *vi* esitare, vacillare

fame [feɪm] *n* fama, celebrità

familiar [fə'mɪlɪə*] *adj* familiare; (*close*) intimo(a); **to be ~ with** (*subject*) conoscere; **~ize** [fə'mɪlɪəraɪz] *vt*: **to ~ize o.s. with** familiarizzare con

family ['fæmɪlɪ] *n* famiglia; **~ business** *n* ditta a conduzione familiare

famine ['fæmɪn] *n* carestia

famished ['fæmɪʃt] *adj* affamato(a)

famous ['feɪməs] *adj* famoso(a); **~ly** *adv* (*get on*) a meraviglia

fan [fæn] *n* (*folding*) ventaglio; (*ELEC*) ventilatore *m*; (*person*) ammiratore/trice; tifoso/a ♦ *vt* far vento a; (*fire, quarrel*) alimentare

fanatic [fə'nætɪk] *n* fanatico/a

fan belt *n* cinghia del ventilatore

fanciful ['fænsɪful] *adj* fantasioso(a)

fancy ['fænsɪ] *n* immaginazione *f*, fantasia; (*whim*) capriccio ♦ *adj* (*hat*) stravagante; (*hotel, food*) speciale ♦ *vt* (*feel like, want*) aver voglia di; (*imagine, think*) immaginare; **to take a ~ to** incapricciarsi di; **he fancies her** (*inf*) gli piace; **~ dress** *n* costume *m* (per maschera); **~-dress ball** *n* ballo in maschera

fang [fæŋ] *n* zanna; (*of snake*) dente *m*

fantastic [fæn'tæstɪk] *adj* fantastico(a)

fantasy ['fæntəsɪ] *n* fantasia, immaginazione *f*; fantasticheria; chimera

far [fɑː*] *adj* lontano(a) ♦ *adv* lontano; (*much, greatly*) molto; **~ away, ~ off** lontano, distante; **~ better** assai migliore; **~ from** lontano da; **by ~** di gran lunga; **go as ~ as the farm** vada fino alla fattoria; **as ~ as I know** per quel che so; **how ~?** quanto lontano?; (*referring to activity etc*) fino a dove?; **~away** *adj* lontano(a)

farce [fɑːs] *n* farsa

fare [fɛə*] *n* (*on trains, buses*) tariffa; (*in taxi*) prezzo della corsa; (*food*) vitto, cibo; **half ~** metà tariffa; **full ~** tariffa intera

Far East *n*: **the ~** l'Estremo Oriente *m*

farewell [fɛə'wɛl] *excl, n* addio

farm [fɑːm] *n* fattoria, podere *m* ♦ *vt* coltivare; **~er** *n* coltivatore/trice; agricoltore/trice; **~hand** *n* bracciante *m* agricolo; **~house** *n* fattoria; **~ing** *n* (*gen*) agricoltura; (*of crops*) coltivazione *f*; (*of animals*) allevamento; **~land** *n* terreno coltivabile; **~ worker** *n* = **~hand**; **~yard** *n* aia

far-reaching [-'riːtʃɪŋ] *adj* di vasta portata

fart [fɑːt] (*inf!*) *vi* scoreggiare (!)

farther ['fɑːðə*] *adv* più lontano ♦ *adj* più lontano(a)

farthest ['fɑːðɪst] *superl of* **far**

fascinate ['fæsɪneɪt] *vt* affascinare; **fascinating** *adj* affascinante; **fascination** [-'neɪʃən] *n* fascino

fascism ['fæʃɪzəm] *n* fascismo

fashion ['fæʃən] *n* moda; (*manner*) maniera, modo ♦ *vt* foggiare, formare; **in ~** alla moda; **out of ~** passato(a) di moda; **~able** *adj* alla moda, di moda; **~ show** *n* sfilata di moda

fast [fɑːst] *adj* rapido(a), svelto(a), veloce; (*clock*): **to be ~** andare avanti; (*dye, colour*) solido(a) ♦ *adv* rapidamente; (*stuck, held*) saldamente ♦ *n* digiuno ♦ *vi* digiunare; **~ asleep** profondamente addormentato

fasten ['fɑːsn] *vt* chiudere, fissare; (*coat*) abbottonare, allacciare ♦ *vi* chiudersi, fissarsi; abbottonarsi, allacciarsi; **~er** *n* fermaglio, chiusura; **~ing** *n* = **~er**

fast food *n* fast food *m*

fastidious [fæs'tɪdɪəs] *adj* esigente, difficile

fat [fæt] *adj* grasso(a); (*book, profit etc*) grosso(a) ♦ *n* grasso

fatal ['feɪtl] *adj* fatale; mortale; disastroso(a); **~ity** [fə'tælɪtɪ] *n* (*road death etc*) morto/a, vittima; **~ly** *adv* a morte

fate [feɪt] *n* destino; (*of person*) sorte *f*; **~ful** *adj* fatidico(a)

father ['fɑːðə*] *n* padre *m*; **~-in-law** *n* suocero; **~ly** *adj* paterno(a)

fathom ['fæðəm] *n* braccio (= *1828 mm*)

♦ vt (mystery) penetrare, sondare

fatigue [fə'ti:g] n stanchezza

fatten ['fætn] vt, vi ingrassare

fatty ['fæti] adj (food) grasso(a) ♦ n (inf) ciccione/a

fatuous ['fætjuəs] adj fatuo(a)

faucet ['fɔ:sit] (US) n rubinetto

fault [fɔ:lt] n colpa; (TENNIS) fallo; (defect) difetto; (GEO) faglia ♦ vt criticare; **it's my ~** è colpa mia; **to find ~ with** trovare da ridire su; **at ~** in fallo; **~y** adj difettoso(a)

fauna ['fɔ:nə] n fauna

favour ['feɪvə*] (US **favor**) n favore m ♦ vt (proposition) favorire, essere favorevole a; (pupil etc) favorire; (team, horse) dare per vincente; **to do sb a ~** fare un favore or una cortesia a qn; **to find ~ with** (subj: person) entrare nelle buone grazie di; (: suggestion) avere l'approvazione di; **in ~ of** in favore di; **~able** adj favorevole; **~ite** [-rɪt] adj, n favorito/a

fawn [fɔ:n] n daino ♦ adj (also: **~-coloured**) marrone chiaro inv ♦ vi: **to ~ (up)on** adulare servilmente

fax [fæks] n (document) facsimile m inv, telecopia; (machine) telecopiatrice f ♦ vt telecopiare, trasmettere in facsimile

FBI (US) n abbr (= Federal Bureau of Investigation) F.B.I. f

fear [fɪə*] n paura, timore m ♦ vt aver paura di, temere; **for ~ of** per paura di; **~ful** adj pauroso(a); (sight, noise) terribile, spaventoso(a)

feasible ['fi:zəbl] adj possibile, realizzabile

feast [fi:st] n festa, banchetto; (REL: also: ~ day) festa ♦ vi banchettare

feat [fi:t] n impresa, fatto insigne

feather ['feðə*] n penna

feature ['fi:tʃə*] n caratteristica; (PRESS, TV) articolo ♦ vt (subj: film) avere come protagonista ♦ vi figurare; **~s** npl (of face) fisionomia; **~ film** n film m inv principale

February ['februərɪ] n febbraio

fed [fed] pt, pp of **feed**

federal ['fedərəl] adj federale

fed-up adj: **to be ~** essere stufo(a)

fee [fi:] n pagamento; (of doctor, lawyer) onorario; (for examination) tassa d'esame; **school ~s** tasse fpl scolastiche

feeble ['fi:bl] adj debole

feed [fi:d] (pt, pp **fed**) n (of baby) pappa; (of animal) mangime m; (on printer) meccanismo di alimentazione ♦ vt nutrire; (baby) allattare; (horse etc) dare da mangiare a; (fire, machine) alimentare; (data, information): **to ~ into** inserire in; **~ on** vt fus nutrirsi di; **~back** n feed-back m

feel [fi:l] (pt, pp **felt**) n consistenza; (sense of touch) tatto ♦ vt toccare; palpare; tastare; (cold, pain, anger) sentire; (think, believe): **to ~ (that)** pensare che; **to ~ hungry/cold** aver fame/freddo; **to ~ lonely/better** sentirsi solo/meglio; **I don't ~ well** non mi sento bene; **it ~s soft** è morbido al tatto; **to ~ like** (want) aver voglia di; **to ~ about** or **around for** cercare a tastoni; **~er** n (of insect) antenna; **~ing** n sensazione f; (emotion) sentimento

feet [fi:t] npl of **foot**

feign [feɪn] vt fingere, simulare

fell [fel] pt of **fall** ♦ vt (tree) abbattere

fellow ['feləu] n individuo, tipo; compagno; (of learned society) membro ♦ cpd: **~ citizen** n concittadino/a; **~ countryman** (irreg) n compatriota m; **~ men** npl simili mpl; **~ship** n associazione f; compagnia; specie di borsa di studio universitaria

felony ['feləni] n reato, crimine m

felt [felt] pt, pp of **feel** ♦ n feltro; **~-tip pen** n pennarello

female ['fi:meɪl] n (ZOOL) femmina; (pej: woman) donna, femmina ♦ adj (BIOL, ELEC) femmina inv; (sex, character) femminile; (vote etc) di donne

feminine ['feminin] adj femminile

feminist ['feminist] n femminista m/f

fence [fens] n recinto ♦ vt (also: ~ **in**) recingere ♦ vi (SPORT) tirare di scherma; **fencing** n (SPORT) scherma

fend [fend] vi: **to ~ for o.s.** arrangiarsi; **~ off** vt (attack, questions) respingere, difendersi da

fender ['fendə*] n parafuoco; (on boat) parabordo; (US) parafango; paraurti m inv

ferment [vb fə'mɛnt, n 'fɜːmɛnt] vi fermentare ♦ n (fig) agitazione f, eccitazione f

fern [fɜːn] n felce f

ferocious [fə'rəʊʃəs] adj feroce

ferret ['fɛrɪt] n furetto; ~ **out** vt (information) scovare

ferry ['fɛrɪ] n (small) traghetto; (large: also: ~**boat**) nave f traghetto inv ♦ vt traghettare

fertile ['fɜːtaɪl] adj fertile; (BIOL) fecondo(a); **fertilizer** ['fɜːtɪlaɪzə*] n fertilizzante m

fester ['fɛstə*] vi suppurare

festival ['fɛstɪvəl] n (REL) festa; (ART, MUS) festival m inv

festive ['fɛstɪv] adj di festa; **the ~ season** (BRIT: Christmas) il periodo delle feste

festivities [fɛs'tɪvɪtɪz] npl festeggiamenti mpl

festoon [fɛs'tuːn] vt: **to ~ with** ornare di

fetch [fɛtʃ] vt andare a prendere; (sell for) essere venduto(a) per

fête [feɪt] n festa

fetus ['fiːtəs] (US) n = **foetus**

feud [fjuːd] n contesa, lotta

feudal ['fjuːdl] adj feudale

fever ['fiːvə*] n febbre f; ~**ish** adj febbrile

few [fjuː] adj pochi(e); **a ~** adj qualche inv ♦ pron alcuni(e); ~**er** adj meno inv; meno numerosi(e); ~**est** adj il minor numero di

fiancé [fɪ'ɑ̃ːŋseɪ] n fidanzato; ~**e** n fidanzata

fib [fɪb] n piccola bugia

fibre ['faɪbə*] (US **fiber**) n fibra; **F~glass** ® n fibra di vetro

fickle ['fɪkl] adj incostante, capriccioso(a)

fiction ['fɪkʃən] n narrativa, romanzi mpl; ~**al** adj immaginario(a)

fictitious [fɪk'tɪʃəs] adj fittizio(a)

fiddle ['fɪdl] n (MUS) violino; (cheating) imbroglio; truffa ♦ vt (BRIT: accounts) falsificare, falsare; ~ **with** vt fus gingillarsi con

fidelity [fɪ'dɛlɪtɪ] n fedeltà; (accuracy) esattezza

fidget ['fɪdʒɪt] vi agitarsi

field [fiːld] n campo; ~ **marshal** n

feldmaresciallo; ~**work** n ricerche fpl esterne

fiend [fiːnd] n demonio

fierce [fɪəs] adj (animal, person, fighting) feroce; (loyalty) assoluto(a); (wind) furioso(a); (heat) intenso(a)

fiery ['faɪərɪ] adj ardente; infocato(a)

fifteen [fɪf'tiːn] num quindici

fifth [fɪfθ] num quinto(a)

fifty ['fɪftɪ] num cinquanta; ~-~ adj: **a ~-~ chance** una possibilità su due ♦ adv fifty-fifty, metà per ciascuno

fig [fɪg] n fico

fight [faɪt] (pt, pp **fought**) n zuffa, rissa; (MIL) battaglia, combattimento; (against cancer etc) lotta ♦ vt (person) azzuffarsi con; (enemy: also: MIL) combattere; (cancer, alcoholism, emotion) lottare contro, combattere; (election) partecipare a ♦ vi combattere; ~**er** n combattente m; (plane) aeroplano da caccia; ~**ing** n combattimento

figment ['fɪgmənt] n: **a ~ of the imagination** un parto della fantasia

figurative ['fɪgjʊrətɪv] adj figurato(a)

figure ['fɪgə*] n figura; (number, cipher) cifra ♦ vt (think: esp US) pensare ♦ vi (appear) figurare; ~ **out** vt riuscire a capire; calcolare; ~**head** n (NAUT) polena; (pej) prestanome m/f inv; ~ **of speech** n figura retorica

file [faɪl] n (tool) lima; (dossier) incartamento; (folder) cartellina; (COMPUT) archivio; (row) fila ♦ vt (nails, wood) limare; (papers) archiviare; (LAW: claim) presentare; passare agli atti; ~ **in / out** vi entrare/uscire in fila

filing cabinet ['faɪlɪŋ-] n casellario

fill [fɪl] vt riempire; (job) coprire ♦ n: **to eat one's ~** mangiare a sazietà; ~ **in** vt (hole) riempire; (form) compilare; ~ **up** vt riempire ♦ vi (AUT) fare il pieno

fillet ['fɪlɪt] n filetto; ~ **steak** n bistecca di filetto

filling ['fɪlɪŋ] n (CULIN) impasto, ripieno; (for tooth) otturazione f; ~ **station** n stazione f di rifornimento

film [fɪlm] n (CINEMA) film m inv; (PHOT) pellicola; (of powder, liquid) sottile strato ♦ vt, vi girare; ~ **star** n divo/a dello schermo

filter ['fɪltə*] n filtro ♦ vt filtrare; ~ **lane** (BRIT) n (AUT) corsia di svincolo; ~-**tipped** adj con filtro

filth [fɪlθ] n sporcizia; ~**y** adj lordo(a), sozzo(a); (language) osceno(a)

fin [fɪn] n (of fish) pinna

final ['faɪnl] adj finale, ultimo(a); definitivo(a) ♦ n (SPORT) finale f; ~**s** npl (SCOL) esami mpl finali

finale [fɪ'nɑːlɪ] n finale m

finalize ['faɪnəlaɪz] vt mettere a punto

finally ['faɪnəlɪ] adv (lastly) alla fine; (eventually) finalmente

finance [faɪ'næns] n finanza; (capital) capitale m ♦ vt finanziare; ~**s** npl (funds) finanze fpl

financial [faɪ'nænʃəl] adj finanziario(a)

financier [faɪ'nænsɪə*] n finanziatore m

find [faɪnd] (pt, pp **found**) vt trovare; (lost object) ritrovare ♦ n trovata, scoperta; **to ~ sb guilty** (LAW) giudicare qn colpevole; ~ **out** vt (truth, secret) scoprire; (person) cogliere in fallo; **to ~ out about** informarsi su; (by chance) scoprire; ~**ings** npl (LAW) sentenza, conclusioni fpl; (of report) conclusioni

fine [faɪn] adj bello(a); ottimo(a); (thin, subtle) fine ♦ adv (well) molto bene ♦ n (LAW) multa ♦ vt (LAW) multare; **to be ~** (person) stare bene; (weather) far bello; ~ **arts** npl belle arti fpl

finery ['faɪnərɪ] n abiti mpl eleganti

finger ['fɪŋgə*] n dito ♦ vt toccare, tastare; **little/index ~** mignolo/(dito) indice m; ~**nail** n unghia; ~**print** n impronta digitale; ~**tip** n punta del dito

finish ['fɪnɪʃ] n fine f; (polish etc) finitura ♦ vt, vi finire; **to ~ doing sth** finire di fare qc; **to ~ third** arrivare terzo(a); ~ **off** vt compiere; (kill) uccidere; ~ **up** vi, vt finire; ~**ing line** n linea d'arrivo

finite ['faɪnaɪt] adj limitato(a); (verb) finito(a)

Finland ['fɪnlənd] n Finlandia

Finn [fɪn] n finlandese m/f; ~**ish** adj finlandese ♦ n (LING) finlandese m

fir [fəː*] n abete m

fire [faɪə*] n fuoco; (destructive) incendio; (gas ~, electric ~) stufa ♦ vt (gun) far fuoco con; (arrow) sparare; (fig) infiammare; (inf: dismiss) licenziare ♦ vi sparare, far fuoco; **on ~** in fiamme; ~ **alarm** n allarme m d'incendio; ~**arm** n arma da fuoco; ~ **brigade** (US ~ **department**) n (corpo dei) pompieri mpl; ~ **engine** n autopompa; ~ **escape** n scala di sicurezza; ~ **extinguisher** n estintore m; ~**guard** n parafuoco; ~**man** (irreg) n pompiere m; ~**place** n focolare m; ~**side** n angolo del focolare; ~ **station** n caserma dei pompieri; ~**wood** n legna; ~**works** npl fuochi mpl d'artificio

firing squad ['faɪərɪŋ-] n plotone m d'esecuzione

firm [fəːm] adj fermo(a) ♦ n ditta, azienda; ~**ly** adv fermamente

first [fəːst] adj primo(a) ♦ adv (before others) il primo, la prima; (before other things) per primo; (when listing reasons etc) per prima cosa ♦ n (person: in race) primo/a; (BRIT: SCOL) laurea con lode; (AUT) prima; **at ~** dapprima, all'inizio; ~ **of all** prima di tutto; ~ **aid** n pronto soccorso; ~-**aid kit** n cassetta pronto soccorso; ~-**class** adj di prima classe; ~ **floor** n il primo piano (BRIT); il pianterreno (US); ~-**hand** adj di prima mano; ~ **lady** (US) n moglie f del presidente; ~**ly** adv in primo luogo; ~ **name** n prenome m; ~-**rate** adj di prima qualità, ottimo(a)

fish [fɪʃ] n inv pesce m ♦ vt (river, area) pescare in ♦ vi pescare; **to go ~ing** andare a pesca; ~**erman** n pescatore m; ~ **farm** n vivaio; ~ **fingers** (BRIT) npl bastoncini mpl di pesce (surgelati); ~**ing boat** n barca da pesca; ~**ing line** n lenza; ~**ing rod** n canna da pesca; ~**monger** n pescivendolo; ~**monger's (shop)** n pescheria; ~ **sticks** (US) npl = ~ **fingers**; ~**y** (inf) adj (tale, story) sospetto(a)

fist [fɪst] n pugno

fit [fɪt] *adj* (MED, SPORT) in forma; (*proper*) adatto(a), appropriato(a); conveniente ♦ *vt* (*subj: clothes*) stare bene a; (*put in, attach*) mettere; installare; (*equip*) fornire, equipaggiare ♦ *vi* (*clothes*) stare bene; (*parts*) andare bene, adattarsi; (*in space, gap*) entrare ♦ *n* (MED) accesso, attacco; ~ **to** in grado di; ~ **for** adatto(a); a; degno(a) di; **a ~ of anger** un accesso d'ira; **this dress is a good ~** questo vestito sta bene; **by ~s and starts** a sbalzi; ~ **in** *vi* accordarsi; adattarsi; ~**ful** *adj* saltuario(a); ~**ness** *n* (MED) forma fisica; ~**ted carpet** *n* moquette *f*; ~**ted kitchen** *n* cucina componibile; ~**ter** *n* aggiustatore *m* or montatore *m* meccanico; ~**ting** *adj* appropriato(a) ♦ *n* (*of dress*) prova; (*of piece of equipment*) montaggio, aggiustaggio; ~**tings** *npl* (*in building*) impianti *mpl*; ~**ting room** *n* camerino

five [faɪv] *num* cinque; ~**r** (*inf*) *n* (BRIT) biglietto da cinque sterline; (US) biglietto da cinque dollari

fix [fɪks] *vt* fissare; (*mend*) riparare; (*meal, drink*) preparare ♦ *n*: **to be in a ~** essere nei guai; ~ **up** *vt* (*meeting*) fissare; **to ~ sb up with sth** procurare qc a qn; ~**ation** *n* fissazione *f*; ~**ed** [fɪkst] *adj* (*prices etc*) fisso(a); ~**ture** ['fɪkstʃə*] *n* impianto (fisso); (SPORT) incontro (del calendario sportivo)

fizzy ['fɪzɪ] *adj* frizzante; gassato(a)

flabbergasted ['flæbəgɑːstɪd] *adj* sbalordito(a)

flabby ['flæbɪ] *adj* flaccido(a)

flag [flæg] *n* bandiera; (*also*: ~**stone**) pietra da lastricare ♦ *vi* stancarsi; affievolirsi; ~ **down** *vt* fare segno (di fermarsi) a

flagpole ['flægpəʊl] *n* albero

flagship ['flægʃɪp] *n* nave *f* ammiraglia

flair [flɛə*] *n* (*for business etc*) fiuto; (*for languages etc*) facilità; (*style*) stile *m*

flak [flæk] *n* (MIL) fuoco d'artiglieria; (*inf: criticism*) critiche *fpl*

flake [fleɪk] *n* (*of rust, paint*) scaglia; (*of snow, soap powder*) fiocco ♦ *vi* (*also*: ~ **off**) sfaldarsi

flamboyant [flæm'bɔɪənt] *adj* sgargiante

flame [fleɪm] *n* fiamma

flamingo [flə'mɪŋgəʊ] *n* fenicottero, fiammingo

flammable ['flæməbl] *adj* infiammabile

flan [flæn] (BRIT) *n* flan *m inv*

flank [flæŋk] *n* fianco ♦ *vt* fiancheggiare

flannel ['flænl] *n* (BRIT: *also*: **face ~**) guanto di spugna; (*fabric*) flanella

flap [flæp] *n* (*of pocket*) patta; (*of envelope*) lembo ♦ *vt* (*wings*) battere ♦ *vi* (*sail, flag*) sbattere; (*inf: also*: **be in a ~**) essere in agitazione

flare [flɛə*] *n* razzo; (*in skirt etc*) svasatura; ~ **up** *vi* andare in fiamme; (*fig: person*) infiammarsi di rabbia; (: *revolt*) scoppiare

flash [flæʃ] *n* vampata; (PHOT) flash *m inv* ♦ *vt* accendere e spegnere; (*send: message*) trasmettere; (: *look, smile*) lanciare ♦ *vi* brillare; (*light on ambulance, eyes etc*) lampeggiare; **in a ~** in un lampo; **to ~ one's headlights** lampeggiare; **he ~ed by** *or* **past** ci passò davanti come un lampo; ~**bulb** *n* cubo *m* flash *inv*; ~**cube** *n* flash *m inv*; ~**light** *n* lampadina tascabile

flashy ['flæʃɪ] (*pej*) *adj* vistoso(a)

flask [flɑːsk] *n* fiasco; (*also*: **vacuum ~**) thermos ® *m inv*

flat [flæt] *adj* piatto(a); (*tyre*) sgonfio(a), a terra; (*battery*) scarico(a); (*beer*) svampito(a); (*denial*) netto(a); (MUS) bemolle *inv*; (: *voice*) stonato(a); (*rate, fee*) unico(a) ♦ *n* (BRIT: *rooms*) appartamento; (AUT) pneumatico sgonfio; (MUS) bemolle *m*; **to work ~ out** lavorare a più non posso; ~**ly** *adv* categoricamente; ~**ten** *vt* (*also*: ~**ten out**) appiattire; (*building, city*) spianare

flatter ['flætə*] *vt* lusingare; ~**ing** *adj* lusinghiero(a); (*dress*) che dona; ~**y** *n* adulazione *f*

flaunt [flɔːnt] *vt* fare mostra di

flavour ['fleɪvə*] (US **flavor**) *n* gusto ♦ *vt* insaporire, aggiungere sapore a; **strawberry-~ed** al gusto di fragola; ~**ing** *n* essenza (artificiale)

flaw [flɔː] *n* difetto

flax [flæks] *n* lino

flea [fliː] n pulce f

fleck [flɛk] n (mark) macchiolina; (pattern) screziatura

fled [flɛd] pt, pp of **flee**

flee [fliː] (pt, pp **fled**) vt fuggire da ♦ vi fuggire, scappare

fleece [fliːs] n vello ♦ vt (inf) pelare

fleet [fliːt] n flotta; (of lorries etc) convoglio; parco

fleeting ['fliːtɪŋ] adj fugace, fuggitivo(a); (visit) volante

Flemish ['flɛmɪʃ] adj fiammingo(a)

flesh [flɛʃ] n carne f; (of fruit) polpa; ~ **wound** n ferita superficiale

flew [fluː] pt of **fly**

flex [flɛks] n filo (flessibile) ♦ vt flettere; (muscles) contrarre; **~ible** adj flessibile

flick [flɪk] n colpetto; scarto ♦ vt dare un colpetto a; ~ **through** vt fus sfogliare

flicker ['flɪkə*] vi tremolare

flier ['flaɪə*] n aviatore m

flight [flaɪt] n volo; (escape) fuga; (also: ~ **of steps**) scalinata; ~ **attendant** (US) n steward m inv, hostess f inv; ~ **deck** n (AVIAT) cabina di controllo; (NAUT) ponte m di comando

flimsy ['flɪmzɪ] adj (shoes, clothes) leggero(a); (building) poco solido(a); (excuse) che non regge

flinch [flɪntʃ] vi ritirarsi; **to ~ from** tirarsi indietro di fronte a

fling [flɪŋ] (pt, pp **flung**) vt lanciare, gettare

flint [flɪnt] n selce f; (in lighter) pietrina

flip [flɪp] vt (switch) far scattare; (coin) lanciare in aria

flippant ['flɪpənt] adj senza rispetto, irriverente

flipper ['flɪpə*] n pinna

flirt [fləːt] vi flirtare ♦ n civetta

float [fləut] n galleggiante m; (in procession) carro; (money) somma ♦ vi galleggiare

flock [flɔk] n (of sheep, REL) gregge m; (of birds) stormo ♦ vi: **to ~ to** accorrere in massa a

flog [flɔg] vt flagellare

flood [flʌd] n alluvione m; (of letters etc) marea ♦ vt allagare; (subj: people) invadere

♦ vi (place) allagarsi; (people): **to ~ into** riversarsi in; **~ing** n inondazione f; **~light** n riflettore m ♦ vt illuminare a giorno

floor [flɔː*] n pavimento; (storey) piano; (of sea, valley) fondo ♦ vt (subj: blow) atterrare; (: question) ridurre al silenzio; **ground ~**, (US) **first ~** pianterreno; **first ~**, (US) **second ~** primo piano; **~board** n tavellone m di legno; ~ **show** n spettacolo di varietà

flop [flɔp] n fiasco ♦ vi far fiasco; (fall) lasciarsi cadere

floppy ['flɔpɪ] adj floscio(a), molle; ~ **(disk)** n (COMPUT) floppy disk m inv

Florence ['flɔrəns] n Firenze f; **Florentine** ['flɔrəntaɪn] adj fiorentino(a)

florid ['flɔrɪd] adj (complexion) florido(a); (style) fiorito(a)

florist ['flɔrɪst] n fioraio/a

flounder ['flaundə*] vi annaspare ♦ n (ZOOL) passera di mare

flour ['flauə*] n farina

flourish ['flʌrɪʃ] vi fiorire ♦ n (bold gesture): **with a ~** con ostentazione; **~ing** adj florido(a)

flout [flaut] vt (order) contravvenire a

flow [fləu] n flusso; circolazione f ♦ vi fluire; (traffic, blood in veins) circolare; (hair) scendere; ~ **chart** n schema m di flusso

flower ['flauə*] n fiore m ♦ vi fiorire; ~ **bed** n aiuola; **~pot** n vaso da fiori; **~y** adj (perfume) di fiori; (pattern) a fiori; (speech) fiorito(a)

flown [fləun] pp of **fly**

flu [fluː] n influenza

fluctuate ['flʌktjueɪt] vi fluttuare, oscillare

fluent ['fluːənt] adj (speech) facile, sciolto(a); corrente; **he speaks ~ Italian, he's ~ in Italian** parla l'italiano correntemente

fluff [flʌf] n lanugine f; **~y** adj lanugi-noso(a); (toy) di peluche

fluid ['fluːɪd] adj fluido(a) ♦ n fluido

fluke [fluːk] n (inf) colpo di fortuna

flung [flʌŋ] pt, pp of **fling**

fluoride ['fluəraɪd] n fluoruro; ~ **tooth-paste** n dentifricio al fluoro

flurry ['flʌrɪ] n (of snow) tempesta; **a ~ of**

activity uno scoppio di attività

flush [flʌʃ] n rossore m; (fig: of youth, beauty etc) rigoglio, pieno vigore ♦ vt ripulire con un getto d'acqua ♦ vi arrossire ♦ adj: **~ with** a livello di, pari a; **to ~ the toilet** tirare l'acqua; **~ed** adj tutto(a) rosso(a)

flustered ['flʌstəd] adj sconvolto(a)

flute [fluːt] n flauto

flutter ['flʌtə•] n agitazione f; (of wings) battito ♦ vi (bird) battere le ali

flux [flʌks] n: **in a state of ~** in continuo mutamento

fly [flaɪ] (pt **flew**, pp **flown**) n (insect) mosca; (on trousers: also: **flies**) chiusura ♦ vt pilotare; (passengers, cargo) trasportare (in aereo); (distances) percorrere ♦ vi volare; (passengers) andare in aereo; (escape) fuggire; (flag) sventolare; **~ away** or **off** vi volare via; **~ing** n (activity) aviazione f; (action) volo ♦ adj: **~ing visit** visita volante; **with ~ing colours** con risultati brillanti; **~ing saucer** n disco volante; **~ing start** n: **to get off to a ~ing start** partire come un razzo; **~over** (BRIT) n (bridge) cavalcavia m inv; **~sheet** n (for tent) sopratetto

foal [fəul] n puledro

foam [fəum] n schiuma; (also: **~ rubber**) gommapiuma ® ♦ vi schiumare; (soapy water) fare la schiuma

fob [fɔb] vt: **to ~ sb off with** rifilare a qn

focus ['fəukəs] (pl **~es**) n fuoco; (of interest) centro ♦ vt (field glasses etc) mettere a fuoco ♦ vi: **to ~ on** (with camera) mettere a fuoco; (person) fissare lo sguardo su; **in ~** a fuoco; **out of ~** sfocato(a)

fodder ['fɔdə•] n foraggio

foe [fəu] n nemico

foetus ['fiːtəs] (US **fetus**) n feto

fog [fɔg] n nebbia; **~gy** adj: **it's ~gy** c'è nebbia; **~ lamp** (US **~ light**) n (AUT) faro m antinebbia inv

foil [fɔɪl] vt confondere, frustrare ♦ n lamina di metallo; (kitchen ~) foglio di alluminio; (FENCING) fioretto; **to act as a ~ to** (fig) far risaltare

fold [fəuld] n (bend, crease) piega; (AGR) ovile m; (fig) gregge m ♦ vt piegare; (arms)

incrociare; **~ up** vi (map, bed, table) piegarsi; (business) crollare ♦ vt (map etc) piegare, ripiegare; **~er** n (for papers) cartella; cartellina; **~ing** adj (chair, bed) pieghevole

foliage ['fəulɪdʒ] n fogliame m

folk [fəuk] npl gente f ♦ adj popolare; **~s** npl (family) famiglia; **~lore** ['fəuklɔː•] n folclore m; **~ song** n canto popolare

follow ['fɔləu] vt seguire ♦ vi seguire; (result) conseguire, risultare; **to ~ suit** fare lo stesso; **~ up** vt (letter, offer) fare seguito a; (case) seguire; **~er** n seguace m/f, discepolo/a; **~ing** adj seguente ♦ n seguito, discepoli mpl; **~-on call** n chiamata successiva

folly ['fɔlɪ] n pazzia, follia

fond [fɔnd] adj (memory, look) tenero(a), affettuoso(a); **to be ~ of sb** volere bene a qn; **he's ~ of walking** gli piace fare camminate

fondle ['fɔndl] vt accarezzare

font [fɔnt] n (in church) fonte m battesimale; (TYP) caratteri mpl

food [fuːd] n cibo; **~ mixer** n frullatore m; **~ poisoning** n intossicazione f; **~ processor** n tritatutto m inv elettrico; **~stuffs** npl generi fpl alimentari

fool [fuːl] n sciocco/a; (CULIN) frullato ♦ vt ingannare ♦ vi (gen: **~ around**) fare lo sciocco; **~hardy** adj avventato(a); **~ish** adj scemo(a), stupido(a); imprudente; **~proof** adj (plan etc) sicurissimo(a)

foot [fut] (pl **feet**) n piede m; (measure) piede (= 304 mm; 12 inches); (of animal) zampa ♦ vt (bill) pagare; **on ~** a piedi; **~age** n (CINEMA: length) ≈ metraggio; (: material) sequenza; **~ball** n pallone m; (sport: BRIT) calcio; (: US) football americano; **~ball player** n (BRIT: also: **~baller**) calciatore m; (US) giocatore m di football americano; **~brake** n freno a pedale; **~bridge** n passerella; **~hills** npl contrafforti fpl; **~hold** n punto d'appoggio; **~ing** n (fig) posizione f; **to lose one's ~ing** mettere un piede in fallo; **~note** n nota (a piè di pagina); **~path** n sentiero; (*in street*) marciapiede *m*; ~**print** *n* orma, impronta; ~**step** *n* passo; (~*print*) orma, impronta; ~**wear** *n* calzatura

KEYWORD

for [fɔ:*] *prep* **1** (*indicating destination, intention, purpose*) per; **the train ~ London** il treno per Londra; **he went ~ the paper** è andato a prendere il giornale; **it's time ~ lunch** è ora di pranzo; **what's it ~?** a che serve?; **what ~?** (*why*) perché?

2 (*on behalf of, representing*) per; **to work ~ sb/sth** lavorare per qn/qc; **I'll ask him ~ you** glielo chiederò a nome tuo; **G ~ George** G come George

3 (*because of*) per, a causa di; ~ **this reason** per questo motivo

4 (*with regard to*) per; **it's cold ~ July** è freddo per luglio; ~ **everyone who voted yes, 50 voted no** per ogni voto a favore ce n'erano 50 contro

5 (*in exchange for*) per; **I sold it ~ £5** l'ho venduto per 5 sterline

6 (*in favour of*) per, a favore di; **are you ~ or against us?** è con noi o contro di noi?; **I'm all ~ it** sono assolutamente a favore

7 (*referring to distance, time*) per; **there are roadworks ~ 5 km** ci sono lavori in corso per 5 km; **he was away ~ 2 years** è stato via per 2 anni; **she will be away ~ a month** starà via un mese; **it hasn't rained ~ 3 weeks** non piove da 3 settimane; **can you do it ~ tomorrow?** può farlo per domani?

8 (*with infinitive clauses*): **it is not ~ me to decide** non sta a me decidere; **it would be best ~ you to leave** sarebbe meglio che lei se ne andasse; **there is still time ~ you to do it** ha ancora tempo per farlo; ~ **this to be possible …** perché ciò sia possibile …

9 (*in spite of*) nonostante; ~ **all his complaints, he's very fond of her** nonostante tutte le sue lamentele, le vuole molto bene

♦ *conj* (*since, as: rather formal*) dal momento che, poiché

forage ['fɔrɪdʒ] *vi*: **to ~ (for)** andare in cerca (di)

foray ['fɔreɪ] *n* incursione *f*

forbid [fə'bɪd] (*pt* **forbad(e)**, *pp* **forbidden**) *vt* vietare, interdire; **to ~ sb to do sth** proibire a qn di fare qc; ~**ding** *adj* minaccioso(a)

force [fɔ:s] *n* forza ♦ *vt* forzare; **the F~s** (*BRIT*) *npl* le forze armate; **to ~ o.s. to do** costringersi a fare; **in ~** (*in large numbers*) in gran numero; (*law*) in vigore; ~**d** *adj* forzato(a); ~**-feed** *vt* (*animal, prisoner*) sottoporre ad alimentazione forzata; ~**ful** *adj* forte, vigoroso(a)

forceps ['fɔ:seps] *npl* forcipe *m*

forcibly ['fɔ:səblɪ] *adv* con la forza; (*vigorously*) vigorosamente

ford [fɔ:d] *n* guado

fore [fɔ:*] *n*: **to come to the ~** mettersi in evidenza

forearm ['fɔ:rɑ:m] *n* avambraccio

foreboding [fɔ:'bəudɪŋ] *n* cattivo presagio

forecast ['fɔ:kɑ:st] (*irreg: like* **cast**) *n* previsione *f* ♦ *vt* prevedere

forecourt ['fɔ:kɔ:t] *n* (*of garage*) corte *f* esterna

forefinger ['fɔ:fɪŋgə*] *n* (*dito*) indice *m*

forefront ['fɔ:frʌnt] *n*: **in the ~ of** all'avanguardia in

forego [fɔ:'gəu] (*irreg: like* **go**) *vt* rinunciare a

foregone [fɔ:'gɔn] *pp of* **forego** ♦ *adj*: **it's a ~ conclusion** è una conclusione scontata

foreground ['fɔ:graund] *n* primo piano

forehead ['fɔrɪd] *n* fronte *f*

foreign ['fɔrɪn] *adj* straniero(a); (*trade*) estero(a); (*object, matter*) estraneo(a); ~**er** *n* straniero/a; ~ **exchange** *n* cambio con l'estero; (*currency*) valuta estera; **F~ Office** (*BRIT*) *n* Ministero degli Esteri; **F~ Secretary** (*BRIT*) *n* ministro degli Affari esteri

foreleg ['fɔ:leg] *n* zampa anteriore

foreman ['fɔ:mən] (*irreg*) *n* caposquadra *m*

foremost ['fɔ:məust] *adj* principale; più in vista ♦ *adv*: **first and ~** innanzitutto

forensic [fə'rɛnsɪk] *adj*: ~ **medicine** medicina legale

forerunner ['fɔːrʌnə*] *n* precursore *m*

foresaw [fɔː'sɔː] *pt of* **foresee**

foresee [fɔː'siː] (*irreg: like* **see**) *vt* prevedere; ~**able** *adj* prevedibile; **foreseen** *pp of* **foresee**

foreshadow [fɔː'ʃædəu] *vt* presagire, far prevedere

foresight ['fɔːsaɪt] *n* previdenza

forest ['fɔrɪst] *n* foresta

forestry ['fɔrɪstrɪ] *n* silvicoltura

foretaste ['fɔːteɪst] *n* pregustazione *f*

foretell [fɔː'tɛl] (*irreg: like* **tell**) *vt* predire; **foretold** [fɔː'təuld] *pt, pp of* **foretell**

forever [fə'rɛvə*] *adv* per sempre; (*endlessly*) sempre, di continuo

foreword ['fɔːwəːd] *n* prefazione *f*

forfeit ['fɔːfɪt] *vt* perdere; (*one's happiness, health*) giocarsi

forgave [fə'geɪv] *pt of* **forgive**

forge [fɔːdʒ] *n* fucina ♦ *vt* (*signature, money*) contraffare, falsificare; (*wrought iron*) fucinare, foggiare; ~ **ahead** *vi* tirare avanti; ~**ry** *n* falso; (*activity*) contraffazione *f*

forget [fə'gɛt] (*pt* **forgot**, *pp* **forgotten**) *vt, vi* dimenticare; ~**ful** *adj* di corta memoria; ~**ful of** dimentico(a) di; ~**-me-not** *n* nontiscordardimé *m inv*

forgive [fə'gɪv] (*pt* **forgave**, *pp* **forgiven**) *vt* perdonare; **to** ~ **sb for sth** perdonare qc a qn; ~**ness** *n* perdono

forgo [fɔː'gəu] = **forego**

forgot [fə'gɔt] *pt of* **forget**

forgotten [fə'gɔtn] *pp of* **forget**

fork [fɔːk] *n* (*for eating*) forchetta; (*for gardening*) forca; (*of roads, rivers, railways*) biforcazione *f* ♦ *vi* (*road etc*) biforcarsi; ~ **out** (*inf*) *vt* (*pay*) sborsare; ~**-lift truck** *n* carrello elevatore

forlorn [fə'lɔːn] *adj* (*person*) sconsolato(a); (*place*) abbandonato(a); (*attempt*) disperato(a); (*hope*) vano(a)

form [fɔːm] *n* forma; (*SCOL*) classe *f*; (*questionnaire*) scheda ♦ *vt* formare; **in top** ~ in gran forma

formal ['fɔːməl] *adj* formale; (*gardens*) simmetrico(a), regolare; ~**ly** *adv* formalmente

format ['fɔːmæt] *n* formato ♦ *vt* (*COMPUT*) formattare

formation [fɔː'meɪʃən] *n* formazione *f*

formative ['fɔːmətɪv] *adj*: ~ **years** anni *mpl* formativi

former ['fɔːmə*] *adj* vecchio(a) (*before n*), ex *inv* (*before n*); **the** ~ **... the latter** quello ... questo; ~**ly** *adv* in passato

formula ['fɔːmjulə] *n* formula

forsake [fə'seɪk] (*pt* **forsook**, *pp* **forsaken**) *vt* abbandonare

fort [fɔːt] *n* forte *m*

forth [fɔːθ] *adv* in avanti; **back and** ~ avanti e indietro; **and so** ~ e così via; ~**coming** *adj* (*event*) prossimo(a); (*help*) disponibile; (*character*) aperto(a), comunicativo(a); ~**right** *adj* franco(a), schietto(a); ~**with** *adv* immediatamente, subito

fortify ['fɔːtɪfaɪ] *vt* (*city*) fortificare; (*person*) armare

fortitude ['fɔːtɪtjuːd] *n* forza d'animo

fortnight ['fɔːtnaɪt] (*BRIT*) *n* quindici giorni *mpl*, due settimane *fpl*; ~**ly** *adj* bimensile ♦ *adv* ogni quindici giorni

fortress ['fɔːtrɪs] *n* fortezza, rocca

fortunate ['fɔːtʃənɪt] *adj* fortunato(a); **it is** ~ **that** è una fortuna che; ~**ly** *adv* fortunatamente

fortune ['fɔːtʃən] *n* fortuna; ~**-teller** *n* indovino/a

forty ['fɔːtɪ] *num* quaranta

forum ['fɔːrəm] *n* foro

forward ['fɔːwəd] *adj* (*ahead of schedule*) in anticipo; (*movement, position*) in avanti; (*not shy*) aperto(a); diretto(a) ♦ *n* (*SPORT*) avanti *m inv* ♦ *vt* (*letter*) inoltrare; (*parcel, goods*) spedire; (*career, plans*) promuovere, appoggiare; **to move** ~ avanzare; ~**(s)** *adv* avanti

fossil ['fɔsl] *n* fossile ♦ *n* fossile *m*

foster ['fɔstə*] *vt* incoraggiare, nutrire; (*child*) avere in affidamento; ~ **child** *n* bambino(a) preso(a) in affidamento

fought [fɔːt] *pt, pp of* **fight**

foul [faul] *adj* (*smell, food, temper etc*) cattivo(a); (*weather*) brutto(a); (*language*) osceno(a) ♦ *n* (*SPORT*) fallo ♦ *vt* sporcare; ~ **play** *n* (*LAW*): **the police suspect ~ play** la polizia sospetta un atto criminale

found [faund] *pt, pp* of **find** ♦ *vt* (*establish*) fondare; ~**ation** [-'deɪʃən] *n* (*act*) fondazione *f*; (*base*) base *f*; (*also*: ~**ation cream**) fondo tinta; ~**ations** *npl* (*of building*) fondamenta *fpl*

founder ['faundə'] *n* fondatore/trice ♦ *vi* affondare

foundry ['faundrɪ] *n* fonderia

fountain ['fauntɪn] *n* fontana; ~ **pen** *n* penna stilografica

four [fɔ:'] *num* quattro; **on all ~s** a carponi; ~**-poster** *n* (*also*: ~**-poster bed**) letto a quattro colonne; ~**teen** *num* quattordici; ~**th** *num* quarto(a)

fowl [faul] *n* pollame *m*; volatile *m*

fox [fɔks] *n* volpe *f* ♦ *vt* confondere

foyer ['fɔɪeɪ] *n* atrio; (*THEATRE*) ridotto

fraction ['frækʃən] *n* frazione *f*

fracture ['fræktʃə'] *n* frattura

fragile ['frædʒaɪl] *adj* fragile

fragment ['frægmənt] *n* frammento

fragrant ['freɪɡrənt] *adj* fragrante, profumato(a)

frail [freɪl] *adj* debole, delicato(a)

frame [freɪm] *n* (*of building*) armatura; (*of human, animal*) ossatura, corpo; (*of picture*) cornice *f*; (*of door, window*) telaio; (*of spectacles: also*: ~**s**) montatura ♦ *vt* (*picture*) incorniciare; ~ **of mind** *n* stato d'animo; ~**work** *n* struttura

France [fra:ns] *n* Francia

franchise ['fræntʃaɪz] *n* (*POL*) diritto di voto; (*COMM*) concessione *f*

frank [fræŋk] *adj* franco(a), aperto(a) ♦ *vt* (*letter*) affrancare; ~**ly** *adv* francamente, sinceramente

frantic ['fræntɪk] *adj* frenetico(a)

fraternity [frə'tɜ:nɪtɪ] *n* (*club*) associazione *f*; (*spirit*) fratellanza

fraud [frɔ:d] *n* truffa; (*LAW*) frode *f*; (*person*) impostore/a

fraught [frɔ:t] *adj*: ~ **with** pieno(a) di, intriso(a) da

fray [freɪ] *vt* logorare ♦ *vi* logorarsi

freak [fri:k] *n* fenomeno, mostro

freckle ['frekl] *n* lentiggine *f*

free [fri:] *adj* libero(a); (*gratis*) gratuito(a) ♦ *vt* (*prisoner, jammed person*) liberare; (*jammed object*) districare; ~ (**of charge**), **for ~** gratuitamente; ~**dom** ['fri:dəm] *n* libertà; **F~fone** ® *n* numero verde; ~**-for-all** *n* parapiglia *m* generale; ~ **gift** *n* regalo, omaggio; ~**hold** *n* proprietà assoluta; ~ **kick** *n* calcio libero; ~**lance** *adj* indipendente; ~**ly** *adv* liberamente; (*liberally*) liberalmente; **F~mason** *n* massone *m*; **F~post** ® *n* affrancatura a carico del destinatario; ~**-range** *adj* (*hen*) ruspante; (*eggs*) di gallina ruspante; ~**style** *n* (*SPORT*) stile *m* libero; ~ **trade** *n* libero scambio; ~**way** (*US*) *n* superstrada; ~ **will** *n* libero arbitrio; **of one's own ~ will** di spontanea volontà

freeze [fri:z] (*pt* **froze**, *pp* **frozen**) *vi* gelare ♦ *vt* gelare; (*food*) congelare; (*prices, salaries*) bloccare ♦ *n* gelo; blocco; ~**-dried** *adj* liofilizzato(a); ~**r** *n* congelatore *m*

freezing ['fri:zɪŋ] *adj* (*wind, weather*) gelido(a); ~ **point** *n* punto di congelamento; **3 degrees below ~ point** 3 gradi sotto zero

freight [freɪt] *n* (*goods*) merce *f*, merci *fpl*; (*money charged*) spese *fpl* di trasporto; ~ **train** (*US*) *n* treno *m* merci *inv*

French [frentʃ] *adj* francese ♦ *n* (*LING*) francese *m*; **the ~** *npl* i Francesi; ~ **bean** *n* fagiolino; ~ **fried potatoes** (*US* ~ **fries**) *npl* patate *fpl* fritte; ~**man** (*irreg*) *n* francese *m*; ~ **window** *n* portafinestra; ~**woman** (*irreg*) *n* francese *f*

frenzy ['frenzi] *n* frenesia

frequency ['fri:kwənsɪ] *n* frequenza

frequent [*adj* 'fri:kwənt, *vb* frɪ'kwent] *adj* frequente ♦ *vt* frequentare; ~**ly** *adv* frequentemente, spesso

fresco ['freskəu] *n* affresco

fresh [freʃ] *adj* fresco(a); (*new*) nuovo(a); (*cheeky*) sfacciato(a); ~**en** *vi* (*wind, air*)

rinfrescare; **~en up** *vi* rinfrescarsi; **~er**
(*BRIT: inf*) *n* (*SCOL*) matricola; **~ly** *adv* di
recente, di fresco; **~man** (*irreg*) (*US*) *n*
= **~er**; **~ness** *n* freschezza; **~water** *adj*
(*fish*) d'acqua dolce

fret [frɛt] *vi* agitarsi, affliggersi

friar ['fraɪə*] *n* frate *m*

friction ['frɪkʃən] *n* frizione *f*, attrito

Friday ['fraɪdɪ] *n* venerdì *m inv*

fridge [frɪdʒ] (*BRIT*) *n* frigo, frigorifero

fried [fraɪd] *pt, pp of* **fry** ♦ *adj* fritto(a)

friend [frɛnd] *n* amico/a; **~ly** *adj*
amichevole; **~ly fire** *n* (*MIL*) fuoco amico;
~ship *n* amicizia

frieze [friːz] *n* fregio

fright [fraɪt] *n* paura, spavento; **to take ~**
spaventarsi; **~en** *vt* spaventare, far paura
a; **~ened** *adj* spaventato(a); **~ening** *adj*
spaventoso(a), pauroso(a); **~ful** *adj* orribile

frill [frɪl] *n* balza

fringe [frɪndʒ] *n* (*decoration, BRIT: of hair*)
frangia; (*edge: of forest etc*) margine *m*; **~
benefits** *npl* vantaggi *mpl*

frisk [frɪsk] *vt* perquisire

frisky ['frɪskɪ] *adj* vivace, vispo(a)

fritter ['frɪtə*] *n* frittella; **~ away** *vt* sprecare

frivolous ['frɪvələs] *adj* frivolo(a)

frizzy ['frɪzɪ] *adj* crespo(a)

fro [frəu] *see* **to**

frock [frɔk] *n* vestito

frog [frɔg] *n* rana; **~man** (*irreg*) *n* uomo *m*
rana *inv*

frolic ['frɔlɪk] *vi* sgambettare

KEYWORD

from [frɔm] *prep* **1** (*indicating starting place,
origin etc*) da; **where do you come ~?,
where are you ~?** da dove viene?, di
dov'è?; **~ London to Glasgow** da Londra a
Glasgow; **a letter ~ my sister** una lettera
da mia sorella; **tell him ~ me that ...** gli
dica da parte mia che ...

2 (*indicating time*) da; **~ one o'clock to** *or*
until *or* **till two** dall'una alle due; **~
January (on)** da gennaio, a partire da
gennaio

3 (*indicating distance*) da; **the hotel is**

1 km ~ the beach l'albergo è a 1 km dalla
spiaggia

4 (*indicating price, number etc*) da; **prices
range ~ £10 to £50** i prezzi vanno dalle 10
alle 50 sterline

5 (*indicating difference*) da; **he can't tell
red ~ green** non sa distinguere il rosso dal
verde

6 (*because of, on the basis of*): **~ what he
says** da quanto dice lui; **weak ~ hunger**
debole per la fame

front [frʌnt] *n* (*of house, dress*) davanti *m
inv*; (*of train*) testa; (*of book*) copertina;
(*promenade: also*: **sea ~**) lungomare *m*;
(*MIL, POL, METEOR*) fronte *m*; (*fig:
appearances*) fronte *f* ♦ *adj* primo(a);
anteriore, davanti *inv*; **in ~ of** davanti a; **~
door** *n* porta d'entrata; (*of car*) sportello
anteriore; **~ier** ['frʌntɪə*] *n* frontiera; **~
page** *n* prima pagina; **~ room** (*BRIT*) *n*
salotto; **~-wheel drive** *n* trasmissione *f*
anteriore

frost [frɔst] *n* gelo; (*also*: **hoar~**) brina;
~bite *n* congelamento; **~ed** *adj* (*glass*)
smerigliato(a); **~y** *adj* (*weather, look*)
gelido(a)

froth [frɔθ] *n* spuma; schiuma

frown [fraun] *vi* acciglarsi

froze [frəuz] *pt of* **freeze**; **frozen** *pp of*
freeze

fruit [fruːt] *n inv* (*also fig*) frutto; (*collectively*)
frutta; **~erer** *n* fruttivendolo; **~erer's
(shop)** *n*: **at the ~erer's (shop)** dal
fruttivendolo; **~ful** *adj* fruttuoso(a); **~ion**
[fruːˈɪʃən] *n*: **to come to ~ion** realizzarsi; **~
juice** *n* succo di frutta; **~ machine** (*BRIT*)
n macchina *f* mangiasoldi *inv*; **~ salad** *n*
macedonia

frustrate [frʌsˈtreɪt] *vt* frustrare

fry [fraɪ] (*pt, pp* **fried**) *vt* friggere; *see also*
small; **~ing pan** *n* padella

ft. *abbr* = **foot**; **feet**

fudge [fʌdʒ] *n* (*CULIN*) specie di caramella a
base di latte, burro e zucchero

fuel [fjuəl] *n* (*for heating*) combustibile *m*;
(*for propelling*) carburante *m*; **~ tank** *n*

deposito *m* nafta *inv*; (*on vehicle*) serbatoio (della benzina)

fugitive ['fju:dʒɪtɪv] *n* fuggitivo/a, profugo/a

fulfil [ful'fɪl] *vt* (*function*) compiere; (*order*) eseguire; (*wish, desire*) soddisfare, appagare; **~ment** (*US* **fulfillment**) *n* (*of wishes*) soddisfazione *f*, appagamento; **sense of ~ment** soddisfazione

full [ful] *adj* pieno(a); (*details, skirt*) ampio(a) ♦ *adv*: **to know ~ well that** sapere benissimo che; **I'm ~ (up)** sono pieno; **a ~ two hours** due ore intere; **at ~ speed** a tutta velocità; **in ~** per intero; **~ board** (*BRIT*) *n* pensione *f* completa; **~ employment** *n* piena occupazione; **~-length** *adj* (*film*) a lungometraggio; (*coat, novel*) lungo(a); (*portrait*) in piedi; **~ moon** *n* luna piena; **~-scale** *adj* (*attack, war*) su larga scala; (*model*) in grandezza naturale; **~ stop** *n* punto; **~-time** *adj, adv* (*work*) a tempo pieno; **~y** *adv* interamente, pienamente, completamente; (*at least*) almeno; **~y-fledged** *adj* (*teacher, member etc*) a tutti gli effetti; **~y licensed** *adj* (*hotel, restaurant*) autorizzato(a) alla vendita di alcolici

fumble ['fʌmbl] *vi*: **to ~ with sth** armeggiare con qc

fume [fju:m] *vi* essere furioso(a); **~s** *npl* esalazioni *fpl*, vapori *mpl*

fun [fʌn] *n* divertimento, spasso; **to have ~** divertirsi; **for ~** per scherzo; **to make ~ of** prendersi gioco di

function ['fʌŋkʃən] *n* funzione *f*; cerimonia, ricevimento ♦ *vi* funzionare; **~al** *adj* funzionale

fund [fʌnd] *n* fondo, cassa; (*source*) fondo; (*store*) riserva; **~s** *npl* (*money*) fondi *mpl*

fundamental [fʌndəˈmentl] *adj* fondamentale

funeral ['fju:nərəl] *n* funerale *m*; **~ parlour** *n* impresa di pompe funebri; **~ service** *n* ufficio funebre

fun fair (*BRIT*) *n* luna park *m inv*

fungus ['fʌŋgəs] (*pl* **fungi**) *n* fungo; (*mould*) muffa

funnel ['fʌnl] *n* imbuto; (*of ship*) ciminiera

funny ['fʌnɪ] *adj* divertente, buffo(a); (*strange*) strano(a), bizzarro(a)

fur [fə:*] *n* pelo; pelliccia; (*BRIT: in kettle etc*) deposito calcare; **~ coat** *n* pelliccia

furious ['fjuərɪəs] *adj* furioso(a); (*effort*) accanito(a)

furlong ['fə:lɒŋ] *n* = 201.17 m (*termine ippico*)

furnace ['fə:nɪs] *n* fornace *f*

furnish ['fə:nɪʃ] *vt* ammobiliare; (*supply*) fornire; **~ings** *npl* mobili *mpl*, mobilia

furniture ['fə:nɪtʃə*] *n* mobili *mpl*; **piece of ~** mobile *m*

furrow ['fʌrəu] *n* solco

furry ['fə:rɪ] *adj* (*animal*) peloso(a)

further ['fə:ðə*] *adj* supplementare, altro(a); nuovo(a); più lontano(a) ♦ *adv* più lontano; (*more*) di più; (*moreover*) inoltre ♦ *vt* favorire, promuovere; **college of ~ education** *n* istituto statale con corsi specializzati (*di formazione professionale, aggiornamento professionale etc*); **~more** [fə:ðə'mɔ:*] *adv* inoltre, per di più

furthest ['fə:ðɪst] *superl of* **far**

fury ['fjuərɪ] *n* furore *m*

fuse [fju:z] *n* fusibile *m*; (*for bomb etc*) miccia, spoletta ♦ *vt* fondere ♦ *vi* fondersi; **to ~ the lights** (*BRIT: ELEC*) far saltare i fusibili; **~ box** *n* cassetta dei fusibili

fuselage ['fju:zəlɑ:ʒ] *n* fusoliera

fuss [fʌs] *n* agitazione *f*; (*complaining*) storie *fpl*; **to make a ~** fare delle storie; **~y** *adj* (*person*) puntiglioso(a), esigente; che fa le storie; (*dress*) carico(a) di fronzoli; (*style*) elaborato(a)

future ['fju:tʃə*] *adj* futuro(a) ♦ *n* futuro, avvenire *m*; (*LING*) futuro; **in ~** in futuro

fuze [fju:z] (*US*) = **fuse**

fuzzy ['fʌzɪ] *adj* (*PHOT*) indistinto(a), sfocato(a); (*hair*) crespo(a)

G, g

G [dʒiː] *n* (*MUS*) sol *m*

G7 *abbr* (= *Group of Seven*) G7

gabble ['gæbl] *vi* borbottare; farfugliare

gable ['geɪbl] *n* frontone *m*

gadget ['gædʒɪt] *n* aggeggio

Gaelic ['geɪlɪk] *adj* gaelico(a) ♦ *n* (*LING*) gaelico

gag [gæg] *n* bavaglio; (*joke*) facezia, scherzo ♦ *vt* imbavagliare

gaiety ['geɪtɪ] *n* gaiezza

gaily ['geɪlɪ] *adv* allegramente

gain [geɪn] *n* guadagno, profitto ♦ *vt* guadagnare ♦ *vi* (*clock, watch*) andare avanti; (*benefit*): **to ~ (from)** trarre beneficio (da); **to ~ 3lbs (in weight)** aumentare di 3 libbre; **to ~ on sb** (*in race etc*) guadagnare su qn

gal. *abbr* = **gallon**

galaxy ['gæləksɪ] *n* galassia

gale [geɪl] *n* vento forte; burrasca

gallant ['gælənt] *adj* valoroso(a); (*towards ladies*) galante, cortese

gall bladder ['gɔːl-] *n* cistifellea

gallery ['gælərɪ] *n* galleria

gallon ['gælən] *n* gallone *m* (= *8 pints*; *BRIT* = *4.543l*; *US* = *3.785l*)

gallop ['gæləp] *n* galoppo ♦ *vi* galoppare

gallows ['gæləʊz] *n* forca

gallstone ['gɔːlstəʊn] *n* calcolo biliare

galore [gə'lɔː*] *adv* a iosa, a profusione

galvanize ['gælvənaɪz] *vt* galvanizzare

gambit ['gæmbɪt] *n* (*fig*): **(opening) ~** prima mossa

gamble ['gæmbl] *n* azzardo, rischio calcolato ♦ *vt, vi* giocare; **to ~ on** (*fig*) giocare su; **~r** *n* giocatore/trice d'azzardo; **gambling** *n* gioco d'azzardo

game [geɪm] *n* gioco; (*event*) partita; (*TENNIS*) game *m inv*; (*CULIN, HUNTING*) selvaggina ♦ *adj* (*ready*): **to be ~ (for sth/ to do)** essere pronto(a) (a qc/a fare); **big ~** selvaggina grossa; **~keeper** *n* guardacaccia *m inv*

gammon ['gæmən] *n* (*bacon*) quarto di maiale; (*ham*) prosciutto affumicato

gamut ['gæmət] *n* gamma

gang [gæŋ] *n* banda, squadra ♦ *vi*: **to ~ up on sb** far combutta contro qn

gangrene ['gæŋgriːn] *n* cancrena

gangster ['gæŋstə*] *n* gangster *m inv*

gangway ['gæŋweɪ] *n* passerella; (*BRIT: of bus*) corridoio

gaol [dʒeɪl] (*BRIT*) *n, vt* = **jail**

gap [gæp] *n* (*space*) buco; (*in time*) intervallo; (*difference*): **~ (between)** divario (tra)

gape [geɪp] *vi* (*person*) restare a bocca aperta; (*shirt, hole*) essere spalancato(a); **gaping** *adj* spalancato(a)

gap year (*SCOL*) *n* anno di pausa durante il quale gli studenti viaggiano o lavorano

garage ['gærɑːʒ] *n* garage *m inv*

garbage ['gɑːbɪdʒ] *n* (*US*) immondizie *fpl*, rifiuti *mpl*; (*inf*) sciocchezze *fpl*; **~ can** (*US*) *n* bidone *m* della spazzatura

garbled ['gɑːbld] *adj* deformato(a); ingarbugliato(a)

garden ['gɑːdn] *n* giardino; **~s** *npl* (*public park*) giardini pubblici; **~er** *n* giardiniere/a; **~ing** *n* giardinaggio

gargle ['gɑːgl] *vi* fare gargarismi

garish ['gɛərɪʃ] *adj* vistoso(a)

garland ['gɑːlənd] *n* ghirlanda; corona

garlic ['gɑːlɪk] *n* aglio

garment ['gɑːmənt] *n* indumento

garnish ['gɑːnɪʃ] *vt* (*food*) guarnire

garrison ['gærɪsn] *n* guarnigione *f*

garter ['gɑːtə*] *n* giarrettiera

gas [gæs] *n* gas *m inv*; (*US: gasoline*) benzina ♦ *vt* asfissiare con il gas; **~ cooker** (*BRIT*) *n* cucina a gas; **~ cylinder** *n* bombola del gas; **~ fire** (*BRIT*) *n* radiatore *m* a gas

gash [gæʃ] *n* sfregio ♦ *vt* sfregiare

gasket ['gæskɪt] *n* (*AUT*) guarnizione *f*

gas mask *n* maschera *f* antigas *inv*

gas meter *n* contatore *m* del gas

gasoline ['gæsəliːn] (*US*) *n* benzina

gasp [gɑːsp] *n* respiro affannoso, ansito ♦ *vi* ansare, ansimare; (*in surprise*) restare senza fiato

gas station (*US*) *n* distributore *m* di benzina

gassy ['gæsɪ] *adj* gassoso(a)

gate [geɪt] *n* cancello; (*at airport*) uscita; **~crash** (*BRIT*) *vt* partecipare senza invito a; **~way** *n* porta

gather ['gæðə*] *vt* (*flowers, fruit*) cogliere; (*pick up*) raccogliere; (*assemble*) radunare; raccogliere; (*understand*) capire; (*SEWING*) increspare ♦ *vi* (*assemble*) radunarsi; **to ~ speed** acquistare velocità; **~ing** *n* adunanza

gauche [gəuʃ] *adj* goffo(a), maldestro(a)

gaudy ['gɔ:dɪ] *adj* vistoso(a)

gauge [geɪdʒ] *n* (*instrument*) indicatore *m* ♦ *vt* misurare; (*fig*) valutare

gaunt [gɔ:nt] *adj* scarno(a); (*grim, desolate*) desolato(a)

gauntlet ['gɔ:ntlɪt] *n* guanto; (*fig*): **to run the ~ through an angry crowd** passare sotto il fuoco di una folla ostile; **to throw down the ~** gettare il guanto

gauze [gɔ:z] *n* garza

gave [geɪv] *pt of* **give**

gay [geɪ] *adj* (*homosexual*) omosessuale; (*cheerful*) gaio(a), allegro(a); (*colour*) vivace, vivo(a)

gaze [geɪz] *n* sguardo fisso ♦ *vi*: **to ~ at** guardare fisso

GB *abbr* = **Great Britain**

GCE (*BRIT*) *n abbr* (= *General Certificate of Education*) ≈ maturità

GCSE (*BRIT*) *n abbr* = *General Certificate of Secondary Education*

gear [gɪə*] *n* attrezzi *mpl*, equipaggiamento; (*TECH*) ingranaggio; (*AUT*) marcia ♦ *vt* (*fig: adapt*): **to ~ sth to** adattare qc a; **in top** *or* (*US*) **high/low** in quarta (*or* quinta)/ seconda; **in ~** in marcia; **~ box** *n* scatola del cambio; **~ lever** (*US* **~ shift**) *n* leva del cambio

geese [gi:s] *npl of* **goose**

gel [dʒɛl] *n* gel *m inv*

gem [dʒɛm] *n* gemma

Gemini ['dʒɛmɪnaɪ] *n* Gemelli *mpl*

gender ['dʒɛndə*] *n* genere *m*

general ['dʒɛnərl] *n* generale *m* ♦ *adj* generale; **in ~** in genere; **~ delivery** (*US*) *n* fermo posta *m*; **~ election** *n* elezioni

fpl generali; **~ly** *adv* generalmente; **~ practitioner** *n* medico generico

generate ['dʒɛnəreɪt] *vt* generare

generation [dʒɛnə'reɪʃən] *n* generazione *f*

generator ['dʒɛnəreɪtə*] *n* generatore *m*

generosity [dʒɛnə'rɔsɪtɪ] *n* generosità

generous ['dʒɛnərəs] *adj* generoso(a); (*copious*) abbondante

genetic engineering [dʒɪ'nɛtɪk-] *n* ingegneria genetica

genetic fingerprinting [dʒɪ'nɛtɪk-] *n* rilevamento delle impronte genetiche

Geneva [dʒɪ'ni:və] *n* Ginevra

genial ['dʒi:nɪəl] *adj* geniale, cordiale

genitals ['dʒɛnɪtlz] *npl* genitali *mpl*

genius ['dʒi:nɪəs] *n* genio

Genoa ['dʒɛnəuə] *n* Genova

gent [dʒɛnt] *n abbr* = **gentleman**

genteel [dʒɛn'ti:l] *adj* raffinato(a), distinto(a)

gentle ['dʒɛntl] *adj* delicato(a); (*person*) dolce

gentleman ['dʒɛntlmən] *n* signore *m*; (*well-bred man*) gentiluomo

gently ['dʒɛntlɪ] *adv* delicatamente

gentry ['dʒɛntrɪ] *n* nobiltà minore

gents [dʒɛnts] *n* W.C. *m* (per signori)

genuine ['dʒɛnjuɪn] *adj* autentico(a); sincero(a)

geography [dʒɪ'ɔgrəfɪ] *n* geografia

geology [dʒɪ'ɔlədʒɪ] *n* geologia

geometric(al) [dʒɪə'mɛtrɪk(l)] *adj* geometrico(a)

geometry [dʒɪ'ɔmətrɪ] *n* geometria

geranium [dʒɪ'reɪnjəm] *n* geranio

geriatric [dʒɛrɪ'ætrɪk] *adj* geriatrico(a)

germ [dʒə:m] *n* (*MED*) microbo; (*BIOL, fig*) germe *m*

German ['dʒə:mən] *adj* tedesco(a) ♦ *n* tedesco/a; (*LING*) tedesco; **~ measles** (*BRIT*) *n* rosolia

Germany ['dʒə:mənɪ] *n* Germania

gesture ['dʒɛstjə*] *n* gesto

KEYWORD

---

get [gɛt] (*pt, pp* **got**, (*US*) *pp* **gotten**) *vi*
1 (*become, be*) diventare, farsi; **to ~ old**

invecchiare; **to ~ tired** stancarsi; **to ~ drunk** ubriacarsi; **to ~ killed** venire *or* rimanere ucciso(a); **when do I ~ paid?** quando mi pagate?; **it's ~ting late** si sta facendo tardi
2 (*go*): **to ~ to/from** andare a/da; **to ~ home** arrivare *or* tornare a casa; **how did you ~ here?** come sei venuto?
3 (*begin*) mettersi a, cominciare a; **to ~ to know sb** incominciare a conoscere qn; **let's ~ going** *or* **started** muoviamoci
4 (*modal aux vb*): **you've got to do it** devi farlo
♦ *vt* **1**: **to ~ sth done** (*do*) fare qc; (*have done*) far fare qc; **to ~ one's hair cut** farsi tagliare i capelli; **to ~ sb to do sth** far fare qc a qn
2 (*obtain: money, permission, results*) ottenere; (*find: job, flat*) trovare; (*fetch: person, doctor*) chiamare; (: *object*) prendere; **to ~ sth for sb** prendere *or* procurare qc a qn; **~ me Mr Jones, please** (*TEL*) mi passi il signor Jones, per favore; **can I ~ you a drink?** le posso offrire da bere?
3 (*receive: present, letter, prize*) ricevere; (*acquire: reputation*) farsi; **how much did you ~ for the painting?** quanto le hanno dato per il quadro?
4 (*catch*) prendere; (*hit: target etc*) colpire; **to ~ sb by the arm/throat** afferrare qn per un braccio/alla gola; **~ him!** prendetelo!
5 (*take, move*) portare; **to ~ sth to sb** far avere qc a qn; **do you think we'll ~ it through the door?** pensi che riusciremo a farlo passare per la porta?
6 (*catch, take: plane, bus etc*) prendere
7 (*understand*) afferrare; (*hear*) sentire; **I've got it!** ci sono arrivato!, ci sono!; **I'm sorry, I didn't ~ your name** scusi, non ho capito (*or* sentito) il suo nome
8 (*have, possess*): **to have got** avere; **how many have you got?** quanti ne ha?
get about *vi* muoversi; (*news*) diffondersi
get along *vi* (*agree*) andare d'accordo; (*depart*) andarsene; (*manage*) = **get by**
get at *vt fus* (*attack*) prendersela con; (*reach*) raggiungere, arrivare a

get away *vi* partire, andarsene; (*escape*) scappare
get away with *vt fus* cavarsela; farla franca
get back *vi* (*return*) ritornare, tornare ♦ *vt* riottenere, riavere
get by *vi* (*pass*) passare; (*manage*) farcela
get down *vi, vt fus* scendere ♦ *vt* far scendere; (*depress*) buttare giù
get down to *vt fus* (*work*) mettersi a (fare)
get in *vi* entrare; (*train*) arrivare; (*arrive home*) ritornare, tornare
get into *vt fus* entrare in; **to ~ into a rage** incavolarsi
get off *vi* (*from train etc*) scendere; (*depart: person, car*) andare via; (*escape*) cavarsela ♦ *vt* (*remove: clothes, stain*) levare ♦ *vt fus* (*train, bus*) scendere da
get on *vi* (*at exam etc*) andare; (*agree*): **to ~ on (with)** andare d'accordo (con) ♦ *vt fus* montare in; (*horse*) montare su
get out *vi* uscire; (*of vehicle*) scendere ♦ *vt* tirar fuori, far uscire
get out of *vt fus* uscire da; (*duty etc*) evitare
get over *vt fus* (*illness*) riaversi da
get round *vt fus* aggirare; (*fig: person*) rigirare
get through *vi* (*TEL*) avere la linea
get through to *vt fus* (*TEL*) parlare a
get together *vi* riunirsi ♦ *vt* raccogliere; (*people*) adunare
get up *vi* (*rise*) alzarsi ♦ *vt fus* salire su per
get up to *vt fus* (*reach*) raggiungere; (*prank etc*) fare

getaway ['gɛtəweɪ] *n* fuga
geyser ['giːzə*] *n* (*BRIT*) scaldabagno; (*GEO*) geyser *m inv*
Ghana ['gɑːnə] *n* Ghana *m*
ghastly ['gɑːstlɪ] *adj* orribile, orrendo(a); (*pale*) spettrale
gherkin ['gəːkɪn] *n* cetriolino
ghetto blaster ['gɛtəʊblɑːstə*] *n* maxistereo *m inv* portatile
ghost [gəʊst] *n* fantasma *m*, spettro

giant ['dʒaɪənt] *n* gigante *m* ♦ *adj* gigantesco(a), enorme

gibberish ['dʒɪbərɪʃ] *n* parole *fpl* senza senso

gibe [dʒaɪb] *n* = **jibe**

giblets ['dʒɪblɪts] *npl* frattaglie *fpl*

Gibraltar [dʒɪ'brɔːltə*] *n* Gibilterra

giddy ['gɪdɪ] *adj* (*dizzy*): **to be ~** aver le vertigini

gift [gɪft] *n* regalo; (*donation, ability*) dono; **~ed** *adj* dotato(a); **~ token** *n* buono *m* omaggio *inv*; **~ voucher** *n* = **~ token**

gigantic [dʒaɪ'gæntɪk] *adj* gigantesco(a)

giggle ['gɪgl] *vi* ridere scioccamente

gill [dʒɪl] *n* (*measure*) = 0.25 pints (BRIT = 0.148l, US = 0.118l)

gills [gɪlz] *npl* (*of fish*) branchie *fpl*

gilt [gɪlt] *n* doratura ♦ *adj* dorato(a); **~-edged** *adj* (COMM) della massima sicurezza

gimmick ['gɪmɪk] *n* trucco

gin [dʒɪn] *n* (*liquor*) gin *m inv*

ginger ['dʒɪndʒə*] *n* zenzero; **~ ale, ~ beer** *n* bibita gassosa allo zenzero; **~bread** *n* pan *m* di zenzero

gingerly ['dʒɪndʒəlɪ] *adv* cautamente

gipsy ['dʒɪpsɪ] *n* zingaro/a

giraffe [dʒɪ'rɑːf] *n* giraffa

girder ['gɜːdə*] *n* trave *f*

girl [gɜːl] *n* ragazza; (*young unmarried woman*) signorina; (*daughter*) figlia, figliola; **~friend** *n* (*of girl*) amica; (*of boy*) ragazza; **~ish** *adj* da ragazza

giro ['dʒaɪrəʊ] *n* (*bank ~*) versamento bancario; (*post office ~*) postagiro; (BRIT: *welfare cheque*) assegno del sussidio di assistenza sociale

gist [dʒɪst] *n* succo

give [gɪv] (*pt* **gave**, *pp* **given**) *vt* dare ♦ *vi* cedere; **to ~ sb sth, ~ sth to sb** dare qc a qn; **I'll ~ you £5 for it** te lo pago 5 sterline; **to ~ a cry/sigh** emettere un grido/sospiro; **to ~ a speech** fare un discorso; **~ away** *vt* dare via; (*disclose*) rivelare; (*bride*) condurre all'altare; **~ back** *vt* rendere; **~ in** *vi* cedere ♦ *vt* consegnare; **~ off** *vt* emettere; **~ out** *vt* distribuire;

annunciare; **~ up** *vi* rinunciare ♦ *vt* rinunciare a; **to ~ up smoking** smettere di fumare; **to ~ o.s. up** arrendersi; **~ way** *vi* cedere; (BRIT: AUT) dare la precedenza

glacier ['glæsɪə*] *n* ghiacciaio

glad [glæd] *adj* lieto(a), contento(a)

gladly ['glædlɪ] *adv* volentieri

glamorous ['glæmərəs] *adj* affascinante, seducente

glamour ['glæmə*] *n* fascino

glance [glɑːns] *n* occhiata, sguardo ♦ *vi*: **to ~ at** dare un'occhiata a; **to ~ off** (*bullet*) rimbalzare su; **glancing** *adj* (*blow*) che colpisce di striscio

gland [glænd] *n* ghiandola

glare [glɛə*] *n* (*of anger*) sguardo furioso; (*of light*) riverbero, luce *f* abbagliante; (*of publicity*) chiasso ♦ *vi* abbagliare; **to ~ at** guardare male; **glaring** *adj* (*mistake*) madornale

glass [glɑːs] *n* (*substance*) vetro; (*tumbler*) bicchiere *m*; **~es** *npl* (*spectacles*) occhiali *mpl*; **~ware** *n* vetrame *m*; **~y** *adj* (*eyes*) vitreo(a)

glaze [gleɪz] *vt* (*door*) fornire di vetri; (*pottery*) smaltare ♦ *n* smalto; **~d** *adj* (*eyes*) vitreo(a); (*pottery*) smaltato(a)

glazier ['gleɪzɪə*] *n* vetraio

gleam [gliːm] *vi* luccicare

glean [gliːn] *vt* (*information*) racimolare

glee [gliː] *n* allegrezza, gioia

glen [glɛn] *n* valletta

glib [glɪb] *adj* dalla parola facile; facile

glide [glaɪd] *vi* scivolare; (AVIAT, *birds*) planare; **~r** *n* (AVIAT) aliante *m*; **gliding** *n* (AVIAT) volo a vela

glimmer ['glɪmə*] *n* barlume *m*

glimpse [glɪmps] *n* impressione *f* fugace ♦ *vt* vedere al volo

glint [glɪnt] *vi* luccicare

glisten ['glɪsn] *vi* luccicare

glitter ['glɪtə*] *vi* scintillare

gloat [gləʊt] *vi*: **to ~ (over)** gongolare di piacere (per)

global ['gləʊbl] *adj* globale; **~ warming** *n* effetto *m* serra *inv*

globe [gləʊb] *n* globo, sfera

gloom [gluːm] n oscurità, buio; (sadness) tristezza, malinconia; **~y** adj scuro(a); fosco(a), triste

glorious ['glɔːrɪəs] adj glorioso(a); magnifico(a)

glory ['glɔːrɪ] n gloria; splendore m

gloss [glɔs] n (shine) lucentezza; (paint) vernice f a olio; **~ over** vt fus scivolare su

glossary ['glɔsərɪ] n glossario

glossy ['glɔsɪ] adj lucente

glove [glʌv] n guanto; **~ compartment** n (AUT) vano portaoggetti

glow [gləu] vi ardere; (face) essere luminoso(a)

glower ['glauə*] vi: **to ~ (at sb)** guardare (qn) in cagnesco

glucose ['gluːkəus] n glucosio

glue [gluː] n colla ♦ vt incollare

glum [glʌm] adj abbattuto(a)

glut [glʌt] n eccesso

glutton ['glʌtn] n ghiottone/a; **a ~ for work** un(a) patito(a) del lavoro

GM adj abbr (= genetically modified) geneticamente modificato(a)

gnat [næt] n moscerino

gnaw [nɔː] vt rodere

go [gəu] (pt **went**, pp **gone**; pl **~es**) vi andare; (depart) partire, andarsene; (work) funzionare; (time) passare; (break etc) rompersi; (be sold): **to ~ for £10** essere venduto per 10 sterline; (fit, suit): **to ~ with** andare bene con; (become): **to ~ pale** diventare pallido(a); **to ~ mouldy** ammuffire ♦ n: **to have a ~ (at)** provare; **to be on the ~** essere in moto; **whose ~ is it?** a chi tocca?; **he's going to do** sta per fare; **to ~ for a walk** andare a fare una passeggiata; **to ~ dancing/shopping** andare a ballare/fare la spesa; **just then the bell went** proprio allora suonò il campanello; **how did it ~?** com'è andato?; **to ~ round the back/by the shop** passare da dietro/davanti al negozio; **~ about** vi (also: **~ round**: rumour) correre, circolare ♦ vt fus: **how do I ~ about this?** qual è la prassi per questo?; **~ ahead** vi andare avanti; **~ along** vi andare, avanzare ♦ vt fus percorrere; **to ~ along with** (plan, idea) appoggiare; **~ away** vi partire, andarsene; **~ back** vi tornare, ritornare; **~ back on** vt fus (promise) non mantenere; **~ by** vi (time) scorrere ♦ vt fus attenersi a, seguire (alla lettera); prestar fede a; **~ down** vi scendere; (ship) affondare; (sun) tramontare ♦ vt fus scendere; **~ for** vt fus (fetch) andare a prendere; (like) andar matto(a) per; (attack) attaccare; saltare addosso a; **~ in** vi entrare; **~ in for** vt fus (competition) iscriversi a; (be interested in) interessarsi di; **~ into** vt fus entrare in; (investigate) indagare, esaminare; (embark on) lanciarsi in; **~ off** vi partire, andar via; (food) guastarsi; (explode) esplodere, scoppiare; (event) passare ♦ vt fus: **I've gone off chocolate** la cioccolata non mi piace più; **the gun went off** il fucile si scaricò; **~ on** vi continuare; (happen) succedere; **to ~ on doing** continuare a fare; **~ out** vi uscire; (couple): **they went out for 3 years** sono stati insieme per 3 anni; (fire, light) spegnersi; **~ over** vt fus (check) esaminare; **~ through** vt fus (town etc) attraversare; (files, papers) passare in rassegna; (examine: list etc) leggere da cima a fondo; **~ up** vi salire; **~ without** vt fus fare a meno di

goad [gəud] vt spronare

go-ahead adj intraprendente ♦ n via m

goal [gəul] n (SPORT) gol m, rete f; (: place) porta; (fig: aim) fine m, scopo; **~keeper** n portiere m; **~-post** n palo (della porta)

goat [gəut] n capra

gobble ['gɔbl] vt (also: **~ down**, **~ up**) ingoiare

go-between n intermediario/a

god [gɔd] n dio; **G~** n Dio; **~child** n figlioccio/a; **~daughter** n figlioccia; **~dess** n dea; **~father** n padrino; **~-forsaken** adj desolato(a), sperduto(a); **~mother** n madrina; **~send** n dono del cielo; **~son** n figlioccio

goggles ['gɔglz] npl occhiali mpl (di protezione)

going ['gəuɪŋ] n (conditions) andare m, stato del terreno ♦ adj: **the ~ rate** la tariffa in vigore

gold [gəuld] n oro ♦ adj d'oro; **~en** adj
(made of ~) d'oro; (~ in colour) dorato(a);
~fish n pesce m dorato or rosso; **~mine**
n (also fig) miniera d'oro; **~-plated** adj
placcato(a) oro inv; **~smith** n orefice m,
orafo

golf [gɔlf] n golf m; **~ ball** n (for game)
pallina da golf; (on typewriter) pallina; **~
club** n circolo di golf; (stick) bastone m or
mazza da golf; **~ course** n campo di golf;
~er n giocatore/trice di golf

gondola [ˈgɔndələ] n gondola

gone [gɔn] pp of **go** ♦ adj partito(a)

gong [gɔŋ] n gong m inv

good [gud] adj buono(a); (kind) buono(a),
gentile; (child) bravo(a) ♦ n bene m; **~s** npl
(COMM etc) beni mpl; merci fpl; **~!** bene!,
ottimo!; **to be ~ at** essere bravo(a) in; **to
be ~ for** andare bene per; **it's ~ for you** fa
bene; **would you be ~ enough to …?**
avrebbe la gentilezza di …?; **a ~ deal (of)**
molto(a), una buona quantità (di); **a ~
many** molti(e); **to make ~** (loss, damage)
compensare; **it's no ~ complaining**
brontolare non serve a niente; **for ~** per
sempre, definitivamente; **~ morning!** buon
giorno!; **~ afternoon/evening!** buona
sera!; **~ night!** buona notte!; **~bye** excl
arrivederci!; **G~ Friday** n Venerdì Santo;
~-looking adj bello(a); **~-natured** adj
affabile; **~ness** n (of person) bontà; **for
~ness sake!** per amor di Dio!; **~ness
gracious!** santo cielo!, mamma mia!; **~s
train** (BRIT) n treno m merci inv; **~will** n
amicizia, benevolenza

goose [guːs] (pl **geese**) n oca

gooseberry [ˈguzbəri] n uva spina; **to play
~** (BRIT) tenere la candela

gooseflesh [ˈguːsfleʃ] n pelle f d'oca

goose pimples npl pelle f d'oca

gore [gɔː*] vt incornare ♦ n sangue m
(coagulato)

gorge [gɔːdʒ] n gola ♦ vt: **to ~ o.s. (on)**
ingozzarsi (di)

gorgeous [ˈgɔːdʒəs] adj magnifico(a)

gorilla [gəˈrɪlə] n gorilla m inv

gorse [gɔːs] n ginestrone m

gory [ˈgɔːri] adj sanguinoso(a)

go-slow (BRIT) n rallentamento dei lavori
(per agitazione sindacale)

gospel [ˈgɔspl] n vangelo

gossip [ˈgɔsɪp] n chiacchiere fpl;
pettegolezzi mpl; (person) pettegolo/a ♦ vi
chiacchierare

got [gɔt] pt, pp of **get**; **~ten** (US) pp of **get**

gout [gaut] n gotta

govern [ˈgʌvən] vt governare

governess [ˈgʌvənɪs] n governante f

government [ˈgʌvnmənt] n governo

governor [ˈgʌvənə*] n (of state, bank)
governatore m; (of school, hospital)
amministratore m; (BRIT: of prison)
direttore/trice

gown [gaun] n vestito lungo; (of teacher,
BRIT: of judge) toga

G.P. n abbr = **general practitioner**

grab [græb] vt afferrare, arraffare; (property,
power) impadronirsi di ♦ vi: **to ~ at** cercare
di afferrare

grace [greis] n grazia ♦ vt onorare; **5 days'
~** dilazione f di 5 giorni; **~ful** adj elegante,
aggraziato(a); **gracious** [ˈgreiʃəs] adj
grazioso(a); misericordioso(a)

grade [greid] n (COMM) qualità f inv; classe
f; categoria; (in hierarchy) grado; (SCOL:
mark) voto; (US: school class) classe ♦ vt
classificare; ordinare; graduare; **~
crossing** (US) n passaggio a livello; **~
school** (US) n scuola elementare

gradient [ˈgreidiənt] n pendenza,
inclinazione f

gradual [ˈgrædjuəl] adj graduale; **~ly** adv
man mano, a poco a poco

graduate [n ˈgrædjuit, vb ˈgrædjueit] n (of
university) laureato/a; (US: of high school)
diplomato/a ♦ vi laurearsi; diplomarsi;
graduation [-ˈeiʃən] n (ceremony)
consegna delle lauree (or dei diplomi)

graffiti [grəˈfiːti] npl graffiti mpl

graft [grɑːft] n (AGR, MED) innesto; (bribery)
corruzione f; (BRIT: hard work): **it's hard ~** è
un lavoraccio ♦ vt innestare

grain [grein] n grano; (of sand) granello; (of

wood) venatura

gram [græm] *n* grammo

grammar ['græmə*] *n* grammatica; **~ school** (*BRIT*) *n* ≈ liceo

grammatical [grə'mætıkl] *adj* grammaticale

gramme [græm] *n* = **gram**

grand [grænd] *adj* grande, magnifico(a); grandioso(a); **~children** *npl* nipoti *mpl*; **~dad** (*inf*) *n* nonno; **~daughter** *n* nipote *f*; **~eur** ['grændjə*] *n* grandiosità; **~father** *n* nonno; **~ma** (*inf*) *n* nonna; **~mother** *n* nonna; **~pa** (*inf*) *n* = **~dad**; **~parents** *npl* nonni *mpl*; **~ piano** *n* pianoforte *m* a coda; **~son** *n* nipote *m*; **~stand** *n* (*SPORT*) tribuna

granite ['grænıt] *n* granito

granny ['grænı] (*inf*) *n* nonna

grant [grɑːnt] *vt* accordare; (*a request*) accogliere; (*admit*) ammettere, concedere ♦ *n* (*SCOL*) borsa; (*ADMIN*) sussidio, sovvenzione *f*; **to take sth for ~ed** dare qc per scontato; **to take sb for ~ed** dare per scontata la presenza di qn

granulated ['grænjuleıtıd] *adj*: **~ sugar** zucchero cristallizzato

granule ['grænjuːl] *n* granello

grape [greıp] *n* chicco d'uva, acino

grapefruit ['greıpfruːt] *n* pompelmo

graph [grɑːf] *n* grafico; **~ic** *adj* grafico(a); (*vivid*) vivido(a); **~ics** *n* grafica ♦ *npl* illustrazioni *fpl*

grapple ['græpl] *vi*: **to ~ with** essere alle prese con

grasp [grɑːsp] *vt* afferrare ♦ *n* (*grip*) presa; (*fig*) potere *m*; comprensione *f*; **~ing** *adj* avido(a)

grass [grɑːs] *n* erba; **~hopper** *n* cavalletta; **~-roots** *adj* di base

grate [greıt] *n* graticola (del focolare) ♦ *vi* cigolare, stridere ♦ *vt* (*CULIN*) grattugiare

grateful ['greıtful] *adj* grato(a), riconoscente

grater ['greıtə*] *n* grattugia

grating ['greıtıŋ] *n* (*iron bars*) grata ♦ *adj* (*noise*) stridente, stridulo(a)

gratitude ['grætıtjuːd] *n* gratitudine *f*

gratuity [grə'tjuːıtı] *n* mancia

grave [greıv] *n* tomba ♦ *adj* grave, serio(a)

gravel ['grævl] *n* ghiaia

gravestone ['greıvstəun] *n* pietra tombale

graveyard ['greıvjɑːd] *n* cimitero

gravity ['grævıtı] *n* (*PHYSICS*) gravità; pesantezza; (*seriousness*) gravità, serietà

gravy ['greıvı] *n* intingolo della carne; salsa

gray [greı] *adj* = **grey**

graze [greız] *vi* pascolare, pascere ♦ *vt* (*touch lightly*) sfiorare; (*scrape*) escoriare ♦ *n* (*MED*) escoriazione *f*

grease [griːs] *n* (*fat*) grasso; (*lubricant*) lubrificante *m* ♦ *vt* ingrassare; lubrificare; **~proof paper** (*BRIT*) *n* carta oleata; **greasy** *adj* grasso(a), untuoso(a)

great [greıt] *adj* grande; (*inf*) magnifico(a), meraviglioso(a); **G~ Britain** *n* Gran Bretagna; **~-grandfather** *n* bisnonno; **~-grandmother** *n* bisnonna; **~ly** *adv* molto; **~ness** *n* grandezza

Greece [griːs] *n* Grecia

greed [griːd] *n* (*also*: **~iness**) avarizia; (*for food*) golosità, ghiottoneria; **~y** *adj* avido(a); goloso(a), ghiotto(a)

Greek [griːk] *adj* greco(a) ♦ *n* greco/a; (*LING*) greco

green [griːn] *adj* verde; (*inexperienced*) inesperto(a), ingenuo(a) ♦ *n* verde *m*; (*stretch of grass*) prato; (*on golf course*) green *m inv*; **~s** *npl* (*vegetables*) verdura; **~ belt** *n* (*round town*) cintura di verde; **~ card** *n* (*BRIT*: *AUT*) carta verde; (*US*: *ADMIN*) *permesso di soggiorno e di lavoro*; **~ery** *n* verde *m*; **~grocer** (*BRIT*) *n* fruttivendolo/a, erbivendolo/a; **~house** *n* serra; **~house effect** *n* effetto serra; **~house gas** *n* gas responsabile dell'effetto serra; **~ish** *adj* verdastro(a)

Greenland ['griːnlənd] *n* Groenlandia

greet [griːt] *vt* salutare; **~ing** *n* saluto; **~ing(s) card** *n* cartolina d'auguri

gregarious [grə'gɛərıəs] *adj* (*person*) socievole

grenade [grə'neıd] *n* (*also*: **hand ~**) granata

grew [gruː] *pt of* **grow**

grey [greı] *adj* grigio(a); **~haired** *adj* dai

capelli grigi; **~hound** n levriere m
grid [grɪd] n grata; (ELEC) rete f
gridlock ['grɪdlɒk] n (traffic jam) paralisi f
inv del traffico; **~ed** adj paralizzato(a) dal
traffico; (talks etc) in fase di stallo
grief [griːf] n dolore m
grievance ['griːvəns] n lagnanza
grieve [griːv] vi addolorarsi; rattristarsi ♦ vt
addolorare; **to ~ for sb** (dead person)
piangere qn
grievous ['griːvəs] adj: **~ bodily harm** (LAW)
aggressione f
grill [grɪl] n (on cooker) griglia; (also: **mixed
~**) grigliata mista ♦ vt (BRIT) cuocere ai ferri;
(inf: question) interrogare senza sosta
grille [grɪl] n grata; (AUT) griglia
grim [grɪm] adj sinistro(a), brutto(a)
grimace [grɪ'meɪs] n smorfia ♦ vi fare
smorfie; fare boccacce
grime [graɪm] n sudiciume m
grin [grɪn] n sorriso smagliante ♦ vi fare un
gran sorriso
grind [graɪnd] (pt, pp **ground**) vt macinare;
(make sharp) arrotare ♦ n (work) sgobbata
grip [grɪp] n impugnatura; presa; (holdall)
borsa da viaggio ♦ vt (object) afferrare;
(attention) catturare; **to come to ~s with**
affrontare; cercare di risolvere
gripping ['grɪpɪŋ] adj avvincente
grisly ['grɪzlɪ] adj macabro(a), orrido(a)
gristle ['grɪsl] n cartilagine f
grit [grɪt] n ghiaia; (courage) fegato ♦ vt
(road) coprire di sabbia; **to ~ one's teeth**
stringere i denti
groan [grəʊn] n gemito ♦ vi gemere
grocer ['grəʊsə*] n negoziante m di generi
alimentari; **~ies** npl provviste fpl; **~'s
(shop)** n negozio di (generi) alimentari
groggy ['grɒgɪ] adj barcollante
groin [grɔɪn] n inguine m
groom [gruːm] n palafreniere m; (also:
bride~) sposo ♦ vt (horse) strigliare; (fig):
to ~ sb for avviare qn a; **well-~ed** (person)
curato(a)
groove [gruːv] n scanalatura, solco
grope [grəʊp] vi: **to ~ for** cercare a tastoni
gross [grəʊs] adj grossolano(a); (COMM)

lordo(a); **~ly** adv (greatly) molto
grotesque [grəʊ'tesk] adj grottesco(a)
grotto ['grɒtəʊ] n grotta
grotty ['grɒtɪ] (inf) adj terribile
ground [graʊnd] pt, pp of **grind** ♦ n suolo,
terra; (land) terreno; (SPORT) campo;
(reason: gen pl) ragione f; (US: also: **~ wire**)
terra ♦ vt (plane) tenere a terra; (US: ELEC)
mettere la presa a terra; **~s** npl (of coffee
etc) fondi mpl; (gardens etc) terreno,
giardini mpl; **on/to the ~** per/a terra; **to
gain/lose ~** guadagnare/perdere terreno;
~ cloth (US) n = **~sheet**; **~ing** n (in
education) basi fpl; **~less** adj infondato(a);
~sheet (BRIT) n telone m impermeabile; **~
staff** n personale m di terra; **~work** n
preparazione f
group [gruːp] n gruppo ♦ vt (also: **~
together**) raggruppare ♦ vi (also: **~
together**) raggrupparsi
grouse [graʊs] n inv (bird) tetraone m ♦ vi
(complain) brontolare
grove [grəʊv] n boschetto
grovel ['grɒvl] vi (fig): **to ~ (before)**
strisciare (di fronte a)
grow [grəʊ] (pt **grew**, pp **grown**) vi
crescere; (increase) aumentare; (develop)
svilupparsi; (become): **to ~ rich/weak**
arricchirsi/indebolirsi ♦ vt coltivare, far
crescere; **~ up** vi farsi grande, crescere;
~er n coltivatore/trice; **~ing** adj (fear,
amount) crescente
growl [graʊl] vi ringhiare
grown [grəʊn] pp of **grow**; **~-up** n adulto/
a, grande m/f
growth [grəʊθ] n crescita, sviluppo; (what
has grown) crescita; (MED) escrescenza,
tumore m
grub [grʌb] n larva; (inf: food) roba (da
mangiare)
grubby ['grʌbɪ] adj sporco(a)
grudge [grʌdʒ] n rancore m ♦ vt: **to ~ sb
sth** dare qc a qn di malavoglia; invidiare qc
a qn; **to bear sb a ~ (for)** serbar rancore a
qn (per)
gruelling ['grʊəlɪŋ] (US **grueling**) adj
estenuante

gruesome ['gru:səm] *adj* orribile
gruff [grʌf] *adj* rozzo(a)
grumble ['grʌmbl] *vi* brontolare, lagnarsi
grumpy ['grʌmpɪ] *adj* scorbutico(a)
grunt [grʌnt] *vi* grugnire
G-string *n* tanga *m inv*
guarantee [gærən'ti:] *n* garanzia ♦ *vt* garantire
guard [gɑ:d] *n* guardia; (*one man*) guardia, sentinella; (*BRIT: RAIL*) capotreno; (*on machine*) schermo protettivo; (*also*: fire~) parafuoco ♦ *vt* fare la guardia a; (*protect*): **to ~ (against)** proteggere (da); **to be on one's ~** stare in guardia; **~ against** *vt fus* guardarsi da; **~ed** *adj* (*fig*) cauto(a), guardingo(a); **~ian** *n* custode *m*; (*of minor*) tutore/trice; **~'s van** (*BRIT*) *n* (*RAIL*) vagone *m* di servizio
guerrilla [gə'rɪlə] *n* guerrigliero
guess [gɛs] *vi* indovinare ♦ *vt* indovinare; (*US*) credere, pensare ♦ *n*: **to take** *or* **have a ~** provare a indovinare; **~work** *n*: **I got the answer by ~work** ho azzeccato la risposta
guest [gɛst] *n* ospite *m/f*; (*in hotel*) cliente *m/f*; **~-house** *n* pensione *f*; **~ room** *n* camera degli ospiti
guffaw [gʌ'fɔ:] *vi* scoppiare in una risata sonora
guidance ['gaɪdəns] *n* guida, direzione *f*
guide [gaɪd] *n* (*person, book etc*) guida; (*BRIT: also*: **girl ~**) giovane esploratrice *f* ♦ *vt* guidare; **~book** *n* guida; **~ dog** *n* cane *m* guida *inv*; **~lines** *npl* (*fig*) indicazioni *fpl*, linee *fpl* direttive
guild [gɪld] *n* arte *f*, corporazione *f*; associazione *f*
guillotine ['gɪləti:n] *n* ghigliottina; (*for paper*) taglierina
guilt [gɪlt] *n* colpevolezza; **~y** *adj* colpevole
guinea pig ['gɪnɪ-] *n* cavia
guise [gaɪz] *n* maschera
guitar [gɪ'tɑ:*] *n* chitarra
gulf [gʌlf] *n* golfo; (*abyss*) abisso
gull [gʌl] *n* gabbiano
gullible ['gʌlɪbl] *adj* credulo(a)
gully ['gʌlɪ] *n* burrone *m*; gola; canale *m*

gulp [gʌlp] *vi* deglutire; (*from emotion*) avere il nodo in gola ♦ *vt* (*also*: ~ **down**) tracannare, inghiottire
gum [gʌm] *n* (*ANAT*) gengiva; (*glue*) colla; (*also*: **~drop**) caramella gommosa; (*also*: **chewing ~**) chewing-gum *m* ♦ *vt*: **to ~ (together)** incollare; **~boots** (*BRIT*) *npl* stivali *mpl* di gomma
gumption ['gʌmpʃən] *n* spirito d'iniziativa, buonsenso
gun [gʌn] *n* fucile *m*; (*small*) pistola, rivoltella; (*rifle*) carabina; (*shotgun*) fucile da caccia; (*cannon*) cannone *m*; **~boat** *n* cannoniera; **~fire** *n* spari *mpl*; **~man** *n* bandito armato; **~point** *n*: **at ~point** sotto minaccia di fucile; **~powder** *n* polvere *f* da sparo; **~shot** *n* sparo
gurgle ['gə:gl] *vi* gorgogliare
gush [gʌʃ] *vi* sgorgare; (*fig*) abbandonarsi ad effusioni
gusset ['gʌsɪt] *n* gherone *m*
gust [gʌst] *n* (*of wind*) raffica; (*of smoke*) buffata
gusto ['gʌstəu] *n* entusiasmo
gut [gʌt] *n* intestino, budello; **~s** *npl* (*ANAT*) interiora *fpl*; (*courage*) fegato
gutter ['gʌtə*] *n* (*of roof*) grondaia; (*in street*) cunetta
guy [gaɪ] *n* (*inf: man*) tipo, elemento; (*also*: **~rope**) cavo *or* corda di fissaggio; (*figure*) effigie di Guy Fawkes

---

Guy Fawkes' Night

🛈 *Il 5 novembre si festeggia con falò e fuochi d'artificio la* **Guy Fawkes' Night**, *la notte in cui, nel 1605, fallì la Congiura delle Polveri contro Giacomo I;* **Guy Fawkes** *era il nome di uno dei cospiratori.*

---

guzzle ['gʌzl] *vt* tranguggiare
gym [dʒɪm] *n* (*also*: **gymnasium**) palestra; (*also*: **gymnastics**) ginnastica
gymnast ['dʒɪmnæst] *n* ginnasta *m/f*; **~ics** [-'næstɪks] *n, npl* ginnastica
gym shoes *npl* scarpe *fpl* da ginnastica
gym slip (*BRIT*) *n* grembiule *m* da scuola

(per ragazze)

gynaecologist [gaɪnɪ'kɔlədʒɪst] (US **gynecologist**) n ginecologo/a

gypsy ['dʒɪpsɪ] n = **gipsy**

gyrate [dʒaɪ'reɪt] vi girare

H, h

haberdashery ['hæbə'dæʃərɪ] (BRIT) n merceria

habit ['hæbɪt] n abitudine f; (costume) abito; (REL) tonaca

habitual [hə'bɪtjuəl] adj abituale; (drinker, liar) inveterato(a)

hack [hæk] vt tagliare, fare a pezzi ♦ n (pej: writer) scribacchino/a

hacker ['hækə*] n (COMPUT) pirata m informatico

hackney cab ['hæknɪ-] n carrozza a nolo

hackneyed ['hæknɪd] adj comune, trito(a)

had [hæd] pt, pp of **have**

haddock ['hædək] (pl ~ or ~s) n eglefino

hadn't ['hædnt] = **had not**

haemorrhage ['hemərɪdʒ] (US **hemorrhage**) n emorragia

haemorrhoids ['hemərɔɪdz] (US **hemorrhoids**) npl emorroidi fpl

haggard ['hægəd] adj smunto(a)

haggle ['hægl] vi mercanteggiare

Hague [heɪg] n: **The ~** L'Aia

hail [heɪl] n grandine f; (of criticism etc) pioggia ♦ vt (call) chiamare; (flag down: taxi) fermare; (greet) salutare ♦ vi grandinare; ~**stone** n chicco di grandine

hair [hɛə*] n capelli mpl; (single hair: on head) capello; (: on body) pelo; **to do one's** ~ pettinarsi; ~**brush** n spazzola per capelli; ~**cut** n taglio di capelli; ~**do** ['hɛədu:] n acconciatura, pettinatura; ~**dresser** n parrucchiere/a; ~**dryer** n asciugacapelli m inv; ~ **grip** n forcina; ~**net** n retina per capelli; ~**pin** n forcina; ~**pin bend** (US **pin curve**) n tornante m; ~**raising** adj orripilante; ~ **removing cream** n crema depilatoria; ~ **spray** n lacca per capelli; ~**style** n pettinatura,

acconciatura; ~**y** adj irsuto(a); peloso(a); (inf: frightening) spaventoso(a)

hake [heɪk] (pl ~ or ~s) n nasello

half [hɑ:f] (pl **halves**) n mezzo, metà f inv ♦ adj mezzo(a) ♦ adv a mezzo, a metà; ~ **an hour** mezz'ora; ~ **a dozen** mezza dozzina; ~ **a pound** mezza libbra; **two and a** ~ due e mezzo; **a week and a** ~ una settimana e mezza; ~ **(of it)** la metà; ~ **(of)** la metà di; **to cut sth in** ~ tagliare qc in due; ~ **asleep** mezzo(a) addormentato(a); ~**-baked** adj (scheme) che non sta in piedi; ~ **board** (BRIT) n mezza pensione; ~**-caste** ['hɑ:fkɑ:st] n meticcio/a; ~ **fare** n tariffa a metà prezzo; ~**-hearted** adj tiepido(a); ~**-hour** n mezz'ora; ~**-mast**: **at** ~**-mast** adv (flag) a mezz'asta; ~**penny** ['heɪpnɪ] (BRIT) n mezzo penny m inv; ~**-price** adj, adv a metà prezzo; ~ **term** (BRIT) n (SCOL) vacanza a or di metà trimestre; ~**-time** n (SPORT) intervallo; ~**way** adv a metà strada

halibut ['hælɪbət] n inv ippoglosso

hall [hɔ:l] n sala, salone m; (entrance way) entrata; ~ **of residence** (BRIT) n casa dello studente

hallmark ['hɔ:lmɑ:k] n marchio di garanzia; (fig) caratteristica

hallo [hə'ləu] excl = **hello**

Hallowe'en [hæləu'i:n] n vigilia d'Ognissanti

Hallowe'en

Negli Stati Uniti e in Scozia il 31 ottobre si festeggia **Hallowe'en**, *la notte delle streghe e dei fantasmi; i bambini, travestiti da fantasmi e con lanterne ricavate da zucche, bussano alle porte e raccolgono dolci e piccoli doni.*

---

hallucination [həlu:sɪ'neɪʃən] n allucinazione f

hallway ['hɔ:lweɪ] n corridoio; (entrance) ingresso

halo ['heɪləu] n (of saint etc) aureola

halt [hɔ:lt] n fermata ♦ vt fermare ♦ vi fermarsi

halve [hɑːv] vt (apple etc) dividere a metà; (expense) ridurre di metà

halves [hɑːvz] npl of **half**

ham [hæm] n prosciutto

Hamburg ['hæmbəːg] n Amburgo f

hamburger ['hæmbəːgəʳ] n hamburger m inv

hamlet ['hæmlɪt] n paesetto

hammer ['hæməʳ] n martello ♦ vt martellare ♦ vi: **to ~ on** or **at the door** picchiare alla porta

hammock ['hæmək] n amaca

hamper ['hæmpəʳ] vt impedire ♦ n cesta

hamster ['hæmstəʳ] n criceto

hand [hænd] n mano f; (of clock) lancetta; (handwriting) scrittura; (at cards) mano; (: game) partita; (worker) operaio/a ♦ vt dare, passare; **to give sb a ~** dare una mano a qn; **at ~** a portata di mano; **in ~** a disposizione; (work) in corso; **on ~** (person) disponibile; (services) pronto(a) a intervenire; **to ~** (information etc) a portata di mano; **on the one ~ ..., on the other ~** da un lato ..., dall'altro; **~ in** vt consegnare; **~ out** vt distribuire; **~ over** vt passare; cedere; **~bag** n borsetta; **~book** n manuale m; **~brake** n freno a mano; **~cuffs** npl manette fpl; **~ful** n manciata, pugno

handicap ['hændɪkæp] n handicap m inv ♦ vt handicappare; **to be physically ~ped** essere handicappato(a); **to be mentally ~ped** essere un(a) handicappato(a) mentale

handicraft ['hændɪkrɑːft] n lavoro d'artigiano

handiwork ['hændɪwəːk] n opera

handkerchief ['hæŋkətʃɪf] n fazzoletto

handle ['hændl] n (of door etc) maniglia; (of cup etc) ansa; (of knife etc) impugnatura; (of saucepan) manico; (for winding) manovella ♦ vt toccare, maneggiare; (deal with) occuparsi di; (treat: people) trattare; **"~ with care"** "fragile"; **to fly off the ~** (fig) perdere le staffe, uscire dai gangheri; **~bar(s)** n(pl) manubrio

hand: **~ luggage** n bagagli mpl a mano;

~made adj fatto(a) a mano; **~out** n (money, food) elemosina; (leaflet) volantino; (at lecture) prospetto; **~rail** n corrimano; **~set** n (TEL) ricevitore m; **please replace the ~set** riagganciare il ricevitore; **~shake** n stretta di mano

handsome ['hænsəm] adj bello(a); (profit, fortune) considerevole

handwriting ['hændraɪtɪŋ] n scrittura

handy ['hændɪ] adj (person) bravo(a); (close at hand) a portata di mano; (convenient) comodo(a)

hang [hæŋ] (pt, pp **hung**) vt appendere; (criminal: pt, pp **hanged**) impiccare ♦ vi (painting) essere appeso(a); (hair) scendere; (drapery) cadere; **to get the ~ of sth** (inf) capire come qc funziona; **~ about** or **around** vi bighellonare, ciondolare; **~ on** vi (wait) aspettare; **~ up** vi (TEL) riattaccare ♦ vt appendere

hangar ['hæŋəʳ] n hangar m inv

hanger ['hæŋəʳ] n gruccia

hanger-on ['hæŋəʳ] n parassita m

hang-gliding ['-glaɪdɪŋ] n volo col deltaplano

hangover ['hæŋəʊvəʳ] n (after drinking) postumi mpl di sbornia

hang-up n complesso

hanker ['hæŋkəʳ] vi: **to ~ after** bramare

hankie ['hæŋkɪ] n abbr = **handkerchief**

hanky ['hæŋkɪ] n abbr = **handkerchief**

haphazard [hæp'hæzəd] adj a casaccio, alla carlona

happen ['hæpən] vi accadere, succedere; (chance): **to ~ to do sth** fare qc per caso; **as it ~s** guarda caso; **~ing** n avvenimento

happily ['hæpɪlɪ] adv felicemente; fortunatamente

happiness ['hæpɪnɪs] n felicità, contentezza

happy ['hæpɪ] adj felice, contento(a); **~ with** (arrangements etc) soddisfatto(a) di; **to be ~ to do** (willing) fare volentieri; **~ birthday!** buon compleanno!; **~-go-lucky** adj spensierato(a); **~ hour** n orario in cui i bar hanno prezzi ridotti

harangue [həˈræŋ] vt arringare

harass ['hærəs] vt molestare; **~ment** n

molestia

harbour ['hɑːbəʳ] (US **harbor**) n porto ♦ vt (hope, fear) nutrire; (criminal) dare rifugio a

hard [hɑːd] adj duro(a) ♦ adv (work) sodo; (think, try) bene; **to look ~ at** guardare fissamente; esaminare attentamente; **no ~ feelings!** senza rancore!; **to be ~ of hearing** essere duro(a) d'orecchio; **to be ~ done by** essere trattato(a) ingiustamente; **~back** n libro rilegato; **~ cash** n denaro in contanti; **~ disk** n (COMPUT) disco rigido; **~en** vt, vi indurire; **~-headed** adj pratico(a); **~ labour** n lavori forzati mpl

hardly ['hɑːdlɪ] adv (scarcely) appena; **it's ~ the case** non è proprio il caso; **~ anyone/anywhere** quasi nessuno/da nessuna parte; **~ ever** quasi mai

hardship ['hɑːdʃɪp] n avversità f inv; privazioni fpl

hard shoulder (BRIT) n (AUT) corsia d'emergenza

hard-up (inf) adj al verde

hardware ['hɑːdwɛəʳ] n ferramenta fpl; (COMPUT) hardware m; (MIL) armamenti mpl; **~ shop** n (negozio di) ferramenta fpl

hard-wearing [-'wɛərɪŋ] adj resistente; (shoes) robusto(a)

hard-working [-'wəːkɪŋ] adj lavoratore(trice)

hardy ['hɑːdɪ] adj robusto(a); (plant) resistente al gelo

hare [hɛəʳ] n lepre f; **~-brained** adj folle; scervellato(a)

harm [hɑːm] n male m; (wrong) danno ♦ vt (person) fare male a; (thing) danneggiare; **out of ~'s way** al sicuro; **~ful** adj dannoso(a); **~less** adj innocuo(a); inoffensivo(a)

harmonica [hɑːˈmɔnɪkə] n armonica f

harmonious [hɑːˈməunɪəs] adj armonioso(a)

harmony ['hɑːmənɪ] n armonia f

harness ['hɑːnɪs] n (for horse) bardatura, finimenti mpl; (for child) briglie fpl; (safety ~) imbracatura ♦ vt (horse) bardare; (resources) sfruttare

harp [hɑːp] n arpa ♦ vi: **to ~ on about**

insistere tediosamente su

harpoon [hɑːˈpuːn] n arpione m

harrowing ['hærəuɪŋ] adj straziante

harsh [hɑːʃ] adj (life, winter) duro(a); (judge, criticism) severo(a); (sound) rauco(a); (light) violento(a)

harvest ['hɑːvɪst] n raccolto; (of grapes) vendemmia ♦ vt fare il raccolto di, raccogliere; vendemmiare

has [hæz] vb see **have**

hash [hæʃ] n (CULIN) specie di spezzatino fatto con carne già cotta; (fig: mess) pasticcio

hasn't ['hæznt] = **has not**

hassle ['hæsl] (inf) n sacco di problemi

haste [heɪst] n fretta; precipitazione f; **~n** ['heɪsn] vt affrettare ♦ vi: **to ~n (to)** affrettarsi (a); **hastily** adv in fretta; precipitosamente; **hasty** adj affrettato(a); precipitoso(a)

hat [hæt] n cappello

hatch [hætʃ] n (NAUT: also: **~way**) boccaporto; (also: **service ~**) portello di servizio ♦ vi (bird) uscire dal guscio; (egg) schiudersi

hatchback ['hætʃbæk] n (AUT) tre (or cinque) porte f inv

hatchet ['hætʃɪt] n accetta

hate [heɪt] vt odiare, detestare ♦ n odio; **~ful** adj odioso(a), detestabile

hatred ['heɪtrɪd] n odio

haughty ['hɔːtɪ] adj altero(a), arrogante

haul [hɔːl] vt trascinare, tirare ♦ n (of fish) pescata; (of stolen goods etc) bottino; **~age** n trasporto; autotrasporto; **~ier** (US **~er**) n trasportatore m

haunch [hɔːntʃ] n anca; (of meat) coscia

haunt [hɔːnt] vt (subj: fear) pervadere; (: person) frequentare ♦ n rifugio; **this house is ~ed** questa casa è abitata da un fantasma

---
KEYWORD
---

have [hæv] (pt, pp **had**) aux vb 1 (gen) avere; essere; **to ~ arrived/gone** essere arrivato(a)/andato(a); **to ~ eaten/slept** avere mangiato/dormito; **he has been**

kind / promoted è stato gentile/promosso; **having finished** *or* **when he had finished, he left** dopo aver finito, se n'è andato
2 (*in tag questions*): **you've done it, ~n't you?** l'ha fatto, (non è) vero?; **he hasn't done it, has he?** non l'ha fatto, vero?
3 (*in short answers and questions*): **you've made a mistake – no I ~n't/so I ~** ha fatto un errore — ma no, niente affatto/sì, è vero; **we ~n't paid – yes we ~!** non abbiamo pagato — ma sì che abbiamo pagato!; **I've been there before, ~ you?** ci sono già stato, e lei?

♦ *modal aux vb* (*be obliged*): **to ~ (got) to do sth** dover fare qc; **I ~n't got** *or* **I don't ~ to wear glasses** non ho bisogno di portare gli occhiali

♦ *vt* **1** (*possess, obtain*) avere; **he has (got) blue eyes / dark hair** ha gli occhi azzurri/i capelli scuri; **do you ~** *or* **you got a car / phone?** ha la macchina/il telefono?; **may I ~ your address?** potrebbe darmi il suo indirizzo?; **you can ~ it for £5** te lo lascio per 5 sterline
2 (*+noun: take, hold etc*): **to ~ breakfast / a swim / a bath** fare colazione/una nuotata/ un bagno; **to ~ lunch** pranzare; **to ~ dinner** cenare; **to ~ a drink** bere qualcosa; **to ~ a cigarette** fumare una sigaretta
3: **to ~ sth done** far fare qc; **to ~ one's hair cut** farsi tagliare i capelli; **to ~ sb do sth** far fare qc a qn
4 (*experience, suffer*) avere; **to ~ a cold / flu** avere il raffreddore/l'influenza; **she had her bag stolen** le hanno rubato la borsa
5 (*inf: dupe*): **you've been had!** ci sei cascato!

have out *vt*: **to ~ it out with sb** (*settle a problem etc*) mettere le cose in chiaro con qn

haven ['heɪvn] *n* porto; (*fig*) rifugio
haven't ['hævnt] = **have not**
havoc ['hævək] *n* caos *m*
hawk [hɔːk] *n* falco
hay [heɪ] *n* fieno; **~ fever** *n* febbre *f* da fieno; **~stack** *n* pagliaio

haywire ['heɪwaɪə*] (*inf*) *adj*: **to go ~** impazzire
hazard ['hæzəd] *n* azzardo, ventura; pericolo, rischio ♦ *vt* (*guess etc*) azzardare; **~ous** *adj* pericoloso(a); **~ (warning) lights** *npl* (*AUT*) luci *fpl* di emergenza
haze [heɪz] *n* foschia
hazelnut ['heɪzlnʌt] *n* nocciola
hazy ['heɪzɪ] *adj* fosco(a); (*idea*) vago(a)
he [hiː] *pronoun* lui, egli; **it is ~ who ...** è lui che ....

head [hɛd] *n* testa; (*leader*) capo; (*of school*) preside *m/f* ♦ *vt* (*list*) essere in testa a; (*group*) essere a capo di; **~s (or tails)** testa (o croce), pari (o dispari); **~ first** a capofitto, di testa; **~ over heels in love** pazzamente innamorato(a); **to ~ the ball** colpire una palla di testa; **~ for** *vt fus* dirigersi verso; **~ache** *n* mal *m* di testa; **~dress** (*BRIT*) *n* (*of bride*) acconciatura; **~ing** *n* titolo; intestazione *f*; **~lamp** (*BRIT*) *n* = **~light**; **~land** *n* promontorio; **~light** *n* fanale *m*; **~line** *n* titolo; **~long** *adv* (*fall*) a capofitto; (*rush*) precipitosamente; **~master / mistress** *n* preside *m/f*; **~ office** *n* sede *f* (centrale); **~-on** *adj* (*collision*) frontale; **~phones** *npl* cuffia; **~quarters** *npl* ufficio centrale; (*MIL*) quartiere *m* generale; **~-rest** *n* poggiacapo; **~room** *n* (*in car*) altezza dell'abitacolo; (*under bridge*) altezza limite; **~scarf** *n* foulard *m inv*; **~strong** *adj* testardo(a); **~ waiter** *n* capocameriere *m*; **~way** *n*: **to make ~way** fare progressi; **~wind** *n* controvento; **~y** *adj* (*experience, period*) inebriante
heal [hiːl] *vt, vi* guarire
health [hɛlθ] *n* salute *f*; **~ centre** (*BRIT*) *n* poliambulatorio; **~ food(s)** *n*(*pl*) cibo macrobiotico; **~ food store** *n* negozio di alimenti dietetici e macrobiotici; **the H~ Service** (*BRIT*) *n* ≈ il Servizio Sanitario Statale; **~y** *adj* (*person*) sano(a), in buona salute; (*climate*) salubre; (*appetite, economy etc*) sano(a)
heap [hiːp] *n* mucchio ♦ *vt* (*stones, sand*): **to ~ (up)** ammucchiare; (*plate, sink*): **to ~**

sth with riempire qc di; **~s of** (*inf*) un mucchio di

hear [hɪə*] (*pt, pp* **heard**) *vt* sentire; (*news*) ascoltare ♦ *vi* sentire; **to ~ about** avere notizie di; sentire parlare di; **to ~ from sb** ricevere notizie da qn; **~ing** *n* (*sense*) udito; (*of witnesses*) audizione *f*; (*of a case*) udienza; **~ing aid** *n* apparecchio acustico; **~say** *n* dicerie *fpl*, chiacchiere *fpl*

hearse [həːs] *n* carro funebre

heart [hɑːt] *n* cuore *m*; **~s** *npl* (*CARDS*) cuori *mpl*; **to lose ~** scoraggiarsi; **to take ~** farsi coraggio; **at ~** in fondo; **by ~** (*learn, know*) a memoria; **~ attack** *n* attacco di cuore; **~beat** *n* battito del cuore; **~breaking** *adj* straziante; **~broken** *adj*: **to be ~broken** avere il cuore spezzato; **~burn** *n* bruciore *m* di stomaco; **~ failure** *n* arresto cardiaco; **~felt** *adj* sincero(a)

hearth [hɑːθ] *n* focolare *m*

heartland ['hɑːtlænd] *n* regione *f* centrale

heartless ['hɑːtlɪs] *adj* senza cuore

hearty ['hɑːtɪ] *adj* caloroso(a); robusto(a), sano(a); vigoroso(a)

heat [hiːt] *n* calore *m*; (*fig*) ardore *m*; fuoco; (*SPORT*: *also*: **qualifying ~**) prova eliminatoria ♦ *vt* scaldare; **~ up** *vi* (*liquids*) scaldarsi; (*room*) riscaldarsi ♦ *vt* riscaldare; **~ed** *adj* riscaldato(a); (*argument*) acceso(a); **~er** *n* radiatore *m*; (*stove*) stufa

heath [hiːθ] (*BRIT*) *n* landa

heathen ['hiːðn] *n* pagano/a

heather ['heðə*] *n* erica

heating ['hiːtɪŋ] *n* riscaldamento

heatstroke ['hiːtstrəuk] *n* colpo di sole

heatwave ['hiːtweɪv] *n* ondata di caldo

heave [hiːv] *vt* (*pull*) tirare (con forza); (*push*) spingere (con forza); (*lift*) sollevare (con forza) ♦ *vi* sollevarsi; (*retch*) aver conati di vomito ♦ *n* (*push*) grande spinta; **to ~ a sigh** emettere un sospiro

heaven ['hɛvn] *n* paradiso, cielo; **~ly** *adj* divino(a), celeste

heavily ['hɛvɪlɪ] *adv* pesantemente; (*drink, smoke*) molto

heavy ['hɛvɪ] *adj* pesante; (*sea*) grosso(a); (*rain, blow*) forte; (*weather*) afoso(a);

(*drinker, smoker*) gran (*before noun*); **~ goods vehicle** *n* veicolo per trasporti pesanti; **~weight** *n* (*SPORT*) peso massimo

Hebrew ['hiːbruː] *adj* ebreo(a) ♦ *n* (*LING*) ebraico

Hebrides ['hɛbrɪdiːz] *npl*: **the ~** le Ebridi

heckle ['hɛkl] *vt* interpellare e dare noia a (*un oratore*)

hectic ['hɛktɪk] *adj* movimentato(a)

he'd [hiːd] = **he would**; **he had**

hedge [hɛdʒ] *n* siepe *f* ♦ *vi* essere elusivo(a); **to ~ one's bets** (*fig*) coprirsi dai rischi

hedgehog ['hɛdʒhɒg] *n* riccio

heed [hiːd] *vt* (*also*: **take ~ of**) badare a, far conto di; **~less** *adj*: **~less (of)** sordo(a) (a)

heel [hiːl] *n* (*ANAT*) calcagno; (*of shoe*) tacco ♦ *vt* (*shoe*) rifare i tacchi a

hefty ['hɛftɪ] *adj* (*person*) robusto(a); (*parcel*) pesante; (*profit*) grosso(a)

heifer ['hɛfə*] *n* giovenca

height [haɪt] *n* altezza; (*high ground*) altura; (*fig*: *of glory*) apice *m*; (: *of stupidity*) colmo; **~en** *vt* (*fig*) accrescere

heir [ɛə*] *n* erede *m*; **~ess** *n* erede *f*; **~loom** *n* mobile *m* (*or* gioiello *or* quadro) di famiglia

held [hɛld] *pt, pp of* **hold**

helicopter ['hɛlɪkɒptə*] *n* elicottero

heliport ['hɛlɪpɔːt] *n* eliporto

helium ['hiːlɪəm] *n* elio

hell [hɛl] *n* inferno; **~!** (*inf*) porca miseria!, accidenti!

he'll [hiːl] = **he will**; **he shall**

hellish ['hɛlɪʃ] (*inf*) *adj* infernale

hello [hə'ləu] *excl* buon giorno!; ciao! (*to sb one addresses as "tu"*); (*surprise*) ma guarda!

helm [hɛlm] *n* (*NAUT*) timone *m*

helmet ['hɛlmɪt] *n* casco

help [hɛlp] *n* aiuto; (*charwoman*) donna di servizio ♦ *vt* aiutare; **~!** aiuto!; **~ yourself (to bread)** si serva (del pane); **he can't ~ it** non ci può far niente; **~er** *n* aiutante *m/f*, assistente *m/f*; **~ful** *adj* di grande aiuto; (*useful*) utile; **~ing** *n* porzione *f*; **~less** *adj* impotente; debole

hem [hem] n orlo ♦ vt fare l'orlo a; **~ in** vt cingere

hemisphere ['hemɪsfɪə•] n emisfero

hemorrhage ['hemərɪdʒ] (US) n = **haemorrhage**

hemorrhoids ['hemərɔɪdz] (US) npl = **haemorroids**

hen [hen] n gallina; (female bird) femmina

hence [hens] adv (therefore) dunque; **2 years ~** di qui a 2 anni; **~forth** adv d'ora in poi

henpecked ['henpekt] adj dominato dalla moglie

hepatitis [hepə'taɪtɪs] n epatite f

her [hə:•] pron (direct) la, l' +vowel; (indirect) le; (stressed, after prep) lei ♦ adj il(la) suo(a), i(le) suoi(sue); see also **me**; **my**

herald ['herəld] n araldo ♦ vt annunciare

heraldry ['herəldrɪ] n araldica

herb [hə:b] n erba

herd [hə:d] n mandria

here [hɪə•] adv qui, qua ♦ excl ehi!; **~!** (at roll call) presente!; **~ is/are** ecco; **~ he/ she is** eccolo/eccola; **~after** adv in futuro; dopo questo; **~by** adv (in letter) con la presente

hereditary [hɪ'redɪtrɪ] adj ereditario(a)

heresy ['herəsɪ] n eresia

heretic ['herətɪk] n eretico/a

heritage ['herɪtɪdʒ] n eredità; (fig) retaggio

hermetically [hə:'metɪklɪ] adv: **~ sealed** ermeticamente chiuso(a)

hermit ['hə:mɪt] n eremita m

hernia ['hə:nɪə] n ernia

hero ['hɪərəu] (pl **~es**) n eroe m

heroin ['herəuɪn] n eroina

heroine ['herəuɪn] n eroina

heron ['herən] n airone m

herring ['herɪŋ] n aringa

hers [hə:z] pron il(la) suo(a), i(le) suoi(sue); see also **mine¹**

herself [hə:'self] pron (reflexive) si; (emphatic) lei stessa; (after prep) se stessa, sé; see also **oneself**

he's [hi:z] = **he is**; **he has**

hesitant ['hezɪtənt] adj esitante, indeciso(a)

hesitate ['hezɪteɪt] vi: **to ~ (about/to do)**

esitare (su/a fare); **hesitation** [-'teɪʃən] n esitazione f

heterosexual ['hetərəu'seksjuəl] adj, n eterosessuale m/f

hexagonal [hek'sægənəl] adj esagonale

heyday ['heɪdeɪ] n: **the ~ of** i bei giorni di, l'età d'oro di

HGV n abbr = **heavy goods vehicle**

hi [haɪ] excl ciao!

hiatus [haɪ'eɪtəs] n vuoto; (LING) iato

hibernate ['haɪbəneɪt] vi ibernare

hiccough ['hɪkʌp] vi singhiozzare; **~s** npl: **to have ~s** avere il singhiozzo

hiccup ['hɪkʌp] = **hiccough**

hid [hɪd] pt of **hide**; **~den** ['hɪdn] pp of **hide**

hide [haɪd] (pt hid, pp hidden) n (skin) pelle f ♦ vt: **to ~ sth (from sb)** nascondere qc (a qn) ♦ vi: **to ~ (from sb)** nascondersi (da qn); **~-and-seek** n rimpiattino

hideous ['hɪdɪəs] adj laido(a); orribile

hiding ['haɪdɪŋ] n (beating) bastonata; **to be in ~** (concealed) tenersi nascosto(a)

hierarchy ['haɪərɑ:kɪ] n gerarchia

hi-fi ['haɪfaɪ] n stereo ♦ adj ad alta fedeltà, hi-fi inv

high [haɪ] adj alto(a); (speed, respect, number) grande; (wind) forte; (voice) acuto(a) ♦ adv alto, in alto; **20m ~** alto(a) 20m; **~brow** adj, n intellettuale m/f; **~chair** n seggiolone m; **~er education** n studi mpl superiori; **~-handed** adj prepotente; **~-heeled** adj con i tacchi alti; **~ jump** n (SPORT) salto in alto; **the H~lands** npl le Highlands scozzesi; **~light** n (fig: of event) momento culminante; (in hair) colpo di sole ♦ vt mettere in evidenza; **~ly** adv molto; **to speak ~ly of** parlare molto bene di; **~ly strung** adj teso(a) di nervi, eccitabile; **~ness** n: **Her H~ness** Sua Altezza; **~-pitched** adj acuto(a); **~-rise block** n palazzone m; **~ school** n scuola secondaria; (US) istituto superiore d'istruzione; **~ season** (BRIT) n alta stagione; **~ street** (BRIT) n strada principale

highway ['haɪweɪ] n strada maestra; **H~ Code** (BRIT) n codice m della strada

hijack ['haɪdʒæk] vt dirottare; **~er** n dirottatore/trice

hike [haɪk] vi fare un'escursione a piedi ♦ n escursione f a piedi; **~r** n escursionista m/f; **hiking** n escursioni fpl a piedi

hilarious [hɪ'lɛərɪəs] adj (behaviour, event) spassosissimo(a)

hill [hɪl] n collina, colle m; (fairly high) montagna; (on road) salita; **~side** n fianco della collina; **~ walking** n escursioni fpl in collina; **~y** adj collinoso(a); montagnoso(a)

hilt [hɪlt] n (of sword) elsa; **to the ~** (fig: support) fino in fondo

him [hɪm] pron (direct) lo, l' +vowel; (indirect) gli; (stressed, after prep) lui; see also **me**; **~self** pron (reflexive) si; (emphatic) lui stesso; (after prep) se stesso, sé; see also **oneself**

hinder ['hɪndə•] vt ostacolare; **hindrance** ['hɪndrəns] n ostacolo, impedimento

hindsight ['haɪndsaɪt] n: **with ~** con il senno di poi

Hindu ['hɪndu:] n indù m/f inv

hinge [hɪndʒ] n cardine m ♦ vi (fig): **to ~ on** dipendere da

hint [hɪnt] n (suggestion) allusione f; (advice) consiglio; (sign) accenno ♦ vt: **to ~ that** lasciar capire che ♦ vi: **to ~ at** alludere a

hip [hɪp] n anca, fianco

hippopotamus [hɪpə'pɔtəməs] (pl **~es** or **hippopotami**) n ippopotamo

hire ['haɪə•] vt (BRIT: car, equipment) noleggiare; (worker) assumere, dare lavoro a ♦ n nolo, noleggio; **for ~** da nolo; (taxi) libero(a); **~(d) car** (BRIT) n macchina a nolo; **~ purchase** (BRIT) n acquisto (or vendita) rateale

his [hɪz] adj, pron il(la) suo(sua), i(le) suoi(sue); see also **my**; **mine[1]**

hiss [hɪs] vi fischiare; (cat, snake) sibilare

historic(al) [hɪ'stɔrɪk(l)] adj storico(a)

history ['hɪstərɪ] n storia

hit [hɪt] (pt, pp hit) vt colpire, picchiare; (knock against) battere; (reach: target) raggiungere; (collide with: car) urtare contro; (fig: affect) colpire; (find: problem etc) incontrare ♦ n colpo; (success, song)

successo; **to ~ it off with sb** andare molto d'accordo con qn; **~-and-run driver** n pirata m della strada

hitch [hɪtʃ] vt (fasten) attaccare; (also: ~ up) tirare su ♦ n (difficulty) intoppo, difficoltà f inv; **to ~ a lift** fare l'autostop

hitch-hike vi fare l'autostop; **~r** n autostoppista m/f; **hitch-hiking** n autostop m

hi-tech ['haɪ'tɛk] adj di alta tecnologia ♦ n alta tecnologia

hitherto [hɪðə'tu:] adv in precedenza

HIV abbr: **HIV-negative/-positive** adj sieronegativo(a)/sieropositivo(a)

hive [haɪv] n alveare m

H.M.S. abbr = His(Her) Majesty's Ship

hoard [hɔ:d] n (of food) provviste fpl; (of money) gruzzolo ♦ vt ammassare

hoarding ['hɔ:dɪŋ] (BRIT) n (for posters) tabellone m per affissioni

hoarse [hɔ:s] adj rauco(a)

hoax [həuks] n scherzo; falso allarme

hob [hɔb] n piastra (con fornelli)

hobble ['hɔbl] vi zoppicare

hobby ['hɔbɪ] n hobby m inv, passatempo

hobo ['həubəu] (US) n vagabondo

hockey ['hɔkɪ] n hockey m

hoe [həu] n zappa

hog [hɔg] n maiale m ♦ vt (fig) arraffare; **to go the whole ~** farlo fino in fondo

hoist [hɔɪst] n paranco ♦ vt issare

hold [həuld] (pt, pp held) vt tenere; (contain) contenere; (keep back) trattenere; (believe) mantenere, considerare; (possess) avere, possedere; detenere ♦ vi (withstand pressure) tenere; (be valid) essere valido(a) ♦ n presa; (control): **to have a ~ over** avere controllo su; (NAUT) stiva; **~ the line!** (TEL) resti in linea!; **to ~ one's own** (fig) difendersi bene; **to catch** or **get (a) ~ of** afferrare; **~ back** vt trattenere; (secret) tenere celato(a); **~ down** vt (person) tenere a terra; (job) tener fermo; (wait) aspettare; **~ on!** (TEL) resti in linea!; **~ on to** vt fus tenersi stretto(a) a; (keep) conservare; **~ out** vt offrire ♦ vi (resist) resistere; ~ **up** vt (raise) alzare; (support) sostenere; (delay) ritardare; (rob) assaltare; ~**all** (BRIT) n borsone m; ~**er** n (container) contenitore m; (of ticket, title) possessore/ posseditrice; (of office etc) incaricato/a; (of record) detentore/trice; ~**ing** n (share) azioni fpl, titoli mpl; (farm) podere m, tenuta; ~**up** n (robbery) rapina a mano armata; (delay) ritardo; (BRIT: in traffic) blocco

hole [həul] n buco, buca

holiday ['hɔlədɪ] n vacanza; (day off) giorno di vacanza; (public) giorno festivo; **on** ~ in vacanza; ~ **camp** (BRIT) n (also: ~ **centre**) ≈ villaggio (di vacanze); ~-**maker** (BRIT) n villeggiante m/f; ~ **resort** n luogo di villeggiatura

holiness ['həulɪnɪs] n santità

Holland ['hɔlənd] n Olanda

hollow ['hɔləu] adj cavo(a); (container, claim) vuoto(a); (laugh, sound) cupo(a) ♦ n cavità f inv; (in land) valletta, depressione f ♦ vt: **to ~ out** scavare

holly ['hɔlɪ] n agrifoglio

holocaust ['hɔləkɔːst] n olocausto

holster ['həulstə*] n fondina (di pistola)

holy ['həulɪ] adj santo(a); (bread) benedetto(a), consacrato(a); (ground) consacrato(a)

homage ['hɔmɪdʒ] n omaggio; **to pay ~ to** rendere omaggio a

home [həum] n casa; (country) patria; (institution) casa, ricovero ♦ cpd familiare; (cooking etc) casalingo(a); (ECON, POL) nazionale, interno(a); (SPORT) di casa ♦ adv a casa; in patria; (right in: nail etc) fino in fondo; **at** ~ a casa; (in situation) a proprio agio; **to go** (or **come**) ~ tornare a casa (or in patria); **make yourself at** ~ si metta a suo agio; ~ **address** n indirizzo di casa; ~**land** n patria, ~**less** adj senza tetto; spatriato(a); ~**ly** adj semplice, alla buona; accogliente; ~-**made** adj casalingo(a); **H~ Office** (BRIT) n ministero degli Interni; ~ **page** n (COMPUT) home page f inv; ~ **rule** n autogoverno; **H~ Secretary** (BRIT) n ministro degli Interni; ~**sick** adj: **to be ~sick** avere la nostalgia; ~ **town** n città f

inv natale; ~**ward** ['həumwəd] adj (journey) di ritorno; ~**work** n compiti mpl (per casa)

homicide ['hɔmɪsaɪd] (US) n omicidio

homoeopathic [həumɪə'pæθɪk] (US **homeopathic**) adj omeopatico(a)

homosexual [hɔməu'seksjuəl] adj, n omosessuale m/f

honest ['ɔnɪst] adj onesto(a); sincero(a); ~**ly** adv onestamente; sinceramente; ~**y** n onestà

honey ['hʌnɪ] n miele m; ~**comb** n favo; ~**moon** n luna di miele, viaggio di nozze; ~**suckle** n (BOT) caprifoglio

honk [hɔŋk] vi suonare il clacson

honorary ['ɔnərərɪ] adj onorario(a); (duty, title) onorifico(a)

honour ['ɔnə*] (US **honor**) vt onorare ♦ n onore m; ~**able** adj onorevole; ~**s degree** n (SCOL) laurea specializzata

hood [hud] n cappuccio; (on cooker) cappa; (BRIT: AUT) capote f; (US: AUT) cofano

hoodlum ['huːdləm] n teppista m/f

hoof [huːf] (pl **hooves**) n zoccolo

hook [huk] n gancio; (for fishing) amo ♦ vt uncinare; (dress) agganciare

hooligan ['huːlɪgən] n giovinastro, teppista m

hoop [huːp] n cerchio

hooray [huː'reɪ] excl = **hurray**

hoot [huːt] vi (AUT) suonare il clacson; (siren) ululare; (owl) gufare; ~**er** n (BRIT: AUT) clacson m inv; (NAUT) sirena

Hoover ® ['huːvə*] (BRIT) n aspirapolvere m inv ♦ vt: **h~** pulire con l'aspirapolvere

hooves [huːvz] npl of **hoof**

hop [hɔp] vi saltellare, saltare; (on one foot) saltare su una gamba

hope [həup] vt: **to ~ that/to do** sperare che/di fare ♦ vi sperare ♦ n speranza; **I ~ so/not** spero di sì/no; ~**ful** adj (person) pieno(a) di speranza; (situation) promettente; ~**fully** adv con speranza; ~**fully he will recover** speriamo che si riprenda; ~**less** adj senza speranza, disperato(a); (useless) inutile

hops [hɔps] npl luppoli mpl

horde [hɔːd] n orda

horizon [hə'raɪzn] *n* orizzonte *m*; ~**tal**
[hɒrɪ'zɒntl] *adj* orizzontale

hormone ['hɔːməʊn] *n* ormone *m*

horn [hɔːn] *n* (ZOOL, MUS) corno *m*; (AUT)
clacson *m inv*

hornet ['hɔːnɪt] *n* calabrone *m*

horoscope ['hɒrəskəʊp] *n* oroscopo

horrendous [hə'rendəs] *adj* orrendo(a)

horrible ['hɒrɪbl] *adj* orribile, tremendo(a)

horrid ['hɒrɪd] *adj* orrido(a); (person)
odioso(a)

horrify ['hɒrɪfaɪ] *vt* scandalizzare

horror ['hɒrə*] *n* orrore *m*; ~ **film** *n* film *m
inv* dell'orrore

hors d'œuvre [ɔː'dəːvrə] *n* antipasto

horse [hɔːs] *n* cavallo; ~**back**: **on** ~**back**
adj, adv a cavallo; ~ **chestnut** *n*
ippocastano; ~**man** (*irreg*) *n* cavaliere *m*;
~**power** *n* cavallo (vapore); ~-**racing** *n*
ippica; ~**radish** *n* rafano; ~**shoe** *n* ferro
di cavallo; ~**woman** (*irreg*) *n* amazzone *f*

horticulture ['hɔːtɪkʌltʃə*] *n* orticoltura

hose [həʊz] *n* (*also:* ~**pipe**) tubo; (*also:*
garden ~) tubo per annaffiare

hosiery ['həʊʒərɪ] *n* maglieria

hospice ['hɒspɪs] *n* ricovero, ospizio

hospitable [hɒs'pɪtəbl] *adj* ospitale

hospital ['hɒspɪtl] *n* ospedale *m*

hospitality [hɒspɪ'tælɪtɪ] *n* ospitalità

host [həʊst] *n* ospite *m*; (REL) ostia; (*large
number*): **a** ~ **of** una schiera di

hostage ['hɒstɪdʒ] *n* ostaggio/a

hostel ['hɒstl] *n* ostello; (*also:* **youth** ~)
ostello della gioventù

hostess ['həʊstɪs] *n* ospite *f*; (BRIT: **air** ~)
hostess *f inv*

hostile ['hɒstaɪl] *adj* ostile

hostility [hɒ'stɪlɪtɪ] *n* ostilità *f inv*

hot [hɒt] *adj* caldo(a); (*as opposed to only
warm*) molto caldo(a); (*spicy*) piccante; (*fig*)
accanito(a); ardente; violento(a), focoso(a);
to be ~ (*person*) aver caldo; (*object*) essere
caldo(a); (*weather*) far caldo; ~**bed** *n* (*fig*)
focolaio; ~ **dog** *n* hot dog *m inv*

hotel [həʊ'tel] *n* albergo; ~**ier** *n*
albergatore/trice

hot: ~**house** *n* serra; ~ **line** *n* (POL)
telefono rosso; ~**ly** *adv* violentemente;
~**plate** *n* piastra riscaldante; ~**pot** (BRIT) *n*
stufato coperto da uno strato di patate; ~-
water bottle *n* borsa dell'acqua calda

hound [haʊnd] *vt* perseguitare ♦ *n* segugio

hour ['aʊə*] *n* ora; ~**ly** *adj* all'ora

house [*n* haus, *pl* 'hauzɪz, *vb* hauz] *n* (*also
firm*) casa; (POL) camera; (THEATRE) sala;
pubblico; spettacolo ♦ *vt* (*person*) ospitare,
alloggiare; **on the** ~ (*fig*) offerto(a) dalla
casa; ~ **arrest** *n* arresti *mpl* domiciliari;
~**boat** *n* house boat *f inv*; ~**bound** *adj*
confinato(a) in casa; ~**breaking** *n* furto
con scasso; ~**hold** *n* famiglia; casa;
~**keeper** *n* governante *f*; ~**keeping** *n*
(*work*) governo della casa; (*money*) soldi
mpl per le spese di casa; ~-**warming
party** *n* festa per inaugurare la casa
nuova; ~**wife** (*irreg*) *n* massaia, casalinga;
~**work** *n* faccende *fpl* domestiche

housing ['hauzɪŋ] *n* alloggio; ~
development (BRIT ~ **estate**) *n* zona
residenziale con case popolari e/o private

hovel ['hɒvl] *n* casupola

hover ['hɒvə*] *vi* (*bird*) librarsi; ~**craft** *n*
hovercraft *m inv*

how [hau] *adv* come; ~ **are you?** come sta?;
~ **do you do?** piacere!; ~ **far is it to the
river?** quanto è lontano il fiume?; ~ **long
have you been here?** da quando è qui?; ~
lovely/awful! che bello!/orrore!; ~ **many?**
quanti(e)?; ~ **much?** quanto(a)?; ~ **much
milk?** quanto latte?; ~ **many people?**
quante persone?; ~ **old are you?** quanti
anni ha?; ~**ever** *adv* in qualsiasi modo *or*
maniera che; (+*adjective*) per quanto +*sub*;
(*in questions*) come ♦ *conj* comunque, però

howl [haul] *vi* ululare; (*baby, person*) urlare

H.P. *abbr* = **hire purchase**; **horsepower**

h.p. *n abbr* = **H.P.**

HQ *n abbr* = **headquarters**

HTML *abbr* (= *hypertext markup language*)
HTML *m inv*

hub [hʌb] *n* (*of wheel*) mozzo; (*fig*) fulcro

hubcap ['hʌbkæp] *n* coprimozzo

huddle ['hʌdl] *vi*: **to** ~ **together**
rannicchiarsi l'uno contro l'altro

hue [hju:] *n* tinta

huff [hʌf] *n*: **in a ~** stizzito(a)

hug [hʌg] *vt* abbracciare; (*shore, kerb*) stringere

huge [hju:dʒ] *adj* enorme, immenso(a)

hulk [hʌlk] *n* (*ship*) nave *f* in disarmo; (*car*) carcassa; (*person*) mastodonte *m*

hull [hʌl] *n* (*of ship*) scafo

hullo [həˈləu] *excl* = **hello**

hum [hʌm] *vt* (*tune*) canticchiare ♦ *vi* canticchiare; (*insect, plane, tool*) ronzare

human [ˈhju:mən] *adj* umano(a) ♦ *n* essere *m* umano

humane [hjuːˈmeɪn] *adj* umanitario(a)

humanitarian [hjuːmænɪˈtɛərɪən] *adj* umanitario(a)

humanity [hjuːˈmænɪtɪ] *n* umanità

humble [ˈhʌmbl] *adj* umile, modesto(a) ♦ *vt* umiliare

humdrum [ˈhʌmdrʌm] *adj* monotono(a), tedioso(a)

humid [ˈhju:mɪd] *adj* umido(a)

humiliate [hjuːˈmɪlɪeɪt] *vt* umiliare; **humiliation** [-ˈeɪʃən] *n* umiliazione *f*

humility [hjuːˈmɪlɪtɪ] *n* umiltà

humorous [ˈhju:mərəs] *adj* umoristico(a); (*person*) buffo(a)

humour [ˈhju:mə*] (*US* **humor**) *n* umore *m* ♦ *vt* accontentare

hump [hʌmp] *n* gobba

hunch [hʌntʃ] *n* (*premonition*) intuizione *f*; **~ed** *adj* incurvato(a)

hundred [ˈhʌndrəd] *num* cento; **~s of** centinaia *fpl* di; **~weight** *n* (*BRIT*) = 50.8 kg; 112 lb; (*US*) = 45.3 kg; 100 lb

hung [hʌŋ] *pt, pp of* **hang**

Hungary [ˈhʌŋgərɪ] *n* Ungheria

hunger [ˈhʌŋgə*] *n* fame *f* ♦ *vi*: **to ~ for** desiderare ardentemente; **~ strike** *n* sciopero della fame

hungry [ˈhʌŋgrɪ] *adj* affamato(a); (*avid*): **~ for** avido(a) di; **to be ~** aver fame

hunk [hʌŋk] *n* (*of bread etc*) bel pezzo

hunt [hʌnt] *vt* (*seek*) cercare; (*SPORT*) cacciare ♦ *vi*: **to ~ (for)** andare a caccia (di) ♦ *n* caccia; **~er** *n* cacciatore *m*; **~ing** *n* caccia

hurdle [ˈhə:dl] *n* (*SPORT, fig*) ostacolo

hurl [hə:l] *vt* lanciare con violenza

hurrah [huˈrɑ:] *excl* = **hurray**

hurray [huˈreɪ] *excl* urra!, evviva!

hurricane [ˈhʌrɪkən] *n* uragano

hurried [ˈhʌrɪd] *adj* affrettato(a); (*work*) fatto(a) in fretta; **~ly** *adv* in fretta

hurry [ˈhʌrɪ] *n* fretta ♦ *vi* (*also*: **~ up**) affrettarsi ♦ *vt* (*also*: **~ up**: *person*) affrettare; (*: work*) far in fretta; **to be in a ~** aver fretta

hurt [hə:t] (*pt, pp* **hurt**) *vt* (*cause pain to*) far male a; (*injure, fig*) ferire ♦ *vi* far male; **~ful** *adj* (*remark*) che ferisce

hurtle [ˈhə:tl] *vi*: **to ~ past/down** passare/scendere a razzo

husband [ˈhʌzbənd] *n* marito

hush [hʌʃ] *n* silenzio, calma ♦ *vt* zittire; **~!** zitto(a)!; **~ up** *vt* (*scandal*) mettere a tacere

husk [hʌsk] *n* (*of wheat*) cartoccio; (*of rice, maize*) buccia

husky [ˈhʌskɪ] *adj* roco(a) ♦ *n* cane *m* eschimese

hustle [ˈhʌsl] *vt* spingere, incalzare ♦ *n*: **~ and bustle** trambusto

hut [hʌt] *n* rifugio; (*shed*) ripostiglio

hutch [hʌtʃ] *n* gabbia

hyacinth [ˈhaɪəsɪnθ] *n* giacinto

hybrid [ˈhaɪbrɪd] *n* ibrido

hydrant [ˈhaɪdrənt] *n* (*also*: **fire ~**) idrante *m*

hydraulic [haɪˈdrɔ:lɪk] *adj* idraulico(a)

hydroelectric [haɪdrəuˈlɛktrɪk] *adj* idroelettrico(a)

hydrofoil [ˈhaɪdrəufɔɪl] *n* aliscafo

hydrogen [ˈhaɪdrədʒən] *n* idrogeno

hyena [haɪˈi:nə] *n* iena

hygiene [ˈhaɪdʒi:n] *n* igiene *f*

hymn [hɪm] *n* inno; cantica

hype [haɪp] (*inf*) *n* campagna pubblicitaria

hypermarket [ˈhaɪpəmɑ:kɪt] (*BRIT*) *n* ipermercato

hypertext [ˈhaɪpətɛkst] *n* (*COMPUT*) ipertesto

hyphen [ˈhaɪfn] *n* trattino

hypnotize [ˈhɪpnətaɪz] *vt* ipnotizzare

hypocrisy [hɪˈpɔkrɪsɪ] *n* ipocrisia

hypocrite [ˈhɪpəkrɪt] *n* ipocrita *m/f*; **hypocritical** [-ˈkrɪtɪkl] *adj* ipocrita

hypothesis [haɪ'pɔθɪsɪs] (*pl* **hypotheses**) *n* ipotesi *f inv*

hypothetical [haɪpəʊ'θetɪkl] *adj* ipotetico(a)

hysterical [hɪ'sterɪkl] *adj* isterico(a)

hysterics [hɪ'sterɪks] *npl* accesso di isteria; (*laughter*) attacco di riso

I, i

I [aɪ] *pron* io

ice [aɪs] *n* ghiaccio; (*on road*) gelo; (~ *cream*) gelato ♦ *vt* (*cake*) glassare ♦ *vi* (*also:* ~ **over**) ghiacciare; (*also:* ~ **up**) gelare; **~berg** *n* iceberg *m inv*; **~box** *n* (*US*) frigorifero; (*BRIT*) reparto ghiaccio; (*insulated box*) frigo portatile; ~ **cream** *n* gelato; ~ **hockey** *n* hockey *m* su ghiaccio

Iceland ['aɪslənd] *n* Islanda

ice: ~ **lolly** (*BRIT*) *n* ghiacciolo; ~ **rink** *n* pista di pattinaggio; ~ **skating** *n* pattinaggio sul ghiaccio

icicle ['aɪsɪkl] *n* ghiacciolo

icing ['aɪsɪŋ] *n* (*CULIN*) glassa; ~ **sugar** (*BRIT*) *n* zucchero a velo

icon ['aɪkɒn] *n* icona

icy ['aɪsɪ] *adj* ghiacciato(a); (*weather, temperature*) gelido(a)

I'd [aɪd] = **I would**; **I had**

idea [aɪ'dɪə] *n* idea

ideal [aɪ'dɪəl] *adj* ideale ♦ *n* ideale *m*

identical [aɪ'dentɪkl] *adj* identico(a)

identification [aɪdentɪfɪ'keɪʃən] *n* identificazione *f*; **(means of)** ~ carta d'identità

identify [aɪ'dentɪfaɪ] *vt* identificare

Identikit picture ® [aɪ'dentɪkɪt-] *n* identikit *m inv*

identity [aɪ'dentɪtɪ] *n* identità *f inv*; ~ **card** *n* carta d'identità

ideology [aɪdɪ'ɔlədʒɪ] *n* ideologia

idiom ['ɪdɪəm] *n* idioma *m*; (*phrase*) espressione *f* idiomatica

idiot ['ɪdɪət] *n* idiota *m/f*; **~ic** [-'ɔtɪk] *adj* idiota

idle ['aɪdl] *adj* inattivo(a); (*lazy*) pigro(a),

ozioso(a); (*unemployed*) disoccupato(a); (*question, pleasures*) ozioso(a) ♦ *vi* (*engine*) girare al minimo

idol ['aɪdl] *n* idolo; **~ize** *vt* idoleggiare

i.e. *adv abbr* (= *that is*) cioè

if [ɪf] *conj* se; ~ **I were you ...** se fossi in te ..., io al tuo posto ...; ~ **so** se è così; ~ **not** se no; ~ **only** se solo *or* soltanto

ignite [ɪg'naɪt] *vt* accendere ♦ *vi* accendersi

ignition [ɪg'nɪʃən] *n* (*AUT*) accensione *f*; **to switch on/off the** ~ accendere/spegnere il motore; ~ **key** *n* (*AUT*) chiave *f* dell'accensione

ignorant ['ɪgnərənt] *adj* ignorante; **to be** ~ **of** (*subject*) essere ignorante in; (*events*) essere ignaro(a) di

ignore [ɪg'nɔː*] *vt* non tener conto di; (*person, fact*) ignorare

I'll [aɪl] = **I will**; **I shall**

ill [ɪl] *adj* (*sick*) malato(a); (*bad*) cattivo(a) ♦ *n* male *m* ♦ *adv*: **to speak** *etc* ~ **of sb** parlare *etc* male di qn; **to take** *or* **be taken** ~ ammalarsi; **~-advised** *adj* (*decision*) poco giudizioso(a); (*person*) mal consigliato(a); **~-at-ease** *adj* a disagio

illegal [ɪ'liːgl] *adj* illegale

illegible [ɪ'ledʒɪbl] *adj* illeggibile

illegitimate [ɪlɪ'dʒɪtɪmət] *adj* illegittimo(a)

ill-fated [ɪl'feɪtɪd] *adj* nefasto(a)

ill feeling *n* rancore *m*

illiterate [ɪ'lɪtərət] *adj* analfabeta, illetterato(a); (*letter*) scorretto(a)

ill-mannered [ɪl'mænəd] *adj* maleducato(a)

illness ['ɪlnɪs] *n* malattia

ill-treat *vt* maltrattare

illuminate [ɪ'luːmɪneɪt] *vt* illuminare; **illumination** [-'neɪʃən] *n* illuminazione *f*; **illuminations** *npl* (*decorative*) luminarie *fpl*

illusion [ɪ'luːʒən] *n* illusione *f*

illustrate ['ɪləstreɪt] *vt* illustrare

illustration [ɪlə'streɪʃən] *n* illustrazione *f*

I'm [aɪm] = **I am**

image ['ɪmɪdʒ] *n* immagine *f*; (*public face*) immagine (pubblica); **~ry** *n* immagini *fpl*

imaginary [ɪ'mædʒɪnərɪ] *adj* immaginario(a)

imagination [ɪmædʒɪ'neɪʃən] *n* immaginazione *f*, fantasia

imaginative [ɪ'mædʒɪnətɪv] *adj* immaginoso(a)
imagine [ɪ'mædʒɪn] *vt* immaginare
imbalance [ɪm'bæləns] *n* squilibrio
imbue [ɪm'bjuː] *vt*: **to ~ sb/sth with** permeare qn/qc di
imitate ['ɪmɪteɪt] *vt* imitare; **imitation** [-'teɪʃən] *n* imitazione *f*
immaculate [ɪ'mækjulət] *adj* immacolato(a); (*dress, appearance*) impeccabile
immaterial [ɪmə'tɪərɪəl] *adj* immateriale, indifferente
immature [ɪmə'tjuə*] *adj* immaturo(a)
immediate [ɪ'miːdɪət] *adj* immediato(a); **~ly** *adv* (*at once*) subito, immediatamente; **~ly next to** proprio accanto a
immense [ɪ'mɛns] *adj* immenso(a); enorme
immerse [ɪ'məːs] *vt* immergere
immersion heater [ɪ'məːʃən-] (*BRIT*) *n* scaldaacqua *m inv* a immersione
immigrant ['ɪmɪgrənt] *n* immigrante *m/f*; immigrato/a
immigration [ɪmɪ'greɪʃən] *n* immigrazione *f*
imminent ['ɪmɪnənt] *adj* imminente
immoral [ɪ'mɔrl] *adj* immorale
immortal [ɪ'mɔːtl] *adj, n* immortale *m/f*
immune [ɪ'mjuːn] *adj*: **~ (to)** immune (da); **immunity** *n* immunità
impact ['ɪmpækt] *n* impatto
impair [ɪm'pɛə*] *vt* danneggiare
impart [ɪm'pɑːt] *vt* (*make known*) comunicare; (*bestow*) impartire
impartial [ɪm'pɑːʃl] *adj* imparziale
impassable [ɪm'pɑːsəbl] *adj* insuperabile; (*road*) impraticabile
impassive [ɪm'pæsɪv] *adj* impassibile
impatience [ɪm'peɪʃəns] *n* impazienza
impatient [ɪm'peɪʃənt] *adj* impaziente; **to get** *or* **grow ~** perdere la pazienza
impeccable [ɪm'pɛkəbl] *adj* impeccabile
impede [ɪm'piːd] *vt* impedire
impediment [ɪm'pɛdɪmənt] *n* impedimento; (*also*: **speech ~**) difetto di pronuncia
impending [ɪm'pɛndɪŋ] *adj* imminente
imperative [ɪm'pɛrətɪv] *adj* imperativo(a); necessario(a), urgente; (*voice*) imperioso(a)
imperfect [ɪm'pəːfɪkt] *adj* imperfetto(a); (*goods etc*) difettoso(a) ♦ *n* (*LING*: *also*: **~ tense**) imperfetto
imperial [ɪm'pɪərɪəl] *adj* imperiale; (*measure*) legale
impersonal [ɪm'pəːsənl] *adj* impersonale
impersonate [ɪm'pəːsəneɪt] *vt* impersonare; (*THEATRE*) fare la mimica di
impertinent [ɪm'pəːtɪnənt] *adj* insolente, impertinente
impervious [ɪm'pəːvɪəs] *adj* (*fig*): **~ to** insensibile a; impassibile di fronte a
impetuous [ɪm'pɛtjuəs] *adj* impetuoso(a), precipitoso(a)
impetus ['ɪmpətəs] *n* impeto
impinge on [ɪm'pɪndʒ-] *vt fus* (*person*) colpire; (*rights*) ledere
implement [*n* 'ɪmplɪmənt, *vb* 'ɪmplɪmɛnt] *n* attrezzo; (*for cooking*) utensile *m* ♦ *vt* effettuare
implicit [ɪm'plɪsɪt] *adj* implicito(a); (*complete*) completo(a)
imply [ɪm'plaɪ] *vt* insinuare; suggerire
impolite [ɪmpə'laɪt] *adj* scortese
import [*vb* ɪm'pɔːt, *n* 'ɪmpɔːt] *vt* importare ♦ *n* (*COMM*) importazione *f*
importance [ɪm'pɔːtns] *n* importanza
important [ɪm'pɔːtnt] *adj* importante; **it's not ~** non ha importanza
importer [ɪm'pɔːtə*] *n* importatore/trice
impose [ɪm'pəuz] *vt* imporre ♦ *vi*: **to ~ on sb** sfruttare la bontà di qn
imposing [ɪm'pəuzɪŋ] *adj* imponente
imposition [ɪmpə'zɪʃən] *n* (*of tax etc*) imposizione *f*; **to be an ~ on** (*person*) abusare della gentilezza di
impossibility [ɪmpɔsə'bɪlɪtɪ] *n* impossibilità
impossible [ɪm'pɔsɪbl] *adj* impossibile
impotent ['ɪmpətnt] *adj* impotente
impound [ɪm'paund] *vt* confiscare
impoverished [ɪm'pɔvərɪʃt] *adj* impoverito(a)
impracticable [ɪm'præktɪkəbl] *adj* inattuabile
impractical [ɪm'præktɪkl] *adj* non pratico(a)
impress [ɪm'prɛs] *vt* impressionare; (*mark*)

imprimere, stampare; **to ~ sth on sb** far capire qc a qn
impression [ɪmˈprɛʃən] *n* impressione *f*; **to be under the ~ that** avere l'impressione che
impressive [ɪmˈprɛsɪv] *adj* notevole
imprint [ˈɪmprɪnt] *n* (*of hand etc*) impronta; (PUBLISHING) sigla editoriale
imprison [ɪmˈprɪzn] *vt* imprigionare; **~ment** *n* imprigionamento
improbable [ɪmˈprɔbəbl] *adj* improbabile; (*excuse*) inverosimile
impromptu [ɪmˈprɔmptjuː] *adj* improvvisato(a)
improper [ɪmˈprɔpə*] *adj* scorretto(a); (*unsuitable*) inadatto(a), improprio(a); sconveniente, indecente
improve [ɪmˈpruːv] *vt* migliorare ♦ *vi* migliorare; (*pupil etc*) fare progressi; **~ment** *n* miglioramento; progresso
improvise [ˈɪmprəvaɪz] *vt, vi* improvvisare
impudent [ˈɪmpjudnt] *adj* impudente, sfacciato(a)
impulse [ˈɪmpʌls] *n* impulso; **on ~** d'impulso, impulsivamente
impulsive [ɪmˈpʌlsɪv] *adj* impulsivo(a)

KEYWORD

in [ɪn] *prep* **1** (*indicating place, position*) in; **~ the house/garden** in casa/giardino; **~ the box** nella scatola; **~ the fridge** nel frigorifero; **I have it ~ my hand** ce l'ho in mano; **~ town/the country** in città/campagna; **~ school** a scuola; **~ here/ there** qui/lì dentro
2 (*with place names: of town, region, country*) **~ London** a Londra; **~ England** in Inghilterra; **~ the United States** negli Stati Uniti; **~ Yorkshire** nello Yorkshire
3 (*indicating time: during, in the space of*) in; **~ spring/summer** in primavera/estate; **~ 1999** nel 1999; **~ May** in *or* a maggio; **I'll see you ~ July** ci vediamo a luglio; **~ the afternoon** nel pomeriggio; **at 4 o'clock ~ the afternoon** alle 4 del pomeriggio; **I did it ~ 3 hours/days** l'ho fatto in 3 ore/giorni; **I'll see you ~ 2**

weeks *or* **~ 2 weeks' time** ci vediamo tra 2 settimane
4 (*indicating manner etc*) a; **~ a loud/soft voice** a voce alta/bassa; **~ pencil** a matita; **~ English/French** in inglese/francese; **the boy ~ the blue shirt** il ragazzo con la camicia blu
5 (*indicating circumstances*): **~ the sun** al sole; **~ the shade** all'ombra; **~ the rain** sotto la pioggia; **a rise ~ prices** un aumento dei prezzi
6 (*indicating mood, state*): **~ tears** in lacrime; **~ anger** per la rabbia; **~ despair** disperato(a); **~ good condition** in buono stato, in buone condizioni; **to live ~ luxury** vivere nel lusso
7 (*with ratios, numbers*): **1 ~ 10** 1 su 10; **20 pence ~ the pound** 20 pence per sterlina; **they lined up ~ twos** si misero in fila a due a due
8 (*referring to people, works*) in; **the disease is common ~ children** la malattia è comune nei bambini; **~ (the works of) Dickens** in Dickens
9 (*indicating profession etc*) in; **to be ~ teaching** fare l'insegnante, insegnare; **to be ~ publishing** essere nell'editoria
10 (*after superlative*) di; **the best ~ the class** il migliore della classe
11 (*with present participle*): **~ saying this** dicendo questo, nel dire questo
♦ *adv*: **to be ~** (*person: at home, work*) esserci; (*train, ship, plane*) essere arrivato(a); (*in fashion*) essere di moda; **to ask sb ~** invitare qn ad entrare; **to run/ limp etc ~** entrare di corsa/zoppicando *etc*
♦ *n*: **the ~s and outs of the problem** tutti i particolari del problema

in. *abbr* = **inch**
inability [ɪnəˈbɪlɪtɪ] *n*: **~ (to do)** incapacità (di fare)
inaccurate [ɪnˈækjurət] *adj* inesatto(a), impreciso(a)
inadequate [ɪnˈædɪkwət] *adj* insufficiente
inadvertently [ɪnədˈvəːtntlɪ] *adv* senza volerlo

inadvisable [ɪnəd'vaɪzəbl] *adj* consigliabile

inane [ɪ'neɪn] *adj* vacuo(a), stupido(a)

inanimate [ɪn'ænɪmət] *adj* inanimato(a)

inappropriate [ɪnə'prəʊprɪət] *adj* non adatto(a); (*word, expression*) improprio(a)

inarticulate [ɪnɑː'tɪkjulət] *adj* (*person*) che si esprime male; (*speech*) inarticolato(a)

inasmuch as [ɪnəz'mʌtʃæz] *adv* in quanto che; (*insofar as*) poiché

inaudible [ɪn'ɔːdɪbl] *adj* che non si riesce a sentire

inauguration [ɪnɔːgju'reɪʃən] *n* inaugurazione *f*; insediamento in carica

in-between *adj* fra i (or le) due

inborn [ɪn'bɔːn] *adj* innato(a)

inbred [ɪn'bred] *adj* innato(a); (*family*) connaturato(a)

Inc. (*US*) *abbr* (= *incorporated*) S.A

incapable [ɪn'keɪpəbl] *adj* incapace

incapacitate [ɪnkə'pæsɪteɪt] *vt*: **to ~ sb from doing** rendere qn incapace di fare

incense [*n* 'ɪnsɛns, *vb* ɪn'sɛns] *n* incenso ♦ *vt* (*anger*) infuriare

incentive [ɪn'sɛntɪv] *n* incentivo

incessant [ɪn'sɛsnt] *adj* incessante; **~ly** *adv* di continuo, senza sosta

inch [ɪntʃ] *n* pollice *m* (= *25 mm; 12 in a foot*); **within ~ of** a un pelo da; **he didn't give an ~** non ha ceduto di un millimetro

incidence ['ɪnsɪdns] *n* (*of crime, disease*) incidenza

incident ['ɪnsɪdnt] *n* incidente *m*; (*in book*) episodio

incidental [ɪnsɪ'dɛntl] *adj* accessorio(a), d'accompagnamento; (*unplanned*) incidentale; **~ to** marginale a; **~ly** [-'dɛntəlɪ] *adv* (*by the way*) a proposito

inclination [ɪnklɪ'neɪʃən] *n* inclinazione *f*

incline [*n* 'ɪnklaɪn, *vb* ɪn'klaɪn] *n* pendenza, pendio ♦ *vt* inclinare ♦ *vi* (*surface*) essere inclinato(a); **to be ~d to do** tendere a fare; essere propenso(a) a fare

include [ɪn'kluːd] *vt* includere, comprendere; **including** *prep* compreso(a), incluso(a)

inclusive [ɪn'kluːsɪv] *adj* incluso(a),

compreso(a); **~ of tax** *etc* tasse *etc* comprese

incoherent [ɪnkəʊ'hɪərənt] *adj* incoerente

income ['ɪnkʌm] *n* reddito; **~ tax** *n* imposta sul reddito

incoming ['ɪnkʌmɪŋ] *adj* (*flight, mail*) in arrivo; (*government*) subentrante; (*tide*) montante

incompetent [ɪn'kɒmpɪtnt] *adj* incompetente, incapace

incomplete [ɪnkəm'pliːt] *adj* incompleto(a)

incongruous [ɪn'kɒŋgruəs] *adj* poco appropriato(a); (*remark, act*) incongruo(a)

inconsiderate [ɪnkən'sɪdərət] *adj* sconsiderato(a)

inconsistency [ɪnkən'sɪstənsɪ] *n* incoerenza

inconsistent [ɪnkən'sɪstənt] *adj* incoerente; **~ with** non coerente con

inconspicuous [ɪnkən'spɪkjuəs] *adj* incospicuo(a); (*colour*) poco appariscente; (*dress*) dimesso(a)

inconvenience [ɪnkən'viːnjəns] *n* inconveniente *m*; (*trouble*) disturbo ♦ *vt* disturbare

inconvenient [ɪnkən'viːnjənt] *adj* scomodo(a)

incorporate [ɪn'kɔːpəreɪt] *vt* incorporare; (*contain*) contenere; **~d** *adj*: **~d company** (*US*) società *f inv* anonima

incorrect [ɪnkə'rɛkt] *adj* scorretto(a); (*statement*) inesatto(a)

increase [*n* 'ɪnkriːs, *vb* ɪn'kriːs] *n* aumento ♦ *vi, vt* aumentare

increasing [ɪn'kriːsɪŋ] *adj* (*number*) crescente; **~ly** *adv* sempre più

incredible [ɪn'krɛdɪbl] *adj* incredibile

increment ['ɪnkrɪmənt] *n* aumento, incremento

incriminate [ɪn'krɪmɪneɪt] *vt* compromettere

incubator ['ɪnkjubeɪtə*] *n* incubatrice *f*

incumbent [ɪn'kʌmbənt] *adj*: **to be ~ on sb** spettare a qn

incur [ɪn'kə:*] *vt* (*expenses*) incorrere; (*anger, risk*) esporsi a; (*debt*) contrarre; (*loss*) subire

indebted [ɪn'dɛtɪd] *adj*: **to be ~ to sb (for)** essere obbligato(a) verso qn (per)

indecent [ɪn'diːsnt] *adj* indecente; ~ **assault** (*BRIT*) *n* aggressione *f* a scopo di violenza sessuale; ~ **exposure** *n* atti *mpl* osceni in luogo pubblico

indecisive [ɪndɪ'saɪsɪv] *adj* indeciso(a)

indeed [ɪn'diːd] *adv* infatti; veramente; **yes ~!** certamente!

indefinite [ɪn'dɛfɪnɪt] *adj* indefinito(a); (*answer*) vago(a); (*period, number*) indeterminato(a); ~**ly** *adv* (*wait*) indefinitamente

indemnity [ɪn'dɛmnɪtɪ] *n* (*insurance*) assicurazione *f*; (*compensation*) indennità, indennizzo

independence [ɪndɪ'pɛndns] *n* indipendenza

Independence Day
---

i Negli Stati Uniti il 4 luglio si festeggia l'**Independence Day**, giorno in cui, nel 1776, 13 colonie britanniche proclamarono la propria indipendenza dalla Gran Bretagna ed entrarono ufficialmente a far parte degli Stati Uniti d'America.

---

independent [ɪndɪ'pɛndnt] *adj* indipendente

index ['ɪndɛks] (*pl* ~**es**) *n* (*in book*) indice *m*; (: *in library etc*) catalogo; (*pl* **indices**: *ratio, sign*) indice *m*; ~ **card** *n* scheda; ~ **finger** *n* (dito) indice *m*; ~**-linked** (*US* ~**ed**) *adj* legato(a) al costo della vita

India ['ɪndɪə] *n* India; ~**n** *adj, n* indiano(a)

indicate ['ɪndɪkeɪt] *vt* indicare; **indication** [-'keɪʃən] *n* indicazione *f*, segno

indicative [ɪn'dɪkətɪv] *adj*: ~ **of** indicativo(a) di

indicator ['ɪndɪkeɪtə*] *n* indicatore *m*; (*AUT*) freccia

indices ['ɪndɪsiːz] *npl of* **index**

indictment [ɪn'daɪtmənt] *n* accusa

indifference [ɪn'dɪfrəns] *n* indifferenza

indifferent [ɪn'dɪfrənt] *adj* indifferente; (*poor*) mediocre

indigenous [ɪn'dɪdʒɪnəs] *adj* indigeno(a)

indigestion [ɪndɪ'dʒɛstʃən] *n* indigestione *f*

indignant [ɪn'dɪgnənt] *adj*: ~ **(at sth/with**

sb) indignato(a) (per qc/contro qn)

indignity [ɪn'dɪgnɪtɪ] *n* umiliazione *f*

indigo ['ɪndɪgəʊ] *n* indaco

indirect [ɪndɪ'rɛkt] *adj* indiretto(a)

indiscreet [ɪndɪ'skriːt] *adj* indiscreto(a); (*rash*) imprudente

indiscriminate [ɪndɪ'skrɪmɪnət] *adj* indiscriminato(a)

indisputable [ɪndɪ'spjuːtəbl] *adj* incontestabile, indiscutibile

individual [ɪndɪ'vɪdjuəl] *n* individuo ♦ *adj* individuale; (*characteristic*) particolare, originale

indoctrination [ɪndɒktrɪ'neɪʃən] *n* indottrinamento

Indonesia [ɪndə'niːzɪə] *n* Indonesia

indoor ['ɪndɔː*] *adj* da interno; (*plant*) d'appartamento; (*swimming pool*) coperto(a); (*sport, games*) fatto(a) al coperto; ~**s** [ɪn'dɔːz] *adv* all'interno

induce [ɪn'djuːs] *vt* persuadere; (*bring about, MED*) provocare

indulge [ɪn'dʌldʒ] *vt* (*whim*) compiacere, soddisfare; (*child*) viziare ♦ *vi*: **to ~ in sth** concedersi qc; abbandonarsi a qc; ~**nce** *n* lusso (che uno si permette); (*leniency*) indulgenza; ~**nt** *adj* indulgente

industrial [ɪn'dʌstrɪəl] *adj* industriale; (*injury*) sul lavoro; ~ **action** *n* azione *f* rivendicativa; ~ **estate** (*BRIT*) *n* zona industriale; ~ **park** (*US*) *n* = ~ **estate**

industrious [ɪn'dʌstrɪəs] *adj* industrioso(a), assiduo(a)

industry ['ɪndəstrɪ] *n* industria; (*diligence*) operosità

inedible [ɪn'edɪbl] *adj* immangiabile; (*poisonous*) non commestibile

ineffective [ɪnɪ'fɛktɪv] *adj* inefficace; incompetente

ineffectual [ɪnɪ'fɛktjuəl] *adj* inefficace; incompetente

inefficient [ɪnɪ'fɪʃənt] *adj* inefficiente

inept [ɪ'nɛpt] *adj* inetto(a)

inequality [ɪnɪ'kwɒlɪtɪ] *n* ineguaglianza

inescapable [ɪnɪ'skeɪpəbl] *adj* inevitabile

inevitable [ɪn'evɪtəbl] *adj* inevitabile; **inevitably** *adv* inevitabilmente

inexact [ɪnɪgˈzækt] *adj* inesatto(a)
inexcusable [ɪnɪksˈkjuːzəbl] *adj*
ingiustificabile
inexpensive [ɪnɪkˈspɛnsɪv] *adj* poco
costoso(a)
inexperienced [ɪnɪksˈpɪərɪənst] *adj*
inesperto(a), senza esperienza
infallible [ɪnˈfælɪbl] *adj* infallibile
infamous [ˈɪnfəməs] *adj* infame
infancy [ˈɪnfənsɪ] *n* infanzia
infant [ˈɪnfənt] *n* bambino/a; **~ school** (*BRIT*)
scuola elementare (*per bambini dall'età di 5
a 7 anni*)
infantry [ˈɪnfəntrɪ] *n* fanteria
infatuated [ɪnˈfætjueɪtɪd] *adj*: **~ with**
infatuato(a) di
infatuation [ɪnfætjuˈeɪʃn] *n* infatuazione *f*
infect [ɪnˈfɛkt] *vt* infettare; **~ion** [ɪnˈfɛkʃən] *n*
infezione *f*; **~ious** [ɪnˈfɛkʃəs] *adj* (*disease*)
infettivo(a), contagioso(a); (*person, fig:
enthusiasm*) contagioso(a)
infer [ɪnˈfəː*] *vt* inferire, dedurre
inferior [ɪnˈfɪərɪə*] *adj* inferiore; (*goods*) di
qualità scadente ♦ *n* inferiore *m/f*; (*in rank*)
subalterno/a; **~ity** [ɪnfɪərɪˈɔrətɪ] *n* inferiorità;
~ity complex *n* complesso di inferiorità
infertile [ɪnˈfəːtaɪl] *adj* sterile
in-fighting [ˈɪnfaɪtɪŋ] *n* lotte *fpl* intestine
infiltrate [ˈɪnfɪltreɪt] *vt* infiltrarsi in
infinite [ˈɪnfɪnɪt] *adj* infinito(a)
infinitive [ɪnˈfɪnɪtɪv] *n* infinito
infinity [ɪnˈfɪnɪtɪ] *n* infinità; (*also MATH*)
infinito
infirmary [ɪnˈfəːmərɪ] *n* ospedale *m*; (*in
school, factory*) infermeria
inflamed [ɪnˈfleɪmd] *adj* infiammato(a)
inflammable [ɪnˈflæməbl] *adj* infiammabile
inflammation [ɪnfləˈmeɪʃən] *n*
infiammazione *f*
inflatable [ɪnˈfleɪtəbl] *adj* gonfiabile
inflate [ɪnˈfleɪt] *vt* (*tyre, balloon*) gonfiare;
(*fig*) esagerare; gonfiare; **inflation**
[ɪnˈfleɪʃən] *n* (*ECON*) inflazione *f*;
inflationary [ɪnˈfleɪʃnərɪ] *adj*
inflazionistico(a)
inflict [ɪnˈflɪkt] *vt*: **to ~ on** infliggere a
influence [ˈɪnfluəns] *n* influenza ♦ *vt*

influenzare; **under the ~ of alcohol** sotto
l'effetto dell'alcool
influential [ɪnfluˈɛnʃl] *adj* influente
influenza [ɪnfluˈɛnzə] *n* (*MED*) influenza
influx [ˈɪnflʌks] *n* afflusso
inform [ɪnˈfɔːm] *vt*: **to ~ sb (of)** informare
qn (di) ♦ *vi*: **to ~ on sb** denunciare qn
informal [ɪnˈfɔːml] *adj* informale;
(*announcement, invitation*) non ufficiale;
~ity [-ˈmælɪtɪ] *n* informalità; carattere *m*
non ufficiale
informant [ɪnˈfɔːmənt] *n* informatore/trice
information [ɪnfəˈmeɪʃən] *n* informazioni
fpl; particolari *mpl*; **a piece of ~**
un'informazione; **~ desk** *n* banco *m*
informazioni *inv*; **~ office** *n* ufficio *m*
informazioni *inv*
informative [ɪnˈfɔːmətɪv] *adj* istruttivo(a)
informer [ɪnˈfɔːmə*] *n* (*also*: **police ~**)
informatore/trice
infringe [ɪnˈfrɪndʒ] *vt* infrangere ♦ *vi*: **to ~
on** calpestare; **~ment** *n* infrazione *f*
infuriating [ɪnˈfjuərɪeɪtɪŋ] *adj* molto irritante
ingenious [ɪnˈdʒiːnjəs] *adj* ingegnoso(a)
ingenuity [ɪndʒɪˈnjuːɪtɪ] *n* ingegnosità
ingenuous [ɪnˈdʒɛnjuəs] *adj* ingenuo(a)
ingot [ˈɪŋgət] *n* lingotto
ingrained [ɪnˈgreɪnd] *adj* radicato(a)
ingratiate [ɪnˈgreɪʃieɪt] *vt*: **to ~ o.s. with sb**
ingraziarsi qn
ingredient [ɪnˈgriːdɪənt] *n* ingrediente *m*;
elemento
inhabit [ɪnˈhæbɪt] *vt* abitare
inhabitant [ɪnˈhæbɪtnt] *n* abitante *m/f*
inhale [ɪnˈheɪl] *vt* inalare ♦ *vi* (*in smoking*)
aspirare
inherent [ɪnˈhɪərənt] *adj*: **~ (in** *or* **to)**
inerente (a)
inherit [ɪnˈhɛrɪt] *vt* ereditare; **~ance** *n*
eredità
inhibit [ɪnˈhɪbɪt] *vt* (*PSYCH*) inibire; **~ion**
[-ˈbɪʃən] *n* inibizione *f*
inhospitable [ɪnhɔsˈpɪtəbl] *adj* inospitale
inhuman [ɪnˈhjuːmən] *adj* inumano(a)
initial [ɪˈnɪʃl] *adj* iniziale *f* ♦ *vt*
siglare; **~s** *npl* (*of name*) iniziali *fpl*; (*as
signature*) sigla; **~ly** *adv* inizialmente,

all'inizio

initiate [ɪ'nɪʃɪeɪt] *vt* (*start*) avviare; intraprendere; iniziare; (*person*) iniziare; **to ~ sb into a secret** mettere qn a parte di un segreto; **to ~ proceedings against sb** (*LAW*) intentare causa contro qn

initiative [ɪ'nɪʃətɪv] *n* iniziativa

inject [ɪn'dʒekt] *vt* (*liquid*) iniettare; (*patient*): **to ~ sb with sth** fare a qn un'iniezione di qc; (*funds*) immettere; **~ion** [ɪn'dʒekʃən] *n* iniezione *f*, puntura

injure ['ɪndʒə*] *vt* ferire; (*damage: reputation etc*) nuocere a; **~d** *adj* ferito(a)

injury ['ɪndʒərɪ] *n* ferita; **~ time** *n* (*SPORT*) tempo di ricupero

injustice [ɪn'dʒʌstɪs] *n* ingiustizia

ink [ɪŋk] *n* inchiostro

inkling ['ɪŋklɪŋ] *n* sentore *m*, vaga idea

inlaid ['ɪnleɪd] *adj* incrostato(a); (*table etc*) intarsiato(a)

inland [*adj* 'ɪnlənd, *adv* ɪn'lænd] *adj* interno(a) ♦ *adv* all'interno; **I~ Revenue** (*BRIT*) *n* Fisco

in-laws ['ɪnlɔːz] *npl* suoceri *mpl*; famiglia del marito (*or* della moglie)

inlet ['ɪnlet] *n* (*GEO*) insenatura, baia

inmate ['ɪnmeɪt] *n* (*in prison*) carcerato/a; (*in asylum*) ricoverato/a

inn [ɪn] *n* locanda

innate [ɪ'neɪt] *adj* innato(a)

inner ['ɪnə*] *adj* interno(a), interiore; **~ city** *n* centro di una zona urbana; **~ tube** *n* camera d'aria

innings ['ɪnɪŋz] *n* (*CRICKET*) turno di battuta

innocence ['ɪnəsns] *n* innocenza

innocent ['ɪnəsnt] *adj* innocente

innocuous [ɪ'nɔkjuəs] *adj* innocuo(a)

innuendo [ɪnju'ɛndəu] (*pl* **~es**) *n* insinuazione *f*

innumerable [ɪ'njuːmrəbl] *adj* innumerevole

in-patient *n* ricoverato/a

input ['ɪnput] *n* input *m*

inquest ['ɪnkwest] *n* inchiesta

inquire [ɪn'kwaɪə*] *vi* informarsi ♦ *vt* domandare, informarsi; **~ about** *vt fus*

informarsi di *or* su; **~ into** *vt fus* fare indagini su; **inquiry** *n* domanda; (*LAW*) indagine *f*, investigazione *f*; **"inquiries"** "informazioni"; **inquiry office** (*BRIT*) *n* ufficio *m* informazioni *inv*

inquisitive [ɪn'kwɪzɪtɪv] *adj* curioso(a)

ins. *abbr* = **inches**

insane [ɪn'seɪn] *adj* matto(a), pazzo(a); (*MED*) alienato(a)

insanity [ɪn'sænɪtɪ] *n* follia; (*MED*) alienazione *f* mentale

inscription [ɪn'skrɪpʃən] *n* iscrizione *f*; dedica

insect ['ɪnsekt] *n* insetto; **~icide** [ɪn'sektɪsaɪd] *n* insetticida *m*; **~ repellent** *n* insettifugo

insecure [ɪnsɪ'kjuə*] *adj* malsicuro(a); (*person*) insicuro(a)

insemination [ɪnsemɪ'neɪʃən] *n*: **artificial ~** fecondazione *f* artificiale

insensible [ɪn'sensɪbl] *adj* (*unconscious*) privo(a) di sensi

insensitive [ɪn'sensɪtɪv] *adj* insensibile

insert [ɪn'səːt] *vt* inserire, introdurre; **~ion** [ɪn'səːʃən] *n* inserzione *f*

in-service *adj* (*training, course*) durante l'orario di lavoro

inshore [ɪn'ʃɔː*] *adj* costiero(a) ♦ *adv* presso la riva; verso la riva

inside ['ɪn'saɪd] *n* interno, parte *f* interiore ♦ *adj* interno(a), interiore ♦ *adv* dentro, all'interno ♦ *prep* dentro, all'interno di; (*of time*): **~ 10 minutes** entro 10 minuti; **~s** *npl* (*inf: stomach*) ventre *m*; **~ forward** *n* (*SPORT*) mezzala, interno; **~ lane** *n* (*AUT*) corsia di marcia; **~ out** *adv* (*turn*) a rovescio; (*know*) in fondo; **~r dealing** *n* insider dealing *m inv*; **~r trading** *n* insider trading *m inv*

insight ['ɪnsaɪt] *n* acume *m*, perspicacia; (*glimpse, idea*) percezione *f*

insignia [ɪn'sɪgnɪə] *npl* insegne *fpl*

insignificant [ɪnsɪg'nɪfɪknt] *adj* insignificante

insincere [ɪnsɪn'sɪə*] *adj* insincero(a)

insinuate [ɪn'sɪnjueɪt] *vt* insinuare

insist [ɪnˈsɪst] *vi* insistere; **to ~ on doing** insistere per fare; **to ~ that** insistere perché +*sub*; (*claim*) sostenere che; **~ent** *adj* insistente

insole [ˈɪnsəul] *n* soletta

insolent [ˈɪnsələnt] *adj* insolente

insomnia [ɪnˈsɔmnɪə] *n* insonnia

inspect [ɪnˈspɛkt] *vt* ispezionare; (*BRIT: ticket*) controllare; **~or** [ɪnˈspɛkfən] *n* ispezione *f*; controllo; (*BRIT: on buses, trains*) controllore *m*

inspire [ɪnˈspaɪə] *vt* ispirare

install [ɪnˈstɔːl] *vt* installare; **~ation** [ɪnstəˈleɪʃən] *n* installazione *f*

instalment [ɪnˈstɔːlmənt] (*US* **installment**) *n* rata; (*of TV serial etc*) puntata; **in ~s** (*pay*) a rate; (*receive*) una parte per volta; (: *publication*) a fascicoli

instance [ˈɪnstəns] *n* esempio, caso; **for ~** per or ad esempio; **in the first ~** in primo luogo

instant [ˈɪnstənt] *n* istante *m*, attimo ♦ *adj* immediato(a); urgente; (*coffee, food*) in polvere; **~ly** *adv* immediatamente, subito

instead [ɪnˈstɛd] *adv* invece; **~ of** invece di

instep [ˈɪnstɛp] *n* collo del piede; (*of shoe*) collo della scarpa

instil [ɪnˈstɪl] *vt*: **to ~ (into)** inculcare (in)

instinct [ˈɪnstɪŋkt] *n* istinto

institute [ˈɪnstɪtjuːt] *n* istituto ♦ *vt* istituire, stabilire; (*inquiry*) avviare; (*proceedings*) iniziare

institution [ɪnstɪˈtjuːʃən] *n* istituzione *f*; (*educational ~, mental ~*) istituto

instruct [ɪnˈstrʌkt] *vt*: **to ~ sb in sth** insegnare qc a qn; **to ~ sb to do** dare ordini a qn di fare; **~ion** [ɪnˈstrʌkʃən] *n* istruzione *f*; **~ions (for use)** istruzioni per l'uso; **~or** *n* istruttore/trice; (*for skiing*) maestro/a

instrument [ˈɪnstrəmənt] *n* strumento; **~al** [-ˈmɛntl] *adj* (*MUS*) strumentale; **to be ~al in** essere d'aiuto in; **~ panel** *n* quadro *m* portastrumenti *inv*

insufferable [ɪnˈsʌfərəbl] *adj* insopportabile

insufficient [ɪnsəˈfɪʃənt] *adj* insufficiente

insular [ˈɪnsjulə] *adj* insulare; (*person*) di mente ristretta

insulate [ˈɪnsjuleɪt] *vt* isolare; **insulation** [-ˈleɪʃən] *n* isolamento

insulin [ˈɪnsjulɪn] *n* insulina

insult [*n* ˈɪnsʌlt, *vb* ɪnˈsʌlt] *n* insulto, affronto ♦ *vt* insultare; **~ing** *adj* offensivo(a), ingiurioso(a)

insuperable [ɪnˈsjuːprəbl] *adj* insormontabile, insuperabile

insurance [ɪnˈʃuərəns] *n* assicurazione *f*; **fire/life ~** assicurazione contro gli incendi/ sulla vita; **~ policy** *n* polizza d'assicurazione

insure [ɪnˈʃuə] *vt* assicurare

intact [ɪnˈtækt] *adj* intatto(a)

intake [ˈɪnteɪk] *n* (*TECH*) immissione *f*; (*of food*) consumo; (*BRIT: of pupils etc*) afflusso

integral [ˈɪntɪɡrəl] *adj* integrale; (*part*) integrante

integrate [ˈɪntɪɡreɪt] *vt* integrare ♦ *vi* integrarsi

integrity [ɪnˈtɛɡrɪtɪ] *n* integrità

intellect [ˈɪntəlɛkt] *n* intelletto; **~ual** [-ˈlɛktjuəl] *adj*, *n* intellettuale *m/f*

intelligence [ɪnˈtɛlɪdʒəns] *n* intelligenza; (*MIL etc*) informazioni *fpl*; **~ service** *n* servizio segreto

intelligent [ɪnˈtɛlɪdʒənt] *adj* intelligente

intend [ɪnˈtɛnd] *vt* (*gift etc*): **to ~ sth for** destinare qc a; **to ~ to do** aver l'intenzione di fare; **~ed** *adj* (*effect*) voluto(a)

intense [ɪnˈtɛns] *adj* intenso(a); (*person*) di forti sentimenti; **~ly** *adv* intensamente; profondamente

intensive [ɪnˈtɛnsɪv] *adj* intensivo(a); **~ care unit** *n* reparto terapia intensiva

intent [ɪnˈtɛnt] *n* intenzione *f* ♦ *adj*: **~ (on)** intento(a) (a), immerso(a) (in); **to all ~s and purposes** a tutti gli effetti; **to be ~ on doing sth** essere deciso a fare qc

intention [ɪnˈtɛnʃən] *n* intenzione *f*; **~al** *adj* intenzionale, deliberato(a); **~ally** *adv* apposta

intently [ɪnˈtɛntlɪ] *adv* attentamente

interact [ɪntərˈækt] *vi* interagire

interactive *adj* (*COMPUT*) interattivo(a)

interchange [ˈɪntətʃeɪndʒ] *n* (*exchange*)

scambio; (*on motorway*) incrocio pluridirezionale; ~able [-'tʃeɪndʒəbl] *adj* intercambiabile

intercom ['ɪntəkɒm] *n* interfono

intercourse ['ɪntəkɔːs] *n* rapporti *mpl*

interest ['ɪntrɪst] *n* interesse *m*; (*COMM: stake, share*) interessi *mpl* ♦ *vt* interessare; ~ed *adj* interessato(a); to be ~ed in interessarsi di; ~ing *adj* interessante; ~ rate *n* tasso di interesse

interface ['ɪntəfeɪs] *n* (*COMPUT*) interfaccia

interfere [ɪntə'fɪə*] *vi*: to ~ in (*quarrel, other people's business*) immischiarsi in; to ~ with (*object*) toccare; (*plans, duty*) interferire con

interference [ɪntə'fɪərəns] *n* interferenza

interim ['ɪntərɪm] *adj* provvisorio(a) ♦ *n*: in the ~ nel frattempo

interior [ɪn'tɪərɪə*] *n* interno; (*of country*) entroterra ♦ *adj* interno(a); (*minister*) degli Interni; ~ designer *n* arredatore/trice

interlock [ɪntə'lɒk] *vi* ingranarsi

interlude ['ɪntəluːd] *n* intervallo; (*THEATRE*) intermezzo

intermediate [ɪntə'miːdɪət] *adj* intermedio(a)

intermission [ɪntə'mɪʃən] *n* pausa; (*THEATRE, CINEMA*) intermissione *f*, intervallo

intern [*vb* ɪn'təːn, *n* 'ɪntəːn] *vt* internare ♦ *n* (*US*) medico interno

internal [ɪn'təːnl] *adj* interno(a); ~ly *adv*: "not to be taken ~ly" "per uso esterno"; I~ Revenue Service (*US*) *n* Fisco

international [ɪntə'næʃənl] *adj* internazionale ♦ *n* (*BRIT: SPORT*) incontro internazionale

Internet ['ɪntənɛt] *n*: the ~ Internet *f*; ~ café *n* cybercaffè *m inv*

interplay ['ɪntəpleɪ] *n* azione e reazione *f*

interpret [ɪn'təːprɪt] *vt* interpretare ♦ *vi* fare da interprete; ~er *n* interprete *m/f*

interrogate [ɪn'tɛrəgeɪt] *vt* interrogare; **interrogation** [-'geɪʃən] *n* interrogazione *f*; (*of suspect etc*) interrogatorio

interrupt [ɪntə'rʌpt] *vt, vi* interrompere; ~ion [-'rʌpʃən] *n* interruzione *f*

intersect [ɪntə'sɛkt] *vi* (*roads*) incrociarsi; ~ion [-'sɛkʃən] *n* intersezione *f*; (*of roads*)

incrocio

intersperse [ɪntə'spəːs] *vt*: to ~ with costellare di

intertwine [ɪntə'twaɪn] *vi* intrecciarsi

interval ['ɪntəvl] *n* intervallo; at ~s a intervalli

intervene [ɪntə'viːn] *vi* (*time*) intercorrere; (*event, person*) intervenire; **intervention** [-'vɛnʃən] *n* intervento

interview ['ɪntəvjuː] *n* (*RADIO, TV etc*) intervista; (*for job*) colloquio ♦ *vt* intervistare; avere un colloquio con; ~er *n* intervistatore/trice

intestine [ɪn'tɛstɪn] *n* intestino

intimacy ['ɪntɪməsɪ] *n* intimità

intimate [*adj* 'ɪntɪmət, *vb* 'ɪntɪmeɪt] *adj* intimo(a); (*knowledge*) profondo(a) ♦ *vt* lasciar capire

into ['ɪntuː] *prep* dentro, in; come ~ the house entra in casa; he worked late ~ the night lavorò fino a tarda notte; ~ Italian in italiano

intolerable [ɪn'tɒlərəbl] *adj* intollerabile

intolerance [ɪn'tɒlərns] *n* intolleranza

intolerant [ɪn'tɒlərnt] *adj*: ~ of intollerante di

intoxicated [ɪn'tɒksɪkeɪtɪd] *adj* inebriato(a)

intractable [ɪn'træktəbl] *adj* intrattabile

intranet ['ɪntrənɛt] *n* intranet *f*

intransitive [ɪn'trænsɪtɪv] *adj* intransitivo(a)

intravenous [ɪntrə'viːnəs] *adj* endovenoso(a)

in-tray *n* contenitore *m* per la corrispondenza in arrivo

intricate ['ɪntrɪkət] *adj* intricato(a), complicato(a)

intrigue [ɪn'triːg] *n* intrigo ♦ *vt* affascinare; **intriguing** *adj* affascinante

intrinsic [ɪn'trɪnsɪk] *adj* intrinseco(a)

introduce [ɪntrə'djuːs] *vt* introdurre; to ~ sb (to sb) presentare qn (a qn); to ~ sb to (*pastime, technique*) iniziare qn a; **introduction** [-'dʌkʃən] *n* introduzione *f*; (*of person*) presentazione *f*; (*to new experience*) iniziazione *f*; **introductory** *adj* introduttivo(a)

intrude [ɪn'truːd] *vi* (*person*): to ~ (on) intromettersi (in); ~r *n* intruso/a

intuition [ɪntjuː'ɪʃən] *n* intuizione *f*

inundate ['ɪnʌndeɪt] vt: **to ~ with** inondare di

invade [ɪn'veɪd] vt invadere

invalid [n 'ɪnvəlɪd, adj ɪn'vælɪd] n malato/a; (with disability) invalido/a ♦ adj (not valid) invalido(a), non valido(a)

invaluable [ɪn'væljuəbl] adj prezioso(a); inestimabile

invariably [ɪn'veərɪəblɪ] adv invariabilmente; sempre

invasion [ɪn'veɪʒən] n invasione f

invent [ɪn'vɛnt] vt inventare; ~**ion** [ɪn'vɛnʃən] n invenzione f; ~**ive** adj inventivo(a); ~**or** n inventore m

inventory ['ɪnvəntrɪ] n inventario

invert [ɪn'vəːt] vt invertire; (cup, object) rovesciare; ~**ed commas** (BRIT) npl virgolette fpl

invest [ɪn'vɛst] vt investire ♦ vi: **to ~ (in)** investire (in)

investigate [ɪn'vɛstɪgeɪt] vt investigare, indagare; (crime) fare indagini su; **investigation** [-'geɪʃən] n investigazione f; (of crime) indagine f

investment [ɪn'vɛstmənt] n investimento

investor [ɪn'vɛstə*] n investitore/trice; azionista m/f

invidious [ɪn'vɪdɪəs] adj odioso(a); (task) spiacevole

invigilator [ɪn'vɪdʒɪleɪtə*] n (in exam) sorvegliante m/f

invigorating [ɪn'vɪgəreɪtɪŋ] adj stimolante; vivificante

invisible [ɪn'vɪzɪbl] adj invisibile

invitation [ɪnvɪ'teɪʃən] n invito

invite [ɪn'vaɪt] vt invitare; (opinions etc) sollecitare; **inviting** adj invitante, attraente

invoice ['ɪnvɔɪs] n fattura ♦ vt fatturare

involuntary [ɪn'vɔləntrɪ] adj involontario(a)

involve [ɪn'vɔlv] vt (entail) richiedere, comportare; (associate): **to ~ sb (in)** implicare qn (in); coinvolgere qn (in); ~**d** adj involuto(a), complesso(a); **to be ~d in** essere coinvolto(a) in; ~**ment** n implicazione f; coinvolgimento

inward ['ɪnwəd] adj (movement) verso l'interno; (thought, feeling) interiore,

intimo(a); ~**(s)** adv verso l'interno

I/O abbr (COMPUT: = input/output) I/O

iodine ['aɪəudiːn] n iodio

ioniser ['aɪənaɪzə*] n ionizzatore m

iota [aɪ'əutə] n (fig) briciolo

IOU n abbr (= I owe you) pagherò m inv

IQ n abbr (= intelligence quotient) quoziente m d'intelligenza

IRA n abbr (= Irish Republican Army) IRA f

Iran [ɪ'rɑːn] n Iran m; ~**ian** adj, n iraniano(a)

Iraq [ɪ'rɑːk] n Iraq m; ~**i** adj, n iracheno(a)

irate [aɪ'reɪt] adj adirato(a)

Ireland ['aɪələnd] n Irlanda

iris ['aɪrɪs] (pl ~**es**) n iride f; (BOT) giaggiolo, iride

Irish ['aɪrɪʃ] adj irlandese ♦ npl: **the ~** gli Irlandesi; ~**man** (irreg) n irlandese m; ~ **Sea** n Mar m d'Irlanda; ~**woman** (irreg) n irlandese f

irksome ['əːksəm] adj seccante

iron ['aɪən] n ferro; (for clothes) ferro da stiro ♦ adj di or in ferro ♦ vt (clothes) stirare; ~ **out** vt (crease) appianare; (fig) spianare; far sparire

ironic(al) [aɪ'rɔnɪk(l)] adj ironico(a)

ironing ['aɪənɪŋ] n (act) stirare m; (clothes) roba da stirare; ~ **board** n asse f da stiro

ironmonger's (shop) ['aɪənmʌŋgəz-] (BRIT) n negozio di ferramenta

irony ['aɪrənɪ] n ironia

irrational [ɪ'ræfənl] adj irrazionale

irregular [ɪ'rɛgjulə*] adj irregolare

irrelevant [ɪ'rɛləvənt] adj non pertinente

irreplaceable [ɪrɪ'pleɪsəbl] adj insostituibile

irrepressible [ɪrɪ'prɛsəbl] adj irrefrenabile

irresistible [ɪrɪ'zɪstɪbl] adj irresistibile

irrespective [ɪrɪ'spɛktɪv]: ~ **of** prep senza riguardo a

irresponsible [ɪrɪ'spɔnsɪbl] adj irresponsabile

irrigate ['ɪrɪgeɪt] vt irrigare; **irrigation** [-'geɪʃən] n irrigazione f

irritable ['ɪrɪtəbl] adj irritabile

irritate ['ɪrɪteɪt] vt irritare; **irritating** adj (person, sound etc) irritante; **irritation** [-'teɪʃən] n irritazione f

IRS (US) n abbr = **Internal Revenue Service**

is [ɪz] vb see **be**

Islam ['ɪzlɑːm] n Islam m

island ['aɪlənd] n isola; **~er** n isolano/a

isle [aɪl] n isola

isn't ['ɪznt] = **is not**

isolate ['aɪsəleɪt] vt isolare; **~d** adj isolato(a); **isolation** [-'leɪʃən] n isolamento

ISP n abbr (= Internet Service Provider) provider m inv

Israel ['ɪzreɪl] n Israele m; **~i** [ɪz'reɪlɪ] adj, n israeliano(a)

issue ['ɪʃjuː] n questione f, problema m; (of banknotes etc) emissione f; (of newspaper etc) numero ♦ vt (statement) rilasciare; (rations, equipment) distribuire; (book) pubblicare; (banknotes, cheques, stamps) emettere; **at ~** in gioco, in discussione; **to take ~ with sb (over sth)** prendere posizione contro qn (riguardo a qc); **to make an ~ of sth** fare un problema di qc

---KEYWORD---

it [ɪt] pron 1 (specific: subject) esso(a); (: direct object) lo(la), l'; (: indirect object) gli(le); **where's my book? – ~'s on the table** dov'è il mio libro? — è sulla tavola; **I can't find ~** non lo (or la) trovo; **give ~ to me** dammelo (or dammela); **about/from/ of ~** ne; **I spoke to him about ~** gliene ho parlato; **what did you learn from ~?** quale insegnamento ne hai tratto?; **I'm proud of ~** ne sono fiero; **did you go to ~?** ci sei andato?; **put the book in ~** mettici il libro
2 (impers): **~'s raining** piove; **~'s Friday tomorrow** domani è venerdì; **~'s 6 o'clock** sono le 6; **who is ~? – ~'s me** chi è? — sono io

Italian [ɪ'tæljən] adj italiano(a) ♦ n italiano/a; (LING) italiano; **the ~s** gli Italiani

italics [ɪ'tælɪks] npl corsivo

Italy ['ɪtəlɪ] n Italia

itch [ɪtʃ] n prurito ♦ vi (person) avere il prurito; (part of body) prudere; **to ~ to do sth** aver una gran voglia di fare qc; **~y** adj

che prude; **to be ~y = to ~**

it'd ['ɪtd] = **it would; it had**

item ['aɪtəm] n articolo; (on agenda) punto; (also: **news ~**) notizia; **~ize** vt specificare, dettagliare

itinerant [ɪ'tɪnərənt] adj ambulante

itinerary [aɪ'tɪnərərɪ] n itinerario

it'll ['ɪtl] = **it will; it shall**

its [ɪts] adj il(la) suo(a), i(le) suoi(sue)

it's [ɪts] = **it is; it has**

itself [ɪt'self] pron (emphatic) esso(a) stesso(a); (reflexive) si

ITV (BRIT) n abbr (= Independent Television) rete televisiva in concorrenza con la BBC

I.U.D. n abbr (= intra-uterine device) spirale f

I've [aɪv] = **I have**

ivory ['aɪvərɪ] n avorio

ivy ['aɪvɪ] n edera

J, j

jab [dʒæb] vt dare colpetti a ♦ n (MED: inf) puntura; **to ~ sth into** affondare or piantare qc dentro

jack [dʒæk] n (AUT) cricco; (CARDS) fante m; **~ up** vt sollevare col cricco

jackal ['dʒækl] n sciacallo

jackdaw ['dʒækdɔː] n taccola

jacket ['dʒækɪt] n giacca; (of book) copertura

jack-knife vi: **the lorry ~d** l'autotreno si è piegato su se stesso

jack plug n (ELEC) jack m inv

jackpot ['dʒækpɔt] n primo premio (in denaro)

jade [dʒeɪd] n (stone) giada

jaded ['dʒeɪdɪd] adj sfinito(a), spossato(a)

jagged ['dʒægɪd] adj seghettato(a); (cliffs etc) frastagliato(a)

jail [dʒeɪl] n prigione f ♦ vt mandare in prigione

jam [dʒæm] n marmellata; (also: **traffic ~**) ingorgo; (inf) pasticcio ♦ vt (passage etc) ingombrare, ostacolare; (mechanism, drawer etc) bloccare; (RADIO) disturbare con interferenze ♦ vi incepparsi; **to ~ sth into** forzare qc dentro; infilare qc a forza dentro

Jamaica [dʒə'meɪkə] n Giamaica

jangle ['dʒæŋgl] vi risuonare; (bracelet) tintinnare

janitor ['dʒænɪtə*] n (caretaker) portiere m; (: SCOL) bidello

January ['dʒænjuərɪ] n gennaio

Japan [dʒə'pæn] n Giappone m; ~ese [dʒæpə'niːz] adj giapponese ♦ n inv giapponese m/f; (LING) giapponese m

jar [dʒɑː*] n (glass) barattolo, vasetto ♦ vi (sound) stridere; (colours etc) stonare

jargon ['dʒɑːgən] n gergo

jasmin(e) ['dʒæzmɪn] n gelsomino

jaundice ['dʒɔːndɪs] n itterizia

jaunt [dʒɔːnt] n gita

javelin ['dʒævlɪn] n giavellotto

jaw [dʒɔː] n mascella

jay [dʒeɪ] n ghiandaia

jaywalker ['dʒeɪwɔːkə*] n pedone(a) indisciplinato(a)

jazz [dʒæz] n jazz m; ~ **up** vt rendere vivace

jealous ['dʒeləs] adj geloso(a); ~**y** n gelosia

jeans [dʒiːnz] npl (blue-)jeans mpl

jeer [dʒɪə*] vi: **to ~ (at)** fischiare; beffeggiare

jelly ['dʒelɪ] n gelatina; ~**fish** n medusa

jeopardy ['dʒepədɪ] n: **in ~** in pericolo

jerk [dʒəːk] n sobbalzo, scossa; sussulto; (inf: idiot) tonto/a ♦ vt dare una scossa a ♦ vi (vehicles) sobbalzare

jersey ['dʒəːzɪ] n maglia; (fabric) jersey m

jest [dʒest] n scherzo

Jesus ['dʒiːzəs] n Gesù m

jet [dʒet] n (of gas, liquid) getto; (AVIAT) aviogetto; ~-**black** adj nero(a) come l'ebano, corvino(a); ~ **engine** n motore m a reazione; ~ **lag** n (problemi mpl dovuti allo) sbalzo dei fusi orari

jettison ['dʒetɪsn] vt gettare in mare

jetty ['dʒetɪ] n molo

Jew [dʒuː] n ebreo

jewel ['dʒuːəl] n gioiello; ~**ler** (US ~**er**) n orefice m, gioielliere/a; ~(**l**)**er's** (**shop**) n oreficeria, gioielleria; ~**lery** (US ~**ery**) n gioielli mpl

Jewess ['dʒuːɪs] n ebrea

Jewish ['dʒuːɪʃ] adj ebreo(a), ebraico(a)

jibe [dʒaɪb] n beffa

jiffy ['dʒɪfɪ] (inf) n: **in a ~** in un batter d'occhio

jig [dʒɪg] n giga

jigsaw ['dʒɪgsɔː] n (also: ~ **puzzle**) puzzle m inv

jilt [dʒɪlt] vt piantare in asso

jingle ['dʒɪŋgl] n (for advert) sigla pubblicitaria ♦ vi tintinnare, scampanellare

jinx [dʒɪŋks] n iettatura; (person) iettatore/trice

jitters ['dʒɪtəz] (inf) npl: **to get the ~** aver fifa

job [dʒɔb] n lavoro; (employment) impiego, posto; **it's not my ~** (duty) non è compito mio; **it's a good ~ that ...** meno male che ...; **just the ~!** proprio quello che ci vuole; ~ **centre** (BRIT) n ufficio di collocamento; ~**less** adj senza lavoro, disoccupato(a)

jockey ['dʒɔkɪ] n fantino, jockey m inv ♦ vi: **to ~ for position** manovrare per una posizione di vantaggio

jog [dʒɔg] vt urtare ♦ vi (SPORT) fare footing, fare jogging; **to ~ sb's memory** rinfrescare la memoria a qn; **to ~ along** trottare; (fig) andare avanti piano piano; ~**ging** n footing m, jogging m

join [dʒɔɪn] vt unire, congiungere; (become member of) iscriversi a; (meet) raggiungere; riunirsi a ♦ vi (roads, rivers) confluire ♦ n giuntura; ~ **in** vi partecipare ♦ vt fus unirsi a; ~ **up** vi incontrarsi; (MIL) arruolarsi

joiner ['dʒɔɪnə*] (BRIT) n falegname m

joint [dʒɔɪnt] n (TECH) giuntura; giunto; (ANAT) articolazione f, giuntura; (BRIT: CULIN) arrosto; (inf: place) locale m; (: of cannabis) spinello ♦ adj comune; ~ **account** n (at bank etc) conto in partecipazione, conto comune

joist [dʒɔɪst] n trave f

joke [dʒəuk] n scherzo; (funny story) barzelletta; (also: **practical ~**) beffa ♦ vi scherzare; **to play a ~ on sb** fare uno scherzo a qn; ~**r** n (CARDS) matta, jolly m inv

jolly ['dʒɔlɪ] adj allegro(a), gioioso(a) ♦ adv (BRIT: inf) veramente, proprio

jolt [dʒəult] n scossa, sobbalzo ♦ vt urtare

Jordan ['dʒɔːdən] n (country) Giordania; (river) Giordano

jostle ['dʒɔsl] vt spingere coi gomiti

jot [dʒɔt] n: **not one ~** nemmeno un po'; **~ down** vt annotare in fretta, buttare giù; **~ter** (BRIT) n blocco

journal ['dʒəːnl] n giornale m; rivista; diario; **~ism** n giornalismo; **~ist** n giornalista m/f

journey ['dʒəːnɪ] n viaggio; (distance covered) tragitto

joy [dʒɔɪ] n gioia, **~ful** adj gioioso(a), allegro(a); **~rider** n chi ruba un'auto per farvi un giro; **~stick** n (AVIAT) barra di comando; (COMPUT) joystick m inv

JP n abbr = **Justice of the Peace**

Jr abbr = **junior**

jubilant ['dʒuːbɪlnt] adj giubilante; trionfante

jubilee ['dʒuːbɪliː] n giubileo; **silver ~** venticinquesimo anniversario

judge [dʒʌdʒ] n giudice m/f ♦ vt giudicare; **judg(e)ment** n giudizio

judiciary [dʒuːˈdɪʃərɪ] n magistratura

judo ['dʒuːdəu] n judo

jug [dʒʌg] n brocca, bricco

juggernaut ['dʒʌgənɔːt] (BRIT) n (huge truck) bestione m

juggle ['dʒʌgl] vi fare giochi di destrezza; **~r** n giocoliere/a

juice [dʒuːs] n succo

juicy ['dʒuːsɪ] adj succoso(a)

jukebox ['dʒuːkbɔks] n juke-box m inv

July [dʒuːˈlaɪ] n luglio

jumble ['dʒʌmbl] n miscuglio ♦ vt (also: **~ up**) mischiare; **~ sale** (BRIT) n vendita di beneficenza

---
jumble sale

i Una **jumble sale** è un mercatino di oggetti di seconda mano organizzato in chiese, scuole o in circoli ricreativi, i cui proventi vengono devoluti in beneficenza.

---

jumbo (jet) ['dʒʌmbəu-] n jumbo-jet m inv

jump [dʒʌmp] vi saltare, balzare; (start) sobbalzare; (increase) rincarare ♦ vt saltare ♦ n salto, balzo; sobbalzo

jumper ['dʒʌmpə*] n (BRIT: pullover) maglione m, pullover m inv; (US: dress) scamiciato; **~ cables** (US) npl = **jump leads**

jump leads (BRIT) npl cavi mpl per batteria

jumpy ['dʒʌmpɪ] adj nervoso(a), agitato(a)

Jun. abbr = **junior**

junction ['dʒʌŋkʃən] n (BRIT: of roads) incrocio; (of rails) nodo ferroviario

juncture ['dʒʌŋktʃə*] n: **at this ~** in questa congiuntura

June [dʒuːn] n giugno

jungle ['dʒʌŋgl] n giungla

junior ['dʒuːnɪə*] adj, n: **he's ~ to me (by 2 years), he's my ~ (by 2 years)** è più giovane di me (di 2 anni); **he's ~ to me** (seniority) è al di sotto di me, ho più anzianità di lui; **~ school** (BRIT) n scuola elementare (da 8 a 11 anni)

junk [dʒʌŋk] n (cheap goods) cianfrusaglie fpl; (cheap goods) robaccia; **~ food** n porcherie fpl

junkie ['dʒʌŋkɪ] (inf) n drogato/a

junk mail n stampe fpl pubblicitarie

junk shop n chincaglieria

Junr abbr = **junior**

juror ['dʒuərə*] n giurato/a

jury ['dʒuərɪ] n giuria

just [dʒʌst] adj giusto(a) ♦ adv: **he's ~ done it/left** lo ha appena fatto/è appena partito; **~ right** proprio giusto; **~ 2 o'clock** le 2 precise; **she's ~ as clever as you** è in gamba proprio quanto te; **it's ~ as well that ...** meno male che ...; **~ as I arrived** proprio mentre arrivavo; **it was ~ before/ enough/here** era poco prima/appena assai/proprio qui; **it's ~ me** sono solo io; **~ missed/caught** appena perso/preso; **~ listen to this!** senta un po' questo!

justice ['dʒʌstɪs] n giustizia; **J~ of the Peace** n giudice m conciliatore

justify ['dʒʌstɪfaɪ] vt giustificare

jut [dʒʌt] vi (also: **~ out**) sporgersi

juvenile ['dʒuːvənaɪl] adj giovane, giovanile; (court) dei minorenni; (books) per ragazzi ♦ n giovane m/f, minorenne m/f

juxtapose ['dʒʌkstəpəuz] vt giustapporre

K, k

K *abbr* (= *one thousand*) mille; (= *kilobyte*) K

Kampuchea [kæmpʊ'tʃɪə] *n* Cambogia

kangaroo [kæŋgə'ruː] *n* canguro

karate [kə'rɑːtɪ] *n* karatè *m*

kebab [kə'bæb] *n* spiedino

keel [kiːl] *n* chiglia; **on an even ~** (*fig*) in uno stato normale

keen [kiːn] *adj* (*interest, desire*) vivo(a); (*eye, intelligence*) acuto(a); (*competition*) serrato(a); (*edge*) affilato(a); (*eager*) entusiasta; **to be ~ to do** *or* **on doing sth** avere una gran voglia di fare qc; **to be ~ on sth** essere appassionato(a) di qc; **to be ~ on sb** avere un debole per qn

keep [kiːp] (*pt, pp* **kept**) *vt* tenere; (*hold back*) trattenere; (*feed: one's family etc*) mantenere, sostentare; (*a promise*) mantenere; (*chickens, bees, pigs etc*) allevare ♦ *vi* (*food*) mantenersi; (*remain: in a certain state or place*) restare ♦ *n* (*of castle*) maschio; (*food etc*): **enough for his ~** abbastanza per vitto e alloggio; (*inf*): **for ~s** per sempre; **to ~ doing sth** continuare a fare qc; tenere qc di continuo; **to ~ sb from doing** impedire a qn di fare; **to ~ sb busy / a place tidy** tenere qn occupato(a)/ un luogo in ordine; **to ~ sth to o.s.** tenere qc per sé; **to ~ sth (back) from sb** celare qc a qn; **to ~ time** (*clock*) andar bene; **~ on** *vi*: **to ~ on doing** continuare a fare; **to ~ on** (*continue to insist*) insistere (su qc); **~ out** *vt* tener fuori; **"~ out"** "vietato l'accesso"; **~ up** *vt* continuare, mantenere ♦ *vi*: **to ~ up with** tener dietro a, andare di pari passo con; (*work etc*) farcela a seguire; **~er** *n* custode *m/f*, guardiano(a); **~-fit** *n* ginnastica; **~ing** *n* (*care*) custodia; **in ~ing with** in armonia con; in accordo con; **~sake** *n* ricordo

kennel ['kɛnl] *n* canile *m*; **to put a dog in ~s** mettere un cane al canile

kept [kɛpt] *pt, pp of* **keep**

kerb [kəːb] (*BRIT*) *n* orlo del marciapiede

kernel ['kəːnl] *n* nocciolo

kettle ['kɛtl] *n* bollitore *m*

kettle drum *n* timpano

key [kiː] *n* (*gen, MUS*) chiave *f*; (*of piano, typewriter*) tasto ♦ *adj* chiave *inv* ♦ *vt* (*also: ~ in*) digitare; **~board** *n* tastiera; **~ed up** *adj* (*person*) agitato(a); **~hole** *n* buco della serratura; **~hole surgery** *n* chirurgia non invasiva; **~note** *n* (*MUS*) tonica; (*fig*) nota dominante; **~ring** *n* portachiavi *m inv*

khaki ['kɑːkɪ] *adj* cachi ♦ *n* cachi *m*

kick [kɪk] *vt* calciare, dare calci a; (*inf: habit etc*) liberarsi di ♦ *vi* (*horse*) tirar calci ♦ *n* calcio; (*thrill*): **he does it for the ~** lo fa giusto per il piacere di farlo; **~ off** *vi* (*SPORT*) dare il primo calcio

kid [kɪd] *n* (*inf: child*) ragazzino/a; (*animal, leather*) capretto ♦ *vi* (*inf*) scherzare

kidnap ['kɪdnæp] *vt* rapire, sequestrare; **~per** *n* rapitore/trice; **~ping** *n* sequestro (di persona)

kidney ['kɪdnɪ] *n* (*ANAT*) rene *m*; (*CULIN*) rognone *m*

kill [kɪl] *vt* uccidere, ammazzare ♦ *n* uccisione *f*; **~er** *n* uccisore *m*, killer *m inv*; assassino/a; **~ing** *n* assassinio; **to make a ~ing** (*inf*) fare un bel colpo; **~joy** *n* guastafeste *m/f inv*

kiln [kɪln] *n* forno

kilo ['kiːləʊ] *n* chilo; **~byte** *n* (*COMPUT*) kilobyte *m inv*; **~gram(me)** ['kɪləʊgræm] *n* chilogrammo; **~metre** ['kɪləmiːtə*] (*US* **~meter**) *n* chilometro; **~watt** ['kɪləʊwɒt] *n* chilowatt *m inv*

kilt [kɪlt] *n* gonnellino scozzese

kin [kɪn] *n see* **next**; **kith**

kind [kaɪnd] *adj* gentile, buono(a) ♦ *n* sorta, specie *f*; (*species*) genere *m*; **to be two of a ~** essere molto simili; **in ~** (*COMM*) in natura

kindergarten ['kɪndəgɑːtn] *n* giardino d'infanzia

kind-hearted [-'hɑːtɪd] *adj* di buon cuore

kindle ['kɪndl] *vt* accendere, infiammare

kindly ['kaɪndlɪ] *adj* pieno(a) di bontà, benevolo(a) ♦ *adv* con bontà, gentilmente; **will you ~ ...** vuole ... per favore

kindness ['kaɪndnɪs] *n* bontà, gentilezza

king [kɪŋ] n re m inv; ~**dom** n regno, reame m; ~**fisher** n martin m pescatore; ~**-size** adj super inv; gigante

kiosk ['kiːɒsk] n edicola, chiosco; (BRIT: TEL) cabina (telefonica)

kipper ['kɪpə*] n aringa affumicata

kiss [kɪs] n bacio ♦ vt baciare; **to ~ (each other)** baciarsi; ~ **of life** n respirazione f bocca a bocca

kit [kɪt] n equipaggiamento, corredo; (set of tools etc) attrezzi mpl; (for assembly) scatola di montaggio

kitchen ['kɪtʃɪn] n cucina; ~ **sink** n acquaio

kite [kaɪt] n (toy) aquilone m

kitten ['kɪtn] n gattino/a, micino/a

kitty ['kɪtɪ] n (money) fondo comune

knack [næk] n: **to have the ~ of** avere l'abilità di

knapsack ['næpsæk] n zaino, sacco da montagna

knead [niːd] vt impastare

knee [niː] n ginocchio; ~**cap** n rotula

kneel [niːl] (pt, pp knelt) vi (also: ~ **down**) inginocchiarsi

knew [njuː] pt of **know**

knickers ['nɪkəz] (BRIT) npl mutandine fpl

knife [naɪf] (pl knives) n coltello ♦ vt accoltellare, dare una coltellata a

knight [naɪt] n cavaliere m; (CHESS) cavallo; ~**hood** (BRIT) n (title): **to get a ~hood** essere fatto cavaliere

knit [nɪt] vt fare a maglia ♦ vi lavorare a maglia; (broken bones) saldarsi; **to ~ one's brows** aggrottare le sopracciglia; ~**ting** n lavoro a maglia; ~**ting machine** n macchina per maglieria; ~**ting needle** n ferro (da calza); ~**wear** n maglieria

knives [naɪvz] npl of **knife**

knob [nɒb] n bottone m; manopola

knock [nɒk] vt colpire; urtare; (fig: inf) criticare ♦ vi (at door etc): **to ~ at/on** bussare a ♦ n bussata; colpo, botta; ~ **down** vt abbattere; ~ **off** vi (inf: finish) smettere (di lavorare) ♦ vt (from price) far abbassare; (inf: steal) sgraffignare; ~ **out** vt stendere; (BOXING) mettere K.O.; (defeat) battere; ~ **over** vt (person) investire; (object) far cadere; ~**er** n (on door) battente m; ~**out** n (BOXING) knock out m inv ♦ cpd a eliminazione

knot [nɒt] n nodo ♦ vt annodare

know [nau] (pt knew, pp known) vt sapere; (person, author, place) conoscere; **to ~ how to do** sapere fare; **to ~ about** or **of sth/sb** conoscere qc/qn; ~**-all** n sapientone/a; ~**-how** n tecnica; pratica; ~**ing** adj (look etc) d'intesa; ~**ingly** adv (purposely) consapevolmente; (smile, look) con aria d'intesa

knowledge ['nɒlɪdʒ] n consapevolezza; (learning) conoscenza, sapere m; ~**able** adj ben informato(a)

known [naun] pp of **know**

knuckle ['nʌkl] n nocca

Koran [kɔ'rɑːn] n Corano

Korea [kə'rɪə] n Corea

kosher ['kauʃə*] adj kasher inv

L, l

L (BRIT) abbr = **learner driver**

lab [læb] n abbr (= laboratory) laboratorio

label ['leɪbl] n etichetta, cartellino; (brand: of record) casa ♦ vt etichettare

labor etc ['leɪbə*] (US) = **labour** etc

laboratory [lə'bɒrətərɪ] n laboratorio

labour ['leɪbə*] (US **labor**) n (task) lavoro; (workmen) manodopera; (MED): **to be in ~** avere le doglie ♦ vi: **to ~ (at)** lavorare duro (a); **L~, the L~ party** (BRIT) il partito laburista, i laburisti; ~**ed** adj (breathing) affannoso(a); ~**er** n manovale m; **farm ~er** lavoratore m agricolo

lace [leɪs] n merletto, pizzo; (of shoe etc) laccio ♦ vt (shoe: also: ~ **up**) allacciare

lack [læk] n mancanza ♦ vt mancare di; **through** or **for ~ of** per mancanza di; **to be ~ing** mancare; **to be ~ing in** mancare di

lackadaisical [lækə'deɪzɪkl] adj disinteressato(a), noncurante

lacquer ['lækə*] n lacca

lad [læd] n ragazzo, giovanotto

ladder ['lædə*] *n* scala; (*BRIT: in tights*) smagliatura

laden ['leɪdn] *adj*: ~ (**with**) carico(a) *or* caricato(a) (di)

ladle ['leɪdl] *n* mestolo

lady ['leɪdɪ] *n* signora; dama; **L~ Smith** lady Smith; **the ladies' (room)** i gabinetti per signore; ~**bird** (*US* ~**bug**) *n* coccinella; ~**like** *adj* da signora, distinto(a); ~**ship** *n*: **your ~ship** signora contessa (*or* baronessa *etc*)

lag [læg] *n* (*of time*) lasso, intervallo ♦ *vi* (*also*: ~ **behind**) trascinarsi ♦ *vt* (*pipes*) rivestire di materiale isolante

lager ['lɑːgə*] *n* lager *m inv*

lagoon [lə'guːn] *n* laguna

laid [leɪd] *pt, pp of* **lay**; ~ **back** (*inf*) *adj* rilassato(a), tranquillo(a); ~ **up** *adj*: ~ **up** (**with**) costretto(a) a letto (da)

lain [leɪn] *pp of* **lie**

lair [leə*] *n* covo, tana

lake [leɪk] *n* lago

lamb [læm] *n* agnello

lame [leɪm] *adj* zoppo(a); (*excuse etc*) zoppicante

lament [lə'mɛnt] *n* lamento ♦ *vt* lamentare, piangere

laminated ['læmɪneɪtɪd] *adj* laminato(a)

lamp [læmp] *n* lampada

lamppost ['læmppəʊst] (*BRIT*) *n* lampione *m*

lampshade ['læmpʃeɪd] *n* paralume *m*

lance [lɑːns] *vt* (*MED*) incidere

land [lænd] *n* (*as opposed to sea*) terra (ferma); (*country*) paese *m*; (*soil*) terreno; suolo; (*estate*) terreni *mpl*, terre *fpl* ♦ *vi* (*from ship*) sbarcare; (*AVIAT*) atterrare; (*fig: fall*) cadere ♦ *vt* (*passengers*) sbarcare; (*goods*) scaricare; **to ~ sb with sth** affibbiare qc a qn; ~ **up** *vi* andare a finire; ~**fill site** *n* discarica; ~**ing** *n* atterraggio; (*of staircase*) pianerottolo; ~**ing gear** *n* carrello di atterraggio; ~**lady** *n* padrona *or* proprietaria di casa; ~**locked** *adj* senza sbocco sul mare; ~**lord** *n* padrone *m or* proprietario di casa; (*of pub etc*) padrone *m*; ~**mark** *n* punto di riferimento; (*fig*) pietra miliare; ~**owner** *n* proprietario(a)

terriero(a); ~**scape** *n* paesaggio; ~**slide** *n* (*GEO*) frana; (*fig: POL*) valanga

lane [leɪn] *n* stradina; (*AUT, in race*) corsia; **"get in lane"** "immettersi in corsia"

language ['læŋgwɪdʒ] *n* lingua; (*way one speaks*) linguaggio; **bad ~** linguaggio volgare; ~ **laboratory** *n* laboratorio linguistico

languid ['læŋgwɪd] *adj* languido(a)

lank [læŋk] *adj* (*hair*) liscio(a) e opaco(a)

lanky ['læŋkɪ] *adj* allampanato(a)

lantern ['læntn] *n* lanterna

lap [læp] *n* (*of track*) giro; (*of body*): **in** *or* **on one's ~** in grembo ♦ *vt* (*also*: ~ **up**) papparsi, leccare ♦ *vi* (*waves*) sciabordare; ~ **up** *vt* (*fig*) bearsi di

lapel [lə'pɛl] *n* risvolto

Lapland ['læplænd] *n* Lapponia

lapse [læps] *n* lapsus *m inv*; (*longer*) caduta ♦ *vi* (*law*) cadere; (*membership, contract*) scadere; **to ~ into bad habits** pigliare cattive abitudini; ~ **of time** spazio di tempo

laptop (computer) ['læp,tɔp-] *n* laptop *m inv*

larch [lɑːtʃ] *n* larice *m*

lard [lɑːd] *n* lardo

larder ['lɑːdə*] *n* dispensa

large [lɑːdʒ] *adj* grande; (*person, animal*) grosso(a); **at ~** (*free*) in libertà; (*generally*) in generale; nell'insieme; ~**ly** *adv* in gran parte

largesse [lɑː'ʒɛs] *n* generosità

lark [lɑːk] *n* (*bird*) allodola; (*joke*) scherzo, gioco

laryngitis [lærɪn'dʒaɪtɪs] *n* laringite *f*

laser ['leɪzə*] *n* laser *m*; ~ **printer** *n* stampante *f* laser *inv*

lash [læʃ] *n* frustata; (*also*: **eye~**) ciglio ♦ *vt* frustare; (*tie*): **to ~ to/together** legare a/insieme; ~ **out** *vi*: **to ~ out** (**at** *or* **against sb**) attaccare violentemente (qn)

lass [læs] *n* ragazza

lasso [læ'suː] *n* laccio

last [lɑːst] *adj* ultimo(a); (*week, month, year*) scorso(a), passato(a) ♦ *adv* per ultimo ♦ *vi* durare; ~ **week** la settimana scorsa; ~ **night** ieri sera, la notte scorsa; **at ~** finalmente, alla fine; **~ but one** penultimo(a); **~-ditch** adj (attempt) estremo(a); **~ing** adj durevole; **~ly** adv infine, per finire; **~-minute** adj fatto(a) (or preso(a) etc) all'ultimo momento

latch [lætʃ] n chiavistello

late [leɪt] adj (not on time) in ritardo; (far on in day etc) tardi inv; tardo(a); (former) ex; (dead) defunto(a) ♦ adv tardi; (behind time, schedule) in ritardo; **of ~** di recente; **in the ~ afternoon** nel tardo pomeriggio; **in ~ May** verso la fine di maggio; **~comer** n ritardatario/a; **~ly** adv recentemente

later ['leɪtə*] adj (date etc) posteriore; (version etc) successivo(a) ♦ adv più tardi; **~ on** più avanti

lateral ['lætərl] adj laterale

latest ['leɪtɪst] adj ultimo(a), più recente; **at the ~** al più tardi

lathe [leɪð] n tornio

lather ['lɑ:ðə*] n schiuma di sapone ♦ vt insaponare

Latin ['lætɪn] n latino ♦ adj latino(a); **~ America** n America Latina; **~-American** adj, n sudamericano(a)

latitude ['lætɪtju:d] n latitudine f; (fig) libertà d'azione

latter ['lætə*] adj secondo(a); più recente ♦ n: **the ~** quest'ultimo, il secondo; **~ly** adv recentemente, negli ultimi tempi

lattice ['lætɪs] n traliccio; graticolato

laudable ['lɔ:dəbl] adj lodevole

laugh [lɑ:f] n risata ♦ vi ridere; **~ at** vt fus (misfortune etc) ridere di; **~ off** vt prendere alla leggera; **~able** adj ridicolo(a); **~ing stock** n: **the ~ing stock of** lo zimbello di; **~ter** n riso; risate fpl

launch [lɔ:ntʃ] n (of rocket, COMM) lancio; (of new ship) varo; (also: **motor ~**) lancia ♦ vt (rocket, COMM) lanciare; (ship, plan) varare; **~ into** vt fus lanciarsi in; **~(ing) pad** n rampa di lancio

launder ['lɔ:ndə*] vt lavare e stirare

launderette [lɔ:n'dret] (BRIT) n lavanderia (automatica)

Laundromat ® ['lɔ:ndrəmæt] (US) n lavanderia automatica

laundry ['lɔ:ndrɪ] n lavanderia; (clothes) biancheria; (: dirty) panni mpl da lavare

laurel ['lɔrl] n lauro

lava ['lɑ:və] n lava

lavatory ['lævətərɪ] n gabinetto

lavender ['lævəndə*] n lavanda

lavish ['lævɪʃ] adj copioso(a); abbondante; (giving freely): **~ with** prodigo(a) di, largo(a) in ♦ vt: **to ~ sth on sb** colmare qn di qc

law [lɔ:] n legge f; **civil/criminal ~** diritto civile/penale; **~-abiding** adj ubbidiente alla legge; **~ and order** n l'ordine m pubblico; **~ court** n tribunale m, corte f di giustizia; **~ful** adj legale; lecito(a); **~less** adj che non conosce nessuna legge

lawn [lɔ:n] n tappeto erboso; **~ mower** n tosaerba m or f inv; **~ tennis** n tennis m su prato

law school n facoltà f inv di legge

lawsuit ['lɔ:su:t] n processo, causa

lawyer ['lɔ:jə*] n (for sales, wills etc) ≈ notaio; (partner, in court) ≈ avvocato/essa

lax [læks] adj rilassato(a); negligente

laxative ['læksətɪv] n lassativo

lay [leɪ] (pt, pp **laid**) pt of **lie** ♦ adj laico(a); (not expert) profano(a) ♦ vt posare, mettere; (eggs) fare; (trap) tendere; (plans) fare, elaborare; **to ~ the table** apparecchiare la tavola; **~ aside** or **by** vt mettere da parte; **~ down** vt mettere giù; (rules etc) formulare, fissare; **to ~ down the law** dettar legge; **to ~ down one's life** dare la propria vita; **~ off** vt (workers) licenziare; **~ on** vt (provide) fornire; **~ out** vt (display) presentare, disporre; **~about** n sfaccendato/a, fannullone/a; **~-by** (BRIT) n piazzola (di sosta)

layer ['leɪə*] n strato

layman ['leɪmən] n laico; profano

layout ['leɪaut] n lay-out m inv, disposizione f; (PRESS) impaginazione f

laze [leɪz] vi oziare

lazy ['leɪzɪ] adj pigro(a)

lb. abbr = **pound** (weight)

lead[1] [li:d] (pt, pp **led**) n (front position)

posizione f di testa; (distance, time ahead) vantaggio; (clue) indizio; (ELEC) filo (elettrico); (for dog) guinzaglio; (THEATRE) parte f principale ♦ vt guidare, condurre; (induce) indurre; (be leader of) essere a capo di ♦ vi condurre; (SPORT) essere in testa; **in the ~** in testa; **to ~ the way** fare strada; **~ away** vt condurre via; **~ back** vt: **to ~ back to** ricondurre a; **~ on** vt (tease) tenere sulla corda; **~ to** vt fus condurre a; portare a; **~ up to** vt fus portare a

lead² [lɛd] n (metal) piombo; (in pencil) mina; **~ed petrol** n benzina con piombo

leaden ['lɛdn] adj (sky, sea) plumbeo(a)

leader ['liːdə*] n capo; leader m inv; (in newspaper) articolo di fondo; (SPORT) chi è in testa; **~ship** n direzione f; capacità di comando

leading ['liːdɪŋ] adj primo(a); principale; **~ light** n (person) personaggio di primo piano; **~ man/lady** n (THEATRE) primo attore/prima attrice

lead singer n cantante alla testa di un gruppo

leaf [liːf] n (pl **leaves**) foglia ♦ vi: **to ~ through sth** sfogliare qc; **to turn over a new ~** cambiar vita

leaflet ['liːflɪt] n dépliant m inv; (POL, REL) volantino

league [liːg] n lega; (FOOTBALL) campionato; **to be in ~ with** essere in lega con

leak [liːk] n (out) fuga; (in) infiltrazione f; (security ~) fuga d'informazioni ♦ vi (roof, bucket) perdere; (liquid) uscire; (shoes) lasciar passare l'acqua ♦ vt (information) divulgare; **~ out** vi uscire; (information) trapelare

lean [liːn] (pt, pp **leaned** or **leant**) adj magro(a) ♦ vt: **to ~ sth on sth** appoggiare qc su qc ♦ vi (slope) pendere; (rest): **to ~ against** appoggiarsi contro; essere appoggiato(a) a; **to ~ on** appoggiarsi a; **~ back/forward** vi sporgersi indietro/in avanti; **~ out** vi sporgersi; **~ over** vi inclinarsi; **~ing** n: **~ing (towards)** propensione f (per)

leap [liːp] (pt, pp **leaped** or **leapt**) n salto, balzo ♦ vi saltare, balzare; **~frog** n gioco della cavallina; **~ year** n anno bisestile

learn [ləːn] (pt, pp **learned** or **learnt**) vt, vi imparare; **to ~ about sth** (hear, read) apprendere qc; **to ~ to do sth** imparare a fare qc; **~ed** ['ləːnɪd] adj erudito(a), dotto(a); **~er** n principiante m/f; apprendista m/f; (BRIT: also: **~er driver**) guidatore/trice principiante; **~ing** n erudizione f, sapienza

lease [liːs] n contratto d'affitto ♦ vt affittare

leash [liːʃ] n guinzaglio

least [liːst] adj: **the ~** (+noun) il(la) più piccolo(a), il(la) minimo(a); (smallest amount of) il(la) meno ♦ adv (+verb) meno; **the ~** (+adjective): **the ~ beautiful girl** la ragazza meno bella; **the ~ possible effort** il minimo sforzo possibile; **I have the ~ money** ho meno denaro di tutti; **at ~** almeno; **not in the ~** affatto, per nulla

leather ['lɛðə*] n cuoio

leave [liːv] (pt, pp **left**) vt lasciare; (go away from) partire da ♦ vi partire, andarsene; (bus, train) partire ♦ n (time off) congedo; (MIL, also: consent) licenza; **to be left** rimanere; **there's some milk left over** c'è rimasto del latte; **on ~** in congedo; **~ behind** vt (person, object) lasciare; (: forget) dimenticare; **~ out** vt omettere, tralasciare; **~ of absence** n congedo

leaves [liːvz] npl of **leaf**

Lebanon ['lɛbənən] n Libano

lecherous ['lɛtʃərəs] adj lascivo(a), lubrico(a)

lecture ['lɛktʃə*] n conferenza; (SCOL) lezione f ♦ vi fare conferenze; fare lezioni ♦ vt (scold): **to ~ sb on** or **about sth** rimproverare qn or fare una ramanzina a qn per qc; **to give a ~ on** tenere una conferenza su

lecturer ['lɛktʃərə*] (BRIT) n (at university) professore/essa, docente m/f

led [lɛd] pt, pp of **lead**

ledge [lɛdʒ] n (of window) davanzale m; (on wall etc) sporgenza; (of mountain) cornice f, cengia

ledger ['lɛdʒə*] n libro maestro, registro

lee [li:] n lato sottovento

leech [li:tʃ] n sanguisuga

leek [li:k] n porro

leer [lɪə*] vi: **to ~ at sb** gettare uno sguardo voglioso (or maligno) su qn

leeway ['li:weɪ] n (fig): **to have some ~** avere una certa libertà di azione

left [lɛft] pt, pp of **leave** ♦ adj sinistro(a) ♦ adv a sinistra ♦ n sinistra; **on the ~, to the ~** a sinistra; **the L~** (POL) la sinistra; **~-hand drive** n guida a sinistra; **~-handed** adj mancino(a); **~-hand side** n lato or fianco sinistro; **~-luggage locker** n armadietto per deposito bagagli; **~ luggage (office)** (BRIT) n deposito m bagagli inv; **~overs** npl avanzi mpl, resti mpl; **~-wing** adj (POL) di sinistra

leg [lɛg] n gamba; (of animal) zampa; (of furniture) piede m; (CULIN: of chicken) coscia; (of journey) tappa; **lst/2nd ~** (SPORT) partita di andata/ritorno

legacy ['lɛgəsɪ] n eredità f inv

legal ['li:gl] adj legale; **~ holiday** (US) n giorno festivo, festa nazionale; **~ tender** n moneta legale

legend ['lɛdʒənd] n leggenda

legislation [lɛdʒɪs'leɪʃən] n legislazione f; **legislature** ['lɛdʒɪslətʃə*] n corpo legislativo

legitimate [lɪ'dʒɪtɪmət] adj legittimo(a)

leg-room n spazio per le gambe

leisure ['lɛʒə*] n agio, tempo libero; ricreazioni fpl; **at ~** con comodo; **~ centre** n centro di ricreazione; **~ly** adj tranquillo(a); fatto(a) con comodo or senza fretta

lemon ['lɛmən] n limone m; **~ade** [-'neɪd] n limonata; **~ tea** n tè m inv al limone

lend [lɛnd] (pt, pp lent) vt: **to ~ sth (to sb)** prestare qc (a qn); **~ing library** n biblioteca che consente prestiti di libri

length [lɛŋθ] n lunghezza; (distance) distanza; (section: of road, pipe etc) pezzo, tratto; (of time) periodo; **at ~** (at last) finalmente, alla fine; (lengthily) a lungo; **~en** vt allungare, prolungare ♦ vi

allungarsi; **~ways** adv per il lungo; **~y** adj molto lungo(a)

lenient ['li:nɪənt] adj indulgente, clemente

lens [lɛnz] n lente f; (of camera) obiettivo

Lent [lɛnt] n Quaresima

lent [lɛnt] pt, pp of **lend**

lentil ['lɛntl] n lenticchia

Leo ['li:əu] n Leone m

leotard ['li:əta:d] n calzamaglia

leprosy ['lɛprəsɪ] n lebbra

lesbian ['lɛzbɪən] n lesbica

less [lɛs] adj, pron, adv meno ♦ prep: **~ tax/10% discount** meno tasse/il 10% di sconto; **~ than ever** meno che mai; **~ than half** meno della metà; **~ and ~** sempre meno; **the ~ he works ...** meno lavora ....

lessen ['lɛsn] vi diminuire, attenuarsi ♦ vt diminuire, ridurre

lesser ['lɛsə*] adj minore, più piccolo(a); **to a ~ extent** in grado or misura minore

lesson ['lɛsn] n lezione f; **to teach sb a ~** dare una lezione a qn

let [lɛt] (pt, pp let) vt lasciare; (BRIT: lease) dare in affitto; **to ~ sb do sth** lasciar fare qc a qn, lasciare che qn faccia qc; **to ~ sb know sth** far sapere qc a qn; **~'s go** andiamo; **~ him come** lo lasci venire; **"to ~"** "affittasi"; **~ down** vt (lower) abbassare; (dress) allungare; (hair) sciogliere; (tyre) sgonfiare; (disappoint) deludere; **~ go** vt, vi mollare; **~ in** vt lasciare entrare; (visitor etc) far entrare; **~ off** vt (allow to go) lasciare andare; (firework etc) far partire; **~ on** (inf) vi dire; **~ out** vt lasciare uscire; (scream) emettere; **~ up** vi diminuire

lethal ['li:θl] adj letale, mortale

lethargic [lɛ'θɑ:dʒɪk] adj letargico(a)

letter ['lɛtə*] n lettera; **~ bomb** n lettera esplosiva; **~box** (BRIT) n buca delle lettere; **~ing** n iscrizione f; caratteri mpl

lettuce ['lɛtɪs] n lattuga, insalata

let-up n pausa

leukaemia [lu:'ki:mɪə] (US **leukemia**) n leucemia

level ['lɛvl] adj piatto(a), piano(a); orizzontale ♦ adv: **to draw ~ with** mettersi alla pari di ♦ *n* livello ♦ *vt* livellare, spianare; **to be ~ with** essere alla pari di; **A ~s** (*BRIT*) *npl* ≈ esami *mpl* di maturità; **O ~s** (*BRIT*) *npl* esami fatti in Inghilterra all'età di 16 anni; **on the ~** piatto(a); (*fig*) onesto(a); **~ off** *or* **out** *vi* (*prices etc*) stabilizzarsi; **~ crossing** (*BRIT*) *n* passaggio a livello; **~-headed** *adj* equilibrato(a)

lever ['li:və*] *n* leva; **~age** *n*: **~age (on** *or* **with)** forza (su); (*fig*) ascendente *m* (su)

levy ['levɪ] *n* tassa, imposta ♦ *vt* imporre

lewd [lu:d] *adj* osceno(a), lascivo(a)

liability [laɪə'bɪlɪtɪ] *n* responsabilità *f inv*; (*handicap*) peso; **liabilities** *npl* debiti *mpl*; (*on balance sheet*) passivo

liable ['laɪəbl] *adj* (*subject*): **~ to** soggetto(a) a; passibile di; (*responsible*): **~ (for)** responsabile (di); (*likely*): **~ to do** propenso(a) a fare

liaise [li:'eɪz] *vi*: **to ~ (with)** mantenere i contatti (con)

liaison [li:'eɪzɔn] *n* relazione *f*; (*MIL*) collegamento

liar ['laɪə*] *n* bugiardo/a

libel ['laɪbl] *n* libello, diffamazione *f* ♦ *vt* diffamare

liberal ['lɪbərl] *adj* liberale; (*generous*): **to be ~ with** distribuire liberalmente

liberation [lɪbə'reɪʃən] *n* liberazione *f*

liberty ['lɪbətɪ] *n* libertà *f inv*; **at ~** (*criminal*) in libertà; **at ~ to do** libero(a) di fare

Libra ['li:brə] *n* Bilancia

librarian [laɪ'breərɪən] *n* bibliotecario/a

library ['laɪbrərɪ] *n* biblioteca

Libya ['lɪbɪə] *n* Libia; **~n** *adj*, *n* libico(a)

lice [laɪs] *npl of* **louse**

licence ['laɪsns] (*US* **license**) *n* autorizzazione *f*, permesso; (*COMM*) licenza; (*RADIO, TV*) canone *m*, abbonamento; (*also*: **driving ~**, (*US*) **driver's ~**) patente *f* di guida; (*excessive freedom*) licenza; **~ number** *n* numero di targa; **~ plate** *n* targa

license ['laɪsns] *n* (*US*) = **licence** ♦ *vt* dare una licenza a; **~d** *adj* (*for alcohol*) che ha la licenza di vendere bibite alcoliche

lick [lɪk] *vt* leccare; (*inf*: *defeat*) stracciare; **to**

~ one's lips (*fig*) leccarsi i baffi

licorice ['lɪkərɪs] (*US*) *n* = **liquorice**

lid [lɪd] *n* coperchio; (*eye~*) palpebra

lie [laɪ] (*pt* **lay**, *pp* **lain**) *vi* (*rest*) giacere; star disteso(a); (*of object*: *be situated*) trovarsi, essere; (*tell lies*: *pt*, *pp* **lied**) mentire, dire bugie ♦ *n* bugia, menzogna; **to ~ low** (*fig*) latitare; **~ about** *or* **around** *vi* (*things*) essere in giro; (*person*) bighellonare; **~-down** (*BRIT*) *n*: **to have a ~-down** sdraiarsi, riposarsi; **~-in** (*BRIT*) *n*: **to have a ~-in** rimanere a letto

lieu [lu:]: **in ~ of** *prep* invece di, al posto di

lieutenant [lɛf'tɛnənt, (*US*) lu:'tɛnənt] *n* tenente *m*

life [laɪf] (*pl* **lives**) *n* vita ♦ *cpd* di vita; della vita; a vita; **to come to ~** rianimarsi; **~ assurance** (*BRIT*) *n* = **~ insurance**; **~belt** (*BRIT*) *n* salvagente *m*; **~boat** *n* scialuppa di salvataggio; **~guard** *n* bagnino; **~ imprisonment** *n* carcere *m* a vita; **~ insurance** *n* assicurazione *f* sulla vita; **~ jacket** *n* giubbotto di salvataggio; **~less** *adj* senza vita; **~like** *adj* verosimile; rassomigliante; **~long** *adj* per tutta la vita; **~ preserver** (*US*) *n* salvagente *m*; giubbotto di salvataggio; **~ sentence** *n* ergastolo; **~-size(d)** *adj* a grandezza naturale; **~ span** *n* (durata della) vita; **~style** *n* stile *m* di vita; **~ support system** *n* respiratore *m* automatico; **~time** *n*: **in his ~time** durante la sua vita; **once in a ~time** una volta nella vita

lift [lɪft] *vt* sollevare; (*ban, rule*) levare ♦ *vi* (*fog*) alzarsi ♦ *n* (*BRIT*: *elevator*) ascensore *m*; **to give sb a ~** (*BRIT*) dare un passaggio a qn; **~-off** *n* decollo

light [laɪt] (*pt*, *pp* **lighted** *or* **lit**) *n* luce *f*, lume *m*; (*daylight*) luce *f*, giorno; (*lamp*) lampada; (*AUT*: *rear ~*) luce *f* di posizione; (*: headlamp*) fanale *m*; (*for cigarette etc*): **have you got a ~?** ha da accendere?; **~s** *npl* (*AUT*: *traffic ~s*) semaforo ♦ *vt* (*candle, cigarette, fire*) accendere; (*room*): **to be lit by** essere illuminato(a) da ♦ *adj* (*room, colour*) chiaro(a); (*not heavy, also fig*) leggero(a); **to come to ~** venire alla luce,

emergere; **~ up** vi illuminarsi ♦ vt
illuminare; **~ bulb** n lampadina; **~en** vt
(make less heavy) alleggerire; **~er** n (also:
cigarette ~er) accendino; **~-headed** adj
stordito(a); **~-hearted** adj gioioso(a),
gaio(a); **~house** n faro; **~ing** n
illuminazione f; **~ly** adv leggermente; **to
get off ~ly** cavarsela a buon mercato; **~
meter** n (PHOT) esposimetro; **~ness** n
chiarezza; (in weight) leggerezza

lightning ['laɪtnɪŋ] n lampo, fulmine m; **~
conductor** (US **~ rod**) n parafulmine m

light pen n penna ottica

lightweight ['laɪtweɪt] adj (suit) leggero(a)
♦ n (BOXING) peso leggero

light year n anno m luce inv

like [laɪk] vt (person) volere bene a; (activity,
object, food): **I ~ swimming/that book/
chocolate** mi piace nuotare/quel libro/il
cioccolato ♦ prep come ♦ adj simile,
uguale, ♦ n: **the ~** uno(a) uguale; **his ~s
and dislikes** i suoi gusti; **I would ~, I'd ~**
mi piacerebbe, vorrei; **would you ~ a
coffee?** gradirebbe un caffè?; **to be/look ~
sb/sth** somigliare a qn/qc; **what does it
look/taste ~?** che aspetto/gusto ha?;
what does it sound ~? come fa?; **that's
just ~ him** è proprio da lui; **do it ~ this**
fallo così; **it is nothing ~ ...** non è affatto
come ...; **~able** adj simpatico(a)

likelihood ['laɪklɪhʊd] n probabilità

likely ['laɪklɪ] adj probabile; plausibile; **he's
~ to leave** probabilmente partirà, è
probabile che parta; **not ~!** neanche per
sogno!

likeness ['laɪknɪs] n somiglianza

likewise ['laɪkwaɪz] adv similmente, nello
stesso modo

liking ['laɪkɪŋ] n: **~ (for)** debole m (per); **to
be to sb's ~** piacere a qn

lilac ['laɪlək] n lilla m inv

lily ['lɪlɪ] n giglio; **~ of the valley** n
mughetto

limb [lɪm] n arto

limber up ['lɪmbə*-] vi riscaldarsi i muscoli

limbo ['lɪmbəʊ] n: **to be in ~** (fig) essere
lasciato(a) nel dimenticatoio

lime [laɪm] n (tree) tiglio; (fruit) limetta;
(GEO) calce f

limelight ['laɪmlaɪt] n: **in the ~** (fig) alla
ribalta, in vista

limerick ['lɪmərɪk] n poesiola umoristica di
5 versi

limestone ['laɪmstəʊn] n pietra calcarea;
(GEO) calcare m

limit ['lɪmɪt] n limite m ♦ vt limitare; **~ed**
adj limitato(a), ristretto(a); **to be ~ed to**
limitarsi a; **~ed (liability) company**
(BRIT) n ≈ società f inv a responsabilità
limitata

limp [lɪmp] n: **to have a ~** zoppicare ♦ vi
zoppicare ♦ adj floscio(a), flaccido(a)

limpet ['lɪmpɪt] n patella

line [laɪn] n linea; (rope) corda; (for fishing)
lenza; (wire) filo; (of poem) verso; (row,
series) fila, riga; coda; (on face) ruga ♦ vt
(clothes): **to ~ (with)** foderare (di); (box): **to
~ (with)** rivestire or foderare (di); (subj:
trees, crowd) fiancheggiare; **~ of business**
settore m or ramo d'attività; **in ~ with** in
linea con; **~ up** vi allinearsi, mettersi in fila
♦ vt mettere in fila; (event, celebration)
preparare

lined [laɪnd] adj (face) rugoso(a); (paper) a
righe, rigato(a)

linen ['lɪnɪn] n biancheria, panni mpl; (cloth)
tela di lino

liner ['laɪnə*] n nave f di linea; (for bin)
sacchetto

linesman ['laɪnzmən] n guardalinee m inv

line-up n allineamento, fila; (SPORT)
formazione f di gioco

linger ['lɪŋgə*] vi attardarsi; indugiare;
(smell, tradition) persistere

lingerie ['lænʒəriː] n biancheria intima
femminile

linguistics [lɪŋ'gwɪstɪks] n linguistica

lining ['laɪnɪŋ] n fodera

link [lɪŋk] n (of a chain) anello; (relationship)
legame m; (connection) collegamento ♦ vt
collegare, unire, congiungere; (associate):
to ~ with or **to** collegare a; **~s** npl (GOLF)
pista or terreno da golf; **~ up** vt collegare,
unire ♦ vi riunirsi; associarsi

lino ['laɪnəu] n = **linoleum**

linoleum [lɪ'nəulɪəm] n linoleum m inv

lion ['laɪən] n leone m; **~ess** n leonessa

lip [lɪp] n labbro; (of cup etc) orlo

liposuction ['lɪpəusʌkʃən] n liposuzione f

lip: **~read** vi leggere sulle labbra; **~ salve** n burro di cacao; **~ service** n: **to pay ~ service to sth** essere favorevole a qc solo a parole; **~stick** n rossetto

liqueur [lɪ'kjuə*] n liquore m

liquid ['lɪkwɪd] n liquido ♦ adj liquido(a)

liquidize ['lɪkwɪdaɪz] vt (CULIN) passare al frullatore; **~r** n frullatore m (a brocca)

liquor ['lɪkə*] n alcool m

liquorice ['lɪkərɪs] (BRIT) n liquirizia

llquor store (US) n negozio di liquori

lisp [lɪsp] n pronuncia blesa della ''s''

list [lɪst] n lista, elenco ♦ vt (write down) mettere in lista; fare una lista di; (enumerate) elencare; **~ed building** (BRIT) n edificio sotto la protezione delle Belle Arti

listen ['lɪsn] vi ascoltare; **to ~ to** ascoltare; **~er** n ascoltatore/trice

listless ['lɪstlɪs] adj apatico(a)

lit [lɪt] pt, pp of **light**

liter ['liːtə*] (US) n = **litre**

literacy ['lɪtərəsɪ] n il sapere leggere e scrivere

literal ['lɪtərl] adj letterale; **~ly** adv alla lettera, letteralmente

literary ['lɪtərərɪ] adj letterario(a)

literate ['lɪtərət] adj che sa leggere e scrivere

literature ['lɪtərɪtʃə*] n letteratura; (brochures etc) materiale m

lithe [laɪð] adj agile, snello(a)

litigation [lɪtɪ'geɪʃən] n causa

litre ['liːtə*] (US **liter**) n litro

litter ['lɪtə*] n (rubbish) rifiuti mpl; (young animals) figliata; **~ bin** (BRIT) n cestino per rifiuti; **~ed** adj: **~ed with** coperto(a) di

little ['lɪtl] adj (small) piccolo(a); (not much) poco(a) ♦ adv poco; **a ~** un po' (di); **a ~ bit** un pochino; **~ by ~** a poco a poco; **~ finger** n mignolo

live¹ [lɪv] vi vivere; (reside) vivere, abitare;

~ down vt far dimenticare (alla gente); **~ on** vt fus (food) vivere di; **~ together** vi vivere insieme, convivere; **~ up to** vt fus tener fede a, non venir meno a

live² [laɪv] adj (animal) vivo(a); (wire) sotto tensione; (bullet, missile) inesploso(a); (broadcast) diretto(a); (performance) dal vivo

livelihood ['laɪvlɪhud] n mezzi mpl di sostentamento

lively ['laɪvlɪ] adj vivace, vivo(a)

liven up ['laɪvn'ʌp] vt (discussion, evening) animare ♦ vi ravvivarsi

liver ['lɪvə*] n fegato

lives [laɪvz] npl of **life**

livestock ['laɪvstɔk] n bestiame m

livid ['lɪvɪd] adj livido(a); (furious) livido(a) di rabbia, furibondo(a)

living ['lɪvɪŋ] adj vivo(a), vivente ♦ n: **to earn** or **make a ~** guadagnarsi la vita; **~ conditions** npl condizioni fpl di vita; **~ room** n soggiorno; **~ standards** npl tenore m di vita; **~ wage** n salario sufficiente per vivere

lizard ['lɪzəd] n lucertola

load [ləud] n (weight) peso; (thing carried) carico ♦ vt (also: **~ up**): **to ~ (with)** (lorry, ship) caricare (di); (gun, camera, COMPUT) caricare (con); **a ~ of**, **~s of** (fig) un sacco di; **~ed** adj (vehicle): **~ed (with)** carico(a) (di); (question) capzioso(a); (inf: rich) carico(a) di soldi

loaf [ləuf] (pl **loaves**) n pane m, pagnotta

loan [ləun] n prestito ♦ vt dare in prestito; **on ~** in prestito

loath [ləuθ] adj: **to be ~ to do** essere restio(a) a fare

loathe [ləuð] vt detestare, aborrire

loaves [ləuvz] npl of **loaf**

lobby ['lɔbɪ] n atrio, vestibolo; (POL: pressure group) gruppo di pressione ♦ vt fare pressione su

lobster ['lɔbstə*] n aragosta

local ['ləukl] adj locale ♦ n (BRIT: pub) ≈ bar m inv all'angolo; **the ~s** npl (local inhabitants) la gente della zona; **~ anaesthetic** n anestesia locale; **~**

authority n ente m locale; ~ **call** n (TEL) telefonata urbana; ~ **government** n amministrazione f locale

locality [ləʊˈkælɪtɪ] n località f inv; (position) posto, luogo

locally [ˈləʊkəlɪ] adv da queste parti; nel vicinato

locate [ləʊˈkeɪt] vt (find) trovare; (situate) collocare; situare

location [ləʊˈkeɪʃən] n posizione f; **on ~** (CINEMA) all'esterno

loch [lɒx] n lago

lock [lɒk] n (of door, box) serratura; (of canal) chiusa; (of hair) ciocca, riccio ♦ vt (with key) chiudere a chiave ♦ vi (door etc) chiudersi; (wheels) bloccarsi, incepparsi; ~ **in** vt chiudere dentro (a chiave); ~ **out** vt chiudere fuori; ~ **up** vt (criminal, mental patient) rinchiudere; (house) chiudere (a chiave) ♦ vi chiudere tutto (a chiave)

locker [ˈlɒkə*] n armadietto

locket [ˈlɒkɪt] n medaglione m

locksmith [ˈlɒksmɪθ] n magnano

lockup [ˈlɒkʌp] (US) n prigione f; guardina

locum [ˈləʊkəm] n (MED) medico sostituto

lodge [lɒdʒ] n casetta, portineria; (hunting ~) casino di caccia ♦ vi (person): **to ~** (**with**) essere a pensione (presso or da); (bullet etc) conficcarsi ♦ vt (appeal etc) presentare, fare; **to ~ a complaint** presentare un reclamo; ~**r** n affittuario/a; (with room and meals) pensionante m/f

lodgings [ˈlɒdʒɪŋz] npl camera d'affitto; camera ammobiliata

loft [lɒft] n solaio, soffitta

lofty [ˈlɒftɪ] adj alto(a); (haughty) altezzoso(a)

log [lɒg] n (of wood) ceppo; (book) = **logbook** ♦ vt registrare; ~ **in** or **on** vi (COMPUT) collegarsi; ~ **off** or **out** vi (COMPUT) scollegarsi

logbook [ˈlɒgbʊk] n (NAUT, AVIAT) diario di bordo; (AUT) libretto di circolazione

loggerheads [ˈlɒgəhɛdz] npl: **at ~** (**with**) ai ferri corti (con)

logic [ˈlɒdʒɪk] n logica; ~**al** adj logico(a)

loin [lɔɪn] n (CULIN) lombata

loiter [ˈlɔɪtə*] vi attardarsi

loll [lɒl] vi (also: ~ **about**) essere stravaccato(a)

lollipop [ˈlɒlɪpɒp] n lecca lecca m inv; ~ **man/lady** (BRIT: irreg) n see box

---

lollipop man/lady

ⓘ In Gran Bretagna il **lollipop man** e la **lollipop lady** sono persone incaricate di aiutare i bambini ad attraversare la strada in prossimità delle scuole; usano una paletta la cui forma ricorda quella di un lecca lecca, in inglese **lollipop**.

London [ˈlʌndən] n Londra; ~**er** n londinese m/f

lone [ləʊn] adj solitario(a)

loneliness [ˈləʊnlɪnɪs] n solitudine f, isolamento

lonely [ˈləʊnlɪ] adj solo(a); solitario(a), isolato(a)

long [lɒŋ] adj lungo(a) ♦ adv a lungo, per molto tempo ♦ vi: **to ~ for sth/to do** desiderare qc/di fare; non veder l'ora di aver qc/di fare; **so** or **as ~ as** (while) finché; (provided that) sempre che +sub; **don't be ~!** fai presto!; **how ~ is this river/course?** quanto è lungo questo fiume/corso?; **6 metres ~** lungo 6 metri; **6 months ~** che dura 6 mesi, di 6 mesi; **all night ~** tutta la notte; **he no ~er comes** non viene più; ~ **before** molto tempo prima; **before ~** (+future) presto, fra poco; (+past) poco tempo dopo; **at ~ last** finalmente; ~-**distance** adj (race) di fondo; (call) interurbano(a); ~-**haired** adj dai capelli lunghi; ~**hand** n scrittura normale; ~**ing** n desiderio, voglia, brama

longitude [ˈlɒŋgɪtjuːd] n longitudine f

long: ~ **jump** n salto in lungo; ~-**life** adj (milk) a lunga conservazione; (batteries) di lunga durata; ~-**lost** adj perduto(a) da tempo; ~-**range** adj a lunga portata; ~-**sighted** adj presbite; ~-**standing** adj di vecchia data; ~-**suffering** adj estremamente paziente; infinitamente tollerante; ~-**term** adj a lungo termine; ~

wave n onde fpl lunghe; **~-winded** adj prolisso(a), interminabile

loo [lu:] (BRIT: inf) n W.C. m inv, cesso

look [luk] vi guardare; (seem) sembrare, parere; (building etc): **to ~ south/on to the sea** dare a sud/sul mare ♦ n sguardo; (appearance) aspetto, aria; **~s** npl (good ~s) bellezza; **~ after** vt fus occuparsi di, prendere cura di; (keep an eye on) guardare, badare a; **~ at** vt fus guardare; **~ back** vi: **to ~ back on** (event etc) ripensare a; **~ down on** vt fus (fig) guardare dall'alto, disprezzare; **~ for** vt fus cercare; **~ forward to** vt fus non veder l'ora di; (in letters): **we ~ forward to hearing from you** in attesa di una vostra gentile risposta; **~ into** vt fus esaminare; **~ on** vi fare da spettatore; **~ out** vi (beware): **to ~ out (for)** stare in guardia (per); **~ out for** vt fus cercare; **~ round** vi (turn) girarsi, voltarsi; (in shop) dare un'occhiata; **~ to** vt fus (rely on) contare su; **~ up** vi alzare gli occhi; (improve) migliorare ♦ vt (word) cercare; (friend) andare a trovare; **~ up to** vt fus avere rispetto per; **~-out** n posto d'osservazione; guardia; **to be on the ~-out (for)** stare in guardia (per)

loom [lu:m] n telaio ♦ vi (also: ~ up) apparire minaccioso(a); (event) essere imminente

loony ['lu:nɪ] (inf) n pazzo/a

loop [lu:p] n cappio ♦ vt: **to ~ sth round sth** passare qc intorno a qc; **~hole** n via d'uscita; scappatoia

loose [lu:s] adj (knot) sciolto(a); (screw) allentato(a); (stone) cadente; (clothes) ampio(a), largo(a); (animal) in libertà, scappato(a); (life, morals) dissoluto(a) ♦ n: **to be on the ~** essere in libertà; **~ change** n spiccioli mpl, moneta; **~ chippings** npl (on road) ghiaino; **~ end** n: **to be at a ~ end** (BRIT) or **at ~ ends** (US) non saper che fare; **~ly** adv senza stringere; approssimativamente; **~n** vt sciogliere; (belt etc) allentare

loot [lu:t] n bottino ♦ vt saccheggiare

lop [lɒp] vt (also: ~ off) tagliare via, recidere

lop-sided ['lɒp'saɪdɪd] adj non equilibrato(a), asimmetrico(a)

lord [lɔ:d] n signore m; **L~ Smith** lord Smith; **the L~** il Signore; **good L~!** buon Dio!; **the (House of) L~s** (BRIT) la Camera dei Lord; **~ship** n: **your L~ship** Sua Eccellenza

lore [lɔ:*] n tradizioni fpl

lorry ['lɒrɪ] (BRIT) n camion m inv; **~ driver** (BRIT) n camionista m

lose [lu:z] (pt, pp lost) vt perdere ♦ vi perdere; **to ~ (time)** (clock) ritardare; **~r** n perdente m/f

loss [lɒs] n perdita; **to be at a ~** essere perplesso(a)

lost [lɒst] pt, pp of **lose** ♦ adj perduto(a); **~ property** (US **~ and found**) n oggetti mpl smarriti

lot [lɒt] n (at auctions) lotto; (destiny) destino, sorte f; **the ~** tutto(a) quanto(a); tutti(e) quanti(e); **a ~** molto; **a ~ of** una gran quantità di, un sacco di; **~s of** molto(a); **to draw ~s (for sth)** tirare a sorte (per qc)

lotion ['ləʊʃən] n lozione f

lottery ['lɒtərɪ] n lotteria

loud [laʊd] adj forte, alto(a); (gaudy) vistoso(a), sgargiante ♦ adv (speak etc) forte; **out ~** (read etc) ad alta voce; **~hailer** (BRIT) n portavoce m inv; **~ly** adv fortemente, ad alta voce; **~speaker** n altoparlante m

lounge [laʊndʒ] n salotto, soggiorno; (at airport, station) sala d'attesa; (BRIT: also: ~ bar) bar m inv con servizio a tavolino ♦ vi oziare; **~ about** or **around** vi starsene colle mani in mano

louse [laʊs] (pl **lice**) n pidocchio

lousy ['laʊzɪ] (inf) adj orrendo(a), schifoso(a); **to feel ~** stare da cani

lout [laʊt] n zoticone m

lovable ['lʌvəbl] adj simpatico(a), carino(a); amabile

love [lʌv] n amore m ♦ vt amare; voler bene a; **to ~ to do: I ~ to do** mi piace fare; **to be/fall in ~ with** essere innamorato(a)/

innamorarsi di; **to make ~** fare l'amore; **"15 ~"** (TENNIS) "15 a zero"; **~ affair** n relazione f; **~ life** n vita sentimentale

lovely ['lʌvlɪ] adj bello(a); (delicious: smell, meal) buono(a)

lover ['lʌvə*] n amante m/f; (person in love) innamorato/a; (amateur): **a ~ of** un(un')amante di; un(un')appassionato(a) di

loving ['lʌvɪŋ] adj affettuoso(a)

low [ləu] adj basso(a) ♦ adv in basso ♦ n (METEOR) depressione f; **to be ~ on** (supplies etc) avere scarsità di; **to feel ~** sentirsi giù; **~-alcohol** adj a basso contenuto alcolico; **~-calorie** adj a basso contenuto calorico; **~-cut** adj (dress) scollato(a); **~er** adj (bottom: of 2 things) più basso; (less important) meno importante ♦ vt calare; (prices, eyes, voice) abbassare; **~-fat** adj magro(a); **~lands** npl (GEO) pianura; **~ly** adj umile, modesto(a)

loyal ['lɔɪəl] adj fedele, leale; **~ty** n fedeltà, lealtà; **~ card** n carta che offre sconti a clienti abituali

lozenge ['lɔzɪndʒ] n (MED) pastiglia

L.P. n abbr = **long-playing record**

L-plates (BRIT) npl contrassegno P principiante

L-plates

ⓘ Le **L-plates** sono delle tabelle bianche con una L rossa che in Gran Bretagna i guidatori principianti, **learner drivers**, devono applicare alla propria autovettura finché non ottengono la patente.

Ltd abbr (= limited) ≈ S.r.l.

lubricate ['lu:brɪkeɪt] vt lubrificare

luck [lʌk] n fortuna, sorte f; **bad ~** sfortuna, mala sorte; **good ~!** buona fortuna!; **~ily** adv fortunatamente, per fortuna; **~y** adj fortunato(a); (number etc) che porta fortuna

ludicrous ['lu:dɪkrəs] adj ridicolo(a)

lug [lʌg] (inf) vt trascinare

luggage ['lʌgɪdʒ] n bagagli mpl; **~ rack** n portabagagli m inv

lukewarm ['lu:kwɔ:m] adj tiepido(a)

lull [lʌl] n intervallo di calma ♦ vt: **to ~ sb to sleep** cullare qn finché si addormenta

lullaby ['lʌləbaɪ] n ninnananna

lumbago [lʌm'beɪgəu] n (MED) lombaggine f

lumber ['lʌmbə*] n (wood) legname m; (junk) roba vecchia; **~ with** vt: **to be ~ed with sth** doversi sorbire qc; **~jack** n boscaiolo

luminous ['lu:mɪnəs] adj luminoso(a)

lump [lʌmp] n pezzo; (in sauce) grumo; (swelling) gonfiore m; (also: **sugar ~**) zolletta ♦ vt (also: **~ together**) riunire, mettere insieme; **a ~ sum** una somma globale; **~y** adj (sauce) pieno(a) di grumi; (bed) bitorzoluto(a)

lunatic ['lu:nətɪk] adj pazzo(a), matto(a)

lunch [lʌntʃ] n pranzo, colazione f

luncheon ['lʌntʃən] n pranzo; **~ voucher** (BRIT) n buono m pasto inv

lunch time n ora di pranzo

lung [lʌŋ] n polmone m

lunge [lʌndʒ] vi (also: **~ forward**) fare un balzo in avanti; **to ~ at** balzare su

lurch [lə:tʃ] vi vacillare, barcollare ♦ n scatto improvviso; **to leave sb in the ~** piantare in asso qn

lure [luə*] n richiamo; lusinga ♦ vt attirare (con l'inganno)

lurid ['luərɪd] adj sgargiante; (details etc) impressionante

lurk [lə:k] vi stare in agguato

luscious ['lʌʃəs] adj succulento(a); delizioso(a)

lush [lʌʃ] adj lussureggiante

lust [lʌst] n lussuria; cupidigia; desiderio; (fig): **~ for** sete f di

lusty ['lʌstɪ] adj vigoroso(a), robusto(a)

Luxembourg ['lʌksəmbə:g] n (state) Lussemburgo m; (city) Lussemburgo f

luxuriant [lʌg'zjuərɪənt] adj lussureggiante; (hair) folto(a)

luxurious [lʌg'zjuərɪəs] adj sontuoso(a), di lusso

luxury ['lʌkʃərɪ] n lusso ♦ cpd di lusso

lying ['laɪɪŋ] n bugie fpl, menzogne fpl

♦ *adj* bugiardo(a)

lynch ['lɪntʃ] *vt* linciare

lyrical ['lɪrɪkl] *adj* lirico(a); (*fig*) entusiasta

lyrics ['lɪrɪks] *npl* (*of song*) parole *fpl*

M, m

m. *abbr* = metre; mile; million

M.A. *abbr* = Master of Arts

mac [mæk] (*BRIT*) *n* impermeabile *m*

macaroni [mækə'rəʊnɪ] *n* maccheroni *mpl*

machine [mə'ʃiːn] *n* macchina ♦ *vt* (*TECH*) lavorare a macchina; (*dress etc*) cucire a macchina; ~ **gun** *n* mitragliatrice *f*; ~**ry** *n* macchinario, macchine *fpl*; (*fig*) macchina

mackerel ['mækrl] *n inv* sgombro

mackintosh ['mækɪntɒʃ] (*BRIT*) *n* impermeabile *m*

mad [mæd] *adj* matto(a), pazzo(a); (*foolish*) sciocco(a); (*angry*) furioso(a); **to be ~ about** (*keen*) andare pazzo(a) per

madam ['mædəm] *n* signora

madden ['mædn] *vt* fare infuriare

made [meɪd] *pt, pp* of **make**

Madeira [mə'dɪərə] *n* (*GEO*) Madera; (*wine*) madera

made-to-measure (*BRIT*) *adj* fatto(a) su misura

madly ['mædlɪ] *adv* follemente

madman ['mædmən] (*irreg*) *n* pazzo, alienato

madness ['mædnɪs] *n* pazzia

magazine [mægə'ziːn] *n* (*PRESS*) rivista; (*RADIO, TV*) rubrica

maggot ['mægət] *n* baco, verme *m*

magic ['mædʒɪk] *n* magia ♦ *adj* magico(a); ~**al** *adj* magico(a); ~**ian** [mə'dʒɪʃən] *n* mago/a

magistrate ['mædʒɪstreɪt] *n* magistrato, giudice *m/f*

magnet ['mægnɪt] *n* magnete *m*, calamita; ~**ic** [-'nɛtɪk] *adj* magnetico(a)

magnificent [mæg'nɪfɪsnt] *adj* magnifico(a)

magnify ['mægnɪfaɪ] *vt* ingrandire; ~**ing glass** *n* lente *f* d'ingrandimento

magnitude ['mægnɪtjuːd] *n* grandezza; importanza

magpie ['mægpaɪ] *n* gazza

mahogany [mə'hɒgənɪ] *n* mogano

maid [meɪd] *n* domestica; (*in hotel*) cameriera

maiden ['meɪdn] *n* fanciulla ♦ *adj* (*aunt etc*) nubile; (*speech, voyage*) inaugurale; ~ **name** *n* nome *m* da nubile *or* da ragazza

mail [meɪl] *n* posta ♦ *vt* spedire (per posta); ~**box** (*US*) *n* cassetta delle lettere; ~**ing list** *n* elenco d'indirizzi; ~**-order** *n* vendita (*or* acquisto) per corrispondenza

maim [meɪm] *vt* mutilare

main [meɪn] *adj* principale ♦ *n* (*pipe*) conduttura principale; **the ~s** *npl* (*ELEC*) la linea principale; **in the ~** nel complesso, nell'insieme; ~**frame** *n* (*COMPUT*) mainframe *m inv*; ~**land** *n* continente *m*; ~**ly** *adv* principalmente, soprattutto; ~ **road** *n* strada principale; ~**stay** *n* (*fig*) sostegno principale; ~**stream** *n* (*fig*) corrente *f* principale

maintain [meɪn'teɪn] *vt* mantenere; (*affirm*) sostenere; **maintenance** ['meɪntənəns] *n* manutenzione *f*; (*alimony*) alimenti *mpl*

maize [meɪz] *n* granturco, mais *m*

majestic [mə'dʒɛstɪk] *adj* maestoso(a)

majesty ['mædʒɪstɪ] *n* maestà *f inv*

major ['meɪdʒə*] *n* (*MIL*) maggiore *m* ♦ *adj* (*greater, MUS*) maggiore; (*in importance*) principale, importante

Majorca [mə'jɔːkə] *n* Maiorca

majority [mə'dʒɔrɪtɪ] *n* maggioranza

make [meɪk] (*pt, pp* **made**) *vt* fare; (*manufacture*) fare, fabbricare; (*cause to be*): **to ~ sb sad etc** rendere qn triste *etc*; (*force*): **to ~ sb do sth** costringere qn a fare qc, far fare qc a qn; (*equal*): **2 and 2 ~ 4** 2 più 2 fa 4 ♦ *n* fabbricazione *f*; (*brand*) marca; **to ~ a fool of sb** far fare a qn la figura dello scemo; **to ~ a profit** realizzare un profitto; **to ~ a loss** subire una perdita; **to ~ it** (*arrive*) arrivare; (*achieve sth*) farcela; **what time do you ~ it?** che ora fai?; **to ~ do with** arrangiarsi con; ~ **for** *vt fus* (*place*) avviarsi verso; ~ **out** *vt* (*write out*) scrivere; (: *cheque*) emettere; (*understand*) capire; (see) distinguere; (: numbers) decifrare; ~ **up** vt (constitute) formare; (invent) inventare; (parcel) fare ♦ vi conciliarsi; (with cosmetics) truccarsi; ~ **up for** vt fus compensare; ricuperare; ~-**believe** n: **a world of ~-believe** un mondo di favole; **it's just ~-believe** è tutta un'invenzione; **~r** n (of programme etc) creatore/trice; (manufacturer) fabbricante m; ~**shift** adj improvvisato(a); ~-**up** n trucco; ~-**up remover** n struccatore m

making ['meikɪŋ] n (fig): **in the ~** in formazione; **to have the ~s of** (actor, athlete etc) avere la stoffa di

maladjusted [mælə'dʒʌstɪd] adj disadattato(a)

malaria [mə'lɛərɪə] n malaria

Malaysia [mə'leɪzɪə] n Malaysia

male [meɪl] n (BIOL) maschio ♦ adj maschile; maschio(a)

malfunction [mæl'fʌŋkʃən] n funzione f difettosa

malice ['mælɪs] n malevolenza; **malicious** [mə'lɪʃəs] adj malevolo(a); (LAW) doloso(a)

malignant [mə'lɪgnənt] adj (MED) maligno(a)

mall [mɔːl] n (also: **shopping ~**) centro commerciale

mallet ['mælɪt] n maglio

malnutrition [mælnju:'trɪʃən] n denutrizione f

malpractice [mæl'præktɪs] n prevaricazione f; negligenza

malt [mɔːlt] n malto

Malta ['mɔːltə] n Malta

mammal ['mæml] n mammifero

mammoth ['mæməθ] adj enorme, gigantesco(a)

man [mæn] (pl **men**) n uomo ♦ vt fornire d'uomini; stare a; **an old ~** un vecchio; ~ **and wife** marito e moglie

manage ['mænɪdʒ] vi farcela ♦ vt (be in charge of) occuparsi di; gestire; **to ~ to do sth** riuscire a far qc; ~**able** adj maneggevole; fattibile; ~**ment** n amministrazione f, direzione f; ~**r** n direttore m; (of shop, restaurant) gerente m; (of artist, SPORT) manager m inv; ~**ress** [-ə'rɛs] n direttrice f; gerente f; ~**rial** [-ə'dʒɪərɪəl] adj dirigenziale; **managing director** n amministratore m delegato

mandarin ['mændərɪn] n (person, fruit) mandarino

mandatory ['mændətərɪ] adj obbligatorio(a); ingiuntivo(a)

mane [meɪn] n criniera

maneuver etc [mə'nu:və*] (US) = **manoeuvre** etc

manfully ['mænfəlɪ] adv valorosamente

mangle ['mæŋgl] vt straziare; mutilare

mango ['mæŋgəu] (pl ~**es**) n mango

mangy ['meɪndʒɪ] adj rognoso(a)

manhandle ['mænhændl] vt malmenare

manhole ['mænhəul] n botola stradale

manhood ['mænhud] n età virile; virilità

man-hour n ora di lavoro

manhunt ['mænhʌnt] n caccia all'uomo

mania ['meɪnɪə] n mania; ~**c** ['meɪnɪæk] n maniaco/a

manic ['mænɪk] adj (behaviour, activity) maniacale

manicure ['mænɪkjuə*] n manicure f inv; ~ **set** n trousse f inv della manicure

manifest ['mænɪfɛst] vt manifestare ♦ adj manifesto(a), palese

manifesto [mænɪ'fɛstəu] n manifesto

manipulate [mə'nɪpjuleɪt] vt manipolare

mankind [mæn'kaɪnd] n umanità, genere m umano

manly ['mænlɪ] adj virile; coraggioso(a)

man-made adj sintetico(a); artificiale

manner ['mænə*] n maniera, modo; (behaviour) modo di fare; (type, sort): **all ~ of things** ogni genere di cosa; ~**s** npl (conduct) maniere fpl; **bad ~s** maleducazione f; ~**ism** n vezzo, tic m inv

manoeuvre [mə'nu:və*] (US **maneuver**) vt manovrare ♦ vi far manovre ♦ n manovra

manor ['mænə*] n (also: ~ **house**) maniero

manpower ['mænpauə*] n manodopera

mansion ['mænʃən] n casa signorile

manslaughter ['mænslɔːtə*] n omicidio preterintenzionale

mantelpiece ['mæntlpiːs] n mensola del

caminetto

manual ['mænjuəl] *adj* manuale ♦ *n* manuale *m*

manufacture [mænju'fæktʃə*] *vt* fabbricare ♦ *n* fabbricazione *f*, manifattura; **~r** *n* fabbricante *m*

manure [mə'njuə*] *n* concime *m*

manuscript ['mænjuskrɪpt] *n* manoscritto

many ['mɛnɪ] *adj* molti(e) ♦ *pron* molti(e); **a great ~** moltissimi(e), un gran numero (di); **~ a time** molte volte

map [mæp] *n* carta (geografica); **~ out** *vt* tracciare un piano di

maple ['meɪpl] *n* acero

mar [mɑː*] *vt* sciupare

marathon ['mærəθən] *n* maratona

marauder [mə'rɔːdə*] *n* saccheggiatore *m*

marble ['mɑːbl] *n* marmo; (*toy*) pallina, bilia

March [mɑːtʃ] *n* marzo

march [mɑːtʃ] *vi* marciare; sfilare ♦ *n* marcia

mare [mɛə*] *n* giumenta

margarine [mɑːdʒə'riːn] *n* margarina

margin ['mɑːdʒɪn] *n* margine *m*; **~al (seat)** *n* (POL) seggio elettorale ottenuto con una stretta maggioranza

marigold ['mærɪɡəuld] *n* calendola

marina [mə'riːnə] *n* marina

marine [mə'riːn] *adj* (*animal, plant*) marino(a); (*forces, engineering*) marittimo(a) ♦ *n* (BRIT) fante *m* di marina; (US) marine *m inv*

marital ['mærɪtl] *adj* maritale, coniugale; **~ status** stato coniugale

mark [mɑːk] *n* segno; (*stain*) macchia; (*of skid etc*) traccia; (BRIT: SCOL) voto; (SPORT) bersaglio; (*currency*) marco ♦ *vt* segnare; (*stain*) macchiare; (*indicate*) indicare; (BRIT: SCOL) dare un voto a; correggere; **to ~ time** segnare il passo; **~ed** *adj* spiccato(a), chiaro(a); **~er** *n* (*sign*) segno; (*bookmark*) segnalibro

market ['mɑːkɪt] *n* mercato ♦ *vt* (COMM) mettere in vendita; **~ garden** (BRIT) *n* orto industriale; **~ing** *n* marketing *m*; **~ place** *n* piazza del mercato; (COMM) piazza, mercato; **~ research** *n* indagine *f or* ricerca di mercato

marksman ['mɑːksmən] *n* tiratore *m* scelto

marmalade ['mɑːməleɪd] *n* marmellata d'arance

maroon [mə'ruːn] *vt* (*also fig*): **to be ~ed (in or at)** essere abbandonato(a) (in) ♦ *adj* bordeaux *inv*

marquee [mɑː'kiː] *n* padiglione *m*

marquess ['mɑːkwɪs] *n* = **marquis**

marquis ['mɑːkwɪs] *n* marchese *m*

marriage ['mærɪdʒ] *n* matrimonio; **~ certificate** *n* certificato di matrimonio

married ['mærɪd] *adj* sposato(a); (*life, love*) coniugale, matrimoniale

marrow ['mærəu] *n* midollo; (*vegetable*) zucca

marry ['mærɪ] *vt* sposare, sposarsi con; (*subj: vicar, priest etc*) dare in matrimonio ♦ *vi* (*also*: **get married**) sposarsi

Mars [mɑːz] *n* (*planet*) Marte *m*

marsh [mɑːʃ] *n* palude *f*

marshal ['mɑːʃl] *n* maresciallo; (US: *fire*) capo; (: *police*) capitano ♦ *vt* (*thoughts, support*) ordinare; (*soldiers*) adunare

martyr ['mɑːtə*] *n* martire *m/f*; **~dom** *n* martirio

marvel ['mɑːvl] *n* meraviglia ♦ *vi*: **to ~ (at)** meravigliarsi (di); **~lous** (US **~ous**) *adj* meraviglioso(a)

Marxist ['mɑːksɪst] *adj, n* marxista *m/f*

marzipan ['mɑːzɪpæn] *n* marzapane *m*

mascara [mæs'kɑːrə] *n* mascara *m*

masculine ['mæskjulɪn] *adj* maschile; (*woman*) mascolino(a)

mash [mæʃ] *vt* passare, schiacciare; **~ed potatoes** *npl* purè *m* di patate

mask [mɑːsk] *n* maschera ♦ *vt* mascherare

mason ['meɪsn] *n* (*also*: **stone~**) scalpellino; (*also*: **free~**) massone *m*; **~ry** *n* muratura

masquerade [mæskə'reɪd] *vi*: **to ~ as** farsi passare per

mass [mæs] *n* moltitudine *f*, massa; (PHYSICS) massa; (REL) messa ♦ *cpd* di massa ♦ *vi* ammassarsi; **the ~es** *npl* (*ordinary people*) le masse; **~es of** (*inf*) una montagna di

massacre ['mæsəkə*] *n* massacro

massage ['mæsɑːʒ] *n* massaggio

masseur [mæ'sə:*] n massaggiatore m; **masseuse** [-'sə:z] n massaggiatrice f

massive ['mæsɪv] adj enorme, massiccio(a)

mass media npl mass media mpl

mass-production n produzione f in serie

mast [mɑːst] n albero

master ['mɑːstə*] n padrone m; (ART etc, teacher: in primary school) maestro; (: in secondary school) professore m; (title for boys): **M~ X** Signorino X ♦ vt domare; (learn) imparare a fondo; (understand) conoscere a fondo; **~ key** n chiave f maestra; **~ly** adj magistrale; **~mind** n mente f superiore ♦ vt essere il cervello di; **M~ of Arts / Science** n Master m inv in lettere/scienze; **~piece** n capolavoro; **~y** n dominio; padronanza

mat [mæt] n stuoia; (also: **door~**) stoino, zerbino; (also: **table ~**) sottopiatto ♦ adj = **matt**

match [mætʃ] n fiammifero; (game) partita, incontro; (fig) uguale m/f; matrimonio; partito ♦ vt intonare; (go well with) andare benissimo con; (equal) uguagliare; (correspond to) corrispondere a; (pair: also: **~ up**) accoppiare ♦ vi combaciare; **to be a good ~** andare bene; **~box** n scatola per fiammiferi; **~ing** adj ben assortito(a)

mate [meɪt] n compagno/a di lavoro; (inf: friend) amico/a; (animal) compagno/a; (in merchant navy) secondo ♦ vi accoppiarsi

material [mə'tɪərɪəl] n (substance) materiale m, materia; (cloth) stoffa ♦ adj materiale; **~s** npl (equipment) materiali mpl

maternal [mə'tə:nl] adj materno(a)

maternity [mə'tə:nɪtɪ] n maternità; **~ dress** n vestito m pre-maman inv; **~ hospital** n ≈ clinica ostetrica

math [mæθ] (US) n = **maths**

mathematical [mæθə'mætɪkl] adj matematico(a)

mathematics [mæθə'mætɪks] n matematica

maths [mæθs] (US **math**) n matematica

matinée ['mætɪneɪ] n matinée f inv

mating call ['meɪtɪŋ-] n richiamo sessuale

matriculation [mətrɪkju'leɪʃən] n immatricolazione f

matrimonial [mætrɪ'məunɪəl] adj matrimoniale, coniugale

matrimony ['mætrɪmənɪ] n matrimonio

matron ['meɪtrən] n (in hospital) capoinfermiera; (in school) infermiera

mat(t) [mæt] adj opaco(a)

matted ['mætɪd] adj ingarbugliato(a)

matter ['mætə*] n questione f; (PHYSICS) materia, sostanza; (content) contenuto; (MED: pus) pus m ♦ vi importare; **it doesn't ~** non importa; (I don't mind) non fa niente; **what's the ~?** che cosa c'è?; **no ~ what** qualsiasi cosa accada; **as a ~ of course** come cosa naturale; **as a ~ of fact** in verità; **~-of-fact** adj prosaico(a)

mattress ['mætrɪs] n materasso

mature [mə'tjuə*] adj maturo(a); (cheese) stagionato(a) ♦ vi maturare; stagionare

maul [mɔːl] vt lacerare

mauve [məuv] adj malva inv

maxim ['mæksɪm] n massima

maximum ['mæksɪməm] (pl **maxima**) adj massimo(a) ♦ n massimo

May [meɪ] n maggio

may [meɪ] (conditional: **might**) vi (indicating possibility): **he ~ come** può darsi che venga; (be allowed to): **~ I smoke?** posso fumare?; (wishes): **~ God bless you!** Dio la benedica!; **you ~ as well go** tanto vale che tu te ne vada

maybe ['meɪbi:] adv forse, può darsi; **~ he'll ...** può darsi che lui ... +sub, forse lui ....

May Day n il primo maggio

mayhem ['meɪhem] n cagnara

mayonnaise [meɪə'neɪz] n maionese f

mayor [mɛə*] n sindaco; **~ess** n sindaco (donna); moglie f del sindaco

maze [meɪz] n labirinto, dedalo

M.D. abbr = **Doctor of Medicine**

me [mi:] pron mi, m' +vowel or silent "h"; (stressed, after prep) me; **he heard ~** mi ha or m'ha sentito; **give ~ a book** dammi (or mi dia) un libro; **it's ~** sono io; **with ~** con me; **without ~** senza di me

meadow ['medəu] n prato

meagre ['mi:gə*] (US **meager**) adj magro(a)

meal [miːl] *n* pasto; (*flour*) farina; **~time** *n* l'ora di mangiare

mean [miːn] (*pt, pp* **meant**) *adj* (*with money*) avaro(a), gretto(a); (*unkind*) meschino(a), maligno(a); (*shabby*) misero(a); (*average*) medio(a) ♦ *vt* (*signify*) significare, voler dire; (*intend*): **to ~ to do** aver l'intenzione di fare ♦ *n* mezzo; (MATH) media; **~s** *npl* (*way, money*) mezzi *mpl*; **by ~s of** per mezzo di; **by all ~s** ma certo, prego; **to be meant for** essere destinato(a) a; **do you ~ it?** dice sul serio?; **what do you ~?** che cosa vuol dire?

meander [mɪ'ændə*] *vi* far meandri

meaning ['miːnɪŋ] *n* significato, senso; **~ful** *adj* significativo(a); **~less** *adj* senza senso

means [miːnz] *npl* mezzi *mpl*; **by ~ of** per mezzo di; (*person*) a mezzo di; **by all ~** ma certo, prego

meant [ment] *pt, pp of* **mean**

meantime ['miːntaɪm] *adv* (*also*: **in the ~**) nel frattempo

meanwhile ['miːnwaɪl] *adv* nel frattempo

measles ['miːzlz] *n* morbillo

measure ['mɛʒə*] *vt, vi* misurare ♦ *n* misura; (*also*: **tape ~**) metro; **~ments** *npl* (*size*) misure *fpl*

meat [miːt] *n* carne *f*; **cold ~** affettato; **~ball** *n* polpetta di carne; **~ pie** *n* pasticcio di carne in crosta

Mecca ['mɛkə] *n* (*also fig*) la Mecca

mechanic [mɪ'kænɪk] *n* meccanico; **~al** *adj* meccanico(a); **~s** *n* meccanica ♦ *npl* meccanismo

mechanism ['mɛkənɪzəm] *n* meccanismo

medal ['mɛdl] *n* medaglia; **~lion** [mɪ'dælɪən] *n* medaglione *m*; **~list** (*US* **~ist**) *n* (SPORT): **to be a gold ~list** essere medaglia d'oro

meddle ['mɛdl] *vi*: **to ~ in** immischiarsi in, mettere le mani in; **to ~ with** toccare

media ['miːdɪə] *npl* media *mpl*

mediaeval [mɛdɪ'iːvl] *adj* = **medieval**

median ['miːdɪən] (*US*) *n* (*also*: **~ strip**) banchina *f* spartitraffico

mediate ['miːdɪeɪt] *vi* fare da mediatore/trice

Medicaid ® ['mɛdɪkeɪd] (*US*) *n* assistenza medica ai poveri

medical ['mɛdɪkl] *adj* medico(a) ♦ *n* visita medica

Medicare ® ['mɛdɪkeə*] (*US*) *n* assistenza medica agli anziani

medication [mɛdɪ'keɪʃən] *n* medicinali *mpl*, farmaci *mpl*

medicine ['mɛdsɪn] *n* medicina

medieval [mɛdɪ'iːvl] *adj* medievale

mediocre [miːdɪ'əukə*] *adj* mediocre

meditate ['mɛdɪteɪt] *vi*: **to ~ (on)** meditare (su)

Mediterranean [mɛdɪtə'reɪnɪən] *adj* mediterraneo(a); **the ~ (Sea)** il (mare) Mediterraneo

medium ['miːdɪəm] (*pl* **media**) *adj* medio(a) ♦ *n* (*means*) mezzo; (*pl* **mediums**: *person*) medium *m inv*; **~ wave** *n* onde *fpl* medie

meek [miːk] *adj* dolce, umile

meet [miːt] (*pt, pp* **met**) *vt* incontrare; (*for the first time*) fare la conoscenza di; (*go and fetch*) andare a prendere; (*fig*) affrontare; soddisfare; raggiungere ♦ *vi* incontrarsi; (*in session*) riunirsi; (*join: objects*) unirsi; **~ with** *vt fus* incontrare; **~ing** *n* incontro; (*session: of club etc*) riunione *f*; (*interview*) intervista; **she's at a ~ing** (COMM) è in riunione

megabyte ['mɛgəbaɪt] *n* (COMPUT) megabyte *m inv*

megaphone ['mɛgəfəun] *n* megafono

melancholy ['mɛlənkəlɪ] *n* malinconia ♦ *adj* malinconico(a)

mellow ['mɛləu] *adj* (*wine, sound*) ricco(a); (*light*) dolce; (*colour*) caldo(a) ♦ *vi* (*person*) addolcirsi

melody ['mɛlədɪ] *n* melodia

melon ['mɛlən] *n* melone *m*

melt [mɛlt] *vi* (*gen*) sciogliersi, struggersi; (*metals*) fondersi ♦ *vt* sciogliere, struggere; fondere; **~ down** *vt* fondere; **~down** *n* (*in nuclear reactor*) fusione *f* (dovuta a surriscaldamento); **~ing pot** *n* (*fig*) crogiolo

member ['mɛmbə*] *n* membro; **M~ of the European Parliament** (BRIT) *n* eurodeputato; **M~ of Parliament** (BRIT) *n* deputato/a; **M~ of the Scottish Parliament** (*BRIT*) *n* deputato/a del Parlamento scozzese; **~ship** *n* iscrizione *f*; (*numero d')iscritti mpl*, membri *mpl*; **~ship card** *n* tessera (di iscrizione)

memento [məˈmɛntəʊ] *n* ricordo, souvenir *m inv*

memo [ˈmɛməʊ] *n* appunto; (*COMM etc*) comunicazione *f* di servizio

memoirs [ˈmɛmwɑːz] *npl* memorie *fpl*, ricordi *mpl*

memorandum [mɛməˈrændəm] (*pl* **memoranda**) *n* appunto; (*COMM etc*) comunicazione *f* di servizio

memorial [mɪˈmɔːrɪəl] *n* monumento commemorativo ♦ *adj* commemorativo(a)

memorize [ˈmɛmərazz] *vt* memorizzare

memory [ˈmɛmərɪ] *n* (*also COMPUT*) memoria; (*recollection*) ricordo

men [mɛn] *npl of* **man**

menace [ˈmɛnəs] *n* minaccia ♦ *vt* minacciare

mend [mɛnd] *vt* aggiustare, riparare; (*darn*) rammendare ♦ *n*: **on the ~** in via di guarigione; **to ~ one's ways** correggersi

menial [ˈmiːnɪəl] *adj* da servo, domestico(a); umile

meningitis [mɛnɪnˈdʒaɪtɪs] *n* meningite *f*

menopause [ˈmɛnəʊpɔːz] *n* menopausa

menstruation [mɛnstruˈeɪʃən] *n* mestruazione *f*

mental [ˈmɛntl] *adj* mentale

mentality [mɛnˈtælɪtɪ] *n* mentalità *f inv*

menthol [ˈmɛnθɒl] *n* mentolo

mention [ˈmɛnʃən] *n* menzione *f* ♦ *vt* menzionare, far menzione di; **don't ~ it!** non c'è di che!, prego!

menu [ˈmɛnjuː] *n* (*set* ~, *COMPUT*) menù *m inv*; (*printed*) carta

MEP *n abbr* = **Member of the European Parliament**

merchandise [ˈmɜːtʃəndaɪz] *n* merci *fpl*

merchant [ˈmɜːtʃənt] *n* mercante *m*, commerciante *m*; **~ bank** (*BRIT*) *n* banca d'affari; **~ navy** (*US* **~ marine**) *n* marina mercantile

merciful [ˈmɜːsɪful] *adj* pietoso(a), clemente

merciless [ˈmɜːsɪlɪs] *adj* spietato(a)

mercury [ˈmɜːkjʊrɪ] *n* mercurio

mercy [ˈmɜːsɪ] *n* pietà; (*REL*) misericordia; **at the ~ of** alla mercè di

mere [mɪə*] *adj* semplice; **by a ~ chance** per mero caso; **~ly** *adv* semplicemente, non ... che

merge [mɜːdʒ] *vt* unire ♦ *vi* fondersi, unirsi; (*COMM*) fondersi; **~r** *n* (*COMM*) fusione *f*

meringue [məˈræŋ] *n* meringa

merit [ˈmɛrɪt] *n* merito, valore *m* ♦ *vt* meritare

mermaid [ˈmɜːmeɪd] *n* sirena

merry [ˈmɛrɪ] *adj* gaio(a), allegro(a); **M~ Christmas!** Buon Natale!; **~-go-round** *n* carosello

mesh [mɛʃ] *n* maglia; rete *f*

mesmerize [ˈmɛzməraɪz] *vt* ipnotizzare; affascinare

mess [mɛs] *n* confusione *f*, disordine *m*; (*fig*) pasticcio; (*dirt*) sporcizia; (*MIL*) mensa; **~ about** (*inf*) *vi* (*also*: **~ around**) trastullarsi; **~ about with** (*inf*) *vt fus* (*also*: **~ around with**) gingillarsi con; (*plans*) fare un pasticcio di; **~ up** *vt* sporcare; fare un pasticcio di; rovinare

message [ˈmɛsɪdʒ] *n* messaggio

messenger [ˈmɛsɪndʒə*] *n* messaggero/a

Messrs [ˈmɛsəz] *abbr* (*on letters*) Spett

messy [ˈmɛsɪ] *adj* sporco(a); disordinato(a)

met [mɛt] *pt*, *pp of* **meet**

metal [ˈmɛtl] *n* metallo; **~lic** [-ˈtælɪk] *adj* metallico(a)

metaphor [ˈmɛtəfə*] *n* metafora

meteorology [miːtɪəˈrɔlədʒɪ] *n* meteorologia

meter [ˈmiːtə*] *n* (*instrument*) contatore *m*; (*parking* ~) parchimetro; (*US: unit*) = **metre**

method [ˈmɛθəd] *n* metodo; **~ical** [mɪˈθɒdɪkl] *adj* metodico(a)

Methodist [ˈmɛθədɪst] *n* metodista *m/f*

meths [mɛθs] (*BRIT*) *n* = **methylated spirit**

methylated spirit [ˈmɛθɪleɪtɪd-] (*BRIT*) *n* alcool *m* denaturato

metre [ˈmiːtə*] (*US* **meter**) *n* metro

metric [ˈmɛtrɪk] *adj* metrico(a)

metropolitan [mɛtrəˈpɔlɪtən] *adj*

metropolitano(a); **the M~ Police** (*BRIT*) *n* la polizia di Londra

mettle ['mɛtl] *n*: **to be on one's ~** essere pronto(a) a dare il meglio di se stesso(a)

mew [mju:] *vi* (*cat*) miagolare

mews [mju:z] (*BRIT*) *n*: **~ flat** *appartamento ricavato da un'antica scuderia*

Mexico ['mɛksɪkəu] *n* Messico

miaow [mi:'au] *vi* miagolare

mice [maɪs] *npl of* **mouse**

micro... ['maɪkrəu] *prefix* micro...; **~chip** *n* microcircuito integrato; **~(computer)** *n* microcomputer *m inv*; **~phone** *n* microfono; **~scope** *n* microscopio; **~wave** *n* (*also*: **~wave oven**) forno a microonde

mid [mɪd] *adj*: **~ May** metà maggio; **~ afternoon** metà pomeriggio; **in ~ air** a mezz'aria; **~day** *n* mezzogiorno

middle ['mɪdl] *n* mezzo; centro; (*waist*) vita ♦ *adj* di mezzo; **in the ~ of the night** nel bel mezzo della notte; **~-aged** *adj* di mezza età; **the M~ Ages** *npl* il Medioevo; **~-class** *adj* ≈ borghese; **the ~ class(es)** *n(pl)* ≈ la borghesia; **M~ East** *n* Medio Oriente *m*; **~man** (*irreg*) *n* intermediario; agente *m* rivenditore; **~ name** *n* secondo nome *m*; **~-of-the-road** *adj* moderato(a); **~weight** *n* (*BOXING*) peso medio

middling ['mɪdlɪŋ] *adj* medio(a)

midge [mɪdʒ] *n* moscerino

midget ['mɪdʒɪt] *n* nano/a

Midlands ['mɪdləndz] *npl contee del centro dell'Inghilterra*

midnight ['mɪdnaɪt] *n* mezzanotte *f*

midriff ['mɪdrɪf] *n* diaframma *m*

midst [mɪdst] *n*: **in the ~ of** in mezzo a

midsummer [mɪd'sʌmə*] *n* mezza *or* piena estate *f*

midway [mɪd'weɪ] *adj, adv*: **~ (between)** a mezza strada (fra); **~ (through)** a metà (di)

midweek [mɪd'wi:k] *adv* a metà settimana

midwife ['mɪdwaɪf] (*pl* **midwives**) *n* levatrice *f*

might [maɪt] *vb see* **may** ♦ *n* potere *m*, forza; **~y** *adj* forte, potente

migraine ['mi:greɪn] *n* emicrania

migrant ['maɪgrənt] *adj* (*bird*) migratore(trice); (*worker*) emigrato(a)

migrate [maɪ'greɪt] *vi* (*bird*) migrare; (*person*) emigrare

mike [maɪk] *n abbr* (= *microphone*) microfono

Milan [mɪ'læn] *n* Milano *f*

mild [maɪld] *adj* mite; (*person, voice*) dolce; (*flavour*) delicato(a); (*illness*) leggero(a); (*interest*) blando(a) ♦ *n* (*beer*) birra leggera

mildew ['mɪldju:] *n* muffa

mildly ['maɪldlɪ] *adv* mitemente; dolcemente; delicatamente; leggermente; blandamente; **to put it ~** a dire poco

mile [maɪl] *n* miglio; **~age** *n* distanza in miglia, ≈ chilometraggio

mileometer [maɪ'lɔmɪtə*] *n* ≈ conta-chilometri *m inv*

milestone ['maɪlstəun] *n* pietra miliare

milieu ['mi:ljə:] *n* ambiente *m*

militant ['mɪlɪtnt] *adj* militante

military ['mɪlɪtərɪ] *adj* militare

milk [mɪlk] *n* latte *m* ♦ *vt* (*cow*) mungere; (*fig*) sfruttare; **~ chocolate** *n* cioccolato al latte; **~man** (*irreg*) *n* lattaio; **~ shake** *n* frappé *m inv*; **~y** *adj* lattiginoso(a); (*colour*) latteo(a); **M~y Way** *n* Via Lattea

mill [mɪl] *n* mulino; (*small: for coffee, pepper etc*) macinino; (*factory*) fabbrica; (*spinning ~*) filatura ♦ *vt* macinare ♦ *vi* (*also*: **~ about**) brulicare

millennia [mɪ'lɛnɪə] *npl of* **millennium**

millennium [mɪ'lɛnɪəm] (*pl* **~s** *or* **millennia**) *n* millennio; **~ bug** *n* baco di fine millennio

miller ['mɪlə*] *n* mugnaio

milli... ['mɪlɪ] *prefix*: **~gram(me)** *n* milligrammo; **~metre** (*US* **~meter**) *n* millimetro

million ['mɪljən] *n* milione *m*; **~aire** *n* milionario, ≈ miliardario

milometer [maɪ'lɔmɪtə*] *n* = **mileometer**

mime [maɪm] *n* mimo ♦ *vt, vi* mimare

mimic ['mɪmɪk] *n* imitatore/trice ♦ *vt* fare la mimica di

min. *abbr* = **minute(s)**; **minimum**

mince [mɪns] *vt* tritare, macinare ♦ *n* (*BRIT*:

CULIN) carne *f* tritata *or* macinata; **~meat** *n* frutta secca tritata per uso in pasticceria; (US) carne *f* tritata *or* macinata; **~ pie** *n* specie di torta con frutta secca; **~r** *n* tritacarne *m* *inv*

mind [maɪnd] *n* mente *f* ♦ *vt* (attend to, look after) badare a, occuparsi di; (be careful) fare attenzione a, stare attento(a) a; (object to): **I don't ~ the noise** il rumore non mi dà alcun fastidio; **I don't ~** non m'importa; **it is on my ~** mi preoccupa; **to my ~** secondo me, a mio parere; **to be out of one's ~** essere uscito(a) di mente; **to keep** *or* **bear sth in ~** non dimenticare qc; **to make up one's ~** decidersi; **~ you, ...** sì, però va detto che ...; **never ~** non importa, non fa niente; (don't worry) non preoccuparti; **"~ the step"** "attenzione allo scalino"; **~er** *n* (child ~er) bambinaia; (bodyguard) guardia del corpo; **~less** *adj* idiota

mine[1] [maɪn] *pron* il(la) mio(a), *pl* i(le) miei(mie); **that book is ~** quel libro è mio; **yours is red, ~ is green** il tuo è rosso, il mio è verde; **a friend of ~** un mio amico

mine[2] [maɪn] *n* miniera; (explosive) mina ♦ *vt* (coal) estrarre; (ship, beach) minare; **~field** *n* (also fig) campo minato

miner [maɪnə*] *n* minatore *m*

mineral ['mɪnərəl] *adj* minerale ♦ *n* minerale *m*; **~s** *npl* (BRIT: soft drinks) bevande *fpl* gasate; **~ water** *n* acqua minerale

mingle ['mɪŋgl] *vi*: **to ~ with** mescolarsi a, mischiarsi con

miniature ['mɪnətʃə*] *adj* in miniatura

minibus ['mɪnɪbʌs] *n* minibus *m* *inv*

Minidisc® ['mɪnɪdɪsk] *n* minidisc *m* *inv*

minim ['mɪnɪm] *n* (MUS) minima

minimum ['mɪnɪməm] (*pl* **minima**) *n* minimo ♦ *adj* minimo(a)

mining ['maɪnɪŋ] *n* industria mineraria

miniskirt ['mɪnɪskɜːt] *n* minigonna

minister ['mɪnɪstə*] *n* (BRIT: POL) ministro; (REL) pastore *m*; **to ~ to sb's needs** provvedere ai bisogni di qn

ministry ['mɪnɪstrɪ] *n* (BRIT: POL) ministero; (REL): **to go into the ~** diventare pastore

mink [mɪŋk] *n* visone *m*

minnow ['mɪnəu] *n* pesciolino d'acqua dolce

minor ['maɪnə*] *adj* minore, di poca importanza; (MUS) minore ♦ *n* (LAW) minorenne *m/f*

minority [maɪ'nɒrɪtɪ] *n* minoranza

mint [mɪnt] *n* (plant) menta; (sweet) pasticca di menta ♦ *vt* (coins) battere; **the (Royal) M~** (BRIT), **the (US) M~** (US) la Zecca; **in ~ condition** come nuovo(a) di zecca

minus ['maɪnəs] *n* (also: **~ sign**) segno meno ♦ *prep* meno

minute [*adj* maɪ'njuːt, *n* 'mɪnɪt] *adj* minuscolo(a); (detail) minuzioso(a) ♦ *n* minuto; **~s** *npl* (of meeting) verbale *m*

miracle ['mɪrəkl] *n* miracolo

mirage ['mɪrɑːʒ] *n* miraggio

mirror ['mɪrə*] *n* specchio; (in car) specchietto

mirth [mɜːθ] *n* ilarità

misadventure [mɪsəd'ventʃə*] *n* disavventura; **death by ~** morte *f* accidentale

misapprehension ['mɪsæprɪ'henʃən] *n* malinteso

misappropriate [mɪsə'prəuprɪeɪt] *vt* appropriarsi indebitamente di

misbehave [mɪsbɪ'heɪv] *vi* comportarsi male

miscarriage ['mɪskærɪdʒ] *n* (MED) aborto spontaneo; **~ of justice** errore *m* giudiziario

miscellaneous [mɪsɪ'leɪnɪəs] *adj* (items) vario(a); (selection) misto(a)

mischance [mɪs'tʃɑːns] *n* sfortuna

mischief ['mɪstʃɪf] *n* (naughtiness) birichineria; (maliciousness) malizia; **mischievous** *adj* birichino(a)

misconception ['mɪskən'sepʃən] *n* idea sbagliata

misconduct [mɪs'kɒndʌkt] *n* cattiva condotta; **professional ~** reato professionale

misdemeanour [mɪsdɪ'miːnə*] (US **misdemeanor**) *n* misfatto; infrazione *f*

miser ['maɪzə*] *n* avaro

miserable ['mɪzərəbl] *adj* infelice; (*wretched*) miserabile; (*weather*) deprimente; (*offer, failure*) misero(a)

miserly ['maɪzəlɪ] *adj* avaro(a)

misery ['mɪzərɪ] *n* (*unhappiness*) tristezza; (*wretchedness*) miseria

misfire [mɪs'faɪə*] *vi* far cilecca; (*car engine*) perdere colpi

misfit ['mɪsfɪt] *n* (*person*) spostato/a

misfortune [mɪs'fɔːtʃən] *n* sfortuna

misgiving [mɪs'gɪvɪŋ] *n* apprensione *f*; **to have ~s about** avere dei dubbi per quanto riguarda

misguided [mɪs'gaɪdɪd] *adj* sbagliato(a); poco giudizioso(a)

mishandle [mɪs'hændl] *vt* (*mismanage*) trattare male

mishap ['mɪshæp] *n* disgrazia

misinterpret [mɪsɪn'tɜːprɪt] *vt* interpretare male

misjudge [mɪs'dʒʌdʒ] *vt* giudicare male

mislay [mɪs'leɪ] (*irreg*) *vt* smarrire

mislead [mɪs'liːd] (*irreg*) *vt* sviare; **~ing** *adj* ingannevole

mismanage [mɪs'mænɪdʒ] *vt* gestire male

misplace [mɪs'pleɪs] *vt* smarrire

misprint ['mɪsprɪnt] *n* errore *m* di stampa

Miss [mɪs] *n* Signorina

miss [mɪs] *vt* (*fail to get*) perdere; (*fail to hit*) mancare; (*fail to see*): **you can't ~ it** non puoi non vederlo; (*regret the absence of*): **I ~ him** sento la sua mancanza ♦ *vi* mancare ♦ *n* (*shot*) colpo mancato; **~ out** (*BRIT*) *vt* omettere

misshapen [mɪs'ʃeɪpən] *adj* deforme

missile ['mɪsaɪl] *n* (*MIL*) missile *m*; (*object thrown*) proiettile *m*

missing ['mɪsɪŋ] *adj* perso(a), smarrito(a); (*person*) scomparso(a); (: *after disaster, MIL*) disperso(a); (*removed*) mancante; **to be ~** mancare

mission ['mɪʃən] *n* missione *f*; **~ary** *n* missionario/a

mist [mɪst] *n* nebbia, foschia ♦ *vi* (*also*: **~ over, ~ up**) annebbiarsi; (: *BRIT: windows*) appannarsi

mistake [mɪs'teɪk] (*irreg*: *like* **take**) *n* sbaglio, errore *m* ♦ *vt* sbagliarsi di; fraintendere; **to make a ~** fare uno sbaglio, sbagliare; **by ~** per sbaglio; **to ~ for** prendere per; **mistaken** *pp of* **mistake** ♦ *adj* (*idea etc*) sbagliato(a); **to be mistaken** sbagliarsi

mister ['mɪstə*] (*inf*) *n* signore *m*; *see* **Mr**

mistletoe ['mɪsltəu] *n* vischio

mistook [mɪs'tuk] *pt of* **mistake**

mistress ['mɪstrɪs] *n* padrona; (*lover*) amante *f*; (*BRIT: SCOL*) insegnante *f*

mistrust [mɪs'trʌst] *vt* diffidare di

misty ['mɪstɪ] *adj* nebbioso(a), brumoso(a)

misunderstand [mɪsʌndə'stænd] (*irreg*) *vt*, *vi* capire male, fraintendere; **~ing** *n* malinteso, equivoco

misuse [*n* mɪs'juːs, *vb* mɪs'juːz] *n* cattivo uso; (*of power*) abuso ♦ *vt* far cattivo uso di; abusare di

mitigate ['mɪtɪgeɪt] *vt* mitigare

mitt(en) ['mɪt(n)] *n* mezzo guanto; manopola

mix [mɪks] *vt* mescolare ♦ *vi* (*people*): **to ~ with** avere a che fare con ♦ *n* mescolanza; preparato; **~ up** *vt* mescolare; (*confuse*) confondere; **~ed** *adj* misto(a); **~ed-up** *adj* (*confused*) confuso(a); **~er** *n* (*for food*: *electric*) frullatore *m*; (: *hand*) frullino; (*person*): **he is a good ~er** è molto socievole; **~ture** *n* mescolanza; (*blend*: *of tobacco etc*) miscela; (*MED*) sciroppo; **~-up** *n* confusione *f*

moan [məun] *n* gemito ♦ *vi* (*inf*: *complain*): **to ~ (about)** lamentarsi (di)

moat [məut] *n* fossato

mob [mɔb] *n* calca ♦ *vt* accalcarsi intorno a

mobile ['məubaɪl] *adj* mobile ♦ *n* (*decoration*) mobile *m*; **~ home** *n* grande roulotte *f inv* (utilizzata come domicilio); **~ phone** telefono portatile, telefonino

mock [mɔk] *vt* deridere, burlarsi di ♦ *adj* falso(a); **~ery** *n* derisione *f*; **to make a ~ery of** burlarsi di; (*exam*) rendere una farsa; **~-up** *n* modello

mod [mɔd] *adj see* **convenience**

mode [məud] *n* modo

model ['mɔdl] *n* modello; (*person: for*

fashion) indossatore/trice; (: *for artist*) modello/a ♦ *adj* (*small-scale: railway etc*) in miniatura; (*child, factory*) modello *inv* ♦ *vt* modellare ♦ *vi* fare l'indossatore (*or* l'indossatrice); **to ~ clothes** presentare degli abiti

modem ['məʊdɛm] *n* modem *m inv*

moderate [*adj* 'mɒdərət, *vb* 'mɒdəreɪt] *adj* moderato(a) ♦ *vi* moderarsi, placarsi ♦ *vt* moderare

modern ['mɒdən] *adj* moderno(a); **~ize** *vt* modernizzare

modest ['mɒdɪst] *adj* modesto(a); **~y** *n* modestia

modify ['mɒdɪfaɪ] *vt* modificare

mogul ['məʊgl] *n* (*fig*) magnate *m*, pezzo grosso

mohair ['məʊhɛə*] *n* mohair *m*

moist [mɔɪst] *adj* umido(a); **~en** ['mɔɪsn] *vt* inumidire; **~ure** ['mɔɪstʃə*] *n* umidità; (*on glass*) goccioline *fpl* di vapore; **~urizer** ['mɔɪstʃəraɪzə*] *n* idratante *f*

molar ['məʊlə*] *n* molare *m*

mold [məʊld] (*US*) *n, vt* = **mould**

mole [məʊl] *n* (*animal, fig*) talpa; (*spot*) neo

molest [məʊ'lɛst] *vt* molestare

mollycoddle ['mɒlɪkɒdl] *vt* coccolare, vezzeggiare

molt [məʊlt] (*US*) *vi* = **moult**

molten ['məʊltən] *adj* fuso(a)

mom [mɒm] (*US*) *n* = **mum**

moment ['məʊmənt] *n* momento, istante *m*; **at that ~** in quel momento; **at the ~** al momento, in questo momento; **~ary** *adj* momentaneo(a), passeggero(a); **~ous** [-'mɛntəs] *adj* di grande importanza

momentum [məʊ'mɛntəm] *n* (*PHYSICS*) momento; (*fig*) impeto; **to gather ~** aumentare di velocità

mommy ['mɒmɪ] (*US*) *n* = **mummy**

Monaco ['mɒnəkəʊ] *n* Principato di Monaco

monarch ['mɒnək] *n* monarca *m*; **~y** *n* monarchia

monastery ['mɒnəstərɪ] *n* monastero

Monday ['mʌndɪ] *n* lunedì *m inv*

monetary ['mʌnɪtərɪ] *adj* monetario(a)

money ['mʌnɪ] *n* denaro, soldi *mpl*; **~ belt** *n* marsupio (*per soldi*); **~ order** *n* vaglia *m inv*; **~-spinner** (*inf*) *n* miniera d'oro (*fig*)

mongol ['mɒŋgəl] *adj, n* (*MED*) mongoloide *m/f*

mongrel ['mʌŋgrəl] *n* (*dog*) cane *m* bastardo

monitor ['mɒnɪtə*] *n* (*TV, COMPUT*) monitor *m inv* ♦ *vt* controllare

monk [mʌŋk] *n* monaco

monkey ['mʌŋkɪ] *n* scimmia; **~ nut** (*BRIT*) *n* nocciolina americana; **~ wrench** *n* chiave *f* a rullino

mono ['mɒnəʊ] *adj* (*recording*) (in) mono *inv*

monopoly [mə'nɒpəlɪ] *n* monopolio

monotone ['mɒnətəʊn] *n* pronunzia (*or* voce *f*) monotona

monotonous [mə'nɒtənəs] *adj* monotono(a)

monsoon [mɒn'suːn] *n* monsone *m*

monster ['mɒnstə*] *n* mostro

monstrous ['mɒnstrəs] *adj* mostruoso(a); (*huge*) gigantesco(a)

month [mʌnθ] *n* mese *m*; **~ly** *adj* mensile ♦ *adv* al mese; ogni mese

monument ['mɒnjumənt] *n* monumento

moo [muː] *vi* muggire, mugghiare

mood [muːd] *n* umore *m*; **to be in a good/bad ~** essere di buon/cattivo umore; **~y** *adj* (*variable*) capriccioso(a), lunatico(a); (*sullen*) imbronciato(a)

moon [muːn] *n* luna; **~light** *n* chiaro di luna; **~lighting** *n* lavoro nero; **~lit** *adj*: **a ~lit night** una notte rischiarata dalla luna

Moor [muə*] *n* moro/a

moor [muə*] *n* brughiera ♦ *vt* (*ship*) ormeggiare ♦ *vi* ormeggiarsi

moorland ['muələnd] *n* brughiera

moose [muːs] *n inv* alce *m*

mop [mɒp] *n* lavapavimenti *m inv*; (*also*: **~ of hair**) zazzera ♦ *vt* lavare con lo straccio; (*face*) asciugare; **~ up** *vt* asciugare con uno straccio

mope [məʊp] *vi* fare il broncio

moped ['məʊpɛd] *n* (*BRIT*) ciclomotore *m*

moral ['mɒrl] *adj* morale ♦ *n* morale *f*; **~s** *npl* (*principles*) moralità

morality [məˈrælɪtɪ] *n* moralità
morass [məˈræs] *n* palude *f*, pantano
morbid [ˈmɔːbɪd] *adj* morboso(a)

KEYWORD

more [mɔː*] *adj* **1** (*greater in number etc*)
più; **~ people/letters than we expected**
più persone/lettere di quante ne
aspettavamo; **I have ~ wine/money than
you** ho più vino/soldi di te; **I have ~ wine
than beer** ho più vino che birra
2 (*additional*) altro(a), ancora; **do you
want (some) ~ tea?** vuole dell'altro tè?,
vuole ancora del tè?; **I have no** *or* **I don't
have any ~ money** non ho più soldi
♦ *pron* **1** (*greater amount*) più; **~ than 10**
più di 10; **it cost ~ than we expected** ha
costato più di quanto ci aspettavamo
2 (*further or additional amount*) ancora; **is
there any ~?** ce n'è ancora?; **there's no ~**
non ce n'è più; **a little ~** ancora un po';
many/much ~ molti(e)/molto(a) di più
♦ *adv:* **~ dangerous/easily (than)** più
pericoloso/facilmente (di); **~ and ~** sempre
di più; **~ and ~ difficult** sempre più
difficile; **~ or less** più o meno; **~ than ever**
più che mai

moreover [mɔːˈrəuvə*] *adv* inoltre, di più
morgue [mɔːg] *n* obitorio
morning [ˈmɔːnɪŋ] *n* mattina, mattino;
(*duration*) mattinata ♦ *cpd* del mattino; **in
the ~** la mattina; **7 o'clock in the ~** le 7 di
or della mattina; **~ sickness** *n* nausee *fpl*
mattutine
Morocco [məˈrɔkəu] *n* Marocco
moron [ˈmɔːrɔn] (*inf*) *n* deficiente *m/f*
morose [məˈrəus] *adj* cupo(a), tetro(a)
Morse [mɔːs] *n* (*also:* **~ code**) alfabeto
Morse
morsel [ˈmɔːsl] *n* boccone *m*
mortal [ˈmɔːtl] *adj* mortale ♦ *n* mortale *m*
mortgage [ˈmɔːgɪdʒ] *n* ipoteca, (*loan*)
prestito ipotecario ♦ *vt* ipotecare; **~
company** (*US*) *n* società *f inv* di credito
immobiliare
mortuary [ˈmɔːtjuərɪ] *n* camera mortuaria;

obitorio
mosaic [məuˈzeɪɪk] *n* mosaico
Moscow [ˈmɔskəu] *n* Mosca
Moslem [ˈmɔzləm] *adj, n* = **Muslim**
mosque [mɔsk] *n* moschea
mosquito [mɔsˈkiːtəu] (*pl* **~es**) *n* zanzara
moss [mɔs] *n* muschio
most [məust] *adj* (*almost all*) la maggior
parte di; (*largest, greatest*): **who has (the)
~ money?** chi ha più soldi di tutti? ♦ *pron*
la maggior parte ♦ *adv* più; (*work, sleep
etc*) di più; (*very*) molto, estremamente;
the ~ (*also:* **+***adjective*) il(la) più; **~ of** la
maggior parte di; **~ of them** quasi tutti; **I
saw (the) ~** ho visto più io; **at the (very) ~**
al massimo; **to make the ~ of** trarre il
massimo vantaggio da; **a ~ interesting
book** un libro estremamente interessante;
~ly *adv* per lo più
MOT (*BRIT*) *n abbr* (= *Ministry of Transport*):
the ~ (test) *revisione annuale obbligatoria
degli autoveicoli*
motel [məuˈtel] *n* motel *m inv*
moth [mɔθ] *n* farfalla notturna; tarma
mother [ˈmʌðə*] *n* madre *f* ♦ *vt* (*care for*)
fare da madre a; **~hood** *n* maternità; **~-
in-law** *n* suocera; **~ly** *adj* materno(a); **~-
of-pearl** [mʌðərəvˈpɜːl] *n* madreperla; **~-
to-be** [mʌðətəˈbiː] *n* futura mamma; **~
tongue** *n* madrelingua
motion [ˈməuʃən] *n* movimento, moto;
(*gesture*) gesto; (*at meeting*) mozione *f*
♦ *vt, vi:* **to ~ (to) sb to do** fare cenno a qn
di fare; **~less** *adj* immobile; **~ picture** *n*
film *m inv*
motivated [ˈməutɪveɪtɪd] *adj* motivato(a)
motive [ˈməutɪv] *n* motivo
motley [ˈmɔtlɪ] *adj* eterogeneo(a), molto
vario(a)
motor [ˈməutə*] *n* motore *m*; (*BRIT: inf:
vehicle*) macchina ♦ *cpd* automobilistico(a);
~bike *n* moto *f inv*; **~boat** *n* motoscafo;
~car (*BRIT*) *n* automobile *f*; **~cycle** *n*
motocicletta; **~cyclist** *n* motociclista *m/f*;
~ing (*BRIT*) *n* turismo automobilistico; **~ist**
n automobilista *m/f*; **~ racing** (*BRIT*) *n*
corse *fpl* automobilistiche; **~way** (*BRIT*) *n*

autostrada

mottled ['mɔtld] *adj* chiazzato(a), marezzato(a)

motto ['mɔtəu] (*pl* **~es**) *n* motto

mould [məuld] (*US* **mold**) *n* forma, stampo; (*mildew*) muffa ♦ *vt* formare; (*fig*) foggiare; **~y** *adj* ammuffito(a); (*smell*) di muffa

moult [məult] (*US* **molt**) *vi* far la muta

mound [maund] *n* rialzo, collinetta; (*heap*) mucchio

mount [maunt] *n* (*GEO*) monte *m* ♦ *vt* montare; (*horse*) montare a ♦ *vi* (*increase*) aumentare; **~ up** *vi* (*build up*) accumularsi

mountain ['mauntɪn] *n* montagna ♦ *cpd* di montagna; **~ bike** *n* mountain bike *f inv*; **~eer** [-'nɪə*] *n* alpinista *m/f*; **~eering** [-'nɪərɪŋ] *n* alpinismo; **~ous** *adj* montagnoso(a); **~ rescue team** *n* squadra di soccorso alpino; **~side** *n* fianco della montagna

mourn [mɔ:n] *vt* piangere, lamentare ♦ *vi*: **to ~ (for sb)** piangere (la morte di qn); **~er** *n* parente *m/f or* amico/a del defunto; **~ing** *n* lutto; **in ~ing** in lutto

mouse [maus] (*pl* **mice**) *n* topo; (*COMPUT*) mouse *m inv*; **~ mat**, **~ pad** *n* (*COMPUT*) tappetino del mouse; **~trap** *n* trappola per i topi

mousse [mu:s] *n* mousse *f inv*

moustache [məs'tɑ:ʃ] (*US* **mustache**) *n* baffi *mpl*

mousy ['mausɪ] *adj* (*hair*) né chiaro(a) né scuro(a)

mouth [mauθ, *pl* mauðz] *n* bocca; (*of river*) bocca, foce *f*; (*opening*) orifizio; **~ful** *n* boccata; **~ organ** *n* armonica; **~piece** *n* (*MUS*) imboccatura, bocchino; (*spokesman*) portavoce *m/f inv*; **~wash** *n* collutorio; **~-watering** *adj* che fa venire l'acquolina in bocca

movable ['mu:vəbl] *adj* mobile

move [mu:v] *n* (*movement*) movimento; (*in game*) mossa; (: *turn to play*) turno; (*change: of house*) trasloco; (: *of job*) cambiamento ♦ *vt* muovere, spostare; (*emotionally*) commuovere; (*POL: resolution etc*) proporre ♦ *vi* (*gen*) muoversi, spostarsi; (*also: ~ house*) cambiar casa, traslocare; **to get a ~ on**

affrettarsi, sbrigarsi; **to ~ sb to do sth** indurre *or* spingere qn a fare qc; **to ~ towards** andare verso; **~ about** *or* **around** *vi* spostarsi; **~ along** *vi* muoversi avanti; **~ away** *vi* allontanarsi, andarsene; **~ back** *vi* (*return*) ritornare; **~ forward** *vi* avanzare; **~ in** *vi* (*to a house*) entrare (in una nuova casa); (*police etc*) intervenire; **~ on** *vi* riprendere la strada; **~ out** *vi* (*of house*) sgombrare; **~ over** *vi* spostarsi; **~ up** *vi* avanzare

moveable ['mu:vəbl] *adj* = **movable**

movement ['mu:vmənt] *n* (*gen*) movimento; (*gesture*) gesto; (*of stars, water, physical*) moto

movie ['mu:vɪ] *n* film *m inv*; **the ~s** il cinema

moviecamera *n* cinepresa

moving ['mu:vɪŋ] *adj* mobile; (*causing emotion*) commovente

mow [məu] (*pt* **mowed**, *pp* **mowed** *or* **mown**) *vt* (*grass*) tagliare; (*corn*) mietere; **~ down** *vt* falciare; **~er** *n* (*also:* **lawn-mower**) tagliaerba *m inv*

MP *n abbr* = **Member of Parliament**

MP3 *n abbr* M3

m.p.h. *n abbr* = **miles per hour** (60 m.p.h. = 96 km/h)

Mr ['mɪstə*] (*US* **Mr.**) *n*: **~ X** Signor X, Sig. X

Mrs ['mɪsɪz] (*US* **Mrs.**) *n*: **~ X** Signora X, Sig.ra X

Ms [mɪz] (*US* **Ms.**) *n* (= *Miss or Mrs*): **~ X** ≈ Signora X, Sig.ra X

M.Sc. *abbr* = **Master of Science**

MSP *n abbr* = **Member of the Scottish Parliament**

KEYWORD
---

much [mʌtʃ] *adj, pron* molto(a); **he's done so ~ work** ha lavorato così tanto; **I have as ~ money as you** ho tanti soldi quanti ne hai tu; **how ~ is it?** quant'è?; **it costs too ~** costa troppo; **as ~ as you want** quanto vuoi ♦ *adv* 1 (*greatly*) molto, tanto; **thank you very ~** molte grazie; **he's very ~ the gentleman** è il vero gentiluomo; **I read as ~ as I can** leggo quanto posso; **as ~ as you** tanto quanto te

2 (*by far*) molto; **it's ~ the biggest**

company in Europe è di gran lunga la più grossa società in Europa
3 (*almost*) grossomodo, praticamente; **they're ~ the same** sono praticamente uguali

muck [mʌk] *n* (*dirt*) sporcizia; **~ about** *or* **around** (*inf*) *vi* fare lo stupido; (*waste time*) gingillarsi; **~ up** (*inf*) *vt* (*ruin*) rovinare

mud [mʌd] *n* fango

muddle ['mʌdl] *n* confusione *f*, disordine *m*; pasticcio ♦ *vt* (*also*: **~ up**) confondere; **~ through** *vi* cavarsela alla meno peggio

muddy ['mʌdı] *adj* fangoso(a)

mudguard ['mʌdgɑːd] *n* parafango

muesli ['mjuːzlı] *n* muesli *m*

muffin ['mʌfın] *n specie di pasticcino soffice da tè*

muffle ['mʌfl] *vt* (*sound*) smorzare, attutire; (*against cold*) imbacuccare

muffler ['mʌflə*] (*US*) *n* (*AUT*) marmitta; (: *on motorbike*) silenziatore *m*

mug [mʌg] *n* (*cup*) tazzone *m*; (*for beer*) boccale *m*; (*inf: face*) muso; (: *fool*) scemo/a ♦ *vt* (*assault*) assalire; **~ging** *n* assalto

muggy ['mʌgı] *adj* afoso(a)

mule [mjuːl] *n* mulo

multi-level ['mʌltı-] (*US*) *adj* = **multistorey**

multiple ['mʌltıpl] *adj* multiplo(a); molteplice ♦ *n* multiplo; **~ sclerosis** *n* sclerosi *f* a placche

multiplex cinema ['mʌltıplɛks-] *n* cinema *m inv* multisala *inv*

multiplication [mʌltıplı'keıʃən] *n* moltiplicazione *f*

multiply ['mʌltıplaı] *vt* moltiplicare ♦ *vi* moltiplicarsi

multistorey ['mʌltı'stɔːrı] (*BRIT*) *adj* (*building, car park*) a più piani

mum [mʌm] (*BRIT: inf*) *n* mamma ♦ *adj*: **to keep ~** non aprire bocca

mumble ['mʌmbl] *vt, vi* borbottare

mummy ['mʌmı] *n* (*BRIT: mother*) mamma; (*embalmed*) mummia

mumps [mʌmps] *n* orecchioni *mpl*

munch [mʌntʃ] *vt, vi* sgranocchiare

mundane [mʌn'deın] *adj* terra a terra *inv*

municipal [mjuː'nısıpl] *adj* municipale

mural ['mjuərl] *n* dipinto murale

murder ['məːdə*] *n* assassinio, omicidio ♦ *vt* assassinare; **~er** *n* omicida *m*, assassino; **~ous** *adj* omicida

murky ['məːkı] *adj* tenebroso(a)

murmur ['məːmə*] *n* mormorio ♦ *vt, vi* mormorare

muscle ['mʌsl] *n* muscolo; (*fig*) forza; **~ in** *vi* immischiarsi

muscular ['mʌskjulə*] *adj* muscolare; (*person, arm*) muscoloso(a)

muse [mjuːz] *vi* meditare, sognare ♦ *n* musa

museum [mjuː'zıəm] *n* museo

mushroom ['mʌʃrum] *n* fungo ♦ *vi* crescere in fretta

music ['mjuːzık] *n* musica; **~al** *adj* musicale; (*person*) portato(a) per la musica ♦ *n* (*show*) commedia musicale; **~al instrument** *n* strumento musicale; **~ hall** *n* teatro di varietà; **~ian** [-'zıʃən] *n* musicista *m/f*

Muslim ['mʌzlım] *adj, n* musulmano(a)

muslin ['mʌzlın] *n* mussola

mussel ['mʌsl] *n* cozza

must [mʌst] *aux vb* (*obligation*): **I ~ do it** devo farlo; (*probability*): **he ~ be there by now** dovrebbe essere arrivato ormai; **I ~ have made a mistake** devo essermi sbagliato ♦ *n*: **it's a ~** è d'obbligo

mustache ['mʌstæʃ] (*US*) *n* = **moustache**

mustard ['mʌstəd] *n* senape *f*, mostarda

muster ['mʌstə*] *vt* radunare

mustn't ['mʌsnt] = **must not**

musty ['mʌstı] *adj* che sa di muffa *or* di rinchiuso

mute [mjuːt] *adj, n* muto(a)

muted ['mjuːtıd] *adj* smorzato(a)

mutiny ['mjuːtını] *n* ammutinamento

mutter ['mʌtə*] *vt, vi* borbottare, brontolare

mutton ['mʌtn] *n* carne *f* di montone

mutual ['mjuːtʃuəl] *adj* mutuo(a), reciproco(a); **~ly** *adv* reciprocamente

muzzle ['mʌzl] *n* muso; (*protective device*) museruola; (*of gun*) bocca ♦ *vt* mettere la museruola a

my [maɪ] *adj* il(la) mio(a), *pl* i(le) miei(mie);
~ **house** la mia casa; ~ **books** i miei libri; ~
brother mio fratello; **I've washed** ~ **hair/
cut** ~ **finger** mi sono lavato i capelli/
tagliato il dito
myself [maɪˈsɛlf] *pron* (*reflexive*) mi;
(*emphatic*) io stesso(a); (*after prep*) me; *see
also* **oneself**
mysterious [mɪsˈtɪərɪəs] *adj* misterioso(a)
mystery [ˈmɪstərɪ] *n* mistero
mystify [ˈmɪstɪfaɪ] *vt* mistificare; (*puzzle*)
confondere
mystique [mɪsˈtiːk] *n* fascino
myth [mɪθ] *n* mito
mythology [mɪˈθɔlədʒɪ] *n* mitologia

N, n

n/a *abbr* = **not applicable**
nag [næg] *vt* tormentare ♦ *vi* brontolare in
continuazione; ~**ging** *adj* (*doubt, pain*)
persistente
nail [neɪl] *n* (*human*) unghia; (*metal*) chiodo
♦ *vt* inchiodare; **to** ~ **sb down to (doing)
sth** costringere qn a (fare) qc; ~**brush** *n*
spazzolino da *or* per unghie; ~**file** *n* lima
da *or* per unghie; ~ **polish** *n* smalto da *or*
per unghie; ~ **polish remover** *n* acetone
m, solvente *m*; ~ **scissors** *npl* forbici *fpl*
da *or* per unghie; ~ **varnish** (*BRIT*) *n* = ~
polish
naïve [naɪˈiːv] *adj* ingenuo(a)
naked [ˈneɪkɪd] *adj* nudo(a)
name [neɪm] *n* nome *m*; (*reputation*) nome,
reputazione *f* ♦ *vt* (*baby etc*) chiamare;
(*plant, illness*) nominare; (*person, object*)
identificare; (*price, date*) fissare; **what's
your** ~? come si chiama?; **by** ~ di nome;
she knows them all by ~ li conosce tutti
per nome; ~**ly** *adv* cioè; ~**sake** *n*
omonimo
nanny [ˈnænɪ] *n* bambinaia
nap [næp] *n* (*sleep*) pisolino; (*of cloth*)
peluria; **to be caught** ~**ping** essere preso
alla sprovvista
nape [neɪp] *n*: ~ **of the neck** nuca

napkin [ˈnæpkɪn] *n* (*also*: **table** ~) tovagliolo
nappy [ˈnæpɪ] (*BRIT*) *n* pannolino; ~ **rash** *n*
arrossamento (causato dal pannolino)
narcissus [nɑːˈsɪsəs] (*pl* **narcissi**) *n* narciso
narcotic [nɑːˈkɔtɪk] *n* narcotico ♦ *adj*
narcotico(a)
narrative [ˈnærətɪv] *n* narrativa
narrow [ˈnærəu] *adj* stretto(a); (*fig*)
limitato(a), ristretto(a) ♦ *vi* restringersi; **to
have a** ~ **escape** farcela per un pelo; **to** ~
sth down to ridurre qc a; ~**ly** *adv* per un
pelo; (*time*) per poco; ~-**minded** *adj*
meschino(a)
nasty [ˈnɑːstɪ] *adj* (*person, remark:
unpleasant*) cattivo(a); (*: rude*) villano(a);
(*smell, wound, situation*) brutto(a)
nation [ˈneɪʃən] *n* nazione *f*
national [ˈnæʃənl] *adj* nazionale ♦ *n*
cittadino/a; ~ **dress** *n* costume *m*
nazionale; **N~ Health Service** (*BRIT*) *n*
servizio nazionale di assistenza sanitaria,
≈ S.S.N. *m*; **N~ Insurance** (*BRIT*) *n*
≈ *Previdenza Sociale*; ~**ism** *n*
nazionalismo; ~**ity** [-ˈnælɪtɪ] *n* nazionalità *f
inv*; ~**ize** *vt* nazionalizzare; ~**ly** *adv* a
livello nazionale; ~ **park** *n* parco nazionale

National Trust

*Ⓘ Fondato nel 1895, il National Trust è
un'organizzazione che si occupa della
tutela e della salvaguardia di luoghi di
interesse storico o ambientale*

nationwide [ˈneɪʃənwaɪd] *adj* diffuso(a) in
tutto il paese ♦ *adv* in tutto il paese
native [ˈneɪtɪv] *n* abitante *m/f* del paese
♦ *adj* indigeno(a); (*country*) natio(a);
(*ability*) innato(a); **a** ~ **of Russia** un nativo
della Russia; **a** ~ **speaker of French** una
persona di madrelingua francese; **N~
American** *n discendente di tribù
dell'America settentrionale*; ~ **language** *n*
madrelingua
Nativity [nəˈtɪvɪtɪ] *n*: **the** ~ la Natività
NATO [ˈneɪtəu] *n abbr* (= *North Atlantic
Treaty Organization*) N.A.T.O. *f*
natural [ˈnætʃrəl] *adj* naturale; (*ability*)

innato(a); (manner) semplice; ~ gas n gas m metano; ~ly adv naturalmente; (by nature: gifted) di natura

nature ['neɪtʃə*] n natura; (character) natura, indole f; **by ~** di natura

naught [nɔːt] n = **nought**

naughty ['nɔːtɪ] adj (child) birichino(a), cattivello(a); (story, film) spinto(a)

nausea ['nɔːsɪə] n (MED) nausea; (fig: disgust) schifo

nautical ['nɔːtɪkl] adj nautico(a)

naval ['neɪvl] adj navale; ~ **officer** n ufficiale m di marina

nave [neɪv] n navata centrale

navel ['neɪvl] n ombelico

navigate ['nævɪgeɪt] vt percorrere navigando ♦ vi navigare; (AUT) fare da navigatore; **navigation** [-'geɪʃən] n navigazione f; **navigator** n (NAUT, AVIAT) ufficiale m di rotta; (explorer) navigatore m; (AUT) copilota m/f

navvy ['nævɪ] n (BRIT) manovale m

navy ['neɪvɪ] n marina; ~**(-blue)** adj blu scuro inv

Nazi ['nɑːtsɪ] n nazista m/f

NB abbr (= nota bene) N.B.

near [nɪə*] adj vicino(a); (relation) prossimo(a) ♦ adv vicino ♦ prep (also: ~ **to**) vicino a, presso; (: time) verso ♦ vt avvicinarsi a; ~**by** [nɪə'baɪ] adj vicino(a) ♦ adv vicino; ~**ly** adv quasi; **I ~ly fell** per poco non sono caduto; ~ **miss** n: **that was a ~ miss** c'è mancato poco; ~**side** n (AUT: in Britain) lato sinistro; (: in US, Europe etc) lato destro; ~**-sighted** [nɪə'saɪtɪd] adj miope

neat [niːt] adj (person, room) ordinato(a); (work) pulito(a); (solution, plan) ben indovinato(a), azzeccato(a); (spirits) liscio(a); ~**ly** adv con ordine; (skilfully) abilmente

necessarily ['nesɪsrɪlɪ] adv necessariamente

necessary ['nesɪsrɪ] adj necessario(a)

necessity [nɪ'sesɪtɪ] n necessità f inv

neck [nek] n collo; (of garment) colletto ♦ vi (inf) pomiciare, sbaciucchiarsi; ~ **and ~** testa a testa

necklace ['neklɪs] n collana

neckline ['neklaɪn] n scollatura

necktie ['nektaɪ] n cravatta

née [neɪ] adj: ~ **Scott** nata Scott

need [niːd] n bisogno ♦ vt aver bisogno di; **to ~ to do** dover fare; aver bisogno di fare; **you don't ~ to go** non devi andare, non c'è bisogno che tu vada

needle ['niːdl] n ago; (on record player) puntina ♦ vt punzecchiare

needless ['niːdlɪs] adj inutile

needlework ['niːdlwəːk] n cucito

needn't ['niːdnt] = **need not**

needy ['niːdɪ] adj bisognoso(a)

negative ['negətɪv] n (LING) negazione f; (PHOT) negativo ♦ adj negativo(a); ~ **equity** n situazione in cui l'ammontare del mutuo su un immobile supera il suo valore sul mercato

neglect [nɪ'glekt] vt trascurare ♦ n (of person, duty) negligenza; (of child, house etc) scarsa cura; **state of ~** stato di abbandono

negligence ['neglɪdʒəns] n negligenza

negligible ['neglɪdʒɪbl] adj insignificante, trascurabile

negotiable [nɪ'gəʊʃɪəbl] adj (cheque) trasferibile

negotiate [nɪ'gəʊʃɪeɪt] vi: **to ~ (with)** negoziare (con) ♦ vt (COMM) negoziare; (obstacle) superare; **negotiation** [-'eɪʃən] n negoziato, trattativa

Negro ['niːgrəʊ] (pl ~**es**) n negro(a)

neigh [neɪ] vi nitrire

neighbour ['neɪbə*] (US **neighbor**) n vicino/a; ~**hood** n vicinato; ~**ing** adj vicino(a); ~**ly** adj: **he is a ~ly person** è un buon vicino

neither ['naɪðə*] adj, pron né l'uno(a) né l'altro(a), nessuno(a) dei(delle) due ♦ conj neanche, nemmeno, neppure ♦ adv: ~ **good nor bad** né buono né cattivo; **I didn't move and ~ did Claude** io non mi mossi e nemmeno Claude; **..., ~ did I refuse** ..., ma non ho nemmeno rifiutato

neon light ['niːɔn-] n luce f al neon

nephew ['nevjuː] n nipote m

nerve [nəːv] *n* nervo; (*fig*) coraggio; (*impudence*) faccia tosta; **a fit of ~s** una crisi di nervi; **~-racking** *adj* che spezza i nervi

nervous ['nəːvəs] *adj* nervoso(a); (*anxious*) agitato(a), in apprensione; **~ breakdown** *n* esaurimento nervoso

nest [nest] *n* nido ♦ *vi* fare il nido, nidificare; **~ egg** *n* (*fig*) gruzzolo

nestle ['nesl] *vi* accoccolarsi

net [net] *n* rete *f* ♦ *adj* netto(a) ♦ *vt* (*fish etc*) prendere con la rete; (*profit*) ricavare un utile netto di; **the N~** (*Internet*) Internet *f*; **~ball** *n* specie di pallacanestro

Netherlands ['neðələndz] *npl*: **the ~** i Paesi Bassi

nett [net] *adj* = **net**

netting ['netɪŋ] *n* (*for fence etc*) reticolato

nettle ['netl] *n* ortica

network ['netwəːk] *n* rete *f*

neurotic [njuə'rɔtɪk] *adj*, *n* nevrotico(a)

neuter ['njuːtə*] *adj* neutro(a) ♦ *vt* (*cat etc*) castrare

neutral ['njuːtrəl] *adj* neutro(a); (*person, nation*) neutrale ♦ *n* (*AUT*): **in ~** in folle; **~ize** *vt* neutralizzare

never ['nevə*] *adv* (non...) mai; **~ again** mai più; **I'll ~ go there again** non ci vado più; **~ in my life** mai in vita mia; *see also* **mind**; **~-ending** *adj* interminabile; **~theless** [nevəðə'les] *adv* tuttavia, ciò nonostante, ciò nondimeno

new [njuː] *adj* nuovo(a); (*brand new*) nuovo(a) di zecca; **N~ Age** *n* New Age *f inv*; **~born** *adj* neonato(a); **~comer** ['njuːkʌmə*] *n* nuovo(a) venuto(a); **~-fangled** ['njuː:fæŋgld] (*pej*) *adj* stramoderno(a); **~-found** *adj* nuovo(a); **~ly** *adv* di recente; **~ly-weds** *npl* sposini *mpl*, sposi *mpl* novelli

news [njuːz] *n* notizie *fpl*; (*RADIO*) giornale *m* radio; (*TV*) telegiornale *m*; **a piece of ~** una notizia; **~ agency** *n* agenzia di stampa; **~agent** (*BRIT*) *n* giornalaio; **~caster** *n* (*RADIO, TV*) annunciatore/trice; **~ flash** *n* notizia *f* lampo *inv*; **~letter** *n* bollettino; **~paper** *n* giornale *m*; **~print** *n*

carta da giornale; **~reader** *n* = **~caster**; **~reel** *n* cinegiornale *m*; **~ stand** *n* edicola

newt [njuːt] *n* tritone *m*

New Year *n* Anno Nuovo; **~'s Day** *n* il Capodanno; **~'s Eve** *n* la vigilia di Capodanno

New York [-'jɔːk] *n* New York *f*

New Zealand [-'ziːlənd] *n* Nuova Zelanda; **~er** *n* neozelandese *m/f*

next [nekst] *adj* prossimo(a) ♦ *adv* accanto; (*in time*) dopo; **the ~ day** il giorno dopo, l'indomani; **~ time** la prossima volta; **~ year** l'anno prossimo; **when do we meet ~?** quando ci rincontriamo?; **~ to** accanto a; **~ to nothing** quasi niente; **~ please!** (*avanti*) il prossimo!; **~ door** *adv*, *adj* accanto *inv*; **~-of-kin** *n* parente *m/f* prossimo(a)

NHS *n abbr* = **National Health Service**

nib [nɪb] *n* (*of pen*) pennino

nibble ['nɪbl] *vt* mordicchiare

Nicaragua [nɪkə'rægjuə] *n* Nicaragua *m*

nice [naɪs] *adj* (*holiday, trip*) piacevole; (*flat, picture*) bello(a); (*person*) simpatico(a), gentile; **~ly** *adv* bene

niceties ['naɪsɪtɪz] *npl* finezze *fpl*

nick [nɪk] *n* taglietto; tacca ♦ *vt* (*inf*) rubare; **in the ~ of time** appena in tempo

nickel ['nɪkl] *n* nichel *m*; (*US*) moneta da cinque centesimi di dollaro

nickname ['nɪkneɪm] *n* soprannome *m*

niece [niːs] *n* nipote *f*

Nigeria [naɪ'dʒɪərɪə] *n* Nigeria

niggling ['nɪglɪŋ] *adj* insignificante; (*annoying*) irritante

night [naɪt] *n* notte *f*; (*evening*) sera; **at ~** la sera; **by ~** di notte; **the ~ before last** l'altro ieri notte (*or* sera); **~cap** *n* bicchierino *prima di andare a letto*; **~ club** *n* locale *m* notturno; **~dress** *n* camicia da notte; **~fall** *n* crepuscolo; **~gown** *n* = **~dress**; **~ie** ['naɪtɪ] *n* = **~dress**

nightingale ['naɪtɪŋgeɪl] *n* usignolo

nightlife ['naɪtlaɪf] *n* vita notturna

nightly ['naɪtlɪ] *adj* di ogni notte *or* sera; (*by night*) notturno(a) ♦ *adv* ogni notte *or* sera

nightmare ['naɪtmeə'] *n* incubo

night [naɪt] *n*: ~ **porter** *n* portiere *m* di notte; ~ **school** *n* scuola serale; ~ **shift** *n* turno di notte; **~-time** *n* notte *f*

nil [nɪl] *n* nulla *m*; (BRIT: SPORT) zero

Nile [naɪl] *n*: **the ~** il Nilo

nimble ['nɪmbl] *adj* agile

nine [naɪn] *num* nove; **~teen** *num* diciannove; **~ty** *num* novanta

ninth [naɪnθ] *adj* nono(a)

nip [nɪp] *vt* pizzicare; (*bite*) mordere

nipple ['nɪpl] *n* (ANAT) capezzolo

nitrogen ['naɪtrədʒən] *n* azoto

KEYWORD

no [nəu] (*pl* **~es**) *adv* (*opposite of "yes"*) no; **are you coming? – ~ (I'm not)** viene? — no (non vengo); **would you like some more? – ~ thank you** ne vuole ancora un po'? — no, grazie

♦ *adj* (*not any*) nessuno(a); **I have ~ money/time/books** non ho soldi/tempo/libri; **~ student would have done it** nessuno studente lo avrebbe fatto; **"~ parking"** "divieto di sosta"; **"~ smoking"** "vietato fumare"

♦ *n* no *m inv*

---

nobility [nəu'bɪlɪtɪ] *n* nobiltà

noble ['nəubl] *adj* nobile

nobody ['nəubədɪ] *pron* nessuno

nod [nɔd] *vi* accennare col capo, fare un cenno; (*in agreement*) annuire con un cenno del capo; (*sleep*) sonnecchiare ♦ *vt*: **to ~ one's head** fare di sì col capo ♦ *n* cenno; ~ **off** *vi* assopirsi

noise [nɔɪz] *n* rumore *m*; (*din, racket*) chiasso; **noisy** *adj* (*street, car*) rumoroso(a); (*person*) chiassoso(a)

nominal ['nɔmɪnl] *adj* nominale; (*rent*) simbolico(a)

nominate ['nɔmɪneɪt] *vt* (*propose*) proporre come candidato; (*elect*) nominare

nominee [nɔmɪ'niː] *n* persona nominata; candidato/a

non... [nɔn] *prefix* non...; **~-alcoholic** *adj* analcolico(a)

nonchalant ['nɔnʃələnt] *adj* disinvolto(a), noncurante

non-committal ['nɔnkə'mɪtl] *adj* evasivo(a)

nondescript ['nɔndɪskrɪpt] *adj* qualunque *inv*

none [nʌn] *pron* (*not one thing*) niente; (*not one person*) nessuno(a); ~ **of you** nessuno(a) di voi; **I've ~ left** non ne ho più; **he's ~ the worse for it** non ne ha risentito

nonentity [nɔ'nentɪtɪ] *n* persona insignificante

nonetheless [nʌnðə'les] *adv* nondimeno

non-existent [-ɪg'zɪstənt] *adj* inesistente

non-fiction *n* saggistica

nonplussed [nɔn'plʌst] *adj* sconcertato(a)

nonsense ['nɔnsəns] *n* sciocchezze *fpl*

non: **~-smoker** *n* non fumatore/trice; **~-smoking** *adj* (*person*) che non fuma; (*area, section*) per non fumatori; **~-stick** *adj* antiaderente, antiadesivo(a); **~-stop** *adj* continuo(a); (*train, bus*) direttissimo(a) ♦ *adv* senza sosta

noodles ['nuːdlz] *npl* taglierini *mpl*

nook [nuk] *n*: **~s and crannies** angoli *mpl*

noon [nuːn] *n* mezzogiorno

no one ['nəuwʌn] *pron* = **nobody**

noose [nuːs] *n* nodo scorsoio; (*hangman's*) cappio

nor [nɔː'] *conj* = **neither** ♦ *adv see* **neither**

norm [nɔːm] *n* norma

normal ['nɔːml] *adj* normale; **~ly** *adv* normalmente

north [nɔːθ] *n* nord *m*, settentrione *m* ♦ *adj* nord *inv*, del nord, settentrionale ♦ *adv* verso nord; **N~ America** *n* America del Nord; **~-east** *n* nord-est *m*; **~erly** ['nɔːðəlɪ] *adj* (*point, direction*) verso nord; **~ern** ['nɔːðən] *adj* del nord, settentrionale; **N~ern Ireland** *n* Irlanda del Nord; **N~ Pole** *n* Polo Nord; **N~ Sea** *n* Mare *m* del Nord; **~ward(s)** ['nɔːθwəd(z)] *adv* verso nord; **~-west** *n* nord-ovest *m*

Norway ['nɔːweɪ] *n* Norvegia

Norwegian [nɔː'wiːdʒən] *adj* norvegese ♦ *n* norvegese *m/f*; (LING) norvegese *m*

nose [nəuz] *n* naso; (*of animal*) muso ♦ *vi*:

to ~ about aggirarsi; **~bleed** *n* emorragia nasale; **~-dive** *n* picchiata; **~y** (*inf*) *adj* = **nosy**

nostalgia [nɔsˈtældʒɪə] *n* nostalgia

nostril [ˈnɔstrɪl] *n* narice *f*; (*of horse*) frogia

nosy [ˈnəʊzɪ] (*inf*) *adj* curioso(a)

not [nɔt] *adv* non; **he is ~ or isn't here** non è qui, non c'è; **you must ~ or you mustn't do that** non devi fare quello; **it's too late, isn't it** *or* **is it ~?** è troppo tardi, vero?; **~ that I don't like him** non che (lui) non mi piaccia; **~ yet/now** non ancora/ora; *see also* **all; only**

notably [ˈnəʊtəblɪ] *adv* (*markedly*) notevolmente; (*particularly*) in particolare

notary [ˈnəʊtərɪ] *n* notaio

notch [nɔtʃ] *n* tacca; (*in saw*) dente *m*

note [nəʊt] *n* nota; (*letter, banknote*) biglietto ♦ *vt* (*also:* **~ down**) prendere nota di; **to take ~s** prendere appunti; **~book** *n* taccuino; **~d** [ˈnəʊtɪd] *adj* celebre; **~pad** *n* bloc-notes *m inv*; **~paper** *n* carta da lettere

nothing [ˈnʌθɪŋ] *n* nulla *m*, niente *m*; (*zero*) zero; **he does ~** non fa niente; **~ new/much** *etc* niente di nuovo/speciale *etc*; **for ~** per niente

notice [ˈnəʊtɪs] *n* avviso; (*of leaving*) preavviso ♦ *vt* notare, accorgersi di; **to take ~ of** fare attenzione a; **to bring sth to sb's ~** far notare qc a qn; **at short ~** con un breve preavviso; **until further ~** fino a nuovo avviso; **to hand in one's ~** licenziarsi; **~able** *adj* evidente; **~ board** (*BRIT*) *n* tabellone *m* per affissi

notify [ˈnəʊtɪfaɪ] *vt*: **to ~ sth to sb** far sapere qc a qn; **to ~ sb of sth** avvisare qn di qc

notion [ˈnəʊʃən] *n* idea; (*concept*) nozione *f*

notorious [nəʊˈtɔːrɪəs] *adj* famigerato(a)

nougat [ˈnuːgɑː] *n* torrone *m*

nought [nɔːt] *n* zero

noun [naʊn] *n* nome *m*, sostantivo

nourish [ˈnʌrɪʃ] *vt* nutrire

novel [ˈnɔvl] *n* romanzo ♦ *adj* nuovo(a); **~ist** *n* romanziere/a; **~ty** *n* novità *f inv*

November [nəʊˈvɛmbə•] *n* novembre *m*

novice [ˈnɔvɪs] *n* principiante *m/f*; (*REL*)

novizio/a

now [naʊ] *adv* ora, adesso ♦ *conj*: **~ (that)** adesso che, ora che; **by ~** ormai; **just ~** proprio ora; **right ~** subito, immediatamente; **~ and then, ~ and again** ogni tanto; **from ~ on** da ora in poi; **~adays** [ˈnaʊədeɪz] *adv* oggidì

nowhere [ˈnəʊwɛə•] *adv* in nessun luogo, da nessuna parte

nozzle [ˈnɔzl] *n* (*of hose etc*) boccaglio; (*of fire extinguisher*) lancia

nuance [ˈnjuːɑːns] *n* sfumatura

nuclear [ˈnjuːklɪə•] *adj* nucleare

nucleus [ˈnjuːklɪəs] (*pl* **nuclei**) *n* nucleo

nude [njuːd] *adj* nudo(a) ♦ *n* (*ART*) nudo; **in the ~** tutto(a) nudo(a)

nudge [nʌdʒ] *vt* dare una gomitata a

nudist [ˈnjuːdɪst] *n* nudista *m/f*

nuisance [ˈnjuːsns] *n*: **it's a ~** è una seccatura; **he's a ~** è uno scocciatore

null [nʌl] *adj*: **~ and void** nullo(a)

numb [nʌm] *adj*: **~ (with)** intorpidito(a) (da); (*with fear*) impietrito(a) (da); **~ with cold** intirizzito(a) (dal freddo)

number [ˈnʌmbə•] *n* numero ♦ *vt* numerare; (*include*) contare; **a ~ of** un certo numero di; **to be ~ed among** venire annoverato(a) tra; **they were 10 in ~** erano in tutto 10; **~ plate** (*BRIT*) *n* (*AUT*) targa

numeral [ˈnjuːmərəl] *n* numero, cifra

numerate [ˈnjuːmərɪt] *adj*: **to be ~** avere nozioni di aritmetica

numerical [njuːˈmɛrɪkl] *adj* numerico(a)

numerous [ˈnjuːmərəs] *adj* numeroso(a)

nun [nʌn] *n* suora, monaca

nurse [nɜːs] *n* infermiere/a; (*also:* **~maid**) bambinaia ♦ *vt* (*patient, cold*) curare; (*baby: BRIT*) cullare; (*: US*) allattare, dare il latte a

nursery [ˈnɜːsərɪ] *n* (*room*) camera dei bambini; (*institution*) asilo; (*for plants*) vivaio; **~ rhyme** *n* filastrocca; **~ school** *n* scuola materna; **~ slope** (*BRIT*) *n* (*SKI*) pista per principianti

nursing [ˈnɜːsɪŋ] *n* (*profession*) professione *f* di infermiere (*or* di infermiera); (*care*) cura; **~ home** *n* casa di cura

nurture ['nə:tʃə*] *vt* allevare; nutrire
nut [nʌt] *n* (of metal) dado; (fruit) noce·f;
~**crackers** *npl* schiaccianoci *m inv*
nutmeg ['nʌtmeg] *n* noce *f* moscata
nutritious [nju:'trɪʃəs] *adj* nutriente
nuts [nʌts] (inf) *adj* matto(a)
nutshell ['nʌtʃɛl] *n*: **in a ~** in poche parole
nylon ['naɪlɔn] *n* nailon *m* ♦ *adj* di nailon

O, o

oak [əuk] *n* quercia ♦ *adj* di quercia
O.A.P. (BRIT) *n abbr* = **old age pensioner**
oar [ɔ:*] *n* remo
oasis [əu'eɪsɪs] (pl **oases**) *n* oasi *f inv*
oath [əuθ] *n* giuramento; (swear word)
bestemmia
oatmeal ['əutmi:l] *n* farina d'avena
oats [əuts] *npl* avena
obedience [ə'bi:dɪəns] *n* ubbidienza
obedient [ə'bi:dɪənt] *adj* ubbidiente
obey [ə'beɪ] *vt* ubbidire a; (instructions,
regulations) osservare
obituary [ə'bɪtjuərɪ] *n* necrologia
object [n 'ɔbdʒɪkt, vb əb'dʒɛkt] *n* oggetto;
(purpose) scopo, intento; (LING)
complemento oggetto ♦ *vi*: **to ~ to**
(attitude) disapprovare; (proposal)
protestare contro, sollevare delle obiezioni
contro; **expense is no ~** non si bada a
spese; **to ~ that** obiettare che; **~! mi**
oppongo!; ~**ion** [əb'dʒɛkʃən] *n* obiezione *f*;
~**ionable** [əb'dʒɛkʃənəbl] *adj* antipatico(a);
(language) scostumato(a); ~**ive** *n* obiettivo
obligation [ɔblɪ'geɪʃən] *n* obbligo, dovere
m; **without ~** senza impegno
oblige [ə'blaɪdʒ] *vt* (force): **to ~ sb to do**
costringere qn a fare; (do a favour) fare una
cortesia a; **to be ~d to sb for sth** essere
grato a qn per qc; **obliging** *adj*
servizievole, compiacente
oblique [ə'bli:k] *adj* obliquo(a); (allusion)
indiretto(a)
obliterate [ə'blɪtəreɪt] *vt* cancellare
oblivion [ə'blɪvɪən] *n* oblio
oblivious [ə'blɪvɪəs] *adj*: **~ of** incurante di;

inconscio(a) di
oblong ['ɔblɔŋ] *adj* oblungo(a) ♦ *n*
rettangolo
obnoxious [əb'nɔkʃəs] *adj* odioso(a); (smell)
disgustoso(a), ripugnante
oboe ['əubəu] *n* oboe *m*
obscene [əb'si:n] *adj* osceno(a)
obscure [əb'skjuə*] *adj* oscuro(a) ♦ *vt*
oscurare; (hide: sun) nascondere
observant [əb'zə:vnt] *adj* attento(a)
observation [ɔbzə'veɪʃən] *n* osservazione *f*;
(by police etc) sorveglianza
observatory [əb'zə:vətrɪ] *n* osservatorio
observe [əb'zə:v] *vt* osservare; (remark) fare
osservare; ~**r** *n* osservatore/trice
obsess [əb'sɛs] *vt* ossessionare; ~**ive** *adj*
ossessivo(a)
obsolescence [ɔbsə'lɛsns] *n* obsolescenza
obsolete ['ɔbsəli:t] *adj* obsoleto(a)
obstacle ['ɔbstəkl] *n* ostacolo
obstinate ['ɔbstɪnət] *adj* ostinato(a)
obstruct [əb'strʌkt] *vt* (block) ostruire,
ostacolare; (halt) fermare; (hinder) impedire
obtain [əb'teɪn] *vt* ottenere; ~**able** *adj*
ottenibile
obvious ['ɔbvɪəs] *adj* ovvio(a), evidente; ~**ly**
adv ovviamente; certo
occasion [ə'keɪʒən] *n* occasione *f*; (event)
avvenimento; ~**al** *adj* occasionale; ~**ally**
adv ogni tanto
occupation [ɔkju'peɪʃən] *n* occupazione *f*;
(job) mestiere *m*, professione *f*; ~**al**
hazard *n* rischio del mestiere
occupier ['ɔkjupaɪə*] *n* occupante *m/f*
occupy ['ɔkjupaɪ] *vt* occupare; **to ~ o.s. in**
doing occuparsi a fare
occur [ə'kə:*] *vi* accadere, capitare; **to ~ to**
sb venire in mente a qn; ~**rence** *n* caso,
fatto; presenza
ocean ['əuʃən] *n* oceano
o'clock [ə'klɔk] *adv*: **it is 5 ~** sono le 5
OCR *n abbr* (= optical character recognition)
lettura ottica; (= optical character reader)
lettore *m* ottico
octave ['ɔktɪv] *n* ottavo
October [ɔk'təubə*] *n* ottobre *m*
octopus ['ɔktəpəs] *n* polpo, piovra

odd [ɔd] *adj* (*strange*) strano(a), bizzarro(a); (*number*) dispari *inv*; (*not of a set*) spaiato(a); **60-~** 60 e oltre; **at ~ times** di tanto in tanto; **the ~ one out** l'eccezione *f*; **~ity** *n* bizzarria; (*person*) originale *m*; **~-job man** *m* tuttofare *m inv*; **~ jobs** *npl* lavori *mpl* occasionali; **~ly** *adv* stranamente; **~ments** *npl* (*COMM*) rimanenze *fpl*; **~s** *npl* (*in betting*) quota; **~s and ends** *npl* avanzi *mpl*; **it makes no ~s** non importa; **at ~s** in contesa
odometer [ɔ'dɔmɪtə*] *n* odometro
odour ['əudə*] (*US* **odor**) *n* odore *m*; (*unpleasant*) cattivo odore

KEYWORD

of [ɔv, əv] *prep* **1** (*gen*) di; **a boy ~ 10** un ragazzo di 10 anni; **a friend ~ ours** un nostro amico; **that was kind ~ you** è stato molto gentile da parte sua
2 (*expressing quantity, amount, dates etc*) di; **a kilo ~ flour** un chilo di farina; **how much ~ this do you need?** quanto gliene serve?; **there were 3 ~ them** (*people*) erano in 3; (*objects*) ce n'erano 3; **3 ~ us went** 3 di noi sono andati; **the 5th ~ July** il 5 luglio
3 (*from, out of*) di, in; **made ~ wood** (fatto) di *or* in legno

KEYWORD

off [ɔf] *adv* **1** (*distance, time*): **it's a long way ~** è lontano; **the game is 3 days ~** la partita è tra 3 giorni
2 (*departure, removal*) via; **to go ~ to Paris** andarsene a Parigi; **I must be ~** devo andare via; **to take ~ one's coat** togliersi il cappotto; **the button came ~** il bottone è venuto via *or* si è staccato; **10% ~** con lo sconto del 10%
3 (*not at work*): **to have a day ~** avere un giorno libero; **to be ~ sick** essere assente per malattia
♦ *adj* (*engine*) spento(a); (*tap*) chiuso(a); (*cancelled*) sospeso(a); (*BRIT: food*) andato(a) a male; **on the ~ chance** nel caso; **to have**

an ~ day non essere in forma
♦ *prep* **1** (*motion, removal etc*) da; (*distant from*) a poca distanza da; **a street ~ the square** una strada che parte dalla piazza
2: **to be ~ meat** non mangiare più la carne

offal ['ɔfl] *n* (*CULIN*) frattaglie *fpl*
off-colour (*BRIT*) *adj* (*ill*) malato(a), indisposto(a)
offence [ə'fɛns] (*US* **offense**) *n* (*LAW*) contravvenzione *f*; (: *more serious*) reato; **to take ~ at** offendersi per
offend [ə'fɛnd] *vt* (*person*) offendere; **~er** *n* delinquente *m/f*; (*against regulations*) contravventore/trice
offense [ə'fɛns] (*US*) *n* = **offence**
offensive [ə'fɛnsɪv] *adj* offensivo(a); (*smell etc*) sgradevole, ripugnante ♦ *n* (*MIL*) offensiva
offer ['ɔfə*] *n* offerta, proposta ♦ *vt* offrire; **"on ~"** (*COMM*) "in offerta speciale"; **~ing** *n* offerta
offhand [ɔf'hænd] *adj* disinvolto(a), noncurante ♦ *adv* su due piedi
office ['ɔfɪs] *n* (*place*) ufficio; (*position*) carica; **doctor's ~** (*US*) studio; **to take ~** entrare in carica; **~ automation** *n* automazione *f* d'ufficio; burotica; **~ block** (*US* **~ building**) *n* complesso di uffici; **~ hours** *npl* orario d'ufficio; (*US: MED*) orario di visite
officer ['ɔfɪsə*] *n* (*MIL etc*) ufficiale *m*; (*also*: **police ~**) agente *m* di polizia; (*of organization*) funzionario
office worker *n* impiegato/a d'ufficio
official [ə'fɪʃl] *adj* (*authorized*) ufficiale ♦ *n* ufficiale *m*; (*civil servant*) impiegato/a statale; funzionario
officiate [ə'fɪʃɪeɪt] *vi* presenziare
officious [ə'fɪʃəs] *adj* invadente
offing ['ɔfɪŋ] *n*: **in the ~** (*fig*) in vista
off-: **~-licence** (*BRIT*) *n* (*shop*) spaccio di bevande alcoliche; **~-line** *adj, adv* (*COMPUT*) off-line *inv*, fuori linea; (: *switched off*) spento(a); **~-peak** *adj* (*ticket, heating etc*) a tariffa ridotta; (*time*) non di punta; **~-putting** (*BRIT*) *adj* sgradevole,

antipatico(a); **~-road vehicle** *n* fuoristrada *m inv*; **~-season** *adj, adv* fuori stagione

off-licence

ⓘ *In Gran Bretagna e in Irlanda, gli* **off-licence** *sono rivendite di vini, liquori e superalcolici, spesso aperti fino a tarda ora.*

offset ['ɔfset] (*irreg*) *vt* (*counteract*) controbilanciare, compensare

offshoot ['ɔfʃu:t] *n* (*fig*) diramazione *f*

offshore [ɔf'ʃɔ:*] *adj* (*breeze*) di terra; (*island*) vicino alla costa; (*fishing*) costiero(a)

offside [ɔf'said] *adj* (*SPORT*) fuori gioco; (*AUT: in Britain*) destro(a); (: *in Italy etc*) sinistro(a)

offspring ['ɔfsprɪŋ] *n inv* prole *f*, discendenza

off: **~stage** *adv* dietro le quinte; **~-the-peg** (*US* **~-the-rack**) *adv* prêt-à-porter; **~-white** *adj* bianco sporco *inv*

often ['ɔfn] *adv* spesso; **how ~ do you go?** quanto spesso ci vai?

oh [əu] *excl* oh!

oil [ɔɪl] *n* olio; (*petroleum*) petrolio; (*for central heating*) nafta ♦ *vt* (*machine*) lubrificare; **~can** *n* oliatore *m* a mano; (*for storing*) latta da olio; **~field** *n* giacimento petrolifero; **~ filter** *n* (*AUT*) filtro dell'olio; **~ painting** *n* quadro a olio; **~ refinery** [-rɪ'faɪnərɪ] *n* raffineria di petrolio; **~ rig** *n* derrick *m inv*; (*at sea*) piattaforma per trivellazioni subacquee; **~ tanker** *n* (*ship*) petroliera; (*truck*) autocisterna per petrolio; **~ well** *n* pozzo petrolifero; **~y** *adj* unto(a), oleoso(a); (*food*) grasso(a)

ointment ['ɔɪntmənt] *n* unguento

O.K. ['əu'keɪ] *excl* d'accordo! ♦ *adj* non male *inv* ♦ *vt* approvare; **is it ~?, are you ~?** tutto bene?

okay ['əu'keɪ] *excl, adj, vt* = **O.K.**

old [əuld] *adj* vecchio(a); (*ancient*) antico(a), vecchio(a); (*person*) vecchio(a), anziano(a); **how ~ are you?** quanti anni ha?; **he's 10 years ~** ha 10 anni; **~er brother** fratello maggiore; **~ age** *n* vecchiaia; **~ age pensioner** (*BRIT*) *n* pensionato/a; **~-fashioned** *adj* antiquato(a), fuori moda; (*person*) all'antica

olive ['ɔlɪv] *n* (*fruit*) oliva; (*tree*) olivo ♦ *adj* (*also*: **~-green**) verde oliva *inv*; **~ oil** *n* olio d'oliva

Olympic [əu'lɪmpɪk] *adj* olimpico(a); **the ~ Games, the ~s** i giochi olimpici, le Olimpiadi

omelet(te) ['ɔmlɪt] *n* omelette *f inv*

omen ['əumən] *n* presagio, augurio

ominous ['ɔmɪnəs] *adj* minaccioso(a); (*event*) di malaugurio

omit [əu'mɪt] *vt* omettere

KEYWORD

on [ɔn] *prep* **1** (*indicating position*) su; **~ the wall** sulla parete; **~ the left** *a or* sulla sinistra

2 (*indicating means, method, condition etc*): **~ foot** a piedi; **~ the train/plane** in treno/ aereo; **~ the telephone** al telefono; **~ the radio/television** alla radio/televisione; **to be ~ drugs** drogarsi; **~ holiday** in vacanza

3 (*of time*): **~ Friday** venerdì; **~ Fridays** il *or* di venerdì; **~ June 20th** il 20 giugno; **~ Friday, June 20th** venerdì, 20 giugno; **a week ~ Friday** venerdì a otto; **~ his arrival** al suo arrivo; **~ seeing this** vedendo ciò

4 (*about, concerning*) su, di; **information ~ train services** informazioni sui collegamenti ferroviari; **a book ~ Goldoni/physics** un libro su Goldoni/di *or* sulla fisica

♦ *adv* **1** (*referring to dress, covering*): **to have one's coat ~** avere indosso il cappotto; **to put one's coat ~** mettersi il cappotto; **what's she got ~?** cosa indossa?; **she put her boots/gloves/hat ~** si mise gli stivali/i guanti/il cappello; **screw the lid ~ tightly** avvita bene il coperchio

2 (*further, continuously*): **to walk ~, go ~** *etc* continuare, proseguire *etc*; **to read ~** continuare a leggere; **~ and off** ogni tanto

♦ *adj* **1** (*in operation: machine, TV, light*):

acceso(a); (: tap) aperto(a); (: brake) inserito(a); **is the meeting still ~?** (in progress) la riunione è ancora in corso?; (not cancelled) è confermato l'incontro?; **there's a good film ~ at the cinema** danno un buon film al cinema 2 (inf): **that's not ~!** (not acceptable) non si fa così!; (not possible) non se ne parla neanche!

once [wʌns] adv una volta ♦ conj non appena, quando; **~ he had left/it was done** dopo che se n'era andato/fu fatto; **at ~** subito; (simultaneously) a un tempo; **~ a week** una volta per settimana; **~ more** ancora una volta; **~ and for all** una volta per sempre; **~ upon a time** c'era una volta

oncoming [ˈɔnkʌmɪŋ] adj (traffic) che viene in senso opposto

KEYWORD

one [wʌn] num uno(a); **~ hundred and fifty** centocinquanta; **~ day** un giorno ♦ adj 1 (sole) unico(a); **the ~ book which** l'unico libro che; **the ~ man who** l'unico che 2 (same) stesso(a); **they came in the ~ car** sono venuti nella stessa macchina ♦ pron 1: **this ~** questo/a; **that ~** quello/a; **I've already got ~/a red ~** ne ho già uno/uno rosso; **~ by ~** uno per uno 2: **~ another** l'un l'altro; **to look at ~ another** guardarsi; **to help ~ another** aiutarsi l'un l'altro or a vicenda 3 (impersonal) si; **~ never knows** non si sa mai; **to cut ~'s finger** tagliarsi un dito; **~ needs to eat** bisogna mangiare

one: **~-day excursion** (US) n biglietto giornaliero di andata e ritorno; **~-man** adj (business) diretto(a) etc da un solo uomo; **~-man band** n suonatore ambulante con vari strumenti; **~-off** (BRIT: inf) n fatto eccezionale

oneself [wʌnˈsɛlf] pron (reflexive) si; (after prep) se stesso(a), sé; **to do sth (by) ~** fare qc da sé; **to hurt ~** farsi male; **to keep sth for ~** tenere qc per sé; **to talk to ~** parlare

da solo

one: **~-sided** adj (argument) unilaterale; **~-to-~** adj (relationship) univoco(a); **~-way** adj (street, traffic) a senso unico

ongoing [ˈɔngəʊɪŋ] adj in corso; in attuazione

onion [ˈʌnjən] n cipolla

on-line adj, adv (COMPUT) on-line inv

onlooker [ˈɔnlʊkə*] n spettatore/trice

only [ˈəʊnlɪ] adv solo, soltanto ♦ adj solo(a), unico(a) ♦ conj solo che, ma; **an ~ child** un figlio unico; **not ~ ... but also** non solo ... ma anche

onset [ˈɔnsɛt] n inizio

onshore [ˈɔnʃɔ:*] adj (wind) di mare

onslaught [ˈɔnslɔːt] n attacco, assalto

onto [ˈɔntu] prep = **on to**

onus [ˈəʊnəs] n onere m, peso

onward(s) [ˈɔnwəd(z)] adv (move) in avanti; **from that time ~** da quella volta in poi

ooze [uːz] vi stillare

open [ˈəʊpn] adj aperto(a); (road) libero(a); (meeting) pubblico(a) ♦ vt aprire ♦ vi (eyes, door, debate) aprirsi; (flower) sbocciare; (shop, bank, museum) aprire; (book etc: commence) cominciare; **in the ~ (air)** all'aperto; **~ on to** vt fus (subj: room, door) dare su; **~ up** vt aprire; (blocked road) sgombrare ♦ vi (shop, business) aprire; **~ing** adj (speech) di apertura ♦ n apertura; (opportunity) occasione f, opportunità f inv; sbocco; **~ing hours** npl orario d'apertura; **~ learning centre** n sistema educativo nel quale lo studente ha maggiore controllo e gestione delle modalità di apprendimento; **~ly** adv apertamente; **~-minded** adj che ha la mente aperta; **~-necked** adj col collo slacciato; **~-plan** adj senza pareti divisorie

Open University

i La Open University, fondata in Gran Bretagna nel 1969, organizza corsi universitari per corrispondenza, basati anche su lezioni trasmesse per radio e per televisione e su corsi estivi.

opera ['ɔpərə] *n* opera

operate ['ɔpəreɪt] *vt* (*machine*) azionare, far funzionare; (*system*) usare ♦ *vi* funzionare; (*drug*) essere efficace; **to ~ on sb (for)** (*MED*) operare qn (di)

operatic [ɔpə'rætɪk] *adj* dell'opera, lirico(a)

operating ['ɔpəreɪtɪŋ] *adj*: **~ table** tavolo operatorio; **~ theatre** sala operatoria

operation [ɔpə'reɪʃən] *n* operazione *f*; **to be in ~** (*machine*) essere in azione *or* funzionamento; (*system*) essere in vigore; **to have an ~** (*MED*) subire un'operazione; **~al** in funzione; d'esercizio

operative ['ɔpərətɪv] *adj* (*measure*) operativo(a)

operator ['ɔpəreɪtə*] *n* (*of machine*) operatore/trice; (*TEL*) centralinista *m/f*

opinion [ə'pɪnɪən] *n* opinione *f*, parere *m*; **in my ~** secondo me, a mio avviso; **~ated** *adj* dogmatico(a); **~ poll** *n* sondaggio di opinioni

opium ['əupɪəm] *n* oppio

opponent [ə'pəunənt] *n* avversario/a

opportunist [ɔpə'tju:nɪst] *n* opportunista *m/f*

opportunity [ɔpə'tju:nɪtɪ] *n* opportunità *f inv*, occasione *f*; **to take the ~ of doing** cogliere l'occasione per fare

oppose [ə'pəuz] *vt* opporsi a; **~d to** contrario(a) a; **as ~d to** in contrasto con; **opposing** *adj* opposto(a); (*team*) avversario(a)

opposite ['ɔpəzɪt] *adj* opposto(a); (*house etc*) di fronte ♦ *adv* di fronte, dirimpetto ♦ *prep* di fronte a ♦ *n*: **the ~** il contrario, l'opposto; **the ~ sex** l'altro sesso

opposition [ɔpə'zɪʃən] *n* opposizione *f*

opt [ɔpt] *vi*: **to ~ for** optare per; **to ~ to do** scegliere di fare; **~ out** *vi*: **to ~ out of** ritirarsi da

optical ['ɔptɪkl] *adj* ottico(a)

optician [ɔp'tɪʃən] *n* ottico

optimist ['ɔptɪmɪst] *n* ottimista *m/f*; **~ic** [-'mɪstɪk] *adj* ottimistico(a)

optimum ['ɔptɪməm] *adj* ottimale

option ['ɔpʃən] *n* scelta; (*SCOL*) materia facoltativa; (*COMM*) opzione *f*; **~al** *adj*

facoltativo(a); (*COMM*) a scelta

or [ɔ:*] *conj* o, oppure; (*with negative*): **he hasn't seen ~ heard anything** non ha visto né sentito niente; **~ else** se no, altrimenti; oppure

oral ['ɔ:rəl] *adj* orale ♦ *n* esame *m* orale

orange ['ɔrɪndʒ] *n* (*fruit*) arancia ♦ *adj* arancione

orbit ['ɔ:bɪt] *n* orbita ♦ *vt* orbitare intorno a

orbital (motorway) ['ɔ:bɪtl-] *n* raccordo anulare

orchard ['ɔ:tʃəd] *n* frutteto

orchestra ['ɔ:kɪstrə] *n* orchestra; (*US: seating*) platea

orchid ['ɔ:kɪd] *n* orchidea

ordain [ɔ:'deɪn] *vt* (*REL*) ordinare; (*decide*) decretare

ordeal [ɔ:'di:l] *n* prova, travaglio

order ['ɔ:də*] *n* ordine *m*; (*COMM*) ordinazione *f* ♦ *vt* ordinare; **in ~** in ordine; (*of document*) in regola; **in (working) ~** funzionante; **in ~ to do** per fare; **in ~ that** affinché +*sub*; **on ~** (*COMM*) in ordinazione; **out of ~** non in ordine; (*not working*) guasto; **to ~ sb to do** ordinare a qn di fare; **~ form** *n* modulo d'ordinazione; **~ly** *n* (*MIL*) attendente *m*; (*MED*) inserviente *m* ♦ *adj* (*room*) in ordine; (*mind*) metodico(a); (*person*) ordinato(a), metodico(a)

ordinary ['ɔ:dnrɪ] *adj* normale, comune; (*pej*) mediocre; **out of the ~** diverso dal solito, fuori dell'ordinario

Ordnance Survey ['ɔ:dnəns-] (*BRIT*) *n istituto cartografico britannico*

ore [ɔ:*] *n* minerale *m* grezzo

organ ['ɔ:gən] *n* organo; **~ic** [ɔ:'gænɪk] *adj* organico(a); (*of food*) biologico(a)

organization [ɔ:gənaɪ'zeɪʃən] *n* organizzazione *f*

organize ['ɔ:gənaɪz] *vt* organizzare; **to get ~d** organizzarsi; **~r** *n* organizzatore/trice

orgasm ['ɔ:gæzəm] *n* orgasmo

orgy ['ɔ:dʒɪ] *n* orgia

Orient ['ɔ:rɪənt] *n*: **the ~** l'Oriente *m*; **oriental** [-'entl] *adj*, *n* orientale *m/f*

origin ['ɔrɪdʒɪn] *n* origine *f*

original [ə'rɪdʒɪnl] *adj* originale; (*earliest*)

originario(a) ♦ *n* originale *m*; **~ly** *adv* (*at first*) all'inizio

originate [ə'rıdʒıneıt] *vi*: **to ~ from** essere originario(a) di; (*suggestion*) provenire da; **to ~ in** avere origine in

Orkneys ['ɔːknız] *npl*: **the ~** (*also*: **the Orkney Islands**) le Orcadi

ornament ['ɔːnəmənt] *n* ornamento; (*trinket*) ninnolo; **~al** [-'mentl] *adj* ornamentale

ornate [ɔː'neıt] *adj* molto ornato(a)

orphan ['ɔːfn] *n* orfano/a

orthodox ['ɔːθədɔks] *adj* ortodosso(a)

orthopaedic [ɔːθə'piːdık] (*US* **orthopedic**) *adj* ortopedico(a)

ostensibly [ɔs'tensıblı] *adv* all'apparenza

ostentatious [ɔsten'teıʃəs] *adj* pretenzioso(a); ostentato(a)

ostrich ['ɔstrıtʃ] *n* struzzo

other ['ʌðə*] *adj* altro(a) ♦ *pron*: **the ~ (one)** l'altro(a); **~s** (~ *people*) altri *mpl*; **~ than** altro che; **~wise** *adv*, *conj* altrimenti

otter ['ɔtə*] *n* lontra

ouch [autʃ] *excl* ohi!, ahi!

ought [ɔːt] (*pt* **ought**) *aux vb*: **I ~ to do it** dovrei farlo; **this ~ to have been corrected** questo avrebbe dovuto essere corretto; **he ~ to win** dovrebbe vincere

ounce [auns] *n* oncia (= 28.35 *g*; 16 *in a pound*)

our ['auə*] *adj* il(la) nostro(a), *pl* i(le) nostri(e); *see also* **my**; **~s** *pron* il(la) nostro(a), *pl* i(le) nostri(e); *see also* **mine**; **~selves** *pron pl* (*reflexive*) ci; (*after preposition*) noi; (*emphatic*) noi stessi(e); *see also* **oneself**

oust [aust] *vt* cacciare, espellere

KEYWORD

out [aut] *adv* (*gen*) fuori; **~ here/there** qui/là fuori; **to speak ~ loud** parlare forte; **to have a night ~** uscire una sera; **the boat was 10 km ~** la barca era a 10 km dalla costa; **3 days ~ from Plymouth** a 3 giorni da Plymouth

♦ *adj*: **to be ~** (*gen*) essere fuori;

(*unconscious*) aver perso i sensi; (*style, singer*) essere fuori moda; **before the week was ~** prima che la settimana fosse finita; **to be ~ to do sth** avere intenzione di fare qc; **to be ~ in one's calculations** aver sbagliato i calcoli

♦ **out of** *prep* **1** (*outside, beyond*) fuori di; **to go ~ of the house** uscire di casa; **to look ~ of the window** guardare fuori dalla finestra

2 (*because of*) per

3 (*origin*) da; **to drink ~ of a cup** bere da una tazza

4 (*from among*): **~ of 10** su 10

5 (*without*) senza; **~ of petrol** senza benzina

out-and-out *adj* (*liar, thief etc*) vero(a) e proprio(a)

outback ['autbæk] *n* (*in Australia*) interno, entroterra

outboard ['autbɔːd] *n*: **~ (motor)** (motore *m*) fuoribordo

outbreak ['autbreık] *n* scoppio; epidemia

outburst ['autbɜːst] *n* scoppio

outcast ['autkɑːst] *n* esule *m/f*; (*socially*) paria *m inv*

outcome ['autkʌm] *n* esito, risultato

outcrop ['autkrɔp] *n* (*of rock*) affioramento

outcry ['autkraı] *n* protesta, clamore *m*

outdated [aut'deıtıd] *adj* (*custom, clothes*) fuori moda; (*idea*) sorpassato(a)

outdo [aut'duː] (*irreg*) *vt* sorpassare

outdoor [aut'dɔː*] *adj* all'aperto; **~s** *adv* fuori; all'aria aperta

outer ['autə*] *adj* esteriore; **~ space** *n* spazio cosmico

outfit ['autfıt] *n* (*clothes*) completo; (: *for sport*) tenuta

outgoing ['autgəuıŋ] *adj* (*character*) socievole; **~s** *npl* (*BRIT*) (*expenses*) spese *fpl*, uscite *fpl*

outgrow [aut'grəu] (*irreg*) *vt*: **he has ~n his clothes** tutti i vestiti gli sono diventati piccoli

outhouse ['authaus] *n* costruzione *f* annessa

outing ['autɪŋ] *n* gita; escursione *f*

outlaw ['autlɔː] *n* fuorilegge *m/f* ♦ *vt* bandire

outlay ['autleɪ] *n* spese *fpl*; (*investment*) sborsa, spesa

outlet ['autlet] *n* (*for liquid etc*) sbocco, scarico; (*US: ELEC*) presa di corrente; (*also:* **retail ~**) punto di vendita

outline ['autlaɪn] *n* contorno, profilo; (*summary*) abbozzo, grandi linee *fpl* ♦ *vt* (*fig*) descrivere a grandi linee

outlive [aut'lɪv] *vt* sopravvivere a

outlook ['autlʊk] *n* prospettiva, vista

outlying ['autlaɪɪŋ] *adj* periferico(a)

outmoded [aut'məudɪd] *adj* passato(a) di moda; antiquato(a)

outnumber [aut'nʌmbə*] *vt* superare in numero

out-of-date *adj* (*passport*) scaduto(a); (*clothes*) fuori moda *inv*

out-of-the-way *adj* (*place*) fuori mano *inv*

outpatient ['autpeɪʃənt] *n* paziente *m/f* esterno(a)

outpost ['autpəust] *n* avamposto

output ['autput] *n* produzione *f*; (*COMPUT*) output *m inv*

outrage ['autreɪdʒ] *n* oltraggio; scandalo ♦ *vt* oltraggiare; **~ous** [-'reɪdʒəs] *adj* oltraggioso(a); scandaloso(a)

outreach worker ['autriːtʃ-] *n* assistente sociale che opera direttamente nei luoghi di aggregazione di emarginati, tossicodipendenti ecc

outright [*adv* aut'raɪt, *adj* 'autraɪt] *adv* completamente; schiettamente; apertamente; sul colpo ♦ *adj* completo(a); schietto(a) e netto(a)

outset ['autset] *n* inizio

outside [aut'saɪd] *n* esterno, esteriore *m* ♦ *adj* esterno(a), esteriore ♦ *adv* fuori, all'esterno ♦ *prep* fuori di, all'esterno di; **at the ~** (*fig*) al massimo; **~ lane** *n* (*AUT*) corsia di sorpasso; **~ line** *n* (*TEL*) linea esterna; **~r** *n* (*in race etc*) outsider *m inv*; (*stranger*) estraneo/a

outsize ['autsaɪz] *adj* (*clothes*) per taglie forti

outskirts ['autskəːts] *npl* sobborghi *mpl*

outspoken [aut'spəukən] *adj* molto franco(a)

outstanding [aut'stændɪŋ] *adj* eccezionale, di rilievo; (*unfinished*) non completo(a); non evaso(a); non regolato(a)

outstay [aut'steɪ] *vt*: **to ~ one's welcome** diventare un ospite sgradito

outstretched [aut'stretʃt] *adj* (*hand*) teso(a); (*body*) disteso(a)

outstrip [aut'strɪp] *vt* (*competitors, demand*) superare

out-tray *n* contenitore *m* per la corrispondenza in partenza

outward ['autwəd] *adj* (*sign, appearances*) esteriore; (*journey*) d'andata

outweigh [aut'weɪ] *vt* avere maggior peso di

outwit [aut'wɪt] *vt* superare in astuzia

oval ['əuvl] *adj* ovale ♦ *n* ovale *m*

Oval Office

i L'**Oval Office** è una grande sala di forma ovale nella **White House**, la Casa Bianca, dove ha sede l'ufficio del Presidente degli Stati Uniti

---

ovary ['əuvərɪ] *n* ovaia

oven ['ʌvn] *n* forno; **~proof** *adj* da forno

over ['əuvə*] *adv* al di sopra ♦ *adj* (*or adv*) (*finished*) finito(a), terminato(a); (*too*) troppo; (*remaining*) che avanza ♦ *prep* su; sopra; (*above*) al di sopra di; (*on the other side of*) di là di; (*more than*) più di; (*during*) durante; **~ here** qui; **~ there** là; **all ~** (*everywhere*) dappertutto; (*finished*) tutto(a) finito(a); **~ and ~ (again)** più e più volte; **~ and above** oltre a; **to ask sb ~** invitare qn (a passare)

overall [*adj, n* 'əuvərɔːl, *adv* əuvər'ɔːl] *adj* totale ♦ *n* (*BRIT*) grembiule *m* ♦ *adv* nell'insieme, complessivamente; **~s** *npl* (*worker's ~s*) tuta (da lavoro)

overawe [əuvər'ɔː] *vt* intimidire

overbalance [əuvə'bæləns] *vi* perdere l'equilibrio

overboard ['əuvəbɔːd] *adv* (*NAUT*) fuori bordo, in mare

overbook [əuvəˈbuk] *vt*: **the hotel was ~ed** le prenotazioni all'albergo superavano i posti disponibili

overcast [ˈəuvəkɑːst] *adj (sky)* coperto(a)

overcharge [əuvəˈtʃɑːdʒ] *vt*: **to ~ sb for sth** far pagare troppo caro a qn per qc

overcoat [ˈəuvəkəut] *n* soprabito, cappotto

overcome [əuvəˈkʌm] *(irreg) vt* superare; sopraffare

overcrowded [əuvəˈkraudɪd] *adj* sovraffollato(a)

overdo [əuvəˈduː] *(irreg) vt* esagerare; *(overcook)* cuocere troppo

overdose [ˈəuvədəus] *n* dose *f* eccessiva

overdraft [ˈəuvədrɑːft] *n* scoperto (di conto)

overdrawn [əuvəˈdrɔːn] *adj (account)* scoperto(a)

overdue [əuvəˈdjuː] *adj* in ritardo

overestimate [əuvərˈestɪmeɪt] *vt* sopravvalutare

overflow [*vb* əuvəˈfləu, *n* ˈəuvəfləu] *vi* traboccare ♦ *n (also:* **~ pipe**) troppopieno

overgrown [əuvəˈgrəun] *adj (garden)* ricoperto(a) di vegetazione

overhaul [*vb* əuvəˈhɔːl, *n* ˈəuvəhɔːl] *vt* revisionare ♦ *n* revisione *f*

overhead [*adv* əuvəˈhed, *adj, n* ˈəuvəhed] *adv* di sopra ♦ *adj* aereo(a); *(lighting)* verticale ♦ *n (US)* = **~s**; **~s** *npl* spese *fpl* generali

overhear [əuvəˈhɪə*] *(irreg) vt* sentire (per caso)

overheat [əuvəˈhiːt] *vi (engine)* surriscaldare

overjoyed [əuvəˈdʒɔɪd] *adj* pazzo(a) di gioia

overlap [əuvəˈlæp] *vi* sovrapporsi

overleaf [əuvəˈliːf] *adv* a tergo

overload [əuvəˈləud] *vt* sovraccaricare

overlook [əuvəˈluk] *vt (have view of)* dare su; *(miss)* trascurare; *(forgive)* passare sopra a

overnight [əuvəˈnaɪt] *adv (happen)* durante la notte; *(fig)* tutto ad un tratto ♦ *adj* di notte; **he stayed there ~** ci ha passato la notte

overpass [ˈəuvəpɑːs] *n* cavalcavia *m inv*

overpower [əuvəˈpauə*] *vt* sopraffare; **~ing** *adj* irresistibile; *(heat, stench)* soffocante

overrate [əuvəˈreɪt] *vt* sopravvalutare

override [əuvəˈraɪd] *(irreg: like* **ride***) vt (order, objection)* passar sopra a; *(decision)* annullare; **overriding** *adj* preponderante

overrule [əuvəˈruːl] *vt (decision)* annullare; *(claim)* respingere

overrun [əuvəˈrʌn] *(irreg: like* **run***) vt (country)* invadere; *(time limit)* superare

overseas [əuvəˈsiːz] *adv* oltremare; *(abroad)* all'estero ♦ *adj (trade)* estero(a); *(visitor)* straniero(a)

overshadow [əuvəˈʃædəu] *vt* far ombra su; *(fig)* eclissare

overshoot [əuvəˈʃuːt] *(irreg) vt* superare

oversight [ˈəuvəsaɪt] *n* omissione *f*, svista

oversleep [əuvəˈsliːp] *(irreg) vt* dormire troppo a lungo

overstep [əuvəˈstep] *vt*: **to ~ the mark** superare ogni limite

overt [əuˈvəːt] *adj* palese

overtake [əuvəˈteɪk] *(irreg) vt* sorpassare

overthrow [əuvəˈθrəu] *(irreg) vt (government)* rovesciare

overtime [ˈəuvətaɪm] *n (lavoro)* straordinario

overtone [ˈəuvətəun] *n* sfumatura

overture [ˈəuvətʃuə*] *n (MUS)* ouverture *f inv*; *(fig)* approccio

overturn [əuvəˈtəːn] *vt* rovesciare ♦ *vi* rovesciarsi

overweight [əuvəˈweɪt] *adj (person)* troppo grasso(a)

overwhelm [əuvəˈwelm] *vt* sopraffare; sommergere; schiacciare; **~ing** *adj (victory, defeat)* schiacciante; *(heat, desire)* intenso(a)

overwrought [əuvəˈrɔːt] *adj* molto agitato(a)

owe [əu] *vt*: **to ~ sb sth, to ~ sth to sb** dovere qc a qn; **owing to** *prep* a causa di

owl [aul] *n* gufo

own [əun] *vt* possedere ♦ *adj* proprio(a); **a room of my ~** la mia propria camera; **to get one's ~ back** vendicarsi; **on one's ~** tutto(a) solo(a); **~ up** *vi* confessare; **~er** *n* proprietario/a; **~ership** *n* possesso

ox [ɔks] *(pl* **oxen***) n* bue *m*

oxen ['ɔksn] *npl of* **ox**

oxtail ['ɔksteɪl] *n*: ~ **soup** minestra di coda di bue

oxygen ['ɔksɪdʒən] *n* ossigeno; ~ **mask/tent** *n* maschera/tenda ad ossigeno

oyster ['ɔɪstə*] *n* ostrica

oz. *abbr* = **ounce(s)**

ozone ['əuzəun] *n* ozono; ~-**friendly** *adj* che non danneggia l'ozono; ~ **hole** *n* buco nell'ozono

P, p

p [pi:] *abbr* = **penny**; **pence**

P.A. *n abbr* = **personal assistant**; **public address system**

p.a. *abbr* = **per annum**

pa [pɑː] (*inf*) *n* papà *m inv*, babbo

pace [peɪs] *n* passo; (*speed*) passo; velocità ♦ *vi*: **to ~ up and down** camminare su e giù; **to keep ~ with** camminare di pari passo a; (*events*) tenersi al corrente di; ~**maker** *n* (*MED*) segnapasso; (*SPORT*: *also*: ~ **setter**) battistrada *m inv*

pacific [pə'sɪfɪk] *n*: **the P~ (Ocean)** il Pacifico, l'Oceano Pacifico

pacify ['pæsɪfaɪ] *vt* calmare, placare

pack [pæk] *n* pacco; (*US*: *of cigarettes*) pacchetto; (*back~*) zaino; (*of hounds*) muta; (*of thieves etc*) banda; (*of cards*) mazzo ♦ *vt* (*in suitcase etc*) mettere; (*box*) riempire; (*cram*) stipare, pigiare; **to ~ (one's bags)** fare la valigia; **to ~ sb off** spedire via qn; ~ **it in!** (*inf*) dacci un taglio!

package ['pækɪdʒ] *n* pacco, balla; (*also*: ~ **deal**) pacchetto; forfait *m inv*; ~ **holiday** *n* vacanza organizzata; ~ **tour** *n* viaggio organizzato

packed lunch *n* pranzo al sacco

packet ['pækɪt] *n* pacchetto

packing ['pækɪŋ] *n* imballaggio; ~ **case** *n* cassa da imballaggio

pact [pækt] *n* patto, accordo; trattato

pad [pæd] *n* blocco; (*to prevent friction*) cuscinetto; (*inf*: *flat*) appartamentino ♦ *vt* imbottire; ~**ding** *n* imbottitura

paddle ['pædl] *n* (*oar*) pagaia; (*US*: *for table tennis*) racchetta da ping-pong ♦ *vi* squazzare ♦ *vt*: **to ~ a canoe** *etc* vogare con la pagaia; **paddling pool** (*BRIT*) *n* piscina per bambini

paddock ['pædək] *n* prato recintato; (*at racecourse*) paddock *m inv*

padlock ['pædlɔk] *n* lucchetto

paediatrics [piːdɪ'ætrɪks] (*US* **pediatrics**) *n* pediatria

pagan ['peɪgən] *adj*, *n* pagano(a)

page [peɪdʒ] *n* pagina; (*also*: ~ **boy**) paggio ♦ *vt* (*in hotel etc*) (far) chiamare

pageant ['pædʒənt] *n* spettacolo storico; grande cerimonia; ~**ry** *n* pompa

pager ['peɪdʒə*] *n* (*TEL*) cercapersone *m inv*

paging device ['peɪdʒɪŋ-] *n* (*TEL*) cercapersone *m inv*

paid [peɪd] *pt*, *pp of* **pay** ♦ *adj* (*work, official*) rimunerato(a); **to put ~ to** (*BRIT*) mettere fine a

pail [peɪl] *n* secchio

pain [peɪn] *n* dolore *m*; **to be in** ~ soffrire, aver male; **to take ~s to do** mettercela tutta per fare; ~**ed** *adj* addolorato(a), afflitto(a); ~**ful** *adj* doloroso(a), che fa male; difficile, penoso(a); ~**fully** *adv* (*fig: very*) fin troppo; ~**killer** *n* antalgico, antidolorifico; ~**less** *adj* indolore

painstaking ['peɪnzteɪkɪŋ] *adj* (*person*) sollecito(a); (*work*) accurato(a)

paint [peɪnt] *n* vernice *f*, colore *m* ♦ *vt* dipingere; (*walls, door etc*) verniciare; **to ~ the door blue** verniciare la porta di azzurro; ~**brush** *n* pennello; ~**er** *n* (*artist*) pittore *m*; (*decorator*) imbianchino; ~**ing** *n* pittura, verniciatura; (*picture*) dipinto, quadro; ~**work** *n* tinta; (*of car*) vernice *f*

pair [peə*] *n* (*of shoes, gloves etc*) paio; (*of people*) coppia; duo *m inv*; **a ~ of scissors/trousers** un paio di forbici/pantaloni

pajamas [prɪ'dʒɑːməz] (*US*) *npl* pigiama *m*

Pakistan [pɑːkɪ'stɑːn] *n* Pakistan *m*; ~**i** *adj*, *n* pakistano(a)

pal [pæl] (*inf*) *n* amico/a, compagno/a

palace ['pæləs] *n* palazzo

palatable ['pælɪtəbl] *adj* gustoso(a)

palate ['pælɪt] *n* palato

palatial [pə'leɪʃəl] *adj* sontuoso(a), sfarzoso(a)

pale [peɪl] *adj* pallido(a) ♦ *n*: **to be beyond the ~** aver oltrepassato ogni limite

Palestine ['pælɪstaɪn] *n* Palestina; **Palestinian** [-'tɪnɪən] *adj*, *n* palestinese *m/f*

palette ['pælɪt] *n* tavolozza

palings ['peɪlɪŋz] *npl* (*fence*) palizzata

pallet ['pælɪt] *n* (*for goods*) paletta

pallid ['pælɪd] *adj* pallido(a), smorto(a)

pallor ['pælə*] *n* pallore *m*

palm [pɑːm] *n* (ANAT) palma, palmo; (*also*: ~ **tree**) palma ♦ *vt*: **to ~ sth off on sb** (*inf*) rifilare qc a qn; **P~ Sunday** *n* Domenica delle Palme

paltry ['pɔːltrɪ] *adj* irrisorio(a); insignificante

pamper ['pæmpə*] *vt* viziare, coccolare

pamphlet ['pæmflət] *n* dépliant *m inv*

pan [pæn] *n* (*also*: **sauce~**) casseruola; (*also*: **frying ~**) padella

panache [pə'næʃ] *n* stile *m*

pancake ['pænkeɪk] *n* frittella

pancreas ['pæŋkrɪəs] *n* pancreas *m inv*

panda ['pændə] *n* panda *m inv*; ~ **car** (BRIT) *n* auto *f* della polizia

pandemonium [pændɪ'məʊnɪəm] *n* pandemonio

pander ['pændə*] *vi*: **to ~ to** lusingare; concedere tutto a

pane [peɪn] *n* vetro

panel ['pænl] *n* (*of wood, cloth etc*) pannello; (RADIO, TV) giuria; ~**ling** (US ~**ing**) *n* rivestimento a pannelli

pang [pæŋ] *n*: **a ~ of regret** un senso di rammarico; **hunger ~s** morsi *mpl* della fame

panic ['pænɪk] *n* panico ♦ *vi* perdere il sangue freddo; ~**ky** *adj* (*person*) pauroso(a); ~**-stricken** *adj* (*person*) preso(a) dal panico, in preda al panico; (*look*) terrorizzato(a)

pansy ['pænzɪ] *n* (BOT) viola del pensiero, pensée *f inv*; (*inf*: *pej*) femminuccia

pant [pænt] *vi* ansare

panther ['pænθə*] *n* pantera

panties ['pæntɪz] *npl* slip *m*, mutandine *fpl*

pantihose ['pæntɪhəʊz] (US) *n* collant *m inv*

pantomime ['pæntəmaɪm] (BRIT) *n* pantomima

---

pantomime

In Gran Bretagna la **pantomime** *è una sorta di libera interpretazione delle favole più conosciute, che vengono messe in scena a teatro durante il periodo natalizio. È uno spettacolo per tutta la famiglia che prevede la partecipazione del pubblico.*

---

pantry ['pæntrɪ] *n* dispensa

pants [pænts] *npl* mutande *fpl*, slip *m*; (US: *trousers*) pantaloni *mpl*

papal ['peɪpəl] *adj* papale, pontificio(a)

paper ['peɪpə*] *n* carta; (*also*: **wall~**) carta da parati, tappezzeria; (*also*: **news~**) giornale *m*; (*study, article*) saggio; (*exam*) prova scritta ♦ *adj* di carta ♦ *vt* tappezzare; ~**s** *npl* (*also*: **identity ~s**) carte *fpl*, documenti *mpl*; ~**back** *n* tascabile *m*; edizione *f* economica; ~ **bag** *n* sacchetto di carta; ~ **clip** *n* graffetta, clip *f inv*; ~ **hankie** *n* fazzolettino di carta; ~**weight** *n* fermacarte *m inv*; ~**work** *n* lavoro amministrativo

papier-mâché ['pæpɪeɪ'mæʃeɪ] *n* cartapesta

par [pɑː*] *n* parità, pari *f*; (GOLF) norma; **on a ~ with** alla pari con

parachute ['pærəʃuːt] *n* paracadute *m inv*

parade [pə'reɪd] *n* parata ♦ *vt* (*fig*) fare sfoggio di ♦ *vi* sfilare in parata

paradise ['pærədaɪs] *n* paradiso

paradox ['pærədɒks] *n* paradosso; ~**ically** [-'dɒksɪklɪ] *adv* paradossalmente

paraffin ['pærəfɪn] (BRIT) *n*: ~ **(oil)** paraffina

paragon ['pærəgən] *n* modello di perfezione *or* di virtù

paragraph ['pærəgrɑːf] *n* paragrafo

parallel ['pærəlɛl] *adj* parallelo(a); (*fig*) analogo(a) ♦ *n* (*line*) parallela; (*fig*, GEO) parallelo

paralyse ['pærəlaɪz] (US **paralyze**) *vt* paralizzare

paralysis [pə'rælɪsɪs] *n* paralisi *f inv*

paralyze ['pærəlaɪz] (*US*) *vt* = **paralyse**

paramount ['pærəmaunt] *adj*: **of ~ importance** di capitale importanza

paranoid ['pærənɔɪd] *adj* paranoico(a)

paraphernalia [pærəfə'neɪlɪə] *n* attrezzi *mpl*, roba

parasol ['pærəsɔl] *n* parasole *m*

paratrooper ['pærətru:pə*] *n* paracadutista *m* (*soldato*)

parcel ['pɑ:sl] *n* pacco, pacchetto ♦ *vt* (*also*: **~ up**) impaccare

parched [pɑ:tʃt] *adj* (*person*) assetato(a)

parchment ['pɑ:tʃmənt] *n* pergamena

pardon ['pɑ:dn] *n* perdono; grazia ♦ *vt* perdonare; (*LAW*) graziare; **~ me!** mi scusi!; **I beg your ~!** scusi!; **I beg your ~?** (*BRIT*), **~ me?** (*US*) prego?

parent ['pɛərənt] *n* genitore *m*; **~s** *npl* (*mother and father*) genitori *mpl*; **~al** [pə'rɛntl] *adj* dei genitori

parentheses [pə'rɛnθɪsi:z] *npl of* **parenthesis**

parenthesis [pə'rɛnθɪsɪs] (*pl* **parentheses**) *n* parentesi *f inv*

Paris ['pærɪs] *n* Parigi *f*

parish ['pærɪʃ] *n* parrocchia; (*BRIT: civil*) ≈ municipio

park [pɑ:k] *n* parco ♦ *vt, vi* parcheggiare

parka ['pɑ:kə] *n* eskimo

parking ['pɑ:kɪŋ] *n* parcheggio; **"no ~"** "sosta vietata"; **~ lot** (*US*) *n* posteggio, parcheggio; **~ meter** *n* parchimetro; **~ ticket** *n* multa per sosta vietata

parliament ['pɑ:ləmənt] *n* parlamento

parliamentary [pɑ:lə'mɛntərɪ] *adj* parlamentare

parlour ['pɑ:lə*] (*US* **parlor**) *n* salotto

parochial [pə'rəukɪəl] (*pej*) *adj* provinciale

parole [pə'rəul] *n*: **on ~** in libertà per buona condotta

parrot ['pærət] *n* pappagallo

parry ['pærɪ] *vt* parare

parsley ['pɑ:slɪ] *n* prezzemolo

parsnip ['pɑ:snɪp] *n* pastinaca

parson ['pɑ:sn] *n* prete *m*; (*Church of England*) parroco

part [pɑ:t] *n* parte *f*; (*of machine*) pezzo; (*US: in hair*) scriminatura ♦ *adj* in parte ♦ *vt* separare ♦ *vi* (*people*) separarsi; **to take ~ in** prendere parte a; **for my ~** per parte mia; **to take sth in good ~** prendere bene qc; **to take sb's ~** parteggiare per *or* prendere le parti di qn; **for the most ~** in generale; nella maggior parte dei casi; **~ with** *vt fus* separarsi da; rinunciare a; **~ exchange** (*BRIT*) *n*: **in ~ exchange** in pagamento parziale

partial ['pɑ:ʃl] *adj* parziale; **to be ~ to** avere un debole per

participate [pɑ:'tɪsɪpeɪt] *vi*: **to ~ (in)** prendere parte (a), partecipare (a); **participation** [-'peɪʃən] *n* partecipazione *f*

participle ['pɑ:tɪsɪpl] *n* participio

particle ['pɑ:tɪkl] *n* particella

particular [pə'tɪkjulə*] *adj* particolare; speciale; (*fussy*) difficile; meticoloso(a); **in ~** in particolare, particolarmente; **~ly** *adv* particolarmente; in particolare; **~s** *npl* particolari *mpl*, dettagli *mpl*; (*information*) informazioni *fpl*

parting ['pɑ:tɪŋ] *n* separazione *f*; (*BRIT: in hair*) scriminatura ♦ *adj* d'addio

partisan [pɑ:tɪ'zæn] *n* partigiano/a ♦ *adj* partigiano(a); di parte

partition [pɑ:'tɪʃən] *n* (*POL*) partizione *f*; (*wall*) tramezzo

partly ['pɑ:tlɪ] *adv* parzialmente; in parte

partner ['pɑ:tnə*] *n* (*COMM*) socio/a; (*wife, husband etc, SPORT*) compagno/a; (*at dance*) cavaliere/dama; **~ship** *n* associazione *f*; (*COMM*) società *f inv*

partridge ['pɑ:trɪdʒ] *n* pernice *f*

part-time *adj, adv* a orario ridotto

party ['pɑ:tɪ] *n* (*POL*) partito; (*group*) gruppo; (*LAW*) parte *f*; (*celebration*) ricevimento; serata; festa ♦ *cpd* (*POL*) del partito, di partito; **~ dress** *n* vestito della festa

pass [pɑ:s] *vt* (*gen*) passare; (*place*) passare davanti a; (*exam*) passare, superare; (*candidate*) promuovere; (*overtake, surpass*) sorpassare, superare; (*approve*) approvare ♦ *vi* passare ♦ *n* (*permit*) lasciapassare *m inv*; permesso; (*in mountains*) passo, gola;

(*SPORT*) passaggio; (*SCOL*): **to get a ~** prendere la sufficienza; **to ~ sth through a hole** *etc* far passare qc attraverso un buco *etc*; **to make a ~ at sb** (*inf*) fare delle proposte *or* delle avances a qn; ~ **away** *vi* morire; ~ **by** *vi* passare ♦ *vt* trascurare; ~ **on** *vt* passare; ~ **out** *vi* svenire; ~ **up** *vt* (*opportunity*) lasciarsi sfuggire, perdere; **~able** *adj* (*road*) praticabile; (*work*) accettabile

passage ['pæsɪdʒ] *n* (*gen*) passaggio; (*also*: **~way**) corridoio; (*in book*) brano, passo; (*by boat*) traversata

passbook ['pɑːsbuk] *n* libretto di risparmio

passenger ['pæsɪndʒə*] *n* passeggero/a

passer-by ['pɑːsə'baɪ] *n* passante *m/f*

passing ['pɑːsɪŋ] *adj* (*fig*) fuggevole; **to mention sth in ~** accennare a qc di sfuggita; ~ **place** *n* (*AUT*) piazzola di sosta

passion ['pæʃən] *n* passione *f*; amore *m*; **~ate** *adj* appassionato(a)

passive ['pæsɪv] *adj* (*also LING*) passivo(a); ~ **smoking** *n* fumo passivo

Passover ['pɑːsəuvə*] *n* Pasqua ebraica

passport ['pɑːspɔːt] *n* passaporto; ~ **control** *n* controllo *m* passaporti *inv*; ~ **office** *n* ufficio *m* passaporti *inv*

password ['pɑːswɜːd] *n* parola d'ordine

past [pɑːst] *prep* (*further than*) oltre, di là di; dopo; (*later than*) dopo ♦ *adj* passato(a); (*president etc*) ex *inv* ♦ *n* passato; **he's ~ forty** ha più di quarant'anni; **ten ~ eight** le otto e dieci; **for the ~ few days** da qualche giorno; in questi ultimi giorni; **to run ~** passare di corsa

pasta ['pæstə] *n* pasta

paste [peɪst] *n* (*glue*) colla; (*CULIN*) pâté *m inv*; pasta ♦ *vt* collare

pastel ['pæstl] *adj* pastello *inv*

pasteurized ['pæstəraɪzd] *adj* pastorizzato(a)

pastille ['pæstl] *n* pastiglia

pastime ['pɑːstaɪm] *n* passatempo

pastry ['peɪstrɪ] *n* pasta

pasture ['pɑːstʃə*] *n* pascolo

pasty¹ ['pæstɪ] *n* pasticcio di carne

pasty² ['peɪstɪ] *adj* (*face etc*) smorto(a)

pat [pæt] *vt* accarezzare, dare un colpetto (affettuoso) a

patch [pætʃ] *n* (*of material, on tyre*) toppa; (*eye ~*) benda; (*spot*) macchia ♦ *vt* (*clothes*) rattoppare; **(to go through) a bad ~** (attraversare) un brutto periodo; ~ **up** *vt* rappezzare; (*quarrel*) appianare; **~y** *adj* irregolare

pâté ['pæteɪ] *n* pâté *m inv*

patent ['peɪtnt] *n* brevetto ♦ *vt* brevettare ♦ *adj* patente, manifesto(a); ~ **leather** *n* cuoio verniciato

paternal [pə'tɜːnl] *adj* paterno(a)

path [pɑːθ] *n* sentiero, viottolo; viale *m*; (*fig*) via, strada; (*of planet, missile*) traiettoria

pathetic [pə'θetɪk] *adj* (*pitiful*) patetico(a); (*very bad*) penoso(a)

pathological [pæθə'lɔdʒɪkl] *adj* patologico(a)

pathway ['pɑːθweɪ] *n* sentiero

patience ['peɪʃns] *n* pazienza; (*BRIT: CARDS*) solitario

patient ['peɪʃnt] *n* paziente *m/f*; malato/a ♦ *adj* paziente

patio ['pætɪəu] *n* terrazza

patriot ['peɪtrɪət] *n* patriota *m/f*; **~ic** [pætrɪ'ɔtɪk] *adj* patriottico(a); **~ism** *n* patriottismo

patrol [pə'trəul] *n* pattuglia ♦ *vt* pattugliare; ~ **car** *n* autoradio *f inv* (della polizia); **~man** (*US: irreg*) *n* poliziotto

patron ['peɪtrən] *n* (*in shop*) cliente *m/f*; (*of charity*) benefattore/trice; ~ **of the arts** mecenate *m/f*; **~ize** ['pætrənaɪz] *vt* essere cliente abituale di; (*fig*) trattare dall'alto in basso

patter ['pætə*] *n* picchiettio; (*sales talk*) propaganda di vendita ♦ *vi* picchiettare; **a ~ of footsteps** un rumore di passi

pattern ['pætən] *n* modello; (*design*) disegno, motivo

pauper ['pɔːpə*] *n* indigente *m/f*

pause [pɔːz] *n* pausa ♦ *vi* fare una pausa, arrestarsi

pave [peɪv] *vt* pavimentare; **to ~ the way for** aprire la via a

pavement ['peɪvmənt] (*BRIT*) *n* marciapiede

m

pavilion [pə'vɪlɪən] *n* (*SPORT*) *edificio annesso a campo sportivo*

paving ['peɪvɪŋ] *n* pavimentazione *f*; **~ stone** *n* lastra di pietra

paw [pɔː] *n* zampa

pawn [pɔːn] *n* (*CHESS*) pedone *m*; (*fig*) pedina ♦ *vt* dare in pegno; **~broker** *n* prestatore *m* su pegno; **~shop** *n* monte *m* di pietà

pay [peɪ] (*pt, pp* **paid**) *n* stipendio; paga ♦ *vt* pagare ♦ *vt* (*be profitable*) rendere; **to ~ attention (to)** fare attenzione (a); **to ~ sb a visit** far visita a qn; **to ~ one's respects to sb** porgere i propri rispetti a qn; **~ back** *vt* rimborsare; **~ for** *vt fus* pagare; **~ in** *vt* versare; **~ off** *vt* (*debt*) saldare; (*person*) pagare; (*employee*) pagare e licenziare ♦ *vi* (*scheme, decision*) dare dei frutti; **~ up** *vt* saldare; **~able** *adj* pagabile; **~ee** *n* beneficiario/a; **~ envelope** (*US*) *n* = **~ packet**; **~ing** *adj*: **~ing guest** ospite *m/f* pagante, pensionante *m/f*; **~ment** *n* pagamento; versamento; saldo; **~ packet** (*BRIT*) *n* busta *f* paga *inv*; **~ phone** *n* cabina telefonica; **~roll** *n* ruolo (organico); **~ slip** *n* foglio *m* paga *inv*; **~ television** *n* televisione *f* a pagamento, pay-tv *f inv*

PC *n abbr* = **personal computer**; *adv abbr* = **politically correct**

p.c. *abbr* = **per cent**

pea [piː] *n* pisello

peace [piːs] *n* pace *f*; **~ful** *adj* pacifico(a), calmo(a)

peach [piːtʃ] *n* pesca

peacock ['piːkɔk] *n* pavone *m*

peak [piːk] *n* (*of mountain*) cima, vetta; (*mountain itself*) picco; (*of cap*) visiera; (*fig*) apice *m*, culmine *m*; **~ hours** *npl* ore *fpl* di punta; **~ period** *n* = **~ hours**

peal [piːl] *n* (*of bells*) scampanio, carillon *m inv*; **~s of laughter** scoppi *mpl* di risa

peanut ['piːnʌt] *n* arachide *f*, nocciolina americana; **~ butter** *n* burro di arachidi

pear [pɛə*] *n* pera

pearl [pɜːl] *n* perla

peasant ['pɛznt] *n* contadino/a

peat [piːt] *n* torba

pebble ['pɛbl] *n* ciottolo

peck [pɛk] *vt* (*also*: **~ at**) beccare ♦ *n* colpo di becco; (*kiss*) bacetto; **~ing order** *n* ordine *m* gerarchico; **~ish** (*BRIT*: *inf*) *adj*: **I feel ~ish** ho un languorino

peculiar [pɪ'kjuːlɪə*] *adj* strano(a), bizzarro(a); peculiare; **~ to** peculiare di

pedal ['pɛdl] *n* pedale *m* ♦ *vi* pedalare

pedantic [pɪ'dæntɪk] *adj* pedantesco(a)

peddler ['pɛdlə*] *n* (*also*: **drug ~**) spacciatore/trice

pedestal ['pɛdəstl] *n* piedestallo

pedestrian [pɪ'dɛstrɪən] *n* pedone/a ♦ *adj* pedonale; (*fig*) prosaico(a), pedestre; **~ crossing** (*BRIT*) *n* passaggio pedonale; **~ precinct** (*BRIT*), **~ zone** (*US*) *n* zona pedonale

pediatrics [piːdɪ'ætrɪks] (*US*) *n* = **paediatrics**

pedigree ['pɛdɪgriː] *n* (*of animal*) pedigree *m inv*; (*fig*) background *m inv* ♦ *cpd* (*animal*) di razza

pee [piː] (*inf*) *vi* pisciare

peek [piːk] *vi* guardare furtivamente

peel [piːl] *n* buccia; (*of orange, lemon*) scorza ♦ *vt* sbucciare ♦ *vi* (*paint etc*) staccarsi

peep [piːp] *n* (*BRIT*: *look*) sguardo furtivo, sbirciata; (*sound*) pigolio ♦ *vi* (*BRIT*) guardare furtivamente; **~ out** *vi* mostrarsi furtivamente; **~hole** *n* spioncino

peer [pɪə*] *vi*: **to ~ at** scrutare ♦ *n* (*noble*) pari *m inv*; (*equal*) pari *m/f inv*, uguale *m/f*; (*contemporary*) contemporaneo/a; **~age** *n* dignità di pari; pari *mpl*

peeved [piːvd] *adj* stizzito(a)

peevish ['piːvɪʃ] *adj* stizzoso(a)

peg [pɛg] *n* caviglia; (*for coat etc*) attaccapanni *m inv*; (*BRIT*: *also*: **clothes ~**) molletta

Peking [piː'kɪŋ] *n* Pechino *f*

pelican ['pɛlɪkən] *n* pellicano; **~ crossing** (*BRIT*) *n* (*AUT*) attraversamento pedonale con semaforo a controllo manuale

pellet ['pɛlɪt] *n* pallottola, pallina

pelt [pɛlt] *vt*: **to ~ sb (with)** bombardare qn

(con) ♦ *vi* (*rain*) piovere a dirotto; (*inf: run*) filare ♦ *n* pelle *f*

pelvis ['pɛlvɪs] *n* pelvi *f inv*, bacino

pen [pɛn] *n* penna; (*for sheep*) recinto

penal ['piːnl] *adj* penale; **~ize** *vt* punire; (*SPORT, fig*) penalizzare

penalty ['pɛnltɪ] *n* penalità *f inv*; sanzione *f* penale; (*fine*) ammenda; (*SPORT*) penalizzazione *f*; **~ (kick)** *n* (*SPORT*) calcio di rigore

penance ['pɛnəns] *n* penitenza

pence [pɛns] (*BRIT*) *npl of* **penny**

pencil ['pɛnsl] *n* matita; **~ case** *n* astuccio per matite; **~ sharpener** *n* temperamatite *m inv*

pendant ['pɛndnt] *n* pendaglio

pending ['pɛndɪŋ] *prep* in attesa di ♦ *adj* in sospeso

pendulum ['pɛndjuləm] *n* pendolo

penetrate ['pɛnɪtreɪt] *vt* penetrare

penfriend ['pɛnfrɛnd] (*BRIT*) *n* corrispondente *m/f*

penguin ['pɛŋgwɪn] *n* pinguino

penicillin [pɛnɪ'sɪlɪn] *n* penicillina

peninsula [pə'nɪnsjulə] *n* penisola

penis ['piːnɪs] *n* pene *m*

penitentiary [pɛnɪ'tɛnʃərɪ] (*US*) *n* carcere *m*

penknife ['pɛnnaɪf] *n* temperino

pen name *n* pseudonimo

penniless ['pɛnɪlɪs] *adj* senza un soldo

penny ['pɛnɪ] (*pl* **pennies** *or* **pence** (*BRIT*)) *n* penny *m*; (*US*) centesimo

penpal ['pɛnpæl] *n* corrispondente *m/f*

pension ['pɛnʃən] *n* pensione *f*; **~er** (*BRIT*) *n* pensionato/a

pensive ['pɛnsɪv] *adj* pensoso(a)

penthouse ['pɛnthaus] *n* appartamento (di lusso) nell'attico

pent-up ['pɛntʌp] *adj* (*feelings*) represso(a)

people ['piːpl] *npl* gente *f*; persone *fpl*; (*citizens*) popolo ♦ *n* (*nation, race*) popolo; **4/several ~ came** 4/parecchie persone sono venute; **~ say that ...** si dice che ....

pep [pɛp] (*inf*): **~ up** *vt* vivacizzare; (*food*) rendere più gustoso(a)

pepper ['pɛpə*] *n* pepe *m*; (*vegetable*) peperone *m* ♦ *vt* (*fig*): **to ~ with** spruzzare

di; **~mint** *n* (*sweet*) pasticca di menta

peptalk ['pɛptɔːk] (*inf*) *n* discorso di incoraggiamento

per [pə:*] *prep* per; a; **~ hour** all'ora; **~ kilo** *etc* il chilo *etc*; **~ day** al giorno; **~ annum** *adv* all'anno; **~ capita** *adj, adv* pro capite *inv*

perceive [pə'siːv] *vt* percepire; (*notice*) accorgersi di

per cent [pə'sɛnt] *adv* per cento

percentage [pə'sɛntɪdʒ] *n* percentuale *f*

perception [pə'sɛpʃən] *n* percezione *f*; sensibilità; perspicacia

perceptive [pə'sɛptɪv] *adj* percettivo(a); perspicace

perch [pə:tʃ] *n* (*fish*) pesce *m* persico; (*for bird*) sostegno, ramo ♦ *vi* appollaiarsi

percolator ['pə:kəleɪtə*] *n* (*also:* **coffee ~**) caffettiera a pressione; caffettiera elettrica

percussion [pə'kʌʃən] *n* percussione *f*; (*MUS*) strumenti *mpl* a percussione

perennial [pə'rɛnɪəl] *adj* perenne

perfect [*adj, n* 'pə:fɪkt, *vb* pə'fɛkt] *adj* perfetto(a) ♦ *n* (*also:* **~ tense**) perfetto, passato prossimo ♦ *vt* perfezionare; mettere a punto; **~ly** *adv* perfettamente, alla perfezione

perforate ['pə:fəreɪt] *vt* perforare; **perforation** [-'reɪʃən] *n* perforazione *f*

perform [pə'fɔːm] *vt* (*carry out*) eseguire, fare; (*symphony etc*) suonare; (*play, ballet*) dare; (*opera*) fare ♦ *vi* suonare; recitare; **~ance** *n* esecuzione *f*; (*at theatre etc*) rappresentazione *f*, spettacolo; (*of an artist*) interpretazione *f*; (*of player etc*) performance *f*; (*of car, engine*) prestazione *f*; **~er** *n* artista *m/f*

perfume ['pə:fjuːm] *n* profumo

perhaps [pə'hæps] *adv* forse

peril ['pɛrɪl] *n* pericolo

perimeter [pə'rɪmɪtə*] *n* perimetro

period ['pɪərɪəd] *n* periodo; (*HISTORY*) epoca; (*SCOL*) lezione *f*; (*full stop*) punto; (*MED*) mestruazioni *fpl* ♦ *adj* (*costume, furniture*) d'epoca; **~ic(al)** [-'ɔdɪk(l)] *adj* periodico(a); **~ical** [-'ɔdɪkl] *n* periodico

peripheral [pə'rɪfərəl] *adj* periferico(a) ♦ *n*

(COMPUT) unità f inv periferica
perish ['perɪʃ] vi perire, morire; (decay)
deteriorarsi; **~able** adj deperibile
perjury ['pə:dʒərɪ] n spergiuro
perk [pə:k] (inf) n vantaggio; **~ up** vi (cheer
up) rianimarsi
perm [pə:m] n (for hair) permanente f
permanent ['pə:mənənt] adj permanente
permeate ['pə:mɪeɪt] vi penetrare ♦ vt
permeare
permissible [pə'mɪsɪbl] adj permissibile,
ammissibile
permission [pə'mɪʃən] n permesso
permissive [pə'mɪsɪv] adj permissivo(a)
permit [n 'pə:mɪt, vb pə'mɪt] n permesso
♦ vt permettere; **to ~ sb to do** permettere
a qn di fare
perpendicular [pə:pən'dɪkjulə*] adj
perpendicolare ♦ n perpendicolare f
perplex [pə'pleks] vt lasciare perplesso(a)
persecute ['pə:sɪkju:t] vt perseguitare
persevere [pə:sɪ'vɪə*] vi perseverare
Persian ['pə:ʃən] adj persiano(a) ♦ n (LING)
persiano; **the (~) Gulf** n il Golfo Persico
persist [pə'sɪst] vi: **to ~ (in doing)** persistere
(nel fare); ostinarsi (a fare); **~ent** adj
persistente; ostinato(a)
person ['pə:sn] n persona; **in ~** di or in
persona, personalmente; **~al** adj
personale; individuale; **~al assistant** n
segretaria personale; **~al column** n ≈
messaggi mpl personali; **~al computer** n
personal computer m inv; **~ality** [-'nælɪtɪ]
n personalità f inv; **~ally** adv
personalmente; **to take sth ~ally** prendere
qc come una critica personale; **~al
organizer** n (Filofax ®) Fulltime ®;
(electronic) agenda elettronica; **~al stereo**
n Walkman ® m inv
personnel [pə:sə'nel] n personale m
perspective [pə'spektɪv] n prospettiva
Perspex ® ['pə:speks] (BRIT) n tipo di resina
termoplastica
perspiration [pə:spɪ'reɪʃən] n traspirazione
f, sudore m
persuade [pə'sweɪd] vt: **to ~ sb to do sth**
persuadere qn a fare qc

perturb [pə'tə:b] vt turbare
pervert [n 'pə:və:t, vb pə'və:t] n pervertito/a
♦ vt pervertire
pessimism ['pesɪmɪzəm] n pessimismo
pessimist ['pesɪmɪst] n pessimista m/f; **~ic**
[-'mɪstɪk] adj pessimistico(a)
pest [pest] n animale m (or insetto)
pestifero; (fig) peste f
pester ['pestə*] vt tormentare, molestare
pet [pet] n animale m domestico ♦ cpd
favorito(a) ♦ vt accarezzare; **teacher's ~**
favorito/a del maestro
petal ['petl] n petalo
peter ['pi:tə*]: **to ~ out** vi esaurirsi;
estinguersi
petite [pə'ti:t] adj piccolo(a) e aggraziato(a)
petition [pə'tɪʃən] n petizione f
petrified ['petrɪfaɪd] adj morto(a) di (fig)
paura
petrol ['petrəl] (BRIT) n benzina; **two/four-
star ~** ≈ benzina normale/super; **~ can** n
tanica per benzina
petroleum [pə'trəulɪəm] n petrolio
petrol: ~ pump (BRIT) n (in car, at garage)
pompa di benzina; **~ station** (BRIT) n
stazione f di rifornimento; **~ tank** (BRIT) n
serbatoio della benzina
petticoat ['petɪkəut] n sottana
petty ['petɪ] adj (mean) meschino(a);
(unimportant) insignificante; **~ cash** n
piccola cassa; **~ officer** n sottufficiale m di
marina
petulant ['petjulənt] adj irritabile
pew [pju:] n panca (di chiesa)
pewter ['pju:tə*] n peltro
phallic ['fælɪk] adj fallico(a)
phantom ['fæntəm] n fantasma m
pharmaceutical [fɑ:mə'sju:tɪkl] adj
farmaceutico(a)
pharmacy ['fɑ:məsɪ] n farmacia
phase [feɪz] n fase f, periodo ♦ vt: **to ~ sth
in/out** introdurre/eliminare qc
progressivamente
Ph.D. n abbr = **Doctor of Philosophy**
pheasant ['feznt] n fagiano
phenomena [fə'nɔmɪnə] npl of
phenomenon

phenomenon [fə'nɔmɪnən] (*pl* **phenomena**) *n* fenomeno
Philippines ['fɪlɪpi:nz] *npl*: **the ~** le Filippine
philosophical [fɪlə'sɔfɪkl] *adj* filosofico(a)
philosophy [fɪ'lɔsəfɪ] *n* filosofia
phobia ['fəubjə] *n* fobia
phone [fəun] *n* telefono ♦ *vt* telefonare; **to be on the ~** avere il telefono; (*be calling*) essere al telefono; (*be calling*) essere al telefono; (*be calling*) richiamare; **~ up** *vt* telefonare a ♦ *vi* telefonare; **~ book** *n* guida del telefono, elenco telefonico; **~ booth** *n* = **~ box**; **~ box** *n* cabina telefonica; **~ call** *n* telefonata; **~card** *n* scheda telefonica; **~-in** *n* (*BRIT: RADIO, TV*) trasmissione *f* a filo diretto con gli ascoltatori
phonetics [fə'nɛtɪks] *n* fonetica
phoney ['fəunɪ] *adj* falso(a), fasullo(a)
phosphorus ['fɔsfərəs] *n* fosforo
photo ['fəutəu] *n* foto *f inv*
photo... ['fəutəu] *prefix*: **~copier** *n* fotocopiatrice *f*; **~copy** *n* fotocopia ♦ *vt* fotocopiare; **~graph** *n* fotografia ♦ *vt* fotografare; **~grapher** [fə'tɔgrəfə*] *n* fotografo; **~graphy** [fə'tɔgrəfɪ] *n* fotografia
phrase [freɪz] *n* espressione *f*; (*LING*) locuzione *f*; (*MUS*) frase *f* ♦ *vt* esprimere; **~ book** *n* vocabolarietto
physical ['fɪzɪkl] *adj* fisico(a); **~ education** *n* educazione *f* fisica; **~ly** *adv* fisicamente
physician [fɪ'zɪʃən] *n* medico
physicist ['fɪzɪsɪst] *n* fisico
physics ['fɪzɪks] *n* fisica
physiology [fɪzɪ'ɔlədʒɪ] *n* fisiologia
physique [fɪ'zi:k] *n* fisico; costituzione *f*
pianist ['pi:ənɪst] *n* pianista *m/f*
piano [pɪ'ænəu] *n* pianoforte *m*
piccolo ['pɪkələu] *n* ottavino
pick [pɪk] *n* (*tool: also*: **~-axe**) piccone *m* ♦ *vt* scegliere; (*gather*) cogliere; (*remove*) togliere; (*lock*) far scattare; **take your ~** scelga; **the ~ of** il fior fiore di; **to ~ one's nose** mettersi le dita nel naso; **to ~ one's teeth** pulirsi i denti con lo stuzzicadenti; **to ~ a quarrel** attaccar briga; **~ at** *vt fus*: **to ~ at one's food** piluccare; **~ on** *vt fus*

(*person*) avercela con; **~ out** *vt* scegliere; (*distinguish*) distinguere; **~ up** *vi* (*improve*) migliorarsi ♦ *vt* raccogliere; (*POLICE, RADIO*) prendere; (*collect*) passare a prendere; (*AUT: give lift to*) far salire; (*person: for sexual encounter*) rimorchiare; (*learn*) imparare; **to ~ up speed** acquistare velocità; **to ~ o.s. up** rialzarsi
picket ['pɪkɪt] *n* (*in strike*) scioperante *m/f* che fa parte di un picchetto; picchetto ♦ *vt* picchettare
pickle ['pɪkl] *n* (*also*: **~s**: *as condiment*) sottaceti *mpl*; (*fig: mess*) pasticcio ♦ *vt* mettere sottaceto; mettere in salamoia
pickpocket ['pɪkpɔkɪt] *n* borsaiolo
pickup ['pɪkʌp] *n* (*small truck*) camioncino
picnic ['pɪknɪk] *n* picnic *m inv*
picture ['pɪktʃə*] *n* quadro; (*painting*) pittura; (*photograph*) foto(grafia); (*drawing*) disegno; (*film*) film *m inv* ♦ *vt* raffigurarsi; **~s** (*BRIT*) *npl* (*cinema*): **the ~s** il cinema; **~ book** *n* libro illustrato
picturesque [pɪktʃə'rɛsk] *adj* pittoresco(a)
pie [paɪ] *n* torta; (*of meat*) pasticcio
piece [pi:s] *n* pezzo; (*of land*) appezzamento; (*item*): **a ~ of furniture/ advice** un mobile/consiglio ♦ *vt*: **to ~ together** mettere insieme; **to take to ~s** smontare; **~meal** *adv* pezzo a pezzo, a spizzico; **~work** *n* (lavoro a) cottimo
pie chart *n* grafico a torta
pier [pɪə*] *n* molo; (*of bridge etc*) pila
pierce [pɪəs] *vt* forare; (*with arrow etc*) trafiggere
piercing ['pɪəsɪŋ] *adj* (*cry*) acuto(a); (*eyes*) penetrante; (*wind*) pungente
pig [pɪg] *n* maiale *m*, porco
pigeon ['pɪdʒən] *n* piccione *m*; **~hole** *n* casella
piggy bank ['pɪgɪ-] *n* salvadanaio
pigheaded ['pɪg'hɛdɪd] *adj* caparbio(a), cocciuto(a)
piglet ['pɪglɪt] *n* porcellino
pigskin ['pɪgskɪn] *n* cinghiale *m*
pigsty ['pɪgstaɪ] *n* porcile *m*
pigtail ['pɪgteɪl] *n* treccina
pike [paɪk] *n* (*fish*) luccio

pilchard ['pɪltʃəd] *n specie di sardina*

pile [paɪl] *n* (*pillar, of books*) pila; (*heap*) mucchio; (*of carpet*) pelo ♦ *vt* (*also*: ~ **up**) ammucchiare ♦ *vi* (*also*: ~ **up**) ammucchiarsi; **to ~ into** (*car*) stiparsi *or* ammucchiarsi in

piles [paɪlz] *npl emorroidi fpl*

pile-up ['paɪlʌp] *n* (*AUT*) *tamponamento a catena*

pilfering ['pɪlfərɪŋ] *n rubacchiare m*

pilgrim ['pɪlgrɪm] *n pellegrino/a;* **~age** *n pellegrinaggio*

pill [pɪl] *n pillola;* **the ~** *la pillola*

pillage ['pɪlɪdʒ] *vt saccheggiare*

pillar ['pɪlə*] *n colonna;* ~ **box** (*BRIT*) *n cassetta postale*

pillion ['pɪljən] *n*: **to ride ~** (*on motor cycle*) *viaggiare dietro*

pillow ['pɪləu] *n guanciale m;* **~case** *n federa*

pilot ['paɪlət] *n pilota m/f ♦ cpd* (*scheme etc*) *pilota inv ♦ vt pilotare;* ~ **light** *n fiamma pilota*

pimp [pɪmp] *n mezzano*

pimple ['pɪmpl] *n foruncolo*

pin [pɪn] *n spillo;* (*TECH*) *perno ♦ vt attaccare con uno spillo;* **~s and needles** *formicolio;* **to ~ sb down** (*fig*) *obbligare qn a pronunziarsi;* **to ~ sth on sb** (*fig*) *addossare la colpa di qc a qn*

pinafore ['pɪnəfɔː*] *n* (*also*: ~ **dress**) *grembiule m* (*senza maniche*)

pinball ['pɪnbɔːl] *n flipper m inv*

pincers ['pɪnsəz] *npl pinzette fpl*

pinch [pɪntʃ] *n pizzicotto, pizzico ♦ vt pizzicare;* (*inf: steal*) *grattare;* **at a ~** *in caso di bisogno*

pincushion ['pɪnkuʃən] *n puntaspilli m inv*

pine [paɪn] *n* (*also*: ~ **tree**) *pino ♦ vi*: **to ~ for** *struggersi dal desiderio di;* ~ **away** *vi languire*

pineapple ['paɪnæpl] *n ananas m inv*

ping [pɪŋ] *n* (*noise*) *tintinnio;* ~-**pong** ® *n ping-pong* ®

pink [pɪŋk] *adj rosa inv ♦ n* (*colour*) *rosa m inv;* (*BOT*) *garofano*

PIN (number) [pɪn-] *n abbr codice m segreto*

pinpoint ['pɪnpɔɪnt] *vt indicare con precisione*

pint [paɪnt] *n pinta* (*BRIT* = 0.57l; *US* = 0.47l); (*BRIT: inf*) ≈ *birra da mezzo*

pioneer [paɪə'nɪə*] *n pioniere/a*

pious ['paɪəs] *adj pio(a)*

pip [pɪp] *n* (*seed*) *seme m;* (*BRIT: time signal on radio*) *segnale m orario*

pipe [paɪp] *n tubo;* (*for smoking*) *pipa ♦ vt portare per mezzo di tubazione;* **~s** *npl* (*also*: **bag~s**) *cornamusa* (*scozzese*); ~ **cleaner** *n scovolino;* ~ **dream** *n vana speranza;* **~line** *n conduttura;* (*for oil*) *oleodotto;* **~r** *n piffero; suonatore/trice di cornamusa*

piping ['paɪpɪŋ] *adv*: ~ **hot** *caldo bollente*

pique [piːk] *n picca*

pirate ['paɪərət] *n pirata m ♦ vt riprodurre abusivamente*

Pisces ['paɪsiːz] *n Pesci mpl*

piss [pɪs] (*inf*) *vi pisciare;* **~ed** (*inf*) *adj* (*drunk*) *ubriaco(a) fradicio(a)*

pistol ['pɪstl] *n pistola*

piston ['pɪstən] *n pistone m*

pit [pɪt] *n buca, fossa;* (*also*: **coal ~**) *miniera;* (*quarry*) *cava ♦ vt*: **to ~ sb against sb** *opporre qn a qn;* **~s** *npl* (*AUT*) *box m*

pitch [pɪtʃ] *n* (*BRIT: SPORT*) *campo;* (*MUS*) *tono;* (*tar*) *pece f;* (*fig*) *grado, punto ♦ vt* (*throw*) *lanciare ♦ vi* (*fall*) *cascare;* **to ~ a tent** *piantare una tenda;* **~ed battle** *n battaglia campale*

pitfall ['pɪtfɔːl] *n trappola*

pith [pɪθ] *n* (*of plant*) *midollo;* (*of orange*) *parte f interna della scorza;* (*fig*) *essenza, succo; vigore m*

pithy ['pɪθɪ] *adj conciso(a); vigoroso(a)*

pitiful ['pɪtɪful] *adj* (*touching*) *pietoso(a)*

pitiless ['pɪtɪlɪs] *adj spietato(a)*

pittance ['pɪtns] *n miseria, magro salario*

pity ['pɪtɪ] *n pietà ♦ vt aver pietà di;* **what a ~!** *che peccato!*

pivot ['pɪvət] *n perno*

pizza ['piːtsə] *n pizza*

placard ['plækɑːd] *n affisso*

placate [plə'keɪt] *vt placare, calmare*

place [pleɪs] *n* posto, luogo; (*proper position, rank, seat*) posto; (*house*) casa, alloggio; (*home*): **at/to his ~** a casa sua ♦ *vt* (*object*) posare, mettere; (*identify*) riconoscere; individuare; **to take ~** aver luogo; succedere; **to change ~s with sb** scambiare il posto con qn; **out of ~** (*not suitable*) inopportuno(a); **in the first ~** in primo luogo; **to ~ an order** dare un'ordinazione; **to be ~d** (*in race, exam*) classificarsi

placid ['plæsɪd] *adj* placido(a), calmo(a)

plagiarism ['pleɪdʒɪərɪzəm] *n* plagio

plague [pleɪg] *n* peste *f* ♦ *vt* tormentare

plaice [pleɪs] *n inv* pianuzza

plaid [plæd] *n* plaid *m inv*

plain [pleɪn] *adj* (*clear*) chiaro(a), palese; (*simple*) semplice; (*frank*) franco(a), aperto(a); (*not handsome*) bruttino(a); (*without seasoning etc*) scondito(a); naturale; (*in one colour*) tinta unita *inv* ♦ *adv* francamente, chiaramente ♦ *n* pianura; **~ chocolate** *n* cioccolato fondente; **~ clothes** *npl*: **in ~ clothes** (*police*) in borghese; **~ly** *adv* chiaramente; (*frankly*) francamente

plaintiff ['pleɪntɪf] *n* attore/trice

plaintive ['pleɪntɪv] *adj* (*cry, voice*) dolente, lamentoso(a)

plait [plæt] *n* treccia

plan [plæn] *n* pianta; (*scheme*) progetto, piano ♦ *vt* (*think in advance*) progettare; (*prepare*) organizzare ♦ *vi* far piani *or* progetti; **to ~ to do** progettare di fare

plane [pleɪn] *n* (*AVIAT*) aereo; (*tree*) platano; (*tool*) pialla; (*ART, MATH etc*) piano ♦ *adj* piano(a), piatto(a) ♦ *vt* (*with tool*) piallare

planet ['plænɪt] *n* pianeta *m*

plank [plæŋk] *n* tavola, asse *f*

planner ['plænə*] *n* pianificatore/trice

planning ['plænɪŋ] *n* progettazione *f*; **family ~** pianificazione *f* delle nascite; **~ permission** *n* permesso di costruzione

plant [plɑːnt] *n* pianta; (*machinery*) impianto; (*factory*) fabbrica ♦ *vt* piantare; (*bomb*) mettere

plantation [plæn'teɪʃən] *n* piantagione *f*

plaque [plæk] *n* placca

plaster ['plɑːstə*] *n* intonaco; (*also*: **~ of Paris**) gesso; (*BRIT: also*: **sticking ~**) cerotto ♦ *vt* intonacare; ingessare; (*cover*): **to ~ with** coprire di; **~ed** (*inf*) *adj* ubriaco(a) fradicio(a)

plastic ['plæstɪk] *n* plastica ♦ *adj* (*made of ~*) di *or* in plastica; **~ bag** *n* sacchetto di plastica

Plasticine ® ['plæstɪsiːn] *n* plastilina ®

plastic surgery *n* chirurgia plastica

plate [pleɪt] *n* (*dish*) piatto; (*in book*) tavola; (*dental ~*) dentiera; **gold/silver ~** vasellame *m* d'oro/d'argento

plateau ['plætəu] (*pl* **~s** *or* **~x**) *n* altipiano

plateaux ['plætəuz] *npl of* **plateau**

plate glass *n* vetro piano

platform ['plætfɔːm] *n* (*stage, at meeting*) palco; (*RAIL*) marciapiede *m*; (*BRIT: of bus*) piattaforma

platinum ['plætɪnəm] *n* platino

platitude ['plætɪtjuːd] *n* luogo comune

platoon [plə'tuːn] *n* plotone *m*

platter ['plætə*] *n* piatto

plausible ['plɔːzɪbl] *adj* plausibile, credibile; (*person*) convincente

play [pleɪ] *n* gioco; (*THEATRE*) commedia ♦ *vt* (*game*) giocare a; (*team, opponent*) giocare contro; (*instrument, piece of music*) suonare; (*record, tape*) ascoltare; (*role, part*) interpretare ♦ *vi* giocare; suonare; recitare; **to ~ safe** giocare sul sicuro; **~ down** *vt* minimizzare; **~ up** *vi* (*cause trouble*) fare i capricci; **~boy** *n* playboy *m inv*; **~er** *n* giocatore/trice; (*THEATRE*) attore/trice; (*MUS*) musicista *m/f*; **~ful** *adj* giocoso(a); **~ground** *n* (*in school*) cortile *m* per la ricreazione; (*in park*) parco *m* giochi *inv*; **~group** *n* giardino d'infanzia; **~ing card** *n* carta da gioco; **~ing field** *n* campo sportivo; **~mate** *n* compagno/a di gioco; **~-off** *n* (*SPORT*) bella; **~pen** *n* box *m inv*; **~thing** *n* giocattolo; **~time** *n* (*SCOL*) ricreazione *f*; **~wright** *n* drammaturgo/a

plc *abbr* (= *public limited company*) *società per azioni a responsabilità limitata quotata in borsa*

plea [pliː] n (*request*) preghiera, domanda; (*LAW*) (argomento di) difesa; ~ **bargaining** n (*LAW*) patteggiamento (della pena)

plead [pliːd] vt patrocinare; (*give as excuse*) addurre a pretesto ♦ vi (*LAW*) perorare la causa; (*beg*): **to ~ with sb** implorare qn

pleasant ['plɛznt] adj piacevole, gradevole; ~**ries** npl (*polite remarks*): **to exchange ~ries** scambiarsi i convenevoli

please [pliːz] excl per piacere!, per favore!; (*acceptance*): **yes, ~** sì, grazie ♦ vt piacere a ♦ vi piacere; (*think fit*): **do as you ~** faccia come le pare; ~ **yourself!** come ti (*or* le) pare!; ~**d** adj: ~**d (with)** contento(a) (di); ~**d to meet you!** piacere!; **pleasing** adj piacevole, che fa piacere

pleasure ['plɛʒə*] n piacere m; "**it's a ~**" "prego"

pleat [pliːt] n piega

pledge [plɛdʒ] n pegno; (*promise*) promessa ♦ vt impegnare; promettere

plentiful ['plɛntɪful] adj abbondante, copioso(a)

plenty ['plɛntɪ] n: ~ **of** tanto(a), molto(a); un'abbondanza di

pleurisy ['pluərɪsɪ] n pleurite f

pliable ['plaɪəbl] adj flessibile; (*fig: person*) malleabile

pliant ['plaɪənt] adj = **pliable**

pliers ['plaɪəz] npl pinza

plight [plaɪt] n situazione f critica

plimsolls ['plɪmsəlz] (*BRIT*) npl scarpe fpl da tennis

plinth [plɪnθ] n plinto; piedistallo

plod [plɒd] vi camminare a stento; (*fig*) sgobbare

plonk [plɒŋk] (*inf*) n (*BRIT: wine*) vino da poco ♦ vt: **to ~ sth down** buttare giù qc bruscamente

plot [plɒt] n congiura, cospirazione f; (*of story, play*) trama; (*of land*) lotto ♦ vt (*mark out*) fare la pianta di; rilevare; (: *diagram etc*) tracciare; (*conspire*) congiurare, cospirare ♦ vi congiurare

plough [plaʊ] (*US* **plow**) n aratro ♦ vt (*earth*) arare; **to ~ money into** (*company*

etc) investire danaro in; ~ **through** vt fus (*snow etc*) procedere a fatica in; ~**man's lunch** (*BRIT*) n pasto a base di pane, formaggio e birra

ploy [plɔɪ] n stratagemma m

pluck [plʌk] vt (*fruit*) cogliere; (*musical instrument*) pizzicare; (*bird*) spennare; (*hairs*) togliere ♦ n coraggio, fegato; **to ~ up courage** farsi coraggio

plug [plʌg] n tappo; (*ELEC*) spina; (*AUT: also*: **spark(ing) ~**) candela ♦ vt (*hole*) tappare; (*inf: advertise*) spingere; ~ **in** vt (*ELEC*) attaccare a una presa

plum [plʌm] n (*fruit*) susina

plumb [plʌm] vt: **to ~ the depths** (*fig*) toccare il fondo

plumber ['plʌmə*] n idraulico

plumbing ['plʌmɪŋ] n (*trade*) lavoro di idraulico; (*piping*) tubature fpl

plummet ['plʌmɪt] vi: **to ~ (down)** cadere a piombo

plump [plʌmp] adj grassoccio(a) ♦ vi: **to ~ for** (*inf: choose*) decidersi per; ~ **up** vt (*cushion etc*) sprimacciare

plunder ['plʌndə*] n saccheggio ♦ vt saccheggiare

plunge [plʌndʒ] n tuffo; (*fig*) caduta ♦ vt immergere ♦ vi (*fall*) cadere, precipitare; (*dive*) tuffarsi; **to take the ~** saltare il fosso; **plunging** adj (*neckline*) profondo(a)

pluperfect [pluː'pəːfɪkt] n piuccheperfetto

plural ['pluərl] adj plurale ♦ n plurale m

plus [plʌs] n (*also*: ~ **sign**) segno più ♦ prep più; **ten/twenty ~** piuʳ di dieci/venti

plush [plʌʃ] adj lussuoso(a)

ply [plaɪ] vt (*a trade*) esercitare ♦ vi (*ship*) fare il servizio ♦ n (*of wool, rope*) capo; **to ~ sb with drink** dare di bere continuamente a qn; ~**wood** n legno compensato

P.M. n abbr = **prime minister**

p.m. adv abbr (= *post meridiem*) del pomeriggio

pneumatic drill [njuː'mætɪk-] n martello pneumatico

pneumonia [njuː'məʊnɪə] n polmonite f

poach [pəʊtʃ] vt (*cook: egg*) affogare; (: *fish*) cuocere in bianco; (*steal*) cacciare (*or* pescare) di frodo ♦ *vi* fare il bracconiere; **~er** *n* bracconiere *m*

P.O. Box *n abbr* = **Post Office Box**

pocket ['pɔkɪt] *n* tasca ♦ *vt* intascare; **to be out of ~** (*BRIT*) rimetterci; **~book** (*US*) *n* (*wallet*) portafoglio; **~ knife** *n* temperino; **~ money** *n* paghetta, settimana

pod [pɔd] *n* guscio

podgy ['pɔdʒɪ] *adj* grassoccio(a)

podiatrist [pɔ'diːatrɪst] (*US*) *n* callista *m/f*, pedicure *m/f*

poem ['pəʊɪm] *n* poesia

poet ['pəʊɪt] *n* poeta/essa; **~ic** [-'ɛtɪk] *adj* poetico(a); **~ry** *n* poesia

poignant ['pɔɪnjənt] *adj* struggente

point [pɔɪnt] *n* (*gen*) punto; (*tip: of needle etc*) punta; (*in time*) punto, momento; (*SCOL*) voto; (*main idea, important part*) nocciolo; (*ELEC*) presa (di corrente); (*also:* **decimal ~**): **2 ~ 3 (2.3)** 2 virgola 3 (2,3) ♦ *vt* (*show*) indicare; (*gun etc*): **to ~ sth at** puntare qc contro ♦ *vi*: **to ~ at** mostrare a dito; **~s** *npl* (*AUT*) puntine *fpl*; (*RAIL*) scambio; **to be on the ~ of doing sth** essere sul punto di *or* stare per fare qc; **to make a ~** fare un'osservazione; **to get/ miss the ~** capire/non capire; **to come to the ~** venire al fatto; **there's no ~ (in doing)** è inutile (fare); **~ out** *vt* far notare; **~ to** *vt fus* indicare; (*fig*) dimostrare; **~-blank** *adv* (*also:* **at ~-blank range**) a bruciapelo; (*fig*) categoricamente; **~ed** *adj* (*shape*) aguzzo(a), appuntito(a); (*remark*) specifico(a); **~edly** *adv* in maniera inequivocabile; **~er** *n* (*needle*) lancetta; (*fig*) indicazione *f*, consiglio; **~less** *adj* inutile, vano(a); **~ of view** *n* punto di vista

poise [pɔɪz] *n* (*composure*) portamento; **~d** *adj*: **to be ~d to do** tenersi pronto(a) a fare

poison ['pɔɪzn] *n* veleno ♦ *vt* avvelenare; **~ing** *n* avvelenamento; **~ous** *adj* velenoso(a)

poke [pəʊk] *vt* (*fire*) attizzare; (*jab with finger, stick etc*) punzecchiare; (*put*): **to ~ sth in(to)** spingere qc dentro; **~ about** *vi* frugare

poker ['pəʊkə*] *n* attizzatoio; (*CARDS*) poker *m*

poky ['pəʊkɪ] *adj* piccolo(a) e stretto(a)

Poland ['pəʊlənd] *n* Polonia

polar ['pəʊlə*] *adj* polare; **~ bear** *n* orso bianco

Pole [pəʊl] *n* polacco/a

pole [pəʊl] *n* (*of wood*) palo; (*ELEC, GEO*) polo; **~ bean** (*US*) *n* (*runner bean*) fagiolino; **~ vault** *n* salto con l'asta

police [pə'liːs] *n* polizia ♦ *vt* mantenere l'ordine in; **~ car** *n* macchina della polizia; **~man** (*irreg*) *n* poliziotto, agente *m* di polizia; **~ station** *n* posto di polizia; **~woman** (*irreg*) *n* donna *f* poliziotto *inv*

policy ['pɔlɪsɪ] *n* politica; (*also:* **insurance ~**) polizza (d'assicurazione)

polio ['pəʊlɪəʊ] *n* polio *f*

Polish ['pəʊlɪʃ] *adj* polacco(a) ♦ *n* (*LING*) polacco

polish ['pɔlɪʃ] *n* (*for shoes*) lucido; (*for floor*) cera; (*for nails*) smalto; (*shine*) lucentezza, lustro; (*fig: refinement*) raffinatezza ♦ *vt* lucidare; (*fig: improve*) raffinare; **~ off** *vt* (*food*) mangiarsi; **~ed** *adj* (*fig*) raffinato(a)

polite [pə'laɪt] *adj* cortese; **~ness** *n* cortesia

political [pə'lɪtɪkl] *adj* politico(a); **~ly** *adv* politicamente; **~ly correct** politicamente corretto(a)

politician [pɔlɪ'tɪʃən] *n* politico

politics ['pɔlɪtɪks] *n* politica ♦ *npl* (*views, policies*) idee *fpl* politiche

poll [pəʊl] *n* scrutinio; (*votes cast*) voti *mpl*; (*also:* **opinion ~**) sondaggio (d'opinioni) ♦ *vt* ottenere

pollen ['pɔlən] *n* polline *m*

polling day ['pəʊlɪŋ-] (*BRIT*) *n* giorno delle elezioni

polling station ['pəʊlɪŋ-] (*BRIT*) *n* sezione *f* elettorale

pollute [pə'luːt] *vt* inquinare

pollution [pə'luːʃən] *n* inquinamento

polo ['pəʊləʊ] *n* polo; **~-necked** *adj* a collo alto risvoltato; **~ shirt** *n* polo *f inv*

polyester [pɔlɪ'ɛstə*] *n* poliestere *m*

polystyrene [pɔlɪ'staɪriːn] *n* polistirolo

polytechnic [pɔlɪ'tɛknɪk] *n* (*college*) istituto

superiore ad indirizzo tecnologico

polythene ['pɔliθi:n] *n* politene *m*; **~ bag** *n* sacco di plastica

pomegranate ['pɔmɪgrænɪt] *n* melagrana

pomp [pɔmp] *n* pompa, fasto

pompom ['pɔmpɔm] *n* pompon *m inv*

pompon ['pɔmpɔn] *n* = **pompom**

pompous ['pɔmpəs] *adj* pomposo(a)

pond [pɔnd] *n* pozza; stagno

ponder ['pɔndə*] *vt* ponderare, riflettere su; **~ous** *adj* ponderoso(a), pesante

pong [pɔŋ] (*BRIT: inf*) *n* puzzo

pony ['pəunɪ] *n* pony *m inv*; **~tail** *n* coda di cavallo; **~ trekking** (*BRIT*) *n* escursione *f* a cavallo

poodle ['pu:dl] *n* barboncino, barbone *m*

pool [pu:l] *n* (*a puddle*) pozza; (*pond*) stagno; (*also*: **swimming ~**) piscina; (*fig: of light*) cerchio; (*billiards*) specie di biliardo a buca ♦ *vt* mettere in comune; **~s** *npl* (*football ~s*) ≈ totocalcio; **typing ~** servizio comune di dattilografia

poor [puə*] *adj* povero(a); (*mediocre*) mediocre, cattivo(a) ♦ *npl*: **the ~** i poveri; **~ in** povero(a) di; **~ly** *adv* poveramente; male ♦ *adj* indisposto(a), malato(a)

pop [pɔp] *n* (*noise*) schiocco; (*MUS*) musica pop; (*drink*) bibita gasata; (*US: inf: father*) babbo ♦ *vt* (*put*) mettere (in fretta) ♦ *vi* scoppiare; (*cork*) schioccare; **~ in** *vi* passare; **~ out** *vi* fare un salto fuori; **~ up** *vi* apparire, sorgere; **~corn** *n* pop-corn *m*

pope [pəup] *n* papa *m*

poplar ['pɔplə*] *n* pioppo

popper ['pɔpə*] *n* bottone *m* a pressione

poppy ['pɔpɪ] *n* papavero

Popsicle ® ['pɔpsɪkl] (*US*) *n* (*ice lolly*) ghiacciolo

populace ['pɔpjuləs] *n* popolino

popular ['pɔpjulə*] *adj* popolare; (*fashionable*) in voga; **~ity** [-'lærɪtɪ] *n* popolarità

population [pɔpju'leɪʃən] *n* popolazione *f*

porcelain ['pɔ:slɪn] *n* porcellana

porch [pɔ:tʃ] *n* veranda

porcupine ['pɔ:kjupaɪn] *n* porcospino

pore [pɔ:*] *n* poro ♦ *vi*: **to ~ over** essere immerso(a) in

pork [pɔ:k] *n* carne *f* di maiale

pornographic [pɔ:nə'græfɪk] *adj* pornografico(a)

pornography [pɔ:'nɔgrəfɪ] *n* pornografia

porpoise ['pɔ:pəs] *n* focena

porridge ['pɔrɪdʒ] *n* porridge *m*

port [pɔ:t] *n* (*gen, wine*) porto; (*NAUT: left side*) babordo; **~ of call** (porto di) scalo

portable ['pɔ:təbl] *adj* portatile

porter ['pɔ:tə*] *n* (*for luggage*) facchino, portabagagli *m inv*; (*doorkeeper*) portiere *m*, portinaio

portfolio [pɔ:t'fəulɪəu] *n* (*case*) cartella; (*POL, FINANCE*) portafoglio; (*of artist*) raccolta dei propri lavori

porthole ['pɔ:thəul] *n* oblò *m inv*

portion ['pɔ:ʃən] *n* porzione *f*

portrait ['pɔ:treɪt] *n* ritratto

portray [pɔ:'treɪ] *vt* fare il ritratto di; (*character on stage*) rappresentare; (*in writing*) ritrarre

Portugal ['pɔ:tjugl] *n* Portogallo

Portuguese [pɔ:tju'gi:z] *adj* portoghese ♦ *n inv* portoghese *m/f*; (*LING*) portoghese *m*

pose [pəuz] *n* posa ♦ *vi* posare; (*pretend*): **to ~ as** atteggiarsi a, posare a ♦ *vt* porre

posh [pɔʃ] (*inf*) *adj* elegante; (*family*) per bene

position [pə'zɪʃən] *n* posizione *f*; (*job*) posto ♦ *vt* sistemare

positive ['pɔzɪtɪv] *adj* positivo(a); (*certain*) sicuro(a), certo(a); (*definite*) preciso(a); definitivo(a)

posse ['pɔsɪ] (*US*) *n* drappello

possess [pə'zes] *vt* possedere; **~ion** [pə'zeʃən] *n* possesso; **~ions** *npl* (*belongings*) beni *mpl*; **~ive** *adj* possessivo(a)

possibility [pɔsɪ'bɪlɪtɪ] *n* possibilità *f inv*

possible ['pɔsɪbl] *adj* possibile; **as big as ~** il più grande possibile

possibly ['pɔsɪblɪ] *adv* (*perhaps*) forse; **if you ~ can** se ti è possibile; **I cannot ~ come** proprio non posso venire

post [pəust] *n* (*BRIT*) posta; (*: collection*) levata; (*job, situation*) posto; (*MIL*) postazione f; (*pole*) palo ♦ *vt* (*BRIT: send by post*) impostare; (: *appoint*): **to ~ to** assegnare a; **~age** *n* affrancatura; **~age stamp** *n* francobollo; **~al order** *n* vaglia *m inv* postale; **~box** (*BRIT*) *n* cassetta postale; **~card** *n* cartolina; **~ code** (*BRIT*) *n* codice *m* (di avviamento) postale

poster ['pəustə*] *n* manifesto, affisso

poste restante [pəust'restɑ:nt] (*BRIT*) *n* fermo posta *m*

postgraduate ['pəust'grædjuət] *n* laureato/a che continua gli studi

posthumous ['pɔstjuməs] *adj* postumo(a)

postman ['pəustmən] (*irreg*) *n* postino

postmark ['pəustmɑ:k] *n* bollo *or* timbro postale

post-mortem [-'mɔ:təm] *n* autopsia

post office *n* (*building*) ufficio postale; (*organization*): **the Post Office** ≈ le Poste e Telecomunicazioni; **Post Office Box** *n* casella postale

postpone [pəs'pəun] *vt* rinviare

postscript ['pəustskript] *n* poscritto

posture ['pɔstʃə*] *n* portamento; (*pose*) posa, atteggiamento

postwar ['pəust'wɔ:*] *adj* del dopoguerra

posy ['pəuzi] *n* mazzetto di fiori

pot [pɔt] *n* (*for cooking*) pentola; casseruola; (*tea~*) teiera; (*coffee~*) caffettiera; (*for plants, jam*) vaso; (*inf: marijuana*) erba ♦ *vt* (*plant*) piantare in vaso; **a ~ of tea for two** tè per due; **to go to ~** (*inf: work, performance*) andare in malora

potato [pə'teɪtəu] (*pl* **~es**) *n* patata; **~ peeler** *n* sbucciapatate *m inv*

potent ['pəutnt] *adj* potente, forte

potential [pə'tenʃl] *adj* potenziale ♦ *n* possibilità *fpl*

pothole ['pɔthəul] *n* (*in road*) buca; (*BRIT: underground*) caverna; **potholing** (*BRIT*) *n*: **to go potholing** fare speleologia

potluck [pɔt'lʌk] *n*: **to take ~** tentare la sorte

potted ['pɔtid] *adj* (*food*) in conserva; (*plant*) in vaso; (*account etc*) condensato(a)

potter ['pɔtə*] *n* vasaio ♦ *vi*: **to ~ around, ~ about** (*BRIT*) lavoricchiare; **~y** *n* ceramiche

fpl; (*factory*) fabbrica di ceramiche

potty ['pɔti] *adj* (*inf: mad*) tocco(a) ♦ *n* (*child's*) vasino

pouch [pautʃ] *n* borsa; (*ZOOL*) marsupio

poultry ['pəultri] *n* pollame *m*

pounce [pauns] *vi*: **to ~ (on)** piombare (su)

pound [paund] *n* (*weight*) libbra; (*money*) (*lira*) sterlina ♦ *vt* (*beat*) battere; (*crush*) pestare, polverizzare ♦ *vi* (*beat*) battere, martellare; **~ sterling** *n* sterlina (*inglese*)

pour [pɔ:*] *vt* versare ♦ *vi* riversarsi; (*rain*) piovere a dirotto; **~ away** *vt* vuotare; **~ in** *vi* affluire in gran quantità; **~ off** *vt* vuotare; **~ out** *vi* (*people*) uscire a fiumi ♦ *vt* vuotare; versare; (*fig*) sfogare; **~ing** *adj*: **~ing rain** pioggia torrenziale

pout [paut] *vi* sporgere le labbra; fare il broncio

poverty ['pɔvəti] *n* povertà, miseria; **~-stricken** *adj* molto povero(a), misero(a)

powder ['paudə*] *n* polvere *f* ♦ *vt*: **to ~ one's face** incipriarsi il viso; **~ compact** *n* portacipria *m inv*; **~ed milk** *n* latte *m* in polvere; **~ room** *n* toilette *f inv* (*per signore*)

power ['pauə*] *n* (*strength*) potenza, forza; (*ability, POL: of party, leader*) potere *m*; (*ELEC*) corrente *f*; **to be in ~** (*POL etc*) essere al potere; **~ cut** (*BRIT*) *n* interruzione *f or* mancanza di corrente; **~ed** *adj*: **~ed by** azionato(a) da; **~ failure** *n* interruzione *f* della corrente elettrica; **~ful** *adj* potente, forte; **~less** *adj* impotente; **~less to do** impossibilitato(a) a fare; **~ point** (*BRIT*) *n* presa di corrente; **~ station** *n* centrale *f* elettrica

p.p. *abbr* (= *per procurationem*): **~ J. Smith** per J. Smith; (= *pages*) p.p.

PR *abbr* = **public relations**

practicable ['præktikəbl] *adj* (*scheme*) praticabile

practical ['præktikl] *adj* pratico(a); **~ity** [-'kæliti] (*no pl*) *n* (*of situation etc*) lato pratico; **~ joke** *n* beffa; **~ly** *adv* praticamente

practice ['præktis] *n* pratica; (*of profession*) esercizio; (*at football etc*) allenamento;

(business) gabinetto; clientela ♦ vt, vi (US) = **practise**; **in ~** (in reality) in pratica; **out of ~** fuori esercizio

practise ['præktɪs] (US **practice**) vt (work at: piano, one's backhand etc) esercitarsi a; (train for: skiing, running etc) allenarsi a; (a sport, religion) praticare; (method) usare; (profession) esercitare ♦ vi esercitarsi; (train) allenarsi; (lawyer, doctor) esercitare; **practising** adj (Christian etc) praticante; (lawyer) che esercita la professione

practitioner [præk'tɪʃənə*] n professionista m/f

pragmatic [præg'mætɪk] adj pragmatico(a)

prairie ['prɛərɪ] n prateria

praise [preɪz] n elogio, lode f ♦ vt elogiare, lodare; **~worthy** adj lodevole

pram [præm] (BRIT) n carrozzina

prank [præŋk] n burla

prawn [prɔːn] n gamberetto

pray [preɪ] vi pregare

prayer [prɛə*] n preghiera

preach [priːtʃ] vt, vi predicare

precarious [prɪ'kɛərɪəs] adj precario(a)

precaution [prɪ'kɔːʃən] n precauzione f

precede [prɪ'siːd] vt precedere

precedent ['prɛsɪdənt] n precedente m

precept ['priːsɛpt] n precetto

precinct ['priːsɪŋkt] n (US) circoscrizione f; **~s** npl (of building) zona recintata; **pedestrian ~** (BRIT) zona pedonale; **shopping ~** (BRIT) centro commerciale (chiuso al traffico)

precious ['prɛʃəs] adj prezioso(a)

precipitate [prɪ'sɪpɪteɪt] vt precipitare

precise [prɪ'saɪs] adj preciso(a); **~ly** adv precisamente

precocious [prɪ'kəuʃəs] adj precoce

precondition [priːkən'dɪʃən] n condizione f necessaria

predecessor ['priːdɪsɛsə*] n predecessore/a

predicament [prɪ'dɪkəmənt] n situazione f difficile

predict [prɪ'dɪkt] vt predire; **~able** adj prevedibile

predominantly [prɪ'dɔmɪnəntlɪ] adv in maggior parte; soprattutto

predominate [prɪ'dɔmɪneɪt] vi predominare

pre-empt [priː'ɛmpt] vt pregiudicare

preen [priːn] vt: **to ~ itself** (bird) lisciarsi le penne; **to ~ o.s.** agghindarsi

prefab ['priːfæb] n casa prefabbricata

preface ['prɛfəs] n prefazione f

prefect ['priːfɛkt] n (BRIT: in school) studente/essa con funzioni disciplinari; (French etc, Admin) prefetto

prefer [prɪ'fəː*] vt preferire; **to ~ doing** or **to do** preferire fare; **~ably** ['prɛfrəblɪ] adv preferibilmente; **~ence** ['prɛfrəns] n preferenza; **~ential** [prɛfə'rɛnʃəl] adj preferenziale

prefix ['priːfɪks] n prefisso

pregnancy ['prɛgnənsɪ] n gravidanza

pregnant ['prɛgnənt] adj incinta af

prehistoric ['priːhɪs'tɔrɪk] adj preistorico(a)

prejudice ['prɛdʒudɪs] n pregiudizio; (harm) torto, danno; **~d** adj: **~d (against)** prevenuto(a) (contro); **~d (in favour of)** ben disposto(a) (verso)

preliminary [prɪ'lɪmɪnərɪ] adj preliminare

premarital [priː'mærɪtl] adj prematrimoniale

premature ['prɛmətʃuə*] adj prematuro(a)

premenstrual syndrome [priː'mɛnstruəl-] n (MED) sindrome f premenstruale

premier ['prɛmɪə*] adj primo(a) ♦ n (POL) primo ministro

première ['prɛmɪɛə*] n prima

premise ['prɛmɪs] n premessa; **~s** npl (of business, institution) locale m; **on the ~s** sul posto

premium ['priːmɪəm] n premio; **to be at a ~** essere ricercatissimo; **~ bond** (BRIT) n obbligazione f a premio

premonition [prɛmə'nɪʃən] n premonizione f

preoccupied [priː'ɔkjupaɪd] adj preoccupato(a)

prep [prɛp] n (SCOL: study) studio

prepaid [priː'peɪd] adj pagato(a) in anticipo

preparation [prɛpə'reɪʃən] n preparazione f; **~s** npl (for trip, war) preparativi mpl

preparatory [prɪ'pærətərɪ] adj
preparatorio(a); ~ **school** n scuola
elementare privata

prepare [prɪ'pɛə*] vt preparare ♦ vi: to ~
for prepararsi a; ~**d to** pronto(a) a

preposition [prɛpə'zɪʃən] n preposizione f

preposterous [prɪ'pɔstərəs] adj assurdo(a)

prep school n = **preparatory school**

prerequisite [priː'rɛkwɪzɪt] n requisito
indispensabile

prescribe [prɪ'skraɪb] vt (MED) prescrivere

prescription [prɪ'skrɪpʃən] n prescrizione f;
(MED) ricetta

presence [prɛzns] n presenza; ~ **of mind**
presenza di spirito

present [adj, n 'prɛznt, vb prɪ'zɛnt] adj
presente; (wife, residence, job) attuale ♦ n
(actuality): **the ~** il presente; (gift) regalo
♦ vt presentare; (give): **to ~ sb with sth**
offrire qc a qn; **to give sb a ~** fare un
regalo a qn; **at ~** al momento; ~**ation**
[-'teɪʃən] n presentazione f; (ceremony)
consegna ufficiale; ~-**day** adj attuale,
d'oggigiorno; ~**er** n (RADIO, TV)
presentatore/trice; ~**ly** adv (soon) fra poco,
presto; (at present) al momento

preservative [prɪ'zɜːvətɪv] n conservante m

preserve [prɪ'zɜːv] vt (keep safe) preservare,
proteggere; (maintain) conservare; (food)
mettere in conserva ♦ n (often pl: jam)
marmellata; (: fruit) frutta sciroppata

preside [prɪ'zaɪd] vi: **to ~ (over)** presiedere
(a)

president ['prɛzɪdənt] n presidente m; ~**ial**
[-'dɛnʃl] adj presidenziale

press [prɛs] n (newspapers etc): **the P~** la
stampa; (tool, machine) pressa; (for wine)
torchio ♦ vt (push) premere, pigiare;
(squeeze) spremere; (: hand) stringere;
(clothes: iron) stirare; (pursue) incalzare;
(insist): **to ~ sth on sb** far accettare qc da
qn ♦ vi premere; accalcare; **we are ~ed
for time** ci manca il tempo; **to ~ for sth**
insistere per avere qc; ~ **on** vi continuare;
~ **conference** n conferenza f stampa inv;
~**ing** adj urgente; ~ **stud** (BRIT) n bottone
m a pressione; ~-**up** (BRIT) n flessione f

sulle braccia

pressure ['prɛʃə*] n pressione f; **to put ~
on sb (to do)** mettere qn sotto pressione
(affinché faccia); ~ **cooker** n pentola a
pressione; ~ **gauge** n manometro; ~
group n gruppo di pressione

prestige [prɛs'tiːʒ] n prestigio

presumably [prɪ'zjuːməblɪ] adv
presumibilmente

presume [prɪ'zjuːm] vt supporre

presumption [prɪ'zʌmpʃən] n presunzione
f

presumptuous [prɪ'zʌmpʃəs] adj
presuntuoso(a)

pretence [prɪ'tɛns] (US **pretense**) n (claim)
pretesa; **to make a ~ of doing** far finta di
fare; **under false ~s** con l'inganno

pretend [prɪ'tɛnd] vt (feign) fingere ♦ vi far
finta; **to ~ to do** far finta di fare

pretense [prɪ'tɛns] (US) n = **pretence**

pretentious [prɪ'tɛnʃəs] adj pretenzioso(a)

pretext ['priːtɛkst] n pretesto

pretty ['prɪtɪ] adj grazioso(a), carino(a)
♦ adv abbastanza, assai

prevail [prɪ'veɪl] vi (win, be usual) prevalere;
(persuade): **to ~ (up)on sb to do**
persuadere qn a fare; ~**ing** adj dominante

prevalent ['prɛvələnt] adj (belief)
predominante; (customs) diffuso(a);
(fashion) corrente; (disease) comune

prevent [prɪ'vɛnt] vt: **to ~ sb from doing**
impedire a qn di fare; **to ~ sth from
happening** impedire che qc succeda;
~**ative** adj = ~**ive**; ~**ion** [-'vɛnʃən] n
prevenzione f; ~**ive** adj preventivo(a)

preview ['priːvjuː] n (of film) anteprima

previous ['priːvɪəs] adj precedente;
anteriore; ~**ly** adv prima

prewar ['priː'wɔː*] adj anteguerra inv

prey [preɪ] n preda ♦ vi: **to ~ on** far preda
di; **it was ~ing on his mind** lo stava
ossessionando

price [praɪs] n prezzo ♦ vt (goods) fissare il
prezzo di; valutare; ~**less** adj
inapprezzabile; ~ **list** n listino (dei) prezzi

prick [prɪk] n puntura ♦ vt pungere; **to ~ up
one's ears** drizzare gli orecchi

prickle ['prɪkl] n (of plant) spina; (sensation) pizzicore m

prickly ['prɪklɪ] adj spinoso(a); ~ **heat** n sudamina

pride [praɪd] n orgoglio; superbia ♦ vt: **to ~ o.s. on** essere orgoglioso(a) di; vantarsi di

priest [priːst] n prete m, sacerdote m; ~**hood** n sacerdozio

prim [prɪm] adj pudico(a); contegnoso(a)

primarily ['praɪmərɪlɪ] adv principalmente, essenzialmente

primary ['praɪmərɪ] adj primario(a); (first in importance) primo(a) ♦ n (US: election) primarie fpl; ~ **school** (BRIT) n scuola elementare

prime [praɪm] adj primario(a), fondamentale; (excellent) di prima qualità ♦ vt (wood) preparare; (fig) mettere al corrente ♦ n: **in the ~ of life** nel fiore della vita; **P~ Minister** n primo ministro

primeval [praɪˈmiːvl] adj primitivo(a)

primitive ['prɪmɪtɪv] adj primitivo(a)

primrose ['prɪmrəuz] n primavera

primus (stove) ® ['praɪməs(-)] (BRIT) n fornello a petrolio

prince [prɪns] n principe m

princess [prɪnˈses] n principessa

principal ['prɪnsɪpl] adj principale ♦ n (headmaster) preside m

principle ['prɪnsɪpl] n principio; **in ~** in linea di principio; **on ~** per principio

print [prɪnt] n (mark) impronta; (letters) caratteri mpl; (fabric) tessuto stampato; (ART, PHOT) stampa ♦ vt imprimere; (publish) stampare, pubblicare; (write in capitals) scrivere in stampatello; **out of ~** esaurito(a); ~**ed matter** n stampe fpl; ~**er** n tipografo; (machine) stampante f; ~**ing** n stampa; ~**-out** n (COMPUT) tabulato

prior ['praɪə*] adj precedente; (claim etc) più importante; ~ **to doing** prima di fare

priority [praɪˈɒrɪtɪ] n priorità f inv; precedenza

prise [praɪz] vt: **to ~ open** forzare

prison ['prɪzn] n prigione f ♦ cpd (system) carcerario(a); (conditions, food) nelle or delle prigioni; ~**er** n prigioniero/a

pristine ['prɪstiːn] adj immacolato(a)

privacy ['prɪvəsɪ] n solitudine f, intimità

private ['praɪvɪt] adj privato(a); personale ♦ n soldato semplice; "**~**" (on envelope) "riservata"; (on door) "privato"; **in ~** in privato; ~ **enterprise** n iniziativa privata; ~ **eye** n investigatore m privato; ~**ly** adv in privato; (within oneself) dentro di sé; ~ **property** n proprietà privata; **privatize** vt privatizzare

privet ['prɪvɪt] n ligustro

privilege ['prɪvɪlɪdʒ] n privilegio

privy ['prɪvɪ] adj: **to be ~ to** essere al corrente di

prize [praɪz] n premio ♦ adj (example, idiot) perfetto(a); (bull, novel) premiato(a) ♦ vt apprezzare, pregiare; ~**-giving** n premiazione f; ~**winner** n premiato/a

pro [prəu] n (SPORT) professionista m/f ♦ prep pro; **the ~s and cons** il pro e il contro

probability [prɒbəˈbɪlɪtɪ] n probabilità f inv; **in all ~** con tutta probabilità

probable ['prɒbəbl] adj probabile; **probably** adv probabilmente

probation [prəˈbeɪʃən] n: **on ~** (employee) in prova; (LAW) in libertà vigilata

probe [prəub] n (MED, SPACE) sonda; (enquiry) indagine f, investigazione f ♦ vt sondare, esplorare; indagare

problem ['prɒbləm] n problema m

procedure [prəˈsiːdʒə*] n (ADMIN, LAW) procedura; (method) metodo, procedimento

proceed [prəˈsiːd] vi (go forward) avanzare, andare avanti; (go about it) procedere; (continue): **to ~ (with)** continuare; **to ~ to** andare a; passare a; **to ~ to do** mettersi a fare; ~**ings** npl misure fpl; (LAW) procedimento; (meeting) riunione f; (records) rendiconti mpl; atti mpl; ~**s** ['prəusiːdz] npl profitto, incasso

process ['prəuses] n processo; (method) metodo, sistema m ♦ vt trattare; (information) elaborare; ~**ing** n trattamento; elaborazione f

procession [prəˈseʃən] n processione f,

corteo; **funeral ~** corteo funebre
pro-choice [prəʊ'tʃɔɪs] *adj* per la libertà di scelta di gravidanza
proclaim [prə'kleɪm] *vt* proclamare, dichiarare
procrastinate [prəʊ'kræstɪneɪt] *vi* procrastinare
prod [prɒd] *vt* dare un colpetto a; pungolare
♦ *n* colpetto
prodigal ['prɒdɪgl] *adj* prodigo(a)
prodigy ['prɒdɪdʒɪ] *n* prodigio
produce [*n* 'prɒdjuːs, *vb* prə'djuːs] *n* (*AGR*) prodotto, prodotti *mpl* ♦ *vt* produrre; (*to show*) esibire, mostrare; (*cause*) causare; **~r** *n* (*THEATRE*) regista *m/f*; (*AGR*, *CINEMA*) produttore *m*
product ['prɒdʌkt] *n* prodotto
production [prə'dʌkʃən] *n* produzione *f*; **~ line** *n* catena di lavorazione
productivity [prɒdʌk'tɪvɪtɪ] *n* produttività
profane [prə'feɪn] *adj* profano(a); (*language*) empio(a)
profess [prə'fes] *vt* (*claim*) dichiarare; (*opinion etc*) professare
profession [prə'feʃən] *n* professione *f*; **~al** *n* professionista *m/f* ♦ *adj* professionale; (*work*) da professionista
professor [prə'fesə*] *n* professore *m* (*titolare di una cattedra*); (*US*) professore/essa
proficiency [prə'fɪʃənsɪ] *n* competenza, abilità
profile ['prəʊfaɪl] *n* profilo
profit ['prɒfɪt] *n* profitto; beneficio *vi*: **to ~** (**by** *or* **from**) approfittare (di); **~ability** [-'bɪlɪtɪ] *n* redditività; **~able** *adj* redditizio(a)
profound [prə'faund] *adj* profondo(a)
profusely [prə'fjuːslɪ] *adv* con grande effusione
programme ['prəʊgræm] (*US* **program**) *n* programma *m* ♦ *vt* programmare; **~r** (*US* **programer**) *n* programmatore/trice
progress [*n* 'prəʊgres, *vb* prə'gres] *n* progresso ♦ *vi* avanzare, procedere; **in ~** in corso; **to make ~** far progressi; **~ive** [-'gresɪv] *adj* progressivo(a); (*person*) progressista

prohibit [prə'hɪbɪt] *vt* proibire, vietare; **~ion** [prəʊɪ'bɪʃən] *n* proibizione *f*, divieto; (*US*): **P~ion** *n* proibizionismo; **~ive** *adj* (*price etc*) proibitivo(a)
project [*n* 'prɒdʒekt, *vb* prə'dʒekt] *n* (*plan*) piano; (*venture*) progetto; (*SCOL*) studio
♦ *vt* proiettare ♦ *vi* (*stick out*) sporgere
projectile [prə'dʒektaɪl] *n* proiettile *m*
projector [prə'dʒektə*] *n* proiettore *m*
pro-life [prəʊ'laɪf] *adj* per il diritto alla vita
prolific [prə'lɪfɪk] *adj* (*artist etc*) fecondo(a)
prolong [prə'lɒŋ] *vt* prolungare

Prom

i In Gran Bretagna i **Prom** (*promenade concert*) sono concerti di musica classica, i più noti dei quali sono quelli eseguiti nella Royal Albert Hall a Londra. Un tempo il pubblico seguiva i concerti in piedi, passeggiando. Negli Stati Uniti, invece, con **prom** si intende il ballo studentesco di un'università o di un college.

prom [prɒm] *n abbr* = **promenade**; (*US*: *ball*) ballo studentesco
promenade [prɒmə'nɑːd] *n* (*by sea*) lungomare *m*; **~ concert** *n* concerto (*con posti in piedi*)
prominent ['prɒmɪnənt] *adj* (*standing out*) prominente; (*important*) importante
promiscuous [prə'mɪskjuəs] *adj* (*sexually*) di facili costumi
promise ['prɒmɪs] *n* promessa ♦ *vt*, *vi* promettere; **to ~ sb sth**, **~ sth to sb** promettere qc a qn; **to ~ (sb) that/to do sth** promettere (a qn) che/di fare qc; **promising** *adj* promettente
promote [prə'məʊt] *vt* promuovere; (*venture, event*) organizzare; **~r** *n* promotore/trice; (*of sporting event*) organizzatore/trice; **promotion** [-'məʊʃən] *n* promozione *f*
prompt [prɒmpt] *adj* rapido(a), svelto(a); puntuale; (*reply*) sollecito(a) ♦ *adv* (*punctually*) in punto ♦ *n* (*COMPUT*) prompt *m* ♦ *vt* incitare; provocare; (*THEATRE*) suggerire a; **to ~ sb to do** incitare qn a

fare; ~ly adv prontamente; puntualmente

prone [prəun] adj (lying) prono(a); ~ to propenso(a) a, incline a

prong [prɒŋ] n rebbio, punta

pronoun ['prəunaun] n pronome m

pronounce [prə'nauns] vt pronunciare

pronunciation [prənʌnsɪ'eɪʃən] n pronuncia

proof [pruːf] n prova; (of book) bozza; (PHOT) provino ♦ adj: ~ against a prova di

prop [prɒp] n sostegno, appoggio ♦ vt (also: ~ up) sostenere, appoggiare; (lean): to ~ sth against appoggiare qc contro or a

propaganda [prɒpə'gændə] n propaganda

propel [prə'pɛl] vt spingere (in avanti), muovere; ~ler n elica

propensity [prə'pɛnsɪtɪ] n tendenza

proper ['prɒpə*] adj (suited, right) adatto(a), appropriato(a); (seemly) decente; (authentic) vero(a); (inf: real) noun +vero(a) e proprio(a); ~ly adv (eat, study) bene; (behave) come si deve; ~ noun n nome m proprio

property ['prɒpətɪ] n (things owned) beni mpl; (land, building) proprietà f inv; (CHEM etc: quality) proprietà; ~ owner n proprietario/a

prophecy ['prɒfɪsɪ] n profezia

prophesy ['prɒfɪsaɪ] vt predire

prophet ['prɒfɪt] n profeta m

proportion [prə'pɔːʃən] n proporzione f; (share) parte f; ~al adj proporzionale; ~ate adj proporzionato(a)

proposal [prə'pəuzl] n proposta; (plan) progetto; (of marriage) proposta di matrimonio

propose [prə'pəuz] vt proporre, suggerire ♦ vi fare una proposta di matrimonio; to ~ to do proporsi di fare, aver l'intenzione di fare

proposition [prɒpə'zɪʃən] n proposizione f; (offer) proposta

proprietor [prə'praɪətə*] n proprietario/a

propriety [prə'praɪətɪ] n (seemliness) decoro, rispetto delle convenienze sociali

pro rata ['prəu'rɑːtə] adv in proporzione

prose [prəuz] n prosa

prosecute ['prɒsɪkjuːt] vt processare;

prosecution [-'kjuːʃən] n processo; (accusing side) accusa; prosecutor n (also: public prosecutor) ≈ procuratore m della Repubblica

prospect [n 'prɒspɛkt, vb prə'spɛkt] n prospettiva; (hope) speranza ♦ vi: to ~ for cercare; ~s npl (for work etc) prospettive fpl; ~ive [-'spɛktɪv] adj possibile; futuro(a)

prospectus [prə'spɛktəs] n prospetto, programma m

prosperity [prɒ'spɛrɪtɪ] n prosperità

prostitute ['prɒstɪtjuːt] n prostituta; male ~ uomo che si prostituisce

protect [prə'tɛkt] vt proteggere, salvaguardare; ~ed species n specie f protetta; ~ion n protezione f; ~ive adj protettivo(a)

protégé ['prəutɛʒeɪ] n protetto

protein ['prəutiːn] n proteina

protest [n 'prəutɛst, vb prə'tɛst] n protesta ♦ vt, vi protestare

Protestant ['prɒtɪstənt] adj, n protestante m/f

protester [prə'tɛstə*] n dimostrante m/f

prototype ['prəutətaɪp] n prototipo

protracted [prə'træktɪd] adj tirato(a) per le lunghe

protrude [prə'truːd] vi sporgere

proud [praud] adj fiero(a), orgoglioso(a); (pej) superbo(a)

prove [pruːv] vt provare, dimostrare ♦ vi: to ~ (to be) correct etc risultare vero(a) etc; to ~ o.s. mostrare le proprie capacità

proverb ['prɒvɜːb] n proverbio

provide [prə'vaɪd] vt fornire, provvedere; to ~ sb with sth fornire or provvedere qn di qc; ~ for vt fus provvedere a; (future event) prevedere; ~d (that) conj purché +sub, a condizione che +sub

providing [prə'vaɪdɪŋ] conj purché +sub, a condizione che +sub

province ['prɒvɪns] n provincia; provincial [prə'vɪnʃəl] adj provinciale

provision [prə'vɪʒən] n (supply) riserva; (supplying) provvista; rifornimento; (stipulation) condizione f; ~s npl (food) provviste fpl; ~al adj provvisorio(a)

proviso [prə'vaɪzəʊ] *n* condizione *f*
provocative [prə'vɒkətɪv] *adj* (*aggressive*) provocatorio(a); (*thought-provoking*) stimolante; (*seductive*) provocante
provoke [prə'vəʊk] *vt* provocare; incitare
prowess ['praʊɪs] *n* prodezza
prowl [praʊl] *vi* (*also*: ~ **about**, ~ **around**) aggirarsi ♦ *n*: **to be on the** ~ aggirarsi; **~er** *n* tipo sospetto (*che s'aggira con l'intenzione di rubare, aggredire etc*)
proximity [prɒk'sɪmɪtɪ] *n* prossimità
proxy ['prɒksɪ] *n*: **by** ~ per procura
prude [pruːd] *n* puritano/a
prudent ['pruːdnt] *adj* prudente
prudish ['pruːdɪʃ] *adj* puritano(a)
prune [pruːn] *n* prugna secca ♦ *vt* potare
pry [praɪ] *vi*: **to** ~ **into** ficcare il naso in
PS *abbr* (= *postscript*) P.S.
psalm [sɑːm] *n* salmo
pseudonym ['sjuːdənɪm] *n* pseudonimo
psyche ['saɪkɪ] *n* psiche *f*
psychiatric [saɪkɪ'ætrɪk] *adj* psichiatrico(a)
psychiatrist [saɪ'kaɪətrɪst] *n* psichiatra *m/f*
psychic ['saɪkɪk] *adj* (*also*: **~al**) psichico(a); (*person*) dotato(a) di qualità telepatiche
psychoanalyst [saɪkəʊ'ænəlɪst] *n* psicanalista *m/f*
psychological [saɪkə'lɒdʒɪkl] *adj* psicologico(a)
psychologist [saɪ'kɒlədʒɪst] *n* psicologo/a
psychology [saɪ'kɒlədʒɪ] *n* psicologia
psychopath ['saɪkəʊpæθ] *n* psicopatico/a
P.T.O. *abbr* (= *please turn over*) v.r.
pub [pʌb] *n abbr* (= *public house*) pub *m inv*

pub

In Gran Bretagna e in Irlanda i **pub** *sono locali dove vengono servite bevande alcoliche ed analcoliche e dove spesso è possibile anche mangiare, giocare a biliardo o a freccette e guardare la televisione.*

pubic ['pjuːbɪk] *adj* pubico(a), del pube
public ['pʌblɪk] *adj* pubblico(a) ♦ *n* pubblico; **in** ~ in pubblico; ~ **address system** *n* impianto di amplificazione

publican ['pʌblɪkən] *n* proprietario di un pub
publication [pʌblɪ'keɪʃən] *n* pubblicazione *f*
public: ~ **company** *n* società *f inv* per azioni (*costituita tramite pubblica sottoscrizione*); ~ **convenience** (*BRIT*) *n* gabinetti *mpl*; ~ **holiday** *n* giorno festivo, festa nazionale; ~ **house** (*BRIT*) *n* pub *m inv*
publicity [pʌb'lɪsɪtɪ] *n* pubblicità
publicize ['pʌblɪsaɪz] *vt* rendere pubblico(a)
publicly ['pʌblɪklɪ] *adv* pubblicamente
public: ~ **opinion** *n* opinione *f* pubblica; ~ **relations** *n* pubbliche relazioni *fpl*; ~ **school** *n* (*BRIT*) scuola privata; (*US*) scuola statale; ~**-spirited** *adj* che ha senso civico; ~ **transport** *n* mezzi *mpl* pubblici
publish ['pʌblɪʃ] *vt* pubblicare; ~**er** *n* editore *m*; ~**ing** *n* (*industry*) editoria; (*of a book*) pubblicazione *f*
pub lunch *n* pranzo semplice ed economico servito nei pub
puce [pjuːs] *adj* marroncino rosato *inv*
pucker ['pʌkə*] *vt* corrugare
pudding ['pʊdɪŋ] *n* budino; (*BRIT: dessert*) dolce *m*; **black** ~, (*US*) **blood** ~ sanguinaccio
puddle ['pʌdl] *n* pozza, pozzanghera
puff [pʌf] *n* sbuffo ♦ *vt*: **to** ~ **one's pipe** tirare sboccate di fumo ♦ *vi* (*pant*) ansare; ~ **out** *vt* (*cheeks etc*) gonfiare; ~ **pastry** *n* pasta sfoglia; ~**y** *adj* gonfio(a)
pull [pʊl] *n* (*tug*): **to give sth a** ~ tirare su qc ♦ *vt* tirare; (*muscle*) strappare; (*trigger*) premere ♦ *vi* tirare; **to** ~ **to pieces** fare a pezzi; **to** ~ **one's punches** (*BOXING*) risparmiare l'avversario; **to** ~ **one's weight** dare il proprio contributo; **to** ~ **o.s. together** ricomporsi, riprendersi; **to** ~ **sb's leg** prendere in giro qn; ~ **apart** *vt* (*break*) fare a pezzi; ~ **down** *vt* (*house*) demolire; (*tree*) abbattere; ~ **in** *vi* (*AUT: at the kerb*) accostarsi; (*RAIL*) entrare in stazione; ~ **off** *vt* (*clothes*) togliere; (*deal etc*) portare a compimento; ~ **out** *vi* partire; (*AUT: come out of line*) spostarsi sulla mezzeria ♦ *vt* staccare; far uscire; (*withdraw*) ritirare; ~

over *vi* (AUT) accostare; ~ **through** *vi* farcela; ~ **up** *vi* (stop) fermarsi ♦ *vt* (raise) sollevare; (uproot) sradicare

pulley ['pulɪ] *n* puleggia, carrucola

pullover ['puləuvə*] *n* pullover *m inv*

pulp [pʌlp] *n* (of fruit) polpa

pulpit ['pulpɪt] *n* pulpito

pulsate [pʌl'seɪt] *vi* battere, palpitare

pulse [pʌls] *n* polso; (BOT) legume *m*

pummel ['pʌml] *vt* dare pugni a

pump [pʌmp] *n* pompa; (shoe) scarpetta ♦ *vt* pompare; ~ **up** *vt* gonfiare

pumpkin ['pʌmpkɪn] *n* zucca

pun [pʌn] *n* gioco di parole

punch [pʌntʃ] *n* (blow) pugno; (tool) punzone *m*; (drink) ponce *m* ♦ *vt* (hit): **to ~ sb/sth** dare un pugno a qn/qc; ~ **line** *n* (of joke) battuta finale; ~**-up** (BRIT: inf) *n* rissa

punctual ['pʌŋktjuəl] *adj* puntuale

punctuation [pʌŋktju'eɪʃən] *n* interpunzione *f*, punteggiatura

puncture ['pʌŋktʃə*] *n* foratura ♦ *vt* forare

pundit ['pʌndɪt] *n* sapientone/a

pungent ['pʌndʒənt] *adj* pungente

punish ['pʌnɪʃ] *vt* punire; ~**ment** *n* punizione *f*

punk [pʌŋk] *n* (also: ~ **rocker**) punk *m/f inv*; (also: ~ **rock**) musica punk, punk rock *m*; (US: inf: hoodlum) teppista *m*

punt [pʌnt] *n* (boat) barchino

punter ['pʌntə*] (BRIT) *n* (gambler) scommettitore/trice; (: inf) cliente *m/f*

puny ['pjuːnɪ] *adj* gracile

pup [pʌp] *n* cucciolo/a

pupil ['pjuːpl] *n* allievo/a; (ANAT) pupilla

puppet ['pʌpɪt] *n* burattino

puppy ['pʌpɪ] *n* cucciolo/a, cagnolino/a

purchase ['pəːtʃɪs] *n* acquisto, compera ♦ *vt* comprare; ~**r** *n* compratore/trice

pure [pjuə*] *adj* puro(a)

purée ['pjuəreɪ] *n* (of potatoes) purè *m*; (of tomatoes) passato; (of apples) crema

purely ['pjuəlɪ] *adv* puramente

purge [pəːdʒ] *n* (MED) purga; (POL) epurazione *f* ♦ *vt* purgare

puritan ['pjuərɪtən] *adj*, *n* puritano(a)

purity ['pjuərɪtɪ] *n* purezza

purple ['pəːpl] *adj* di porpora; viola *inv*

purpose ['pəːpəs] *n* intenzione *f*, scopo; **on ~** apposta; ~**ful** *adj* deciso(a), risoluto(a)

purr [pəː*] *vi* fare le fusa

purse [pəːs] *n* (BRIT) borsellino; (US) borsetta ♦ *vt* contrarre

purser ['pəːsə*] *n* (NAUT) commissario di bordo

pursue [pə'sjuː] *vt* inseguire; (fig: activity etc) continuare con; (: aim etc) perseguire

pursuit [pə'sjuːt] *n* inseguimento; (fig) ricerca; (pastime) passatempo

push [puʃ] *n* spinta; (effort) grande sforzo; (drive) energia ♦ *vt* spingere; (button) premere; (thrust): **to ~ sth (into)** ficcare qc (in); (fig) fare pubblicità a ♦ *vi* spingere; premere; **to ~ for** (fig) insistere per; ~ **aside** *vt* scostare; ~ **off** (inf) *vi* filare; ~ **on** *vi* (continue) continuare; ~ **through** *vi* farsi largo spingendo ♦ *vt* (measure) far approvare; ~ **up** *vt* (total, prices) far salire; ~**chair** (BRIT) *n* passeggino; ~**er** *n* (drug ~er) spacciatore/trice; ~**over** (inf) *n*: **it's a ~over** è un lavoro da bambini; ~**-up** (US) *n* (press-up) flessione *f* sulle braccia; ~**y** (pej) *adj* opportunista

puss [pus] (inf) *n* = **pussy(-cat)**

pussy(-cat) ['pusɪ(-)] (inf) *n* micio

put [put] (pt, pp **put**) *vt* mettere, porre; (say) dire, esprimere; (a question) fare; (estimate) stimare; ~ **about** or **around** *vt* (rumour) diffondere; ~ **across** *vt* (ideas etc) comunicare; far capire; ~ **away** *vt* (return) mettere a posto; ~ **back** *vt* (replace) rimettere a posto; (postpone) rinviare; (delay) ritardare; ~ **by** *vt* (money) mettere da parte; ~ **down** *vt* (parcel etc) posare, mettere giù; (pay) versare; (in writing) mettere per iscritto; (revolt, animal) sopprimere; (attribute) attribuire; ~ **forward** *vt* (ideas) avanzare, proporre; ~ **in** *vt* (application, complaint) presentare; (time, effort) mettere; ~ **off** *vt* (postpone) rimandare, rinviare; (discourage) dissuadere; ~ **on** *vt* (clothes, lipstick etc) mettere; (light etc) accendere; (play etc) mettere in scena;

(*food, meal*) mettere su; (*brake*) mettere; to ~ **on weight** ingrassare; to ~ **on airs** darsi delle arie; ~ **out** *vt* mettere fuori; (*one's hand*) porgere; (*light etc*) spegnere; (*person: inconvenience*) scomodare; ~ **through** *vt* (*TEL: call*) passare; (: *person*) mettere in comunicazione; (*plan*) far approvare; ~ **up** *vt* (*raise*) sollevare, alzare; (: *umbrella*) aprire; (: *tent*) montare; (*pin up*) affiggere; (*hang*) appendere; (*build*) costruire, erigere; (*increase*) aumentare; (*accommodate*) alloggiare; ~ **up with** *vt fus* sopportare

putt [pʌt] *n* colpo leggero; **~ing green** *n* green *m inv*; campo da putting

putty ['pʌtɪ] *n* stucco

puzzle ['pʌzl] *n* enigma *m*, mistero; (*jigsaw*) puzzle *m*; (*also:* **crossword ~**) parole *fpl* incrociate, cruciverba *m inv* ♦ *vt* confondere, rendere perplesso(a) ♦ *vi* scervellarsi

pyjamas [pɪ'dʒɑ:məz] (*BRIT*) *npl* pigiama *m*

pylon ['paɪlən] *n* pilone *m*

pyramid ['pɪrəmɪd] *n* piramide *f*

Pyrenees [pɪrɪ'ni:z] *npl*: **the ~** i Pirenei

Q, q

quack [kwæk] *n* (*of duck*) qua qua *m inv*; (*pej: doctor*) dottoruccio/a

quad [kwɒd] *n abbr* = **quadrangle**; **quadruplet**

quadrangle ['kwɒdræŋgl] *n* (*courtyard*) cortile *m*

quadruple [kwɒ'dru:pl] *vt* quadruplicare ♦ *vi* quadruplicarsi

quadruplets [kwɒ'dru:plɪts] *npl* quattro gemelli *mpl*

quail [kweɪl] *n* (*ZOOL*) quaglia ♦ *vi* (*person*): **to ~ at** *or* **before** perdersi d'animo davanti a

quaint [kweɪnt] *adj* bizzarro(a); (*old-fashioned*) antiquato(a); grazioso(a), pittoresco(a)

quake [kweɪk] *vi* tremare ♦ *n abbr* = **earthquake**

Quaker ['kweɪkə*] *n* quacchero/a

qualification [kwɒlɪfɪ'keɪʃən] *n* (*degree etc*) qualifica, titolo; (*ability*) competenza, qualificazione *f*; (*limitation*) riserva, restrizione *f*

qualified ['kwɒlɪfaɪd] *adj* qualificato(a); (*able*): ~ **to** competente in, qualificato(a) a; (*limited*) condizionato(a)

qualify ['kwɒlɪfaɪ] *vt* abilitare; (*limit: statement*) modificare, precisare ♦ *vi*: **to ~ (as)** qualificarsi (come); **to ~ (for)** acquistare i requisiti necessari (per); (*SPORT*) qualificarsi (per *or* a)

quality ['kwɒlɪtɪ] *n* qualità *f inv*

---
quality press
---

i *Il termine* **quality press** *si riferisce ai quotidiani e ai settimanali che offrono un'informazione più seria ed approfondita rispetto ai* **tabloid**, *i giornali popolari; vedi anche* **tabloid press**.

---

qualm [kwɑ:m] *n* dubbio; scrupolo

quandary ['kwɒndrɪ] *n*: **in a ~** in un dilemma

quantity ['kwɒntɪtɪ] *n* quantità *f inv*

quantity surveyor [-sə'veɪə*] *n* geometra *m* (*specializzato nel calcolare la quantità e il costo del materiale da costruzione*)

quarantine ['kwɔrntɪn] *n* quarantena

quarrel ['kwɒrl] *n* lite *f*, disputa ♦ *vi* litigare

quarry ['kwɒrɪ] *n* (*for stone*) cava; (*animal*) preda

quart [kwɔ:t] *n* ≈ litro

quarter ['kwɔ:tə*] *n* quarto; (*US: coin*) quarto di dollaro; (*of year*) trimestre *m*; (*district*) quartiere *m* ♦ *vt* dividere in quattro; (*MIL*) alloggiare; **~s** *npl* (*living ~s*) alloggio; (*MIL*) alloggi *mpl*, quadrato; **a ~ of an hour** un quarto d'ora; ~ **final** *n* quarto di finale; **~ly** *adj* trimestrale ♦ *adv* trimestralmente

quartet(te) [kwɔ:'tet] *n* quartetto

quartz [kwɔ:ts] *n* quarzo

quash [kwɒʃ] *vt* (*verdict*) annullare

quaver ['kweɪvə*] *n* (*BRIT: MUS*) croma ♦ *vi* tremolare

quay [ki:] *n* (*also:* **~side**) banchina

queasy ['kwi:zɪ] *adj* (*stomach*) delicato(a); **to feel ~** aver la nausea

queen [kwi:n] *n* (*gen*) regina; (*CARDS etc*) regina, donna; **~ mother** *n* regina madre

queer [kwɪə*] *adj* strano(a), curioso(a) ♦ *n* (*inf*) finocchio

quell [kwel] *vt* domare

quench [kwentʃ] *vt*: **to ~ one's thirst** dissetarsi

query ['kwɪərɪ] *n* domanda, questione *f* ♦ *vt* mettere in questione

quest [kwest] *n* cerca, ricerca

question ['kwestʃən] *n* domanda, questione *f* ♦ *vt* (*person*) interrogare; (*plan, idea*) mettere in questione *or* in dubbio; **it's a ~ of doing** si tratta di fare; **beyond ~** fuori di dubbio; **out of the ~** fuori discussione, impossibile; **~able** *adj* discutibile; **~ mark** *n* punto interrogativo

questionnaire [kwestʃə'nɛə*] *n* questionario

queue [kju:] (*BRIT*) *n* coda, fila ♦ *vi* fare la coda

quibble ['kwɪbl] *vi* cavillare

quiche [ki:ʃ] *n* torta salata a base di uova, formaggio, prosciutto o altro

quick [kwɪk] *adj* rapido(a), veloce; (*reply*) pronto(a); (*mind*) pronto(a), acuto(a) ♦ *n*: **cut to the ~** (*fig*) toccato(a) sul vivo; **be ~!** fa presto!; **~en** *vt* accelerare, affrettare ♦ *vi* accelerare, affrettarsi; **~ly** *adv* rapidamente, velocemente; **~sand** *n* sabbie *fpl* mobili; **~-witted** *adj* pronto(a) d'ingegno

quid [kwɪd] (*BRIT: inf*) *n inv* sterlina

quiet ['kwaɪət] *adj* tranquillo(a), quieto(a); (*ceremony*) semplice ♦ *n* tranquillità, calma ♦ *vt, vi* (*US*) = **~en; keep ~!** sta zitto!; **~en** (*also*: **~en down**) *vi* calmarsi, chetarsi ♦ *vt* calmare, chetare; **~ly** *adv* tranquillamente, calmamente; sommessamente

quilt [kwɪlt] *n* trapunta; (*continental ~*) piumino

quin [kwɪn] *n abbr* = **quintuplet**

quintuplets [kwɪn'tju:plɪts] *npl* cinque gemelli *mpl*

quip [kwɪp] *n* frizzo

quirk [kwə:k] *n* ghiribizzo

quit [kwɪt] (*pt, pp* quit *or* quitted) *vt* mollare; (*premises*) lasciare, partire da ♦ *vi* (*give up*) mollare; (*resign*) dimettersi

quite [kwaɪt] *adv* (*rather*) assai; (*entirely*) completamente, del tutto; **I ~ understand** capisco perfettamente; **that's not ~ big enough** non è proprio sufficiente; **~ a few of them** non pochi di loro; **~ (so)!** esatto!

quits [kwɪts] *adj*: **~ (with)** pari (con); **let's call it ~** adesso siamo pari

quiver ['kwɪvə*] *vi* tremare, fremere

quiz [kwɪz] *n* (*game*) quiz *m inv*; indovinello ♦ *vt* interrogare; **~zical** *adj* enigmatico(a)

quota ['kwəutə] *n* quota

quotation [kwəu'teɪʃən] *n* citazione *f*; (*of shares etc*) quotazione *f*; (*estimate*) preventivo; **~ marks** *npl* virgolette *fpl*

quote [kwəut] *n* citazione *f* ♦ *vt* (*sentence*) citare; (*price*) dare, fissare; (*shares*) quotare ♦ *vi*: **to ~ from** citare; **~s** *npl* = **quotation marks**

R, r

rabbi ['ræbaɪ] *n* rabbino

rabbit ['ræbɪt] *n* coniglio; **~ hutch** *n* conigliera

rabble ['ræbl] (*pej*) *n* canaglia, plebaglia

rabies ['reɪbi:z] *n* rabbia

RAC (*BRIT*) *n abbr* = **Royal Automobile Club**

rac(c)oon [rə'ku:n] *n* procione *m*

race [reɪs] *n* razza; (*competition, rush*) corsa ♦ *vt* (*horse*) far correre ♦ *vi* correre; (*engine*) imballarsi; **~ car** (*US*) *n* = **racing car**; **~ car driver** (*US*) *n* = **racing driver**; **~course** *n* campo di corse, ippodromo; **~horse** *n* cavallo da corsa; **~track** *n* pista

racial ['reɪʃl] *adj* razziale

racing ['reɪsɪŋ] *n* corsa; **~ car** (*BRIT*) *n* macchina da corsa; **~ driver** (*BRIT*) *n* corridore *m* automobilista

racism ['reɪsɪzəm] *n* razzismo; **racist** *adj, n* razzista *m/f*

rack [ræk] *n* rastrelliera; (*also*: **luggage ~**) rete *f*, portabagagli *m inv*; (*also*: **roof ~**)

portabagagli; (*dish* ~) scolapiatti *m inv*
♦ *vt*: **~ed by** torturato(a) da; **to ~ one's brains** scervellarsi

racket ['rækɪt] *n* (*for tennis*) racchetta; (*noise*) fracasso; baccano; (*swindle*) imbroglio, truffa; (*organized crime*) racket *m inv*

racoon [rə'ku:n] *n* = **raccoon**

racquet ['rækɪt] *n* racchetta

racy ['reɪsɪ] *adj* brioso(a); piccante

radar ['reɪdɑː*] *n* radar *m*

radial ['reɪdɪəl] *adj* (*also*: **~-ply**) radiale

radiant ['reɪdɪənt] *adj* raggiante; (*PHYSICS*) radiante

radiate ['reɪdɪeɪt] *vt* (*heat*) irraggiare, irradiare ♦ *vi* (*lines*) irradiarsi

radiation [reɪdɪ'eɪʃən] *n* irradiamento; (*radioactive*) radiazione *f*

radiator ['reɪdɪeɪtə*] *n* radiatore *m*

radical ['rædɪkl] *adj* radicale

radii ['reɪdɪaɪ] *npl of* **radius**

radio ['reɪdɪəu] *n* radio *f inv*; **on the ~** alla radio

radioactive [reɪdɪəu'æktɪv] *adj* radioattivo(a)

radio station *n* stazione *f* radio *inv*

radish ['rædɪʃ] *n* ravanello

radius ['reɪdɪəs] (*pl* **radii**) *n* raggio

RAF *n abbr* = **Royal Air Force**

raffle ['ræfl] *n* lotteria

raft [rɑ:ft] *n* zattera; (*also*: **life ~**) zattera di salvataggio

rafter ['rɑ:ftə*] *n* trave *f*

rag [ræg] *n* straccio, cencio; (*pej: newspaper*) giornalaccio, bandiera; (*for charity*) iniziativa studentesca a scopo benefico; **~s** *npl* (*torn clothes*) stracci *mpl*, brandelli *mpl*; **~ doll** *n* bambola di pezza

rage [reɪdʒ] *n* (*fury*) collera, furia ♦ *vi* (*person*) andare su tutte le furie; (*storm*) infuriare; **it's all the ~** fa furore

ragged ['rægɪd] *adj* (*edge*) irregolare; (*clothes*) logoro(a); (*appearance*) pezzente

raid [reɪd] *n* (*MIL*) incursione *f*; (*criminal*) rapina; (*by police*) irruzione *f* ♦ *vt* fare un'incursione in; rapinare; fare irruzione in

rail [reɪl] *n* (*on stair*) ringhiera; (*on bridge*,

balcony) parapetto; (*of ship*) battagliola; **~s** *npl* (*for train*) binario, rotaie *fpl*; **by ~** per ferrovia; **~ing(s)** *n(pl)* ringhiere *fpl*; **~road** (*US*) *n* = **~way**; **~way** (*BRIT*) *n* ferrovia; **~way line** (*BRIT*) *n* linea ferroviaria; **~wayman** (*BRIT*: *irreg*) *n* ferroviere *m*; **~way station** (*BRIT*) *n* stazione *f* ferroviaria

rain [reɪn] *n* pioggia ♦ *vi* piovere; **in the ~** sotto la pioggia; **it's ~ing** piove; **~bow** *n* arcobaleno; **~coat** *n* impermeabile *m*; **~drop** *n* goccia di pioggia; **~fall** *n* pioggia; (*measurement*) piovosità; **~forest** *n* foresta pluviale; **~y** *adj* piovoso(a)

raise [reɪz] *n* aumento ♦ *vt* (*lift*) alzare; sollevare; (*increase*) aumentare; (*a protest, doubt, question*) sollevare; (*cattle, family*) allevare; (*crop*) coltivare; (*army, funds*) raccogliere; (*loan*) ottenere; **to ~ one's voice** alzare la voce

raisin ['reɪzn] *n* uva secca

rake [reɪk] *n* (*tool*) rastrello ♦ *vt* (*garden*) rastrellare

rally ['rælɪ] *n* (*POL etc*) riunione *f*; (*AUT*) rally *m inv*; (*TENNIS*) scambio ♦ *vt* riunire, radunare ♦ *vi* (*sick person, Stock Exchange*) riprendersi; **~ round** *vt fus* raggrupparsi intorno a; venire in aiuto di

RAM [ræm] *n abbr* (= *random access memory*) memoria ad accesso casuale

ram [ræm] *n* montone *m*, ariete *m* ♦ *vt* conficcare; (*crash into*) cozzare, sbattere contro; percuotere; speronare

ramble ['ræmbl] *n* escursione *f* ♦ *vi* (*pej: also*: **~ on**) divagare; **~r** *n* escursionista *m/f*; (*BOT*) rosa rampicante; **rambling** *adj* (*speech*) sconnesso(a); (*house*) tutto(a) a nicchie e corridoi; (*BOT*) rampicante

ramp [ræmp] *n* rampa; **on/off ~** (*US: AUT*) raccordo di entrata/uscita

rampage [ræm'peɪdʒ] *n*: **to go on the ~** scatenarsi in modo violento

rampant ['ræmpənt] *adj* (*disease etc*) che infierisce

rampart ['ræmpɑ:t] *n* bastione *m*

ram raiding *n* il rapinare un negozio o una banca sfondandone la vetrina con

un'auto-ariete
ramshackle ['ræmʃækl] adj (house)
cadente; (car etc) sgangherato(a)
ran [ræn] pt of **run**
ranch [rɑːntʃ] n ranch m inv; **~er** n
proprietario di un ranch; cowboy m inv
rancid ['rænsɪd] adj rancido(a)
rancour ['ræŋkə*] (US **rancor**) n rancore m
random ['rændəm] adj fatto(a) or detto(a)
per caso; (COMPUT, MATH) casuale ♦ n: **at ~**
a casaccio; **~ access** n (COMPUT) accesso
casuale
randy ['rændɪ] (BRIT: inf) adj arrapato(a);
lascivo(a)
rang [ræŋ] pt of **ring**
range [reɪndʒ] n (of mountains) catena; (of
missile, voice) portata; (of proposals,
products) gamma; (MIL: also: **shooting ~**)
campo di tiro; (also: **kitchen ~**) fornello,
cucina economica ♦ vt disporre ♦ vi: **to ~
over** coprire; **to ~ from ... to** andare da ...
a
ranger ['reɪndʒə*] n guardia forestale
rank [ræŋk] n fila; (status, MIL) grado; (BRIT:
also: **taxi ~**) posteggio di taxi ♦ vi: **to ~
among** essere tra ♦ adj puzzolente; vero(a)
e proprio(a); **the ~ and file** (fig) la gran
massa
ransack ['rænsæk] vt rovistare; (plunder)
saccheggiare
ransom ['rænsəm] n riscatto; **to hold sb to
~** (fig) esercitare pressione su qn
rant [rænt] vi vociare
rap [ræp] vt bussare a; picchiare su ♦ n
(music) rap m inv
rape [reɪp] n violenza carnale, stupro; (BOT)
ravizzone m ♦ vt violentare; **~(seed) oil** n
olio di ravizzone
rapid ['ræpɪd] adj rapido(a); **~s** npl (GEO)
rapida; **~ly** adv rapidamente
rapist ['reɪpɪst] n violentatore m
rapport [ræ'pɔː*] n rapporto
rare [reə*] adj raro(a); (CULIN: steak) al
sangue
rarely ['reəlɪ] adv raramente
raring ['reərɪŋ] adj: **to be ~ to go** (inf) non
veder l'ora di cominciare

rascal ['rɑːskl] n mascalzone m
rash [ræʃ] adj imprudente, sconsiderato(a)
♦ n (MED) eruzione f; (of events etc) scoppio
rasher ['ræʃə*] n fetta sottile (di lardo or
prosciutto)
raspberry ['rɑːzbərɪ] n lampone m
rasping ['rɑːspɪŋ] adj stridulo(a)
rat [ræt] n ratto
rate [reɪt] n (proportion) tasso, percentuale f;
(speed) velocità f inv; (price) tariffa ♦ vt
giudicare; stimare; **~s** npl (BRIT: property
tax) imposte fpl comunali; (fees) tariffe fpl;
to ~ sb/sth as valutare qn/qc come;
~able value (BRIT) n valore m imponibile
or locativo (di una proprietà); **~payer**
(BRIT) n contribuente m/f (che paga le
imposte comunali)
rather ['rɑːðə*] adv piuttosto; **it's ~
expensive** è piuttosto caro; (too) è un po'
caro; **there's ~ a lot** ce n'è parecchio; **I
would** or **I'd ~ go** preferirei andare
rating ['reɪtɪŋ] n (assessment) valutazione f;
(score) punteggio di merito
ratio ['reɪʃɪəu] n proporzione f, rapporto
ration ['ræʃən] n (gen pl) razioni fpl ♦ vt
razionare
rational ['ræʃnl] adj razionale, ragionevole;
(solution, reasoning) logico(a); **~e** [-'nɑːl] n
fondamento logico; giustificazione f; **~ize**
vt razionalizzare
rat race n carrierismo, corsa al successo
rattle ['rætl] n tintinnio; (louder) strepito;
(for baby) sonaglio ♦ vi risuonare,
tintinnare; fare un rumore di ferraglia ♦ vt
scuotere (con strepito); **~snake** n
serpente m a sonagli
raucous ['rɔːkəs] adj rumoroso(a),
fragoroso(a)
ravage ['rævɪdʒ] vt devastare; **~s** npl danni
mpl
rave [reɪv] vi (in anger) infuriarsi; (with
enthusiasm) andare in estasi; (MED) delirare
♦ (BRIT: inf) n (party) rave m inv
raven ['reɪvən] n corvo
ravenous ['rævənəs] adj affamato(a)
ravine [rə'viːn] n burrone m
raving ['reɪvɪŋ] adj: **~ lunatic** pazzo(a)

furioso(a)

ravishing ['rævɪʃɪŋ] *adj* incantevole

raw [rɔ:] *adj* (*uncooked*) crudo(a); (*not processed*) greggio(a); (*sore*) vivo(a); (*inexperienced*) inesperto(a); (*weather, day*) gelido(a); ~ **deal** (*inf*) *n* bidonata; ~ **material** *n* materia prima

ray [reɪ] *n* raggio; **a** ~ **of hope** un barlume di speranza

rayon ['reɪɔn] *n* raion *m*

raze [reɪz] *vt* radere, distruggere

razor ['reɪzə*] *n* rasoio; ~ **blade** *n* lama di rasoio

Rd *abbr* = **road**

re [ri:] *prep* con riferimento a

reach [ri:tʃ] *n* portata; (*of river etc*) tratto ♦ *vt* raggiungere; arrivare a ♦ *vi* stendersi; **out of/within** ~ fuori/a portata di mano; **within** ~ **of the shops/station** vicino ai negozi/alla stazione; ~ **out** *vt* (*hand*) allungare ♦ *vi*: **to** ~ **out for** stendere la mano per prendere

react [ri:'ækt] *vi* reagire; ~**ion** [-'ækʃən] *n* reazione *f*

reactor [ri:'æktə*] *n* reattore *m*

read [ri:d, *pt, pp* rɛd] (*pt, pp* **read**) *vi* leggere ♦ *vt* leggere; (*understand*) intendere, interpretare; (*study*) studiare; ~ **out** *vt* leggere ad alta voce; ~**able** *adj* (*writing*) leggibile; (*book etc*) che si legge volentieri; ~**er** *n* lettore/trice; (*BRIT: at university*) professore con funzioni preminenti di ricerca; ~**ership** *n* (*of paper etc*) numero di lettori

readily ['rɛdɪlɪ] *adv* volentieri; (*easily*) facilmente; (*quickly*) prontamente

readiness ['rɛdɪnɪs] *n* prontezza; **in** ~ (*prepared*) pronto(a)

reading ['ri:dɪŋ] *n* lettura; (*understanding*) interpretazione *f*; (*on instrument*) indicazione *f*

readjust [ri:ə'dʒʌst] *vt* riaggiustare ♦ *vi* (*person*): **to** ~ (**to**) riadattarsi (a)

ready ['rɛdɪ] *adj* pronto(a); (*willing*) pronto(a), disposto(a); (*available*) disponibile ♦ *n*: **at the** ~ (*MIL*) pronto a sparare; **to get** ~ *vi* prepararsi ♦ *vt*

preparare; ~-**made** *adj* prefabbricato(a); (*clothes*) confezionato(a); ~ **reckoner** *n* prontuario di calcolo; ~-**to-wear** *adj* prêt-à-porter *inv*

reaffirm [ri:ə'fə:m] *vt* riaffermare

real [rɪəl] *adj* reale; vero(a); **in** ~ **terms** in realtà; ~ **estate** *n* beni *mpl* immobili; ~**ism** *n* (*also ART*) realismo; ~**ist** *n* realista *m/f*; ~**istic** [-'lɪstɪk] *adj* realistico(a)

reality [ri:'ælɪtɪ] *n* realtà *f inv*

realization [rɪəlaɪ'zeɪʃən] *n* presa di coscienza; realizzazione *f*

realize ['rɪəlaɪz] *vt* (*understand*) rendersi conto di

really ['rɪəlɪ] *adv* veramente, davvero; ~! (*indicating annoyance*) oh, insomma!

realm [rɛlm] *n* reame *m*, regno

Realtor ® ['rɪəltɔ:*] (*US*) *n* agente *m* immobiliare

reap [ri:p] *vt* mietere; (*fig*) raccogliere

reappear [ri:ə'pɪə*] *vi* ricomparire, riapparire

rear [rɪə*] *adj* di dietro; (*AUT: wheel etc*) posteriore ♦ *n* didietro, parte *f* posteriore ♦ *vt* (*cattle, family*) allevare ♦ *vi* (*also*: ~ **up**: *animal*) impennarsi

rearmament [ri:'ɑ:məmənt] *n* riarmo

rearrange [ri:ə'reɪndʒ] *vt* riordinare

rear-view: ~ **mirror** *n* (*AUT*) specchio retrovisore

reason ['ri:zn] *n* ragione *f*; (*cause, motive*) ragione, motivo ♦ *vi*: **to** ~ **with sb** far ragionare qn; **it stands to** ~ **that** è ovvio che; ~**able** *adj* ragionevole; (*not bad*) accettabile; ~**ably** *adv* ragionevolmente; ~**ed** *adj*: **a well-~ed argument** una forte argomentazione; ~**ing** *n* ragionamento

reassurance [ri:ə'ʃuərəns] *n* rassicurazione *f*

reassure [ri:ə'ʃuə*] *vt* rassicurare; **to** ~ **sb of** rassicurare qn di *or* su

rebate ['ri:beɪt] *n* (*on tax etc*) sgravio

rebel [*n* 'rɛbl, *vb* rɪ'bɛl] *n* ribelle *m/f* ♦ *vi* ribellarsi; ~**lion** *n* ribellione *f*; ~**lious** *adj* ribelle

rebound [*vb* rɪ'baund, *n* 'ri:baund] *vi* (*ball*) rimbalzare ♦ *n*: **on the** ~ di rimbalzo

rebuff [rɪ'bʌf] *n* secco rifiuto

rebuke [rɪ'bjuːk] *vt* rimproverare

rebut [rɪ'bʌt] *vt* rifiutare

recall [rɪ'kɔːl] *vt* richiamare; (*remember*) ricordare, richiamare alla mente ♦ *n* richiamo

recap ['riːkæp], **recapitulate** [riːkə'pɪtjuleɪt] *vt* ricapitolare ♦ *vi* riassumere

rec'd *abbr* = **received**

recede [rɪ'siːd] *vi* allontanarsi; ritirarsi; calare; **receding** *adj* (*forehead, chin*) sfuggente; **he's got a receding hairline** sta stempiando

receipt [rɪ'siːt] *n* (*document*) ricevuta; (*act of receiving*) ricevimento; **~s** *npl* (*COMM*) introiti *mpl*

receive [rɪ'siːv] *vt* ricevere; (*guest*) ricevere, accogliere

receiver [rɪ'siːvə*] *n* (*TEL*) ricevitore *m*; (*RADIO, TV*) apparecchio ricevente; (*of stolen goods*) ricettatore/trice; (*COMM*) curatore *m* fallimentare

recent ['riːsnt] *adj* recente; **~ly** *adv* recentemente

receptacle [rɪ'septɪkl] *n* recipiente *m*

reception [rɪ'sepʃən] *n* ricevimento; (*welcome*) accoglienza; (*TV etc*) ricezione *f*; **~ desk** *n* (*in hotel*) reception *f inv*; (*in hospital, at doctor's*) accettazione *f*; (*in offices etc*) portineria; **~ist** *n* receptionist *m/f inv*

receptive [rɪ'septɪv] *adj* ricettivo(a)

recess [rɪ'ses] *n* (*in room, secret place*) alcova; (*POL etc: holiday*) vacanze *fpl*; **~ion** [-'seʃən] *n* recessione *f*

recharge [riː'tʃɑːdʒ] *vt* (*battery*) ricaricare

recipe ['resɪpɪ] *n* ricetta

recipient [rɪ'sɪpɪənt] *n* beneficiario/a; (*of letter*) destinatario/a

recital [rɪ'saɪtl] *n* recital *m inv*

recite [rɪ'saɪt] *vt* (*poem*) recitare

reckless ['rekləs] *adj* (*driver etc*) spericolato(a); (*spending*) folle

reckon ['rekən] *vt* (*count*) calcolare; (*think*): **I ~ that ...** penso che ...; **~ on** *vt fus* contare su; **~ing** *n* conto; stima

reclaim [rɪ'kleɪm] *vt* (*demand back*)

richiedere, reclamare; (*land*) bonificare; (*materials*) recuperare; **reclamation** [reklə'meɪʃən] *n* bonifica

recline [rɪ'klaɪn] *vi* stare sdraiato(a); **reclining** *adj* (*seat*) ribaltabile

recognition [rekəg'nɪʃən] *n* riconoscimento; **transformed beyond ~** irriconoscibile

recognize ['rekəgnaɪz] *vt*: **to ~ (by/as)** riconoscere (a *or* da/come)

recoil [rɪ'kɔɪl] *vi* (*person*): **to ~ from doing sth** rifuggire dal fare qc ♦ *n* (*of gun*) rinculo

recollect [rekə'lekt] *vt* ricordare; **~ion** [-'lekʃən] *n* ricordo

recommend [rekə'mend] *vt* raccomandare; (*advise*) consigliare

reconcile ['rekənsaɪl] *vt* (*two people*) riconciliare; (*two facts*) conciliare, quadrare; **to ~ o.s. to** rassegnarsi a

recondition [riːkən'dɪʃən] *vt* rimettere a nuovo

reconnoitre [rekə'nɔɪtə*] (*US* **reconnoiter**) *vt* (*MIL*) fare una ricognizione di

reconstruct [riːkən'strʌkt] *vt* ricostruire

record [*n* 'rekɔːd, *vb* rɪ'kɔːd] *n* ricordo, documento; (*of meeting etc*) nota, verbale *m*; (*register*) registro; (*file*) pratica, dossier *m inv*; (*COMPUT*) record *m inv*; (*also*: **criminal ~**) fedina penale sporca; (*MUS: disc*) disco; (*SPORT*) record *m inv*, primato ♦ *vt* (*set down*) prendere nota di, registrare; (*MUS: song etc*) registrare; **in ~ time** a tempo di record; **off the ~** *adj* ufficioso(a) ♦ *adv* ufficiosamente; **~ card** *n* (*in file*) scheda; **~ed delivery** (*BRIT*) *n* (*POST*): **~ed delivery letter** *etc* lettera *etc* raccomandata; **~er** *n* (*MUS*) flauto diritto; **~ holder** *n* (*SPORT*) primatista *m/f*; **~ing** *n* (*MUS*) registrazione *f*; **~ player** *n* giradischi *m inv*

recount [rɪ'kaunt] *vt* raccontare, narrare

re-count ['riːkaunt] *n* (*POL: of votes*) nuovo computo

recoup [rɪ'kuːp] *vt* ricuperare

recourse [rɪ'kɔːs] *n*: **to have ~ to** ricorrere a, far ricorso a

recover [rɪ'kʌvə*] *vt* ricuperare ♦ *vi*: **to ~**

(from) riprendersi (da)

recovery [rɪ'kʌvərɪ] n ricupero; ristabilimento; ripresa

recreation [rekrɪ'eɪʃən] n ricreazione f; svago; **~al** adj ricreativo(a); **~al drug** n sostanza stupefacente usata a scopo ricreativo

recrimination [rɪkrɪmɪ'neɪʃən] n recriminazione f

recruit [rɪ'kruːt] n recluta; (in company) nuovo(a) assunto(a) ♦ vt reclutare

rectangle ['rektæŋgl] n rettangolo; **rectangular** [-'tæŋgjuləʳ] adj rettangolare

rectify ['rektɪfaɪ] vt (error) rettificare; (omission) riparare

rector ['rektəʳ] n (REL) parroco (anglicano); **~y** n presbiterio

recuperate [rɪ'kjuːpəreɪt] vi ristabilirsi

recur [rɪ'kəːʳ] vi riaccadere; (symptoms) ripresentarsi; **~rent** adj ricorrente, periodico(a)

recycle [riː'saɪkl] vt riciclare

red [red] n rosso; (POL: pej) rosso/a ♦ adj rosso(a); **in the ~** (account) scoperto; (business) in deficit; **~ carpet treatment** n cerimonia col gran pavese; **R~ Cross** n Croce f Rossa; **~currant** n ribes m inv; **~den** vt arrossare ♦ vi arrossire

redeem [rɪ'diːm] vt (debt) riscattare; (sth in pawn) ritirare; (fig, also REL) redimere; **~ing** adj: **~ing feature** unico aspetto positivo

redeploy [riːdɪ'plɔɪ] vt (resources) riorganizzare

red-haired [-'heəd] adj dai capelli rossi

red-handed [-'hændɪd] adj: **to be caught ~** essere preso(a) in flagrante or con le mani nel sacco

redhead ['redhed] n rosso/a

red herring n (fig) falsa pista

red-hot adj arroventato(a)

redirect [riːdaɪ'rekt] vt (mail) far seguire

red light n: **to go through a ~** (AUT) passare col rosso; **red-light district** n quartiere m a luci rosse

redo [riː'duː] (irreg) vt rifare

redouble [riː'dʌbl] vt: **to ~ one's efforts** raddoppiare gli sforzi

redress [rɪ'dres] vt riparare

Red Sea n: **the ~** il Mar Rosso

redskin ['redskɪn] n pellerossa m/f

red tape n (fig) burocrazia

reduce [rɪ'djuːs] vt ridurre; (lower) ridurre, abbassare; **"~ speed now"** (AUT) "rallentare"; **at a ~d price** scontato(a); **reduction** [rɪ'dʌkʃən] n riduzione f; (of price) ribasso; (discount) sconto

redundancy [rɪ'dʌndənsɪ] n licenziamento

redundant [rɪ'dʌndnt] adj (worker) licenziato(a); (detail, object) superfluo(a); **to be made ~** essere licenziato (per eccesso di personale)

reed [riːd] n (BOT) canna; (MUS: of clarinet etc) ancia

reef [riːf] n (at sea) scogliera

reek [riːk] vi: **to ~ (of)** puzzare (di)

reel [riːl] n bobina, rocchetto; (FISHING) mulinello; (CINEMA) rotolo; (dance) danza veloce scozzese ♦ vi (sway) barcollare; **~ in** vt tirare su

ref [ref] (inf) n abbr (= referee) arbitro

refectory [rɪ'fektərɪ] n refettorio

refer [rɪ'fəːʳ] vt: **to ~ sth to** (dispute, decision) deferire qc a; **to ~ sb to** (inquirer, MED: patient) indirizzare qn a; (reader: to text) rimandare qn a ♦ vi: **~ to** (allude to) accennare a; (consult) rivolgersi a

referee [refə'riː] n arbitro; (BRIT: for job application) referenza ♦ vt arbitrare

reference ['refrəns] n riferimento; (mention) menzione f, allusione f; (for job application) referenza; **with ~ to** (COMM: in letter) in or con riferimento a; (reader: to text) ~ **book** n libro di consultazione; ~ **number** n numero di riferimento

referenda [refə'rendə] npl of **referendum**

referendum [refə'rendəm] (pl **referenda**) n referendum m inv

refill [vb riː'fɪl, n 'riːfɪl] vt riempire di nuovo; (pen, lighter etc) ricaricare ♦ n (for pen etc) ricambio

refine [rɪ'faɪn] vt raffinare; **~d** adj (person, taste) raffinato(a)

reflect [rɪ'flekt] vt (light, image) riflettere; (fig) rispecchiare ♦ vi (think) riflettere, considerare; **it ~s badly/well on him** si ripercuote su di lui in senso negativo/positivo; **~ion** [-'flɛkʃən] n riflessione f; (*image*) riflesso; (*criticism*): **~ion on** giudizio su; attacco a; **on ~ion** pensandoci sopra

reflex ['riːflɛks] *adj* riflesso(a) ♦ n riflesso; **~ive** [rɪ'flɛksɪv] *adj* (*LING*) riflessivo(a)

reform [rɪ'fɔːm] n (*of sinner etc*) correzione f; (*of law etc*) riforma ♦ vt correggere; riformare; **~atory** (*US*) n riformatorio

refrain [rɪ'freɪn] vi: **to ~ from doing** trattenersi dal fare ♦ n ritornello

refresh [rɪ'frɛʃ] vt rinfrescare; (*subj: food, sleep*) ristorare; **~er course** (*BRIT*) n corso di aggiornamento; **~ing** *adj* (*drink*) rinfrescante; (*sleep*) riposante, ristoratore(trice); **~ments** npl rinfreschi mpl

refrigerator [rɪ'frɪdʒəreɪtə*] n frigorifero

refuel [riː'fjuəl] vi far rifornimento (di carburante)

refuge ['rɛfjuːdʒ] n rifugio; **to take ~ in** rifugiarsi in

refugee [rɛfju'dʒiː] n rifugiato/a, profugo/a

refund [n 'riːfʌnd, vb rɪ'fʌnd] n rimborso ♦ vt rimborsare

refurbish [riː'fəːbɪʃ] vt rimettere a nuovo

refusal [rɪ'fjuːzəl] n rifiuto; **to have first ~ on** avere il diritto d'opzione su

refuse [n 'rɛfjuːs, vb rɪ'fjuːz] n rifiuti mpl ♦ vt, vi rifiutare; **to ~ to do** rifiutare di fare; **~ collection** n raccolta di rifiuti

refute [rɪ'fjuːt] vt confutare

regain [rɪ'geɪn] vt riguadagnare; riacquistare, ricuperare

regal ['riːgl] *adj* regale; **~ia** [rɪ'geɪlɪə] n insegne fpl regie

regard [rɪ'gɑːd] n riguardo, stima ♦ vt considerare, stimare; **to give one's ~s to** porgere i suoi saluti a; **"with kindest ~s"** "cordiali saluti"; **~ing, as ~s, with ~ to** riguardo a; **~less** *adv* lo stesso; **~less of** a dispetto di, nonostante

regenerate [rɪ'dʒɛnəreɪt] vt rigenerare

régime [reɪ'ʒiːm] n regime m

regiment ['rɛdʒɪmənt] n reggimento; **~al** [-'mɛntl] *adj* reggimentale

region ['riːdʒən] n regione f; **in the ~ of** (*fig*) all'incirca di; **~al** *adj* regionale

register ['rɛdʒɪstə*] n registro; (*also: electoral ~*) lista elettorale ♦ vt registrare; (*vehicle*) immatricolare; (*letter*) assicurare; (*subj: instrument*) segnare ♦ vi iscriversi; (*at hotel*) firmare il registro; (*make impression*) entrare in testa; **~ed** (*BRIT*) *adj* (*letter*) assicurato(a); **~ed trademark** n marchio depositato

registrar ['rɛdʒɪstrɑː*] n ufficiale m di stato civile; segretario

registration [rɛdʒɪs'treɪʃən] n (*act*) registrazione f; iscrizione f; (*AUT: also: ~ number*) numero di targa

registry ['rɛdʒɪstrɪ] n ufficio del registro; **~ office** (*BRIT*) n anagrafe f; **to get married in a ~ office** ≈ sposarsi in municipio

regret [rɪ'grɛt] n rimpianto, rincrescimento ♦ vt rimpiangere; **~fully** *adv* con rincrescimento; **~table** *adj* deplorevole

regular ['rɛgjulə*] *adj* regolare; (*usual*) abituale, normale; (*soldier*) dell'esercito regolare ♦ n (*client etc*) cliente m/f abituale; **~ly** *adv* regolarmente

regulate ['rɛgjuleɪt] vt regolare; **regulation** [-'leɪʃən] n regolazione f; (*rule*) regola, regolamento

rehabilitation ['riːhəbɪlɪ'teɪʃən] n (*of offender*) riabilitazione f; (*of disabled*) riadattamento

rehearsal [rɪ'həːsəl] n prova

rehearse [rɪ'həːs] vt provare

reign [reɪn] n regno ♦ vi regnare

reimburse [riːɪm'bəːs] vt rimborsare

rein [reɪn] n (*for horse*) briglia

reindeer ['reɪndɪə*] n inv renna

reinforce [riːɪn'fɔːs] vt rinforzare; **~d concrete** n cemento armato; **~ment** n rinforzo; **~ments** npl (*MIL*) rinforzi mpl

reinstate [riːɪn'steɪt] vt reintegrare

reiterate [riː'ɪtəreɪt] vt reiterare, ripetere

reject [n 'riːdʒɛkt, vb rɪ'dʒɛkt] n (*COMM*) scarto ♦ vt rifiutare, respingere; (*COMM: goods*) scartare; **~ion** [rɪ'dʒɛkʃən] n rifiuto

rejoice [rɪ'dʒɔɪs] vi: **to ~ (at or over)** provare diletto in

rejuvenate [rɪ'dʒuːvəneɪt] *vt* ringiovanire

relapse [rɪ'læps] *n* (MED) ricaduta

relate [rɪ'leɪt] *vt* (*tell*) raccontare; (*connect*) collegare ♦ *vi*: **to ~ to** (*connect*) riferirsi a; (*get on with*) stabilire un rapporto con; **relating to** che riguarda, rispetto a; **~d** *adj*: **~d (to)** imparentato(a) (con); collegato(a) *or* connesso(a) (a)

relation [rɪ'leɪʃən] *n* (*person*) parente *m/f*; (*link*) rapporto, relazione *f*; **~ship** *n* rapporto; (*personal ties*) rapporti *mpl*, relazioni *fpl*; (*also*: **family ~ship**) legami *mpl* di parentela

relative ['relətɪv] *n* parente *m/f* ♦ *adj* relativo(a); (*respective*) rispettivo(a); **~ly** *adv* relativamente; (*fairly, rather*) abbastanza

relax [rɪ'læks] *vi* rilasciarsi; (*person: unwind*) rilassarsi ♦ *vt* rilasciare; (*mind, person*) rilassare; **~ation** [riːlæk'seɪʃən] *n* rilasciamento; rilassamento; (*entertainment*) ricreazione *f*, svago; **~ed** *adj* rilassato(a); **~ing** *adj* rilassante

relay ['riːleɪ] *n* (SPORT) corsa a staffetta ♦ *vt* (*message*) trasmettere

release [rɪ'liːs] *n* (*from prison*) rilascio; (*from obligation*) liberazione *f*; (*of gas etc*) emissione *f*; (*of film etc*) distribuzione *f*; (*record*) disco; (*device*) disinnesto ♦ *vt* (*prisoner*) rilasciare; (*from obligation, wreckage etc*) liberare; (*book, film*) fare uscire; (*news*) rendere pubblico(a); (*gas etc*) emettere; (TECH: *catch, spring etc*) disinnestare

relegate ['relɪgeɪt] *vt* relegare; (BRIT: SPORT): **to be ~d** essere retrocesso(a)

relent [rɪ'lent] *vi* cedere; **~less** *adj* implacabile

relevant ['relɪvənt] *adj* pertinente; (*chapter*) in questione; **~ to** pertinente a

reliability [rɪlaɪə'bɪlɪti] *n* (*of person*) serietà; (*of machine*) affidabilità

reliable [rɪ'laɪəbl] *adj* (*person, firm*) fidato(a), che dà affidamento; (*method*) sicuro(a); (*machine*) affidabile; **reliably** *adv*: **to be reliably informed** sapere da fonti sicure

reliance [rɪ'laɪəns] *n*: **~ (on)** fiducia (in); bisogno (di)

relic ['relɪk] *n* (REL) reliquia; (*of the past*) resto

relief [rɪ'liːf] *n* (*from pain, anxiety*) sollievo; (*help, supplies*) soccorsi *mpl*; (ART, GEO) rilievo

relieve [rɪ'liːv] *vt* (*pain, patient*) sollevare; (*bring help*) soccorrere; (*take over from: gen*) sostituire; (: *guard*) rilevare; **to ~ sb of sth** (*load*) alleggerire qn di qc; **to ~ o.s.** fare i propri bisogni

religion [rɪ'lɪdʒən] *n* religione *f*; **religious** *adj* religioso(a)

relinquish [rɪ'lɪŋkwɪʃ] *vt* abbandonare; (*plan, habit*) rinunziare a

relish ['relɪʃ] *n* (CULIN) condimento; (*enjoyment*) gran piacere *m* ♦ *vt* (*food etc*) godere; **to ~ doing** adorare fare

relocate ['riːləu'keɪt] *vt* trasferire ♦ *vi* trasferirsi

reluctance [rɪ'lʌktəns] *n* riluttanza

reluctant [rɪ'lʌktənt] *adj* riluttante, mal disposto(a); **~ly** *adv* di mala voglia, a malincuore

rely [rɪ'laɪ]: **to ~ on** *vt fus* contare su; (*be dependent*) dipendere da

remain [rɪ'meɪn] *vi* restare, rimanere; **~der** *n* resto; (COMM) rimanenza; **~ing** *adj* che rimane; **~s** *npl* resti *mpl*

remand [rɪ'mɑːnd] *n*: **on ~** in detenzione preventiva ♦ *vt*: **to ~ in custody** rinviare in carcere; trattenere a disposizione della legge; **~ home** (BRIT) *n* riformatorio, casa di correzione

remark [rɪ'mɑːk] *n* osservazione *f* ♦ *vt* osservare, dire; **~able** *adj* notevole; eccezionale

remedial [rɪ'miːdɪəl] *adj* (*tuition, classes*) di riparazione; (*exercise*) correttivo(a)

remedy ['remɪdɪ] *n*: **~ (for)** rimedio (per) ♦ *vt* rimediare a

remember [rɪ'membə*] *vt* ricordare, ricordarsi di; **~ me to him** salutalo da parte mia; **remembrance** *n* memoria; ricordo; **Remembrance Day** *n* 11 novembre, *giorno della commemorazione dei caduti in* *guerra*

| Remembrance Day |

i *In Gran Bretagna, il* **Remembrance Day** *è un giorno di commemorazione dei caduti in guerra. Si celebra ogni anno la domenica più vicina all'11 novembre, anniversario della firma dell'armistizio con la Germania nel 1918.*

remind [rɪ'maɪnd] *vt*: **to ~ sb of sth** ricordare qc a qn; **to ~ sb to do** ricordare a qn di fare; **~er** *n* richiamo; (*note etc*) promemoria *m inv*

reminisce [rɛmɪ'nɪs] *vi*: **to ~ (about)** abbandonarsi ai ricordi (di)

reminiscent [rɛmɪ'nɪsnt] *adj*: **~ of** che fa pensare a, che richiama

remiss [rɪ'mɪs] *adj* negligente

remission [rɪ'mɪʃən] *n* remissione *f*

remit [rɪ'mɪt] *vt* (*send: money*) rimettere; **~tance** *n* rimessa

remnant ['rɛmnənt] *n* resto, avanzo; **~s** *npl* (*COMM*) scampoli *mpl*; fine *f* serie

remorse [rɪ'mɔːs] *n* rimorso; **~ful** *adj* pieno(a) di rimorsi; **~less** *adj* (*fig*) spietato(a)

remote [rɪ'məut] *adj* remoto(a), lontano(a); (*person*) distaccato(a); **~ control** *n* telecomando; **~ly** *adv* remotamente; (*slightly*) vagamente

remould ['riːməuld] (*BRIT*) *n* (*tyre*) gomma rivestita

removable [rɪ'muːvəbl] *adj* (*detachable*) staccabile

removal [rɪ'muːvəl] *n* (*taking away*) rimozione *f*; soppressione *f*; (*BRIT: from house*) trasloco; (*from office: dismissal*) destituzione *f*; (*MED*) ablazione *f*; **~ van** (*BRIT*) *n* furgone *m* per traslochi

remove [rɪ'muːv] *vt* togliere, rimuovere; (*employee*) destituire; (*stain*) far sparire; (*doubt, abuse*) sopprimere, eliminare; **~rs** (*BRIT*) *npl* (*company*) ditta *or* impresa di traslochi

Renaissance [rɪ'neɪsɑːns] *n*: **the ~** il Rinascimento

render ['rɛndə*] *vt* rendere; **~ing** *n* (*MUS etc*) interpretazione *f*

rendez-vous ['rɒndɪvuː] *n* appuntamento; (*place*) luogo d'incontro; (*meeting*) incontro

renegade ['rɛnɪgeɪd] *n* rinnegato/a

renew [rɪ'njuː] *vt* rinnovare; (*negotiations*) riprendere; **~able** *adj* rinnovabile; **~al** *n* rinnovo; ripresa

renounce [rɪ'nauns] *vt* rinunziare a

renovate ['rɛnəveɪt] *vt* rinnovare; (*art work*) restaurare; **renovation** [-'veɪʃən] *n* rinnovamento; restauro

renown [rɪ'naun] *n* rinomanza; **~ed** *adj* rinomato(a)

rent [rɛnt] *n* affitto ♦ *vt* (*take for ~*) prendere in affitto; (*also:* **~ out**) dare in affitto; **~al** *n* (*for television, car*) fitto

renunciation [rɪnʌnsɪ'eɪʃən] *n* rinunzia

rep [rɛp] *n abbr* (*COMM*: = *representative*) rappresentante *m/f*; (*THEATRE*: = *repertory*) teatro di repertorio

repair [rɪ'pɛə*] *n* riparazione *f* ♦ *vt* riparare; **in good/bad ~** in buone/cattive condizioni; **~ kit** *n* corredo per riparazioni

repatriate [riː'pætrɪeɪt] *vt* rimpatriare

repay [riː'peɪ] (*irreg*) *vt* (*money, creditor*) rimborsare, ripagare; (*sb's efforts*) ricompensare; (*favour*) ricambiare; **~ment** *n* pagamento; rimborso

repeal [rɪ'piːl] *n* (*of law*) abrogazione *f* ♦ *vt* abrogare

repeat [rɪ'piːt] *n* (*RADIO, TV*) replica ♦ *vt* ripetere; (*pattern*) riprodurre; (*promise, attack, also COMM: order*) rinnovare ♦ *vi* ripetere; **~edly** *adv* ripetutamente, spesso

repel [rɪ'pɛl] *vt* respingere; (*disgust*) ripugnare a; **~lent** *adj* repellente ♦ *n*: **insect ~lent** prodotto *m* anti-insetti *inv*

repent [rɪ'pɛnt] *vi*: **to ~ (of)** pentirsi (di); **~ance** *n* pentimento

repertoire ['rɛpətwɑː*] *n* repertorio

repertory ['rɛpətərɪ] *n* (*also:* **~ theatre**) teatro di repertorio

repetition [rɛpɪ'tɪʃən] *n* ripetizione *f*

repetitive [rɪ'pɛtɪtɪv] *adj* (*movement*) che si ripete; (*work*) monotono(a); (*speech*) pieno(a) di ripetizioni

replace [rɪ'pleɪs] vt (put back) rimettere a posto; (take the place of) sostituire; ~ment n rimessa; sostituzione f; (person) sostituto/a

replay ['riːpleɪ] n (of match) partita ripetuta; (of tape, film) replay m inv

replenish [rɪ'plenɪʃ] vt (glass) riempire; (stock etc) rifornire

replete [rɪ'pliːt] adj (well-fed) sazio(a)

replica ['replɪkə] n replica, copia

reply [rɪ'plaɪ] n risposta ♦ vi rispondere; ~ coupon n buono di risposta

report [rɪ'pɔːt] n rapporto; (PRESS etc) cronaca; (BRIT: also: **school** ~) pagella; (of gun) sparo ♦ vt riportare; (PRESS etc) fare una cronaca su; (bring to notice: occurrence) segnalare; (: person) denunciare ♦ vi (make a report) fare un rapporto (or una cronaca); (present o.s.): **to** ~ (**to sb**) presentarsi (a qn); ~ **card** n (US, SCOTTISH) pagella; ~**edly** adv stando a quanto si dice; **he** ~**edly told them to …** avrebbe detto loro di …; ~**er** n reporter m inv

repose [rɪ'pəuz] n: **in** ~ (face, mouth) in riposo

reprehensible [reprɪ'hensɪbl] adj riprovevole

represent [reprɪ'zent] vt rappresentare; ~**ation** [-'teɪʃən] n rappresentazione f; (petition) rappresentanza; ~**ations** npl (protest) protesta; ~**ative** n rappresentante m/f; (US: POL) deputato/a ♦ adj rappresentativo(a)

repress [rɪ'pres] vt reprimere; ~**ion** [-'preʃən] n repressione f

reprieve [rɪ'priːv] n (LAW) sospensione f dell'esecuzione della condanna; (fig) dilazione f

reprimand ['reprɪmɑːnd] n rimprovero ♦ vt rimproverare

reprint ['riːprɪnt] n ristampa

reprisal [rɪ'praɪzl] n rappresaglia

reproach [rɪ'prəutʃ] n rimprovero ♦ vt: **to** ~ **sb for sth** rimproverare qn di qc; ~**ful** adj di rimprovero

reproduce [riːprə'djuːs] vt riprodurre ♦ vi riprodursi; **reproduction** [-'dʌkʃən] n

riproduzione f

reproof [rɪ'pruːf] n riprovazione f

reprove [rɪ'pruːv] vt: **to** ~ (**for**) biasimare (per)

reptile ['reptaɪl] n rettile m

republic [rɪ'pʌblɪk] n repubblica; ~**an** adj, n repubblicano(a)

repudiate [rɪ'pjuːdɪeɪt] vt (accusation) respingere

repulse [rɪ'pʌls] vt respingere

repulsive [rɪ'pʌlsɪv] adj ripugnante, ripulsivo(a)

reputable ['repjutəbl] adj di buona reputazione; (occupation) rispettabile

reputation [repju'teɪʃən] n reputazione f

reputed [rɪ'pjuːtɪd] adj reputato(a); ~**ly** adv secondo quanto si dice

request [rɪ'kwest] n domanda; (formal) richiesta ♦ vt: **to** ~ (**of** or **from sb**) chiedere (a qn); ~ **stop** n (BRIT) (for bus) fermata facoltativa or a richiesta

require [rɪ'kwaɪə*] vt (need: subj: person) aver bisogno di; (: thing, situation) richiedere; (want) volere, esigere; (order): **to** ~ **sb to do sth** ordinare a qn di fare qc; ~**ment** n esigenza; bisogno; requisito

requisition [rekwɪ'zɪʃən] n: ~ (**for**) richiesta (di) ♦ vt (MIL) requisire

rescue ['reskjuː] n salvataggio; (help) soccorso ♦ vt salvare; ~ **party** n squadra di salvataggio; ~**r** n salvatore/trice

research [rɪ'səːtʃ] n ricerca, ricerche fpl ♦ vt fare ricerche su; ~**er** n ricercatore/trice

resemblance [rɪ'zembləns] n somiglianza

resemble [rɪ'zembl] vt assomigliare a

resent [rɪ'zent] vt risentirsi di; ~**ful** adj pieno(a) di risentimento; ~**ment** n risentimento

reservation [rezə'veɪʃən] n (booking) prenotazione f; (doubt) dubbio; (protected area) riserva; (BRIT: on road: also: **central** ~) spartitraffico m inv

reserve [rɪ'zəːv] n riserva ♦ vt (seats etc) prenotare; ~**s** npl (MIL) riserve fpl; **in** ~ in serbo; ~**d** adj (shy) riservato(a)

reservoir ['rezəvwɑː*] n serbatoio

reshuffle [riːˈʃʌfl] n: **Cabinet ~** (POL) rimpasto governativo

reside [rɪˈzaɪd] vi risiedere

residence [ˈrɛzɪdəns] n residenza; **~ permit** (BRIT) n permesso di soggiorno

resident [ˈrɛzɪdənt] n residente m/f; (in hotel) cliente m/f fisso(a) ♦ adj residente; (doctor) fisso(a); (course, college) a tempo pieno con pernottamento; **~ial** [-ˈdɛnʃəl] adj di residenza; (area) residenziale

residue [ˈrɛzɪdjuː] n resto; (CHEM, PHYSICS) residuo

resign [rɪˈzaɪn] vt (one's post) dimettersi da ♦ vi dimettersi; **to ~ o.s. to** rassegnarsi a; **~ation** [rɛzɪgˈneɪʃən] n dimissioni fpl; rassegnazione f; **~ed** adj rassegnato(a)

resilience [rɪˈzɪlɪəns] n (of material) elasticità, resilienza; (of person) capacità di recupero

resilient [rɪˈzɪlɪənt] adj elastico(a); (person) che si riprende facilmente

resin [ˈrɛzɪn] n resina

resist [rɪˈzɪst] vt resistere a; **~ance** n resistenza

resolution [rɛzəˈluːʃən] n risoluzione f

resolve [rɪˈzɔlv] n risoluzione f ♦ vi (decide): **to ~ to do** decidere di fare ♦ vt (problem) risolvere

resort [rɪˈzɔːt] n (town) stazione f; (recourse) ricorso ♦ vi: **to ~ to** aver ricorso a; **in the last ~** come ultima risorsa

resounding [rɪˈzaundɪŋ] adj risonante; (fig) clamoroso(a)

resource [rɪˈsɔːs] n risorsa; **~s** npl (coal, iron etc) risorse fpl; **~ful** adj pieno(a) di risorse, intraprendente

respect [rɪsˈpɛkt] n rispetto ♦ vt rispettare; **~s** npl (greetings) ossequi mpl; **with ~ to** rispetto a, riguardo a; **in this ~** per questo riguardo; **~able** adj rispettabile; **~ful** adj rispettoso(a)

respective [rɪsˈpɛktɪv] adj rispettivo(a)

respite [ˈrɛspaɪt] n respiro, tregua

respond [rɪsˈpɔnd] vi rispondere

response [rɪsˈpɔns] n risposta

responsibility [rɪspɔnsɪˈbɪlɪtɪ] n responsabilità f inv

responsible [rɪsˈpɔnsɪbl] adj (trustworthy) fidato(a); (job) di (grande) responsabilità; **~ (for)** responsabile (di)

responsive [rɪsˈpɔnsɪv] adj che reagisce

rest [rɛst] n riposo; (stop) sosta, pausa; (MUS) pausa; (object: to support sth) appoggio, sostegno; (remainder) resto, avanzi mpl ♦ vi riposarsi; (remain) rimanere, restare; (be supported): **to ~ on** appoggiarsi su ♦ vt (far) riposare; (lean): **to ~ sth on/against** appoggiare qc su/contro; **the ~ of them** gli altri; **it ~s with him to decide** sta a lui decidere

restaurant [ˈrɛstərɔn] n ristorante m; **~ car** (BRIT) n vagone m ristorante

restful [ˈrɛstful] adj riposante

rest home n casa di riposo

restitution [rɛstɪˈtjuːʃən] n: **to make ~ to sb for sth** compensare qn di qc

restive [ˈrɛstɪv] adj agitato(a), impaziente

restless [ˈrɛstlɪs] adj agitato(a), irrequieto(a)

restoration [rɛstəˈreɪʃən] n restauro; restituzione f

restore [rɪˈstɔː] vt (building, to power) restaurare; (sth stolen) restituire; (peace, health) ristorare

restrain [rɪsˈtreɪn] vt (feeling, growth) contenere, frenare; (person): **to ~ (from doing)** trattenere (dal fare); **~ed** adj (style) contenuto(a), sobrio(a); (person) riservato(a); **~t** n (restriction) limitazione f; (moderation) ritegno; (of style) contenutezza

restrict [rɪsˈtrɪkt] vt restringere, limitare; **~ion** [-kʃən] n: **~ion (on)** restrizione f (di), limitazione f

rest room (US) n toletta

restructure [riːˈstrʌktʃə] vt ristrutturare

result [rɪˈzʌlt] n risultato ♦ vi: **to ~ in** avere per risultato; **as a ~ of** in or di conseguenza a, in seguito a

resume [rɪˈzjuːm] vt, vi (work, journey) riprendere

résumé [ˈreɪzjumeɪ] n riassunto; (US) curriculum m inv vitae

resumption [rɪˈzʌmpʃən] n ripresa

resurgence [rɪ'sə:dʒəns] *n* rinascita

resurrection [rɛzə'rɛkʃən] *n* risurrezione *f*

resuscitate [rɪ'sʌsɪteɪt] *vt* (*MED*) risuscitare; **resuscitation** [-'teɪʃən] *n* rianimazione *f*

retail ['ri:teɪl] *adj, adv* al minuto ♦ *vt* vendere al minuto; **~er** *n* commerciante *m/f* al minuto, dettagliante *m/f*; **~ price** *n* prezzo al minuto

retain [rɪ'teɪn] *vt* (*keep*) tenere, serbare; **~er** *n* (*fee*) onorario

retaliate [rɪ'tælɪeɪt] *vi*: **to ~ (against)** vendicarsi (di); **retaliation** [-'eɪʃən] *n* rappresaglie *fpl*

retarded [rɪ'tɑ:dɪd] *adj* ritardato(a)

retch [rɛtʃ] *vi* aver conati di vomito

retire [rɪ'taɪə*] *vi* (*give up work*) andare in pensione; (*withdraw*) ritirarsi, andarsene; (*go to bed*) andare a letto, ritirarsi; **~d** *adj* (*person*) pensionato(a); **~ment** *n* pensione *f*; (*act*) pensionamento; **retiring** *adj* (*leaving*) uscente; (*shy*) riservato(a)

retort [rɪ'tɔ:t] *vi* rimbeccare

retrace [ri:'treɪs] *vt*: **to ~ one's steps** tornare sui passi

retract [rɪ'trækt] *vt* (*statement*) ritrattare; (*claws, undercarriage, aerial*) ritrarre, ritirare

retrain [ri:'treɪn] *vt* (*worker*) riaddestrare

retread ['ri:trɛd] *n* (*tyre*) gomma rigenerata

retreat [rɪ'tri:t] *n* ritirata; (*place*) rifugio ♦ *vi* battere in ritirata

retribution [retrɪ'bju:ʃən] *n* castigo

retrieval [rɪ'tri:vəl] *n* (*see vb*) ricupero; riparazione *f*

retrieve [rɪ'tri:v] *vt* (*sth lost*) ricuperare, ritrovare; (*situation, honour*) salvare; (*error, loss*) rimediare a; **~r** *n* cane *m* da riporto

retrospect ['retrəspekt] *n*: **in ~** guardando indietro; **~ive** [-'spektɪv] *adj* retrospettivo(a); (*law*) retroattivo(a)

return [rɪ'tə:n] *n* (*going or coming back*) ritorno; (*of sth stolen etc*) restituzione *f*; (*FINANCE: from land, shares*) profitto, reddito ♦ *cpd* (*journey, match*) di ritorno; (*BRIT: ticket*) di andata e ritorno ♦ *vi* tornare, ritornare ♦ *vt* rendere, restituire; (*bring back*) riportare; (*send back*) mandare indietro; (*put back*) rimettere; (*POL:*

candidate) eleggere; **~s** *npl* (*COMM*) incassi *mpl*; profitti *mpl*; **in ~ (for)** in cambio (di); **by ~ of post** a stretto giro di posta; **many happy ~s (of the day)!** cento di questi giorni!

reunion [ri:'ju:nɪən] *n* riunione *f*

reunite [ri:ju:'naɪt] *vt* riunire

rev [rev] *n abbr* (*AUT: = revolution*) giro ♦ *vt* (*also: ~ up*) imballare

revamp ['ri:'væmp] *vt* (*firm*) riorganizzare

reveal [rɪ'vi:l] *vt* (*make known*) rivelare, svelare; (*display*) rivelare, mostrare; **~ing** *adj* rivelatore(trice); (*dress*) scollato(a)

revel ['revl] *vi*: **to ~ in sth/in doing** dilettarsi di qc/a fare

revelation [revə'leɪʃən] *n* rivelazione *f*

revenge [rɪ'vendʒ] *n* vendetta ♦ *vt* vendicare; **to take ~ on** vendicarsi di

revenue ['revənju:] *n* reddito

reverberate [rɪ'və:bəreɪt] *vi* (*sound*) rimbombare; (*light*) riverberarsi; (*fig*) ripercuotersi

revere [rɪ'vɪə*] *vt* venerare

reverence ['revərəns] *n* venerazione *f*, riverenza

Reverend ['revərənd] *adj* (*in titles*) reverendo/a()

reverie ['revərɪ] *n* fantasticheria

reversal [rɪ'və:sl] *n* capovolgimento

reverse [rɪ'və:s] *n* contrario, opposto; (*back, defeat*) rovescio; (*AUT: also: ~ gear*) marcia indietro ♦ *adj* (*order, direction*) contrario(a), opposto(a) ♦ *vt* (*turn*) invertire, rivoltare; (*change*) capovolgere, rovesciare; (*LAW: judgment*) cassare; (*car*) fare marcia indietro con ♦ *vi* (*BRIT: AUT, person etc*) fare marcia indietro; **~-charge call** (*BRIT*) *n* (*TEL*) telefonata con addebito al ricevente; **reversing lights** (*BRIT*) *npl* (*AUT*) luci *fpl* per la retromarcia

revert [rɪ'və:t] *vi*: **to ~ to** tornare a

review [rɪ'vju:] *n* rivista; (*of book, film*) recensione *f*; (*of situation*) esame *m* ♦ *vt* passare in rivista; fare la recensione di; fare il punto di; **~er** *n* recensore/a

revise [rɪ'vaɪz] *vt* (*manuscript*) rivedere, correggere; (*opinion*) emendare,

modificare; (*study: subject, notes*) ripassare;
revision [rɪ'vɪʒən] *n* revisione *f*; ripasso
revitalize [riː'vaɪtəlaɪz] *vt* ravvivare
revival [rɪ'vaɪvəl] *n* ripresa; ristabilimento;
(*of faith*) risveglio
revive [rɪ'vaɪv] *vt* (*person*) rianimare;
(*custom*) far rivivere; (*hope, courage,
economy*) ravvivare; (*play, fashion*)
riesumare ♦ *vi* (*person*) rianimarsi; (*hope*)
ravvivarsi; (*activity*) riprendersi
revolt [rɪ'vəult] *n* rivolta, ribellione *f* ♦ *vi*
rivoltarsi, ribellarsi ♦ *vt* (far) rivoltare; **~ing**
adj ripugnante
revolution [revə'luːʃən] *n* rivoluzione *f*; (*of
wheel etc*) rivoluzione, giro; **~ary** *adj*, *n*
rivoluzionario(a)
revolve [rɪ'vɔlv] *vi* girare
revolver [rɪ'vɔlvə*] *n* rivoltella
revolving [rɪ'vɔlvɪŋ] *adj* girevole
revue [rɪ'vjuː] *n* (THEATRE) rivista
revulsion [rɪ'vʌlʃən] *n* ripugnanza
reward [rɪ'wɔːd] *n* ricompensa, premio ♦ *vt*:
to ~ (for) ricompensare (per); **~ing** *adj*
(*fig*) gratificante
rewind [riː'waɪnd] (*irreg*) *vt* (*watch*)
ricaricare; (*ribbon etc*) riavvolgere
rewire [riː'waɪə*] *vt* (*house*) rifare l'impianto
elettrico di
reword [riː'wəːd] *vt* formulare *or* esprimere
con altre parole
rheumatism ['ruːmətɪzəm] *n* reumatismo
Rhine [raɪn] *n*: **the ~** il Reno
rhinoceros [raɪ'nɔsərəs] *n* rinoceronte *m*
rhododendron [rəudə'dendrən] *n*
rododendro
Rhone [rəun] *n*: **the ~** il Rodano
rhubarb ['ruːbɑːb] *n* rabarbaro
rhyme [raɪm] *n* rima; (*verse*) poesia
rhythm ['rɪðm] *n* ritmo
rib [rɪb] *n* (ANAT) costola ♦ *vt* (*tease*)
punzecchiare
ribbon ['rɪbən] *n* nastro; **in ~s** (*torn*) a
brandelli
rice [raɪs] *n* riso; **~ pudding** *n* budino di
riso
rich [rɪtʃ] *adj* ricco(a); (*clothes*) sontuoso(a);
(*abundant*): **~ in** ricco di; **the ~** *npl*

(*wealthy people*) i ricchi; **~es** *npl* ricchezze
fpl; **~ly** *adv* riccamente; (*dressed*)
sontuosamente; (*deserved*) pienamente
rickets ['rɪkɪts] *n* rachitismo
ricochet ['rɪkəʃeɪ] *vi* rimbalzare
rid [rɪd] (*pt, pp* **rid**) *vt*: **to ~ sb of** sbarazzare
or liberare qn di; **to get ~ of** sbarazzarsi di
ridden ['rɪdn] *pp of* **ride**
riddle ['rɪdl] *n* (*puzzle*) indovinello ♦ *vt*: **to
be ~d with** (*holes*) essere crivellato(a) di;
(*doubts*) essere pieno(a) di
ride [raɪd] (*pt* **rode**, *pp* **ridden**) *n* (*on horse*)
cavalcata; (*outing*) passeggiata; (*distance
covered*) cavalcata; corsa ♦ *vi* (*as sport*)
cavalcare; (*go somewhere: on horse, bicycle*)
andare (a cavallo *or* in bicicletta *etc*);
(*journey: on bicycle, motorcycle, bus*) andare,
viaggiare ♦ *vt* (*a horse*) montare, cavalcare;
to take sb for a ~ (*fig*) prendere in giro
qn; fregare qn; **to ~ a horse / bicycle /
camel** montare a cavallo / in bicicletta / in
groppa a un cammello; **~r** *n* cavalcatore /
trice; (*in race*) fantino; (*on bicycle*) ciclista
m/f; (*on motorcycle*) motociclista *m/f*
ridge [rɪdʒ] *n* (*of hill*) cresta; (*of roof*) colmo;
(*on object*) riga (in rilievo)
ridicule ['rɪdɪkjuːl] *n* ridicolo; scherno ♦ *vt*
mettere in ridicolo
ridiculous [rɪ'dɪkjuləs] *adj* ridicolo(a)
riding ['raɪdɪŋ] *n* equitazione *f*; **~ school** *n*
scuola d'equitazione
rife [raɪf] *adj* diffuso(a); **to be ~ with**
abbondare di
riffraff ['rɪfræf] *n* canaglia
rifle ['raɪfl] *n* carabina ♦ *vt* vuotare; **~
through** *vt fus* frugare tra; **~ range** *n*
campo di tiro; (*at fair*) tiro a segno
rift [rɪft] *n* fessura, crepatura; (*fig:
disagreement*) incrinatura, disaccordo
rig [rɪg] *n* (*also*: **oil ~**: *on land*) derrick *m inv*;
(: *at sea*) piattaforma di trivellazione ♦ *vt*
(*election etc*) truccare; **~ out** (BRIT) *vt*: **to ~
out as / in** vestire da / in; **~ up** *vt* allestire;
~ging *n* (NAUT) attrezzatura
right [raɪt] *adj* giusto(a); (*suitable*)
appropriato(a); (*not left*) destro(a) ♦ *n*
giusto; (*title, claim*) diritto; (*not left*) destra

♦ *adv* (*answer*) correttamente; (*not on the left*) a destra ♦ *vt* raddrizzare; (*fig*) riparare ♦ *excl* bene!; **to be ~** (*person*) aver ragione; (*answer*) essere giusto(a) *or* corretto(a); **by ~s** di diritto; **on the ~** a destra; **to be in the ~** aver ragione, essere nel giusto; **~ now** proprio adesso; subito; **~ away** subito; **~ angle** *n* angolo retto; **~eous** ['raɪtʃəs] *adj* retto(a), virtuoso(a); (*anger*) giusto(a), giustificato(a); **~ful** *adj* (*heir*) legittimo(a); **~-handed** *adj* (*person*) che adopera la mano destra; **~-hand man** *n* braccio destro; **~-hand side** *n* il lato destro; **~ly** *adv* bene, correttamente; (*with reason*) a ragione; **~ of way** *n* diritto di passaggio; (*AUT*) precedenza; **~-wing** *adj* (*POL*) di destra

rigid ['rɪdʒɪd] *adj* rigido(a); (*principle*) rigoroso(a)

rigmarole ['rɪgmərəʊl] *n* tiritera; commedia

rile [raɪl] *vt* irritare, seccare

rim [rɪm] *n* orlo; (*of spectacles*) montatura; (*of wheel*) cerchione *m*

rind [raɪnd] *n* (*of bacon*) cotenna; (*of lemon etc*) scorza

ring [rɪŋ] (*pt* **rang**, *pp* **rung**) *n* anello; (*of people, objects*) cerchio; (*of spies*) giro; (*of smoke etc*) spirale *m*; (*arena*) pista, arena; (*for boxing*) ring *m inv*; (*sound of bell*) scampanio ♦ *vi* (*person, bell, telephone*) suonare; (*also*: **~ out**: *voice, words*) risuonare; (*TEL*) telefonare; (*ears*) fischiare ♦ *vt* (*BRIT*: *TEL*) telefonare a; (*bell, doorbell*) suonare; **to give sb a ~** (*BRIT*: *TEL*) dare un colpo di telefono a qn; **~ back** *vt, vi* (*TEL*) richiamare; **~ off** (*BRIT*) *vi* (*TEL*) mettere giù, riattaccare; **~ up** (*BRIT*) *vt* (*TEL*) telefonare a; **~ing** *n* (*of bell*) scampanio; (*of telephone*) squillo; (*in ears*) ronzio; **~ing tone** (*BRIT*) *n* (*TEL*) segnale *m* di libero; **~leader** *n* (*of gang*) capobanda *m*

ringlets ['rɪŋlɪts] *npl* boccoli *mpl*

ring road (*BRIT*) *n* raccordo anulare

rink [rɪŋk] *n* (*also*: **ice ~**) pista di pattinaggio

rinse [rɪns] *n* risciacquatura; (*hair tint*) cachet *m inv* ♦ *vt* sciacquare

riot ['raɪət] *n* sommossa, tumulto; (*of colours*) orgia ♦ *vi* tumultuare; **to run ~** creare disordine; **~ous** *adj* tumultuoso(a); (*living*) sfrenato(a); (*party*) scatenato(a)

rip [rɪp] *n* strappo ♦ *vt* strappare ♦ *vi* strapparsi; **~cord** *n* cavo di sfilamento

ripe [raɪp] *adj* (*fruit, grain*) maturo(a); (*cheese*) stagionato(a); **~n** *vt* maturare ♦ *vi* maturarsi

ripple ['rɪpl] *n* increspamento, ondulazione *f*; mormorio ♦ *vi* incresparsi

rise [raɪz] (*pt* **rose**, *pp* **risen**) *n* (*slope*) salita, pendio; (*hill*) altura; (*increase*: *in wages*: *BRIT*) aumento; (: *in prices, temperature*) rialzo, aumento; (*fig*: *to power etc*) ascesa ♦ *vi* alzarsi, levarsi; (*prices*) aumentare; (*waters, river*) crescere; (*sun, wind, person*: *from chair, bed*) levarsi; (*also*: **~ up**: *building*) ergersi; (: *rebel*) insorgere; ribellarsi; (*in rank*) salire; **to give ~ to** provocare, dare origine a; **to ~ to the occasion** essere all'altezza; **risen** ['rɪzn] *pp of* **rise**; **rising** *adj* (*increasing*: *number*) sempre crescente; (: *prices*) in aumento; (*tide*) montante; (*sun, moon*) nascente, che sorge

risk [rɪsk] *n* rischio; pericolo ♦ *vt* rischiare; **to take** *or* **run the ~ of doing** correre il rischio di fare; **at ~** in pericolo; **at one's own ~** a proprio rischio e pericolo; **~y** *adj* rischioso(a)

risqué ['riːskeɪ] *adj* (*joke*) spinto(a)

rissole ['rɪsəʊl] *n* crocchetta

rite [raɪt] *n* rito; **last ~s** l'estrema unzione

ritual ['rɪtjʊəl] *adj* rituale ♦ *n* rituale *m*

rival ['raɪvl] *n* rivale *m/f*; (*in business*) concorrente *m/f* ♦ *adj* rivale; che fa concorrenza ♦ *vt* essere in concorrenza con; **to ~ sb/sth in** competere con qn/qc in; **~ry** *n* rivalità; concorrenza

river ['rɪvə*] *n* fiume *m* ♦ *cpd* (*port, traffic*) fluviale; **up/down ~** a monte/valle; **~bank** *n* argine *m*; **~bed** *n* letto di fiume

rivet ['rɪvɪt] *n* ribattino, rivetto ♦ *vt* (*fig*) concentrare, fissare

Riviera [rɪvɪ'eərə] *n*: **the (French) ~** la Costa Azzurra; **the Italian ~** la Riviera

road [rəʊd] *n* strada; (*small*) cammino; (*in town*) via ♦ *cpd* stradale; **major/minor ~**

strada con/senza diritto di precedenza; ~ **accident** n incidente m stradale; **~block** n blocco stradale; **~hog** n guidatore m egoista e spericolato; ~ **map** n carta stradale; ~ **rage** n *comportamento aggressivo al volante*; ~ **safety** n sicurezza sulle strade; **~side** n margine m della strada; **~sign** n cartello stradale; ~ **user** n chi usa la strada; **~way** n carreggiata; **~works** npl lavori mpl stradali; **~worthy** *adj* in buono stato di marcia

roam [rəum] *vi* errare, vagabondare

roar [rɔːʳ] n ruggito; (*of crowd*) tumulto; (*of thunder, storm*) muggito; (*of laughter*) scoppio ♦ *vi* ruggire; tumultuare; muggire; **to ~ with laughter** scoppiare dalle risa; **to do a ~ing trade** fare affari d'oro

roast [rəust] n arrosto ♦ *vt* arrostire; (*coffee*) tostare, torrefare; ~ **beef** n arrosto di manzo

rob [rɒb] *vt* (*person*) rubare; (*bank*) svaligiare; **to ~ sb of sth** derubare qn di qc; (*fig: deprive*) privare qn di qc; **~ber** n ladro; (*armed*) rapinatore m; **~bery** n furto; rapina

robe [rəub] n (*for ceremony etc*) abito; (*also:* **bath ~**) accappatoio; (*US: also:* **lap ~**) coperta

robin ['rɒbɪn] n pettirosso

robot ['rəubɒt] n robot m inv

robust [rəu'bʌst] *adj* robusto(a); (*economy*) solido(a)

rock [rɒk] n (*substance*) roccia; (*boulder*) masso; roccia; (*in sea*) scoglio; (*US: pebble*) ciottolo; (*BRIT: sweet*) zucchero candito ♦ *vt* (*swing gently: cradle*) dondolare; (: *child*) cullare; (*shake*) scrollare, far tremare ♦ *vi* dondolarsi; scrollarsi, tremare; **on the ~s** (*drink*) col ghiaccio; (*marriage etc*) in crisi; ~ **and roll** n rock and roll m; **~-bottom** *adj* bassissimo(a); **~ery** n giardino roccioso

rocket ['rɒkɪt] n razzo

rock fall n parete f della roccia

rocking ['rɒkɪŋ]: ~ **chair** n sedia a dondolo; ~ **horse** n cavallo a dondolo

rocky ['rɒkɪ] *adj* (*hill*) roccioso(a); (*path*) sassoso(a); (*marriage etc*) instabile

rod [rɒd] n (*metallic, TECH*) asta; (*wooden*) bacchetta; (*also:* **fishing ~**) canna da pesca

rode [rəud] *pt of* **ride**

rodent ['rəudnt] n roditore m

rodeo ['rəudɪəu] n rodeo

roe [rəu] n (*species: also:* ~ **deer**) capriolo; (*of fish, also:* **hard ~**) uova fpl di pesce; **soft ~** latte m di pesce

rogue [rəug] n mascalzone m

role [rəul] n ruolo

roll [rəul] n rotolo; (*of banknotes*) mazzo; (*also:* **bread ~**) panino; (*register*) lista; (*sound: of drums etc*) rullo ♦ *vt* rotolare; (*also:* ~ **up: string**) aggomitolare; (*also:* ~ **up: sleeves**) rimboccare; (*cigarettes*) arrotolare; (*eyes*) roteare; (*also:* ~ **out: pastry**) stendere; (*lawn, road etc*) spianare ♦ *vi* rotolare; (*wheel*) girare; (*drum*) rullare; (*vehicle: also:* ~ **along**) avanzare; (*ship*) rollare; ~ **about** *or* **around** *vi* rotolare qua e là; (*person*) rotolarsi; ~ **by** *vi* (*time*) passare; ~ **over** *vi* rivoltarsi; ~ **up** (*inf*) *vi* (*arrive*) arrivare ♦ *vt* (*carpet*) arrotolare; ~ **call** n appello; **~er** n rullo; (*wheel*) rotella; (*for hair*) bigodino; **~er blades** npl pattini mpl in linea; **~er coaster** n montagne fpl russe; **~er skates** npl pattini mpl a rotelle

rolling ['rəulɪŋ] *adj* (*landscape*) ondulato(a); ~ **pin** n matterello; ~ **stock** n (*RAIL*) materiale m rotabile

ROM [rɒm] *n abbr* (= *read only memory*) memoria di sola lettura

Roman ['rəumən] *adj, n* romano(a); ~ **Catholic** *adj, n* cattolico(a)

romance [rə'mæns] n storia (*or* avventura *or* film m inv) romantico(a); (*charm*) poesia; (*love affair*) idillio

Romania [rəu'meɪnɪə] n = **Rumania**

Roman numeral n numero romano

romantic [rə'mæntɪk] *adj* romantico(a); sentimentale

Rome [rəum] n Roma

romp [rɒmp] n gioco rumoroso ♦ *vi* (*also:* ~ **about**) far chiasso, giocare in un modo rumoroso

rompers ['rɒmpəz] npl pagliaccetto

roof [ruːf] n tetto; (*of tunnel, cave*) volta ♦ *vt*

coprire (con un tetto); **~ of the mouth** palato; **~ing** n materiale m per copertura; **~ rack** n (AUT) portabagagli m inv

rook [ruk] n (bird) corvo nero; (CHESS) torre f

room [ru:m] n (in house) stanza; (bed~, in hotel) camera; (in school etc) sala; (space) posto, spazio; **~s** npl (lodging) alloggio; **"~s to let"** (BRIT), **"~s for rent"** (US) "si affittano camere"; **there is ~ for improvement** si potrebbe migliorare; **~ing house** (US) n casa in cui si affittano camere o appartamenti ammobiliati; **~mate** n compagno/a di stanza; **~ service** n servizio da camera; **~y** adj spazioso(a); (garment) ampio(a)

roost [ru:st] vi appollaiarsi

rooster ['ru:stə*] n gallo

root [ru:t] n radice f ♦ vi (plant, belief) attecchire; **~ about** vi (fig) frugare; **~ for** vt fus fare il tifo per; **~ out** vt estirpare

rope [rəup] n corda, fune f; (NAUT) cavo ♦ vt (box) legare; (climbers) legare in cordata; (area: also: **~ off**) isolare cingendo con cordoni; **to know the ~s** (fig) conoscere i trucchi del mestiere; **~ in** vt (fig) coinvolgere; **~ ladder** n scala a corda

rosary ['rəuzəri] n rosario; roseto

rose [rəuz] pt of **rise** ♦ n rosa; (also: **~ bush**) rosaio; (on watering can) rosetta

rosé ['rəuzei] n vino rosato

rosebud ['rəuzbʌd] n bocciolo di rosa

rosebush ['rəuzbuʃ] n rosaio

rosemary ['rəuzməri] n rosmarino

rosette [rəu'zɛt] n coccarda

roster ['rɔstə*] n: **duty ~** ruolino di servizio

rostrum ['rɔstrəm] n tribuna

rosy ['rəuzi] adj roseo(a)

rot [rɔt] n (decay) putrefazione f; (inf: nonsense) stupidaggini fpl ♦ vt, vi imputridire, marcire

rota ['rəutə] n tabella dei turni

rotary ['rəutəri] adj rotante

rotate [rəu'teit] vt (revolve) far girare; (change round: jobs) fare a turno ♦ vi (revolve) girare; **rotating** adj (movement) rotante

rotten ['rɔtn] adj (decayed) putrido(a),

marcio(a); (dishonest) corrotto(a); (inf: bad) brutto(a); (: action) vigliacco(a); **to feel ~** (ill) sentirsi da cani

rouble ['ru:bl] (US **ruble**) n rublo

rouge [ru:ʒ] n belletto

rough [rʌf] adj (skin, surface) ruvido(a); (terrain, road) accidentato(a); (voice) rauco(a); (person, manner: coarse) rozzo(a), aspro(a); (: violent) brutale; (district) malfamato(a); (weather) cattivo(a); (sea) mosso(a); (plan) abbozzato(a); (guess) approssimativo(a) ♦ n (GOLF) macchia; **to ~ it** far vita dura; **to sleep ~** (BRIT) dormire all'addiaccio; **~age** n alimenti mpl ricchi in cellulosa; **~-and-ready** adj rudimentale; **~cast** n intonaco grezzo; **~ copy** n brutta copia; **~ly** adv (handle) rudemente, brutalmente; (make) grossolanamente; (speak) bruscamente; (approximately) approssimativamente; **~ness** n ruvidità; (of manner) rozzezza

roulette [ru:'let] n roulette f

Roumania [ru:'meiniə] n = **Rumania**

round [raund] adj rotondo(a); (figures) tondo(a) ♦ n (BRIT: of toast) fetta; (duty: of policeman, milkman etc) giro; (: of doctor) visite fpl; (game: of cards, golf, in competition) partita; (of ammunition) cartuccia; (BOXING) round m inv; (of talks) serie f inv ♦ vt (corner) girare; (bend) prendere ♦ prep intorno a ♦ adv: **all ~** tutt'attorno; **to go the long way ~** fare il giro più lungo; **all the year ~** tutto l'anno; **it's just ~ the corner** (also fig) è dietro l'angolo; **~ the clock** ininterrottamente; **to go ~ to sb's house** andare da qn; **go ~ the back** passi dietro; **enough to go ~** abbastanza per tutti; **~ of applause** applausi mpl; **~ of drinks** giro di bibite; **~ of sandwiches** sandwich m inv; **~ off** vt (speech etc) finire; **~ up** vt radunare; (criminals) fare una retata di; (prices) arrotondare; **~about** n (BRIT: AUT) rotatoria; (: at fair) giostra ♦ adj (route, means) indiretto(a); **~ers** npl (game) gioco simile al baseball; **~ly** adv (fig) chiaro e tondo; **~ trip** n (viaggio di) andata e ritorno; **~up** n raduno; (of criminals) retata

rouse [rauz] vt (wake up) svegliare; (stir up) destare; provocare; risvegliare; **rousing** adj (speech, applause) entusiastico(a)

route [ruːt] n itinerario; (of bus) percorso

routine [ruːˈtiːn] adj (work) corrente, abituale; (procedure) solito(a) ♦ n (pej) routine f, tran tran m; (THEATRE) numero

rove [rəuv] vt vagabondare per

row[1] [rəu] n (line) riga, fila; (KNITTING) ferro; (behind one another: of cars, people) fila; (in boat) remata ♦ vi (in boat) remare; (as sport) vogare ♦ vt (boat) manovrare a remi; **in a ~** (fig) di fila

row[2] [rau] n (racket) baccano, chiasso; (dispute) lite f; (scolding) sgridata ♦ vi (argue) litigare

rowboat [ˈrəubəut] (US) n barca a remi

rowdy [ˈraudɪ] adj chiassoso(a); turbolento(a) ♦ n teppista m/f

rowing [ˈrəuɪŋ] n canottaggio; **~ boat** (BRIT) n barca a remi

royal [ˈrɔɪəl] adj reale; **R~ Air Force** n aeronautica militare britannica

royalty [ˈrɔɪəltɪ] n (royal persons) (membri mpl della) famiglia reale; (payment: to author) diritti mpl d'autore

r.p.m. abbr (= revolutions per minute) giri/min

R.S.V.P. abbr (= répondez s'il vous plaît) R.S.V.P.

Rt Hon. (BRIT) abbr (= Right Honourable) ≈ Onorevole

rub [rʌb] n: **to give sth a ~** strofinare qc; (sore place) massaggiare qc ♦ vt strofinare; massaggiare; (hands: also: **~ together**) sfregarsi; **to ~ sb up** (BRIT) or **~ sb the wrong way** (US) lisciare qn contro pelo; **~ off** vi andare via; **~ off on** vt fus lasciare una traccia su; **~ out** vt cancellare

rubber [ˈrʌbə*] n gomma; **~ band** n elastico; **~ plant** n ficus m inv

rubbish [ˈrʌbɪʃ] n (from household) immondizie fpl, rifiuti mpl; (fig: pej) cose fpl senza valore; robaccia; sciocchezze fpl; **~ bin** (BRIT) n pattumiera; **~ dump** n (in town) immondezzaio

rubble [ˈrʌbl] n macerie fpl; (smaller) pietrisco

ruble [ˈruːbl] (US) n = **rouble**

ruby [ˈruːbɪ] n rubino

rucksack [ˈrʌksæk] n zaino

rudder [ˈrʌdə*] n timone m

ruddy [ˈrʌdɪ] adj (face) rubicondo(a); (inf: damned) maledetto(a)

rude [ruːd] adj (impolite: person) scortese, rozzo(a); (: word, manners) grossolano(a), rozzo(a); (shocking) indecente; **~ness** n scortesia; grossolanità

ruffle [ˈrʌfl] vt (hair) scompigliare; (clothes, water) increspare; (fig: person) turbare

rug [rʌg] n tappeto; (BRIT: for knees) coperta

rugby [ˈrʌgbɪ] n (also: **~ football**) rugby m

rugged [ˈrʌgɪd] adj (landscape) aspro(a); (features, determination) duro(a); (character) brusco(a)

ruin [ˈruːɪn] n rovina ♦ vt rovinare; **~s** npl (of building, castle etc) rovine fpl, ruderi mpl; **~ous** adj rovinoso(a); (expenditure) inverosimile

rule [ruːl] n regola; (regulation) regolamento, regola; (government) governo; (~r) riga ♦ vt (country) governare; (person) dominare ♦ vi regnare; decidere; (LAW) dichiarare; **as a ~** normalmente; **~ out** vt escludere; **~d** adj (paper) vergato(a); **~r** n (sovereign) sovrano/a; (for measuring) regolo, riga; **ruling** adj (party) al potere; (class) dirigente ♦ n (LAW) decisione f

rum [rʌm] n rum m

Rumania [ruːˈmeɪnɪə] n Romania

rumble [ˈrʌmbl] n rimbombo; brontolio ♦ vi rimbombare; (stomach, pipe) brontolare

rummage [ˈrʌmɪdʒ] vi frugare

rumour [ˈruːmə*] (US **rumor**) n voce f ♦ vt: **it is ~ed that** corre voce che

rump [rʌmp] n groppa; **~ steak** n bistecca di girello

rumpus [ˈrʌmpəs] (inf) n baccano; (quarrel) rissa

run [rʌn] (pt ran, pp run) n corsa; (outing) gita (in macchina); (distance travelled) percorso, tragitto; (SKI) pista; (CRICKET,

BASEBALL) meta; *(series)* serie *f*; *(THEATRE)* periodo di rappresentazione; *(in tights, stockings)* smagliatura ♦ *vt (distance)* correre; *(operate: business)* gestire, dirigere; *(: competition, course)* organizzare; *(: hotel)* gestire; *(: house)* governare; *(COMPUT)* eseguire; *(water, bath)* far scorrere; *(force through: rope, pipe)*: **to ~ sth through** far passare qc attraverso; *(pass: hand, finger)*: **to ~ sth over** passare qc su; *(PRESS: feature)* presentare ♦ *vi* correre; *(flee)* scappare; *(pass: road etc)* passare; *(work: machine, factory)* funzionare, andare; *(bus, train: operate)* far servizio; *(: travel)* circolare; *(continue: play, contract)* durare; *(slide: drawer, flow: river, bath)* scorrere; *(colours, washing)* stemperarsi; *(in election)* presentarsi candidato; *(nose)* colare; **there was a ~ on ...** c'era una corsa a ...; **in the long ~** a lungo andare; **on the ~** in fuga; **to ~ a race** partecipare ad una gara; **I'll ~ you to the station** la porto alla stazione; **to ~ a risk** correre un rischio; **~ about** *or* **around** *vi (children)* correre qua e là; **~ across** *vt fus (find)* trovare per caso; **~ away** *vi* fuggire; **~ down** *vt (production)* ridurre gradualmente; *(factory)* rallentare l'attività di; *(AUT)* investire; *(criticize)* criticare; **to be ~ down** *(person: tired)* essere esausto(a); **~ in** *(BRIT)* *vt (car)* rodare, fare il rodaggio di; **~ into** *vt fus (meet: person)* incontrare per caso; *(: trouble)* incontrare, trovare; *(collide with)* andare a sbattere contro; **~ off** *vi* fuggire ♦ *vt (water)* far scolare; *(copies)* fare; **~ out** *vi (person)* uscire di corsa; *(liquid)* colare; *(lease)* scadere; *(money)* esaurirsi; **~ out of** *vt fus* rimanere a corto di; **~ over** *vt (AUT)* investire, mettere sotto ♦ *vt fus (revise)* rivedere; **~ through** *vt fus (instructions)* dare una scorsa a; *(rehearse: play)* riprovare, ripetere; **~ up** *vt (debt)* lasciar accumulare; **to ~ up against** *(difficulties)* incontrare; **~away** *adj (person)* fuggiasco(a); *(horse)* in libertà; *(truck)* fuori controllo

rung [rʌŋ] *pp of* **ring** ♦ *n (of ladder)* piolo

runner ['rʌnə*] *n (in race)* corridore *m*; *(: horse)* partente *m/f*; *(on sledge)* pattino; *(for drawer etc)* guida; **~ bean** *(BRIT)* *n* fagiolo rampicante; **~-up** *n* secondo(a) arrivato(a)

running ['rʌnɪŋ] *n* corsa; direzione *f*; organizzazione *f*; funzionamento ♦ *adj (water)* corrente; *(commentary)* simultaneo(a); **to be in/out of the ~ for sth** essere/non essere più in lizza per qc; **6 days** ~ 6 giorni di seguito; **~ costs** *npl* costi *mpl* d'esercizio; *(of car)* spese *fpl* di mantenimento

runny ['rʌnɪ] *adj* che cola

run-of-the-mill *adj* solito(a), banale

runt [rʌnt] *n (also pej)* omuncolo; *(ZOOL)* animale *m* più piccolo del normale

run-through *n* prova

run-up *n*: **~ to** *(election etc)* periodo che precede

runway ['rʌnweɪ] *n (AVIAT)* pista (di decollo)

rupture ['rʌptʃə*] *n (MED)* ernia

rural ['rʊrəl] *adj* rurale

ruse [ruːz] *n* trucco

rush [rʌʃ] *n* corsa precipitosa; *(hurry)* furia, fretta; *(sudden demand)*: **~ for** corsa a; *(current)* flusso; *(of emotion)* impeto; *(BOT)* giunco ♦ *vt* mandare *or* spedire velocemente; *(attack: town etc)* prendere d'assalto ♦ *vi* precipitarsi; **~ hour** *n* ora di punta

rusk [rʌsk] *n* biscotto

Russia ['rʌʃə] *n* Russia; **~n** *adj* russo(a) ♦ *n* russo/a; *(LING)* russo

rust [rʌst] *n* ruggine *f* ♦ *vi* arrugginirsi

rustic ['rʌstɪk] *adj* rustico(a)

rustle ['rʌsl] *vi* frusciare ♦ *vt (paper)* far frusciare

rustproof ['rʌstpruːf] *adj* inossidabile

rusty ['rʌstɪ] *adj* arrugginito(a)

rut [rʌt] *n* solco; *(ZOOL)* fregola; **to get into a ~** *(fig)* adagiarsi troppo

ruthless ['ruːθlɪs] *adj* spietato(a)

rye [raɪ] *n* segale *f*; **~ bread** *n* pane *m* di segale

S, s

Sabbath ['sæbəθ] n (*Jewish*) sabato; (*Christian*) domenica

sabotage ['sæbətɑːʒ] n sabotaggio ♦ vt sabotare

saccharin(e) ['sækərɪn] n saccarina

sachet ['sæʃeɪ] n bustina

sack [sæk] n (*bag*) sacco ♦ vt (*dismiss*) licenziare, mandare a spasso; (*plunder*) saccheggiare; **to get the ~** essere mandato a spasso; **~ing** n tela di sacco; (*dismissal*) licenziamento

sacrament ['sækrəmənt] n sacramento

sacred ['seɪkrɪd] adj sacro(a)

sacrifice ['sækrɪfaɪs] n sacrificio ♦ vt sacrificare

sad [sæd] adj triste

saddle ['sædl] n sella ♦ vt (*horse*) sellare; **to be ~d with sth** (*inf*) avere qc sulle spalle; **~bag** n (*on bicycle*) borsa

sadistic [sə'dɪstɪk] adj sadico(a)

sadness ['sædnɪs] n tristezza

s.a.e. n abbr = **stamped addressed envelope**

safe [seɪf] adj sicuro(a); (*out of danger*) salvo(a), al sicuro; (*cautious*) prudente ♦ n cassaforte f; **~ from** al sicuro da; **~ and sound** sano(a) e salvo(a); **(just) to be on the ~ side** per non correre rischi; **~-conduct** n salvacondotto; **~-deposit** n (*vault*) caveau m inv; (*box*) cassetta di sicurezza; **~guard** n salvaguardia ♦ vt salvaguardare; **~keeping** n custodia; **~ly** adv sicuramente; sano(a) e salvo(a); prudentemente; **~ sex** n sesso sicuro

safety ['seɪftɪ] n sicurezza; **~ belt** n cintura di sicurezza; **~ pin** n spilla di sicurezza; **~ valve** n valvola di sicurezza

saffron ['sæfrən] n zafferano

sag [sæg] vi incurvarsi; afflosciarsi

sage [seɪdʒ] n (*herb*) salvia; (*man*) saggio

Sagittarius [sædʒɪ'tɛərɪəs] n Sagittario

Sahara [sə'hɑːrə] n: **the ~ (Desert)** il (deserto del) Sahara

said [sɛd] pt, pp of **say**

sail [seɪl] n (*on boat*) vela; (*trip*): **to go for a ~** fare un giro in barca a vela ♦ vt (*boat*) condurre, governare ♦ vi (*travel: ship*) navigare; (: *passenger*) viaggiare per mare; (*set off*) salpare; (*sport*) fare della vela; **they ~ed into Genoa** entrarono nel porto di Genova; **~ through** vt fus (*fig*) superare senza difficoltà; **~boat** n (*US*) barca a vela; **~ing** n (*sport*) vela; **to go ~ing** fare della vela; **~ing boat** n barca a vela; **~ing ship** n veliero; **~or** n marinaio

saint [seɪnt] n santo/a; **~ly** adj santo(a)

sake [seɪk] n: **for the ~ of** per, per amore di

salad ['sæləd] n insalata; **~ bowl** n insalatiera; **~ cream** (*BRIT*) n (tipo di) maionese f; **~ dressing** n condimento per insalata

salami [sə'lɑːmɪ] n salame m

salary ['sælərɪ] n stipendio

sale [seɪl] n vendita; (*at reduced prices*) svendita, liquidazione f; (*auction*) vendita all'asta; **"for ~"** "in vendita"; **on ~** in vendita; **on ~ or return** da vendere o rimandare; **~room** n sala delle aste; **~s assistant** (*US* **~s clerk**) n commesso/a; **~sman/swoman** (*irreg*) n commesso/a; (*representative*) rappresentante m/f

salmon ['sæmən] n inv salmone m

saloon [sə'luːn] n (*US*) saloon m inv, bar m inv; (*BRIT: AUT*) berlina; (*ship's lounge*) salone m

salt [sɔlt] n sale m ♦ vt salare; **~ cellar** n saliera; **~water** adj di mare; **~y** adj salato(a)

salute [sə'luːt] n saluto ♦ vt salutare

salvage ['sælvɪdʒ] n (*saving*) salvataggio; (*things saved*) beni mpl salvati or recuperati ♦ vt salvare, mettere in salvo

salvation [sæl'veɪʃən] n salvezza; **S~ Army** n Esercito della Salvezza

same [seɪm] adj stesso(a), medesimo(a) ♦ pron: **the ~** lo(la) stesso(a), gli(le) stessi(e); **the ~ book as** lo stesso libro di (o che); **at the ~ time** allo stesso tempo; **all** or **just the ~** tuttavia; **to do the ~ as sb** fare come qn; **the ~ to you!** altrettanto a te!

sample ['sɑːmpl] *n* campione *m* ♦ *vt* (*food*) assaggiare; (*wine*) degustare

sanction ['sæŋkʃən] *n* sanzione *f* ♦ *vt* sancire, sanzionare

sanctity ['sæŋktɪtɪ] *n* santità

sanctuary ['sæŋktjuərɪ] *n* (*holy place*) santuario; (*refuge*) rifugio; (*for wildlife*) riserva

sand [sænd] *n* sabbia ♦ *vt* (*also:* ~ **down**) cartavetrare

sandal ['sændl] *n* sandalo

sandbox ['sændbɔks] (*US*) *n* = **sandpit**

sandcastle ['sændkɑːsl] *n* castello di sabbia

sandpaper ['sændpeɪpə*] *n* carta vetrata

sandpit ['sændpɪt] *n* (*for children*) buca di sabbia

sandstone ['sændstəun] *n* arenaria

sandwich ['sændwɪtʃ] *n* tramezzino, panino, sandwich *m inv* ♦ *vt*: **~ed between** incastrato(a) fra; **cheese / ham ~** sandwich al formaggio/prosciutto; **~ course** (*BRIT*) *n* corso di formazione professionale

sandy ['sændɪ] *adj* sabbioso(a); (*colour*) color sabbia *inv*, biondo(a) rossiccio(a)

sane [seɪn] *adj* (*person*) sano(a) di mente; (*outlook*) sensato(a)

sang [sæŋ] *pt of* **sing**

sanitary ['sænɪtərɪ] *adj* (*system, arrangements*) sanitario(a); (*clean*) igienico(a); **~ towel** (*US* **~ napkin**) *n* assorbente *m* igienico

sanitation [sænɪ'teɪʃən] *n* (*in house*) impianti *mpl* sanitari; (*in town*) fognature *fpl*; **~ department** (*US*) *n* nettezza urbana

sanity ['sænɪtɪ] *n* sanità mentale; (*common sense*) buon senso

sank [sæŋk] *pt of* **sink**

Santa Claus [sæntə'klɔːz] *n* Babbo Natale

sap [sæp] *n* (*of plants*) linfa ♦ *vt* (*strength*) fiaccare

sapling ['sæplɪŋ] *n* alberello

sapphire ['sæfaɪə*] *n* zaffiro

sarcasm ['sɑːkæzm] *n* sarcasmo

sardine [sɑː'diːn] *n* sardina

Sardinia [sɑː'dɪnɪə] *n* Sardegna

sash [sæʃ] *n* fascia

sat [sæt] *pt, pp of* **sit**

Satan ['seɪtən] *n* Satana *m*

satchel ['sætʃl] *n* cartella

satellite ['sætəlaɪt] *adj* satellite ♦ *n* satellite *m*; **~ dish** *n* antenna parabolica; **~ television** *n* televisione *f* via satellite

satin ['sætɪn] *n* raso ♦ *adj* di raso

satire ['sætaɪə*] *n* satira

satisfaction [sætɪs'fækʃən] *n* soddisfazione *f*

satisfactory [sætɪs'fæktərɪ] *adj* soddisfacente

satisfy ['sætɪsfaɪ] *vt* soddisfare; (*convince*) convincere; **~ing** *adj* soddisfacente

Saturday ['sætədɪ] *n* sabato

sauce [sɔːs] *n* salsa; (*containing meat, fish*) sugo; **~pan** *n* casseruola

saucer ['sɔːsə*] *n* sottocoppa *m*, piattino

Saudi ['saudɪ]: **~ Arabia** *n* Arabia Saudita; **~ (Arabian)** *adj, n* arabo(a) saudita

sauna ['sɔːnə] *n* sauna

saunter ['sɔːntə*] *vi* andare a zonzo, bighellonare

sausage ['sɔsɪdʒ] *n* salsiccia; **~ roll** *n* rotolo di pasta sfoglia ripieno di salsiccia

sauté ['səuteɪ] *adj*: **~ potatoes** patate *fpl* saltate in padella

save [seɪv] *vt* (*person, belongings, COMPUT*) salvare; (*money*) risparmiare, mettere da parte; (*time*) risparmiare; (*food*) conservare; (*avoid: trouble*) evitare; (*SPORT*) parare ♦ *vi* (*also:* ~ **up**) economizzare ♦ *n* (*SPORT*) parata ♦ *prep* salvo, a eccezione di

saving ['seɪvɪŋ] *n* risparmio ♦ *adj*: **the ~ grace of** l'unica cosa buona di; **~s** *npl* (*money*) risparmi *mpl*; **~s account** *n* libretto di risparmio; **~s bank** *n* cassa di risparmio

saviour ['seɪvjə*] (*US* **savior**) *n* salvatore *m*

savour ['seɪvə*] (*US* **savor**) *vt* gustare; **~y** *adj* (*dish: not sweet*) salato(a)

saw [sɔː] (*pt* **sawed**, *pp* **sawed** or **sawn**) *pt of* **see** ♦ *n* (*tool*) sega ♦ *vt* segare; **~dust** *n* segatura; **~mill** *n* segheria; **sawn** *pp of*

saw; **~n-off shotgun** n fucile m a canne mozze

saxophone ['sæksəfəun] n sassofono

say [seɪ] (pt, pp **said**) n: **to have one's ~** fare sentire il proprio parere; **to have a** or **some ~** avere voce in capitolo ♦ vt dire; **could you ~ that again?** potrebbe ripeterlo?; **that goes without ~ing** va da sé; **~ing** n proverbio, detto

scab [skæb] n crosta; (pej) crumiro/a

scaffold ['skæfəuld] n (gallows) patibolo; **~ing** n impalcatura

scald [skɔːld] n scottatura ♦ vt scottare

scale [skeɪl] n scala; (of fish) squama ♦ vt (mountain) scalare; **~s** npl (for weighing) bilancia; **on a large ~** su vasta scala; **~ of charges** tariffa; **~ down** vt ridurre (proporzionalmente)

scallop ['skɔləp] n (ZOOL) pettine m; (SEWING) smerlo

scalp [skælp] n cuoio capelluto ♦ vt scotennare

scalpel ['skælpl] n bisturi m inv

scampi ['skæmpɪ] npl scampi mpl

scan [skæn] vt scrutare; (glance at quickly) scorrere, dare un'occhiata a; (TV) analizzare; (RADAR) esplorare ♦ n (MED) ecografia

scandal ['skændl] n scandalo; (gossip) pettegolezzi mpl

Scandinavia [skændɪ'neɪvɪə] n Scandinavia; **~n** adj, n scandinavo/a

scant [skænt] adj scarso(a); **~y** adj insufficiente; (swimsuit) ridotto(a)

scapegoat ['skeɪpgəut] n capro espiatorio

scar [skɑː] n cicatrice f ♦ vt sfregiare

scarce [skɛəs] adj scarso(a); (copy, edition) raro(a); **to make o.s. ~** (inf) squagliarsela; **~ly** adv appena; **scarcity** n scarsità, mancanza

scare [skɛə*] n spavento; panico ♦ vt spaventare, atterrire; **there was a bomb ~ at the bank** hanno evacuato la banca per paura di un attentato dinamitardo; **to ~ sb stiff** spaventare a morte qn; **~ off** or **away** vt mettere in fuga; **~crow** n spaventapasseri m inv; **~d** adj: **to be ~d**

aver paura

scarf [skɑːf] (pl **scarves** or **~s**) n (long) sciarpa; (square) fazzoletto da testa, foulard m inv

scarlet ['skɑːlɪt] adj scarlatto(a); **~ fever** n scarlattina

scarves [skɑːvz] npl of **scarf**

scary ['skɛərɪ] adj che spaventa

scathing ['skeɪðɪŋ] adj aspro(a)

scatter ['skætə*] vt spargere; (crowd) disperdere ♦ vi disperdersi; **~brained** adj sbadato(a)

scavenger ['skævəndʒə*] n (person) accattone/a

scenario [sɪ'nɑːrɪəu] n (THEATRE, CINEMA) copione m; (fig) situazione f

scene [siːn] n (THEATRE, fig etc) scena; (of crime, accident) scena, luogo; (sight, view) vista, veduta; **~ry** n (THEATRE) scenario; (landscape) panorama m; **scenic** adj scenico(a); panoramico(a)

scent [sɛnt] n profumo; (sense of smell) olfatto, odorato; (fig: track) pista

sceptical ['skɛptɪkəl] (US **skeptical**) adj scettico(a)

sceptre ['sɛptə*] (US **scepter**) n scettro

schedule ['ʃɛdjuːl, (US) 'skɛdjuːl] n programma m, piano; (of trains) orario; (of prices etc) lista, tabella ♦ vt fissare; **on ~** in orario; **to be ahead of/behind ~** essere in anticipo/ritardo sul previsto; **~d flight** n volo di linea

scheme [skiːm] n piano, progetto; (method) sistema m; (dishonest plan, plot) intrigo, trama; (arrangement) disposizione f, sistemazione f; (pension ~ etc) programma m ♦ vi fare progetti; (intrigue) complottare; **scheming** adj intrigante ♦ n intrighi mpl, macchinazioni fpl

schism ['skɪzəm] n scisma m

scholar ['skɔlə*] n erudito/a; (pupil) scolaro/a; **~ship** n erudizione f; (grant) borsa di studio

school [skuːl] n (primary, secondary) scuola; (university: US) università f inv ♦ cpd scolare, scolastico(a) ♦ vt (animal) addestrare; **~ age** n età scolare; **~bag** n cartella; ~**book** n libro scolastico; ~**boy** n scolaro; ~**children** npl scolari mpl; ~**girl** n scolara; ~**ing** n istruzione f; ~**master** n (*primary*) maestro; (*secondary*) insegnante m; ~**mistress** n maestra; insegnante f; ~**teacher** n insegnante m/f, docente m/f; (*primary*) maestro/a

sciatica [saɪˈætɪkə] n sciatica

science [ˈsaɪəns] n scienza; ~ **fiction** n fantascienza; **scientific** [-ˈtɪfɪk] adj scientifico(a); **scientist** n scienziato/a

scissors [ˈsɪzəz] npl forbici fpl

scoff [skɔf] vt (*BRIT: inf: eat*) tranguggiare, ingozzare ♦ vi: **to ~ (at)** (*mock*) farsi beffe (di)

scold [skəʊld] vt rimproverare

scone [skɔn] n focaccina da tè

scoop [skuːp] n mestolo; (*for ice cream*) cucchiaio dosatore; (*PRESS*) colpo giornalistico, notizia (in) esclusiva; ~ **out** vt scavare; ~ **up** vt tirare su, sollevare

scooter [ˈskuːtə*] n (*motor cycle*) motoretta, scooter m inv; (*toy*) monopattino

scope [skəʊp] n (*capacity: of plan, undertaking*) portata; (: *of person*) capacità fpl; (*opportunity*) possibilità fpl

scorch [skɔːtʃ] vt (*clothes*) strinare, bruciacchiare; (*earth, grass*) seccare, bruciare

score [skɔː*] n punti mpl, punteggio; (*MUS*) partitura, spartito; (*twenty*) venti ♦ vt (*goal, point*) segnare, fare; (*success*) ottenere ♦ vi segnare; (*FOOTBALL*) fare un goal; (*keep score*) segnare i punti; ~s of (*very many*) un sacco di; **on that** ~ a questo riguardo; **to ~ 6 out of 10** prendere 6 su 10; ~ **out** vt cancellare con un segno; ~**board** n tabellone m segnapunti

scorn [skɔːn] n disprezzo ♦ vt disprezzare

scornful [ˈskɔːnful] adj sprezzante

Scorpio [ˈskɔːpɪəʊ] n Scorpione m

scorpion [ˈskɔːpɪən] n scorpione m

Scot [skɔt] n scozzese m/f

Scotch [skɔtʃ] n whisky m scozzese, scotch m

scot-free adv: **to get off** ~ farla franca

Scotland [ˈskɔtlənd] n Scozia

Scots [skɔts] adj scozzese; ~**man/woman** (*irreg*) n scozzese m/f

Scottish [ˈskɔtɪʃ] adj scozzese

scoundrel [ˈskaundrl] n farabutto/a; (*child*) furfantello/a

scour [ˈskauə*] vt (*search*) battere, perlustrare

scout [skaut] n (*MIL*) esploratore m; (*also:* **boy ~**) giovane esploratore, scout m inv; ~ **around** vi cercare in giro; **girl** ~ (*US*) n giovane esploratrice f

scowl [skaul] vi acciagliarsi, aggrottare le sopracciglia; **to ~ at** guardare torvo

scrabble [ˈskræbl] vi (*claw*): **to ~ (at)** graffiare, grattare; (*also:* ~ **around**: *search*) cercare a tentoni ♦ n: **S~** ® Scarabeo ®

scraggy [ˈskrægɪ] adj scarno(a), molto magro(a)

scram [skræm] (*inf*) vi filare via

scramble [ˈskræmbl] n arrampicata ♦ vi inerpicarsi; **to ~ out** etc uscire etc in fretta; **to ~ for** azzuffarsi per; ~**d eggs** npl uova fpl strapazzate

scrap [skræp] n pezzo, pezzetto; (*fight*) zuffa; (*also:* ~ *iron*) rottami mpl di ferro, ferraglia ♦ vt demolire; (*fig*) scartare ♦ vi: **to ~ (with sb)** fare a botte (con qn); ~**s** npl (*waste*) scarti mpl; ~**book** n album m inv di ritagli; ~ **dealer** n commerciante m di ferraglia

scrape [skreɪp] vt, vi raschiare, grattare ♦ n: **to get into a ~** cacciarsi in un guaio; ~ **through** vi farcela per un pelo; ~ **together** vt (*money*) raggranellare; ~**r** n raschietto

scrap: ~ **heap** n: **on the ~ heap** (*fig*) nel dimenticatoio; ~ **merchant** (*BRIT*) n commerciante m di ferraglia; ~ **paper** n cartaccia

scratch [skrætʃ] n graffio ♦ cpd: ~ **team** squadra raccogliticcia ♦ vt graffiare, rigare ♦ vi grattare; (*paint, car*) graffiare; **to start from ~** cominciare or partire da zero; **to be up to ~** essere all'altezza

scrawl [skrɔːl] n scarabocchio ♦ vi scarabocchiare

scrawny [ˈskrɔːnɪ] adj scarno(a)

scream [skri:m] *n* grido, urlo ♦ *vi* urlare, gridare

scree [skri:] *n* ghiaione *m*

screech [skri:tʃ] *vi* stridere

screen [skri:n] *n* schermo; (*fig*) muro, cortina, velo ♦ *vt* schermare, fare schermo a; (*from the wind etc*) riparare; (*film*) proiettare; (*book*) adattare per lo schermo; (*candidates etc*) selezionare; **~ing** *n* (MED) dépistage *m inv*; **~play** *n* sceneggiatura; **~ saver** *n* (COMPUT) screen saver *m inv*

screw [skru:] *n* vite *f* ♦ *vt* avvitare; **~ up** *vt* (*paper etc*) spiegazzare; (*inf: ruin*) rovinare; **to ~ up one's eyes** strizzare gli occhi; **~driver** *n* cacciavite *m*

scribble ['skrɪbl] *n* scarabocchio ♦ *vt* scribacchiare in fretta ♦ *vi* scarabocchiare

script [skrɪpt] *n* (CINEMA etc) copione *m*; (*in exam*) elaborato *or* compito d'esame

scripture(s) ['skrɪptʃə(z)] *n(pl)* sacre Scritture *fpl*

scroll [skrəul] *n* rotolo di carta

scrounge [skraundʒ] (*inf*) *vt*: **to ~ sth (off** *or* **from sb)** scroccare qc (a qn) ♦ *n*: **on the ~** a sbafo

scrub [skrʌb] *n* (*land*) boscaglia ♦ *vt* pulire strofinando; (*reject*) annullare

scruff [skrʌf] *n*: **by the ~ of the neck** per la collottola

scruffy ['skrʌfɪ] *adj* sciatto(a)

scrum(mage) ['skrʌm(ɪdʒ)] *n* mischia

scruple ['skru:pl] *n* scrupolo

scrutiny ['skru:tɪnɪ] *n* esame *m* accurato

scuff [skʌf] *vt* (*shoes*) consumare strascicando

scuffle ['skʌfl] *n* baruffa, tafferuglio

sculptor ['skʌlptə*] *n* scultore *m*

sculpture ['skʌlptʃə*] *n* scultura

scum [skʌm] *n* schiuma; (*pej: people*) feccia

scupper ['skʌpə*] (BRIT: inf) *vt* far naufragare

scurry ['skʌrɪ] *vi* sgambare, affrettarsi; **~ off** *vi* andarsene a tutta velocità

scuttle ['skʌtl] *n* (*also:* **coal ~**) secchio del carbone ♦ *vt* (*ship*) autoaffondare ♦ *vi* (*scamper*): **to ~ away, ~ off** darsela a gambe, scappare

scythe [saɪð] *n* falce *f*

SDP (BRIT) *n abbr* = **Social Democratic Party**

sea [si:] *n* mare *m* ♦ *cpd* marino(a), del mare; (*bird, fish*) di mare; (*route, transport*) marittimo(a); **by ~** per mare; **on the ~** (*boat*) in mare; (*town*) di mare; **to be all at ~** (*fig*) non sapere che pesci pigliare; **out to ~** al largo; **(out) at ~** in mare; **~board** *n* costa; **~food** *n* frutti *mpl* di mare; **~ front** *n* lungomare *m*; **~gull** *n* gabbiano

seal [si:l] *n* (*animal*) foca; (*stamp*) sigillo; (*impression*) impronta del sigillo ♦ *vt* sigillare; **~ off** *vt* (*close*) sigillare; (*forbid entry to*) bloccare l'accesso a

sea level *n* livello del mare

seam [si:m] *n* cucitura; (*of coal*) filone *m*

seaman ['si:mən] (*irreg*) *n* marinaio

seaplane ['si:pleɪn] *n* idrovolante *m*

seaport ['si:pɔ:t] *n* porto di mare

search [sa:tʃ] *n* ricerca; (LAW: *at sb's home*) perquisizione *f* ♦ *vt* frugare ♦ *vi*: **to ~ for** ricercare; **in ~ of** alla ricerca di; **~ through** *vt fus* frugare; **~ engine** *n* (COMPUT) motore *m* di ricerca; **~ing** *adj* minuzioso(a); penetrante; **~light** *n* proiettore *m*; **~ party** *n* squadra di soccorso; **~ warrant** *n* mandato di perquisizione

seashore ['si:ʃɔ:*] *n* spiaggia

seasick ['si:sɪk] *adj* che soffre il mal di mare

seaside ['si:saɪd] *n* spiaggia; **~ resort** *n* stazione *f* balneare

season ['si:zn] *n* stagione *f* ♦ *vt* condire, insaporire; **~al** *adj* stagionale; **~ed** *adj* (*fig*) con esperienza; **~ing** *n* condimento; **~ ticket** *n* abbonamento

seat [si:t] *n* sedile *m*; (*in bus, train: place*) posto; (PARLIAMENT) seggio; (*buttocks*) didietro; (*of trousers*) fondo ♦ *vt* far sedere; (*have room for*) avere *or* essere fornito(a) di posti a sedere per; **to be ~ed** essere seduto(a); **~ belt** *n* cintura di sicurezza

sea water *n* acqua di mare

seaweed ['si:wi:d] *n* alghe *fpl*

seaworthy ['si:wə:ðɪ] *adj* atto(a) alla navigazione

sec. *abbr* = **second(s)**

secluded [sɪ'kluːdɪd] *adj* isolato(a), appartato(a)

seclusion [sɪ'kluːʒən] *n* isolamento

second¹ [sɪ'kɔnd] (*BRIT*) *vt* (*worker*) distaccare

second² ['sɛkənd] *num* secondo(a) ♦ *adv* (*in race etc*) al secondo posto ♦ *n* (*unit of time*) secondo; (*AUT: also:* ~ **gear**) seconda; (*COMM: imperfect*) scarto; (*BRIT: SCOL: degree*) laurea con punteggio discreto ♦ *vt* (*motion*) appoggiare; ~**ary** *adj* secondario(a); ~**ary school** *n* scuola secondaria; ~**-class** *adj* di seconda classe ♦ *adv* in seconda classe; ~**er** *n* sostenitore/trice; ~**hand** *adj* di seconda mano, usato(a); ~ **hand** *n* (*on clock*) lancetta dei secondi; ~**ly** *adv* in secondo luogo; ~**-rate** *adj* scadente; ~ **thoughts** *npl* ripensamenti *mpl*; **on** ~ **thoughts** (*BRIT*) *or* **thought** (*US*) ripensandoci bene

secrecy ['siːkrəsɪ] *n* segretezza

secret ['siːkrɪt] *adj* segreto(a) ♦ *n* segreto; **in** ~ in segreto

secretarial [sɛkrɪ'tɛərɪəl] *adj* di segretario(a)

secretariat [sɛkrɪ'tɛərɪət] *n* segretariato

secretary ['sɛkrətrɪ] *n* segretario/a; **S~ of State (for)** (*BRIT: POL*) ministro (di)

secretive ['siːkrətɪv] *adj* riservato(a)

sect [sɛkt] *n* setta; ~**arian** [-'tɛərɪən] *adj* settario(a)

section ['sɛkʃən] *n* sezione *f*

sector ['sɛktə*] *n* settore *m*

secure [sɪ'kjuə*] *adj* sicuro(a); (*firmly fixed*) assicurato(a), ben fermato(a); (*in safe place*) al sicuro ♦ *vt* (*fix*) fissare, assicurare; (*get*) ottenere, assicurarsi

security [sɪ'kjuərɪtɪ] *n* sicurezza; (*for loan*) garanzia

sedate [sɪ'deɪt] *adj* posato(a); calmo(a) ♦ *vt* calmare

sedation [sɪ'deɪʃən] *n* (*MED*) effetto dei sedativi

sedative ['sɛdɪtɪv] *n* sedativo, calmante *m*

seduce [sɪ'djuːs] *vt* sedurre; **seduction** [-'dʌkʃən] *n* seduzione *f*; **seductive** [-'dʌktɪv] *adj* seducente

see [siː] (*pt* **saw**, *pp* **seen**) *vt* vedere; (*accompany*): **to** ~ **sb to the door** accompagnare qn alla porta ♦ *vi* vedere; (*understand*) capire ♦ *n* sede *f* vescovile; **to** ~ **that** (*ensure*) badare che +*sub*, fare in modo che +*sub*; ~ **you soon!** a presto!; ~ **about** *vt fus* occuparsi di; ~ **off** *vt* salutare alla partenza; ~ **through** *vt* portare a termine ♦ *vt fus* non lasciarsi ingannare da; ~ **to** *vt fus* occuparsi di

seed [siːd] *n* seme *m*; (*fig*) germe *m*; (*TENNIS etc*) testa di serie; **to go to** ~ fare seme; (*fig*) scadere; ~**ling** *n* piantina di semenzaio; ~**y** *adj* (*shabby: person*) sciatto(a); (: *place*) cadente

seeing ['siːɪŋ] *conj*: ~ **(that)** visto che

seek [siːk] (*pt*, *pp* **sought**) *vt* cercare

seem [siːm] *vi* sembrare, parere; **there** ~**s to be ...** sembra che ci sia ...; ~**ingly** *adv* apparentemente

seen [siːn] *pp of* **see**

seep [siːp] *vi* filtrare, trapelare

seesaw ['siːsɔː] *n* altalena a bilico

seethe [siːð] *vi* ribollire; **to** ~ **with anger** fremere di rabbia

see-through *adj* trasparente

segregate ['sɛgrɪgeɪt] *vt* segregare, isolare

seize [siːz] *vt* (*grasp*) afferrare; (*take possession of*) impadronirsi di; (*LAW*) sequestrare; ~ **(up)on** *vt fus* ricorrere a; ~ **up** *vi* (*TECH*) grippare

seizure ['siːʒə*] *n* (*MED*) attacco; (*LAW*) confisca, sequestro

seldom ['sɛldəm] *adv* raramente

select [sɪ'lɛkt] *adj* scelto(a) ♦ *vt* scegliere, selezionare; ~**ion** [-'lɛkʃən] *n* selezione *f*, scelta

self [sɛlf] *n*: **the** ~ l'io *m* ♦ *prefix* auto...; ~**-assured** *adj* sicuro(a) di sé; ~**-catering** (*BRIT*) *adj* in cui si ha cucina da sé; ~**-centred** (*US* ~**-centered**) *adj* egocentrico(a); ~**-confidence** *n* sicurezza di sé; ~**-conscious** *adj* timido(a); ~**-contained** (*BRIT*) *adj* (*flat*) indipendente; ~**-control** *n* autocontrollo; ~**-defence** (*US* ~**-defense**) *n* autodifesa; (*LAW*) legittima difesa; ~**-discipline** *n* autodisciplina; **~-employed** *adj* che lavora in proprio; **~-evident** *adj* evidente; **~-governing** *adj* autonomo(a); **~-indulgent** *adj* indulgente verso se stesso(a); **~-interest** *n* interesse *m* personale; **~ish** *adj* egoista; **~ishness** *n* egoismo; **~less** *adj* dimentico(a) di sé, altruista; **~-pity** *n* autocommiserazione *f*; **~-portrait** *n* autoritratto; **~-possessed** *adj* controllato(a); **~-preservation** *n* istinto di conservazione; **~-respect** *n* rispetto di sé, amor proprio; **~-righteous** *adj* soddisfatto(a) di sé; **~-sacrifice** *n* abnegazione *f*; **~-satisfied** *adj* compiaciuto(a) di sé; **~-service** *n* autoservizio, self-service *m*; **~-sufficient** *adj* autosufficiente; **~-taught** *adj* autodidatta

sell [sɛl] (*pt, pp* **sold**) *vt* vendere ♦ *vi* vendersi; **to ~ at** *or* **for 1000 lire** essere in vendita a 1000 lire; **~ off** *vt* svendere, liquidare; **~ out** *vi*: **to ~ out (of sth)** esaurire (qc); **the tickets are all sold out** i biglietti sono esauriti; **~-by date** *n* data di scadenza; **~er** *n* venditore/trice; **~ing price** *n* prezzo di vendita

Sellotape ® ['sɛləʊteɪp] (*BRIT*) *n* nastro adesivo, scotch ® *m*

selves [sɛlvz] *npl of* **self**

semaphore ['sɛməfɔː'] *n* segnalazioni *fpl* con bandierine; (*RAIL*) semaforo (ferroviario)

semblance ['sɛmbləns] *n* parvenza, apparenza

semen ['siːmən] *n* sperma *m*

semester [sɪ'mɛstə'] (*US*) *n* semestre *m*

semi... ['sɛmɪ] *prefix* semi...; **~circle** *n* semicerchio; **~colon** *n* punto e virgola; **~detached (house)** (*BRIT*) *n* casa gemella; **~final** *n* semifinale *f*

seminar ['sɛmɪnɑː'] *n* seminario

seminary ['sɛmɪnərɪ] *n* (*REL*) seminario

semiskilled ['sɛmɪ'skɪld] *adj* (*worker*) parzialmente qualificato(a); (*work*) che richiede una qualificazione parziale

semi-skimmed ['sɛmɪ'skɪmd] *adj* (*milk*) parzialmente scremato(a)

senate ['sɛnɪt] *n* senato; **senator** *n* senatore/trice

send [sɛnd] (*pt, pp* **sent**) *vt* mandare; **~ away** *vt* (*letter, goods*) spedire; (*person*) mandare via; **~ away for** *vt fus* richiedere per posta, farsi spedire; **~ back** *vt* rimandare; **~ for** *vt fus* mandare a chiamare, far venire; **~ off** *vt* (*goods*) spedire; (*BRIT*: *SPORT*: *player*) espellere; **~ out** *vt* (*invitation*) diramare; **~ up** *vt* (*person, price*) far salire; (*BRIT*: *parody*) mettere in ridicolo; **~er** *n* mittente *m/f*; **~-off** *n*: **to give sb a good ~-off** festeggiare la partenza di qn

senior ['siːnɪə'] *adj* (*older*) più vecchio(a); (*of higher rank*) di grado più elevato; **~ citizen** *n* persona anziana; **~ity** [-'ɔrɪtɪ] *n* anzianità

sensation [sɛn'seɪʃən] *n* sensazione *f*; **~al** *adj* sensazionale; (*marvellous*) eccezionale

sense [sɛns] *n* senso; (*feeling*) sensazione *f*, senso; (*meaning*) senso, significato; (*wisdom*) buonsenso ♦ *vt* sentire, percepire; **it makes ~** ha senso; **~less** *adj* sciocco(a); (*unconscious*) privo(a) di sensi

sensible ['sɛnsɪbl] *adj* sensato(a), ragionevole

sensitive ['sɛnsɪtɪv] *adj* sensibile; (*skin, question*) delicato(a)

sensual ['sɛnsjuəl] *adj* sensuale

sensuous ['sɛnsjuəs] *adj* sensuale

sent [sɛnt] *pt, pp of* **send**

sentence ['sɛntns] *n* (*LING*) frase *f*; (*LAW*: *judgment*) sentenza; (: *punishment*) condanna ♦ *vt*: **to ~ sb to death/to 5 years** condannare qn a morte/a 5 anni

sentiment ['sɛntɪmənt] *n* sentimento; (*opinion*) opinione *f*; **~al** [-'mɛntl] *adj* sentimentale

sentry ['sɛntrɪ] *n* sentinella

separate [*adj* 'sɛprɪt, *vb* 'sɛpəreɪt] *adj* separato(a) ♦ *vt* separare ♦ *vi* separarsi; **~ly** *adv* separatamente; **~s** *npl* (*clothes*) coordinati *mpl*; **separation** [-'reɪʃən] *n* separazione *f*

September [sɛp'tɛmbə'] *n* settembre *m*

septic ['sɛptɪk] *adj* settico(a); (*wound*) infettato(a); **~ tank** *n* fossa settica

sequel ['si:kwl] n conseguenza; (of story) seguito; (of film) sequenza

sequence ['si:kwəns] n (series) serie f; (order) ordine m

sequin ['si:kwɪn] n lustrino, paillette f inv

serene [sə'ri:n] adj sereno(a), calmo(a)

sergeant ['sɑ:dʒənt] n sergente m; (POLICE) brigadiere m

serial ['sɪərɪəl] n (PRESS) romanzo a puntate; (RADIO, TV) trasmissione f a puntate; serial m inv; ~ize vt pubblicare (or trasmettere) a puntate; ~ killer n serial-killer m/f inv; ~ number n numero di serie

series ['sɪəri:z] n inv serie f inv; (PUBLISHING) collana

serious ['sɪərɪəs] adj serio(a), grave; ~ly adv seriamente

sermon ['sə:mən] n sermone m

serrated [sɪ'reɪtɪd] adj seghettato(a)

serum ['sɪərəm] n siero

servant ['sə:vənt] n domestico/a

serve [sə:v] vt (employer etc) servire, essere a servizio di; (purpose) servire a; (customer, food, meal) servire; (apprenticeship) fare; (prison term) scontare ♦ vi (also TENNIS) servire; (be useful): to ~ as/for/to do servire da/per/per fare ♦ n (TENNIS) servizio; it ~s him right ben gli sta, se l'è meritata; ~ out, ~ up vt (food) servire

service ['sə:vɪs] n servizio; (AUT: maintenance) assistenza, revisione f ♦ vt (car, washing machine) revisionare; the S~s le forze armate; to be of ~ to sb essere d'aiuto a qn; ~ included/not included servizio compreso/escluso; ~able adj pratico(a), utile; ~ area n (on motorway) area di servizio; ~ charge n (BRIT) servizio; ~man (irreg) n militare m; ~ station n stazione f di servizio

serviette [sə:vɪ'et] n (BRIT) tovagliolo

session ['seʃən] n (sitting) seduta, sessione f; (SCOL) anno scolastico (or accademico)

set [set] (pt, pp **set**) n serie f inv; (of cutlery etc) servizio; (RADIO, TV) apparecchio; (TENNIS) set m inv; (group of people) mondo, ambiente m; (CINEMA) scenario; (THEATRE: stage) scene fpl; (: scenery) scenario; (MATH) insieme m; (HAIRDRESSING) messa in piega ♦ adj (fixed) stabilito(a), determinato(a); (ready) pronto(a) ♦ vt (place) posare, mettere; (arrange) sistemare; (fix) fissare; (adjust) regolare; (decide: rules etc) stabilire, fissare ♦ vi (sun) tramontare; (jam, jelly) rapprendersi; (concrete) fare presa; to be ~ on doing essere deciso a fare; to ~ to music mettere in musica; to ~ on fire dare fuoco a; to ~ free liberare; to ~ sth going mettere in moto qc; to ~ sail prendere il mare; ~ about vt fus intraprendere, mettersi a; ~ aside vt mettere da parte; ~ back vt (in time): to ~ back (by) mettere indietro (di); (inf: cost): it ~ me back £5 mi è costato la bellezza di 5 sterline; ~ off vi partire ♦ vt (bomb) far scoppiare; (cause to start) mettere in moto; (show up well) dare risalto a; ~ out vi partire ♦ vt (arrange) disporre; (state) esporre, presentare; to ~ out to do proporsi di fare; ~ up vt (organization) fondare, costituire; ~back n (hitch) contrattempo, inconveniente m; ~ menu n menù m inv fisso

settee [se'ti:] n divano, sofà m inv

setting ['setɪŋ] n (background) ambiente m; (of controls) posizione f; (of sun) tramonto; (of jewel) montatura

settle ['setl] vt (argument, matter) appianare; (accounts) regolare; (MED: calm) calmare ♦ vi (bird, dust etc) posarsi; (sediment) depositarsi; (also: ~ down) sistemarsi, stabilirsi; calmarsi; to ~ for sth accontentarsi di qc; to ~ on sth decidersi per qc; ~ in vi sistemarsi; ~ up vi: to ~ up with sb regolare i conti con qn; ~ment n (payment) pagamento, saldo; (agreement) accordo; (colony) colonia; (village etc) villaggio, comunità f inv; ~r n colonizzatore/trice

setup ['setʌp] n (arrangement) sistemazione f; (situation) situazione f

seven ['sevn] num sette; ~teen num diciassette; ~th num settimo(a); ~ty num settanta

sever ['sevə*] vt recidere, tagliare; (relations)

troncare

several ['sevrǝl] adj, pron alcuni(e), diversi(e); ~ **of us** alcuni di noi

severance ['sevǝrǝns] n (of relations) rottura; ~ **pay** n indennità di licenziamento

severe [sɪ'vɪǝ*] adj severo(a); (serious) serio(a), grave; (hard) duro(a); (plain) semplice, sobrio(a); **severity** [sɪ'verɪtɪ] n severità; gravità; (of weather) rigore m

sew [sǝu] (pt **sewed**, pp **sewn**) vt, vi cucire; ~ **up** vt ricucire

sewage ['suːɪdʒ] n acque fpl di scolo

sewer ['suːǝ*] n fogna

sewing ['sǝuɪŋ] n cucitura; cucito; ~ **machine** n macchina da cucire

sewn [sǝun] pp of **sew**

sex [seks] n sesso; **to have ~ with** avere rapporti sessuali con; ~**ist** adj, n sessista m/f

sexual ['seksjuǝl] adj sessuale

sexy ['seksɪ] adj provocante, sexy inv

shabby ['ʃæbɪ] adj malandato(a); (behaviour) vergognoso(a)

shack [ʃæk] n baracca, capanna

shackles ['ʃæklz] npl ferri mpl, catene fpl

shade [ʃeɪd] n ombra; (for lamp) paralume m; (of colour) tonalità f inv; (small quantity): **a ~ (more/too large)** un po' (di più/troppo grande) ♦ vt ombreggiare, fare ombra a; **in the ~** all'ombra

shadow ['ʃædǝu] n ombra ♦ vt (follow) pedinare; ~ **cabinet** (BRIT) n (POL) governo m ombra inv; ~**y** adj ombreggiato(a), ombroso(a); (dim) vago(a), indistinto(a)

shady ['ʃeɪdɪ] adj ombroso(a); (fig: dishonest) losco(a), equivoco(a)

shaft [ʃɑːft] n (of arrow, spear) asta; (AUT, TECH) albero; (of mine) pozzo; (of lift) tromba; (of light) raggio

shaggy ['ʃægɪ] adj ispido(a)

shake [ʃeɪk] (pt **shook**, pp **shaken**) vt scuotere; (bottle, cocktail) agitare ♦ vi tremare; **to ~ one's head** (in refusal, dismay) scuotere la testa; **to ~ hands with sb** stringere or dare la mano a qn; ~ **off** vt scrollare (via); (fig) sbarazzarsi di; ~ **up** vt

scuotere; ~**n** pp of **shake**; **shaky** adj (hand, voice) tremante; (building) traballante

shall [ʃæl] aux vb: **I ~ go** andrò; ~ **I open the door?** apro io la porta?; **I'll get some, ~ I?** ne prendo un po', va bene?

shallow ['ʃælǝu] adj poco profondo(a); (fig) superficiale

sham [ʃæm] n finzione f, messinscena; (jewellery, furniture) imitazione f

shambles ['ʃæmblz] n confusione f, baraonda, scompiglio

shame [ʃeɪm] n vergogna ♦ vt far vergognare; **it is a ~ (that/to do)** è un peccato (che +sub/fare); **what a ~!** che peccato!; ~**ful** adj vergognoso(a); ~**less** adj sfrontato(a); (immodest) spudorato(a)

shampoo [ʃæm'puː] n shampoo m inv ♦ vt fare lo shampoo a; ~ **and set** n shampoo e messa in piega

shamrock ['ʃæmrɔk] n trifoglio (simbolo nazionale dell'Irlanda)

shandy ['ʃændɪ] n birra con gassosa

shan't [ʃɑːnt] = **shall not**

shanty town ['ʃæntɪ-] n bidonville f inv

shape [ʃeɪp] n forma ♦ vt formare; (statement) formulare; (sb's ideas) condizionare; **to take ~** prendere forma; ~ **up** vi (events) andare, mettersi; (person) cavarsela; -**shaped** suffix: **heart-shaped** a forma di cuore; ~**less** adj senza forma, informe; ~**ly** adj ben proporzionato(a)

share [ʃeǝ*] n (thing received, contribution) parte f; (COMM) azione f ♦ vt dividere; (have in common) condividere, avere in comune; ~ **out** vi dividere; ~**holder** n azionista m/f

shark [ʃɑːk] n squalo, pescecane m

sharp [ʃɑːp] adj (razor, knife) affilato(a); (point) acuto(a), acuminato(a); (nose, chin) aguzzo(a); (outline, contrast) netto(a); (cold, pain) pungente; (voice) stridulo(a); (person: quick-witted) sveglio(a); (: unscrupulous) disonesto(a); (MUS): **C** ~ do diesis ♦ n (MUS) diesis m inv ♦ adv: **at 2 o'clock ~** alle due in punto; ~**en** vt affilare; (pencil) fare la punta a; (fig) acuire; ~**ener** n (also: **pencil**

~ener) temperamatite *m inv*; **~-eyed** *adj* dalla vista acuta; **~ly** *adv* (*turn, stop*) bruscamente; (*stand out, contrast*) nettamente; (*criticize, retort*) duramente, aspramente

shatter ['ʃætə*] *vt* mandare in frantumi, frantumare; (*fig: upset*) distruggere; (: *ruin*) rovinare ♦ *vi* frantumarsi, andare in pezzi

shave [ʃeɪv] *vt* radere, rasare ♦ *vi* radersi, farsi la barba ♦ *n*: **to have a ~** farsi la barba; **~r** *n* (*also*: **electric ~r**) rasoio elettrico

shaving ['ʃeɪvɪŋ] *n* (*action*) rasatura; **~s** *npl* (*of wood etc*) trucioli *mpl*; **~ brush** *n* pennello da barba; **~ cream** *n* crema da barba; **~ foam** *n* = **~ cream**

shawl [ʃɔ:l] *n* scialle *m*

she [ʃi:] *pron* ella, lei; **~-cat** gatta; **~-elephant** elefantessa

sheaf [ʃi:f] (*pl* **sheaves**) *n* covone *m*; (*of papers*) fascio

shear [ʃɪə*] (*pt* **~ed**, *pp* **~ed** *or* **shorn**) *vt* (*sheep*) tosare; **~s** *npl* (*for hedge*) cesoie *fpl*

sheath [ʃi:θ] *n* fodero, guaina; (*contraceptive*) preservativo

sheaves [ʃi:vz] *npl of* **sheaf**

shed [ʃed] (*pt, pp* **shed**) *n* capannone *m* ♦ *vt* (*leaves, fur etc*) perdere; (*tears, blood*) versare; (*workers*) liberarsi di

she'd [ʃi:d] = **she had**; **she would**

sheen [ʃi:n] *n* lucentezza

sheep [ʃi:p] *n inv* pecora; **~dog** *n* cane *m* da pastore; **~skin** *n* pelle *f* di pecora

sheer [ʃɪə*] *adj* (*utter*) vero(a) (e proprio(a)); (*steep*) a picco, perpendicolare; (*almost transparent*) sottile ♦ *adv* a picco

sheet [ʃi:t] *n* (*on bed*) lenzuolo; (*of paper*) foglio; (*of glass, ice*) lastra; (*of metal*) foglio, lamina; **~ lightning** *n* lampo diffuso

sheik(h) [ʃeɪk] *n* sceicco

shelf [ʃelf] (*pl* **shelves**) *n* scaffale *m*, mensola

shell [ʃel] *n* (*on beach*) conchiglia; (*of egg, nut etc*) guscio; (*explosive*) granata; (*of building*) scheletro ♦ *vt* (*peas*) sgranare; (*MIL*) bombardare; **~ suit** *n* (*lightweight*) tuta di acetato; (*heavier*) tuta di trilobato

she'll [ʃi:l] = **she will**; **she shall**

shellfish ['ʃelfɪʃ] *n inv* (*crab etc*) crostaceo; (*scallop etc*) mollusco; (*pl: as food*) crostacei; molluschi

shelter ['ʃeltə*] *n* riparo, rifugio ♦ *vt* riparare, proteggere; (*give lodging to*) dare rifugio *or* asilo a ♦ *vi* ripararsi, mettersi al riparo; **~ed** *adj* riparato(a); **~ed housing** (*BRIT*) *n* alloggi dotati di strutture per anziani o handicappati

shelve [ʃelv] *vt* (*fig*) accantonare, rimandare; **~s** *npl of* **shelf**

shepherd ['ʃepəd] *n* pastore *m* ♦ *vt* (*guide*) guidare; **~'s pie** (*BRIT*) *n* timballo di carne macinata e purè di patate

sheriff ['ʃerɪf] (*US*) *n* sceriffo

sherry ['ʃerɪ] *n* sherry *m inv*

she's [ʃi:z] = **she is**; **she has**

Shetland ['ʃetlənd] *n* (*also*: **the ~s, the ~ Isles**) le isole Shetland, le Shetland

shield [ʃi:ld] *n* scudo; (*trophy*) scudetto; (*protection*) schermo ♦ *vt*: **to ~ (from)** riparare (da), proteggere (da *or* contro)

shift [ʃɪft] *n* (*change*) cambiamento; (*of workers*) turno ♦ *vt* spostare, muovere; (*remove*) rimuovere ♦ *vi* spostarsi, muoversi; **~ work** *n* lavoro a squadre; **~y** *adj* ambiguo(a); (*eyes*) sfuggente

shilling ['ʃɪlɪŋ] (*BRIT*) *n* scellino (= *12 old pence; 20 in a pound*)

shimmer ['ʃɪmə*] *vi* brillare, luccicare

shin [ʃɪn] *n* tibia

shine [ʃaɪn] (*pt, pp* **shone**) *n* splendore *m*, lucentezza ♦ *vi* (ri)splendere, brillare ♦ *vt* far brillare, far risplendere; (*torch*): **to ~ sth on** puntare qc verso

shingle ['ʃɪŋgl] *n* (*on beach*) ciottoli *mpl*; **~s** *n* (*MED*) herpes zoster *m*

shiny ['ʃaɪnɪ] *adj* lucente, lucido(a)

ship [ʃɪp] *n* nave *f* ♦ *vt* trasportare (via mare); (*send*) spedire (via mare); **~building** *n* costruzione *f* navale; **~ment** *n* carico; (*ships*) naviglio; (*traffic*) navigazione *f*; **~shape** *adj* in perfetto ordine; **~wreck** *n* relitto; (*event*) naufragio ♦ *vt*: **to be ~wrecked** naufragare, fare naufragio; **~yard** *n* cantiere *m* navale

shire ['ʃaɪə*] (*BRIT*) n contea

shirt [ʃəːt] n camicia; **in ~ sleeves** in maniche di camicia

shit [ʃɪt] (*inf!*) excl merda (!)

shiver ['ʃɪvə*] n brivido ♦ vi rabbrividire, tremare

shoal [ʃəul] n (*of fish*) banco; (*fig*) massa

shock [ʃɔk] n (*impact*) urto, colpo; (*ELEC*) scossa; (*emotional*) colpo, shock m inv; (*MED*) shock ♦ vt colpire, scioccare; scandalizzare; ~ **absorber** n ammortizzatore m; ~**ing** adj scioccante, traumatizzante; scandaloso(a)

shoddy ['ʃɔdɪ] adj scadente

shoe [ʃuː] (*pt, pp* **shod**) n scarpa; (*also*: **horse~**) ferro di cavallo ♦ vt (*horse*) ferrare; ~**brush** n spazzola per scarpe; ~**lace** n stringa; ~ **polish** n lucido per scarpe; ~**shop** n calzoleria; ~**string** n (*fig*): **on a ~string** con quattro soldi

shone [ʃɔn] pt, pp of **shine**

shook [ʃuk] pt of **shake**

shoot [ʃuːt] (*pt, pp* **shot**) n (*on branch, seedling*) germoglio ♦ vt (*game*) cacciare, andare a caccia di; (*person*) sparare a; (*execute*) fucilare; (*film*) girare ♦ vi (*with gun*): **to ~ (at)** sparare (a), fare fuoco (su); (*with bow*): **to ~ (at)** tirare (su); (*FOOTBALL*) sparare, tirare (forte); ~ **down** vt (*plane*) abbattere; ~ **in/out** vi entrare/uscire come una freccia; ~ **up** vi (*fig*) salire alle stelle; ~**ing** n (*shots*) sparatoria; (*HUNTING*) caccia; ~**ing star** n stella cadente

shop [ʃɔp] n negozio; (*workshop*) officina ♦ vi (*also*: **go ~ping**) fare spese; ~ **assistant** (*BRIT*) n commesso/a; ~ **floor** n officina; (*BRIT: fig*) operai mpl, maestranze fpl; ~**keeper** n negoziante m/f, bottegaio/a; ~**lifting** n taccheggio; ~**per** n compratore/trice; ~**ping** n (*goods*) spesa, acquisti mpl; ~**ping bag** n borsa per la spesa; ~**ping centre** (*US* ~**ping center**) n centro commerciale; ~-**soiled** adj sciupato(a) a forza di stare in vetrina; ~ **steward** (*BRIT*) n (*INDUSTRY*) rappresentante m sindacale; ~ **window** n vetrina

shore [ʃɔː*] n (*of sea*) riva, spiaggia; (*of lake*) riva ♦ vt: **to ~ (up)** puntellare; **on ~** a riva

shorn [ʃɔːn] pp of **shear**

short [ʃɔːt] adj (*not long*) corto(a); (*soon finished*) breve; (*person*) basso(a); (*curt*) brusco(a), secco(a); (*insufficient*) insufficiente ♦ n (*also*: ~ **film**) cortometraggio; (**a pair of**) ~**s** (i) calzoncini; **to be ~ of sth** essere a corto di *or* mancare di qc; **in ~** in breve; ~ **of doing** a meno che non si faccia; **everything ~ of** tutto fuorché; **it is ~ for** è l'abbreviazione *or* il diminutivo di; **to cut ~** (*speech, visit*) accorciare, abbreviare; **to fall ~ of** venir meno a; non soddisfare; **to run ~ of** rimanere senza; **to stop ~** fermarsi di colpo; **to stop ~ of** non arrivare fino a; ~**age** n scarsezza, carenza; ~**bread** n biscotto di pasta frolla; ~-**change** vt: **to ~-change sb** imbrogliare qn sul resto; ~-**circuit** n cortocircuito; ~-**coming** n difetto; ~(**crust**) **pastry** (*BRIT*) n pasta frolla; ~**cut** n scorciatoia; ~**en** vt accorciare, ridurre; ~**fall** n deficit m; ~**hand** (*BRIT*) n stenografia; ~**hand typist** (*BRIT*) n stenodattilografo/a; ~ **list** (*BRIT*) n (*for job*) rosa dei candidati; ~-**lived** adj di breve durata; ~**ly** adv fra breve; ~-**sighted** (*BRIT*) adj miope; ~-**staffed** adj a corto di personale; ~-**stay** adj (*car park*) a tempo limitato; ~ **story** n racconto, novella; ~-**tempered** adj irascibile; ~-**term** adj (*effect*) di *or* a breve durata; (*borrowing*) a breve scadenza; ~ **wave** n (*RADIO*) onde fpl corte

shot [ʃɔt] pt, pp of **shoot** ♦ n sparo, colpo; (*try*) prova; (*FOOTBALL*) tiro; (*injection*) iniezione f; (*PHOT*) foto f inv; **like a ~** come un razzo; (*very readily*) immediatamente; ~**gun** n fucile m da caccia

should [ʃud] aux vb: **I ~ go now** dovrei andare ora; **he ~ be there now** dovrebbe essere arrivato ora; **I ~ go if I were you** se fossi in te andrei; **I ~ like to** mi piacerebbe

shoulder ['ʃəuldə*] n spalla; (*BRIT: of road*): **hard ~** banchina ♦ vt (*fig*) addossarsi, prendere sulle proprie spalle; ~ **bag** n

borsa a tracolla; ~ **blade** n scapola
shouldn't ['ʃʊdnt] = **should not**
shout [ʃaʊt] n urlo, grido ♦ vt gridare ♦ vi
(also: ~ **out**) urlare, gridare; ~ **down** vt
zittire gridando; ~**ing** n urli mpl
shove [ʃʌv] vt spingere; (inf: put): **to ~ sth
in** ficcare qc in; ~ **off** (inf) vi sloggiare,
smammare
shovel ['ʃʌvl] n pala ♦ vt spalare
show [ʃəʊ] (pt ~**ed**, pp **shown**) n (of
emotion) dimostrazione f, manifestazione f;
(semblance) apparenza; (exhibition) mostra,
esposizione f; (THEATRE, CINEMA) spettacolo
♦ vt far vedere, mostrare; (courage etc)
dimostrare, dar prova di; (exhibit) esporre
♦ vi vedersi, essere visibile; **for ~** per fare
scena; **on ~** (exhibits etc) esposto(a); ~ **in**
vt (person) far entrare; ~ **off** vi (pej)
esibirsi, mettersi in mostra ♦ vt (display)
mettere in risalto; (pej) mettere in mostra;
~ **out** vt (person) accompagnare alla porta;
~ **up** vi (stand out) essere ben visibile; (inf:
turn up) farsi vedere ♦ vt mettere in risalto;
~ **business** n industria dello spettacolo;
~**down** n prova di forza
shower ['ʃaʊə*] n (rain) acquazzone m; (of
stones etc) pioggia, (also: ~**bath**) doccia
♦ vi fare la doccia ♦ vt: **to ~ sb with** (gifts,
abuse etc) coprire qn di; (missiles) lanciare
contro qn una pioggia di; **to have a ~** fare
la doccia; ~**proof** adj impermeabile
showing ['ʃəʊɪŋ] n (of film) proiezione f
show jumping n concorso ippico (di salto
ad ostacoli)
shown [ʃəʊn] pp of **show**
show-off (inf) n (person) esibizionista m/f
showpiece ['ʃəʊpiːs] n pezzo forte
showroom ['ʃəʊrʊm] n sala d'esposizione
shrank [ʃræŋk] pt of **shrink**
shrapnel ['ʃræpnl] n shrapnel m
shred [ʃred] n (gen pl) brandello ♦ vt fare a
brandelli; (CULIN) sminuzzare, tagliuzzare;
~**der** n (vegetable ~der) grattugia;
(document ~der) distruttore m di
documenti
shrewd [ʃruːd] adj astuto(a), scaltro(a)
shriek [ʃriːk] n strillo ♦ vi strillare

shrill [ʃrɪl] adj acuto(a), stridulo(a), stridente
shrimp [ʃrɪmp] n gamberetto
shrine [ʃraɪn] n reliquario; (place) santuario
shrink [ʃrɪŋk] (pt **shrank**, pp **shrunk**) vi
restringersi; (fig) ridursi; (also: ~ **away**)
ritrarsi ♦ vt (wool) far restringere ♦ n (inf:
pej) psicanalista m/f; **to ~ from doing sth**
rifuggire dal fare qc; ~**wrap** vt
confezionare con pellicola di plastica
shrivel ['ʃrɪvl] (also: ~ **up**) vt raggrinzare,
avvizzire ♦ vi raggrinzirsi, avvizzire
shroud [ʃraʊd] n lenzuolo funebre ♦ vt: ~**ed
in mystery** avvolto(a) nel mistero
Shrove Tuesday ['ʃrəʊv-] n martedì m
grasso
shrub [ʃrʌb] n arbusto; ~**bery** n arbusti mpl
shrug [ʃrʌg] n scrollata di spalle ♦ vt, vi: **to
~ (one's shoulders)** alzare le spalle, fare
spallucce; ~ **off** vt passare sopra a
shrunk [ʃrʌŋk] pp of **shrink**
shudder ['ʃʌdə*] n brivido ♦ vi rabbrividire
shuffle ['ʃʌfl] vt (cards) mescolare; **to ~
(one's feet)** strascicare i piedi
shun [ʃʌn] vt sfuggire, evitare
shunt [ʃʌnt] vt (RAIL: direct) smistare;
(: divert) deviare; (object) spostare
shut [ʃʌt] (pt, pp **shut**) vt chiudere ♦ vi
chiudersi, chiudere; ~ **down** vt, vi
chiudere definitivamente; ~ **off** vt fermare,
bloccare; ~ **up** vi (inf: keep quiet) stare
zitto(a), fare silenzio ♦ vt (close) chiudere;
(silence) far tacere; ~**ter** n imposta; (PHOT)
otturatore m
shuttle ['ʃʌtl] n spola, navetta; (space ~)
navetta (spaziale); (also: ~ **service**) servizio
m navetta inv
shuttlecock ['ʃʌtlkɔk] n volano
shuttle diplomacy n la gestione dei
rapporti diplomatici caratterizzata da
frequenti viaggi e incontri dei
rappresentanti del governo
shy [ʃaɪ] adj timido(a)
Sicily ['sɪsɪlɪ] n Sicilia
sick [sɪk] adj (ill) malato(a); (vomiting): **to be
~** vomitare; (humour) macabro(a); **to feel ~**
avere la nausea; **to be ~ of** (fig) averne
abbastanza di; ~ **bay** n infermeria; ~**en** vt

nauseare ♦ vi: **to be ~ening for sth** (cold etc) covare qc

sickle ['sɪkl] n falcetto

sick: **~ leave** n congedo per malattia; **~ly** adj malaticcio(a); (causing nausea) nauseante; **~ness** n malattia; (vomiting) vomito; **~ pay** n sussidio per malattia

side [saɪd] n lato; (of lake) riva; (team) squadra ♦ cpd (door, entrance) laterale ♦ vi: **to ~ with sb** parteggiare per qn, prendere le parti di qn; **by the ~ of** a fianco di; (road) sul ciglio di; **~ by ~** fianco a fianco; **from ~ to ~** da una parte all'altra; **to take ~s (with)** schierarsi (con); **~board** n credenza; **~burns** (BRIT **~boards**) npl (whiskers) basette fpl; **~ effect** n (MED) effetto collaterale; **~light** n (AUT) luce f di posizione; **~line** n (SPORT) linea laterale; (fig) attività secondaria; **~long** adj obliquo(a); **~ order** n contorno (pietanza); **~ show** n attrazione f; **~step** vt (question) eludere; (problem) scavalcare; **~ street** n traversa; **~track** vt (fig) distrarre; **~walk** (US) n marciapiede m; **~ways** adv (move) di lato, di fianco

siding ['saɪdɪŋ] n (RAIL) binario di raccordo

siege [siːdʒ] n assedio

sieve [sɪv] n setaccio ♦ vt setacciare

sift [sɪft] vt passare al crivello; (fig) vagliare

sigh [saɪ] n sospiro ♦ vi sospirare

sight [saɪt] n (faculty) vista; (spectacle) spettacolo; (on gun) mira ♦ vt avvistare; **in ~** in vista; **on ~** a vista; **out of ~** non visibile; **~seeing** n giro turistico; **to go ~seeing** visitare una località

sign [saɪn] n segno; (with hand etc) segno, gesto; (notice) insegna, cartello ♦ vt firmare; (player) ingaggiare; **~ on** vi (MIL) arruolarsi; (as unemployed) iscriversi sulla lista (dell'ufficio di collocamento) ♦ vt (MIL) arruolare; (employee) assumere; **~ over** vt: **to ~ sth over to sb** cedere qc con scrittura legale a qn; **~ up** vi (MIL) arruolarsi; (for course) iscriversi ♦ vt (player) ingaggiare; (recruits) reclutare

signal ['sɪgnl] n segnale m ♦ vi (AUT) segnalare, mettere la freccia ♦ vt (person)

fare segno a; (message) comunicare per mezzo di segnali; **~man** (irreg) n (RAIL) deviatore m

signature ['sɪgnətʃə*] n firma; **~ tune** n sigla musicale

signet ring ['sɪgnət-] n anello con sigillo

significance [sɪg'nɪfɪkəns] n significato; importanza

significant [sɪg'nɪfɪkənt] adj significativo(a)

sign language n linguaggio dei muti

signpost ['saɪnpəust] n cartello indicatore

silence ['saɪlns] n silenzio ♦ vt far tacere, ridurre al silenzio; **~r** n (on gun, BRIT: AUT) silenziatore m

silent ['saɪlnt] adj silenzioso(a); (film) muto(a); **to remain ~** tacere, stare zitto; **~ partner** n (COMM) socio inattivo

silhouette [sɪluː'ɛt] n silhouette f inv

silicon chip ['sɪlɪkən-] n piastrina di silicio

silk [sɪlk] n seta ♦ adj di seta; **~y** adj di seta

silly ['sɪlɪ] adj stupido(a), sciocco(a)

silt [sɪlt] n limo

silver ['sɪlvə*] n argento; (money) monete da 5, 10 or 50 pence; (also: **~ware**) argenteria ♦ adj d'argento; **~ paper** (BRIT) n carta argentata, (carta) stagnola; **~-plated** adj argentato(a); **~smith** n argentiere m; **~y** adj (colour) argenteo(a); (sound) argentino(a)

similar ['sɪmɪlə*] adj: **~ (to)** simile (a); **~ly** adv allo stesso modo; così pure

simmer ['sɪmə*] vi cuocere a fuoco lento

simple ['sɪmpl] adj semplice; **simplicity** [-'plɪsɪtɪ] n semplicità; **simply** adv semplicemente

simultaneous [sɪmǝl'teɪnɪǝs] adj simultaneo(a)

sin [sɪn] n peccato ♦ vi peccare

since [sɪns] adv da allora ♦ prep da ♦ conj (time) da quando; (because) poiché, dato che; **~ then, ever ~** da allora

sincere [sɪn'sɪǝ*] adj sincero(a); **~ly** adv: **yours ~ly** (in letters) distinti saluti; **sincerity** [-'sɛrɪtɪ] n sincerità

sinew ['sɪnjuː] n tendine m

sing [sɪŋ] (pt **sang**, pp **sung**) vt, vi cantare

singe [sɪndʒ] vt bruciacchiare

singer ['sɪŋə*] *n* cantante *m/f*

singing ['sɪŋɪŋ] *n* canto

single ['sɪŋgl] *adj* solo(a), unico(a); (*unmarried: man*) celibe; (: *woman*) nubile; (*not double*) semplice ♦ *n* (BRIT: *also:* ~ **ticket**) biglietto di (sola) andata; (*record*) 45 giri *m*; **~s** *n* (TENNIS) singolo; ~ **out** *vt* scegliere; (*distinguish*) distinguere; ~ **bed** *n* letto singolo; **~-breasted** *adj* a un petto; ~ **file** *n*: **in** ~ **file** in fila indiana; **~-handed** *adv* senza aiuto, da solo(a); **~-minded** *adj* tenace, risoluto(a); ~ **parent** *n* (*mother*) ragazza *f* madre *inv*; (*father*) ragazzo *m* padre *inv*; ~ **room** *n* camera singola; **~-track road** *n* strada a una carreggiata

singly ['sɪŋglɪ] *adv* separatamente

singular ['sɪŋgjulə*] *adj* (*exceptional*, LING) singolare ♦ *n* (LING) singolare *m*

sinister ['sɪnɪstə*] *adj* sinistro(a)

sink [sɪŋk] (*pt* **sank**, *pp* **sunk**) *n* lavandino, acquaio ♦ *vt* (*ship*) (fare) affondare, colare a picco; (*foundations*) scavare; (*piles etc*): **to ~ sth into** conficcare qc in ♦ *vi* affondare, andare a fondo; (*ground etc*) cedere, avvallarsi; **my heart sank** mi sentii venir meno; ~ **in** *vi* penetrare

sinner ['sɪnə*] *n* peccatore/trice

sinus ['saɪnəs] *n* (ANAT) seno

sip [sɪp] *n* sorso ♦ *vt* sorseggiare

siphon ['saɪfən] *n* sifone *m*; ~ **off** *vt* travasare (con un sifone)

sir [sə*] *n* signore *m*; **S~ John Smith** Sir John Smith; **yes ~** sì, signore

sirloin ['sə:lɔɪn] *n* controfiletto

sissy ['sɪsɪ] (*inf*) *n* femminuccia

sister ['sɪstə*] *n* sorella; (*nun*) suora; (BRIT: *nurse*) infermiera *f* caposala *inv*; **~-in-law** *n* cognata

sit [sɪt] (*pt, pp* **sat**) *vi* sedere, sedersi; (*assembly*) essere in seduta; (*for painter*) posare ♦ *vt* (*exam*) sostenere, dare; ~ **down** *vi* sedersi; ~ **in on** *vt fus* assistere a; ~ **up** *vi* tirarsi su a sedere; (*not go to bed*) stare alzato(a) fino a tardi

sitcom ['sɪtkɔm] *n abbr* (= *situation comedy*) commedia di situazione

site [saɪt] *n* posto; (*also:* **building ~**) cantiere *m* ♦ *vt* situare

sit-in *n* (*demonstration*) sit-in *m inv*

sitting ['sɪtɪŋ] *n* (*of assembly etc*) seduta; (*in canteen*) turno; ~ **room** *n* soggiorno

situated ['sɪtjueɪtɪd] *adj* situato(a)

situation [sɪtju'eɪʃən] *n* situazione *f*; (*job*) lavoro; (*location*) posizione *f*; **"~s vacant"** (BRIT) "offerte *fpl* di impiego"

six [sɪks] *num* sei; **~teen** *num* sedici; **~th** *num* sesto(a); **~ty** *num* sessanta

size [saɪz] *n* dimensioni *fpl*; (*of clothing*) taglia, misura; (*of shoes*) numero; (*glue*) colla; ~ **up** *vt* giudicare, farsi un'idea di; **~able** *adj* considerevole

sizzle ['sɪzl] *vi* sfrigolare

skate [skeɪt] *n* pattino; (*fish: pl inv*) razza ♦ *vi* pattinare; **~board** *n* skateboard *m inv*; **~r** *n* pattinatore/trice; **skating** *n* pattinaggio; **skating rink** *n* pista di pattinaggio

skeleton ['skelɪtn] *n* scheletro; ~ **staff** *n* personale *m* ridotto

skeptical ['skeptɪkl] (US) *adj* = **sceptical**

sketch [sketʃ] *n* (*drawing*) schizzo, abbozzo; (THEATRE) scenetta comica, sketch *m inv* ♦ *vt* abbozzare, schizzare; ~ **book** *n* album *m inv* per schizzi; **~y** *adj* incompleto(a), lacunoso(a)

skewer ['skjuːə*] *n* spiedo

ski [skiː] *n* sci *m inv* ♦ *vi* sciare; ~ **boot** *n* scarpone *m* da sci; ~ **pass** *n* ski pass *m inv*

skid [skɪd] *n* slittamento ♦ *vi* slittare

skier ['skiːə*] *n* sciatore/trice

skiing ['skiːɪŋ] *n* sci *m*

ski jump *n* (*ramp*) trampolino; (*event*) salto con gli sci

skilful ['skɪlful] (US **skillful**) *adj* abile

ski lift ['skiːlɪft] *n* sciovia

skill [skɪl] *n* abilità *f inv*, capacità *f inv*; **~ed** *adj* esperto(a); (*worker*) qualificato(a), specializzato(a); **~ful** (US) *adj* = **skilful**

skim [skɪm] *vt* (*milk*) scremare; (*glide over*) sfiorare ♦ *vi*: **to ~ through** (*fig*) scorrere, dare una scorsa a; **~med milk** *n* latte *m* scremato

skimp [skɪmp] vt (work: also: **~ on**) fare alla carlona; (cloth etc) lesinare; **~y** adj misero(a); striminzito(a); frugale

skin [skɪn] n pelle f ♦ vt (fruit etc) sbucciare; (animal) scuoiare, spellare; **~ cancer** n cancro alla pelle; **~-deep** adj superficiale; **~ diving** n nuoto subacqueo; **~ny** adj molto magro(a), pelle e ossa inv; **~tight** adj (dress etc) aderente

skip [skɪp] n saltello, balzo; (BRIT: container) benna ♦ vi saltare; (with rope) saltare la corda ♦ vt saltare

ski pole n racchetta (da sci)

skipper ['skɪpə*] n (NAUT, SPORT) capitano

skipping rope ['skɪpɪŋ-] (BRIT) n corda per saltare

skirmish ['skə:mɪʃ] n scaramuccia

skirt [skə:t] n gonna, sottana ♦ vt fiancheggiare, costeggiare; **~ing board** (BRIT) n zoccolo

ski slope n pista da sci

ski suit n tuta da sci

skit [skɪt] n parodia; scenetta satirica

ski tow n sciovia, ski-lift m inv

skittle ['skɪtl] n birillo; **~s** n (game) (gioco dei) birilli mpl

skive [skaɪv] (BRIT: inf) vi fare il lavativo

skull [skʌl] n cranio, teschio

skunk [skʌŋk] n moffetta

sky [skaɪ] n cielo; **~light** n lucernario; **~scraper** n grattacielo

slab [slæb] n lastra; (of cake, cheese) fetta

slack [slæk] adj (loose) allentato(a); (slow) lento(a); (careless) negligente; **~en** (also: **~en off**) vi rallentare, diminuire ♦ vt allentare; (speed) diminuire; **~s** npl (trousers) pantaloni mpl

slag heap [slæg-] n ammasso di scorie

slag off [slæg-] (BRIT: inf) vt sparlare di

slam [slæm] vt (door) sbattere; (throw) scaraventare; (criticize) stroncare ♦ vi sbattere

slander ['slɑ:ndə*] n calunnia; diffamazione f

slang [slæŋ] n gergo, slang m

slant [slɑ:nt] n pendenza, inclinazione f; (fig) angolazione f, punto di vista; **~ed** adj

in pendenza, inclinato(a); (eyes) obliquo(a); **~ing** adj = **~ed**

slap [slæp] n manata, pacca; (on face) schiaffo ♦ vt dare una manata a; schiaffeggiare ♦ adv (directly) in pieno; **~ a coat of paint on it** dagli una mano di vernice; **~dash** adj negligente; (work) raffazzonato(a); **~stick** n (comedy) farsa grossolana; **~-up** (BRIT) adj: **a ~-up meal** un pranzo (or una cena) coi fiocchi

slash [slæʃ] vt tagliare; (face) sfregiare; (fig: prices) ridurre drasticamente, tagliare

slat [slæt] n (of wood) stecca; (of plastic) lamina

slate [sleɪt] n ardesia; (piece) lastra di ardesia ♦ vt (fig: criticize) stroncare, distruggere

slaughter ['slɔ:tə*] n strage f, massacro ♦ vt (animal) macellare; (people) trucidare, massacrare

slave [sleɪv] n schiavo/a ♦ vi (also: **~ away**) lavorare come uno schiavo; **~ry** n schiavitù f; **slavish** adj servile; (copy) pedissequo(a)

slay [sleɪ] (pt **slew**, pp **slain**) vt (formal) uccidere

sleazy ['sli:zɪ] adj trasandato(a)

sledge [sledʒ] n slitta; **~hammer** n mazza, martello da fabbro

sleek [sli:k] adj (hair, fur) lucido(a), lucente; (car, boat) slanciato(a), affusolato(a)

sleep [sli:p] (pt, pp **slept**) n sonno ♦ vi dormire; **to go to ~** addormentarsi; **~ around** vi andare a letto con tutti; **~ in** vi (oversleep) dormire fino a tardi; **~er** (BRIT) n (RAIL: on track) traversina; (: train) treno di vagoni letto; **~ing bag** n sacco a pelo; **~ing car** n vagone m letto inv, carrozza f letto inv; **~ing partner** (BRIT) n (COMM) socio inattivo; **~ing pill** n sonnifero; **~less** adj: **a ~less night** una notte in bianco; **~walker** n sonnambulo/a; **~y** adj assonnato(a), sonnolento(a); (fig) addormentato(a)

sleet [sli:t] n nevischio

sleeve [sli:v] n manica; (of record) copertina

sleigh [sleɪ] n slitta

sleight [slaɪt] n: **~ of hand** gioco di destrezza

slender ['slɛndə*] *adj* snello(a), sottile; (*not enough*) scarso(a), esiguo(a)

slept [slɛpt] *pt, pp of* **sleep**

slew [slu:] *pt of* **slay** ♦ *vi* (*BRIT*) girare

slice [slaɪs] *n* fetta ♦ *vt* affettare, tagliare a fette

slick [slɪk] *adj* (*skilful*) brillante; (*clever*) furbo(a) ♦ *n* (*also*: **oil ~**) chiazza di petrolio

slide [slaɪd] (*pt, pp* **slid**) *n* scivolone *m*; (*in playground*) scivolo; (*PHOT*) diapositiva; (*BRIT*: *also*: **hair ~**) fermaglio (per capelli) ♦ *vt* far scivolare ♦ *vi* scivolare; **~ rule** *n* regolo calcolatore; **sliding** *adj* (*door*) scorrevole; **sliding scale** *n* scala mobile

slight [slaɪt] *adj* (*slim*) snello(a), sottile; (*frail*) delicato(a), fragile; (*trivial*) insignificante; (*small*) piccolo(a) ♦ *n* offesa, affronto; **not in the ~est** affatto, neppure per sogno; **~ly** *adv* lievemente, un po'

slim [slɪm] *adj* magro(a), snello(a) ♦ *vi* dimagrire; fare (*or* seguire) una dieta dimagrante

slime [slaɪm] *n* limo, melma; viscidume *m*

slimming ['slɪmɪŋ] *adj* (*diet*) dimagrante; (*food*) ipocalorico(a)

sling [slɪŋ] (*pt, pp* **slung**) *n* (*MED*) fascia al collo; (*for baby*) marsupio ♦ *vt* lanciare, tirare

slip [slɪp] *n* scivolata, scivolone *m*; (*mistake*) errore *m*, sbaglio; (*underskirt*) sottoveste *f*; (*of paper*) striscia di carta; tagliando, scontrino ♦ *vt* (*slide*) far scivolare ♦ *vi* (*slide*) scivolare; (*move smoothly*): **to ~ into/out of** scivolare in/fuori da; (*decline*) declinare; **to ~ sth on/off** infilarsi/togliersi qc; **to give sb the ~** sfuggire qn; **a ~ of the tongue** un lapsus linguae; **~ away** *vi* svignarsela; **~ in** *vt* infilare ♦ *vi* (*error*) scivolare; **~ out** *vi* scivolare fuori; **~ up** *vi* sbagliarsi; **~ped disc** *n* spostamento delle vertebre

slipper ['slɪpə*] *n* pantofola

slippery ['slɪpərɪ] *adj* scivoloso(a)

slip road (*BRIT*) *n* (*to motorway*) rampa di accesso

slip up *n* granchio (*fig*)

slipway ['slɪpweɪ] *n* scalo di costruzione

slit [slɪt] (*pt, pp* **slit**) *n* fessura, fenditura; (*cut*) taglio ♦ *vt* fendere; tagliare

slither ['slɪðə*] *vi* scivolare, sdrucciolare

sliver ['slɪvə*] *n* (*of glass, wood*) scheggia; (*of cheese etc*) fettina

slob [slɒb] (*inf*) *n* sciattone/a

slog [slɒg] (*BRIT*) *n* faticata ♦ *vi* lavorare con accanimento, sgobbare

slogan ['sləugən] *n* motto, slogan *m inv*

slope [sləup] *n* pendio; (*side of mountain*) versante *m*; (*ski ~*) pista; (*of roof*) pendenza; (*of floor*) inclinazione *f* ♦ *vi*: **to ~ down** declinare; **to ~ up** essere in salita; **sloping** *adj* inclinato(a)

sloppy ['slɒpɪ] *adj* (*work*) tirato(a) via; (*appearance*) sciatto(a)

slot [slɒt] *n* fessura ♦ *vt*: **to ~ sth into** infilare qc in

sloth [sləuθ] *n* (*laziness*) pigrizia, accidia

slot machine *n* (*BRIT*: *vending machine*) distributore *m* automatico; (*for gambling*) slot-machine *f inv*

slouch [slautʃ] *vi* (*when walking*) camminare dinoccolato(a); **she was ~ing in a chair** era sprofondata in una poltrona

Slovenia [sləu'vi:nɪə] *n* Slovenia

slovenly ['slʌvənlɪ] *adj* sciatto(a), trasandato(a)

slow [sləu] *adj* lento(a); (*watch*): **to be ~** essere indietro ♦ *adv* lentamente ♦ *vt, vi* (*also*: **~ down, ~ up**) rallentare; "**~**" (*road sign*) "rallentare"; **~ly** *adv* lentamente; **~ motion** *n*: **in ~ motion** al rallentatore

sludge [slʌdʒ] *n* fanghiglia

slug [slʌg] *n* lumaca; (*bullet*) pallottola; **~gish** *adj* lento(a); (*trading*) stagnante

sluice [slu:s] *n* chiusa

slum [slʌm] *n* catapecchia

slumber ['slʌmbə*] *n* sonno

slump [slʌmp] *n* crollo, caduta; (*economic*) depressione *f*, crisi *f inv* ♦ *vi* crollare

slung [slʌŋ] *pt, pp of* **sling**

slur [slɜ:*] *n* (*fig*): **~ (on)** calunnia (su) ♦ *vt* pronunciare in modo indistinto

slush [slʌʃ] *n* neve *f* mista a fango; **~ fund** *n* fondi *mpl* neri

slut [slʌt] *n* donna trasandata, sciattona

sly [slaɪ] *adj* (*smile, remark*) sornione(a); (*person*) furbo(a)

smack [smæk] *n* (*slap*) pacca; (*on face*) schiaffo ♦ *vt* schiaffeggiare; (*child*) picchiare ♦ *vi*: **to ~ of** puzzare di

small [smɔːl] *adj* piccolo(a); **~ ads** (*BRIT*) *npl* piccola pubblicità; **~ change** *n* moneta, spiccioli *mpl*; **~-holder** *n* piccolo proprietario; **~ hours** *npl*: **in the ~ hours** alle ore piccole; **~pox** *n* vaiolo; **~ talk** *n* chiacchiere *fpl*

smart [smɑːt] *adj* elegante; (*fashionable*) alla moda; (*clever*) intelligente; (*quick*) sveglio(a) ♦ *vi* bruciare; **~ card** *n* carta intelligente; **~en up** *vi* farsi bello(a) ♦ *vt* (*people*) fare bello(a); (*things*) abbellire

smash [smæʃ] *n* (*also*: **~-up**) scontro, collisione *f*; (*~ hit*) successone *m* ♦ *vt* frantumare, fracassare; (*SPORT: record*) battere ♦ *vi* frantumarsi, andare in pezzi; **~ing** (*inf*) *adj* favoloso(a), formidabile

smattering ['smætərɪŋ] *n*: **a ~ of** un'infarinatura di

smear [smɪə*] *n* macchia; (*MED*) striscio ♦ *vt* spalmare; (*make dirty*) sporcare; **~ campaign** *n* campagna diffamatoria

smell [smel] (*pt, pp* **smelt** *or* **smelled**) *n* odore *m*; (*sense*) olfatto, odorato ♦ *vt* sentire (l')odore di ♦ *vi* (*food etc*) **to ~ (of)** avere odore (di); (*pej*) puzzare, avere un cattivo odore; **~y** *adj* puzzolente

smile [smaɪl] *n* sorriso ♦ *vi* sorridere

smirk [smɜːk] *n* sorriso furbo; sorriso compiaciuto

smog [smɒg] *n* smog *m*

smoke [sməʊk] *n* fumo ♦ *vt, vi* fumare; **~d** *adj* (*bacon, glass*) affumicato(a); **~r** *n* (*person*) fumatore/trice; (*RAIL*) carrozza per fumatori; **~ screen** *n* (*MIL*) cortina fumogena *or* di fumo; (*fig*) copertura; **smoking** *n* fumo; **"no smoking"** (*sign*) "vietato fumare"; **smoking compartment** (*BRIT*), **smoking car** (*US*) *n* scompartimento (per) fumatori; **smoky** *adj* fumoso(a); (*taste*) affumicato(a)

smolder ['sməʊldə*] (*US*) *vi* = **smoulder**

smooth [smuːð] *adj* liscio(a); (*sauce*) omogeneo(a); (*flavour, whisky*) amabile; (*movement*) regolare; (*person*) mellifluo(a) ♦ *vt* (*also*: **~ out**) lisciare, spianare; (: *difficulties*) appianare

smother ['smʌðə*] *vt* soffocare

smoulder ['sməʊldə*] (*US* **smolder**) *vi* covare sotto la cenere

smudge [smʌdʒ] *n* macchia; sbavatura ♦ *vt* imbrattare, sporcare

smug [smʌg] *adj* soddisfatto(a), compiaciuto(a)

smuggle ['smʌgl] *vt* contrabbandare; **~r** *n* contrabbandiere/a; **smuggling** *n* contrabbando

smutty ['smʌtɪ] *adj* (*fig*) osceno(a), indecente

snack [snæk] *n* spuntino; **~ bar** *n* tavola calda, snack bar *m inv*

snag [snæg] *n* intoppo, ostacolo imprevisto

snail [sneɪl] *n* chiocciola

snake [sneɪk] *n* serpente *m*

snap [snæp] *n* (*sound*) schianto, colpo secco; (*photograph*) istantanea ♦ *adj* improvviso(a) ♦ *vt* (far) schioccare; (*break*) spezzare di netto ♦ *vi* spezzarsi con un rumore secco; (*fig: person*) parlare con tono secco; **to ~ shut** chiudersi di scatto; **~ at** *vt fus* (*subj: dog*) cercare di mordere; **~ off** *vt* (*break*) schiantare; **~ up** *vt* afferrare; **~py** (*inf*) *adj* (*answer, slogan*) d'effetto; **make it ~py!** (*hurry up*) sbrigati!, svelto!; **~shot** *n* istantanea

snare [snɛə*] *n* trappola

snarl [snɑːl] *vi* ringhiare

snatch [snætʃ] *n* (*small amount*) frammento ♦ *vt* strappare (con violenza); (*fig*) rubare

sneak [sniːk] (*pt* (*US*) **snuck**) *vi*: **to ~ in/out** entrare/uscire di nascosto ♦ *n* spione/a; **to ~ up on sb** avvicinarsi quatto quatto a qn; **~ers** *npl* scarpe *fpl* da ginnastica

sneer [snɪə*] *vi* sogghignare; **to ~ at** farsi beffe di

sneeze [sniːz] *n* starnuto ♦ *vi* starnutire

sniff [snɪf] *n* fiutata, annusata ♦ *vi* tirare su col naso ♦ *vt* fiutare, annusare

snigger ['snɪgə*] *vi* ridacchiare, ridere sotto i baffi

snip [snɪp] n pezzetto; (bargain) (buon) affare m, occasione f ♦ vt tagliare

sniper ['snaɪpə*] n (marksman) franco tiratore m, cecchino

snippet ['snɪpɪt] n frammento

snob [snɔb] n snob m/f inv; **~bery** n snobismo; **~bish** adj snob inv

snooker ['snu:kə*] n tipo di gioco del biliardo

snoop [snu:p] vi: **to ~ about** curiosare

snooze [snu:z] n sonnellino, pisolino ♦ vi fare un sonnellino

snore [snɔ:*] vi russare

snorkel ['snɔ:kl] n (of swimmer) respiratore m a tubo

snort [snɔ:t] n sbuffo ♦ vi sbuffare

snout [snaut] n muso

snow [snəu] n neve f ♦ vi nevicare; **~ball** n palla di neve ♦ vi (fig) crescere a vista d'occhio; **~bound** adj bloccato(a) dalla neve; **~drift** n cumulo di neve (ammucchiato dal vento); **~drop** n bucaneve m inv; **~fall** n nevicata; **~flake** n fiocco di neve; **~man** (irreg) n pupazzo di neve; **~plough** (US **~plow**) n spazzaneve m inv; **~shoe** n racchetta da neve; **~storm** n tormenta

snub [snʌb] vt snobbare ♦ n offesa, affronto; **~-nosed** adj dal naso camuso

snuff [snʌf] n tabacco da fiuto

snug [snʌg] adj comodo(a); (room, house) accogliente, comodo(a)

snuggle ['snʌgl] vi: **to ~ up to sb** stringersi a qn

so [səu] adv 1 (thus, likewise) così; **if ~** se è così, quand'è così; **I didn't do it – you did ~!** non l'ho fatto io — sì che l'hai fatto!; **~ do I, ~ am I** etc anch'io; **it's 5 o'clock – ~ it is!** sono le 5 — davvero!; **I hope ~** lo spero; **I think ~** penso di sì; **~ far** finora, fin qui; (in past) fino ad allora

2 (in comparisons etc: to such a degree) così; **~ big (that)** così grande (che); **she's not ~ clever as her brother** lei non è (così) intelligente come suo fratello

3: **~ much** adj tanto(a) ♦ adv tanto; **I've got ~ much work/money** ho tanto lavoro/tanti soldi; **I love you ~ much** ti amo tanto; **~ many** tanti(e)

4 (phrases): **10 or ~** circa 10; **~ long!** (inf: goodbye) ciao!, ci vediamo!

♦ conj 1 (expressing purpose): **~ as to do** in modo or così da fare; **we hurried ~ as not to be late** ci affrettammo per non fare tardi; **~ (that)** affinché +sub, perché +sub

2 (expressing result): **he didn't arrive ~ I left** non è venuto così me ne sono andata; **~ you see, I could have gone** vedi, sarei potuto andare

soak [səuk] vt inzuppare; (clothes) mettere a mollo ♦ vi (clothes etc) essere a mollo; **~ in** vi penetrare; **~ up** vt assorbire

soap [səup] n sapone m; **~flakes** npl sapone m in scaglie; **~ opera** n soap opera f inv; **~ powder** n detersivo; **~y** adj insaponato(a)

soar [sɔ:*] vi volare in alto; (price etc) salire alle stelle; (building) ergersi

sob [sɔb] n singhiozzo ♦ vi singhiozzare

sober ['səubə*] adj sobrio(a); (not drunk) non ubriaco(a); (moderate) moderato(a); **~ up** vt far passare la sbornia a ♦ vi farsi passare la sbornia

so-called ['səu'kɔ:ld] adj cosiddetto(a)

soccer ['sɔkə*] n calcio

sociable ['səuʃəbl] adj socievole

social ['səuʃl] adj sociale ♦ n festa, serata; **~ club** n club m inv sociale; **~ism** n socialismo; **~ist** adj, n socialista m/f; **~ize** vi: **to ~ize (with)** socializzare (con); **~ security** (BRIT) n previdenza sociale; **~ work** n servizio sociale; **~ worker** n assistente m/f sociale

society [sə'saɪətɪ] n società f inv; (club) società, associazione f; (also: high **~**) alta società

sociology [səusɪ'ɔlədʒɪ] n sociologia

sock [sɔk] n calzino

socket ['sɔkɪt] n cavità f inv; (of eye) orbita; (BRIT: ELEC: also: **wall ~**) presa di corrente

sod [sɔd] n (of earth) zolla erbosa; (BRIT: inf!)

bastardo/a (!)

soda ['səʊdə] n (CHEM) soda; (also: ~ **water**) acqua di seltz; (US: also: ~ **pop**) gassosa

sodium ['səʊdɪəm] n sodio

sofa ['səʊfə] n sofà m inv

soft [sɒft] adj (not rough) morbido(a); (not hard) soffice; (not loud) sommesso(a); (not bright) tenue; (kind) gentile; ~ **drink** n analcolico; ~**en** ['sɒfn] vt ammorbidire; addolcire; attenuare ♦ vi ammorbidirsi; addolcirsi; attenuarsi; ~**ly** adv dolcemente; morbidamente; ~**ness** n dolcezza; morbidezza

software ['sɒftwɛə*] n (COMPUT) software m

soggy ['sɒgɪ] adj inzuppato(a)

soil [sɔɪl] n terreno ♦ vt sporcare

solar ['səʊlə*] adj solare; ~ **panel** n pannello solare; ~ **power** n energie solare

sold [səʊld] pt, pp of **sell**; ~ **out** adj (COMM) esaurito(a)

solder ['səʊldə*] vt saldare ♦ n saldatura

soldier ['səʊldʒə*] n soldato, militare m

sole [səʊl] n (of foot) pianta (del piede); (of shoe) suola; (fish: pl inv) sogliola ♦ adj solo(a), unico(a)

solemn ['sɒləm] adj solenne

sole trader n (COMM) commerciante m in proprio

solicit [sə'lɪsɪt] vt (request) richiedere, sollecitare ♦ vi (prostitute) adescare i passanti

solicitor [sə'lɪsɪtə*] (BRIT) n (for wills etc) ≈ notaio; (in court) ≈ avvocato

solid ['sɒlɪd] adj solido(a); (not hollow) pieno(a); (meal) sostanzioso(a) ♦ n solido

solidarity [sɒlɪ'dærɪtɪ] n solidarietà

solitaire [sɒlɪ'tɛə*] n (games, gem) solitario

solitary ['sɒlɪtərɪ] adj solitario(a); ~ **confinement** n (LAW) isolamento

solo ['səʊləʊ] n assolo; ~**ist** n solista m/f

soluble ['sɒljʊbl] adj solubile

solution [sə'luːʃən] n soluzione f

solve [sɒlv] vt risolvere

solvent ['sɒlvənt] adj (COMM) solvibile ♦ n (CHEM) solvente m

sombre ['sɒmbə*] (US **somber**) adj scuro(a); (mood, person) triste

some [sʌm] adj 1 (a certain amount or number of): ~ **tea/water/cream** del tè/dell'acqua/della panna; ~ **children/apples** dei bambini/delle mele

2 (certain: in contrasts) certo(a); ~ **people say that ...** alcuni dicono che ..., certa gente dice che ...

3 (unspecified) un(a) certo(a), qualche; ~ **woman was asking for you** una tale chiedeva di lei; ~ **day** un giorno; ~ **day next week** un giorno della prossima settimana

♦ pron 1 (a certain number) alcuni(e), certi(e); **I've got ~** (books etc) ne ho alcuni; ~ **(of them) have been sold** alcuni sono stati venduti

2 (a certain amount) un po'; **I've got ~** (money, milk) ne ho un po'; **I've read ~ of the book** ho letto parte del libro

♦ adv: ~ **10 people** circa 10 persone

somebody ['sʌmbədɪ] pron = **someone**

somehow ['sʌmhaʊ] adv in un modo o nell'altro, in qualche modo; (for some reason) per qualche ragione

someone ['sʌmwʌn] pron qualcuno

someplace ['sʌmpleɪs] (US) adv = **somewhere**

somersault ['sʌməsɔːlt] n capriola; salto mortale ♦ vi fare una capriola (or un salto mortale); (car) cappottare

something ['sʌmθɪŋ] pron qualcosa, qualche cosa; ~ **nice** qualcosa di bello; ~ **to do** qualcosa da fare

sometime ['sʌmtaɪm] adv (in future) una volta o l'altra; (in past): ~ **last month** durante il mese scorso

sometimes ['sʌmtaɪmz] adv qualche volta

somewhat ['sʌmwɒt] adv piuttosto

somewhere ['sʌmwɛə*] adv in or da qualche parte

son [sʌn] n figlio

song [sɒŋ] n canzone f

sonic ['sɒnɪk] adj (boom) sonico(a)

son-in-law n genero

sonnet ['sɔnɪt] *n* sonetto

sonny ['sʌnɪ] (*inf*) *n* ragazzo mio

soon [su:n] *adv* presto, fra poco; (*early, a short time after*) presto; ~ **afterwards** poco dopo; *see also* **as**; ~**er** *adv* (*time*) prima; (*preference*): **I would ~er do** preferirei fare; ~**er or later** prima o poi

soot [sut] *n* fuliggine *f*

soothe [su:ð] *vt* calmare

sophisticated [sə'fɪstɪkeɪtɪd] *adj* sofisticato(a); raffinato(a); complesso(a)

sophomore ['sɔfəmɔː*] (*US*) *n* studente/ essa del secondo anno

sopping ['sɔpɪŋ] *adj* (*also*: ~ **wet**) bagnato(a) fradicio(a)

soppy ['sɔpɪ] (*pej*) *adj* sentimentale

soprano [sə'prɑːnəu] *n* (*voice*) soprano *m*; (*singer*) soprano *m/f*

sorcerer ['sɔːsərə*] *n* stregone *m*, mago

sore [sɔː*] *adj* (*painful*) dolorante ♦ *n* piaga; ~**ly** *adv* (*tempted*) fortemente

sorrow ['sɔrəu] *n* dolore *m*; ~**ful** *adj* doloroso(a)

sorry ['sɔrɪ] *adj* spiacente; (*condition, excuse*) misero(a); ~! scusa! (*or* scusi! *or* scusate!); **to feel ~ for sb** rincrescersi per qn

sort [sɔːt] *n* specie *f*, genere *m* ♦ *vt* (*also*: ~ **out**: *papers*) classificare; ordinare; (: *letters etc*) smistare; (: *problems*) risolvere; ~**ing office** *n* ufficio *m* smistamento *inv*

SOS *n abbr* (= *save our souls*) S.O.S. *m inv*

so-so *adv* così così

sought [sɔːt] *pt, pp of* **seek**

soul [səul] *n* anima; ~**ful** *adj* pieno(a) di sentimento

sound [saund] *adj* (*healthy*) sano(a); (*safe, not damaged*) solido(a), in buono stato; (*reliable, not superficial*) solido(a); (*sensible*) giudizioso(a), di buon senso ♦ *adv*: ~ **asleep** profondamente addormentato ♦ *n* suono; (*noise*) rumore *m*; (*GEO*) stretto ♦ *vt* (*alarm*) suonare ♦ *vi* suonare; (*fig: seem*) sembrare; **to ~ like** rassomigliare a; ~ **out** *vt* sondare; ~ **barrier** *n* muro del suono; ~**bite** *n* dichiarazione breve ed incisiva (*trasmessa per radio o per TV*); ~ **effects** *npl* effetti sonori; ~**ly** *adv* (*sleep*)

profondamente; (*beat*) duramente; ~**proof** *adj* insonorizzato(a), isolato(a) acusticamente; ~**track** *n* (*of film*) colonna sonora

soup [su:p] *n* minestra; brodo; zuppa; ~ **plate** *n* piatto fondo; ~**spoon** *n* cucchiaio da minestra

sour ['sauə*] *adj* aspro(a); (*fruit*) acerbo(a); (*milk*) acido(a); (*fig*) arcigno(a); acido(a); **it's ~ grapes** è soltanto invidia

source [sɔːs] *n* fonte *f*, sorgente *f*; (*fig*) fonte

south [sauθ] *n* sud *m*, meridione *m*, mezzogiorno ♦ *adj* del sud, sud *inv*, meridionale ♦ *adv* verso sud; **S~ Africa** *n* Sudafrica *m*; **S~ African** *adj, n* sudafricano(a); **S~ America** *n* Sudamerica *m*, America del sud; **S~ American** *adj, n* sudamericano(a); ~-**east** *n* sud-est *m*; ~**erly** ['sʌðəlɪ] *adj* del sud; ~**ern** ['sʌðən] *adj* del sud, meridionale; esposto(a) a sud; **S~ Pole** *n* Polo Sud; ~**ward(s)** *adv* verso sud; ~-**west** *n* sud-ovest *m*

souvenir [su:və'nɪə*] *n* ricordo, souvenir *m inv*

sovereign ['sɔvrɪn] *adj, n* sovrano(a)

soviet ['səuvɪət] *adj* sovietico(a); **the S~ Union** l'Unione *f* Sovietica

sow[1] [səu] (*pt* ~**ed**, *pp* **sown**) *vt* seminare

sow[2] [sau] *n* scrofa

sown [səun] *pp of* **sow**

soy [sɔɪ] (*US*) *n* = **soya**

soya ['sɔɪə] (*US* **soy**) *n*: ~ **bean** *n* seme *m* di soia; ~ **sauce** *n* salsa di soia

spa [spɑː] *n* (*resort*) stazione *f* termale; (*US: also:* **health ~**) centro di cure estetiche

space [speɪs] *n* spazio; (*room*) posto; spazio; (*length of time*) intervallo ♦ *cpd* spaziale ♦ *vt* (*also*: ~ **out**) distanziare; ~**craft** *n inv* veicolo spaziale; ~**man/woman** (*irreg*) *n* astronauta *m/f*, cosmonauta *m/f*; ~**ship** *n* = ~**craft**; **spacing** *n* spaziatura

spacious ['speɪʃəs] *adj* spazioso(a), ampio(a)

spade [speɪd] *n* (*tool*) vanga; pala; (*child's*) paletta; ~**s** *npl* (*CARDS*) picche *fpl*

Spain [speɪn] n Spagna

span [spæn] n (of bird, plane) apertura alare; (of arch) campata; (in time) periodo; durata ♦ vt attraversare; (fig) abbracciare

Spaniard ['spænjəd] n spagnolo/a

spaniel ['spænjəl] n spaniel m inv

Spanish ['spænɪʃ] adj spagnolo(a) ♦ n (LING) spagnolo; **the ~** npl gli Spagnoli

spank [spæŋk] vt sculacciare

spanner ['spænə*] (BRIT) n chiave f inglese

spare [spεə*] adj di riserva, di scorta; (surplus) in più, d'avanzo ♦ n (part) pezzo di ricambio ♦ vt (do without) fare a meno di; (afford to give) concedere; (refrain from hurting, using) risparmiare; **to ~** (surplus) d'avanzo; **~ part** n pezzo di ricambio; **~ time** n tempo libero; **~ wheel** n (AUT) ruota di scorta

sparingly ['spεərɪŋlɪ] adv moderatamente

spark [spɑːk] n scintilla; **~(ing) plug** n candela

sparkle ['spɑːkl] n scintillio, sfavillio ♦ vi scintillare, sfavillare; **sparkling** adj scintillante, sfavillante; (conversation, wine, water) frizzante

sparrow ['spærəu] n passero

sparse [spɑːs] adj sparso(a), rado(a)

spartan ['spɑːtən] adj (fig) spartano(a)

spasm ['spæzəm] n (MED) spasmo; (fig) accesso, attacco; **~odic** [spæz'mɔdɪk] adj spasmodico(a); (fig) intermittente

spastic ['spæstɪk] n spastico/a

spat [spæt] pt, pp of **spit**

spate [speɪt] n (fig): **~ of** diluvio or fiume m di

spawn [spɔːn] vi deporre le uova ♦ n uova fpl

speak [spiːk] (pt **spoke**, pp **spoken**) vt (language) parlare; (truth) dire ♦ vi parlare; **to ~ to sb/of or about sth** parlare a qn/di qc; **~ up!** parla più forte!; **~er** n (in public) oratore/trice; (also: **loud~er**) altoparlante m; (POL): **the S~er** il presidente della Camera dei Comuni (BRIT) or dei Rappresentanti (US)

spear [spɪə*] n lancia ♦ vt infilzare; **~head** vt (attack etc) condurre

spec [spεk] (inf) n: **on ~** sperando bene

special ['spεʃl] adj speciale; **~ist** n specialista m/f; **~ity** [spεʃɪ'ælɪtɪ] n specialità f inv; **~ize** vi: **to ~ize (in)** specializzarsi (in); **~ly** adv specialmente, particolarmente; **~ needs** adj: **~ needs children** bambini mpl con difficoltà di apprendimento; **~ty** n = **speciality**

species ['spiːʃiːz] n inv specie f inv

specific [spə'sɪfɪk] adj specifico(a); preciso(a); **~ally** adv esplicitamente; (especially) appositamente

specimen ['spεsɪmən] n esemplare m, modello; (MED) campione m

speck [spεk] n puntino, macchiolina; (particle) granello

speckled ['spεkld] adj macchiettato(a)

specs [spεks] (inf) npl occhiali mpl

spectacle ['spεktəkl] n spettacolo; **~s** npl (glasses) occhiali mpl; **spectacular** [-'tækjulə*] adj spettacolare

spectator [spεk'teɪtə*] n spettatore m

spectra ['spεktrə] npl of **spectrum**

spectre ['spεktə*] (US **specter**) n spettro

spectrum ['spεktrəm] (pl **spectra**) n spettro

speculation [spεkju'leɪʃən] n speculazione f; congetture fpl

speech [spiːtʃ] n (faculty) parola; (talk, THEATRE) discorso; (manner of speaking) parlata; **~less** adj ammutolito(a), muto(a)

speed [spiːd] n velocità f inv; (promptness) prontezza; **at full** or **top ~** a tutta velocità; **~ up** vi, vt accelerare; **~boat** n motoscafo; **~ily** adv velocemente; prontamente; **~ing** n (AUT) eccesso di velocità; **~ limit** n limite m di velocità; **~ometer** [spɪ'dɔmɪtə*] n tachimetro; **~way** n (sport) corsa motociclistica (su pista); **~y** adj veloce, rapido(a); pronto(a)

spell [spεl] (pt, pp **spelt** (BRIT) or **~ed**) n (also: **magic ~**) incantesimo; (period of time) (breve) periodo ♦ vt (in writing) scrivere (lettera per lettera); (aloud) dire lettera per lettera; (fig) significare; **to cast a ~ on sb** fare un incantesimo a qn; **he can't ~** fa errori di ortografia; **~bound** adj incantato(a); affascinato(a); ~ing n ortografia; spelt (*BRIT*) pt, pp of **spell**

spend [spɛnd] (pt, pp **spent**) vt (*money*) spendere; (*time, life*) passare; ~thrift n spendaccione/a; **spent** pt, pp of **spend**

sperm [spə:m] n sperma m

sphere [sfɪə*] n sfera f

spice [spaɪs] n spezia ♦ vt aromatizzare

spicy ['spaɪsɪ] adj piccante

spider ['spaɪdə*] n ragno

spike [spaɪk] n punta

spill [spɪl] (pt, pp **spilt** or ~**ed**) vt versare, rovesciare ♦ vi versarsi, rovesciarsi; ~ **over** vi (*liquid*) versarsi; (*crowd*) riversarsi; **spilt** pt, pp of **spill**

spin [spɪn] (pt, pp **spun**) n (*revolution of wheel*) rotazione f; (*AVIAT*) avvitamento; (*trip in car*) giretto ♦ vt (*wool etc*) filare; (*wheel*) far girare ♦ vi girare

spinach ['spɪnɪtʃ] n spinacio; (*as food*) spinaci mpl

spinal ['spaɪnl] adj spinale; ~ **cord** n midollo spinale

spin doctor (*inf*) n esperto di comunicazioni responsabile dell'immagine di un partito politico

spin-dryer (*BRIT*) n centrifuga

spine [spaɪn] n spina dorsale; (*thorn*) spina

spinning ['spɪnɪŋ] n filatura; ~ **top** n trottola

spin-off n (*product*) prodotto secondario

spinster ['spɪnstə*] n nubile f; zitella

spiral ['spaɪərl] n spirale f ♦ vi (*fig*) salire a spirale; ~ **staircase** n scala a chiocciola

spire ['spaɪə*] n guglia

spirit ['spɪrɪt] n spirito; (*ghost*) spirito, fantasma m; (*mood*) stato d'animo, umore m; (*courage*) coraggio; ~**s** npl (*drink*) alcolici mpl; **in good** ~**s** di buon umore; ~**ed** adj vivace, vigoroso(a); (*horse*) focoso(a); ~ **level** n livella a bolla (d'aria)

spiritual ['spɪrɪtjuəl] adj spirituale

spit [spɪt] (pt, pp **spat**) n (*for roasting*) spiedo; (*saliva*) sputo; saliva ♦ vi sputare; (*fire, fat*) scoppiettare

spite [spaɪt] n dispetto ♦ vt contrariare, far dispetto a; **in** ~ **of** nonostante, malgrado;

~**ful** adj dispettoso(a)

spittle ['spɪtl] n saliva; sputo

splash [splæʃ] n spruzzo; (*sound*) splash m inv; (*of colour*) schizzo ♦ vt spruzzare ♦ vi (*also:* ~ **about**) sguazzare

spleen [spli:n] n (*ANAT*) milza

splendid ['splɛndɪd] adj splendido(a), magnifico(a)

splint [splɪnt] n (*MED*) stecca

splinter ['splɪntə*] n scheggia ♦ vi scheggiarsi

split [splɪt] (pt, pp **split**) n spaccatura; (*fig: division, quarrel*) scissione f ♦ vt spaccare; (*party*) dividere; (*work, profits*) spartire, ripartire ♦ vi (*divide*) dividersi; ~ **up** vi (*couple*) separarsi, rompere; (*meeting*) sciogliersi

spoil [spɔɪl] (pt, pp **spoilt** or ~**ed**) vt (*damage*) rovinare, guastare; (*mar*) sciupare; (*child*) viziare; ~**s** npl bottino; ~**sport** n guastafeste m/f inv; **spoilt** pt, pp of **spoil**

spoke [spəuk] pt of **speak** ♦ n raggio

spoken ['spəukn] pp of **speak**

spokesman ['spəuksmən] (*irreg*) n portavoce m inv

spokeswoman ['spəukswumən] (*irreg*) n portavoce f inv

sponge [spʌndʒ] n spugna; (*also:* ~ **cake**) pan m di spagna ♦ vt spugnare, pulire con una spugna ♦ vi: **to** ~ **off** or **on** scroccare a; ~ **bag** (*BRIT*) n nécessaire m inv

sponsor ['spɔnsə*] n (*RADIO, TV, SPORT etc*) sponsor m inv; (*POL: of bill*) promotore/trice ♦ vt sponsorizzare; (*bill*) presentare; ~**ship** n sponsorizzazione f

spontaneous [spɔn'teɪnɪəs] adj spontaneo(a)

spooky ['spu:kɪ] (*inf*) adj che fa accapponare la pelle

spool [spu:l] n bobina

spoon [spu:n] n cucchiaio; ~-**feed** vt nutrire con il cucchiaio; (*fig*) imboccare; ~**ful** n cucchiaiata

sport [spɔ:t] n sport m inv; (*person*) persona di spirito ♦ vt sfoggiare; ~**ing** adj sportivo(a); **to give sb a** ~**ing chance** dare a qn una possibilità (di vincere); ~ **jacket** (US) n = ~**s jacket**; ~**s car** n automobile f sportiva; ~**sman** (irreg) n giacca sportiva; ~**smanship** n spirito sportivo; ~**swear** n abiti mpl sportivi; ~**swoman** (irreg) n sportiva; ~**y** adj sportivo(a)

spot [spɔt] n punto; (mark) macchia; (dot: on pattern) pallino; (pimple) foruncolo; (place) posto; (RADIO, TV) spot m inv; (small amount): **a ~ of** un po' di ♦ vt (notice) individuare, distinguere; **on the ~** sul posto; (immediately) su due piedi; (in difficulty) nei guai; ~ **check** n controllo senza preavviso; ~**less** adj immacolato(a); ~**light** n proiettore m; (AUT) faro ausiliario; ~**ted** adj macchiato(a); a puntini, a pallini; ~**ty** adj (face) foruncoloso(a)

spouse [spauz] n sposo/a

spout [spaut] n (of jug) beccuccio; (of pipe) scarico ♦ vi zampillare

sprain [sprein] n storta, distorsione f ♦ vt: **to ~ one's ankle** storcersi una caviglia

sprang [spræŋ] pt of **spring**

sprawl [sprɔːl] vi sdraiarsi (in modo scomposto); (place) estendersi (disordinatamente)

spray [sprei] n spruzzo; (container) nebulizzatore m, spray m inv; (of flowers) mazzetto ♦ vt spruzzare; (crops) irrorare

spread [spred] (pt, pp **spread**) n diffusione f; (distribution) distribuzione f; (CULIN) pasta (da spalmare); (inf: food) banchetto ♦ vt (cloth) stendere, distendere; (butter etc) spalmare; (disease, knowledge) propagare, diffondere ♦ vi stendersi, distendersi; spalmarsi; propagarsi, diffondersi; ~ **out** vi (move apart) separarsi; ~**-eagled** ['spredi:gld] adj a gambe e braccia aperte; ~**sheet** n foglio elettronico ad espansione

spree [spriː] n: **to go on a ~** fare baldoria

sprightly ['spraitli] adj vivace

spring [spriŋ] (pt **sprang**, pp **sprung**) n (leap) salto, balzo; (coiled metal) molla; (season) primavera; (of water) sorgente f ♦ vi saltare, balzare; ~ **up** vi (problem) presentarsi; ~**board** n trampolino; ~-

clean(ing) n grandi pulizie fpl di primavera; ~**time** n primavera

sprinkle ['spriŋkl] vt spruzzare; spargere; **to ~ water** etc **on, ~ with water** etc spruzzare dell'acqua etc su; ~**r** n (for lawn) irrigatore m; (to put out fire) sprinkler m inv

sprint [sprint] n scatto ♦ vi scattare; ~**er** n (SPORT) velocista m/f

sprout [spraut] vi germogliare; ~**s** npl (also: **Brussels ~s**) cavolini mpl di Bruxelles

spruce [spruːs] n inv abete m rosso ♦ adj lindo(a); azzimato(a)

sprung [sprʌŋ] pp of **spring**

spun [spʌn] pt, pp of **spin**

spur [spəː*] n sperone m; (fig) sprone m, incentivo ♦ vt (also: ~ **on**) spronare; **on the ~ of the moment** lì per lì

spurious ['spjuəriəs] adj falso(a)

spurn [spəːn] vt rifiutare con disprezzo, sdegnare

spurt [spəːt] n (of water) getto; (of energy) scatto ♦ vi sgorgare

spy [spai] n spia ♦ vi: **to ~ on** spiare ♦ vt (see) scorgere; ~**ing** n spionaggio

sq. abbr = **square**

squabble ['skwɔbl] vi bisticciarsi

squad [skwɔd] n (MIL) plotone m; (POLICE) squadra

squadron ['skwɔdrn] n (MIL) squadrone m; (AVIAT, NAUT) squadriglia

squalid ['skwɔlid] adj squallido(a)

squall [skwɔːl] n raffica; burrasca

squalor ['skwɔlə*] n squallore m

squander ['skwɔndə*] vt dissipare

square [skweə*] n quadrato; (in town) piazza ♦ adj quadrato(a); (inf: ideas, person) di vecchio stampo ♦ vt (arrange) regolare; (MATH) elevare al quadrato; (reconcile) conciliare; **all ~** pari; **a ~ meal** un pasto abbondante; **2 metres ~** di 2 metri per 2; **1 ~ metre** 1 metro quadrato; ~**ly** adv diritto; fermamente

squash [skwɔʃ] n (SPORT) squash m; (BRIT: drink): **lemon/orange ~** sciroppo di limone/arancia; (US) zucca; (SPORT) squash m ♦ vt schiacciare

squat [skwɔt] adj tarchiato(a), tozzo(a) ♦ vi

(*also*: **~ down**) accovacciarsi; **~ter** *n* occupante *m/f* abusivo(a)

squeak [skwi:k] *vi* squittire

squeal [skwi:l] *vi* strillare

squeamish ['skwi:mɪʃ] *adj* schizzinoso(a); disgustato(a)

squeeze [skwi:z] *n* pressione *f*; (*also ECON*) stretta ♦ *vt* premere; (*hand, arm*) stringere; **~ out** *vt* spremere

squelch [skwɛltʃ] *vi* fare ciac; sguazzare

squid [skwɪd] *n* calamaro

squiggle ['skwɪɡl] *n* ghirigoro

squint [skwɪnt] *vi* essere strabico(a) ♦ *n*: **he has a ~** è strabico

squirm [skwə:m] *vi* contorcersi

squirrel ['skwɪrəl] *n* scoiattolo

squirt [skwə:t] *vi* schizzare; zampillare ♦ *vt* spruzzare

Sr *abbr* = **senior**

St *abbr* = **saint**; **street**

stab [stæb] *n* (*with knife etc*) pugnalata; (*of pain*) fitta; (*inf*: *try*): **to have a ~ at (doing) sth** provare (a fare) qc ♦ *vt* pugnalare

stable ['steɪbl] *n* (*for horses*) scuderia; (*for cattle*) stalla ♦ *adj* stabile

stack [stæk] *n* catasta, pila ♦ *vt* accatastare, ammucchiare

stadium ['steɪdɪəm] *n* stadio

staff [stɑ:f] *n* (*work force*: *gen*) personale *m*; (: *BRIT: SCOL*) personale insegnante ♦ *vt* fornire di personale

stag [stæg] *n* cervo

stage [steɪdʒ] *n* palcoscenico; (*profession*): **the ~** il teatro, la scena; (*point*) punto; (*platform*) palco ♦ *vt* (*play*) allestire, mettere in scena; (*demonstration*) organizzare; **in ~s** per gradi, a tappe; **~coach** *n* diligenza; **~ manager** *n* direttore *m* di scena

stagger ['stægə*] *vi* barcollare ♦ *vt* (*person*) sbalordire; (*hours, holidays*) scaglionare; **~ing** *adj* (*amazing*) sbalorditivo(a)

stagnate [stæg'neɪt] *vi* stagnare

stag party *n* festa di addio al celibato

staid [steɪd] *adj* posato(a), serio(a)

stain [steɪn] *n* macchia; (*colouring*) colorante *m* ♦ *vt* macchiare; (*wood*) tingere; **~ed**

glass window *n* vetrata; **~less** *adj* (*steel*) inossidabile; **~ remover** *n* smacchiatore *m*

stair [stɛə*] *n* (*step*) gradino; **~s** *npl* (*flight of ~s*) scale *fpl*, scala; **~case** *n* scale *fpl*, scala; **~way** *n* = **~case**

stake [steɪk] *n* palo, piolo; (*COMM*) interesse *m*; (*BETTING*) puntata, scommessa ♦ *vt* (*bet*) scommettere; (*risk*) rischiare; **to be at ~** essere in gioco

stale [steɪl] *adj* (*bread*) raffermo(a); (*food*) stantio(a); (*air*) viziato(a); (*beer*) svaporato(a); (*smell*) di chiuso

stalemate ['steɪlmeɪt] *n* stallo; (*fig*) punto morto

stalk [stɔ:k] *n* gambo, stelo ♦ *vt* inseguire; **~ off** *vi* andarsene impettito(a)

stall [stɔ:l] *n* bancarella; (*in stable*) box *m inv* di stalla ♦ *vt* (*AUT*) far spegnere; (*fig*) bloccare ♦ *vi* (*AUT*) spegnersi, fermarsi; (*fig*) temporeggiare; **~s** *npl* (*BRIT: in cinema, theatre*) platea

stallion ['stælɪən] *n* stallone *m*

stalwart ['stɔ:lwət] *adj* fidato(a); risoluto(a)

stamina ['stæmɪnə] *n* vigore *m*, resistenza

stammer ['stæmə*] *n* balbuzie *f* ♦ *vi* balbettare

stamp [stæmp] *n* (*postage ~*) francobollo; (*implement*) timbro; (*mark, also fig*) marchio, impronta; (*on document*) bollo; timbro ♦ *vi* (*also*: **~ one's foot**) battere il piede ♦ *vt* battere; (*letter*) affrancare; (*mark with a ~*) timbrare; **~ album** *n* album *m inv* per francobolli; **~ collecting** *n* filatelia

stampede [stæm'pi:d] *n* fuggi fuggi *m inv*

stance [stæns] *n* posizione *f*

stand [stænd] (*pt, pp* **stood**) *n* (*position*) posizione *f*; (*for taxis*) posteggio; (*structure*) supporto, sostegno; (*at exhibition*) stand *m inv*; (*in shop*) banco; (*at market*) bancarella (*booth*) chiosco; (*SPORT*) tribuna ♦ *vi* stare in piedi; (*rise*) alzarsi in piedi; (*be placed*) trovarsi ♦ *vt* (*place*) mettere, porre; (*tolerate, withstand*) resistere, sopportare; (*treat*) offrire; **to make a ~** prendere posizione; **to ~ for parliament** (*BRIT*) presentarsi come candidato (per il parlamento); ~ **by** vi (be ready) tenersi pronto(a) ♦ vt fus (opinion) sostenere; ~ **down** vi (withdraw) ritirarsi; ~ **for** vt fus (signify) rappresentare, significare; (tolerate) sopportare, tollerare; ~ **in for** vt fus sostituire; ~ **out** vi (be prominent) spiccare; ~ **up** vi (rise) alzarsi in piedi; ~ **up for** vt fus difendere; ~ **up to** vt fus tener testa a, resistere a

standard ['stændəd] n modello, standard m inv; (level) livello; (flag) stendardo ♦ adj (size etc) normale, standard; ~**s** npl (morals) principi mpl, valori mpl; ~ **lamp** (BRIT) n lampada a stelo; ~ **of living** n livello di vita

stand-by n riserva, sostituto; **to be on** ~ (gen) tenersi pronto(a); (doctor) essere di guardia; ~ **ticket** n (AVIAT) biglietto senza garanzia

stand-in n sostituto/a

standing ['stændɪŋ] adj diritto(a), in piedi; (permanent) permanente ♦ n rango, condizione f, posizione f; **of many years'** ~ che esiste da molti anni; ~ **joke** n barzelletta; ~ **order** (BRIT) n (at bank) ordine m di pagamento (permanente); ~ **room** n posto all'impiedi

standpoint ['stændpɔɪnt] n punto di vista

standstill ['stændstɪl] n: **at a** ~ fermo(a); (fig) a un punto morto; **to come to a** ~ fermarsi; giungere a un punto morto

stank [stæŋk] pt of **stink**

staple ['steɪpl] n (for papers) graffetta ♦ adj (food etc) di base ♦ vt cucire; ~**r** n cucitrice f

star [stɑː*] n stella; (celebrity) divo/a ♦ vi: **to** ~ **(in)** essere il (or la) protagonista (di) ♦ vt (CINEMA) essere interpretato(a) da

starboard ['stɑːbəd] n dritta

starch [stɑːtʃ] n amido

stardom ['stɑːdəm] n celebrità

stare [stɛə*] n sguardo fisso ♦ vi: **to** ~ **at** fissare

starfish ['stɑːfɪʃ] n stella di mare

stark [stɑːk] adj (bleak) desolato(a) ♦ adv: ~ **naked** completamente nudo(a)

starling ['stɑːlɪŋ] n storno

starry ['stɑːrɪ] adj stellato(a); ~**-eyed** adj (innocent) ingenuo(a)

start [stɑːt] n inizio; (of race) partenza; (sudden movement) sobbalzo; (advantage) vantaggio ♦ vt cominciare, iniziare; (car) mettere in moto ♦ vi cominciare; (on journey) partire, mettersi in viaggio; (jump) sobbalzare; **to** ~ **doing** or **to do sth** (in)cominciare a fare qc; ~ **off** vi cominciare; (leave) partire; ~ **up** vi cominciare; (car) avviarsi ♦ vt iniziare; (car) avviare; ~**er** n (AUT) motorino d'avviamento; (SPORT: official) starter m inv; (BRIT: CULIN) primo piatto; ~**ing point** n punto di partenza

startle ['stɑːtl] vt far trasalire; **startling** adj sorprendente

starvation [stɑː'veɪʃən] n fame f, inedia

starve [stɑːv] vi morire di fame; soffrire la fame ♦ vt far morire di fame, affamare

state [steɪt] n stato ♦ vt dichiarare, affermare; annunciare; **the S~s** (USA) gli Stati Uniti; **to be in a** ~ essere agitato(a); ~**ly** adj maestoso(a), imponente; ~**ly home** n residenza nobiliare (d'interesse storico e artistico); ~**ment** n dichiarazione f; ~**sman** (irreg) n statista m

static ['stætɪk] n (RADIO) scariche fpl ♦ adj statico(a)

station ['steɪʃən] n stazione f ♦ vt collocare, disporre

stationary ['steɪʃənərɪ] adj fermo(a), immobile

stationer ['steɪʃənə*] n cartolaio/a; ~**'s (shop)** n cartoleria; ~**y** n articoli mpl di cancelleria

station master n (RAIL) capostazione m

station wagon (US) n giardinetta

statistic [stə'tɪstɪk] n statistica; ~**s** n (science) statistica

statue ['stætjuː] n statua

status ['steɪtəs] n posizione f, condizione f sociale; prestigio; stato; ~ **symbol** n simbolo di prestigio

statute ['stætjuːt] n legge f; **statutory** adj stabilito(a) dalla legge, statutario(a)

staunch [stɔ:ntʃ] *adj* fidato(a), leale

stay [steɪ] *n* (*period of time*) soggiorno, permanenza ♦ *vi* rimanere; (*reside*) alloggiare, stare; (*spend some time*) trattenersi, soggiornare; **to ~ put** non muoversi; **to ~ the night** fermarsi per la notte; **~ behind** *vi* restare indietro; **~ in** *vi* (*at home*) stare in casa; **~ on** *vi* restare, rimanere; **~ out** *vi* (*of house*) rimanere fuori (di casa); **~ up** *vi* (*at night*) rimanere alzato(a); **~ing power** *n* capacità di resistenza

stead [sted] *n*: **in sb's ~** al posto di qn; **to stand sb in good ~** essere utile a qn

steadfast ['stedfɑ:st] *adj* fermo(a), risoluto(a)

steadily ['stedɪlɪ] *adv* (*firmly*) saldamente; (*constantly*) continuamente; (*fixedly*) fisso; (*walk*) con passo sicuro

steady ['stedɪ] *adj* (*not wobbling*) fermo(a); (*regular*) costante; (*person, character*) serio(a); (: *calm*) calmo(a), tranquillo(a) ♦ *vt* stabilizzare; calmare

steak [steɪk] *n* (*meat*) bistecca; (*fish*) trancia

steal [sti:l] (*pt* **stole**, *pp* **stolen**) *vt* rubare ♦ *vi* rubare; (*move*) muoversi furtivamente

stealth [stelθ] *n*: **by ~** furtivamente; **~y** *adj* furtivo(a)

steam [sti:m] *n* vapore *m* ♦ *vt* (*CULIN*) cuocere a vapore ♦ *vi* fumare; **~ engine** *n* macchina a vapore; (*RAIL*) locomotiva a vapore; **~er** *n* piroscafo, vapore *m*; **~roller** *n* rullo compressore; **~ship** *n* = **~er**; **~y** *adj* (*room*) pieno(a) di vapore; (*window*) appannato(a)

steel [sti:l] *n* acciaio ♦ *adj* di acciaio; **~works** *n* acciaieria

steep [sti:p] *adj* ripido(a), scosceso(a); (*price*) eccessivo(a) ♦ *vt* inzuppare; (*washing*) mettere a mollo

steeple ['sti:pl] *n* campanile *m*

steer [stɪə*] *vt* guidare ♦ *vi* (*NAUT: person*) governare; (*car*) guidarsi; **~ing** *n* (*AUT*) sterzo; **~ing wheel** *n* volante *m*

stem [stem] *n* (*of flower, plant*) stelo; (*of tree*) fusto; (*of glass*) gambo; (*of fruit, leaf*) picciolo ♦ *vt* contenere, arginare; **~ from**

vt fus provenire da, derivare da

stench [stentʃ] *n* puzzo, fetore *m*

stencil ['stensl] *n* (*of metal, cardboard*) stampino, mascherina; (*in typing*) matrice *f* ♦ *vt* disegnare con stampino

stenographer [ste'nɔgrəfə*] (*US*) *n* stenografo/a

step [step] *n* passo; (*stair*) gradino, scalino; (*action*) mossa, azione *f* ♦ *vi*: **to ~ forward/back** fare un passo avanti/indietro; **~s** *npl* (*BRIT*) = **stepladder**; **to be in/out of ~ (with)** stare/non stare al passo (con); **~ down** *vi* (*fig*) ritirarsi; **~ on** *vt fus* calpestare; **~ up** *vt* aumentare; intensificare; **~brother** *n* fratellastro; **~daughter** *n* figliastra; **~father** *n* patrigno; **~ladder** *n* scala a libretto; **~mother** *n* matrigna; **~ping stone** *n* pietra di un guado; **~sister** *n* sorellastra; **~son** *n* figliastro

stereo ['stɪərɪəu] *n* (*system*) sistema *m* stereofonico; (*record player*) stereo *m inv* ♦ *adj* (*also*: **~phonic**) stereofonico(a)

sterile ['steraɪl] *adj* sterile; **sterilize** ['sterɪlaɪz] *vt* sterilizzare

sterling ['stə:lɪŋ] *adj* (*gold, silver*) di buona lega ♦ *n* (*ECON*) (lira) sterlina; **a pound ~** una lira sterlina

stern [stə:n] *adj* severo(a) ♦ *n* (*NAUT*) poppa

stew [stju:] *n* stufato ♦ *vt* cuocere in umido

steward ['stju:əd] *n* (*AVIAT, NAUT, RAIL*) steward *m inv*; (*in club etc*) dispensiere *m*; **~ess** *n* assistente *f* di volo, hostess *f inv*

stick [stɪk] (*pt, pp* **stuck**) *n* bastone *m*; (*of rhubarb, celery*) gambo; (*of dynamite*) candelotto ♦ *vt* (*glue*) attaccare; (*thrust*): **to ~ sth into** conficcare *or* piantare *or* infiggere qc in; (*inf: put*) ficcare; (*inf: tolerate*) sopportare ♦ *vi* attaccarsi; (*remain*) restare, rimanere; **~ out** *vi* sporgere, spuntare; **~ up** *vi* sporgere, spuntare; **~ up for** *vt fus* difendere; **~er** *n* cartellino adesivo; **~ing plaster** *n* cerotto adesivo

stick-up (*inf*) *n* rapina a mano armata

sticky ['stɪkɪ] *adj* attaccaticcio(a), vischioso(a); (*label*) adesivo(a); (*fig: situation*) difficile

stiff [stɪf] adj rigido(a), duro(a); (muscle) legato(a), indolenzito(a); (difficult) difficile, arduo(a); (cold) freddo(a), formale; (strong) forte; (high: price) molto alto(a) ♦ adv: **bored ~** annoiato(a) a morte; **~en** vt irrigidire; rinforzare ♦ vi irrigidirsi; indurirsi; **~ neck** n torcicollo

stifle ['staɪfl] vt soffocare

stigma ['stɪgmə] n (fig) stigma m

stile [staɪl] n cavalcasiepe m; cavalcasteccato

stiletto [stɪ'letəʊ] (BRIT) n (also: **~ heel**) tacco a spillo

still [stɪl] adj fermo(a); silenzioso(a) ♦ adv (up to this time, even) ancora; (nonetheless) tuttavia, ciò nonostante; **~born** adj nato(a) morto(a); **~ life** n natura morta

stilt [stɪlt] n trampolo; (pile) palo

stilted ['stɪltɪd] adj freddo(a), formale; artificiale

stimulate ['stɪmjʊleɪt] vt stimolare

stimuli ['stɪmjʊlaɪ] npl of **stimulus**

stimulus ['stɪmjʊləs] (pl **stimuli**) n stimolo

sting [stɪŋ] (pt, pp **stung**) n puntura; (organ) pungiglione m ♦ vt pungere

stingy ['stɪndʒɪ] adj spilorcio(a), tirchio(a)

stink [stɪŋk] (pt **stank**, pp **stunk**) n fetore m, puzzo ♦ vi puzzare; **~ing** (inf) adj (fig): **a ~ing ...** uno schifo di ..., un(a) maledetto(a) ....

stint [stɪnt] n lavoro, compito ♦ vi: **to ~ on** lesinare su

stir [stəː*] n agitazione f, clamore m ♦ vt mescolare; (fig) risvegliare ♦ vi muoversi; **~ up** vt provocare, suscitare

stirrup ['stɪrəp] n staffa

stitch [stɪtʃ] n (SEWING) punto; (KNITTING) maglia; (MED) punto (di sutura); (pain) fitta ♦ vt cucire, attaccare; suturare

stoat [stəʊt] n ermellino

stock [stɒk] n riserva, provvista; (COMM) giacenza, stock m inv; (AGR) bestiame m; (CULIN) brodo; (descent) stirpe f; (FINANCE) titoli mpl, azioni fpl ♦ adj (fig: reply etc) consueto(a); classico(a) ♦ vt (have in stock) avere, vendere; **~s and shares** valori mpl di borsa; **in ~** in magazzino; **out of ~** esaurito(a); **~ up** vi: **to ~ up (with)** fare provvista (di)

stockbroker ['stɒkbrəʊkə*] n agente m di cambio

stock cube (BRIT) n dado

stock exchange n Borsa (valori)

stocking ['stɒkɪŋ] n calza

stock: **~ market** n Borsa, mercato finanziario; **~pile** n riserva ♦ vt accumulare riserve di; **~taking** (BRIT) n (COMM) inventario

stocky ['stɒkɪ] adj tarchiato(a), tozzo(a)

stodgy ['stɒdʒɪ] adj pesante, indigesto(a)

stoke [stəʊk] vt alimentare

stole [stəʊl] pt of **steal** ♦ n stola

stolen ['stəʊln] pp of **steal**

stomach ['stʌmək] n stomaco; (belly) pancia ♦ vt sopportare, digerire; **~ ache** n mal m di stomaco

stone [stəʊn] n pietra; (pebble) sasso, ciottolo; (in fruit) nocciolo; (MED) calcolo; (BRIT: weight) = 6.348 kg.; 14 libbre ♦ adj di pietra ♦ vt lapidare; (fruit) togliere il nocciolo a; **~-cold** adj gelido(a); **~-deaf** adj sordo(a) come una campana; **~work** n muratura; **stony** adj sassoso(a); (fig) di pietra

stood [stʊd] pt, pp of **stand**

stool [stuːl] n sgabello

stoop [stuːp] vi (also: **have a ~**) avere una curvatura; (also: **~ down**) chinarsi, curvarsi

stop [stɒp] n arresto; (stopping place) fermata; (in punctuation) punto ♦ vt arrestare, fermare; (break off) interrompere; (also: **put a ~ to**) porre fine a ♦ vi fermarsi; (rain, noise etc) cessare, finire; **to ~ doing sth** cessare or finire di fare qc; **to ~ dead** fermarsi di colpo; **~ off** vi sostare brevemente; **~ up** vt (hole) chiudere, turare; **~gap** n tappabuchi m inv; **~lights** npl (AUT) stop mpl; **~over** n breve sosta; (AVIAT) scalo

stoppage ['stɒpɪdʒ] n arresto, fermata; (of pay) trattenuta; (strike) interruzione f del lavoro

stopper ['stɒpə*] n tappo

stop press n ultimissime fpl

stopwatch ['stɒpwɒtʃ] n cronometro

storage ['stɔːrɪdʒ] n immagazzinamento; **~ heater** n radiatore m elettrico che accumula calore

store [stɔː*] n provvista, riserva; (*depot*) deposito; (*BRIT: department ~*) grande magazzino; (*US: shop*) negozio ♦ vt immagazzinare; **~s** npl (*provisions*) rifornimenti mpl, scorte fpl; **in ~** di riserva; in serbo; **~ up** vt conservare; mettere in serbo; **~room** n dispensa

storey ['stɔːrɪ] (*US* **story**) n piano

stork [stɔːk] n cicogna

storm [stɔːm] n tempesta, temporale m, burrasca; (*fig*) uragano ♦ vi (*fig*) infuriarsi ♦ vt prendere d'assalto; **~y** adj tempestoso(a), burrascoso(a)

story ['stɔːrɪ] n storia; favola; racconto; (*US*) = **storey**; **~book** n libro di racconti

stout [staut] adj solido(a), robusto(a); (*friend, supporter*) tenace; (*fat*) corpulento(a), grasso(a) ♦ n birra scura

stove [stəuv] n (*for cooking*) fornello; (*: small*) fornelletto; (*for heating*) stufa

stow [stəu] vt (*also:* **~ away**) mettere via; **~away** n passeggero(a) clandestino(a)

straddle ['strædl] vt stare a cavalcioni di; (*fig*) essere a cavallo di

straggle ['strægl] vi crescere (*or* estendersi) disordinatamente; trascinarsi; rimanere indietro; **straggly** adj (*hair*) in disordine

straight [streɪt] adj dritto(a); (*frank*) onesto(a), franco(a); (*simple*) semplice ♦ adv diritto; (*drink*) liscio; **to put** *or* **get ~** mettere in ordine, mettere ordine in; **~ away, ~ off** (*at once*) immediatamente; **~en** vt (*also:* **~en out**) raddrizzare; **~-faced** adj impassibile, imperturbabile; **~forward** adj semplice; onesto(a), franco(a)

strain [streɪn] n (*TECH*) sollecitazione f; (*physical*) sforzo; (*mental*) tensione f; (*MED*) strappo; distorsione f; (*streak, trace*) tendenza; elemento ♦ vt tendere; (*muscle*) sforzare; (*resources*) pesare su; (*food*) colare; passare; **~s** npl (*MUS*) note fpl; **~ed** adj (*muscle*) stirato(a); (*laugh etc*) forzato(a); (*relations*) teso(a); **~er** n

passino, colino

strait [streɪt] n (*GEO*) stretto; **~s** npl: **to be in dire ~s** (*fig*) essere nei guai; **~jacket** n camicia di forza; **~-laced** adj bacchettone(a)

strand [strænd] n (*of thread*) filo; **~ed** adj nei guai; senza mezzi di trasporto

strange [streɪndʒ] adj (*not known*) sconosciuto(a); (*odd*) strano(a), bizzarro(a); **~ly** adv stranamente; **~r** n sconosciuto/a; estraneo/a

strangle ['stræŋgl] vt strangolare; **~hold** n (*fig*) stretta (mortale)

strap [stræp] n cinghia; (*of slip, dress*) spallina, bretella

strategic [strə'tiːdʒɪk] adj strategico(a)

strategy ['strætɪdʒɪ] n strategia

straw [strɔː] n paglia; (*drinking ~*) cannuccia; **that's the last ~!** è la goccia che fa traboccare il vaso!

strawberry ['strɔːbərɪ] n fragola

stray [streɪ] adj (*animal*) randagio(a); (*bullet*) vagante; (*scattered*) sparso(a) ♦ vi perdersi

streak [striːk] n striscia; (*of hair*) mèche f inv ♦ vt striare, screziare ♦ vi: **to ~ past** passare come un fulmine

stream [striːm] n ruscello; corrente f; (*of people, smoke etc*) fiume m ♦ vt (*SCOL*) dividere in livelli di rendimento ♦ vi scorrere; **to ~ in/out** entrare/uscire a fiotti

streamer ['striːmə*] n (*of paper*) stella filante

streamlined ['striːmlaɪnd] adj aerodinamico(a), affusolato(a)

street [striːt] n strada, via; **~car** (*US*) n tram m inv; **~ lamp** n lampione m; **~ plan** n pianta (di una città); **~wise** (*inf*) adj esperto(a) dei bassifondi

strength [streŋθ] n forza; **~en** vt rinforzare; fortificare; consolidare

strenuous ['strenjuəs] adj vigoroso(a), energico(a); (*tiring*) duro(a), pesante

stress [stres] n (*force, pressure*) pressione f; (*mental strain*) tensione f; (*accent*) accento ♦ vt insistere su, sottolineare; accentare

stretch [stretʃ] n (*of sand etc*) distesa ♦ vi stirarsi; (*extend*): **to ~ to** *or* **as far as**

estendersi fino a ♦ vt tendere, allungare; (spread) distendere; (fig) spingere (al massimo); ~ out vi allungarsi, estendersi ♦ vt (arm etc) allungare, tendere; (to spread) distendere

stretcher ['strɛtʃə*] n barella, lettiga

strewn [struːn] adj: ~ **with** cosparso(a) di

stricken ['strɪkən] adj (person) provato(a); (city, industry etc) colpito(a); ~ **with** (disease etc) colpito(a) da

strict [strɪkt] adj (severe) rigido(a), severo(a); (precise) preciso(a), stretto(a); **~ly** adv severamente; rigorosamente; strettamente

stridden ['strɪdn] pp of **stride**

stride [straɪd] (pt **strode**, pp **stridden**) n passo lungo ♦ vi camminare a grandi passi

strife [straɪf] n conflitto; litigi mpl

strike [straɪk] (pt, pp **struck**) n sciopero; (of oil etc) scoperta; (attack) attacco ♦ vt colpire; (oil etc) scoprire, trovare (bargain) fare; (fig): **the thought or it ~s me that ...** mi viene in mente che ... ♦ vi scioperare; (attack) attaccare; (clock) suonare; **on ~** (workers) in sciopero; **to ~ a match** accendere un fiammifero; ~ **down** vt (fig) atterrare; ~ **up** vt (MUS, conversation) attaccare; **to ~ up a friendship with** fare amicizia con; ~**r** n scioperante m/f; (SPORT) attaccante m/f; **striking** adj che colpisce

string [strɪŋ] (pt, pp **strung**) n spago; (row) fila; sequenza; catena; (MUS) corda ♦ vt: **to ~ out** disporre di fianco; **to ~ together** (words, ideas) mettere insieme; **the ~s** npl (MUS) gli archi; **to pull ~s for sb** (fig) raccomandare qn; ~ **bean** n fagiolino; ~**(ed) instrument** n (MUS) strumento a corda

stringent ['strɪndʒənt] adj rigoroso(a)

strip [strɪp] n striscia ♦ vt spogliare; (paint) togliere; (also: ~ **down**: machine) smontare ♦ vi spogliarsi; ~ **cartoon** n fumetto

stripe [straɪp] n striscia, riga; (MIL, POLICE) gallone m; ~**d** adj a strisce or righe

strip lighting n illuminazione f al neon

stripper ['strɪpə*] n spogliarellista m/f

strip-search ['strɪpsəːtʃ] vt: **to ~ sb** perquisire qn facendolo(a) spogliare ♦ n

perquisizione (facendo spogliare il perquisto)

striptease ['strɪptiːz] n spogliarello

strive [straɪv] (pt **strove**, pp **striven**) vi: **to ~ to do** sforzarsi di fare; **striven** ['strɪvn] pp of **strive**

strode [strəʊd] pt of **stride**

stroke [strəʊk] n colpo; (SWIMMING) bracciata; (: style) stile m; (MED) colpo apoplettico ♦ vt accarezzare; **at a ~** in un attimo

stroll [strəʊl] n giretto, passeggiatina ♦ vi andare a spasso; ~**er** n (US) passeggino

strong [strɒŋ] adj (gen) forte; (sturdy: table, fabric etc) robusto(a); **they are 50 ~** sono in 50; ~**box** n cassaforte f; ~**hold** n (also fig) roccaforte f; ~**ly** adv fortemente, con forza; energicamente; vivamente; ~**room** n camera di sicurezza

strove [strəʊv] pt of **strive**

struck [strʌk] pt, pp of **strike**

structural ['strʌktʃərəl] adj strutturale

structure ['strʌktʃə*] n struttura; (building) costruzione f, fabbricato

struggle ['strʌgl] n lotta ♦ vi lottare

strum [strʌm] vt (guitar) strimpellare

strung [strʌŋ] pt, pp of **string**

strut [strʌt] n sostegno, supporto ♦ vi pavoneggiarsi

stub [stʌb] n mozzicone m; (of ticket etc) matrice f, talloncino ♦ vt: **to ~ one's toe** urtare or sbattere il dito del piede; ~ **out** vt schiacciare

stubble ['stʌbl] n stoppia; (on chin) barba ispida

stubborn ['stʌbən] adj testardo(a), ostinato(a)

stuck [stʌk] pt, pp of **stick** ♦ adj (jammed) bloccato(a); ~-**up** adj presuntuoso(a)

stud [stʌd] n bottoncino; borchia; (also: ~ **earring**) orecchino a pressione; (also: ~ **farm**) scuderia, allevamento di cavalli; (also: ~ **horse**) stallone m ♦ vt (fig): ~**ded with** tempestato(a) di

student ['stjuːdənt] n studente/essa ♦ cpd studentesco(a); universitario(a); degli studenti; ~ **driver** n (US) conducente m/f principiante

studio ['stjuːdɪəʊ] n studio; ~ **flat** (US ~ **apartment**) n monolocale m

studious ['stjuːdɪəs] adj studioso(a); (studied) studiato(a), voluto(a); ~**ly** adv (carefully) deliberatamente, di proposito

study ['stʌdɪ] n studio ♦ vt studiare; esaminare ♦ vi studiare

stuff [stʌf] n roba; (substance) sostanza, materiale m ♦ vt imbottire; (CULIN) farcire; (dead animal) impagliare; (inf: push) ficcare; ~**ing** n imbottitura; (CULIN) ripieno; ~**y** adj (room) mal ventilato(a), senz'aria; (ideas) antiquato(a)

stumble ['stʌmbl] vi inciampare; **to ~ across** (fig) imbattersi in; **stumbling block** n ostacolo, scoglio

stump [stʌmp] n ceppo; (of limb) moncone m ♦ vt: **to be ~ed** essere sconcertato(a)

stun [stʌn] vt stordire; (amaze) sbalordire

stung [stʌŋ] pt, pp of **sting**

stunk [stʌŋk] pp of **stink**

stunning ['stʌnɪŋ] adj sbalorditivo(a); (girl etc) fantastico(a)

stunt [stʌnt] n bravata; trucco pubblicitario; ~**man** (irreg) n cascatore m

stupefy ['stjuːpɪfaɪ] vt stordire; intontire; (fig) stupire

stupendous [stjuː'pɛndəs] adj stupendo(a), meraviglioso(a)

stupid ['stjuːpɪd] adj stupido(a); ~**ity** [-'pɪdɪtɪ] n stupidità f inv, stupidaggine f

stupor ['stjuːpə*] n torpore m

sturdy ['stəːdɪ] adj robusto(a), vigoroso(a), solido(a)

stutter ['stʌtə*] n balbuzie f ♦ vi balbettare

sty [staɪ] n (of pigs) porcile m

stye [staɪ] n (MED) orzaiolo

style [staɪl] n stile m; (distinction) eleganza, classe f; **stylish** adj elegante

stylus ['staɪləs] n (of record player) puntina

suave [swɑːv] adj untuoso(a)

sub... [sʌb] prefix sub..., sotto...; ~**conscious** adj subcosciente ♦ n subcosciente m; ~**contract** vt subappaltare

subdue [səb'djuː] vt sottomettere, soggiogare; ~**d** adj pacato(a); (light)

attenuato(a)

subject [n 'sʌbdʒɪkt, vb səb'dʒɛkt] n soggetto; (citizen etc) cittadino/a; (SCOL) materia ♦ vt: **to ~ to** sottomettere a; esporre a; **to be ~ to** (law) essere sottomesso(a) a; (disease) essere soggetto(a) a; ~**ive** [-'dʒɛktɪv] adj soggettivo(a); ~ **matter** n argomento; contenuto

sublet [sʌb'lɛt] vt subaffittare

submachine gun ['sʌbmə'ʃiːn-] n mitra m inv

submarine [sʌbmə'riːn] n sommergibile m

submerge [səb'məːdʒ] vt sommergere; immergere ♦ vi immergersi

submission [səb'mɪʃən] n sottomissione f; (claim) richiesta

submissive [səb'mɪsɪv] adj remissivo(a)

submit [səb'mɪt] vt sottomettere ♦ vi sottomettersi

subnormal [sʌb'nɔːməl] adj subnormale

subordinate [sə'bɔːdɪnət] adj, n subordinato(a)

subpoena [səb'piːnə] n (LAW) citazione f, mandato di comparizione

subscribe [səb'skraɪb] vi contribuire; **to ~ to** (opinion) approvare, condividere; (fund) sottoscrivere a; (newspaper) abbonarsi a; essere abbonato(a) a; ~**r** n (to periodical, telephone) abbonato/a

subscription [səb'skrɪpʃən] n sottoscrizione f; abbonamento

subsequent ['sʌbsɪkwənt] adj successivo(a), seguente; conseguente; ~**ly** adv in seguito, successivamente

subside [səb'saɪd] vi cedere, abbassarsi; (flood) decrescere; (wind) calmarsi; ~**nce** [-'saɪdns] n cedimento, abbassamento

subsidiary [səb'sɪdɪərɪ] adj sussidiario(a); accessorio(a) ♦ n filiale f

subsidize ['sʌbsɪdaɪz] vt sovvenzionare

subsidy ['sʌbsɪdɪ] n sovvenzione f

subsistence [səb'sɪstəns] n esistenza; mezzi mpl di sostentamento; ~ **allowance** n indennità f inv di trasferta

substance ['sʌbstəns] n sostanza

substantial [səb'stænʃl] adj solido(a);

(*amount, progress etc*) notevole; (*meal*) sostanzioso(a)

substantiate [səb'stænʃɪeɪt] *vt* comprovare

substitute ['sʌbstɪtjuːt] *n* (*person*) sostituto/a; (*thing*) succedaneo, surrogato ♦ *vt*: **to ~ sth/sb for** sostituire qc/qn a

subterfuge ['sʌbtəfjuːdʒ] *n* sotterfugio

subterranean [sʌbtə'reɪnɪən] *adj* sotterraneo(a)

subtitle ['sʌbtaɪtl] *n* (*CINEMA*) sottotitolo; ~**d** *adj* sottotitolato(a)

subtle ['sʌtl] *adj* sottile; ~**ty** *n* sottigliezza

subtotal [sʌb'təʊtl] *n* somma parziale

subtract [səb'trækt] *vt* sottrarre; ~**ion** [-'trækʃən] *n* sottrazione *f*

suburb ['sʌbəːb] *n* sobborgo; **the ~s** la periferia; ~**an** [sə'bəːbən] *adj* suburbano(a); ~**ia** *n* periferia, sobborghi *mpl*

subversive [səb'vəːsɪv] *adj* sovversivo(a)

subway ['sʌbweɪ] *n* (*US: underground*) metropolitana; (*BRIT: underpass*) sottopassaggio

succeed [sək'siːd] *vi* riuscire; avere successo ♦ *vt* succedere a; **to ~ in doing** riuscire a fare; ~**ing** *adj* (*following*) successivo(a)

success [sək'ses] *n* successo; ~**ful** *adj* (*venture*) coronato(a) da successo, riuscito(a); **to be ~ful (in doing)** riuscire (a fare); ~**fully** *adv* con successo

succession [sək'seʃən] *n* successione *f*

successive [sək'sesɪv] *adj* successivo(a); consecutivo(a)

succumb [sə'kʌm] *vi* soccombere

such [sʌtʃ] *adj* tale; (*of that kind*): ~ **a book** un tale libro, un libro del genere; ~ **books** tali libri, libri del genere; (*so much*): ~ **courage** tanto coraggio ♦ *adv* talmente, così; ~ **a long trip** un viaggio così lungo; ~ **a lot of** talmente *or* così tanto(a); ~ **as** (*like*) come; **as** ~ come *or* in quanto tale; ~**-and-~** *adj* tale (*after noun*)

suck [sʌk] *vt* succhiare; (*breast, bottle*) poppare; ~**er** *n* (*ZOOL, TECH*) ventosa; (*inf*) gonzo/a, babbeo/a

suction ['sʌkʃən] *n* succhiamento; (*TECH*) aspirazione *f*

sudden ['sʌdn] *adj* improvviso(a); **all of a ~**

improvvisamente, all'improvviso; ~**ly** *adv* bruscamente, improvvisamente, di colpo

suds [sʌdz] *npl* schiuma (di sapone)

sue [suː] *vt* citare in giudizio

suede [sweɪd] *n* pelle *f* scamosciata

suet ['suɪt] *n* grasso di rognone

suffer ['sʌfə*] *vt* soffrire, patire; (*bear*) sopportare, tollerare ♦ *vi* soffrire; **to ~ from** soffrire di; ~**er** *n* malato/a; ~**ing** *n* sofferenza

suffice [sə'faɪs] *vi* essere sufficiente, bastare

sufficient [sə'fɪʃənt] *adj* sufficiente; ~ **money** abbastanza soldi; ~**ly** *adv* sufficientemente, abbastanza

suffocate ['sʌfəkeɪt] *vi* (*have difficulty breathing*) soffocare; (*die through lack of air*) asfissiare

sugar ['ʃʊgə*] *n* zucchero ♦ *vt* zuccherare; ~ **beet** *n* barbabietola da zucchero; ~ **cane** *n* canna da zucchero

suggest [sə'dʒest] *vt* proporre, suggerire; indicare; ~**ion** [-'dʒestʃən] *n* suggerimento, proposta; indicazione *f*; ~**ive** (*pej*) *adj* indecente

suicide ['suɪsaɪd] *n* (*person*) suicida *m/f*; (*act*) suicidio; *see also* **commit**

suit [suːt] *n* (*man's*) vestito; (*woman's*) completo, tailleur *m inv*; (*LAW*) causa; (*CARDS*) seme *m*, colore *m* ♦ *vt* andar bene a *or* per; essere adatto(a) a *or* per; (*adapt*): **to ~ sth to** adattare qc a; **well ~ed** ben assortito(a); ~**able** *adj* adatto(a); appropriato(a); ~**ably** *adv* (*dress*) in modo adatto; (*impressed*) favorevolmente

suitcase ['suːtkeɪs] *n* valigia

suite [swiːt] *n* (*of rooms*) appartamento; (*MUS*) suite *f inv*; (*furniture*): **bedroom/ dining room ~** arredo *or* mobilia per la camera da letto/sala da pranzo

suitor ['suːtə*] *n* corteggiatore *m*, spasimante *m*

sulfur ['sʌlfə*] (*US*) *n* = **sulphur**

sulk [sʌlk] *vi* fare il broncio; ~**y** *adj* imbronciato/a

sullen ['sʌlən] *adj* scontroso(a); cupo(a)

sulphur ['sʌlfə*] (*US* **sulfur**) *n* zolfo

sultana [sʌl'tɑːnə] *n* (*fruit*) uva (secca)

sultanina

sultry ['sʌltrɪ] *adj* afoso(a)

sum [sʌm] *n* somma; (*SCOL etc*) addizione *f*; ~ **up** *vt, vi* riassumere

summarize ['sʌməraɪz] *vt* riassumere, riepilogare

summary ['sʌmərɪ] *n* riassunto

summer ['sʌmə*] *n* estate *f* ♦ *cpd* d'estate, estivo(a); ~ **holidays** *npl* vacanze *fpl* estive; ~**house** *n* (*in garden*) padiglione *m*; ~**time** *n* (*season*) estate *f*; ~ **time** *n* (*by clock*) ora legale (estiva)

summit ['sʌmɪt] *n* cima, sommità; (*POL*) vertice *m*

summon ['sʌmən] *vt* chiamare, convocare; ~ **up** *vt* raccogliere, fare appello a; ~**s** *n* ordine *m* di comparizione ♦ *vt* citare

sump [sʌmp] (*BRIT*) *n* (*AUT*) coppa dell'olio

sumptuous ['sʌmptjuəs] *adj* sontuoso(a)

sun [sʌn] *n* sole *m*; ~**bathe** *vi* prendere un bagno di sole; ~**block** *n* protezione *f* solare totale; ~**burn** *n* (*painful*) scottatura; ~**burnt** *adj* abbronzato(a); (*painfully*) scottato(a)

Sunday ['sʌndɪ] *n* domenica; ~ **school** *n* ≈ scuola di catechismo

sundial ['sʌndaɪəl] *n* meridiana

sundown ['sʌndaun] *n* tramonto

sundry ['sʌndrɪ] *adj* vari(e), diversi(e); **all and** ~ tutti quanti; **sundries** *npl* articoli diversi, cose diverse

sunflower ['sʌnflauə*] *n* girasole *m*

sung [sʌŋ] *pp of* **sing**

sunglasses ['sʌnglɑ:sɪz] *npl* occhiali *mpl* da sole

sunk [sʌŋk] *pp of* **sink**

sun: ~**light** *n* (luce *f* del) sole *m*; ~**lit** *adj* soleggiato(a); ~**ny** *adj* assolato(a), soleggiato(a); (*fig*) allegro(a), felice; ~**rise** *n* levata del sole, alba; ~ **roof** *n* (*AUT*) tetto apribile; ~**screen** *n* (*protective ingredient*) filtro solare; (*cream*) crema solare protettiva; ~**set** *n* tramonto; ~**shade** *n* parasole *m*; ~**shine** *n* (luce *f* del) sole *m*; ~**stroke** *n* insolazione *f*, colpo di sole; ~**tan** *n* abbronzatura; ~**tan lotion** *n* lozione *f* solare; ~**tan oil** *n* olio solare

super ['su:pə*] (*inf*) *adj* fantastico(a)

superannuation [su:pərænju'eɪʃən] *n* contributi *mpl* pensionistici; pensione *f*

superb [su:'pə:b] *adj* magnifico(a)

supercilious [su:pə'sɪlɪəs] *adj* sprezzante, sdegnoso(a)

superficial [su:pə'fɪʃəl] *adj* superficiale

superhuman [su:pə'hju:mən] *adj* sovrumano(a)

superimpose ['su:pərɪm'pəuz] *vt* sovrapporre

superintendent [su:pərɪn'tɛndənt] *n* direttore/trice; (*POLICE*) ≈ commissario (capo)

superior [su'pɪərɪə*] *adj, n* superiore *m/f*; ~**ity** [-'ɔrɪtɪ] *n* superiorità

superlative [su'pə:lətɪv] *adj* superlativo(a), supremo(a) ♦ *n* (*LING*) superlativo

superman ['su:pəmæn] (*irreg*) *n* superuomo

supermarket ['su:pəmɑ:kɪt] *n* supermercato

supernatural [su:pə'nætʃərəl] *adj* soprannaturale ♦ *n* soprannaturale *m*

superpower ['su:pəpauə*] *n* (*POL*) superpotenza

supersede [su:pə'si:d] *vt* sostituire, soppiantare

superstitious [su:pə'stɪʃəs] *adj* superstizioso(a)

supertanker ['su:pətæŋkə*] *n* superpetroliera

supervise ['su:pəvaɪz] *vt* (*person etc*) sorvegliare; (*organization*) soprintendere a; **supervision** [-'vɪʒən] *n* sorveglianza; supervisione *f*; **supervisor** *n* sorvegliante *m/f*; soprintendente *m/f*; (*in shop*) capocommesso/a

supine ['su:paɪn] *adj* supino(a)

supper ['sʌpə*] *n* cena

supplant [sə'plɑ:nt] *vt* (*person, thing*) soppiantare

supple ['sʌpl] *adj* flessibile; agile

supplement [*n* 'sʌplɪmənt, *vb* sʌplɪ'mɛnt] *n* supplemento ♦ *vt* completare, integrare; ~**ary** [-'mɛntərɪ] *adj* supplementare

supplier [sə'plaɪə*] *n* fornitore *m*

supply [sə'plaɪ] *vt* (*provide*) fornire; (*equip*):

to ~ (with) approvvigionare (di); attrezzare (con) ♦ *n* riserva, provvista; (*supplying*) approvvigionamento; (*TECH*) alimentazione f; **supplies** *npl* (*food*) viveri *mpl*; (*MIL*) sussistenza; **~ teacher** (*BRIT*) *n* supplente *m/f*

support [sə'pɔːt] *n* (*moral, financial etc*) sostegno, appoggio; (*TECH*) supporto ♦ *vt* sostenere; (*financially*) mantenere; (*uphold*) sostenere, difendere; **~er** *n* (*POL etc*) sostenitore/trice, fautore/trice; (*SPORT*) tifoso/a

suppose [sə'pəuz] *vt* supporre; immaginare; **to be ~d to do** essere tenuto(a) a fare; **~dly** [sə'pəuzıdlı] *adv* presumibilmente; **supposing** *conj* se, ammesso che +*sub*

suppository [sə'pɒzıtərı] *n* suppositorio

suppress [sə'prɛs] *vt* reprimere; sopprimere; occultare

supreme [su'priːm] *adj* supremo(a)

surcharge ['sɜːtʃɑːdʒ] *n* supplemento

sure [ʃuə*] *adj* sicuro(a); (*definite, convinced*) sicuro(a), certo(a); **~!** (*of course*) senz'altro!, certo!; **~ enough** infatti; **to make ~ of sth/that** assicurarsi di qc/che; **~-footed** *adj* dal passo sicuro; **~ly** *adv* sicuramente; certamente

surf [sɜːf] *n* (*waves*) cavalloni *mpl*; (*foam*) spuma

surface ['sɜːfis] *n* superficie f ♦ *vt* (*road*) asfaltare ♦ *vi* risalire alla superficie; (*fig: news, feeling*) venire a galla; **~ mail** *n* posta ordinaria

surfboard ['sɜːfbɔːd] *n* tavola per surfing

surfeit ['sɜːfit] *n*: **a ~ of** un eccesso di; un'indigestione di

surfing ['sɜːfɪŋ] *n* surfing *m*

surge [sɜːdʒ] *n* (*strong movement*) ondata; (*of feeling*) impeto ♦ *vi* gonfiarsi; (*people*) riversarsi

surgeon ['sɜːdʒən] *n* chirurgo

surgery ['sɜːdʒərı] *n* chirurgia; (*BRIT: room*) studio *or* gabinetto medico, ambulatorio; (: *also:* **~ hours**) orario delle visite *or* di consultazione; **to undergo ~** subire un intervento chirurgico

surgical ['sɜːdʒıkl] *adj* chirurgico(a); **~**

spirit (*BRIT*) *n* alcool *m* denaturato

surname ['sɜːneım] *n* cognome *m*

surpass [sɜː'pɑːs] *vt* superare

surplus ['sɜːpləs] *n* eccedenza; (*ECON*) surplus *m inv* ♦ *adj* eccedente, d'avanzo

surprise [sə'praız] *n* sorpresa; (*astonishment*) stupore *m* ♦ *vt* sorprendere; stupire; **surprising** *adj* sorprendente, stupefacente; **surprisingly** *adv* (*easy, helpful*) sorprendentemente

surrender [sə'rɛndə*] *n* resa, capitolazione f ♦ *vi* arrendersi

surreptitious [sʌrəp'tıʃəs] *adj* furtivo(a)

surrogate ['sʌrəgıt] *n* surrogato; **~ mother** *n* madre f provetta

surround [sə'raund] *vt* circondare; (*MIL etc*) accerchiare; **~ing** *adj* circostante; **~ings** *npl* dintorni *mpl*; (*fig*) ambiente *m*

surveillance [sɜː'veıləns] *n* sorveglianza, controllo

survey [*n* 'sɜːveı, *vb* sɜː'veı] *n* quadro generale; (*study*) esame *m*; (*in housebuying etc*) perizia; (*of land*) rilevamento, rilievo topografico ♦ *vt* osservare; esaminare; valutare; rilevare; **~or** *n* perito; geometra *m*; (*of land*) agrimensore *m*

survival [sə'vaıvl] *n* sopravvivenza; (*relic*) reliquia, vestigio

survive [sə'vaıv] *vi* sopravvivere ♦ *vt* sopravvivere a; **survivor** *n* superstite *m/f*, sopravvissuto/a

susceptible [sə'sɛptəbl] *adj*: **~ (to)** sensibile (a); (*disease*) predisposto(a) (a)

suspect [*adj, n* 'sʌspɛkt, *vb* səs'pɛkt] *adj* sospetto(a) ♦ *n* persona sospetta ♦ *vt* sospettare; (*think likely*) supporre; (*doubt*) dubitare

suspend [səs'pɛnd] *vt* sospendere; **~ed sentence** *n* condanna con la condizionale; **~er belt** *n* reggicalze *m inv*; **~ers** *npl* (*BRIT*) giarrettiere *fpl*; (*US*) bretelle *fpl*

suspense [səs'pɛns] *n* apprensione f; (*in film etc*) suspense *m*; **to keep sb in ~** tenere qn in sospeso

suspension [səs'pɛnʃən] *n* (*gen AUT*) sospensione f; (*of driving licence*) ritiro temporaneo; ~ **bridge** n ponte m sospeso

suspicion [səs'pɪʃən] n sospetto

suspicious [səs'pɪʃəs] adj (suspecting) sospettoso(a); (causing suspicion) sospetto(a)

sustain [səs'teɪn] vt sostenere; sopportare; (LAW: charge) confermare; (suffer) subire; ~**able** adj sostenibile; ~**ed** adj (effort) prolungato(a)

sustenance ['sʌstɪnəns] n nutrimento; mezzi mpl di sostentamento

swab [swɔb] n (MED) tampone m

swagger ['swægə*] vi pavoneggiarsi

swallow ['swɔləu] n (bird) rondine f ♦ vt inghiottire; (fig: story) bere; ~ **up** vt inghiottire

swam [swæm] pt of **swim**

swamp [swɔmp] n palude f ♦ vt sommergere

swan [swɔn] n cigno

swap [swɔp] vt: **to ~ (for)** scambiare (con)

swarm [swɔːm] n sciame m ♦ vi (bees) sciamare; (people) brulicare; (place): **to be ~ing with** brulicare di

swastika ['swɔstɪkə] n croce f uncinata, svastica

swat [swɔt] vt schiacciare

sway [sweɪ] vi (tree) ondeggiare; (person) barcollare ♦ vt (influence) influenzare, dominare

swear [swɛə*] (pt **swore**, pp **sworn**) vi (curse) bestemmiare, imprecare ♦ vt (promise) giurare; ~**word** n parolaccia

sweat [swɛt] n sudore m, traspirazione f ♦ vi sudare

sweater ['swɛtə*] n maglione m

sweatshirt ['swɛtʃəːt] n felpa

sweaty ['swɛtɪ] adj sudato(a); bagnato(a) di sudore

Swede [swiːd] n svedese m/f

swede [swiːd] (BRIT) n rapa svedese

Sweden ['swiːdn] n Svezia

Swedish ['swiːdɪʃ] adj svedese ♦ n (LING) svedese m

sweep [swiːp] (pt, pp **swept**) n spazzata; (also: **chimney** ~) spazzacamino ♦ vt spazzare, scopare; (current) spazzare ♦ vi (hand) muoversi con gesto ampio; (wind) infuriare; ~ **away** vt spazzare via; trascinare via; ~ **past** vi sfrecciare accanto; passare accanto maestosamente; ~ **up** vt, vi spazzare; ~**ing** adj (gesture) ampio(a); circolare; **a ~ing statement** un'affermazione generica

sweet [swiːt] n (BRIT: pudding) dolce m; (candy) caramella ♦ adj dolce; (fresh) fresco(a); (fig) piacevole; delicato(a), grazioso(a); gentile; ~**corn** n granturco dolce; ~**en** vt addolcire; zuccherare; ~**heart** n innamorato/a; ~**ness** n sapore m dolce; dolcezza; ~ **pea** n pisello odoroso

swell [swɛl] (pt ~**ed**, pp **swollen**, ~**ed**) n (of sea) mare m lungo ♦ adj (US: inf: excellent) favoloso(a) ♦ vt gonfiare, ingrossare; aumentare ♦ vi gonfiarsi, ingrossarsi; (sound) crescere; (also: ~ **up**) gonfiarsi; ~**ing** n (MED) tumefazione f, gonfiore m

sweltering ['swɛltərɪŋ] adj soffocante

swept [swɛpt] pt, pp of **sweep**

swerve [swəːv] vi deviare; (driver) sterzare; (boxer) scartare

swift [swɪft] n (bird) rondone m ♦ adj rapido(a), veloce

swig [swɪg] (inf) n (drink) sorsata

swill [swɪl] vt (also: ~ **out**, ~ **down**) risciacquare

swim [swɪm] (pt **swam**, pp **swum**) n: **to go for a ~** andare a fare una nuotata ♦ vi nuotare; (SPORT) fare del nuoto; (head, room) girare ♦ vt (river, channel) attraversare or percorrere a nuoto; (length) nuotare; ~**mer** n nuotatore/trice; ~**ming** n nuoto; ~**ming cap** n cuffia; ~**ming costume** (BRIT) n costume m da bagno; ~**ming pool** n piscina; ~**ming trunks** npl costume m da bagno (da uomo); ~**suit** n costume m da bagno

swindle ['swɪndl] n truffa ♦ vt truffare

swine [swaɪn] (inf!) n inv porco (!)

swing [swɪŋ] (pt, pp **swung**) n altalena; (movement) oscillazione f; (MUS) ritmo; swing m ♦ vt dondolare, far oscillare; (also: ~ **round**) far girare ♦ vi oscillare, dondolare; (*also:* ~ **round:** *object*) roteare; (*: person*) girarsi, voltarsi; **to be in full ~** (*activity*) essere in piena attività; (*party etc*) essere nel pieno; ~ **door** (*US* **~ing door**) *n* porta battente

swingeing ['swɪndʒɪŋ] *adj* (*BRIT: defeat*) violento(a); (*: cuts*) enorme

swipe [swaɪp] *vt* (*hit*) colpire con forza; dare uno schiaffo a; (*inf: steal*) sgraffignare; **~card** *n* tessera magnetica

swirl [swə:l] *vi* turbinare, far mulinello

Swiss [swɪs] *adj, n inv* svizzero(a)

switch [swɪtʃ] *n* (*for light, radio etc*) interruttore *m*; (*change*) cambiamento ♦ *vt* (*change*) cambiare; scambiare; ~ **off** *vt* spegnere; ~ **on** *vt* accendere; (*engine, machine*) mettere in moto, avviare; **~board** *n* (*TEL*) centralino

Switzerland ['swɪtsələnd] *n* Svizzera

swivel ['swɪvl] *vi* (*also:* ~ **round**) girare

swollen ['swəʊlən] *pp of* **swell**

swoon [swu:n] *vi* svenire

swoop [swu:p] *n* incursione *f* ♦ *vi* (*also:* ~ *down*) scendere in picchiata, piombare

swop [swɒp] *n, vt* = **swap**

sword [sɔ:d] *n* spada; **~fish** *n* pesce *m* spada *inv*

swore [swɔ:*] *pt of* **swear**

sworn [swɔ:n] *pp of* **swear** ♦ *adj* giurato(a)

swot [swɒt] *vi* sgobbare

swum [swʌm] *pp of* **swim**

swung [swʌŋ] *pt, pp of* **swing**

syllable ['sɪləbl] *n* sillaba

syllabus ['sɪləbəs] *n* programma *m*

symbol ['sɪmbl] *n* simbolo

symmetry ['sɪmɪtrɪ] *n* simmetria

sympathetic [sɪmpə'θetɪk] *adj* (*showing pity*) compassionevole; (*kind*) comprensivo(a); ~ **towards** ben disposto(a) verso

sympathize ['sɪmpəθaɪz] *vi:* **to ~ with** (*person*) compatire; partecipare al dolore di; (*cause*) simpatizzare per; ~**r** *n* (*POL*) simpatizzante *m/f*

sympathy ['sɪmpəθɪ] *n* compassione *f*; **sympathies** *npl* (*support, tendencies*) simpatie *fpl*; **in ~ with** (*strike*) per

solidarietà con; **with our deepest ~** con le nostre più sincere condoglianze

symphony ['sɪmfənɪ] *n* sinfonia

symptom ['sɪmptəm] *n* sintomo; indizio

synagogue ['sɪnəgɒg] *n* sinagoga

syndicate ['sɪndɪkɪt] *n* sindacato

synopses [sɪ'nɒpsi:z] *npl of* **synopsis**

synopsis [sɪ'nɒpsɪs] (*pl* **synopses**) *n* sommario, sinossi *f inv*

syntheses ['sɪnθəsi:z] *npl of* **synthesis**

synthesis ['sɪnθəsɪs] (*pl* **syntheses**) *n* sintesi *f inv*

synthetic [sɪn'θetɪk] *adj* sintetico(a)

syphon ['saɪfən] *n, vb* = **siphon**

Syria ['sɪrɪə] *n* Siria

syringe [sɪ'rɪndʒ] *n* siringa

syrup ['sɪrəp] *n* sciroppo; (*also:* **golden ~**) melassa raffinata

system ['sɪstəm] *n* sistema *m*; (*order*) metodo; (*ANAT*) organismo; **~atic** [-'mætɪk] *adj* sistematico(a); metodico(a); ~ **disk** *n* (*COMPUT*) disco del sistema; **~s analyst** *n* analista *m* di sistemi

T, t

ta [ta:] (*BRIT: inf*) *excl* grazie!

tab [tæb] *n* (*loop on coat etc*) laccetto; (*label*) etichetta; **to keep ~s on** (*fig*) tenere d'occhio

tabby ['tæbɪ] *n* (*also:* ~ **cat**) (gatto) soriano, gatto tigrato

table ['teɪbl] *n* tavolo, tavola; (*MATH, CHEM etc*) tavola ♦ *vt* (*BRIT: motion etc*) presentare; **to lay** *or* **set the ~** apparecchiare *or* preparare la tavola; **~cloth** *n* tovaglia; ~ **d'hôte** [ta:bl'dəut] *adj* (*meal*) a prezzo fisso; ~ **lamp** *n* lampada da tavolo; **~mat** *n* sottopiatto; ~ **of contents** *n* indice *m*; **~spoon** *n* cucchiaio da tavola; (*also:* **~spoonful:** *as measurement*) cucchiaiata

tablet ['tæblɪt] *n* (*MED*) compressa; (*of stone*) targa

table: ~ **tennis** *n* tennis *m* da tavolo, ping-pong ® *m*; ~ **wine** *n* vino da tavola

---

tabloid press

i *Il termine* **tabloid press** *si riferisce ai giornali popolari, che hanno un formato ridotto e pubblicano le notizie in modo sensazionalistico; vedi anche* **quality press.**

---

tacit ['tæsɪt] *adj* tacito(a)

tack [tæk] *n (nail)* bulletta; *(fig)* approccio ♦ *vt* imbullettare; imbastire ♦ *vi* bordeggiare

tackle ['tækl] *n* attrezzatura, equipaggiamento; *(for lifting)* paranco; *(FOOTBALL)* contrasto; *(RUGBY)* placcaggio ♦ *vt (difficulty)* affrontare; *(FOOTBALL)* contrastare; *(RUGBY)* placcare

tacky ['tækɪ] *adj* appiccicaticcio(a); *(pej)* scadente

tact [tækt] *n* tatto; ~**ful** *adj* delicato(a), discreto(a)

tactical ['tæktɪkl] *adj* tattico(a)

tactics ['tæktɪks] *n, npl* tattica

tactless ['tæktlɪs] *adj* che manca di tatto

tadpole ['tædpəʊl] *n* girino

tag [tæg] *n* etichetta; ~ **along** *vi* seguire

tail [teɪl] *n* coda; *(of shirt)* falda ♦ *vt (follow)* seguire, pedinare; ~ **away** *vi* = ~ **off**; ~ **off** *vi (in size, quality etc)* diminuire gradatamente; ~**back** (BRIT) *n (AUT)* ingorgo; ~ **end** *n (of train, procession etc)* coda; *(of meeting etc)* fine *f*; ~**gate** *n (AUT)* portellone *m* posteriore

tailor ['teɪlə*] *n* sarto; ~**ing** *n (cut)* stile *m*; *(craft)* sartoria; ~**-made** *adj (also fig)* fatto(a) su misura

tailwind ['teɪlwɪnd] *n* vento di coda

tainted ['teɪntɪd] *adj (food)* guasto(a); *(water, air)* infetto(a); *(fig)* corrotto(a)

take [teɪk] *(pt* **took,** *pp* **taken)** *vt* prendere; *(gain: prize)* ottenere, vincere; *(require: effort, courage)* occorrere, volerci; *(tolerate)* accettare, sopportare; *(hold: passengers etc)* contenere; *(accompany)* accompagnare; *(bring, carry)* portare; *(exam)* sostenere, presentarsi a; **to ~ a photo/a shower** fare una fotografia/una doccia; **I ~ it that** suppongo che; ~ **after** *vt fus* assomigliare a; ~ **apart** *vt* smontare; ~ **away** *vt* portare via; togliere; ~ **back** *vt (return)* restituire; riportare; *(one's words)* ritirare; ~ **down** *vt (building)* demolire; *(letter etc)* scrivere; ~ **in** *vt (deceive)* imbrogliare, abbindolare; *(understand)* capire; *(include)* comprendere, includere; *(lodger)* prendere, ospitare; ~ **off** *vi (AVIAT)* decollare; *(go away)* andarsene ♦ *vt (remove)* togliere; ~ **on** *vt (work)* accettare, intraprendere; *(employee)* assumere; *(opponent)* sfidare, affrontare; ~ **out** *vt* portare fuori; *(remove)* togliere; *(licence)* prendere, ottenere; **to ~ sth out of sth** *(drawer, pocket etc)* tirare qc fuori da qc; estrarre qc da qc; ~ **over** *vt (business)* rilevare ♦ *vi:* **to ~ over from sb** prendere le consegne *or* il controllo da qn; ~ **to** *vt fus (person)* prendere in simpatia; *(activity)* prendere gusto a; ~ **up** *vt (dress)* accorciare; *(occupy: time, space)* occupare; *(engage in: hobby etc)* mettersi a; **to ~ sb up on sth** accettare qc da qn; ~**away** (BRIT) *n (shop etc)* = rosticceria; *(food)* pasto per asporto; ~**off** *n (AVIAT)* decollo; ~**out** (US) *n* = ~**away**; ~**over** *n (COMM)* assorbimento

takings ['teɪkɪŋz] *npl (COMM)* incasso

talc [tælk] *n (also:* ~**um powder)** talco

tale [teɪl] *n* racconto, storia; **to tell ~s** *(fig: to teacher, parent etc)* fare la spia

talent ['tælnt] *n* talento; ~**ed** *adj* di talento

talk [tɔːk] *n* discorso; *(gossip)* chiacchiere *fpl*; *(conversation)* conversazione *f*; *(interview)* discussione *f* ♦ *vi* parlare; ~**s** *npl (POL etc)* colloqui *mpl*; **to ~ about** parlare di; **to ~ sb out of/into doing** dissuadere qn da/convincere qn a fare; **to ~ shop** parlare di lavoro *or* di affari; ~ **over** *vt* discutere; ~**ative** *adj* loquace, ciarliero(a); ~ **show** *n* conversazione *f* televisiva, talk show *m inv*

tall [tɔːl] *adj* alto(a); **to be 6 feet ~** ≈ essere alto 1 metro e 80; ~ **story** *n* panzana, frottola

tally ['tælɪ] *n* conto, conteggio ♦ *vi:* **to ~ (with)** corrispondere (a)

talon ['tælən] *n* artiglio

tambourine [tæmbə'riːn] *n* tamburello

tame [teɪm] *adj* addomesticato(a); (*fig: story, style*) insipido(a), scialbo(a)

tamper ['tæmpə*] *vi*: **to ~ with** manomettere

tampon ['tæmpɔn] *n* tampone *m*

tan [tæn] *n* (*also:* **sun~**) abbronzatura ♦ *vi* abbronzarsi ♦ *adj* (*colour*) marrone rossiccio *inv*

tang [tæŋ] *n* odore *m* penetrante; sapore *m* piccante

tangent ['tændʒənt] *n*: **to go off at a ~** (*fig*) partire per la tangente

tangerine [tændʒə'riːn] *n* mandarino

tangle ['tæŋgl] *n* groviglio; **to get into a ~** aggrovigliarsi; (*fig*) combinare un pasticcio

tank [tæŋk] *n* serbatoio; (*for fish*) acquario; (*MIL*) carro armato

tanker ['tæŋkə*] *n* (*ship*) nave *f* cisterna *inv*; (*truck*) autobotte *f*, autocisterna

tanned [tænd] *adj* abbronzato(a)

tantalizing ['tæntəlaɪzɪŋ] *adj* allettante

tantamount ['tæntəmaunt] *adj*: **~ to** equivalente a

tantrum ['tæntrəm] *n* accesso di collera

tap [tæp] *n* (*on sink etc*) rubinetto; (*gentle blow*) colpetto ♦ *vt* dare un colpetto a; (*resources*) sfruttare, utilizzare; (*telephone*) mettere sotto controllo; **on ~** (*fig: resources*) a disposizione; **~ dancing** *n* tip tap *m*

tape [teɪp] *n* nastro; (*also:* **magnetic ~**) nastro (magnetico); (*sticky ~*) nastro adesivo ♦ *vt* (*record*) registrare (su nastro); (*stick*) attaccare con nastro adesivo; **~ deck** *n* piastra; **~ measure** *n* metro a nastro

taper ['teɪpə*] *n* candelina ♦ *vi* assottigliarsi

tape recorder *n* registratore *m* (a nastro)

tapestry ['tæpɪstrɪ] *n* arazzo; tappezzeria

tar [tɑ:*] *n* catrame *m*

target ['tɑ:gɪt] *n* bersaglio; (*fig: objective*) obiettivo

tariff ['tærɪf] *n* tariffa

tarmac ['tɑ:mæk] *n* (*BRIT: on road*) macadam *m* al catrame; (*AVIAT*) pista di decollo

tarnish ['tɑ:nɪʃ] *vt* offuscare, annerire; (*fig*) macchiare

tarpaulin [tɑ:'pɔːlɪn] *n* tela incatramata

tarragon ['tærəgən] *n* dragoncello

tart [tɑ:t] *n* (*CULIN*) crostata; (*BRIT: inf: pej: woman*) sgualdrina ♦ *adj* (*flavour*) aspro(a), agro(a); **~ up** (*inf*) *vt* agghindare

tartan ['tɑ:tn] *n* tartan *m inv*

tartar ['tɑ:tə*] *n* (*on teeth*) tartaro; **~(e) sauce** *n* salsa tartara

task [tɑ:sk] *n* compito; **to take to ~** rimproverare; **~ force** *n* (*MIL, POLICE*) unità operativa

taste [teɪst] *n* gusto; (*flavour*) sapore *m*, gusto; (*sample*) assaggio; (*fig: glimpse, idea*) idea ♦ *vt* gustare; (*sample*) assaggiare ♦ *vi*: **to ~ of** *or* **like** (*fish etc*) sapere *or* avere sapore di; **you can ~ the garlic (in it)** (ci) si sente il sapore dell'aglio; **in good/bad ~** di buon/cattivo gusto; **~ful** *adj* di buon gusto; **~less** *adj* (*food*) insipido(a); (*remark*) di cattivo gusto; **tasty** *adj* saporito(a), gustoso(a)

tatters ['tætəz] *npl*: **in ~** a brandelli

tattoo [tə'tu:] *n* tatuaggio; (*spectacle*) parata militare ♦ *vt* tatuare

tatty ['tætɪ] *adj* malridotto(a)

taught [tɔ:t] *pt, pp of* **teach**

taunt [tɔ:nt] *n* scherno ♦ *vt* schernire

Taurus ['tɔ:rəs] *n* Toro

taut [tɔ:t] *adj* teso(a)

tax [tæks] *n* (*on goods*) imposta; (*on services*) tassa; (*on income*) imposte *fpl*, tasse *fpl* ♦ *vt* tassare; (*fig: strain: patience etc*) mettere alla prova; **~able** *adj* (*income*) imponibile; **~ation** [-'seɪʃən] *n* tassazione *f*; tasse *fpl*, imposte *fpl*; **~ avoidance** *n* elusione *f* fiscale; **~ disc** (*BRIT*) *n* (*AUT*) ≈ bollo; **~ evasion** *n* evasione *f* fiscale; **~-free** *adj* esente da imposte

taxi ['tæksɪ] *n* taxi *m inv* ♦ *vi* (*AVIAT*) rullare; **~ driver** *n* tassista *m/f*; **~ rank** (*BRIT*) *n* = **~ stand**; **~ stand** *n* posteggio dei taxi

tax: **~ payer** *n* contribuente *m/f*; **~ relief** *n* agevolazioni *fpl* fiscali; **~ return** *n* dichiarazione *f* dei redditi

TB *n abbr* = **tuberculosis**

tea [ti:] *n* tè *m inv*; (*BRIT: snack: for children*)

merenda; **high ~** (*BRIT*) cena leggera (*presa nel tardo pomeriggio*); **~ bag** *n* bustina di tè; **~ break** (*BRIT*) *n* intervallo per il tè

teach [tiːtʃ] (*pt, pp* **taught**) *vt*: **to ~ sb sth, ~ sth to sb** insegnare qc a qn ♦ *vi* insegnare; **~er** *n* insegnante *m/f*; (*in secondary school*) professore/essa; (*in primary school*) maestro/a; **~ing** *n* insegnamento

tea cosy *n* copriteiera *m inv*

teacup [ˈtiːkʌp] *n* tazza da tè

teak [tiːk] *n* teak *m*

tea leaves *npl* foglie *fpl* di tè

team [tiːm] *n* squadra; (*of animals*) tiro; **~work** *n* lavoro di squadra

teapot [ˈtiːpɔt] *n* teiera

tear[1] [tɛə*] (*pt* **tore**, *pp* **torn**) *n* strappo ♦ *vt* strappare ♦ *vi* strapparsi; **~ along** *vi* (*rush*) correre all'impazzata; **~ up** *vt* (*sheet of paper etc*) strappare

tear[2] [tɪə*] *n* lacrima; **in ~s** in lacrime; **~ful** *adj* piangente, lacrimoso(a); **~ gas** *n* gas *m* lacrimogeno

tearoom [ˈtiːruːm] *n* sala da tè

tease [tiːz] *vt* canzonare; (*unkindly*) tormentare

tea set *n* servizio da tè

teaspoon [ˈtiːspuːn] *n* cucchiaino da tè; (*also*: **~ful**: *as measurement*) cucchiaino

teat [tiːt] *n* capezzolo

teatime [ˈtiːtaɪm] *n* ora del tè

tea towel (*BRIT*) *n* strofinaccio (per i piatti)

technical [ˈtɛknɪkl] *adj* tecnico(a); **~ college** (*BRIT*) *n* ≈ istituto tecnico; **~ity** [-ˈkælɪtɪ] *n* tecnicità; (*detail*) dettaglio tecnico; (*legal*) cavillo

technician [tɛkˈnɪʃən] *n* tecnico/a

technique [tɛkˈniːk] *n* tecnica

technological [tɛknəˈlɔdʒɪkl] *adj* tecnologico(a)

technology [tɛkˈnɔlədʒɪ] *n* tecnologia

teddy (bear) [ˈtɛdɪ-] *n* orsacchiotto

tedious [ˈtiːdɪəs] *adj* noioso(a), tedioso(a)

tee [tiː] *n* (*GOLF*) tee *m inv*

teem [tiːm] *vi*: **to ~ with** brulicare di; **it is ~ing (with rain)** piove a dirotto

teenage [ˈtiːneɪdʒ] *adj* (*fashions etc*) per giovani, per adolescenti; **~r** *n* adolescente *m/f*

teens [tiːnz] *npl*: **to be in one's ~** essere adolescente

tee-shirt [ˈtiːʃəːt] *n* = **T-shirt**

teeter [ˈtiːtə*] *vi* barcollare, vacillare

teeth [tiːθ] *npl of* **tooth**

teethe [tiːð] *vi* mettere i denti

teething ring [ˈtiːðɪŋ-] *n* dentaruolo

teething troubles [ˈtiːðɪŋ-] *npl* (*fig*) difficoltà *fpl* iniziali

teetotal [ˈtiːˈtəʊtl] *adj* astemio(a)

tele: **~conferencing** *n* teleconferenza; **~gram** *n* telegramma *m*; **~graph** *n* telegrafo; **~pathy** [təˈlɛpəθɪ] *n* telepatia

telephone [ˈtɛlɪfəʊn] *n* telefono ♦ *vt* (*person*) telefonare a; (*message*) comunicare per telefono; **~ booth** (*BRIT* **~ box**) *n* cabina telefonica; **~ call** *n* telefonata; **~ directory** *n* elenco telefonico; **~ number** *n* numero di telefono; **telephonist** [təˈlɛfənɪst] (*BRIT*) *n* telefonista *m/f*

telescope [ˈtɛlɪskəʊp] *n* telescopio

telesales [ˈtɛlɪseɪlz] *n* vendita per telefono

television [ˈtɛlɪvɪʒən] *n* televisione *f*; **on ~** alla televisione; **~ set** *n* televisore *m*

teleworking [ˈtɛlɪwəːkɪŋ] *n* telelavoro

telex [ˈtɛlɛks] *n* telex *m inv* ♦ *vt* trasmettere per telex

tell [tɛl] (*pt, pp* **told**) *vt* dire; (*relate: story*) raccontare; (*distinguish*): **to ~ sth from** distinguere qc da ♦ *vi* (*talk*): **to ~ (of)** parlare (di); (*have effect*) farsi sentire, avere effetto; **to ~ sb to do** dire a qn di fare; **~ off** *vt* rimproverare, sgridare; **~er** *n* (*in bank*) cassiere/a; **~ing** *adj* (*remark, detail*) rivelatore(trice); **~tale** *adj* (*sign*) rivelatore(trice)

telly [ˈtɛlɪ] (*BRIT*: *inf*) *n abbr* (= *television*) tivù *f inv*

temerity [təˈmɛrɪtɪ] *n* temerarietà

temp [tɛmp] *n abbr* (= *temporary*) segretaria temporanea

temper [ˈtɛmpə*] *n* (*nature*) carattere *m*; (*mood*) umore *m*; (*fit of anger*) collera ♦ *vt* (*moderate*) moderare; **to be in a ~** essere in collera; **to lose one's ~** andare in collera

temperament [ˈtɛmprəmənt] *n* (*nature*)

temperamento; ~al [-'mɛntl] adj
capriccioso(a)

temperate ['tɛmprət] adj moderato(a);
(climate) temperato(a)

temperature ['tɛmprətʃə*] n temperatura;
to have or **run a ~** avere la febbre

tempest ['tɛmpɪst] n tempesta

template ['tɛmplɪt] n sagoma

temple ['tɛmpl] n (building) tempio; (ANAT)
tempia

temporary ['tɛmpərəri] adj temporaneo(a);
(job, worker) avventizio(a), temporaneo(a)

tempt [tɛmpt] vt tentare; **to ~ sb into doing**
indurre qn a fare; ~**ation** [-'teɪʃən] n
tentazione f; ~**ing** adj allettante

ten [tɛn] num dieci

tenacity [tə'næsɪti] n tenacia

tenancy ['tɛnənsi] n affitto; condizione f di
inquilino

tenant ['tɛnənt] n inquilino/a

tend [tɛnd] vt badare a, occuparsi di ♦ vi: **to**
~ to do tendere a fare

tendency ['tɛndənsi] n tendenza

tender ['tɛndə*] adj tenero(a); (sore)
dolorante ♦ n (COMM: offer) offerta;
(money): **legal ~** moneta in corso legale
♦ vt offrire

tendon ['tɛndən] n tendine m

tenement ['tɛnəmənt] n casamento

tennis ['tɛnɪs] n tennis m; ~ **ball** n palla da
tennis; ~ **court** n campo da tennis; ~
player n tennista m/f; ~ **racket** n
racchetta da tennis; ~ **shoes** npl scarpe
fpl da tennis

tenor ['tɛnə*] n (MUS) tenore m

tenpin bowling ['tɛnpɪn-] n bowling m

tense [tɛns] adj teso(a) ♦ n (LING) tempo

tension ['tɛnʃən] n tensione f

tent [tɛnt] n tenda

tentative ['tɛntətɪv] adj esitante, incerto(a);
(conclusion) provvisorio(a)

tenterhooks ['tɛntəhuks] npl: **on ~** sulle
spine

tenth [tɛnθ] num decimo(a)

tent: ~ peg n picchetto da tenda; ~ **pole**
n palo da tenda, montante m

tenuous ['tɛnjuəs] adj tenue

tenure ['tɛnjuə*] n (of property) possesso; (of
job) permanenza; titolarità

tepid ['tɛpɪd] adj tiepido(a)

term [tə:m] n termine m; (SCOL) trimestre m;
(LAW) sessione f ♦ vt chiamare, definire; ~**s**
npl (conditions) condizioni fpl; (COMM)
prezzi mpl, tariffe fpl; **in the short/long ~**
a breve/lunga scadenza; **to be on good ~s**
with sb essere in buoni rapporti con qn; **to**
come to ~s with (problem) affrontare

terminal ['tə:mɪnl] adj finale, terminale;
(disease) terminale ♦ n (ELEC) morsetto;
(COMPUT) terminale m; (AVIAT, for oil, etc)
etc) terminal m inv; (BRIT: also: **coach** ~)
capolinea m

terminate ['tə:mɪneɪt] vt mettere fine a

termini ['tə:mɪnaɪ] npl of **terminus**

terminus ['tə:mɪnəs] (pl **termini**) n (for
buses) capolinea m; (for trains) stazione f
terminale

terrace ['tɛrəs] n terrazza; (BRIT: row of
houses) fila di case a schiera; **the ~s** npl
(BRIT: SPORT) le gradinate; ~**d** adj (garden) a
terrazze

terracotta ['tɛrə'kɔtə] n terracotta

terrain [tɛ'reɪn] n terreno

terrible ['tɛrɪbl] adj terribile; **terribly** adv
terribilmente; (very badly) malissimo

terrier ['tɛrɪə*] n terrier m inv

terrific [tə'rɪfɪk] adj incredibile, fantastico(a);
(wonderful) formidabile, eccezionale

terrify ['tɛrɪfaɪ] vt terrorizzare

territory ['tɛrɪtəri] n territorio

terror ['tɛrə*] n terrore m; ~**ism** n
terrorismo; ~**ist** n terrorista m/f

Terylene ® ['tɛrɪli:n] n terital ® m,
terilene ® m

test [tɛst] n (trial, check, of courage etc)
prova; (MED) esame m; (CHEM) analisi f inv;
(exam: of intelligence etc) test m inv; (: in
school) compito in classe; (also: **driving** ~)
esame m di guida ♦ vt provare; esaminare;
analizzare; sottoporre ad esame; **to ~ sb in**
history esaminare qn in storia

testament ['tɛstəmənt] n testamento; **the**
Old/New T~ il Vecchio/Nuovo testamento

testicle ['tɛstɪkl] n testicolo

testify ['testɪfaɪ] *vi* (*LAW*) testimoniare, deporre; **to ~ to sth** (*LAW*) testimoniare qc; (*gen*) comprovare *or* dimostrare qc

testimony ['testɪmənɪ] *n* (*LAW*) testimonianza, deposizione *f*

test match *n* (*CRICKET, RUGBY*) partita internazionale

test tube *n* provetta

tetanus ['tetənəs] *n* tetano

tether ['teðə*] *vt* legare ♦ *n*: **at the end of one's ~** al limite (della pazienza)

text [tekst] *n* testo; **~book** *n* libro di testo

textiles ['tekstaɪlz] *npl* tessuti *mpl*; (*industry*) industria tessile

texting ['tekstɪŋ] *n* il mandare messaggi con il telefono

texture ['tekstʃə*] *n* tessitura; (*of skin, paper etc*) struttura

Thames [temz] *n*: **the ~** il Tamigi

than [ðæn, ðən] *conj* (*in comparisons*) che; (*with numerals, pronouns, proper names*) di; **more ~ 10/once** più di 10/una volta; **I have more/less ~ you** ne ho più/meno di te; **I have more pens ~ pencils** ho più penne che matite; **she is older ~ you think** è più vecchia di quanto tu (non) pensi

thank [θæŋk] *vt* ringraziare; **~ you (very much)** grazie (tante); **~s** *npl* ringraziamenti *mpl*, grazie *fpl* ♦ *excl* grazie!; **~s to** grazie a; **~ful** *adj*: **~ful (for)** riconoscente (per); **~less** *adj* ingrato(a); **T~sgiving (Day)** *n see box*

KEYWORD

that [ðæt] (*pl* **those**) *adj* (*demonstrative*) quel(quell', quello) *m*; quella(quell') *f*; **~ man/woman/book** quell'uomo/quella donna/quel libro; (*not "this"*) quell'uomo/ quella donna/quel libro là; **~ one** quello(a) là

♦ *pron* **1** (*demonstrative*) ciò; (*not "this one"*) quello(a); **who's ~?** chi è?; **what's ~?** cos'è quello?; **is ~ you?** sei tu?; **I prefer this to ~** preferisco questo a quello; **~'s what he said** questo è ciò che ha detto; **what happened after ~?** che è successo dopo?; **~ is (to say)** cioè

2 (*relative: direct*) che; (: *indirect*) cui; **the book (~) I read** il libro che ho letto; **the box (~) I put it in** la scatola in cui l'ho messo; **the people (~) I spoke to** le persone con cui *or* con le quali ho parlato **3** (*relative: of time*) in cui; **the day (~) he came** il giorno in cui è venuto

♦ *conj* che; **he thought ~ I was ill** pensava che io fossi malato

♦ *adv* (*demonstrative*) così; **I can't work ~ much** non posso lavorare (così) tanto; **~ high** così alto; **the wall's about ~ high and ~ thick** il muro è alto circa così e spesso circa così

thatched [θætʃt] *adj* (*roof*) di paglia; **~ cottage** *n* cottage *m inv* col tetto di paglia

thaw [θɔ:] *n* disgelo ♦ *vi* (*ice*) sciogliersi; (*food*) scongelarsi ♦ *vt* (*food: also*: **~ out**) (fare) scongelare

KEYWORD

the [ði:, ðə] *def art* **1** (*gen*) il(lo, l') *m*; la(l') *f*; i(gli) *mpl*; le *fpl*; **~ boy/girl/ink** il ragazzo/ la ragazza/l'inchiostro; **~ books/pencils** i libri/le matite; **~ history of ~ world** la storia del mondo; **give it to ~ postman** dallo al postino; **I haven't ~ time/money** non ho tempo/soldi; **~ rich and ~ poor** i ricchi e i poveri

2 (*in titles*): **Elizabeth ~ First** Elisabetta prima; **Peter ~ Great** Pietro il grande **3** (*in comparisons*): **~ more he works, ~ more he earns** più lavora più guadagna

theatre ['θɪətə*] (*US* **theater**) *n* teatro; (*also*: **lecture ~**) aula magna; (*also*: **operating ~**)

sala operatoria; **~-goer** n frequentatore/trice di teatri

theatrical [θɪˈætrɪkl] adj teatrale

theft [θeft] n furto

their [ðɛə*] adj il(la) loro, pl i(le) loro; **~s** pron il(la) loro, pl i(le) loro; see also **my**; **mine**

them [ðem, ðəm] pron (direct) li(le); (indirect) gli, loro (after vb); (stressed, after prep: people) loro; (: people, things) essi(e); see also **me**

theme [θiːm] n tema m; **~ park** n parco di divertimenti (intorno a un tema centrale); **~ song** n tema musicale

themselves [ðəmˈsɛlvz] pl pron (reflexive) si; (emphatic) loro stessi(e); (after prep) se stessi(e)

then [ðen] adv (at that time) allora; (next) poi, dopo; (and also) e poi ♦ conj (therefore) perciò, dunque, quindi ♦ adj: **the ~ president** il presidente di allora; **by ~** allora; **from ~ on** da allora in poi

theology [θɪˈɔlədʒɪ] n teologia

theorem [ˈθɪərəm] n teorema m

theoretical [θɪəˈretɪkl] adj teorico(a)

theory [ˈθɪərɪ] n teoria

therapy [ˈθerəpɪ] n terapia

KEYWORD

there [ðɛə*] adv 1: **~ is, ~ are** c'è, ci sono; **~ are 3 of them** (people) sono in 3; (things) ce ne sono 3; **~ is no-one here** non c'è nessuno qui; **~ has been an accident** c'è stato un incidente

2 (referring to place) là, lì; **up/in/down ~** lassù/là dentro/laggiù; **he went ~ on Friday** ci è andato venerdì; **I want that book ~** voglio quel libro là or lì; **~ he is!** eccolo!

3: **~, ~** (esp to child) su, su

---

thereabouts [ðɛərəˈbauts] adv (place) nei pressi, da quelle parti; (amount) giù di lì, all'incirca

thereafter [ðɛərˈɑːftə*] adv da allora in poi

thereby [ðɛəˈbaɪ] adv con ciò

therefore [ˈðɛəfɔː*] adv perciò, quindi

there's [ðɛəz] = **there is; there has**

thermal [ˈθəːml] adj termico(a)

thermometer [θəˈmɔmɪtə*] n termometro

Thermos ® [ˈθəːməs] n (also: **~ flask**) thermos ® m inv

thesaurus [θɪˈsɔːrəs] n dizionario dei sinonimi

these [ðiːz] pl pron, adj questi(e)

theses [ˈθiːsiːz] npl of **thesis**

thesis [ˈθiːsɪs] (pl **theses**) n tesi f inv

they [ðeɪ] pl pron essi(esse); (people only) loro; **~ say that ...** (it is said that) si dice che ...; **~'d** = **they had; they would; ~'ll** = **they shall; they will; ~'re** = **they are; ~'ve** = **they have**

thick [θɪk] adj spesso(a); (crowd) compatto(a); (stupid) ottuso(a), lento(a) ♦ n: **in the ~ of** nel folto di; **it's 20 cm ~** ha uno spessore di 20 cm; **~en** vi ispessire ♦ vt (sauce etc) ispessire, rendere più denso(a); **~ly** adv (spread) a strati spessi; (cut) a fette grosse; (populated) densamente; **~ness** n spessore m; **~set** adj tarchiato(a), tozzo(a)

thief [θiːf] (pl **thieves**) n ladro/a

thieves [θiːvz] npl of **thief**

thigh [θaɪ] n coscia

thimble [ˈθɪmbl] n ditale m

thin [θɪn] adj (person) sottile; (person) magro(a); (soup) poco denso(a) ♦ vt: **to ~ (down)** (sauce, paint) diluire

thing [θɪŋ] n cosa; (object) oggetto; (mania): **to have a ~ about** essere fissato(a) con; **~s** npl (belongings) cose fpl; **poor ~** poverino(a); **the best ~ would be to** la cosa migliore sarebbe di; **how are ~s?** come va?

think [θɪŋk] (pt, pp **thought**) vi pensare, riflettere ♦ vt pensare, credere; (imagine) immaginare; **to ~ of** pensare a; **what did you ~ of them?** cosa ne ha pensato?; **to ~ about sth/sb** pensare a qc/qn; **I'll ~ about it** ci penserò; **to ~ of doing** pensare di fare; **I ~ so/not** penso di sì/no; **to ~ well of** avere una buona opinione di; **~ out** vt (plan) elaborare; (solution) trovare; **~ over** vt riflettere su; **~ through** vt riflettere a

fondo su; ~ **up** vt ideare; ~ **tank** n
commissione f di esperti

third [θɜːd] num terzo(a) ♦ n terzo/a;
(fraction) terzo, terza parte f; (AUT) terza;
(BRIT: SCOL: degree) laurea col minimo dei
voti; ~**ly** adv in terzo luogo; ~ **party
insurance** (BRIT) n assicurazione f contro
terzi; ~-**rate** adj di qualità scadente; **the
T~ World** n il Terzo Mondo

thirst [θɜːst] n sete f; ~**y** adj (person)
assetato(a), che ha sete

thirteen [θɜː'tiːn] num tredici

thirty ['θɜːtɪ] num trenta

KEYWORD

---

this [ðɪs] (pl **these**) adj (demonstrative)
questo(a); ~ **man/woman/book**
quest'uomo/questa donna/questo libro;
(not ''that'') quest'uomo/questa donna/
questo libro qui; ~ **one** questo(a) qui
♦ pron (demonstrative) questo(a); (not ''that
one'') questo(a) qui; **who/what is ~?** chi
è/che cos'è questo?; **I prefer ~ to that**
preferisco questo a quello; ~ **is where I
live** io abito qui; ~ **is what he said** questo
è ciò che ha detto; ~ **is Mr Brown** (in
introductions, photo) questo è il signor
Brown; (on telephone) sono il signor Brown
♦ adv (demonstrative): ~ **high/long** etc
alto/lungo etc così; **I didn't know things
were ~ bad** non sapevo andasse così male

---

thistle ['θɪsl] n cardo

thong [θɒŋ] n cinghia

thorn [θɔːn] n spina; ~**y** adj spinoso(a)

thorough ['θʌrə] adj (search) minuzioso(a);
(knowledge, research) approfondito(a),
profondo(a); (person) coscienzioso(a);
(cleaning) a fondo; ~**bred** n (horse)
purosangue m/f inv; ~**fare** n strada
transitabile; ''**no ~fare**'' ''divieto di
transito''; ~**ly** adv (search) minuziosamente; (wash, study) a fondo; (very)
assolutamente

those [ðəʊz] pl pron quelli(e) ♦ pl adj
quei(quegli) mpl; quelle fpl

though [ðəʊ] conj benché, sebbene ♦ adv

comunque

thought [θɔːt] pt, pp of **think** ♦ n pensiero;
(opinion) opinione f; ~**ful** adj
pensieroso(a), pensoso(a); (considerate)
premuroso(a); ~**less** adj sconsiderato(a);
(behaviour) scortese

thousand ['θaʊzənd] num mille; **one ~**
mille; ~**s of** migliaia di; ~**th** num
millesimo(a)

thrash [θræʃ] vt picchiare; bastonare;
(defeat) battere; ~ **about** vi dibattersi; ~
out vt dibattere

thread [θred] n filo; (of screw) filetto ♦ vt
(needle) infilare; ~**bare** adj consumato(a),
logoro(a)

threat [θret] n minaccia; ~**en** vi (storm)
minacciare ♦ vt: **to ~en sb with/to do**
minacciare qn con/di fare

three [θriː] num tre; ~-**dimensional** adj
tridimensionale; (film) stereoscopico(a); ~-
piece suit n completo (con gilè); ~-
piece suite n salotto comprendente un
divano e due poltrone; ~-**ply** adj (wool) a
tre fili

threshold ['θreʃhəʊld] n soglia

threw [θruː] pt of **throw**

thrifty ['θrɪftɪ] adj economico(a)

thrill [θrɪl] n brivido ♦ vt (audience)
elettrizzare; **to be ~ed** (with gift etc) essere
elettrizzato(a); ~**er** n thriller m inv; ~**ing**
adj (book) pieno(a) di suspense; (news,
discovery) elettrizzante

thrive [θraɪv] (pt **thrived**, pp **thrived**) vi
crescere or svilupparsi bene; (business)
prosperare; **he ~s on it** gli fa bene, ne
gode; **thriving** adj fiorente

throat [θrəʊt] n gola; **to have a sore ~**
avere (un or il) mal di gola

throb [θrɒb] vi palpitare; pulsare; vibrare

throes [θrəʊz] npl: **in the ~ of** alle prese
con; in preda a

thrombosis [θrɔm'bəʊsɪs] n trombosi f

throne [θrəʊn] n trono

throng [θrɒŋ] n moltitudine f ♦ vt affollare

throttle ['θrɒtl] n (AUT) valvola a farfalla ♦ vt
strangolare

through [θruː] prep attraverso; (time) per,

durante; (*by means of*) per mezzo di; (*owing to*) a causa di ♦ *adj* (*ticket, train, passage*) diretto(a) ♦ *adv* attraverso; **to put sb ~ to sb** (*TEL*) passare qn a qn; **to be ~** (*TEL*) ottenere la comunicazione; (*have finished*) essere finito(a); **"no ~ road"** (*BRIT*) "strada senza sbocco"; **~out** *prep* (*place*) dappertutto in; (*time*) per *or* durante tutto(a) ♦ *adv* dappertutto; sempre

throw [θrəu] (*pt* **threw**, *pp* **thrown**) *n* (*SPORT*) lancio, tiro ♦ *vt* tirare, gettare; (*SPORT*) lanciare, tirare; (*rider*) disarcionare; (*fig*) confondere; **to ~ a party** dare una festa; **~ away** *vt* gettare *or* buttare via; **~ off** *vt* sbarazzarsi di; **~ out** *vt* buttare fuori; (*reject*) respingere; **~ up** *vi* vomitare; **~away** *adj* da buttare; **~-in** *n* (*SPORT*) rimessa in gioco; **thrown** *pp of* **throw**

thru [θru:] (*US*) *prep*, *adj*, *adv* = **through**

thrush [θrʌʃ] *n* tordo

thrust [θrʌst] (*pt, pp* **thrust**) *vt* spingere con forza; (*push in*) conficcare

thud [θʌd] *n* tonfo

thug [θʌg] *n* delinquente *m*

thumb [θʌm] *n* (*ANAT*) pollice *m*; **to ~ a lift** fare l'autostop; **~ through** *vt fus* (*book*) sfogliare; **~tack** (*US*) *n* puntina da disegno

thump [θʌmp] *n* colpo forte; (*sound*) tonfo ♦ *vt* (*person*) picchiare; (*object*) battere su ♦ *vi* picchiare; battere

thunder ['θʌndə*] *n* tuono ♦ *vi* tuonare; (*train etc*): **to ~ past** passare con un rombo; **~bolt** *n* fulmine *m*; **~clap** *n* rombo di tuono; **~storm** *n* temporale *m*; **~y** *adj* temporalesco(a)

Thursday ['θə:zdɪ] *n* giovedì *m inv*

thus [ðʌs] *adv* così

thwart [θwɔ:t] *vt* contrastare

thyme [taɪm] *n* timo

thyroid ['θaɪrɔɪd] *n* (*also*: **~ gland**) tiroide *f*

tiara [tɪ'ɑ:rə] *n* (*woman's*) diadema *m*

Tiber ['taɪbə*] *n*: **the ~** il Tevere

tick [tɪk] *n* (*sound: of clock*) tic tac *m inv*; (*mark*) segno; spunta; (*ZOOL*) zecca; (*BRIT: inf*): **in a ~** in un attimo ♦ *vi* fare tic tac ♦ *vt* spuntare; **~ off** *vt* spuntare; (*person*) sgridare; **~ over** *vi* (*engine*) andare al

minimo; (*fig*) andare avanti come al solito

ticket ['tɪkɪt] *n* biglietto; (*in shop: on goods*) etichetta; (*parking ~*) multa; (*for library*) scheda; **~ collector** *n* bigliettaio; **~ office** *n* biglietteria

tickle ['tɪkl] *vt* fare il solletico a; (*fig*) solleticare ♦ *vi*: **it ~s** mi (*or* gli *etc*) fa il solletico; **ticklish** [-lɪʃ] *adj* che soffre il solletico; (*problem*) delicato(a)

tidal ['taɪdl] *adj* di marea; (*estuary*) soggetto(a) alla marea; **~ wave** *n* onda anomala

tidbit ['tɪdbɪt] (*US*) *n* (*food*) leccornia; (*news*) notizia ghiotta

tiddlywinks ['tɪdlɪwɪŋks] *n* gioco della pulce

tide [taɪd] *n* marea; (*fig: of events*) corso; **high/low ~** alta/bassa marea; **~ over** *vt* dare una mano a

tidy ['taɪdɪ] *adj* (*room*) ordinato(a), lindo(a); (*dress, work*) curato(a), in ordine; (*person*) ordinato(a) ♦ *vt* (*also*: **~ up**) riordinare, mettere in ordine

tie [taɪ] *n* (*string etc*) legaccio; (*BRIT: also*: **neck~**) cravatta; (*fig: link*) legame *m*; (*SPORT: draw*) pareggio ♦ *vt* (*parcel*) legare; (*ribbon*) annodare ♦ *vi* (*SPORT*) pareggiare; **to ~ sth in a bow** annodare qc; **to ~ a knot in sth** fare un nodo a qc; **~ down** *vt* legare; (*to price etc*) costringere ad accettare; **~ up** *vt* (*parcel, dog*) legare; (*boat*) ormeggiare; (*arrangements*) concludere; **to be ~d up** (*busy*) essere occupato(a) *or* preso(a)

tier [tɪə*] *n* fila; (*of cake*) piano, strato

tiger ['taɪgə*] *n* tigre *f*

tight [taɪt] *adj* (*rope*) teso(a), tirato(a); (*money*) poco(a); (*clothes, budget, bend etc*) stretto(a); (*control*) severo(a), fermo(a); (*inf: drunk*) sbronzo(a) ♦ *adv* (*squeeze*) fortemente; (*shut*) ermeticamente; **~s** (*BRIT*) *npl* collant *m inv*; **~en** *vt* (*rope*) tendere; (*screw*) stringere; (*control*) rinforzare ♦ *vi* tendersi; stringersi; **~-fisted** *adj* avaro(a); **~ly** *adv* (*grasp*) bene, saldamente; **~rope** *n* corda (da acrobata)

tile [taɪl] *n* (*on roof*) tegola; (*on wall or floor*) piastrella, mattonella; ~d *adj* di tegole; a piastrelle, a mattonelle

till [tɪl] *n* registratore *m* di cassa ♦ *vt* (*land*) coltivare ♦ *prep, conj* = **until**

tiller ['tɪlə*] *n* (*NAUT*) barra del timone

tilt [tɪlt] *vt* inclinare, far pendere ♦ *vi* inclinarsi, pendere

timber ['tɪmbə*] *n* (*material*) legname *m*

time [taɪm] *n* tempo; (*epoch: often pl*) epoca, tempo; (*by clock*) ora; (*moment*) momento; (*occasion*) volta; (*MUS*) tempo ♦ *vt* (*race*) cronometrare; (*programme*) calcolare la durata di; (*fix moment for*) programmare; (*remark etc*) dire (*or* fare) al momento giusto; **a long ~** molto tempo; **for the ~ being** per il momento; **4 at a ~** 4 per *or* alla volta; **from ~ to ~** ogni tanto; **at ~s** a volte; **in ~** (*soon enough*) in tempo; (*after some ~*) col tempo; (*MUS*) a tempo; **in a week's ~** fra una settimana; **in no ~** in un attimo; **any ~** in qualsiasi momento; **on ~** puntualmente; **5 ~s 5** 5 volte 5, 5 per 5; **what ~ is it?** che ora è?, che ore sono?; **to have a good ~** divertirsi; ~ **bomb** *n* bomba a orologeria; ~**less** *adj* eterno(a); ~**ly** *adj* opportuno(a); ~ **off** *n* tempo libero; ~**r** *n* (~ *switch*) temporizzatore *m*; (*in kitchen*) contaminuti *m inv*; ~ **scale** *n* periodo; ~**-share** *adj*: ~**-share apartment/villa** appartamento/villa in multiproprietà; ~ **switch** (*BRIT*) *n* temporizzatore *m*; ~**table** *n* orario; ~ **zone** *n* fuso orario

timid ['tɪmɪd] *adj* timido(a); (*easily scared*) pauroso(a)

timing ['taɪmɪŋ] *n* (*SPORT*) cronometraggio; (*fig*) scelta del momento opportuno

timpani ['tɪmpəni] *npl* timpani *mpl*

tin [tɪn] *n* stagno; (*also*: ~ **plate**) latta; (*container*) scatola; (*BRIT: can*) barattolo (di latta), lattina; ~**foil** *n* stagnola

tinge [tɪndʒ] *n* sfumatura ♦ *vt*: ~**d with** tinto(a) di

tingle ['tɪŋgl] *vi* pizzicare

tinker ['tɪŋkə*]: ~ **with** *vt fus* armeggiare intorno a; cercare di riparare

tinned [tɪnd] (*BRIT*) *adj* (*food*) in scatola

tin opener ['-əupnə*] (*BRIT*) *n* apriscatole *m inv*

tinsel ['tɪnsl] *n* decorazioni *fpl* natalizie (*argentate*)

tint [tɪnt] *n* tinta; ~**ed** *adj* (*hair*) tinto(a); (*spectacles, glass*) colorato(a)

tiny ['taɪni] *adj* minuscolo(a)

tip [tɪp] *n* (*end*) punta; (*gratuity*) mancia; (*BRIT: for rubbish*) immondezzaio; (*advice*) suggerimento ♦ *vt* (*waiter*) dare la mancia a; (*tilt*) inclinare; (*overturn: also*: ~ **over**) capovolgere; (*empty: also*: ~ **out**) scaricare; ~**-off** *n* (*hint*) soffiata; ~**ped** (*BRIT*) *adj* (*cigarette*) col filtro

Tipp-Ex ® ['tɪpeks] *n* correttore *m*

tipsy ['tɪpsi] *adj* brillo(a)

tiptoe ['tɪptəu] *n*: **on** ~ in punta di piedi

tiptop ['tɪp'tɒp] *adj*: **in** ~ **condition** in ottime condizioni

tire ['taɪə*] *n* (*US*) = **tyre** ♦ *vt* stancare ♦ *vi* stancarsi; ~**d** *adj* stanco(a); **to be ~d of** essere stanco *or* stufo di; ~**less** *adj* instancabile; ~**some** *adj* noioso(a); **tiring** *adj* faticoso(a)

tissue ['tɪʃuː] *n* tessuto; (*paper handkerchief*) fazzoletto di carta; ~ **paper** *n* carta velina

tit [tɪt] *n* (*bird*) cinciallegra; **to give** ~ **for tat** rendere pan per focaccia

titbit ['tɪtbɪt] (*BRIT*) *n* (*food*) leccornia; (*news*) notizia ghiotta

title ['taɪtl] *n* titolo; ~ **deed** *n* (*LAW*) titolo di proprietà; ~ **role** *n* ruolo *or* parte *f* principale

TM *abbr* = **trademark**

KEYWORD

to [tuː, tə] *prep* 1 (*direction*) a; **to go ~ France/London/school** andare in Francia/a Londra/a scuola; **to go ~ Paul's/the doctor's** andare da Paul/dal dottore; **the road ~ Edinburgh** la strada per Edimburgo; ~ **the left/right** a sinistra/destra

2 (*as far as*) (fino) a; **from here ~ London** da qui a Londra; **to count ~ 10** contare fino a 10; **from 40 ~ 50 people** da 40 a 50 persone

3 (with expressions of time): **a quarter ~ 5** le 5 meno un quarto; **it's twenty ~ 3** sono le 3 meno venti

4 (for, of): **the key ~ the front door** la chiave della porta d'ingresso; **a letter ~ his wife** una lettera per la moglie

5 (expressing indirect object) a; **to give sth ~ sb** dare qc a qn; **to talk ~ sb** parlare a qn; **to be a danger ~ sb/sth** rappresentare un pericolo per qn/qc

6 (in relation to) a; **3 goals ~ 2** 3 goal a 2; **30 miles ~ the gallon** ≈ 11 chilometri con un litro

7 (purpose, result): **to come ~ sb's aid** venire in aiuto a qn; **to sentence sb ~ death** condannare a morte qn; **~ my surprise** con mia sorpresa

♦ with vb 1 (simple infinitive): **~ go/eat** etc andare/mangiare etc

2 (following another vb): **to want/try/start ~ do** volere/cercare di/cominciare a fare

3 (with vb omitted): **I don't want ~** non voglio (farlo); **you ought ~** devi (farlo)

4 (purpose, result) per; **I did it ~ help you** l'ho fatto per aiutarti

5 (equivalent to relative clause): **I have things ~ do** ho da fare; **the main thing is ~ try** la cosa più importante è provare

6 (after adjective etc): **ready ~ go** pronto a partire; **too old/young ~ ...** troppo vecchio/giovane per ...

♦ adv: **to push the door ~** accostare la porta

toad [təud] n rospo; **~stool** n fungo (velenoso)

toast [təust] n (CULIN) pane m tostato; (drink, speech) brindisi m inv ♦ vt (CULIN) tostare; (drink to) brindare a; **a piece** or **slice of ~** una fetta di pane tostato; **~er** n tostapane m inv

tobacco [tə'bækəu] n tabacco; **~nist** n tabaccaio/a; **~nist's (shop)** n tabaccheria

toboggan [tə'bɔgən] n toboga m inv

today [tə'deɪ] adv oggi ♦ n (also fig) oggi m

toddler ['tɔdlə*] n bambino/a che impara a camminare

toe [təu] n dito del piede; (of shoe) punta; **to ~ the line** (fig) stare in riga, conformarsi; **~nail** n unghia del piede

toffee ['tɔfɪ] n caramella; **~ apple** n mela caramellata

toga ['təugə] n toga

together [tə'geðə*] adv insieme; (at same time) allo stesso tempo; **~ with** insieme a

toil [tɔɪl] n travaglio, fatica ♦ vi affannarsi; sgobbare

toilet ['tɔɪlət] n (BRIT: lavatory) gabinetto ♦ cpd (bag, soap etc) da toletta; **~ paper** n carta igienica; **~ries** npl articoli mpl da toletta; **~ roll** n rotolo di carta igienica; **~ water** n acqua di colonia

token ['təukən] n (sign) segno; (substitute coin) gettone m; **book/record/gift ~** (BRIT) buono-libro/disco/regalo

told [təuld] pt, pp of **tell**

tolerable ['tɔlərəbl] adj (bearable) tollerabile; (fairly good) passabile

tolerant ['tɔlərnt] adj: **~ (of)** tollerante (nei confronti di)

tolerate ['tɔləreɪt] vt sopportare; (MED, TECH) tollerare

toll [təul] n (tax, charge) pedaggio ♦ vi (bell) suonare; **the accident ~ on the roads** il numero delle vittime della strada

tomato [tə'mɑːtəu] (pl **~es**) n pomodoro

tomb [tuːm] n tomba

tomboy ['tɔmbɔɪ] n maschiaccio

tombstone ['tuːmstəun] n pietra tombale

tomcat ['tɔmkæt] n gatto

tomorrow [tə'mɔrəu] adv domani ♦ n (also fig) domani m inv; **the day after ~** dopodomani; **~ morning** domani mattina

ton [tʌn] n tonnellata (BRIT = 1016 kg; US = 907 kg; metric = 1000 kg); **~s of** (inf) un mucchio or sacco di

tone [təun] n tono ♦ vi (also: **~ in**) intonarsi; **~ down** vt (colour, criticism, sound) attenuare; **~ up** vt (muscles) tonificare; **~-deaf** adj che non ha orecchio (musicale)

tongs [tɔŋz] npl tenaglie fpl; (for coal) molle fpl; (for hair) arricciacapelli m inv

tongue [tʌŋ] n lingua; **~ in cheek** (say, speak) ironicamente; **~-tied** adj (fig) muto(a); ~-twister *n* scioglilingua *m inv*

tonic ['tɒnɪk] *n* (MED) tonico; (*also*: ~ **water**) acqua tonica

tonight [tə'naɪt] *adv* stanotte; (*this evening*) stasera ♦ *n* questa notte; questa sera

tonnage ['tʌnɪdʒ] *n* (NAUT) tonnellaggio, stazza

tonsil ['tɒnsl] *n* tonsilla; ~litis [-'laɪtɪs] *n* tonsillite *f*

too [tuː] *adv* (*excessively*) troppo; (*also*) anche; ~ **much** *adv* troppo ♦ *adj* troppo(a); ~ **many** troppi(e)

took [tuk] *pt of* take

tool [tuːl] *n* utensile *m*, attrezzo; ~ **box** *n* cassetta *f* portautensili

toot [tuːt] *n* (*of horn*) colpo di clacson; (*of whistle*) fischio ♦ *vi* suonare; (*with car horn*) suonare il clacson

tooth [tuːθ] (*pl* teeth) *n* (ANAT, TECH) dente *m*; ~ache *n* mal *m* di denti; ~brush *n* spazzolino da denti; ~paste *n* dentifricio; ~pick *n* stuzzicadenti *m inv*

top [tɒp] *n* (*of mountain, page, ladder*) cima; (*of box, cupboard, table*) sopra *m inv*, parte *f* superiore; (*lid: of box, jar*) coperchio; (: *of bottle*) tappo; (*blouse etc*) sopra *m inv*; (*toy*) trottola ♦ *adj* più alto(a); (*in rank*) primo(a); (*best*) migliore ♦ *vt* (*exceed*) superare; (*be first in*) essere in testa a; **on** ~ **of** sopra, in cima a; (*in addition to*) oltre a; **from** ~ **to bottom** da cima a fondo; ~ **up** (*US* = **off**) *vt* riempire; (*salary*) integrare; ~ **floor** *n* ultimo piano; ~ **hat** *n* cilindro; ~-**heavy** *adj* (*object*) con la parte superiore troppo pesante

topic ['tɒpɪk] *n* argomento; ~al *adj* d'attualità

top: ~less *adj* (*bather etc*) col seno scoperto; ~-level *adj* (*talks*) ad alto livello; ~most *adj* il(la) più alto(a)

topple ['tɒpl] *vt* rovesciare, far cadere ♦ *vi* cadere; traballare

top-secret *adj* segretissimo(a)

topsy-turvy ['tɒpsɪ'təːvɪ] *adj, adv* sottosopra *inv*

torch [tɔːtʃ] *n* torcia; (BRIT: *electric*) lampadina tascabile

tore [tɔː*] *pt of* tear[1]

torment [*n* 'tɔːmɛnt, *vb* tɔː'mɛnt] *n* tormento ♦ *vt* tormentare

torn [tɔːn] *pp of* tear[1]

torpedo [tɔː'piːdəu] (*pl* ~es) *n* siluro

torrent ['tɒrnt] *n* torrente *m*

torrid ['tɒrɪd] *adj* torrido(a); (*love affair*) infuocato(a)

tortoise ['tɔːtəs] *n* tartaruga; ~shell ['tɔːtəʃel] *adj* di tartaruga

torture ['tɔːtʃə*] *n* tortura ♦ *vt* torturare

Tory ['tɔːrɪ] (BRIT: POL) *adj* dei tories, conservatore(trice) ♦ *n* tory *m/f inv*, conservatore/trice

toss [tɒs] *vt* gettare, lanciare; (*one's head*) scuotere; **to** ~ **a coin** fare a testa o croce; **to** ~ **up for sth** fare a testa o croce per qc; **to** ~ **and turn** (*in bed*) girarsi e rigirarsi

tot [tɒt] *n* (BRIT: *drink*) bicchierino; (*child*) bimbo/a

total ['təutl] *adj* totale ♦ *n* totale *m* ♦ *vt* (*add up*) sommare; (*amount to*) ammontare a

totally ['təutəlɪ] *adv* completamente

touch [tʌtʃ] *n* tocco; (*sense*) tatto; (*contact*) contatto ♦ *vt* toccare; **a** ~ **of** (*fig*) un tocco di; un pizzico di; **to get in** ~ **with** mettersi in contatto con; **to lose** ~ (*friends*) perdersi di vista; ~ **on** *vt fus* (*topic*) sfiorare, accennare a; ~ **up** *vt* (*paint*) ritoccare; ~-**and-go** *adj* incerto(a); ~**down** *n* atterraggio; (*on sea*) ammaraggio; (*US: FOOTBALL*) meta; ~**ed** *adj* commosso(a); ~**ing** *adj* commovente; ~**line** *n* (SPORT) linea laterale; ~**y** *adj* (*person*) suscettibile

tough [tʌf] *adj* duro(a); (*resistant*) resistente; ~**en** *vt* rinforzare

toupee ['tuːpeɪ] *n* parrucchino

tour ['tuə*] *n* viaggio; (*also*: **package** ~) viaggio organizzato *or* tutto compreso; (*of town, museum*) visita; (*by artist*) tournée *f inv* ♦ *vt* visitare; ~ **guide** *n* guida turistica; ~**ing** *n* turismo

tourism ['tuərɪzəm] *n* turismo

tourist ['tuərɪst] *n* turista *m/f* ♦ *adv* (*travel*) in classe turistica ♦ *cpd* turistico(a); ~ **office** *n* pro loco *f inv*

tournament ['tuənəmənt] *n* torneo

tousled ['tauzld] *adj* (*hair*) arruffato(a)

tout [taut] *vi*: **to ~ for** procacciare, raccogliere; cercare clienti per ♦ *n* (*also*: **ticket ~**) bagarino

tow [təu] *vt* rimorchiare; **"on ~"** (*BRIT*), **"in ~"** (*US*) "veicolo rimorchiato"

toward(s) [tə'wɔːd(z)] *prep* verso; (*of attitude*) nei confronti di; (*of purpose*) per

towel ['tauəl] *n* asciugamano; (*also*: **tea ~**) strofinaccio; **~ling** *n* (*fabric*) spugna; **~ rail** (*US* **~ rack**) *n* portasciugamano

tower ['tauə*] *n* torre *f*; **~ block** (*BRIT*) *n* palazzone *m*; **~ing** *adj* altissimo(a), imponente

town [taun] *n* città *f inv*; **to go to ~** andare in città; (*fig*) mettercela tutta; **~ centre** *n* centro (città); **~ council** *n* consiglio comunale; **~ hall** *n* ≈ municipio; **~ plan** *n* pianta della città; **~ planning** *n* urbanistica

towrope ['təurəup] *n* (cavo da) rimorchio

tow truck (*US*) *n* carro *m* attrezzi *inv*

toxic ['tɔksɪk] *adj* tossico(a)

toy [tɔɪ] *n* giocattolo; **~ with** *vt fus* giocare con; (*idea*) accarezzare, trastullarsi con; **~ shop** *n* negozio di giocattoli

trace [treɪs] *n* traccia ♦ *vt* (*draw*) tracciare; (*follow*) seguire; (*locate*) rintracciare; **tracing paper** *n* carta da ricalco

track [træk] *n* (*of person, animal*) traccia; (*on tape, SPORT, path: gen*) pista; (*: of bullet etc*) traiettoria; (*: of suspect, animal*) pista, tracce *fpl*; (*RAIL*) binario, rotaie *fpl* ♦ *vt* seguire le tracce di; **to keep ~ of** seguire; **~ down** *vt* (*prey*) scovare; snidare; (*sth lost*) rintracciare; **~suit** *n* tuta sportiva

tract [trækt] *n* (*GEO*) tratto, estensione *f*

tractor ['træktə*] *n* trattore *m*

trade [treɪd] *n* commercio; (*skill, job*) mestiere *m* ♦ *vi* commerciare ♦ *vt*: **to ~ sth (for sth)** barattare qc (con qc); **to ~ with/ in** commerciare con/in; **~ in** *vt* (*old car etc*) dare come pagamento parziale; **~ fair** *n* fiera commerciale; **~mark** *n* marchio di fabbrica; **~ name** *n* marca, nome *m* depositato; **~r** *n* commerciante *m/f*;

~sman (*irreg*) *n* fornitore *m*; (*shopkeeper*) negoziante *m*; **~ union** *n* sindacato; **~ unionist** sindacalista *m/f*

tradition [trə'dɪʃən] *n* tradizione *f*; **~al** *adj* tradizionale

traffic ['træfɪk] *n* traffico ♦ *vi*: **to ~ in** (*pej: liquor, drugs*) trafficare in; **~ circle** (*US*) *n* isola rotatoria; **~ jam** *n* ingorgo (del traffico); **~ lights** *npl* semaforo; **~ warden** *n* addetto/a al controllo del traffico e del parcheggio

tragedy ['trædʒədɪ] *n* tragedia

tragic ['trædʒɪk] *adj* tragico(a)

trail [treɪl] *n* (*tracks*) tracce *fpl*, pista; (*path*) sentiero; (*of smoke etc*) scia ♦ *vt* trascinare, strascicare; (*follow*) seguire ♦ *vi* essere al traino; (*dress etc*) strusciare; (*plant*) arrampicarsi; strisciare; (*in game*) essere in svantaggio; **~ behind** *vi* essere al traino; **~er** *n* (*AUT*) rimorchio; (*US*) roulotte *f inv*; (*CINEMA*) prossimamente *m inv*; **~er truck** (*US*) *n* (*articulated lorry*) autoarticolato

train [treɪn] *n* treno; (*of dress*) coda, strascico ♦ *vt* (*apprentice, doctor etc*) formare; (*sportsman*) allenare; (*dog*) addestrare; (*memory*) esercitare; (*point: gun etc*): **to ~ sth on** puntare qc contro ♦ *vi* formarsi; allenarsi; **one's ~ of thought** il filo dei propri pensieri; **~ed** *adj* qualificato(a), allenato(a); addestrato(a); **~ee** [treɪ'niː] *n* (*in trade*) apprendista *m/f*; **~er** *n* (*SPORT*) allenatore/trice; (*: shoe*) scarpa da ginnastica; (*of dogs etc*) addestratore/trice; **~ing** *n* formazione *f*; allenamento; addestramento; **in ~ing** (*SPORT*) in allenamento; **~ing college** *n* istituto professionale; (*for teachers*) ≈ istituto magistrale; **~ing shoes** *npl* scarpe *fpl* da ginnastica

trait [treɪt] *n* tratto

traitor ['treɪtə*] *n* traditore *m*

tram [træm] (*BRIT*) *n* (*also*: **~car**) tram *m inv*

tramp [træmp] *n* (*person*) vagabondo/a; (*inf: pej: woman*) sgualdrina

trample ['træmpl] *vt*: **to ~ (underfoot)** calpestare

trampoline ['træmpəliːn] *n* trampolino

tranquil ['træŋkwɪl] *adj* tranquillo(a); **~lizer** *n* (*MED*) tranquillante *m*

transact [træn'zækt] *vt* (*business*) trattare; **~ion** [-'zækʃən] *n* transazione *f*

transatlantic ['trænzət'læntɪk] *adj* transatlantico(a)

transfer [*n* 'trænsfə*, *vb* træns'fə*] *n* (*gen, also SPORT*) trasferimento *m*; (*POL: of power*) passaggio; (*picture, design*) decalcomania; (: *stick-on*) autoadesivo ♦ *vt* trasferire; passare; **to ~ the charges** (*BRIT: TEL*) fare una chiamata a carico del destinatario; **~ desk** *n* (*AVIAT*) banco *m* transiti *inv*

transform [træns'fɔ:m] *vt* trasformare

transfusion [træns'fju:ʒən] *n* trasfusione *f*

transient ['trænzɪənt] *adj* transitorio(a), fugace

transistor [træn'zɪstə*] *n* (*ELEC*) transistor *m inv*; (*also*: **~ radio**) radio *f inv* a transistor

transit ['trænzɪt] *n*: **in ~** in transito

transitive ['trænzɪtɪv] *adj* (*LING*) transitivo(a)

translate [trænz'leɪt] *vt* tradurre; **translation** [-'leɪʃən] *n* traduzione *f*; **translator** *n* traduttore/trice

transmission [trænz'mɪʃən] *n* trasmissione *f*

transmit [trænz'mɪt] *vt* trasmettere; **~ter** *n* trasmettitore *m*

transparency [træns'pεərənsɪ] *n* trasparenza; (*BRIT: PHOT*) diapositiva

transparent [træns'pærnt] *adj* trasparente

transpire [træn'spaɪə*] *vi* (*happen*) succedere; (*turn out*): **it ~d that** si venne a sapere che

transplant [*vb* træns'plɑ:nt, *n* 'trænsplɑ:nt] *vt* trapiantare ♦ *n* (*MED*) trapianto

transport [*n* 'trænspɔ:t, *vb* træns'pɔ:t] *n* trasporto ♦ *vt* trasportare; **~ation** [-'teɪʃən] *n* (*mezzo di*) trasporto; **~ café** (*BRIT*) *n* trattoria per camionisti

trap [træp] *n* (*snare, trick*) trappola; (*carriage*) calesse *m* ♦ *vt* prendere in trappola, intrappolare; **~ door** *n* botola

trapeze [trə'pi:z] *n* trapezio

trappings ['træpɪŋz] *npl* ornamenti *mpl*; indoratura, sfarzo

trash [træʃ] (*pej*) *n* (*goods*) ciarpame *m*;

(*nonsense*) sciocchezze *fpl*; **~ can** (*US*) *n* secchio della spazzatura

trauma ['trɔ:mə] *n* trauma *m*; **~tic** [-'mætɪk] *adj* traumatico(a)

travel ['trævl] *n* viaggio; viaggi *mpl* ♦ *vi* viaggiare ♦ *vt* (*distance*) percorrere; **~ agency** *n* agenzia (di) viaggi; **~ agent** *n* agente *m* di viaggio; **~ler** (*US* **~er**) *n* viaggiatore/trice; **~ler's cheque** (*US* **~er's check**) *n* assegno turistico; **~ling** (*US* **~ing**) *n* viaggi *mpl*; **~ sickness** *n* mal *m* d'auto (*or* di mare *or* d'aria)

travesty ['trævəstɪ] *n* parodia

trawler ['trɔ:lə*] *n* peschereccio (a strascico)

tray [treɪ] *n* (*for carrying*) vassoio; (*on desk*) vaschetta

treacherous ['tretʃərəs] *adj* infido(a)

treachery ['tretʃərɪ] *n* tradimento

treacle ['tri:kl] *n* melassa

tread [trɛd] (*pt* **trod**, *pp* **trodden**) *n* passo; (*sound*) rumore *m* di passi; (*of stairs*) pedata; (*of tyre*) battistrada *m inv* ♦ *vi* camminare; **~ on** *vt fus* calpestare

treason ['tri:zn] *n* tradimento

treasure ['treʒə*] *n* tesoro ♦ *vt* (*value*) tenere in gran conto, apprezzare molto; (*store*) custodire gelosamente

treasurer ['treʒərə*] *n* tesoriere/a

treasury ['treʒərɪ] *n*: **the T~** (*BRIT*), **the T~ Department** (*US*) il ministero del Tesoro

treat [tri:t] *n* regalo ♦ *vt* trattare; (*MED*) curare; **to ~ sb to sth** offrire qc a qn

treatment ['tri:tmənt] *n* trattamento

treaty ['tri:tɪ] *n* patto, trattato

treble ['trɛbl] *adj* triplo(a), triplice ♦ *vt* triplicare ♦ *vi* triplicarsi; **~ clef** *n* chiave *f* di violino

tree [tri:] *n* albero; **~ trunk** *n* tronco d'albero

trek [trɛk] *n* escursione *f* a piedi; escursione *f* in macchina; (*tiring walk*) camminata sfiancante ♦ *vi* (*as holiday*) fare dell'escursionismo

trellis ['trɛlɪs] *n* graticcio

tremble ['trɛmbl] *vi* tremare

tremendous [trɪ'mendəs] *adj* (*enormous*) enorme; (*excellent*) meraviglioso(a), formidabile

tremor ['tremə*] n tremore m, tremito; (*also*: **earth ~**) scossa sismica

trench [trentʃ] n trincea

trend [trend] n (*tendency*) tendenza; (*of events*) corso; (*fashion*) moda; **~y** adj (*idea*) di moda; (*clothes*) all'ultima moda

trespass ['trespəs] vi: **to ~ on** entrare abusivamente in; **"no ~ing"** "proprietà privata", "vietato l'accesso"

trestle ['tresl] n cavalletto

trial ['traɪəl] n (*LAW*) processo; (*test: of machine etc*) collaudo; **~s** npl (*unpleasant experiences*) dure prove fpl; **on ~** (*LAW*) sotto processo; **by ~ and error** a tentoni; **~ period** periodo di prova

triangle ['traɪæŋgl] n (*MATH, MUS*) triangolo

tribe [traɪb] n tribù f inv; **~sman** (*irreg*) n membro di tribù

tribunal [traɪ'bjuːnl] n tribunale m

tributary ['trɪbjuːtərɪ] n (*river*) tributario, affluente m

tribute ['trɪbjuːt] n tributo, omaggio; **to pay ~ to** rendere omaggio a

trick [trɪk] n trucco; (*joke*) tiro; (*CARDS*) presa ♦ vt imbrogliare, ingannare; **to play a ~ on sb** giocare un tiro a qn; **that should do the ~** vedrai che funziona; **~ery** n inganno

trickle ['trɪkl] n (*of water etc*) rivolo; gocciolio ♦ vi gocciolare

tricky ['trɪkɪ] adj difficile, delicato(a)

tricycle ['traɪsɪkl] n triciclo

trifle ['traɪfl] n sciocchezza; (*BRIT: CULIN*) ≈ zuppa inglese ♦ adv: **a ~ long** un po' lungo; **trifling** adj insignificante

trigger ['trɪgə*] n (*of gun*) grilletto; **~ off** vt dare l'avvio a

trim [trɪm] adj (*house, garden*) ben tenuto(a); (*figure*) snello(a) ♦ n (*haircut etc*) spuntata; (*embellishment*) finiture fpl; (*on car*) guarnizioni fpl ♦ vt spuntare; (*decorate*): **to ~ (with)** decorare (con); (*NAUT: a sail*) orientare; **~mings** npl decorazioni fpl; (*extras: gen CULIN*) guarnizione f

trinket ['trɪŋkɪt] n gingillo; (*piece of jewellery*) ciondolo

trip [trɪp] n viaggio; (*excursion*) gita, escursione f; (*stumble*) passo falso ♦ vi inciampare; (*go lightly*) camminare con passo leggero; **on a ~** in viaggio; **~ up** vi inciampare ♦ vt fare lo sgambetto a

tripe [traɪp] n (*CULIN*) trippa; (*pej: rubbish*) sciocchezze fpl, fesserie fpl

triple ['trɪpl] adj triplo(a)

triplets ['trɪplɪts] npl bambini(e) trigemini(e)

triplicate ['trɪplɪkət] n: **in ~** in triplice copia

tripod ['traɪpɔd] n treppiede m

trite [traɪt] adj banale, trito(a)

triumph ['traɪʌmf] n trionfo ♦ vi: **to ~ (over)** trionfare (su)

trivia ['trɪvɪə] npl banalità fpl

trivial ['trɪvɪəl] adj insignificante; (*commonplace*) banale

trod [trɔd] pt of **tread**; **~den** pp of **tread**

trolley ['trɔlɪ] n carrello; **~ bus** n filobus m inv

trombone [trɔm'bəun] n trombone m

troop [truːp] n gruppo; (*MIL*) squadrone m; **~s** npl (*MIL*) truppe fpl; **~ in/out** vi entrare/uscire a frotte; **~ing the colour** n (*ceremony*) sfilata della bandiera

trophy ['trəufɪ] n trofeo

tropic ['trɔpɪk] n tropico; **~al** adj tropicale

trot [trɔt] n trotto ♦ vi trottare; **on the ~** (*BRIT: fig*) di fila, uno(a) dopo l'altro(a)

trouble ['trʌbl] n difficoltà f inv, problema m; difficoltà fpl, problemi; (*worry*) preoccupazione f; (*bother, effort*) sforzo; (*POL*) conflitti mpl, disordine m; (*MED*): **stomach** etc **~** disturbi mpl gastrici etc ♦ vt disturbare; (*worry*) preoccupare ♦ vi: **to ~ to do** disturbarsi a fare; **~s** npl (*POL etc*) disordini mpl; **to be in ~** avere dei problemi; **it's no ~!** di niente!; **what's the ~?** cosa c'è che non va?; **~d** adj (*person*) preoccupato(a), inquieto(a); (*epoch, life*) agitato(a), difficile; **~maker** n elemento disturbatore, agitatore/trice; (*child*) disloco/a; **~shooter** n (*in conflict*) conciliatore m; **~some** adj fastidioso(a), seccante

trough [trɔf] n (*also*: **drinking ~**) abbeveratoio; (*also*: **feeding ~**) trogolo, mangiatoia; *(channel)* canale m

trousers ['trauzəz] *npl* pantaloni *mpl*, calzoni *mpl*; **short ~** calzoncini *mpl*

trousseau ['tru:səu] *(pl ~x or ~s) n* corredo da sposa

trousseaux ['tru:səuz] *npl of* **trousseau**

trout [traut] *n inv* trota

trowel ['trauəl] *n* cazzuola

truant ['truənt] *(BRIT) n*: **to play ~** marinare la scuola

truce [tru:s] *n* tregua

truck [trʌk] *n* autocarro, camion *m inv*; *(RAIL)* carro merci aperto; *(for luggage)* carrello *m* portabagagli *inv*; **~ driver** *n* camionista *m/f*; **~ farm** *(US) n* orto industriale

true [tru:] *adj* vero(a); *(accurate)* accurato(a), esatto(a); *(genuine)* reale; *(faithful)* fedele; **to come ~** avverarsi

truffle ['trʌfl] *n* tartufo

truly ['tru:lɪ] *adv* veramente; *(truthfully)* sinceramente; *(faithfully)*: **yours ~** *(in letter)* distinti saluti

trump [trʌmp] *n (also: ~ card)* atout *m inv*

trumpet ['trʌmpɪt] *n* tromba

truncheon ['trʌntʃən] *n* sfollagente *m inv*

trundle ['trʌndl] *vt* far rotolare rumorosamente ♦ *vi*: **to ~ along** rotolare rumorosamente

trunk [trʌŋk] *n (of tree, person)* tronco; *(of elephant)* proboscide *f*; *(case)* baule *m*; *(US: AUT)* bagagliaio; **~s** *npl (also: **swimming ~s**)* calzoncini *mpl* da bagno

truss [trʌs] *vt*: **~ (up)** *(CULIN)* legare

trust [trʌst] *n* fiducia; *(LAW)* amministrazione *f* fiduciaria; *(COMM)* trust *m inv* ♦ *vt (rely on)* contare su; *(hope)* sperare; *(entrust)*: **to ~ sth to sb** affidare qc a qn; **~ed** *adj* fidato(a); **~ee** [trʌs'ti:] *n (LAW)* amministratore/trice fiduciario(a); *(of school etc)* amministratore/trice; **~ful** *adj* fiducioso(a); **~ing** *adj* = **~ful**; **~worthy** *adj* fidato(a), degno(a) di fiducia

truth [tru:θ, *pl* tru:ðz] *n* verità *f inv*; **~ful** *adj (person)* sincero(a); *(description)* veritiero(a), esatto(a)

try [traɪ] *n* prova, tentativo; *(RUGBY)* meta

♦ *vt (LAW)* giudicare; *(test: also: ~ out)* provare; *(strain)* mettere alla prova ♦ *vi* provare; **to have a ~** fare un tentativo; **to ~ to do** *(seek)* cercare di fare; **~ on** *vt (clothes)* provare; **~ing** *adj (day, experience)* logorante, pesante; *(child)* difficile, insopportabile

tsar [zɑ:*] *n* zar *m inv*

T-shirt ['ti:-] *n* maglietta

T-square ['ti:-] *n* riga a T

tub [tʌb] *n* tinozza; mastello; *(bath)* bagno

tuba ['tju:bə] *n* tuba

tubby ['tʌbɪ] *adj* grassoccio(a)

tube [tju:b] *n* tubo; *(BRIT: underground)* metropolitana, metrò *m inv*; *(for tyre)* camera d'aria; **~ station** *(BRIT) n* stazione *f* della metropolitana

tubular ['tju:bjulə*] *adj* tubolare

TUC *(BRIT) n abbr (= Trades Union Congress)* confederazione *f* dei sindacati britannici

tuck [tʌk] *vt (put)* mettere; **~ away** *vt* riporre; *(building)*: **to be ~ed away** essere in un luogo isolato; **~ in** *vt* mettere dentro; *(child)* rimboccare ♦ *vi (eat)* mangiare di buon appetito; abbuffarsi; **~ up** *vt (child)* rimboccare le coperte a; **~ shop** *n* negozio di pasticceria *(in una scuola)*

Tuesday ['tju:zdɪ] *n* martedì *m inv*

tuft [tʌft] *n* ciuffo

tug [tʌg] *n (ship)* rimorchiatore *m* ♦ *vt* tirare con forza; **~-of-war** *n* tiro alla fune

tuition [tju:'ɪʃən] *n (BRIT)* lezioni *fpl*; *(: private ~)* lezioni *fpl* private; *(US: school fees)* tasse *fpl* scolastiche

tulip ['tju:lɪp] *n* tulipano

tumble ['tʌmbl] *n (fall)* capitombolo ♦ *vi* capitombolare, ruzzolare; **to ~ to sth** *(inf)* realizzare qc; **~down** *adj* cadente, diroccato(a); **~ dryer** *(BRIT) n* asciugatrice *f*

tumbler ['tʌmblə*] *n* bicchiere *m (senza stelo)*

tummy ['tʌmɪ] *(inf) n* pancia; **~ upset** *n* mal *m* di pancia

tumour ['tju:mə*] *(US* tumor) *n* tumore *m*

tuna ['tju:nə] n inv (also: ~ fish) tonno
tune [tju:n] n (melody) melodia, aria ♦ vt
(MUS) accordare; (RADIO, TV, AUT) regolare,
mettere a punto; **to be in/out of ~**
(instrument) essere accordato(a)/
scordato(a); (singer) essere intonato(a)/
stonato(a); ~ **in** vi: **to ~ in (to)** (RADIO, TV)
sintonizzarsi (su); ~ **up** vi (musician)
accordare lo strumento; ~**ful** adj
melodioso(a); ~**r** n: **piano ~r** accordatore
m
tunic ['tju:nɪk] n tunica
Tunisia [tju:'nɪzɪə] n Tunisia
tunnel ['tʌnl] n galleria ♦ vi scavare una
galleria
turban ['tə:bən] n turbante m
turbulence ['tə:bjuləns] n (AVIAT)
turbolenza
tureen [tə'ri:n] n zuppiera
turf [tə:f] n terreno erboso; (clod) zolla ♦ vt
coprire di zolle erbose; ~ **out** (inf) vt
buttar fuori
Turin [tjuə'rɪn] n Torino f
Turk [tə:k] n turco/a
Turkey ['tə:kɪ] n Turchia
turkey ['tə:kɪ] n tacchino
Turkish ['tə:kɪʃ] adj turco(a) ♦ n (LING)
turco
turmoil ['tə:mɔɪl] n confusione f, tumulto
turn [tə:n] n giro; (change) cambiamento;
(in road) curva; (tendency: of mind, events)
tendenza; (performance) numero; (chance)
turno; (MED) crisi f inv, attacco ♦ vt girare,
voltare; (change): **to ~ sth into** trasformare
qc in ♦ vi girare; (person: look back) girarsi,
voltarsi; (reverse direction) girare; (change)
cambiare; (milk) andare a male; (become)
diventare; **a good ~** un buon servizio; **it**
gave me quite a ~ mi ha fatto prendere
un bello spavento; **"no left ~!"** (AUT)
"divieto di svolta a sinistra"; **it's your ~**
tocca a lei; **in ~** a sua volta; a turno; **to**
take ~s (at sth) fare (qc) a turno; ~ **away**
vi girarsi (dall'altra parte) ♦ vt mandare via;
~ **back** vi ritornare, tornare indietro ♦ vt
far tornare indietro; (clock) spostare
indietro; ~ **down** vt (refuse) rifiutare;

(reduce) abbassare; (fold) ripiegare; ~ **in** vi
(inf: go to bed) andare a letto ♦ vt (fold)
voltare in dentro; ~ **off** vi (from road)
girare, voltare ♦ vt (light, radio, engine etc)
spegnere; ~ **on** vt (light, radio etc)
accendere; ~ **out** vt (light, gas) chiudere;
spegnere ♦ vi (voters) presentarsi; **to ~ out**
to be ... rivelarsi ..., risultare ...; ~ **over** vi
(person) girarsi ♦ vt girare; ~ **round** vi
girare; (person) girarsi; ~ **up** vi (person)
arrivare, presentarsi; (lost object) saltar fuori
♦ vt (collar, sound) alzare; ~**ing** n (in road)
curva; ~**ing point** n (fig) svolta decisiva
turnip ['tə:nɪp] n rapa
turnout ['tə:naut] n presenza, affluenza
turnover ['tə:nəuvə*] n (COMM) turnover m
inv; (CULIN): **apple** etc ~ sfogliatella alle
melle ecc
turnpike ['tə:npaɪk] n (US) autostrada a
pedaggio
turnstile ['tə:nstaɪl] n tornella
turntable ['tə:nteɪbl] n (on record player)
piatto
turn-up (BRIT) n (on trousers) risvolto
turpentine ['tə:pəntaɪn] n (also: **turps**)
acqua ragia
turquoise ['tə:kwɔɪz] n turchese m ♦ adj
turchese
turret ['tʌrɪt] n torretta
turtle ['tə:tl] n testuggine f; ~**neck**
(sweater) n maglione m con il collo alto
Tuscany ['tʌskənɪ] n Toscana
tusk [tʌsk] n zanna
tutor ['tju:tə*] n (in college) docente m/f
(responsabile di un gruppo di studenti);
(private teacher) precettore m; ~**ial** [-'tɔ:rɪəl]
n (SCOL) lezione f con discussione (a un
gruppo limitato)
tuxedo [tʌk'si:dəu] n (US) smoking m inv
TV [ti:'vi:] n abbr (= television) tivù f inv
twang [twæŋ] n (of instrument) suono
vibrante; (of voice) accento nasale
tweed [twi:d] n tweed m inv
tweezers ['twi:zəz] npl pinzette fpl
twelfth [twelfθ] num dodicesimo(a)
twelve [twelv] num dodici; **at ~ (o'clock)**
alle dodici, a mezzogiorno; (midnight) a

mezzanotte
twentieth ['twentɪɪθ] *num* ventesimo(a)
twenty ['twentɪ] *num* venti
twice [twaɪs] *adv* due volte; **~ as much** due volte tanto; **~ a week** due volte alla settimana
twiddle ['twɪdl] *vt, vi*: **to ~ (with) sth** giocherellare con qc; **to ~ one's thumbs** *(fig)* girarsi i pollici
twig [twɪg] *n* ramoscello ♦ *vt, vi (inf)* capire
twilight ['twaɪlaɪt] *n* crepuscolo
twin [twɪn] *adj, n* gemello(a) ♦ *vt*: **to ~ one town with another** fare il gemellaggio di una città con un'altra; **~-bedded room** *n* stanza con letti gemelli; **~ beds** *npl* letti *mpl* gemelli
twine [twaɪn] *n* spago, cordicella ♦ *vi* attorcigliarsi
twinge [twɪndʒ] *n (of pain)* fitta; **a ~ of conscience/regret** un rimorso/rimpianto
twinkle ['twɪŋkl] *vi* scintillare; *(eyes)* brillare
twirl [twəːl] *vt* far roteare ♦ *vi* roteare
twist [twɪst] *n* torsione *f*; *(in wire, flex)* piega; *(in road)* curva; *(in story)* colpo di scena ♦ *vt* attorcigliare; *(ankle)* slogare; *(weave)* intrecciare; *(roll around)* arrotolare; *(fig)* distorcere ♦ *vi (road)* serpeggiare
twit [twɪt] *(inf) n* cretino(a)
twitch [twɪtʃ] *n* tiratina; *(nervous)* tic *m inv* ♦ *vi* contrarsi
two [tuː] *num* due; **to put ~ and ~ together** *(fig)* fare uno più uno; **~-door** *adj (AUT)* a due porte; **~-faced** *adj (pej) (person)* falso(a); **~fold** *adv*: **to increase ~fold** aumentare del doppio; **~-piece (suit)** *n* due pezzi *m inv*; **~-piece (swimsuit)** *n* (costume *m* da bagno a) due pezzi *m inv*; **~some** *n (people)* coppia; **~-way** *adj (traffic)* a due sensi
tycoon [taɪˈkuːn] *n*: **(business) ~** magnate *m*
type [taɪp] *n (category)* genere *m*; *(model)* modello; *(example)* tipo; *(TYP)* tipo, carattere *m* ♦ *vt (letter etc)* battere (a macchina), dattilografare; **~-cast** *adj (actor)* a ruolo fisso; **~face** *n* carattere *m* tipografico; **~script** *n* dattiloscritto;

~writer *n* macchina da scrivere; **~written** *adj* dattiloscritto(a), battuto(a) a macchina
typhoid ['taɪfɔɪd] *n* tifoidea
typhoon [taɪˈfuːn] *n* tifone *m*
typical ['tɪpɪkl] *adj* tipico(a)
typify ['tɪpɪfaɪ] *vt* caratterizzare; *(person)* impersonare
typing ['taɪpɪŋ] *n* dattilografia
typist ['taɪpɪst] *n* dattilografo/a
tyrant ['taɪərnt] *n* tiranno
tyre ['taɪə*] *(US* **tire**) *n* pneumatico, gomma; **~ pressure** *n* pressione *f* (delle gomme)
tzar [zɑː*] *n* = **tsar**

U, u

U-bend ['juː'-] *n (in pipe)* sifone *m*
ubiquitous [juːˈbɪkwɪtəs] *adj* onnipresente
udder ['ʌdə*] *n* mammella
UFO ['juːfəʊ] *n abbr (= unidentified flying object)* UFO *m inv*
ugh [əːh] *excl* puah!
ugly ['ʌglɪ] *adj* brutto(a)
UHT *abbr (= ultra heat treated)* UHT *inv*, a lunga conservazione
UK *n abbr* = **United Kingdom**
ulcer ['ʌlsə*] *n* ulcera; *(also:* **mouth ~**) afta
Ulster ['ʌlstə*] *n* Ulster *m*
ulterior [ʌlˈtɪərɪə*] *adj* ulteriore; **~ motive** *n* secondo fine *m*
ultimate ['ʌltɪmət] *adj* ultimo(a), finale; *(authority)* massimo(a), supremo(a); **~ly** *adv* alla fine; in definitiva, in fin dei conti
ultrasound [ʌltrəˈsaʊnd] *n (MED)* ultrasuono
umbilical cord [ʌmbɪˈlaɪkl-] *n* cordone *m* ombelicale
umbrella [ʌmˈbrɛlə] *n* ombrello
umpire ['ʌmpaɪə*] *n* arbitro
umpteen [ʌmpˈtiːn] *adj* non so quanti(e); **for the ~th time** per l'ennesima volta
UN *n abbr (= United Nations)* ONU *f*
unable [ʌnˈeɪbl] *adj*: **to be ~ to** non potere, essere nell'impossibilità di; essere incapace di
unaccompanied [ʌnəˈkʌmpənɪd] *adj (child, lady)* non accompagnato(a)

unaccustomed [ʌnə'kʌstəmd] *adj*: **to be ~ to sth** non essere abituato a qc

unanimous [juː'nænɪməs] *adj* unanime; **~ly** *adv* all'unanimità

unarmed [ʌn'ɑːmd] *adj* (*without a weapon*) disarmato(a); (*combat*) senz'armi

unattached [ʌnə'tætʃt] *adj* senza legami, libero(a)

unattended [ʌnə'tɛndɪd] *adj* (*car, child, luggage*) incustodito(a)

unattractive [ʌnə'træktɪv] *adj* poco attraente

unauthorized [ʌn'ɔːθəraɪzd] *adj* non autorizzato(a)

unavoidable [ʌnə'vɔɪdəbl] *adj* inevitabile

unaware [ʌnə'wɛə*] *adj*: **to be ~ of** non sapere, ignorare; **~s** *adv* di sorpresa, alla sprovvista

unbalanced [ʌn'bælənst] *adj* squilibrato(a)

unbearable [ʌn'bɛərəbl] *adj* insopportabile

unbeknown(st) [ʌnbɪ'nəun(st)] *adv*: **~ to** all'insaputa di

unbelievable [ʌnbɪ'liːvəbl] *adj* incredibile

unbend [ʌn'bɛnd] (*irreg: like* **bend**) *vi* distendersi ♦ *vt* (*wire*) raddrizzare

unbias(s)ed [ʌn'baɪəst] *adj* (*person, report*) obiettivo(a), imparziale

unborn [ʌn'bɔːn] *adj* non ancora nato(a)

unbreakable [ʌn'breɪkəbl] *adj* infrangibile

unbroken [ʌn'brəukən] *adj* intero(a); (*series*) continuo(a); (*record*) imbattuto(a)

unbutton [ʌn'bʌtn] *vt* sbottonare

uncalled-for [ʌn'kɔːld-] *adj* (*remark*) fuori luogo *inv*; (*action*) ingiustificato(a)

uncanny [ʌn'kænɪ] *adj* misterioso(a), strano(a)

unceasing [ʌn'siːsɪŋ] *adj* incessante

unceremonious ['ʌnsɛrɪ'məunɪəs] *adj* (*abrupt, rude*) senza tante cerimonie

uncertain [ʌn'səːtn] *adj* incerto(a); dubbio(a); **~ty** *n* incertezza

unchanged [ʌn'tʃeɪndʒd] *adj* invariato(a)

uncivilized [ʌn'sɪvɪlaɪzd] *adj* (*gen*) selvaggio(a); (*fig*) incivile, barbaro(a)

uncle ['ʌŋkl] *n* zio

uncomfortable [ʌn'kʌmfətəbl] *adj* scomodo(a); (*uneasy*) a disagio, agitato(a); (*unpleasant*) fastidioso(a)

uncommon [ʌn'kɔmən] *adj* raro(a), insolito(a), non comune

uncompromising [ʌn'kɔmprəmaɪzɪŋ] *adj* intransigente, inflessibile

unconcerned [ʌnkən'səːnd] *adj*: **to be ~ (about)** non preoccuparsi (di *or* per)

unconditional [ʌnkən'dɪʃənl] *adj* incondizionato(a), senza condizioni

unconscious [ʌn'kɔnʃəs] *adj* privo(a) di sensi, svenuto(a); (*unaware*) inconsapevole, inconscio(a) ♦ *n*: **the ~** l'inconscio; **~ly** *adv* inconsciamente

uncontrollable [ʌnkən'trəuləbl] *adj* incontrollabile; indisciplinato(a)

unconventional [ʌnkən'vɛnʃənl] *adj* poco convenzionale

uncouth [ʌn'kuːθ] *adj* maleducato(a), grossolano(a)

uncover [ʌn'kʌvə*] *vt* scoprire

undecided [ʌndɪ'saɪdɪd] *adj* indeciso(a)

under ['ʌndə*] *prep* sotto; (*less than*) meno di; al disotto di; (*according to*) secondo, in conformità a ♦ *adv* al disotto; **~ there** là sotto; **~ repair** in riparazione

under... ['ʌndə*] *prefix* sotto..., sub...; **~-age** *adj* minorenne; **~carriage** (*BRIT*) *n* carrello (d'atterraggio); **~charge** *vt* far pagare di meno a; **~clothes** *npl* biancheria (intima); **~coat** *n* (*paint*) mano *f* di fondo; **~cover** *adj* segreto(a), clandestino(a); **~current** *n* corrente *f* sottomarina; **~cut** *vt irreg* vendere a prezzo minore di; **~developed** *adj* sottosviluppato(a); **~dog** *n* oppresso/a; **~done** *adj* (*CULIN*) al sangue; (*pej*) poco cotto(a); **~estimate** *vt* sottovalutare; **~fed** *adj* denutrito(a); **~foot** *adv* sotto i piedi; **~go** *vt irreg* subire; (*treatment*) sottoporsi a; **~graduate** *n* studente(essa) universitario(a); **~ground** *n* (*BRIT: railway*) metropolitana; (*POL*) movimento clandestino ♦ *adj* sotterraneo(a); (*fig*) clandestino(a) ♦ *adv* sottoterra; **to go ~ground** (*fig*) darsi alla macchia; **~growth** *n* sottobosco; **~hand(ed)** *adj* (*fig*) furtivo(a), subdolo(a); **~lie** *vt irreg* essere alla base di; **~line** *vt* sottolineare; **~mine** *vt* minare; **~neath** [Andə'ni:θ] *adv* sotto, disotto ♦ *prep* sotto, al di sotto di; **~paid** *adj* sottopagato(a); **~pants** *npl* mutande *fpl*, slip *m inv*; **~pass** (*BRIT*) *n* sottopassaggio; **~privileged** *adj* non abbiente; meno favorito(a); **~rate** *vt* sottovalutare; **~shirt** (*US*) *n* maglietta; **~shorts** (*US*) *npl* mutande *fpl*, slip *m inv*; **~side** *n* disotto; **~skirt** (*BRIT*) *n* sottoveste *f*

understand [Andə'stænd] (*irreg: like* **stand**) *vt*, *vi* capire, comprendere; **I ~ that ...** sento che ...; credo di capire che ...; **~able** *adj* comprensibile; **~ing** *adj* comprensivo(a) ♦ *n* comprensione *f*; (*agreement*) accordo

understatement [Andə'steɪtmənt] *n*: **that's an ~!** a dire poco!

understood [Andə'stud] *pt*, *pp of* **understand** ♦ *adj* inteso(a); (*implied*) sottinteso(a)

understudy ['Andəstʌdɪ] *n* sostituto/a, attore/trice supplente

undertake [Andə'teɪk] (*irreg: like* **take**) *vt* intraprendere; **to ~ to do sth** impegnarsi a fare qc

undertaker ['Andəteɪkə*] *n* impresario di pompe funebri

undertaking [Andə'teɪkɪŋ] *n* impresa; (*promise*) promessa

undertone ['Andətəun] *n*: **in an ~** a mezza voce, a voce bassa

underwater [Andə'wɔ:tə*] *adv* sott'acqua ♦ *adj* subacqueo(a)

underwear ['Andəwɛə*] *n* biancheria (intima)

underworld ['Andəwə:ld] *n* (*of crime*) malavita

underwriter ['Andəraɪtə*] *n* (*INSURANCE*) sottoscrittore/trice

undesirable [Andɪ'zaɪərəbl] *adj* sgradevole

undies ['Andɪz] (*inf*) *npl* biancheria intima da donna

undo [An'du:] *vt irreg* disfare; **~ing** *n* rovina, perdita

undoubted [An'dautɪd] *adj* sicuro(a),

certo(a); **~ly** *adv* senza alcun dubbio

undress [An'drɛs] *vi* spogliarsi

undue [An'dju:] *adj* eccessivo(a)

undulating ['Andjuleɪtɪŋ] *adj* ondeggiante; ondulato(a)

unduly [An'dju:lɪ] *adv* eccessivamente

unearth [An'ə:θ] *vt* dissotterrare; (*fig*) scoprire

unearthly [An'ə:θlɪ] *adj* (*hour*) impossibile

uneasy [An'i:zɪ] *adj* a disagio; (*worried*) preoccupato(a); (*peace*) precario(a)

uneconomic(al) ['Ani:kə'nɔmɪk(l)] *adj* antieconomico(a)

unemployed [Anɪm'plɔɪd] *adj* disoccupato(a) ♦ *npl*: **the ~** i disoccupati

unemployment [Anɪm'plɔɪmənt] *n* disoccupazione *f*

unending [An'ɛndɪŋ] *adj* senza fine

unerring [An'ə:rɪŋ] *adj* infallibile

uneven [An'i:vn] *adj* ineguale; irregolare

unexpected [Anɪk'spɛktɪd] *adj* inatteso(a), imprevisto(a); **~ly** *adv* inaspettatamente

unfailing [An'feɪlɪŋ] *adj* (*supply, energy*) inesauribile; (*remedy*) infallibile

unfair [An'fɛə*] *adj*: **~ (to)** ingiusto(a) (nei confronti di)

unfaithful [An'feɪθful] *adj* infedele

unfamiliar [Anfə'mɪlɪə*] *adj* sconosciuto(a), strano(a); **to be ~ with** non avere familiarità con

unfashionable [An'fæʃnəbl] *adj* (*clothes*) fuori moda; (*district*) non alla moda

unfasten [An'fɑ:sn] *vt* slacciare; sciogliere

unfavourable [An'feɪvərəbl] (*US* **unfavorable**) *adj* sfavorevole

unfeeling [An'fi:lɪŋ] *adj* insensibile, duro(a)

unfinished [An'fɪnɪʃt] *adj* incompleto(a)

unfit [An'fɪt] *adj* (*ill*) malato(a), in cattiva salute; (*incompetent*): **~ (for)** incompetente (in); (: *work, MIL*) inabile (a)

unfold [An'fəuld] *vt* spiegare ♦ *vi* (*story, plot*) svelarsi

unforeseen ['Anfɔ:'si:n] *adj* imprevisto(a)

unforgettable [Anfə'getəbl] *adj* indimenticabile

unfortunate [An'fɔ:tʃnət] *adj* sfortunato(a); (*event, remark*) infelice; **~ly** *adv* sfortunatamente, purtroppo

unfounded [ʌnˈfaundɪd] *adj* infondato(a)

unfriendly [ʌnˈfrɛndlɪ] *adj* poco amichevole, freddo(a)

ungainly [ʌnˈgeɪnlɪ] *adj* goffo(a), impacciato(a)

ungodly [ʌnˈgɔdlɪ] *adj*: **at an ~ hour** a un'ora impossibile

ungrateful [ʌnˈgreɪtful] *adj* ingrato(a)

unhappiness [ʌnˈhæpɪnɪs] *n* infelicità

unhappy [ʌnˈhæpɪ] *adj* infelice; **~ about/ with** (*arrangements etc*) insoddisfatto(a) di

unharmed [ʌnˈhɑːmd] *adj* incolume, sano(a) e salvo(a)

unhealthy [ʌnˈhɛlθɪ] *adj* (*gen*) malsano(a); (*person*) malaticcio(a)

unheard-of [ʌnˈhəːdɔv] *adj* inaudito(a), senza precedenti

unhurt [ʌnˈhəːt] *adj* illeso(a)

uniform [ˈjuːnɪfɔːm] *n* uniforme *f*, divisa ♦ *adj* uniforme

uninhabited [ʌnɪnˈhæbɪtɪd] *adj* disabitato(a)

unintentional [ʌnɪnˈtɛnʃənəl] *adj* involontario(a)

union [ˈjuːnjən] *n* unione *f*; (*also*: **trade ~**) sindacato ♦ *cpd* sindacale, dei sindacati; **U~ Jack** *n* bandiera nazionale britannica

unique [juːˈniːk] *adj* unico(a)

unit [ˈjuːnɪt] *n* unità *f inv*; (*section: of furniture etc*) elemento; (*team, squad*) reparto, squadra

unite [juːˈnaɪt] *vt* unire ♦ *vi* unirsi; **~d** *adj* unito(a); unificato(a); (*efforts*) congiunto(a); **U~d Kingdom** *n* Regno Unito; **U~d Nations (Organization)** *n* (Organizzazione *f* delle) Nazioni Unite; **U~d States (of America)** *n* Stati *mpl* Uniti (d'America)

unit trust (*BRIT*) *n* fondo d'investimento

unity [ˈjuːnɪtɪ] *n* unità

universal [juːnɪˈvəːsl] *adj* universale

universe [ˈjuːnɪvəːs] *n* universo

university [juːnɪˈvəːsɪtɪ] *n* università *f inv*

unjust [ʌnˈdʒʌst] *adj* ingiusto(a)

unkempt [ʌnˈkɛmpt] *adj* trasandato(a); spettinato(a)

unkind [ʌnˈkaɪnd] *adj* scortese; crudele

unknown [ʌnˈnəun] *adj* sconosciuto(a)

unlawful [ʌnˈlɔːful] *adj* illecito(a), illegale

unleaded [ʌnˈlɛdɪd] *adj* (*petrol, fuel*) verde, senza piombo

unleash [ʌnˈliːʃ] *vt* (*fig*) scatenare

unless [ʌnˈlɛs] *conj* a meno che (non) +*sub*

unlike [ʌnˈlaɪk] *adj* diverso(a) ♦ *prep* a differenza di, contrariamente a

unlikely [ʌnˈlaɪklɪ] *adj* improbabile

unlisted [ʌnˈlɪstɪd] (*US*) *adj* (*TEL*): **to be ~** non essere sull'elenco

unload [ʌnˈləud] *vt* scaricare

unlock [ʌnˈlɔk] *vt* aprire

unlucky [ʌnˈlʌkɪ] *adj* sfortunato(a); (*object, number*) che porta sfortuna

unmarried [ʌnˈmærɪd] *adj* non sposato(a); (*man only*) scapolo, celibe; (*woman only*) nubile

unmistak(e)able [ʌnmɪsˈteɪkəbl] *adj* inconfondibile

unmitigated [ʌnˈmɪtɪgeɪtɪd] *adj* non mitigato(a), assoluto(a), vero(a) e proprio(a)

unnatural [ʌnˈnætʃrəl] *adj* innaturale; contro natura

unnecessary [ʌnˈnɛsəsərɪ] *adj* inutile, superfluo(a)

unnoticed [ʌnˈnəutɪst] *adj*: **(to go) ~** (passare) inosservato(a)

UNO [ˈjuːnəu] *n abbr* (= *United Nations Organization*) ONU *f*

unobtainable [ʌnəbˈteɪnəbl] *adj* (*TEL*) non ottenibile

unobtrusive [ʌnəbˈtruːsɪv] *adj* discreto(a)

unofficial [ʌnəˈfɪʃl] *adj* non ufficiale; (*strike*) non dichiarato(a) dal sindacato

unpack [ʌnˈpæk] *vi* disfare la valigia (*or* le valigie) ♦ *vt* disfare

unpalatable [ʌnˈpælətəbl] *adj* sgradevole

unparalleled [ʌnˈpærəleld] *adj* incomparabile, impareggiabile

unpleasant [ʌnˈplɛznt] *adj* spiacevole

unplug [ʌnˈplʌg] *vt* staccare

unpopular [ʌnˈpɔpjulə*] *adj* impopolare

unprecedented [ʌnˈprɛsɪdəntɪd] *adj* senza precedenti

unpredictable [ʌnprɪ'dɪktəbl] *adj* imprevedibile

unprofessional [ʌnprə'feʃənl] *adj* poco professionale

unqualified [ʌn'kwɒlɪfaɪd] *adj* (*teacher*) non abilitato(a); (*success*) assoluto(a), senza riserve

unquestionably [ʌn'kwestʃənəblɪ] *adv* indiscutibilmente

unravel [ʌn'rævl] *vt* dipanare, districare

unreal [ʌn'rɪəl] *adj* irreale

unrealistic [ʌnrɪə'lɪstɪk] *adj* non realistico(a)

unreasonable [ʌn'riːznəbl] *adj* irragionevole

unrelated [ʌnrɪ'leɪtɪd] *adj*: ~ **(to)** senza rapporto (con); non imparentato(a) (con)

unreliable [ʌnrɪ'laɪəbl] *adj* (*person, machine*) che non dà affidamento; (*news, source of information*) inattendibile

unremitting [ʌnrɪ'mɪtɪŋ] *adj* incessante

unreservedly [ʌnrɪ'zəːvɪdlɪ] *adv* senza riserve

unrest [ʌn'rest] *n* agitazione *f*

unroll [ʌn'rəul] *vt* srotolare

unruly [ʌn'ruːlɪ] *adj* indisciplinato(a)

unsafe [ʌn'seɪf] *adj* pericoloso(a), rischioso(a)

unsaid [ʌn'sed] *adj*: **to leave sth ~** passare qc sotto silenzio

unsatisfactory ['ʌnsætɪs'fæktərɪ] *adj* che lascia a desiderare, insufficiente

unsavoury [ʌn'seɪvərɪ] (*US* **unsavory**) *adj* (*fig: person, place*) losco(a)

unscathed [ʌn'skeɪðd] *adj* incolume

unscrew [ʌn'skruː] *vt* svitare

unscrupulous [ʌn'skruːpjuləs] *adj* senza scrupoli

unsettled [ʌn'setld] *adj* (*person*) turbato(a); indeciso(a); (*weather*) instabile

unshaven [ʌn'ʃeɪvn] *adj* non rasato(a)

unsightly [ʌn'saɪtlɪ] *adj* brutto(a), sgradevole a vedersi

unskilled [ʌn'skɪld] *adj* (*gen*) instabile;

unspeakable [ʌn'spiːkəbl] *adj* (*indescribable*) indicibile; (*awful*) abominevole

unstable [ʌn'steɪbl] *adj* (*gen*) instabile;

(*mentally*) squilibrato(a)

unsteady [ʌn'stedɪ] *adj* instabile, malsicuro(a)

unstuck [ʌn'stʌk] *adj*: **to come ~** scollarsi; (*fig*) fare fiasco

unsuccessful [ʌnsək'sesful] *adj* (*writer, proposal*) che non ha successo; (*marriage, attempt*) mal riuscito(a), fallito(a); **to be ~** (*in attempting sth*) non avere successo

unsuitable [ʌn'suːtəbl] *adj* inadatto(a); inopportuno(a); sconveniente

unsure [ʌn'ʃuə*] *adj* incerto(a); **to be ~ of o.s.** essere insicuro(a)

unsuspecting [ʌnsə'spektɪŋ] *adj* che non sospetta nulla

unsympathetic [ʌnsɪmpə'θetɪk] *adj* (*person*) antipatico(a); (*attitude*) poco incoraggiante

untapped [ʌn'tæpt] *adj* (*resources*) non sfruttato(a)

unthinkable [ʌn'θɪŋkəbl] *adj* impensabile, inconcepibile

untidy [ʌn'taɪdɪ] *adj* (*room*) in disordine; (*appearance*) trascurato(a); (*person*) disordinato(a)

untie [ʌn'taɪ] *vt* (*knot, parcel*) disfare; (*prisoner, dog*) slegare

until [ʌn'tɪl] *prep* fino a; (*after negative*) prima di ♦ *conj* finché, fino a quando; (*in past, after negative*) prima che +*sub*, prima di +*infinitive*; ~ **he comes** finché *or* fino a quando non arriva; ~ **now** finora; ~ **then** fino ad allora

untimely [ʌn'taɪmlɪ] *adj* intempestivo(a), inopportuno(a); (*death*) prematuro(a)

untold [ʌn'təuld] *adj* (*story*) mai rivelato(a); (*wealth*) incalcolabile; (*joy, suffering*) indescrivibile

untoward [ʌntə'wɔːd] *adj* sfortunato(a), sconveniente

unused [ʌn'juːzd] *adj* nuovo(a)

unusual [ʌn'juːʒuəl] *adj* insolito(a), eccezionale, raro(a)

unveil [ʌn'veɪl] *vt* scoprire; svelare

unwanted [ʌn'wɒntɪd] *adj* (*clothing*) smesso(a); (*child*) non desiderato(a)

unwavering [ʌn'weɪvərɪŋ] *adj* fermo(a),

incrollabile

unwelcome [ʌn'wɛlkəm] *adj* non gradito(a)

unwell [ʌn'wɛl] *adj* indisposto(a); **to feel ~** non sentirsi bene

unwieldy [ʌn'wiːldɪ] *adj* poco maneggevole

unwilling [ʌn'wɪlɪŋ] *adj*: **to be ~ to do** non voler fare; **~ly** *adv* malvolentieri

unwind [ʌn'waɪnd] (*irreg: like* **wind**[1]) *vt* svolgere, srotolare ♦ *vi* (*relax*) rilassarsi

unwise [ʌn'waɪz] *adj* poco saggio(a)

unwitting [ʌn'wɪtɪŋ] *adj* involontario(a)

unworkable [ʌn'wəːkəbl] *adj* (*plan*) inattuabile

unworthy [ʌn'wəːðɪ] *adj* indegno(a)

unwrap [ʌn'ræp] *vt* disfare; aprire

unwritten [ʌn'rɪtn] *adj* (*agreement*) tacito(a); (*law*) non scritto(a)

KEYWORD

up [ʌp] *prep*: **he went ~ the stairs/the hill** è salito su per le scale/sulla collina; **the cat was ~ a tree** il gatto era su un albero; **they live further ~ the street** vivono un po' più su nella stessa strada
♦ *adv* 1 (*upwards, higher*) su, in alto; **~ in the sky/the mountains** nel cielo/in montagna; **~ there** lassù; **~ above** su in alto
2: **to be ~** (*out of bed*) essere alzato(a); (*prices, level*) essere salito(a)
3: **~ to** (*as far as*) fino a; **~ to now** finora
4: **to be ~ to** (*depending on*): **it's ~ to you** sta a lei, dipende da lei; (*equal to*): **he's not ~ to it** (*job, task etc*) non ne è all'altezza; (*inf: be doing*): **what is he ~ to?** cosa sta combinando?
♦ *n*: **~s and downs** alti e bassi *mpl*

upbringing ['ʌpbrɪŋɪŋ] *n* educazione *f*

update [ʌp'deɪt] *vt* aggiornare

upgrade [ʌp'greɪd] *vt* (*house, job*) migliorare; (*employee*) avanzare di grado

upheaval [ʌp'hiːvl] *n* sconvolgimento; tumulto

uphill [ʌp'hɪl] *adj* in salita; (*fig: task*) difficile
♦ *adv*: **to go ~** andare in salita, salire

uphold [ʌp'həuld] (*irreg: like* **hold**) *vt* approvare; sostenere

upholstery [ʌp'həulstərɪ] *n* tappezzeria

upkeep ['ʌpkiːp] *n* manutenzione *f*

upon [ə'pɔn] *prep* su

upper ['ʌpə*] *adj* superiore ♦ *n* (*of shoe*) tomaia; **~-class** *adj* dell'alta borghesia; **~ hand** *n*: **to have the ~ hand** avere il coltello dalla parte del manico; **~most** *adj* il(la) più alto(a); predominante

upright ['ʌpraɪt] *adj* diritto(a); verticale; (*fig*) diritto(a), onesto(a)

uprising ['ʌpraɪzɪŋ] *n* insurrezione *f*, rivolta

uproar ['ʌprɔː*] *n* tumulto, clamore *m*

uproot [ʌp'ruːt] *vt* sradicare

upset [*n* 'ʌpsɛt, *vb, adj* ʌp'sɛt] (*irreg: like* **set**) *n* (*to plan etc*) contrattempo; (*stomach ~*) disturbo ♦ *vt* (*glass etc*) rovesciare; (*plan, stomach*) scombussolare; (*person: offend*) contrariare; (*: grieve*) addolorare; sconvolgere ♦ *adj* contrariato(a); addolorato(a); (*stomach*) scombussolato(a)

upshot ['ʌpʃɔt] *n* risultato

upside down ['ʌpsaɪd-] *adv* sottosopra

upstairs [ʌp'stɛəz] *adv, adj* di sopra, al piano superiore ♦ *n* piano di sopra

upstart ['ʌpstɑːt] *n* parvenu *m inv*

upstream [ʌp'striːm] *adv* a monte

uptake ['ʌpteɪk] *n*: **he is quick/slow on the ~** è pronto/lento di comprendonio

uptight [ʌp'taɪt] (*inf*) *adj* teso(a)

up-to-date *adj* moderno(a); aggiornato(a)

upturn ['ʌptəːn] *n* (*in luck*) svolta favorevole; (*COMM: in market*) rialzo

upward ['ʌpwəd] *adj* ascendente; verso l'alto; **~(s)** *adv* in su, verso l'alto

urban ['əːbən] *adj* urbano(a); **~ clearway** *n* strada di scorrimento (in cui è vietata la sosta)

urbane [əː'beɪn] *adj* civile, urbano(a), educato(a)

urchin ['əːtʃɪn] *n* monello

urge [əːdʒ] *n* impulso; stimolo; forte desiderio ♦ *vt*: **to ~ sb to do** esortare qn a fare, spingere qn a fare; raccomandare a qn di fare

urgency ['əːdʒənsɪ] *n* urgenza; (*of tone*)

insistenza
urgent ['əːdʒənt] *adj* urgente; (*voice*)
insistente
urinate ['juərɪneɪt] *vi* orinare
urine ['juərɪn] *n* orina
urn [əːn] *n* urna; (*also*: **tea ~**) bollitore *m* per
il tè
us [ʌs] *pron* ci; (*stressed, after prep*) noi; *see
also* **me**
US(A) *n abbr* (= United States (of America))
USA *mpl*
usage ['juːzɪdʒ] *n* uso
use [*n* juːs, *vb* juːz] *n* uso; impiego,
utilizzazione *f* ♦ *vt* usare, utilizzare, servirsi
di; **in ~** in uso; **out of ~** fuori uso; **to be of
~** essere utile, servire; **it's no ~** non serve, è
inutile; **she ~d to do it** lo faceva (una
volta), era solita farlo; **to be ~d to** avere
l'abitudine di; **~ up** *vt* consumare,
esaurire; **~d** *adj* (*object, car*) usato(a); **~ful**
adj utile; **~fulness** *n* utilità; **~less** *adj*
inutile; (*person*) inetto(a); **~r** *n* utente *m/f*;
~r-friendly *adj* (*computer*) di facile uso
usher ['ʌʃə*] *n* usciere *m*; **~ette** [-'rɛt] *n* (*in
cinema*) maschera
USSR *n* (*HIST*): **the ~** l'URSS *f*
usual ['juːʒuəl] *adj* solito(a); **as ~** come al
solito, come d'abitudine; **~ly** *adv* di solito
utensil [juː'tɛnsl] *n* utensile *m*; **kitchen ~s**
utensili da cucina
uterus ['juːtərəs] *n* utero
utility [juː'tɪlɪtɪ] *n* utilità; (*also*: **public ~**)
servizio pubblico; **~ room** *n* locale adibito
alla stiratura dei panni *etc*
utmost ['ʌtməust] *adj* estremo(a) ♦ *n*: **to do
one's ~** fare il possibile *or* di tutto
utter ['ʌtə*] *adj* assoluto(a), totale ♦ *vt*
pronunciare, proferire; emettere; **~ance** *n*
espressione *f*; parole *fpl*; **~ly** *adv*
completamente, del tutto
U-turn ['juː'təːn] *n* inversione *f* a U

V, v

v. *abbr* = **verse**; **versus**; **volt**; (= *vide*) vedi,
vedere
vacancy ['veɪkənsɪ] *n* (*BRIT: job*) posto
libero; (*room*) stanza libera; **"no
vacancies"** "completo"
vacant ['veɪkənt] *adj* (*job, seat etc*) libero(a);
(*expression*) assente
vacate [və'keɪt] *vt* lasciare libero(a)
vacation [və'keɪʃən] *n* (*esp US*) vacanze *fpl*
vaccinate ['væksɪneɪt] *vt* vaccinare
vaccination [væksɪ'neɪʃən] *n* vaccinazione *f*
vacuum ['vækjum] *n* vuoto; **~ cleaner** *n*
aspirapolvere *m inv*; **~ flask** (*BRIT*) *n*
thermos ® *m inv*; **~-packed** *adj*
confezionato(a) sottovuoto
vagina [və'dʒaɪnə] *n* vagina
vagrant ['veɪgrnt] *n* vagabondo/a
vague [veɪg] *adj* vago(a); (*blurred: photo,
memory*) sfocato(a); **~ly** *adv* vagamente
vain [veɪn] *adj* (*useless*) inutile, vano(a);
(*conceited*) vanitoso(a); **in ~** inutilmente,
invano
valentine ['væləntaɪn] *n* (*also*: **~ card**)
cartolina *or* biglietto di San Valentino;
(*person*) innamorato/a
valet ['væleɪ] *n* cameriere *m* personale
valiant ['vælɪənt] *adj* valoroso(a),
coraggioso(a)
valid ['vælɪd] *adj* valido(a), valevole; (*excuse*)
valido(a)
valley ['vælɪ] *n* valle *f*
valour ['vælə*] (*US* **valor**) *n* valore *m*
valuable ['væljuəbl] *adj* (*jewel*) di (grande)
valore; (*time, help*) prezioso(a); **~s** *npl*
oggetti *mpl* di valore
valuation [vælju'eɪʃən] *n* valutazione *f*,
stima
value ['væljuː] *n* valore *m* ♦ *vt* (*fix price*)
valutare, dare un prezzo a; (*cherish*)
apprezzare, tenere a; **~ added tax** (*BRIT*)
n imposta sul valore aggiunto; **~d** *adj*
(*appreciated*) stimato(a), apprezzato(a)
valve [vælv] *n* valvola

van [væn] *n* (*AUT*) furgone *m*; (*BRIT: RAIL*) vagone *m*

vandal ['vændl] *n* vandalo/a; **~ism** *n* vandalismo

vanilla [və'nɪlə] *n* vaniglia ♦ *cpd* (*ice cream*) alla vaniglia

vanish ['vænɪʃ] *vi* svanire, scomparire

vanity ['vænɪtɪ] *n* vanità

vantage ['vɑ:ntɪdʒ] *n*: **~ point** posizione *f* or punto di osservazione; (*fig*) posizione vantaggiosa

vapour ['veɪpə*] (*US* **vapor**) *n* vapore *m*

variable ['vɛərɪəbl] *adj* variabile; (*mood*) mutevole

variance ['vɛərɪəns] *n*: **to be at ~ (with)** essere in disaccordo (con); (*facts*) essere in contraddizione (con)

varicose ['værɪkəus] *adj*: **~ veins** vene *fpl* varicose

varied ['vɛərɪd] *adj* vario(a), diverso(a)

variety [və'raɪətɪ] *n* varietà *f inv*; (*quantity*) quantità, numero; **~ show** *n* varietà *m inv*

various ['vɛərɪəs] *adj* vario(a), diverso(a); (*several*) parecchi(e), molti(e)

varnish ['vɑ:nɪʃ] *n* vernice *f*; (*nail ~*) smalto ♦ *vt* verniciare; mettere lo smalto su

vary ['vɛərɪ] *vt, vi* variare, mutare

vase [vɑ:z] *n* vaso

Vaseline ® ['væsɪli:n] *n* vaselina

vast [vɑ:st] *adj* vasto(a); (*amount, success*) enorme

VAT [væt] *n abbr* (= *value added tax*) I.V.A. *f*

vat [væt] *n* tino

Vatican ['vætɪkən] *n*: **the ~** il Vaticano

vault [vɔ:lt] *n* (*of roof*) volta; (*tomb*) tomba; (*in bank*) camera blindata ♦ *vt* (*also:* **~ over**) saltare (d'un balzo)

vaunted ['vɔ:ntɪd] *adj*: **much-~** tanto celebrato(a)

VCR *n abbr* = **video cassette recorder**

VD *n abbr* = **venereal disease**

VDU *n abbr* = **visual display unit**

veal [vi:l] *n* vitello

veer [vɪə*] *vi* girare; virare

vegan ['vi:gən] *n* vegetaliano(a)

vegeburger ['vedʒɪbɜ:gə*] *n* hamburger *m*

inv vegetariano

vegetable ['vedʒtəbl] *n* verdura, ortaggio ♦ *adj* vegetale

vegetarian [vedʒɪ'tɛərɪən] *adj, n* vegetariano(a)

vehement ['vi:ɪmənt] *adj* veemente, violento(a)

vehicle ['vi:ɪkl] *n* veicolo

veil [veɪl] *n* velo; **~ed** *adj* (*fig: threat*) velato(a)

vein [veɪn] *n* vena; (*on leaf*) nervatura

velvet ['velvɪt] *n* velluto ♦ *adj* di velluto

vending machine ['vendɪŋ-] *n* distributore *m* automatico

vendor ['vendə*] *n* venditore/trice

veneer [və'nɪə*] *n* impiallacciatura; (*fig*) vernice *f*

venereal [vɪ'nɪərɪəl] *adj*: **~ disease** malattia venerea

Venetian [vɪ'ni:ʃən] *adj* veneziano(a); **~ blind** *n* (tenda alla) veneziana

vengeance ['vendʒəns] *n* vendetta; **with a ~** (*fig*) davvero; furiosamente

Venice ['venɪs] *n* Venezia

venison ['venɪsn] *n* carne *f* di cervo

venom ['venəm] *n* veleno

vent [vent] *n* foro, apertura; (*in dress, jacket*) spacco ♦ *vt* (*fig: one's feelings*) sfogare, dare sfogo a

ventilate ['ventɪleɪt] *vt* (*room*) dare aria a, arieggiare; **ventilator** *n* ventilatore *m*

ventriloquist [ven'trɪləkwɪst] *n* ventriloquo/a

venture ['ventʃə*] *n* impresa (rischiosa) ♦ *vt* rischiare, azzardare ♦ *vi* avventurarsi; **business ~** iniziativa commerciale

venue ['venju:] *n* luogo (designato) per l'incontro

verb [vɜ:b] *n* verbo; **~al** *adj* verbale; (*translation*) orale

verbatim [vɜ:'beɪtɪm] *adj, adv* parola per parola

verdict ['vɜ:dɪkt] *n* verdetto

verge [vɜ:dʒ] (*BRIT*) *n* bordo, orlo; **"soft ~s"** (*BRIT: AUT*) banchine *fpl* cedevoli; **on the ~ of doing** sul punto di fare; **~ on** *vt fus* rasentare

veritable ['verɪtəbl] *adj* vero(a)

vermin ['və:mɪn] *npl* animali *mpl* nocivi; (*insects*) insetti *mpl* parassiti

vermouth ['və:məθ] *n* vermut *m inv*

versatile ['və:sətaɪl] *adj* (*person*) versatile; (*machine, tool etc*) (che si presta) a molti usi

verse [və:s] *n* versi *mpl*; (*stanza*) stanza, strofa; (*in bible*) versetto

version ['və:ʃən] *n* versione *f*

versus ['və:səs] *prep* contro

vertical ['və:tɪkl] *adj* verticale ♦ *n* verticale *m*; **~ly** *adv* verticalmente

vertigo ['və:tɪgəu] *n* vertigine *f*

verve [və:v] *n* brio; entusiasmo

very ['verɪ] *adv* molto ♦ *adj*: **the ~ book which** proprio il libro che; **the ~ last** proprio l'ultimo; **at the ~ least** almeno; **~ much** moltissimo

vessel ['vɛsl] *n* (*ANAT*) vaso; (*NAUT*) nave *f*; (*container*) recipiente *m*

vest [vɛst] *n* (*BRIT*) maglia; (: *sleeveless*) canottiera; (*US: waistcoat*) gilè *m inv*

vested interests ['vɛstɪd-] *npl* (*COMM*) diritti *mpl* acquisiti

vet [vɛt] *n abbr* (*BRIT*: = *veterinary surgeon*) veterinario ♦ *vt* esaminare minuziosamente

veteran ['vɛtərn] *n* (*also*: **war ~**) veterano

veterinary ['vɛtrɪnərɪ] *adj* veterinario(a); **~ surgeon** (*US* **veterinarian**) *n* veterinario

veto ['vi:təu] (*pl* **~es**) *n* veto ♦ *vt* opporre il veto a

vex [vɛks] *vt* irritare, contrariare; **~ed** *adj* (*question*) controverso(a), dibattuto(a)

via ['vaɪə] *prep* (*by way of*) via; (*by means of*) tramite

viable ['vaɪəbl] *adj* attuabile; vitale

viaduct ['vaɪədʌkt] *n* viadotto

vibrant ['vaɪbrənt] *adj* (*lively, bright*) vivace; (*voice*) vibrante

vibrate [vaɪ'breɪt] *vi*: **to ~ (with)** vibrare (di); (*resound*) risonare (di)

vicar ['vɪkə*] *n* pastore *m*; **~age** *n* presbiterio

vicarious [vɪ'kɛərɪəs] *adj* indiretto(a)

vice [vaɪs] *n* (*evil*) vizio; (*TECH*) morsa

vice- [vaɪs] *prefix* vice...

vice squad *n* (squadra del) buon costume *f*

vice versa ['vaɪsɪ'və:sə] *adv* viceversa

vicinity [vɪ'sɪnɪtɪ] *n* vicinanze *fpl*

vicious ['vɪʃəs] *adj* (*remark, dog*) cattivo(a); (*blow*) violento(a); **~ circle** *n* circolo vizioso

victim ['vɪktɪm] *n* vittima

victor ['vɪktə*] *n* vincitore *m*

Victorian [vɪk'tɔ:rɪən] *adj* vittoriano(a)

victory ['vɪktərɪ] *n* vittoria

video ['vɪdɪəu] *cpd* video... ♦ *n* (~ *film*) video *m inv*; (*also*: **~ cassette**) videocassetta; (*also*: **~ cassette recorder**) videoregistratore *m*; **~ tape** *n* videotape *m inv*; **~ wall** *n* schermo *m* multivideo *inv*

vie [vaɪ] *vi*: **to ~ with** competere con, rivaleggiare con

Vienna [vɪ'ɛnə] *n* Vienna

Vietnam [vjɛt'næm] *n* Vietnam *m*; **~ese** *adj, n inv* vietnamita *m/f*

view [vju:] *n* vista, veduta; (*opinion*) opinione *f* ♦ *vt* (*look at: also fig*) considerare; (*house*) visitare; **on ~** (*in museum etc*) esposto(a); **in full ~ of** sotto gli occhi di; **in ~ of the weather/the fact that** considerato il tempo/che; **in my ~ a** mio parere; **~er** *n* spettatore/trice; **~finder** *n* mirino; **~point** *n* punto di vista; (*place*) posizione *f*

vigil ['vɪdʒɪl] *n* veglia

vigorous ['vɪgərəs] *adj* vigoroso(a)

vile [vaɪl] *adj* (*action*) vile; (*smell*) disgustoso(a), nauseante; (*temper*) pessimo(a)

villa ['vɪlə] *n* villa

village ['vɪlɪdʒ] *n* villaggio; **~r** *n* abitante *m/f* di villaggio

villain ['vɪlən] *n* (*scoundrel*) canaglia; (*BRIT: criminal*) criminale *m*; (*in novel etc*) cattivo

vindicate ['vɪndɪkeɪt] *vt* comprovare; giustificare

vindictive [vɪn'dɪktɪv] *adj* vendicativo(a)

vine [vaɪn] *n* vite *f*; (*climbing plant*) rampicante *m*

vinegar ['vɪnɪgə*] *n* aceto

vineyard ['vɪnjɑːd] *n* vigna, vigneto

vintage ['vɪntɪdʒ] n (year) annata, produzione f ♦ cpd d'annata; ~ **car** n auto f inv d'epoca; ~ **wine** n vino d'annata

vinyl ['vaɪnl] n vinile m

violate ['vaɪəleɪt] vt violare

violence ['vaɪələns] n violenza

violent ['vaɪələnt] adj violento(a)

violet ['vaɪələt] adj (colour) viola inv, violetto(a) ♦ n (plant) violetta; (colour) violetto

violin [vaɪə'lɪn] n violino; ~**ist** n violinista m/f

VIP n abbr (= very important person) V.I.P. m/f inv

virgin ['vəːdʒɪn] n vergine f ♦ adj vergine inv

Virgo ['vəːgəu] n (sign) Vergine f

virile ['vɪraɪl] adj virile

virtually ['vəːtjuəlɪ] adv (almost) praticamente

virtual reality ['vəːtʃuəl -] n (COMPUT) realtà virtuale

virtue ['vəːtjuː] n virtù f inv; (advantage) pregio, vantaggio; **by ~ of** grazie a

virtuous ['vəːtjuəs] adj virtuoso(a)

virus ['vaɪərəs] n (also COMPUT) virus m inv

visa ['viːzə] n visto

vis-à-vis [viːzə'viː] prep rispetto a, nei riguardi di

visibility [vɪzɪ'bɪlɪtɪ] n visibilità

visible ['vɪzəbl] adj visibile

vision ['vɪʒən] n (sight) vista; (foresight, in dream) visione f

visit ['vɪzɪt] n visita; (stay) soggiorno ♦ vt (person: US also: ~ **with**) andare a trovare; (place) visitare; ~**ing hours** npl (in hospital etc) orario delle visite; ~**or** n visitatore/trice; (guest) ospite m/f; ~**or centre** n centro informazioni per visitatori di museo, zoo, parco ecc

visor ['vaɪzə*] n visiera

visual ['vɪzjuəl] adj visivo(a); visuale; ottico(a); ~ **aid** n sussidio visivo; ~ **display unit** n visualizzatore m

visualize ['vɪzjuəlaɪz] vt immaginare, figurarsi; (foresee) prevedere

visually-impaired ['vɪzjuəlɪ-] adj videoleso(a)

vital ['vaɪtl] adj vitale; ~**ly** adv estremamente; ~ **statistics** npl (fig) misure fpl

vitamin ['vɪtəmɪn] n vitamina

vivacious [vɪ'veɪʃəs] adj vivace

vivid ['vɪvɪd] adj vivido(a); ~**ly** adv (describe) vividamente; (remember) con precisione

V-neck ['viːnɛk] n maglione m con lo scollo a V

vocabulary [vəu'kæbjulərɪ] n vocabolario

vocal ['vəukl] adj (MUS) vocale; (communication) verbale; ~ **cords** npl corde fpl vocali

vocation [vəu'keɪʃən] n vocazione f; ~**al** adj professionale

vociferous [və'sɪfərəs] adj rumoroso(a)

vodka ['vɔdkə] n vodka f inv

vogue [vəug] n moda; (popularity) popolarità, voga

voice [vɔɪs] n voce f ♦ vt (opinion) esprimere; ~ **mail** n servizio di segreteria telefonica

void [vɔɪd] n vuoto ♦ adj (invalid) nullo(a); (empty): ~ **of** privo(a) di

volatile ['vɔlətaɪl] adj volatile; (fig) volubile

volcano [vɔl'keɪnəu] (pl ~**es**) n vulcano

volition [və'lɪʃən] n: **of one's own ~** di sua volontà

volley ['vɔlɪ] n (of gunfire) salva; (of stones, questions etc) raffica; (TENNIS etc) volata; ~**ball** n pallavolo f

volt [vəult] n volt m inv; ~**age** n tensione f, voltaggio

voluble ['vɔljubl] adj loquace, ciarliero(a)

volume ['vɔljuːm] n volume m

voluntarily ['vɔləntrɪlɪ] adv volontariamente; gratuitamente

voluntary ['vɔləntərɪ] adj volontario(a); (unpaid) gratuito(a), non retribuito(a)

volunteer [vɔlən'tɪə*] n volontario/a ♦ vt offrire volontariamente ♦ vi (MIL) arruolarsi volontario; **to ~ to do** offrire (volontariamente) di fare

voluptuous [və'lʌptjuəs] adj voluttuoso(a)

vomit ['vɔmɪt] n vomito ♦ vt, vi vomitare

vote [vəut] n voto, suffragio; (cast) voto; (franchise) diritto di voto ♦ vt: **to be ~d**

chairman *etc* venir eletto presidente *etc*; (*propose*): **to ~ that** approvare la proposta che ♦ *vi* votare; **~ of thanks** discorso di ringraziamento; **~r** *n* elettore/trice; **voting** *n* scrutinio

vouch [vautʃ]: **to ~ for** *vt fus* farsi garante di

voucher ['vautʃə*] *n* (*for meal, petrol etc*) buono

vow [vau] *n* voto, promessa solenne ♦ *vt*: **to ~ to do/that** giurare di fare/che

vowel ['vauəl] *n* vocale *f*

voyage ['vɔɪdʒ] *n* viaggio per mare, traversata

V-sign ['viː-] (*BRIT*) *n* gesto volgare con le dita

vulgar ['vʌlgə*] *adj* volgare

vulnerable ['vʌlnərəbl] *adj* vulnerabile

vulture ['vʌltʃə*] *n* avvoltoio

W, w

wad [wɔd] *n* (*of cotton wool, paper*) tampone *m*; (*of banknotes etc*) fascio

waddle ['wɔdl] *vi* camminare come una papera

wade [weɪd] *vi*: **to ~ through** camminare a stento in; (*fig: book*) leggere con fatica

wafer ['weɪfə*] *n* (*CULIN*) cialda

waffle ['wɔfl] *n* (*CULIN*) cialda; (*inf*) ciance *fpl* ♦ *vi* cianciare

waft [wɔft] *vt* portare ♦ *vi* diffondersi

wag [wæg] *vt* agitare, muovere ♦ *vi* agitarsi

wage [weɪdʒ] *n* (*also:* **~s**) salario, paga ♦ *vt*: **to ~ war** fare la guerra; **~ earner** *n* salariato/a; **~ packet** *n* busta *f* paga *inv*

wager ['weɪdʒə*] *n* scommessa

wag(g)on ['wægən] *n* (*horse-drawn*) carro; (*BRIT: RAIL*) vagone *m* (merci)

wail [weɪl] *n* gemito; (*of siren*) urlo ♦ *vi* gemere; urlare

waist [weɪst] *n* vita, cintola; **~coat** (*BRIT*) *n* panciotto, gilè *m inv*; **~line** *n* giro di) vita

wait [weɪt] *n* attesa ♦ *vi* aspettare, attendere; **to lie in ~ for** stare in agguato a; **to ~ for** aspettare; **I can't ~ to** (*fig*) non vedo l'ora di; **~ behind** *vi* rimanere (ad

aspettare); **~ on** *vt fus* servire; **~er** *n* cameriere *m*; **~ing** *n*: **"no ~ing"** (*BRIT: AUT*) "divieto di sosta"; **~ing list** *n* lista di attesa; **~ing room** *n* sala d'aspetto *or* d'attesa; **~ress** *n* cameriera

waive [weɪv] *vt* rinunciare a, abbandonare

wake [weɪk] (*pt* **woke, ~d,** *pp* **woken, ~d**) *vt* (*also:* **~ up**) svegliare ♦ *vi* (*also:* **~ up**) svegliarsi ♦ *n* (*for dead person*) veglia funebre; (*NAUT*) scia; **waken** *vt, vi* = **wake**

Wales [weɪlz] *n* Galles *m*

walk [wɔːk] *n* passeggiata; (*short*) giretto; (*gait*) passo, andatura; (*path*) sentiero; (*in park etc*) sentiero, vialetto ♦ *vi* camminare; (*for pleasure, exercise*) passeggiare ♦ *vt* (*distance*) fare *or* percorrere a piedi; (*dog*) accompagnare, portare a passeggiare; **10 minutes' ~ from** 10 minuti di cammino *or* a piedi da; **from all ~s of life** di tutte le condizioni sociali; **~ out** *vi* (*audience*) andarsene; (*workers*) scendere in sciopero; **~ out on** (*inf*) *vt fus* piantare in asso; **~er** *n* (*person*) camminatore/trice; **~ie-talkie** ['wɔːkɪ'tɔːkɪ] *n* walkie-talkie *m inv*; **~ing** *n* camminare *m*; **~ing shoes** *npl* pedule *fpl*; **~ing stick** *n* bastone da passeggio; **W~man** ® ['wɔːkmən] *n* Walkman ® *m inv*; **~out** *n* (*of workers*) sciopero senza preavviso *or* a sorpresa; **~over** (*inf*) *n* vittoria facile, gioco da ragazzi; **~way** *n* passaggio pedonale

wall [wɔːl] *n* muro; (*internal, of tunnel, cave*) parete *f*; **~ed** *adj* (*city*) fortificato(a); (*garden*) cintato(a)

wallet ['wɔlɪt] *n* portafoglio

wallflower ['wɔːlflauə*] *n* violacciocca; **to be a ~** (*fig*) fare da tappezzeria

wallow ['wɔləu] *vi* sguazzare

wallpaper ['wɔːlpeɪpə*] *n* carta da parati ♦ *vt* (*room*) mettere la carta da parati in

wally ['wɔlɪ] (*inf*) *n* imbecille *m/f*

walnut ['wɔːlnʌt] *n* noce *f*; (*tree, wood*) noce *m*

walrus ['wɔːlrəs] (*pl* **~** *or* **~es**) *n* tricheco

waltz [wɔːlts] *n* valzer *m inv* ♦ *vi* ballare il valzer

wand [wɔnd] *n* (*also:* **magic ~**) bacchetta

(magica)

wander ['wɔndə*] vi (person) girare senza meta, girovagare; (thoughts) vagare ♦ vt girovagare per

wane [weɪn] vi calare

wangle ['wæŋgl] (BRIT: inf) vt procurare con l'astuzia

want [wɔnt] vt volere; (need) aver bisogno di ♦ n: **for ~ of** per mancanza di; **~s** npl (needs) bisogni mpl; **to ~ to do** volere fare; **to ~ sb to do** volere che qn faccia; **~ed** adj (criminal) ricercato(a); **"~ed"** (in adverts) "cercasi"; **~ing** adj: **to be found ~ing** non risultare all'altezza

WAP n abbr (= wireless application protocol) WAP

war [wɔ:*] n guerra; **to make ~ (on)** far guerra (a)

ward [wɔ:d] n (in hospital: room) corsia; (: section) reparto; (POL) circoscrizione f; (LAW: child: also: **~ of court**) pupillo/a; **~ off** vt parare, schivare

warden ['wɔ:dn] n (of park, game reserve, youth hostel) guardiano/a; (BRIT: of institution) direttore/trice; (BRIT: also: **traffic ~**) addetto/a al controllo del traffico e del parcheggio

warder ['wɔ:də*] (BRIT) n guardia carceraria

wardrobe ['wɔ:drəub] n (cupboard) guardaroba m inv, armadio; (clothes) guardaroba; (CINEMA, THEATRE) costumi mpl

warehouse ['wɛəhaus] n magazzino

wares [wɛəz] npl merci fpl

warfare ['wɔ:fɛə*] n guerra

warhead ['wɔ:hed] n (MIL) testata

warily ['wɛərɪlɪ] adv cautamente, con prudenza

warlike ['wɔ:laɪk] adj bellicoso(a)

warm [wɔ:m] adj caldo(a); (thanks, welcome, applause) caloroso(a); (person) cordiale; **it's ~** fa caldo; **I'm ~** ho caldo; **~ up** vi scaldarsi, riscaldarsi ♦ vt scaldare, riscaldare; (engine) far scaldare; **~-hearted** adj affettuoso(a); **~ly** adv (applaud, welcome) calorosamente; (dress) con abiti pesanti; **~th** n calore m

warn [wɔ:n] vt: **to ~ sb that/(not) to do/of**

avvertire or avvisare qn che/di (non) fare/di; **~ing** n avvertimento; (notice) avviso; (signal) segnalazione f; **~ing light** n spia luminosa; **~ing triangle** n (AUT) triangolo

warp [wɔ:p] vi deformarsi ♦ vt (fig) corrompere

warrant ['wɔrnt] n (voucher) buono; (LAW: to arrest) mandato di cattura; (: to search) mandato di perquisizione

warranty ['wɔrəntɪ] n garanzia

warren ['wɔrən] n (of rabbits) tana; (fig: of streets etc) dedalo

warrior ['wɔrɪə*] n guerriero/a

Warsaw ['wɔ:sɔ:] n Varsavia

warship ['wɔ:ʃɪp] n nave f da guerra

wart [wɔ:t] n verruca

wartime ['wɔ:taɪm] n: **in ~** in tempo di guerra

wary ['wɛərɪ] adj prudente

was [wɔz] pt of **be**

wash [wɔʃ] vt lavare ♦ vi lavarsi; (sea): **to ~ over/against sth** infrangersi su/contro qc ♦ n lavaggio; (of ship) scia; **to give sth a ~** lavare qc, dare una lavata a qc; **to have a ~** lavarsi; **~ away** vt (stain) togliere lavando; (subj: river) trascinare via; **~ off** vi andare via con il lavaggio; **~ up** vi (BRIT) lavare i piatti; (US) darsi una lavata; **~able** adj lavabile; **~basin** (US **~bowl**) n lavabo; **~cloth** (US) n pezzuola (per lavarsi); **~er** n (TECH) rondella; **~ing** n (linen etc) bucato; **~ing machine** n lavatrice f; **~ing powder** (BRIT) n detersivo (in polvere)

wash: **~ing up** n rigovernatura, lavatura dei piatti; **~ing-up liquid** n detersivo liquido (per stoviglie); **~-out** (inf) n disastro; **~room** n gabinetto

wasn't ['wɔznt] = **was not**

wasp [wɔsp] n vespa

wastage ['weɪstɪdʒ] n spreco; (in manufacturing) scarti mpl; **natural ~** diminuzione f di manodopera (per pensionamento, decesso etc)

waste [weɪst] n spreco; (of time) perdita; (rubbish) rifiuti mpl; (also: **household ~**) immondizie fpl ♦ adj (material) di scarto; (food) avanzato(a); (land) incolto(a) ♦ vt sprecare; **~s** npl (area of land) distesa desolata; ~ **away** vi deperire; ~ **disposal unit** (BRIT) n eliminatore m di rifiuti; ~**ful** adj sprecone(a); (process) dispendioso(a); ~ **ground** (BRIT) n terreno incolto or abbandonato; ~**paper basket** n cestino per la carta straccia; ~**pipe** n tubo di scarico

watch [wɔtʃ] n (also: **wrist ~**) orologio (da polso); (act of watching, vigilance) sorveglianza; (guard: MIL, NAUT) guardia; (NAUT: spell of duty) quarto ♦ vt (look at) osservare; (: match, programme) guardare; (spy on, guard) sorvegliare, tenere d'occhio; (be careful with) fare attenzione a ♦ vi osservare, guardare; (keep guard) fare or montare la guardia; ~ **out** vi fare attenzione; ~**dog** (also fig) n cane m da guardia; ~**ful** adj attento(a), vigile; ~**man** (irreg) n see **night**; ~ **strap** n cinturino da orologio

water ['wɔːtə*] n acqua ♦ vt (plant) annaffiare ♦ vi (eyes) lacrimare; (mouth): **to make sb's mouth ~** far venire l'acquolina in bocca a qn; **in British ~s** nelle acque territoriali britanniche; ~ **down** vt (milk) diluire; (fig: story) edulcorare; ~ **cannon** n idrante m; ~ **closet** (BRIT) n water m inv; ~**colour** n acquerello; ~**cress** n crescione m; ~**fall** n cascata; ~**heater** n scaldabagno; ~**ing can** n annaffiatoio; ~ **lily** n ninfea; ~**line** n (NAUT) linea di galleggiamento; ~**logged** adj saturo(a) d'acqua; imbevuto(a) d'acqua; (football pitch etc) allagato(a); ~ **main** n conduttura dell'acqua; ~**melon** n anguria, cocomero; ~**proof** adj impermeabile; ~**shed** n (GEO, fig) spartiacque m; ~**-skiing** n sci m acquatico; ~**tight** adj stagno(a); ~**way** n corso d'acqua navigabile; ~**works** npl impianto idrico; ~**y** adj (colour) slavato(a); (coffee) acquoso(a); (eyes) umido(a)

watt [wɔt] n watt m inv

wave [weɪv] n onda; (of hand) gesto, segno; (in hair) ondulazione f; (fig: surge) ondata ♦ vi fare un cenno con la mano; (branches, grass) ondeggiare; (flag) sventolare ♦ vt (hand) fare un gesto con; (handkerchief) sventolare; (stick) brandire; ~**length** n lunghezza d'onda

waver ['weɪvə*] vi esitare; (voice) tremolare

wavy ['weɪvɪ] adj ondulato(a); ondeggiante

wax [wæks] n cera ♦ vt dare la cera a; (car) lucidare ♦ vi (moon) crescere; ~**works** npl cere fpl ♦ n museo delle cere

way [weɪ] n via, strada; (path, access) passaggio; (distance) distanza; (direction) parte f, direzione f; (manner) modo, stile m; (habit) abitudine f; **which ~? – this ~** da che parte or in quale direzione? – da questa parte or per di qua; **on the ~** (en route) per strada; **to be on one's ~** essere in cammino or sulla strada; **to be in the ~** bloccare il passaggio; (fig) essere tra i piedi or d'impiccio; **to go out of one's ~ to do** (fig) mettercela tutta or fare di tutto per fare; **under ~** (project) in corso; **to lose one's ~** perdere la strada; **in a ~** in un certo senso; **in some ~s** sotto certi aspetti; **no ~!** (inf) neanche per idea!; **by the ~ ...** a proposito ...; **"~ in"** (BRIT) "entrata", "ingresso"; **"~ out"** (BRIT) "uscita"; **the ~ back** la strada del ritorno; **"give ~"** (BRIT: AUT) "dare la precedenza"

waylay [weɪ'leɪ] (irreg: like **lay**) vt tendere un agguato a; attendere al passaggio

wayward ['weɪwəd] adj capriccioso(a); testardo(a)

W.C. ['dʌblju'siː] (BRIT) n W.C. m inv, gabinetto

we [wiː] pl pron noi

weak [wiːk] adj debole; (health) precario(a); (beam etc) fragile; (tea) leggero(a); ~**en** vi indebolirsi ♦ vt indebolire; ~**ling** ['wiːklɪŋ] n smidollato(a); debole m/f; ~**ness** n debolezza; (fault) punto debole, difetto; **to have a ~ness for** avere un debole per

wealth [welθ] n (money, resources) ricchezza, ricchezze fpl; (of details) abbondanza, profusione f; ~**y** adj ricco(a)

wean [wiːn] vt svezzare

weapon ['wepən] n arma

wear [wɛə*] (pt **wore**, pp **worn**) n (use) uso; (damage through use) logorio, usura; (clothing): **sports/baby ~** abbigliamento sportivo/per neonati ♦ vt (clothes) portare; (put on) mettersi; (damage) consumare ♦ vi (last) durare; (rub etc through) consumarsi; **evening ~** abiti mpl or tenuta da sera; **~ away** vt consumare; erodere ♦ vi consumarsi; essere eroso(a); **~ down** vt consumare; (strength) esaurire; **~ off** vi sparire lentamente; **~ out** vt consumare; (person) esaurire; **~ and tear** n usura, consumo

weary ['wɪərɪ] adj stanco(a) ♦ vi: **to ~ of** stancarsi di

weasel ['wiːzl] n (ZOOL) donnola

weather ['wɛðə*] n tempo ♦ vt (storm, crisis) superare; **under the ~** (fig: ill) poco bene; **~-beaten** adj (face, skin) segnato(a) dalle intemperie; (building) logorato(a) dalle intemperie; **~cock** n banderuola; **~ forecast** n previsioni fpl del tempo, bollettino meteorologico; **~man** (irreg inf) n meteorologo; **~ vane** n = **~cock**

weave [wiːv] (pt **wove**, pp **woven**) vt (cloth) tessere; (basket) intrecciare; **~r** n tessitore/trice; **weaving** n tessitura

web [wɛb] n (of spider) ragnatela; (on foot) palma; (fabric, also fig) tessuto; **the (World Wide) Web** la Rete

webcam ['wɛbkæm] n abbr (= webcamera) webcamera

webcast ['wɛbkɑːst] n spettacolo cui si può assistere in Internet

website ['wɛbsaɪt] n (COMPUT) sitio (Internet)

wed [wɛd] (pt, pp **wedded**) vt sposare ♦ vi sposarsi

we'd [wiːd] = **we had; we would**

wedding ['wɛdɪŋ] n matrimonio; **silver ~ (anniversary)** n nozze fpl d'argento; **~ day** n giorno delle nozze or del matrimonio; **~ dress** n abito nuziale; **~ ring** n fede f

wedge [wɛdʒ] n (of wood etc) zeppa; (of cake) fetta ♦ vt (fix) fissare con zeppe; (pack tightly) incastrare

Wednesday ['wɛdnzdɪ] n mercoledì m inv

wee [wiː] (SCOTTISH) adj piccolo(a)

weed [wiːd] n erbaccia ♦ vt diserbare; **~killer** n diserbante; **~y** adj (person) allampanato(a)

week [wiːk] n settimana; **a ~ today/on Friday** oggi/venerdì a otto; **~day** n giorno feriale; (COMM) giornata lavorativa; **~end** n

fine settimana m or f inv, weekend m inv; **~ly** adv ogni settimana, settimanalmente ♦ adj settimanale ♦ n settimanale m

weep [wiːp] (pt, pp **wept**) vi piangere; **~ing willow** n salice m piangente

weigh [weɪ] vt, vi pesare; **to ~ anchor** salpare l'ancora; **~ down** vt (branch) piegare; (fig: with worry) opprimere, caricare; **~ up** vt valutare

weight [weɪt] n peso; **to lose/put on ~** dimagrire/ingrassare; **~ing** n (allowance) indennità; **~ lifter** n pesista m; **~y** adj pesante; (fig) importante, grave

weir [wɪə*] n diga

weird [wɪəd] adj strano(a), bizzarro(a); (eerie) soprannaturale

welcome ['wɛlkəm] adj benvenuto(a) ♦ n accoglienza, benvenuto ♦ vt dare il benvenuto a; (be glad of) rallegrarsi di; **thank you - you're ~!** grazie – prego!

welfare ['wɛlfɛə*] n benessere m; **~ state** n stato assistenziale

well [wɛl] n pozzo ♦ adv bene ♦ adj: **to be ~** (person) stare bene ♦ excl allora!; ma!; ebbene!, beh!; **as ~** anche; **as ~ as** così come; oltre a; **~ done!** bravo(a)!; **get ~ soon!** guarisci presto!; **to do ~** andare bene; **~ up** vi sgorgare

we'll [wiːl] = **we will; we shall**

well: ~-behaved adj ubbidiente; **~-being** n benessere m; **~-built** adj (person) ben fatto(a); **~-deserved** adj meritato(a); **~-dressed** adj ben vestito(a), vestito(a) bene; **~-heeled** (inf) adj agiato(a), facoltoso(a)

wellingtons ['wɛlɪŋtənz] npl (also: **wellington boots**) stivali mpl di gomma

well: ~-known adj noto(a), famoso(a); **~-mannered** adj ben educato(a); **~-meaning** adj ben intenzionato(a); **~-off** adj benestante, danaroso(a); **~-read** adj colto(a); **~-to-do** adj abbiente, benestante; **~-wisher** n ammiratore/trice

Welsh [wɛlʃ] adj gallese ♦ n (LING) gallese m; **the ~** npl i Gallesi; **~ Assembly** n Parlamento gallese; **~man/woman** (irreg) n gallese m/f; **~ rarebit** n crostino al formaggio

went [wɛnt] *pt of* **go**

wept [wɛpt] *pt, pp of* **weep**

were [wəː*] *pt of* **be**

we're [wɪə*] = **we are**

weren't [wəːnt] = **were not**

west [wɛst] *n* ovest *m*, occidente *m*, ponente *m* ♦ *adj* (a) ovest *inv*, occidentale ♦ *adv* verso ovest; **the W~** l'Occidente *m*; **the W~ Country** (*BRIT*) *n* il sud-ovest dell'Inghilterra; **~erly** *adj* (*point*) a ovest; (*wind*) occidentale, da ovest; **~ern** *adj* occidentale, dell'ovest ♦ *n* (*CINEMA*) western *m inv*; **W~ Germany** *n* Germania Occidentale; **W~ Indian** *adj* delle Indie Occidentali ♦ *n* abitante *m/f* delle Indie Occidentali; **W~ Indies** *npl* Indie *fpl* Occidentali; **~ward(s)** *adv* verso ovest

wet [wɛt] *adj* umido(a), bagnato(a); (*soaked*) fradicio(a); (*rainy*) piovoso(a) ♦ *n* (*BRIT: POL*) politico moderato; **to get ~** bagnarsi; **"~ paint"** "vernice fresca"; **~ suit** *n* tuta da sub

we've [wiːv] = **we have**

whack [wæk] *vt* picchiare, battere

whale [weɪl] *n* (*ZOOL*) balena

wharf [wɔːf] (*pl* **wharves**) *n* banchina

wharves [wɔːvz] *npl of* **wharf**

KEYWORD

what [wɔt] *adj* **1** (*in direct/indirect questions*) che; quale; **~ size is it?** che taglia è?; **~ colour is it?** di che colore è?; **~ books do you want?** quali *or* che libri vuoi?
2 (*in exclamations*) che; **~ a mess!** che disordine!

♦ *pron* **1** (*interrogative*) che cosa, cosa, che; **~ are you doing?** che *or* (che) cosa fai?; **~ are you talking about?** di che cosa parli?; **~ is it called?** come si chiama?; **~ about me?** e io?; **~ about doing ...?** e se facessimo ...?
2 (*relative*) ciò che, quello che; **I saw ~ you did/was on the table** ho visto quello che hai fatto/quello che era sul tavolo
3 (*indirect use*) (che) cosa; **he asked me ~ she had said** mi ha chiesto che cosa avesse detto; **tell me ~ you're thinking about** dimmi a cosa stai pensando

♦ *excl* (*disbelieving*) cosa!, come!

whatever [wɔt'ɛvə*] *adj*: **~ book** qualunque *or* qualsiasi libro +*sub* ♦ *pron*: **do ~ is necessary/you want** faccia qualunque *or* qualsiasi cosa sia necessaria/lei voglia; **~ happens** qualunque cosa accada; **no reason ~** *or* **whatsoever** nessuna ragione affatto *or* al mondo; **nothing ~** proprio niente

whatsoever [wɔtsəu'ɛvə*] *adj* = **whatever**

wheat [wiːt] *n* grano, frumento

wheedle ['wiːdl] *vt*: **to ~ sb into doing sth** convincere qn a fare qc (con lusinghe); **to ~ sth out of sb** ottenere qc da qn (con lusinghe)

wheel [wiːl] *n* ruota; (*AUT: also*: **steering ~**) volante *m*; (*NAUT*) (ruota del) timone *m* ♦ *vt* spingere ♦ *vi* (*birds*) roteare; (*also*: **~ round**) girare; **~barrow** *n* carriola; **~chair** *n* sedia a rotelle; **~ clamp** *n* (*AUT*) morsa che blocca la ruota di una vettura in sosta vietata

wheeze [wiːz] *vi* ansimare

KEYWORD

when [wɛn] *adv* quando; **~ did it happen?** quando è successo?

♦ *conj* **1** (*at, during, after the time that*) quando; **she was reading ~ I came in** quando sono entrato lei leggeva; **that was ~ I needed you** era allora che avevo bisogno di te
2 (*on, at which*): **on the day ~ I met him** il giorno in cui l'ho incontrato; **one day ~ it was raining** un giorno che pioveva
3 (*whereas*) quando, mentre; **you said I was wrong ~ in fact I was right** mi hai detto che avevo torto, quando in realtà avevo ragione

whenever [wɛn'ɛvə*] *adv* quando mai ♦ *conj* quando; (*every time that*) ogni volta che

where [wɛə*] *adv, conj* dove; **this is ~** è qui che; **~abouts** *adv* dove ♦ *n*: **sb's**

~abouts luogo dove qn si trova; **~as** *conj* mentre; **~by** *pron* per cui; **wherever** [-'ενə*] *conj* dovunque +*sub*; (*interrogative*) dove mai; **~withal** *n* mezzi *mpl*

whet [wεt] *vt* (*appetite etc*) stimolare

whether ['wεðə*] *conj* se; **I don't know ~ to accept or not** non so se accettare o no; **it's doubtful ~** è poco probabile che; **~ you go or not** che lei vada o no

---

KEYWORD

which [wɪtʃ] *adj* **1** (*interrogative: direct, indirect*) quale; **~ picture do you want?** quale quadro vuole?; **~ one?** quale?; **~ one of you did it?** chi di voi lo ha fatto?
2: in ~ case nel qual caso
♦ *pron* **1** (*interrogative*) quale; **~ (of these) are yours?** quali di questi sono suoi?; **~ of you are coming?** chi di voi viene?
2 (*relative*) che; (: *indirect*) cui, il (la) quale; **the apple ~ you ate/~ is on the table** la mela che hai mangiato/che è sul tavolo; **the chair on ~ you are sitting** la sedia sulla quale *or* su cui sei seduto; **he said he knew, ~ is true** ha detto che lo sapeva, il che è vero; **after ~** dopo di che

whichever [wɪtʃ'ενə*] *adj*: **take ~ book you prefer** prenda qualsiasi libro che preferisce; **~ book you take** qualsiasi libro prenda

whiff [wɪf] *n* soffio; sbuffo; odore *m*

while [waɪl] *n* momento ♦ *conj* mentre; (*as long as*) finché; (*although*) sebbene +*sub*; per quanto +*sub*; **for a ~** per un po'; **~ away** *vt* (*time*) far passare

whim [wɪm] *n* capriccio

whimper ['wɪmpə*] *n* piagnucolio ♦ *vi* piagnucolare

whimsical ['wɪmzɪkl] *adj* (*person*) capriccioso(a); (*look*) strano(a)

whine [waɪn] *n* gemito ♦ *vi* gemere; uggiolare; piagnucolare

whip [wɪp] *n* frusta; (*for riding*) frustino; (*POL: person*) capogruppo (*che sovrintende alla disciplina dei colleghi di partito*) ♦ *vt* frustare; (*cream, eggs*) sbattere; **~ped cream** *n* panna montata; **~-round** (*BRIT*)

n colletta

whirl [wə:l] *vt* (*far*) girare rapidamente; (*far*) turbinare ♦ *vi* (*dancers*) volteggiare; (*leaves, water*) sollevarsi in vortice; **~pool** *n* mulinello; **~wind** *n* turbine *m*

whirr [wə:*] *vi* ronzare; rombare; frullare

whisk [wɪsk] *n* (*CULIN*) frusta; frullino ♦ *vt* sbattere, frullare; **to ~ sb away** *or* **off** portar via qn a tutta velocità

whiskers ['wɪskəz] *npl* (*of animal*) baffi *mpl*; (*of man*) favoriti *mpl*

whisky ['wɪskɪ] (*US, IRELAND* **whiskey**) *n* whisky *m inv*

whisper ['wɪspə*] *n* sussurro ♦ *vt, vi* sussurrare

whist [wɪst] *n* whist *m*

whistle ['wɪsl] *n* (*sound*) fischio; (*object*) fischietto ♦ *vi* fischiare

white [waɪt] *adj* bianco(a); (*with fear*) pallido(a) ♦ *n* bianco; (*person*) bianco/a; **~ coffee** (*BRIT*) *n* caffellatte *m inv*; **~-collar worker** *n* impiegato; **~ elephant** *n* (*fig*) oggetto (*or* progetto) costoso ma inutile; **W~ House** *n* Casa Bianca; **~ lie** *n* bugia pietosa; **~ness** *n* bianchezza; **~ paper** *n* (*POL*) libro bianco; **~wash** *n* (*paint*) bianco di calce ♦ *vt* imbiancare; (*fig*) coprire

whiting ['waɪtɪŋ] *n inv* (*fish*) merlango

Whitsun ['wɪtsn] *n* Pentecoste *f*

whittle ['wɪtl] *vt*: **to ~ away, ~ down** ridurre, tagliare

whizz [wɪz] *vi*: **to ~ past** *or* **by** passare sfrecciando; **~ kid** (*inf*) *n* prodigio

---

KEYWORD

who [hu:] *pron* **1** (*interrogative*) chi; **~ is it?, ~'s there?** chi è?
2 (*relative*) che; **the man ~ spoke to me** l'uomo che ha parlato con me; **those ~ can swim** quelli che sanno nuotare

whodunit [hu:'dʌnɪt] (*inf*) *n* giallo

whoever [hu:'ενə*] *pron*: **~ finds it** chiunque lo trovi; **ask ~ you like** lo chieda a chiunque vuole; **~ she marries** chiunque sposerà, non importa chi sposerà; **~ told you that?** chi mai gliel'ha detto?

whole [həʊl] *adj* (*complete*) tutto(a),
completo(a); (*not broken*) intero(a),
intatto(a) ♦ *n* (*all*): **the ~ of** tutto(a) il(la);
(*entire unit*) tutto; (*not broken*) tutto; **the ~
of the town** tutta la città, la città intera; **on
the ~, as a ~** nel complesso, nell'insieme;
~ food(s) *n(pl)* cibo integrale; **~hearted**
adj sincero(a); **~meal** *adj* (*bread, flour*)
integrale; **~sale** *n* commercio *or* vendita
all'ingrosso ♦ *adj* all'ingrosso; (*destruction*)
totale; **~saler** *n* grossista *m/f;* **~some** *adj*
sano(a); salutare; **~wheat** *adj* = **~meal**;
wholly *adv* completamente, del tutto

whom [huːm] *pron* 1 (*interrogative*) chi; **~
did you see?** chi hai visto?; **to ~ did you
give it?** a chi lo hai dato?
2 (*relative*) che, *prep* +il (la) quale (*check
syntax of Italian verb used*); **the man ~ I
saw/to ~ I spoke** l'uomo che ho visto/al
quale ho parlato

whooping cough ['huːpɪŋ-] *n* pertosse *f*
whore [hɔː*] (*inf: pej*) *n* puttana

whose [huːz] *adj* 1 (*possessive: interrogative*)
di chi; **~ book is this?, ~ is this book?** di
chi è questo libro?; **~ daughter are you?**
di chi sei figlia?
2 (*possessive: relative*): **the man ~ son you
rescued** l'uomo il cui figlio hai salvato; **the
girl ~ sister you were speaking to** la
ragazza alla cui sorella stavi parlando
♦ *pron* di chi; **~ is this?** di chi è questo?; **I
know ~ it is** so di chi è

why [waɪ] *adv, conj* perché ♦ *excl* (*surprise*)
ma guarda un po'!; (*remonstrating*) ma
(via)!; (*explaining*) ebbene!; **~ not?** perché
no?; **~ not do it now?** perché non farlo
adesso?; **that's not ~ I'm here** non è
questo il motivo per cui sono qui; **the
reason ~** il motivo per cui; **~ever** *adv*
perché mai
wicked ['wɪkɪd] *adj* cattivo(a), malvagio(a);

maligno(a); perfido(a)
wickerwork ['wɪkəwɜːk] *adj* di vimini ♦ *n*
articoli *mpl* di vimini
wicket ['wɪkɪt] *n* (*CRICKET*) porta; area tra le
due porte
wide [waɪd] *adj* largo(a); (*area, knowledge*)
vasto(a); (*choice*) ampio(a) ♦ *adv*: **to open
~** spalancare; **to shoot ~** tirare a vuoto *or*
fuori bersaglio; **~-angle lens** *n*
grandangolare *m;* **~-awake** *adj*
completamente sveglio(a); **~ly** *adv*
(*differing*) molto, completamente; (*travelled,
spaced*) molto; (*believed*) generalmente; **~n**
vt allargare, ampliare; **~ open** *adj*
spalancato(a); **~spread** *adj* (*belief etc*)
molto *or* assai diffuso(a)
widow ['wɪdəʊ] *n* vedova; **~ed** *adj*: **to be
~ed** restare vedovo(a); **~er** *n* vedovo
width [wɪdθ] *n* larghezza
wield [wiːld] *vt* (*sword*) maneggiare; (*power*)
esercitare
wife [waɪf] (*pl* **wives**) *n* moglie *f*
wig [wɪg] *n* parrucca
wiggle ['wɪgl] *vt* dimenare, agitare
wild [waɪld] *adj* selvatico(a); selvaggio(a);
(*sea, weather*) tempestoso(a); (*idea, life*)
folle; stravagante; (*applause*) frenetico(a);
~erness ['wɪldənɪs] *n* deserto; **~life** *n*
natura; **~ly** *adv* selvaggiamente; (*applaud*)
freneticamente; (*hit, guess*) a casaccio;
(*happy*) follemente; **~s** *npl* regione *f*
selvaggia
wilful ['wɪlful] (*US* **willful**) *adj* (*person*)
testardo(a), ostinato(a); (*action*)
intenzionale; (*crime*) premeditato(a)

will [wɪl] (*pt, pp* **~ed**) *aux vb* 1 (*forming
future tense*): **I ~ finish it tomorrow** lo
finirò domani; **I ~ have finished it by
tomorrow** lo finirò entro domani; **~ you do
it?** – **yes I ~/no I won't** lo farai? – sì (lo
farò)/no (non lo farò)
2 (*in conjectures, predictions*): **he ~** *or* **he'll
be there by now** dovrebbe essere arrivato
ora; **that ~ be the postman** sarà il postino
3 (*in commands, requests, offers*): **~ you be**

quiet! vuoi stare zitto?; **~ you come?** vieni anche tu?; **~ you help me?** mi aiuti?, mi puoi aiutare?; **you have a cup of tea?** vorrebbe una tazza di tè?; **I won't put up with it!** non lo accetterò!

♦ *vt*: **to ~ sb to do** volere che qn faccia; **he ~ed himself to go on** continuò grazie a un grande sforzo di volontà

♦ *n* volontà; testamento

willful [ˈwɪlful] (*US*) *adj* = **wilful**
willing [ˈwɪlɪŋ] *adj* volonteroso(a); **~ to do** disposto(a) a fare; **~ly** *adv* volentieri; **~ness** *n* buona volontà
willow [ˈwɪləu] *n* salice *m*
will power *n* forza di volontà
willy-nilly [ˌwɪlɪˈnɪlɪ] *adv* volente o nolente
wilt [wɪlt] *vi* appassire
win [wɪn] (*pt, pp* **won**) *n* (*in sports etc*) vittoria ♦ *vt* (*battle, prize, money*) vincere; (*popularity*) conquistare ♦ *vi* vincere; **~ over** *vt* convincere; **~ round** (*BRIT*) *vt* convincere
wince [wɪns] *vi* trasalire
winch [wɪntʃ] *n* verricello, argano
wind¹ [waɪnd] (*pt, pp* **wound**) *vt* attorcigliare; (*wrap*) avvolgere; (*clock, toy*) caricare ♦ *vi* (*road, river*) serpeggiare; **~ up** *vt* (*clock*) caricare; (*debate*) concludere
wind² [wɪnd] *n* vento; (*MED*) flatulenza; (*breath*) respiro, fiato ♦ *vt* (*take breath away*) far restare senza fiato; **~ power** energia eolica; **~fall** *n* (*money*) guadagno insperato
winding [ˈwaɪndɪŋ] *adj* (*road*) serpeggiante; (*staircase*) a chiocciola
wind instrument *n* (*MUS*) strumento a fiato
windmill [ˈwɪndmɪl] *n* mulino a vento
window [ˈwɪndəu] *n* finestra; (*in car, train*) finestrino; (*in shop etc*) vetrina; (*also:* **~ pane**) vetro; **~ box** *n* cassetta da fiori; **~ cleaner** *n* (*person*) pulitore *m* di finestre; **~ envelope** *n* busta a finestra; **~ ledge** *n* davanzale *m*; **~ pane** *n* vetro; **~- shopping** *n*: **to go ~-shopping** andare a vedere le vetrine; **~sill** *n* davanzale *m*

windpipe [ˈwɪndpaɪp] *n* trachea
windscreen [ˈwɪndskriːn] *n* parabrezza *m inv*; **~ washer** *n* lavacristallo; **~ wiper** *n* tergicristallo
windshield [ˈwɪndʃiːld] (*US*) *n* = **windscreen**
windswept [ˈwɪndswept] *adj* spazzato(a) dal vento
windy [ˈwɪndɪ] *adj* ventoso(a); **it's ~** c'è vento
wine [waɪn] *n* vino; **~ bar** *n* enoteca (*per degustazione*); **~ cellar** *n* cantina; **~ glass** *n* bicchiere *m* da vino; **~ list** *n* lista dei vini; **~ merchant** *n* commerciante *m* di vini; **~ tasting** *n* degustazione *f* dei vini; **~ waiter** *n* sommelier *m inv*
wing [wɪŋ] *n* ala; (*AUT*) fiancata; **~s** *npl* (*THEATRE*) quinte *fpl*; **~er** *n* (*SPORT*) ala
wink [wɪŋk] *n* ammiccamento ♦ *vi* ammiccare, fare l'occhiolino; (*light*) baluginare
winner [ˈwɪnə*] *n* vincitore/trice
winning [ˈwɪnɪŋ] *adj* (*team, goal*) vincente; (*smile*) affascinante; **~s** *npl* vincite *fpl*
winter [ˈwɪntə*] *n* inverno; **~ sports** *npl* sport *mpl* invernali
wintry [ˈwɪntrɪ] *adj* invernale
wipe [waɪp] *n* pulita, passata ♦ *vt* pulire (strofinando); (*erase: tape*) cancellare; **~ off** *vt* cancellare; (*stains*) togliere strofinando; **~ out** *vt* (*debt*) pagare, liquidare; (*memory*) cancellare; (*destroy*) annientare; **~ up** *vt* asciugare
wire [ˈwaɪə*] *n* filo; (*ELEC*) filo elettrico; (*TEL*) telegramma *m* ♦ *vt* (*house*) fare l'impianto elettrico di; (*also:* **~ up**) collegare, allacciare; (*person*) telegrafare a
wireless [ˈwaɪəlɪs] (*BRIT*) *n* (*set*) (apparecchio *m*) radio *f inv*
wiring [ˈwaɪərɪŋ] *n* impianto elettrico
wiry [ˈwaɪərɪ] *adj* magro(a) e nerboruto(a); (*hair*) ispido(a)
wisdom [ˈwɪzdəm] *n* saggezza; (*of action*) prudenza; **~ tooth** *n* dente *m* del giudizio
wise [waɪz] *adj* saggio(a); prudente; giudizioso(a)
...wise [waɪz] *suffix*: **time~** per quanto

riguarda il tempo, in termini di tempo

wish [wɪʃ] *n* (*desire*) desiderio; (*specific desire*) richiesta ♦ *vt* desiderare, volere; **best ~es** (*on birthday etc*) i migliori auguri; **with best ~es** (*in letter*) cordiali saluti, con i migliori saluti; **to ~ sb goodbye** dire arrivederci a qn; **he ~ed me well** mi augurò di riuscire; **to ~ to do/sb to do** desiderare *or* volere fare/che qn faccia; **to ~ for** desiderare; **~ful** *adj*: **it's ~ful thinking** è prendere i desideri per realtà

wishy-washy [ˈwɪʃɪˈwɔʃɪ] (*inf*) *adj* (*colour*) slavato(a); (*ideas, argument*) insulso(a)

wisp [wɪsp] *n* ciuffo, ciocca; (*of smoke*) filo

wistful [ˈwɪstful] *adj* malinconico(a)

wit [wɪt] *n* (*also*: **~s**) intelligenza; presenza di spirito; (*wittiness*) spirito, arguzia; (*person*) bello spirito

witch [wɪtʃ] *n* strega

KEYWORD

with [wɪð, wɪθ] *prep* **1** (*in the company of*) con; **I was ~ him** ero con lui; **we stayed ~ friends** siamo stati da amici; **I'll be ~ you in a minute** vengo subito
2 (*descriptive*) con; **a room ~ a view** una stanza con vista sul mare (*or* sulle montagne *etc*); **the man ~ the grey hat/ blue eyes** l'uomo con il cappello grigio/gli occhi blu
3 (*indicating manner, means, cause*): **~ tears in her eyes** con le lacrime agli occhi; **red ~ anger** rosso dalla rabbia; **to shake ~ fear** tremare di paura
4: **I'm ~ you** (*I understand*) la seguo; **to be ~ it** (*inf*: *up-to-date*) essere alla moda; (: *alert*) essere sveglio(a)

withdraw [wɪθˈdrɔː] (*irreg*: *like* **draw**) *vt* ritirare; (*money from bank*) ritirare; prelevare ♦ *vi* ritirarsi; **~al** *n* ritiro; prelievo; (*of army*) ritirata; **~al symptoms** (*MED*) crisi *f* di astinenza; **~n** *adj* (*person*) distaccato(a)

wither [ˈwɪðə] *vi* appassire

withhold [wɪθˈhəuld] (*irreg*: *like* **hold**) *vt* (*money*) trattenere; (*permission*): **to ~ (from)** rifiutare (a); (*information*): **to ~**

(*from*) nascondere (a)

within [wɪðˈɪn] *prep* all'interno; (*in time, distances*) entro ♦ *adv* all'interno, dentro; **~ reach (of)** alla portata (di); **~ sight (of)** in vista (di); **~ a mile of** entro un miglio da; **~ the week** prima della fine della settimana

without [wɪðˈaut] *prep* senza; **to go ~ sth** fare a meno di qc

withstand [wɪθˈstænd] (*irreg*: *like* **stand**) *vt* resistere a

witness [ˈwɪtnɪs] *n* (*person, also* LAW) testimone *m/f* ♦ *vt* (*event*) essere testimone di; (*document*) attestare l'autenticità di; **~ box** (*US* **~ stand**) *n* banco dei testimoni

witticism [ˈwɪtɪsɪzm] *n* spiritosaggine *f*

witty [ˈwɪtɪ] *adj* spiritoso(a)

wives [waɪvz] *npl of* **wife**

wizard [ˈwɪzəd] *n* mago

wk *abbr* = **week**

wobble [ˈwɔbl] *vi* tremare; (*chair*) traballare

woe [wəu] *n* dolore *m*; disgrazia

woke [wəuk] *pt of* **wake**; **woken** *pp of* **wake**

wolf [wulf] (*pl* **wolves**) *n* lupo

wolves [wulvz] *npl of* **wolf**

woman [ˈwumən] (*pl* **women**) *n* donna; **~ doctor** *n* dottoressa; **women's lib** (*inf*) *n* movimento femminista

womb [wuːm] *n* (ANAT) utero

women [ˈwɪmɪn] *npl of* **woman**

won [wʌn] *pt, pp of* **win**

wonder [ˈwʌndə*] *n* meraviglia ♦ *vi*: **to ~ whether/why** domandarsi se/perché; **to ~ at** essere sorpreso(a) di; meravigliarsi di; **to ~ about** domandarsi di; pensare a; **it's no ~ that** c'è poco *or* non c'è da meravigliarsi che +*sub*; **~ful** *adj* meraviglioso(a)

won't [wəunt] = **will not**

wood [wud] *n* (*timber*) legname *m*; (*forest*) bosco; **~ carving** *n* scultura in legno, intaglio; **~ed** *adj* boschivo(a); boscoso(a); **~en** *adj* di legno; (*fig*) rigido(a); inespressivo(a); **~pecker** *n* picchio; **~wind** *npl* (MUS): **the ~wind** i legni; **~work** *n* (*craft, subject*) falegnameria; **~worm** *n* tarlo del legno

wool [wul] *n* lana; **to pull the ~ over sb's**

eyes (fig) imbrogliare qn; **~len** (US **~en**) adj di lana; (industry) laniero(a); **~lens** npl indumenti mpl di lana; (fig: ideas) confuso(a)

word [wəːd] n parola; (news) notizie fpl ♦ vt esprimere, formulare; **in other ~s** in altre parole; **to break/keep one's ~** non mantenere/mantenere la propria parola; **to have ~s with sb** avere un diverbio con qn; **~ing** n formulazione f; **~ processing** n elaborazione f di testi, word processing m; **~ processor** n word processor m inv

wore [wɔː*] pt of **wear**

work [wəːk] n lavoro; (ART, LITERATURE) opera ♦ vi lavorare; (mechanism, plan etc) funzionare; (medicine) essere efficace ♦ vt (clay, wood etc) lavorare; (mine etc) sfruttare; (machine) far funzionare; (cause: effect, miracle) fare; **to be out of ~** essere disoccupato(a); **~s** n (BRIT: factory) fabbrica ♦ npl (of clock, machine) meccanismo; **to ~ loose** allentarsi; **~ on** vt fus lavorare a; (person) lavorarsi; (principle) basarsi su; **~ out** vi (plans etc) riuscire, andare bene ♦ vt (problem) risolvere; (plan) elaborare; **it ~s out at £100** fa 100 sterline; **~ up** vt: **to get ~ed up** andare su tutte le furie; eccitarsi; **~able** adj (solution) realizzabile; **~aholic** n maniaco/a del lavoro; **~er** n lavoratore/trice, operaio/a; **~force** n forza lavoro; **~ing class** n classe f operaia; **~ing-class** adj operaio(a); **~ing order** n: **in ~ing order** funzionante; **~man** (irreg) n operaio; **~manship** n abilità; **~sheet** n foglio col programma di lavoro; **~shop** n officina; (practical session) gruppo di lavoro; **~ station** n stazione f di lavoro; **~-to-rule** (BRIT) n sciopero bianco

world [wəːld] n mondo ♦ cpd (champion) del mondo; (power, war) mondiale; **to think the ~ of sb** (fig) pensare un gran bene di qn; **~ly** adj di questo mondo; (knowledgeable) di mondo; **~-wide** adj universale; **W~-Wide Web** n World Wide Web m

worm [wəːm] n (also: **earth~**) verme m

worn [wɔːn] pp of **wear** ♦ adj usato(a); **~-**

out adj (object) consumato(a), logoro(a); (person) sfinito(a)

worried ['wʌrɪd] adj preoccupato(a)

worry ['wʌrɪ] n preoccupazione f ♦ vt preoccupare ♦ vi preoccuparsi

worse [wəːs] adj peggiore ♦ adv, n peggio; **a change for the ~** un peggioramento; **~n** vt, vi peggiorare; **~ off** adj in condizioni (economiche) peggiori

worship ['wəːʃɪp] n culto ♦ vt (God) adorare, venerare; (person) adorare; **Your W~** (BRIT: to mayor) signor sindaco; (: to judge) signor giudice

worst [wəːst] adj il(la) peggiore ♦ adv, n peggio; **at ~** al peggio, per male che vada

worth [wəːθ] n valore m ♦ adj: **to be ~** valere; **it's ~ it** ne vale la pena; **it is ~ one's while (to do)** vale la pena (fare); **~less** adj di nessun valore; **~while** adj (activity) utile; (cause) lodevole

worthy ['wəːðɪ] adj (person) degno(a); (motive) lodevole; **~ of** degno di

---

KEYWORD

---

would [wud] aux vb 1 (conditional tense): **if you asked him he ~ do it** se glielo chiedesse lo farebbe; **if you had asked him he ~ have done it** se glielo avesse chiesto lo avrebbe fatto

2 (in offers, invitations, requests): **~ you like a biscuit?** vorrebbe or vuole un biscotto?; **~ you ask him to come in?** lo faccia entrare, per cortesia; **~ you open the window please?** apra la finestra, per favore

3 (in indirect speech): **I said I ~ do it** ho detto che l'avrei fatto

4 (emphatic): **it WOULD have to snow today!** doveva proprio nevicare oggi!

5 (insistence): **she ~n't do it** non ha voluto farlo

6 (conjecture): **it ~ have been midnight** sarà stato mezzanotte; **it ~ seem so** sembrerebbe proprio di sì

7 (indicating habit): **he ~ go there on Mondays** andava lì ogni lunedì

would-be (*pej*) *adj* sedicente
wouldn't ['wudnt] = **would not**
wound¹ [waund] *pt, pp of* **wind¹**
wound² [wu:nd] *n* ferita ♦ *vt* ferire
wove [wəuv] *pt of* **weave**; **woven** *pp of* **weave**
wrangle ['ræŋgl] *n* litigio
wrap [ræp] *vt* avvolgere; (*pack: also:* ~ **up**) incartare; **~per** *n* (*on chocolate*) carta; (*BRIT: of book*) copertina; **~ping paper** *n* carta da pacchi; (*for gift*) carta da regali
wreak [ri:k] *vt* (*havoc*) portare, causare; **to ~ vengeance on** vendicarsi su
wreath [ri:θ, *pl* ri:ðz] *n* corona
wreck [rɛk] *n* (*sea disaster*) naufragio; (*ship*) relitto; (*pej: person*) rottame *m* ♦ *vt* demolire; (*ship*) far naufragare; (*fig*) rovinare; **~age** *n* rottami *mpl*; (*of building*) macerie *fpl*; (*of ship*) relitti *mpl*
wren [rɛn] *n* (*ZOOL*) scricciolo
wrench [rɛntʃ] *n* (*TECH*) chiave *f*; (*tug*) torsione *f* brusca; (*fig*) strazio ♦ *vt* strappare; storcere; **to ~ sth from** strappare qc a *or* da
wrestle ['rɛsl] *vi*: **to ~ (with sb)** lottare (con qn); **~r** *n* lottatore/trice; **wrestling** *n* lotta
wretched ['rɛtʃid] *adj* disgraziato(a); (*inf: weather, holiday*) orrendo(a), orribile; (: *child, dog*) pestifero(a)
wriggle ['rɪgl] *vi* (*also:* ~ **about**) dimenarsi; (: *snake, worm*) serpeggiare
wring [rɪŋ] (*pt, pp* **wrung**) *vt* torcere; (*wet clothes*) strizzare; (*fig*): **to ~ sth out of** strappare qc a
wrinkle ['rɪŋkl] *n* (*on skin*) ruga; (*on paper etc*) grinza ♦ *vt* (*nose*) torcere; (*forehead*) corrugare ♦ *vi* (*skin, paint*) raggrinzirsi
wrist [rɪst] *n* polso; **~watch** *n* orologio da polso
writ [rɪt] *n* ordine *m*; mandato
write [raɪt] (*pt* **wrote,** *pp* **written**) *vt, vi* scrivere; ~ **down** *vt* annotare; (*put in writing*) mettere per iscritto; ~ **off** *vt* (*debt, plan*) cancellare; ~ **out** *vt* mettere per iscritto; (*cheque, receipt*) scrivere; ~ **up** *vt* redigere; **~-off** *n* perdita completa; **~r** *n* autore/trice, scrittore/trice
writhe [raɪð] *vi* contorcersi

writing ['raɪtɪŋ] *n* scrittura; (*of author*) scritto, opera; **in ~** per iscritto; ~ **paper** *n* carta da lettere
written ['rɪtn] *pp of* **write**
wrong [rɒŋ] *adj* sbagliato(a); (*not suitable*) inadatto(a); (*wicked*) cattivo(a); (*unfair*) ingiusto(a) ♦ *adv* in modo sbagliato, erroneamente ♦ *n* (*injustice*) torto ♦ *vt* fare torto a; **you are ~ to do it** ha torto a farlo; **you are ~ about that, you've got it ~** si sbaglia; **to be in the ~** avere torto; **what's ~?** cosa c'è che non va?; **to go ~** (*person*) sbagliarsi; (*plan*) fallire, non riuscire; (*machine*) guastarsi; **~ful** *adj* illegittimo(a); ingiusto(a); **~ly** *adv* (*incorrectly, by mistake*) in modo sbagliato; ~ **number** *n* (*TEL*): **you've got the ~ number** ha sbagliato numero
wrote [rəut] *pt of* **write**
wrought iron [rɔ:t-] *n* ferro battuto
wrung [rʌŋ] *pt, pp of* **wring**
WWW *n abbr* (= *World Wide Web*): **the ~** la Rete

X, x

Xmas ['ɛksməs] *n abbr* = **Christmas**
X-ray ['ɛksreɪ] *n* raggio X; (*photograph*) radiografia ♦ *vt* radiografare
xylophone ['zaɪləfəun] *n* xilofono

Y, y

yacht [jɔt] *n* panfilo, yacht *m inv*; **~ing** *n* yachting *m*, sport *m* della vela
Yank [jæŋk] (*pej*) *n* yankee *m/f inv*
Yankee ['jæŋkɪ] (*pej*) *n* = **Yank**
yap [jæp] *vi* (*dog*) guaire
yard [jɑ:d] *n* (*of house etc*) cortile *m*; (*measure*) iarda (= *914 mm; 3 feet*); **~stick** *n* (*fig*) misura, criterio
yarn [jɑ:n] *n* filato; (*tale*) lunga storia
yawn [jɔ:n] *n* sbadiglio ♦ *vi* sbadigliare; **~ing** *adj* (*gap*) spalancato(a)
yd. *abbr* = **yard(s)**

yeah [jɛə] (*inf*) *adv* sì

year [jɑːˀ] *n* anno; (*referring to harvest, wine etc*) annata; **he is 8 ~s old** ha 8 anni; **an eight-~-old child** un(a) bambino(a) di otto anni; **~ly** *adj* annuale ♦ *adv* annualmente

yearn [jɑːn] *vi*: **to ~ for sth/to do** desiderare ardentemente qc/di fare

yeast [jiːst] *n* lievito

yell [jɛl] *n* urlo ♦ *vi* urlare

yellow ['jɛləu] *adj* giallo(a)

yelp [jɛlp] *vi* guaire, uggiolare

yeoman ['jəumən] *n*: **~ of the guard** guardiano della Torre di Londra

yes [jɛs] *adv* sì ♦ *n* sì *m inv*; **to say/answer ~** dire/rispondere di sì

yesterday ['jɛstədɪ] *adv* ieri ♦ *n* ieri *m inv*; **~ morning/evening** ieri mattina/sera; **all day ~** ieri per tutta la giornata

yet [jɛt] *adv* ancora; già ♦ *conj* ma, tuttavia; **it is not finished ~** non è ancora finito; **the best ~** finora il migliore; **as ~** finora

yew [juː] *n* tasso (*albero*)

yield [jiːld] *n* produzione *f*, resa; reddito ♦ *vt* produrre, rendere; (*surrender*) cedere ♦ *vi* cedere; (*US: AUT*) dare la precedenza

YMCA *n abbr* (= *Young Men's Christian Association*) Y.M.C.A. *m*

yoga ['jəugə] *n* yoga *m*

yog(h)ourt ['jəugət] *n* = **yog(h)urt**

yog(h)urt ['jəugət] *n* iogurt *m inv*

yoke [jəuk] *n* (*also fig*) giogo

yolk [jəuk] *n* tuorlo, rosso d'uovo

KEYWORD

you [juː] *pron* **1** (*subject*) tu; (: *polite form*) lei; (: *pl*) voi; (: *very formal*) loro; **~ Italians enjoy your food** a voi Italiani piace mangiare bene; **~ and I will go** tu ed io *or* lei ed io andiamo

2 (*object: direct*) ti; la; vi; loro (*after vb*); (: *indirect*) ti; le; vi; loro (*after vb*); **I know ~** ti *or* la *or* vi conosco; **I gave it to ~** te l'ho dato; gliel'ho dato; ve l'ho dato; l'ho dato loro

3 (*stressed, after prep, in comparisons*) te; lei; voi; loro; **I told YOU to do it** ho detto a TE (*or* a LEI *etc*) di farlo; **she's younger**

than ~ è più giovane di te (*or* lei *etc*)

4 (*impers: one*) si; **fresh air does ~ good** l'aria fresca fa bene; **~ never know** non si sa mai

---

you'd [juːd] = **you had; you would**

you'll [juːl] = **you will; you shall**

young [jʌŋ] *adj* giovane ♦ *npl* (*of animal*) piccoli *mpl*; (*people*): **the ~** i giovani, la gioventù; **~er** *adj* più giovane; (*brother*) minore, più giovane; **~ster** *n* giovanotto, ragazzo; (*child*) bambino/a

your [jɔːˀ] *adj* il(la) tuo(tua), *pl* i(le) tuoi(tue); il(la) suo(sua), *pl* i(le) suoi(sue); il(la) vostro(a), *pl* i(le) vostri(e); il(la) loro, *pl* i(le) loro; *see also* **my**

you're [juəˀ] = **you are**

yours [jɔːz] *pron* il(la) tuo(a), *pl* i(le) tuoi(tue); (*polite form*) il(la) suo(a), *pl* i(le) suoi(sue); (*pl*) il(la) vostro(a), *pl* i(le) vostri(e); (: *very formal*) il(la) loro, *pl* i(le) loro; *see also* **mine; faithfully; sincerely**

yourself [jɔːˈsɛlf] *pron* (*reflexive*) ti; si; (*after prep*) te; sé; (*emphatic*) tu stesso(a); lei stesso(a); **yourselves** *pl pron* (*reflexive*) vi; si; (*after prep*) voi; loro; (*emphatic*) voi stessi(e); loro stessi(e); *see also* **oneself**

youth [juːθ, *pl* juːðz] *n* gioventù *f*; (*young man*) giovane *m*, ragazzo; **~ club** *n* centro giovanile; **~ful** *adj* giovane; da giovane; giovanile; **~ hostel** *n* ostello della gioventù

you've [juːv] = **you have**

Yugoslav ['juːgəuˈslɑːv] *adj*, *n* jugoslavo(a)

Yugoslavia ['juːgəuˈslɑːvɪə] *n* Jugoslavia

yuppie ['jʌpɪ] (*inf*) *n*, *adj* yuppie *m/f inv*

YWCA *n abbr* (= *Young Women's Christian Association*) Y.W.C.A. *m*

Z, z

zany ['zeɪnɪ] *adj* un po' pazzo(a)

zap [zæp] *vt* (*COMPUT*) cancellare

zeal [ziːl] *n* zelo; entusiasmo

zebra ['ziːbrə] *n* zebra; **~ crossing** (*BRIT*) *n* (passaggio pedonale a) strisce *fpl*, zebre *fpl*

zero ['zɪərəu] *n* zero

zest [zɛst] *n* gusto; (*CULIN*) buccia

zigzag ['zɪgzæg] *n* zigzag *m inv* ♦ *vi* zigzagare

Zimbabwe [zɪm'bɑːbwɪ] *n* Zimbabwe *m*

zinc [zɪŋk] *n* zinco

zip [zɪp] *n* (*also*: ~ **fastener**, (*US*) **~per**) chiusura *f or* cerniera *f* lampo *inv* ♦ *vt* (*also*: ~ **up**) chiudere con una cerniera lampo; ~ **code** (*US*) *n* codice *m* di avviamento postale

zodiac ['zəudɪæk] *n* zodiaco

zombie ['zɔmbɪ] *n* (*fig*): **like a** ~ come un morto che cammina

zone [zəun] *n* (*also MIL*) zona

zoo [zuː] *n* zoo *m inv*

zoology [zuː'ɔlədʒɪ] *n* zoologia

zoom [zuːm] *vi*: **to** ~ **past** sfrecciare; ~ **lens** *n* zoom *m inv*, obiettivo a focale variabile

zucchini [zuː'kiːnɪ] (*US*) *npl* (*courgettes*) zucchine *fpl*

ITALIAN VERBS

1 Gerundio *2* Participio passato *3* Presente *4* Imperfetto *5* Passato remoto *6* Futuro
7 Condizionale *8* Congiuntivo presente *9* Congiuntivo passato *10* Imperativo

andare *3* vado, vai, va, andiamo, andate, vanno *6* andrò *etc 8* vada *10* va'!, vada!, andate!, vadano!

apparire *2* apparso *3* appaio, appari *o* apparisci, appare *o* apparisce, appaiono *o* appariscono *5* apparvi *o* apparsi, appariti, apparve *o* apparì *o* apparse, apparvero *o* apparirono *o* apparsero *8* appaia *o* apparisca

aprire *2* aperto *3* apro *5* aprii *o* apersi, apristi *8* apra

AVERE *3* ho, hai, ha, abbiamo, avete, hanno *5* ebbi, avesti, ebbe, avemmo, aveste, ebbero *6* avrò *etc 8* abbia *etc 10* abbi!, abbia!, abbiate!, abbiano!

bere *1* bevendo *2* bevuto *3* bevo *etc 4* bevevo *etc 8* beva *etc 9* bevessi *etc*

cadere *5* caddi, cadesti *6* cadrò *etc*

cogliere *2* colto *3* colgo, colgono *5* colsi, cogliesti *8* colga

correre *2* corso *5* corsi, corresti

cuocere *2* cotto *3* cuocio, cociamo, cuociono *5* cossi, cocesti

dare *3* do, dai, dà, diamo, date, danno *5* diedi *o* detti, desti *6* darò *etc 8* dia *etc 9* dessi *etc 10* da'!, dia!, date!, diano!

dire *1* dicendo *2* detto *3* dico, dici, dice, diciamo, dite, dicono *4* dicevo *etc 5* dissi, dicesti *6* dirò *etc 8* dica, diciamo, diciate, dicano *9* dicessi *etc 10* di'!, dica!, dite!, dicano!

dolere *3* dolgo, duoli, duole, dolgono *5* dolsi, dolesti *6* dorrò *etc 8* dolga

dovere *3* devo *o* debbo, devi, deve, dobbiamo, dovete, devono *o* debbono *6* dovrò *etc 8* debba, dobbiamo, dobbiate, devano *o* debbano

ESSERE *2* stato *3* sono, sei, è, siamo, siete, sono *4* ero, eri, era, eravamo, eravate, erano *5* fui, fosti, fu, fummo, foste, furono *6* sarò *etc 8* sia *etc 9* fossi, fosse, fossimo, foste, fossero *10* sii!, sia!, siate!, siano!

fare *1* facendo *2* fatto *3* faccio, fai, fa facciamo, fate, fanno *4* facevo *etc 5* feci, facesti *6* farò *etc 8* faccia *etc* facessi *etc 10* fa'!, faccia!, fate! facciano!

FINIRE *1* finendo *2* finito *3* finisco finisci, finisce, finiamo, finite finiscono *4* finivo, finivi, finiva finivamo, finivate, finivano *5* finii finisti, finì, finimmo, finiste, finirono *6* finirò, finirai, finirà, finiremo finirete, finiranno *7* finirei, finiresti finirebbe, finiremmo, finireste, finirebbero *8* finisca, finisca, finisca finiamo, finiate, finiscano *9* finissi finissi, finisse, finissimo, finiste finissero *10* finisci!, finisca!, finite! finiscano!

giungere *2* giunto *5* giunsi, giungesti

leggere *2* letto *5* lessi, leggesti

mettere *2* messo *5* misi, mettesti

morire *2* morto *3* muoio, muori muore, moriamo, morite, muoiono morirò *o* morrò *etc 8* muoia

muovere *2* mosso *5* mossi, movesti

nascere *2* nato *5* nacqui, nascesti

nuocere *2* nuociuto *3* nuoccio, nuoci nuoce, nociamo *o* nuociamo, nuocete nuocciono *4* nuocevo *etc 5* nocqui nuocesti *6* nuocerò *etc 7* nuoccia

offrire *2* offerto *3* offro *5* offersi *o* offrii offristi *8* offra

parere *2* parso *3* paio, paiamo, paiono parvi *o* parsi, paresti *6* parrò *etc* paia, paiamo, paiate, paiano

PARLARE *1* parlando *2* parlato *3* parlo parli, parla, parliamo, parlate parlano *4* parlavo, parlavi, parlava parlavamo, parlavate, parlavano parlai, parlasti, parlò, parlammo parlaste, parlarono *6* parlerò, parlerai parlerà, parleremo, parlerete parleranno *7* parlerei, parleresti

616

parlerebbe, parleremmo, parlereste, parlerebbero *8* parli, parli, parli, parliamo, parliate, parlino *9* parlassi, parlassi, parlasse, parlassimo, parlaste, parlassero *10* parla!, parli!, parliamo!, parlate!, parlino!

piacere *2* piaciuto *3* piaccio, piacciamo, piacciono *5* piacqui, piacesti *8* piaccia *etc*

porre *1* ponendo *2* posto *3* pongo, poni, pone, poniamo, ponete, pongono *4* ponevo *etc 5* posi, ponesti *6* porrò *etc 8* ponga, poniamo, poniate, pongano *9* ponessi *etc*

potere *3* posso, puoi, può, possiamo, potete, possono *6* potrò *etc 8* possa, possiamo, possiate, possano

prendere *2* preso *5* presi, prendesti

ridurre *1* riducendo *2* ridotto *3* riduco *etc 4* riducevo *etc 5* ridussi, riducesti *6* ridurrò *etc 8* riduca *etc 9* riducessi *etc*

riempire *1* riempiendo *3* riempio, riempi, riempie, riempiono

rimanere *2* rimasto *3* rimango, rimangono *5* rimasi, rimanesti *6* rimarrò *etc 8* rimanga

rispondere *2* risposto *5* risposi, rispondesti

salire *3* salgo, sali, salgono *8* salga

sapere *3* so, sai, sa, sappiamo, sapete, sanno *5* seppi, sapesti *6* saprò *etc 8* sappia *etc 10* sappi!, sappia!, sappiate!, sappiano!

scrivere *2* scritto *5* scrissi, scrivesti

sedere *3* siedo, siedi, siede, siedono *8* sieda

spegnere *2* spento *3* spengo, spengono *5* spensi, spegnesti *8* spenga

stare *2* stato *3* sto, stai, sta, stiamo, state, stanno *5* stetti, stesti *6* starò *etc*

8 stia *etc 9* stessi *etc 10* sta'!, stia!, state!, stiano!

tacere *2* taciuto *3* taccio, tacciono *5* tacqui, tacesti *8* taccia

tenere *3* tengo, tieni, tiene, tengono *5* tenni, tenesti *6* terrò *etc 8* tenga

trarre *1* traendo *2* tratto *3* traggo, trai, trae, traiamo, traete, traggono *4* traevo *etc 5* trassi, traesti *6* trarrò *etc 8* tragga *9* traessi *etc*

udire *3* odo, odi, ode, odono *8* oda

uscire *3* esco, esci, esce, escono *8* esca

valere *2* valso *3* valgo, valgono *5* valsi, valesti *6* varrò *etc 8* valga

vedere *2* visto *o* veduto *5* vidi, vedesti *6* vedrò *etc*

VENDERE *1* vendendo *2* venduto *3* vendo, vendi, vende, vendiamo, vendete, vendono *4* vendevo, vendevi, vendeva, vendevamo, vendevate, vendevano *5* vendei *o* vendetti, vendesti, vendé *o* vendette, vendemmo, vendeste, venderono *o* vendettero *6* venderò, venderai, venderà, venderemo, venderete, venderanno *7* venderei, venderesti, venderebbe, venderemmo, vendereste, venderebbero *8* venda, venda, venda, vendiamo, vendiate, vendano *9* vendessi, vendessi, vendesse, vendessimo, vendeste, vendessero *10* vendi!, venda!, vendete!, vendano!

venire *2* venuto *3* vengo, vieni, viene, vengono *5* venni, venisti *6* verrò *etc 8* venga

vivere *2* vissuto *5* vissi, vivesti

volere *3* voglio, vuoi, vuole, vogliamo, volete, vogliono *5* volli, volesti *6* vorrò *etc 8* voglia *etc 10* vogli!, voglia!, vogliate!, vogliano!

VERBI INGLESI

present	pt	pp	present	pt	pp
arise	arose	arisen	feed	fed	fed
awake	awoke	awoken	feel	felt	felt
be (am, is, are; being)	was, were	been	fight	fought	fought
			find	found	found
bear	bore	born(e)	flee	fled	fled
beat	beat	beaten	fling	flung	flung
become	became	become	fly (flies)	flew	flown
begin	began	begun	forbid	forbade	forbidden
behold	beheld	beheld	forecast	forecast	forecast
bend	bent	bent	forego	forewent	foregone
beseech	besought	besought	foresee	foresaw	foreseen
beset	beset	beset	foretell	foretold	foretold
bet	bet, betted	bet, betted	forget	forgot	forgotten
bid	bid, bade	bid, bidden	forgive	forgave	forgiven
bind	bound	bound	forsake	forsook	forsaken
bite	bit	bitten	freeze	froze	frozen
bleed	bled	bled	get	got	got, (US) gotten
blow	blew	blown			
break	broke	broken	give	gave	given
breed	bred	bred	go (goes)	went	gone
bring	brought	brought	grind	ground	ground
build	built	built	grow	grew	grown
burn	burnt, burned	burnt, burned	hang	hung, hanged	hung, hanged
burst	burst	burst	have (has; having)	had	had
buy	bought	bought			
can	could	(been able)	hear	heard	heard
cast	cast	cast	hide	hid	hidden
catch	caught	caught	hit	hit	hit
choose	chose	chosen	hold	held	held
cling	clung	clung	hurt	hurt	hurt
come	came	come	keep	kept	kept
cost	cost	cost	kneel	knelt, kneeled	knelt, kneeled
creep	crept	crept			
cut	cut	cut	know	knew	known
deal	dealt	dealt	lay	laid	laid
dig	dug	dug	lead	led	led
do (3rd person:he/ she/it does)	did	done	lean	leant, leaned	leant, leaned
			leap	leapt, leaped	leapt, leaped
draw	drew	drawn			
dream	dreamed, dreamt	dreamed, dreamt	learn	learnt, learned	learnt, learned
drink	drank	drunk	leave	left	left
drive	drove	driven	lend	lent	lent
dwell	dwelt	dwelt	let	let	let
eat	ate	eaten	lie (lying)	lay	lain
fall	fell	fallen	light	lit, lighted	lit, lighted

present	pt	pp	present	pt	pp
lose	lost	lost	spell	spelt, spelled	spelt, spelled
make	made	made	spend	spent	spent
may	might	—	spill	spilt, spilled	spilt, spilled
mean	meant	meant			
meet	met	met	spin	spun	spun
mistake	mistook	mistaken	spit	spat	spat
mow	mowed	mown, mowed	split	split	split
must	(had to)	(had to)	spoil	spoiled, spoilt	spoiled, spoilt
pay	paid	paid			
put	put	put	spread	spread	spread
quit	quit, quitted	quit, quitted	spring	sprang	sprung
			stand	stood	stood
read	read	read	steal	stole	stolen
rid	rid	rid	stick	stuck	stuck
ride	rode	ridden	sting	stung	stung
ring	rang	rung	stink	stank	stunk
rise	rose	risen	stride	strode	stridden
run	ran	run	strike	struck	struck, stricken
saw	sawed	sawn			
say	said	said	strive	strove	striven
see	saw	seen	swear	swore	sworn
seek	sought	sought	sweep	swept	swept
sell	sold	sold	swell	swelled	swollen, swelled
send	sent	sent			
set	set	set	swim	swam	swum
shake	shook	shaken	swing	swung	swung
shall	should	—	take	took	taken
shear	sheared	shorn, sheared	teach	taught	taught
shed	shed	shed	tear	tore	torn
shine	shone	shone	tell	told	told
shoot	shot	shot	think	thought	thought
show	showed	shown	throw	threw	thrown
shrink	shrank	shrunk	thrust	thrust	thrust
shut	shut	shut	tread	trod	trodden
sing	sang	sung	wake	woke	woken
sink	sank	sunk	waylay	waylaid	waylaid
sit	sat	sat	wear	wore	worn
slay	slew	slain	weave	wove, weaved	woven, weaved
sleep	slept	slept			
slide	slid	slid	wed	wedded, wed	wedded, wed
sling	slung	slung			
slit	slit	slit			
smell	smelt, smelled	smelt, smelled	weep	wept	wept
			win	won	won
sow	sowed	sown, sowed	wind	wound	wound
speak	spoke	spoken	wring	wrung	wrung
speed	sped, speeded	sped, speeded	write	wrote	written

I NUMERI

NUMBERS

uno(a)	1	one
due	2	two
tre	3	three
quattro	4	four
cinque	5	five
sei	6	six
sette	7	seven
otto	8	eight
nove	9	nine
dieci	10	ten
undici	11	eleven
dodici	12	twelve
tredici	13	thirteen
quattordici	14	fourteen
quindici	15	fifteen
sedici	16	sixteen
diciassette	17	seventeen
diciotto	18	eighteen
diciannove	19	nineteen
venti	20	twenty
ventuno	21	twenty-one
ventidue	22	twenty-two
ventitré	23	twenty-three
ventotto	28	twenty-eight
trenta	30	thirty
quaranta	40	forty
cinquanta	50	fifty
sessanta	60	sixty
settanta	70	seventy
ottanta	80	eighty
novanta	90	ninety
cento	100	a hundred, one hundred
cento uno	101	a hundred and one
duecento	200	two hundred
mille	1 000	a thousand, one thousand
milleduecentodue	1 202	one thousand two hundred and two
cinquemila	5 000	five thousand
un milione	1 000 000	a million, one million

primo(a), 1º		first, 1st
secondo(a), 2º		second, 2nd
terzo(a), 3º		third, 3rd
quarto(a)		fourth, 4th
quinto(a)		fifth, 5th
sesto(a)		sixth, 6th

I NUMERI

settimo(a)	seventh
ottavo(a)	eighth
nono(a)	ninth
decimo(a)	tenth
undicesimo(a)	eleventh
dodicesimo(a)	twelfth
tredicesimo(a)	thirteenth
quattordicesimo(a)	fourteenth
quindicesimo(a)	fifteenth
sedicesimo(a)	sixteenth
diciassettesimo(a)	seventeenth
diciottesimo(a)	eighteenth
diciannovesimo(a)	nineteenth
ventesimo(a)	twentieth
ventunesimo(a)	twenty-first
ventiduesimo(a)	twenty-second
ventitreesimo(a)	twenty-third
ventottesimo(a)	twenty-eighth
trentesimo(a)	thirtieth
centesimo(a)	hundredth
centunesimo(a)	hundred-and-first
millesimo(a)	thousandth
milionesimo(a)	millionth

Frazioni etc

mezzo	half
terzo	third
due terzi	two thirds
quarto	quarter
quinto	fifth
zero virgola cinque, 0,5	(nought) point five, 0.5
tre virgola quattro, 3,4	three point four, 3.4
dieci per cento	ten per cent
cento per cento	a hundred per cent

Esempi

abita al numero dieci	he lives at number 10
si trova nel capitolo sette, a pagina sette	it's in chapter 7, on page 7
abita al terzo piano	he lives on the 3rd floor
arrivò quarto	he came in 4th
scala uno a venticinquemila	scale 1:25,000

NUMBERS

Fractions etc

Examples

L'ORA

THE TIME

che ora è?, che ore sono?

what time is it?

è ..., sono ...

it is ...

mezzanotte	midnight, twelve p.m.
l'una (della mattina)	one o'clock (in the morning), one (a.m.)
l'una e cinque	five past one
l'una e dieci	ten past one
l'una e un quarto, l'una e quindici	a quarter past one, one fifteen
l'una e venticinque	twenty-five past one, one twenty-five
l'una e mezzo *or* mezza, l'una e trenta	half-past one, one thirty
le due meno venticinque, l'una e trentacinque	twenty-five to two, one thirty-five
le due meno venti, l'una e quaranta	twenty to two, one forty
le due meno un quarto, l'una e quarantacinque	a quarter to two, one forty-five
le due meno dieci, l'una e cinquanta	ten to two, one fifty
mezzogiorno	twelve o'clock, midday, noon
l'una, le tredici	one o'clock (in the afternoon), one (p.m.)
le sette (di sera), le diciannove	seven o'clock (in the evening), seven (p.m.)

a che ora?

at what time?

a mezzanotte	at midnight
all'una, alle tredici	at one o'clock
fra venti minuti	in twenty minutes
venti minuti fa	twenty minutes ago